Hagenmüller/Diepen

Der Bankbetrieb

Karl Friedrich Hagenmüller/Gerhard Diepen

Der Bankbetrieb

Lehrbuch und Aufgabensammlung

11., vollständig überarbeitete und erweiterte Auflage

GABLER

CIP-Kurztitelaufnahme der Deutschen Bibliothek

Diepen, Gerhard:
Der Bankbetrieb: Lehrbuch u. Aufgabensammlung /
nach d. gleichnamigen Werk von Karl Fr. Hagenmüller
hrsg. von Gerhard Diepen. — 11. Aufl. — Wiesbaden:
Gabler, 1987.

ISBN 3-409-42154-8

NE: Hagenmüller, Karl Fr. [Begr.]

1. Auflage 1967
2. Auflage 1968
3. Auflage 1969
4. Auflage 1970
5. Auflage 1972
6. Auflage 1973
7. Auflage 1975
8. Auflage 1977
9. Auflage 1982
10. Auflage 1984
11. Auflage 1987

© Betriebswirtschaftlicher Verlag Dr. Th. Gabler GmbH, Wiesbaden 1987
Druck: Wilhelm & Adam, Heusenstamm
Buchbinder: Fikentscher, Darmstadt

ISBN 3-409-42154-8

Vorwort zur 1. Auflage

Gegen Ende des Jahres 1964 erschien das großangelegte dreibändige Werk „Der Bankbetrieb" von Karl Fr. Hagenmüller. Es fand und findet lebhafte Aufnahme bei allen, denen es auf eine wissenschaftlich fundierte und zum Praktischen hin ausgestaltete Gesamtdarstellung der Bankbetriebslehre ankommt. Als Lehrbuch enthält es für den Studierenden und den Bankkaufmann ein solides Stoffwissen über den Aufbau eines Bankbetriebs, die typischen Arbeitsabläufe sowie die Beziehungen der Kreditinstitute zur wirtschaftlichen Umwelt und bildet zugleich eine Fundgrube für diejenigen, die wissenschaftlich tiefer in die Materie eindringen wollen.

Der dreibändige Umfang des Werkes entspricht seiner Aufgabe, einen Gesamtüberblick über das Gebiet der Bankbetriebslehre zu geben. Diese Tatsache aber hat zur Folge, daß sich der Leserkreis auf einen vorwiegend wissenschaftlich interessierten Personenkreis beschränkt. Der Verlag machte mir nun nach Zustimmung des Autors den Vorschlag, den von Professor Hagenmüller in drei Bänden dargebotenen Stoff in einem fachlich vertretbaren Umfange so zu straffen, daß das Werk in Form eines handlichen Buches auch den Schülern der Bankfachklassen der kaufmännischen Berufsschulen, den Studierenden an den Höheren Wirtschaftsfachschulen, den Teilnehmern an den Lehrgängen der Bankakademie sowie all denen angeboten werden kann, die den Bankbetrieb als solchen und die technischen Zusammenhänge des Bankwesens gründlich kennenlernen wollen.

Eine Zusammenfassung des umfangreichen Stoffes allein hätte jedoch nicht genügt, um den Anforderungen gerecht zu werden, die im allgemeinen an ein – wenn auch kurzgefaßtes – Lehrbuch gestellt werden. Es erwies sich daher – insbesondere mit Rücksicht auf die einschlägigen Bildungspläne für die verschiedenen Schularten – als notwendig, auch einfachere Zusammenhänge, die an den wissenschaftlichen Hochschulen naturgemäß nicht behandelt werden können, darzustellen und zu erklären, wie z. B. das Firmen- und Gesellschaftsrecht, den Zahlungsverkehr – und hier insbesondere das Konto, den Scheck und den Wechsel – sowie die Sicherheiten im Kreditgeschäft unter starker Betonung der Grundpfandrechte.

Mit dem vorliegenden Werk wird dem jungen Bankkaufmann ein Lehrbuch in die Hand gegeben, das im Hinblick auf die Auswahl und die Darstellung des Stoffes sowie in bezug auf die Gestaltung des Buches im ganzen neue Maßstäbe setzt. Dem pädagogischen Grundprinzip der Anschauung folgend, wurde das Werk mit zahlreichen farbigen Skizzen und graphischen Darstellungen, mit einer Reihe von Abbildungen ausgefüllter Formulare sowie mit Farbtafeln ausgestattet. Viele Beispiele dienen der Klärung schwieriger Zusammenhänge. Die Angabe von Gesetzesparagraphen am Rande ermöglicht es dem Lernenden, die erworbenen Kenntnisse durch ein „Quellenstudium" zu vertiefen. Mit den zusammenfassenden Aufgaben am Ende der verschiedenen Stoffgebiete wurde den Interessen der Lehrlinge und Schüler Rechnung getragen, die sich auf die Bank-

gehilfenprüfung bzw. auf die Abschlußprüfung an einer Höheren Wirtschafts-
fachschule vorbereiten wollen.

Der Darstellung der verschiedenen Bankgeschäfte im Teil II des Buches wurde
eine Strukturlehre des westdeutschen Bankwesens vorangestellt, weil strukturelle
Fragen insbesondere im Zusammenhang mit dem Wettbewerbsproblem an Bedeutung gewonnen haben. Eine Abrundung erfährt das Werk durch das Kapitel
„Bankkalkulation und Bankpolitik" – eine Zusammenfassung der Ergebnisse, zu
denen Hagenmüller aufgrund langjähriger Untersuchungen und intensiver For-
schungstätigkeit auf diesem speziellen Gebiet des Bankwesens gelangte und auf
deren Darstellung auch im Rahmen dieses Lehrbuches nicht verzichtet werden
konnte.

Auf die Wiederholung der Kennzeichnung der zahlreichen Zitate und Verwei-
sungen, die das Werk Hagenmüllers enthält, konnte bei der vorliegenden Überarbeitung verzichtet werden, weil sie im wesentlichen der wissenschaftlichen Auswertung des behandelten Stoffes dienen, auf die es hier nicht ankommt.

Gerhard Diepen

Vorwort zur 11. Auflage

Die allgemeine Entwicklung im Bankgewerbe und die anhaltende Auseinandersetzung mit den technischen Problemen des Bankbetriebs haben es notwendig gemacht,
in der vorliegenden neuen Auflage nicht nur das empirische Material auf den neuesten Stand zu bringen, sondern auch Teile des Buches neu zu fassen. Die Überarbei-
tungen betreffen im wesentlichen die Abschnitte „Organisation der Kreditinstitute",
„Automation im Kassen- und Zahlungsverkehr", das „Beleglose Scheckeinzugsverfahren", die „Prüfung der Kreditwürdigkeit" sowie den „Effektenterminhandel". –
Neu aufgenommen wurde das Kapitel „Der notleidende Kredit", ein notwendiger
Schritt zur Ergänzung einer „Bankbetriebslehre" angesichts der zahlreichen Insol-
venzen in den zurückliegenden Jahren.

Von einem Lehrbuch, das vornehmlich der Ausbildung im Bankbetrieb zu dienen bestimmt ist, erwartet der Benutzer mit Recht, daß es im großen und ganzen dem aktuellen rechtlichen, wirtschaftlichen und bankorganisatorischen Stand entspricht. Diesem Aktualitätsprinzip wurde in der Weise Rechnung getragen, daß alle grundlegen-
den Änderungen im Bereich des bürgerlichen und Wirtschaftsrechts in das Werk ein-
gearbeitet wurden. Ferner konnte es mit den neuesten im Bankgeschäft gebräuchlichen Formularen ausgestattet werden.

Für alle Anregungen und Hinweise, die mir aus dem Kreis der Benutzer zugegangen
sind, bin ich sehr dankbar; insbesondere danke ich jedoch Herrn Wirtschaftsprüfer
Dipl.-Kfm. Dr. Thomas Kalveram für seine Mitarbeit; er hat sich damit um das Werk
verdient gemacht.

Gerhard Diepen

Inhalt

X

XII

XVI

Abkürzungen

AbzG	Gesetz, betreffend die Abzahlungsgeschäfte
AG	Aktiengesellschaft
AGB	Allgemeine Geschäftsbedingungen
AktG	Aktiengesetz
AMR	Anweisung der Deutschen Bundesbank über Mindestreserven
BAB	Betriebsabrechnungsbogen
BBkG	Gesetz über die Deutsche Bundesbank (Bundesbankgesetz)
BGB	Bürgerliches Gesetzbuch
BGBl.	Bundesgesetzblatt
BGH	Bundesgerichtshof
BörsG	Börsengesetz
BörsO	Börsenordnung
BRD	Bundesrepublik Deutschland
BVG	Betriebsverfassungsgesetz
DDR	Deutsche Demokratische Republik
DepG	Gesetz über die Verwahrung und Anschaffung von Wertpapieren (Depotgesetz)
EGAktG	Einführungsgesetz zum Aktiengesetz
eG	eingetragene Genossenschaft
EStG	Einkommensteuergesetz
FGG	Gesetz über die Angelegenheit der freiwilligen Gerichtsbarkeit
GBO	Grundbuchordnung
GenG	Gesetz, betreffend die Erwerbs- und Wirtschaftsgenossenschaften (Genossenschaftsgesetz)
GewO	Gewerbeordnung
GG	Grundgesetz für die Bundesrepublik Deutschland
GmbH	Gesellschaft mit beschränkter Haftung
GmbHG	Gesetz, betreffend die Gesellschaft mit beschränkter Haftung
HGB	Handelsgesetzbuch
HRV	Handelsregisterverfügung
HypBkG	Hypothekenbankgesetz
i.d.F.	in der Fassung
KAGG	Gesetz über Kapitalanlagegesellschaften
KG	Kommanditgesellschaft
KGaA	Kommanditgesellschaft auf Aktien
KO	Konkursordnung
KVStG	Kapitalverkehrsteuergesetz
KWG	Gesetz über das Kreditwesen
LZB	Landeszentralbank
MG	Mitbestimmungsgesetz
MuSa	Mustersatzung der Sparkassen
OHG	Offene Handelsgesellschaft
RVO	Reichsversicherungsordnung
SchiffBkG	Gesetz über die Schiffspfandbriefbanken
SchiffsG	Gesetz über Rechte an eingetragenen Schiffen und Schiffsbauwerken (Schiffsgesetz)
StGB	Strafgesetzbuch
WG	Wechselgesetz
WStG	Wechselsteuergesetz
WStDV	Wechselsteuer-Durchführungsverordnung
ZinsVO	Zinsverordnung
ZPO	Zivilprozeßordnung

Teil I
Strukturlehre

A. „Bankbetrieb" und „Bankbetriebslehre"

Objekt der Forschung der Bankbetriebslehre ist der **Bankbetrieb.** Bankbetriebe gibt es bereits seit mehreren Jahrhunderten, und sowohl sich der Begriff **„Bank"** im Laufe der Geschichte des Bankwesens in fast allen Ländern eingebürgert hat, ist es schwierig, eine Definition des Wesens einer Bank zu finden, die allgemein befriedigen könnte.

Art und Umfang der Geschäfte einer Bank sind oft sehr unterschiedlich. Insbesondere in den letzten Jahren hat sich der Tätigkeitsbereich der Kreditinstitute erheblich ausgeweitet, und mit der Zunahme des Geschäftsumfanges haben sich zugleich die Formen geändert, in denen die vielfältigen Bankleistungen erbracht werden. Mit dem Neubeginn nach der Währungsreform des Jahres 1948 wurde darüber hinaus ein neuer institutioneller Rahmen geschaffen, innerhalb dessen sich die Kreditinstitute geschäftlich betätigen können. Das neue **„Gesetz über das Kreditwesen"** vom 10. Juli 1961 (KWG) berücksichtigt bei der Begriffsbestimmung diese Entwicklung und erklärt das Wesen des Bankbetriebs aus den **Funktionen,** die die Banken als Unternehmungen des privaten und öffentlichen Rechts in der Wirtschaft zu erfüllen haben.

> Nach § 1 KWG sind Kreditinstitute Unternehmungen, „die Bankgeschäfte betreiben, wenn der Umfang dieser Geschäfte einen in kaufmännischer Weise eingerichteten Geschäftsbetrieb erfordert".

Als **„Bankgeschäfte"** sind anzusehen:

1. die Annahme fremder Gelder als Einlagen ohne Rücksicht darauf, ob Zinsen vergütet werden (**Einlagengeschäft**);

2. die Gewährung von Gelddarlehen und Akzeptkrediten (**Kreditgeschäft**);

3. der Ankauf von Wechseln und Schecks (**Diskontgeschäft**);

4. die Anschaffung und die Veräußerung von Wertpapieren für andere (**Effektengeschäft**);

5. die Verwahrung und die Verwaltung von Wertpapieren für andere (**Depotgeschäft**);

6. die in § 1 des Gesetzes über Kapitalanlagegesellschaften in der Fassung der Bekanntmachung vom 14. Januar 1970, zuletzt geändert durch das Zweite Gesetz zur Änderung des Gesetzes über das Kreditwesen vom 24. März 1976 (Bundesgesetzbl. I S. 725), bezeichneten Geschäfte (**Investmentgeschäft**);

7. die Eingehung der Verpflichtung, Darlehnsforderungen vor Fälligkeit zu erwerben (**System 7 M – Revolvinggeschäfte**);

8. die Übernahme von Bürgschaften, Garantien und sonstigen Gewährleistungen für andere (**Garantiegeschäft**);

9. die Durchführung des bargeldlosen Zahlungsverkehrs und des Abrechnungsverkehrs (**Girogeschäft**).

Unter Berücksichtigung der in der Gesetzesdefinition genannten Merkmale wird in den folgenden Ausführungen unter einem **Kreditinstitut** eine Betriebswirtschaft verstanden, die **gewerbsmäßig**

1. Kapital ansammelt, Geld und Kredit leiht,
2. Wertpapiere für andere emittiert, handelt und verwaltet,
3. Investmentfonds verwaltet und Investmentzertifikate ausgibt,
4. die Abwicklung des Zahlungsverkehrs übernimmt.

Um als Kreditinstitut zu gelten, muß das Institut aber **nicht in sämtlichen Geschäftszweigen** tätig sein. Schon allein die Durchführung des bargeldlosen Zahlungsverkehrs und des Abrechnungsverkehrs würde ausreichen, um eine Unternehmung als Kreditinstitut zu qualifizieren.

Mit der Definition des Begriffs „Bankbetrieb" ist der Ausgangspunkt für die Bestimmung des Begriffs **„Bankbetriebslehre"** geschaffen.

Die Kreditinstitute gehören nicht zu den unmittelbar der Gütererzeugung oder Güterverteilung dienenden Unternehmungen; sie stellen aber diesen Unternehmungen ihre bankgeschäftlichen Einrichtungen zur Verfügung, sie führen Finanzierungen durch und erfüllen in erheblichem Umfang beratende Funktionen. Deshalb muß sich die Bankbetriebslehre notwendigerweise auch mit den Problemen der Allgemeinen Betriebswirtschaftslehre, der Industriebetriebslehre, der Handelsbetriebslehre sowie den weiteren speziellen Betriebslehren befassen.

Sehr enge Berührungspunkte ergeben sich ebenfalls **mit der Volkswirtschaftslehre,** und zwar auf den Gebieten „Geld und Kredit", „Währung" und „Zins". Die währungs- und kreditpolitischen Ziele der Deutschen Bundesbank sind nur zu erreichen, wenn die Banken im großen und ganzen bereit sind, die notenbankpolitischen Maßnahmen zur Regulierung des Geld- und Kapitalmarktes durch ihr Einwirken auf die übrigen Wirtschaftssubjekte zu unterstützen.

Schließlich sind die Banken verpflichtet, neben den einschlägigen **Vorschriften des bürgerlichen Rechts und des Handelsrechts** zahlreiche Spezialvorschriften, das Kreditwesengesetz, das Depotgesetz, das Wechsel- und Scheckgesetz sowie das Börsen- und Wertpapierrecht zu beachten.

Die Bankbetriebslehre soll den Bankbetrieb darstellen und erklären, die Geschäfte der Kreditinstitute beschreiben und erläutern, deren Verbindung mit anderen Betriebswirtschaften aufzeigen sowie die volkswirtschaftliche Bedeutung der Kreditinstitute herausstellen.

B. Gründung und Errichtung der Kreditinstitute

Die **Gründung** einer Betriebswirtschaft ist hauptsächlich ein formeller Akt, mit welchem die Unternehmung **rechtlich** zum Entstehen gelangt. Die **Errichtung** ist dagegen der technisch-organisatorische Aufbau eines Unternehmens.

Bei den Kreditinstituten kann als **Errichtungsperiode im engeren Sinne** die Zeit vom Gründungsbeschluß bis zur Öffnung der Bankschalter (**Betriebsbereitschaft**) angesehen werden. Allerdings ist dabei zu berücksichtigen, daß mit Öffnung der Bankschalter nur rein technisch von einem Abschluß der Errichtungsperiode gesprochen werden kann.

Von der **wirtschaftlichen** Seite aus betrachtet, ist die **Errichtungsperiode im weiteren Sinne** erst dann abgeschlossen, wenn durch Fremdkapitalzufluß das vorgesehene Geschäftsvolumen erreicht ist. Das Ende der Errichtungsperiode eines Kreditinstitutes kann annäherungsweise als erreicht angesehen werden, wenn bei gegebenen Arbeitsbedingungen das Fremdkapital in so starkem Maße angewachsen ist, daß einmal etwa das gleiche Verhältnis zwischen Eigen- und Fremdkapital wie bei vergleichbaren Kreditinstituten besteht und zum anderen die technische Kapazität in wirtschaftlichem Maße ausgenutzt wird. Wird das Eigenkapital (Grundkapital) erhöht und das Geschäftsvolumen entsprechend ausgedehnt, handelt es sich um eine **Erweiterung.**

I. Bestimmungen des Kreditwesengesetzes

Außer den allgemeinen gesetzlichen Vorschriften, die stets bei der Gründung von Unternehmungen zu berücksichtigen sind, gelten bei der Gründung und Errichtung von Kreditinstituten die Bestimmungen des Gesetzes über das Kreditwesen. Daneben kommen für die Kreditgenossenschaften das Genossenschaftsgesetz und für die Sparkassen die in den verschiedenen Bundesländern gültigen gesetzlichen Bestimmungen zur Anwendung. Bei der Gründung von Spezialinstituten sind die entsprechenden Sondergesetze und Vorschriften zu beachten (z. B. das Hypothekenbankgesetz, das Gesetz über Kapitalanlagegesellschaften usw.).

Bankenaufsicht

Wer im Geltungsbereich des KWG Bankgeschäfte betreiben will, bedarf der **schriftlichen Erlaubnis** des Bundesaufsichtsamtes.

KWG § 32, 1

5

KWG **Das Bundesaufsichtsamt für das Kreditwesen** ist eine selbständige Bundesoberbe-
§ 5 hörde im Geschäftsbereich des Bundesfinanzministeriums. Es hat seinen Sitz in
Berlin. Der Präsident des Bundesaufsichtsamtes wird auf Vorschlag der Bundesregierung duch den Bundespräsidenten ernannt; die Bundesregierung hat bei ihrem Vorschlag die Deutsche Bundesbank anzuhören.

§ 6, 2 Das Bundesaufsichtsamt hat Mißständen im Kreditwesen entgegenzuwirken,
die die Sicherheit der den Kreditinstituten anvertrauten Vermögenswerte gefährden, die ordnungsmäßige Durchführung der Bankgeschäfte beeinträchtigen oder erhebliche Nachteile für die Gesamtwirtschaft herbeiführen können.

§ 32, 2 Bei der Errichtung eines Kreditinstituts kann es zum Beispiel seine Erlaubnis unter Auflagen erteilen oder auf einzelne Bankgeschäfte beschränken.

§ 33, 1 Das Bundesaufsichtsamt darf die **Erlaubnis** allerdings nur dann **versagen**

1. wenn die zum Geschäftsbetrieb **erforderlichen Mittel,** insbesondere ein ausreichendes haftendes Eigenkapital, im Geltungsbereich des KWG **nicht zur Verfügung stehen;**

2. wenn Tatsachen vorliegen, aus denen sich ergibt, daß der **Antragsteller** oder ein Geschäftsleiter
nicht zuverlässig ist;

3. wenn Tatsachen vorliegen, aus denen sich ergibt, daß der **Inhaber oder Geschäftsleiter nicht die zur
Leitung des Instituts erforderliche fachliche Eignung** hat;

4. wenn das Kreditinstitut nicht **mindestens zwei Geschäftsleiter** hat, die nicht nur ehrenamtlich für
das Kreditinstitut tätig sind (**sog. Vier-Augen-Prinzip**).

§ 33, 2 Die fachliche Eignung für die Leitung eines Kreditinstituts ist regelmäßig anzunehmen, wenn eine dreijährige leitende Tätigkeit bei einem Kreditinstitut von
vergleichbarer Größe und Geschäftsart nachgewiesen wird.

§ 24 Die **Bestellung von Geschäftsleitern** ist dem Bundesaufsichtsamt unverzüglich
§ 34, 2 mitzuteilen und **erlaubnispflichtig.**

§ 35 Die Erlaubnis *erlischt,* wenn von ihr nicht innerhalb eines Jahres seit ihrer Erteilung Gebrauch gemacht wird.

Das Bundesaufsichtsamt kann die **Erlaubnis zurücknehmen,**

1. wenn sie durch unrichtige oder unvollständige Angaben, durch **Täuschung,** Drohung oder durch
sonstige **unlautere Mittel** erwirkt worden ist;

2. wenn der Geschäftsbetrieb, auf den sich die Erlaubnis bezieht, ein Jahr lang nicht mehr ausgeübt
worden ist;

3. wenn das Kreditinstitut in der Rechtsform des Einzelkaufmanns betrieben wird;

4. wenn ihm Tatsachen bekannt werden, die die Versagung der Erlaubnis nach
a) § 33 Abs. 1 Nr. 2 oder 3 oder
b) § 33 Abs. 1 Nr. 4
rechtfertigen würden (s. o.);

5. wenn Gefahr für die Erfüllung der Verpflichtungen eines Kreditinstituts gegenüber seinen Gläubigern, insbesondere für die Sicherheit der ihm anvertrauten Vermögenswerte, besteht und die Ge-

fahr nicht durch andere Maßnahmen nach diesem Gesetz abgewendet werden kann; eine Gefahr für die Sicherheit der einem Kreditinstitut anvertrauten Vermögenswerte besteht auch

a) bei einem Verlust in Höhe der Hälfte des nach § 10 Abs. 5 maßgebenden haftenden Eigenkapitals oder

b) bei einem Verlust in Höhe von jeweils mehr als 10 vom Hundert des nach § 10 Abs. 5 maßgebenden haftenden Eigenkapitals in mindestens drei aufeinander folgenden Geschäftsjahren.

Der Buchstabe b) der vorerwähnten Ziffer 4. gilt allerdings nicht, wenn ein Bankgeschäft in der Rechtsform eines Einzelkaufmanns bereits betrieben wird. Auf die Durchsetzung des Vier-Augen-Prinzips wird also verzichtet, wenn das Kreditinstitut vor der Novellierung des Kreditwesengesetzes bereits als Einzelunternehmung bestanden hat. Daher werden auch weiterhin Banken als Einzelunternehmungen bestehen können.

KWG
§ 35, 3

Das Bundesaufsichtsamt kann auch die **Abberufung eines Geschäftsleiters** verlangen, wenn dieser vorsätzlich oder leichtfertig gegen die Bestimmungen des KWG, die zu seiner Durchführung erlassenen Verordnungen oder gegen Anordnungen des Bundesaufsichtsamtes verstoßen hat und trotz Verwarnung durch das Bundesaufsichtsamt dieses Verhalten fortsetzt.

§ 36, 2

Werden Bankgeschäfte ohne die erforderliche Erlaubnis oder werden verbotene Geschäfte betrieben, so kann das Bundesaufsichtsamt gegen die Fortführung der Geschäfte *unmittelbar* einschreiten.

§ 37

Verbotene Geschäfte sind

1. der Betrieb des Einlagengeschäftes, wenn der Kreis der Einleger überwiegend aus Betriebsangehörigen des Unternehmens besteht (**Werksparkassen**) und nicht sonstige Bankgeschäfte betrieben werden, die den Umfang dieses Einlagengeschäftes übersteigen;

§ 3

2. der Betrieb des Einlagengeschäftes, wenn der überwiegende Teil der Einleger einen Rechtsanspruch darauf hat, daß ihm aus diesen Einlagen Darlehen gewährt oder Gegenstände auf Kredit verschafft werden (**Zwecksparunternehmen**); dies gilt nicht für Bausparkassen;

3. der Betrieb des Kreditgeschäftes oder des Einlagengeschäfts, wenn es durch Vereinbarung oder geschäftliche Gepflogenheit ausgeschlossen oder erheblich erschwert ist, über den Kreditbetrag oder die Einlagen durch Barabhebung zu verfügen.

Das Bundesaufsichtsamt für das Kreditwesen entscheidet in Zweifelsfällen, ob ein Unternehmen den Vorschriften des KWG unterliegt. Seine Entscheidungen binden die Verwaltungsbehörden.

§ 4

II. Kaufmannseigenschaft

Bei den Kreditinstituten ist die Kaufmannseigenschaft wie bei allen anderen wirtschaftlichen Unternehmungen an **zwei Voraussetzungen** geknüpft: zunächst muß es sich um ein Handelsgewerbe handeln, und zum anderen müssen die zusätzlichen Voraussetzungen der §§ 1–6 des Handelsgesetzbuches erfüllt sein. Die Kaufmannseigenschaft bedeutet, daß die betreffende Unternehmung „Kaufmann" ist und damit den Vorschriften des Handelsgesetzbuches unterliegt. Während für den „Nicht-Kaufmann" das bürgerliche Recht gilt, werden dem Kaufmann die in wichtigen Punkten vielfach strengeren Bestimmungen des Handelsrechts auferlegt. Diese unterschiedliche Behandlung ist begründet, weil bei einem Kaufmann ein höheres Maß an Umsicht und Erfahrung im Rechtsverkehr vorausgesetzt werden muß.

1. Kreditinstitute als Gewerbebetriebe

Ob den Kreditinstituten die Eigenschaften eines Gewerbebetriebes zuzubilligen sind, ist aus zwei Gründen bedeutsam: Erstens unterliegen Gewerbebetriebe den Bestimmungen der Gewerbeordnung und zweitens ergibt sich für Gewerbebetriebe im Sinne des Gewerbesteuergesetzes eine selbständige Gewerbesteuerpflicht.

Die Gewerbeordnung (GewO) enthält keine ausdrückliche **Begriffsbestimmung des Gewerbebetriebes.** Rechtsprechung und Lehrmeinung verstehen jedoch unter einem Handelsgewerbe nur solche Unternehmungen, auf die die folgenden Begriffselemente anwendbar sind:

a) die Gewerbebetriebe müssen **rechtlich** – nicht notwendig auch wirtschaftlich – **selbständig** sein, d.h. es darf kein rechtliches Abhängigkeitsverhältnis gegenüber dem Hauptunternehmen bestehen; die Zweigstelle eines Unternehmens ist zum Beispiel selbst kein Gewerbebetrieb;

b) die **Geschäftstätigkeit** muß **rechtlich zulässig** sein; die Kreditinstitute dürfen insbesondere nicht die in § 3 KWG verbotenen Geschäfte betreiben;

c) die **Geschäftstätigkeit** muß **auf Dauer angelegt** sein;

d) die **Geschäftstätigkeit** muß **auf eine Gewinnerzielung ausgerichtet** sein; die Absicht, einen Gewinn zu erzielen, ist auch bei den öffentlich-rechtlichen Instituten – z.B. bei den Sparkassen – sowie bei den Kreditgenossenschaften in der Regel zu vermuten.

Die **Eröffnung eines Gewerbebetriebes** bedarf der Anmeldung und, sofern bestimmte gefährliche Anlagen oder Geschäfte besonderer Art betrieben werden

8

sollen, auch der Genehmigung. Für die Errichtung und den Betrieb von Kreditinstituten gelten allerdings die besonderen Bestimmungen des Gesetzes über das Kreditwesen. Insbesondere regelt die Gewerbeordnung aber einige grundlegende Dinge im Verhältnis zwischen den Arbeitnehmern und dem Gewerbebetrieb.

Die bedeutungsvollste Konsequenz der Gewerbebetriebseigenschaft von Kreditinstituten ist ihre **selbständige Gewerbesteuerpflicht:**

„Der Gewerbesteuer unterliegt jeder stehende Gewerbebetrieb, soweit er im Inland betrieben wird. Unter Gewerbebetrieb ist ein gewerbliches Unternehmen im Sinne des Einkommensteuergesetzes zu verstehen." GewStG
§ 2, 1

Zunächst vermittelt das Gewerbesteuergesetz den Eindruck, eine Definition des Gewerbebetriebes zu geben. Dieser Eindruck täuscht. Erstens widerspricht sich das Gewerbesteuergesetz selbst, da neben den stehenden Gewerbebetrieben auch das Reisegewerbe besteuert wird (§ 35 a GewStG), und zweitens ist der Verweis auf das Einkommensteuergesetz nutzlos, da dieses den Gewerbebetrieb auch nicht definiert.

Erst die Gewerbesteuerrichtlinien, Abschnitt 8 ff., klären, welches Unternehmen im **steuerrechtlichen** Sinne als Gewerbebetrieb anzusehen ist. Vier Merkmale müssen gleichzeitig gegeben sein (vgl. oben):

a) **Selbständigkeit.** Das Merkmal der Selbständigkeit ist steuerlich nicht so klar abzugrenzen wie oben, denn auch Lohnempfänger können gewerbesteuerpflichtig sein, z. B. der Versicherungsvertreter, der neben seiner Provision auch Gehalt empfängt.

b) **Nachhaltigkeit** der Betätigung. Jede Tätigkeit wird nachhaltig ausgeübt, wenn für sie eine Wiederholungsabsicht besteht.

c) Die Tätigkeit muß zur **Gewinnerzielung** ausgeübt werden. Die bloße Absicht der Einnahmeerzielung zum Zwecke der Kostendeckung genügt nicht.

d) **Beteiligung am allgemeinen wirtschaftlichen Verkehr.**

Die Gewerbesteuerpflicht der Kreditinstitute erstreckt sich auf ihren Gewerbeertrag, ihr Gewerbekapital und, unter Umständen, die Lohnsumme. § 7
§ 12
§§ 23 ff.

Neben der Steuerpflicht wegen gewerblicher Tätigkeit kennt das Gewerbesteuergesetz die Gewerbesteuerpflicht für Gewerbebetriebe kraft Rechtsform (in der Regel Kapitalgesellschaften und die GmbH & Co. KG, falls diese keine gewerbliche Tätigkeit ausüben) und kraft wirtschaftlichen Geschäftsbetriebes (juristische Personen privaten Rechts und nichtrechtsfähige Vereine, wenn sie einen wirtschaftlichen Geschäftsbetrieb unterhalten, z. B. der Betriebssportverein gibt gegen Entgelt eine Sportzeitung heraus).

Die **Belastung des Gewerbeertrages** durch die Gewerbesteuer beträgt heute ca. 15%.

2. Kreditinstitute als Kaufleute

HGB
§ 1, 1

Kaufmann im Sinne des Handelsgesetzbuches ist, wer ein Handelsgewerbe betreibt.

§ 1, 2   Im einzelnen unterscheidet das Gesetz:

a) **Kaufleute kraft „Grundhandelsgewerbes" (Mußkaufleute);** als Grundhandelsgewerbe gelten nach § 1 Abs. 2 HGB folgende Geschäfte:

1. die **Anschaffung und Weiterveräußerung von beweglichen Sachen (Waren) oder Wertpapieren,** ohne Unterschied, ob die Waren unverändert oder nach einer Bearbeitung oder Verarbeitung weiter veräußert werden;

2. die Übernahme der **Bearbeitung oder Verarbeitung von Waren** für andere, sofern das Gewerbe nicht handwerksmäßig betrieben wird;

3. die **Übernahme von Versicherungen gegen Prämie;**

4. die **Bankier- und Geldwechslergeschäfte;**

5. die **Übernahme der Beförderung von Gütern oder Reisenden** zur See, die Geschäfte der Frachtführer oder der zur Beförderung von Personen zu Lande oder auf Binnengewässern bestimmten Anstalten sowie die Geschäfte der Schleppschiffahrtsunternehmer;

6. die **Geschäfte der Kommissionäre,** der **Spediteure** oder der **Lagerhalter;**

7. die **Geschäfte der Handelsvertreter** oder der **Handelsmakler;**

8. die **Verlagsgeschäfte** sowie die sonstigen Geschäfte des Buch- oder Kunsthandels;

9. die **Geschäfte der Druckereien,** sofern das Gewerbe nicht handwerksmäßig betrieben wird.

§ 2   b) **Kaufleute kraft pflichtgemäßer Eintragung ins Handelsregister (Sollkaufleute);** dazu gehören handwerkliche oder sonstige gewerbliche Unternehmen, die zwar kein Grundhandelsgewerbe betreiben, aber nach *Art und Umfang einen in kaufmännischer Weise eingerichteten Geschäftsbetrieb* erfordern (z.B. Bauunternehmungen, Reisebüros, Auskunfteien, Hotelbetriebe, Ingenieurbüros); die Unternehmer sind verpflichtet, eine Eintragung in das Handelsregister herbeizuführen; sie werden durch diese Eintragung Kaufleute;

§ 3, 2   c) **Kaufleute kraft freiwilliger Eintragung ins Handelsregister (Kannkaufleute);** Land- oder forstwirtschaftliche Unternehmen sind berechtigt, aber nicht verpflichtet, eine Eintragung in das Handelsregister herbeizuführen; durch die Eintragung in das Handelsregister werden sie Kaufleute im Sinne des HGB; das gilt auch für jene Unternehmen, die nur Nebengewerbe eines land- oder forstwirtschaftlichen Unternehmens darstellen;

§ 6   d) **Kaufleute kraft Rechtsform der Unternehmung (Formkaufleute);** *Kapitalgesellschaften, Genossenschaften und Versicherungsvereine auf Gegenseitigkeit* erwerben ohne Rücksicht auf den Gegenstand des Unternehmens die Kaufmannseigenschaft durch die Eintragung in das Handelsregister bzw. das Genossenschaftsregister, weil die betreffende Gesellschaft vor der Eintragung als solche nicht besteht.

Kreditinstitute sind also Kaufleute im Sinne des § 1 Abs. 2 Ziff. 1, 4 und 6 HGB oder Formkaufleute im Sinne des § 6 HGB.

Nach dem Umfang der Rechte und Pflichten ist zu unterscheiden zwischen dem **Vollkaufmann** und dem **Minderkaufmann.**

Während für den Vollkaufmann die Vorschriften des HGB in vollem Umfange gelten, finden die Vorschriften über die Firmen, die Handelsbücher und die Prokura keine Anwendung auf Personen, deren Gewerbebetriebe einen in kaufmännischer Weise eingerichteten Geschäftsbetrieb nicht erfordert (Minderkaufmann). Wer es danach z.B. unternimmt, auf Jahrmärkten Kinder auf seinem Esel reiten zu lassen, der sein ganzes „Betriebskapital" darstellt, ist im Sinne des Gesetzes kein Kaufmann, obwohl er Personen befördert und damit ein Grundhandelsgewerbe betreibt.

HGB
§ 4

Die Gewerbetreibenden sind zwar Kaufleute kraft Grundhandelsgewerbes, sie werden jedoch nicht ins Handelsregister eingetragen und können als Minderkaufleute auch keine Handelsgesellschaft gründen.

Kreditinstitute im Sinne des § 1 KWG sind immer Vollkaufleute, weil ihr Handelsgewerbe einen in kaufmännischer Weise eingerichteten Geschäftsbetrieb erfordert.

Daraus ergeben sich für die Kreditinstitute

a) **das Recht**   zur Führung einer Firma (§ 4, 1 HGB),
                                   zur Ernennung von Prokuristen (§ 4, 1 HGB),
                                   zur Gründung einer OHG und KG (§ 4, 2 HGB),

b) **die Pflicht**   zur Eintragung in das Handelsregister (§ 29 HGB),
                                   zur Buchführung (§ 38 ff. HGB),

c) **die Befreiung**   von den Formvorschriften des BGB bei
                                   Bürgschaftsverträgen, Schuldversprechen und
                                   Schuldanerkenntnissen (§ 350 HGB).

Auf Personen und Personenvereinigungen, die Bankgeschäfte nur im Umfang eines Kleingewerbes betreiben, sind diese Bestimmungen des HGB nicht anwendbar, ebensowenig wie die Vorschriften des KWG (z.B. Kreditleiher).

Aufgaben:

1. Worauf erstreckt sich die Beaufsichtigung der Kreditinstitute durch das Bundesaufsichtsamt?
2. Unter welchen rechtlichen Voraussetzungen ist die selbständige Führung eines Geschäftes im allgemeinen und die eines Bankgeschäftes im besonderen möglich?
3. In welchen Fällen kann das Bundesaufsichtsamt seine Erlaubnis zum Betrieb eines Bankgeschäftes versagen, und unter welchen Voraussetzungen kann es seine bereits erteilte Erlaubnis zurücknehmen?
4. Was sind verbotene Geschäfte im Sinne des KWG?
5. Was ist unter einem Handelsgewerbe im Sinne des HGB zu verstehen?
6. Im HGB unterscheidet man Muß-, Soll-, Kann- und Formkaufleute. – Grenzen Sie diese Begriffe gegeneinander ab, und stellen Sie die rechtliche Wirkung der Eintragung dieser Kaufleute in das Handelsregister dar!
7. Wie unterscheidet sich der Vollkaufmann vom Minderkaufmann im Hinblick auf den Geltungsumfang handelsrechtlicher Bestimmungen?
8. Nennen sie einige Beispiele, in denen bankgeschäftliche Tätigkeiten nicht in dem im § 1 Abs. 1 KWG bezeichneten Umfang betrieben werden!

III. Firma der Unternehmung

HGB
§ 17

Die Firma ist der Name, unter dem ein Kaufmann seine Geschäfte betreibt und die Unterschrift abgibt. Er kann unter seiner Firma klagen und verklagt werden.

Man unterscheidet zwischen der Personenfirma und der Sachfirma.

§ 18
§ 19

Eine **Personenfirma** besteht aus einem oder mehreren Namen, eventuell mit einem Zusatz, der den Gegenstand des Unternehmens bezeichnet **(gemischte Firma).**

Eine **Sachfirma** ist dem Gegenstand des Unternehmens entnommen (§§ 4 und 279 AktG, § 4 GmbHG, § 3 GenG).

1. Firmenrechtliche Grundsätze

Das HGB enthält über die oben genannte Unterscheidung hinaus firmenrechtliche Grundsätze:

1.1 Grundsatz der Firmenwahrheit und -klarheit

§ 18,2

Die Firma darf keine Unwahrheit enthalten, insbesondere darf ihr **kein Zusatz** beigefügt werden, der geeignet ist, eine Täuschung über die Art und den Umfang der Geschäfte oder über die Verhältnisse des Geschäftsinhabers herbeizuführen.

§ 18,1

Der Einzelkaufmann hat daher als Firma seinen Familiennamen mit mindestens einem ausgeschriebenen Vornamen zu führen. Nach dem Einführungsgesetz zum HGB dürfen allerdings die schon vor dem 1. 1. 1900 gegründeten Unternehmungen ihre alte Firma fortführen.

1.2 Grundsatz der Unterscheidbarkeit der Firma

§ 30,1

Dieser Grundsatz sichert den Unternehmen das **Firmenmonopol.** Jede neue Firma muß sich von allen an demselben Ort bereits bestehenden und in das Handelsregister eingetragenen Firmen deutlich unterscheiden. Sofern zwei Kaufleute die gleichen Vornamen und den gleichen Familiennamen haben, muß der in das

§ 30,2

Handelsregister einzutragenden Firma ein Zusatz beigefügt werden, durch den sie sich von der bereits eingetragenen Firma deutlich unterscheidet.

§ 30,4

Durch die Landesregierungen kann bestimmt werden, daß benachbarte Orte als ein Ort im Sinne dieser Vorschriften anzusehen sind.

1.3 Grundsatz der Öffentlichkeit der Firma

§ 29
§ 31

Jeder **Vollkaufmann** ist verpflichtet, seine Firma sowie eine Änderung der Firma oder ihrer Inhaber bei dem Gericht, in dessen Bezirk sich die Niederlassung befindet, zur **Eintragung in das Handelsregister** anzumelden. Alle Handelsregistereintragungen werden veröffentlicht und sind jedermann zugänglich.

1.4 Grundsatz der Firmenbeständigkeit

Wenn sich ohne Änderung einer Person der Name des Geschäftsinhabers ändert (z. B. durch Heirat), so kann die bisherige Firma beibehalten werden.

HGB § 21

Wird ein bestehendes Handelsgeschäft an eine andere Person verkauft, verpachtet oder vererbt, so darf der Erwerber ebenfalls für das Geschäft die bisherige Firma mit oder ohne Beifügung eines das Nachfolgeverhältnis andeutenden Zusatzes fortführen, wenn der bisherige Geschäftsinhaber oder dessen Erben **ausdrücklich** erklären, daß sie mit der Fortführung der Firma einverstanden sind.

§ 22, 1

Ohne das Geschäft kann die Firma nicht veräußert werden.

§ 23

2. Firmenwert

Mit dem Grundsatz der Firmenbeständigkeit wird der Grundsatz der Firmenwahrheit durchbrochen.

Der Gesetzgeber trägt also dem wirtschaftlichen Bedürfnis Rechnung, alten und bekannten Unternehmen ihren **Namen zu erhalten,** weil der Ruf eines Unternehmens untrennbar mit seinem Namen verbunden ist. So gehört zum Beispiel der Name eines seit Jahrhunderten bestehenden Privatbankhauses mit zur Tradition des Hauses und verleiht ihm Ansehen und Würde.

Bei einem Wechsel des Inhabers bleibt mithin dem Unternehmen der Wert der Firma (= **Firmenwert**) erhalten (**good will**). Der Käufer erwirbt mit dem Geschäft zugleich den guten Ruf, der dem Unternehmen zum Beispiel auf Grund jahrelanger Geschäftsverbindungen einen bestimmten Kundenkreis sichert. Insbesondere in der Markenartikelindustrie stellt der Name eines Unternehmens häufig einen beachtlichen Wert dar.

Der Firmenwert tritt **allerdings erst beim Verkauf in Erscheinung** und *kann* nach den Vorschriften des *Aktiengesetzes* als Aktivposten mit dem **Differenzbetrag** in die Bilanz eingesetzt werden, **um den der Kaufpreis das Reinvermögen übersteigt** (sog. derivativer Firmenwert). In den folgenden Geschäftsjahren ist dieser Betrag mit mindestens 20% durch Abschreibungen zu tilgen.

AktG § 153, 5

Steuerrechtlich ist dieser Betrag nur abschreibungsfähig, wenn der Nachweis einer *tatsächlichen* Wertminderung erbracht wird.

EStG § 6, 2

3. Haftung des Erwerbers bei Firmenfortführung

Wird ein Geschäft unter der bisherigen Firma fortgeführt, so gehen alle bis zur Übernahme begründeten Verbindlichkeiten und Forderungen des früheren Inhabers auf den neuen Inhaber über (**kumulative Schuldübernahme**).

HGB § 25. 1

§ 25,2 Der Erwerber haftet für die Schulden des bisherigen Inhabers nicht, wenn der **Haftungsausschluß** in das Handelsregister eingetragen und bekanntgemacht oder den Gläubigern unverzüglich und unmittelbar von dem Erwerber oder dem bisherigen Inhaber mitgeteilt worden ist.

4. Schutz der Bezeichnungen „Bank", „Bankier" und „Sparkasse"

KWG
§ 39
§ 40

Im KWG sind die Bezeichnungen **„Bank", „Bankier"** und **„Sparkasse"** geschützt. Sie dürfen in der Firma, als Zusatz zur Firma, zur Bezeichnung des Geschäftszweckes oder zu Werbezwecken geführt werden, wenn die betreffenden Kreditinstitute eine Erlaubnis nach § 32 KWG besitzen. Die Bezeichnungen **„Volksbank"** und **„Spar- und Darlehnskasse"** dürfen alle Kreditinstitute aufnehmen, die in der Rechtsform einer eingetragenen Genossenschaft betrieben werden und einem Prüfungsverband angehören. Die Firma einer privaten oder öffentlich-rechtlichen Bausparkasse darf die Bezeichnung **„Bausparkasse"** enthalten.

Wenn Art und Umfang der Geschäfte eines Kreditinstituts nach der Verkehrsanschauung die Führung einer der oben genannten Bezeichnungen nicht rechtfertigen, kann das Bundesaufsichtsamt bei Erteilung der Erlaubnis bestimmen, daß die im KWG geschützten Bezeichnungen nicht geführt werden dürfen.

Aufgaben:

1. Warum stellt das Gesetz dem Grundsatz der Firmenklarheit und -wahrheit den Grundsatz der Firmenbeständigkeit gegenüber?
2. Was ist der good will eines Unternehmens, und wie wird er ermittelt?
3. Von welchen Voraussetzungen hängt die Möglichkeit der Weiterführung einer Firma ab?
4. Wer haftet bei der Weiterführung einer Firma für die im Betrieb begründeten Schulden des bisherigen Inhabers, und wem stehen die Forderungen des bisherigen Inhabers zu?
5. Was ist unter dem Firmenmonopol zu verstehen?
6. Warum sind im KWG die Bezeichnungen „Bank", „Bankier", „Volksbank", „Spar- und Darlehnskasse" und „Sparkasse" geschützt?

IV. Eintragung in das Handelsregister

1. Wesen des Handelsregisters

HGB
§ 8

Das Handelsregister ist das amtliche Verzeichnis aller Vollkaufleute eines Amtsgerichtsbezirks.

Es ist hervorgegangen aus den früheren Mitgliederlisten der Vereinigungen von Kaufleuten („Gilderollen") und wird heute beim zuständigen Amtsgericht (Registergericht) geführt.

14

2. Einrichtung und Führung des Handelsregisters

Das Handelsregister besteht aus zwei Abteilungen:

Abteilung A: Einzelunternehmungen und Personalgesellschaften,
Abteilung B: Kapitalgesellschaften.

HRV
§ 3

In der **Abteilung A** werden eingetragen (vgl. Abb. auf Seite 18):

HGB

1. die **Firma** und der **Ort der Niederlassung,** — § 29
2. der oder die **Geschäftsinhaber,** — § 106, 2
3. die **Prokura,** — § 53
4. die **Rechtsverhältnisse** der Unternehmung und die **Vertretungsbefugnis,** — § 125, 4
5. der **Tag** der Eintragung. — § 123

In der **Abteilung B** werden eingetragen:

AktG

1. die **Firma,** der **Sitz** und der **Gegenstand** des Unternehmens, — §§ 39 ff.
2. das **Grund- oder Stammkapital,** — § 282
3. der **Vorstand,** die persönlich haftenden **Gesellschafter,** der oder die **Geschäftsführer,** — GmbHG
4. die **Prokura,** — § 10 ff.
5. die **Rechtsverhältnisse** der Unternehmung und die **Vertretungsbefugnis,**
6. der **Tag** der Eintragung.

3. Anmeldung zur Eintragung in das Handelsregister

Die Anmeldung zur Eintragung sowie die Abgabe der Unterschriftsprobe sind dem Gericht in öffentlich beglaubigter Form einzureichen.

HGB
§ 12

Wer auf Grund der gesetzlichen Bestimmungen verpflichtet ist, die Eintragung in das Handelsregister vornehmen zu lassen, kann dazu vom Registergericht durch ein Zwangsgeld angehalten werden. Das einzelne Zwangsgeld darf den Betrag von 10 000,– DM nicht übersteigen.

§ 14

4. Öffentlichkeit des Handelsregisters und die Veröffentlichung der Eintragungen

Die Einsicht des Handelsregisters sowie der zum Handelsregister eingereichten Schriftstücke ist jedem gestattet. Ebenso kann sich jedermann einen **Registerauszug** sowie eine Abschrift von den zum Handelsregister eingereichten Schriftstükken gegen eine entsprechende Gebühr anfertigen lassen, die auf Wunsch von der Geschäftsstelle zu beglaubigen ist.

§ 9, 1

§ 9, 2

Alle Eintragungen werden durch den **Bundesanzeiger** und durch mindestens ein anderes Blatt, das jährlich vom Gericht bezeichnet wird, veröffentlicht. Soweit nicht das Gesetz etwas anderes vorschreibt, sind die Eintragungen ihrem ganzen Inhalt nach bekanntzumachen.

§ 10, 1
§ 11, 1

Zentralhandelsregister-Beilage
zum Bundesanzeiger

1. Handelsregister
2. Güterrechtsregister
3. Genossenschaftsregister
4. Musterregister
5. Urheberrolle
6. Konkurse und Vergleichsverfahren
7. Verschiedenes

1. Handelsregister

(59 354)

Für die in ( ) gesetzte Angabe des Geschäftszweigs und der Anschrift keine Gewähr

2960 Aurich

Neueintragungen

HRB 322 – 24. 2. 1981: **Teppich-Domizil, Gesellschaft mit beschränkter Haftung, Aurich.** Gegenstand des Unternehmens ist: Handel mit Bodenbelägen aller Art, insbesondere mit Teppichen und Teppichböden, sowie die mittelbare und unmittelbare Beteiligung an anderen Gesellschaften mit gleichen oder ähnlichen Zwecken. Stammkapital: 20 000,– DM. Geschäftsführer: Handelsvertreter Hagen Böckmann aus 2251 Bordelum/Sterdebüll. Rechtsverhältnisse: Gesellschaft mit beschränkter Haftung. Der Gesellschaftsvertrag ist am 1. 7. 80 abgeschlossen. Die Gesellschaft hat einen oder mehrere Geschäftsführer. Ist ein Geschäftsführer bestellt, so vertritt dieser die Gesellschaft allein. Sind mehrere Geschäftsführer bestellt, so kann jeder von ihnen die Gesellschaft allein vertreten. Hagen Böckmann ist alleinvertretungsberechtigt durch Gesellschafterbeschluß. Als nicht eingetragen wird noch veröffentlicht: Die Bekanntmachungen der Gesellschaft erfolgen im Bundesanzeiger.

2. Güterrechtsregister

(89 424)

5420 Lahnstein

1 GR 479: Eheleute **Markus Klaunig und Birgit geb. Hirsch,** beide wohnhaft in **5400 Koblenz-Ehrenbreitstein.** An der Arzheimer Schanze 2. Durch Ehevertrag vom 21. 7. 1981 haben die Ehegatten Gütertrennung vereinbart.

Lahnstein, den 13. Januar 1982

Amtsgericht

3. Genossenschaftsregister

(59 417)

7470 Albstadt

Veränderung

GnR 11 – 19. 2. 1981: **Winterlinger Bank – Raiffeisen – eingetragene Genossenschaft, Sitz Winterlingen.** Fritz Maier ist aus dem Vorstand ausgeschieden.

Amtsgericht Albstadt

6550 Bad Kreuznach

(59 418)

Veränderung

GnR 338 – 24. Februar 1981: **Raiffeisenkasse Glan eG.** in **Raumbach.** Helmut Schmidt, Karl Heinrich Soffel und Klaus Gramb sind aus dem Vorstand ausgeschieden. Adolf Hey, Geschäftsführer, Raumbach, ist zum Vorstandsmitglied bestellt.

Amtsgericht Bad Kreuznach

4800 Bielefeld

(59 325)

GnR 202 – 3. 2. 1981: Firma **Volksbank Schildesche eG, Bielefeld.** Bankkaufmann Martin Rathsmann, Oerlinghausen, ist in den Vorstand gewählt. Die Prokura Martin Rathsmann ist erloschen.

4. Musterregister

(53 013)

73 MR 8942: **Gebrüder Thonet GmbH, Frankfurt am Main.** Bugholzstuhl mit geteilter Rückenlehne, Thonet-Modell Nr. 256, offen, plastisches Erzeugnis, Schutzfrist: drei Jahre, angemeldet am 15. Januar 1981, 13.40 Uhr.

5. Urheberrolle

(59 560)

8000 München

UrhR: 139: **Reinhard Grübel,** geb. 23. Januar 1948 in **Fredeburg.** Titel: „Von den natürlichen Zahlen bis zu den komplexen Zahlen . . .“ und „Über Primzahlen“ (Facharbeiten über Algebra und Zahlentheorie). Erste Veröffentlichung 5. 11. 1980, Aufsatz in der Tageszeitung „Westfalenpost“ (Mescheder Zeitung). Angemeldet am 8. 10. 1980.

Deutsches Patentamt – Urheberrechtsabt.

6. Konkurse und Vergleichsverfahren

5600 Wuppertal

45 N 61/81: Über den Nachlaß des am 9./19. 1. 1980 in Wuppertal verstorbenen, zuletzt in **5600 Wuppertal 12,** Berghauser Straße 79, wohnhaft gewesenen **Gerhard Walter Stittrich,** ist am 26. Februar 1981, 14.30 Uhr, das Konkursverfahren eröffnet worden. Konkursverwalter ist Herr Rechtsanwalt Dr. Werner Römer, Berliner Str. Nr. 167, 5600 Wuppertal 2. Anmeldefrist bis 3. März 1981. Erste Gläubigerversammlung und Prüfungstermin am 24. April 1981, 9 Uhr, vor dem Amtsgericht Wuppertal, Eiland 4, Saal 278, Altbau. Offener Arrest mit Anzeigepflicht bis 20. März 1981.

Wuppertal, den 26. Februar 1981

Amtsgericht

16

5. Löschung von Eintragungen

Entsprechen die Eintragungen **nicht mehr den Tatsachen,** so werden sie auf Antrag oder von Amts wegen gelöscht, indem sie rot unterstrichen werden.

6. Bedeutung des Handelsregisters

a) **Die Eintragungen im Handelsregister haben überwiegend rechtsbekundenden (deklaratorischen) Charakter,** d. h., sie schaffen die Voraussetzungen für klare Rechtsverhältnisse in den Beziehungen der Kaufleute untereinander oder gegenüber Dritten und beseitigen die Rechtsunsicherheit im Hinblick auf den Geltungsumfang handelsrechtlicher Bestimmungen.

b) **Das Handelsregister genießt praktisch öffentlichen Glauben.**
Ist eine **Tatsache** in das Handelsregister eingetragen und bekanntgemacht worden, so muß ein Dritter diese Tatsache gegen sich gelten lassen (z. B. der Haftungsausschuß eines Gesellschafters oder die Erteilung und der Widerruf der Prokura oder die beschränkte Haftung des Kommanditisten); dies gilt nicht bei Rechtshandlungen, die innerhalb von 15 Tagen nach Bekanntmachung vorgenommen werden, sofern der Dritte beweist, daß er die Tatsache weder kannte noch kennen mußte.

HGB
§ 15,2
§ 28,2

Das Gericht hat von Amts wegen die zur Feststellung der Tatsachen erforderlichen Ermittlungen zu führen. **Die Richtigkeit der Eintragungen wird daher vermutet.**

FGG
§ 12

c) **Das Handelsregister gewährt Schutz vor den Folgen nicht eingetragener Tatsachen.**
Solange eine in das Handelsregister einzutragende Tatsache nicht eingetragen *und* bekanntgemacht ist (z. B. Erlöschen der Prokura oder Ausscheiden eines Gesellschafters), kann sie einem Dritten, der sich auf die Richtigkeit der Nichteintragung verlassen hat, nicht entgegengehalten werden **(negative Publizität).** Dem „Schweigen des Handelsregisters kann man vertrauen".

HGB
§ 15,1

d) **Die Eintragungen im Handelsregister haben in Einzelfällen rechtsbegründenden (konstitutiven) Charakter,** zum Beispiel bei der Eintragung des Soll- und Kannkaufmanns (§§ 2 und 3 HGB), bei der Gründung der Gesellschaft mit beschränkter Haftung (§ 11, 1 GmbHG) oder der Aktiengesellschaft (§ 41, 1 AktG); die Eintragungen bezeugen nicht die Kaufmannseigenschaft bzw. die Entstehung der betreffenden Gesellschaft, sondern lassen sie erst entstehen.

e) **Die Handelsregistereintragung sichert der Firma das Firmenmonopol** (§ 30, 1 HGB).

Für die Kreditinstitute gelten ergänzend die Vorschriften des KWG. Danach dürfen Eintragungen in das Handelsregister nur vorgenommen werden, wenn dem Registergericht die gemäß § 32 KWG erteilte **Erlaubnis des Bundesaufsichtsamts** nachgewiesen ist. Führt ein sonstiges Unternehmen in seiner Firma die Bezeichnung „Bank", „Bankier", „Volksbank", „Spar- und Darlehnskasse" oder „Sparkasse" oder ist der Firma ein Zusatz beigegeben, dessen Gebrauch unzulässig ist, so hat das Registergericht die Firma oder den Zusatz zur Firma von Amts wegen zu löschen. Im übrigen ist das betreffende Unternehmen zur Unterlassung des Gebrauchs der Firma oder des Zusatzes zur Firma durch Festsetzung von Ordnungsgeld anzuhalten.

KWG
§ 43,1
§ 43,2

Die in der Rechtsform einer Genossenschaft geführten Kreditinstitute werden ins Genossenschaftsregister eingetragen.

Handelsregister - Abt. A - des Amtsgerichts Ravensburg HRA 1012

Nummer der Eintragung	a) Firma b) Ort der Niederlassung (Sitz der Gesellschaft) c) Gegenstand des Unternehmens (bei juristischen Personen)	Geschäftsinhaber Persönlich haftende Gesellschafter Vorstand Abwickler	Prokura	Rechtsverhältnisse	a) Tag der Eintragung und Unterschrift b) Bemerkungen
1	2	3	4	5	6
1	a) Bernd Kollmar und Partner Verwaltungs GmbH b) Ravensburg	Firma Bernd Kollmar und Partner Verwaltungs GmbH mit dem Sitz in Ravensburg	Inge Kollmar, geb. Weiß hat Einzelprokura, Ravensburg	Kommanditgesellschaft, die am 6. August 1986 begonnen hat. Kommanditisten: Bernd Kollmar, Finanzkaufmann, Ravensburg, mit einer Einlage von 88.000,-- DM; Karl Keller, Dipl.-Betriebswirt, Weingarten, mit einer Einlage von 12.000,-- DM.	a) 6. August 1986 [Unterschrift] b) Zu Spalte 3) HRB 844 AG Ravensburg; (Vermittlung von Immobilien, Versicherungen, Bausparverträgen und gesellschaftsrechtliche Beteiligungen)

Abbildung 1: Handelsregisterauszug Abt. A

Handelsregister - Abt. B - des Amtsgerichts Ravensburg HRB 844

Nummer der Eintragung	a) Firma b) Sitz c) Gegenstand des Unternehmens	Grundkapital oder Stammkapital DM	Vorstand Persönlich haftende Gesellschafter Geschäftsführer Abwickler	Prokura	Rechtsverhältnisse	a) Tag der Eintragung und Unterschrift b) Bemerkungen
1	2	3	4	5	6	7
1	a) Bernd Kollmar und Partner Verwaltungs GmbH b) Ravensburg c) Die Geschäftsführung der Firma Bernd Kollmar & Partner GmbH & Co.KG., die sich mit der Vermittlung von Immobilien, Versicherungen, Finanzierungen, Bausparverträgen und gesellschaftsrechtlichen Beteiligungen befaßt.	50.000,--	Bernd Kollmar, Finanzkaufmann, Ravensburg; Karl Keller, Dipl.-Betriebswirt, Weingarten	-	Gesellschaft mit beschränkter Haftung. Gesellschaftsvertrag vom 11. Juli 1986 mit Nachtrag in § 1 Abs.1 (Firma) vom 23. Juli 1986. Die Gesellschaft hat einen oder mehrere Geschäftsführer. Ist nur ein Geschäftsführer bestellt, vertritt dieser die Gesellschaft allein. Sind mehrere Geschäftsführer bestellt, so wird die Gesellschaft durch zwei Geschäftsführer gemeinschaftlich oder durch einen Geschäftsführer in Gemeinschaft mit einem Prokuristen vertreten. Alleinvertretungsbefugnis kann eingeräumt werden. Zu je alleinvertretungsberechtigten Geschäftsführern sind Bernd Kollmar, Finanzkaufmann, Ravensburg, und Karl Keller, Dipl.-Betriebswirt, Weingarten, bestellt. Sie sind befugt, die Gesellschaft bei der Vornahme von Rechtsgeschäften mit sich selbst oder als Vertreter Dritter uneingeschränkt zu vertreten.	a) 6. August 1986 [Unterschrift] b) Gesellschaftsvertrag Bl.7 Sdb.

V. Rechtsform der Unternehmung

In der Bundesrepublik Deutschland bestehen privatrechtliche und öffentlich-rechtliche Kreditinstitute nebeneinander.

Die Gruppe der **privatrechtlichen Kreditinstitute** untergliedert sich in Banken der verschiedenen vom Gesetzgeber zugelassenen Unternehmungsformen, deren Wahl den Kreditinstituten, von folgenden Ausnahmen abgesehen, grundsätzlich freisteht. Für die privaten *Hypothekenbanken* und *Schiffspfandbriefbanken* besteht die gesetzliche Vorschrift, daß sie in der Form einer Aktiengesellschaft oder Kommanditgesellschaft auf Aktien gegründet werden müssen, während Kapitalanlagegesellschaften (Investmentgesellschaften) nach § 1 Abs. 2 des Gesetzes über die Kapitalanlagegesellschaften in der Fassung vom 14. 1. 1970 lediglich in der Rechtsform der Aktiengesellschaft oder der Gesellschaft mit beschränkter Haftung betrieben werden dürfen.

Hyp
BkG
§ 2
Schiff
BkG
§ 2

Öffentlich- rechtliche Kreditinstitute sind Banken, deren Rechtsform nicht durch die Vorschriften des Privatrechts, d. h. des bürgerlichen und Handelsrechts, bestimmt wird, sondern durch öffentliches Recht. Die Bestimmungen des öffentlichen Rechts sind deshalb maßgebend, weil diese Kreditinstitute entweder **Trägern hoheitlicher Gewalt** (z. B. Staat, Land, Gemeinde, Kommunalverband) gehören oder weil ihnen durch besonderes Gesetz die Eigenschaft einer **juristischen Person des öffentlichen Rechts** verliehen worden ist.

Bei den privatrechtlichen Unternehmungen sind folgende Rechtsformen zu unterscheiden.

1. Einzelunternehmungen

Für den folgenden Abschnitt über die Einzelunternehmung ist zu beachten, daß die Ausführungen nur noch für diejenigen Bankiers gelten, die bereits vor dem 1. Mai 1976 Bankgeschäfte in der Rechtsform einer Einzelunternehmung betrieben. Mit diesem Datum wurde durch das Zweite Gesetz zur Änderung des Gesetzes über das Kreditwesen vom 24. März 1976 (BGBl. I S. 725) eine Vorschrift erlassen, die es für Kreditinstitute, die nach § 32, 1 KWG eine Erlaubnis zum Betrieb von Bankgeschäften benötigen, untersagt, die Rechtsform des Einzelkaufmanns zu wählen.

1.1 Einzelunternehmung

1.1.1 Wesen

Die Einzelunternehmung ist ein Gewerbebetrieb, dessen Inhaber

a) das **Geschäftskapital allein aufbringt,**
b) das Unternehmen **selbständig führt,**
c) das **Geschäftsrisiko allein** trägt und
d) für die Geschäftsschulden **mit seinem gesamten Vermögen,** also auch dem Privatvermögen, allein **haftet.**

1.1.2 Firma

HGB
§ 18

Die Firma eines Einzelkaufmannes muß den **Familiennamen des Inhabers** mit mindestens einem ausgeschriebenen Vornamen enthalten. Zusätze, die der Unterscheidung der Person oder des Geschäftes dienen, sind gestattet.

1.1.3 Handelsregistereintragung

§ 29

Sofern der Gewerbebetrieb des Einzelkaufmanns einen in **kaufmännischer Weise eingerichteten Geschäftsbetrieb** erfordert, ist der Inhaber verpflichtet, seine Firma bei dem zuständigen Gericht zur Eintragung in das Handelsregister anzumelden und seine Unterschriftsprobe zur Aufbewahrung beim Gericht abzugeben.

1.1.4 Auflösung

Die Einzelunternehmung erlischt

a) durch den **Tod** des Inhabers,
b) durch den **Verkauf** oder durch die Verpachtung der Unternehmung im ganzen,
c) durch die freiwillige Auflösung der Unternehmung durch den Inhaber **(Liquidation),**
d) durch die zwangsweise Auflösung der Unternehmung **(Konkurs),**
e) durch die **Umgründung** der Einzelunternehmung in eine Handelsgesellschaft.

2. Personengesellschaften

Die Personengesellschaften lassen sich allgemein durch folgende **Merkmale** kennzeichnen:

a) Das **Geschäftskapital** wird bei der Gründung der Unternehmung von zwei oder mehreren Gesellschaftern gemeinsam aufgebracht.

b) Für die **Schulden der Gesellschaft** haften mehrere Personen entweder mit ihrem gesamten Vermögen (Vollhafter) oder – bei mindestens einem Vollhafter – nur mit ihrer Kapitaleinlage (Teilhafter).

c) Zur **Geschäftsführung und** zur **Vertretung** der Gesellschaft Dritten gegenüber sind grundsätzlich alle vollhaftenden Gesellschafter berechtigt und verpflichtet.

d) Die vollhaftenden Gesellschafter dürfen ohne Einwilligung der anderen Gesellschafter weder in dem Handelszweig der Gesellschaft Geschäfte betreiben noch sich an einer anderen gleichartigen Handelsgesellschaft als persönlich haftende Gesellschafter beteiligen **(Wettbewerbsverbot).**

Zu den Personengesellschaften im **engeren Sinne** gehören die Offene Handelsgesellschaft und die Kommanditgesellschaft, im **weiteren Sinne** auch die Stille Gesellschaft und die Gesellschaft des bürgerlichen Rechts.

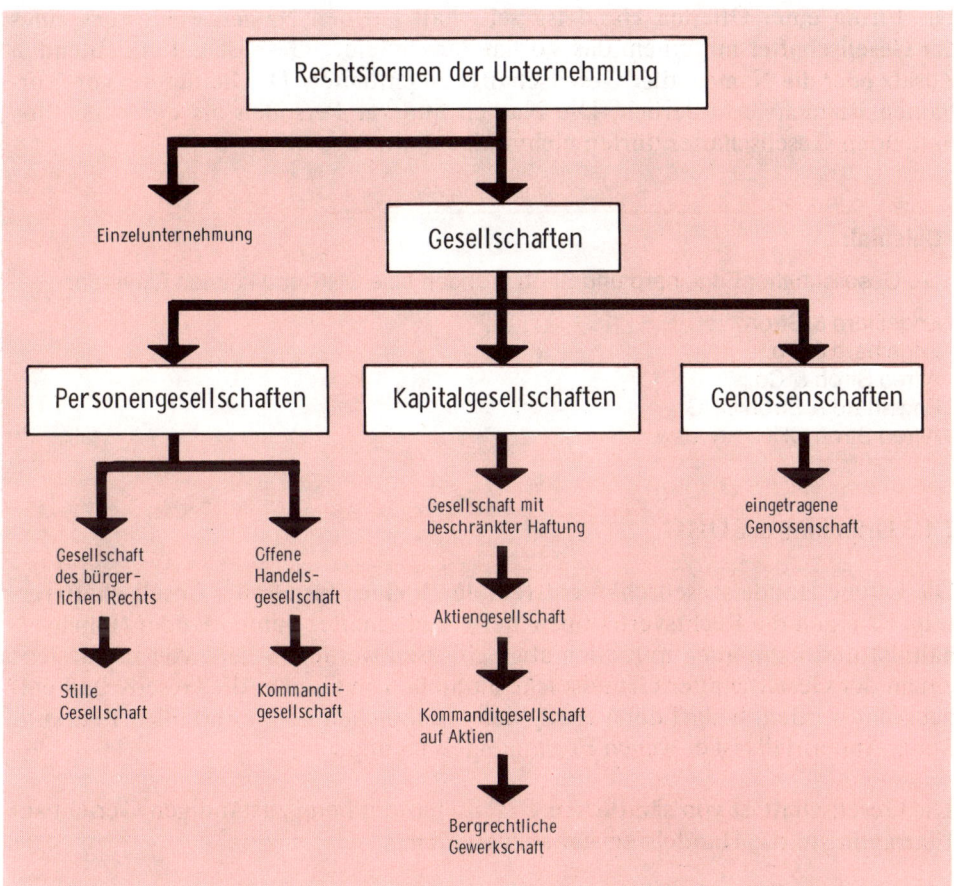

2.1 Offene Handelsgesellschaft (OHG)

2.1.1 Wesen

HGB
§ 105

Die Offene Handelsgesellschaft ist ein auf den Betrieb eines Handelsgewerbes gerichtetes Unternehmen, das von mindestens zwei Gesellschaftern unter einer gemeinschaftlichen Firma betrieben wird und bei dem alle Gesellschafter den Gesellschaftsgläubigern gegenüber unbeschränkt und gesamtschuldnerisch haften.

§ 124

Sie kann unter ihrer Firma Rechte erwerben und Verbindlichkeiten eingehen, Eigentum an Grundstücken erwerben, vor Gericht klagen und verklagt werden.

2.1.2 Firma der OHG

§ 19, 1
§ 19, 3
§ 19, 4

Die Firma einer Offenen Handelsgesellschaft hat den **Namen wenigstens eines der Gesellschafter** mit einem das Vorhandensein einer Gesellschaft andeutenden Zusatz **oder die Namen aller Gesellschafter** zu enthalten. Die Beifügung von Vornamen ist nicht erforderlich. Die Namen anderer Personen als der persönlich haftenden Gesellschafter dürfen nicht aufgenommen werden

---

Beispiel:

Die Gesellschafter Engelhard und Stroh gründen eine OHG und können firmieren:

Engelhard & Stroh;
Engelhard & Co.;
Alfred Stroh & Co.;
Engelhard & Stroh OHG;
Alfred Stroh OHG;   usw.

2.1.3 Gründung der OHG

Die Offene Handelsgesellschaft **entsteht durch einen formfreien Gesellschaftsvertrag.** Er regelt die Rechtsverhältnisse der Gesellschafter untereinander **(Innenverhältnis)** und kann auch mündlich abgeschlossen werden. Sofern von mindestens einem der Gesellschafter Grundstücke an Stelle von Geld in die Gesellschaft eingebracht werden, bedarf der Vertrag der gerichtlichen oder notariellen Beurkundung. Andernfalls ist er wegen Formmangels nichtig.

BGB
§ 313
§ 125

HGB
§ 106, 1
§ 108

Die Gesellschaft ist von **sämtlichen** Gesellschaftern beim zuständigen Gericht zur Eintragung in das Handelsregister anzumelden.

Die **Anmeldung** hat zu enthalten:

1. den **Namen,** Vornamen, Stand und Wohnort jedes Gesellschafters,
2. die **Firma** der Gesellschaft und den **Ort der Niederlassung,**
3. den **Zeitpunkt,** zu dem die Gesellschaft begonnen hat.

22

Im Verhältnis zu Dritten (Außenverhältnis) beginnt die Wirksamkeit der OHG mit der Aufnahme der Geschäfte, spätestens jedoch mit dem Zeitpunkt der Eintragung in das Handelsregister. Die Eintragung hat daher lediglich deklaratorischen Charakter. Ausnahme: Eintragung von Sollkaufleuten; hier wirkt die Eintragung konstitutiv.

HGB
§ 123

2.1.4 Rechtsverhältnisse der Gesellschafter untereinander (Innenverhältnis)

Die Rechte und Pflichten der Gesellschafter ergeben sich aus dem **Gesellschaftsvertrag.** Die Vorschriften des Handelsgesetzbuches finden nur insoweit Anwendung, als nicht vertraglich andere Regelungen getroffen sind.

a) Pflichten der Gesellschafter

aa) Die Gesellschafter haben ihre **Kapitaleinlage** nach dem Gesellschaftsvertrag in bar oder in Sachwerten zu leisten. Die Beiträge werden nach der Einlage **gemeinschaftliches Vermögen der Gesellschafter, das der gesamthänderischen Bindung unterliegt,** d.h. ein Gesellschafter kann nicht mehr über seinen Anteil am Gesellschaftsvermögen und an den einzelnen dazu gehörenden Gegenständen rechtswirksam verfügen; er ist nicht berechtigt, Teilung zu verlangen. Die Anteile der einzelnen Gesellschafter am Gesellschaftsvermögen ergeben sich aus den getrennt geführten Kapitalkonten.

BGB
§ 718, 1
§ 719, 1

ab) Kein Gesellschafter darf ohne Einwilligung der anderen in dem gleichen Handelszweig Geschäfte auf eigene Rechnung abschließen oder sich an einer anderen gleichartigen Gesellschaft als persönlich haftender Gesellschafter beteiligen **(Wettbewerbsverbot).**

HGB
§ 112, 1

Bei einem Verstoß gegen das Wettbewerbsverbot kann die Gesellschaft Schadenersatz fordern oder das Geschäft als auf Rechnung der Gesellschaft eingegangen ansehen.

§ 113, 1

Eröffnungsbilanz

Aktiva	Passiva
Gesellschaftsvermögen (= Gesamthandvermögen)	Kapital A
	Kapital B

ac) Alle Gesellschafter sind zur **Geschäftsführung** verpflichtet und haben ihre Arbeitsleistung in den Dienst der Gesellschaft zu stellen.

§ 121, 3 ad) Der **Verlust** wird in Ermangelung anderer vertraglicher Vereinbarungen **nach Köpfen verteilt** und am Ende des Geschäftsjahres von den Kapitalkonten abgesetzt.

b) Rechte der Gesellschafter

§ 114
§ 115, 1 ba) Soweit es im Gesellschaftsvertrag nicht anders geregelt ist, hat jeder Gesellschafter das **Recht zur Geschäftsführung** und ist im Innenverhältnis allein zu handeln berechtigt. Widerspricht jedoch ein anderer geschäftsführender Gesellschafter der Vornahme einer Handlung, so muß diese unterbleiben (**negatives Konsensprinzip**).

§ 115, 2 Der Gesellschaftsvertrag kann bestimmen, daß die Gesellschafter nur zusammen handeln können. In diesem Falle bedarf jedes Geschäft der Zustimmung aller geschäftsführenden Gesellschafter (**positives Konsensprinzip**).

§ 116, 1
§ 116, 2 Die **Geschäftsführungsbefugnis** erstreckt sich auf alle Handlungen, die der gewöhnliche Geschäftsbetrieb mit sich bringt. Für außergewöhnliche Geschäfte (z. B. Verkauf eines Grundstücks) ist der Beschluß aller Gesellschafter erforderlich.

§ 116, 3 Zur **Bestellung eines Prokuristen** bedarf es der Zustimmung aller **geschäftsführenden** Gesellschafter; der Widerruf der Prokura kann dagegen durch einen geschäftsführenden Gesellschafter rechtswirksam erfolgen.

§ 117 Die Befugnis zur Geschäftsführung kann einem Gesellschafter bei **grober Pflichtverletzung oder Unfähigkeit** zur ordnungsmäßigen Geschäftsführung auf Antrag der übrigen Gesellschafter durch gerichtliche Entscheidung entzogen werden.

§ 118, 1 bb) Jeder Gesellschafter kann sich, auch wenn er von der Geschäftsführung ausgeschlossen ist, über den Gang der Geschäfte der Gesellschaft **persönlich unterrichten,** die Handelsbücher und die Papiere der Gesellschaft einsehen und sich aus ihnen eine Bilanz anfertigen (**Kontrollrecht**).

§ 121, 1 bc) Jeder Gesellschafter hat einen **Anspruch auf einen Anteil am Jahresgewinn.** Die Gewinnverteilung richtet sich nach dem Gesellschaftsvertrag. Besteht keine vertragliche Vereinbarung, so erhält jeder Gesellschafter zunächst 4% Zinsen auf seinen Kapitalanteil, der Rest wird nach Köpfen verteilt. Reicht der Jahresgewinn für die Verzinsung nicht aus, so ist ein entsprechend niedrigerer Satz zu wählen.

§ 122, 1 bd) Jeder Gesellschafter ist zur **Kapitalentnahme** berechtigt, und zwar bis zur Höhe von 4% seines für das letzte Geschäftsjahr festgesellten Kapitalanteils, gleichgültig, ob ein Gewinn erzielt wurde oder nicht. Darüber hinaus kann er nur noch die **Auszahlung des auf ihn entfallenden Pro-Kopf-Anteils vom Gewinn** des letzten Geschäftsjahres verlangen.

Der Gewinnanteil wird den Kapitalkonten der Gesellschafter am Jahresende zugeschrieben.

Beispiel:

Ein Gewinn von 65 200,– DM ist entsprechend den gesetzlichen Bestimmungen zu verteilen

Gesellschafter	Kapitalanteil	4% Zinsen	Kopfanteil	Insgesamt
A	30 000,–	1 200,–	20 000,–	21 200,–
B	45 000,–	1 800,–	20 000,–	21 800,–
C	55 000,–	2 200,–	20 000,–	22 200,–
	130 000,–	5 200,–	60 000,–	65 200,–

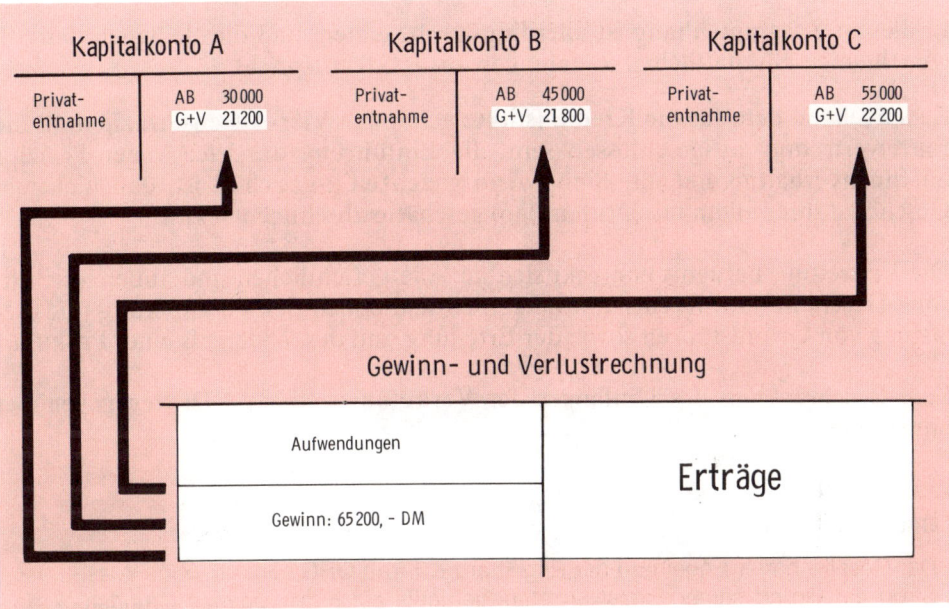

Die schwarzen Zahlen stellen die Kapitalbestände dar (Anfangsbestände ÷ Entnahmen + nichtentnommene Gewinnanteile), die weiß unterlegten Zahlen sind die Kapitalzuwächse.

2.1.5 Rechtsverhältnisse der Gesellschafter zu Dritten (Außenverhältnis)

Während für das Innenverhältnis in erster Linie die Vereinbarungen im Gesellschaftsvertrag gelten, sind in bezug auf die Rechtsbeziehungen der Gesellschafter zu Dritten ausschließlich die **gesetzlichen Vorschriften** maßgebend.

a) Vertretung der Gesellschaft

Die Vertretungsmacht eines Gesellschafters bezieht sich auf seine Fähigkeit, rechts-verbindliche Willenserklärungen für die Gesellschaft abzugeben.

HGB
§ 125

Bei der OHG besteht **grundsätzlich Einzelvertretungsbefugnis,** d.h. jeder Gesellschafter ist zur Vertretung der Gesellschaft ermächtigt.

Abweichungen von diesem Grundsatz kann der Gesellschaftsvertrag in folgenden Fällen vorsehen:

1. Alle oder mehrere Gesellschafter sind nur gemeinsam zur Vertretung ermächtigt (**Gesamtvertretung**).

2. Die einzelnen Gesellschafter sind nur in Gemeinschaft mit einem Prokuristen zur Vertretung ermächtigt (**sogenannte unechte Gesamtvertretung**).

3. Ein Gesellschafter kann von der Vertretungsbefugnis ausgeschlossen sein.

Dritten gegenüber sind diese Vereinbarungen jedoch nur wirksam, wenn sie in das Handelsregister eingetragen und bekanntgemacht worden sind.

In diesem Zusammenhang ist allerdings zu beachten, daß dies lediglich den allgemeinen gesellschaftlichen Regelungen des HGB entspricht.

Entsprechend dem für die Kreditinstitute geltenden Vier-Augen-Prinzip muß die Einzelvertretung ausgeschlossen sein, die Einführung des Vier-Augen-Prinzips im Innenverhältnis hat nur Sinn, wenn gleichzeitig gesichert ist, daß nicht ein Geschäftsführer allein mit Dritten Bankgeschäfte abschließen kann.

§ 126, 1

Die Vertretungsbefugnis erstreckt sich auf alle gerichtlichen und außergerichtlichen Geschäfte und Rechtshandlungen einschließlich der Veräußerung und Belastung von Grundstücken sowie der Erteilung und des Widerrufs einer Prokura.

§ 126, 2

Eine **Beschränkung** des Umfanges der Vertretungsmacht ist **Dritten gegenüber unwirksam.**

Beispiel:

Der Gesellschafter Engelhard der Engelhard & Stroh OHG verkauft ohne Wissen des Stroh auf Grund seiner Einzelvertretungbefugnis ein firmeneigenes Grundstück an den Käufer K., obwohl er dazu auf Grund des Gesellschaftsvertrages nicht befugt ist.

Engelhard geht zwar mit der Vornahme dieser Handlung über seine für das Innenverhältnis geltenden Befugnisse hinaus, der Käufer K aber wird rechtmäßiger Eigentümer des Grundstücks (**Außenverhältnis**).

Im **Innenverhältnis** kann nunmehr der Gesellschafter Stroh gegen gegen Engelhard wegen grober Pflichtverletzung (§ 117 HGB) vorgehen und ihn gegebenenfalls auf Schadenersatz in Anspruch nehmen.

§ 127
§ 117

Außerdem können dem Gesellschafter Engelhard die Vertretungsmacht und die Geschäftsführungsbefugnis auf Antrag des Stroh durch gerichtliche Entscheidung entzogen werden.

---

b) Haftung der Gesellschafter

Die Gesellschafter haften für die Verbindlichkeiten der Gesellschaft den Gläubigern gegenüber

unbeschränkt,
(d.h. mit dem gesamten Geschäfts- und Privatvermögen),

HGB
§ 105, 1

gesamtschuldnerisch,
(ein Gläubiger kann sich wegen einer ihm zustehenden Forderung nach seiner Wahl an die OHG oder/und an irgendeinen Gesellschafter wenden),

§ 128
BGB
§ 421

unmittelbar
(der Gläubiger muß nicht zuerst gegen die Gesellschaft vorgehen, sondern kann die Zahlung unmittelbar von einem der Gesellschafter verlangen).

HGB
§ 128

Wer **in eine bestehende Gesellschaft eintritt,** haftet wie die anderen Gesellschafter für die vor seinem Eintritt entstandenen Verbindlichkeiten der Gesellschaft, ohne Rücksicht darauf, ob die Firma geändert wird oder nicht.

§ 130, 1

Eine **Beschränkung der Haftung** ist zwar im Innenverhältnis möglich, Dritten gegenüber jedoch **unwirksam.**

§ 128

Bei einem **Ausscheiden aus der Gesellschaft** haftet der ausscheidende Gesellschafter noch 5 Jahre für die bis dahin begründeten Verbindlichkeiten, sofern nicht der Anspruch gegen die Gesellschaft einer kürzeren Verjährung unterliegt.

§ 159, 1

2.1.6 Auflösung der OHG

Die Offene Handelsgesellschaft wird aufgelöst

§ 131

(1) durch den **Ablauf der Zeit,** für die der Gesellschaftsvertrag gelten soll;

(2) durch **Beschluß der Gesellschafter,**

(3) durch die **Eröffnung des Konkurses** über das Vermögen der Gesellschaft;

(4) durch den **Tod eines Gesellschafters,** sofern der Gesellschaftsvertrag keine andere Regelung vorsieht;

(5) durch die **Eröffnung des Konkurses über das Vermögen eines Gesellschafters;**

(6) **durch Kündigung eines Gesellschafters** (nur zum Schluß eines Geschäftsjahres mit sechsmonatiger Kündigungsfrist);

§ 132

(7) durch **gerichtliche Entscheidung auf Antrag** eines Gesellschafters, z.B. wegen grober Pflichtverletzung.

§ 133, 1
§ 133, 2

Nach der Auflösung der Gesellschaft findet die **Liquidation** statt, sofern nicht eine andere Art der Auseinandersetzung (z.B. Veräußerung an Gesellschafter oder

§ 145, 1

Dritte, Einbringung in eine AG, GmbH oder KGaA, Naturalteilung, d. h. jeder übernimmt einen Teil des Geschäftes) vereinbart oder über das Gesellschaftsvermögen der Konkurs eröffnet wurde. Das nach Begleichung der Schulden verbleibende Vermögen ist nach dem Verhältnis der sich aus der Schlußbilanz ergebenden Kapitalanteile unter die Gesellschafter zu verteilen.

2.2 Kommanditgesellschaft (KG)

2.2.1 Wesen

§ 161, 1

Die Kommanditgesellschaft ist ein auf den Betrieb eines Handelsgewerbes gerichtetes Unternehmen, das von zwei oder mehreren Gesellschaftern betrieben wird und bei dem mindestens ein Gesellschafter den Gesellschaftsgläubigern gegenüber unbeschränkt haftet (Komplementär), während bei mindestens einem weiteren Gesellschafter sich die Haftung auf den Betrag einer bestimmten Vermögenseinlage beschränkt (Kommanditist).

§ 161, 2   Für die Rechtsverhältnisse der Komplementäre im Innen- und Außenverhältnis sowie für die Gründung und den Beginn der KG finden die OHG-Vorschriften entsprechende Anwendung.

2.2.2 Firma der KG

§ 19, 2
§ 19, 3
§ 19, 4

Die Firma einer Kommanditgesellschaft hat den **Namen wenigstens eines persönlich haftenden Gesellschafters** mit einem das Vorhandensein einer Gesellschaft andeutenden Zusatz zu enthalten. Die Beifügung von Vornamen ist nicht erforderlich. Der Name eines Kommanditisten darf in die Firma nicht aufgenommen werden.

Beispiele:

Bankhaus Hermann Lampe KG, Bielefeld, Georg Hauck & Sohn, Frankfurt am Main, Merck, Fink & Co., München

---

Auf Grund der Firma kann man nicht immer entscheiden, ob es sich bei dem betreffenden Unternehmen um eine OHG oder KG handelt.

2.2.3 Anmeldung zur Eintragung in das Handelsregister (vgl. Abb. S. 18)

§ 162, 1

§ 162, 2

Die Kommanditgesellschaft ist wie die OHG von allen Gesellschaftern beim zuständigen Gericht zur Eintragung in das Handelsregister anzumelden. Die Kommanditisten müssen als solche im Handelsregister bezeichnet werden. **Die Eintragung hat ferner den Betrag der Einlage jedes Kommanditisten zu enthalten.** Bei der Bekanntmachung der Eintragung wird jedoch nur die Zahl der Kommanditisten angegeben, nicht deren Name, Stand, Wohnort und Höhe der Einlage.

Die **Erhöhung** sowie die **Herabsetzung einer Einlage** sind gleichfalls zur Eintragung anzumelden; Einzelheiten der Veränderung werden jedoch nicht bekanntgemacht.

HGB
§ 175
§ 161,2

Hat die Gesellschaft mit ihren Geschäften begonnen, bevor sie in das Handelsregister eingetragen ist, so haftet jeder Kommanditist, der dem Geschäftsbeginn zugestimmt hat, für die bis zur Eintragung begründeten Verbindlichkeiten der Gesellschaft gleich einem persönlich haftenden Gesellschafter, es sei denn, daß seine Beteiligung als Kommanditist dem Gläubiger bekannt war.

§ 176,1

2.2.4 Rechtsverhältnisse der Gesellschafter untereinander (Innenverhältnis)

Die Rechte und Pflichten der Gesellschafter ergeben sich **in Ermangelung abweichender Bestimmungen** des Gesellschaftsvertrages (= Vertragsfreiheit) aus folgenden Vorschriften des Handelsgesetzbuches:

§ 163

a) Die Kommanditisten sind von der **Geschäftsführung** ausgeschlossen; sie können einer Handlung der persönlich haftenden Gesellschafter nur widersprechen, wenn die Handlung über den gewöhnlichen Betrieb des Handelsgewerbes der Gesellschaft hinausgeht.

§ 164

b) das **Wettbewerbsverbot** gilt **nicht für die Kommanditisten.**

§ 165

c) Das **Kontrollrecht** der Kommanditisten ist auf den Anspruch beschränkt, die Jahresbilanz einzusehen und ihre Richtigkeit anhand der Bücher und Papiere zu prüfen.

§ 166,1

d) Der **Anteil am Gewinn** beläuft sich wie bei der OHG zunächst auf 4% der Kapitaleinlage. Übersteigt der Gewinn den dafür erforderlichen Betrag, so wird der Rest in einem **angemessenen Verhältnis** verteilt. Um Auseinandersetzungen zu vermeiden, regelt man die Gewinnverteilung im Gesellschaftsvertrag.

§ 168

e) Der Kommanditist hat einen **Anspruch auf Auszahlung des Gewinns,** sobald der Betrag der von ihm zu leistenden Einlage voll eingezahlt ist.

§ 169,1

f) Am **Verlust** nimmt der Kommanditist nur bis zum Betrag seines Kapitalanteils und seiner noch rückständigen Einlage teil.

§ 167,3

2.2.5 Vertretung der Gesellschaft

Der **Kommanditist** ist zur Vertretung der Gesellschaft **nicht ermächtigt.** Bei entgegenstehenden Vereinbarungen und Handlungen haftet der Kommanditist wie ein Komplementär. (**Möglichkeit:** Ernennung eines Kommanditisten zum Prokuristen.)

§ 170

2.2.6 Haftung der Kommanditisten

Der Kommanditist haftet **nur mit seiner Einlage;** von den Gläubigern kann er jedoch unmittelbar nur insoweit zur Zahlung herangezogen werden, als er seine

§ 171,1
§ 173,1

Einlage noch nicht geleistet hat. Wer in eine bereits bestehende Handelsgesellschaft als Kommanditist eintritt, haftet mit der von ihm übernommenen Einlage auch für die vor seinem Eintritt begründeten Verbindlichkeiten der Gesellschaft, gleichgültig, ob die Firma geändert wird oder nicht.

2.2.7 Auflösung der KG

HGB
§ 177

Die für die OHG genannten Auflösungsgründe gelten auch für die Kommanditgesellschaft. Beim Tod eines Kommanditisten erfolgt jedoch keine Auflösung.

2.3 Stille Gesellschaft

2.3.1 Wesen

§ 335, 1

Die Stille Gesellschaft ist dadurch gekennzeichnet, daß sich ein Kapitalgeber an dem Handelsgewerbe eines Kaufmanns mit einer Vermögenseinlage beteiligt, die nach außen nicht in Erscheinung tritt.

Die **Beteiligung geht in das Vermögen des Inhabers über** (z. B. Auflassung und Eintragung eines Grundstücks auf seinen Namen); es entsteht kein Miteigentum am Vermögen.

Die **Firma bleibt unverändert.** Es erfolgt keine Handelsregistereintragung. Der Eintritt eines stillen Gesellschafters in eine Gesellschaft ist möglich. Mehrere stille Gesellschafter bilden mit dem Inhaber mehrere Stille Gesellschaften.

Beispiel:

Vier Kinder erben von ihrem Vater ein bestehendes Handelsgeschäft. Nur ein Kind übernimmt das Geschäft und die Firma. Seine Geschwister bleiben stille Gesellschafter.

2.3.2 Rechtsbeziehungen innerhalb der Stillen Gesellschaft und gegenüber Dritten

BGB
§ 705

a) Die **Pflicht zur Einlage** erfolgt aus den Vorschriften des bürgerlichen Rechts über die Gesellschaft. Die Einlage dient der Erreichung des Gesellschaftszweckes.

§ 708
§ 277

b) Das **Recht zur Geschäftsführung und Vertretung** steht allein dem Inhaber zu. Dieses Recht ist unentziehbar. Eine **Gleichstellung im Innenverhältnis** ist möglich, außergewöhnliche Geschäfte bedürfen in jedem Falle der Zustimmung des stillen Gesellschafters. Der Inhaber hat die Sorgfalt walten zu lassen, welche er in eigenen Angelegenheiten anzuwenden pflegt *(diligentia quam in suis);* andernfalls ist er zum Ersatz eines evtl. entstandenen Schadens verpflichtet.

c) Der stille Gesellschafter übernimmt keine **Haftung den Gesellschaftsgläubigern gegenüber.** Der Inhaber wird aus allen in dem Betriebe geschlossenen Geschäften **allein** berechtigt und verpflichtet.

HGB
§ 335, 2

d) Das **Kontrollrecht des stillen Gesellschafters** erstreckt sich wie bei einem Kommanditisten auf den Anspruch, die Jahresbilanz einzusehen und ihre Richtigkeit an Hand der Bücher und Papiere zu prüfen.

§ 338, 1

e) Sofern im Gesellschaftsvertrag der **Anteil am Gewinn und Verlust** nicht bestimmt ist, gilt ein den Umständen nach angemessener Anteil als vereinbart.

§ 336, 1

Während im Gesellschaftsvertrag die Beteiligung am Gewinn nicht ausgeschlossen werden kann, ist es möglich, den stillen Gesellschafter an einem Verlust nicht zu beteiligen. **In diesem Falle hat die Stille Gesellschaft eher den Charakter eines langfristigen Gläubigerverhältnisses als den eines Gesellschaftsverhältnisses,** weil das Risiko des stillen Gesellschafters auf ein Mindestmaß reduziert wird. Die Gläubigerstellung des stillen Gesellschafters wird dadurch unterstrichen, daß er beim **Konkurs des Inhabers** seine Forderungen als Konkursgläubiger geltend machen kann.

§ 336, 2

§ 341, 1

Der Anteil am Gewinn unterliegt der **Kapitalertragsteuer.** Sie wird vom Inhaber einbehalten und an das zuständige Finanzamt abgeführt.

EStG
§ 43, 1

2.3.3 Auflösung der Stillen Gesellschaft

Für die Auflösung der Stillen Gesellschaft gelten die bei der OHG genannten Gründe. Durch den Tod des stillen Gesellschafters wird die Gesellschaft nicht aufgelöst.

HGB
§ 339, 2

2.4 Gesellschaft des bürgerlichen Rechts

2.4.1 Wesen und Bedeutung

Die Gesellschaft des bürgerlichen Rechts hat den Charakter einer Gelegenheitsgesellschaft, die sehr häufig vorübergehend zum Zwecke der gemeinsamen Abwicklung eines Geschäftes gegründet wird.

Beispiele:
Kredit-, Emissions-, Börseneinführungs- und Kurspflegekonsortien bei den Banken, Arbeitsgemeinschaften von Bauunternehmungen oder Versicherungen bei Großaufträgen.

2.4.2 Rechte und Pflichten der Gesellschafter

Durch den **Gesellschaftsvertrag** verpflichten sich die Gesellschafter gegenseitig, die Erreichung eines gemeinsamen Zieles in der durch den Vertrag bestimmten Weise zu fördern, insbesondere die vereinbarten Beiträge zu leisten.

BGB
§ 705

BGB	Die **Beiträge** und die für die Gesellschaft erworbenen Werte werden gemein-
§ 718, 1	schaftliches Vermögen der Gesellschafter, das der gesamthänderischen Bindung
§ 719	unterliegt.

§ 709   Die **Geschäftsführung** und die **Vertretungsbefugnis** stehen allen Gesellschaftern gemeinschaftlich zu. Für jedes Geschäft ist die Zustimmung aller Gesellschafter erforderlich (positives Konsensprinzip), sofern nicht im Gesellschaftsvertrag eine andere Regelung getroffen wurde.

§ 427   Für die **Verbindlichkeiten** der Gesellschaft haften die Gesellschafter gesamtschuldnerisch.

§ 722, 1   Sind die Anteile der Gesellschafter am **Gewinn und Verlust** nicht bestimmt, so hat jeder Gesellschafter ohne Rücksicht auf die Art und die Höhe seines Beitrages einen gleichen Anteil am Gewinn und Verlust.

§ 726   Die **Gesellschaft wird aufgelöst,** wenn der vereinbarte Zweck erreicht oder dessen
§ 727, 1   Erreichung unmöglich geworden ist, ferner durch den Tod und den Konkurs eines Gesellschafters.

§ 723, 1   Ist die Gesellschaft nicht für eine bestimmte Zeit eingegangen, so kann jeder Gesellschafter zu jeder Zeit kündigen. Ist eine Zeitdauer bestimmt, so ist die **Kündigung** *vor* dem *Ablauf der Zeit* nur zulässig, wenn ein wichtiger Grund vorliegt,
§ 723, 2   andernfalls ist den übrigen Gesellschaftern der durch die unzeitige Kündigung entstandene Schaden zu ersetzen.

Die für die BGB-Gesellschaft geltenden Vorschriften finden auch für die OHG und KG Anwendung, wenn im HGB oder im Gesellschaftsvertrag nichts anderes festgelegt ist.

Aufgaben:

I. 1. Welche Unterschiede bestehen zwischen der OHG und KG im Hinblick auf die Geschäftsführung und Vertretung der Gesellschaft?
   2. Wann beginnen OHG und KG im Innen- und Außenverhältnis?
   3. Wie ist es mit der Haftung eines Gesellschafters, der in eine bereits bestehende Gesellschaft in der Rechtsform einer
     a) Offenen Handelsgesellschaft,
     b) Kommanditgesellschaft als Kommanditist eintritt, und in welchem Umfange und wie lange haftet ein Gesellschafter nach seinem Austritt aus der Gesellschaft?
   4. Was versteht man unter der gesamtschuldnerischen, unmittelbaren und unbeschränkten Haftung bei der OHG?
   5. Inwiefern unterscheidet sich das Kontrollrecht des Kommanditisten von dem eines von der Geschäftsführung ausgeschlossenen OHG-Gesellschafters?
   6. In welchen Fällen haftet der Kommanditist wie ein Komplementär?
   7. Bei welchen Gesellschaften gilt das positive oder das negative Konsensprinzip?
   8. Wie haftet ein stiller Gesellschafter den Gesellschaftsgläubigern gegenüber?

II. Entwerfen Sie einen Gesellschaftsvertrag
   1. für eine OHG,
   2. für eine KG,
   3. für eine Stille Gesellschaft.

III. K ist Komplementär einer Kommanditgesellschaft, an der S mit einer Einlage von 20 000,– DM als Kommanditist beteiligt ist. Die Gesellschaft gerät in Zahlungsschwierigkeiten und schuldet u. a. dem Kaufmann B, der Kunde Ihrer Bank ist, noch 8000,– DM. B erfährt, daß S auf die von ihm übernommene Einlage bisher erst 10 000,– DM eingezahlt hat. –

B fragt nunmehr bei Ihrer Bank an, ob er S unmittelbar in Anspruch nehmen könne.
1. Beantworten Sie die Anfrage Ihres Kunden!
2. Wie müßte das Antwortschreiben lauten, wenn S als stiller Gesellschafter an dem Unternehmen des K beteiligt wäre?

3. Kapitalgesellschaften

3.1 Aktiengesellschaft (AG)

Rechtsgrundlagen für die Aktiengesellschaft sind das Aktiengesetz sowie das Einführungsgesetz zum Aktiengesetz vom 6. September 1965 (BGBl. I, Nr. 48, S. 1089). Beide Gesetze sind am 1. Januar 1966 in Kraft getreten.

3.1.1 Wesen

Die Aktiengesellschaft ist eine Gesellschaft mit eigener Rechtspersönlichkeit (juristische Person), die zu jedem gesetzlich zulässigen Zweck errichtet werden kann und an der sich die Gesellschafter mit Einlagen auf das in Aktien zerlegte Grundkapital beteiligen. Für die Verbindlichkeiten der Gesellschaft haftet den Gläubigern nur das Gesellschaftsvermögen. | AktG § 1

Die Aktiengesellschaft gilt als Handelsgesellschaft, auch wenn der Gegenstand des Unternehmens nicht im Betrieb eines Handelsgewerbes besteht. | § 3

3.1.2 Firma

Die Firma der Aktiengesellschaft ist in der Regel dem **Gegenstand des Unternehmens** zu entnehmen (**Sachfirma**). Sie muß die Bezeichnung „Aktiengesellschaft" enthalten. Führt die Aktiengesellschaft die Firma eines auf sie übergegangenen Handelsgeschäftes fort, so muß sie die Bezeichnung „Aktiengesellschaft" in die Firma aufnehmen. | § 4

3.1.3 Kapital und Aktien

Der Mindestnennbetrag des Grundkapitals ist 100 000,– Deutsche Mark. Der Mindestnennbetrag der Aktien ist 50,– Deutsche Mark. Aktien über einen geringeren Nennbetrag sind nichtig. Höhere Aktiennennbeträge müssen auf volle hundert DM lauten (Mindestkapital bei Banken: vgl. S. 63) | § 7 § 8,1 § 8,2

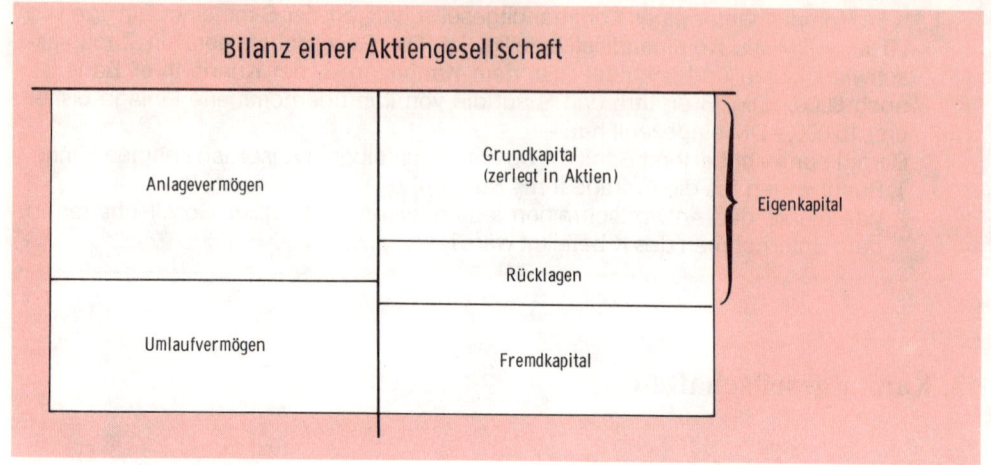

Bilanz einer Aktiengesellschaft

Anlagevermögen	Grundkapital (zerlegt in Aktien)	Eigenkapital
	Rücklagen	
Umlaufvermögen	Fremdkapital	

AktG
§ 8,3
Die Aktien sind unteilbar.

§ 9
Für einen geringeren Betrag als den Nennbetrag dürfen Aktien nicht ausgegeben werden (**Verbot der Unter-pari-Emission**), die Ausgabe für einen höheren Betrag ist zulässig (**Nennbetrag + Aufgeld (Agio) = Ausgabebetrag**). Das Aufgeld muß in

§ 150,2
der Bilanz in die gesetzliche Rücklage eingestellt werden und ist Bestandteil des Eigenkapitals der Unternehmung.

§ 10,1
Die Aktien können auf den Inhaber (Inhaberaktien) oder auf den Namen (Na-

§ 10,2
mensaktien) lauten. Sie müssen auf den Namen lauten, wenn sie vor der vollen

§ 151,1
Einzahlung des Nennbetrages oder des höheren Ausgabebetrages ausgegeben werden. Die noch ausstehenden Einlagen auf das Grundkapital sind auf der Aktivseite der Bilanz gesondert auszuweisen.

§ 11
Die Aktien können verschiedene Rechte gewähren, namentlich bei der Verteilung des Gewinns und des Gesellschaftsvermögens (**Stamm- und Vorzugsaktien**). Aktien mit gleichen Rechten bilden eine Gattung.

§ 12,1
Grundsätzlich gewährt jede Aktie dem Aktionär ein **Stimmrecht.** Vorzugsaktien

§ 12,2
können nach den Vorschriften des Aktiengesetzes als Aktien ohne Stimmrecht ausgegeben werden. Die Ausgabe von **Mehrstimmrechtsaktien** ist nur zulässig, wenn die für die Fragen der Wirtschaft zuständige oberste Behörde des Landes, in dem die Gesellschaft ihren Sitz hat, zugestimmt hat und die Mehrstimmrechte zur Wahrung überwiegender gesamtwirtschaftlicher Belange erforderlich sind (z. B. Elektrizitätsgesellschaften).

3.1.4 Gründung der Aktiengesellschaft

§ 2
An der **Feststellung des Gesellschaftsvertrages (der Satzung)** müssen sich **minde-**

§ 23,1
stens fünf Personen beteiligen, welche Aktien gegen Einlagen übernehmen. Der Vertrag bedarf der gerichtlichen oder notariellen Beurkundung.

In dieser *Urkunde* sind der Nennbetrag, der Ausgabebetrag und – bei mehreren Aktiengattungen – die Gattung anzugeben, die jeder Gründer übernimmt.

AktG § 23,2 § 23,3

Die Satzung muß ferner bestimmen

1. die **Firma** und den **Sitz** der Gesellschaft;

2. den **Gegenstand** des Unternehmens;

3. die **Höhe des Grundkapitals**

4. die **Nennbeträge der** einzelnen Aktien, die **Zahl der Aktien** jeden Nennbetrags und – gegebenenfalls – die **Gattung der einzelnen Aktien**;

5. die **Zusammensetzung des Vorstandes**;

§ 23,4

6. die **Form der Bekanntmachungen** der Gesellschaft.

§ 25

Werden bei der Aufbringung der Kapitals Sacheinlagen geleistet oder bereits vorhandene Anlagen übernommen (**Sachübernahme**), so müssen in der Satzung der Gegenstand der Sacheinlage oder der Sachübernahme und die Person, von der die Gesellschaft den Gegenstand erwirbt sowie der Nennbetrag der bei der Sacheinlage zu gewährenden Aktien oder die bei der Sachübernahme zu gewährende Vergütung festgesetzt werden.

§ 27,1

Mit der Übernahme aller Aktien durch die Gründer gilt – nach dem Aktiengesetz – **die Gesellschaft als errichtet** (vgl. dazu aber S. 5).

§ 29

Die Gründer haben den ersten Aufsichtsrat und die Abschlußprüfer für das erste Geschäftsjahr zu bestellen. Der Aufsichtsrat bestellt den ersten Vorstand.

§ 30,1

Über den Hergang der Gründung ist von den Gründern ein schriftlicher Bericht zu erstatten (**Gründungsbericht**). Die Mitglieder des Vorstands und des Aufsichtsrats sowie ein oder mehrere vom Gericht nach Anhörung der Industrie- und Handelskammer bestellte(r) Gründungsprüfer haben dann den Hergang der Gründung zu überprüfen. Der Prüfungsbericht wird dem Gericht, dem Vorstand und der Industrie- und Handelskammer eingereicht und kann von jedermann eingesehen werden.

§ 32 § 33,1 § 33,3 § 34,3

3.1.5 Anmeldung zum Handelsregister

Die Gesellschaft ist von *allen Gründern* und Mitgliedern des Vorstands und Aufsichtsrats beim Gericht zur Eintragung in das Handelsregister anzumelden. Die Anmeldung darf erst erfolgen, wenn auf jede Aktie mindestens ein Viertel des Nennbetrages und bei Ausgabe von Aktien für einen höheren Nennbetrag auch der Mehrbetrag ordnungsgemäß eingezahlt worden ist (vgl. § 54 Abs. 3 AktG).

§ 36,1 § 36,2

Vor der Eintragung in das Handelsregister besteht die Aktiengesellschaft **als solche** nicht (= **nichtrechtsfähiger Verein**). Wer vor der Eintragung der Gesellschaft in ihrem Namen handelt, haftet persönlich; handeln mehrere, so haften sie als Gesamtschuldner.

§ 41,1 BGB § 54

3.1.6 Rechtsverhältnisse der Gesellschaft und der Gesellschafter

a) Leistung der Einlage

AktG
§ 54, 1
Die Pflicht der Aktionäre zur Leistung der Einlagen wird durch den Nennbetrag oder den höheren Ausgabebetrag der Aktien begrenzt.

§ 55, 1
Daneben kann die Satzung den Aktionären die Verpflichtung auferlegen, außer den Einlagen auf das Grundkapital wiederkehrende, nicht in Geld bestehende Leistungen zu erbringen, wenn die Übertragung der Aktien an die Zustimmung der Gesellschaft gebunden ist (**vinkulierte Namensaktien**).

§ 63
Die Aktionäre haben die Einlagen nach Aufforderung durch den Vorstand einzuzahlen. Wird der eingeforderte Betrag nicht rechtzeitig eingezahlt, ist er vom Eintritt der Fälligkeit an **mit 5% p. a.** zu verzinsen. Die Satzung kann **für den Fall nicht rechtzeitiger Einzahlung Vertragsstrafen** festsetzen.

§ 64, 1

§ 64, 4
Außerdem kann den säumigen Aktionären eine Nachfrist zur Einzahlung mit der Androhung gesetzt werden, daß sie nach Fristablauf ihrer Aktien und der geleisteten Einzahlungen zugunsten der Gesellschaft für verlustig erklärt werden (**Kaduzierung**). An Stelle der alten Urkunden werden neue ausgegeben, die außer den geleisteten Teilzahlungen den noch rückständigen Betrag anzugeben haben.

§ 57, 1
§ 57, 2
Den Aktionären dürfen die Einlagen nicht zurückgewährt werden, Zinsen dürfen weder zugesagt noch ausgezahlt werden.

Eine Rückgewähr von Einlagen bedeutet Zahlungen an die Aktionäre aus dem Grundkapital; dadurch würde das Grundkapital vermindert und könnte gegenüber den Gläubigern der Aktiengesellschaft keine Sicherungsfunktion mehr übernehmen. Denn in dem Maße, wie das Grundkapital vermindert würde, könnten (auch fremdfinanzierte) Aktiva zur Ausschüttung gelangen, das Schuldendeckungspotential würde vermindert.

§ 58, 5
Es entspricht daher dem Gläubigerschutzgedanken, daß vor der Auflösung der Gesellschaft nur der Bilanzgewinn an die Aktionäre verteilt werden darf. Deshalb ist auch eine Zusage der Verzinsung von Einlagen nichtig, weil diese Zusage zur Ausschüttung führen könnte, ohne daß ein Bilanzgewinn vorliegt.

b) Anteil am Gewinn

§ 58, 4
Die Aktionäre haben einen Anspruch auf die **Auszahlung des Bilanzgewinns,** soweit er nicht nach dem Gesetz, der Satzung oder durch einen Beschluß der Hauptversammlung von der Verteilung unter die Aktionäre ausgeschlossen ist (s. gegenüberliegende Seite).

Den formalen Akt, durch den der vom Vorstand aufgestellte (entworfene) Jahresabschluß gebilligt wird, bezeichnet man als die **Feststellung des Jahresabschlusses.** Diese Billigung schließt ein, daß der im vorliegenden Jahresabschluß ausgewiesene Bilanzgewinn ebenfalls festgestellt ist. Der maximal an die Aktionäre zu verteilende Betrag liegt damit fest. Wichtig ist hier, wer den Jahresabschluß feststellt: Im Regelfall sind dies Aufsichtsrat und Vorstand, im Ausnahmefall stellt die Hauptversammlung den Jahresabschluß fest. Stellen Vorstand und Aufsichtsrat den Jahresabschluß fest, dann können sie einen Teil des Überschusses der Rechnungsperiode, höchstens jedoch die Hälfte, in die freien Rücklagen einstellen. Die Satzung kann höhere Beträge zulassen. Diese Vorschrift trägt dem Wunsch der Aktionäre nach Ausschüttung Rechnung, sie sollen nicht „ausgehungert" werden. Hier kann die Hauptversammlung den Jahresabschluß nur insofern noch beeinflussen, als sie aus dem Bilanzgewinn eine höhere **Rücklagendotierung** beschließt. `AktG § 58,2` `§ 58,3`

Stellt indessen die Hauptversammlung den Jahresabschluß fest, so kann ein Riegel gegen zu hohe Ausschüttungen in der Weise vorgeschoben werden, daß in die Satzung eine Bestimmung aufgenommen wird, nach der Teile des Jahresabschlusses (höchstens jedoch die Hälfte) in die freien Rücklagen einzustellen sind. `§ 58,1`

Die Satzung kann zudem den Vorstand ermächtigen, nach Ablauf des Geschäftsjahres **auf den voraussichtlichen Bilanzgewinn einen Abschlag** in Höhe der Hälfte des Betrages an die Aktionäre zu zahlen, der von dem Jahresüberschuß nach Abzug der Beträge verbleibt, die nach Gesetz oder Satzung in die offene Rücklage einzustellen sind. Der Abschlag darf allerdings – aus Vorsichtsgründen – die Hälfte des vorjährigen Bilanzgewinns nicht übersteigen. – Die Zahlung bedarf der Zustimmung des Aufsichtsrats. `§ 59`

Die Anteile der Aktionäre am Gewinn bestimmen sich nach dem Verhältnis der Aktiennennbeträge. `§ 60,1`

Steht eine Aktie mehreren Berechtigten zu, so können sie die Rechte aus der Aktie nur durch einen gemeinschaftlichen Vertreter ausüben. Für die Leistungen auf die Aktien haften sie als Gesamtschuldner. `§ 69,1` `§ 69,2`

c) Erwerb eigener Aktien

Die Gesellschaft *darf* eigene Aktien erwerben, `§ 71,1`

1. wenn der Erwerb notwendig ist, **um einen schweren Schaden von der Gesellschaft abzuwenden,**

2. wenn die Aktien den **Arbeitnehmern** der Gesellschaft zum Erwerb angeboten werden sollen,

3. wenn der Erwerb geschieht, um Aktionäre nach § 305 Abs. 2 oder § 320 Abs. 5 AktG abzufinden,

4. wenn auf die Aktien der Nennbetrag **oder der höhere** Ausgabebetrag voll geleistet ist **und der Erwerb unentgeltlich** geschieht oder die Gesellschaft mit dem Erwerb ein **Kommissionsgeschäft** ausführt,

5. durch **Gesamtrechtsnachfolge,**

6. **auf Grund eines Beschlusses der Hauptversammlung** zur Einziehung von Aktien nach den Vorschriften über die Herabsetzung des Grundkapitals.

Der Gesamtnennbetrag der zu den Zwecken nach Ziff. 1 bis 3 erworbenen Aktien darf jedoch zusammen 10% des Grundkapitals nicht übersteigen.

AktG § 71, 6	**Aus den eigenen Aktien stehen der Gesellschaft keine Rechte zu.** Gleiches gilt für Aktien, die einem anderen für Rechnung der Gesellschaft gehören.

d) Ausstellung neuer Urkunden bei Verlust und Beschädigung

§ 72, 1	Ist eine Aktie *abhanden gekommen oder vernichtet*, so kann die Urkunde im Wege des *Aufgebotsverfahrens* gemäß den Vorschriften der Zivilprozeßordnung für kraftlos erklärt und durch eine neue ersetzt werden.
§ 74	Ist eine Aktie so *beschädigt oder verunstaltet*, daß die Urkunde zum Umlauf nicht mehr geeignet ist, hat der Berechtigte das Recht, die Erteilung einer neuen Urkunde gegen Aushändigung der alten zu verlangen. Die Kosten hat er zu tragen und vorzuschießen.

3.1.7 Verfassung der Aktiengesellschaft

Die Aktiengesellschaft hat drei Organe:

(1) den **Vorstand**, der die Unternehmung leitet,
(2) den **Aufsichtsrat**, der die Geschäftsführung des Vorstandes überwacht,
(3) die **Hauptversammlung**, die die Interessen der Aktionäre vertritt.

a) Vorstand

aa) Rechtsstellung und Aufgaben

§ 76, 1 § 76, 2 § 84, 1	Der Vorstand hat **unter eigener Verantwortung** die Gesellschaft zu leiten. Er kann aus einer oder mehreren Personen bestehen und wird **für die Dauer von höchstens fünf Jahren vom Aufsichtsrat bestellt.** Eine wiederholte Bestellung ist zulässig.
§ 88, 1 § 88, 2	Die Vorstandsmitglieder dürfen *ohne Einwilligung des Aufsichtsrats* weder ein Handelsgewerbe betreiben noch im Geschäftszweig der Gesellschaft für eigene oder fremde Rechnung Geschäfte tätigen. Bei einem Verstoß gegen dieses Verbot kann die Gesellschaft Schadenersatz fordern.
§ 91 § 90, 1 § 120, 3 § 92, 1	Der Vorstand hat dafür zu sorgen, daß die erforderlichen **Handelsbücher** geführt werden, er muß dem Aufsichtsrat über die beabsichtigte Geschäftspolitik und über den Gang der Geschäfte berichten. Er hat alljährlich in den ersten acht Monaten des Geschäftsjahres den **Jahresabschluß**, den **Geschäftsbericht** und den **Bericht des Aufsichtsrats** der Hauptversammlung vorzulegen. Ergibt sich bei Aufstellung der Jahresbilanz oder einer Zwischenbilanz, daß ein **Verlust in Höhe der Hälfte des Grundkapitals** entstanden ist, so hat der Vorstand unverzüglich die Hauptversammlung einzuberufen und ihr dies anzuzeigen.
§ 92, 2	Wird die **Gesellschaft zahlungsunfähig**, so hat der Vorstand ohne schuldhaftes Verzögern, spätestens aber *drei Wochen nach Eintritt der Zahlungsunfähigkeit*, die Eröffnung des Konkursverfahrens oder des gerichtlichen Vergleichsverfahrens zu beantragen.

ab) Geschäftsführung und Vertretung

Die Vorstandsmitglieder haben bei ihrer Geschäftsführung die Sorgfalt eines ordentlichen und gewissenhaften Geschäftsleiters anzuwenden. Sie vertreten die Gesellschaft *gerichtlich und außergerichtlich.*

AktG
§ 93, 1
§ 78, 1

Besteht der Vorstand aus mehreren Personen, so sind **sämtliche Vorstandsmitglieder nur gemeinschaftlich zur Geschäftsführung** und **zur Vertretung der Gesellschaft befugt.** Die Satzung kann abweichende Regelungen enthalten, sie darf jedoch nicht zulassen, daß in bezug auf die Geschäftsführung die Mehrheit der Mitglieder des Vorstands von einer Minderheit überstimmt wird (**Kollegialprinzip**).

§ 77, 1

§ 77, 2

Ist eine Willenserklärung gegenüber der Gesellschaft abzugeben, so genügt die Abgabe gegenüber einem Vorstandsmitglied.

§ 78, 2

Gesamtvertretung und unechte Gesamtvertretung sind zulässig (s. OHG).

Die Vorstandsmitglieder *zeichnen für die Gesellschaft,* indem sie der Firma der Gesellschaft oder der Benennung des Vorstandes ihre Namensunterschrift hinzufügen.

§ 79

Auf allen Geschäftsbriefen müssen alle Vorstandsmitglieder und der Vorsitzende des Aufsichtsrats mit dem Familiennamen und mindestens einem ausgeschriebenen Vornamen sowie der Sitz der Gesellschaft angegeben werden. Hat der Aufsichtsrat ein Mitglied zum Vorsitzenden des Vorstands ernannt, so ist er als solcher zu bezeichnen.

§ 80, 1

§ 84, 2

Jede **Änderung** des Vorstands oder **der Vertretungsbefugnis** eines Vorstandsmitglieds hat der Vorstand zur Eintragung in das Handelsregister anzumelden. Die neuen Vorstandsmitglieder haben ihre Namensunterschrift zur Aufbewahrung beim Gericht zu zeichnen.

§ 81, 1

§ 81, 3

Eine **Beschränkung der Vertretungsbefugnis** des Vorstands ist außer in den Fällen der Gesamtvertretung und der unechten Gesamtvertretung *nur im Innenverhältnis* wirksam.

§ 82

Vorstandsmitglieder, die ihre Pflichten verletzen, können vom Aufsichtsrat abberufen werden und sind gegebenenfalls der Gesellschaft zum Ersatz des daraus entstandenen Schadens als Gesamtschuldner verpflichtet.

§ 84, 3
§ 93, 2

ac) Gewinnbeteiligung der Vorstandsmitglieder

Den Vorstandsmitgliedern kann für ihre Tätigkeit eine Beteiligung am Gewinn gewährt werden (**Tantieme**).

§ 86, 1

AktG § 86,2	**Der Anteil am Jahresgewinn wird berechnet von dem Jahresüberschuß, vermindert um einen Verlustvortrag aus dem Vorjahr und um die Beträge, die nach Gesetz oder Satzung aus dem Jahresüberschuß in offene Rücklagen einzustellen sind.** Entgegenstehende Festsetzungen sind nichtig.

§ 87,1 Der Aufsichtsrat hat der Festsetzung der **Gesamtbezüge** des einzelnen Vorstandsmitglieds (Gehalt, Gewinnbeteiligung, Aufwandsentschädigungen, Versicherungsentgelte, Provisionen und Nebenleistungen jeder Art) dafür zu sorgen, daß diese Bezüge in einem angemessenen Verhältnis zu den Aufgaben der Vorstandsmitglieder und zur Lage der Gesellschaft stehen.

§ 160,3 Die Gesamtbezüge der Vorstandsmitglieder sind im Geschäftsbericht anzugeben.

b) Aufsichtsrat

ba) Zusammensetzung und persönliche Voraussetzungen der Aufsichtsratsmitglieder

§ 95 **Der Aufsichtsrat besteht aus mindestens drei Mitgliedern.** Die Satzung kann eine höhere Zahl festsetzen, sie muß jedoch durch 3 teilbar sein. Die **Höchstzahl der Aufsichtsratsmitglieder** beträgt bei Gesellschaften mit einem Grundkapital

bis zu	**3 000 000,– DM neun,**
von mehr als	**3 000 000,– DM fünfzehn,**
von mehr als	**20 000 000,– DM einundzwanzig.**

Abweichende Vorschriften enthält das **Mitbestimmungsgesetz vom 21. 5. 1951,** das für Unternehmen des Bergbaus und der Eisen und Stahl erzeugenden Industrie gilt.

In Verbindung mit den Vorschriften des **Betriebsverfassungsgesetzes sind folgende Möglichkeiten der Zusammensetzung des Aufsichtsrats gegeben:**

1. Der Aufsichtsrat besteht nach § 76,1 Betriebsverfassungsgesetz 1952 in der Fassung des § BetrVG vom 15. 1. 1972

   zu ⅔ aus Vertretern der Aktionäre, die von der Hauptversammlung für vier Jahre gewählt werden,

   zu ⅓ aus Arbeitnehmervertretern;

2. der Aufsichtsrat besteht bei Familienaktiengesellschaften mit weniger als 500 Arbeitnehmern **nur aus Vertretern der Aktionäre;**

3. der Aufsichtsrat besteht nach dem Mitbestimmungsgesetz vom 1. 7. 1976 (§ 7,1)

   a) bei Unternehmen mit in der Regel mehr als 2000 – 10 000 Arbeitnehmern aus, **je sechs Vertretern der Aktionäre und der Arbeitnehmer,**

40

b) bei Unternehmen mit mehr als 10 000, aber weniger als 20 000 Arbeitnehmern aus **je acht Vertretern der Arbeitnehmer und der Aktionäre,**

c) bei Unternehmen mit in der Regel mehr als 20 000 Arbeitnehmern aus **je zehn Vertretern der Arbeitnehmer und der Aktionäre.**

Das Problem der Stimmengleichheit bei Beschlüssen wird in der Weise gelöst, daß bei einer wegen Stimmengleichheit wiederholten Abstimmung und erneuter Stimmengleichheit dem Aufsichtsratsvorsitzenden eine zweite Stimme zusteht. Kommt es bei der Wahl des Aufsichtsratsvorsitzenden im Aufsichtsrat zu keiner Einigung, dann wählt die Gruppe der Aktionärsvertreter isoliert den Vorsitzenden, während die Gruppe der Arbeitnehmervertreter den Stellvertreter wählt. Dieser hat bei Stimmengleichheit im Aufsichtsrat jedoch keine zweite Stimme (§§ 27,1; 27,2; 29).

Mitglied des Aufsichtsrats kann nur eine natürliche, unbeschränkt geschäftsfähige Person sein.

AktG § 100,1

Mitglied des Aufsichtsrats kann nicht sein,

§ 100,2

1. **wer bereits in 10 Handelsgesellschaften** oder bergrechtlichen Gewerkschaften **Aufsichtsratsmitglied ist** (bis zu fünf Sitze in Konzern-Tochtergesellschaften werden nicht angerechnet),

2. wer **gesetzlicher Vertreter eines** von der Gesellschaft **abhängigen Unternehmens** ist,

3. wer Vorstandsmitglied oder Geschäftsführer einer anderen Kapitalgesellschaft ist, deren Aufsichtsrat ein Vorstandsmitglied der Aktiengesellschaft angehört („**Überkreuzverflechtung**").

Ein Aufsichtsratsmitglied kann nicht zugleich Vorstandsmitglied, dauernd Stellvertreter von Vorstandsmitgliedern, Prokurist oder Generalbevollmächtigter der Gesellschaft sein. Der Vorstand muß jeden Wechsel der Aufsichtsratsmitglieder unverzüglich in den Gesellschaftsblättern bekanntmachen und die Bekanntmachung zum Handelsregister einreichen.

§ 105,1

§ 106

bb) Aufgaben und Rechte

Der Aufsichtsrat hat die Geschäftsführung des Vorstands zu überwachen. Er kann die Bücher und Schriften der Gesellschaft, die Gesellschaftskasse und die Bestände an Wertpapieren und Waren einsehen und prüfen und für bestimmte Aufgaben besondere Sachverständige beauftragen.

§ 111,1

§ 111,2

Die Satzung kann bestimmen, daß bestimmte Arten von Geschäften nur mit Zustimmung des Aufsichtsrats vorgenommen werden dürfen.

§ 111,3

Vorstandsmitgliedern gegenüber vertritt der Aufsichtsrat die Gesellschaft gerichtlich und außergerichtlich.

§ 112

41

AktG § 116 § 117	Bei **Verletzung der** erforderlichen **Sorgfaltspflicht** sowie bei *mißbräuchlicher Benutzung seines Einflusses* auf die Gesellschaft ist das Aufsichtsratsmitglied der Gesellschaft und den Aktionären zum Ersatz des daraus entstandenen Schadens verpflichtet.
§ 113, 1 § 113, 3	Die **Vergütung** für die Aufsichtsratsmitglieder ist entweder in der Satzung festgesetzt oder wird von der Hauptversammlung bewilligt. Wird den Aufsichtsratsmitgliedern ein Anteil am Jahresgewinn der Gesellschaft gewährt, so berechnet sich der Anteil vom **Bilanzgewinn, vermindert um mindestens 4% Dividende auf das Aktienkapital.** Entgegenstehende Festsetzungen sind nichtig.
§ 160, 3	Die Gesamtbezüge des Aufsichtsrats sind im Geschäftsbericht gesondert auszuweisen. Die Veröffentlichung der Gesamtbezüge des Aufsichtsrats und des Vorstandes im Rahmen des Jahresabschlusses soll es der interessierten Öffentlichkeit ermöglichen, die Angemessenheit dieser Bezüge abzuschätzen.

c) Hauptversammlung

ca) Rechte der Hauptversammlung

§ 118, 1	In der Hauptversammlung üben die Aktionäre ihre Rechte in den Angelegenheiten der Gesellschaft aus.
§ 119	Die Hauptversammlung beschließt in den *im Gesetz und in der Satzung* ausdrücklich bestimmten Fällen, namentlich über
	1. die **Bestellung der** von den Aktionären zu entsendenden **Aufsichtsratsmitglieder;**
§ 174	2. die **Verwendung des Bilanzgewinns** (sie ist dabei an den festgestellten Jahresabschluß gebunden); Vorstand und Aufsichtsrat können allerdings auch beschließen (s. o.), die Feststellung des Jahresabschlusses der Hauptversammlung, zu überlassen; bei ihrer Beschlußfassung ist sie dabei an die im Gesetz und in der Satzung genannten Bestimmungen gebunden;
§ 120	3. die **Entlastung** der Mitglieder des Vorstands und des Aufsichtsrats; die Entlastung enthält keinen Verzicht auf Ersatzansprüche;
§ 164	4. die **Bestellung der Abschußprüfer** (Wirtschaftsprüfer);
§ 179 ff.	5. **Satzungsänderungen** mit einer ¾-Mehrheit des bei der Beschlußfassung vertretenen Grundkapitals;
§ 192 ff. § 202 ff.	6. Maßnahmen der **Kapitalbeschaffung** und der **Kapitalherabsetzung**, namentlich über eine **bedingte Kapitalerhöhung** und über das **genehmigte Kapital** mit einer ¾-Mehrheit des bei der Beschlußfassung vertretenen Grundkapitals;

42

7. die **Bestellung von Sonderprüfern** zur Prüfung von Vorgängen bei der Gründung oder der Geschäftsführung;

AktG § 142

8. die **Auflösung der Gesellschaft** mit einer ¾-Mehrheit des bei der Beschlußfassung vertretenen Grundkapitals.

Über Fragen der Geschäftsführung kann die Hauptversammlung nur entscheiden, wenn der Vorstand es verlangt.

§ 119, 2

cb) Einberufung und Mitteilungen

Die Hauptversammlung ist vom Vorstand in den durch Gesetz oder Satzung bestimmten Fällen sowie dann einzuberufen, wenn das **Wohl der Gesellschaft** es erfordert (vgl. z. B. S. 38 unten).

§ 121, 1

Die Einberufung ist in den Gesellschaftsblättern zusammen mit der Tagesordnung und den Vorschlägen zur Beschlußfassung bekanntzumachen. **Die Einberufungsfrist beträgt einen Monat.** Darüber hinaus wird allen Kreditinstituten die **Weiterleitung von Mitteilungen** an die Aktionäre (etwaige Anträge und Wahlvorschläge von Aktionären einschließlich des Namens des Aktionärs, der Begründung und einer etwaigen Stellungnahme der Verwaltung) mit einigen im Aktiengesetz näher bezeichneten Einschränkungen zur Pflicht gemacht, und zwar unabhängig davon, ob der Depotkunde das Stimmrecht selbst ausüben will oder durch die Bank wahrnehmen läßt. Grundsätzlich haben sich die Kreditinstitute von den Interessen der Aktionäre leiten zu lassen.

§ 124, 1

§ 123, 1
§ 125, 1
§ 128, 1

Will das Kreditinstitut das **Stimmrecht für** seine **Depotkunden in der Hauptversammlung** der Gesellschaft ausüben bzw. ausüben lassen, so hat es dem Kunden eigene Vorschläge für die Abstimmung mitzuteilen und die Aktionäre um Erteilung von Weisungen zu bitten. Diesem Schreiben ist ein bestimmtes **Formblatt** beizufügen, auf dem der Aktionär seine Weisungen erteilt, sofern er es zu den einzelnen Tagesordnungspunkten nicht bereits schriftlich getan hat. Verzichtet der Kunde auf eigene Weisungen, so wird das Stimmrecht entsprechend den mitgeteilten Vorschlägen ausgeübt. Darauf ist der Aktionär *ausdrücklich* hinzuweisen.

§ 128, 2

Gehört ein Vorstandsmitglied des Kreditinstituts dem Aufsichtsrat der Gesellschaft an oder ein Vorstandsmitglied der Gesellschaft dem Aufsichtsrat des Kreditinstituts, so hat die Bank auch dies bekanntzugeben.

Entsprechende Vorschriften gelten für die Aktionärsvereinigungen.

Durch Rechtsverordnung hat die Bundesregierung vorgeschrieben, daß die Gesellschaft den Kreditinstituten und den Aktionärsvereinigungen die entstehenden Aufwendungen ersetzt.

cc) Auskunftsrecht des Aktionärs

AktG
§ 131, 1   Jedem Aktionär ist auf Verlangen in der Hauptversammlung vom Vorstand Auskunft über die Angelegenheiten der Gesellschaft zu geben, wenn sie zur sachgemäßen Beurteilung des jeweiligen Punktes der Tagesordnung erforderlich ist.

§ 131, 3   **Der Vorstand darf die Auskunft nur verweigern,**

1. wenn der Gesellschaft durch die Erteilung der Auskunft ein **nicht unerheblicher Nachteil** entstehen könnte;

2. wenn sich die Auskunft auf **steuerliche Wertansätze** oder die Höhe einzelner Steuern bezieht;

3. wenn nach den **stillen Reserven** der Gesellschaft gefragt wird; dies gilt jedoch nicht, wenn die Hauptversammlung den Jahresabschluß feststellt;

4. wenn die Auskunft sich auf **Bewertungs- und Abschreibungsmethoden** bezieht, die im Geschäftsbericht bereits mit hinreichender Klarheit dargelegt sind; auch hierüber muß Auskunft gegeben werden, wenn die Hauptversammlung den Jahresabschluß feststellt;

5. wenn der Vorstand sich durch die **Erteilung strafbar** machen würde.

§ 131, 5   Wird einem Aktionär die Auskunft nicht erteilt, so kann er verlangen, daß seine Frage und der Grund der **Auskunftsverweigerung** in die Niederschrift über die Verwendung aufgenommen werden.

§ 132, 1   Ob die Voraussetzungen für die Verweigerung der Auskunft vorliegen, entscheidet auf Antrag des Aktionärs das zuständige Landgericht. Wird dem Antrag
§ 132, 4   stattgegeben, so ist die Auskunft auch außerhalb der Hauptversammlung zu geben.

cd) Stimmrecht

§ 133, 1   Die Beschlüsse der Hauptversammlung bedürfen der Mehrheit der abgegebenen Stimmen (**einfache Stimmenmehrheit**), soweit nicht Gesetz oder Satzung etwas anderes vorsehen.

§ 134, 1   **Das Stimmrecht wird nach Aktiennennbeträgen ausgeübt.** Für den Fall, daß einem Aktionär mehrere Aktien gehören, kann die Satzung das Stimmrecht durch Festsetzung eines Höchstbetrags oder von Abstufungen beschränken (z. B. VW-Werk). Diese Beschränkungen können jedoch nicht für einzelne Aktionäre angeordnet werden.

§ 135, 1   Ein Kreditinstitut darf das Stimmrecht für seine Depotkunden nur ausüben oder ausüben lassen, wenn es dazu schriftlich bevollmächtigt ist (**Depotstimmrecht**).
§ 135, 2   Die Vollmacht darf nur einem bestimmten Kreditinstitut für **längstens 15 Monate** erteilt werden und ist jederzeit widerruflich. Untervollmachten für Personen,
§ 135, 3   die nicht Angestellte der Depotbank sind, darf das bevollmächtigte Kreditinstitut nur erteilen, wenn sie in der Vollmacht ausdrücklich gestattet sind und die Bank am Ort der Hauptversammlung keine Niederlassung hat.

In jedem Falle hat der Aktionär aber das Recht, zu den einzelnen Punkten der Tagesordnung Weisungen zu erteilen.

44

In der eigenen Hauptversammlung darf das bevollmächtigte Institut das Stimmrecht auf Grund der Vollmacht nur ausüben, wenn der Aktionär eine **ausdrückliche Weisung** zu den einzelnen Gegenständen der Tagesordnung erteilt hat.

AktG
§ 135, 1

Jeder Beschluß der Hauptversammlung ist durch eine Niederschrift gerichtlich oder notariell zu beurkunden. **Bei jeder Hauptversammlung muß** daher **ein Notar den Hergang der HV protokollieren.**

§ 130, 1

3.1.8 Rechnungslegung und Gewinnverwendung

Der Vorstand hat in den ersten drei Monaten des Geschäftsjahres für das vergangene Geschäftsjahr die Jahresbilanz und die Gewinn- und Verlustrechnung (**Jahresabschluß**) sowie den Geschäftsbericht aufzustellen und den Abschlußprüfern vorzulegen. Der Jahresabschluß hat den Grundsätzen ordnungsmäßiger Buchführung zu entsprechen (vgl. § 26 a und b KWG).

§ 148

§ 149, 1

Die Bilanz und die Gewinn- und Verlustrechnung sind entsprechend den Gliederungs- und Bewertungsvorschriften des Aktiengesetzes zu erstellen. Für Kreditinstitute in der Rechtsform der AG gelten besondere Formblätter.

EGAktG
§ 17, 1

Sind nach dem Ergebnis der Prüfung keine Einwendungen gegen den Jahresabschluß zu erheben, so wird er mit einem **Bestätigungsvermerk des Abschlußprüfers** versehen und dem Aufsichtsrat zugeleitet. Billigt der Aufsichtsrat den Jahresabschluß, so ist dieser festgestellt, sofern nicht die Feststellung der Hauptversammlung überlassen wird.

AktG
§ 167, 1
§ 170, 1
§ 172

Über die **Verwendung des Bilanzgewinns** beschließt dann die Hauptversammlung. In dem Beschluß sind anzugeben:

§ 174

1. der **Bilanzgewinn**

2. der an die Aktionäre **auszuschüttende Betrag,**

3. die in **offene Rücklagen** einzustellenden Beträge,

4. ein **Gewinnvortrag,**

5. der **zusätzliche Aufwand** auf Grund des Beschlusses.

3.1.9 Geschäftsbericht

Im Geschäftsbericht sind im **allgemeinen Teil** der Geschäftsverlauf und die Lage der Gesellschaft darzulegen. Ferner ist über die Vorgänge von besonderer Bedeutung zu berichten, die nach dem Schluß des Geschäftsjahres eingetreten sind.

§ 160, 1

Im **besonderen Teil** ist der Jahresabschluß zu erläutern. Die Bewertungs- und Abschreibungsmethoden sind so vollständig anzugeben, daß ein möglichst sicherer Einblick in die *Vermögens- und Ertragslage* der Gesellschaft vermittelt wird. Darüber hinaus muß der Geschäftsbericht eine Reihe von im Aktiengesetz näher bezeichneten Angaben enthalten (z. B. den Bestand an eigenen Aktien, das Bestehen wechselseitiger Beteiligungen, das genehmigte Kapital, aus der Jahresbilanz nicht ersichtliche Haftungsverhältnisse usw.).

§ 160, 2

§ 160, 3

3.1.10 Bekanntmachung des Jahresabschlusses

AktG
§ 177, 1
§ 177, 2
Unverzüglich nach der Hauptversammlung hat der Vorstand den festgestellten Jahresabschluß mit Bestätigungsvermerk und den Geschäftsbericht nebst dem Bericht des Aufsichtsrats dem zuständigen **Registergericht** zuzustellen. Ferner ist der Jahresabschluß in den Gesellschaftsblättern bekanntzumachen und die Bekanntmachung zum Handelsregister einzureichen.

3.1.11 Auflösung

§ 262
Die Aktiengesellschaft wird aufgelöst

1. durch **Ablauf** der in der Satzung bestimmten Zeit;

2. durch **Beschluß der Hauptversammlung** (mit einer ¾-Mehrheit des bei der Beschlußfassung vertretenen Grundkapitals);

3. durch **Eröffnung des Konkursverfahrens** über das Vermögen der Gesellschaft;

4. mit der Rechtskraft eines Beschlusses, durch den **das Konkursverfahren „mangels Masse" abgelehnt** wird;

5. mit der Rechtskraft einer Verfügung des Registergerichts, durch welche ein Mangel der Satzung festgestellt worden ist.

§ 264, 1
§ 265, 1
§ 263
Nach der Auflösung findet die **Abwicklung** statt, die grundsätzlich von den Mitgliedern des Vorstands der Gesellschaft vorgenommen wird. Der Vorstand hat die Auflösung der Gesellschaft zur Eintragung in das Handelsregister anzumelden.

3.2 Kommanditgesellschaft auf Aktien (KGaA)

3.2.1 Wesen

§ 278
Die Kommanditgesellschaft auf Aktien ist eine Gesellschaft mit eigener Rechtspersönlichkeit, bei der mindestens ein Gesellschafter den Gesellschaftsgläubigern unbeschränkt haftet (persönlich haftender Gesellschafter) und die übrigen an dem in Aktien zerlegten Grundkapital beteiligt sind, ohne persönlich für die Verbindlichkeiten der Gesellschaft zu haften (Kommanditaktionäre).

Die Rechtsbeziehungen der persönlich haftenden Gesellschafter untereinander und gegenüber der Gesamtheit der Kommanditaktionäre sowie gegenüber Dritten, namentlich die Befugnis der persönlich haftenden Gesellschafter zur Geschäftsführung und Vertretung der Gesellschaft, bestimmen sich nach den **Vorschriften des Handelsgesetzbuches über die Kommanditgesellschaft.**

Im übrigen gelten für die KGaA die **Vorschriften über die Aktiengesellschaft** sinngemäß.

§ 279, 1
Die **Firma** soll wie bei der AG dem Gegenstand des Unternehmens entnommen werden. Sie muß die Beziehung „Kommanditgesellschaft auf Aktien" enthalten.

3.2.2 Organe der KGaA

Die **Vorstandsfunktion** wird durch die persönlich haftenden Gesellschafter ausgeübt. Sie leiten und vertreten die Gesellschaft in eigener Verantwortung.

AktG
§ 282 f.

Der **Aufsichtsrat** führt die von den Kommanditaktionären in der Hauptversammlung gefaßten Beschlüsse aus und vertritt die Kommanditaktionäre dem Vorstand gegenüber. Persönlich haftende Gesellschafter können nicht Aufsichtsratsmitglieder sein.

§ 287

Die **Hauptversammlung** beschließt stets über den Jahresabschluß. Die persönlich haftenden Gesellschafter haben in der Hauptversammlung *nur ein Stimmrecht für ihre eigenen Aktien* und können das Stimmrecht weder für sich noch für ander ausüben bei Beschlußfassung über

§ 286, 1
§ 285, 1

1. Wahl und Abberufung des Aufsichtsrats;

2. die Entlastung der persönlich haftenden Gesellschafter und der Mitglieder des Aufsichtsrats;

3. die Bestellung von Sonderprüfern;

4. die Geltendmachung von Ersatzansprüchen;

5. den Verzicht auf Ersatzansprüche;

6. die Wahl von Abschlußprüfern.

3.2.3 Jahresabschluß

Der Beschluß über die Feststellung des Jahresabschlusses bedarf der *Zustimmung der persönlich haftenden Gesellschafter.* In der Jahresbilanz sind die Kapitalanteile der persönlich haftenden Gesellschafter nach dem Posten „Grundkapital" gesondert auszuweisen. In der Gewinn- und Verlustrechnung dagegen ist ein gesonderter Ausweis des auf die Kapitalanteile der persönlich haftenden Gesellschafter entfallenden Gewinns bzw. Verlustes nicht erforderlich.

§ 286, 1
§ 286, 2
§ 286, 3

3.3 Gesellschaft mit beschränkter Haftung (GmbH)

Rechtsgrundlage für die GmbH ist das Gesetz, betr. die Gesellschaften mit beschränkter Haftung vom 20. April 1982 i.d.F. der Bekanntmachung vom 20. Mai 1898 mit verschiedenen Änderungen (GmbHG), zuletzt geändert durch Gesetz vom 4. Juli 1980 – in Kraft ab 1. Januar 1981 –.

3.3.1 Wesen

Die Gesellschaft mit beschränkter Haftung ist eine Handelsgesellschaft mit eigener Rechtspersönlichkeit, die zu jedem gesetzlich zulässigen Zweck durch ein oder mehrere Personen errichtet werden kann. Für die Verbindlichkeiten der Gesellschaft haftet den Gläubigern nur das Gesellschaftsvermögen.

GmbHG
§ 13

Im Gegensatz zur Aktiengesellschft beträgt das **Mindestkapital** nur 50 000 DM (**Stammkapital**), die **Mindesteinlage** eines Gesellschafters ist mit 500 DM festgesetzt (**Stammeinlage**). – Mindestkapital bei Banken: vgl. S. 63.

§ 5, 1

3.3.2 Firma

GmbHG Die Firma der GmbH kann dem Gegenstand des Unternehmens entnommen
§ 4 werden oder den Namen wenigstens eines Gesellschafters mit einem das Gesell-
schaftsverhältnis andeutenden Zusatz enthalten. In jedem Falle muß die Bezeichnung „mit beschränkter Haftung" aufgenommen werden.

3.3.3 Gründung

§ 2 **Der Gesellschaftsvertrag bedarf der notariellen Form.** Er ist von sämtlichen Gesellschaftern zu unterzeichnen. Die Unterzeichnung durch Bevollmächtigte ist
nur auf Grund einer notariell errichteten oder beglaubigten Vollmacht zulässig.

§ 5,3 Der Betrag der **Stammeinlage** kann für die einzelnen Gesellschafter verschieden
§ 5,2 hoch, er muß jedoch in Deutscher Mark durch hundert teilbar sein. Kein Gesellschafter kann bei der Gründung mehrere Stammeinlagen übernehmen.

§ 5,4 Sollen **Sacheinlagen** geleistet werden, so müssen der Gegenstand der Sacheinlagen und der Betrag der Stammeinlage, auf die sich die Sacheinlage bezieht, im
Gesellschaftsvertrag festgesetzt werden.

Die Gesellschafter haben in einem Sachgründungsbericht die für die Angemessenheit der Leistungen für Sacheinlagen wesentlichen Umstände darzulegen und
beim Übergang eines Unternehmens auf die Gesellschaft die Jahresergebnisse
der beiden letzten Geschäftsjahre anzugeben.

3.3.4 Anmeldung zum Handelsregister

§ 7 Die Gesellschaft ist beim zuständigen Gericht zur Eintragung in das Handelsregister anzumelden. Diese **Anmeldung darf aber erst erfolgen, wenn auf jede
Stammeinlage,** soweit nicht Sacheinlagen vereinbart sind, **mindestens ein Viertel
eingezahlt ist. Insgesamt** muß auf das Stammkapital mindestens so viel eingezahlt sein, daß der Gesamtbetrag der eingezahlten Geldeinlagen zuzüglich des
Gesamtbetrags der Stammeinlagen, für die Sacheinlagen zu leisten sind,
25 000 DM erreicht.

Die Sacheinlagen sind vor der Anmeldung der Gesellschaft zur Eintragung in
das Handelsregister so an die Gesellschaft zu bewirken, daß sie endgültig zur
freien Verfügung der Geschäftsführer stehen.

§ 11 **Vor der Eintragung** in das Handelsregister **besteht die Gesellschaft als solche
nicht** (= nichtrechtsfähiger Verein). Ist vor der Eintragung im Namen der Gesellschaft gehandelt worden, so haften die Handelnden persönlich und solidarisch.

3.3.5 Rechtsverhältnisse der Gesellschaft und der Gesellschafter

a) Einlage- und Nachschußpflicht

GmbHG

Die Pflicht der Gesellschafter zur Leistung der Einlage ergibt sich aus dem Gesellschaftsvertrag. **Der Geschäftsanteil jedes Gesellschafters bestimmt sich nach dem Betrag der von ihm übernommenen Stammeinlage.** Von der Verpflichtung zur Leistung können die Gesellschafter außer im Falle der Herabsetzung des Stammkapitals nicht befreit werden. Zahlt ein Gesellschafter den auf die Stammeinlage eingeforderten Betrag nicht rechtzeitig ein, so muß er Vorzugszinsen entrichten und kann wie bei der Aktiengesellschaft nach erneuter Aufforderung zur Zahlung durch das **Kaduzierungsverfahren** seiner Geschäftsanteile und der geleisteten Einzahlungen für verlustig erklärt werden.

§ 3, 1
§ 14
§ 19

§ 20

§ 21 ff.

Im Gesellschaftsvertrag kann bestimmt werden, daß die Gesellschafter über den Betrag der Stammeinlagen hinaus die Einforderung von weiteren Einzahlungen beschließen können. Dabei kann es sich um eine auf einen bestimmten Betrag **beschränkte oder** um eine **unbeschränkte Nachschußpflicht** handeln.

§ 26, 1

Die Einzahlungen der Nachschüsse hat im Verhältnis der Geschäftsanteile zu erfolgen.

§ 26, 2

Kommt der Gesellschafter der Zahlungsaufforderung bei der beschränkten Nachschußpflicht nicht nach, so findet auch hier – wie bei der Aktiengesellschaft – das Kaduzierungsverfahren entsprechende Anwendung.

§ 28, 1

Ist die Nachschußpflicht nicht auf einen bestimmten Betrag beschränkt, so hat jeder Gesellschafter das Recht, sich von der Zahlung des Nachschusses dadurch zu befreien, daß er innerhalb eines Monats nach der Aufforderung zur Einzahlung den Geschäftsanteil der Gesellschaft zur Verfügung stellt (**Abandonrecht**). Die Gesellschaft hat den Geschäftsanteil dann innerhalb eines Monats nach der Erklärung des Gesellschafters im Wege einer öffentlichen Versteigerung verkaufen zu lassen, sofern der Gesellschafter nicht einer anderen Art des Verkaufs zustimmt. Einen bei der Versteigerung eventuell erzielten Differenzbetrag zwischen dem Verkaufserlös des Anteils einerseits und Verkaufskosten und rückständigem Nachschußbetrag andererseits erhält in diesem Falle der ausscheidende Gesellschafter.

§ 27, 1

b) Verteilung des Reingewinns

Die Gesellschafter haben – in Ermangelung einer anderen Regelung im Gesellschaftsvertrag – Anspruch auf den jährlich sich ergebenden Reingewinn. Die Verteilung bestimmt sich nach dem Verhältnis der Geschäftsanteile, sofern nicht auch dafür im Gesellschaftsvertrag ein anderer Maßstab festgelegt wurde.

§ 29

c) Veräußerung von Geschäftsanteilen

Die Geschäftsanteile können veräußert und vererbt werden. Jeder Gesellschafter kann zu seinem ursprünglichen Geschäftsanteil weitere Gesellschaftsanteile er-

§ 15, 1

GmbHG werben. Sind alle Geschäftsanteile einer GmbH bei einem Gesellschafter verei-
§ 15, 2   nigt, so ist dieser in seinen Entscheidungen völlig unabhängig. Er haftet den Gesellschaftsgläubigern nur mit dem Gesellschaftsvermögen (**Einmann-Gesellschaft**).

§ 15, 3   Die Veräußerung erfolgt **in Form eines Abtretungsvertrages,** der der gerichtlichen
§ 16, 1   oder notariellen Beurkundung bedarf. Sie ist der Gesellschaft anzumelden.
Durch den Gesellschaftsvertrag kann die Abtretung von der Genehmigung der
§ 15, 5   Gesellschaft abhängig gemacht werden. Die Veräußerung von Teilen eines Ge-
§ 17, 1   schäftsanteils dagegen ist stets an die Voraussetzung einer schriftlichen Genehmigung der Gesellschaft geknüpft.

3.3.6 Organe der GmbH

a) Geschäftsführer

§ 6   Die Befugnis zur Geschäftsführung und zur Vertretung der Gesellschaft steht ei-
§ 35   nem oder mehreren Geschäftsführern zu. Im *Innenverhältnis* ist eine Beschrän-
§ 37   kung der Befugnis möglich, Dritten gegenüber ist sie unwirksam.

§ 38   Die Geschäftsführer werden von der Gesellschafterversammlung in der Regel für
eine **unbestimmte Zeit** bestellt und können durch den Beschluß der Gesellschafter jederzeit abberufen werden. Bestellung und Abberufung der Geschäftsführer
§ 39, 1   sind zur Eintragung in das Handelsregister anzumelden. Auch hier sind die besonderen Bestimmungen für Kreditinstitute zu beachten.

b) Aufsichtsrat

§ 52   Ein Aufsichtsrat ist nach dem Betriebsverfassungsgesetz nur erforderlich, wenn
mehr als 500 Arbeitnehmer beschäftigt werden. Sofern ein Aufsichtsrat gebildet
wird, gelten die Vorschriften des Aktiengesetzes sinngemäß.

c) Gesellschafterversammlung

§ 48, 1   Die Beschlüsse der Gesellschafter werden in Versammlungen gefaßt, die durch
§ 49, 1   die Geschäftsführer einberufen werden. Sofern im Gesellschaftsvertrag keine an-
§ 46   deren Bestimmungen enthalten sind, unterliegen der **Beschlußfassung der Gesellschafter:**

1. die **Feststellung der Jahresbilanz** und die **Verteilung des Reingewinns;**

2. die Einforderung von Einzahlungen auf die Stammeinlagen;

3. die Rückzahlung von Nachschüssen;

4. die Teilung und Einziehung von Geschäftsanteilen;

5. die Bestellung, Abberufung und Entlastung von Geschäftsführern;

6. die Maßnahmen zur Prüfung und Überwachung von Geschäftsführern;

50

7. die Bestellung von Prokuristen und Handlungsbevollmächtigten;

8. die Geltendmachung von **Ersatzansprüchen** gegenüber Geschäftsführern und Gesellschaftern sowie die Vertretung der Gesellschaft in Prozessen gegen die Geschäftsführer.

GmbHG

Die Beschlußfassung erfolgt nach der Mehrheit der abgegebenen Stimmen. **Jede** § 47, 1
100 DM eines Geschäftsanteils gewähren eine Stimme. § 47, 2

Ein Beschluß zur Abänderung des Gesellschaftsvertrages bedarf in jedem Falle § 53, 2
einer ¾-Mehrheit der abgegebenen Stimmen und muß gerichtlich oder notariell
beurkundet werden. Der Gesellschaftsvertrag kann andere Erfordernisse enthalten.

3.3.7 Auflösung

Die Auflösungsgründe entsprechen im wesentlichen denen der Aktiengesell- § 60
schaft. Die Auflösung ist zur Eintragung in das Handelsregister anzumelden. § 65, 1

3.4 GmbH & Co. KG

Diese Unternehmungsform ist zwar wegen der Haftungsbeschränkung den Kapitalgesellschaften sehr ähnlich, *rechtlich jedoch handelt es sich um eine Kommanditgesellschaft, bei der der Komplementär eine GmbH (= juristische Person) ist, die eine Beschränkung der Haftung der an ihr beteiligten Personen auf ihre Einlage ermöglicht.* Als Komplementär haftet die GmbH **voll**, d.h. mit ihrem gesamten Vermögen. Die Gründe für die Errichtung einer GmbH & Co. KG sind vorwiegend in der unterschiedlich steuerlichen Belastung von Personen- und Kapitalgesellschaften zu erblicken.

Aufgaben:

I. 1. Wieviel Personen sind bei der Gründung einer AG, KGaA und GmbH erforderlich, und wie hoch ist das Mindestkapital bei diesen Unternehmungen?

2. Wie sind die AG, die KGaA und die GmbH bezüglich der Haftung den Gesellschaftsgläubigern gegenüber zu unterscheiden?

3. Welche Arten und Gattungen von Aktien kennen Sie, und wie unterscheiden sie sich?

4. Wie vollzieht sich die Übertragung von GmbH-Anteilen?

5. Welche Organe sind bei der AG, der KGaA und der GmbH zu unterscheiden? – Stellen Sie die Funktionen und die wichtigsten Rechte dar!

6. Wie wird bei der Versammlung der Anteilseigner der AG, der KGaA und der GmbH abgestimmt, welche Mehrheiten sind zu unterscheiden und welche Bedeutung haben sie?

7. Klären Sie folgende Begriffe:
a) Kaduzierung, b) Abandonrecht, c) Einmann-Gesellschaft, d) Depotstimmrecht, e) nichtrechtsfähiger Verein.

8. Welche Bestimmungen muß eine Bank beachten, wenn sie das Stimmrecht für einen Depotkunden in einer Hauptversammlung wahrnehmen will?

9. An welche Voraussetzungen nach dem Aktienrecht ist der Beschluß der Hauptversammlung über den Jahresabschluß und die Gewinnverteilung geknüpft?

II. Ein Kunde fragt bei Ihrer Bank an, was es mit folgendem Inserat auf sich habe:

> GMBH-Mantel zu verkaufen

Er möchte erfahren, ob der Kauf der GmbH-Mantels eine empfehlenswerte Kapitalanlage darstelle. –

Beantworten Sie schriftlich diese Anfrage, und geben Sie entsprechende Erklärungen über die rechtlichen Zusammenhänge!

III. A ist alleiniger Gesellschafter einer GmbH. Er bestellt sich selbst zum Geschäftsführer mit einem Monatsgehalt von 5000,– DM. Außerdem gibt er sich selbst ein Darlehen über 30 000,– DM zinslos, das er bei einer Reise verschwendet. Das Stammkapital ist mit 50 000,– DM in voller Höhe eingezahlt. –

Es kommt zum Konkurs. – Wie ist die Rechtslage?

4. Genossenschaft

Rechtsgrundlage für die Genossenschaften ist das Gesetz, betr. die Erwerbs- und Wirtschaftsgenossenschaften vom 1. Mai 1889 i.d.F. der Bekanntmachung vom 20. Mai 1898, zuletzt geändert durch das Gesetz zur Änderung des Gesetzes, betreffend die Erwerbs- und Wirtschaftsgenossenschaften vom 9. 10. 1973 (BGBl. I. S. 1451).

4.1 Wesen

GenG
§ 1,1

Die Genossenschaft ist eine Gesellschaft von nicht geschlossener Mitgliederzahl und bezweckt die Förderung des Erwerbs oder der Wirtschaft ihrer Mitglieder durch einen gemeinschaftlichen Geschäftsbetrieb.

§ 17

Genossenschaften gelten als **Kaufleute** im Sinne des Handelsgesetzbuches und sind **Gesellschaften mit eigener Rechtspersönlichkeit.**

4.2 Arten der Genossenschaft

§ 1,2

Nach dem Zweck, dem die Genossenschaft zu dienen bestimmt ist, ist zu unterscheiden zwischen

52

Erwerbsgenossenschaften, die durch gemeinsamen Ein- und Verkauf ihrer landwirtschaftlich oder gewerblich tätigen Mitglieder deren Wirtschaftsführung unterstützen (z. B. Landwirtschaftliche Bezugs- und Absatzgenossenschaften), und

Wirtschaftsgenossenschaften, die gemeinnützigen Bestrebungen der Genossenschaften dienen (z. B. Beamten-Einkaufs-Genossenschaft).

Nach der Haftung ist zu unterscheiden zwischen

1. Genossenschaften, bei denen im Konkursfall, wenn die Gläubiger der Genossenschaft nicht voll befriedigt werden können, die Genossen Zuschüsse in **unbeschränkter Höhe** zu leisten haben; — GenG § 6 Ziff. 3

2. Genossenschaften, deren Genossen in diesem Falle Zuschüsse **bis zu einer bestimmten Höhe** zu leisten haben (**Haftsumme**) – die Haftsumme darf nicht geringer als der Geschäftsanteil festgestetzt werden – (§ 119 GenG) und

3. Genossenschaften, deren Genossen im Konkursfalle **von jeder Zuschußpflicht befreit** sind.

4.3 Firma

Die Firma muß dem Gegenstand des Unternehmens entlehnt sein (**Sachfirma**) und den Zusatz „**eingetragene Genossenschaft**" oder abgekürzt „**eG**" tragen. Mit Wirkung vom 1. 1. 1974 ist es untersagt, in die Firma einen Zusatz aufzunehmen, der anzeigt, in welcher Weise die Genossen im Konkursfall zu Nachschüssen verpflichtet sind. Die Änderung dieser Vorschrift hat wettbewerbspolitische Gründe. — § 3

4.4 Gründung und Eintragung in das Genossenschaftsregister

An der Feststellung des Gesellschaftsvertrags einer Genossenschaft müssen mindestens *sieben Personen* beteiligt sein. Der Vertrag wird als Statut bezeichnet und bedarf der schriftlichen Form. — § 4 § 5

Nach Bestellung eines Vorstandes und eines Aufsichtsrats sowie nach Prüfung der Gründungsunterlagen durch einen Prüfungsverband, dem jede Genossenschaft angehören muß, sind das Statut sowie die Mitglieder des Vorstands der Genossenschaft vom Vorstand zur Eintragung in das *Genossenschaftsregister* anzumelden, das neben dem Handelsregister beim zuständigen Registergericht geführt wird. Die Vorstandsmitglieder haben dem Gericht ihre Unterschriftsproben in beglaubigter Form einzureichen. Das eingetragene Statut ist vom Gericht im Auszug zu veröffentlichen. **Vor der Eintragung** in das Genossenschaftsregister besteht die Genossenschaft als *solche* nicht; die Eintragung hat daher *rechtsbegründenden* Charakter. — § 11,1 § 54 § 10,1 § 11,4 § 12 § 13

4.5 Rechtsverhältnisse der Genossenschaft und der Genossen

GenG
§ 15, 1
§ 15, 3

Wer Mitglied einer Genossenschaft werden will, hat eine Beitrittserklärung zu unterschreiben. Die Mitgliedschaft entsteht jedoch erst mit der Eintragung des Genossen in die beim Registergericht geführte Mitgliederliste.

4.5.1 Pflichten der Genossen

§ 7

Jeder Genosse ist verpflichtet, eine Mindesteinlage auf den Geschäftsanteil in der im Statut festgesetzten Höhe zu leisten. Der **Geschäftsanteil** ist der Betrag, bis zu dem sich die Genossen mit Einlagen an der Genossenschaft beteiligen können. Die Höhe des Betrages ergibt sich aus dem Statut und ist für alle Genossen gleich hoch.

§ 7 a, 1

Das Statut kann nunmehr auch bestimmen, daß ein Genosse mehrere Geschäftsanteile übernehmen darf, und gleichzeitig eine Höchstzahl festsetzen, bis zu der sich ein einzelner Genosse an der Genossenschaft beteiligen darf.

§ 7 a, 2

Darüber hinaus kennt das Genossenschaftsgesetz auch die Möglichkeit der **Pflichtbeteiligung.** Die Pflichtbeteiligung muß für alle Genossen gleich sein oder sich nach dem Umfang der Inanspruchnahme von Einrichtungen oder anderen Leistungen der Genossenschaft durch die Genossen oder nach bestimmten Merkmalen der Betriebe der Genossen richten.

§ 19, 1

Das **Geschäftsguthaben** dagegen ist die Summe aller auf den Geschäftsanteil geleisteten Einzahlungen zuzüglich der Zuschreibung des Gewinns, der erst dann ausgezahlt wird, wenn das Geschäftsguthaben den Gechäftsanteil erreicht hat.

§ 21, 1
§ 22, 1
§ 22, 4

Zum Schutz der Gläubiger einer Genossenschaft gilt auch hier, daß die Geschäftsguthaben der Genossen weder verzinst noch vor ihrem Ausscheiden zurückgezahlt werden dürfen.

Das Schema Seite 57 verdeutlicht beispielhaft die Zusammenhänge zwischen Geschäftsguthaben, Geschäftsanteil und Haftsumme:

Wir betrachten einen Genossen mit einem Geschäftsanteil von 500,– DM und einem Geschäftsguthaben von 350,– DM, der sich an Genossenschaften unterschiedlicher Haftpflicht beteiligt.

Im ersten Fall (Nachschußpflicht in unbeschränkter Höhe) ist die Haftsumme irrelevant, der Genosse haftet auch mit seinem Privatvermögen für die Verbindlichkeiten gegenüber den Gläubern im Konkursfall.

§ 119

Ist im Statut eine Haftsumme festgelegt (im Beispiel 500,– DM) markiert diese die maximale Haftung des Genossen. Er muß im Konkursfall höchstens 650,– DM nachschießen.

Sind die Genossen, wie im dritten Fall, von jeder Nachschußpflicht befreit, dann beträgt der höchstmögliche Nachschuß im Konkursfall 150,– DM.

54

	1000,–		Fall 1: Nachschuß unbegrenzt
	Haftsumme: 500,– DM		Fall 2: Nachschuß begrenzt auf Haftsumme und nicht eingezahlter Ge- schäftsanteil = 650,– DM
500,–	Geschäftsanteil: 500,– DM,		Fall 3: Nachschuß in Höhe des nicht eingezahlten Ge- schäftsanteils = 150,– DM
350,–	davon Geschäftsguthaben 350,– DM		Einzahlungen + Gewinnzuschreibungen

Die Haftung für die Verbindlichkeiten der Genossenschaft ergibt sich aus der Art der Genossenschaft (s. oben).

GenG § 2

4.5.2 Rechte der Genossen

Die Rechte der Genossen erstrecken sich auf

erstens die **Beteiligung an den genossenschaftlichen Einrichtungen**. Dies ergibt sich aus der Definition der Genossenschaft im § 1 des Gesetzes.

Zweitens haben die Genossen **Stimmrecht** in der Generalversammlung. Grundsätzlich steht jedem Genossen nur eine Stimme zu, mit Inkrafttreten der Änderung des Genossenschaftsgesetzes am 1. 1. 1974 kann jedoch in das Statut eine Bestimmung aufgenommen werden, die denjenigen Genossen, die den Zweck der Genossenschaft besonders zu fördern in der Lage sind, ein Mehrstimmrecht verleiht. Mehr als drei Stimmen dürfen allerdings aufgrund einer solchen Bestimmung nicht in einer Person vereinigt sein.

§ 43, 3

Drittens haben die Genossen **Anspruch auf** die **Verteilung eines Gewinns**, wenn nicht im Statut die Zuführung des Gewinns zum Reservefonds (entspricht der aktienrechtlichen freien Rücklage) festgelegt ist. Zum Gewinnanspruch des Genossen tritt unter bestimmten Voraussetzungen ein weiterer Anspruch auf Auszahlung von Rücklagen hinzu. Einem ausgeschiedenen Genossen kann aufgrund ei-

§ 19, 1
§ 20

§ 73, 3

ner entsprechenden Bestimmung im Statut sein Anteil an einem Reservefonds ausgezahlt werden, wenn beim Ausscheiden sein Geschäftsanteil voll eingezahlt war. Dieser Reservefonds muß eigens zu dem Zweck gebildet sein, an ausscheidende Genossen ausbezahlt zu werden, der allgemeine Reservefonds, der nach § 7 GenG zu bilden ist, ist hierfür nicht heranzuziehen. Deswegen kann auch nach der Reform des GenG noch nicht von einer Beteiligung der ausscheidenden Mitglieder an dem gesamten Vermögen der Genossenschaft gesprochen werden.

GenG § 33 d, 1 — Der Reservefonds nach § 7, der Reservefonds nach § 73,3 und die Ansprüche der Genossen an den letzteren sind in der Bilanz gesondert auszuweisen.

§ 76, 1 — Die **Übertragung des Geschäftsguthabens** auf einen Dritten ist einem Genossen jederzeit möglich. Mit der Übertragung gibt er seine Mitgliedschaft auf. Ist der Erwerber seines Geschäftsguthabens bereits Mitglied der Genossenschaft, dann darf der ihm zuzuschreibende Betrag zusammen mit seinem eigenen Geschäftsguthaben seinen Geschäftsanteil nicht übersteigen.

§ 76, 5 — Ist die Übernahme mehrerer Geschäftsanteile im Statut vorgesehen, so darf die Summe der Geschäftsanteile durch einen solchen Erwerb nicht überstiegen werden.

§ 76, 1 — Das Statut kann eine derartige Übertragung ausschließen oder an weitere Voraussetzungen knüpfen. Insbesondere wird dies der Fall sein, wenn fremde Dritte das Geschäftsguthaben eines Genossen erwerben wollen.

§ 77, 1 -§ 77, 2 — Stirbt ein Genosse, so geht seine Mitgliedschaft mindestens bis zum Ende des Geschäftsjahres auf seine(n) Erben über.

§ 65, 1 § 65, 2 — Jeder Genosse hat das Recht, seinen Austritt aus der Genossenschaft zum Schluß eines Geschäftsjahres mit einer Kündigungsfrist von mindestens drei Monaten zu erklären. Die Erklärung bedarf der Schriftform

4.6 Organe der Genossenschaft

§ 24, 1 § 24, 2 — Der **Vorstand** besteht **aus mindestens 2 Genossenschaftsmitgliedern** und wird von der Generalversammlung gewählt, sofern nicht durch das Statut eine andere Art der Bestellung festgesetzt wird. Er führt die Geschäfte und vertritt die Genossenschaft gerichtlich und außergerichtlich.

Im übrigen entsprechen die Rechte und Pflichten des Vorstands im wesentlichen denen des Vorstandes einer Aktiengesellschaft.

§ 42 — Seit dem 1. 1. 1974 kann der Vorstand auch Prokuren und Handlungsvollmachten erteilen.

§ 36, 1 BVG § 77 — Der **Aufsichtsrat** muß **aus mindestens 3 Mitgliedern** bestehen, die von der Generalversammlung zu wählen sind. Sofern die Zahl der Arbeitnehmer 500 übersteigt, ist nach dem Betriebsverfassungsgesetz ein Drittel der Aufsichtsratssitze durch Arbeitnehmer zu besetzen. Die Aufsichtsratmitglieder dürfen keine vom Gewinn abhängige Vergütung erhalten. In der Regel beziehen sie eine angemessene Aufwandsentschädigung.

GenG
§ 36,2

Die Rechte und Pflichten entsprechen im übrigen auch hier den aktienrechtlichen Vorschriften

Die **Generalversammlung** vertritt die Interessen der Genossenschaftsmitglieder. Sie entspricht im wesentlichen der Hauptversammlung der Aktiengesellschaft.

§ 43,1

Der Genosse *soll* sein Stimmrecht persönlich ausüben. Das Stimmrecht geschäftsunfähiger oder der beschränkt geschäftsfähigen Personen sowie von juristischen Personen wird durch ihre gesetzlichen Vertreter, das Stimmrecht von Personenhandelsgesellschaften durch zur Vertretung ermächtigte Gesellschafter ausgeübt.

Der Genosse oder sein gesetzlicher Vertreter können *Stimmvollmacht* erteilen; sie bedarf der schriftlichen Form. Ein Bevollmächtigter kann jedoch nicht mehr als zwei Genossen vertreten. Näheres regelt das Statut.

Bei Genossenschaften mit mehr als 3000 Mitgliedern muß, bei mehr als 1500 Mitgliedern *kann* eine *Vertreterversammlung* die Rechte der Generalversammlung ausüben.

§ 43a

4.7 Prüfung durch den Prüfungsverband

Zum Zwecke der Feststellung der wirtschaftlichen Verhältnisse und der Ordnungsmäßigkeit der Geschäftsführung sind die Einrichtungen, die Vermögenslage sowie die Geschäftsführung der Genossenschaft mindestens in jedem zweiten Jahre zu prüfen. **Übersteigt die Bilanzsumme eine Million Deutsche Mark, so muß die Prüfung jährlich stattfinden.** Die Prüfer erstatten einen schriftlichen Prüfungsbericht, der insbesondere die aufgedeckten Mängel hervorhebt. Er ist der Generalversammlung zur Beschlußfassung vorzulegen.

§ 53 ff.

4.8 Auflösung

Die Genossenschaft wird aufgelöst

a) durch einen **Beschluß der Generalversammlung** mit einer ¾-Mehrheit der bei der Beschlußfassung erschienenen Genossen;

b) durch den **Ablauf der im Statut bestimmten Zeitdauer,** für die die Genossenschaft errichtet wurde;

c) durch einen **Beschluß des Gerichts,** wenn die Zahl der Genossen unter sieben sinkt;

d) durch die **zuständige Verwaltungsbehörde,** wenn die Genossenschaft sich gesetzwidriger Handlungen oder Unterlassungen schuldig macht, durch welche das Gemeinwohl gefährdet wird, oder wenn sie andere als im § 1 GenG bezeichneten geschäftliche Zwecke verfolgt;

e) durch **Eröffnung des Konkursverfahrens** über das Vermögen der Genossenschaft im Fall der Zahlungsunfähigkeit.

§ 78,1
§ 79,1

§ 80,1
§ 81,1
§ 81,2

§ 101

| GenG
§ 82, 1 | Die Auflösung der Genossenschaft ist unverzüglich in das Genossenschaftsregister einzutragen und bekanntzumachen. |

| § 93 a | Genossenschaften gleicher Haftart haben die Möglichkeit, sich unter Ausschluß der Liquidation zu einer neuen Genossenschaft zu verschmelzen. Die Vorteile des Umwandlungs- und des Aktiengesetzes wurden damit auch den Genossenschaften zuteil. Die Möglichkeit des Verzichts auf Liquidation verhindert die Offenlegung und damit die Besteuerung stiller Reserven, weil die Vermögensgegenstände der übernommenen Genossenschaft bei der neuen Gesellschaft mit ihren Buchwerten weitergeführt werden. Die Bildung wirtschaftlicher und konkurrenzfähiger Unternehmensgrößen ist den Genossenschaften hiermit erleichtert worden. |

Die Reform des Genossenschaftsgesetz vom 9. 10. 1973, die am 1. 1. 1974 in Kraft trat, hat eine Reihe von Veränderungen bewirkt, deren wichtigste im vorstehenden Text als solche gekennzeichnet wurden.

Würdigt man diese Reform im Bereich der Errichtung von Genossenschaften, des Verhältnisses zwischen Genossen und Genossenschaft sowie der Geschäftsführung und Vertretung, wird erkennbar, daß die Genossenschaft als wirtschaftliche Organisation beweglicher geworden ist; eine Annäherung an die allgemeinen Kapitalgesellschaften ist augenfällig.

Aufgaben:

1. Wie ist die Entwicklung des Genossenschaftswesens in Deutschland zu erklären? Vgl. dazu S. 114 ff.
2. Welche Arten der Genossenschaften sind im Hinblick auf die Haftung den Genossenschaftsgläubigern gegenüber zu unterscheiden?
3. Wieviel Personen sind bei der Gründung einer Genossenschaft erforderlich, und was geschieht, wenn die Anzahl der Mitglieder unter die gesetzlich vorgeschriebene Mindestzahl sinkt?
4. Wie vollzieht sich die Übertragung von Genossenschaftsanteilen unter Genossen und von Genossen auf Dritte?
5. Welche Organe sind bei der Genossenschaft zu unterscheiden, welche Funktionen haben sie, und worin bestehen die wichtigsten Rechte der betreffenden Organe?

VI. Finanzierung der Kreditinstitute

1. Allgemeine Finanzierungsgrundsätze

| KWG
§ 10, 1 | Von ausschlaggebender Bedeutung für die Gründung, die Errichtung und das spätere Gedeihen eines Kreditinstitutes ist die Möglichkeit, Eigenkapital in ausreichender Höhe aufzubringen. Die Kreditinstitute müssen im Interesse der Erfüllung ihrer Verpflichtungen gegenüber ihren Gläubigern, insbesondere zur Si- |

cherheit der ihnen anvertrauten Vermögenswerte, über ein **angemessenes haftendes Eigenkapital** verfügen.

Die Bedeutung, die dem Eigenkapital bei der *Errichtung* der Kreditinstitute beizumessen ist, ergibt sich aus dem Kreditwesengesetz, wonach

die dauernden Anlagen eines Kreditinstituts in Grundstücken, Gebäuden, Schiffen und Beteiligungen, nach den Buchwerten berechnet, zusammen das haftende Eigenkapital nicht übersteigen dürfen. KWG § 12

Daraus folgt, daß das Eigenkapital zunächst zur Finanzierung der zur Geschäftstätigkeit eines Kreditinstituts erforderlichen Gebäude sowie der Betriebs- und Geschäftsausstattung zu dienen hat.

Über dieses Mindestmaß hinaus sollte aber das **anfängliche Eigenkapital eines Kreditinstituts** so groß sein, daß die Geschäftstätigkeit *ohne* fremde Mittel aufgenommen werden kann, weil bei der Neugründung eines Instituts trotz vorhergehender Werbemaßnahmen zunächst nicht mit hohen Einlagen zu rechnen ist. Auch aufgenommene Gelder oder langfristig aufgenommene Darlehen wird sich ein noch „namenloses" Institut nicht sofort in ausreichender Menge beschaffen können.

Die Tatsache, daß in den veröffentlichten Bilanzen der älteren Institute das Anlagevermögen in der Regel ebenfalls zum Teil erheblich kleiner ist als das Eigenkapital, läßt sich im wesentlichen darauf zurückführen, daß die Kreditinstitute bestrebt sind, die Position des Anlagevermögens möglichst niedrig auszuweisen. Sie bestätigt aber auch, daß die Regel, Anlagevermögen durch Eigenkapital zu finanzieren, zumindest bei der Gründung eines Kreditinstituts die Bedeutung hat, für die Mindestgröße des Eigenkapitals ein Maßstab zu sein.

Das **Verhältnis von Eigenkapital zu Fremdkapital** unterscheidet sich bei den Kreditinstituten wesentlich von dem anderer Branchen. Bei Industrieunternehmen gilt im allgemeinen ein Verhältnis $1:1$, im Handel von $1:2$ bis $1:3$ als angemessen. Bei den Kreditinstituten sind dagegen **Relationen bis etwa $1:20$** zu finden, ohne daß dies als ungesund bezeichnet werden muß. Das wesentliche Merkmal der Kapitalstruktur bei Banken nach Abschluß der Errichtungsperiode ist das Vorherrschen des Fremdkapitals, wenn auch die Bedeutung des Eigenkapitals nicht unterschätzt werden darf. Wird die Relation von $1:20$ als branchenüblich betrachtet, so kann daraus geschlossen werden, daß erst mit Erreichung dieses Verhältnisses die Errichtungsperiode im weiteren Sinne als abgeschlossen betrachtet werden kann. (Vgl. dazu den Grundsatz I der „Grundsätze über das Eigenkapital und die Liquidität").

Grundsätzlich bestehen für die **Fremdkapitalbeschaffung der Kreditinstitute** folgende Möglichkeiten: die Hereinnahme von Sicht-, befristeten und Spareinlagen sowie die Beschaffung von aufgenommenen Geldern und langfristigen Darlehen, also von Krediten verschiedener Fristigkeit. Für die Bodenkreditinstitute ist die Aufbringung von Fremdkapital durch Emission von Pfandbriefen, d.h. durch

Anleihen, charakteristisch. Spezialinstitute legen zu besonderen Finanzierungs-aktionen Anleihen auf, um so langfristige Mittel zu beschaffen, z. B. die Kredit-anstalt für Wiederaufbau (KfW).

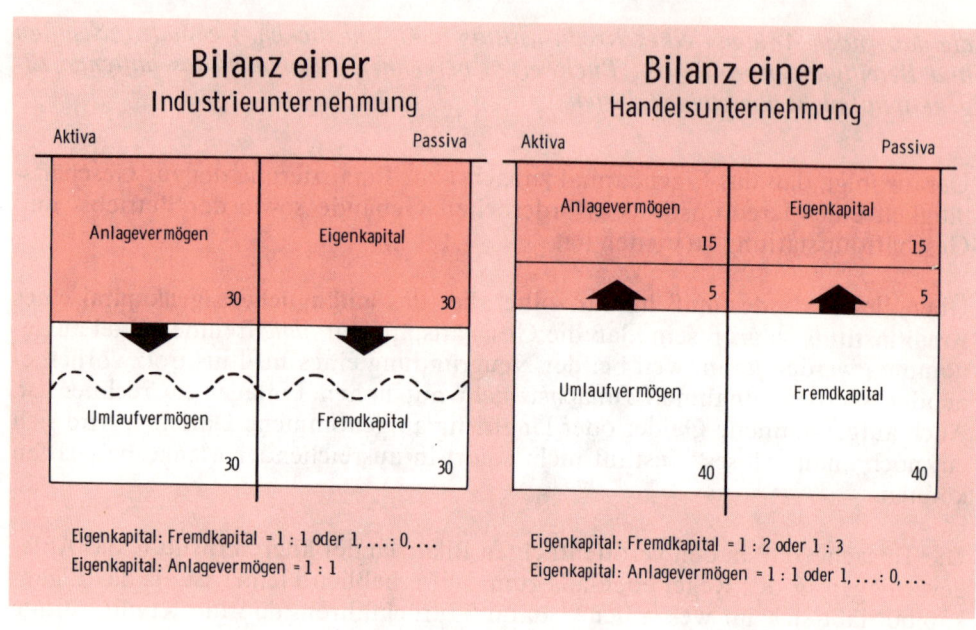

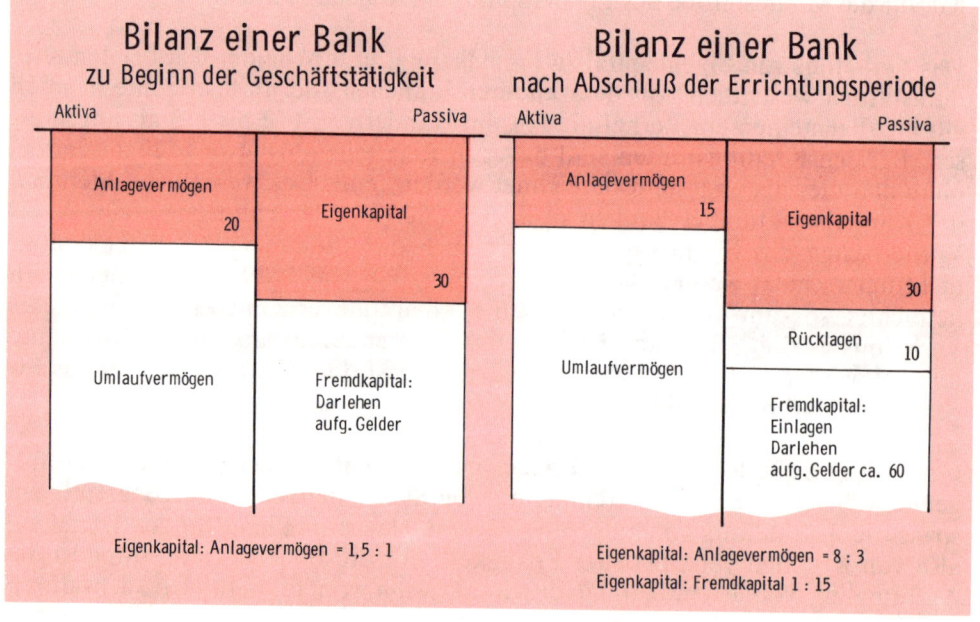

2. Eigen- und Selbstfinanzierung der Kreditinstitute

Während es rechtlich möglich und – wenn auch in Grenzfällen – praktisch durchführbar ist, Industrie- Handelsbetriebe ohne Eigenkapital aufzubauen und zu betreiben, ist dies bei Bankbetrieben – gleich welcher Rechtsform – nicht zulässig. Das Kreditwesengesetz schreibt ausreichende eigene Mittel zur Führung eines Instituts vor. Darüber hinaus ist das Geschäftsvolumen der Kreditinstitute z. B. durch das Hypothekenbankgesetz und den Grundsatz I des Bundesaufsichtsamtes von der Höhe des Eigenkapitals abhängig.

KWG
§ 10
§ 33, 1
Hyp
BKG
§ 7

2.1 Aufbringung eigener Mittel

> Unter Eigenkapital ist die Differenz zwischen der „Geldwertsumme des Vermögens" und der „Geldwertsumme der Verpflichtungen" einer Unternehmung zu verstehen.

Darin sind alle Kapitalteile eines Kreditinstituts zusammengefaßt, auf welche die wirtschaftlichen Eigentümer des Unternehmens (Einzelunternehmer, Gesellschafter der OHG, KG und GmbH, Aktionäre, Mitglieder einer Genossenschaft und Gewährträger öffentlich-rechtlicher Kreditinstitute) bei der Beendigung des Unternehmens einen Anspruch haben. Wie das Kapital in die Betriebswirtschaft eingebracht wurde, sei es durch Einzahlung der Eigentümer der Unternehmung (**Eigenfinanzierung**) oder durch Zurückbehaltung von Gewinnen (**Selbstfinanzierung**), ist dabei unerheblich.

Die **Eigenfinanzierung** der Kreditinstitute unterscheidet sich nicht von der Eigenfinanzierung der Betriebswirtschaften gleicher Rechtsform in anderen Branchen. Das Eigenkapital wird aufgebracht durch Einzahlung der Geschäftsanteile bei Personengesellschaften, Gesellschaften mit beschränkter Haftung und Genossenschaften, durch Übernahme der Aktien bei Aktiengesellschaften, bei einigen öffentlich-rechtlichen Instituten durch die Gewährträger (**Dotationskapital**).

Die **Selbstfinanzierung** weicht ebenfalls nicht von der anderer Betriebswirtschaften ab. Sie erfolgt durch **Gewinnthesaurierung**, d. h. entweder durch Zuweisung von Gewinnteilen an die Kapitalkonten oder durch die Dotierung offener Rücklagen.

Selbstfinanzierung kann aber auch durch die Verrechnung von Aufwand (Bildung von Abschreibungen und Rückstellungen) erfolgen.

Da einerseits das ausgewiesene Eigenkapital der Banken immer einen bestimmten – wenn auch verhältnismäßig geringen – Prozentsatz der Bilanzsumme ausmachen soll, es andererseits aber nicht immer möglich und zweckmäßig ist, sich über den Kapitalmarkt die nötigen Mittel durch Eigenfinanzierung zu beschaffen, sehen sich die Banken gezwungen, auf dem Wege der Selbstfinanzierung **offene Rücklagen** zu bilden, um so das ausgewiesene Eigenkapital zu erhöhen.

2.1.1 Haftendes Eigenkapital

KWG
§ 10
§ 12 f.

Der Begriff „haftendes Eigenkapital" kommt aus dem Kreditwesengesetz und dient im Rahmen der Vorschriften über das Eigenkapital, das Anlagevermögen und das Kreditgeschäft der Banken als **Bemessungsgrundlage.**

Das „haftende Eigenkapital" unterscheidet sich dadurch vom „Eigenkapital", daß zum „haftenden Eigenkapital" stille Rücklagen nicht gerechnet werden dürfen.

Es unterscheidet sich vom **bilanziellen Eigenkapital** dadurch, daß in zwei Fällen die Haftungsverhältnisse in die Berechnung des haftenden Eigenkapitals einbezogen werden (Privatbankiers und Kreditgenossenschaften). Insoweit ist der Begriff des haftenden Eigenkapitals also *weiter* als der des bilanziellen Eigenkapitals.

In § 10 Abs. 2–5 KWG sowie in der Zuschlagsverordnung vom 6. 12. 1963[1] wird das „haftende Eigenkapital" im einzelnen definiert.

2.1.2 Korrekturposten zum Eigenkapital

Im Zusammenhang mit den Untersuchungen über das Eigenkapital der Kreditinstitute ist auf einige auf der Vermögensseite der Bilanz auszuweisende Positionen einzugehen, die bei der Berechnung der Haftungsgrundlagen der Institute Berücksichtigung finden. Sie stellen Korrekturposten zum Eigenkapital dar und müssen von diesem abgesetzt werden.

Die Position **„Ausstehende Einlagen auf das Grundkapital (Stammkapital)"** kann bei Aktiengesellschaften und Gesellschaften mit beschränkter Haftung entstehen, weil das Grund- oder Stammkapital nicht in voller Höhe eingezahlt zu werden braucht. Zwingend vorgeschrieben ist der Ausweis in voller Höhe auf der Passivseite. Die nicht eingezahlten Kapitalanteile müssen auf der Aktivseite der Bilanz als „ausstehende Einlagen auf das Grundkapital (Stammkapital)" ausgewiesen werden. Bei Kreditinstituten sind derartige Fälle kaum anzutreffen, da ausstehende Einlagen auf das Grundkapital nicht zum haftenden Eigenkapital gezählt werden dürfen.

Unter der Position **„Eigene Aktien"** sind bei Aktiengesellschaften diejenigen von der Gesellschaft ausgegebenen eigenen Aktien zu verbuchen, die sich im Eigentum der Gesellschaft befinden. Der Erwerb eigener Aktien ist nur in wenigen Fällen erlaubt, und dann auch nur bis zur Höhe von 10% des Grundkapitals[2]. Eigene Aktien sind bei der Beurteilung der Haftungsverhältnisse vom nominellen Eigenkapital abzuziehen, da angenommen werden muß, daß eine Unternehmung, die sich in Schwierigkeiten befindet, nicht mehr in der Lage sein wird, die in ihrem Besitz befindlichen „eigenen Aktien" zu verkaufen.

---

1 vgl. S. 113
2 vgl. S. 37 f.

2.1.3 Funktionen des Eigenkapitals

Das Eigenkapital der Kreditinstitute hat folgende Funktionen zu erfüllen:

a) Funktion der Errichtungsgrundlage

Zur Gründung eines Kreditinstituts muß ein gewisses Eigenkapital vorhanden sein, weil sonst die Genehmigung, die zur Gründung erforderlich ist, vom Bundesaufsichtsamt versagt wird. Das Bundesaufsichtsamt hält für die Errichtung eines Kreditinstituts mit Einlagengeschäft ein **Mindestanfangskapital von 4 Mill. DM** für erforderlich. Bei den privaten Hypothekenbanken beträgt der Mindestnennbetrag des Grundkapitals 8 Mill. DM. Dazu kommt bei den privaten Hypothekenbanken, daß sie – um die erste Pfandbriefemission durchführen zu können – Eigenkapital zum Erwerb der ersten Deckungshypotheken benötigen.

KWG
§ 10
§ 12 f
Hyp-
BKG
§ 2,2

b) Funktion der Begrenzung des Geschäftsvolumens (Bremsfunktion)

Die Funktion der Begrenzung des Geschäftsvolumens läßt sich ableiten aus den Bestimmungen des Kreditwesengesetzes in Verbindung mit den Grundsätzen des Bundesaufsichtsamtes über das Eigenkapital und die Liquidität der Kreditinstitute.

im **Grundsatz I** *wird festgelegt, daß die Kredite und die Beteiligungen eines Kreditinstituts abzüglich der Wertberichtigungen sowie abzüglich der passiven Rechnungsabgrenzungsposten aus Gebührenabgrenzung im Teilzahlungsfinanzierungsgeschäft das 18fache des haftenden Eigenkapitals nicht übersteigen sollen.* Es hängt also von der Höhe des Eigenkapitals ab, in welchem Umfang eine Bank Kredite gewähren kann.

Die Kreditinstitute sind nach § 10,1 KWG gezwungen, diese Relationen einzuhalten, wenn ein Eingreifen des Bundesaufsichtsamtes vermieden werden soll. Für die privaten Hypothekenbanken ist sogar ein direkter Zusammenhang zwischen der Höhe des Eigenkapitals und dem Geschäftsvolumen gegeben, weil bei reinen Hypothekenbanken der Pfandbriefumlauf das 25fache des eingezahlten Grundkapitals, der gesetzlichen Rücklagen sowie anderer durch die Satzung oder durch Beschluß der Hauptversammlung ausschließlich zur Deckung von Verlusten oder zu einer Kapitalerhöhung aus Gesellschaftsmitteln bestimmter Rücklagen nicht übersteigen darf.

KWG
§ 45

Hyp-
BKG
§7

Eine weitere Bestimmung des KWG, die „bremsende" Wirkung auf die Kreditgewährung ausübt und sich auf das Eigenkapital bezieht, enthält § 13 KWG. Darin wird angeordnet, daß Kredite, die von einem Kreditinstitut an denselben Kreditnehmer gewährt werden und **15%** des haftenden Eigenkapitals des den Kredit gewährenden Instituts überschreiten, ab einer Grenze von 50 000,– DM aufwärts unverzüglich der Deutschen Bundesbank anzuzeigen sind. **Der einzelne Großkredit darf 75% des haftenden Eigenkapitals nicht übersteigen,** und die Summe aller Großkredite darf nicht mehr als das Achtfache des haftenden Eigenkapitals ausmachen. 1976 wurde als zusätzliche Regelung die Beschränkung der fünf größten Großkredite auf das Dreifache des haftenden Eigenkapitals eingeführt.

KWG
§ 13,3

c) Garantie- oder Haftungsfunktion

Die Funktion der Begrenzung des Geschäftsvolumens durch das Eigenkapital kann im Zusammenhang mit der Garantie- und Haftungsfunktion gesehen werden, da durch die Bestimmungen des KWG und durch die Grundsätze verhindert werden soll, daß ein Mißverhältnis zwischen Eigenkapital und Bilanzvolumen eintritt und dadurch die Haftungsgrundlage zu gering wird. Wie bei allen Betriebswirtschaften hat auch bei den Kreditinstituten das Eigenkapital die Aufgabe, eventuell eintretende Verluste aufzufangen und die Gläubiger des Unternehmens vor Verlusten zu schützen.

d) Finanzierungsfunktion

Die Finanzierungsfunktion des Eigenkapitals der Banken kommt darin zum Ausdruck, daß das Eigenkapital dazu bestimmt ist, das Anlagevermögen der Banken und sonstige langfristig gebundene Vermögenswerte zu finanzieren. Auf die Einhaltung der Vorschriften des § 12 KWG (s. S. 59 oben) sowie der Grundsätze über das Eigenkapital und der Liquidität wird von der Bankenaufsicht streng geachtet; nur in besonderen Situationen werden den Kreditinstituten gewisse Überschreitungsmöglichkeiten zugestanden, wie das z. B. in den Jahren nach dem zweiten Weltkrieg der Fall war, um den Aufbau nicht zu sehr zu erschweren.

e) Funktion der Gewinnverteilungsbasis

Die Funktion des Eigenkapitals, als Bemessungsgrundlage für die Gewinnverteilung zu dienen, ergibt sich aus den rechtlichen Vorschriften bzw. vertraglichen Vereinbarungen, nach denen die Gewinn- und Verlustverteilung im Verhältnis der Anteile am Grund- oder Stammkapital vorzunehmen ist. Besonderheiten gegenüber den nicht zum Bankgewerbe gehörenden Unternehmen treten dabei nicht auf.

f) Werbe- oder Repräsentationsfunktion

Von besonderer Bedeutung ist für diejenigen Kreditinstitute, die ihre Bilanzen veröffentlichen, die Funktion des Eigenkapitals, Vertrauen in der Öffentlichkeit zu schaffen. **Die Höhe des ausgewiesenen Eigenkapitals ist neben anderen Faktoren besonders dazu geeignet, das Vertrauen in die Sicherheit und Leistungsfähigkeit eines Kreditinstitutes zu stärken.** In hohem Maße finden die Eigenkapitalverhältnisse der Kreditinstitute im Ausland Beachtung. So wird z. B. im internationalen Geschäftsverkehr oft an Hand der Höhe des Eigenkapitals entschieden, ob einer Bank, mit der bisher keine Geschäftsverbindung bestand, ein bestimmter Auftrag direkt oder über eine befreundete Bank zugeleitet wird.

Die Funktionen des Eigenkapitals beziehen sich alle auf das Grundkapital; die Rücklagen erfüllen nur einen Teil dieser Aufgaben. Dabei sind hinsichtlich der stillen Rücklagen weitergehende Einschränkungen zu machen als bei den offenen Rücklagen. Während **die offenen Rücklagen** die wichtige Garantie- und Haftungsfunktion gegenüber Gläubigern, die Finanzierungsfunktion, die Funktion der Schaffung von Vertrauen und der Begrenzung des Geschäftsvolumens übernehmen, sind für **die stillen Rücklagen** hinsichtlich der Funktionen der Begrenzung des Geschäftsvolumens und der Schaffung von Vertrauen Einschränkungen zu machen. Da die stillen Rücklagen nicht dem haftenden Eigenkapital zugerechnet werden dürfen, wird das mögliche Geschäftsvolumen durch die Höhe nicht beeinflußt.

Stille Rücklagen entstehen in der Bilanz durch das Ausnutzen bestimmter Bilanzierungswahlrechte – z. B. durch erhöhte Aufwandsverrechnung mittels Abschreibungen oder Rückstellungen oder durch die Beibehaltung eines einmal gewählten niedrigeren Wertansatzes für einen Vermögensgegenstand, auch wenn der Grund für die Abwertung entfallen ist.

Diese Wahlrechte werden gerne dazu benutzt, im Rahmen der gesetzlichen Möglichkeiten eine weitgehende Glättung der Periodengewinne zu erreichen und damit nach außen hin eine Kontinuität der Geschäftsentwicklung vorzutäuschen: Bleiben die tatsächlichen Gewinne hinter den erwarteten zurück, so wird ein besseres Bilanzergebnis durch Höherbewertung der Aktiva oder Niedrigerbewertung der Passiva erzielt werden können (Auflösung stiller Rücklagen). Sollen dagegen unerwünschte Ausschüttungen aus einem hohen erwarteten Bilanzgewinn vermieden werden, dann wird der Bilanzierende möglichst niedrige Werte für die Aktiva und möglichst hohe Werte für die Passiva des Kreditinstituts ansetzen (Bildung stiller Rücklagen).

Im Interesse einer ordnungsmäßigen Rechnungslegung sind solche Bewertungswahlrechte während der letzten Jahrzehnte sowohl aktien- als auch steuerrechtlich zunehmend eingeengt worden.

2.2 Ausweis des Eigenkapitals in der Bankbilanz

Das Eigenkapital der Kreditinstitute ist je nach der Unternehmungsform in der Bilanz unterschiedlich auszuweisen. Auch bei Instituten, die auf Grund ihrer Rechtsform an bestimmte Bilanzierungsvorschriften gebunden sind, erfolgt eine andere Aufgliederung, als sie im Aktiengesetz vorgeschrieben ist. Die für die Kreditinstitute in der Rechtsform der Aktiengesellschaft geltende Sonderregelung hat ihre Rechtsgrundlage in den Bestimmungen des § 161 Abs. 1 AktG.

Für die einzelnen Rechtsformen wird folgender Ausweis gefordert:

Aktiva	Passiva
Position 16: *Ausstehende Einlagen auf das Grund-kapital (Stammkapital)* **Position 17:** *Eigene Aktien (Geschäftsanteile) Nennbetrag* **Position 22:** *Bilanzverlust*	**Position 10:** *Sonderposten mit Rücklagenanteil* [1] **Position 11:** *Grundkapital (Stammkapital)* **Position 12:** *Offene Rücklagen* [2] *a) gesetzliche Rücklage* *b) andere Rücklagen* **Position 13:** *Bilanzgewinn*

Formblatt für die Jahresbilanz der Kreditinstitute in der Rechtsform der AG, der KGaA und der GmbH

Aktiva	Passiva
Position 16: *Nicht eingezahltes Kapital* **Position 20:** *Reinverlust* *Gewinn / Verlust-Vortrag aus dem Vorjahr* *Jahresüberschuß / Jahresfehlbetrag 19..*	**Position 10:** *Sonderposten mit Rücklageanteil* **Position 11:** *Kapital* *a) Einlagen des Inhabers oder der unbeschränkt haftenden Gesell-schafter* *b) Einlagen der Kommanditisten und der stillen Gesellschafter* **Position 12:** *Offene Rücklagen* **Position 13:** *Reingewinn* *Gewinn-Verlust-Vortrag aus dem Vor-jahr* *Jahresüberschuß / Jahresfehlbetrag 19..*

Formblatt für die Jahresbilanz der Kreditinstitute in der Rechtsform der Einzelfirma, der OHG und der KG

---

1 Dieser Posten enthält aufgrund steuerlicher Vorschriften gebildete Rückstellungen.
2 Seit dem Inkrafttreten des neuen KWG werden unter Position 12 sämtliche Rücklagen ausgewie-sen, soweit sie versteuert sind. Als gesetzliche Rücklagen werden die Rücklagen bezeichnet, die auf Grund eines Gesetzes zwingend vorgeschrieben sind; die sonstigen Rücklagen werden unter „an-dere Rücklagen" erfaßt.

Aktiva	Passiva
Position 20:	**Position 11:**
Reinverlust	*Sonderposten mit Rücklagenanteil*
Gewinn / Verlust-Vortrag	
aus dem Vorjahr	**Position 12:**
Jahresüberschuß / Jahresfehlbetrag 19..	*Geschäftsguthaben* [1]
	a) der verbleibenden Mitglieder
	b) der ausscheidenden Mitglieder
	Position 13:
	Offene Rücklagen
	a) Rücklage nach § 7 Nr. 3 GenG
	b) andere Rücklagen
	Position 14:
	Reingewinn
	Gewinn / Verlust-Vortrag aus dem Vor-
	jahr
	Jahresüberschuß / Jahresfehlbetrag
	19..

Formblatt für die Jahresbilanz der Kreditinstitute in der Rechtsform der eingetragenen Genossenschaft

Aktiva	Passiva
Position 14:	**Position 11:**
Ausstehende Einlagen auf das Grund-	*Sonderposten mit Rücklageanteil*
kapital	
Position 15:	**Position 12:**
Eigene Aktien	*Grundkapital*
Nennbetrag in DM ...)	
Position 19:	**Position 13:**
Bilanzverlust	*Offene Rücklagen*
	a) gesetzliche Rücklage
	b) sonstige Rücklagen
	nach § 7 HypBkG [2]
	c) andere Rücklagen
	Position 14:
	Bilanzgewinn

Formblatt für die Jahresbilanz der Hypothekenbanken

---

1 Unter dem Strich der Bilanz werden nähere Angaben über die Haftsummen, die Geschäftsgutha-ben und die Mitgliederbewegung gemacht.
2 § 7 HypBkG schreibt Rücklagen vor, die „ausschließlich zur Deckung von Verlusten oder zu einer Kapitalerhöhung aus Gesellschaftsmitteln" bestimmt sind.

Aktiva	Passiva
Position 18: *Bilanzverlust*	**Position 9:** *Sonderposten mit Rücklageanteil* **Position 10:** *Rücklagen[1] nach § 10 KWG* *a) Sicherheitsrücklage* *b) andere Rücklagen* **Position 11:** *Bilanzgewinn*

Formblatt für die Jahresbilanz der Sparkassen

---

1 Das Formblatt für die Jahresbilanz der Sparkassen weist die Besonderheit auf, daß es für das Eigenkapital lediglich die Positionen aufführt, in denen die Rücklagen ausgewiesen sind. Daraus geht hervor, daß das Eigenkapital der Sparkassen ausschließlich aus Rücklagen besteht.

C. Organisation der Kreditinstitute

I. Aufgaben und Grundlagen der Organisation

Unternehmen eine Organisation zu geben, folgt aus dem Erfordernis, persönliche Funktionen und den Einsatz sachlicher Mittel im Hinblick auf das Unternehmensziel zu koordinieren.

Als Organisation bezeichnet man ein System von Regelungen, das sowohl den Aufbau des Unternehmens nach Instanzen und Abteilungen als auch den Ablauf der Tätigkeiten (zum Beispiel durch Arbeitsanweisungen) festlegt.

Jede Unternehmung muß ihre Organisation so gestalten, daß die jeweiligen Aufgaben am besten gelöst werden. Demzufolge hängt die Organisation nicht nur von Art und Umfang der Leistungserstellung, sondern auch von der Art und Menge der einzusetzenden Produktionsmittel ab.

Die Organisationslehre hat eine Reihe von **allgemeinen Organisationsgrundsätzen** entwickelt, die im Bankbetrieb durch **spezielle Grundsätze** ergänzt werden.

Zu den **allgemeinen Organisationsgrundsätzen** zählen:

(1) Grundsatz der Hierarchiebildung

Zur Entstehung des Betriebserfolges ist die Lösung unterschiedlich gearteter Probleme erforderlich. Sie bestehen einerseits in der Bewältigung massenhaft anfallender gleichartiger Vorgänge, andererseits aber auch in der Lösung komplizierter Sachfragen und der Entscheidung zwischen verschiedenen möglichen, für das Unternehmen schicksalhaften Handlungsweisen.

Die Hierarchiebildung unter den Mitarbeitern eines Unternehmens folgt in der Regel dem Gewicht der einzelnen Entscheidungen oder Handlungen für den Betriebserfolg, mit deren Bearbeitung sie betraut sind, wobei die Spitze durch die sogenannten dispositiven Tätigkeiten gebildet wird und die rein abwickelnden Tätigkeiten sich am Ende der Hierarchie befinden. Die gefundene Hierarchie muß widerspruchsfrei sein, d. h. sowohl die Auftragserteilung als auch die Unterstellung müssen **eindeutig** sein. Die Wahrnehmung der verschiedenen Aufgaben verlangt von den handelnden Personen ein unterschiedliches Ausmaß von Fähigkeiten und Ausbildung.

Hierarchiebildung in der reinsten Form bedeutet, daß zwischen den Mitarbeitern, die übergeordnete Aufgaben wahrnehmen, und solchen, die untergeordnete Aufgaben verrichten, das Verhältnis eines Befehlenden zum Befehlsempfänger vorliegt. Im Hinblick auf den Betriebserfolg ist ein solches Über-Unterordnungs-

Verhältnis aber nur dann funktionsfähig, wenn der Vorgesetzte alle Kenntnisse besitzt, die der Untergeordnete zur Ausübung seiner Aufgabe benötigt, und wenn es nicht erforderlich ist, auch die nachgeordneten Mitarbeiter durch Übertragung von Verantwortung an das Unternehmen zu binden. Dem Grundsatz (1) ist daher der Grundsatz (2) gegenüberzustellen.

(2) Grundsatz der Kompetenzzuweisung

Die Zuweisung von Kompetenzen an nachgeordnete Mitarbeiter bedeutet für diese, Entscheidungsträger und Träger von Verantwortung zu sein. Dieser, auch als Delegation von Verantwortung bezeichnete Vorgang, muß zu klar abgegrenzten Bereichen führen, innerhalb derer der unterstellte Mitarbeiter entscheidet und Verantwortung trägt. Es ist darauf zu achten, daß Delegation von Entscheidungen stets auch die Übertragung von Verantwortung bedeutet; so muß z. B. sichergestellt werden, daß der unterstellte Mitarbeiter weder ihm übertragene Kompetenzen weiterdelegieren kann noch daß er aufgrund fehlender Fähigkeiten „Rückdelegationen" an den Vorgesetzten vornimmt.

(3) Grundsatz der Einheitlichkeit der Aufgabenzuordnung

Zusammengehörende Arbeiten sind einheitlich auf bestimmte Mitarbeiter bzw. Abteilungen zu übertragen; deren Aufgaben sind klar und zweifelsfrei gegen die Aufgaben anderer Mitarbeiter oder Abteilungen abzugrenzen. Dies gilt unabhängig davon, in welchem Ausmaß in einer Unternehmensorganisation von der Möglichkeit Gebrauch gemacht wird, Entscheidung und Verantwortung zu delegieren.

Die Verwirklichung dieser drei Grundsätze ermöglicht dem Unternehmen bereits, Entscheidungen und Handlungen im Hinblick auf den Unternehmenszweck vorzunehmen.

Jedoch ist zusätzlich sicherzustellen, daß Entscheidungen sachlich fundiert sind und aufgrund ausreichender Informationen zustandekommen (Bildung von Stabsabteilungen) und daß im Prozeß der Leistungserstellung **Kontrollen** eingreifen. Diese Kontrollen haben den Zweck, Störungen im Betriebsablauf zu vermeiden, die Einhaltung von Qualitätsstandards zu überwachen, Veruntreuungen zu verhindern u. a. m.

Die besondere Geschäftsart des Bankbetriebs erfordert ferner Vorkehrungen für die Sicherheit der Gläubiger und Auftraggeber, die sowohl im Organisationsaufbau als auch im Organisationsablauf zu treffen sind.

In diesem Sinne zu beachtende gesetzliche Regelungen sind zum Beispiel das Verbot des Betreibens einer Bank in der Rechtsform eines Einzelkaufmanns („Vier-Augen-Prinzip", §§2a, 33 Abs 1 Nr. 4 und 35 Abs. 2 Nr. 3 und Nr. 4b KWG) oder bestimmte Vorschriften des Depotgesetzes (§2: gesonderte Verwahrung der Bestände Dritter, §§18 ff.: Einkaufskommission). Auch das Bundesaufsichtsamt für das Kreditwesen hat in verschiedenen Anweisungen und Hinweisen Anforderungen an die Ordnungsmäßigkeit von Organisationsformen formuliert, zum Beispiel Anforderungen für die Ausgestaltung der Innenrevision (BAK-Schreiben vom 28. Mai 1976), Mindestanforderungen für bankinterne Kontrollmaßnahmen bei Devisengeschäften (BAK-Schreiben vom 24. Februar 1975) und Richtlinien für die Depotprüfung nebst Hinweisen über die materiellen Prüfungserfordernisse. Diese Anweisungen des BAK sind teilweise durch den Bankenfachausschuß beim Institut der Wirtschaftprüfer in Hinblick auf die Beurteilung der Sachverhalte auf ihre Ordnungsmäßigkeit in den Berichten über die Jahresabschlußprüfungen weiter erläutert und interpretiert worden.

In der folgenden Darstellung wird untersucht, welche grundsätzlichen Probleme die Organisation der Kreditinstitute aufwirft. Dabei wird von den aus dem Begriff der Organisation abgeleiteten beiden organisatorischen Teilbereichen, der *Organisation des Aufbaus* und der *Organisation des Arbeitsablaufs*, ausgegangen.

II. Organisation des Aufbaus der Kreditinstitute

Als Dienstleistungsbetriebe verlangen Banken besondere Organisationsformen. Unter den Dienstleistungsunternehmen selbst sind die Banken noch einmal durch die besondere Art ihrer Leistungserstellung hervorgehoben: Dies folgt aus dem Einsatz des Geldes bzw. des Kapitals als Produktionsfaktor. Dieser Einsatz wird in dreierlei Hinsicht bewirkt:

Erstens führen Banken Kapitalanleger und Kapitalsuchende im Markt zusammen, worin wirtschaftlich betrachtet eine reine Vermittlungstätigkeit gesehen werden kann, obwohl die Banken sowohl beim Anleger als auch beim Suchenden im eigenen Namen und für eigene Rechnung auftreten.

Zweitens bewirken Kreditinstitute einen Ausgleich der unterschiedlichen Fristen, in denen Kapital angeboten bzw. gesucht wird. So kann zum Beispiel der „Bodensatz'' der täglich fälligen Gelder auch im langfristigen Kreditgeschäft eingesetzt werden (**Fristentransformation**).

Drittens werden unterschiedlichen Grade des Risikos zwischen der Kapitalaufnahme und der Kapitalanlage ausgeglichen. Erwirbt zum Beispiel ein Anleger eine Bankobligation (relativ sichere festverzinsliche Anlage), so versetzt er die Bank in die Lage, mit den Mitteln eine Beteiligung einzugeben (gewinnabhängige Verzinsung) oder auch die stark risikobehaftete Erweiterungsinvestition eines Betriebes der Zukunftstechnologie zu finanzieren (**Risikotransformation**).

Es sind die Leistungen der Fristen- und Risikotransformation des Kapitals, durch die sich die Banken wesentlich von den Betrieben anderer Wirtschaftszweige unterscheiden. Weil die Leistungen in diesem Bereich eine Wertkomponente enthalten, nämlich das aufgenommene oder das angelegte Kapital, bezeichnet man sie zusammengefaßt als **Wertleistungen**. Aus diesem Leistungsangebot folgen eine Reihe bestimmter Dienstleistungen, in welchen die Banken lediglich besondere Fachkenntnisse und ihren technischen Apparat einsetzen (z. B. Anlageberatung, Zahlungsverkehr, Depotgeschäft u. a. m.).

Welche Geschäfte (Leistungen) als Bankgeschäfte im wirtschaftlichen Verkehr anzusehen sind, ergibt sich aus §1 KWG.

Der Bankbetrieb unterscheidet sich nicht von Betrieben anderer Wirtschaftszweige darin, daß zur Erstellung einer Leistung eine möglichst optimale Kombination der Produktionsfaktoren angestrebt wird. Nur unterscheidet sich der Bankbetrieb etwa von einem Industriebetrieb insoweit, als zu dem – seit Einführung durch Gutenberg allgemein anerkannten – Faktorsystem in Bankbetrieben die **Zahlungsmittelnutzung als monetärer Faktor** hinzutreten muß. Dieser zusätzliche Produktionsfaktor folgt aus der Eigenümlichkeit des Bankbetriebes in der Erstellung und Verwertung finanzieller Transaktionen („Transaktionskasse der Unternehmen"), die im übrigen zu einem branchenspezifischen Leistungsbegriff zwingt.

Bankleistung ist das, was der Bankkunde als Bankleistung akzeptiert. In den Gesetzen der Marktwirtschaft heißt dies zugleich auch: **Bankleistung ist das, wofür der Bankkunde bereit ist, einen Preis zu zahlen.**

Die Produktionsfaktoren einerseits und die Besonderheiten der Bankleistung andererseits bestimmen den Produktionsprozeß in seiner Struktur und in seinem Ablauf. Das Zusammenwirken des bankbetrieblichen Faktorsystems bei der Leistungserstellung und -verwertung zeigt folgendes Schaubild:

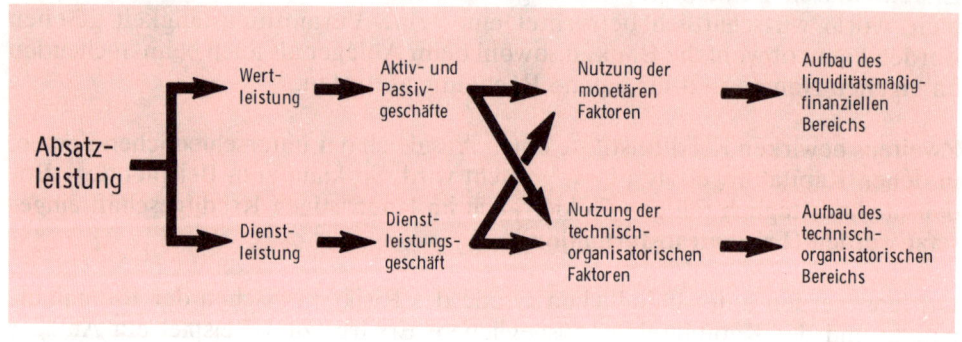

Jede einzelne Absatzleistung, gleichgültig ob Wert- oder Dienstleistung, erfordert eine Anzahl dispositiver und ausführender Tätigkeiten, die sich im technisch-organisatorischen Bereich und/oder im finanziellen Bereich vollziehen können. Die Untergliederung des Produktionsprozesses hat die Verteilung der Leistungserstellung und -verwertung auf mehrere Arbeitsplätze und Abteilungen zur Folge. Die Art der Absatzleistungen, wie z. B. Gewährung gewerblicher Großkredite, Hereinnahme von Spareinlagen, Emission von Wertpapieren, bildet die Grundlage für die Auswahl der **Leistungselemente**, deren Bearbeitung auf einzelne Bereiche zu übertragen ist.

Die Arteigenheit des bankbetrieblichen Produktionsprozesses besteht nun darin, daß nicht für jedes Bündel gleichartiger Leistungselemente ein eigener Arbeitsplatz oder eine eigene Abteilung geschaffen wird. Vielmehr werden grundsätzlich Teile mehrerer Aufgabengebiete in einer Abteilung vereint. Das Aufgabengebiet Wechsel zerfällt z. B. in mehrere Leistungselemente, die in folgenden Abteilungen bearbeitet werden:

Hereinnahme des Diskontwechsels (Posteingang oder Annahmeschalter), Bonitätsprüfung (Kreditabteilung), Versteuerung und Abrechnung des Wechsels (Wechselabteilung),
Gutschrift des Wechsels (Buchhaltung).

Die organisatorische Verantwortungsbildung für einzelne Abteilungen weicht damit von der Funktionsgliederung im Bankbetrieb mehr oder weniger ab.

1. Organisation des dispositiven Faktors

Wesentliche Merkmale der unterschiedlich möglichen Aufbauelemte der Geschäftsleitung ergeben sich aus den einschlägigen Gesetzen; sie sind im Kap. B. V. dargestellt. Die dort beschriebenen Rechtsformen sind grundsätzlich auch für die Kreditinstitute maßgeblich (wegen der Zulässigkeit der Einzelunternehmung siehe jedoch oben); Aufgaben und Verantwortlichkeiten ergeben sich daher aus diesen Rechtsquellen. Das Kreditwesengesetz sieht jedoch auch hier wegen des besonderen Charakters der Bankgeschäfte Einschränkungen vor: so haben die Geschäftsleiter (§ 1 Abs. 2 KWG) ihre fachliche Eignung nachzuweisen (§33 Abs. 1 Nr.3 KWG). Erfüllt ein Geschäftsleiter diese Voraussetzung nicht, ist die Erlaubnis zum Betrieb eines Bankgeschäftes zu versagen.

In der Führung der Geschäfte sind die Geschäftsleiter ferner durch § 3 KWG (verbotene Geschäfte) und durch §15 Abs. 1 KWG (zustimmungsbedürftige Kreditgeschäfte) beschränkt. Darüber hinaus dürfen Großkredite nur aufgrund eines einstimmigen Beschlusses der Geschäftsleiter gewährt werden.

Bei den **Sparkassen** ist die Organisation der Führungsspitze in den – im letzten Jahrzehnt vielfach geänderten – Sparkassengesetzen der verschiedenen Bundesländer bzw. in den von den zuständigen Ministerien erlassenen Mustersatzungen geregelt. Während es früher möglich war, eine Sparkasse nach der sog. Mustersatzung B zu organisieren, nach der als oberste Instanz *nur ein Organ* fungierte, nämlich der Vorstand, dem außer dem hauptamtlichen Sparkassenleiter noch ehrenamtliche Mitglieder angehörten, ist nunmehr eine Teilung bei den Sparkassenorganen in einen **Vorstand als Geschäftsführungs- und Vertretungsorgan** sowie einen **Verwaltungsrat als Aufsichtsorgan** verwirklicht worden. Dadurch wurde nicht nur die Verantwortung für die laufende Geschäftsführung von einer Person auf ein mit hauptamtlichen Fachkräften besetztes Kollegialorgan übertragen, sondern zugleich auch die Möglichkeit eröffnet, bestimmte Geschäftsbereiche einzelnen Vorstandsmitgliedern zur selbständigen Erledigung zuzuweisen. Mit Inkrafttreten der Sparkassengesetze zu Beginn des Jahres 1973 wurde der **Kre-**

ditausschuß in den meisten Bundesländern als drittes Organ zusätzlich zum Verwaltungsrat und zum Vorstand eingeführt (vgl. z.B. Hess. Sparkassengesetz i.d.F. vom 2. 1. 73, § 4, Hess. MuSa i.d.F. vom 2. 1. 73, § 28). Eine Ausnahme bildet hier u.a. das Bundesland Schleswig-Holstein, wo das Sparkassengesetz den Kreditausschuß als besonderen Ausschuß ohne Organeigenschaft vorsieht.

2. Organisation des sachlichen Bereichs

Wesentliche Aufgabe der Organisation in einem Kreditinstitut ist es, die einzelnen Abteilungen, in denen im allgemeinen Arbeiten für mehrere Funktionen zusammengefaßt sind, und die hierarchischen Instanzen arbeitstechnisch und leistungsmäßig so in einen Zusammenhang zu bringen, daß aus ihnen ein funktionsfähiges Ganzes entsteht.

Um dieses Ziel in der Praxis zu erreichen, ist die Art und Weise festzulegen, in welcher Entscheidungen gefällt werden und zur Ausführung gelangen – die Wahl eines Weisungs- und Kompetenzsystems. Ferner ist festzulegen, nach welchen Kriterien Abteilungen gebildet werden, um die Leistungen des Kreditinstituts bestmöglich an den Markt zu bringen – das Problem der produktbezogenen Organisation.

2.1 Die Wahl eines Weisungs- und Kompetenzsystems

In der Regel wählt die Praxis eine Organisationsform, die man als **Stab-Linien-Organisation** bezeichnet; sie stellt einen zweckmäßigen **Kompromiß** zwischen den beiden Extremen **Linienorganisation** und **Funktionssystem** dar. Weil das Modell der Linienorganisation unterstellt, die Organisation käme vollständig mit eindeutigen Über-Unterordnungs-Verhältnissen und Befehlswegen aus, vernachlässigt es die Notwendigkeit, das in spezialisierten Abteilungen vorhandene Fachwissen für Entscheidungen nutzbar zu machen. Dagegen geht das reine Funktionssystem davon aus, daß unterschiedliche Fachspezialisten (= Funktionsträger) den ausführenden Stellen jeweils Weisungen erteilen können, wodurch die Einheitlichkeit der Auftragserteilung verlorengeht. Dies wird an folgendem Beispiel deutlich:

Wenn die Fachabteilungen kraft ihrer Kompetenz und ausführlicher Untersuchungen Handlungsanweisungen erteilen könnten, wäre es denkbar, daß die Abteilung Bilanzanalyse/Bonitätsbeurteilung eine Kreditgewährung anordnet, während die Rechtsabteilung eine solche untersagt, weil möglicherweise die Klärung erbrechtlicher Fragen noch offensteht. Im reinen Funktionssystem ist eine Instanz, die diesen Widerspruch auflöst und eine Entscheidung fällt, nicht vorgesehen.

Den Linieninstanzen werden in der Stab-Linien-Organisation einzelne Spezialisten oder Stäbe beigeordnet, die selbst kein Weisungsrecht besitzen. Diese Organisationsform gewährleistet die klare Kompetenzabgrenzung der Linienorganisation, ohne die Vorteile der Spezialisierung vermissen zu lassen. Besondere Bedeutung für die Bankbetriebe werden vor allem technische und wissenschaftliche Stäbe – nicht nur bei der Führungsspitze, sondern auch bei den mittleren Instanzen – überall da erlangen, wo durch die Informationen und Beratungen von Spezialisten Entscheidungen erheblich verbessert werden können.

Wichtige Stabsabteilungen sind die Volkswirtschaftliche Abteilung, die Rechtsabteilung, das Vorstandssekretariat und die Innenrevision.

Das Schaubild auf der nächsten Seite zeigt, daß mit zunehmender Entfernung von der Unternehmensspitze bis hinunter zur Zweigstelle die Zahl der Stabsabteilungen pro Instanz abnimmt und die Anzahl der Allround-Leute in der Linie entsprechend steigt, die dann allerdings von mehreren Stellen Anweisungen erhalten.

Im Beispiel arbeitet der Vorstand in der Zentrale mit 10 Stäben, die Niederlassungsleitung nur mit 6 Stäben, die Filialleitung mit 2 Stäben und der Zweigstellenleiter besitzt keinen Mitarbeiter mit reiner Stabsfunktion.

Diese Verquickung von Elementen der Stab- und der Linienorganisation wird als **modifizierte Stab-Linienorganisation** bezeichnet.

2.2 Die Wahl der produktbezogenen Organisationsformen

Die Zusammenfassung einheitlicher Aufgaben zu organisatorischen Verantwortungsbereichen – Arbeitsplätzen, Arbeitsgruppen und Abteilungen – setzt bei den Leistungselementen an. Leistungselemente können im Hinblick auf die Leistungserstellung, Leistungsverwertung oder die Gewinnverantwortung zusammengehören. Dementsprechend sind bei der Zuordnung von Leistungselementen zu einzelnen Verantwortungsbereichen die Sparten-, die Kundengruppen- und die Profit-Center-Organisation zu unterscheiden.

Diese drei Verteilungskonzepte stellen Modelle dar. Die Praxis arbeitet mit kombinierten Systemen, die Zuordnungsvorschriften aller drei Systeme beinhalten.

2.2.1 Sparten-Organisation

Die Sparten-Organisation betrachtet alle Leistungselemente, die innerhalb einer bestimmten Geschäftssparte auftreten, als zusammengehörend: die Bildung von Abteilungen, Arbeitsgruppen und Arbeitsplätzen folgt den Geschäftssparten eines Kreditinstitutes.

Diese Vorschrift der Verantwortungszuteilung gilt in der obersten Betriebsleitung ebenso wie in den Leitungen von Niederlassungen, Filialen und Zweigstellen und in allen Abteilungen der Zentrale und denen des Niederlassungsnetzes.

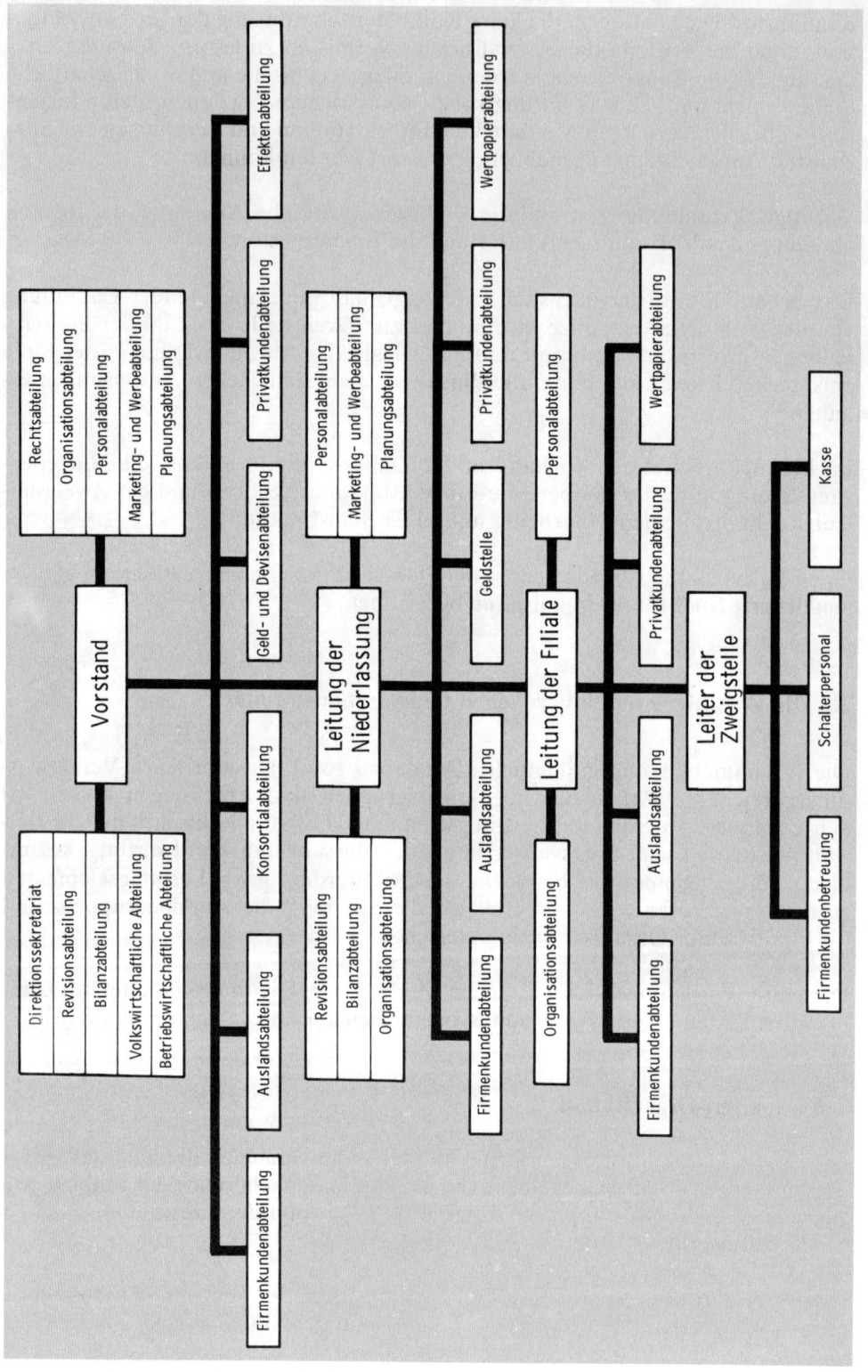

Die Spezialisierung der Elementarfaktoren Arbeits- und Betriebsmittel gewährleistet in der technisch-organisatorischen Sphäre ein weitgehend fehlerfreies und kostengünstiges Arbeiten, weil die Mitarbeiter und Maschinen auf ganz bestimmte, stets wiederkehrende und einheitliche Arbeitsabläufe ausgerichtet sind. Die enge Ausrichtung der Arbeitsplätze und Maschinen auf eine spezielle Geschäftssparte verringert allerdings die Möglichkeit des Einsatzes der gleichen Elementarfaktoren in Abteilungen unterschiedlicher Geschäftssparten. Der Ablauf des Produktionsprozesses wird damit gegen Ausfälle (Urlaub, Krankheit, Maschinenschaden) anfällig.

Die Spezialisierung der dispositiven Faktoren soll bewirken, daß sowohl die innerbetrieblichen Entscheidungen über Personal- und Maschineneinsatz in bestimmten Geschäftssparten als auch marktbezogene Entscheidungen über Standort und Konditionen zu optimalen Ergebnissen führen.

Welche Sparten bei der Organisation eines Kreditinstitutes berücksichtigt werden, hängt insbesondere von der Anzahl und Struktur der Marktleistungen ab; sie sind dementsprechend bei den einzelnen Kreditinstitutsgruppen unterschiedlich.

Typische Geschäftssparten bei Kreditinstituten des privaten Bankgewerbes sind das Aktiv- und Passivgeschäft, wobei das Aktivgeschäft in kurz- und langfristiges Kreditgeschäft und das Passivgeschäft in Einlagengeschäft und Geldhandel zu unterteilen wäre, sowie das Auslands- und Effektengeschäft und der Zahlungsverkehr. Ähnliche Organisationsstrukturen findet man bei den **Sparkassen.** Eine relativ weitgehende Untergliederung der Geschäftssparten ist bei den **Kreditgenossenschaften** üblich. Sie unterscheiden: Laufende Rechnung, Wechselkredite, Darlehen/Sonderkredite, Außenhandel, Wertpapiervermittlung, Depotgeschäft, Versicherungsvermittlung, Bausparen, Festgeldanlagen, Wertpapieranlagen, Immobilien und Beteiligungen.

Bei den Kreditinstituten hatten Fragen der Leistungserstellung gegenüber den Problemen der Leistungsverwertung so lange den Vorrang, als die Konkurrenz zwischen den Instituten, insbesondere auf Grund des Soll- und Habenzinsabkommens, nicht so groß war wie heute. Der verschärfte Wettbewerb hat dazu geführt, daß im Kreditgewerbe der Organisation der Absatzleistung die gleiche Bedeutung beigemessen wird wie derjenigen der Leistungserstellung.

2.2.2 Kundengruppen-Organisation

Die Kundengruppen-Organisation betrachtet alle Leistungselemente, die von einer bestimmten Kundengruppe als typische Bankleistungen nachgefragt werden, als zusammengehörend. Dementsprechend folgt die Bildung von Abteilungen, Arbeitsgruppen und Arbeitsplätzen diesen Leistungsbündeln.

Während bei der Sparten-Organisation in einzelnen Abteilungen einheitliche Leistungen für sämtliche Kunden eines Betriebes bearbeitet werden, überträgt die Kundengruppen-Organisation den einzelnen Abteilungen die Verantwortung für sämtliche Leistungen, die von einem einheitlichen Kundenkreis nachgefragt werden.

Üblich ist heute die Aufteilung der Kunden einer Universalbank in Privat- und Firmenkunden, wobei beide Kategorien nochmals unterteilt werden können, etwa in vermögende Privatkunden und Privatkunden des Mengengeschäfts oder in emissionsfähige und nicht emissionsfähige Firmenkunden. Ausschlaggebend für die Unterteilung ist die Abnahme eines mehr oder weniger einheitlichen Leistungsbündels. Bei den Privatkunden des Mengengeschäfts haben z. B. das Lohn- und Gehaltskonto, das Spar- und Ratenkreditkonto mehr Bedeutung als die Abschlüsse von Effektenkommissionsgeschäften, während für die vermögende Privatkundschaft die Beratung und Bedienung in der Vermögensanlage weit mehr Gewicht besitzt als bei jenen Kunden. Die konsequente Durchsetzung der Kundengruppen-Organisation bei Kreditinstituten hat einen entscheidenden Nachteil: Da dieses Verteilungskonzept Entscheidungen über die Liquiditätsvorsorge und über Eigengeschäfte, wie Geld- und Kapitalanlage- und -aufnahmegeschäfte, nicht wie bei der Sparten-Organisation einem bestimmten Verantwortungsbereich zuschlägt, hat jede Gruppe das Recht, diese Geschäfte durchzuführen. Die einzelnen Gruppen haben damit einerseits, jede für sich, die entsprechende Liquiditätsvorsorge zu treffen und andererseits Aktiv- bzw. Passivüberhänge aus ihrem Kundengeschäft ohne Rücksicht auf andere Gruppen nach eigener Zielsetzung auszugleichen.

Diese Verselbständigung der Gruppen führt grundsätzlich zu einer schlechteren Erreichung des Betriebszwecks. Der Vorteil einer Universalbank, der darin besteht, daß sämtliche Zahlungsmittelanforderungen aller Kunden im eigenen Haus vorab kompensiert werden können, geht verloren.

Ein weiterer Nachteil der Kundengruppen-Organisation besteht in den hohen Qualitätsanforderungen an die Mitarbeiter, die alle Geschäfte beherrschen müssen, die eine Kundengruppe nachfragt. Die Anforderungen an die innerbetriebliche Aus-, Weiter- und Fortbildung sind daher bei dieser Organisationsform sehr viel höher und aufwendiger.

2.2.3 Profit-Center-Organisation

In einer Profit-Center-Organisation ist den Leitern der einzelnen Einheiten Ergebnisverantwortung für ihren Bereich zugewiesen. Sie haben den Bereich so zu führen, daß in ihm der höchstmögliche Gewinn erwirtschaftet wird.

Daraus folgt, daß der Gewinn eines jeden Profit-Centers ermittelbar sein muß und daß einem Profit-Center nur solche Aufwands- und Ertragskomponenten zuzurechnen sind, die primär von dem Profit-Center-Leiter beeinflußbar sind. Diese Verquickung von Gewinnverantwortung und Komponentenbeeinflußbarkeit bedingt bestimmte organisatorische Bereichsbildungen. Die horizontale und vertikale organisatorische Untergliederung eines Betriebes leitet sich damit aus der verantwortungsgerechten Zuordnung von Gewinnkomponenten zu einzelnen Bereichen ab. Die Summe der Gewinne der steuerbaren Profit-Center ergibt den Gesamtgewinn eines Betriebes.

Die Vorschriften der Verantwortungszuordnung in der Profit-Center-Organisation sagen nichts darüber aus, inwieweit die Profit-Center-Bildung von den bereits behandelten Formen der Sparten- und Kundengruppen-Organisation abweicht. Es ist daher theoretisch denkbar, daß die organisatorischen Bereiche sowohl der Sparten- als auch der Kundengruppen-Organisation jeweils Profit-Center bilden. Derartige Kombinationen müssen in der Praxis jedoch stets versagen, weil das Verrechnungsproblem nicht befriedigend gelöst werden kann. Solange eindeutige und verantwortungsgerechte Maßstäbe für die Zuordnung von Personal- und Sachgemeinkosten fehlen – von der Zuordnung der Wertseite ganz abgesehen –, kann von einem arbeitsfähigen Zusammenspiel zweier Organisationsformen nicht gesprochen werden.

Die Bildung von Profit-Centern ist eigentlich nur dann möglich, wenn kein Kapitaleinsatz erfolgt, also im Dienstleistungsgeschäft. So wird vielfach das Effektengeschäft als Profit-Center organisiert, obwohl sich auch hier Probleme aus der Verknüpfung des Effektengeschäfts mit dem Spargeschäft ergeben.

2.3 Organisation des Filialsystems

Besondere Organisationsprobleme im Hinblick auf die Kontrollspanne resultieren bei Kreditinstituten mit Filialen daraus, daß innerhalb der verschiedenen Filialen ein relativ gleichmäßiger Aufbau sowohl abteilungsmäßig als auch hinsichtlich der technischen und buchhalterischen Organisation durchzuführen ist (Kontenplan, Formularwesen). Aus den verschiedenen Möglichkeiten der Organisation ergeben sich Probleme technischer Art, z. B. hinsichtlich der Disposition und Überwachung. Festgelegt wird, wieviel Filialen direkt von der Zentrale und wieviel in einem mehrstufigen Filialnetz über die Haupt- bzw. Kopfstellen ihre Weisungen erhalten. Ferner ist klar abzugrenzen, inwieweit die einzelnen Filialen selbständig disponieren dürfen; so muß z. B. von der Zentrale das Kreditlimit für die einzelnen Filialen festgelegt werden, bis zu dessen Höhe diese in eigener Kompetenz verfügen können.

Grundproblem bei der Organisation des Filialsystems ist stets die Frage, ob der Tendenz zur **Zentralisation oder Dezentralisation** der Vorrang eingeräumt werden soll. Allerdings ist dabei zu berücksichtigen, daß gewisse Bereiche grundsätzlich zentralisiert sein sollten, z. B. Konsortialabteilung. Außerdem können qualifizierte Kräfte fehlen, denen dispositive Vollmachten übertragen werden können, so daß aus personellen Gründen Zentralisationsüberlegungen angestellt werden müssen. Die Tendenz zur Zentralisation ist immer bei solchen Arbeiten gegeben, die nicht delegiert werden können. Auf dem Gebiet der Kreditgewährung zeigt sich, daß aus Gründen der richtigen Mitteldisposition über einen bestimmten Rang hinaus die Entscheidung über einen Kreditantrag nur bei der Zentrale gefällt werden kann.

Die **Neigung zur Zentralisation** besteht auch bei der Bearbeitung von schwierigen Vorfällen, die Spezialkenntnisse erfordern, so bei der Bearbeitung juristischer Fragen und volkswirtschaftlicher Probleme. Auch die Gelddisposition und die Finanzplanung müssen zentral durchgeführt werden, um insbesondere den internen Ausgleich von Einzahlungs- und Auszahlungsüberschüssen zwischen verschiedenen Filialen (Einzugs- und Kreditfilialen) ausnützen und Fehldispositionen vermeiden zu können. Voraussetzung hierfür ist die tägliche Zusammenfassung aller Tagesbilanzen bei der Zentrale.

Maßnahmen zur Dezentralisation werden dann ergriffen, wenn obere Instanzen entlastet werden sollen und eine rasche und individuelle Kundenbedienung durchgeführt werden soll. Problematisch ist hierbei nur, inwieweit den Filialdirektoren Entscheidungsbefugnisse eingeräumt werden können, ohne daß der Überblick für die Gesamtleitung des Kreditinstituts verlorengeht.

III. Organisation des Arbeitsablaufs in den Kreditinstituten

Während bei der Organisation des Aufbaus eines Betriebes die Betriebsaufgabe im Mittelpunkt der Betrachtungen steht, rückt bei der Ablauforganisation der **Arbeitsprozeß als ein Vorgang in Raum und Zeit** in den Vordergrund.

Ziel der Arbeitsablauforganisation ist die Erreichung der kürzesten Zeit des Durchlaufs aller Bearbeitungsobjekte durch die Unternehmung. So muß z.B. jeder Kreditantrag mit der größtmöglichen Schnelligkeit bearbeitet werden, damit die Kunden nicht etwa zu Konkurrenzinstituten abwandern. Abgesehen davon spielt die Schnelligkeit des Arbeitsablaufs insofern eine erhebliche Rolle, als die meisten Bankleistungen am Tage der Auftragserteilung erbracht werden müssen. Dazu kommt noch ein weiteres. Die großen Geldwerte, mit denen Tag für Tag im Bankbetrieb gearbeitet werden muß, erfordern erhebliche Sicherungsvorkehrungen für den Arbeitsablauf, damit ein höchstmögliches Maß an Zuverlässigkeit erreicht wird.

Die Probleme der Arbeitsablauforganisation in den Kreditinstituten sind daher vornehmlich unter den Gesichtspunkten der Schnelligkeit und Sicherheit bei optimaler Wirtschaftlichkeit zu erörtern.

1. Sicherheit des Arbeitsablaufs

Da in einem Bankbetrieb überwiegend Geld in barer oder bargeldloser Form bewegt und bei der Erledigung einer Fülle vielfach gleichartiger Geschäftsvorfälle möglichst rasche Geschäftsabwicklung und große Umsatzschnelligkeit erstrebt werden, wird bei der Organisation eines Kreditinstituts in erster Linie das **Streben nach Sicherheit** berücksichtigt. Die Bilanzsumme wird z. B. bei einer Universalbank im Jahr etwa 50mal umgeschlagen, während der Kapitalumsatz bei Industrie- oder Handelsbetrieben im Durchschnitt das Drei- bis Sechsfache der Bilanzsumme erreicht. Das bedingt, daß sowohl die Risikoprobleme einer Kapitalüberlassung des Bankbetriebs an Dritte als auch die Fragen der Veruntreuungsmöglichkeiten im Bankbetrieb selbst ein wesentlich größeres Gewicht als bei Industrie- und Handelsbetrieben besitzen und **vielseitige Kontrollen** eingeführt werden müssen.

Kontrollen stellen eine Überwachung der Arbeitsabläufe zu dem Zweck dar, Fehler frühzeitig aufzudecken und ihnen wirksam zu begegnen. Kontrollen können mit dem Arbeitsablauf direkt gekoppelt sein, oder sie folgen dem Arbeitsablauf zeitlich in kurzem Abstand. Die Kontrolle selbst stellt einen Bestandteil des Arbeitsablaufs dar.

Der Einbau zwangsweise wirkender Kontrollen schlägt sich in der Zerlegung der Arbeitsabläufe in der Weise nieder, daß eine Person die Arbeit ausführt und eine andere sie überwacht. Je mehr automatisch wirkende Kontrollen eingebaut sind, desto besser ist der Arbeitsablauf organisiert. Dabei werden für den Aufbau und die Überwachung eines in seinem Grundprinzip logisch und konsequent durchgeführten Systems, das automatisch arbeitet und sich selbst kontrolliert, in zunehmendem Maße die Möglichkeiten der elektronischen Datenverarbeitung auszunutzen sein.

Neben den Kontrollen dient die **Revision** dem Streben nach Sicherheit. *Die Revision stellt eine nachträgliche Überprüfung der Arbeitsabläufe mit dem Ziel dar, Fehlern wirksam zu begegnen. Die Revision ist mit dem Arbeitsablauf nicht gekoppelt. Sie wird periodisch, aperiodisch oder fallweise durchgeführt.*

Während die in den Arbeitsablauf eingebauten Kontrollen jeden Geschäftsvorfall zwangsläufig erfassen, prüft die Revision die Arbeitsabläufe meist stichprobenweise. Zum Teil gehören diese Tätigkeiten zum Aufgabenbereich der Geschäftsleitung einer Bank, die einmal revidieren muß, damit ihr das betriebliche Geschehen nicht entgleitet, und zum anderen, weil sie verpflichtet ist, über die Ordnungsmäßigkeit des betrieblichen Geschehens Rechenschaft abzulegen.

Die Geschäftsleitung selbst kann infolge der Vielfalt und der Vielzahl der bankbetrieblichen Leistungen, der hohen Wertumsätze und der räumlichen Ausdehnung ihres Geschäftsbetriebes nur einen geringen Teil der Revisionstätigkeit ausüben. Für die Masse der Revisionshandlungen schafft sie sich eine Stabsabteilung, die **Revisionsabteilung**, deren Einsatz sie leitet oder zumindest überwacht.

Aufgabe der Revisionsabteilung ist es, die Geschäftsleitung in ihrer Überwachungspflicht durch Untersuchungen und objektive Berichterstattung zu unterstützen, die im Unternehmen angewendeten Verfahren und die bestehende Organisation zu beurteilen, die erforderlichen Änderungen bzw. Vereinfachungen auszuarbeiten, Fehlermöglichkeiten zu erkennen und das Unternehmen vor Verlusten zu schützen.

Dazu ist erforderlich, daß die Revisionsabteilung vom Geschäftsablauf völlig unabhängig ist. Voraussetzung für ein unbeeinflußtes Prüfungsurteil der internen Revision ist, daß sie keinerlei Anordnungsbefugnissen von Beschäftigten unterliegt und Distanz zum betrieblichen Geschehen hat.

Die **Anforderungen an die Ausgestaltung der Innenrevision** hat das Bundesaufsichtsamt erstmalig in einem Schreiben vom 28. 5. 76 an die Verbände konkretisiert und diese aufgefordert, die Anforderungen den einzelnen Kreditinstituten bekanntzugeben. Das Schreiben hat folgenden Wortlaut:

„1. Die Betriebsabläufe jedes Kreditinstituts müssen durch eine funktionsfähige Innenrevision überprüft werden. Voraussetzung der Funktionsfähigkeit der Innenrevision ist eine schriftlich fixierte Ordnung des gesamten Betriebes, die sich sowohl auf die Kompetenz der einzelnen Betriebsangehörigen als auch im erforderlichen Rahmen auf die Arbeitsabwicklung erstreckt und deren Einhaltung von der Innenrevision zu überprüfen ist.

Soweit aus Gründen der Betriebsgröße ein Innenrevisor nicht vorhanden ist, kann diese Funktion von einem Geschäftsleiter erfüllt werden.

Die Aufgaben der Innenrevision können auch ganz oder teilweise auf außenstehende Prüfer oder Gemeinschaftseinrichtungen übertragen werden.

2. Personalausstattung und qualitative Anforderungen an die Innenrevision müssen der Art und dem Umfang des zu prüfenden Geschäftsbetriebs gerecht werden.

3. Arbeitsweise und -umfang der Innenrevision müssen so beschaffen sein, daß die Prüfungsergebnisse über die Ordnungsmäßigkeit des Betriebsablaufes, aufgetretene Mängel sowie über Gefahren für das Kreditinstitut hinreichenden Aufschluß geben. Grundsätzlich sollten die in der Innenrevision beschäftigten Angestellten nicht mit Aufgaben betraut werden, die nicht im Rahmen der Innenrevision liegen. Auf keinen Fall dürfen diese Angestellten Aufgaben wahrnehmen, die mit der Prüfungstätigkeit nicht im

Einklang stehen. Ebenso sollten Angestellte, die in anderen Abteilungen des Kreditinstituts beschäftigt sind, nicht zeitweise mit Aufgaben der Innenrevision betraut werden (**Funktionstrennung**).

4. Die Prüfungshandlungen der Innenrevision sollen sich auf die Betriebsabläufe aller Teilbereiche des Kreditinstituts erstrecken. Auch sind der Innenrevision die Weisungen der Geschäftsleitung an andere Abteilungen bekanntzugeben, soweit hierdurch offensichtlich ihre Aufgabe berührt wird.

5. Die Verantwortung für die Einrichtung und den Ausbau einer funktionsfähigen Innenrevision obliegt der gesamten Geschäftsleitung, und zwar auch dann, wenn den einzelnen Geschäftsleitern bestimmte Aufgabenbereiche innerhalb des Kreditinstituts unterstehen.

6. Unbeschadet des Direktionsrechts der Geschäftsleitung soll bei der Aufstellung der Revisionsprogramme (Prüfungspläne) und bei der Durchführung der Prüfungshandlungen die Innenrevision ihre Aufgaben möglichst selbständig wahrnehmen.

7. Schriftliche Revisionsberichte sind regelmäßig und zeitnah, bei drohenden Gefahren unverzüglich zu erstellen und der Geschäftsleitung vorzulegen.

Im Revisionsbericht selbst sind nicht nur Feststellungen zu treffen, sondern auch Beurteilungen des Prüfungsgebietes anzusprechen.

8. Die Erledigung von Beanstandungen ist zu überwachen und aktenkundig zu machen. Wird den Beanstandungen nicht Rechnung getragen, so hat der Leiter der Innenrevision dem für das betreffende Sachgebiet zuständigen Geschäftsleiter schriftlich zu berichten.

Werden im Rahmen der Prüfungshandlungen **schwerwiegende Feststellungen gegen Mitglieder der Geschäftsleitung** bekannt, so ist der gesamten Geschäftsleitung unverzüglich schriftlich Bericht zu erstatten. Diese ist verpflichtet, den Bericht des Innenrevisors unverzüglich dem Vorsitzenden des Aufsichtsorgans zu unterbreiten, gegebenenfalls mit einer eigenen Stellungnahme.

9. Revisionsberichte und Arbeitspapiere der Innenrevision sind den Prüfern der externen Revision zur Verfügung zu stellen.

10. Der Abschlußprüfer hat im Prüfungsbericht darzulegen, ob die Ausgestaltung der Innenrevision des zu prüfenden Instituts den vorstehenden Anforderungen genügt.

Das Recht der Aufsichtsbehörden der Länder, für die Ausgestaltung der Innenrevision der öffentlich-rechtlichen Kreditinstitute Regelungen zu treffen, sowie die bereits auf diesem Gebiet bestehenden weitergehenden Regelungen bei den einzelnen Institutsgruppen bleiben von den oben aufgeführten Anforderungen unberührt."

Neben dem Streben nach Sicherheit durch organisatorische Maßnahmen ist das Streben nach Wirtschaftlichkeit zu berücksichtigen. Bei der Gestaltung der Organisation ist darauf zu achten, daß sowohl am Arbeitsplatz als auch innerhalb der Abteilungen und ebenso im Gesamtbetrieb nach dem Grundsatz gehandelt wird, jede Arbeitsverrichtung auf wirtschaftliche Weise, d. h. mit optimalem Personal- und Sachmitteleinsatz, durchzuführen. **Das Streben nach Sicherheit konkurriert** allerdings, da Sicherheitsvorkehrungen meist mit Aufwand verbunden sind, **mit dem Prinzip der Wirtschaftlichkeit.** Eine Bank kann jedoch nur bis zu einem gewissen Grad auf das Streben nach Sicherheit verzichten, um Kosten durch organisatorische Maßnahmen zu sparen.

2. Einzelbereiche der Ablauforganisation

Während durch die Schaffung von Organisationsstrukturen stets die Ordnung der Zuständigkeiten durch Grob- und Feinverteilung der Betriebsaufgabe auf einzelne Verantwortungsbereiche geregelt wird, dient die Ablauforganisation der Regelung aller sich wiederholenden Einzelaufgaben am Arbeitsplatz und der Ordnung der Verbindungen der Arbeitsplätze untereinander. Die Arbeitsplatzorganisation bildet daher den Ausgangspunkt für die Ablauforganisation.

2.1 Arbeitsplatzorganisation

2.1.1 Stellen- bzw. Arbeitsplatzbeschreibung

Bei der Aufteilung der Funktionen auf alle organisatorischen Bereiche eines Betriebes ergibt sich eine Aufgaben- und Kompetenzpyramide. Sie besteht – wie nachstehendes Schaubild zeigt – aus dem Organisationsplan des Betriebes, den Stellenplänen der einzelnen Abteilungen und den Arbeitsplatzbeschreibungen.

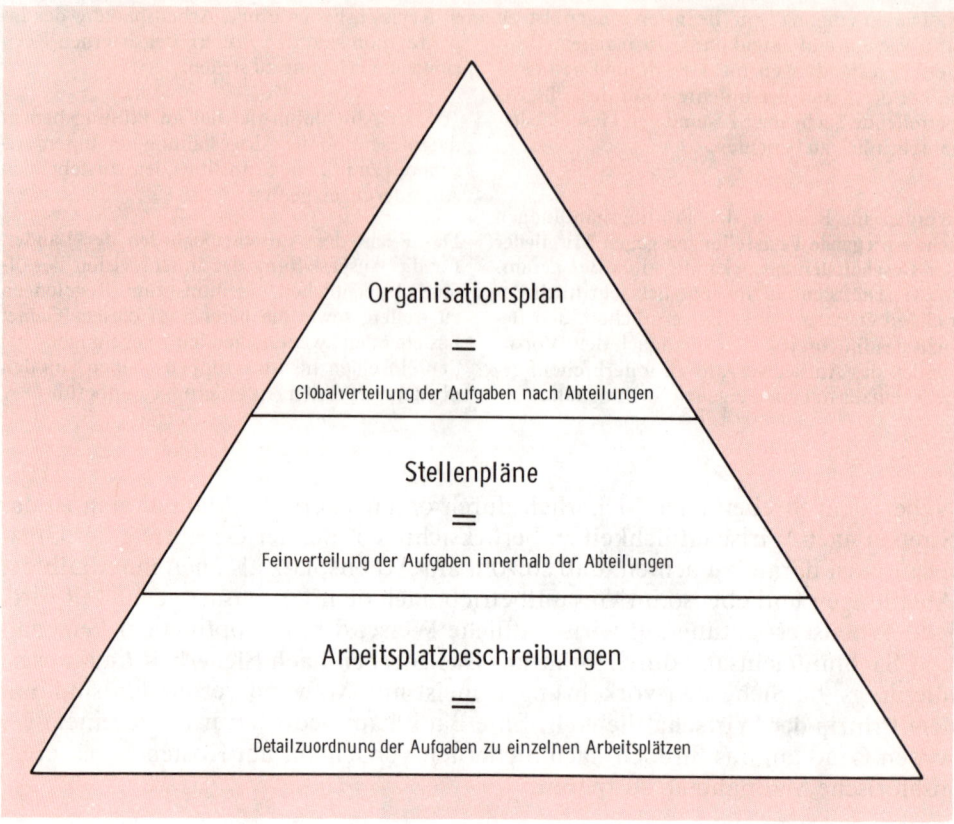

Das Schaubild macht deutlich, daß die Pyramide ein durchgängiges System der Aufgabenzuordnung darstellt, bei dem sich die Rechte und Pflichten des einzelnen Arbeitsplatzes eindeutig aus der obersten Betriebsaufgabe ableiten lassen. Das Schaubild zeigt weiterhin, daß der Grad der Detaillierung der Aufgabenzuordnung mit zunehmender Entfernung von der Pyramidenspitze steigt und die Arbeitsplatzbeschreibungen damit das detaillierteste Glied im Rahmen der Aufgabenfixierung darstellen.

Bei der Arbeitsplatzbeschreibung wird zwischen allgemeinen und arbeitsplatzindividuellen Aufgaben unterschieden. Rechte und Pflichten, die für mehrere Arbeitsplätze in gleicher Weise gelten, lassen sich generalisieren und in einem Aufgabenkatalog zusammenfassen, der für mehrere Arbeitsplätze Gültigkeit besitzt. Diese „Katalog"-Aufgaben – etwa von Führungskräften – betreffen die Jahresplanung, die Überwachung der Zielrealisierung, die Zusammenarbeit mit gleichgestellten Positionsinhabern und die Mitarbeiterführung.

Insbesondere bei der Festlegung der Rechte und Pflichten im Hinblick auf die unterstellten Mitarbeiter ergeben sich bei unterschiedlich eingestuften Mitarbeitern abgestufte Aufgabenzuordnungen. Diese Abstufung bezieht sich vor allem auf das Recht der Mitwirkung bei Versetzungen, Beförderungen, Gehaltsfestsetzungen und der Beurteilung der Mitarbeiter. Deshalb empfiehlt es sich, die allgemeinen Führungsleitsätze, die für mehrere Arbeitsplätze gelten, nochmals zu differenzieren.

Die individuelle Arbeitsplatzbeschreibung legt für den einzelnen Arbeitsplatz die Hauptaufgabe fest, die Vertretungs- und Unterstellungsverhältnisse, die Haupttätigkeiten, die Kompetenzen sowie die Normalanforderungen an den Positionsinhaber und die Eingruppierung des Arbeitsplatzes in das Tarif-System des Betriebes.

Das Beispiel der Stellenbeschreibung in der Form der Kompetenzbeschreibung für den Innenleiter einer Filiale dient dazu, die Bedeutung der genannten Punkte zu erklären.

Hauptaufgabe:	Steuerung der organisatorischen und personellen Belange in allen Abteilungen unter Beachtung wirtschaftlicher und sicherheitsmäßiger Gesichtspunkte. Gewährleistung der ordnungsgemäßen Durchführung aller Aufgaben im Rahmen des Zahlungsverkehrs, der Datenbearbeitung, der Buchhaltung, der technischen Verwaltungsfunktionen, der Expedition sowie aller Kontrollen.
Vertretungsverhältnisse:	
wird vertreten von:	Gruppenleiter (Kontrollen)
vertritt:	unterstellte Gruppenleiter (Buchhaltung und Kontrollen)
Unterstellungsverhältnisse:	
unmittelbar unterstellt:	dem Filialleiter
unmittelbar vorgesetzt:	den Mitarbeitern des Organisations- und Personalbereichs, den Gruppenleitern Zahlungsverkehr, Buchhaltung, Kontrollen, Datenbearbeitung, Expedition
Kompetenzen:	Abzeichnung von Stornobelegen für Buchhaltung und Datenbearbeitung. Verfügungen im Rahmen des Sachkostenetats bis zu einem Einzelbetrag von 1000 DM. Genehmigung der Rückerstattung von Provisions- und Zinseinnahmen an Kunden.

Haupttätigkeiten:	– sorgt für die Einhaltung von Organisationsrichtlinien in allen Abteilungen der Filiale
	– steuert den Personaleinsatz im Einvernehmen mit dem jeweiligen Abteilungsleiter
	– sorgt für einen reibungslosen innerbetrieblichen Geschäftsablauf in allen Abteilungen der Filiale
	– sorgt für eine ausreichende Betriebsreserve und deren Einsatz wie für eine möglichst vielseitige Aus- und Weiterbildung dieser Mitarbeiter
	– ermittelt den jährlichen Personalbedarf aufgrund der mittelfristigen Personalbedarfsvorschau
	– stellt die Personalbeschaffung auf der Grundlage der Personalplanung sicher
	– sorgt für eine den geschäftlichen Erfordernissen angepaßte Bestandshaltung (Scheckhefte, Formulare, Kasse)
	– sorgt für geordnete räumliche Verhältnisse
	– stellt die regelmäßige Beurteilung aller Mitarbeiter durch den jeweiligen Vorgesetzten sicher
	– sorgt für die vertrauliche Behandlung aller Fragen und Vorgänge im Personalbereich
	– ist zuständig und verantwortlich für
	– fristgerechte und rationelle Bearbeitung des Zahlungsverkehrs
	– ordnungsgemäße und termingerechte Erfassung und Aufbereitung der Zahlen des Rechnungswesens
	– ordnungsgemäße Führung von Kontokorrent-, Internen- und Bankenkonten
	– zuverlässige und reibungslose Datenerfassung und Datenkontrolle
	– sorgfältigen und reibungslosen Postversand
	– sachgemäße Bearbeitung der Reklamationen und des Posteingangs
	– sachgerechte und sinnvolle Durchführung der festgelegten Kontrollen

	– die Abteilungen: Telefonzentrale
	                   Autobetrieb und Tourendienst
	                   Belegverwaltung mit Mikroverfilmung
	                   Registratur und Archiv
	                   Hausverwaltung

Stellenbeschreibung für die Position Innenleiter einer Filiale

Die Hauptaufgabe legt fest, welcher Teil der obersten Betriebsaufgabe einem bestimmten Arbeitsplatz zugeordnet ist. Im Vergleich zur obersten Betriebsaufgabe liegt damit bereits eine relativ detaillierte Stellenbeschreibung vor, während diese aus der Sicht des einzelnen Arbeitsplatzes nur eine Groborientierung darstellen kann. Um die Aufgabenverantwortung eindeutig festzulegen, erfolgt daher über die generelle Angabe der Hauptaufgabe hinaus eine Benennung der Haupttätigkeiten eines Positionsinhabers.

Da die Stellenbeschreibung in erster Linie der Organisation des Arbeitsablaufes dient, genügt die statische Fixierung der Aufgabe nicht. Vielmehr ist davon auszugehen, daß im Zeitablauf die Kontinuität der Arbeitsplatzbesetzung mehr oder weniger regelmäßig durch kurzfristige, betriebsbedingte Abwesenheit des Positionsinhabers (Konferenzen, Tagungen, Lehrgänge), durch Urlaub oder Krankheit unterbrochen wird. Die organisatorischen Regelungen haben durch die Festlegung arbeitsplatzindividueller Vertretungsverhältnisse die Kontinuität im Arbeitsablauf sicherzustellen.

Durch die Regelung der Vertretungs- und Unterstellungsverhältnisse schlägt sich das Kompetenz- und Weisungssystem des Betriebes am einzelnen Arbeitsplatz nieder.

Die klare Kompetenzbeschreibung eines Arbeitsplatzes und damit zugleich die kompetenzmäßige Abgrenzung der Arbeitsplätze untereinander ist für einen störungsfreien Arbeitsablauf besonders wichtig. Bis ins kleinste Detail muß angegeben werden, welche Rechte und Pflichten ein Arbeitsplatz mit sich bringt.

Neben diese Stellenbeschreibung in Form der Kompetenzbeschreibung tritt die Arbeitsplatzbeschreibung in Form der Arbeitsablaufbeschreibung an einem Arbeitsplatz. Dafür ist auf Seite 94 ein Beispiel aus der Überweisungsabteilung gegeben.

2.1.2 Arbeitsplatzkombination/Großraumbüro

Die Vereinigung der einzelnen Arbeitsleistungen am Arbeitsplatz und die Einordnung des Arbeitsplatzes in den Ablauf des Produktionsprozesses ist so zu organisieren, daß ein bestimmter Ertrag bzw. ein bestimmtes Ergebnis mit möglichst geringem Aufwand erreicht wird.

Bei der Kombination der einzelnen Arbeitsplätze zur Erreichung eines möglichst wirtschaftlichen Arbeitsablaufs bestehen grundsätzlich zwei Möglichkeiten:

(1) Einzelraum-Organisation,
(2) Großraum-Organisation.

Die herkömmliche Form der Raumgestaltung stellt die Einzelraum-Organisation dar. Das Wachstum der Kreditinstitute, die dadurch ausgelöste Bildung von Arbeitsplätzen mit gleichartigen Aufgaben und das Problem der räumlichen Verzahnung führten zur Nachahmung der räumlichen Organisation industrieller Produktionsprozesse. Die Übertragung der industriellen Raumorganisation auf Dienstleistungsbetriebe führte in den USA zu dem „Bürosaal", bei dem die Arbeitsplätze schulbankmäßig in Reih und Glied ausgerichtet sind. Seit 1959 haben Organisatoren und Architekten in der BRD einen Gebäudetyp entwickelt, der von der herkömmlichen Unterbringung der Mitarbeiter in Büros völlig abgeht.

Arbeitsplatzbeschreibung

Abteilung:	Überweisungsabteilung	Filiale:
Arbeitsplatz:	Überweisungseingang von Filialen	

Ist ☐	aufgestellt von Organisation/Arbeitsanalysen	am:
Soll ☒	überprüft von	am:

Verrichtungen

Diagramm	verbal

1	Annehmen	des Belegs von der Posteingangsstelle
2	Zählen	der Gutschriftsträger
3	Prüfen,	ob die Begünstigten Platzkunden (Kunden der Bank am Ort) des Kreditinstituts sind
a		Gutschriftsträger für Platzkunden
b		Gutschriftsträger für Nicht-Platzkunden
4	Prüfen,	ob die eigene Bank am Platz als Kontoverbindung genannt ist
a		Gutschriftsträger, in denen die eigene Bank genannt ist
b		Gutschriftsträger, in denen andere Banken genannt sind
5	Prüfen,	ob die Fakultativklausel benutzt werden kann
a		Die Fakultativklausel kann benutzt werden
b		Die Fakultativklausel ist gestrichen
6	Überstempeln	der Bankverbindung mit der Kontoverbindung der eigenen Bank
7	Schreiben	von Sondervaluten
8	Kontrollieren	der Kontonummern der eigenen Filiale auf dem Sammelbeleg
9	Entfernen	der Klammern von den Sammelbeleg-Päckchen
	Kontrollieren	der Identität der Beträge auf dem Sammelbeleg und den Gutschriftsträgern (abhaken)
10	Kontrollieren	der angebrachten Sicherungen (Kontroll-Stempel und ab 20 000, - DM Unterschrift)
	Weiterleitung	der Belege an Sortiergruppe

88

Diese Arbeitsplatzkombination wird mit „*Büro-Großraum*", häufig auch als Gegensatz zum Bürosaal mit „Büro-Landschaft" bezeichnet. Mit dem Namen „Büro-Landschaft" soll die umfassende Betrachtungsweise bei der Organisation, insbesondere der Gestaltung der Arbeitsumwelt, hervorgehoben werden.

Die **Vorteile des Großraumbüros** unter wirtschaftlichen Gesichtspunkten liegen in der variablen Flächengröße für Arbeitplätze und Arbeitsgruppen sowie deren schneller und leichter Änderbarkeit in der Zuordnung. Verkehrsflächen lassen sich mit geringem Aufwand in Arbeitsflächen überführen und umgekehrt. Die Wege zwischen den Arbeitsplätzen werden kürzer, da die Arbeitsplätze entsprechend dem Arbeitsablauf in einem Raum untergebracht werden können; der Arbeitsfluß wird nicht mehr durch Türen, Flure, Stockwerke oder sogar verschiedene Gebäude verlangsamt oder unterbrochen. Unnütze Wege oder Verzögerungen im Arbeitsablauf durch die Versuche der Kontaktaufnahme mit gerade anderweitig beschäftigten Mitarbeitern werden mit der Anordnung der Angestellten in Sichtweite vermieden. In Großraumbüros treten geringere Leistungsminderungen auf Grund von Geräuschstörungen auf.

In den herkömmlichen Mehrpersonenbüros werden die Mitarbeiter durch unvorhergesehene und plötzliche Schallstöße von ihrer Arbeit abgelenkt, während im Großraum ein gleichmäßiger Geräuschpegel herrscht ud störende Einzelgeräusche schon in relativ kurzer Entfernung „verpuffen".

Die Unterbringung des Vorgesetzten im Großraumbüro kommt dem kollegialen Führungsstil entgegen. Intrigen unter den Angestellten werden ebenso abgebaut wie der Einzel- oder Gruppen-Egoismus durch die Wahrnehmung der Leistung der restlichen Mitarbeiter. Das unbewußte Beobachten der Kollegen und die gegenseitige Kontrolle können das Betriebsklima heben.

Die Großraum-Organisation führt nicht nur in Abteilungen des Leistungserstellungsbereiches zu optimalen Lösungen, sondern setzt sich in jüngster Zeit immer mehr auch in der Kombination von Arbeitsplätzen durch, die der Leistungsverwertung dienen.

Die Umsetzung der Aufgabenzuordnung zu einzelnen Arbeitsplätzen und der Kombination der Arbeitsplätze innerhalb der einzelnen Abteilungen und der Abteilungen untereinander setzt in der Praxis voraus, daß die benötigten Flächen in der gewünschten Qualität und Quantität zur Verfügung stehen. Der gesamte Flächenbedarf eines Kreditinstituts ergibt sich aus den Flächenanforderungen der Einzel- und Großraumbüros sowie den Service- und den Sondernutzflächen.

Unter **Serviceflächen** sind diejenigen Flächen zu verstehen, die jede Büroetage entsprechend der Büronutzfläche analog der Personenzahl an zentraler Stelle enthält, wie etwa Stockwerkdienste (z.B. Postein- und -ausgang, Wartemöglichkeiten für Besucher, Anschluß an Aktenfördersysteme), Garderobe- und Pausezone, sanitäre Einrichtungen und Etagenputzräume.

Zu den **Sondernutzflächen** zählen zum Beispiel der Raumbedarf für die Telefonzentrale, den Betriebsrat, das Kasino, die Erste-Hilfe-Station, die Werkstätten für Haus- und Fremdhandwerker sowie die Bücherei.

Wenn der Raumbedarf eines Kreditinstituts die genutzten Flächen und die kurzfristig zur Verfügung stehenden Raumreserven übersteigt, müssen zusätzliche Räume gemietet oder zusätzliche Grundstücke und Gebäude gekauft oder neue Gebäude errichtet werden. Wenn Kreditinstitute nicht in unmittelbarer Nachbarschaft ihres bisherigen Standorts neuen Grund günstig erwerben können, ergibt sich die Frage, ob bestimmte Abteilungen ausgelagert und außerhalb des Stadtkerns untergebracht werden sollen. Für einen derartigen Standort sind insbesondere das Rechenzentrum und die von der Datenverrbeitung abhängigen Abteilungen geeignet. Welche Abteilungen im Einzelfall zu einer solchen „technischen Bank im Grünen" zu rechnen sind, muß eine exakte Analyse der Auslagerung ergeben.

Unter den Aspekten der räumlichen Ausgliederung sind die Abteilungen einer Bank wie folgt zu unterteilen:

(1) Datenverarbeitungsbereich als Kernstück der „technischen Bank".

(2) Datenverarbeitungsabhängige Abteilungen, wie z. B. Überweisungs-, Scheck-, Wechsel-Abteilung, Buchhaltung, Effekten- und Devisenabrechnung, Effektenverwaltung und Expedition.

(3) Auslagerungsfähige Abteilungen unter den Gesichtspunkten: wenig Kontakte zu den in der Zentrale verbleibenden Abteilungen, wenig Kunden- und Geschäftskontakte im Stadtzentrum; hierzu zählen z. B. Revisions-, Werbe-, Ausbildungs-, Personal- und Organisationsabteilung.

(4) Übrige Abteilungen, die in der Zentrale verbleiben müssen, wie z. B. Zentralkasse, Geld-, Devisen-, Gold- und Sortenhandel sowie Börse.

Die Zweckmäßigkeit der Ausgliederung einzelner Abteilungen wird vor allem von den Beziehungen zwischen den Abteilungen und zu externen Stellen beeinflußt. Als wichtigste Beziehungsarten sind dabei zu berücksichtigen: der Schriftverkehr, der Belegfluß, Besuche, Telefongespräche, Material- und Wertefluß und die Datenübertragung. Die strukturelle Verschiebung innerhalb dieser Beziehungsarten kann die Standortbindung wesentlich beeinflussen. Heute sprechen insbesondere der Schriftverkehr, der Belegfluß, Besuche sowie der Wertefluß gegen eine räumliche Trennung der Zentrale im Stadtkern und der technischen Bank. Mittelfristig dürfte sich die Struktur der Beziehungsarten zugunsten der Datenübertragung verschieben, bei der die Überbrückung der Entfernung kein so bedeutender Kosten- und Zeitfaktor mehr sein wird wie heute.

2.2 Ablauforganisation

Die einzelnen Bankleistungen werden nicht für einen anonymen Markt, sondern für bestimmte individuelle Kunden zu von diesen Kunden bestimmten Terminen erbracht. Damit besteht der wesentliche Unterschied der bankbetrieblichen Arbeitsabläufe gegenüber solchen in Industriebetrieben darin, daß bei Banken das Auf- und Vom-Lager-Arbeiten nur in geringem Umfang möglich ist. Eine Ausnahme bilden hier z. B. die Geld-, Sorten- und Goldbestände oder die Vorbereitung von Inkassowechseln vor dem Versandtag. Die starre Abhängigkeit der bankbetrieblichen Leistungserstellung von den Kundenaufträgen würde dann keiner besonderen Erörterung bedürfen, wenn diese Aufträge zeitlich kontinuierlich erfolgten, wenn also der Arbeitsanfall in Kreditinstituten gleichmäßig wäre. Doch gerade die Anzahl der zu erbringenden Leistungen unterliegt bei Banken teilweise sehr großen Schwankungen.

Neben diesen kurzfristigen Schwankungen muß die Organisation eines Kreditinstituts ebenso den langfristigen Trend des Arbeitsanfalls berücksichtigen. Die kurzfristigen Schwankungen bestimmen die Betriebsbereitschaft, längerfristige Veränderungen beeinflussen die Betriebsgröße, d.h. die Zuordnung der persönlichen und sachlichen Kapazität.

Das Problem der Ablauf-Organisation besteht darin, eine richtige Kapazitätsbemessung des gesamten Kreditinstituts in den einzelnen Leistungsbereichen und in deren Zuordnung zueinander zu erreichen, um einerseits Spitzenanforderungen gewachsen zu sein und andererseits in Zeiten geringer Beanspruchung die Wirtschaftlichkeit des Bankbetriebs nicht zu stark zu belasten.

Grundsätzlich ist für die Erreichung der optimalen Kapazitätsauslastung des gesamten Kreditinstituts eine günstige Beanspruchung der Kapazitäten pro Arbeitsplatz Voraussetzung. Allerdings führt die optimale Kapazitätsauslastung pro Arbeitsplatz nicht zwingend zur optimalen Kapazitätsauslastung des Gesamtbetriebs.

Vielmehr muß die günstigste Auslastung aller Arbeitsplätze, die innerhalb eines bestimmten Produktionsprozesses durchlaufen werden, nicht isoliert, sondern insgesamt betrachtet werden. Bei dieser Gesamtschau zeigt sich, daß innerhalb einer Kette von mehreren Arbeitsplätzen eines Produktionsprozesses die gesamte Kapazitätsauslastung dadurch verbessert werden kann, daß die bewußt ungünstige Auslastung eines Arbeitsplatzes toleriert und durch eine weit günstigere Auslastung eines vorgeschalteten oder nachgelagerten Arbeitsplatzes überkompensiert wird.

Die Analyse der Arbeitsablauf-Organisation setzt daher am einzelnen Arbeitsplatz an. Bei der Zusammenfügung einzelner Arbeitsplätze zu Verbundabläufen sind die Kapazitäten der einzelnen Arbeitsplätze zur Erreichung der optimalen Kapazität des gesamten Kreditinstituts entsprechend aufeinander abzustimmen.

2.2.1 Ablauf am Arbeitsplatz

Die Untersuchung der Haupteinflußfaktoren der Beschäftigungsschwankungen stellt eine wichtige Voraussetzung für eine günstige Kapazitätsauslastung pro Arbeitsplatz dar. Im wesentlichen lassen sich die kurzfristigen Schwankungen auf folgende Faktoren zurückführen:

a) Periodische Schwankungen

Unter periodischen Schwankungen sind fortlaufend wiederkehrende Änderungen der Stückzahlen der Bankleistungen zu verstehen, die von den verschiedenen Wochen- und Kalendertagen und von Saisoneinflüssen abhängen. Die Häufung der Stückzahlen am Montag und Freitag in einigen Abteilungen der Bank ist auf die Arbeitsunterbrechung des Leistungserstellungs- und -verwertungsprozesses am Wochenende zurückzuführen. Einerseits stauen sich über das Wochenende angelieferte, jedoch noch nicht erledigte Aufträge (Posteingang am Samstag, Nachttresoreinzahlungen von Freitag bis Sonntag), andererseits verlagern Kunden verschiedene Bankgeschäfte auf den Freitag (z. B. Barabhebungen), weil sie an den beiden folgenden Tagen bei den Banken nicht bedient werden. Die Arbeitsspitzen an bestimmten Kalendertagen sind entweder Konvention (z. B. Kupon- und Dauerauftragstermine, Einzahlungen für Stadtwerke) oder richten sich an gesetzlichen Vorschriften aus (z. B. Freiwerden von Sparverträgen) oder hängen vom Eingang der Gutschriften auf den Kundenkonten (z. B. Gehaltsabhebungen) ab.

Zu den jahreszeitlichen Schwankungen gehören die Arbeitsbelastungen in der Buchhaltung, im Rechenzentrum, in der Geldstelle und auch im Schalterverkehr an Steuerterminen, vor und nach Festtagen, während des Saisonschlußverkaufs, an Kontoabschlußterminen und während der Reisezeit an der Sortenkasse.

b) Aperiodische Schwankungen

Unter aperiodischen Schwankungen sind unregelmäßig wiederkehrende und einmalige Änderungen der Stückzahlen der Bankleistungen zu verstehen. Der Arbeitsanfall im Effektenhandel und die Abwicklung der Plazierung von Volksaktien bilden hierzu gute Beispiele. Ebenso sind hier die unterschiedlichen Arbeitsbelastungen einzuordnen, die sich aus notenbankpolitischen Beschlüssen bei den Kreditinstituten ergeben, wie z. B. Entscheidungen über neue Kreditkonditionen bei Änderungen des Diskont- und/oder Lombardsatzes.

Den Kreditinstituten stehen bei der Verwirklichung einer möglichst günstigen Kapazitätsauslastung grundsätzlich zwei Wege offen.

Erstens können sie versuchen, den Arbeitsanfall entsprechend der personellen und sachlichen Ausstattung des einzelnen Arbeitsplatzes zu steuern, oder sie können sich zweitens an den zeitlich unterschiedlichen Arbeitsanfall anpassen.

Mit Hilfe der Steuerung streben die Banken einen gleichmäßigen Arbeitsanfall oder zumindest eine Verringerung der Schwankungen im Arbeitsanfall an. Das Bemühen um Steuerung muß damit bei den Arbeitsspitzen und in Zeiten der Unterbeschäftigung ansetzen. Im Idealfall wird dabei der Arbeitsanfall von Spitzenzeiten in Zeiträume mit wenig Arbeit verlagert. Der erste Schritt eines solchen Vorgehens besteht in einer Vorhersage der zu erwartenden Schwankungen pro Arbeitsplatz und der Feststellung, welche Arbeiten zeitlich vorgezogen bzw. verschoben werden können, ohne daß Verärgerungen der Kunden auftreten und eine Beeinträchtigung sonstiger Ziele eintritt. Der Andrang am Schalter am Ultimo kann vereinzelt durch Sonderabsprachen mit den Arbeitgebern der Kunden abgeschwächt werden. Ebenso lassen sich Einzahlungen zugunsten Dritter (z. B. Stadtwerke) durch Erhebungen einer zeitabhängigen Gebühr zwischen dem 26. eines Monats und dem 3. des Folgemonats auf Zeiten mit geringerer Leistungsabnahme am Schalter verlagern.

Selbst wenn sich eine Bank bemüht, die periodischen Schwankungen abzuflachen und den beeinflußbaren aperiodischen Arbeitsanfall (z. B. Übernahmearbeiten von einzelnen Sachgebieten auf die elektronische Datenverarbeitung) möglichst in Zeiten mit geringer Leistungsbeanspruchung zu legen, wird ihr eine vollständige Ausschaltung der Schwankungen nicht gelingen.

Die Kreditinstitute müssen daher versuchen, sich an die Schwankungen anzupassen; diese Anpassung kann zeilich, intensitätsmäßig oder quantitativ erfolgen.

2.2.2 Verbundabläufe

Die einzelnen Arbeitsabläufe, die innerhalb eines Verbundablaufs zusammengehören, sind so organisatorisch aneinanderzureihen, daß die gesamte Durchlaufzeit eines Arbeitsvorgangs durch alle Arbeitsplätze möglichst gering ist. Die gesamte Durchlaufzeit ergibt sich aus der Summe der Transport-, Warte- und Bearbeitungszeiten. Die genaue Erfassung dieser Zeiten gelingt am besten durch die Aufstellung eines Arbeitsdiagramms. Das Beispiel der Disposition und Auszahlung einer Barabhebung zu Lasten eines Kundenkontos dient zur näheren Erläuterung.

Wie das Schaubild zeigt, setzt sich die gesamte Durchlaufzeit für die Bearbeitung einer Barauszahlung im günstigsten Falle zusammen aus:

(1) der Entgegennahme des Barschecks oder der Quittung am Schalter,

(2) dem Transport des Belegs zur Kontoführung,

(3) der Unterschrifts- und Betragsprüfung durch Kontoführer,

(4) dem Transport des Belegs zur Kasse,

(5) der Auszahlung des Betrags an der Kasse.

Im günstigsten Falle brauchen keine Wartezeiten berücksichtigt zu werden, die vor jedem Arbeits- und Transportvorgang auftreten können. Wartezeiten entstehen immer dann, wenn der Arbeitsanfall und die Leistungskapazität pro Arbeitsplatz im Zeitablauf nicht synchron verlaufen. Bildlich gesprochen entstehen in diesen Fällen Schlangen von wartenden Arbeitsvorgängen an den einzelnen Arbeitsplätzen. Relativ einfach lassen sich Abarbeitungsvorschriften für Warteschlangen aufstellen, wenn ein Arbeitsplatz nur ein Glied in einem einzigen Arbeitsablauf bildet. Vielfach genügt dann bereits die Schlangendisziplin, daß die

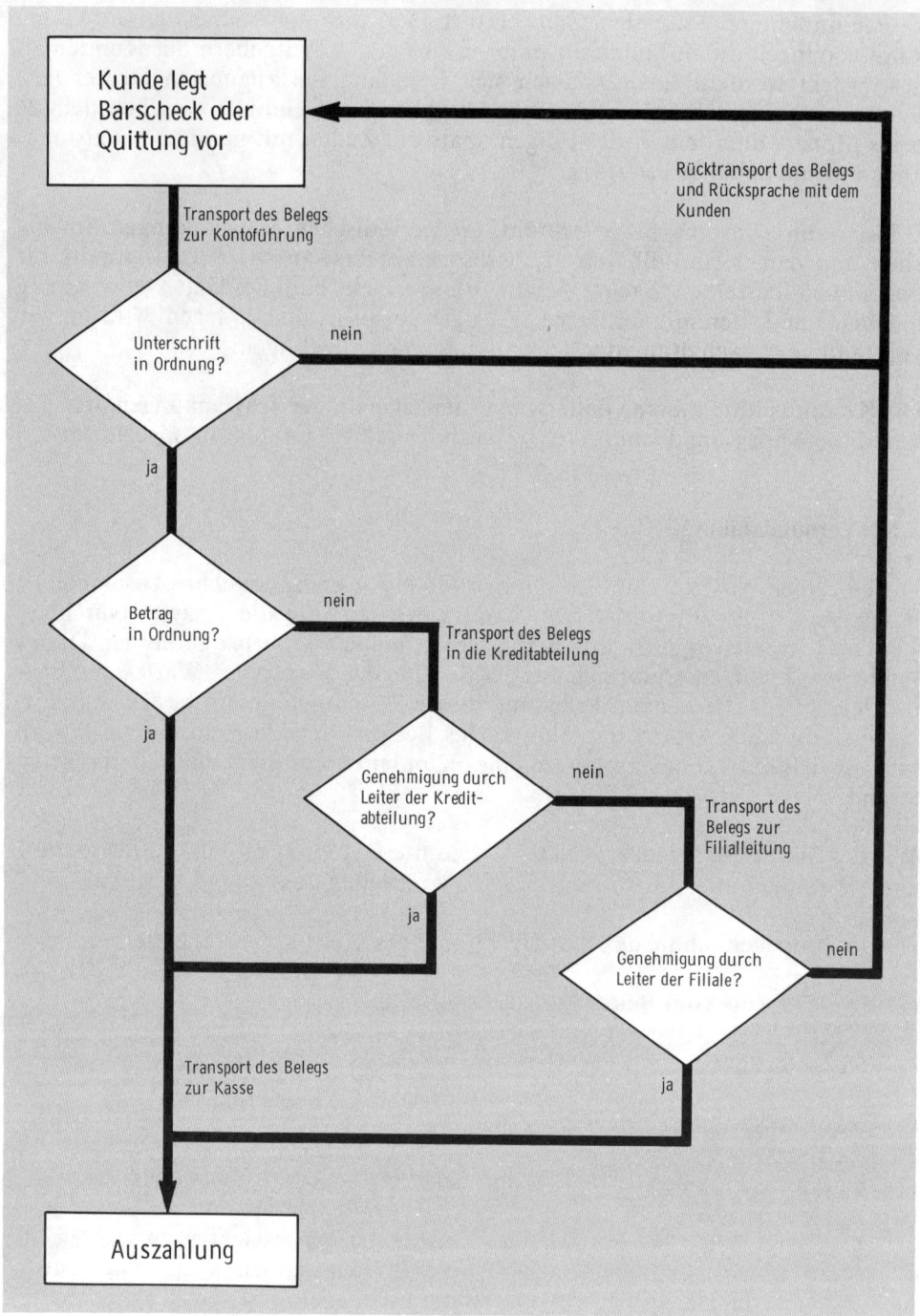

Arbeiten in der Reihenfolge zu erledigen sind, in der sie am Arbeitsplatz eintreffen. Erhält ein Arbeitsplatz hingegen aus mehreren Quellen Arbeit und gibt er diese Arbeit auch an verschiedene nachgelagerte Plätze weiter, dann sind im allgemeinen zusätzliche Abarbeitungsprioritäten aufzustellen.

Zusammenfassend läßt sich feststellen, daß die Minimierung der gesamten Durchlaufzeit eines Arbeitsvorgangs nur durch eine exakte Abstimmung von Warte-, Arbeits- und Transportzeiten möglich ist. Kurze Transportzeiten sind im allgemeinen unwirtschaftlich, wenn sie durch Wartezeiten wieder aufgezehrt werden. Umgekehrt können kurze Bearbeitungszeiten allein die minimale Durchlaufzeit nicht gewährleisten, wenn die Transportdauer einen zu großen Zeitraum beansprucht.

Die gesamte Durchlaufzeit wird wesentlich bestimmt vom Engpaß in der gesamten Arbeitsplatzkette. Der Engpaß ist dadurch charakterisiert, daß dort die durchschnittliche Wartezeit vor einem Transport- und/oder Arbeitsvorgang im Vergleich zu anderen Wartezeiten in demselben Arbeitsablauf am größten ist. An dieser Stelle muß die Anpassung an Beschäftigungsschwankungen ansetzen. Jegliche Beschleunigung des Arbeitsablaufs an anderer Stelle bringt nur einen lokal eng begrenzten Zeitvorteil, ohne die gesamte Durchlaufzeit positiv zu beeinflussen. Die isolierte Ausrichtung der Kapazität aller einzelnen Arbeitsplätze in Kreditinstituten an möglichen Spitzenbelastungen ist daher unnötig; *vielmehr genügt eine flexible Beschäftigung der Engpaßplätze in einer Arbeitsablaufkette, um die Wirtschaftlichkeit der Arbeitsabläufe in Kreditinstituten zu gewährleisten.* Darüber hinaus hängt die Wirtschaftlichkeit der Arbeitsplätze in Kreditinstituten in verstärktem Maße davon ab, inwieweit es den Kreditinstituten gelingt, den Arbeitsanfall entsprechend der Kapazitätsbemessung der einzelnen Arbeitsplätze zu steuern.

Das Beispiel auf Seite 96 charakterisiert einen sachbezogenen, arbeitsplatzübergreifenden Arbeitsablaufplan.

Arbeitsablaufübersicht

Funktion:	Anschaffungsdarlehen	
Ist ☐	aufgestellt von Organisation/Arbeitsanalysen	am:
Soll ☒	überprüft von	am:

Diagramm	Beschreibung

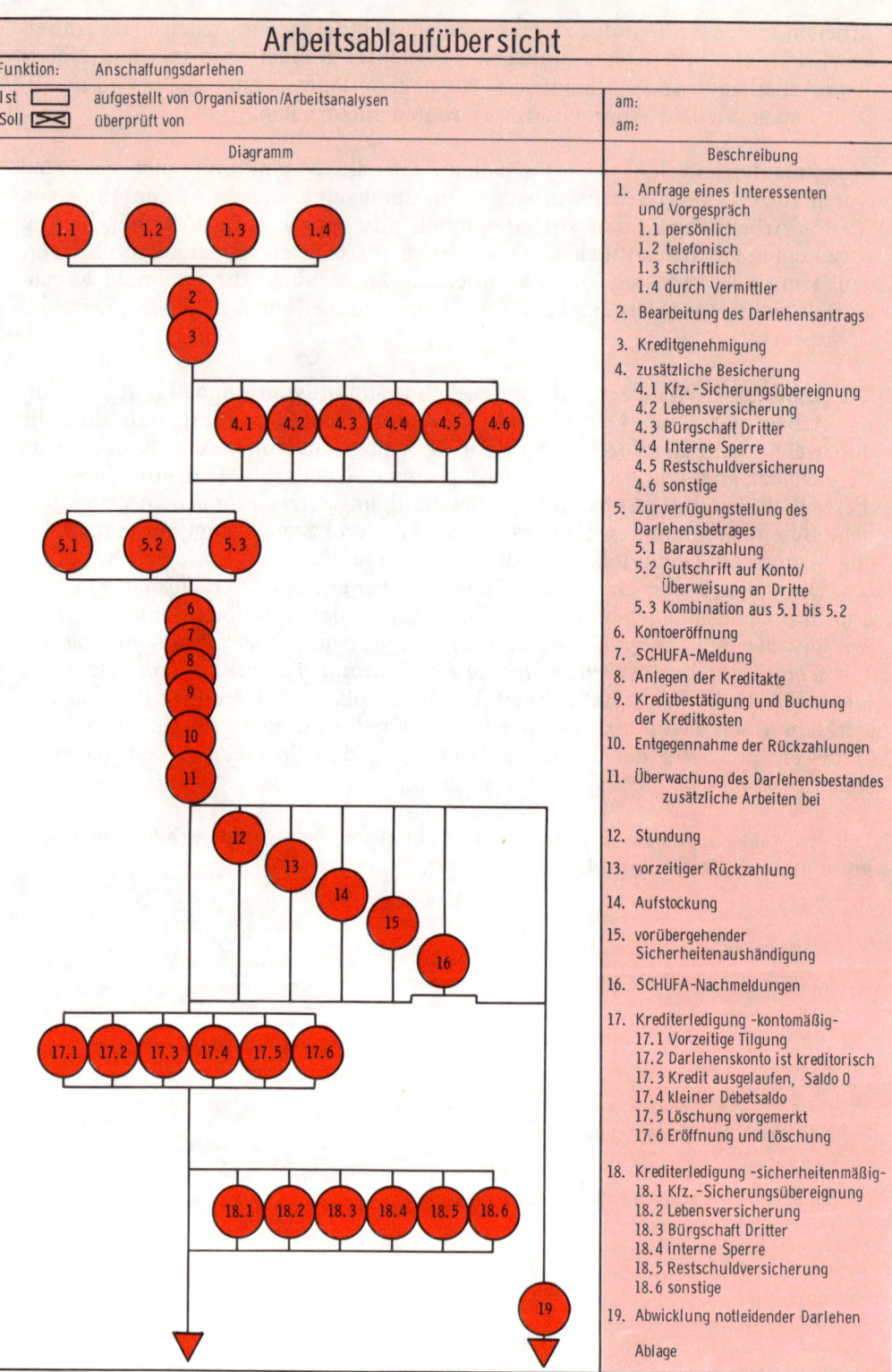

1. Anfrage eines Interessenten und Vorgespräch
   1.1 persönlich
   1.2 telefonisch
   1.3 schriftlich
   1.4 durch Vermittler

2. Bearbeitung des Darlehensantrags

3. Kreditgenehmigung

4. zusätzliche Besicherung
   4.1 Kfz.-Sicherungsübereignung
   4.2 Lebensversicherung
   4.3 Bürgschaft Dritter
   4.4 Interne Sperre
   4.5 Restschuldversicherung
   4.6 sonstige

5. Zurverfügungstellung des Darlehensbetrages
   5.1 Barauszahlung
   5.2 Gutschrift auf Konto/ Überweisung an Dritte
   5.3 Kombination aus 5.1 bis 5.2

6. Kontoeröffnung

7. SCHUFA-Meldung

8. Anlegen der Kreditakte

9. Kreditbestätigung und Buchung der Kreditkosten

10. Entgegennahme der Rückzahlungen

11. Überwachung des Darlehensbestandes
    zusätzliche Arbeiten bei

12. Stundung

13. vorzeitiger Rückzahlung

14. Aufstockung

15. vorübergehender Sicherheitenaushändigung

16. SCHUFA-Nachmeldungen

17. Krediterledigung -kontomäßig-
    17.1 Vorzeitige Tilgung
    17.2 Darlehenskonto ist kreditorisch
    17.3 Kredit ausgelaufen, Saldo 0
    17.4 kleiner Debetsaldo
    17.5 Löschung vorgemerkt
    17.6 Eröffnung und Löschung

18. Krediterledigung -sicherheitenmäßig-
    18.1 Kfz.-Sicherungsübereignung
    18.2 Lebensversicherung
    18.3 Bürgschaft Dritter
    18.4 interne Sperre
    18.5 Restschuldversicherung
    18.6 sonstige

19. Abwicklung notleidender Darlehen

Ablage

D. Arten der Kreditinstitute

Infolge der Vielgestaltigkeit der entstandenen Aufgaben und unter dem Einfluß der allgemeinen wirtschaftlichen, politischen, gesellschaftlichen und rechtlichen Entwicklung haben sich im Laufe der letzten 150 Jahre verschiedene Arten von Kreditinstituten gebildet. Neben der **Zentralbank,** die überwiegend gesamtwirtschaftliche Aufgaben zu erfüllen hat, stehen die **Geschäftsbanken.** Innerhalb dieser Gruppe sind – sofern die Geschäftsstruktur als Gliederungsmerkmal herangezogen wird – wiederum die **Universalbanken** von den **Spezialbanken** zu unterscheiden.

Wird die Rechtsform als Unterscheidungsmerkmal herangezogen, so können die Kreditinstitute zunächst in *privatrechtliche* und in *öffentlich-rechtliche* (Körperschaften bzw. Anstalten des öffentlichen Rechts) gegliedert werden. Die privatrechtlichen Banken lassen sich weiter in private (Einzelfirmen, offene Handelsgesellschaften, Kommanditgesellschaften, Gesellschaften mit beschränkter Haftung, Aktiengesellschaften, Kommanditgesellschaften auf Aktien) und genossenschaftliche Institute unterteilen.

Den folgenden Darlegungen wurde die Rechtsform als Hauptunterscheidungsmerkmal zugrunde gelegt und eine grobe Gliederung in

I.   privatrechtliche Kreditinstitute und
II. öffentlich-rechtliche Kreditinstitute

vorgenommen. Um Wiederholungen zu vermeiden, wurden die privatrechtlich und öffentlich-rechtlich organisierten Realkreditinstitute unter Punkt

III. Realkreditinstitute

ausgegliedert. Eine weitere Ausnahme von der grundsätzlich nach der Rechtsform ausgerichteten Systematik mußte bei der Einordung der Deutschen Bundesbank gemacht werden. Auch in einer Darstellung, die sich vornehmlich um eine Beschreibung des Wesens und der Probleme von Geschäftsbanken bemüht, muß die Bedeutung, die die Notenbank für die übrigen Kreditinstitute und allgemein für die Gesamtwirtschaft hat, schon durch eine Hervorhebung in der Gliederung zum Ausdruck gebracht werden. Die Deutsche Bundesbank wurde deshalb anstatt unter den öffentlich-rechtlichen Kreditinstituten, zu denen sie ihrer Rechtsform nach gehört, in dem Sonderabschnitt

IV. Deutsche Bundesbank

abgehandelt.

I. Privatrechtliche Kreditinstitute

1. Einzelunternehmen und Personengesellschaften (Privatbankiers)

Zum Privatbankiergewerbe zählen alle Kreditinstitute in der Rechtsform der Einzelunternehmung (beachte S. 19), offenen Handelsgesellschaft und Kommanditgesellschaft. Der Einzelunternehmer und die (geschäftsführenden) Gesellschafter der Personengesellschaften werden als Privatbankiers bezeichnet. Bei ihnen steht das persönliche Moment, nämlich die Aufbringung mindestens von Teilen des Eigenkapitals, die Haftung mit dem gesamten Geschäfts- und sonstigen Vermögen und die eigene Verantwortung, im Vordergrund.

Privatbankiers sind Unternehmer des privaten Bankgewerbes, die unter Einsatz eigenen Kapitals, unbeschränkter Haftung ihres Gesamtvermögens und mit Entscheidungsbefugnis ohne übergeordnete Organe unter Hervorhebung des persönlichen Moments Bankgeschäfte im Sinne des § 1 KWG betreiben.

1.1 Geschichtliche Entwicklung

Anfänge des Privatbankiergewerbes sind in Deutschland bereits im Mittelalter zu finden. Angeregt durch die Entwicklung in Italien, die Gepflogenheiten der deutschen Handelshäuser Fugger und Welser und nicht zuletzt durch das vielgestaltige Münzwesen der damaligen Zeit, erachteten es manche Handelsunternehmen als vorteilhaft, für ihre Kunden auch **Geldwechsel- und Kreditgeschäfte** zu übernehmen. Diese Erwägungen führten z. B. dazu, daß die Weinhandlung Koch, Lauteren & Co., Frankfurt a. M. (gegr. 1586), und die Farbholzhandlung von Jaeger, Düsseldorf (gegr. 1785), Geldgeschäfte für ihre Warenkunden durchführten. Beide Handelshäuser entwickelten sich später zu reinen Privatbankierunternehmen.

Ein anderer Ursprungszweig für Privatbankierfirmen war das **Speditionsgewerbe.** Die Häuser von Metzler seel. Sohn & Co., Frankfurt a. M., und Georg Hauck & Sohn, Frankfurt a. M., die ein Speditions- und Kommissionsgeschäft betrieben, befaßten sich schon frühzeitig mit dem Kreditgeschäft, da ihre Kunden vielfach die beträchtlichen Summen für Zölle, sonstige Ausgaben und Transportkosten erst nach Veräußerung der Waren aufbringen konnten.

Gegen Ende des 19. Jh. wuchs in Deutschland in immer stärkerem Maße die Neigung, die Handelsgeschäfte zugunsten der bankgeschäftlichen Tätigkeit aufzugeben, weil eine Spezialisierung durch das starke Anwachsen der Geld- und Kreditgeschäfte zweckmäßig erschien. Heute gibt es in Deutschland infolgedessen nur noch wenige Privatbankiers, die Warenhandels- und Bankgeschäfte zugleich betreiben und dem englischen Beispiel folgend als „Merchant Bankers" bezeichnet werden können.

Eine Folge der im 19. Jh. stark einsetzenden Industrialisierung und des damit verbundenen hohen Kapitalbedarfs war die **Gründung von Aktienbanken.** Ihre Errichtung erfolgte vielfach auf Initiative oder unter Mitwirkung von Privatbankiers. Die Aktienbanken ergänzten zunächst die finanzielle Betreuung der Großfirmen durch die Privatbankiers und lösten sie schließlich in vielen Fällen ab. Trotzdem gibt es auch heute noch eine große Anzahl von Privatbankiers, die Kapitalgeber und persönliche Berater bedeutender gewerblicher Unternehmen sind. Dies ist nicht zuletzt auf die engen Beziehungen zwischen den Privatbankiers und den jeweiligen Inhabern der gewerblichen Unternehmen in den verschiedenen Generationen zurückzuführen.

Der Sitz der großen Privatbankierfirmen liegt an bekannten Handels- und Börsenplätzen, und ihre Geschäfte erstrecken sich nicht nur über die gesamte Bundesrepublik, sondern auch über das europäische und außereuropäische Ausland. Die Gruppe der Mittelbetriebe des Privatbankierstandes umfaßt ca. 30 Unternehmen mit regional bedeutendem Geschäft. Die Vielzahl der Privatbankierfirmen sind kleinere Bankbetriebe, die jedoch in vielen Fällen eine erhebliche lokale Bedeutung haben.

1.2 Eigene Mittel

Das Eigenkapital wird – wie bei allen Personenunternehmen – von den Einzelunternehmern bzw. den Gesellschaftern der OHG, den Komplementären und Kommanditisten der KG und möglicherweise auch von stillen Gesellschaftern aufgebracht. **Das haftende Eigenkapital des Privatbankiers** setzt sich nach § 10 KWG aus folgenden Positionen zusammen:

(1)   Eingezahltes Geschäftskapital

(2)   + Rücklagen

(3)   + Gewinn (soweit Zuweisung zu 1 und 2 beschlossen)

(4)   + Vermögenseinlagen stiller Gesellschafter

(5)   + **Anerkanntes** freies Vermögen

(6)   ·/. Entnahmen der Inhaber

(7)   ·/. Kredite an Inhaber

(8)   ·/. Kredite an Kommanditisten, die über mehr als 25 % der Anteile oder der Stimmrechte verfügen, wenn diese Kredite zu marktabweichenden oder nicht gegen banküblichen Sicherheiten gewährt werden

(9)   ·/. Schuldenüberhang beim freien Vermögen des Inhabers

(10) ·/. Entstandene Verluste

_____

      = Haftendes Eigenkapital

Das gesamte Vermögen des Inhabers (bei Einzelunternehmen) bzw. der unbeschränkt haftenden Gesellschafter (bei OHG und KG) wird durch die **Trennung in Geschäftskapital und freies Vermögen** wirtschaftlich gesehen in zwei Bestandteile aufgeteilt: in das unmittelbar dem Geschäftsbetrieb dienende Kapital und das nicht im Unternehmen arbeitende Vermögen.

Es ist zu beachten, daß das **nachgewiesene** freie Vermögen des Inhabers oder der persönlich haftenden Gesellschafter nur in einem vom Bundesaufsichtsamt für das Kreditwesen zu bestimmenden Umfang auf Antrag des Bankiers als haftendes Eigenkapital berücksichtigt werden kann (§10 Abs. 6 KWG).

Die Vermögenseinlagen der stillen Gesellschafter sind nach dem Dritten Gesetz zur Änderung des Gesetzes über das Kreditwesen nur noch dann dem haftenden Eigenkapital zuzurechnen, wenn folgende fünf Voraussetzungen gleichzeitig erfüllt sind (§10 Abs. 4 KWG):

1. Teilnahme am Verlust bis zur vollen Höhe,
2. Rückforderung erst nach Befriedigung aller Gläubiger,
3. Dauer der Einlage mindestens fünf Jahre,
4. Fälligkeit des Rückzahlungsanspruchs nicht vor Ablauf von zwei Jahren,
5. ausdrückliche und schriftliche Aufnahme der Vereinbarung zu 2. und 3. in den Vertrag über die Stille Gesellschaft.

In bezug auf die Haftung hat diese Entscheidung keine Bedeutung, sie muß jedoch berücksichtigt werden bei Überlegungen hinsichtlich weiterer vom Eigenkapital zu übernehmender Funktionen.

Das **effektive Geschäftskapital** ist nicht in vollem Umfang aus der Bilanz ersichtlich; die ausgewiesene Summe vergrößert sich vielmehr um die vorhandenen stillen Rücklagen. Die Haftungsgrundlage ist demnach normalerweise breiter als die Bilanz sie offenbart; stille Rücklagen dürfen aus Sicherheitsgründen nicht in das haftende Eigenkapital einbezogen werden, denn ob sich stille Rücklagen im Veräußerungs- oder Zerschlagungsfall tatsächlich realisieren lassen, ist äußerst zweifelhaft.

Die Bedeutung des haftenden Eigenkapitals liegt für die Privatbankiers vor allem darin, daß es gemäß Grundsatz I des Bundesaufsichtamtes i.V. mit § 10 Abs. I und § 10a KWG den gesamten Geschäftsumfang eines Kreditinstituts weitgehend begrenzt und die Möglichkeiten der Eigenkapitalaufbringung wesentlich geringer sind als bei Aktienbanken, die sich über den Kapitalmarkt an einen großen Kreis von Aktionären wenden können.

Manche Privatbankiers, die ihren Betrieb als Einzelunternehmung führten, wandelten daher ihre Unternehmung wegen der besseren Kapitalbeschaffungsmöglichkeiten in eine Personengesellschaft um. Die bevorzugte Unternehmungsform ist dabei die Kommanditgesellschaft, weil bei dieser die Einflußmöglichkeiten der zusätzlichen Kapitalgeber beschränkt bleiben können und es auch einfacher ist, reine Kapitalgeber zu finden als zusätzliche Vollhafter, die neben dem Kapital auch die Geschäftsleiterqualifikation gemäß § 33 KWG mitbringen.

Trotz der Schwierigkeiten bei der Eigenkapitalbeschaffung – und der Eigenkapitalerhaltung nach Erbfällen – haben die Privatbankiers den Anteil des Eigenkapitals an der Bilanzsumme in den letzten Jahren vergrößert.

Von 1950 bis 1975 vermehrte sich das Eigenkapital bei den Privatbankiers auf mehr als das Dreißigfache, während das Geschäftsvolumen nur rund um das Zwanzigfache anwuchs. Im Mai 1985 stand bei den Privatbankiers einem Geschäftsvolumen von 39 179 Mio DM ein Eigenkapital (einschließlich offener Rücklagen gem. §10 KWG) von 2112 Mio DM gegenüber. Der Anteil des Eigenkapitals am Geschäftsvolumen belief sich mithin auf 5,39 %.

1.3 Geschäftstätigkeit

Die Geschäftstätigkeit der Privatbankiers umfaßt grundsätzlich alle bei privaten Kreditbanken üblichen und zulässigen Geschäftssparten. Auch die technische Abwicklung der Geschäfte vollzieht sich in ähnlicher Weise wie bei den anderen Kreditinstituten. Allerdings wirkt es sich bei der Durchführung des Zahlungsverkehrsgeschäftes bei den Privatbankiers nachteilig aus, daß ihnen ein eigenes Zahlungsverkehrsnetz fehlt, wie es den Sparkassen, Kreditgenossenschaften und Großbanken zur Verfügung steht.

Charakteristische Merkmale für die Tätigkeit des Privatbankiers zeigen sich in der elastischen Geschäftspolitik, in der schwerpunktmäßigen Bevorzugung bestimmter Geschäfte und in der individuellen und besonders ausgeprägten Beratung der Kundschaft. Durch engen persönlichen Kontakt mit der Kundschaft und individuelle Beratung wird ein Vertrauensverhältnis zwischen Bank und Kunden geschaffen, das sich immer wieder als fruchtbare Grundlage der bankbetrieblichen Betätigung erwiesen hat.

Auf Grund der besonderen Vertrauensbeziehungen zwischen Kunden und Privatbankier wird den Privatbankiers vielfach die **Vermögensverwaltung** übertragen.

Für die schwerpunktmäßige Betonung einzelner Arten von Geschäften ist der *Standort von erheblicher Bedeutung*. In Hamburg gibt es ca. 50 kleinere Privatbankierfirmen, die fast ausschließlich das **Börsengeschäft** pflegen. Aber auch an anderen Börsenplätzen wie Frankfurt (Main), Düsseldorf und München sind fast reine „Börsenbankiers" zu finden.

Vorwiegend in den Seehäfen Hamburg und Bremen befinden sich Privatbankiers, deren Hauptgeschäftszweig das **Außenhandelsgeschäft** ist.

Die **Finanzierung der Aktivgeschäfte** wird bei den Privatbankiers wie bei anderen Instituten überwiegend mit fremden Mitteln durchgeführt. Die Fremdkapitalquellen sind dabei grundsätzlich die gleichen wie bei anderen Kreditbanken. Allerdings befassen sich die Privatbankiers im allgemeinen nicht so intensiv mit dem Spargeschäft, wenn auch neuerdings zu beachten ist, daß eine Reihe von

Privatbankiers durch die systematische Errichtung von Filialen und Zweigstellen versucht, in stärkerem Maße Einlagen, namentlich Spareinlagen, an sich zu ziehen.

1.4 Bilanzierung und Publizität

Die Aufstellung und **Veröffentlichung des Jahresabschlusses** erfolgt bei Privatbankierfirmen nach den allgemeinen gesetzlichen Bestimmungen, den Grundsätzen ordnungsmäßiger Buchführung und Bilanzierung und den besonderen für das Kreditgewerbe erlassenen Vorschriften. Dazu zählen insbesondere die Formblätter für die Gliederung der Jahresbilanz und der Gewinn- und Verlustrechnung und die Richtlinien für die Austellung der Jahresbilanzen der Kreditinstitute.

Das zur Zeit gültige **Formblatt für die Bilanzgliederung** bei Kreditinstituten in der Rechtsform der Einzelfirma, der offenen Handelsgesellschaft und der Kommanditgesellschaft (Privbk) wurde durch die Verordnung über Formblätter für die Gliederung des Jahresabschlusses von Kreditinstituten vom 20. 12. 1967 geschaffen. Gegenüber den Formblättern für andere Kreditbanken weist das der Personenunternehmen kaum Besonderheiten auf. Lediglich für Pos. 11 (Kapital) enthalten die Richtlinien für die Aufstellung der Jahresbilanzen der Kreditinstitute für die Bilanzierung der stillen Einlagen einen besonderen Hinweis.

Die Aufstellung der **Gewinn- und Verlustrechnung** der Privatbankierunternehmungen erfolgt nach der gleichen Vorschrift. Sie erklärt – wie bei den anderen Instituten auch – die **Bruttorechnung** als grundsätzlich verbindlich. Ausnahmen von dieser Regelung bereffen die **möglichen** Saldierungen zwischen der Aufwandsposition 3 und der Ertragsposition 4 und die **zwangsweise** Saldierung des Diskontaufwands und des Diskontertrags. Die GuV kann in Konto- oder Staffelform erstellt werden.

KWG
§ 27,1
Der Jahresabschluß der Privatbankiers unterliegt im Gegensatz zu dem von Personenunternehmungen anderer Wirtschaftszweige einer **Pflichtprüfung.**

§ 27,2

§ 26
Bei Personengesellschaften wird der Abschlußprüfer vor Ablauf des Geschäftsjahres durch die Gesellschafter bestimmt. Im wesentlichen sind bei der Prüfung die aktienrechtlichen Grundsätze anzuwenden. Zusammen mit dem Prüfungsvermerk und dem Prüfungsbericht haben diese Institute ihre Jahresbilanz sowie die Gewinn- und Verlustrechnung dem Bundesaufsichtamt für das Kreditwesen einzureichen. Der Bankenaufsicht wird damit eine Kontrolle über die Tätigkeit der Personenunternehmungen ermöglicht.

BBkG
§ 18
Eine zusätzliche Überwachung der Kreditinstitute erfolgt durch die Erhebung der Deutschen Bundesbank zur Feststellung kreditwirtschaftlicher und währungspolitischer Entwicklungen. Hilfsmittel sind hierbei u.a. die einzureichenden Monatsbilanzen und Zinsertragsbilanzen der Institute.

War nach dem Publizitätsgesetz eine Veröffentlichung des Jahresabschlusses nur erforderlich, wenn die Bilanzen der letzten drei Jahre eine Geschäftsvolumen von mehr als 300 Millionen DM auswiesen, so brachte die Reform des Kreditwesengesetzes von 1976 auch hier eine Änderung: Der neu eingefügte § 25a bestimmt, daß Personenunternehmen ihren Jahresabschluß zu veröffentlichen haben, auch wenn ihr Geschäftsvolumen weniger als 300 Millionen während der letzten drei Jahre betrug. Für den Inhalt der GuV gelten in diesen Fällen mildere Vorschriften (§ 5,2 Nr. 4 i. V. m. § 9 Abs. 4 Nr. 3 KWG).

2. Aktienbanken

Bei den Instituten in der Rechtsform der Aktiengesellschaft und der Kommanditgesellschaft auf Aktien handelt es sich im Gegensatz zu den Privatbankiers um Gesellschaften mit eigener Rechtspersönlichkeit (juristische Personen), die durch die Stückelung des Aktienkapitals die Möglichkeit besitzen, über den organisierten Kapitalmarkt·Eigenkapital zu beschaffen und bei denen die Kapitalgeber- und die Unternehmerfunktion getrennt sind.

Die GmbH-Banken können sich über den offenen Markt kein Eigenkapital beschaffen. Gewisse Möglichkeiten bestehen allenfalls im „private-placement", durch das ein kleinerer Kreis von Interessenten zur Zeichnung von Anteilen angesprochen wird. Meistens befinden sich die Anteile an GmbH-Banken fest in den Händen weniger Teilhaber, die dann auch die Geschäftspolitik bestimmen und nicht selten den oder die Geschäftsführer stellen. Im übrigen ähneln die GmbH-Banken den Aktienbanken so stark, daß es sich eingebürgert hat, zu diesen auch die GmbH-Banken zu zählen.

2.1 Geschichtliche Entwicklung

Der Unternehmungsformen der Aktiengesellschaft und der Kommanditgesellschaft auf Aktien bedienen sich die Banken seit noch nicht allzu langer Zeit. Mit dem Beginn der Eisenbahnbauten in den 30er Jahren des 19. Jahrhunderts und der einsetzenden Industrialisierung wurden an die Banken so hohe Kreditanforderungen gestellt, daß neue Wege der Kapitalbeschaffung gefunden werden mußten.

Die breitere Kapitalbasis versetzte die Aktienbanken in die Lage, große Investitionsvorhaben zu finanzieren und Vorfinanzierungen von Emissionen zu übernehmen. Bemerkenswert ist hierbei die Tatsache, daß anfänglich die Rechtsform der Kommanditgesellschaft auf Aktien bevorzugt wurde, und zwar deshalb, weil neben den anonymen Kapitalgebern wenigstens ein vollhaftender Gesellschafter vorhanden war, der im allgemeinen die Geschäftsführung innehatte.

Das Bankgewerbe stand damals dem Gedanken der völligen Anonymität der Unternehmen – wie sie bei der Aktiengesellschaft gegeben ist – noch ablehnend gegenüber. Außerdem unterlag die Gründung von reinen Aktiengesellschaften bis 1870 in Preußen und in der Freien Stadt Frankfurt einem staatlichen **Konzessionszwang.** Um die Schwierigkeiten und Langwierigkeit einer Konzessionseinholung zu umgehen, wurde in diesen Gebieten die Unternehmungsform der Kommanditgesellschaft auf Aktien bevorzugt (z. B. „Direction der Discontogesellschaft", Berlin, 1851, „Berliner Handelsgesellschaft", Berlin, 1856). Als reine Aktiengesellschaft gegründete Banken hatten ihren Sitz vornehmlich in Randgebieten um Preußen (z. B. in Darmstadt die „Bank für Handel und Industrie AG", später „Darmstädter und Nationalbank", in Meiningen die „Mitteldeutsche Creditbank AG").

Zu den ersten deutschen Aktienbanken gehören die **1835** in München gegründete „Bayerische Hypotheken- und Wechselbank", der **1848** in Köln unter Gustav v. Mevissen aus dem in Zahlungsschwierigkeiten geratenen Bankhaus Abraham Schaaffhausen hervorgegangene „A. Schaaffhausen'sche Bankverein" und die „Vereinsbank in Hamburg" **(1852)**. Gustav v. Mevissen gründete außerdem fünf Jahre später die „Bank für Handel und Industrie" in Darmstadt, deren Satzung eine wörtliche Übersetzung des Statuts der im vorangegangenen Jahr in Paris errichteten „Société Générale du Crédit Mobilier" war und in deren Vorstand eine führende Persönlichkeit des Pariser Instituts berufen wurde.

Der Wegfall des Konzessionszwanges und die **1871** erfolgte Gründung des Deutschen Reiches, mit der eine wirtschaftliche und politische Vereinheitlichung Hand in Hand ging, waren **Anlaß zu einer neuen Gründungswelle** und starken Ausbreitung der Aktienbanken in den Jahren 1870 bis 1873; in diesen Jahren entstandenen 125 Banken in der Rechtsform der AG, von denen allerdings 73 in der allgemeinen Krise von 1873 liquidieren mußten. In der Zeit von 1870 bis 1873 fällt auch die Gründung der späteren Großbanken, die bald die führende Stellung im deutschen Bankwesen übernahmen.

Durch Inflation, hohe Staatsverschuldung und Liquiditätsengpässe im Bankbereich kam es in Deutschland zur **Bankenkrise von 1931,** in deren Verlauf die Darmstädter und Nationalbank ihre Schalter schließen mußte, obwohl durch das Reich eine Einlagengarantie gegeben wurde. Weil die Einleger auch bei anderen Banken in starkem Maße ihre Depositen abzogen, blieben die Geschäftsräume der Banken an mehreren Tagen geschlossen. Diese Bankenkrise war der Entstehungsgrund für ausgefeilte rechtliche Regelungen über Bankaufsicht und Prüfungswesen im Kreditwesengesetz von 1934. Auch der Berufsstand der Wirtschaftsprüfer verdankt seine Existenz hauptsächlich dieser Krise.

Das Ende des zweiten Weltkriegs brachte eine völlige Zerschlagung des deutschen Kreditwesens. In Berlin und den sowjetisch besetzten Gebieten Deutschlands wurden die Banken geschlossen; ebenso mußten die Kreditinstitute in den Gebieten östlich der Oder-Neiße-Linie ihre Geschäftstätigkeit einstellen. In Westdeutschland erfolgte eine **Dezentralisierung der Großbanken.** Nach den Anordnungen der Militärregierung, die später durch Militärregierungsgesetze ersetzt wurden, durften Banken, die in einem Lande eine Hauptniederlassung hatten, in einem anderen Lande keine Zweigniederlassung unterhalten.

Von den Dezentralisierungsbestimmungen wurden insbesondere die Großbanken getroffen, die in jedem der neugeschaffenen Länder ihre Filialen zu einem organisatorischen und geschäftlich selbständigen „Nachfolgeinstitut" zusammenfassen mußten. Aus den drei Filialgroßbanken entstanden insgesamt 30 Nachfolgeinstitute.

Mit der Aufwärtsentwicklung der deutschen Wirtschaft setzte sich dann die Überzeugung durch, daß es unbedingt notwendig sei, funktionsfähige Banken zu schaffen. Ihren Niederschlag fanden diese Überlegungen in dem „Gesetz über den Niederlassungsbereich von Kreditinstituten vom 29. 3. 1952". Danach wurde das Bundesgebiet in **drei Niederlassungsbereiche** eingeteilt: einen nördlichen Bezirk, umfassend die Länder Bremen, Hamburg, Niedersachsen und Schleswig-Holstein, einen westlichen Bezirk, bestehend aus dem Land Nordrhein-Westfalen, und einen südlichen Bezirk mit den Ländern Baden-Württemberg, Bayern, Hessen und Rheinland-Pfalz. Jedem Kreditinstitut wurde gestattet, jeweils in einem der Niederlassungsbereiche Zweigstellen zu unterhalten. Dieses Gesetz war die Grundlage dafür, daß die Nachfolgeinstitute der Großbanken in den drei Bereichen sich jeweils zu einem Institut vereinigten und insgesamt neun Nachfolgeinstitute entstanden.

Ihr Ende fand die Dezentralisation im Jahre 1957 bzw. 1958, als jeweils die drei Nachfolgeinstitute der Deutschen Bank und der Dresdner Bank fusionierten und ihren alten Namen wieder annahmen. Die Nachfolgeinstitute der Commerzbank zogen es zunächst vor, als selbständige Unternehmen – wenn auch bei enger Zusammenarbeit – tätig zu sein. Im Herbst 1958 entschloß sich aber auch die Commerzbank-Gruppe zur rückwirkenden Fusion ab 1. 7. 1958.

Die folgenden Ausführungen über die Aktienbanken beziehen sich auf deren Grundtyp: die Kreditaktienbanken als Universalbanken in der Rechtsform der Kapitalgesellschaft.

2.2 Eigene Mittel

Während es bei den ersten Aktienbanken, wie allgemein im Bankgewerbe, noch üblich war, mit so hohem Eigenkapital zu arbeiten, daß damit die Aktivgeschäfte weitgehend finanziert werden konnten, gingen die Institute allmählich von diesem alten Prinzip ab. Diese Änderung der Geschäftspolitik vollzog sich nur langsam, und zwar deshalb, weil die Gesellschaften zum Teil von Privatbankiers gegründet oder geleitet wurden und die neuerrichteten Banken zunächst die Geschäftsprinzipien der Privatbankiers zu ihren eigenen machten.

Die traditionellen Finanzierungsprinzipien konnten jedoch nicht beibehalten werden, da die Kreditbedürfnisse der deutschen Wirtschaft schneller wuchsen als die Eigenmittel der Kreditinstitute, so daß die Banken gezwungen waren, immer mehr fremde Mittel heranzuziehen.

Das Anwachsen des Kapitals und die **Änderung der Kapitalstruktur** geben die nachfolgenden Zahlen von acht Berliner Großbanken wieder:

	1875	1895 (in Mio Mark)	1913
Aktienkapital und Rücklagen	326	666	1 491
Depositen, Kreditoren und eigene Akzepte	302	1 236	6 182

Der **Anteil des Eigenkapitals am Bilanzvolumen** hat sich im Laufe der Zeit immer mehr verringert. Im Jahre 1913 betrug der Anteil des Eigenkapitals der Kreditbanken an der Bilanzsumme 21,8 %; 1932 war dieser Anteil auf 8,6 % gesunken, 1954 sogar auf 3,4 %, um 1959 wieder 4,7 % und 1966 5 % zu erreichen. Im Mai 1985 belief sich der Anteil des ausgewiesenen Eigenkapitals am Geschäftsvolumen bei den Aktienbanken auf 5,06 %.

Das **haftende Eigenkapital der Aktienbanken** setzt sich gemäß § 10 Abs. 2 Nr. 2 KWG. zusammen aus dem eingezahlten Grund- bzw. Stammkapital abzüglich des Betrages der eigenen Aktien bzw. Geschäftsanteile. Kredite an Aktionäre oder Gesellschafter, denen mehr als 25 % der Anteile oder Stimmrechte zustehen, sind abzuziehen, wenn sie zu nicht marktmäßigen Bedingungen oder nicht gegen banktübliche Sicherheiten gewährt werden.

Bei Kommanditgesellschaften auf Aktien sind Vermögenseinlagen des persönlich haftenden Gesellschafters, die nicht auf das Grundkapital geleistet wurden, dem haftenden Eigenkapital hinzuzurechnen, abzuziehen sind jedoch die diesem Gesellschafter gewährten Kredite.

Auch der Gewinn des abgelaufenen Geschäftsjahres ist dem haftenden Eigenkapital zuzurechnen, soweit seine Zuführung beschlossen ist. Von wem und in welchem Ausmaß eine Dotierung der Rücklagen vorgenommen werden kann, richtet sich dabei im wesentlichen nach § 58 Aktiengesetz.

2.3 Geschäftstätigkeit

Die Aktienbanken werden als diejenige Gruppe von Kreditinstituten angesehen, die am konsequentesten das **erwerbswirtschaftliche Prinzip** bei ihrer Geschäftstätigkeit verfolgt. Das Streben nach einem möglichst hohen Gewinn ist dadurch zu erklären, daß einmal die Aktionäre eine möglichst hohe Verzinsung ihres Kapitals erwarten und andererseits die geschäftsführenden Organe der Aktiengesellschaften darauf bedacht sein müssen, die Eigenkapitalbasis der Institute zu stärken.

Grundsätzlich können Aktienbanken alle Arten von Bankgeschäften betreiben. Lediglich die Hypothekenbanken und Schiffspfandbriefbanken und einzelne Spezialinstitute sind durch besondere Gesetze bzw. durch ihre Satzung in ihrem

Geschäftskreis eingeschränkt. Etwa die Hälfte der gegenwärtig bestehenden Aktienbanken sind als *Universalbanken* tätig.

Den größten Umfang nehmen bei den Kreditbanken das **kurzfristige Kreditgeschäft** und das Depositengeschäft ein. Im *kurzfristigen Kreditgeschäft* herrschen die Kontokorrentkredite und Diskontkredite vor; langfristige Kredite spielen heute noch eine untergeordnete Rolle, wenn auch betont werden muß, daß sich in den letzten Jahren infolge steigender Spareinlagen einige Institute entschlossen haben, den Wünschen ihrer Kundschaft nach längerfristigen Krediten in stärkerem Maße zu entsprechen. Insgesamt gesehen stehen die Aktienbanken im kurz- und mittelfristigen Kreditgeschäft an erster Stelle im deutschen Bankwesen.

Kurzfristige Kredite an Kunden (einschl. Akzeptkredite und rediskontierter Wechsel) der Kredit-Aktienbanken, Sparkassen und Kreditgenossenschaften Ende Mai 1985:

	in Mill. DM	in %
Alle Kreditinstitute außerhalb des Zentral-bankensystems davon	357 638	100,0
Kredit-Aktienbanken	155 885	43,6
Sparkassen einschl. Girozentralen	110 512	30,9
Kreditgenossenschaften einschl. Zentralkassen	76 106	21,3

In Anbetracht ihrer Kapitalkraft sehen die Aktienbanken ihre Hauptaufgabe darin, die Wirtschaft – insbesondere Handel und Industrie – mit Krediten zu versorgen. Im Gegensatz zu den Sparkassen übertreffen bei den Aktienbanken im **Einlagengeschäft** die *Depositeneinlagen* (Sichteinlagen und befristete Einlagen) die Spareinlagen um ein Mehrfaches.

Große Bedeutung kommt den Aktienbanken auf dem Gebiet das *Effektengeschäftes* zu, wobei in besonders starkem Maße die größeren Aktienbanken bei Emissionen eingeschaltet werden.

Beim **Auslandsgeschäft** nehmen die Aktienbanken deshalb die führende Stellung ein, weil gerade bei den Beziehungen zwischen Banken verschiedener Staaten den Kapitalverhältnissen der Institute besondere Beachtung geschenkt wird. Hinzu kommt, daß die Großbanken vor dem zweiten Weltkrieg Filialen und Tochterunternehmen im Ausland unterhielten und auch jetzt wieder aufgebaut haben und dadurch über sehr gute Verbindungen im Ausland verfügen.

Beim **Zahlungsverkehr** kommen den Großbanken ihre weitverzweigten Filialnetze zugute.

2.4 Bilanzierung und Publizität

Für die Aufstellung, Prüfung und Veröffentlichung der Jahresabschlüsse der Aktienbanken gelten als allgemeine gesetzliche Bestimmungen die Vorschriften des Handelsgesetzbuches (insbesondere die §§ 38 bis 47 a) und des Aktiengesetzes (insbesondere die §§ 148–170), des GmbH-Gesetzes (insbesondere die §§ 41–42 a) sowie die besonders für das Kreditgewerbe erlassenen Vorschriften (insbesondere die §§ 26–29 KWG). Kreditinstituten in der Rechtsform einer AG oder KGaA wird allerdings ein größerer Spielraum für die Bewertung ihrer Forderungen und Verbindlichkeiten eingeräumt als ihn das Aktiengesetz für die Gesellschaften anderer Geschäftszweige zuläßt: Wegen der besonderen Risiken des Geschäftszweigs der Kreditinstitute dürfen für Forderungen und Wertpapiere niedrigere Wertansätze als die in § 155 AktG vorgeschriebenen gewählt werden.

EGAktG
§ 36

KWG
§ 26 a, 1

Die **Jahresbilanzen** und die **Gewinn- und Verlustrechnungen** sind gemäß § 161 AktG nach besonderen Formblättern aufzustellen, in denen die aus der bankbetrieblichen Tätigkeit resultierenden Eigenarten der Bankbilanzierung berücksichtigt sind und die auf Grund der „Verordnung über Formblätter für die Gliederung des Jahresabschlusses von Kreditinstituten" vom 20. 12. 1967 erstmals für den Jahresabschluß am 31. 12. 1968 galten. Die Kreditinstitute in der Rechtsform der AG oder KGaA unterliegen der vollen Publizitätspflicht, Banken in der Rechtsform der GmbH brauchen lediglich die Bilanz zu veröffentlichen.

Wie alle Kreditinstitute haben die Aktienbanken daneben die zu den Formblättern vom Bundesaufsichtsamt erlassenen *Richtlinien für die Aufstellung des Jahresabschlusses* zu beachten.

KWG
§ 27, 2
AktG
§ 162 ff.

Die **Prüfung des Jahresabschlusses** richtet sich bei den Aktienbanken nach den für alle Aktiengesellschaften und Kommanditgesellschaften auf Aktien geltenden Vorschriften des Aktiengesetzes.

Auf Grund der Vorschriften über die monatliche Bankenstatistik haben die Aktienbanken der Bundesbank ihre **Monatsausweise** einzureichen. Außerdem werden von den Großbanken und den bedeutendsten Regionalbanken Zwischenausweise, die sogenannten „Zweimonatsbilanzen", per Ende Februar, April, Juni, August und Oktober erstellt und veröffentlicht.

3. Kreditgenossenschaften

Kreditgenossenschaften sind Gesellschaften mit nicht geschlossener Mitgliederzahl, die mittels eines gemeinschaftlichen Geschäftsbetriebes durch Gewährung von Darlehen und Durchführung sonstiger bankmäßiger Geschäfte den Erwerb oder die Wirtschaft ihrer Mitglieder fördern wollen.

Für sie gelten die Bestimmungen des Genossenschaftsgesetzes; außerdem unterliegen sie als Kreditinstitute den Vorschriften des Kreditwesengesetzes.

3.1 Geschichtliche Entwicklung

Die Gründung von Kreditgenossenschaften erfolgte – ähnlich wie bei den Aktienbanken –, um eine Lücke in der Kreditversorgung der deutschen Wirtschaft zu schließen. Da sich das private Kreditgewerbe in immer stärkerem Maße der Kreditversorgung von Industriebetrieben zuwandte, wurde der Mangel an Kreditinstituten, die sich insbesondere der kapitalschwächeren, kleineren landwirtschaftlichen und gewerblichen Betriebe annahmen, mit der Zeit ständig größer.

Zur Linderung der Kreditnot der Landwirtschaft schlug der Bayerische Medizinalrat Prof. Dr. A. Ryß **1831** in der Schrift „Über Viehassekuranz-Kreditanstalten" die Errichtung von Viehkreditkassen vor, in denen „jeder Kreditsucher sein Vieh versichert haben muß, während der Versichernde zur Kreditnahme nicht gezwungen sein sollte". **1844** wurde der „Zentralverein für das Wohl der arbeitenden Klasse" ins Leben gerufen, nach dessen Vorbild zahlreiche Vorschußkassen in Berlin, Bonn, Koblenz und anderen Orten entstanden; **1848** folgte in der Gemeinde Homburg im Amt Nassau eine „Hilfskasse zur Anschaffung von Vieh für unbemittelte Gutsbesitzer". Als Versuch, das genossenschaftliche Prinzip auch zur Befriedigung des Kreditbedürfnisses der städtischen Bevölkerung anzuwenden, wurden **1848** die Handwerkerbank in Elbing, **1849** der Vorschußverein in Cüstrin, **1850** der Vorschußverein in Delitzsch als Wohltätigkeitsvereine konstituiert.

Bald zeigte sich jedoch, daß diese Art Hilfe nicht ausreichte und auf die Dauer durch andere Institutionen ersetzt werden mußte. Es mußten Stellen geschaffen werden, die der Landwirtschaft und den Gewerbetreibenden ständig zur Seite stehen, sie mit Krediten versorgen und auf finanziellem Gebiet betreuen und beraten konnten. Aus dieser Notwendigkeit wurde die Idee der Selbsthilfe, die genossenschaftliche Idee, wieder aufgegriffen.

Franz Hermann Schulze aus Delitzsch hatte bereits im Jahre **1847** einen Wohltätigkeitsverein gegründet. **1849** entstand wiederum auf Initiative von Schulze in Delitzsch die **erste Genossenschaft Deutschlands,** die allerdings den Mitgliedern keine direkte finanzielle Hilfe bringen sollte, sondern den Zweck verfolgte, durch gemeinsame Beschaffung der in den Handwerksbetrieben benötigten Rohstoffe deren wirtschaftliche Lage zu bessern (Einkaufsgenossenschaften). Die erste Genossenschaft war eine „Rohstoffassoziation der Tischler", der bald darauf eine Genossenschaft der Schuhmacher folgte. Die Gründungen waren erfolgreich und fanden zahlreiche Nachahmungen.

Durch diese Erfolge ermutigt, versuchte Schulze mit Hilfe der Genossenschaft auch die Kapitalnot der gewerblichen Wirtschaft zu mildern. Im Januar **1850** wurde die erste **gewerbliche Kreditgenossenschaft** gegründet, deren Geschäftszweck die Gewährung von kurzfristigen Betriebskrediten aus Mitteln der Geschäftsguthaben der Miglieder war. Dieser Kreditgenossenschaft folgten sehr bald weitere Gründungen, die in der ersten Zeit „Vorschußvereine", später „Volksbanken" genannt wurden.

Wie groß der Bedarf der mittelständischen Wirtschaft an kurzfristigem Kredit war, der zu einem tragbaren Zinssatz aufgenommen werden konnte, und in welch großem Maße die Kreditgenossenschaften die an sie gestellten Anforderungen erfüllen konnten, zeigt das rasche Anwachsen ihrer Zahl (vgl. die Tabellen S. 111 f.). Die Notwendigkeit, nicht nur den gewerblichen Mittelstand mit Betriebskrediten zu versorgen, sondern auch der Landwirtschaft die Möglichkeit der Kreditaufnahme zu einem tragbaren Zinsfuß zu geben, führte etwa zur gleichen Zeit, jedoch unabhängig von Schulze und der von ihm geführten Bewegung, zur Gründung von **landwirtschaftlichen Kreditgenossenschaften.**

Friedrich Wilhelm Raiffeisen schuf **1846/47** – ebenso wie anfangs Schulze-Delitzsch – *zunächst Hilfsvereine für notleidende Landwirte,* die auf dem Prinzip der Wohltätigkeit aufgebaut waren. Die Mitglieder dieser Vereine setzten sich aus wohlhabenden Landwirten zusammen, die durch ihre Beiträge die Mittel für geringverzinsliche oder unverzinsliche Kredite an unbemittelte Bauern aufbrachten. Auch hier zeigte sich aber sehr bald, daß eine nach diesem System durchgeführte Kredithergabe auf die Dauer für die Vereine nicht tragbar war, da ihre Kreditfonds in der Regel nur eine geringe Höhe aufwiesen.

Erst **1862,** als die Entwicklung der gewerblichen Kreditgenossenschaften bereits nachahmenswerte Fortschritte gemacht hatte, baute Raiffeisen landwirtschaftliche Kreditgenossenschaften auf der Idee der Selbsthilfe auf. Die erste **Raiffeisengenossenschaft** war der in Arnhausen **1862** gegründete Darlehensverein. Aber auch bei den in der Folgezeit gegründeten Spar- und Darlehnskassen blieb neben dem genossenschaftlichen Prinzip als Motiv für das geschäftliche Handeln das Wohltätigkeitsstreben bestehen. Dies ist ein Grund dafür, daß sich die Selbsthilfeeinrichtungen auf dem gewerblichen und landwirtschaftlichen Sektor nicht zu einer einheitlichen Organisation entwickelten.

Im Jahre **1872** gründete Wilhelm Haas unabhängig von Raiffeisen ebenfalls landwirtschaftliche Genossenschaften und später auch landwirtschaftliche Kreditgenossenschaften, die streng nach dem Grundsatz der Selbsthilfe organisiert waren (sogenanntes „Offenbacher System"). Im Laufe der Zeit glichen sich die Systeme von Raiffeisen und Haas aber so weit an, daß heute eine Unterscheidung nach dem Raiffeisenschen und dem Offenbacher System nicht mehr getroffen wird. Diese Entwicklung wurde unterstützt durch die **Vereinigung der beiden Spitzenverbände** im Jahre **1930.**

Auch bei den ländlichen Kreditgenossenschaften, die sich meistens Spar- und Darlehnskassen nennen, zeigt das schnelle Anwachsen ihrer Zahl die Bedeutung, die sie innerhalb des Kreditwesens erlangt haben.

Im Gebiet des Deutschen Reiches bzw. der Bundesrepublik Deutschland vollzog sich die Entwicklung der gewerblichen und ländlichen Kreditgenossenschaften wie folgt:

Jahr	Kreditgenossenschaften	
	gewerblich	ländlich
1868		41
1869		70
1870	121	
1890		1 729
1900	1 136	9 793
1920	1 514	18 331
1931	2 236	19 416
1950	774	11 216
1960	822	10 840
1970	740	6 362
1975	5 196	
1980	4 225	

1868 bis 1931: Reichsgebiet; ab 1950: Bundesgebiet.

Anzahl der Kreditgenossenschaften von 1868 bis 1980

Die über einhundertjährige Trennung zwischen gewerblichen und ländlichen Kreditgenossenschaften wurde durch die zum 1. 1. 1972 wirksam gewordene Gründung des Bundesverbandes der Deutschen Volksbanken und Raiffeisenbanken aufgehoben.

Zur Interpretation der zahlenmäßigen Abnahme der Kreditgenossenschaften – insbesondere im ländlichen Bereich – dient folgende Übersicht:

	1957	1980	Veränderung
1. Kreditinstitute	11 765	4 225	– 7 540
2. Zweigstellen	2 266	15 453	+ 13 187
(1. + 2.) Bankstellen	14 031	19 678	5647

Anzahl der Kreditgenossenschaften in den Jahren 1957 und 1980

Die Verringerung der Anzahl der Kreditgenossenschaften und die gleichzeitige Zunahme der Zweigstellen ist durch die Fusion kleinerer Institute zu erklären. Während sich bis zum Jahre 1971 die Vereinigungen innerhalb der beiden Institutsgruppen vollzogen, schließen sich nunmehr auch Institute zusammen, die früher zu den Volks- und Raiffeisenbanken gehörten. Nach der Fusion zweier Genossenschaften verringert sich zwar die Anzahl der Genossenschaften; da die Bankstellen der übernommenen Kreditinstitute jedoch in der Regel als Zweigstellen weitergeführt werden, wirken sich solche Fusionen als Zuwachs bei den Zweigstellen aus. Diese Entwicklung zeigt die verstärkten Bestrebungen dieser Institutsgruppe, die Betriebsgröße ihrer Genossenschaften wettbewerbsfähiger zu gestalten.

3.2 Eigene Mittel

Die eigenen Mittel einer Kreditgenossenschaft setzen sich aus den **Geschäftsguthaben der Mitglieder und** den **Reservefonds** zusammen. Da die Mitgliederzahl nicht konstant ist, sondern durch Zu- und Abgänge ständigen Schwankungen unterliegt, weisen die eigenen Mittel der Genossenschaft keine gleichbleibende Höhe auf. Die durch Selbstfinanzierung nach § 7 GenG geschaffenen Rücklagen, die wegen der schwankenden Höhe der eigenen Mittel der Genossenschaft entsprechend der Mitgliederzahl besonders große Bedeutung haben, werden als

GenG „neutrales Kapital" bzw. drittes Kapital bezeichnet, weil ausscheidende Genos-
§ 73, 2 sen während des Bestehens der Genossenschaft keinen Anspruch auf Auszahlung eines entsprechenden Anteils an diesen Rücklagen haben. Zur Rückzahlung an ausscheidende Genossen kann nur eine extra für diesen Zweck gebildete Rücklage gelangen. Erst bei Liquidation der Genossenschaft darf das neutrale Kapital
§ 91 f. an die Mitglieder verteilt werden oder einer Person für einen bestimmten Zweck oder aber der Gemeinde zufallen, in der die Genossenschaft ihren Sitz hatte.

Um die Sicherheit der Genossenschaft zu erhöhen, ist es notwendig, das „neutrale Kapital" nach Möglichkeit zu erhöhen. Das wird auch in der vom Bundesverband der Deutschen Volksbanken und Raiffeisenbanken e.V. herausgegebenen **Mustersatzung** berücksichtigt, in der es heißt, daß die Rücklagen durch eine jährliche Zuweisung von mindestens 10% des Reingewinns gebildet werden, solange die Rücklagen die Höhe von 10% der Bilanzsumme nicht erreichen.

Die Bildung von Rücklagen ist auch deswegen erforderlich, weil den Kreditgenossenschaften im allgemeinen über die Geschäftsguthaben von den Mitgliedern hinaus nur relativ geringe Beträge zufließen. Schulze-Delizsch hat zwar eine Relation von 1:3 für das Verhältnis von Eigenkapital zu Fremdkapital gefordert, doch ließ sich dieses Verhältnis nicht aufrechterhalten. Ende 1954 machte z.B. bei den gewerblichen Kreditgenossenschaften das Eigenkapital nur 8,6%, Ende 1959 7,2% und Ende 1973 nur noch 4% des Fremdkapitals aus, das entspricht einem Verhältnis von 1:25.

Große Bedeutung kommt bei den Kreditgenossenschaften den **Haftsummen** zu. Dies gilt nicht nur hinsichtlich der Verbindlichkeiten der Kreditgenossenschaften, sondern auch in bezug auf das Aktivgeschäft, weil bei der Ermittlung des haftenden Eigenkapitals der Kreditgenossenschaften ein sogenannter **Haftsummenzuschlag** eingerechnet wird.

Nach § 10 Abs. 2 Ziff. 3 KWG sind als **haftendes Eigenkapital** bei eingetragenen Genossenschaften anzusehen:

112

die **Geschäftsguthaben** und sämtliche **Rücklagen,** d. h. spezieller Rücklagen, die wegen der Einrichtung eines Beteiligungsfonds gebildet werden, zuzüglich eines vom Bundesminister der Finanzen nach Anhörung der Deutschen Bundesbank durch Rechtsverordnung festzusetzenden Zuschlags, welcher der Haftsummenverpflichtung der Genossen Rechnung trägt.

Der Bundesfinanzminister hat entsprechend § 10 Abs. 2 Ziff. 3 KWG diese Befugnis auf das Bundesaufsichtsamt für das Kreditwesen übertragen (Verordnung zur Übertragung der Befugnis zum Erlaß von Rechtsverordnungen auf das Bundesaufsichtsamt für das Kreditwesen vom 19. Januar 1962). Dieses hat hiervon durch die „Verordnung über die Festsetzung eines Zuschlags für die Berechnung des haftenden Eigenkapitals von Kreditinstituten in der Rechtsform der eingetragenen Genossenschaften (**Zuschlagsverordnung**)" vom 6. Dezember 1963 Gebrauch gemacht. Der Haftsummenzuschlag beträgt danach

(1) bei **Genossenschaften mit beschränkter Haftpflicht** drei Viertel des Gesamtbetrages der Haftsummen,
(2) bei **Genossenschaften mit unbeschränkter Haftpflicht** das Doppelte des Gesamtbetrages der Geschäftsanteile.

Die Regelungen des Dritten Gesetzes zur Änderung des Gesetzes über das Kreditwesen brachten hinsichtlich der Bemessung des haftenden Eigenkapitals der eingetragenen Kreditgenossenschaften mit beschränkter Haftpflicht Einschränkungen. Der Haftsummenzuschlag, der dieser Institutsgruppe gewährt wird, ist innerhalb von 10 Jahren durch gleich hohe Raten um 50 % auf 25 % zu verringern (Art. 2 der Verordnung zur Änderung von Verordnungen über das Kreditwesen vom 20. Dezember 1984).

Geschäftsguthaben zum Jahresende ausscheidender Genossen sowie deren Ansprüche an den besonderen Reservefonds nach § 73, 3 GenG sind vom haftenden Eigenkapital abzusetzen.

KWG
§ 10, 2

Für **Zentralkassen** in der Rechtsform der eingetragenen Genossenschaft beträgt der Zuschlag 35% des Gesamtbetrages der Haftsummen, jedoch nicht mehr als ein Viertel des ohne den Zuschlag vorhandenen haftenden Eigenkapitals.

Die Bedeutung der Haftsummen und des Haftzusammenschlags kommt aber nicht nur darin zum Ausdruck, daß sie bei der Finanzierung des Anlagevermögens gemäß § 12 KWG sowie bei der Berechnung der Eigenkapital- und Liquiditätsverhältnisse der genossenschaftlichen Kreditinstitute entsprechend den Grundsätzen über das Eigenkapital und die Liquidität berücksichtigt werden müssen; zugleich dienen nämlich die Haftsummen der Mitglieder der Kreditgenossenschaften als Grundlage für die **Beschaffung von Haftsummenkrediten** bei den Zentralkassen.

3.3 Geschäftstätigkeit

Die *Vorschußvereine von Schulze-Delitzsch* betrachteten die Gewährung von kurzfristigen Betriebskrediten an die gewerbliche Wirtschaft, die in der Regel als Blankokredite gegeben wurden, als ihre Hauptaufgabe. Die *Darlehnskassenverei-*

ne Raiffeisens verfolgten primär den Zweck, den Kreditbedarf der Landwirtschaft, insbesondere der kleineren Landwirte, zu befriedigen.

Im Laufe der Entwicklung erweiterten jedoch sowohl die gewerblichen als auch die ländlichen Kreditgenossenschaften ihren Geschäftskreis immer mehr. Heute führen die Banken des Genossenschaftssektors die meisten vorkommenden Bankgeschäfte durch. Sie nehmen Depositen und Spareinlagen entgegen, geben Kredite (früher vorwiegend als Schuldscheindarlehen, heute besonders Diskont-, Kontokorrent- und langfristige Kredite), besorgen den Zahlungsverkehr und betreiben das Inkasso-, Auslands- und Effektengeschäft. Mit der **Aufhebung des Verbots der Kreditgewährung an Nichtmitglieder** durch die Novelle zum Genossenschaftsgesetz von 1973 ergab sich für die Genossenschaften darüber hinaus im Rahmen des Kreditgeschäfts die Möglichkeit zur Geschäftsausweitung.

Für die Kreditgenossenschaften gilt grundsätzlich, daß sich die Gesamtsumme der Kredite aus einer relativ großen Zahl kleinerer Kredite zusammensetzt. Der *Durchschnittsbetrag* der von den Volksbanken gewährten Kredite betrug z. B. Ende 1952 rund 4500 DM; Ende 1966 betrug die Höhe der Durchschnittskredite rund 18 300 DM und Ende 1971 31 400 DM. Dadurch werden verhältnismäßig hohe Kosten für die Kreditbearbeitung verursacht, und die Relation zwischen Aufwand und Ertrag wird ungünstiger als bei Kreditinstituten mit durchschnittlich höheren Einzelkrediten.

Die Bedeutung der Kreditgenossenschaften in bezug auf die Befriedigung des kurzfristigen Kreditbedarfs im Rahmen des gesamten Bankwesens ergibt sich aus folgenden Zahlen:

Jahr	Kurzfristige Kredite insgesamt in Mill.	Kurzfristige Kredite der Kreditgenossenschaften in Mill.	in % des Gesamtbetrages
1913	19 608,0	3 930,0	20,0
1932	20 429,0	3 155,0	15,4
1948	5 783,0	361,0	6,3
1954	29 038,0	2 638,0	9,1
1958	32 528,9	3 823,1	11,8
1960	41 410,1	5 103,8	12,3
1965	67 730,5	9 065,5	13,4
1970	121 787,0	16 417,0	13,5
Mai 1985	357 638	63 874	17,9

1913 und 1932: Reichsgebiet; ab 1948: Bundesgebiet.

Wenn auch die Kreditgenossenschaften Mitte des vorigen Jahrhunderts zunächst versuchten, die Mittel für das Kreditgeschäft durch die Geschäftsguthaben ihrer Mitglieder zu beschaffen, so erkannten sie doch sehr schnell die Notwendigkeit, fremde Gelder heranzuziehen. Sehr bald nahmen die Kreditgenossenschaften daher Einlagen in Form von **Depositen- und Spareinlagen** von Mitgliedern und Nichtmitgliedern entgegen.

Ende 1980 entfielen nach der Bundesbankstatistik z. B. von den 490,5 Mrd. DM Spareinlagen in der Bundesrepublik Deutschland 123,6 Mrd. DM = 25,2% auf Kreditgenossenschaften, während die Sparkassen einschl. Girozentralen 255,1 Mrd. DM = 52,0% und die Kreditbanken 77,2 Mrd. DM = 15,7% verwalteten. Die Kreditgenossenschaften versuchen u. a., durch verschiedene Einrichtungen des Kleinsparwesens – Abholverfahren, Schulsparen usw. – auch kleine und kleinste Beträge zu erfassen. Auf Grund dieser Bemühungen betrugen die Spareinlagen Ende 1980 bei den Kreditgenossenschaften (ohne Zentralkassen) 48,1% des Geschäftsvolumens.

Auf dem Gebiet des Zahlungsverkehrs können die Kreditgenossenschaften den Anforderungen ihrer Mitglieder und Kunden in besonderem Maße gerecht werden. Bereits in der zweiten Hälfte des 19. Jahrhunderts wurden auf dem gewerblichen und ländlichen Sektor mehrere Giro- und Inkassoverbände aufgebaut, die zum **Aufbau des Deutschen Genossenschaftsringes** mit seinem Gironetz führten, dem sowohl gewerbliche als auch ländliche Kreditgenossenschaften angehören. Allerdings wirkt es sich nachteilig aus, daß dem Deutschen Genossenschaftsring eine größere Zahl kleinerer ländlicher Kreditgenossenschaften nicht als selbständige Mitglieder angehören.

Eine Besonderheit der Geschäftstätigkeit der Kreditgenossenschaften besteht darin, daß sich zahlreiche, meist ländliche Kreditgenossenschaften auch mit Warengeschäften, z. B. dem An- und Verkauf von Saatgut, Düngemitteln und landwirtschaftlichen Produkten, befassen.

3.4 Bilanzierung und Publizität

Für die Aufstellung der Jahresabschlüsse der Kreditgenossenschaften gelten die Vorschriften des Handelsgesetzbuches und speziell die des Genossenschaftsgesetzes. Die Kreditgenossenschaften müssen danach wie alle anderen Genossenschaften eine Jahresbilanz, eine Gewinn- und Verlustrechnung und einen Geschäftsbericht aufstellen und den Jahresabschluß, d.h. die Bilanz und die Gewinn- und Verlustrechnung, veröffentlichen. Das zuständige Amtsgericht, bei dem das Genossenschaftsregister geführt wird, kann den Vorstand von der **Veröffentlichungspflicht** befreien, sofern glaubhaft gemacht wird, daß die Kosten der Veröffentlichung in offenbarem Mißverhältnis zu der Vermögenslage der Genossenschaft stehen.

HGB
§§ 38
bis 47a

GenG
§ 33
bis 33 h
§ 33, 3

Im übrigen gelten für Kreditgenossenschaften hinsichtlich der **Gliederung des Jahresabschlusses** und der Angabe der jährlichen Zu- und Abgänge sowie der Abschreibungen und Wertberichtigungen bei den Posten des Anlagevermögens grundsätzlich die gleichen *Ausnahmeregelungen wie bei Aktienbanken*. Wie bei den Kreditinstituten in der Rechtsform der Aktiengesellschaft und der Gesellschaft mit beschränkter Haftung wurden mit der Verordnung vom 20. 12. 1967 auch für die Kreditgenossenschaften *Formblätter* für die Gliederung der Jahresbilanz und für die Gliederung der Gewinn- und Verlustrechnung vorgeschrieben.

Das **Bilanzformblatt** weist neben den allen Bankbilanzen eigenen Besonderheiten einige Arteigenheiten auf. Durch die *Ausgliederung der Nostroguthaben* bei den genossenschaftlichen Zentralkreditinstituten innerhalb der Aktivposition „Forderungen an Kreditinstitute" und auf der Passivseite der Nostroverpflichtungen bei genossenschaftlichen Zentralkreditinstituten innerhalb der Position „Verbindlichkeiten gegenüber Kreditinstituten" können die finanziellen Verflechtungen der Kreditgenossenschaften mit ihren Zentralkassen auch vom externen Bilanzleser erkannt werden.

Außerdem finden *Warengeschäfte* der Kreditgenossenschaften in der Bilanz eine gesonderte Berücksichtigung. Auf der Aktivseite erscheint die Position „Warenbestand", und die Warenforderungen werden aus der Position „Forderungen an Kunden" ausgegliedert. Die „Verpflichtung aus Warengeschäften und aufgenommenen Warenkrediten" werden in einer besonderen Position erwähnt.

„*Unter dem Strich*" müssen die Kreditgenossenschaften Auskunft erteilen über die rückständigen und fälligen Pflichtzahlungen auf Geschäftsanteile.

Im übrigen sind die genossenschaftlichen Kreditinstitute verpflichtet, in einer „Anlage zur Jahresbilanz" ausführliche Erläuterungen zur Jahresbilanz, zur Berechnung des haftenden Eigenkapitals und der Liquidität gemäß §§ 10 und 11 KWG sowie zum Kreditgeschäft und zur Gewinnverwendung zu geben.

Das **Formblatt für die Gewinn- und Verlustrechnung** der Kreditgenossenschaften schreibt eine ausführliche Gliederung vor. Die Gewinn- und Verlustrechnung ist – wie bei allen anderen Kreditinstituten auch – nach dem **Bruttoprinzip** aufgebaut.

Die **Jahresabschlußprüfung** erfolgt bei den größeren Kreditgenossenschaften jährlich, bei kleineren alle zwei Jahre durch die zuständigen genossenschaftlichen Verbände. Der betreffende Verband hat zwecks Feststellung der wirtschaftlichen Verhältnisse und der Ordnungsmäßigkeit der Geschäftsführung die Einrichtungen, die Vermögenslage sowie die Geschäftsführung der Genossenschaft zu prüfen. Der Prüfungsumfang ist also gegenüber der aktienrechtlichen Pflichtprüfung erweitert und umfaßt neben der formellen und materiellen Prüfung *auch eine Prüfung der Geschäftsvereinbarung*. Außerdem gelten für die Kreditgenossenschaften die Vorschriften des § 27 KWG, wonach die Aufstellung und Prüfung des Jahresabschlusses spätestens bis zum Ablauf von 5 Monaten nach Schluß des Geschäftsjahres vorzunehmen sind.

3.5 Verbandswesen und Zentralkassen

Schon wenige Jahre nach der Gründung der ersten Genossenschaften war zu erkennen, daß das Genossenschaftswesen *wegen seiner starken Ausdehnung und seines dezentralisierten Aufbaus einer strafferen Organisation bedurfte,* um den Zusammenhalt der einzelnen Genossenschaften zu gewährleisten und die gemeinsamen Interessen aller Genossenschaften wahrzunehmen. Auf wirtschaftlichem Gebiet sollte die ausgleichende Wirkung einer Vielzahl von Geschäften ausgenutzt – z. B. Liquiditätsausgleich – und durch gemeinsame Geschäfte die Marktstellung verbessert werden. Eine zentrale Stelle sollte außerdem ermöglichen, die von einzelnen Genossenschaften gesammelten Erfahrungen auszuwerten und unter den Genossenschaften auszutauschen.

Durch diese Erfordernisse bedingt, haben sich die Genossenschaften nach zwei Richtungen hin zusammengeschlossen. In den *Verbänden* wird – neben der Revision – das gemeinsame Interesse aller Genossenschaften gepflegt; die **Zentralgenossenschaften** fassen dagegen die einzelnen Genossenschaften in wirtschaftlicher Beziehung zwecks gemeinsamer Geschäftstätigkeit zusammen.

Bei den **gewerblichen Kreditgenossenschaften** nahm die Verbandsbildung **1859** ihren Anfang auf dem ersten Vereinstag deutscher Vorschuß- und Kreditvereine, als die Errichtung eines *„Zentral-Korrespondenzbureaus"* beschlossen wurde. Ende 1859 hatten sich diesem Büro 30 Vereine angeschlossen; die Leitung lag in den Händen von Schulze-Delitzsch. Aus diesem Büro, das **1861** in eine *„Anwaltschaft deutscher Erwerbs- und Wirtschaftsgenossenschaften"* umgewandelt wurde, ging **1864** der *„Allgemeine Verband der auf Selbsthilfe beruhenden Erwerbs- und Wirtschaftsgenossenschaften"* hervor. Dieser Verband, der überwiegend Kreditgenossenschaften zu seinen Mitgliedern zählte und unbeschränkte Haftpflicht verlangte, fand jedoch keine allgemeine Zustimmung. Insbesondere in Handwerkerkreisen entwickelten sich gegenläufige Bestrebungen, die **1901** nach der Verkündung des Genossenschaftsgesetzes zur Gründung eines *„Hauptverbandes deutscher gewerblicher Genossenschaften"* durch den Handwerkskammersekretär Korthaus führten. Die gleichgerichteten Bemühungen um das Wohl des Mittelstandes und nicht zuletzt die durch den Krieg und die Revolution aufgetretenen Schwierigkeiten bedingten **1920** den Zusammenschluß der beiden Spitzenverbände zum *„Deutschen Genossenschaftsverband".*

Dieser Verband war bis zum Ende des zweiten Weltkrieges der alleinigen Spitzenverband aller gewerblichen Genossenschaften. Nachdem sich nach Kriegsende in den Westzonen bereits eine „Arbeitsgemeinschaft gewerblicher Genossenschaften" gebildet hatte, erfolgte **1949** in Wiesbaden die Neugründung des *„Deutschen Genossenschaftsverbandes (Schulze-Delitzsch) e. V.".* Diesem neuen Deutschen Genossenschaftsverband waren **Ende 1971** 10 regionale Verbände angeschlossen, die Kredit- und Warengenossenschaften betreuten (Erfahrungsaustausch, Schulung durch Fachlehrgänge und Tagungen, Beratung, Durchführung der Prüfung der Genossenschaften, Interessenwahrung), sowie fünf überregionale Verbände für fachliche Prüfungen.

Bei den **ländlichen Kreditgenossenschaften** entwickelte sich die Verbandsbildung insofern anders, als sich bei diesen die bereits bestehenden landwirtschaftlichen Vereine der genossenschaftlichen Idee annahmen.

Erst im Jahre **1877** erfolgte die Gründung des *„Generalanwaltschaftsverbandes ländlicher Genossenschaften"* (sog. Raiffeisenverband). Daneben wurde im Jahre **1893** von Hofrat Wilhelm Haas für die seiner Richtung angehörenden landwirtschaftlichen Genossenschaften die *„Vereinigung landwirtschaftlicher Genossenschaften"* (sog. Reichsverband) ins Leben gerufen. Fast 40 Jahre blieb dieser Dualismus bestehen, denn erst **1930** vereinigten sich die beiden Spitzenverbände zu dem *„Reichsverband der deutschen landwirtschaftlichen Genossenschaften* – Raiffeisen". Auch dieser Verband hat das Ende des letzten Krieges nicht überlebt. Deshalb erfolgte im Jahre **1949** in Bonn die Gründung des *„Deutschen Raiffeisenverbandes e.V.".*

Über das Zusammenführen der ländlichen und gewerblichen Kreditgenossenschaften in einen gemeinsamen Verband wurde bereits seit Mitte der 50er Jahre diskutiert. Die ersten sichtbaren Zeichen der Bemühungen zeigten die Gründungen gemeinsamer Verbundunternehmen. **1956** wurde *„Die Bausparkasse der deutschen Volksbanken AG"* in *„Bausparkasse Schwäbisch Hall AG"* mit dem Zusatz *„Bausparkasse der Volksbanken und Raiffeisenbanken"* umfirmiert. **1958** wurde die Zusammenarbeit der beiden Genossenschaftsbereiche im Versicherungswesen vereinbart und durch die Gründung der *„Raiffeisen- und Volksbanken-Versicherung"* dokumentiert. Ab **1960** stand auch den ländlichen Zentralkassen die Möglichkeit offen, Anteile an der „Union-Investment-Gesellschaft mbH" zu erwerben, an deren Gründung sich bereits 1956 der gewerbliche Genossenschaftsbereich beteiligt hatte.

Die Bemühungen um den Zusammenschluß der beiden Genossenschaftsbereiche führten **Ende 1971** zu einem vorläufigen Ziel. Am 30. November 1971 schlossen der Deutsche Genossenschaftsverband (Schulze-Delitzsch) e.V. und der Deutsche Raiffeisenverband e.V. einen **Kooperationsvertrag.** Wesentlicher Bestandteil dieses Vertrages ist die Einigung über die Gründung des „Deutschen Genossenschafts- und Raiffeisenverbandes", des „Bundesverbandes der Deutschen Volksbanken und Raiffeisenbanken" sowie je eines Bundesverbandes für gewerbliche und ländliche Waren- und Dienstleistungsgenossenschaften.

Die Neuorganisation des Genossenschaftswesens hat sich bewährt. Durch den Zusammenschluß hofft der Genossenschaftssektor, die Schwierigkeiten, die sich aus der Zinsliberalisierung, der Automation, der Schulung und Werbung sowie der Personalführung und dem Problem der optimalen Betriebsgröße ergeben, besser meistern zu können.

In engem Zusammenhang mit der Verbandsbildung steht die **Errichtung der genossenschaftlichen Zentralkassen.** Auch auf diesem Gebiet ist keine einheitliche Entwicklung festzustellen; jeder der genossenschaftlichen Spitzenverbände versuchte, für die ihm angeschlossenen Genossenschaften eine eigene Organisation für den Geld- und Kreditverkehr aufzubauen.

Bereits **1865** gründete Schulze-Delitzsch als *erste genossenschaftliche Zentralbank* in der Form der Kommanditgesellschaft auf Aktien die Deutsche Genossenschaftsbank von Soergel, Parisius & Co. in Berlin, deren Aktionäre die Genossenschaften waren. Dieses Kreditinstitut hatte die Aufgabe, als Zentralbank für die dem „Allgemeinen Verband" angeschlossenen Kreditgenossenschaften tätig zu sein. Schon **1867** wurde ihr ein *Giroverband* angeschlossen, der die kostenlose Ausgleichung der Forderungen der Genossenschaften untereinander bezweckte und das Inkasso von Wechseln auf Orte, an denen Mitglieder des Giroverbandes wohnten, vereinfachen und verbilligen sollte. Nach Jahren erfolgreicher Tätigkeit geriet die Bank aber **1902** durch genossenschaftsfremde Geschäfte in Schwierigkeiten und wurde *von der Dresdner Bank übernommen*. Die Dresdner Bank verpflichtete sich damals, die Aufgaben der Geldausgleichstelle der Genossenschaften des „Allgemeinen Verbandes" zu übernehmen, und errichtete zu diesem Zweck in Berlin und Frankfurt am Main Genossenschaftsabteilungen. Erst **1939** wurden diese Abteilungen aufgelöst und das Geschäft *auf die Deutsche Zentralgenossenschaftskasse übertragen*.

Auch Raiffeisen erkannte bald die Notwendigkeit eines Geldausgleichs und einer Finanzierungs- bzw. Refinanzierungsmöglichkeit innerhalb des Systems ländlicher Genossenschaften. Auf seine Anregung hin wurde **1872** eine *Zentralstelle als Genossenschaft* gegründet, die unter dem Namen „Rheinische landwirtschaftliche Genossenschaftsbank" den Geldausgleich, die Revision und den gemeinschaftlichen Bezug für die Mitgliedergenossenschaften besorgen sollte. Ähnliche Institute wurden **1874** in Darmstadt und in Iserlohn errichtet. Als *Spitzeninstitut für diese Zentralkassen* gründete Raiffeisen **1874** die „Deutsche landwirtschaftliche Generalbank". Der Aufbau dieses Systems mußte aber eingestellt werden, weil es damals noch nicht zulässig war, daß Genossenschaften bei anderen Genossenschaften Mitglieder waren. Dafür wurde **1876** in Neuwied die spätere *Deutsche Raiffeisenbank AG* gegründet. Aktionäre dieser Bank konnten nur dem Verband Raiffeisens angehörende Spar- und Darlehenskassen werden. In der Inflation erlitt die Bank aber so erhebliche Verluste, daß sie ihre Selbständigkeit nicht mehr wahren konnte. Im Jahre **1928** wurde deshalb die Raiffeisenbank *von der Preußischen Zentralgenossenschaftskasse* übernommen.

Die *Preußische Zentralgenossenschaftskasse* war **1895** vom preußischen Staat gegründet worden, um ein genossenschaftliches Spitzeninstitut für die Genossenschaften aller Richtungen zu schaffen und um über sie den staatlichen Einfluß auf die Entwicklung des Genossenschaftswesens zu verstärken.

In der Zeit vor dem ersten Weltkrieg war sie in erster Linie Geldausgleichskasse; nach der Inflation befaßte sie sich hauptsächlich mit dem Kreditgeschäft. **1932** wurde die Preußische Zentralgenossenschaftskasse in „*Deutsche Zentralgenossenschaftskasse*" umbenannt; nach der Auflösung der Genossenschaftsabteilungen der Dresdner Bank (1939) war sie das alleinige Spitzeninstitut der gewerblichen und ländlichen Kreditgenossenschaften, bis nach dem letzten Weltkrieg die Organisation des Genossenschaftswesens in der Bundesrepublik Deutschland neu geordnet wurde. – Im Jahre **1921** gründete die Preußische Zentralgenossenschaftskasse die *Deutsche Genossenschafts-Hypothekenbank AG*, um den Kreditgenossenschaften die Beschaffung von Hypothekarkrediten zu erleichtern. Die

Mittel zur Gewährung der Hypotheken verschaffte sich diese Hypothekenbank durch Ausgabe von Schuldverschreibungen.

Als Funktionsnachfolgerin der Deutschen Zentralgenossenschaftskasse entstand kraft Gesetzes vom 11. 5. 1949 die **Deutsche Genossenschaftskasse** (DGK) als Anstalt des öffentlichen Rechts. Sie fungierte als Spitzeninstitut des genossenschaftlichen Kreditwesens mit dem Grundauftrag, der Förderung des gesamten Genossenschaftswesens zu dienen.

Durch das „Gesetz über die **Deutsche Genossenschaftsbank** und zur Änderung des Gesetzes über die Landwirtschaftliche Rentenbank" vom 22. 12. 1975, das am 1. Januar 1976 in Kraft getreten ist, wurde nicht nur eine Umbenennung des Spitzeninstituts des deutschen Genossenschaftswesens vorgenommen, sondern es wurde zugleich auch eine **Universalbank** geschaffen, die – anders als die DGK – Bankgeschäfte aller Art betreiben kann – mit der einzigen Einschränkung, daß diese unmittelbar oder mittelbar ihrer Zweckerfüllung zu dienen haben. Diese Einschränkung wird jedoch im einzelnen nur in der Satzung geregelt und unterliegt daher letztlich der Abgrenzung durch die Hauptversammlung. Anders als die DGK kann die DG-Bank nach Maßgabe der Satzung Zweigniederlassungen errichten, Beteiligungen erwerben, sich unmittelbar dem Industriekreditgeschäft widmen und sich direkt im Auslandsgeschäft betätigen. – Die Beteiligung des Bundes und der Länder am Kapital der DG-Bank darf nach § 13 des Gesetzes 25% nicht übersteigen, womit sich die **öffentliche Hand** auf eine **Sperrminorität** beschränkte.

Die einzelnen Kreditgenossenschaften sind den z. Z. 10 auf Landes- oder Mehr-Länder-Basis tätigen regionalen **Zentralkassen** angeschlossen. Sie sind dadurch charakterisiert, daß ihnen im Gegensatz zu den Girozentralen keine Aufgaben kommunal- oder staatswirtschaftlicher Art gestellt sind und ihnen – mit Ausnahme der Kredite an Zentralwarengenossenschaften – auch das direkte private Kreditgeschäft fehlt. Ihre Aufgaben bestehen in erster Linie darin, Zentralstelle für den Giroverkehr, Geldausgleichstelle und Liquiditätsrückhalt, Durchleitstelle für zentrale Kreditaktionen und Zentralstelle für Dienstleistungsgeschäfte zu sein.

Im Jahre **1927** wurde der *Deutsche Genossenschaftsring* geschaffen, der in seinem Wesen dem Gironetz der Sparkassenorganisation ähnlich ist. Dem Genossenschaftsring gehören sowohl die gewerblichen als auch die ländlichen **Kreditgenossenschaften als Ringstellen** an, während den **Zentralkassen die Aufgabe von Ringhauptstellen** zukommt.

Die von einzelnen Kreditgenossenschaften bei den regionalen Zentralkassen unterhaltenen Konten dienen der **Abwicklung des Zahlungsverkehrs** innerhalb des Genossenschaftsringes. Zur Erfüllung der Aufgabe, Liquiditätsrückhalt zu sein, d. h. für die Kreditgewährung der Zentralkassen an die Genossenschaftsbanken, werden die Einlagen ihrer Mitglieder in Zeiten angespannter Liquidität jedoch nicht ausreichen, so daß die Zentralkassen sich bei anderen Instituten refinanzieren müssen, insbesondere bei der Deutschen Genossenschaftsbank, bei welcher sich sowohl Geldbedarf und Geldüberschuß von einzelnen Regionalbezirken der Volksbankorganisation als auch Geldbedarf und Geldüberschuß der ländlichen Raiffeisenorganisation ausgleichen können.

In der Organisation des Genossenschaftswesens hat sich also ein dreistufiges System entwickelt. Die einzelnen Kreditgenossenschaften gehören zur **Unterstufe,** die regionalen Zentralkassen bilden die **Mittelstufe,** und als **Zentralinstitut** fungiert die Deutsche Genossenschaftsbank in Frankfurt am Main.

4. Privatrechtliche Spezialkreditinstitute

4.1 Teilzahlungskreditinstitute

Teilzahlungskreditinstitute sind Spezialinstitute, deren Geschäftstätigkeit primär darauf gerichtet ist, Privatpersonen und Gewerbetreibenden zur Beschaffung von Gütern und Dienstleistungen Kredite zu gewähren, deren Rückzahlung zu regelmäßig wiederkehrenden Zahlungsterminen in etwa gleich hohen Teilzahlungen erfolgt. Die Höhe der Teilzahlungen wird bereits bei der Kreditgewährung festgelegt. Die letzte Zahlung ist nicht später als 47 Monate nach diesem Zeitpunkt fällig.

Allerdings ist zwischen dem *organisierten* und dem *unorganisierten* Teilzahlungskredit zu unterscheiden.

Als typische Merkmale des organisierten Teilzahlungskredits gelten die Trennung des Kreditgeschäftes vom Warengeschäft und eine systematische Wahrnehmung der Kreditfunktionen, d.h. die Bereitstellung des erforderlichen Kapitals, die Kreditwürdigkeitsprüfung, die Übernahme des Risikos und die Abwicklung des Kredits, durch besondere Institute.

Die organisierten Teilzahlungskredite können wiederum unterteilt werden in solche, die von Teilzahlungskreditinstituten gewährt werden, und solche, die von Handel, Industrie und sonstigen Kreditinstituten, wie Sparkassen, Genossenschaften und Kreditbanken, gegeben werden.

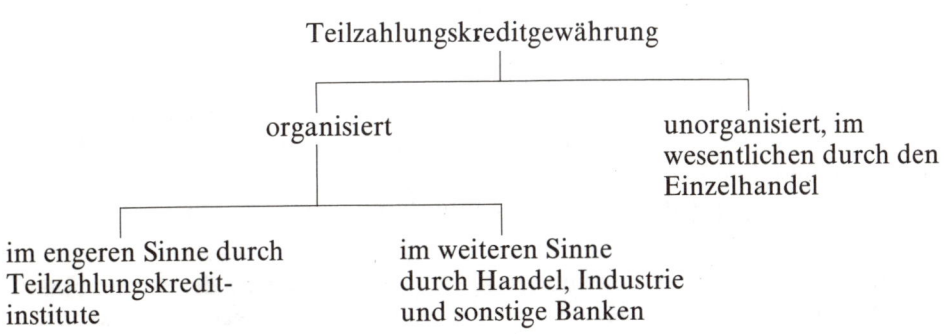

4.1.1 Geschichtliche Entwicklung

Die Entstehung der Teilzahlungskreditinstitute ist auf das Bedürfnis von Konsumenten und kleinen Fertigungsbetrieben nach Kredit zum Kauf von Waren und Investitionsgütern zurückzuführen, die sie nicht gegen Barzahlung erwerben konnten und bei denen die Verkäufer kein Zahlungsziel gewähren wollten.

1849 begann *Alex Friedländer* in Hamburg als Vater des Teilzahlungskreditsystems in Deutschland den Verkauf von Anzügen usw. gegen Teilzahlungskredite, indem er in Hamburg Bekleidungsstücke unter Vereinbarung kleiner Wochenraten ohne Forderung besonderer Sicherheiten verkaufte. Er vertraute allein auf die Ehrlichkeit und Zahlungsmoral seiner Kunden. Sein Verkaufssystem bewährte sich so, daß er bald in Hamburg und auch in anderen Städten Filialen errichten konnte. Andere Unternehmen ahmten Friedländers Methode nach. Dieser Entwicklung war auch die Gründung von Warenhäusern um das Jahr 1880, die unter dem Motto: „Billigst, aber bar!" ihre Waren absetzten, nicht abträglich.

Die nächste Entwicklungsstufe im deutschen Teilzahlungskreditgeschäft setzte nach dem ersten Weltkrieg ein, als sich Banken an der Teilzahlungsfinanzierung beteiligten, so daß dadurch die Vorteile einer **Trennung von Warengeschäft und Finanzierungsfunktion** ausgenutzt wurden. Äußerer Anlaß dazu war einmal die Tatsache, daß besonders dem Einzelhandel das notwendige Kapital zur Durchführung des Teilzahlungskreditgeschäftes fehlte, und zum anderen, daß ausländische Finanzierungsgesellschaften den Markt in Deutschland entdeckten. In den USA erfolgten bereits kurz nach der Jahrhundertwende die ersten Gründungen von Teilzahlungsfinanzierungsinstituten, und zwar anfänglich nur zur Finanzierung des Automobilabsatzes.

Die **Errichtung von Teilzahlungsfinanzierungsinstituten** begann in Deutschland im Jahre 1926. Dabei waren ausländische Kapitalgeber maßgeblich an den Gründungen beteiligt. Der Anstoß zu dieser Gründungswelle ging von der Automobilindustrie aus, die diese Finanzierungsart zur Förderung des Absatzes benutzen wollte. Auch auf andere Industriezweige dehnte sich die Teilzahlungsfinanzierung aus. Die *„Finanzierungsgesellschaft für Landkraftmaschinen AG (Traktorbank)"* wurde **1926** und die *„Finanzierungsgesellschaft für Industrielieferungen AG (Maschinenbank)"* **1928** ins Leben gerufen.

Neben der Gründung von Instituten, die mehr den Absatz industrieller Unternehmen finanzierten, entstanden ab 1926 auch solche Institute, die den Kunden des Einzelhandels Teilzahlungskredite einräumten. Hierbei wurde das Gründungskapital entweder durch die Einzahlung von Geschäftsanteilen durch interessierte Handelsunternehmen aufgebracht, oder die Institute waren Gründungen von bereits bestehenden Teilzahlungsbanken des industriellen Sektors, die nach weiteren Anwendungsgebieten der Teilzahlungsfinanzierung suchten.

Die „Kreditanstalt für Verkehrsmittel AG", die zum Zwecke der Automobilabsatzfinanzierung ins Leben gerufen worden war, gründete **1926** die *„Diskontver-*

einigungen des kreditgebenden Einzelhandels eGmbH, Berlin". In Königsberg wurde am 30. 8. 1926 in Zusammenarbeit von Einzelhandel und Königsberger Stadtbank die erste *„Kundenkredit-GmbH"* und am 23. 11. **1926** in Hamburg das erste genossenschaftliche Teilzahlungsinstitut, die *„Warenkredit-Gesellschaft des Hamburger Einzelhandels eGmbH, Hamburg"*, gegründet. Danach breiteten sich die Kundenkreditgesellschaften in den größten Städten – meist mit Unterstützung lokaler Bankgruppen – über das gesamte Reichsgebiet aus. **1929** folgte in Berlin die Gründung der *„Gesellschaft für Finanzierung von Kreditgemeinschaften (Gefi)"* durch ein Berliner Bankenkonsortium.

Der zweite Weltkrieg brachte eine weitgehende Zerstörung des deutschen Teilzahlungsbankensystems mit sich, da das Teilzahlungskreditgeschäft während des Krieges zum Erliegen gekommen war. Nur wenige Institute waren imstande, eine Liquidation zu vermeiden. Eine neue Situation entstand für die Teilzahlungbanken nach der Währungsreform im Jahre 1948 und in der Folgezeit, als sich wieder ein breites Betätigungsfeld für sie eröffnete. Das Warenangebot erhöhte sich schlagartig, und um Güter absetzen zu können, mußten die Verkäufer vielfach Teilzahlungsfinanzierungsmöglichkeiten bieten, zumal Barkäufe durch den Verlust der Ersparnisse der Bevölkerung weitgehend eingeschränkt waren. Außerdem galt es, den erheblichen Nachholbedarf der potentiellen Käufer zu berücksichtigen und ihnen mittels Ratenzahlungen zu ermöglichen, größere Anschaffungen zu machen. Schließlich erleichterten die Teilzahlungsfinanzierungsinstitute durch ihr Finanzierungssystem auch die Anschaffung von Gütern des gehobenen Bedarfs, wie Kraftfahrzeuge, Kühlschränke, Waschmaschinen, Fernsehgeräte. Insbesondere diejenigen Teilzahlungsfinanzierungsinstitute entstanden erneut, die bereits vor dem zweiten Weltkrieg jahrelang erfolgreich gearbeitet hatten. Im Mai **1950** wurde die *„Finanzierungsgesellschaft für Landmaschinen AG – Figelag –"* mit Sitz in Frankfurt am Main wiedererrichtet. Auch die Kundenkreditgesellschaften nahmen ihre Tätigkeit wieder auf. Außerdem wurden zahlreiche neue Teilzahlungskreditinstitute gegründet. Die vor dem Krieg in Berlin ansässig gewesenen Finanzierungsgesellschaften nahmen ihren Sitz als Nachfolgeinstitute oder Neugründungen in Westdeutschland. Ende 1973 gab es in der Bundesrepublik 174 Teilzahlungskreditinstitute.

Nur für die Absatzfinanzierung der Industrie sind daneben reine Werksgründungen tätig, die den Teilzahlungskreditverkauf der Erzeugnisse des betreffenden Werkes finanzieren und abwickeln. Die Initiative zu Gründungen derartiger Finanzierungsgesellschaften geht von den einzelnen Industrieunternehmen aus und hat absatzpolitische Gründe.

4.1.2 Gesetzliche Bestimmungen

Nach dem KWG von 1961 sind die Teilzahlungsfinanzierungsinstitute Kreditinstitute im Sinne des § 1 Abs. 1 und ihrem Charakter nach Spezialbanken. Für die Geschäftsabwicklung haben sie die Bestimmungen des Gesetzes betreffend die Abzahlungsgeschäfte vom 16. 5. 1894 in der Fassung vom 15. 5. 1974 zu beachten.

Daneben gelten für die Geschäfte der Teilzahlungsinstitute die allgemeinen Rechtsvorschriften. Insbesondere kommen hier die Bestimmungen des BGB über den Kauf (§§ 433 ff. BGB), Eigentumsübergang (§§ 929 ff. BGB) und Eigentumsvorbehalt (§ 455 BGB) sowie die allgemeinen Bestimmungen der §§ 1 bis 240 BGB und die besonderen schuldrechtlichen Vorschriften der §§ 241 bis 432 BGB in Betracht.

4.1.3 Eigene Mittel

Das Eigenkapital der Teilzahlungskreditinstitute ist wie bei fast allen Instituten relativ gering, so daß sie sich stark auf Fremdkapital stützen müssen, wenn sie der Nachfrage nach Teilzahlungskrediten entsprechen wollen.

Die Kapitalbeschaffung ist für die Teilzahlungsbanken schwieriger als für die übrigen Kreditinstitute, da sie gewisse Beschränkungen in der Hereinnahme von Depositen unterliegen. **Die Passiva** der Teilzahlungskreditinstitute bestehen deshalb zu etwa 60 bis 70% aus *aufgenommenen Geldern,* während die *Einlagen* (größtenteils Einlagen von Nichtbanken, vorwiegend Firmensperrkonten) durchschnittlich etwa 10% der Bilanzsumme betragen. Die Beteiligungsfinanzierung hat daher seit der Entstehung der Teilzahlungskreditinstitute für diese eine besondere Beutung. Als Kapitalgeber kommen Banken, Versicherungsgesellschaften, Industrie und Handel in Betracht.

Zur Verstärkung ihrer Eigenmittel bilden die Teilzahlungskreditinstitute im allgemeinen **reichlich dotierte Rücklagen.** Außerdem wurden in den letzten Jahren Erhöhungen des Grundkapitals vorgenommen.

Die Zusammensetzung des haftenden Eigenkapitals, das im Hinblick auf die Grundsätze über das Eigenkapital der Kreditinstitute gemäß § 10 KWG von besonderer Bedeutung ist, richtet sich nach der Rechtsform, in der die Teilzahlungsbanken betrieben werden.

4.1.4 Geschäftstätigkeit

Im Teilzahlungsgeschäft haben sich verschiedene Arten der Kreditgewährung herausgebildet, und zwar ist zwischen *direkter und indirekter* Kundenfinanzierung zu unterscheiden. Die „**direkte Kundenfinanzierung**" ist als Anweisungsgeschäft (**A-Geschäft**) oder Königsberger System bekannt. *Der Kunde beantragt hierbei den Kredit ohne Vermittlung des Händlers bei einem Finanzierungsinstitut; von diesem erhält er entsprechend der Kredithöhe auf feste Beträge lautende Anweisungen (Warenschecks), die von allen durch einen Rahmenvertrag dem Institut angeschlossenen Händlern in Zahlung genommen und dem Institut zur Einlösung eingereicht werden.*

In den letzten Jahren wurde das Anweisungsgeschäft immer mehr von der Barauszahlung verdrängt. Zahlreiche Institute, z. B. die Kundenkreditbank KGaA, haben sich bereits seit einiger Zeit entschlossen, das Anweisungssystem völlig zugunsten der Barauszahlung aufzugeben.

Im Gegensatz zur „direkten Kundenfinanzierung" im sogenannten A-Geschäft und bei Barauszahlung, bei der zwischen dem Käufer als Kreditnehmer und dem Teilzahlungsfinanzierungsinstitut direkte Kreditbeziehungen bestehen, handelt es sich um eine **„indirekte Kundenfinanzierung"** oder Händlerfinanzierung, *wenn der Kauf eines Sachgutes oder die Inanspruchnahme einer Dienstleistung durch einen Kunden (Käufer) in der Weise finanziert wird, daß der Kunde einen Teilzahlungskredit verwendet, den ein Bankinstitut mittelbar durch Einschaltung der Verkäuferfirma zur Verfügung stellt.* Diese indirekte Kundenfinanzierung tritt einmal in der Form der Einzel- oder Listenfinanzierung (**B-Geschäft**), zum anderen in Form des C-Geschäftes auf (s. unten).

Bei der **Einzelfinanzierung** schließt das Bankinstitut mit der Verkäuferfirma einen **Rahmenfinanzierungsvertrag** ab, in dem der Verkäuferfirma ein **Kreditkontingent** eingeräumt wird, das von dieser im Namen und für Rechnung des Kreditinstitutes zur Finanzierung von Kundenkäufen verwendet werden kann, wenn sie den Nachweis der geforderten Anzahlung des Kunden (etwa 20 bis 30%) für den Kaufgegenstand erbringt.

Um eine **Listenfinanzierung** handelt es sich dann, wenn die von einem Kunden bei einer Verkäuferfirma gekauften Gegenstände von einem Bankinstitut listenmäßig in Form einer Zusammenstellung mehrerer Vertragsabschlüsse und Geschäftsvorgänge in der Weise finanziert werden, daß der Verkäuferfirma in Höhe des jeweiligen Listenendbetrages ein Teilzahlungskredit gewährt wird, der von der Verkäuferfirma in eigener Regie bereits vorher an Kunden (Käufer) gegeben wurde. Heute tritt diese Art der Teilzahlungsfinanzierung nur noch selten auf.

Im Rahmen der **C-Geschäfte** werden vor allem größere Objekte, wie Kraftfahrzeuge, gewerbliche Maschinen usw., finanziert. Der Verkäufer zieht in Höhe der monatlichen Raten Wechsel auf den Käufer, die dieser akzeptiert. Das Teilzahlungskreditinstitut kauft diese Papiere an und läßt sich gleichzeitig das Eigentum an dem Kaufgegenstand übertragen (Sicherungsübereignung).

4.1.5 Bilanzierung und Publizität

Hinsichtlich der Bilanzierung und der Publizität der Teilzahlungskreditinstitute wurden die allgemeinen gesetzlichen Vorschriften durch Sonderregelungen ergänzt. Die Erstellung des Jahresabschlusses einer Teilzahlungsbank ist wie bei einer Geschäftsbank den betreffenden Bestimmungen des Handelsrechts und des Gesellschaftsrechts, dem Kreditwesengesetz sowie den betreffenden Erlassen der Bankenaufsicht unterworfen. Darüber hinaus sind aber *ergänzende Richtlinien* für die Aufstellung der Jahresbilanz der Kreditinstitute, die Teilzahlungsgeschäfte finanzieren, angeordnet worden, um die immer umfangreicher gewordenen Teilungsfinanzierungsgeschäfte der Banken in ihren wesentlichen Auswirkungen auf die Bilanzen kenntlich zu machen. Diese ergänzenden Richtlinien tragen den Arteigenheiten der Teilzahlungsbanken Rechnung.

Hinsichtlich der Publizität gelten die gleichen Prinzipien wie bei den übrigen Instituten des privaten Bankgewerbes.

4.2 Investmentgesellschaften (Kapitalanlagegesellschaften)

Kapitalanlagegesellschaften sind Unternehmen, deren Geschäftsbereich darauf gerichtet ist, bei ihnen eingelegtes Geld im eigenen Namen für gemeinschaftliche Rechnung der Einleger nach dem Grundsatz der Risikomischung in Wertpapieren oder Grundstücken sowie Erbbaurechten gesondert von dem eigenen Vermögen anzulegen, über die sich hieraus ergebenden Rechte der Einleger (Anteilinhaber) Urkunden (Anteilscheine) auszustellen, ferner die Vermögenswerte treuhänderisch zu verwalten und die angelegten Mittel laufend zu überwachen. Durch die Bildung von Sondervermögen sind die Kapitalanlagegesellschaften als sog. offene Fonds zu klassifizieren; nur für diese ist das Gesetz über Kapitalanlagegesellschaften anwendbar.

Da die Investmentgesellschaften in ihren sogenannten Fonds Vermögensgegenstände von zahlreichen Unternehmungen verschiedener Wirtschaftszweige vereinigen und die einzelnen Anteile am Fonds relativ klein gestückelt, d.h. für die einzelnen Anteile verhältnismäßig niedrige Beträge zu zahlen sind, bieten sie auch *kapitalschwächeren Sparern* die Möglichkeit, ihre Mittel in Effekten anzulegen, ohne auf die Vorteile einer Risikominderung infolge gestreuten Wertpapierbesitzes, der einen Ausgleich von Kursschwankungen und relativ konstante Ertragsaussichten bedeutet, verzichten zu müssen. Darüber hinaus sollen die Investmentsparer nicht nur an den Erträgen aus den zum Fonds gehörenden Wertpapieren, sondern auch an dem wachsenden Wert der Unternehmungen, deren Papiere sie besitzen, durch Kursgewinne beteiligt sein. Die Investmentgesellschaften verfolgen im Interesse ihrer Anteilseigner folgende Zwecke:

(1) die Erzielung eines fortlaufenden, möglichst hohen Ertrages des angelegten Kapitals und
(2) die Verhütung von Kursverlusten.

4.2.1 Geschichtliche Entwicklung

Die ersten reinen Investmentgesellschaften entstanden bereits Mitte des vorigen Jahrhunderts in England. Schon nach kurzer Zeit konnten diese Gesellschaften große Erfolge erzielen und bewährten sich auch in der Folgezeit. Heute gibt es in England etwa 300 Investmenttrusts, die ein Vermögen von über 20 Mrd. DM verwalten. Erst rund 50 Jahre später fand die Idee des Investmentsparens auch in der Schweiz und in Holland Verwirklichung. Nach dem ersten Weltkrieg setzte eine neue Gründungswelle von Investmentgesellschaften ein, diesmal in den USA, Kanada und Frankreich. In Deutschland, Dänemark, Österreich und anderen Ländern konnten Investmentgesellschaften erst nach dem zweiten Weltkrieg errichtet werden. **1949** gründeten in der Bundesrepublik Deutschland einige Banken – unter ihnen die Bayerische Staatsbank, München, die Bayerische Hypotheken- und Wechsel-Bank, München, die Württembergische Bank in Stuttgart sowie das Bankhaus Seiler & Co., München (heute H. Aufhäuser) – als erste deutsche Investmentgesellschaft die *Allgemeine Deutsche Investmentgesell-*

schaft, München. Erst 1956 wurden noch vier Investmentgesellschaften von anderen Bankengruppen ins Leben gerufen. Ende 1973 gab es in der Bundesrepublik Deutschland 16 Investmentgesellschaften, deren 67 unterschiedlich zusammengesetzte Fonds einen Inventarwert von rund 12,6 Mrd. DM aufwiesen.

4.2.2 Rechtliche Grundlagen

Grundlage für die Geschäftstätigkeit der Investmentgesellschaften sind neben allgemeinen Rechtsvorschriften insbesondere das Gesetz über Kapitalanlagegesellschaften vom 16. 4. 1957 (KAGG) mit mehreren Änderungen, zuletzt vom 8. 9. 1980, sowie das „Gesetz über den Vertrieb ausländischer Investmentanteile und über die Besteuerung der Erträge aus ausländischen Investmentanteilen" (Auslandsinvestmentgesetz) vom 28. 7. 1969 in der Fassung vom 20. 8. 1980.

Nach den Bestimmungen dieser Gesetze dürfen Investmentgesellschaften in der Bundesrepublik Deutschland *nur in der Rechtsform der Aktiengesellschaft oder der Gesellschaft mit beschränkter Haftung* betrieben werden. Zur Übertragung von Aktien bzw. Gesellschaftsanteilen der Kapitalanlagegesellschaft bedarf es der Zustimmung der Gesellschaft, die Anteile an einer Investmentgesellschaft, die in der Rechtsform einer Aktiengesellschaft betrieben wird, müssen Namensaktien sein. KAGG
§ 1,2

§ 1,3

Investmentgesellschaften sind Kreditinstitute im Sinne von § 1 KWG und unterliegen den für Kreditinstitute geltenden gesetzlichen Vorschriften. Das bei einer Kapitalanlagegesellschaft eingelegte Geld und die damit beschafften Vermögensgegenstände bilden ein oder mehrere **Sondervermögen.** Dabei bleibt es der Regelung in den Vertragsbedingungen vorbehalten, ob das Sondervermögen im Miteigentum der Anteilscheininhaber oder in treuhänderischem Eigentum der Kapitalanlagegesellschaft stehen soll. § 2,1

§ 6,1

§ 6,3

Kapitalanlagegesellschaften, die das bei ihnen eingelegte Geld in Wertpapieren anlegen, dürfen nur börsengängige Wertpapiere erwerben bzw. solche, deren Ausgabebedingungen eine Börsenzulassung vorsehen, ferner Wertpapiere aus Bezugsrechten des Sondervermögens, Gratisaktien und Wertpapiere aus Bezugsrechten, die gemäß den Bestimmungen erworben werden können. – Die Kapitalanlagegesellschaften sind ermächtigt, in eigenem Namen die zugestandenen Rechte auszuüben. Sie dürfen jedoch keine Gegenstände des Sondervermögens verpfänden oder belasten, noch Forderungen gegen die Gesellschaft und Forderungen, die zu einem Sondervermögen gehören, gegeneinander aufrechnen. Das Sondervermögen haftet nicht für Verbindlichkeiten der Gesellschaft, auch nicht für solche, die für gemeinschaftliche Rechnung der Anteilinhaber eingegangen werden. § 8,1

§ 9,1

§ 9,2

§ 9,4

§ 10,2

Kapitalanlagegesellschaften, die das bei ihnen eingelegte Geld in Grundstücken anlegen, dürfen nur folgende im Geltungsbereich des Gesetzes belegenen Gegenstände erwerben:

| KAGG § 27,1 | Mietwohngrundstücke, Geschäftsgrundstücke und gemischt genutzte Grundstücke, unbebaute und im Zustand der Bebauung befindliche Grundstücke sowie über diese Grundstücke ausgegebene Erbbaurechte. |

§ 12,1
§ 12,3 Zur Sicherheit der Anteilinhaber muß das Wertpapier-Sondervermögen bei einem mit Zustimmung der Bankaufsichtsbehörde gewählten Kreditinstitut (Depotbank) in Verwahrung gegeben werden. Dieses hat für Wertpapiere und Bar-
§ 12,1 bestände des Sondervermögens gesperrte Depots bzw. Konten anzulegen. Entsprechend seiner Zweckbestimmung übt es nur formelle Überwachungsfunktionen aus, besitzt jedoch kein sachliches Mitspracherecht bei der Führung der Geschäfte der Investmentgesellschaft. Die Tätigkeit als Geschäftsleiter oder leitender Angestellter bei der Depotbank ist nicht mit einem Anstellungsverhältnis bei der Investmentgesellschaft vereinbar.

§ 31,1 Bei Grundstückssondervermögen ist der Depotbank die laufende Überwachung des Grundstücksbestandes übertragen.

§ 31,2 **Verfügungen** der Kapitalanlagegesellschaften über zum Sondervermögen gehörende Grundstücke sind **nur mit Zustimmung der Depotbank** möglich.

§ 15,3
§ 28 ff. In bezug auf die Vertragsbedingungen enthält das KAGG **zum Schutz der Anteilinhaber bestimmte Mindestvorschriften,** insbesondere über

(1) die Auswahlgrundsätze für die Wertpapiere und Grundstücke,

(2) die Eigentumsverhältnisse der Anteilinhaber am Fonds,

(3) den Anteil des Bankguthabens (Höchst- bzw. Mindestanteil),

(4) die Vergütung für die Gesellschaft,

(5) die Ausgabe- und Rückkaufbedingungen der Anteilscheine,

(6) den Zeitpunkt und Art des Rechenschaftsberichtes,

(7) den Umfang der Ausschüttung von Erträgen und

(8) die Verwendung von Kursgewinnen.

Die Vertragsbestimmungen haben nur Gültigkeit, wenn sie von der Bankaufsichtsbehörde genehmigt sind.

§ 18,1 **Die Anteilscheine verbriefen die Ansprüche der Anteilinhaber gegenüber der Kapitalanlagegesellschaft und können auf den Inhaber oder auf den Namen lauten.**

4.2.3 Eigene Mittel

Hinsichtlich des Eigenkapitals bestehen für die Kapitalanlagegesellschaften schärfere gesetzliche Bestimmungen als bei anderen Unternehmungen der gleichen Rechtsform. Das **Mindestkapital** einer Investmentgesellschaft beträgt
§ 2,2 **500 000 DM,** das Nennkapital muß voll eingezahlt sein.

128

Diese strengen Bestimmungen sind darauf zurückzuführen, daß das Eigenkapital der Investmentgesellschaften nur zum geringen Teil Betriebsmittelfunktion, in erster Linie jedoch Haftungsfunktion gegenüber den Einlegern erfüllen soll. Das Verhältnis zwischen Gesellschaftskapital und Fondsvermögen gestaltet sich bei den Kapitalanlagegesellschaften jedoch mit zunehmender Vergrößerung des Fondsvermögens laufend ungünstiger, während bei den anderen Kreditinstituten eine Anpassung des Eigenkapitals an den wachsenden Geschäftsumfang vorgenommen wird. Das bei den Investmentgesellschaften höhere und voll einzuzahlende Mindesteigenkapital erhöht indessen die Sicherheit der Zertifikatsinhaber und erschwert die Gründung kleiner Kapitalanlagegesellschaften, die möglicherweise in betrügerischer und spekulativer Absicht geplant sind.

4.2.4 Geschäftstätigkeit

Nach Maßgabe des Gesetzes über Kapitalanlagegesellschaften dürfen sich die deutschen Gesellschaften ihr Anlagekapital nur durch die Ausgabe von Anteilscheinen, den sogenannten *Zertifikaten,* beschaffen. Die Aufnahme von Fremdkapital durch Ausgabe von Schuldverschreibungen bzw. Aufnahme von Krediten ist damit ausgeschlossen. Alle zur Ausgabe gelangenden Anteilscheine besitzen gleiche Rechte. `KAGG § 18,2`

Die deutschen Investmentgesellschaften arbeiten nach dem **„open-end-System"**; sie sind also bereit, je nach Bedarf laufend Investmentanteile auszugeben bzw. auf Verlangen der Zertifikatsinhaber zurückzukaufen. Übersteigen die Rückkäufe die Verkäufe, so müssen Effekten aus dem Portefeuille verkauft werden. *Die Größe des Fondsvermögens ist variabel;* einige Gesellschaften behalten sich jedoch eine Begrenzung der Zahl der auszugebenden Anteilscheine vor.

Der **Kauf- und Rückkaufpreis** der Anteilscheine wird börsentäglich aus dem **Liquidationswert** des gesamten Fondsvermögens ermittelt. Der Preis des einzelnen Zertifikates ergibt sich aus der Division dieses Liquidationswertes durch die Zahl der ausgegebenen Anteilscheine. Zu diesem Inventarwert je Anteil werden bei der Ausgabe die anteiligen Spesen für den Ankauf der Wertpapiere und ein Zuschlag für die Ausgabekosten (oft z. B. 3%) hinzugerechnet; bei der Rücknahme werden vom Inventarwert die anteiligen Verkaufsspesen und vielfach ein Abschlag für die Rücknahmekosten (z. B. 0,5%) abgezogen.

Für die **rechtliche Gestaltung der Eigentumsverhältnisse der Anteileigner am Fonds** gibt es drei Möglichkeiten: `§ 6,1`

1. Eigentümer des eingezahlten Geldes wird die Kapitalanlagegesellschaft, an der die Einleger als Gesellschafter beteiligt sind (**echte Kapitalanlagegesellschaft**).

2. Das bei der Kapitalanlagegesellschaft eingezahlte Geld bildet ein **Sondervermögen.** Dieses Sondervermögen kann nach Maßgabe der Vertragsbedingungen

a) im treuhänderischen Eigentum der Kapitalanlagegesellschaft (**Treuhandlösung**) oder

b) im Miteigentum der Anteilscheineigner (**Miteigentumslösung**) stehen.

KAGG § 30

Nach den Bestimmungen des Investmentgesetzes sind in Deutschland die Miteigentums- und Treuhandlösung möglich; das Grundstückssondervermögen muß jedoch im treuhänderischen Eigentum der Kapitalanlagegesellschaft stehen.

Bei fast allen bisher in der Bundesrepublik Deutschland bestehenden Investmentgesellschaften ist die Form des Miteigentums der Zertifikatsinhaber an dem Fondsvermögen nach Bruchteilen verwirklicht worden. Deshalb ist auch das Gesellschaftsvermögen, das durch die Ausgabe von Aktien bzw. Geschäftsanteilen finanziert wird, streng von den Anlagevermögen zu trennen. Für das Anlagevermögen schuf der Gesetzgeber den Begriff „Sondervermögen".

Ist das Sondervermögen Gesamthandseigentum der Anteilinhaber (Treuhandlösung), so ist die Kapitalanlagegesellschaft formalrechtlich Eigentümerin des Fondsvermögens, während die Zertifikatsinhaber die wirtschaftlichen Eigentümer sind. Die Anteilseigner haben folglich keine dinglichen, sondern nur schuldrechtliche Ansprüche an das Anlagevermögen.

Da dem Investmentsparer *größtmögliche Sicherheit* seiner Anlage und die Erzielung eines angemessenen Ertrags ermöglicht werden sollen, ist die Risikopolitik der Investmentgesellschaften darauf einzustellen. *Die Investmentgesellschaften versuchen deshalb, durch eine möglichst weitgehende Streuung der Anlagewerte das Risiko zu mindern.*

Die breite Streuung bewirkt, daß ein an einem einzelnen Anlagepapier des Fonds eventuell eintretender Verlust bzw. eine Ertragsschmälerung von der Masse der stabilen Papiere aufgefangen und ausgeglichen wird. Nach den Vorschriften des Gesetzes über Kapitalanlagegesellschaften dürfen – nach Maßgabe der Vertragsbedingungen und mit Genehmigung der Aufsichtsbehörde – **nur bis zu 10% des Wertes des Sondervermögens in Wertpapieren eines einzigen Ausstellers** angelegt werden; allerdings kann eine solche Genehmigung für höchstens 4 Wertpapierarten – also maximal für 40% des Fondsvermögens – erfolgen. Im übrigen muß sich das Sondervermögen auf **mindestens 16 Aussteller** (4 mit je maximal 10% Anteil, 12 mit je maximal 5% Anteil) verteilen.

Das **Grundstücks-Sondervermögen** muß aus mindestens 10 Grundstücken bestehen, von denen keines den Wert von 15 % des Sondervermögens übersteigen darf.

Die Erträge, welche die Investmentgesellschaften aus den Anlagewerten der Fonds erzielen, setzen sich aus Zinsen, Dividenden, Verkaufserlösen aus Bezugsrechten und realisierten Kursgewinnen zusammen. Die Kapitalanlagegesellschaften in der Bundesrepublik Deutschland stellen in die Erfolgsrechnung für die einzelnen Fonds nur die bar eingegangenen Beträge ein. Die aufgelaufenen Guthabenzinsen sowie die erklärten Dividenden werden erst verbucht, wenn sie bei der Investmentgesellschaft eingegangen sind.

Die **Gewinnverteilungspolitik** der Investmentgesellschaften kann verschiedene Wege beschreiten. *Verzichtet eine Gesellschaft auf hohe Ausschüttungen, so steigt das Anlagevermögen im Wert. Werden möglichst hohe Beträge ausgeschüttet, so wird der Wert der Anteile ungefähr gleichbleiben, die ausgeschütteten Beträge können aber je nach der Marktsituation in ihrer Höhe stärkeren Schwankungen unterworfen sein.*

Über den Umfang bzw. die Zunahme der Geschäftätigkeit der in- und ausländischen Kapitalanlagegesellschaften gibt die Tabelle auf Seite 136 Aufschluß.

4.2.5 Bilanzierung und Publizität

Die Besonderheit der Geschäftätigkeit der Investmentgesellschaften bedingt, daß sie im Interesse der Investmentsparer nicht nur den für Aktiengesellschaften bzw. Gesellschaften mit beschränkter Haftung bestehenden Bilanzierungs- und Publizitätsvorschriften unterworfen sind, sondern weitergehende Bestimmungen zu befolgen haben. Das Gesetz über Kapitalanlagegesellschaften sieht vor, daß eine Kapitalanlagegesellschaft am Schluß eines jeden Geschäftsjahres über jedes Sondervermögen einen **Rechenschaftsbericht** zu erstatten und im Bundesanzeiger zu veröffentlichen hat. Bei Wertpapiersondervermögen hat der Rechenschaftsbericht eine Ertragsrechnung und eine Aufstellung der zu dem Sonderver- KAGG § 25, 1

Zeit	Insgesamt in Mio DM	Mittelaufkommen bei den deutschen Fonds[1]			
		zusammen	Aktien- fonds[2]	Renten- fonds	Offene Immobilienfonds
1969	5 509	3 376	1 658	1 720	
1970	1 526	1 508	992	395	120
1972	4 043	4 361	1 423	1 810	1 129
1974	−89	−132	277	− 360	− 52
1976	4 475	4 512	1 489	2 783	242
1978	6 283	6 294	613	5 170	511
1980	−1 271	−1 200	− 902	− 493	195
1981	−2 522	−2 530	−1 105	−1 339	− 86
1982	934	998	− 672	1 335	335
1983	3 853	3 815	574	1 719	1 522
1984	4 101	4 166	−1 128	4 536	758

Absatz inländischer Investmentzertifikate* seit 1969

Quelle: Monatsbericht der Deutschen Bundesbank August 1985
* Abweichungen in den Summen durch Runden der Zahlen.
1 Nur Publikumsfonds.
2 Einschl. gemischter Fonds, die neben Aktien in begrenztem Umfang auch Rentenwerte in ihrem Vermögen halten.

mögen gehörenden Wertpapiere und Bezugsrechte unter Angabe von Art, Zahl und Kurswert sowie den Stand der zu dem Sondervermögen gehörenden Konten zu enthalten. Außerdem hat die Kapitalanlagegesellschaft für die Mitte eines jeden Geschäftsjahres eine Aufstellung der zum Sondervermögen gehörenden Wertpapiere und Bezugsrechte unter Angabe von Art, Zahl und Kurswert sowie den Stand der zum Sondervermögen gehörenden Konten im Bundesanzeiger bekanntzumachen, sofern sie nicht für diesen Stichtag einen weiteren Rechenschaftsbericht erstattet.

Gehören Grundstücke zu einem Sondervermögen, so hat die Kapitalanlagegesellschaft in den nach § 25 KAGG erforderlichen Vermögensaufstellungen und Anzeigen den Grundstücksbestand unter Angabe von Grundstücksgröße, Art und Lage, Bau- und Erwerbsjahr, Gebäudenutzfläche, Verkehrswert und sonstiger wesentlicher Merkmale aufzuführen.

Für die Aufstellung der Jahresbilanz haben die Investmentgesellschaften das Formblatt für die Kreditinstitute in der Rechtsform der AG, KGaA und GmbH zu verwenden, brauchen aber in diesem Formblatt vorgeschriebene Posten nicht gesondert auszuweisen, wenn Gegenstände der unter den Posten fallenden Art nicht vorhanden sind.

4.3 Kassenvereine (Wertpapiersammelbanken)

Kassenvereine sind Spezialinstitute für die Sammelverwahrung von Wertpapieren und für den Effektengiroverkehr. Sie stehen nur mit Kreditinstituten in Geschäftsverbindung und tragen die Bezeichnung „Wertpapiersammelbank".

4.3.1 Geschichtliche Entwicklung

Der erste deutsche Kassenverein war die „Bank des Berliner Kassenvereins AG". Sie wurde **1823** als „Handelssocietät" von zehn Berliner Banken gegründet, erhielt **1824** den Namen „Cassenverein Berlin" und firmierte schließlich ab **1850** als „Bank des Berliner Kassenvereins AG". Das Institut sollte ursprünglich die Abwicklung des Giro- und Inkassoverkehrs erleichtern. Im Jahre **1872** wurde die Führung von sogenannten „Giro-Effekten-Depots" aufgenommen, in welche Wertpapiere gegen Depotschein eingelegt wurden. Zweck dieser Einrichtung war es, Effektentermingeschäfte geld- und stückmäßig durch Skontrierung (gegenseitige Aufrechnung der Zu- und Abgänge von Effekten bei den einzelnen Mitgliedern) abrechnen zu können. Im Zusammenhang mit diesem stückelosen Wertpapierverkehr kam es zur Einführung von Sammeldepots, d.h. die eingelieferten vertretbaren Wertpapiere wurden ungetrennt von den Beständen anderer Kontoinhaber und etwaigen eigenen Beständen derselben Art verwahrt. Bereits zwei Jahre später mußte dieser Geschäftszweig wegen mangelnder Rentabilität jedoch wieder aufgegeben werden. Erst **1882** kam es erneut zur Einrichtung von Giro-Effekten-Depots, wobei über die eingelieferten Effekten nicht mehr durch Depotscheine, sondern durch Schecks verfügt wurde.

Auch an anderen Börsenplätzen entstanden in den folgenden Jahren ähnliche Einrichtungen, z. B. die Liquidationskasse in Hamburg (1887), die Kassen-Verein AG in Köln (1923) und der Rheinisch-Westfälische Kassenverein AG in Essen (1924).

Nach **1925** begann ein schneller und erheblicher Aufschwung in der Geschäftstätigkeit der Kassenvereine, weil durch Einführung des erweiterten Effektengiroverkehrs auch die Kundendepots der Banken in Girosammelverwahrung genommen werden konnten. Bis **1942** wurde der Effektengiroverkehr durch elf Wertpapiersammelbanken vermittelt, bis auf Anordnung des Reichswirtschaftsministers **1942** alle Kassenvereine zwangsweise in der Deutschen Reichsbank aufgingen, die dann als einzige Wertpapiersammelbank in Deutschland tätig war.

Nach dem zweiten Weltkrieg erhielten zunächst die Landeszentralbanken die Bezeichnung Wertpapiersammelbank. Sie wurden jedoch nicht als solche tätig, weil das deutsche Bankgewerbe **1949** wieder private regionale Wertpapiersammelbanken gründete. Heute gibt es folgende Kassenvereine:

(1) Bayerischer Kassen-Verein AG, München,

(2) Berliner Kassenverein AG, Berlin,

(3) Frankfurter Kassenverein AG, Frankfurt am Main,

(4) Niedersächsischer Kassenverein AG, Hannover,

(5) Norddeutscher Kassenverein AG, Hamburg,

(6) Wertpapiersammelbank Nordrhein-Westfalen AG, Düsseldorf,

(7) Stuttgarter Kassenverein Wertpapiersammelbank AG, Stuttgart,

(8) Deutscher Auslandskassenverein AG, Frankfurt am Main.

Aktionäre der regionalen Kassenvereine sind die am jeweiligen Börsenplatz ansässigen Kreditinstitute. Der Deutsche Auslandskassenverein wurde 1970 gegründet. Aktionäre sind die regionalen Kassenvereine. Das Grundkapital beträgt 2 000 000 DM.

4.3.2. Rechtliche Grundlagen

Wertpapiersammelbanken sind nach § 1 Abs. 1 Nr. 5 KWG Kreditinstitute und unterliegen damit den Bestimmungen des KWG. Sie bedürfen als Wertpapiersammelbanken der Anerkennung durch den zuständigen Minister des Landes, in dem sie ihren Sitz haben. Die Anerkennung kann, auch nachträglich, von der Erfüllung von Auflagen abhängig gemacht bzw. aufgehoben werden. Diese Maßnahmen sind in den einschlägigen Gesetz- und Verordnungsblättern öffentlich bekanntzugeben. Durch das Gesetz zur Änderung des Gesetzes über die Verwahrung und Anschaffung von Wertpapieren sowie anderer wertpapierrechtlicher Vorschriften vom 17. Juli 1985 ist den Wertpapiersammelbanken die Möglichkeit eröffnet, das von ihnen im Inland praktizierte System der buchmäßigen Abwicklung von Wertpapiergeschäften auf vergleichbare ausländische Sammel-

DepG
§ 1,3

verwahrinstitute auszudehnen. Zum Schutz des Hinterlegers enthält der neu formulierte Abs. 4 des § 5 Depotgesetz vier Voraussetzungen, unter welchen dem ausländischen Institut Bestände zur Sammelverwahrung anvertraut werden können.

Wertpapiersammelbanken haben sich in der Regel einmal jährlich der Depotprüfung zu unterwerfen. Einzelheiten dieser Prüfungen sind in der Bekanntmachung des BAK über Art, Umfang und Zeitpunkt der Depotprüfung (Richtlinien für die Depotprüfung) vom 16. Dezember 1970 geregelt.

4.3.3. Geschäftstätigkeit

Die Hauptaufgabe der Kassenvereine besteht darin, den als Kontoinhaber (Effektengirokunden) angeschlossenen Kreditinstituten − und damit auch deren Depotkunden − die Möglichkeit der **Girosammelverwahrung** und des Effektengiroverkehrs zu eröffnen. Auf Grund der Tatsache, daß die Kassenvereine auch untereinander Girosammeldepotkonten unterhalten, wird daneben der **Effektenferngiroverkehr** ermöglicht, d. h. die stückelose Wertpapierlieferung von Börsenplatz zu Börsenplatz sowie auch an und von Wertpapiersammelbanken des Auslands. Außerdem wickeln die Kassenvereine den **Jungscheingiroverkehr** und den **Schuldbuchgiroverkehr** ab.

Die Kassenvereine sind naturgemäß auch mit der laufenden *Verwaltung* der hinterlegten Wertpapiere betraut, und zwar insbesondere mit der Einziehung von Zins- und Dividendenscheinen sowie der Weiterleitung der Gegenwerte, der Besorgung neuer Bogen, dem Umtausch von Wertpapieren sowie den Verwaltungsarbeiten bei der Ausübung der Stimm- und Bezugsrechte.

Vorübergehend waren die Kassenvereine auch mit der Erfüllung von Sonderaufgaben beauftragt. Hier ist insbesondere die **Wertpapierbereinigung** zu nennen, eine im Jahre 1949 angelaufene Aktion, wodurch Wertpapierbesitzer, die ihre Urkunden im Krieg oder durch Beschlagnahme verloren hatten, wieder in ihre Rechte eingesetzt werden sollten.

4.3.3 Bilanzierung und Publizität

In der Bilanz der Kassenvereine schlägt sich deren treuhänderische Tätigkeit, sofern sie in der Effektenverwahrung und im Effektenverkehr besteht, nicht nieder. Das Bilanzbild ist vielmehr durch die mit der Effektenverwaltung verbundenen Geldbewegungen bestimmt. Auf der Passivseite fallen die als Einlagen zu bilanzierenden Anschaffungen der Effektenaussteller zur Bedienung von Zins- und Dividendenscheinen erheblich ins Gewicht, denen auf der Aktivseite täglich fällige Guthaben bei Kreditinstituten gegenüberstehen.

4.4 Bausparkassen

Bausparkassen sind Zwecksparkassen, deren Sparer („Ansparer") ihre Sparbeiträge in einem Fonds (Zuteilungsfonds) ansammeln, aus dem nach einem bestimmten Plan ermittelte („zugeteilte") Sparer außer ihren eigenen Sparguthaben ein Hypothekendarlehen zur Finanzierung von Eigenheimen, zur Verbesserung von Wohnungen oder zur Ablösung hierzu eingegangener Verpflichtungen erhalten.

Das Bauspargeschäft entwickelte sich aus einer Notsituation der bauwilligen Bevölkerung. Nach dem ersten Weltkrieg stiegen die Bau- und Bodenpreise stark an. Bis dahin reichten die meist von Sparkassen und Hypothekenbanken zur

Verfügung gestellten erststelligen Hypotheken aus, um zusammen mit den Eigenmitteln der Bauherren den Hausbau zu finanzieren, denn die Beleihungswerte der bebauten Grundstücke entsprachen damals fast den Herstellungskosten der Eigenheime, so daß bei einer Mündelsicherheitsgrenze von 50–60% des Beleihungswertes ungefähr die Hälfte der Herstellungskosten durch die erststellige Hypothek zu finanzieren war. Bei steigenden Grund- und Baupreisen konnte der zusätzliche Finanzbedarf nur durch zusätzliche zweitrangige Hypotheken gedeckt werden, die jedoch wegen des größeren Risikos erheblich teurer waren als erstrangige.

Die Notwendigkeit, diese hohen Kosten der zweitrangigen Hypothek zu verringern, führte zur Gründung der Bausparkassen. Die erste Gründung war der Zusammenschluß der Gemeinschaft der Freunde Wüstenrot in Wüstenrot/Württ. im Jahre 1923.

Der Grundgedanke ist, daß innerhalb der Gemeinschaft einerseits gespart wird, andererseits diese ersparten Beträge einer anderen Gruppe als hypothekarisch gesicherte Darlehen zur Verfügung gestellt werden. Ein Darlehen erhält nur, wer zuvor zu den Gesamtersparnissen beigetragen hat und wer das Darlehen zum Erwerb von Wohneigentum verwendet.

Die zweitrangigen hypothekarischen Darlehen der Bausparkasse sind erheblich billiger als die alternativen Möglichkeiten bei den übrigen Kreditinstituten. Dieser Vorteil wird jedoch teilweise gemindert durch die relativ niedrige Verzinsung der Guthaben während der Ansparzeit und die kurze Laufzeit der Darlehen.

Die Höhe der Sparleistungen und die Dauer der Ansparzeit, die erforderlich sind, um ein Darlehen zu erhalten, regeln die Zuteilungsbedingungen der einzelnen Bausparkassen.

Bausparkassen sind Kreditinstitute, sie unterliegen daher dem KWG. Ferner sind die speziellen Vorschriften des Gesetzes über Bausparkassen vom 16. November 1972 anzuwenden.

Die Bedeutung, die die Bausparkassen heute erlangt haben, läßt sich daraus ersehen, daß gegenwärtig rund 50% aller Finanzierungsmittel, die von den Kapitalsammelstellen zur Wohnungsbaufinanzierung bereitgestellt werden, von den Bausparkassen stammen.

Hierzu haben maßgeblich auch die Förderungsmaßnahmen gemäß den Vermögensbildungsgesetzen (Bausparprämien) und des Einkommensteuergesetzes (Sonderausgabenabzug für Bausparbeiträge) beigetragen.

Obwohl die Bausparkassen zunächst als privatrechtliche Institute gegründet wurden, existieren heute daneben auch öffentlich-rechtliche Bausparkassen. Ende 1975 gab es sechzehn private und drei rechtlich selbständige öffentliche Bausparkassen sowie zehn rechtlich unselbständige Bausparkassen, die den Landesbanken und Girozentralen als Abteilungen angegliedert sind.

5. Privatrechtliche Kreditinstitute mit Sonderaufgaben

5.1 Ausfuhrkredit-Gesellschaft m.b.H.

Die Ausfuhrkredit-Gesellschaft (AKA) wurde am 28. 3. 1952 als Zentralinstitut für Exportkredite – zunächst in der Rechtsform einer Aktiengesellschaft – mit dem Sitz in Frankfurt am Main gegründet. Ihre Aufgabe war bis dahin von der Kreditanstalt für Wiederaufbau wahrgenommen worden. Diese gewährte deutschen Exporteuren Kredite für die Dauer der Produktion und des handelsüblichen Zahlungsziels in Höhe von 80% des Auftragswertes. Die Refinanzierung erfolgte über die Bank deutscher Länder.

Als die Nachfrage nach Exportkrediten über die Rediskontlinie der Bank deutscher Länder hinausging, schlossen sich die am Außenhandel besonders interessierten Kreditinstitute zu einem Konsortium zusammen mit dem Ziel der Gründung der Ausfuhrkredit-AG. Dem Konsortium gehörten 32 Groß-, Staats-, Regional- und Lokalbanken sowie eine Reihe führender Privatbankiers an. Als Konsortialführerin fungierte die Rheinisch-Westfälische Bank AG (heute: Deutsche Bank) in Düsseldorf. Im Zuge der Umwandlung der Gesellschaftsform wurden weitere Banken, insbesondere die 13 Girozentralen, in das Konsortium aufgenommen. Ihm gehören derzeit 55 Institute an.

Das Stammkapital der AKA betrug am 31. 12. 1973 40 Mill. DM, wovon 23 Mill. DM eingezahlt waren. Die Abtretung von Geschäftsanteilen ist nur mit Zustimmung des Aufsichtsrates der Ausfuhrkredit-Gesellschaft mbH möglich.

Rechtlich gesehen stellt die AKA zwar ein privates Kreditinstitut im Sinne der Bestimmungen des KWG dar, laut Satzung darf sie jedoch nicht sämtliche Bankgeschäfte betreiben; so ist ihr z. B. die Annahme von Depositen und Spareinlagen generell untersagt. Ihre Betätigung ist „nicht vornehmlich auf das Ziel gerichtet, Gewinne zu erwirtschaften, sondern eine möglichst rationelle Durchleitung der Rediskontkredite sicherzustellen und für deren ordnungsgemäße Abwicklung Sorge zu tragen".

Der AKA stehen heute 3 Plafonds zur Verfügung. Im Rahmen des Plafonds A (Mittel der AKA-Konsortialbanken) und des Plafonds B (Rediskontlinie der Deutschen Bundesbank, die aus der Refinanzierungslinie der Bank deutscher Länder hervorgegangen ist) refinanziert die AKA Lieferantenkredite, die deutsche Exporteure ihren ausländischen Käufern eingeräumt haben. Im Rahmen des Plafonds C gewährt die AKA Kredite an ausländische Käufer (gebundene Finanzkredite). Die Alimentierung des Plafonds erfolgte zunächst provisorisch durch Abzweigung entsprechender Mittel aus dem Plafond A. Zu geeigneter Zeit soll die AKA die Mittel für diesen Plafond am Kapitalmarkt aufnehmen.

Laut Satzung ist der AKA die Fremdkapitalbeschaffung durch Ausgabe von Teilschuldverschreibungen gestattet.

5.2 Privatdiskont-AG

Die Privatdiskont-Aktiengesellschaft wurde am 27. 1. 1959 von 85 – überwiegend privaten – Kreditinstituten in Frankfurt am Main gegründet. Ihre Aufgabe besteht darin, Makler bei der Abwicklung der börsenmäßigen Umsätze von Privatdiskonten zu sein, also Angebot von und Nachfrage nach Privatdiskonten – in erster Linie durch die Gestaltung des Privatdiskontsatzes – zum Ausgleich zu bringen.

Ist die Nachfrage größer als das Angebot, dann muß das Institut die Abgabe von Abschnitten rationieren. Überwiegt das Angebot, so hat die Privatdiskont-AG mehrere Möglichkeiten, die nicht von Kreditinstituten gekauften Abschnitte zu plazieren. Zunächst kann sie die Abschnitte ins eigene Portefeuille nehmen und sich am Geldmarkt kurzfristig refinanzieren. Zum anderen hat sich die Deutsche Bundesbank verpflichtet – um die Funktionsfähigkeit des Marktes zu gewährleisten –, Privatdiskonten von der Privatdiskont-AG zu einem bis maximal 1% über dem Diskontsatz liegenden Zinssatz zu übernehmen; gemäß einem Beschluß des Zentralbankrats der Deutschen Bundesbank vom 26. 5. 1966 ist der Privatdiskont-AG ein Limit gesetzt, bis zu dem Privatdiskonten bei der Bundesbank refinanziert werden können.

Nach den Bestimmungen über den Privatdiskontmarkt galten als Privatdiskonten zunächst nur solche DM-Bankakzepte, die der Erstfinanzierung von Einfuhr- und Transitgeschäften dienten. Seit dem 1. 10. 1962 finanziert die Privatdiskont-AG auch deutsche Exportgeschäfte. Privatdiskonten unterscheiden sich äußerlich von den übrigen Bankakzepten nur durch die auf ihnen am oberen Rand vermerkte statistische Nummer des finanzierten Einfuhr-, Ausfuhr- oder Transitgeschäfts oder des grenzüberschreitenden Lohnveredelungsgeschäfts. Darüber hinaus werden an die Privatdiskonten noch eine Reihe weiterer Bedingungen geknüpft, die im einzelnen in den Geschäftsbedingungen der Privatdiskont-AG aufgeführt sind.

Der Handel mit Privatdiskonten wickelt sich an der Frankfurter Börse ab. Hier werden täglich um 13 Uhr die Sätze für Privatdiskonten notiert, und zwar ein Geld- und Briefsatz für Privatdiskonten mit einer Restlaufzeit von 10 bis 29 Tagen und mit einer Restlaufzeit von 30 bis 90 Tagen; zwischen dem Ankaufs- und dem Verkaufssatz besteht stets eine Differenz von 0,15 Prozentpunkten.

II. Körperschaften und Anstalten des öffentlichen Rechts

Öffentlich-rechtliche Kreditinstitute sind Banken, deren Rechtsform nicht durch die Vorschriften des Privatrechts, d. h. des bürgerlichen und Handelsrechts, bestimmt wird, sondern durch öffentliches Recht. Die Bestimmungen des öffentlichen Rechts sind deshalb maßgebend, weil diese Kreditinstitute entweder von Trägern hoheitlicher Gewalt (z. B. Staat, Land, Kommunalverband) verwaltet werden oder weil ihnen durch besonderes Gesetz die Eigenschaft einer juristischen Person des öffentlichen Rechts verliehen worden ist.

Die Errichtung öffentlich-rechtlicher Kreditinstitute erfolgt durch **Hoheitsakt**. Ist für das zu errichtende Kreditinstitut bereits eine rechtliche Grundlage vorhanden, so genügt es, wenn der Hoheitsakt aus einem **Verwaltungsakt** besteht; andernfalls muß zur Errichtung des betreffenden Instituts ein besonderes Gesetz erlassen werden. Durch den Hoheitsakt wird u. a. festgelegt, ob das Bankinstitut als Körperschaft, als rechtlich selbständige Anstalt – die staatliche Aufsicht erstreckt sich dann nur auf die Rechtmäßigkeit der getroffenen Maßnahmen – oder als unselbständige Anstalt, die den Anweisungen des Rechtsträgers unterliegt, tätig sein soll. Bis 1931 waren z. B. die kommunalen Sparkassen unselbständige Anstalten des öffentlichen Rechts. Erst durch die Notverordnung vom 6. 10. 1931 wurde ihnen die eigene Rechtspersönlichkeit zuerkannt.

Das eventuell anfänglich notwendige Eigenkapital (**Dotationskapital**) wird den öffentlich-rechtlichen Kreditinstituten von den sie errichtenden Stellen zur Verfügung gestellt. Die Haftung ist aber normalerweise nicht auf dieses Dotationskapital und die zum Eigenkapital zählenden Rücklagen beschränkt, sondern in den meisten Fällen übernimmt der betreffende Staat, die Kommune oder der Kommunalverband als **Gewährträger** die Haftung für alle Verbindlichkeiten des Instituts.

Für die öffentlich-rechtlichen Kreditinstitute ist charakteristisch, daß sie bei ihrer Geschäftstätigkeit nach dem gemeinwirtschaftlichen Prinzip handeln, d. h. daß ihre Tätigkeit primär auf den Nutzen der Allgemeinheit gerichtet sein soll und nicht auf Gewinnerzielung. Dieses Prinzip schließt allerdings nicht aus, daß die Geschäfte nach kaufmännischen Gesichtspunkten geführt und Gewinne erzielt werden, sondern es besagt lediglich, daß Rentabilitätsgesichtspunkte in vielen Fällen untergeordnete Bedeutung haben.

Die öffentlich-rechtlichen Kreditinstitute können in vier Gruppen aufgegliedert werden:

(1) Sparkassen einschließich Girozentralen,

(2) öffentlich-rechtliche Kreditinstitute mit Sonderaufgaben,

(3) öffentlich-rechtliche Realkreditinstitute,

(4) Deutsche Bundesbank.

138

Von den öffentlich-rechtlichen Kreditinstituten sind privatrechtlich organisierte Banken, die sich im Eigentum der öffentlichen Hand befinden, zu unterscheiden. Zwar erfüllen auch diese Institute oftmals im öffentlichen Interesse liegende Aufgaben, rechtlich sind sie jedoch den privaten Bankunternehmen gleichgestellt.

Obwohl die **Deutsche Bundespost** mit ihren Postgiroämtern und Postsparkassenämtern nicht zu den Kreditinstituten zu zählen ist, erfüllt sie von ihrer Aufgabe her einen Teil der im § 1 KWG aufgeführten Bankgeschäfte (Einlagen- und Girogeschäft). Dies reicht aus, um die Deutsche Bundespost zumindest in diesen Bereichen funktional mit den Kreditinstituten gleichzusetzen. Mit rund 4 Millionen Postgiroteilnehmern und 18,3 Millionen Postsparern haben die Bankdienste der Post in der Bundesrepublik Deutschland ein so großes Gewicht, daß sie auch von der volkswirtschaftlichen Bedeutung her bei der Beschreibung des deutschen Bankwesens nicht unerwähnt bleiben dürfen.

1. Sparkassen

Sparkassen sind Kreditinstitute, die unter dem Leitgedanken der Förderung und Pflege des Sparens im Rahmen der satzungsmäßigen Bestimmungen alle Arten von Bankgeschäften betreiben.

Diese Definition umfaßt sowohl die kommunalen als auch die „freien" Sparkassen. Die Rechtsformen, unter denen diese Institute geführt werden, sind sehr unterschiedlich. Obwohl die „freien" Sparkassen unter den Begriff „private Kreditinstitute" fallen, sollen sie in diesem Kapitel zusammen mit den öffentlich-rechtlichen behandelt werden, da sie sich in ihren wesentlichen Merkmalen von diesen nicht unterscheiden.

1.1 Geschichtliche Entwicklung

Die Entstehung der Sparkassen geht auf Reformbestrebungen des Armenwesens in der zweiten Hälfte des 18. Jahrhunderts zurück. Die erste Sparkasse wurde im Jahre **1778** in Hamburg von der „Patriotischen Gesellschaft" gegründet und war als „Ersparungskasse" ein Teil der „Allgemeinen Versorgungsanstalt". In ihrer Satzung (§ 94) kommt der soziale und gemeinnützige Charakter der Institution deutlich zum Ausdruck: „Die Ersparungskasse dieser Versorgungsanstalt ist zum Nutzen geringer fleißiger Personen beiderlei Geschlechts, als Dienstboten, Tagelöhner, Handarbeiter, Seeleute, errichtet, um ihnen Gelegenheit zu geben, auch bei Kleinigkeiten etwas zurückzulegen und …sicher zu einigen Zinsen belegen zu können, wobei man hoffet, daß sie diese ihnen verschaffte Bequemlichkeit sich zur Aufmunterung gereichen lassen mögen, um durch Fleiß und Sparsamkeit dem Staate nützlich und wichtig zu werden".

Das Hamburger Beispiel fand in den darauffolgenden Jahren in anderen Städten Nachahmung. Auch diese Sparinstitute wurden von privater Hand gegründet. Erst im Jahre **1818** wurde als erste kommunale Sparkasse in Preußen die Städtische Sparkasse in Berlin ins Leben gerufen, nachdem durch die Steinsche Städteordnung, die den Gemeinden weitgehend das Recht der Selbstverwaltung einräumte, die Voraussetzung für die Gründung öffentlich-rechtlicher Sparkassen geschaffen worden war. Träger dieser Sparkasse war die Stadt Berlin, welche die volle Haftung für die Verbindlichkeiten der Sparkasse übernahm. Die private Initiative blieb seit der Steinschen Reform hinter der kommunalen Inititative stark zurück.

Einen starken Auftrieb erhielt das Sparkassenwesen durch die fördernde Gesetzgebung Anfang bis Mitte des vorigen Jahrhunderts. Vor allem war Preußen an der Errichtung von Sparkassen interessiert, nachdem dort ihre Bedeutung erkannt worden war. Das „Reglement, die Einrichtung des Sparkassenwesens betreffend", aus dem Jahre **1838,** das die Verwaltung der Sparkassen einheitlich regelte, übte auf die Entwicklung eine besonders günstige Wirkung aus. Die Folge war eine rasche Ausdehnung des Sparkassennetzes über das gesamte Landesgebiet von Preußen. Während es 1838 erst 85 Sparkassen in Preußen gab, bestanden 1850 bereits 234, 1870 waren es 932 und um die Jahrhundertwende 1500. Die Entwicklung in den übrigen Ländern des Deutschen Reiches verlief ähnlich. In Gesamtdeutschland gab es um die Jahrhundertwende 2700 Sparkassen.

Mit dem Ausbau des Passiv- und Aktivgeschäftes entwickelten sich die Sparkassen allmählich zu regulären Bankinstituten, insbesondere nachdem ihnen durch das Scheckgesetz vom 11. 3. 1908 die **passive Scheckfähigkeit** verliehen wurde, sie die Führung von Depositen- und Kontokorrentkonten übernehmen konnten und ihnen durch die zuständigen Landesbehörden die Aufnahme des Scheck- und Giroverkehrs gestattet wurde. Die Möglichkeit, Scheck- und Girokonten einzurichten, führte dazu, daß die Sparkassen innerhalb ihrer Organisation ein eigenes Gironetz für den Überweisungs- und Inkassoverkehr (Spargiroverkehr) aufbauten. Auf Grund des dichten Sparkassennetzes waren sie in der Lage, den bargeldlosen Zahlungsverkehr in starkem Maße zu fördern.

Im Laufe der Entwicklung wurde das Sparkassenwesen ein bedeutender Zweig des deutschen Kreditwesens. Ende 1980 gab es in der Bundesrepublik 599 Sparkassen mit 16 890 Zweigstellen und einem Geschäftsvolumen von rund 519 Mrd. DM. Das bedeutet, daß die Sparkassen nach den Kreditbanken, die Ende 1980 ein Geschäftsvolumen von 554 Mrd. DM aufwiesen, die zweitgrößte Institutsgruppe in der Bundesrepublik Deutschland bilden.

1.2 Gesetzliche Bestimmungen

Als gegen Ende des 18. und Anfang des 19. Jahrhunderts die ersten Sparkassen gegründet wurden, waren für ihre Verwaltung die damals in den betreffenden Ländern geltenden allgemeinen Rechtsnormen maßgebend. Als das Sparkassenwesen immer mehr in kommunale Hände überging, wurden bald spezielle gesetzliche Regelungen – zunächst jeweils in den einzelnen Ländern – erlassen.

Auch heute wird die Sparkassengesetzgebung noch weitgehend von den Ländern wahrgenommen. Trotz dieser Rechtszersplitterung bestehen aber keine großen Unterschiede in den betreffenden gesetzlichen Regelungen der einzelnen Länder.

Einen wesentlichen Fortschritt in der Entwicklung der Sparkassengesetzgebung bedeutete die im Jahre **1927** vom Deutschen Sparkassen- und Giroverband entwickelte und in den darauffolgenden Jahren von allen Sparkassen angenommene **„Mustersatzung"**.

Die „Mustersatzung" enthält alle Bestimmungen, die für eine ordnungsmäßige Führung einer Sparkasse notwendig sind und infolgedessen in der Satzung der Sparkasse niedergelegt sein müssen. In der Satzung muß zum Beispiel enthalten sein, daß für die Verbindlichkeiten der Sparkasse der Gewährträger, d.h. die Stadt, der Kreis usw., zu dessen kommunalen Einrichtungen die Sparkasse gehört, unbeschränkt haftet, soweit sich die Gläubiger nicht aus dem Sparkassenvermögen befriedigen können. Außerdem sind in der Mustersatzung Vorschriften über die Geschäftspolitik und den organisatorischen Aufbau der Sparkasse enthalten.

Das oberste Organ der Sparkasse war nach dieser Mustersatzung der Vorstand, der sich aus dem Leiter des Gewährträgers (z. B. Bürgermeister, Landrat) und einer in den einzelnen Ländern verschieden großen Anzahl von weiteren Mitgliedern zusammensetzte.

Diesem Vorstand oblag die Verwaltung sowie die gerichtliche und außergerichtliche Vertretung der Sparkasse. Der Vorstand hatte auch die Tätigkeit des Sparkassenleiters zu überwachen, der die laufenden Geschäfte nach Maßgabe der Satzung, der aufsichtsbehördlichen Anordnungen und den vom Vorstand erlassenen Geschäftsanweisungen selbständig und verantwortlich führte. Zu den Aufgaben des Vorstandes gehörte ferner die Bewilligung von Krediten, soweit nicht dem Sparkassenleiter in einer von der Aufsichtsbehörde ausdrücklich genehmigten Geschäftsanweisung eine solche Befugnis für kleinere Kredite unter Festsetzung eines Höchstbetrages übertragen worden war. Zur Entlastung des Vorstandes und zur Erleichterung der Geschäftsführung konnte für sonstige eilige Kreditanträge ein Kreditausschuß gebildet werden.

Auch nach dem letzten Krieg und nach der Währungsreform des Jahres 1948 blieben die Sparkassengesetze und die Mustersatzung aus der Vorkriegszeit in Kraft. Die veränderten politischen und wirtschaftlichen Verhältnisse sowie die mannigfaltigen praktischen Erfahrungen im Rahmen der Sparkassenarbeit veranlaßten den Deutschen Sparkassen- und Giroverband jedoch, eine Änderung des Sparkassenrechts vorzuschlagen. Dazu wurden zwei neue Mustersatzungen ausgearbeitet, die in ihren wesentlichen Punkten in die Sparkassengesetzgebung einzelner Länder übernommen wurden.

Die beiden neuen Mustersatzungen unterschieden sich nur hinsichtlich der Organe der Sparkassen voneinander. Im Muster A wurden die organisatorischen Schwierigkeiten zu beseitigen versucht, die bei der Aufteilung der Funktionen des bisherigen „Vorstandes" auf zwei Organe, nämlich den Vorstand und den Sparkassenleiter, entstanden. Nach der neuen **Mustersatzung A** hatte die Sparkasse zwei Organe, „den *Vorstand als Geschäftsführungs- und Vertretungsorgan und den Verwaltungsrat* als Kontroll- und Überwachungsorgan". Demgegenüber war in der **Mustersatzung B** nur ein Organ vorgesehen, nämlich der Vorstand im Sinne der bisherigen Mustersatzung mit dem Sparkassenleiter als stimmberechtigtem Mitglied.

Durch weitere Änderungen der Sparkassengesetze in den verschiedenen Bundesländern (z. B. durch das Hessische Sparkassengesetz i.d.F. vom 2. 1. 1969) wurde dann die Möglichkeit, eine Sparkasse nach der Mustersatzung B zu organisieren, wieder abgeschafft, so daß nunmehr bei allen Sparkassen die Organzweiteilung eingeführt werden konnte. – Der Vorstand, der den Charakter einer öffentlichen Behörde hat, leitet die Sparkasse und vertritt sie nach Maßgabe der Satzung gerichtlich und außergerichtlich. Die Vorstandsmitglieder und ihre Stellvertreter werden durch den Verwaltungsrat bestellt, dessen Aufgabe es insbesondere ist, die laufende Geschäftsführung des Vorstandes zu überwachen.

Mit dem Inkrafttreten der neu gefaßten Sparkassengetze zu Beginn des Jahres 1973 wurde generell der **Kreditausschuß** als drittes Organ zusätzlich zum Vorstand und Verwaltungsrat eingeführt (vgl. z. B. § 4 Hess. Sparkassengesetz i.d.F. vom 2. 1. 1973). Im übrigen enthält die Mustersatzung u. a. Vorschriften über die *Geschäftstätigkeit,* wobei die neuen Fassungen den veränderten Verhältnissen angepaßt wurden (z. B. Darlehensgewährung gegen Sicherungsübereignung, Erhöhung der Personalkredit- und Blankokreditgrenzen), die Anlage der hereingenommenen und insbesondere der Spargelder sowie Bestimmungen über die Liquidität.

Die **Liquiditätsvorschriften** sind – im Gegensatz zu früheren Regelungen – nunmehr recht allgemein gehalten und sehen vor, daß die für eine ausreichende Zahlungsbereitschaft erforderlichen Mittel in der Regel bei der zuständigen Girozentrale zu unterhalten sind. Jedoch sind natürlich auch die Sparkassen gehalten, die Grundsätze über das Eigenkapital und die Liquidität der Kreditinstitute zu beachten. Ferner wird der rechtliche Rahmen, in dem sich die Geschäftsbeziehungen zwischen Sparkassen und Kunden bewegen, durch die Allgemeinen Geschäftsbedingungen der Sparkassen abgesteckt. Mit Wirkung vom 1. 1. 1976 wurden diese Bedingungen neu gefaßt, um einen stärkeren Verbraucherschutz zu erreichen.

1.3 Eigene Mittel

Im Hinblick auf die eigenen Mittel unterscheiden sich die Sparkassen sehr wesentlich von den übrigen Kreditinstituten. Die Sparkassen kennen *kein Grund- oder Stammkapital.* Das Eigenkapital der Sparkassen besteht vielmehr ausschließlich aus den *Rücklagen* nach § 10 Abs. 2 Ziff. 4 KWG, die im wesentlichen mit der „Sicherheitsrücklage" identisch sind. Die Sicherheitsrücklage wird aus den „Überschüssen", welche die Sparkasse bei ihrer Geschäftstätigkeit erzielt hat, gebildet. Die Sparkassengesetze bzw. die Mustersatzungen enthalten genaue Vorschriften darüber, in welcher Höhe die Überschüsse der Sicherheitsrücklage zugeführt werden müssen.

Die Eigenkapitalbasis der Sparkassen ist infolge des Fehlens eines Grund- oder Stammkapitals relativ klein. Die daraus in bezug auf die Sicherheit der Einlagen entstehenden Nachteile werden jedoch in vollem Umfang durch die **Haftung des Gewährträgers** ausgeglichen, der – mit Ausnahme der freien Sparkassen – nach den Sparkassengesetzen für die Verbindlichkeiten der Sparkasse unbeschränkt haftet, soweit die Gläubiger nicht aus dem Vermögen der Sparkasse befriedigt werden können.

Die werbende Wirkung, die bei Kreditinstituten anderer Rechtsformen dem Eigenkapital zukommt, wird bei den Sparkassen durch die Haftung des Gewährträgers ausgeübt. Auf die Zuerkennung der „**Mündelsicherheit**" können sich allerdings neben den kommunalen Sparkassen auch die freien Sparkassen berufen.

Die Haftung des Gewährträgers kann das Fehlen eines Grundkapitals im Hinblick auf die Funktion der Begrenzung des Geschäftsvolumens, die dem haftenden Eigenkapital durch die Grundsätze über das Eigenkapital und die Liquidität übertragen ist, dagegen nicht ausgleichen. Zum haftenden Eigenkapital zählen bei den Sparkassen – wie bereits erwähnt – nur die Rücklagen. Die Sparkassen sind deshalb stark daran interessiert, durch Selbstfinanzierung ihre Rücklagen zu verstärken.

1.4 Geschäftstätigkeit

Die Geschäftstätigkeit der Sparkassen erstreckte sich ursprünglich ausschließlich auf die Annahme von Spareinlagen und die möglichst sichere Anlage dieser Mittel. Im Laufe der Zeit erweiterte sich aber mit der Ausdehnung des Kundenkreises die Geschäftstätigkeit immer mehr und erfaßt nunmehr auch die Durchführung von Devisen-, Auslands- und Effektengeschäften für Kunden.

Kennzeichnend für die stark zunehmende Aktivität der Sparkassen in früher fremden Geschäftsbereichen ist die engagierte Teilnahme am Leasing-Geschäft durch einige Landesbanken. Sie unterhalten mit der Deutschen Anlagen-Leasing GmbH die größte Leasing-Gesellschaft des Kontinents.

Der Hauptgeschäftszweig der Sparkassen ist jedoch nach wie vor das **Spargeschäft.** Dabei bemühen sich die Sparkassen sehr intensiv auch um die Erfassung kleiner und kleinster Sparbeträge, indem sie die Formen des Kleinsparwesens – z. B. Prämiensparen, Schulsparen, Vereinsparen, Abholverfahren – fördern, obwohl diese Tätigkeit, kurzfristig gesehen, mehr Aufwand als Ertrag verursacht. Der Bestand an Sicht- und Termineinlagen spielt demgegenüber nur eine untergeordnete Rolle. Er belief sich Ende 1980 auf rund 104 Mrd. DM, während der Spareinlagenbestand zum gleichen Zeitpunkt rund 255 Mrd. DM betrug. Außerdem dürfen Sparkassen kurzfristige Kredite zur Deckung vorübergehenden Geldbedarfs bei öffentlich-rechtlichen Kreditinstituten aufnehmen. Die Aufnahme langfristiger Darlehen ist auf Ausnahmefälle beschränkt.

Im **Aktivgeschäft** sind die Kredit- und Anlagengeschäfte zu unterscheiden. Kreditgeschäfte werden in den Formen des Real-, Personal- und Kommunalkredits betrieben; spekulative Geschäfte sind ausdrücklich verboten.

Über die **Grundsätze, nach denen das Kreditgschäft auszurichten ist,** sagt § 14 Abs. 4 MuSa: „Kredite sollen grundsätzlich nur an solche Personen gegeben werden, die im Geschäftsbereich der Sparkasse ihren Wohnsitz oder eine gewerbliche Niederlassung haben. Beim Realkredit braucht in der Regel nur das beliehene Grundstück im Geschäftsbereich der Sparkasse gelegen zu sein. Die Personalkredite der Sparkasse sollen in erster Linie dem Mittelstand und den wirtschaftlich schwächeren Bevölkerungskreisen zur Verfügung gestellt werden. Kredite zu Spekulationszwecken sind unzulässig."

Daneben dürfen die Sparkassen ihre Gelder bei Kreditinstituten, in Schatzwechseln und Privatdiskonten, in Wertpapieren und Grundstücken anlegen. Hinsichtlich der Anlage der Sparkassengelder in Wertpapieren heißt es in § 20 MuSa, daß die Sparkasse nur mündelsichere Schuldverschreibungen, Schuldbuchforderungen und Schuldscheinforderungen sowie – unter bestimmten Voraussetzungen – Anteilscheine nach dem KAGG erwerben darf. Der Ankauf von Dividendenwerten für eigene Rechnung ist *grundsätzlich* nicht zulässig, obwohl durch den zulässigen Erwerb von Anteilscheinen in- und ausländischer Investmentgesellschaften heute doch eine (indirekte) Anlage in Aktien möglich ist. Effektenkommissionsgeschäfte führen die Sparkassen wie alle anderen Kreditinstitute aus. Erlaubt ist den Sparkassen nach der neuen Mustersatzung auch die Ausstellung und Akzeptierung von Wechseln. Beteiligungen dürfen die Sparkassen – von Ausnahmen wie der Beteiligung an Einrichtungen der Sparkassenorganisation und an gemeinnützigen Wohnungsbauunternehmen abgesehen – nur mit Genehmigung der obersten Aufsichtsbehörde eingehen.

Neben diesen Geschäften ist es nach der Mustersatzung heute die Aufgabe der Sparkassen, den bargeldlosen **Zahlungsverkehr,** insbesondere den Spargiroverkehr (Sparkassenüberweisungsverkehr), zu pflegen. Zu diesem Zweck wurde innerhalb des Sparkassenwesens ein alle Sparkassenstellen umfassendes, gut organisiertes Spargironetz aufgebaut.

Die Entwicklung der Sparkassen von Spezialinstituten (Spareinlagensammlung) zu universellen Bankbetrieben hat zwar die Geschäftsstruktur verändert, doch nicht die Geschäftsprinzipien. Grundsätzlich verfolgen die Sparkassen auch heute noch das gemeinwirtschaftliche Prinzip. Dabei ist zu berücksichtigen, daß es diesem Prinzip nicht widerspricht, durch Überschüsse Sicherheitsrücklagen zu bilden, um bei wachsender Bilanzsumme die Höhe des Eigenkapitals den wirtschaftlichen Notwendigkeiten anzupassen. Eine Geschäftspolitik, die nach Erzielung solcher Überschüsse strebt, steht auch im Einklang mit der Mustersatzung.

1.5 Bilanzierung und Publizität

Da die Sparkassen heute ihr Rechnungswesen nach den Grundsätzen der kaufmännischen, d.h. der doppelten Buchführung organisiert haben, stellen sie jeweils zum Abschluß eines Rechnungsjahres eine Bilanz und eine Gewinn- und Verlustrechnung auf. Dieser Jahresabschluß ist gem. § 38 MuSa zusammen mit einem Geschäftsbericht vom Vorstand dem Verwaltungsrat zwecks Feststellung vorzulegen und von diesem der Verwaltung des Gewährträgers einzureichen. Für die Aufstellung des Jahresabschlusses bestehen besondere Vorschriften, die wie alle sparkassenrechtlichen Bestimmungen von einzelnen Länderregierungen erlassen werden.

Das **Bilanzformblatt** ist der Zwecksetzung und Geschäftsstruktur der Sparkassen angepaßt, so daß auf der Passivseite die Spareinlagen als erste Position aufgeführt sind. Eine Position, die dem Grund- oder Stammkapital bei anderen Kreditinstituten entsprechen würde, fehlt. Auf beiden Seiten der Bilanz befinden sich bei den Positionen „Forderungen an Kreditinstitute" bzw. „Verbindlichkeiten gegenüber Kreditinstituten" Aufgliederungen mit der Bezeichnung „davon bei der eigenen Girozentrale", so daß zu ersehen ist, in welchem Umfang finanzielle Verflechtungen bestehen. Auch unter „Beteiligungen" müssen diejenigen bei der eigenen Girozentrale und dem zuständigen Sparkassen- und Giroverband gesondert ausgewiesen werden.

Das **Formblatt für die Gewinn- und Verlustrechnung** der Sparkassen ist ausführlich untergliedert und unterscheidet sich nur unwesentlich von den übrigen Formblättern. Es fällt lediglich auf, daß die „Vorwegzuführungen zur Sicherheitsrücklage" besonders auszuweisen sind.

Die *Bewertung* richtet sich bei den Sparkassen zwar grundsätzlich nach den aufsichtsbehördlichen Anordnungen; doch besteht in der Praxis kein Unterschied zu der bei den übrigen Kreditinstituten, da die zuständigen Behörden übereinstimmend festgestellt haben, daß auch die Sparkassen die aktienrechtlichen Bewertungsgrundsätze bzw. die allgemeinen handelsrechtlichen Bewertungsvorschriften anwenden sollen.

Die **Prüfung des Jahresabschlusses** erfolgt entsprechend den von den einzelnen Ländern erlassenen Anordnungen und ist den Sparkassen- und Giroverbänden übertragen worden, die den Jahresabschluß mit einem Prüfungsvermerk zu versehen haben.

1.6 Verbandswesen und Girozentralen

Die Einführung des Giroverkehrs bei den Sparkassen in den Jahren nach **1908** brachte die Verbandsbildung mit sich. Für den überörtlichen Überweisungsverkehr war die Schaffung von zentralen Verrechnungsstellen die erste Voraussetzung. Diese Verrechnungsstellen – die späteren Girozentralen – konnten weder von den Sparkassenverbänden noch von den Sparkassen selbst gegründet werden. Den Sparkassenverbänden war dies nicht möglich, weil sie für die Wahrnehmung wirtschaftlicher Interessen der Sparkassen, bei denen sie eine finanzielle Haftung hätten übernehmen müssen, nicht geschaffen waren. Die Sparkassen andererseits waren noch rechtlich unselbständige Einrichtungen ihrer Gewährträger und konnten aus diesem Grunde eine Girozentrale, für deren Verbindlichkeiten sie anteilig unbeschränkt hätten haften müssen, nicht ins Leben rufen. Diese Umstände führten in den einzelnen Ländern zur Errichtung sogenannter **Giroverbände** durch die Gewährträger; und diese Verbände gründeten dann wiederum die zunächst unselbständigen **Girozentralen** bzw. betrieben diese selbst. Den Giroverbänden oblagen also außer ihrer Verbandsarbeit teilweise auch die Aufgaben einer Geldausgleichsstelle. Der erste Giroverband wurde 1908 in Sachsen als „Giroverband Sächsischer Gemeinden" gegründet. Innerhalb kurzer Zeit entstanden in fast allen deutschen Ländern Giroverbände. Die Giroverbände schlossen sich wie die Sparkassenverbände überregional zusammen. **1916** wurde der Deutsche Zentralgiroverband gegründet, der **1917** als seine Geschäftsstelle die Deutsche Girozentrale, Berlin, eröffnete. **1919** erhielt der Deutsche Zentralgiroverband die Form einer öffentlich-rechtlichen Körperschaft. Die Deutsche Girozentrale wurde als öffentlich-rechtliche Bankanstalt anerkannt und erhielt gleichzeitig das Recht auf Ausgabe von Inhaberschuldverschreibungen und zur Gewährung von langfristigen Kommunalkrediten.

Die **Girozentralen** sind – juristisch betrachtet – öffentlich-rechtliche Anstalten mit eigener Rechtspersönlichkeit. Auf Grund ihrer Entstehungsgeschichte können wirtschaftlich zwei Typen unterschieden werden: reine Girozentralen und Gemeinschaftsbanken. Für die reinen Girozentralen ist charakteristisch, daß hier

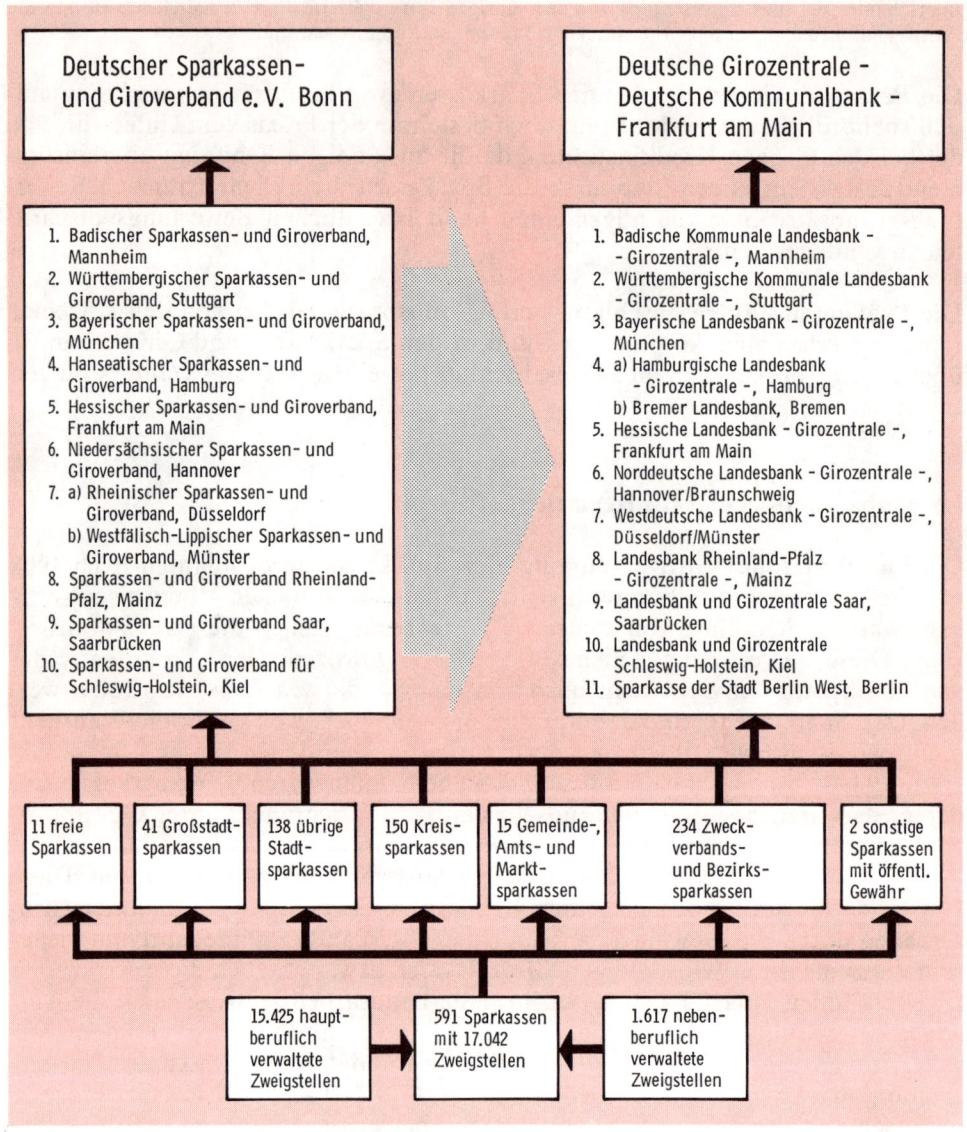

Aufbau der Sparkassenorganisation in der Bundesrepublik[1]
(Stand 31. 12. 1985)

1 Vgl. Jahresbericht des Deutschen Sparkassen- und Giroverbandes 1985

der jeweilige Sparkassen- und Giroverband allein das Kapital aufbringt und allein die Haftung übernimmt. Gemeinschaftsbanken entstanden aus dem Zusammenschluß von reinen Girozentralen und Landesbanken. An ihnen sind gewöhnlich die Sparkassen- und Giroverbände und die Länder hinsichtlich der Kapitalaufbringung und der Haftung je zur Hälfte beteiligt.

Die meisten Girozentralen besitzen das **Pfandbriefprivileg,** so daß sie sich über den Kapitalmarkt langfristige finanzielle Mittel beschaffen können. Außerdem sind ihnen häufig **Bausparkassen** angegliedert.

Der **Aufgabenkreis der Girozentralen** hat sich im Laufe der Zeit erweitert, und ihre Zusammenarbeit mit den Sparkassen hat sich immer enger gestaltet. Die Verflechtung zwischen Sparkassen und Girozentralen zeigt sich vor allem im Bereich des bargeldlosen Zahlungsverkehrs, und zwar hinsichtlich der Unterhaltung von liquiden Mitteln seitens der Sparkassen bei den Girozentralen, ferner in gegenseitiger und gemeinsamer Kreditgewährung, im Effekten- und Depotgeschäft und schließlich auch im Außenhandels- und Devisengeschäft.

Zur **Abwicklung des Zahlungsverkehrs** unterhalten die Sparkassen bei ihren Girozentralen Verrechnungskonten, die als Kontokorrentkonten ausgestaltet sind, so daß die Sparkassen die Möglichkeit haben, den Kontokorrentkredit ihrer Girozentrale in Anspruch zu nehmen. Darüber hinaus führen die Girozentralen auch gegenseitige Verrechnungskonten, die im Abstand von einigen Tagen über die Deutsche Girozentrale – Deutsche Kommunalbank –, mit der sie ebenfalls kontenmäßig in Verbindung stehen, abgerechnet werden. Sparkassen, regionale Girozentralen und die Deutsche Girozentrale bilden also zusammen ein das ganze Bundesgebiet umfassendes, weitverzweigtes Zahlungsverkehrssystem.

Die Verflechtung zwischen Sparkassen und Girozentralen kommt im wesentlichen darin zum Ausdruck, daß es im Sparkassensektor üblich ist, daß sich die einzelnen Institute nicht beim Zentralbanksystem refinanzieren, sondern ihren kurzfristigen Geldbedarf bei der betreffenden Girozentrale befriedigen. Dies kann hauptsächlich in drei Formen erfolgen: durch Rediskontierung von Wechseln, durch Verpfändung von Effekten und Wechseln und durch Inanspruchnahme von Krediten in laufender Rechnung.

Das zentrale Spitzeninstitut des Deutschen Sparkassenwesens ist die **Deutsche Girozentrale – Deutsche Kommunalbank** – mit dem Sitz in Frankfurt am Main.

2. Postgiroämter und Postsparkassenämter

Von ihrer Aufgabenstellung her betreibt die Deutsche Bundespost mit ihren Postgiro- und Postsparkassenämtern einen Teil der im § 1 KWG aufgeführten Bankgeschäfte. Gleichwohl gilt sie – wie bereits aus Seite 144 erwähnt – gemäß § 2 Abs. 1 KWG nicht als Kreditinstitut.

Die formale Nichtzuerkennung der Eigenschaft als Kreditinstitut hat ihre Ursache darin, daß die Deutsche Bundespost nur sehr eingeschränkt den Normen des

KWG unterliegt (§§ 21 und 22 KWG bezüglich des Sparverkehrs und §§ 47 und 48 KWG bezüglich der Moratorien) und als oberste Bundesbehörde nur teilweise der Aufsicht des Bundesaufsichtsamtes für das Kreditwesen, das in der Behördenhierarchie als Bundesoberbehörde angesiedelt ist, unterstellt werden kann.

Unter dem Oberbegriff Postbankdienste faßt die Deutsche Bundespost die den Postgiroämtern übertragenen Aufgaben im Zahlungsverkehr und das von den Postsparkassenämtern wahrgenommene Einlagengeschäft zusammen.

2.1 Geschichtliche Entwicklung

Seit jeher war die Post als Mittlerin im Geldverkehr tätig. Anfangs beschränkte sie sich darauf, das ihr vom Absender in Paketen, Kisten oder Fässern anvertraute Geld an den Empfänger weiterzubefördern. Der erste Schritt auf dem Weg zum Zahlungsausgleich durch die Post ohne die umständliche und gefährliche Beförderung von Bargeld wurde im Jahre **1848** in Preußen mit der Einführung eines Anweisungsverfahrens, einer Vorstufe des späteren Postanweisungsdienstes, getan. Im Jahre **1865** erfolgte dann die Einführung des Postanweisungsdienstes in der heutigen Form. Das Ansteigen des Zahlungsverkehrs gegen Ende des vorigen Jahrhunderts führte dazu, daß die umlaufenden Zahlungsmittel nicht mehr ausreichten, alle Zahlungswünsche zu erfüllen. Für die Post wuchsen mit der Zunahme des Postanweisungsdienstes die Schwierigkeiten, denjenigen Postämtern, die mehr Geld auszuzahlen hatten als sie entgegennahmen, die für die Auszahlung erforderlichen Geldbeträge zur Verfügung zu stellen. Die Postverwaltung erkannte daher frühzeitig die Vorteile eines bargeldlosen Zahlungsverkehrs. Da ihr weitverzweigtes Dienststellennetz die besten Voraussetzungen hierzu bot, arbeitete der Generalpostmeister **Heinrich von Stephan** bereits **1875** einen Plan zur Einführung eines Postgirodienstes aus. Die Idee ließ sich jedoch damals noch nicht verwirklichen. Sie mußte erst den Umweg über das Ausland nehmen, um im eigenen Land auf Interesse zu stoßen. Nachdem Österreich als erstes Land im Jahre **1883** den Postscheckdienst mit gutem Erfolg aufgenommen hatte, gewannen entsprechende Pläne auch in Deutschland wieder Auftrieb. Die Reichsregierung brachte deshalb **1899** im Reichstag eine Vorlage über die Einführung eines Postscheckdienstes ein. Der Reichstag stimmte der Vorlage zwar zu, verband damit jedoch so viele Bedingungen, daß die Post auf die Einrichtung eines Postscheckdienstes verzichtete.

Als im Jahre **1907** auf dem Geldmarkt erhebliche Schwierigkeiten auftraten und der Reichsbankdiskontsatz auf 7,5 v.H. stieg, drängte die Wirtschaft auf die Bereitstellung eines sich über das gesamte Reichsgebiet erstreckenden und jedermann zugänglichen Zahlungsverkehrsnetzes. Auch der damalige Reichsbankpräsident Koch hielt es für notwendig, durch einen Postscheckverkehr die unbare und halbbare Zahlungsweise weiten Bevölkerungskreisen zugänglich zu machen und durch einen Anschluß an den Giro- und Abrechnungsverkehr der Reichsbank große Beträge an Umlaufmitteln einzusparen.

Nach der Annahme einer neuen Postscheckvorlage im Frühjahr 1908 durch die Abgeordneten des Reichstags führte Deutschland am **01.01.1909** als fünftes Land nach Österreich, Ungarn, der Schweiz und Japan den **Postscheckdienst** ein.

Der Postscheckbetrieb wurde zunächst bei 13 Postscheckämtern aufgenommen. Nachdem sich die Zahl der Postscheckämter zwischenzeitlich auf mehr als 20 erhöht hatte, bestehen in der Bundesrepublik Deutschland heute wie zum Zeitpunkt der Gründung wieder **13 Postscheckämter,** die mit Wirkung vom 1. 1. 1984 in **Postgiroämter** umbenannt wurden, und zwar in Berlin (West), Dortmund, Essen, Frankfurt am Main, Hamburg, Karlsruhe, Köln, Ludwigshafen, München, Nürnberg, Saarbrücken und Stuttgart. Die bis dahin in diesem Dienstzweig gebräuchlichen Bezeichnungen wurden ebenfalls geändert.

Der Postgirodienst nahm von seiner Gründung an eine rasche Aufwärtsentwicklung. Schon ein Jahr nach seiner Dienstaufnahme – Ende 1909 – betreute der Postgirodienst 44 000 Kunden und führte 29 Millionen Buchungen aus. Bis **1960** stieg die Zahl der Postgirokonten auf rund 2 Millionen. Im Jahre 1981 führten die Postscheckämter mehr als **4 Millionen Konten,** auf denen jährlich **1,5 Milliarden Buchungen** mit einem **Gesamtumsatz** von **1 800 Milliarden DM** vorgenommen werden.

Zu der **Einrichtung des Postsparkassendienstes** kam es erst erheblich später. Die Postverwaltung bemühte sich zwar schon seit **1878** mehrmals um die Gründung einer Postsparkasse, entsprechende Initiativanträge scheiterten wegen der Existenz eines bereits vorhandenen kommunalen Sparkassensystems jedoch in den Parlamenten. Daß es in Deutschland am 01. 01. 1939 doch zur Einführung des Postsparkassendienstes kam, ist auf den Anschluß Österreichs an das Deutsche Reich im März 1938 zurückzuführen.

Dort bestand die „Österreichische Postsparkasse" schon seit 1883. Um die Auflösung dieser sehr bewährten Einrichtung zu vermeiden und die besondere Freizügigkeit des Postsparbuchs auch in Deutschland zu nutzen, wurde ihr Wirkungsbereich auf das gesamte Reichsgebiet ausgedehnt.

Nach dem zweiten Weltkrieg übernahmen die **Postsparkassenämter Hamburg und München** die Führung der auf den Bereich der Bundesrepublik Deutschland entfallenden Postsparkonten. Die Entwicklung des Postsparkassendienstes ist von einer raschen Ausweitung des Geschäftsbetriebs gekennzeichnet. Allein in den letzten 25 Jahren hat sie 13,5 Millionen neue Sparer hinzugewonnen. Ihre in dieser Zeit erwirtschafteten Überschüsse belaufen sich auf rund 1,4 Mrd. DM. Ende 1978 wurden von den beiden Postsparkassenämtern 18,3 Millionen Postsparkonten mit 25 Mrd. DM Spareinlagen geführt.

2.2 Gesetzliche Grundlagen und Geschäftstätigkeit

Die wichtigsten Rechtsnormen für den Postgiro- und Postsparkassendienst enthält das *„Gesetz über das Postwesen"* (Postgesetz) vom 28. 07. 69. In ihm finden das Postscheck- und Postsparkassengeheimnis (§ 6), die Haftungsregelungen (§§ 19 und 20), die Vorschriften über die Abtretung, Verpfändung und Pfändung (§ 23) sowie die Verjährungsbestimmungen (§ 24) ihre gesetzliche Fundierung.

Die Deutsche Bundespost haftet im Postgirodienst für Schäden, die dem Postgiroteilnehmer durch die nicht ordnungsgemäße Ausführung seiner Aufträge durch das Postgiroamt entstehen. Außer bei Daueraufträgen haftet sie nicht für die rechtzeitige Ausführung. Im Postsparkassendienst haftet die Deutsche Bundespost für Schäden, die dem Postsparer durch die nicht ordnungsgemäße Erfüllung der Pflichten aus dem Postsparverhältnis entstehen – entsprechend den allgemeinen gesetzlichen Vorschriften über die Haftung des Schuldners für die Erfüllung seiner Verbindlichkeiten.

Die Ansprüche gegen die Deutsche Bundespost wegen nicht ordnungsgemäßer Auftragsausführung verjähren in vier Jahren. Die Verjährungsfrist beginnt mit dem Schluß des Jahres, in dem der Auftrag erteilt wurde. Der Postgiroteilnehmer oder Postsparer kann dagegen bis zu 30 Jahre lang Ansprüche auf Auszahlung seines Guthabens einschließlich der angefallenen Sparzinsen geltend machen.

Durch § 7 des Postgesetzes in Verbindung mit § 14 des Gesetzes über die Verwaltung der Deutschen Bundespost wird der Bundespostminister zur betrieblichen Ausgestaltung der Dienste zum **Erlaß von Benutzungsverordnungen** ermächtigt. Diese durch Ausführungsbestimmungen ergänzten Rechtsverordnungen regeln Einzelheiten über das Benutzungsverhältnis und die Inanspruchnahme der Leistungen. Sie sind insoweit mit den allgemeinen Geschäftsbedingungen der Kreditwirtschaft zu vergleichen.

2.2.1 Postgirodienst

Die Benutzungsbedingungen für den Postgirodienst regelt die *Postgiroordnung* vom 01. 12. 69 und die *Postgirogebührenordnung,* die im Einvernehmen mit dem Bundesminister für Wirtschaft erlassen und bei jeder Gebührenänderung neu gefaßt wird. **Ab 01. 01. 1984 führt der Postscheckdienst der Deutschen Bundespost die Bezeichnung Postgirodienst.**

Ein Postgirokonto kann für jedermann eröffnet werden, die Wahl des Postgiroamtes ist freigestellt. Anträge auf Eröffnung von Postgirokonten nehmen die Postgiroämter, die Postämter, ihre Amtsstellen und Landzusteller entgegen, die auch die Legitimation des Antragstellers überprüfen. Nach der Einrichtung des Kontos teilt das Postgiroamt dem Kunden die Kontonummer mit. Zugleich erhält er ein Unterschriftsblatt und ein Unterschriftsmerkblatt für die Unterschriftsproben der Personen, die Aufträge zu Lasten des Postgirokontos unterschreiben werden. Erhalten neben dem Kontoinhaber weitere Personen Zeichnungsbefugnis, so schließt diese auch das Recht ein,

(1) Formblätter zu bestellen,
(2) neue Unterschriftsblätter anzufordern,
(3) schriftliche Auskunft über den Kontostand zu verlangen und
(4) nach dem Tod des Postgiroteilnehmers das Konto bis zu sechs Monaten weiterzuführen, die Löschung des Kontos zu beantragen und über das Restguthaben zu verfügen.

Die hinterlegten Unterschriften gelten bis zu ihrem schriftlichen Widerruf. Erst nach Rücksendung der ausgefüllten Unterschriftsblätter läßt das Postgiroamt Verfügungen zu.

150

Durch Postgirovollmacht können andere Personen bevollmächtigt werden, alle Rechte des Postgiroteilnehmers einschließlich der Eröffnung von Konten wahrzunehmen. Der Postgiroteilnehmer kann jederzeit die Löschung seines Kontos verlangen. Bei mißbräuchlicher Benutzung ist die Löschung eines Postgirokontos von Amts wegen möglich. Die Ablehnung der Eröffnung eines Postgirokontos und die Löschung eines Kontos von Amts wegen sind Verwaltungsakte, deren Rechtmäßigkeit von den Verwaltungsgerichten nachgeprüft werden kann.

Das Postgiroteilnehmerverhältnis ist ein Dauernutzungsverhältnis. Die Aufgaben der Postgiroämter beschränken sich auf die Führung der Postgirokonten und auf die Wahrnehmung des bargeldlosen und bargeldersparenden Zahlungsverkehrs auf nationaler und internationaler Ebene.

Die Postgiroämter enthalten sich der Wahrnehmung von Kreditgeschäften. Die Postgirokonten werden deshalb grundsätzlich auf Guthabenbasis geführt. Daran ändert auch die Tatsache nichts, daß sie seit 1975 bis zu einer bestimmten Betragsgrenze (zur Zeit 1000,– DM) kurzfristig überzogen werden können. Diese nicht als Kreditgewährung im engeren Sinne zu wertende Überziehungsmöglichkeit dient ausschließlich einer flüssigen Abwicklung des Giroverkehrs.

Die Guthaben auf den Postgirokonten werden nicht verzinst.

Sämtliche bargeldlosen Zahlungen wie Überweisungen, Bareinzahlungen auf das eigene Konto, Barabhebungen mittels Postscheck, Dauerüberweisungen, Einziehungsaufträge oder das Scheckinkasso sind gebührenfrei. Die Kosten hierfür werden durch eine pauschalierte monatliche Kontoführungsgebühr abgegolten. Sie beträgt (Stand 01. 01. 84) für ein Postgirokonto mit

		DM	PF
0 – 10	Buchungen . . . . monatlich	1	30
11 – 25	Buchungen . . . . monatlich	3	–
26 – 50	Buchungen . . . . monatlich	4	–
51 – 250	Buchungen . . . . monatlich	8	–
251 – 1 000	Buchungen . . . . monatlich	15	–
mehr als 1 000	Buchungen . . . . monatlich	30	–

Die Einsendung der Aufträge in den gelben Postgirobriefumschlägen ist im Inland gebührenfrei.

Über alle auf dem Konto ausgeführten Buchungen wird der Kontoinhaber durch Kontoauszüge unterrichtet, die noch am Buchungstag abgesandt werden. Den Kontoauszügen sind, soweit es sich nicht um beleglose Buchungen aus dem Datenträgeraustauschverfahren handelt, die Empfängerabschnitte bzw. die Lastschriftzettel beigefügt. Der Versand der Auszüge erfolgt – auch ins Ausland – gebührenfrei.

Für den Postgiroverkehr gilt Vordruckstrenge, d. h. es dürfen nur die von den Postgiroämtern ausgegebenen oder zugelassenen Formblätter verwandt werden.

Einzelheiten über die Zahlungsmöglichkeiten im Postgiroverkehr sind im Teil II A IV. Ziffer 1 und 2 dargestellt.

2.2.2 Postsparkassendienst

Die Benutzungsbedingungen für den Postsparkassendienst regelt die *Postsparkassenordnung* vom 01. 12. 69.

Im Postsparkassendienst beschränkt sich die Deutsche Bundespost auf die Entgegennahme von Spareinlagen mit gesetzlicher Kündigungsfrist sowie mit vereinbarten Kündigungsfristen von 1 Jahr, 2½ Jahren und 4 Jahren. Daneben führen die Postsparkassenämter Postsparkonten zur Anlage von Sparbeträgen nach dem Vermögensbildungsgesetz. Die Vorteile der sich auch auf mehrere europäische Länder erstreckenden Freizügigkeit stehen so im Vordergrund, daß das Schwergewicht auf dem freizügigen Sparverkehr der Konten mit gesetzlicher Kündigungsfrist liegt.

Das Postsparverhältnis ist − ebenso wie das Postgiroteilnehmerverhältnis − ein Dauernutzungsverhältnis. Die Ausstellung eines Postsparbuchs kann von jedermann bei einem beliebigen Postamt beantragt werden. Wer die Einrichtungen des Postsparkassendienstes z.B. durch Postsparbuchfälschung mißbraucht, kann vom Postsparkassendienst ausgeschlossen werden. Der Ausschluß ist ein Verwaltungsakt, der von den Verwaltungsgerichten nachgeprüft werden kann. Der Sparer kann andere Personen zur Wahrnehmung seiner Rechte gegenüber dem kontoführenden Postsparkassenamt bevollmächtigen. Es werden zwei Arten von Postsparbüchern ausgegeben: Postsparbücher ohne Berechtigungsausweis und weniger häufig Postsparbücher mit Berechtigungsausweis. Die Postsparbücher ohne Berechtigungsausweis sind wertpapierrechtlich „hinkende Inhaberpapiere" gemäß § 808 BGB. Das bedeutet, daß die Deutsche Bundespost berechtigt, nicht aber verpflichtet ist, an jeden Vorleger von Postsparbuch und Ausweiskarte Rückzahlungen zu leisten. Zur Einschränkung von Betrugsfällen werden allerdings Rückzahlungen von mehr als 500 DM nur an den Sparer selbst geleistet. Bei Postsparbüchern mit Berechtigungsausweis ist in jedem Falle nur der Sparer selbst zur Entgegennahme von Rückzahlungen berechtigt.

Für ihr Einlagengeschäft ist die Deutsche Bundespost wie jedes Kreditinstitut den Vorschriften des Kreditwesengesetzes und des Bundesbankgesetzes einschließlich der Anordnungen über die Mindestreservehaltung unterworfen.

Das Aktivgeschäft der Deutschen Bundespost vollzieht sich auf der Grundlage der **„Grundsätze für die Anlegung des Postgiro- und Postsparguthabens".** Diese Grundsätze unterscheiden liquide, beschränkt liquide und schwer liquidierbare Anlagen. Zur Selbstfinanzierung eigener Investitionen, insbesondere im Fernmeldesektor, darf die Post bis zu 40% der Postgiroeinlagen und bis zu 50% der Postspareinlagen entnehmen. Die verbleibenden Anteile werden in Kapitalmarkttiteln (Effekten, Schuldscheindarlehen), Geldmarktpapieren und Guthaben bei Kreditinstituten angelegt. Insoweit tragen die Bankdienste der Post indirekt auch zur Refinanzierung des allgemeinen Aktivgeschäfts der Kreditinstitute bei.

Die Postgiro- und Postsparkassenämter bedienen sich bei der Erledigung ihrer Aufgaben weitgehend der Postämter und deren Amtsstellen, die insoweit mit den Zahlstellen oder Filialen der Universalbanken zu vergleichen sind.

3. Öffentlich-rechtliche Kreditinstitute mit Sonderaufgaben

Öffentlich-rechtliche Kreditinstitute mit Sonderaufgaben sind Bankbetriebe, die vom Staat zur Erfüllung bestimmter Aufgaben auf dem Gebiet des Kreditwesens errichtet wurden und sich bankbetrieblich nicht universell betätigen.

Sie wurden bzw. werden geschaffen, wenn die Erfüllung besonderer Aufgaben im öffentlichen Interresse liegt und sich die übrigen Kreditinstitute dieser Aufgaben nicht annehmen können oder sich ihnen z. B. aus Risiko- oder Rentabilitätsgründen nicht zuwenden wollen.

Von den öffentlich-rechtlichen Kreditinstituten mit Sonderaufgaben sollen die Kreditanstalt für Wiederaufbau, die Lastenausgleichsbank (Bank für Vertriebene und Geschädigte) und die Landwirtschaftliche Rentenbank behandelt werden, weil diesen Zentralinstituten besondere Bedeutung zukommt.

3.1 Kreditanstalt für Wiederaufbau

Die durch Gesetze vom 05. 11. 1948 gegründete Kreditanstalt für Wiederaufbau hatte ursprünglich zwei Aufgaben zu erfüllen. Einmal sollte sie mittel- und langfristige Investitionskredite für solche Vorhaben gewähren, die dem Wiederaufbau der deutschen Wirtschaft dienten, soweit andere Kreditinstitute die erforderlichen Mittel nicht aufbringen konnten. Daneben sollte sie der deutschen Exportwirtschaft langfristige Kredite zur Verfügung stellen. Beide Aufgaben konnte die Bank auch durch die Übernahme von Bürgschaften erfüllen.

Dieser Aufgabenkreis erweiterte sich im Laufe der letzten Jahre. Durch das Gesetz zur Änderung des Gesetzes über die Kreditanstalt für Wiederaufbau vom 23. 06. 1969 wurde dem Institut zusätzlich die Aufgabe gestellt, „Darlehen zu gewähren, die der Finanzierung förderungswürdiger Vorhaben im Ausland, insbesondere im Rahmen der Entwicklungshilfe, dienen, zur Umschuldung von Verpflichtungen ausländischer Schuldner gegenüber inländischen Gläubigern erforderlich sind oder im besonderen … Interesse der Bundesrepublik Deutschland liegen", die sog. gebundenen und ungebundenen Finanzkredite. – Dazu kommen die Gewährung von Darlehen im Zusammenhang mit Ausfuhrgeschäften inländischer Unternehmen sowie die Übernahme entsprechender Bürgschaften.

Die Kreditanstalt für Wiederaufbau ist eine Körperschaft des öffentlichen Rechts mit dem Sitz in Frankfurt am Main. Ihre Organe sind der Vorstand, dem die Geschäftsführung obliegt, und der Verwaltungsrat, welcher die Geschäftsführung überwacht. Die Befugnisse der Organe werden im einzelnen durch das Gesetz oder durch die Satzung des Instituts bestimmt. Die Kreditanstalt für Wiederaufbau unterliegt nicht den Bestimmungen des KWG und wird nicht in das Handelsregister eingetragen. Die Anstalt untersteht der Aufsicht der Bundesregierung.

Das Grundkapital der Anstalt beträgt 1 Mrd. DM. Daran sind der Bund mit 800 Mill. DM und die Länder mit 200 Mill. DM beteiligt.

3.2 Deutsche Ausgleichsbank

Die Deutsche Ausgleichsbank wurde 1950 als „Vertriebenen-Bank AG" gegründet. Sie sollte als zentrales Institut die Kredite an Vertriebene verwalten und weiterleiten. 1952 wurde der Name der Bank in „Bank für Vertriebene und Geschädigte (Lastenausgleichsbank) AG" geändert, um den erweiterten Kreis der Kreditnehmer zum Ausdruck zu bringen. Durch das Gesetz vom 28. 10. 1954 wurde das Institut in eine Anstalt öffentlichen Rechts umgewandelt und trug dann den Namen „Lastenausgleichsbank (Bank für Vertriebene und Geschädigte)". Sie sollte durch Kreditgewährung „zur wirtschaftlichen Eingliederung und Förderung der durch den Krieg und seine Folgen betroffenen Personen, insbesondere der Vertriebenen, Flüchtlinge und „Kriegsgeschädigten", beitragen.

Mit Gesetz vom 20. 2. 1986 wurde der Name der Bank erneut geändert, und zwar hat sie mit dem Inkrafttreten des „Gesetzes zur Änderung des Gesetzes über die Lastenausgleichsbank" ihren neuen Namen als „Deutsche Ausgleichsbank" erhalten. Als Spezialinstitut ist sie eine Anstalt des öffentlichen Rechts geblieben und hat ihren Sitz in Bonn.

Der Gesetzgeber hat dem staatlichen Förderinstitut einen neuen Rahmen für die Geschäftstätigkeit gegeben, die Aufgaben aktualisiert und das Kapital erheblich aufgestockt. In dem neuen Gesetz werden die Tätigkeitsschwerpunkte des Instituts erstmals in ihrer seit Jahren bestehenden Zusammensetzung textlich aufgeführt:

Danach finanziert die Bank im Aufgabenbereich des Bundes Maßnahmen

- im wirtschaftsfördernden Bereich, insbesondere für den gewerblichen Mittelstand und die Freien Berufe,
- im sozialen Bereich,
- im Bereich des Umweltschutzes,
- zur wirtschaftlichen Eingliederung und Förderung der durch den zweiten Weltkrieg und seine Folgen betroffenen Personen, sowie heimatlose Ausländer und ausländische Flüchtlinge; die Bank wird ferner tätig im Rahmen des Lastenausgleichs.

154

Die Bank ist eine Anstalt öffentlichen Rechts mit einem auf 120 Mill. DM aufgestockten Grundkapital. Anteilseigner sind der Bund, das ERP-Sondervermögen und das Sondervermögen Ausgleichsfonds. Der Bund hat sich die Kapitalmehrheit vorbehalten, Minderheitsbeteiligungen anderer öffentlicher Stellen sind möglich, eine Teilprivatisierung ausgeschlossen. Die Ausgleichsbank untersteht der Aufsicht der Bundesregierung. Die Aufsicht wird vom Bundesminister des Innern im Einvernehmen mit dem Bundesminister der Finanzen wahrgenommen.

3.3 Landwirtschaftliche Rentenbank

Die Landwirtschaftliche Rentenbank wurde am 11. 05. 1949 als landwirtschaftliche Zentralbank errichtet zur „Beschaffung und Gewährung von Krediten für die Landwirtschaft und Ernährungswirtschaft (einschließlich Forstwirtschaft und Fischerei)". Ihre Vorläufer waren die Deutsche Rentenbank und die Deutsche Rentenbank-Kreditanstalt.

Sie ist eine Anstalt des öffentlichen Rechts und hat ihren Sitz in Frankfurt am Main. Organe der Anstalt sind der Vorstand als Geschäftsführungsorgan, der Verwaltungsrat, dem 31 Mitglieder, vorwiegend Vertreter der Landwirtschaft, angehören und der die Geschäftsführung überwacht, und schließlich die Anstaltsversammlung, die sich als oberstes Organ aus 30 Vertretern der Eigentümer und Pächter der mit der Rentenbankgrundschuld belasteten Grundstücke zusammensetzt. Die Funktion der Organe werden durch das Gesetz und durch die Satzung geregelt. Die Bundesregierung hat zur Ausübung der Aufsicht über die Anstalt einen Kommissar bestellt. Die handelsrechtlichen Vorschriften über die Eintragung in das Handelsregister sind auf die Bank nicht anzuwenden.

Die Landwirtschaftliche Rentenbank kann zur Förderung der landwirtschaftlichen Erzeugung kurz-, mittel- und langfristige Darlehen gewähren. Sie finanziert diese Ausleihungen im wesentlichen durch die Aufnahme langfristiger Darlehen, wobei es sich im wesentlichen um ERP- und Bundesmittel handelt, und durch die Emission mündelsicherer Schuldverschreibungen und Kassenobligationen. Die zur Ausgabe von Schuldverschreibungen erforderliche staatliche Genehmigung erteilt der Bundeswirtschaftsminister im Einvernehmen mit dem Bundesminister für Ernährung, Landwirtschaft und Forsten und dem Bundesfinanzminister.

Im Aktivgeschäft liegt das Schwergewicht bei den langfristigen Ausleihungen. Dabei handelt es sich insbesondere um Landeskultur-, Aussiedlungs- und Aufstockungskredite. Das kurzfristige Kreditgeschäft dient im wesentlichen der Finanzierung der Einfuhr- und Vorratsstellen.

3.4 Wohnungsbau-Kreditanstalten

Wohnungsbaukreditanstalten sind durch Ländergesetze errichtete Anstalten des öffentlichen Rechts mit der gemeinnützigen Aufgabe, durch Finanzierungsmaßnahmen das Schaffen von Wohnraum sowie die Erhaltung und Modernisierung von Wohngebäuden zu fördern. Sie finanzieren neben öffentlich gefördertem sozialen Wohnungsbau auch Eigentumsbaumaßnahmen für einkommensschwächere Bevölkerungsteile.

KWG
§ 2,1

Neben den entsprechenden Ländergesetzen, die für die einzelnen Institute auch besondere Satzungen vorschreiben, gelten die Vorschriften des KWG. Zwar sind die Wohnungsbau-Kreditanstalten Organe der staatlichen Wohnungspolitik, die als solche nicht zu den Kreditinstituten zählen, jedoch betreiben sie gemäß ihrem Finanzierungsauftrag überwiegend Bankgeschäfte. Sie unterliegen darüber hinaus der Staatsaufsicht durch den Wirtschaftsminister und der Fachaufsicht durch den für den Wohnungsbau zuständigen Minister des Landes.

Einzelheiten seien am Beispiel der Wohnungsbau-Kreditanstalt Berlin erläutert. Sie wurde durch Gesetz vom 23. Dezember 1964 errichtet und durch die Neufassung dieses Gesetzes vom 22. Januar 1969 in eine rechtsfähige Anstalt des öffentlichen Rechts umgewandelt. Ihre Organe sind der Vorstand, der die Geschäfte führt und die Anstalt vertritt, sowie der Verwaltungsrat. Gesetz und Satzung bestimmen, daß der Verwaltungsrat die Geschäftsführung beaufsichtigt; sie legen ferner einen Katalog zustimmungsbedürftiger Geschäfte fest.

An eigenen Mitteln verfügt die Wohnungsbau-Kreditanstalt über das vom Land Berlin aufgebrachte Kapital von 93 Mio DM sowie über offene Rücklagen von über einer Milliarde DM. Weitere erforderliche Mittel zur Erfüllung ihrer Aufgaben beschafft sie sich durch die Aufnahme teilweise zweckgebundener vornehmlich langfristiger Verbindlichkeiten. Es handelt sich dabei hauptsächlich um Darlehen des Landes Berlin und um Anlagen gemäß § 17 Berlin FG bei der Wohnungsbau-Kreditanstalt. Für die Verbindlichkeiten der Anstalt hat das Land Berlin die Gewährträgerhaftung übernommen.

Der Wohnungsbau-Kreditanstalt Berlin können von Steuerpflichtigen Darlehen gewährt werden, die unter den Voraussetzungen des § 17 Berlin-Förderungsgesetz steuerbegünstigt sind. Diese Darlehen sind Bauherren weiterzuleiten, die diese unmittelbar und unverzüglich zum Bau von Wohnungen, deren Umbau, Erweiterung, Instandsetzung oder zu einem anderen als förderungswürdig bezeichneten Zwecke einsetzen.

III. Realkreditinstitute

Realkreditinstitute sind private oder öffentlich-rechtliche Bankbetriebe, deren Hauptaktivgeschäft in der Gewährung von langfristigen, durch Grundstücksrechte gesicherten Kredite besteht, wobei die Beschaffung der Mittel durch die Ausgabe von Pfandbriefen erfolgt. Die meisten Realkreditinstitute geben darüber hinaus langfristige Darlehen an Gemeinden und Gemeindeverbände und beschaffen sich das Kapital dazu durch die Emission von Kommunalobligationen.

1. Private und öffentlich-rechtliche Realkreditinstitute

Zur Gruppe der Realkreditinstitute gehören sowohl privatrechtliche als auch öffentlich-rechtliche Banken. Im einzelnen sind folgende Realkreditinstitute zu unterscheiden:

1. **Private Realkreditinstitute**

   a) Hypothekenbanken,

   b) Schiffspfandbriefbanken;

2. **Öffentlich-rechtliche Realkreditinstitute**

   a) Landschaften,

   b) Ritterschaften,

   c) Stadtschaften,

   d) sonstige Realkreditinstitute.

Ferner sind hier Kreditinstitute insoweit zu erwähnen, als sie das Hypothekarkredit- und Pfandbriefgeschäft neben sonstigen Bankgeschäften betreiben:

3. **gemischte Hypothekenbanken;**

4. **öffentlich-rechtliche Institute:**

   a) Landesbanken,

   b) Girozentralen.

1.1 Gesetzliche Bestimmungen

Für die öffentlich-rechtlichen und privaten Realkreditinstitute bestehen verschiedene gesetzliche Bestimmungen. Die ersten öffentlich-rechtlichen Institute erhielten ihre rechtliche Grundlage durch „Reglements", „Verordnungen" o. ä. der betreffenden Landesherren. Seitdem die einzelnen Staaten und das Deutsche Reich Verfassungen bekommen hatten, beruhte die rechtliche Grundlage der öffentlich-rechtlichen Realkreditinstitute auf besonderen, für den Einzelfall erlassenen Gesetzen.

Gemeinsame Rechtsgrundlage aller *öffentlich-rechtlichen Realkreditinstitute* ist das „Gesetz über die Pfandbriefe und verwandten Schuldverschreibungen öffentlich-rechtlicher Kreditanstalten" vom 21. 12. 1927 i.d.F. vom 08. 05. 1963. Dieses Gesetz enthält Vorschriften über die Emission von Pfandbriefen usw. sowie über die Deckung durch Hypotheken bzw. eine sogenannte „Ersatzdeckung" durch bestimmte andere Vermögenswerte. Im Gegensatz zu den Bestimmungen des Hypothekenbankgesetzes besteht für öffentlich-rechtliche Realkreditinstitute nicht die Vorschrift, daß die zur Deckung bestimmten Hypotheken nur die ersten drei Fünftel des Beleihungswerts nicht übersteigen dürfen.

Auch das Recht der *privaten Hypothekenbanken* war in der zweiten Hälfte des 19. Jahrhunderts in den einzelnen Staaten Deutschlands unterschiedlich gestaltet. Die den Geschäftsbetrieb einengenden preußischen Normativbestimmungen vom 06. 07. 1863 hatten zur Folge, daß die Gründung von Hypothekenbanken vorwiegend in außerpreußischen Gebieten erfolgte. Insbesondere nach der Reichsgründung wurde aber die Notwendigkeit einer einheitlichen Regelung in ganz Deutschland immer dringlicher. Das Ergebnis dieser Bestrebungen war der Erlaß des Hypothekenbankgesetzes vom 13. 07. 1899. Heute gilt die Neufassung dieses Gesetzes vom 05. 02. 1963, zuletzt geändert durch Gesetz vom 22. Mai 1980 (BGBl. I S. 584).

HypBkG
§ 2, 1
Zu den wichtigsten **Bestimmungen des Hypothekenbankgesetzes** gehört, daß Hypothekenbanken nur in der Rechtsform der Aktiengesellschaft oder der Kommanditgesellschaft auf Aktien betrieben werden dürfen und der staatlichen Aufsicht unterliegen.

Die Vorschriften des Hypothekenbankgesetzes besagen u. a.,

HypBkG
§ 3
(1) daß die Aufsicht vom Bundesaufsichtsamt für das Kreditwesen ausgeübt wird;

§ 4
(2) daß die Aufsichtsbehörde befugt ist, alle Anordnungen zu treffen, welche erforderlich sind, um den Geschäftsbetrieb der Bank u. a. mit den Gesetzen und der Satzung in Einklang zu halten;

§ 29
(3) daß bei jeder Hypothekenbank durch das Bundesaufsichtsamt nach Anhörung der Hypothekenbank ein Treuhänder zu bestellen ist, der im Rahmen weitgehender Kontrollrechte u. a.

§ 30, 1
(4) darauf zu achten hat, daß jederzeit die vorschriftsmäßige Deckung für die Hypothekenpfandbriefe vorhanden ist.

§ 34
Der *Treuhänder* ist sowohl von der Hypothekenbank, bei der er tätig ist, als auch von der Aufsichtsbehörde unabhängig. Die Aufsichtsbehörde zahlt ihm jedoch eine angemessene Vergütung. Er handelt lediglich im Interesse der Pfandbriefgläubiger. Im Gegensatz hierzu ist im Gesetz über die Pfandbriefe und verwandten Schuldverschreibungen für die öffentlich-rechtlichen Realkreditinstitute kein Treuhänder vorgeschrieben, da die Kontrolle dieser Institute durch die jeweiligen Aufsichtsbehörden für ausreichend angesehen wird. Trotzdem bestimmen in zahlreichen Fällen die Satzungen der öffentlich-rechtlichen Realkreditinstitute, daß ein Treuhänder bestellt werden muß.

Weiterhin enthält das Hypothekenbankgesetz genaue Vorschriften über die Ausgabe von Hypothekenpfandbriefen, die Bedingungen über die Gewährung hypothekarischer Darlehen, das Hypothekenregister, die rechtliche Sicherung der Pfandbriefgläubiger sowie die Ausgabe von Kommunalobligationen.

Für die **Schiffspfandbriefbanken** wurde im Jahre 1943 ein besonderes Gesetz erlassen, das am 14. März 1980 neu gefaßt wurde und in seinen Grundzügen dem Hypothekenbankgesetz entspricht, in seinen einzelnen Paragraphen jedoch die Eigenart der Beleihung von Schiffen berücksichtigt. So bestimmt zum Beispiel das Gesetz, daß die Beleihung nur durch die Einräumung von Abzahlungsdarlehen für nicht länger als 12 Jahre erfolgen darf.

Von besonderer Bedeutung für die Realkreditinstitute ist außerdem die „Verordnung über die **Mündelsicherheit der Pfandbriefe** und verwandten Schuldverschreibungen" vom 07. 05. 1940. Durch diese Verordnung wurde auf dem Gebiet der Mündelsicherheit der Pfandbriefe ein einheitliches Recht für die öffentlich-rechtlichen und die privaten Realkreditinstitute geschaffen.

1.2 Eigene Mittel

Das Eigenkapital der öffentlich-rechtlichen Realkreditinstitute setzt sich aus dem Kapital bzw. Grundkapital sowie den offenen und stillen Rücklagen zusammen.

Neben den üblichen *Funktionen* des Eigenkapitals hat das Eigenkapital der Realkreditinstitute noch besondere Aufgaben zu erfüllen. Einmal dient es dazu, die Deckungshypotheken für die zuerst emittierten Pfandbriefe vorzufinanzieren, denn die gesetzlichen Bestimmungen schreiben sowohl den öffentlich-rechtlichen als auch den privaten Realkreditinstituten vor, daß die in Umlauf zu setzenden Pfandbriefe jederzeit durch Hypotheken (ordentliche Deckung) von mindestens gleicher Höhe und mindestens gleichem Zinsertrag oder bestimmten Ersatzdeckungswerten hinsichtlich des Gesamtbetrages gedeckt sein müssen. Mit Hilfe des Eigenkapitals müssen deshalb zuerst Hypothekarkredite gewährt und ins Deckungsregister eingetragen bzw. Ersatzdeckungswerte erworben werden, bevor Pfandbriefe emittiert werden können und dadurch Fremdkapital aufgenommen werden kann.

Zum anderen ist für die dem Hypothekenbankgesetz unterliegenden Institute die Höhe des Eigenkapitals von großer Bedeutung, weil das Gesetz die Höhe des Pfandbriefumlaufs von der Höhe des Eigenkapitals abhängig macht.

Nach der Neufassung des Hypothekenbankgesetzes vom 05. 02. 1963 i.V.m. der Novelle vom 11. März 1974 darf der „Gesamtbetrag der im Umlauf befindlichen Pfandbriefe... den fünfundzwanzigfachen Betrag des eingebrachten Grundkapitals, der gesetzlichen Rücklage sowie anderer durch die Satzung oder durch Beschluß der Hauptversammlung ausschließlich zur Deckung von Verlusten oder zu einer Kapitalerhöhung aus Gesellschaftsmitteln bestimmter Rücklagen nicht übersteigen." Gewährt eine Hypothekenbank Kommunaldarlehen, so darf der Gesamtbetrag der zur Finanzierung dieses Geschäftes emittierten Kommunalschuldverschreibungen gemäß § 41 Abs. 2 HypBkG unter Hinzurechnung der in Umlauf befindlichen Pfandbriefe das Doppelte der in § 7 Hypothekenbankgesetz für Pfandbriefe allein genannten Höchstgrenze nicht übersteigen.

Bei öffentlich-rechtlichen Realkreditinstituten sind die Umlaufsgrenzen durch den Grundsatz I der vom Bundesaufsichtsamt für das Kreditwesen gem. §§ 10, 11 des KWG erlassenen „Grundsätze über das Eigenkapital und die Liquidität der Kreditinstitute" fixiert; danach sollen die im Umlauf befindlichen Schuldverschreibungen das 36fache des haftenden Eigenkapitals nicht übersteigen.

1.3 Geschäftstätigkeit

Die Geschäftstätigkeit der Realkreditinstitute wird durch gesetzliche Bestimmungen auf wenige Bankgeschäfte beschränkt. In erster Linie dürfen folgende Geschäfte betrieben werden:

HypBkG
§ 5, 1
(1) **Gewährung von Hypothekarkrediten,**

(2) Beschaffung der dazu benötigten Mittel durch **Emission von Pfandbriefen,**

(3) **Gewährung von nicht-hypothekarischen Darlehen** an inländische Körperschaften und Anstalten des öffentlichen Rechts oder an Dritte gegen Übernahme der vollen Gewährleistung durch eine solche Körperschaft oder Anstalt,

(4) Beschaffung der dazu notwendigen Mittel durch **Ausgabe von Kommunalobligationen.**

§ 5, 1
§ 5, 3
Daneben ist den Realkreditinstituten die Abwicklung einiger wenig riskanter Geschäfte, wie Effektenkommissions- und Inkassogeschäfte, Depotgeschäfte, Wechselinkasso und die Hereinnahme von Depositeneinlagen, gestattet. Ferner dürfen Hypothekenbanken Kredite bei inländischen Kapitalsammelstellen zum Zwecke der Gewährung von Hypothekendarlehen und Kommunaldarlehen aufnehmen und dafür Sicherheiten bestellen. Den Realkreditinstituten ist es dagegen nicht gestattet, andere als langfristige Kredite zu gewähren, insbesondere keine Kontokorrentkredite. Ausgenommen von dieser Regelung sind die gemischten Hypothekenbanken, weil diese bereits vor Inkrafttreten des Hypothekenbankgesetzes auch kurzfristige Kredite gewährten und die sonstigen Kreditgeschäfte pflegten.

1.4 Bilanzierung und Publizität

Die privaten Hypothekenbanken und Schiffspfandbriefbanken haben bei der Erstellung des Jahresabschlusses neben den betreffenden allgemeinen handelsrechtlichen und aktienrechtlichen Vorschriften die Bestimmungen des Hypothekenbankgesetzes bzw. Schiffsbankgesetzes zu beachten. Im Rahmen dieser Spezialvorschriften sind vor allem diejenigen von besonderer Bedeutung, die die Jahresergebnisse in den einzelnen Rechnungsperioden beeinflussen. U.a. wird

HypBkG
§ 25, 2
vorgeschrieben, daß vom Emissionsdisagio der Pfandbriefe nur bis zu 80% aktiviert, d.h. als Rechnungsabgrenzungsposten behandelt werden darf, während die restlichen 20% sofort als Aufwand zu verrechnen sind. Diese Regelung bedeutet in Jahren, in denen umfangreiche Emissionen vorgenommen werden, oft eine erhebliche Belastung der betreffenden Banken.

§ 24, 1
Die Jahresabschlüsse der privaten Hypothekenbanken werden nach Formblättern, die für ihre Jahresbilanz und die Gewinn- und Verlustrechnung herausgeben wurden, unter Berücksichtigung der entsprechenden Bilanzierungsrichtlinien aufgestellt.

Die öffentlich-rechtlichen Realkreditinstitute erstellen ihren Jahresabschluß unter Berücksichtigung der allgemeingültigen Bestimmungen nach den Anordnungen, die in der Satzung bzw. dem der Errichtung zugrunde liegenden Gesetz niedergelegt sind, und unter Beachtung der von den zuständigen Staatsaufsichtsbehörden erlassenen Vorschriften.

Keine Besonderheiten ergeben sich bei den Realkreditinstituten hinsichtlich der Prüfungspflicht; alle Institute haben sich einer Jahresabschlußprüfung zu unterziehen. Die Publizitätspflicht der Realkreditinstitute erstreckt sich auf die Veröffentlichung der Jahresbilanz und der Gewinn- und Verlustrechnung.

IV. Deutsche Bundesbank

Die Deutsche Bundesbank ist die Zentralbank (Notenbank) der Bundesrepublik Deutschland und hat als Nachfolgerin der Bank deutscher Länder und der Landeszentralbanken am 01. 08. 1957 ihre Geschäftstätigkeit aufgenommen.

1. Rechtsstellung und Organisation

Artikel 88 des Grundgesetzes der Bundesrepublik Deutschland schreibt dem Bund die Errichtung einer „Währungs- und Notenbank als Bundesbank" vor. Das führte dazu, daß die *Deutsche Bundesbank* auf Grund des Gesetzes über die Deutsche Bundesbank vom 26. 07. 1957 durch Verschmelzung der Bank deutscher Länder mit der Berliner Zentralbank und den Landeszentralbanken entstand. Sie ist eine bundesunmittelbare juristische Person des öffentlichen Rechts und hat ihren Sitz am Sitz der Bundesregierung. Solange dieser sich nicht in Berlin befindet, ist der Sitz der Deutschen Bundesbank Frankfurt am Main. $\quad$ BBkG §1 §2

Ebenso wie die Reichsbank in den Jahren 1922 bis 1937 und die Bank deutscher Länder ist die Deutsche Bundesbank bei der Ausübung der Befugnisse, die ihr nach dem Gesetz zustehen, von Weisungen der Bundesregierung unabhängig. Sie ist jedoch verpflichtet, *unter Wahrung ihrer Aufgabe* die allgemeine Wirtschaftspolitik der Bundesregierung zu unterstützen. $\quad$ §12

In jedem Bundesland unterhält die Deutsche Bundesbank eine Hauptverwaltung, die die Bezeichnung „Landeszentralbank" trägt. Neben diesen elf Hauptverwaltungen bestehen Zweiganstalten (Hauptstellen und Zweigstellen). Dabei unterstehen die Hauptstellen der zuständigen Hauptverwaltung (Landeszentralbank) und die Zweigstellen der jeweils zuständigen Hauptstelle. Orte, in denen sich eine Landeszentralbank, Hauptstelle oder Zweigstelle befindet, werden als *„Bankplätze"* bezeichnet. $\quad$ §8,1 §10

Die **Organe der Deutschen Bundesbank** sind $\quad$ §5

(1) *der Zentralbankrat,*

(2) *das Direktorium,*

(3) *die Vorstände der Landeszentralbanken.*

BBkG § 6,2	Der **Zentralbankrat** ist das oberste willensbildende Organ. Er besteht aus dem Präsidenten und dem Vizepräsidenten der Deutschen Bundesbank, den weiteren Mitgliedern des Direktoriums sowie den elf Präsidenten der Landeszentralbanken.
§ 6,1	*Aufgabe des Zentralbankrates ist es, die Währungs- und Kreditpolitik der Bank zu bestimmen, allgemeine Richtlinien für die Geschäftsführung aufzustellen und die Zuständigkeit des Direktoriums sowie der Vorstände der Landeszentralbanken im Rahmen der Bestimmungen des Bundesbankgesetzes abzugrenzen.*
§ 6,3	In Einzelfällen kann er dem Direktorium und den Vorständen der Landeszentralbanken Weisungen erteilen. Seine Beschlüsse faßt er mit einfacher Mehrheit der abgegebenen Stimmen. Exekutivorgane des Zentralbankrates sind das Direktorium und die Vorstände der Landeszentralbanken.
§ 7,1 –7,3	Das **Direktorium** besteht aus dem Präsidenten und dem Vizepräsidenten der Deutschen Bundesbank sowie bis zu acht weiteren Mitgliedern und ist für die Ausführung der Beschlüsse des Zentralbankrates verantwortlich. Sämtliche Mitglieder des Direktoriums werden vom Bundespräsidenten auf Vorschlag der Bundesregierung bestellt. Sofern nicht die Vorstände der Landeszentralbanken zuständig sind, leitet und verwaltet das Direktorium die Bank. Insbesondere sind ihm folgende *Aufgaben* gestellt:

(1) Geschäfte mit dem *Bund* und seinen Sondervermögen,

(2) Geschäfte mit *Kreditinstituten,* die zentrale Aufgaben im gesamten Bundesgebiet haben,

(3) Devisengeschäfte und Geschäfte im Verkehr mit dem *Ausland,*

(4) Geschäfte am *offenen Markt.*

§ 7,5	Die Beschlüsse des Direktoriums werden – wie die des Zentralbankrates – mit einfacher Mehrheit der abgegebenen Stimmen gefaßt, sofern in der Satzung keine anderen Regelungen getroffen sind.
§ 8,2 –8,4	Der **Vorstand der Landeszentralbanken** besteht aus dem Präsidenten, der vom Bundespräsidenten auf Vorschlag des Bundesrates bestellt wird, und dem Vizepräsidenten, er kann jedoch durch ein oder zwei weitere Mitglieder erweitert werden. Diesem Vorstand obliegen die in den Bereich der betreffenden Hauptverwaltung fallenden Geschäfte und Verwaltungsangelegenheiten. Insbesondere sind dies:

(1) Geschäfte mit dem Land sowie mit öffentlichen Verwaltungen im Land,
(2) Geschäfte mit Kreditinstituten ihres Bereichs, soweit sie nicht nach § 7 Abs. 1 Nr. 2 BBkG dem Direktorium vorbehalten sind.

§ 9,1 § 9,2	Der Landeszentralbank-Vorstand wird in Fragen der Währungs- und Kreditpolitik und über die Durchführung der ihm obliegenden Aufgaben von einem Beirat beraten. Der Beirat besteht aus höchstens zehn Mitgliedern, die besondere Kenntnisse auf dem Gebiete des Bankwesens haben sollen.

2. Eigene Mittel

BBkG
§ 2

Das Grundkapital der Deutschen Bundesbank, das der Summe der den Ländern gehörenden Grundkapitalien der ehemaligen Landeszentralbanken entspricht, beträgt 290 Mio DM und befindet sich in den Händen des Bundes. Außerdem wies die Bundesbank Ende 1983 4 718,7 Mio DM Rücklagen aus.

3. Währungspolitische Befugnisse

Im Zusammenhang mit der Geschäftstätigkeit der Deutschen Bundesbank ist zwischen *Zielen, Mitteln* und *konkreten Maßnahmen* der Zentralbank zu unterscheiden.

Die **Aufgaben** enthält § 3 des Gesetzes über die Deutsche Bundesbank: „Die Deutsche Bundesbank regelt mit Hilfe der währungspolitischen Befugnisse, die ihr nach diesem Gesetz zustehen, den Geldumlauf und die Kreditversorgung der Wirtschaft mit dem Ziel, die Währung zu sichern, und sorgt für die bankmäßige Abwicklung des Zahlungsverkehrs im Inland und mit dem Ausland."

Als **Hauptaufgabe** wird also die **Währungssicherung** herausgestellt, die eine bewußte Steuerung des Geldvolumens, eine Abstimmung zwischen wirksamer Geldmenge und vorhandenem Güterangebot notwendig macht.

Zur Manipulierung der Zentralbankgeldmenge verfügt die Bundesbank über ein umfangreiches Instrumentarium, das im vierten Abschnitt des Bundesbankgesetzes unter der Überschrift „Währungspolitische Befugnisse" im einzelnen erläutert wird.

Als **Mittel der Zentralbankpolitik** sind zu unterscheiden:

(1) das Notenausgaberecht
(2) die Diskontpolitik
(3) die Offenmarktpolitik
(4) die Kreditpolitik
(5) die Mindestreservepolitik
(6) die Einlagenpolitik
(7) die Kurssicherungspolitik
(8) der Abschluß von Pensionsgeschäften

3.1 Notenausgaberecht

§ 14, 1

Die Bundesbank hat in der Bundesrepublik allein das Recht, Banknoten auszugeben. Die auf Deutsche Mark lautenden Noten sind das einzige unbeschränkte gesetzliche Zahlungsmittel. Noten, die auf kleinere Beträge als zehn Deutsche Mark lauten, dürfen nur im Einvernehmen mit der Bundesregierung ausgegeben werden. Die Bundesbank hat die Stückelung und die Unterscheidungsmerkmale der von ihr ausgegebenen Noten öffentlich bekanntzumachen.

Die Bundesbank kann Noten zur Einziehung aufrufen. **Aufgerufene Noten** werden nach Ablauf der beim Aufruf bestimmten Umtauschfrist ungültig.

BBkG
§ 14, 3
Die Bundesbank ist nicht verpflichtet, für vernichtete, verlorene, falsche, verfälschte oder ungültig gewordene Noten Ersatz zu leisten, sie muß jedoch **beschädigte Noten** ersetzen, wenn der Inhaber entweder Teile einer Note vorlegt, die insgesamt größer sind als die Hälfte der Note, oder den Nachweis führt, daß der Rest der Note, von der er nur die Hälfte oder einen geringeren Teil vorlegt, vernichtet ist.

Das Notenausgaberecht ist das erforderliche Instrument der Zentralbank, um das Bargeldvolumen zu steuern, es macht sie zur letzten Liquiditätsquelle der Kreditinstitute.

3.2 Diskontpolitik

§ 15
Unter der Diskontpolitik, dem klassischen Instrument der Notenbank, ist die Festlegung des Satzes zu verstehen, zu dem die Deutsche Bundesbank bereit ist, bundesbankfähige Wechselforderungen von den Banken anzukaufen. Eine Änderung des Diskontsatzes erhöht oder senkt die Refinanzierungskosten bei der Bundesbank und soll über die Ertragslage das Kreditpotential der Geschäftsbanken beeinflussen. Dieses Ziel läßt sich auch dadurch erreichen, daß die Bundes-
§ 19, 1
bank das Ausmaß der Refinanzierungsmöglichkeit der Kreditbanken über den Ankauf von Wechseln steuert (Rediskontkontingente).

Formalrechtlich unabhängig, in der Regel jedoch in fester Relation zum Diskontsatz steht der *Lombardsatz* der Deutschen Bundesbank, der im allgemeinen 1% über der Rediskontrate liegt und bei der Abrechnung von bei der Bundesbank aufgenommenen Lombardkrediten zugrunde gelegt wird (vgl. Abschnitt „Lombardierung von Wechseln, Effekten und Ausgleichsforderungen").

3.3 Offenmarktpolitik

Ein recht elastisches Mittel zur Krediteinschränkung bzw. Kreditausweitung ist die Offenmarktpolitik. Sie umfaßt den An- und Verkauf verzinslicher Wertpapiere (insbesondere von kurz- und mittelfristigen Staatspapieren) und Schuldbuchforderungen durch die Deutsche Bundesbank zur Beeinflussung des Geldmark-
§ 15
tes. Zu diesem Zweck setzt die Bundesbank z.B. zur Zeit für Schatzwechsel und
§ 21
unverzinsliche Schatzanweisungen flexible Abgabesätze als Diskont fest. Ihre Ankaufssätze liegen jeweils $\frac{1}{8}$% über den Abgabesätzen.

Durch die Gestaltung der Abgabe- bzw. Ankaufssätze schafft die Bundesbank für die Banken einen Anreiz, Geldmarktpapiere von ihr zu erwerben bzw. derartige Bestände abzustoßen. Ein Kauf von Offenmarktpapieren durch die Banken bedeutet daher einen Liquiditätsentzug, ein Verkauf an die Bundesbank erweitert das Kreditpotential der Banken.

Ein kombinierter Einsatz von Diskont- und Offenmarktpolitik wird häufig als **Zangenpolitik** bezeichnet. Durch den Entzug von Liquiditätsreserven mit Hilfe von Offenmarktoperationen soll der Diskontsatz effektiv gemacht werden, d. h. die Banken werden zu einer verstärkten Refinanzierung bei der Bundesbank gezwungen. Die Bundesbank erhält dadurch mittelbar eine gewisse Kontrolle über das Giralgeldvolumen der Banken und im Zusammenhang damit einen gewissen Einfluß auf die Höhe der Zinsen.

3.4 Kreditpolitik

Unmittelbaren Einfluß auf das Kreditpotential der Geschäftsbanken kann die Bundesbank durch eine Reihe *quantitativer* und *qualitativer Kreditbeschränkungen* bzw. *-erleichterungen* nehmen, die im Gesetz zusammenfassend als Kreditpolitik bezeichnet werden.

BBkG
§ 15

Als **Mittel einer quantitativen Kreditrestriktion,** die von der Zentralbank bis jetzt praktiziert wurden, sind

die Rediskontkontingente,
die Kreditsperre und
die Kreditrückführung anzusehen sowie
die Grundsätze über das Eigenkapital und die Liquidität, die vom Bundesaufsichtsamt erlassen, aber von der Bundesbank erarbeitet werden.

Qualitative Kreditrestriktionen bedeuten eine Auswahl bestimmter Kreditformen im Hinblick auf die Refinanzierung bei der Zentralbank. So wurden z. B. für eine bestimmte Zeit – mit bestimmten Ausnahmen – Teilzahlungs- und Bauwechsel von der Rediskontierung ausgeschlossen.

3.5 Mindestreservepolitik

Im Rahmen der Mindestreservepolitik hat die Bundesbank das Recht, von den Kreditinstituten zu verlangen, daß sie in Höhe bestimmter Prozentsätze ihrer Verbindlichkeiten aus Sicht-, Termin- und Spareinlagen sowie aus aufgenommenen kurz- und mittelfristigen Geldern – mit Ausnahme der Verbindlichkeiten gegenüber anderen mindestreservepflichtigen Kreditinstituten – Sichtguthaben bei der Zentralbank zinslos unterhalten. Eine Erhöhung des Mindestreservesatzes engt den Kreditschöpfungsspielraum der Banken ein, weil durch den Liquiditätsentzug die für eine zusätzliche Kreditgewährung maßgeblichen Überschußreserven zum Teil oder völlig im Zentralbanksystem stillgelegt werden, während umgekehrt eine Senkung des Mindestreservesatzes das Kreditpotential der Banken erhöht.

§ 16,1

3.6 Einlagenpolitik

BBkG
§ 17

Als jüngeres währungspolitisches Instrument ist die *Einlagenpolitik* für Gelder der öffentlichen Hand gesetzlich verankert worden. Sie verpflichtet die zentralen öffentlichen Verwaltungen (Bund, Länder, Sondervermögen, Ausgleichsfonds und ERP-Sondervermögen), ihre Kassenmittel bei der Deutschen Bundesbank auf Girokonto einzulegen, und räumt der Zentralbank das Recht ein, über eine anderweitige Anlage dieser Mittel zu bestimmen. Dabei ist allerdings das Interesse der Länder an der Erhaltung ihrer Staats- und Landesbanken zu berücksichtigen.

Verweigert die Bundesbank ihre Zustimmung zu einer anderweitigen Anlage, so wirkt diese Maßnahme kontraktiv, d. h. die liquiden Mittel der zentralen öffentlichen Verwaltungen werden den Geschäftsbanken entzogen und bis zu ihrer Verfügung bei der Zentralbank neutralisiert. Gestattet die Bundesbank eine Kassenhaltung der zentralen öffentlichen Haushalte im Geschäftsbankensektor, so ist die Voraussetzung für eine Verbesserung der Liquidität und damit für eine Ausweitung der Geldschöpfungsmöglichkeiten bei den Kreditinstituten gegeben.

Die Einlagenpolitik erlaubt deshalb eine Steuerung der verfügbaren Kassenbestände eines Bereiches, der sich dem Einfluß der Zentralbank sonst weitgehend entzieht.

3.7 Kurssicherungspolitik

Im Rahmen ihrer zahlungsbilanzpolitischen Operationen bietet die Bundesbank den Geschäftsbanken die Möglichkeit zum Abschluß von Kurssicherungsgeschäften (**Swap-Transaktionen**) in US-Dollar an, und zwar versucht sie, die Differenz zwischen dem Terminkurs und dem Kassakurs einer ausländischen Währung (**Swapsatz**) in der Weise zu nutzen, daß sie durch die Variation der Kurssicherungsgebühren den Kreditinstituten Anreize bietet, „Geld zu exportieren bzw. zu importieren". Will sie den Geldexport fördern, also die Geschäftsbanken zu Geldanlagen im Ausland anregen, so wird sie die Kurssicherung zu einem äußerst günstigen Satz übernehmen, d. h. einen bestehenden Deport senken oder sogar einen Report in Form einer Swap-Prämie gewähren. Nähere Einzelheiten werden im Zusammenhang mit den Devisengeschäften erläutert.

3.8 Pensionsgeschäfte

Bei den Pensionsgeschäften kauft die Bundesbank von Banken **Wechsel, Wertpapiere oder Devisen** an, wobei sich die Banken verpflichten, diese Papiere zu fest vereinbartem Preis und Termin (zwischen 10 und 30 Tagen) zurückzunehmen. Da es sich um Kauf und Verkauf von Papieren handelt, könnte man die Pensionsgeschäfte praktisch auch als zwei miteinander verbundene Offenmarktgeschäfte bezeichnen. Der Kaufpreisunterschied ergibt die Effektivverzinsung. Die Abwicklung eines solchen Geschäftes sieht schematisch bei einem Wechselpensionsgeschäft wie folgt aus:

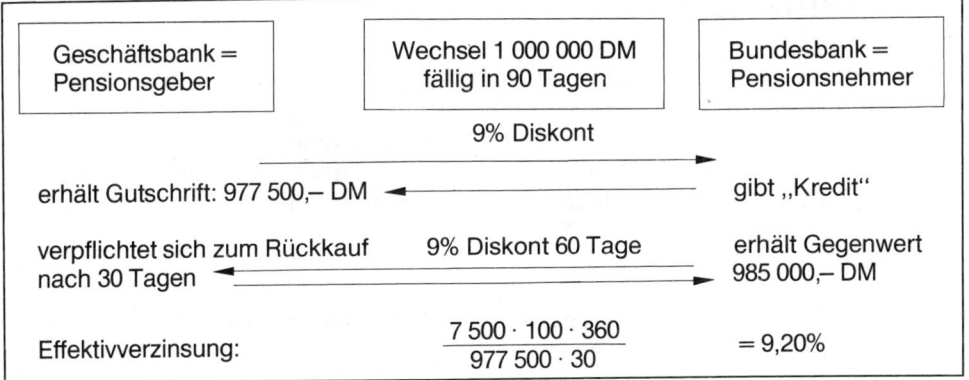

Ähnlich werden Wertpapierpensionsgeschäfte abgewickelt. Die an die Bundesbank zu übereignenden Wertpapiere werden einem als Teil des Lombarddepots geführten „Dispositionsdepot" entnommen und auf dieses Depot später zurückgebucht.

Während Wechsel- und Wertpapierpensionsgeschäfte nur expansiv eingesetzt werden, dienen **Devisenpensionsgeschäfte** dazu, die Geldmenge zu verringern. Die Bundesbank tritt bei diesen Geschäften den Banken ihren Herausgabeanspruch über amerikanische Schatzanweisungen für eine bestimmte Zeit ab, erhält dafür den D-Mark-Gegenwert (= **Verknappung der Geldmenge**) und verpflichtet sich, die Ansprüche zu einem festen Termin zurückzuerwerben. Für die beteiligten Banken – allerdings nur wenige zentrale Institute – eröffnet sich so die Möglichkeit einer Art „Festgeldanlage" bei der Bundesbank. Der Effekt dieser Geschäfte ist letztlich derselbe wie bei Offenmarktgeschäften und Lombardkrediten herkömmlicher Art. Diese können aber in der Regel bei Bedarf von den Banken vorzeitig abgewickelt werden, was bei Pensionsgeschäften nicht möglich ist. Die Bundesbank hat damit einen besseren Überblick über die Entwicklung der Bankenliquidität und damit die Banken besser im liquiditätspolitischen „Griff".

Als **Hilfsmittel der Bundesbank,** das ihr den Überblick zur Anwendung der eigentlichen währungspolitischen Instrumente verschaffen soll, dienen **statistische Erhebungen.** Das Recht, Statistiken auf dem Gebiet des Bank- und Geldwesens bei allen Kreditinstituten anzuordnenen und durchzuführen, ist ausdrücklich unter den währungspolitischen Befugnissen aufgeführt worden.

BBkG
§ 18

Zur Erreichung ihrer Ziele setzt die Deutsche Bundesbank in der Regel nicht ein einzelnes Instrument ein, sondern kombiniert die ihr zur Verfügung stehenden Befugnisse in der Weise, daß sie sich sinnvoll ergänzen. Die Wirksamkeit der kreditpolitischen Maßnahmen wird unterstützt durch Empfehlungen und Appelle der Bundesbank und gegebenenfalls durch freiwillige Vereinbarungen mit den Banken und der übrigen Wirtschaft verstärkt.

4. Geschäftstätigkeit

Die Regelung des Geldumlaufs und der Kreditversorgung der Wirtschaft mit Hilfe des währungspolitischen Instrumentariums und die damit in Verbindung stehende bankmäßige Abwicklung des Zahlungsverkehrs mit dem In- und Ausland erfolgen im Rahmen der Geschäfte, die die Bundesbank insbesondere mit Kreditinstituten und mit öffentlichen Verwaltungen durchführt.

Die Deutsche Bundesbank ist

die **Währungsbank** der Bundesrepublik, der die Notenausgabe sowie die Stabilisierung unserer Währung obliegt,

die **Bank der Banken** als Refinanzierungsquelle, Clearing- und Inkassostelle und

die **Bank des Staates** als Kreditgeber und Kassenhalter zentraler öffentlicher Verwaltungen.

In Übereinstimmung mit diesen Funktionen der Zentralbank sind im fünften Abschnitt des Bundesbankgesetzes die Geschäfte im einzelnen bezeichnet worden, die die Bundesbank betreiben darf. Dabei werden Geschäfte mit Kreditinstituten (§ 19), Geschäfte mit öffentlichen Verwaltungen (§ 20), Geschäfte am offenen Markt (§ 21) sowie Geschäfte mit jedermann (§ 22) unterschieden.

Mit Kreditinstituten darf die Bundesbank folgende Geschäfte betreiben:

BBkG
§ 19, 1

(1) An- und Verkauf von Wechseln und Schecks, die den Anforderungen der Bundesbank genügen;

(2) An- und Verkauf von Schatzwechseln des Bundes, eines Sondervermögens des Bundes (z. B. Bundesbahn, Bundespost) oder eines Landes der Bundesrepublik, die innerhalb von drei Monaten fällig sind;

(3) Gewährung von verzinslichen Lombardkrediten für höchstens drei Monate bei Hereinnahme bestimmter Pfänder;

(4) Annahme unverzinslicher Giroeinlagen;

(5) Verwahrung und Verwaltung von Wertgegenständen, insbesondere Wertpapieren;

(6) Einzug von Schecks, Wechseln, Anweisungen, Wertpapieren und Zinsscheinen (die Wahrnehmung des Depotstimmrechts durch die Bundesbank ist jedoch ausgeschlossen);

(7) Ausführung anderer bankmäßiger Auftragsgeschäfte nach Deckung (z. B. Effektenkommissionsgeschäft);

(8) An- und Verkauf von Devisen und Sorten sowie Gold, Silber und Platin;

(9) Abwicklung aller Bankgeschäfte im Verkehr mit dem Ausland.

Die Aufzählung dieser Geschäfte zeigt, daß die Deutsche Bundesbank für die Geschäftsbanken wichtige Funktionen zu erfüllen hat. Die Zusammenarbeit zwischen Bundesbank und Geschäftsbanken bezieht sich insbesondere auf den Zahlungsverkehr, den Kreditverkehr und die Geldanlage. Die Giroguthaben der Geschäftsbanken bei der Bundesbank gehören zu deren liquidesten (d. h. geldnächsten) Beständen. Ferner ist die Bundesbank für die Geschäftsbanken die wichtigste **Refinanzierungsquelle** sowohl zur Beschaffung der erfolderlichen liquiden Mittel als auch zur Finanzierung von Krediten, die der Kundschaft eingeräumt wurden. Im Rahmen der *Offenmarktgeschäfte* besitzen die Kreditinstitute eine weitere Geldbeschaffungsmöglichkeit, indem sie Geldmarktpapiere an die Bundesbank zurückgeben. Durch den Erwerb von Schatzwechseln und U-Schätzen von der Bundesbank erhalten sie dagegen hochliquide, rentable Anlagemöglichkeiten am Geldmarkt.

BBkG
§ 21

Darüber hinaus hat die Bundesbank große Bedeutung als **Clearing- und Inkassostelle.** Die Geschäftsbanken leiten die inländischen Zahlungsaufträge und Inkassopapiere, soweit dies nicht im eigenen Gironetz geschieht, über die Deutsche Bundesbank. Durch diese Leistungen der Bundesbank wird der bargeldlose Zahlungsverkehr wesentlich gefördert. Die einzelnen Aufträge werden nicht nur schneller erledigt, sondern durch die gebührenfreien Leistungen der Bundesbank werden auch die den einzelnen Geschäftsbanken entstehenden Kosten gesenkt.

Im **Auslandsgeschäft** nimmt die Bundesbank eine zentrale Stellung ein. Zwar kann der internationale Zahlungs- und Kreditverkehr in konvertiblen Währungen ohne die Bundesbank abgewickelt werden, die Bundesbank greift jedoch in den Devisenhandel ein, wenn sich allzu große und unerwünschte Kursausschläge (z. B. gegenüber dem US-Dollar) ergeben. Außerdem ist die Bundesbank verpflichtet, durch Käufe bzw. Abgaben am Devisenmarkt zu „intervenieren", wenn die Währung eines am Europäischen Währungssystem (EWS) beteiligten Landes den oberen oder den unteren Interventionspunkt erreicht, um den Kurs der betreffenden Währung in der festgesetzten Bandbreite zu halten. Sie führt ferner in bestimmtem Umfang eine Kurssicherung für Geldanlagen im Ausland durch. Die Variation der Swapsätze ermöglicht es ihr, kurzfristige Kapitalfluktuationen zu regulieren.

Mit öffentlichen Verwaltungen darf die Bundesbank folgende Geschäfte betreiben:

§ 20,1

(1) Gewährung kurzfristiger Kredite in Form von Buch- und Schatzwechselkrediten (Kassenkredite) im Rahmen bestimmter Kreditplafonds an den Bund, besonders aufgeführte Sondervermögen des Bundes und die Länder;

Durchführung der kostenlosen Giroverkehrs-, Effekten-, Inkasso-, Auftrags-, Devisen- und Auslandsgeschäfte mit dem Bund, seinen Sondervermögen und den Ländern;

(3) Emission von Anleihen, Schatzanweisungen und Schatzwechseln des Bundes, der Bundesbahn, der Bundespost, des Ausgleichsfonds, des ERP-Sondervermögens und der Länder.

Als Bank des Staates nimmt die Bundesbank unterschiedliche Aufgaben wahr. Ihr obliegt zunächst die **Kassenhaltung** aller Bundesbehörden, während sie in den Zahlungsverkehr der Länderbehörden nur teilweise eingeschaltet ist. Die

Länder unterhalten mit Ermächtigung der Bundesbank Konten bei den Landes-banken-Girozentralen.

BBkG § 20, 1 — Die **Kreditgewährung** an den Bund und seine Sondervermögen ist nur in Form von Kassenkrediten bis zur Höhe der im Gesetz angegebenen Plafonds zulässig.

§ 22 — **Mit jedermann,** d.h. mit natürlichen und juristischen Personen im In- und Ausland, darf die Bundesbank folgende Geschäfte betreiben:

(1) Annahme unverzinslicher Giroeinlagen,
(2) Verwahrung und Verwaltung von Wertpapieren,
(3) Inkasso von Schecks und Wechseln,
(4) An- und Verkauf von Devisen,
(5) Auslandsgeschäfte.

§ 23 § 24 — Besonders im Gesetz erwähnt sind außerdem die Bestätigung von Schecks sowie die Beleihung und der Ankauf von Ausgleichforderungen der Kreditinstitute, Versicherungsunternehmen und Bausparkassen durch die Bundesbank.

5. Bilanzierung und Publizität

§ 26, 1– 26, 3 — Das Rechnungswesen der Bundesbank hat den *Grundsätzen ordnungsmäßiger Buchführung* zu entsprechen. Der Jahresabschluß ist nach Beendigung des Geschäftsjahres, das mit dem Kalenderjahr identisch ist, so bald wie möglich vom Direktorium aufzustellen. Dabei werden die *Gliederung der Jahresbilanz* und die Bezeichnungen weitgehend dem Schema der Wochenausweise angepaßt, wie es für die Deutsche Bundesbank gesetzlich vorgeschrieben ist. Für die Wertansätze gelten die aktienrechtlichen Vorschriften sinngemäß. Die Gewinn- und Verlustrechnung wird nach allgemeinen Grundsätzen aufgestellt, die den besonderen Erfolgsfaktoren der Bundesbank Rechnung tragen.

Der bedeutsamste Posten auf der Passivseite der Bundesbankbilanz ist der Banknotenumlauf. In der Höhe des ausgewiesenen Betrages hat die Bundesbank die Verpflichtung der Einlösung in diejenigen Güter, die zur Deckung des Notenumlaufs bestimmt und auf der Aktivseite ausgewiesen sind. Bei den früheren Goldwährungen waren die Banknoten bei Vorlage in Gold einzulösen.

Im Gegensatz zum Banknotenumlauf ist der Bestand an Scheidemünzen als Vermögenswert auf der Aktivseite auszuweisen, weil das Prägerecht ausschließlich der Bundesregierung zusteht und diese somit auch die Deckungsverpflichtung hat.

Die Regelung der Gewinnverwendung ist bei der Bundesbank nicht der Satzung überlassen worden, sondern wurde im Gesetz selbst bindend festgelegt. Der *Reingewinn* ist so zu verwenden, daß zunächst 20 % des Gewinns, mindestens aber 20 Mill. DM, der gesetzlichen Rücklage zugeführt werden, bis diese 5 % des Notenumlaufs beträgt. Sodann dürfen bis zu 10 % des danach verbleibenden

Teils des Reingewinns sonstigen Rücklagen zugewiesen werden, solange diese Rücklagen nicht größer als das Grundkapital sind. 30 Mill DM sind dem Fonds zum Ankauf von Ausgleichsforderungen zuzuweisen. Der restliche Gewinn wird an den Bund abgeführt.

Der vom Direktorium aufgestellte **Jahresabschluß** muß zunächst durch Wirtschaftsprüfer geprüft werden, die vom Zentralbankrat im Einvernehmen mit dem Bundesrechnungshof bestellt worden sind. Dann kann der Jahresabschluß festgestellt werden, diese Aufgabe obliegt dem Zentralbankrat. Die anschließende Veröffentlichung des Jahresabschlusses hat das Direktorium vorzunehmen.

Der **Prüfungsbericht** der Wirtschaftsprüfungsgesellschaften dient dem Bundesrechnungshof als Grundlage für die von ihm als zweiter Prüfungsinstanz durchzuführende Prüfung. § 26,4

Die Publizitätspflichten der Deutschen Bundesbank erstrecken sich neben der Veröffentlichung des Jahresabschlusses im Bundesanzeiger auf die Bekanntgabe ihrer Bilanzzahlen in wöchentlichen Abständen. Nach § 28 BBkG hat die Deutsche Bundesbank jeweils nach dem Stand vom 7., 15., 23. und letzten jeden Monats einen **Ausweis** zu veröffentlichen, der im wesentlichen die gleichen Angaben enthalten muß wie die Jahresbilanz. Im Wochenausweis wird auf den Ausweis von Rechnungsabgrenzungsposten, von Grundstücken, Gebäuden und Geschäftsausstattung und von schwebenden Verrechnungen verzichtet. Insbesondere fehlt auch der Ausweis eines Reingewinns.

Der Wochenausweis der Deutschen Bundesbank dient der kurzfristigen Beurteilung der Geldmarkt- und Währungssituation. Die *Passivseite* des Notenbankausweises unterrichtet über das Volumen des vorhandenen Zentralbankgeldes und seine Verteilung, während die *Aktivseite* über die Entstehung des Zentralbankgeldes Aufschluß gibt (Forderungen an das Ausland, die Kreditinstitute und den Staat).

Über die gesetzlichen Publizitätspflichten hinaus veröffentlicht die Deutsche Bundesbank jährlich einen **Geschäftsbericht,** der den Jahresabschluß mit Erläuterungen, allgemeine Ausführungen zur Wirtschaftsentwicklung und Notenbankpolitik, die jeweils gültigen kredit- und devisenpolitischen Regelungen sowie eine Aufstellung der Mitglieder des Zentralbankrats und des Direktoriums der Deutschen Bundesbank enthält.

Monatlich erscheinen die **Monatsberichte** der Deutschen Bundesbank mit einem ausführlichen statistischen Teil. Ferner gibt die Deutsche Bundesbank *Auszüge aus Presseartikeln* heraus, die in kurzen Abständen etwa zwei- bis dreimal die Woche erscheinen. Sie enthalten in- und ausländische Stimmen zur Währungspolitik und über Probleme der Kreditwirtschaft.

Bilanz der Deutschen Bundesbank zum 31. Dezember 1985

Aktiva

		DM	DM
1	Gold		13 687 518 821,70
2	Reserveposition im Internationalen Währungsfonds und Sonderziehungsrechte		
	2.1 Ziehungsrechte in der Reservetranche	7 418 219 964,70	
	2.2 Kredite auf Grund von besonderen Kreditvereinbarungen	1 955 062 523,22	
	2.3 Sonderziehungsrechte	3 806 614 356,32	13 179 896 844,24
3	Forderungen an den Europäischen Fonds für währungspolitische Zusammenarbeit im Rahmen des Europäischen Währungssystems		
	3.1 Guthaben in ECU 39 822 313 075,55 abzüglich: Unterschiedsbetrag zwischen ECU-Wert und Buchwert der eingebrachten Reserven 22 636 810 854,95	17 185 502 220,60	
	3.2 sonstige Forderungen	—	17 185 502 220,60
4	Guthaben bei ausländischen Banken und Geldmarktanlagen im Ausland		39 477 523 317,91
5	Sorten		24 263 656,34
6	Kredite und sonstige Forderungen an das Ausland		
	6.1 Kredite im Rahmen des mittelfristigen EG-Währungsbeistands	—	
	6.2 sonstige Kredite an ausländische Währungsbehörden	—	
	6.3 Kredite an die Weltbank	2 448 960 750,—	2 448 960 750,—
7	Kredite an inländische Kreditinstitute		
	7.1 Inlandswechsel	44 082 283 367,26	
	7.2 Im Offenmarktgeschäft mit Rücknahmevereinbarung angekaufte Wertpapiere	41 627 008 278,07	
	7.3 Auslandswechsel	17 301 270 501,64	
	7.4 Lombardforderungen	2 314 806 800,—	105 325 368 946,97
8	Kassenkredite (Buchkredite)		
	8.1 Bund	—	
	8.2 Lastenausgleichsfonds	—	
	8.3 Länder	178 917 465,—	178 917 465,—
9	Ausgleichsforderungen an den Bund und unverzinsliche Schuldverschreibung wegen Berlin		8 683 585 988,93
10	Kredite an Bundesbahn und Bundespost		
	10.1 Kassenkredite (Buchkredite)	—	
	10.2 Schatzwechsel und unverzinsliche Schatzanweisungen	—	—
11	Wertpapiere		4 134 644 224,81
12	Deutsche Scheidemünzen		983 785 048,16
13	Postgiroguthaben		201 816 781,11
14	Grundstücke und Gebäude		1 837 791 755,40
15	Betriebs- und Geschäftsausstattung		153 583 303,—
16	Schwebende Verrechnungen		6 421 386 402,29
17	Sonstige Vermögensgegenstände		2 934 727 093,23
18	Rechnungsabgrenzungsposten		37 202 549,12
	Rückgriffsrechte aus Eventualverbindlichkeiten	75 000,—	
			216 896 475 168,81

		DM	DM
1	Banknotenumlauf		105 416 043 935,—
2	Einlagen von Kreditinstituten		
	2.1 auf Girokonten	55 809 583 899,89	
	2.2 sonstige	14 466 711,35	55 824 050 611,24
3	Einlagen von öffentlichen Haushalten		
	3.1 Bund	1 152 945 686,23	
	3.2 Lastenausgleichsfonds und ERP-Sondervermögen	6 107 719,42	
	3.3 Länder	1 052 313 725,52	
	3.4 andere öffentliche Einleger	38 071 230,25	2 249 438 361,42
4	Einlagen von anderen inländischen Einlegern		
	4.1 Bundesbahn	8 428 493,12	
	4.2 Bundespost (einschl. Postgiro- und Postsparkassenämter)	699 442 516,65	
	4.3 sonstige Einleger	859 600 287,44	1 567 471 297,21
5	Verbindlichkeiten aus abgegebenen Mobilisierungs- und Liquiditätspapieren		8 767 800 000,—
6	Verbindlichkeiten aus dem Auslandsgeschäft		
	6.1 Einlagen ausländischer Einleger	14 594 603 194,57	
	6.2 sonstige	25 790 168,26	14 620 393 362,83
7	Ausgleichsposten für zugeteilte Sonderziehungsrechte		3 273 338 090,40
8	Rückstellungen		
	8.1 für Pensionsverpflichtungen	2 011 000 000,—	
	8.2 sonstige Rückstellungen	3 781 200 000,—	5 792 200 000,—
9	Sonstige Verbindlichkeiten		411 240 642,50
10	Rechnungsabgrenzungsposten		439 118 040,88
11	Grundkapital		290 000 000,—
12	Rücklagen		
	12.1 gesetzliche Rücklagen	5 031 700 000,—	
	12.2 sonstige Rücklagen	290 000 000,—	5 321 700 000,—
13	Bilanzgewinn		12 923 680 827,33
	Eventualverbindlichkeiten	75 000,—	
			216 896 475 168,81

Gewinn- und Verlustrechnung der Deutschen Bundesbank für das Jahr 1985

Aufwand

		DM	DM
1	Verwaltungskosten		
	1.1 persönliche	746 574 412,26	
	1.2 sächliche	196 819 607,30	943 394 019,56
2	Notendruck		174 627 323,82
3	Abschreibungen		
	3.1 auf Grundstücke und Gebäude	90 096 868,75	
	3.2 auf Betriebs- und Geschäftsausstattung	64 827 990,48	154 924 859,23
4	Zuweisungen an Rückstellungen		
	4.1 Pensionsverpflichtungen	80 218 117,80	
	4.2 sonstige	–	80 218 117,80
5	Versorgungsleistungen wegen Reichsbank		24 125 346,26
6	Sonstige Aufwendungen		36 634 349,24
7	Jahresüberschuß (= Bilanzgewinn)		12 923 680 827,33
			14 337 604 843,24

Ertrag

		DM
1	Zinsen	13 893 289 501,99
2	Gebühren	18 750 323,69
3	Erträge aus An- und Verkauf von Fremdwährungen sowie aus Bewertung der Währungsreserven und sonstigen Fremdwährungspositionen	279 532 695,05
4	Sonstige Erträge	146 032 322,51
		14 337 604 843,24

Erläuterungen (Auszug)

	DM
Die Gewinn- und Verlustrechnung für das Jahr 1985 schließt ab mit einem Jahresüberschuß von der in der Bilanz als Bilanzgewinn (Reingewinn) ausgewiesen wird.	12 923 680 827,33

Das Direktorium schlägt dem Zentralbankrat gemäß § 27 BBankG vor,

der gesetzlichen Rücklage	239 100 000,–	
und dem Fonds zum Ankauf von		
Ausgleichsforderungen	30 000 000,–	269 100 000,–

zuzuführen.

Der Restbetrag von	12 654 580 827,33

wird an den Bund abgeführt.

Nach dieser Zuweisung wird die gesetzliche Rücklage 5 270 800 000,– DM betragen; sie erreicht damit — wie im Vorjahr — die gesetzlich vorgeschriebene Höchstgrenze von 5 % des Banknotenumlaufs, der sich Ende 1985 auf 105 416 043 935,– DM belief. Die sonstigen Rücklagen haben bereits Ende 1980 die gesetzliche Höchstgrenze von 290 000 000,– DM erreicht.

Aufgaben:

1. Wie war das Zentralbanksystem in Deutschland bis 1957 organisiert und wodurch unterschied es sich von dem heutigen System?
2. Welche Rechtsstellung haben die Deutsche Bundesbank und die Landeszentralbanken?
3. Welches sind die Organe der Deutschen Bundesbank, wie setzen sie sich zusammen, und welche Funktionen haben sie?
4. Analysieren Sie die Bilanz der Deutschen Bundesbank, und ermitteln Sie das Eigenkapital der Bank sowie den Bestand an Währungsreserven!
5. Warum werden in der Bundesbankbilanz die Scheidemünzen als Aktiva und die Banknoten als Passiva ausgewiesen?
6. Welchem Zweck dienen die „Bundesbankausweise", und worin unterscheiden sie sich von der Bundesbankbilanz?
7. Worin bestehen die währungs- und kreditpolitischen Maßnahmen der Bundesbank, welchen Zielen dienen sie, und in welcher Weise können sie die unternehmerischen Entscheidungen im Banken- und Nichtbankensektor beeinflussen?
8. Welche Geschäfte darf die Bundesbank
   a) mit Kreditinstituten,
   b) mit öffentlichen Verwaltungen und
   c) mit jedermann betreiben?
9. Wie ist die Gewinnverwendung bei der Bundesbank geregelt?
10. Versuchen Sie anhand des statistischen Teils eines Monatsberichts der Bundesbank die Auswirkungen zentralbankpolitischer Maßnahmen auf das Wirtschaftsgeschehen in den vergangenen 15 Jahren zu erkennen und zu erläutern!

Teil II
Geschäfte und Dienstleistungen der Kreditinstitute

A. Nationaler Zahlungsverkehr

I. Geschichtliche Entwicklung des Zahlungsverkehrs

Die Vermittlung von Zahlungen und das Wechseln von Münzen bildeten in den Anfängen des Bankwesens häufig zunächst die einzige Tätigkeit der Vorläufer der heutigen Kreditinstitute. Noch im mittelalterlichen Italien war es wegen der Vielfalt der umlaufenden Münzen die Hauptaufgabe der Bankiers, der sog. campsores, Münzen unterschiedlicher Währung zu tauschen. Auch der Zahlungsverkehr in gleicher Währung wickelte sich zunächst bar ab. Wegen der *Gefahren des Geldtransportes und der starken Münzzersplitterung* wurde aber bald versucht, das verhältnismäßig umständliche Verfahren der Barzahlung zu vereinfachen, und bereits im 13. Jahrhundert schufen die Geldhändler die *Wechselbriefe*.

Etwa zur gleichen Zeit und aus den gleichen Gründen entstand in Genua und Venedig *im Zusammenhang mit dem Überseehandel* der *Giroverkehr*. Er umfaßte sowohl einseitige Anweisungen zur Auszahlung als auch reine Kontoübertragungen. Dabei belastete die ausführende Bank das Depositenkonto des zahlenden Kunden und erkannte das des Zahlungsempfängers. Grundlage dieses Giroverkehrs waren hierbei fiktive Rechenwährungen der jeweiligen Banken. Der Nachteil bestand jedoch darin, daß bei der Umschreibung beide Parteien anwesend sein mußten. Zwar verzichtete der Banco di Rialto bereits Ende des 16. Jahrhunderts auf das Erscheinen des Schuldners, bei den übrigen Banken blieb dieses umständliche Verfahren aber bis zum Ende des 18. Jahrhunderts erhalten. Von Genua ist bekannt, daß dort die Banken bereits im 15. Jahrhundert einen Abrechnungsverkehr unterhielten.

In Deutschland bürgerte sich der bargeldlose Zahlungsverkehr erst relativ spät ein. Die erste Girobank war die **1619** gegründete Hamburger Bank. Sie schuf nach dem Vorbild der seit **1609** arbeitenden Amsterdamer „Wisselbank" für ihre Girokonten ein eigenes Geld. Diese sogenannte „Mark Banco" stellte eine Rechnungseinheit für eine bestimmte Menge eingebrachten Silbers dar. Der Giroverkehr der Hamburger Bank und der später folgenden Gründungen – z. B. **1621** der Banco Publico in Nürnberg – wurde nur abgewickelt, wenn der Kontoinhaber persönlich erschien und dem Buchhalter ein „*Assignationsformular*" übergab.

Die Entwicklung des Zahlungsverkehrs zu seiner heutigen Form begann, als die Reichsbank im Jahre **1876** in Anlehnung an den Giroverkehr der Hamburger Bank – die dabei aufgelöst wurde – den *Überweisungsverkehr* im Rahmen des ganz Deutschland umfassenden Giroverkehrs einführte. Daneben entstanden Gironetze bestimmter Institutsgruppen:

das **Gironetz der Sparkassen,**

das **Gironetz der Kreditgenossenschaften,**

das **Gironetz der Großbanken,**

das **Gironetz der Landeszentralbanken** und

das **Netz der Postgiroämter,**

Neben dem Überweisungsverkehr entwickelte sich der *Scheckverkehr*. Da der Wechsel in zunehmendem Maße zum Kreditpapier wurde, entstand etwa zu Beginn des 18. Jahrhunderts in Italien und England der Scheck. Als Abart des Wechsels diente der Scheck ausschließlich der vereinfachten Abwicklung des Zahlungsverkehrs. Heute besteht mit dem Scheck und der Überweisung ein für Deutschland typischer Dualismus im bargeldlosen Zahlungsverkehr.

> Der Zahlungsverkehr der Banken umfaßt sämtliche baren und bargeldlosen Zahlungen, welche die Kreditinstitute für sich bzw. für ihre Kundschaft ausführen.

II. Geld als Gegenstand des Zahlungsverkehrs

Gegenstand des Zahlungsverkehrs ist das Geld in barer oder unbarer Form. Der Begriff des Geldes aber ist ebenso umstritten, wie die Auffassungen über die historische Entstehung des Geldes uneinheitlich sind.

In seiner ursprünglichen Form war das Geld **Warengeld**. Bestimmte Güter, wie z. B. Steine, Perlen, Muscheln, Felle, Kleidungsstücke, Matten, Waffen und Schmuckgegenstände, insbesondere Ringe, wurden bei den Naturvölkern und den vor- und frühgeschichtlichen Völkern, vorwiegend aus sozialen und politischen Gründen, zunächst gehortet und nur gelegentlich zu Wertübertragungen verwendet. Man spricht in diesem Zusammenhang von „**Hortgeld**".

Mit der Entstehung und Entwicklung von Tausch- und sonstigen Wirtschaftsbeziehungen wurde dieses Hortgeld allmählich zu **Tausch- oder Handelsgeld**. Bestimmte Güter wurden monetisiert, d. h. mit der Zahlungsmitteleigenschaft versehen. Dabei erwiesen sich die Metalle, etwa als Ringe, Äxte und Trinkgefäße, insbesondere aber die Edelmetalle Gold und Silber als besonders geeignet. Gold und Silber sind nicht beliebig vermehrbar, leicht teilbar und repräsentieren auch in kleinen Mengeneinheiten einen relativ hohen Wert. Die Edelmetalle wurden zunächst noch in die Form von Barren gebracht (**Barrengeld**); erst später wurden sie zu Münzen geprägt. Wiederum später entstand aus dem *Depotschein* für hinterlegte Warengeldbeträge die **Banknote**.

1. Münzen und Noten

Das Bargeld (Stückgeld) besteht aus Münzen und Banknoten. Die **Münzen** sind mit Ausnahme der Gold- und Silbermünzen regelmäßig Scheidemünzen, deren Metallwert nicht ihrem Nominalwert entspricht. Das Recht zu ihrer Ausprägung (**Münzregal**) steht allein der *Bundesregierung* zu, welche die Aufträge an die Münzstätten der Länder erteilt. Münzstätten sind: Hamburg (Münzzeichen J), Karlsruhe (Münzzeichen G), München (Münzzeichen D) und Stuttgart (Münzzeichen F). Rechtsgrundlage für die Ausprägung von Scheidemünzen ist – neben Art. 73 Ziff. 4 GG – das „**Gesetz über die Ausprägung von Scheidemünzen**" vom 08. 07. 1950, nunmehr gültig in der Fassung des Änderungsgesetzes vom 18. 01. 1963.

Einzelheiten über die in der Bundesrepublik umlaufenden Münzen ergeben sich aus folgender Übersicht:

(1) Münznenn- betrag in DM	(2) Gewicht in g	(3) Zusammensetzung
0,01	2	5% Kupfer, Rest Eisenkern
0,02	2,9	5% Kupfer, Rest Eisenkern
0,05	3	Eisenkern mit Tombak-Legierung
0,10	4	Eisenkern mit Tombak-Legierung
0,50	3,5	75% Kupfer, 25% Nickel
1,—	5,5	75% Kupfer, 25% Nickel
2,—	7	75% Kupfer, 25% Nickel
5,—	10,0	75% Kupfer, 25% Nickel

Die Prägung der 0,01- und 0,02-DM-Münzen ergibt für den Bund einen „Münzverlust", da hier die Prägekosten pro Stück größer sind als der Nennwert der Münze. Erst ab der 0,05-DM-Münze aufwärts entsteht pro geschlagener und in Verkehr gebrachter Münze ein „Münzgewinn", den der Finanzminister für sozialpolitische Zwecke zu verwenden hat. Die Neuprägung kupfer- und nickelhaltiger 5,– DM-Münzen und die Außerkraftsetzung der alten silberhaltigen 5,– DM-Stücke diente auch dazu, den Münzgewinn des Bundes zu vergrößern.

Nach dem Stand vom 31. Dezember 1985 (Geschäftsbericht der Bundesbank von 1985) waren folgende Banknoten und Scheidemünzen im Umlauf:

Stückelung		in Mio DM	in %
Banknoten insgesamt:		105 416,0	100,00
davon:	1 000,– DM	21 665,8	20,55
	500,– DM	13 066,9	12,40
	100,– DM	50 884,0	48,27
	50,– DM	11 993,5	11,38
	20,– DM	4 718,1	4,48
	10,– DM	2 957,1	2,80
	5,– DM	130,6	0,12
Scheidemünzen insgesamt:		9 302,6	100,00
davon:	10,– DM	987,1	10,61
	5,– DM	3 885,1	41,76
	2,– DM	1 169,2	12,57
	1,– DM	1 540,2	16,56
	–,50 DM	719,9	7,74
	–,10 DM	592,7	6,37
	–,05 DM	193,2	2,08
	–,02 DM	98,1	1,05
	–,01 DM	117,1	1,26
Banknoten und Scheidemünzen		114 718,6	

Die **Banknoten** (Papiergeld) sind Papiernoten, zu deren Ausgabe nur die *Deutsche Bundesbank* berechtigt ist. Über eine Begrenzung der Höhe des Notenumlaufs oder über die Deckung der umlaufenden Noten durch Gold oder Devisen enthält das Bundesbankgesetz keine Bestimmungen. Dagegen war der **Münzumlauf** ursprünglich begrenzt, und zwar durfte der Gesamtbetrag **30 DM pro Kopf** der Bevölkerung nicht überschreiten. Diese Regelung erwies sich mit der Zeit jedoch als nicht praktikabel, so daß mit der Änderung des Scheidemünzengesetzes vom 18. 01. 1963 eine derartige Regelung aufgegeben werden mußte. Gleichwohl entspricht es nach wie vor den gesetzlichen Bestimmungen, daß im Zahlungsverkehr keine Person des privaten Rechts verpflichtet ist, auf Deutsche Mark lautende Münzen im Betrag von mehr als 20 DM und auf Pfennig lautende Münzen im Betrag von mehr als 5 DM entgegenzunehmen. Im Gegensatz zu den Banknoten handelt es sich bei den Scheidemünzen also um beschränkt annahmepflichtige Zahlungsmittel. Zur **Ausgabe der Scheidemünzen** ist – wie bei den Banknoten – *nur die Bundesbank* berechtigt, die diese Münzen zum Nominalwert von der allein zur Prägung der Scheidemünzen berechtigten Bundesregierung kaufen muß.

2. Buch- oder Giralgeld

Neben dem Bargeld hat sich das sogenannte Buch- oder Giralgeld zu der bedeutendsten Form des Geldes entwickelt. Es existiert in Gestalt von *Sichtguthaben* (Giroguthaben) und *freiem Kreditspielraum* bei den Kreditinstituten sowie in Form von *Postscheckguthaben*. Da die Inhaber dieser Forderungen jederzeit zu ihrer oder anderer Gunsten über ihre Giroguthaben verfügen können, besitzen die Guthaben die Eigenschaft eines Zahlungsmittels und werden deshalb als Buch- bzw. Giralgeld bezeichnet.

Die Übertragung des Giralgeldes kann nur im bargeldlosen Zahlungsverkehr der Kreditinstitute erfolgen. **Die Eigenschaft eines definitiven Zahlungsmittels besitzt es nicht.** Es birgt lediglich den *Anspruch auf Umwandlung in Bargeld* in sich. Gleichwohl wird es allgemein als gleichwertig mit dem Bargeld angesehen, weil die Kreditwirtschaft eine Gewähr dafür bietet, daß diese Umwandlung notfalls jederzeit erfolgen kann. Der Inhaber eines Sichtguthabens kann von seiner Bank stets die Auszahlung eines entsprechenden Betrages in Bargeld verlangen. Im Gegensatz zum Stückgeld entsteht das Giralgeld unabhängig von der staatlichen Geldhoheit.

3. Geldsurrogate

Neben dem Bargeld und dem Buchgeld dient eine Reihe von Geldsurrogaten als Hilfszahlungsmittel. Im weiteren Sinne gehören dazu bestimmte Wertmarken, Gutscheine, Schuldscheine und Kreditbriefe, im engeren Sinne die kaufmännische Anweisung zu Lasten von Nichtbanken und der Wechsel. Sie können nur dann als Geldsurrogate bezeichnet werden, wenn sie als selbständige Zahlungsmittel umlaufen und damit entweder Bar- oder Buchgeld ersetzen.

Schecks z. B. werden fast ausschließlich benutzt, um über Giralgeld zu verfügen. Auch wenn sie während ihrer gesetzlichen Laufzeit über mehrere Personen gehen, so sind sie dennoch kein Geldersatz, weil kreditorische oder debitorische Buchgelddeckung vorhanden sein muß (Ausnahme: Postlaufkredite). *Der Wechsel dagegen, als weitaus häufigstes Geldsurrogat, ersetzt durch seine Weitergabe vorübergehend einen Geldbetrag;* ein solcher wird erst bei Fälligkeit notwendig. Ob der Wechsel erfüllungshalber oder an Erfüllungs Statt weitergegeben wird, ist in diesem Zusammenhang unerheblich.

4. Funktionen des Geldes

Hauptfunktion des Geldes ist es, einen reibungslosen Zahlungsverkehr zu gewährleisten und damit den Wirtschaftskreislauf funktionsfähig zu erhalten. Durch seine Funktion als **Zahlungsmittel** ist das Geld daneben in der Lage, eine Reihe anderer Aufgaben zu erfüllen, die als *abgeleitete Funktionen* zu bezeichnen sind. So dient das Geld

als **Wertausdrucksmittel**	bei der Bewertung von Gütern und Dienstleistungen,
als **Schuldentilgungsmittel**	für den Kreditnehmer und
als **Wertaufbewahrungsmittel**	für den Sparer.

Volkswirtschftlich gesehen, stellt das Geld eine Anweisung auf das Sozialprodukt dar, d.h. eine Anweisung auf die Summe aller in einer Volkswirtschaft erstellten Güter und Dienstleistungen.

Aufgaben:

1. Schildern Sie die Entwicklung des Zahlungsverkehrs von den Anfängen des Bankwesens bis zur heutigen Form des bargeldlosen Zahlungsverkehrs!
2. Erklären Sie die historische Entwicklung des Geldes vom Warengeld bis zum Papiergeld!
3. Was ist unter dem Münzregal zu verstehen?
4. Erklären Sie den Begriff der Scheidemünze, und was wissen Sie über die Herstellungskosten und den Nennwert der in der Bundesrepublik Deutschland gültigen Münzen!
5. Wodurch unterscheiden sich Banknoten und Scheidemünzen im Hinblick auf ihre Zahlungsmittelfunktion?
6. Warum enthält das Bundesbankgesetz keine Bestimmungen über die Deckung des umlaufenden Notenbankgeldes, und worin könnten die volkswirtschaftlichen Gefahren einer derartigen Regelung liegen?
7. Beschreiben Sie im einzelnen die Organisationsform der Geldversorgung in der Bundesrepublik Deutschland!
8. Worin besteht das Wesen des Giralgeldes, und welche Beziehungen bestehen zwischen dem Giralgeldvolumen und dem Zentralbankgeldvolumen?
9. Wann spricht man von Geldsurrogaten, und welche Bedeutung haben sie?
10. Erklären Sie das Wesen des Geldes aus den Funktionen, die es in einer Volkswirtschaft zu erfüllen hat!

III. Konto als Grundlage für den Zahlungsverkehr

Voraussetzung für die Aufnahme der Geschäftsverbindung mit einer Bank und für die Teilnahme am bargeldlosen Zahlungsverkehr ist die *Eröffnung eines Kontos*. Auf dem Konto finden alle Zahlungsvorgänge, die sich zwischen dem Kunden und seiner Bank ergeben, ihren Niederschlag, und zwar in der Weise, daß die *Zahlungen zugunsten des Kunden auf dem Konto als Gutschriften im Haben erkannt und alle Verfügungen dem Kunden im Soll belastet werden.* Die Differenz zwischen der Summe aller Soll- und Habenposten bezeichnet man als den Kontensaldo. Weist also das Konto einen Sollsaldo auf, so hat – *entgegen der Terminologie der Praxis* – der Kunde ein Guthaben bei der Bank, ergibt sich dagegen ein Habensaldo, so hat die Bank eine Forderung an ihren Kunden.

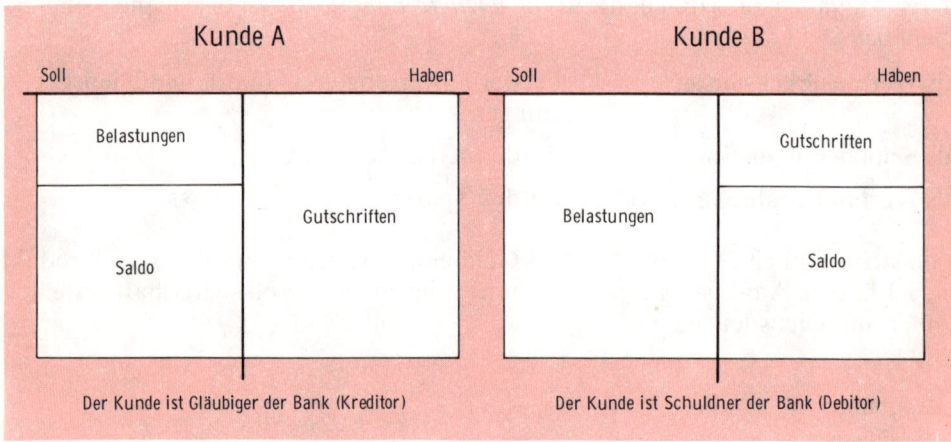

1. Eröffnung des Kontos

1.1 Kontovertrag

Beim Kontovertrag handelt es sich um einen **Geschäftsbesorgungsvertrag** gem. § 675 BGB, der zwischen dem Kunden und der Bank ein *Dauerschuldverhältnis* begründet. *Inhalt* dieses Dauerschuldverhältnisses ist

(1) Die Eröffnung eines oder mehrerer Konten für den Kunden durch die Bank,

(2) die Verpflichtung der Bank, dieses Konto – sofern Deckung oder Kreditspielraum vorhanden ist – entsprechend den Weisungen des Kunden zu belasten (z. B. infolge von Scheckziehungen, Überweisungsaufträgen, Barauszahlungen),

(3) die Verpflichtung der Bank, diesem Konto diejenigen Beträge gutzuschreiben, die für den Kunden bei der Bank eingehen.

184

Die Bank erhält für diese Geschäftsbesorgung ein *Entgelt,* das in Buchungsgebühren, Umsatzprovisionen oder einer niedrigen bzw. einer Nichtverzinsung der Einlagen oder auch in einer Kombination dieser Arten des Entgelts bestehen kann.

Inhalt des Kontovertrages sind ferner die **„Allgemeinen Geschäftsbedingungen",** auf die im Kontoeröffnungsantrag regelmäßig Bezug genommen wird. Sie bilden die rechtsverbindliche Grundlage für alle Geschäftsbeziehungen zwischen dem Kreditinstitut und dem Kunden. Mitunter lassen sich die Banken daher den Empfang eines Abdrucks der AGB von dem Kunden quittieren. Sie sind aber auch dann wesentlicher Bestandteil des Vertrages, wenn der Kunde sie nicht ausdrücklich anerkennt, weil allgemein bekannt ist, daß die „Allgemeinen Geschäftsbedingungen" bestehen und für den gesamten Geschäftsverkehr mit der Bank gelten. Sie sind im übrigen in den Schalterräumen der Banken ausgehängt.

Zur Eröffnung des Kontos ist bei den Kreditinstituten auf einem besonderen Vordruck je nach Art des zu eröffnenden Kontos ein **Kontoeröffnungsantrag** auszufüllen und unterschrieben einzureichen. Dieser Antrag wird von der Bank geprüft, insbesondere hinsichtlich der Person des Antragstellers, um festzustellen, wer Inhaber der aus dem zu eröffnenden Konto resultierenden Rechte und damit Gläubiger der Bank wird.

Bei der Eröffnung von Konten für natürliche Personen enthält der Kontoeröffnungsantrag außerdem die sogenannte **„Schufa-Klausel",** die den Erfordernissen des **Bundesdatenschutzgesetzes (BDSG)** entspricht. Das Bundesdatenschutzgesetz regelt die Zulässigkeit der Verarbeitung personenbezogener Daten im öffentlichen und privaten Bereich und schützt in Dateien gespeicherte Daten natürlicher Personen vor mißbräuchlicher Verarbeitung. Das BDSG gestattet die Verarbeitung nur unter bestimmter Bedingungen (Erlaubnistatbestände), und zwar unter anderem dann, wenn der Betroffene vorher in die Verarbeitung seiner Daten schriftlich eingewilligt hat. Diesem Erfordernis trägt die „Schufa-Klausel" im Kontoeröffnungsantrag Rechnung.

Ab 1. Juli 1986 gilt im Verkehr mit der Privatkundschaft eine neue SCHUFA-Klausel, auf die sich der Zentrale Kreditausschuß (ZKA) und die obersten Aufsichtsbehörden für den Datenschutz geeinigt haben. Die Neufassung der Klausel, nach der Kreditinstitute Kundendaten an die Schutzgemeinschaft für allgemeine Kreditsicherung (SCHUFA) meldet, war durch eine Entscheidung des Bundesgerichtshofs vom 19. September 1985 erforderlich geworden.

Die SCHUFA-Klausel hat künftig drei unterschiedliche Fassungen, und zwar für Kontoeröffnungsanträge, für Kreditanträge und für Bürgschaftserklärungen.

Die neue SCHUFA-Klausel enthält:

(1) die ausdrückliche Einwilligung des Kunden, daß das Kreditinstitut Daten über die Aufnahme und die vertragsgemäße Abwicklung der Geschäftsbeziehung (Kontoverbindung, Kredit, Bürgschaft) an die für seinen Wohnsitz zuständige SCHUFA-Gesellschaft weitergibt,

SCHUFA-Klausel auf Kontoeröffnungsanträgen

Ich/Wir willige(n) ein, daß das Kreditinstitut der für meinen/unseren Wohnsitz zuständigen SCHUFA-Gesellschaft (Schutzgemeinschaft für allgemeine Kreditsicherung) Daten über die Beantragung, die Aufnahme und Beendigung dieser Kontoverbindung übermittelt.

Unabhängig davon wird das Kreditinstitut der SCHUFA auch Daten aufgrund nicht vertragsgemäßen Verhaltens (zum Beispiel Scheckkartenmißbrauch durch den rechtmäßigen Karteninhaber, Scheckrückgabe mangels Deckung, Wechselprotest, beantragter Mahnbescheid bei unbestrittener Forderung sowie Zwangsvollstreckungsmaßnahmen) melden. Diese Meldungen dürfen nach dem Bundesdatenschutzgesetz nur erfolgen, soweit dies zur Wahrung berechtigter Interessen des Kreditinstituts, eines Vertragspartners der SCHUFA oder der Allgemeinheit erforderlich ist und dadurch meine/unsere schutzwürdigen Belange nicht beeinträchtigt werden.

Soweit hiernach eine Übermittlung erfolgen kann, befrei(n) ich/wir das Kreditinstitut zugleich vom Bankgeheimnis.

Die SCHUFA speichert die Daten, um den ihr angeschlossenen Kreditinstituten. Leasinggesellschaften. Einzelhandels-, Versandhandels- und sonstigen Unternehmen, die gewerbsmäßige Geld- oder Warenkredite an Konsumenten geben, Informationen zur Beurteilung der Kreditwürdigkeit von Kunden geben zu können. Sie stellt diese Daten ihren Vertragspartnern nur zur Verfügung, wenn diese ein berechtigtes Interesse an der Datenübermittlung glaubhaft darlegen. Die SCHUFA übermittelt nur objektive Daten ohne Angabe des Kontoführenden Instituts; subjektive Werturteile, persönliche Einkommens- und Vermögensverhältnisse sind in SCHUFA-Auskünften nicht enthalten.

Ich kann/Wir können Auskunft bei der SCHUFA über die mich/uns betreffenden gespeicherten Daten erhalten. Die Adresse der SCHUFA lautet:

ANSCHRIFT DER ZUSTÄNDIGEN
REGIONALEN SCHUFA-GESELLSCHAFT

Ich/Wir willige(n) ein, daß im Falle eines Wohnsitzwechsels die vorgenannte SCHUFA die Daten an die dann zuständige SCHUFA übermittelt.

Weitere Informationen über das SCHUFA-Verfahren enthält ein Merkblatt, das auf Wunsch zur Verfügung gestellt wird.

....
Unterschrift(en)

(2) die Information, daß das Kreditinstitut unabhängig davon Daten aufgrund nicht vertragsgemäßen Verhaltens (Negativmerkmale) an die SCHUFA meldet,

(3) die Beschreibung der Voraussetzungen, unter denen Daten bei nicht vertragsgemäßem Verhalten an die SCHUFA übermittelt werden dürfen,

(4) eine Erläuterung über den Zweck der Datenspeicherung und über die Zugriffsbedingungen zu den gespeicherten Daten.

Der Kunde wird in der SCHUFA-Klausel darauf hingewiesen daß die SCHUFA nur objektive Daten ohne Angabe des kontoführenden bzw. kreditgewährenden Institut übermittelt und daß Werturteile sowie Angaben über die Einkommens- und Vermögensverhältnisse in SCHUFA-Auskünften nicht enthalten sind.

Weitere Informationen enthält ein Merkblatt, das dem Kunden auf Wunsch zur Verfügung gestellt wird.

Im Zusammenhang mit der Neufassung der SCHUFA-Klausel wurde auch das SCHUFA-Verfahren neu geordnet. Daten, die von Kreditinstituten eingespeichert werden, dürfen nur noch an solche SCHUFA-Partner weitergegeben werden, die ihrerseits Geld- oder Warenkredite an Konsumenten zur Verfügung stellen. Sogenannte C-Partner, die selbst keine Kredite gewähren, wie Einzelhändler und Wohnungsvermieter, erhalten Daten von der SCHUFA nur noch dann, wenn der Kunde vorher ausdrücklich eingewilligt hat. Diese Partner sind zum Teil bereits aus der SCHUFA ausgeschieden und sollen künftig nach Möglichkeit alle die SCHUFA verlassen.

Wegen der Möglichkeit, über einen „**Kontovertrag zugunsten Dritter**" diesen Dritten zum Gläubiger der Bank werden zu lassen, kommt beim Abschluß des Kontovertrages dem erkennbaren Willen des Vertragspartners der Bank eine entscheidende Bedeutung zu. Während sich der „echte Vertrag zugunsten Dritter" dadurch auszeichnet, daß der Dritte *unmittelbar* zum Gläubiger der Bank wird, kann bei einem „unechten Vertrag zugunsten Dritter" die Gläubigerschaft des Dritten von bestimmten Bedingungen abhängig gemacht werden. Der Antragsteller kann also durch die Gestaltung des Kontovertrages dem Dritten die Gläubigerstellung bis zum Eintritt einer Bedingung vorenthalten; er kann sich sogar das Recht vorbehalten, den Vertrag zugunsten Dritter vollständig rückgängig zu machen. Bekannte Einschränkungen dieser Art sind die Abhängigkeit der Leistung vom Todesfall des Antragstellers oder die Bedingung des Erreichens eines bestimmten Alters durch den Begünstigten.

BGB
§ 328, 1
§ 328, 2

Bestehen hinsichtlich dieses erkennbaren Willens Zweifel, so spricht zunächst eine Vermutung dafür, daß Kontoinhaber werden soll, wer als solcher bei der Kontoeröffnung bezeichnet worden ist. Das gilt insbesondere bei Kontokorrentkonten. Bei Sparkonten könnte als zusätzliches Kriterium für die Bestimmung der Inhaberschaft der Besitz des Sparbuchs bzw. dessen Nichtbesitz gelten, weil ohne den Besitz des Sparbuches die Verfügung über ein Sparkonto grundsätzlich ausgeschlossen ist.

1.1.1 Kontobezeichnung

Eine genaue Bezeichnung nach Kontoinhaber und Art des Kontos ist die Voraussetzung dafür, daß die Bank über die Person des in erster Linie Verfügungsberechtigten im Bilde ist. Sie stellt auch sicher, daß z. B. Schwierigkeiten bei der Frage nach der Haftung aus einem debitorischen Konto oder bei der Möglichkeit der Aufrechnung oder der Geltendmachung eines Zurückbehaltungsrechts ausgeschaltet werden. Vor allem aber kann vermieden werden, daß die Bank Schadenersatzansprüchen des Kunden oder Dritter (einschließlich des Finanzamtes) ausgesetzt wird. Dies gilt in besonderem Maße für Nachlaßfälle, für Pfändungen von Konten, für Konkursfälle, für Gemeinschaftskonten sowie für Konten zugunsten Dritter.

Ein Konto sollte also mit dem richtigen **Namen des Inhabers** wie folgt bezeichnet werden:

(1) bei den natürlichen Personen mit dem Vor- und Zunamen in seiner amtlichen Schreibweise (bei Ehefrauen möglichst auch mit dem Geburtsnamen), mit dem Geburtsdatum, der genauen Anschrift sowie der Staatsangehörigkeit,
(2) bei allen in öffentlichen Registern eingetragenen Personen und Personenvereinigungen des privaten Rechts mit dem im Register eingetragenen Namen, bei im Handelsregister eingetragenen Kaufleuten also mit der im Handelsregister eingetragenen Firma,
(3) bei den juristischen Personen des öffentlichen Rechts mit der der betr. Anstalt bzw. Körperschaft kraft Gesetzes oder kraft eines Verwaltungsaktes verliehenen Bezeichnung.

Nicht als Namen gelten die sogenannten **Etablissementsbezeichnungen**, wie sie z. B. bei Gaststätten und Apotheken – „Gasthof zum Löwen" oder „Lukasapotheke" – häufig vorkommen, es sei denn, es handelt sich um Bestandteile einer im Handelsregister eingetragenen Firma. Trifft das nicht zu, muß das Konto unter dem bürgerlichen Namen des betreffenden Kaufmanns geführt werden; die Etablissementsbezeichnung sollte dann allerdings zusätzlich in den Kontoeröffnungsunterlagen und der Kundenkartei vermerkt werden, um den Inhaber so genau wie möglich zu bestimmen.

Die Eröffnung eines Kontos unter einem **Künstlernamen** ist zulässig, wenn der Künstlername eine bestimmte Person zweifelsfrei bezeichnet. Auch für diesen Fall empfiehlt es sich, den bürgerlichen Namen zusätzlich sowohl in den Kontounterlagen als auch in der Kundenkartei zu vermerken.

Neben der richtigen Bezeichnung des Inhabers sollte aber auch die **Art des zu eröffnenden Kontos** ausdrücklich bezeichnet werden, z. B.

(1) Sparkonto bzw. Sparkonto zugunsten Dritter,

(2) Konto für einen Minderjährigen,

(3) Darlehnskonto,

(4) Gemeinschaftskonto (entweder als „Und"- oder als „Oderkonto"),

(5) Anderkonto u. a. m.,

um damit die verschiedenen Verfügungsmöglichkeiten, die aus der Art des Kontos resultieren, zweifelsfrei zu bestimmen.

1.1.2 Legitimationsprüfung

1.1.2.1 Rechtsgrundlage und allgemeine Grundsätze

Der Bankverkehr erfordert Klarheit über die Rechtsverhältnisse, die bei einem Konto bestehen. Insbesondere muß ein Kreditinstitut wissen, welche Person Kontoinhaber und welche Person Gläubiger der Bank ist. Diesem Zweck dient die Legitimationsprüfung. Sie ist vom Gesetzgeber vorgeschrieben, und zwar **im § 154 der Abgabenordnung (AO)** i.d.F. vom 16. 3. 1976. Diese Bestimmung soll vor allem Steuerhinterziehungen verhindern oder erschweren. Sie hat folgenden Wortlaut:

(1) Niemand darf auf einen falschen oder erdichteten Namen für sich oder einen Dritten ein Konto errichten oder Buchungen vornehmen lassen, Wertsachen (Gold, Wertpapiere, Kostbarkeiten) in Verwahrung geben oder verpfänden oder sich ein Schließfach geben lassen.

(2) Wer ein Konto führt, Wertsachen verwahrt oder als Pfand nimmt oder ein Schließfach überläßt, hat sich zuvor Gewißheit über die Person und Anschrift des Verfügungsberechtigten zu verschaffen und die entsprechenden Angaben in geeigneter Form, bei Konten auf dem Konto, festzuhalten."

Ergänzt wird diese Vorschrift durch die Erläuterung des Einführungserlasses des BFM vom 01. 10. 1076 zum § 154 AO:

Ziffer 4 Satz 1−3
„Das Kreditinstitut hat sich vor der Erledigung von Aufträgen, die über ein Konto abgewickelt werden sollen bzw. vor Überlassung eines Schließfaches Gewißheit über die Person und Anschrift des (der) Verfügungsberechtigten zu verschaffen. Gewißheit über die Person besteht im allgemeinen nur dann, wenn der vollständige Name, das Geburtsdatum und der Wohnsitz bekannt sind: Eine vorübergehende Anschrift (Hoteladresse) reicht im allgemeinen nicht aus. Bei einer juristischen Person (Körperschaft des öffentlichen Rechts, AG, GmbH usw.) reicht die Bezugnahme auf eine amtliche Veröffentlichung oder ein amtliches Register unter Angabe der Register-Nummer aus."

Ziffer 5
„Diese Angaben sind auf dem Kontostammblatt zu machen. Es ist unzulässig, Name und Anschrift des Verfügungsberechtigten lediglich in einer vertraulichen Liste zu führen und das eigentliche Konto nur mit einer Nummer zu kennzeichnen. Die Führung sogenannter Nummernkonten bleibt — wie schon im bisherigen Recht — verboten."

Ziffer 2 und Ziffer 4 Satz 5
„Es ist zulässig, Konten auf den Namen Dritter zu errichten, hierbei ist die Existenz des Dritten nachzuweisen. Der ausdrücklichen Zustimmung des Dritten bedarf es nicht. Wird ein Konto auf den Namen eines verfügungsberechtigten Dritten errichtet, müssen die Angaben über Person und Anschrift sowohl des Kontoinhabers als auch desjenigen, der das Konto errichtet, festgehalten werden."

Grundsätzlich muß die Legitimationsprüfung vor der Errichtung des Kontos stattfinden. Dies schließt jedoch nicht aus, daß das **Konto schon vor Abschluß der Legitimationsprüfung** errichtet werden kann, daß also z. B. auch ausnahmsweise eine Einzahlung auf das neue Konto vorgenommen werden kann. Die Legitimationsprüfung muß jedoch unverzüglich durchgeführt werden und spätestens abgeschlossen sein, bevor Verfügungen über das Konto zugelassen werden. Bis zu diesem Zeitpunkt ist das Konto eventuell mit einem **Sperrvermerk** zu versehen.

Soll vereinbarungsgemäß lediglich ein einmaliger Geschäftsvorgang abgewickelt werden, so wird dadurch allein noch kein Konto i. S. des § 154 AO begründet.

Die Legitimationsprüfung ist stets für den Gläubiger durchzuführen. Gläubiger ist in aller Regel der Kontoinhaber. Bei der Eröffnung eines Bankkontos durch einen Stellvertreter genügt nicht dessen Identitätsprüfung, da der Zweck der Verpflichtung zur Legitimationsprüfung — nämlich Mißbrauch mit Bankkonten zu verhüten — nur dann erreicht wird, wenn die Identität des Kontoinhabers selbst festgesetllt wird.

Die Bank darf die Verpflichtung zur Legitimationsprüfung wegen ihres öffentlich-rechtlichen Charakters nicht unter eigener Entlastung auf außenstehende Dritte übertragen. Tut sie es dennoch und verletzt der Dritte die Verpflichtung zur sorgfältigen Prüfung, so bleibt die Bank gemäß § 154 Abs. 3 AO für den Schaden   verantwortlich.

1.1.2.2 Prüfungserfordernisse

Über die Art der Legitimationsprüfung sagt die Vorschrift des § 154 Abs. 2 AO nichts aus. Die Erläuterungen des Einführungserlasses bemerken hierzu, daß Gewißheit über die Person im allgemeinen nur dann besteht, wenn der vollständige Name, das Geburtsdatum und der Wohnsitz des Verfügungsberechtigten bekannt sind. Hierbei ist es nicht erforderlich, alle Vornamen aufzunehmen (sind z. B. in einem Auskunftsersuchen der Finanzverwaltung andere Vornamen enthalten, von denen wenigstens einer bei der Bank festgehalten ist, sind weitere Nachforschungen zur Identifizierung notwendig). Anders als im alten Recht ist nicht mehr vorgeschrieben, auch den Geburtsnamen festzuhalten; es kann sich jedoch als zweckmäßig erweisen, auch den Geburtsnamen aufzunehmen.

Zur Durchführung der Legitimationsprüfung ist es auf jenen Fall ausreichend, wenn ein amtlicher und noch gültiger **Personalausweis** vorgelegt wird. Denn nur dieses Ausweispapier umfaßt alle drei genannten Komponenten, nämlich den vollständigen Namen, das Geburtsdatum und den Wohnsitz. Aus der Formulierung des Einführungserlasses „Gewißheit über die Person besteht im allgemeinen" läßt sich aber schließen, daß im Einzelfall eine hinreichende Legitimationsprüfung auch dann bereits vorliegen kann, wenn sich das Kreditinstitut durch Nachweis von Name und Geburtsdatum Gewißheit verschafft hat. Daher können **ausnahmsweise** auch weiterhin **Reisepaß, Führerschein, Geburts- und Heiratsurkunden sowie Familienstammbücher** zur Legitimationsprüfung herangezogen werden, nicht jedoch z. B. Lohnsteuerkarten. Das Institut muß die Unterlagen, die ihm der Antragsteller vorgelegt, pflichtgemäß würdigen.

Ist der Antragsteller der kontoführenden Stelle des Kreditinstituts persönlich bekannt, kann im Einzelfall ausnahmsweise auch weiterhin von einem Nachweis durch Urkunden abgesehen werden.

Wird die Kontoeröffnung ohne Vorlage eines Legitimationspapiers oder brieflich beantragt, sind die Voraussetzungen der Legitimationsprüfung erfüllt, wenn dem Verfügungsberechtigten die Kontoeröffnungsunterlagen oder eine unverzügliche Bestätigung über die erfolgte Kontoeröffnung per Einschreiben gegen Rückschein/eigenhändig übersandt worden sind (§§ 30, 46 Abs. 2 Nr. 1, 47, 50, 51 Postordnung).

Bei der Kontoeröffnung für eine Personenhandelsgesellschaft oder eine juristische Person erfolgt die Legitimation durch ein amtliches Register, z. B. durch Vorlage eines Handelsregisterauszuges. Die Existenz von Körperschaften des öffentlichen Rechts wird durch amtliche Veröffentlichungen, ggf. durch Gesetz oder eine Verordnung, belegt werden können.

Wenn Gebietsfremde vom Ausland aus schriftlich Konten eröffnen lassen, reicht es aus, sich die Unterschrift und die Legitimation des Antragstellers entweder von **Korrespondenzbanken** oder hierzu **befugten Behörden im Lande des Antragstellers** bestätigen zu lassen. Wird die Kontoeröffnung für eine Gesellschaft ausländischen Rechts beanstragt, so muß der Nachweis durch dem deutschen Recht entsprechende oder jeweils landesübliche Unterlagen (z. B. Gerichtsurkunden, Registerauszüge, notariell abgeschlossene/beglaubigte Gesellschafterverträge usw.) geführt werden.

1.1.2.3 Festhalten der Prüfungserfordernisse

Nach dem Wortlaut der Gesetzesfassung sind die Angaben über Person und Anschrift des Verfügungsberechtigten in geeigneter Form, bei Konten **„auf dem Konto"**, festzuhalten. Die Vorschrift soll verhindern, daß diese Angaben im Kreditinstitut an anderer Stelle als auf dem Konto festgehalten werden und die Beantwortung der Auskunftsersuchen dadurch erschwert wird. Der Einführungserlaß präzisiert den Begriff des Kontos dahingehend, daß die Angaben nur auf dem „Kontostammblatt" zu machen sind; demgemäß brauchen Angaben also nicht etwa auf den EDV-mäßigen Dateien (z. B. Umsatzdateien) zu erscheinen. Eine Beeinträchtigung der EDV-mäßigen-Abwicklung der Geschäftsvorfälle wird daher vermieden. Dabei kann die in Ziffer 5 Satz 1 des Einführungserlasses gewählte Formulierung „Kontostammblatt" nur beispielhaft gemeint sein. Nach Sinn und Zweck sind hierunter die Kontoeröffnungsunterlagen zu verstehen, gleich wie diese Unterlagen in der Praxis bankintern bezeichnet werden.

An welcher Stelle des Kreditinstitutes sich jedoch das Konto, d. h. das jeweilige Kontostammblatt (der Kontoeröffnungsantrag), befindet, bleibt der Organisation des Kreditinstituts überlassen. Es wird gesetzlich lediglich festgelegt, auf welchen Unterlagen diese Angaben festzuhalten sind, hingegen wird nicht der Ort fixiert, wo die betreffenden Unterlagen aufbewahrt werden müssen; Kontostammblätter können z. B. auch im Sekretariat oder in der Personalabteilung geführt bzw. aufbewahrt werden.

Rechtsgrundlagen für den Umfang der Haftung bei Versäumnissen und Zuwiderhandlungen sind die §§ 154 Abs. 3 und 72 der Abgabenordnung, die folgenden Wortlaut haben:

§ 154 Abs. 3 AO:
"Ist gegen **Abs. 1** verstoßen worden, so dürfen Guthaben, Wertsachen und der Inhalt eines Schließfaches nur mit **Zustimmung des für die Einkommen- bzw. Körperschaftsteuer des Verfügungsberechtigten zuständigen Finanzamtes** herausgegeben werden."

§ 72 AO:
"Wer vorsätzlich oder grob fahrlässig der Vorschrift des § 154 Abs. 3 zuwiderhandelt, haftet, soweit dadurch die Verwirklichung von Ansprüchen aus dem Steuerschuldverhältnis beeinträchtigt wird."

Die oben aufgeführte Kontosperre tritt demnach nur bei einem Verstoß gegen die Vorschrift des § 154 Abs.1 über die Kontenwahrheit ein. Erst wenn die Zustimmung des Finanzamts für die in Abs. 1 dargelegten Fälle nicht eingeholt und gleichwohl das Guthaben an den Verfügungsberechtigten herausgegeben wird, tritt die Haftung des § 72 AO ein, wobei der Wert der herausgegebenen Gegenstände die Haftungsobergrenze bildet.

Diese Sanktionen gelten nicht für Verstöße, die sich allein aus § 154 Abs. 2 AO ergeben könnten, also z. B. nicht bei unterlassener oder unzureichender Legitimationsprüfung, Verbuchung von Geschäftsvorfällen über CpD-Konten, die bei Anwendung der Erläuterungsvorschriften im Einführungserlaß nicht über derartige Konten hätten verbucht werden dürfen. Erst wenn neben der Verletzung des § 154 Abs. 2 AO auch ein Verstoß gegen das Gebot der Kontenwahrheit (§ 154 Abs. 1 AO) vorliegt und das Kreditinstitut gegen die Kontensperre nach Abs. 3 verstößt, kann eine Haftung nach § 72 AO in Betracht kommen.

Die Verletzungen der Verpflichtungen nach § 154 Abs. 2 AO durch die Kreditinstitute kann gegebenenfalls als **Beihilfe zur Steuergefährdung** i. S. von § 379 AO angesehen werden, soweit nicht sogar der Tatbestand der **Beihilfe zur Steuerhinterziehung** erfüllt ist (s. Einführungserlaß zu § 154 AO, Ziffer 9).

Ebenso **kann eine Verletzung dieser Rechtsvorschrift nach der Rechtsprechung unter Umständen zu** einer **Schadenersatzpflicht gem. § 823 Abs. 2 BGB führen.**

Die Finanzbehörden haben außerdem nach Maßgabe der §§ 328 ff AO die Möglichkeit, eine ordnungsgemäße Legitimationsprüfung mit Zwangsmitteln, insbesondere mit Zwangsgeld, zu erzwingen.

An	**COMMERZBANK**	**Kunden-Nummer**
	A K T I E N G E S E L L S C H A F T	— Wird von der Bank ausgefüllt —

Kontenbezeichnung:

Wilhelm Kreuzmann

Datum: _21. August 1986_

Antrag auf Eröffnung von Konten und Depots

Ich bitte Sie, für mich Konten und Depots zu führen.

Persönliche Angaben	
Vorname	Wilhelm
Zuname (auch Geburtsname)	Kreuzmann
Straße, Haus-Nr.	Bremer Straße 274
PLZ, Wohnort	2100 Hamburg 90
Beruf	Landgerichtsrat
Geschäftszweig	entfällt ☐ selbständig
Staatsangehörigkeit	deutsch
Geburtsdatum	06. Nov. 1929
Geburtsort	Kiel
Telefon-Nummer	6563997

Ich erbitte Kontoauszüge ☐ täglich ☒ wöchentlich ☐ monatlich.

Maßgebend im Geschäftsverkehr sind die Allgemeinen Geschäftsbedingungen der Bank und für bestimmte Geschäftssparten ergänzend die besonderen Bedingungen für Sparkonten, für den Scheckverkehr und für eurocheque-Karten, für Auslandsgeschäfte in Wertpapieren, für Optionsgeschäfte im Börsenterminhandel sowie die von der Internationalen Handelskammer herausgegebenen Einheitlichen Richtlinien für das Inkasso von Handelspapieren und für Dokumentenakkreditive. Für die Geschäfte in Wertpapieren, Devisen und Edelmetallen gelten die Usancen des jeweiligen Ausführungsplatzes sowie die Usancen der Ständigen Kommission für Angelegenheiten des Handels in amtlich nicht notierten Werten. Der Wortlaut kann in den Geschäftsräumen der Bank eingesehen werden.

Girosammelermächtigung

Ich ermächtige Sie, alle Ihnen von mir anvertrauten oder künftig noch anzuvertrauenden Wertpapiere, soweit geeignet, an eine Wertpapiersammelbank zur Sammelverwahrung zu geben.

Übermittlung von Daten an die Schutzgemeinschaft für allgemeine Kreditsicherung (SCHUFA)

Ich willige ein, daß das Kreditinstitut der für meinen Wohnsitz zuständigen SCHUFA-Gesellschaft (Schutzgemeinschaft für allgemeine Kreditsicherung) Daten über die Beantragung, die Aufnahme und Beendigung dieser Kontoverbindung übermittelt.

Unabhängig davon wird das Kreditinstitut der SCHUFA auch Daten aufgrund nicht vertragsgemäßen Verhaltens (z. B. Scheckkartenmißbrauch durch den rechtmäßigen Karteninhaber, Scheckrückgabe mangels Deckung, Wechselprotest, beantragter Mahnbescheid bei unbestrittener Forderung sowie Zwangsvollstreckungsmaßnahmen) melden. Diese Meldungen dürfen nach dem Bundesdatenschutzgesetz nur erfolgen, soweit dies zur Wahrung berechtigter Interessen des Kreditinstituts, eines Vertragspartners der SCHUFA oder der Allgemeinheit erforderlich ist und dadurch meine schutzwürdigen Belange nicht beeinträchtigt werden.

Soweit hiernach eine Übermittlung erfolgen kann, befreie ich das Kreditinstitut zugleich vom Bankgeheimnis.

Die SCHUFA speichert die Daten, um den ihr angeschlossenen Kreditinstituten, Leasinggesellschaften, Einzelhandels-, Versandhandels- und sonstigen Unternehmen, die gewerbsmäßig Geld- oder Warenkredite an Konsumenten geben, Informationen zur Beurteilung der Kreditwürdigkeit von Kunden geben zu können. Sie stellt diese Daten ihren Vertragspartnern nur zur Verfügung, wenn diese ein berechtigtes Interesse an der Datenübermittlung glaubhaft darlegen. Die SCHUFA übermittelt nur objektive Daten ohne Angabe des kontoführenden Instituts; subjektive Werturteile, persönliche Einkommens- und Vermögensverhältnisse sind in SCHUFA-Auskünften nicht enthalten.

Ich kann Auskunft bei der SCHUFA über die mich betreffenden gespeicherten Daten erhalten. Die Adresse der SCHUFA lautet:

SCHUFA GmbH, _____

(Straße, Haus-Nr., PLZ, Ort)

Ich willige ein, daß im Falle eines Wohnsitzwechsels die vorgenannte SCHUFA die Daten an die dann zuständige SCHUFA übermittelt.

Weitere Informationen über das SCHUFA-Verfahren enthält ein Merkblatt, das auf Wunsch zur Verfügung gestellt wird.

1501/00/2
HD0586   Fassung: Mai 1986

Kontoeröffnungsantrag

Wird der vollständig ausgefüllte Kontoeröffnungsantrag nicht in Gegenwart eines Angestellten der Bank unterzeichnet, sondern etwa durch Post oder Boten zurückgereicht, so daß die Prüfung der Echtheit der Unterschriften nicht unmittelbar möglich ist, so empfiehlt es sich,

(1) den Antragsteller zu bitten, seine Unterschrift bei einer in seiner Nähe gelegenen Geschäftsstelle der Bank oder durch eine amtliche Stelle (z. B. Polizei oder Notar) beglaubigen zu lassen und
(2) den Empfang des – einschließlich der banküblicherweise mit ihm verbundenen Erklärungen, vor allem Vollmachten – ordnungsgemäß ausgefüllten Kontoeröffnungsantrages schriftlich durch *Einschreiben mit Rückschein* zu bestätigen und die Kopie des Bestätigungsschreibens zu den Kontoeröffnungsunterlagen zu nehmen.

Bei dem Kontoeröffnungsantrag handelt es sich um eine Willenserklärung, die zu ihrer Rechtswirksamkeit an zwei Voraussetzungen geknüpft ist, nämlich an die *Rechtsfähigkeit* und die *Geschäftsfähigkeit* des Antragstellers.

1.2 Rechtsfähigkeit des Antragstellers

BGB
§ 1

§ 1923, 2
§ 1912, 1

Die Rechtsfähigkeit ist die Fähigkeit, Träger von Rechten und Pflichten zu sein. Sie beginnt bei den **natürlichen Personen** mit der Vollendung der Geburt und endet mit dem Tod. Die Leibesfrucht ist grundsätzlich nicht rechtsfähig, das Erbrecht jedoch steht ihr für den Fall der Geburt zu. Auch kann zum Schutze der zukünftigen Rechte einer Leibesfrucht ein Pfleger bestellt werden. Diese Bestimmung ist in bezug auf die Eröffnung von Konten für noch nicht geborene Kinder im Zweifel von erheblicher Bedeutung.

§ 21
§ 22

Juristische Personen des privaten Rechts erlangen die Rechtsfähigkeit durch Eintragung in das Vereinsregister, das Handelsregister oder das Genossenschaftsregister. Fehlen spezielle handels- oder gesellschaftsrechtliche Vorschriften über die Erlangung der Rechtsfähigkeit durch Eintragung in die Register, dann erhält ein auf wirtschaftliche Betätigung gerichteter Verein die Rechtsfähigkeit durch staatliche Verleihung. Sie werden bei der Abgabe von Willenserklärungen durch ihre Organe vertreten.

HGB
§ 124, 1

Die Bank, die ein Konto für einen Verein, eine AG, eine KGaA, eine GmbH oder Genossenschaft eröffnen will, muß zuvor Einsicht in die Satzung und das betreffende Register nehmen bzw. einen entsprechenden Registerauszug anfordern, um prüfen zu können, wer vertretungsberechtigt ist. Dabei ist zwischen der Vertretungsberechtigung kraft Gesetzes und kraft besonderer Vollmacht zu unterscheiden. Für *Offene Handelsgesellschaften und Kommanditgesellschaften* können ebenfalls Konten eröffnet werden, obwohl sie keine juristischen Personen sind. Sie werden gemäß den handelsrechtlichen Vorschriften vertreten. Ein Handelsregisterauszug ist auch bei diesen Gesellschaften stets anzufordern.

Bei den **Körperschaften, Anstalten und Stiftungen des öffentlichen Rechts** (Gemeinden, Kreise, Länder, Bund, Sparkassen, Industrie- und Handelskammern, die Deutsche Pfandbriefanstalt, die Deutsche Genossenschaftsbank u.a.m.) ist die

194

Kunden-Nummer
—Wird von der Bank ausgefüllt—

Kontenbezeichnung:

Fink & Ullmann GmbH

Datum: __22. Aug. 19__

Antrag auf Eröffnung von Konten und Depots für eine GmbH in Gründung

Wir haben durch notariellen Vertrag vom __9.8.19__ U. R. Nr. __46/19__ des Notars __Dr. H. Hofmann__
die Firma

Kontoinhaber	Fink & Ullmann
Rechtsform	GmbH in Gründung
Branche/Zweck	Textilfachgeschäft
Straße, Haus-Nr. Postfach-Nr.	Steinweg 102
PLZ, Ort	4600 Dortmund
Telefon-Nr.	56 72 83
Telex-Nr.	453706

gegründet.

Die Gesellschaft ist im Handelsregister noch nicht eingetragen. Die Eintragung im Handelsregister werden wir Ihnen unverzüglich schriftlich mitteilen.

Wir bitten Sie, für uns Konten und Depots unter der obigen Kontenbezeichnung zu führen.

Angaben zu den Gesellschaftern:

Persönliche Angaben	1	2
Vorname	Walter	Herbert
Zuname (auch Geburtsname)	Fink	Ullmann
Straße, Haus-Nr.	Hildastraße 25	Lessingstraße 29
PLZ, Wohnort	4600 Dortmund	4600 Dortmund
Beruf/Geschäftszweig	Kaufmann	Kaufmann
Staatsangehörigkeit	deutsch	deutsch
Geburtsdatum	14. 10. 1930	18. 3. 1935
Geburtsort	Düsseldorf	Münster
Telefon-Nummer	17 14 85	43 56 27
Persönliche Angaben	3	4
Vorname		
Zuname (auch Geburtsname)		
Straße, Haus-Nr.		
PLZ, Wohnort		
Beruf/Geschäftszweig		
Staatsangehörigkeit		
Geburtsdatum		
Geburtsort		
Telefon-Nummer		

160/00/2
708123   Fassung: Juni 1977

Kontoeröffnungsantrag für eine GmbH in Gründung

Vertretungsberechtigung der Organe in den betreffenden Gesetzen oder Satzungen festgelegt, die für den Einzelfall bei der das Konto eröffnenden Bank vorzulegen sind.

Religionsgesellschaften erwerben die Rechtsfähigkeit nach den allgemeinen Vorschriften des bürgerlichen Rechts und sind in der Regel Körperschaften des öffentlichen Rechts (vgl. Art. 140 GG i.V.m. Art. 137 der Weimarer Verfassung).

Die Eröffnung von Konten für **nichtrechtsfähige Vereine und Gesellschaften des bürgerlichen Rechts** ist nicht unproblematisch, weil diese Unternehmungsformen als solche nicht Gläubiger eines Bankguthabens sein können.

Bei den nichtrechtsfähigen Vereinen handelt es sich um Arbeitgeber- und Arbeitnehmerorganisationen, Orden, Kartelle und Syndikate, Studentenverbindungen, die Heilsarmee und Vereine, wenn sie nicht in das Vereinsregister eingetragen sind, sowie um **noch nicht ins Handelsregister eingetragene Kapitalgesellschaften** (vgl. Seite 208, Aufgabe II).

Von den Gesellschaften des bürgerlichen Rechts unterscheiden sich die nichtrechtsfähigen Vereine dadurch, daß sie eine körperliche Verfassung haben, daß Vereinsorgane bestellt worden sind, daß das Bestehen des Vereins unabhängig ist vom Mitgliederwechsel und daß es sich schließlich nicht nur um einen vorübergehenden Zusammenschluß von Personen oder Personengruppen handelt.

BGB
§ 54

Während aber bei den eingetragenen Vereinen die Organe den Verein als solchen vertreten können, finden auf die nichtrechtsfähigen Vereine die Vorschriften über die Gesellschaft des bürgerlichen Rechts entsprechende Anwendung, d.h. **der Vorstand vertritt** nicht den Verein, sondern **die Gesamtheit der Mitglieder.** Aus den Handlungen, die im Namen eines solchen Vereins einem Dritten gegenüber vorgenommen werden, haftet der Handelnde persönlich; handeln mehrere, so haften sie als Gesamtschuldner.

Der Vorstand des nicht im Vereinsregister eingetragenen Männergesangvereins „Harmonie" zum Beispiel kann zwar für diesen Verein ein Konto eröffnen lassen, aus dem Kontovertrag ist er jedoch allein berechtigt und verpflichtet. **Gläubiger des Bankguthabens sind die Mitglieder zur gesamten Hand.** Der Vorstand hat sich durch Vorlage der Satzung und der Niederschrift über die Mitgliederversammlung auszuweisen, in der er zum Vorstand bestellt worden ist. Um die Identität der Personen festzustellen, ist darüber hinaus die Vorlage eines Personalausweises erforderlich.

Die Banken können aber auch den Kontoeröffnungsantrag von allen Mitgliedern eines solchen Vereins unterschreiben lassen. In diesem Falle wird der Vorstand im Antrag bevollmächtigt, über das Konto zu verfügen. Diese Form der Kontoeröffnung empfiehlt sich insbesondere bei allen Gesellschaften des bürgerlichen Rechts.

196

1.3 Geschäftsfähigkeit des Antragstellers

Voraussetzung für die Wirksamkeit eines Rechtsgeschäfts ist die Geschäftsfähigkeit der beteiligten Personen, d. h. die Fähigkeit, rechtsverbindliche Willenserklärungen abzugeben. Die Prüfung der Geschäftsfähigkeit bei der Eröffnung eines Kontos läßt sich mit der Legitimationsprüfung verbinden.

Unbeschränkt geschäftsfähig sind in der Bundesrepublik Deutschland *grundsätzlich* alle natürlichen Personen, die das 18. Lebensjahr vollendet haben. Das BGB enthält jedoch eine Reihe von Ausnahmen, die in diesem Zusammenhang darzustellen sind.

1.3.1 Geschäftsunfähigkeit

Geschäftsunfähig sind alle Personen, die BGB

(1) noch nicht **das siebente Lebensjahr** vollendet haben, § 104

(2) sich in einem die freie Willensbildung ausschließenden **Zustande krankhafter Störung der Geistestätigkeit** befinden, sofern nicht der Zustand seiner Natur nach ein vorübergehender ist,

(3) **wegen Geisteskrankheit entmündigt** sind.

Die Willenserklärungen eines Geschäftsunfähigen sind nichtig, auch dann, wenn dem Vertragspartner die Geschäftsunfähigkeit (z. B. die Entmündigung wegen Geisteskrankheit) unbekannt ist. § 105, 1

Eine nur vorübergehende Störung der Geistestätigkeit oder eine Bewußtlosigkeit (z. B. Volltrunkenheit) macht die betreffende Person zwar nicht geschäftsunfähig, die in diesem Zustand abgegebenen Willenserklärungen sind aber nichtig. § 105, 2

Für den Geschäftsunfähigen handelt dessen gesetzlicher Vertreter (Eltern oder Vormund). Die Willenserklärungen gegenüber einem Geschäftsunfähigen werden erst wirksam, wenn sie dem gesetzlichen Vertreter zugehen. § 131, 1

1.3.2 Beschränkte Geschäftsfähigkeit

Beschränkt geschäftsfähig sind alle Personen § 106

(1) für die Zeit von der **Vollendung des 7. bis zur Vollendung des 18. Lebensjahres,**

(2) die **wegen Geistesschwäche, Verschwendung oder Trunksucht entmündigt** worden sind sowie § 114

(3) die **unter vorläufige Vormundschaft gestellten Personen**, deren Entmündigung beim Vormundschaftsgericht beantragt ist. § 1906

197

Ohne Zustimmung seines gesetzlichen Vertreters kann der beschränkt Geschäftsfähige nur solche Rechtsgeschäfte abschließen und nur solche Willenserklärungen entgegennehmen, die ihm lediglich einen rechtlichen Vorteil bringen (z. B. Schenkungen und dingliche Erfüllungsgeschäfte zugunsten des Minderjährigen).

Zum Abschluß aller anderen Geschäfte, also auch eines Kontovertrages, und zur Entgegennahme aller anderen Willenserklärungen bedarf der beschränkt Geschäftsfähige der Zustimmung des gesetzlichen Vertreters.

Beispiel:

Ein Jugendlicher im Alter von 17 Jahren hebt von einem auf seinen Namen lautenden Bankkonto, das seine Eltern für ihn eröffnet hatten – ohne ihm jedoch weitere Vollmachten zu erteilen –, 200,– DM ab. Die Eltern sind damit nicht einverstanden und verlangen, daß der abgehobene Betrag dem Konto ihres Kindes wieder gutgeschrieben wird. Wie ist zu entscheiden?

Bei der Abhebung handelt es sich um eine zustimmungsbedürftige Willenserklärung eines Minderjährigen, weil die Auszahlung des Geldes einen Verlust der Forderung der Bank gegenüber nach sich zieht und dem Minderjährigen nicht *lediglich* einen rechtlichen Vorteil verschafft. Die Bank zahlt also nicht mit befrei-

§ 929 ender Wirkung. Gleichwohl wird der Minderjährige Eigentümer des erhaltenen Geldes, weil in dem Eigentumserwerb als solchem (= dingliches Erfüllungsgeschäft) nur ein rechtlicher Vorteil zu erblicken ist. Sofern der Jugendliche noch

§ 812 um das Geld oder um einen entsprechenden Gegenwert bereichert ist, hätte die Bank allenfalls einen Anspruch auf Herausgabe des ohne rechtlichen Grund Erlangten.

§ 108, 1 Die Zustimmung des gesetzlichen Vertreters kann dem Rechtsgeschäft entweder als **Einwilligung** vorausgehen oder als **Genehmigung** folgen. Liegt die Einwilligung bei der Eröffnung eines Kontos bereits vor oder ist sie im Kontoeröffnungsantrag enthalten, so kann ein Minderjähriger ohne weiteres ein Konto unter seinem Namen eröffnen lassen. Fehlt die Einwilligung, so ist die Willenserklärung bis zur Entscheidung des gesetzlichen Vertreters schwebend unwirksam.

§ 110 Überläßt der gesetzliche Vertreter dem beschränkt Geschäftsfähigen Mittel zur freien Verfügung, so liegt darin die stillschweigende Einwilligung zu allen Rechtsgeschäften, die der Minderjährige mit diesen Mitteln bewirkt ("Taschengeldparagraph").

1.3.3 Erweiterung der Geschäftsfähigkeit

Durch das Gesetz zur Neuregelung des Volljährigkeitsalters vom 31. 07. 1974 wurde das Volljährigkeitsalter mit Wirkung vom 01. 01. 1975 auf 18 Jahre gesenkt. Dadurch wurden die Bestimmungen des BGB, die die Volljährigkeitserklärung regeln (§§ 3–5), gegenstandslos.

Heute ist eine Erweiterung der beschränkten Geschäftsfähigkeit vorgesehen.

(1) für **minderjährige Gewerbetreibende,** die mit Genehmigung des Vormund- BGB
schaftsgerichts von ihrem gesetzlichen Vertreter zum selbständigen Betrieb ei- § 112,1
nes Erwerbsgeschäftes ermächtigt sind,

(2) für **minderjährige Arbeitnehmer,** die von ihrem gesetzlichen Vertreter ermäch- § 113,1
tigt sind, ein Arbeits- oder Dienstverhältnis einzugehen.

Für alle Rechtsgeschäfte, die im Rahmen dieser erteilten Ermächtigung liegen, § 1643,1
sind diese Personen voll geschäftsfähig – mit Ausnahme solcher Geschäfte, für § 1821,1
die auch der gesetzliche Vertreter die Genehmigung des Vormundschaftsgerich-
tes hätte einholen müssen.

Bei der Eröffnung eines Kontos wird von der Bank in jedem Falle die *entspre-* § 1822
chende Ermächtigung angefordert werden müssen, um rechtsunwirksame Verfügungen von vornherein auszuschließen.

2. Verfügungsberechtigung

Mit der Annahme des Kontoeröffnungsantrages durch die Bank kommt der
Kontovertrag zustande. Zahlt der Kunde einen Betrag auf sein Konto ein, so entsteht ein Guthaben, über das er entsprechend den mit der Bank getroffenen Vereinbarungen in Teilbeträgen oder im ganzen verfügen kann.

Verfügungsberechtigt ist grundsätzlich der Kontoinhaber allein. Für geschäftsunfähige und beschränkt geschäftsfähige Personen handelt der gesetzliche Vertreter.

2.1 Gesetzliche Vertretung

Kinder unter 18 Jahren werden durch ihre Eltern (Vater und Mutter) vertreten, § 1626 ff.
sofern vom Vormundschaftsgericht nicht eine andere Regelung getroffen wurde.
Die Kontoeröffnungsanträge der Banken sehen aber für die Eltern regelmäßig
die Erteilung einer gegenseitigen Vollmacht vor, wonach der Vater und die Mutter allein über das Guthaben ihres Kindes verfügungsberechtigt sein sollen.

Zur Aufnahme von Geld auf den Kredit des Kindes sowie zur Übernahme von § 1643,1
Bürgschaften und zur Eingehung von Wechselverbindlichkeiten bedürfen sie der § 1822
Genehmigung des Vormundschaftsgerichts.

Lebt nur noch ein *Elternteil*, so ist zu vermuten, daß dieser das Kind vertreten
kann. Eine andere Regelung durch das Vormundschaftsgericht ist möglich.
Nichteheliche Kinder unter 18 Jahre werden allein durch ihre Mutter vertreten.

COMMERZBANK
AKTIENGESELLSCHAFT

Kunden-Nummer
– Wird von der Bank ausgefüllt –

Kontenbezeichnung:

Maria Volk

Datum: 21. August 1986

Antrag auf Eröffnung von Konten und Depots für Minderjährige

Ich bitte Sie, für mich Konten und Depots zu führen.

Persönliche Angaben	
Vorname	Maria
Zuname (auch Geburtsname)	Volk
Straße, Haus-Nr.	Zartener Str. 5
PLZ, Wohnort	7800 Freiburg-Ebnet
Beruf / Geschäftszweig	Auszubildende im Bankgeschäft
Staatsangehörigkeit	deutsch
Geburtsdatum	23. Nov. 1970 — volljährig am 23. Nov. 1988
Geburtsort	Freiburg i. Br. — Telefon-Nummer 6 43 44
gesetzliche(r) Vertreter	Anton und Frieda Volk
Straße, Haus-Nr.	Zartener Str. 5
PLZ, Wohnort	7800 Freiburg-Ebnet

Ich erbitte Kontoauszüge ☐ täglich ☐ wöchentlich ☒ monatlich

Maßgebend im Geschäftsverkehr sind die Allgemeinen Geschäftsbedingungen der Bank und für bestimmte Geschäftssparten ergänzend die besonderen Bedingungen für Sparkonten, für den Scheckverkehr und für eurocheque-Karten, für Auslandsgeschäfte in Wertpapieren, für Optionsgeschäfte im Börsenterminhandel sowie die von der Internationalen Handelskammer herausgegebenen Einheitlichen Richtlinien für das Inkasso von Handelspapieren und für Dokumentenakkreditive. Für die Geschäfte in Wertpapieren, Devisen und Edelmetallen gelten die Usancen des jeweiligen Ausführungsplatzes sowie die Usancen der Ständigen Kommission für Angelegenheiten des Handels in amtlich nicht notierten Werten.
Der Wortlaut kann in den Geschäftsräumen der Bank eingesehen werden.

Girosammelermächtigung

Ich ermächtige Sie, alle Ihnen von mir anvertrauten oder künftig noch anzuvertrauenden Wertpapiere, soweit geeignet, an eine Wertpapiersammelbank zur Sammelverwahrung zu geben.

Verfügungsberechtigt sind:

☐ die gesetzlichen Vertreter gemeinsam
☒ die gesetzlichen Vertreter einzeln bis zum Widerruf eines gesetzlichen Vertreters
☒ auch der minderjährige Kontoinhaber selbst bis zum Widerruf eines gesetzlichen Vertreters

Unterschriften und zugleich Unterschriftsproben
für Konten und Depots Minderjähriger

┌─── Kunden-Nr. ───┐

Maria Volk — *Maria Volk*
Unterschrift des minderjährigen Kontoinhabers nur wenn selbst verfügungsberechtigt

Anton Volk — *Anton Volk*
Unterschrift des gesetzlichen Vertreters

Frieda Volk — *Frieda Volk*
Unterschrift des gesetzlichen Vertreters — allein oder gemeinsam verfügungsberechtigt

(Nicht benutzte Zeilen sind bei Ausfertigung zu entwerten)

1503/00/2
HD0486 Fassung: April 1986

Kontoeröffnungsantrag für Minderjährige

200

Für Waisen sowie für alle Fälle, in denen den Eltern die Vertretungsbefugnis entzogen wurde, bestellt das Vormundschaftsgericht von Amts wegen einen **Vormund**. Der Vormund hat das Recht und die Pflicht, für die Person und das Vermögen des Mündels zu sorgen, insbesondere den Mündel zu vertreten. Er hat sich als gesetzlicher Vertreter des Mündels durch eine vormundschaftsgerichtliche **Bestallungsurkunde** auszuweisen.

BGB
§ 1773 ff.
§ 1793

§ 1791

Das zum Vermögen des Mündels gehörende Geld ist entweder bei „mündelsicheren Sparkassen" oder in für „mündelsicher erklärten Wertpapieren" anzulegen. Die Anlage von Mündelgeldern bei Kreditgenossenschaften ist nur möglich, wenn eine Bürgschaft der Deutschen Genossenschaftsbank nachgewiesen wird. Private Banken gelten nicht als „mündelsicher", obwohl manchen Instituten auf Grund von Gerichtsentscheidungen im Einzelfall die Genehmigung erteilt wurde, Mündelgelder zu verwalten (z.B. Beschluß des LG Hannover vom 14. 11. 1964).

§ 1807, 1
§ 1811

Die Verfügungsmöglichkeit des Vormundes ist jedoch auf die *Zinserträge* beschränkt, sofern diese *noch nicht als kapitalisiert* gelten. Über das Vermögen als solches kann nur mit Genehmigung des Vormundschaftgerichtes oder eines Gegenvormundes verfügt werden. Im übrigen gelten die den Eltern auferlegten Verfügungsbeschränkungen in gleichem Umfang für den Vormund.

§ 1810
§ 1812

Die Konten eines Minderjährigen müssen **auf den Namen des Minderjährigen** lauten. Darüber hinaus ist ein deutlicher Hinweis auf die Tatsache nötig, daß es sich um ein Konto eines Minderjährigen handelt, etwa durch den **Zusatz „minderjährig"** hinter dem Namen. Dieser Zusatz sollte unbedingt durch die Angabe des **Geburtsdatums** ergänzt werden, und zwar deshalb, um den Eintritt der Volljährigkeit, mit der der Minderjährige allein verfügungsberechtigt wird, feststellen zu können. In den Kontoeröffnungsantrag sind darüber hinaus die Namen der gesetzlichen Vertreter aufzunehmen, etwa durch den **Passus „gesetzlich vertreten durch . . ."**

Die gesetzliche Vertretung der juristischen Personen und der Personenhandelsgesellschaften ergibt sich aus den entsprechenden Bestimmungen des bürgerlichen, des öffentlichen und des Handelsrechts.

2.2 Vertragliche Vertretung

Bei den Firmenkonten ist neben der gesetzlichen Vertretung die vertragliche Vertretung von besonderer Bedeutung. Der Kontoinhaber trägt in diesem Falle auf dem Unterschriftsprobenblatt die Namen der Personen ein, die berechtigt sein sollen, in bezug auf den sich aus der Kontoführung ergebenden Geschäftsverkehr rechtsverbindliche Willenserklärungen für den Kontoinhaber abzugeben.

Die wichtigsten vertraglichen Vertreter des Handelsrechts sind der *Prokurist* und der *Handlungsbevollmächtigte*.

2.2.1 Prokurist

HGB
§ 49, 1
§ 48, 1
§ 50, 1
–50, 2
§ 49, 2

Die Prokura ermächtigt zu allen Arten von gerichtlichen und außergerichtlichen Geschäften und Rechtshandlungen, die der Betrieb *irgendeines* Handelsgewerbes mit sich bringt. Sie kann nur von dem Inhaber eines Handelsgeschäftes (Vollkaufmann) mittels *ausdrücklicher* Erklärung erteilt und Dritten gegenüber nicht auf gewisse Geschäfte oder gewisse Arten von Geschäften beschränkt werden. *Lediglich zur Veräußerung und Belastung von Grundstücken braucht der Prokurist eine besondere Vollmacht.* Der Ankauf von Grundstücken und die Aufnahme von damit im Zusammenhang stehenden Restkaufgeldhypotheken durch einen Prokuristen gelten hingegen grundsätzlich als rechtswirksam abgeschlossene Verträge.

Eine Beschränkung der Prokura durch den Geschäftsinhaber ist nur im **Innenverhältnis** möglich und in der Praxis auch üblich, für das **Außenverhältnis** jedoch sieht das Gesetz nur zwei Formen vor, in denen der Umfang der Prokura eingeschränkt werden kann, nämlich

§ 48, 2
§ 50, 3

(1) **die Gesamtprokura** (Erteilung an mehrere Personen gemeinschaftlich) und
(2) **die Filialprokura** (die Prokura erstreckt sich nur auf den Betrieb einer von mehreren Niederlassungen des Geschäftsinhabers, die unter verschiedenen Firmen betrieben werden müssen).

§ 53, 1
§ 15
§ 52

Dritten gegenüber sind diese Beschränkungen aber nur wirksam, wenn sie in das Handelsregister eingetragen und bekanntgemacht worden sind.

Die Prokura ist im übrigen *jederzeit widerruflich*, nicht übertragbar und erlischt nicht mit dem Tod des Geschäftsinhabers.

Im Verkehr mit den Kreditinstituten ist der Prokurist praktisch uneingeschänkt verfügungsberechtigt. Für die Banken sind auch die gesetzlich vorgesehenen Eintragungen der Erteilung und des Erlöschens der Prokura ohne rechtliche Bedeutung, weil nach den „Allgemeinen Geschäftsbedingungen" die den Banken bekanntgegebenen Unterschriften bis zu ihrem schriftlichen Widerruf durch den Kontoinhaber gelten, und zwar auch dann, wenn die Zeichnungsberechtigten in einem öffentlichen Register eingetragen sind und Änderungen veröffentlicht werden.

§ 51

Nach den handelsrechtlichen Vorschriften hat der Prokurist in der Weise zu zeichnen, daß er der Firma seinen Namen mit einem die Prokura andeutenden Zusatz beifügt (z. B. pp. oder ppa.).

2.2.2 Handlungsbevollmächtigte

Während der Prokurist ohne weitere Vereinbarung zwischen dem Kreditinstitut und dem Kunden berechtigt ist, Kredite aufzunehmen, Wechselverbindlichkeiten einzugehen und den Geschäftsinhaber gerichtlich zu vertreten, bedarf der

§ 54, 2

Handlungsbevollmächtigte dazu einer *besonderen* Ermächtigung. Der Umfang

COMMERZBANK
AKTIENGESELLSCHAFT

Kunden-Nummer
– Wird von der Bank ausgefüllt –

Kontenbezeichnung:

Richter & Ullmann KG

Daimlerstr. 12

7800 Freiburg i. Br.

Datum: ___15. Oktober 1981___

Unterschriftsproben und Bankvollmachten für eingetragene Firmen
(Einzelfirmen, Personen- und Kapitalgesellschaften)

Folgende Personen sind berechtigt, uns im Rahmen der Kontoverbindung und des gesamten sonstigen Geschäftsverkehrs mit Ihnen zu vertreten.

	Namen der Inhaber, persönlich haftender Gesellschafter, Vorstandsmitglieder, Geschäftsführer*)	Angabe, ob allein oder nur gemeinschaftlich zeichnungsberechtigt**	Unterschriftsproben der Inhaber, persönlich haftender Gesellschafter, Vorstandsmitglieder, Geschäftsführer
A)			
1.	Günter Richter	allein	*Richter*
2.	Klaus Ullmann	allein	*Ullmann*
3.	-.-.-.-.-.-.-.-	-.-.-.-	-.-.-.-.-.-.-.-
4.	-.-.-.-.-.-.-.-	-.-.-.-	-.-.-.-.-.-.-.-

	Namen der Prokuristen	gemeinsam mit	Unterschriftsproben der Prokuristen
B)			
5.	Herbert Löffler	C9 od.C10	*Löffler*
6.	Otto Jungmann	B 7	*Jungmann*
7.	Heinz Hübner	B 6	*Hübner*
8.	-.-.-.-.-.-.-.-	-.-.-.-	-.-.-.-.-.-.-.-

	Namen der Handlungsbevollmächtigten mit der Befugnis, Wechselverbindlichkeiten einzugehen und Darlehen aufzunehmen		Unterschriftsproben der Handlungsbevollmächtigten
C)			
9.	Herbert Krause	B 5	*Krause*
10.	Ursula Baumgarten	B 5	*Baumgarten*
11.	-.-.-.-.-.-.-.-	-.-.-.-	-.-.-.-.-.-.-.-
12.	-.-.-.-.-.-.-.-	-.-.-.-	-.-.-.-.-.-.-.-
13.	-.-.-.-.-.-.-.-	-.-.-.-	-.-.-.-.-.-.-.-
14.	-.-.-.-.-.-.-.-	-.-.-.-	-.-.-.-.-.-.-.-
15.	-.-.-.-.-.-.-.-	-.-.-.-	-.-.-.-.-.-.-.-
16.	-.-.-.-.-.-.-.-	-.-.-.-	-.-.-.-.-.-.-.-
17.	-.-.-.-.-.-.-.-	-.-.-.-	-.-.-.-.-.-.-.-
18.	-.-.-.-.-.-.-.-	-.-.-.-	-.-.-.-.-.-.-.-
19.	-.-.-.-.-.-.-.-	-.-.-.-	-.-.-.-.-.-.-.-

(Nicht benutzte Zeilen für Namen und Unterschriftsproben sind bei Ausfertigung zu entwerten.)

*) Nur wenn als solche in einem öffentlichen Register eingetragen.

**) Bei gemeinschaftlicher Zeichnungsberechtigung sind bei jedem Berechtigten die fortlaufenden Nummern derjenigen Unterschriftsträger anzugeben, mit welchen er gemeinsam zeichnen darf.

Richter

Stempel und Unterschrift(en) von lt. Handels-/Genossenschaftsregister gesetzlich zur Vertretung berechtigter Personen (Gruppe A)

157/00/2
00754   Fassung: Juni 1977

Unterschriftsprobenblatt zur Erteilung von Handlungsvollmachten

der Vertretungsbefugnis ist auch insofern beschränkt, als sich die Vollmacht für den Handlungsbevollmächtigten nur auf Geschäfte und Rechtshandlungen erstreckt, die der Betrieb eines *derartigen* Handelsgewerbes *gewöhnlich* mit sich bringt. Zur Veräußerung und Belastung von Grundstücken ist er ebenfalls nicht ermächtigt.

Die Unterschriftsprobenblätter der Banken enthalten daher regelmäßig eine Angabe darüber, ob dem Handlungsbevollmächtigten die Befugnisse nach § 54 Abs. 2 HGB zustehen oder nicht, d. h., ob die Vollmacht auch die Aufnahme von Krediten und die Eingehung von Wechselverbindlichkeiten umfaßt oder nicht.

Handlungsvollmacht und Prokura werden im Verkehr mit den Kreditinstituten häufig in der Weise erteilt, daß der Prokurist oder der Handlungsbevollmächtigte nur gemeinsam mit einem gesetzlichen Vertreter oder mit einem anderen Prokuristen über das Konto verfügungsberechtigt sein sollen. Entsprechende Vereinbarungen sind ebenfalls auf dem Unterschriftsprobenblatt zu vermerken.

2.3 Sonderfälle der Verfügungsberechtigung

2.3.1 Gemeinschaftskonten

Eröffnen mehrere Personen gemeinsam ein Konto (z. B. Eheleute oder Erbengemeinschaften), so sind in bezug auf die Verfügungsberechtigung zwei Kontenarten zu unterscheiden:

(1) das **Und-Konto** und
(2) das **Oder-Konto.**

Während bei den Und-Konten die Kontoinhaber nur **gemeinschaftlich** verfügen können, ist bei den Oder-Konten jeder Kontoinhaber **allein** verfügungsberechtigt.

Die Kreditinstitute pflegen die gemeinschaftliche oder die Einzelverfügung bereits im Kontoeröffnungsantrag festzulegen, weisen aber gewöhnlich ausdrücklich darauf hin, daß im Falle der Einzelverfügung jeder Kontoinhaber berechtigt ist, seine Erklärung mit dem Ziel zu widerrufen, daß die Kontoinhaber nur noch gemeinschaftlich verfügen können. Das Widerspruchsrecht steht auch jedem Erben eines Kontoinhabers zu.

Wird bei einem Und-Konto der Bank durch eine standesamtliche Sterbeurkunde das Ableben eines Kontoinhabers nachgewiesen, so ist sie – nach dem Wortlaut im Kontoeröffnungsantrag – berechtigt und den Erben gegenüber verpflichtet, das Konto zur freien Verfügung der überlebenden Kontoinhaber zu halten. Diese Abrede unter den Kontoinhabern kann von jedem Erben jedoch ebenfalls *unter Nachweis seines Erbrechts* mit Wirkung für sich widerrufen werden. Der Überlebende ist in diesem Falle nur noch zusammen mit den Erben oder dem Testamentsvollstrecker über die Konten und Depots verfügungsberechtigt.

2.3.2 Anderkonten

Anderkonten dienen der Anlage treuhänderisch verwalteter Gelder und können z. B. von Notaren, Rechtsanwälten und Wirtschaftsprüfern eröffnet werden. Die Eröffnung eines Anderkontos bedarf eines **besonderen Vordruckes** der Bank, der die Erklärung enthält, daß das Konto nicht den eigenen Zwecken des Kontoinhabers dienen soll. Mehrere Anderkonten für denselben Kontoinhaber führen die Kreditinstitute unter Nummernbezeichnungen getrennt.

Die Banken prüfen bei den Anderkonten nicht die Herkunft der Mittel; sie nehmen nur von der Tatsache Kenntnis, daß es sich bei den auf diesen Konten unterhaltenen Guthaben nicht um das Eigentum des Kontoinhabers handelt. Ein Anderkonto kann daher nicht als Grundlage für eine Kreditgewährung herangezogen werden, ebensowenig steht der Bank ein Pfandrecht oder ein Zurückbehaltungsrecht zu. – Ausnahmsweise kann die vorübergehende Überziehung eines Anderkontos dann zugelassen werden, wenn ein ausreichendes Anderdepot gleicher Bezeichnung gegenübersteht oder ein Zahlungseingang auf dem Anderkonto mit Sicherheit zu erwarten ist. In anderen Fällen sollte der Kredit dem Kontoinhaber auf einem Eigenkonto gewährt, jedenfalls mit ihm seine persönliche Haftung klargestellt werden.

Im Falle des Konkurses des Kontoinhabers ist der Konkursverwalter als verfügungsberechtigt über die Anderkonten zu betrachten, ihm wird jedoch von der besonderen Eigenschaft dieser Konten Kenntnis gegeben.

2.3.3 Verfügungsberechtigung beim Tode des Kontoinhabers

Beim Ableben eines Kunden sind entweder dessen Erben, ein Testamentsvollstrecker oder ein Bevollmächtigter mit „Vollmacht für den Todesfall" bzw. „Vollmacht über den Tod hinaus" über das Konto verfügungsberechtigt.

Nach den „Allgemeinen Geschäftsbedingungen" sind die Banken berechtigt, von den Erben zu verlangen, daß sie sich durch einen vom Nachlaßgericht ausgestellten Erbschein oder durch eine beglaubigte Abschrift des Testaments nebst einer Ausfertigung des Protokolls über die gerichtliche Eröffnungsverhandlung ausweisen.

Diese Urkunden ermächtigen die Erben grundsätzlich nur zu gemeinschaftlichen Verfügungen. In den meisten Fällen wird jedoch ein Bevollmächtigter die Interessen der Erbengemeinschaft wahrnehmen.
BGB
§ 2039 f.

Der Testamentsvollstrecker hat die Aufgabe, die letztwilligen Verfügungen des Verstorbenen auszuführen und den Nachlaß zu verwalten. Er weist sich der Bank gegenüber durch ein vom Nachlaßgericht ausgestelltes **Testamentsvollstreckerzeugnis** aus und ist im allgemeinen allein und unbeschränkt verfügungsberechtigt.
§ 2203
§ 2205

Die Banken haben die entsprechenden Legitimationsprüfungen mit der im Verkehr erforderlichen Sorgfalt vorzunehmen, sie haften jedoch nicht dafür, daß sie von einem Mangel in der Wirksamkeit der vorgelegten Urkunden unverschuldet keine Kenntnis erlangten.

Da Kreditinstitute geschäftsmäßig fremde Vermögen verwalten oder verwahren, hat sie der Gesetzgeber in § 33 ErbStG in Verbindung mit § 5 Erbschaftsteuerdurchführungsverordnung verpflichtet, in ihrer Verwaltung und Verwahrung stehende Vermögensstücke dem Finanzamt anzuzeigen. Folgende Details sind wesentlich:

(1) Es sind dann Vermögenswerte anzuzeigen, wenn Sie zusammen einen Wert von mehr als DM 2000,– ausmachen. Die Grenze ist uninteressant, wenn der Kunde einen Safe gemietet hatte bzw. Verwahrungsstücke hinterlegt hatte.
(2) Die Anzeige muß vollstädig sein, d.h. neben den Kontoständen und den Depotwerten ist anzuzeigen, ob ein Safe durch den Erblasser gemietet und ob das Kreditinstitut Verwahrstücke entgegengenommen hatte.
(3) Die Anzeige ist an das nächstgelegene Erbschaftsteuerfinanzamt zu richten.
(4) Die Anzeige muß innerhalb eines Monats nach Kenntnis vom Erbfall gegenüber dem Finanzamt abgegeben werden.
(5) Das zu versteuernde Vermögen darf nicht in das Ausland verbracht werden, ehe die Steuerschuld getilgt ist oder dem Finanzamt Sicherheit geleistet ist bzw. das Finanzamt eine Unbedenklichkeitsbescheinigung ausgestellt hat. Hier hat der Gesetzgeber eine Haftungsschuld für die Erbschaftsteuer im Erbschaftsteuergesetz formuliert.

2.3.4 Verfügungsmöglichkeiten beim Konkurs

KO
§ 6,
§ 71,1
§ 78,1

Mit der Eröffnung des Konkursverfahrens verliert der Gemeinschuldner die Befugnis, sein zur Konkursmasse gehörendes Vermögen zu verwalten und darüber zu verfügen. An seine Stelle tritt der vom zuständigen Amtsgericht ernannte Konkursverwalter.

§ 137

Im Verkehr mit den Banken ist der *Konkursverwalter* über das Konto des Gemeinschuldners allein verfügungsberechtigt, solange von der Gläubigerversammlung kein *Gläubigerausschuß* bestellt worden ist. Besteht hingegen ein Gläubigerausschuß, so bedarf nach den Bestimmungen der Konkursordnung jegliche Verfügung der Gegenzeichnung eines Mitgliedes des Gläubigerausschusses. In der Praxis wird jedoch im allgemeinen der Konkursverwalter vom Gläubigerausschuß ermächtigt, über die Konkurskonten alleine zu verfügen.

2.3.5 Pfändung von Bankguthaben

BGB
§ 1277

Die Pfändung eines Bankguthabens durch einen Dritten setzt den Besitz eines vollstreckbaren Titels voraus (rechtskräftiger Vollstreckungsbescheid, rechtskräftiges Urteil, vorläufig vollstreckbares Urteil). Auf der Grundlage dieses vollstreckbaren Titels kann dann das für den Schuldner zuständige Vollstreckungsge-

richt dem kontoführenden Kreditinstitut durch einen sog. **Pfändungs- und Über-** ZPO
weisungsbeschluß verbieten, Zahlungen an den Kontoinhaber zu leisten. Im Zu- § 828 ff.
sammenhang damit wird das Kreditinstitut aufgefordert, das gepfändete Gutha- § 835
ben dem Gläubiger nach seiner Wahl zur Einziehung oder an Zahlungs Statt zu
überweisen.

Zur Sicherung der Ansprüche des Gläubigers kann dieser schon vor der Pfän- § 845, 1
dung auf Grund eines vollstreckbaren Titels dem Kreditinstitut durch einen Gerichtsvollzieher die *Benachrichtigung* zugehen lassen, daß eine Pfändung bevor-
stehe, und das Kreditinstitut auffordern, nicht an den Kontoinhaber zu zahlen
(vorläufiges Zahlungsverbot).

Diese Benachrichtigung hat die Wirkung eines Arrestes (Beschlagnahme), sofern § 845, 2
die Pfändung des Guthabens innerhalb von drei Wochen bewirkt wird.

Zu erwähnen sind hier schließlich Pfändungen von staatlichen Stellen (Finanz-
kasse, Oberjustizkasse, Kasse der Landkreise u.a.), die auf Grund eigener Fi-
nanzhoheit **ohne** Vorlage eines Titels Pfändungsverfügungen bewirken können.

Sollte die Pfändung eine Gutschrift erfassen, die auf einer Leistung auf Grund
des Sozialgesetzbuches beruht oder in entsprechender Weise gegen eine Konto-
pfändung geschützt ist, so ist zu berücksichtigen, daß der Kontoinhaber trotz der
Pfändung innerhalb von **7 Tagen** seit Gutschrift darüber verfügen kann, sofern SGB
nachgewiesen wird, daß es sich bei dem gutgeschriebenen Betrag um eine Lei- § 54, 2
stung nach dem oben genannten Gesetz handelt. Unter diese Zahlungen fallen
z.B. Zahlungen von Konkursausfallgeld, Kindergeld und gesetzliche Rentenan-
sprüche.

Aufgaben:

I. 1. Welche Rechte und Pflichten ergeben sich aus dem Kontovertrag für den Kunden und die Bank?
2. Worin besteht der Unterschied zwischen der Rechtsfähigkeit und der Geschäftsfähigkeit?
3. Wann werden natürliche und juristische Personen rechtsfähig, und worin liegt
die Bedeutung der Erlangung der Rechtsfähigkeit bei der Kontoeröffnung?
4. Für ein Kind von 6 Jahren sowie für einen Jugendlichen im Alter von 14 Jahren
soll jeweils ein Konto eröffnet werden. Auf welche Weise kann das geschehen,
und wie ist es mit der Verfügungsberechtigung?
5. Unter welchen Voraussetzungen kann ein Minderjähriger selbstständig bei einer Bank ein Konto eröffnen?
6. Inwiefern wirkt sich die Entmündigung eines Kontoinhabers auf die Rechtsbe-
ziehung zwischen der Bank und dem Entmündigten aus?
7. Was ist unter einer Legitimationsprüfung des Antragstellers bei einer Kontoeröffnung zu verstehen, welchem Zweck dient sie, und was geschieht, wenn
die Bank ihrer Prüfungspflicht nicht nachkommt?
8. Wie ist die Verfügungsberechtigung des oder der Erben geregelt, und wann
wird das Kreditinstitut in diesem Zusammenhang mit befreiender Wirkung zahlen?

9. Unter welchen Voraussetzungen kann der Konkursverwalter uneingeschränkt über das Konto des Gemeindeschuldners verfügen?
10. Worin liegen die Besonderheiten der Gemeinschafts- und Anderkonten?
11. In welcher Weise sind im Rahmen des vertraglichen Vertretungsrechts nach Maßgabe der gesetzlichen Bestimmungen Handlungsbevollmächtigte und Prokuristen über ein Firmenkonto verfügungsberechtigt?
12. Wie unterscheiden sich die Handlungsvollmacht und die Prokura im Hinblick auf die Rechtswirksamkeit von Willenserklärungen, die im übrigen Geschäftsverkehr abgegeben werden?

II. A und B haben einen Vertrag zur Gründung der Allgemeinen Transportgesellschaft m.b.H. geschlossen. Die Eintragung in das Handelsregister ist noch nicht erfolgt. – A bittet als Geschäftsführer des gegründeten Unternehmens ein Kreditinstitut um Eröffnung eines Kontos unter dem Namen der Gesellschaft.
Die Anfrage des A ist zu beantworten unter Berücksichtigung der rechtlichen Probleme, die mit der Eröffnung eines Kontos für noch nicht rechtsfähige Vereine verbunden sind.

III. Der Kaufmann K unterhielt seit Jahren ein Kontokorrentkonto bei der Bank A und wickelte seinen umfangreichen Zahlungsverkehr ausschließlich über diese Bank ab. Auf einer längeren Auslandsreise traten bei ihm plötzliche Größenwahnerscheinungen als erste Anzeichen einer Gehirnerweichung auf. Unter dem Einfluß seiner Erkrankung wies er seine Bank schriftlich an, ihm umgehend 15 000,– DM aus seinem Guthaben zu überweisen. Die Bank kam diesem Ersuchen nach, und K verschwendete das empfangene Geld. – Ein späteres ärztliches Gutachten ergab, daß K zu diesem Zeitpunkt bereits unheilbar geistesgestört war.
Der Anwalt des K verlangte daraufhin von der Bank A, dem K den überwiesenen Betrag wieder zu vergüten. Die Bank weigerte sich mit der Begründung, daß sie zum Zeitpunkt der Überweisung des Geldes nichts von der Erkrankung des K habe wissen können, ein Umstand, der ihr nicht zum Nachteil gereichen dürfe. –
Wie ist die Rechtslage?

IV. Technik des Zahlungsverkehrs

1. Barer und bargeldersparender Zahlungsverkehr

1.1 Barzahlungsverkehr

Der Barzahlungsverkehr der Kreditinstitute ist die Fortführung der ursprünglichen Aufgabe der Banken als Geldwechsel- und Geldaufbewahrungsstellen. Im Vekehr mit den Kreditinstituten erfolgen Barabhebungen und Bareinzahlungen besonders häufig an den Terminen der Lohn- und Gehaltzahlungen.

Einzahlungen können als Sicht-, befristete oder Spareinlagen erfolgen, sie können aber auch der Rückführung eines Kredits oder der Regulierung eines Tafelgeschäftes (Verkauf von Gold, Sorten, Effekten) dienen. Barzahlungen für ein fremdes Konto sind bereits dem bargeldsparenden Zahlungsverkehr zuzuordnen. Die Einzahlungsformulare bestehen im allgemeinen aus drei Teilen:

(1) dem **Einzahlungsbeleg** für die Bank (Original),
(2) der **Quittung** für den Einzahler und
(3) der **Gutschriftanzeige** für den Begünstigten (entfällt bei Einzahlungen auf das eigene Konto).

Der Empfang des Betrages wird dem Kunden durch den Kassenstempel und die Unterschrift des Kassierers oder mittels maschineller Quittung auf dem Einzahlungsbeleg bestätigt. Die Form der Quittungsleistung wird im allgemeinen im Schalterraum durch Aushang bekanntgegeben.

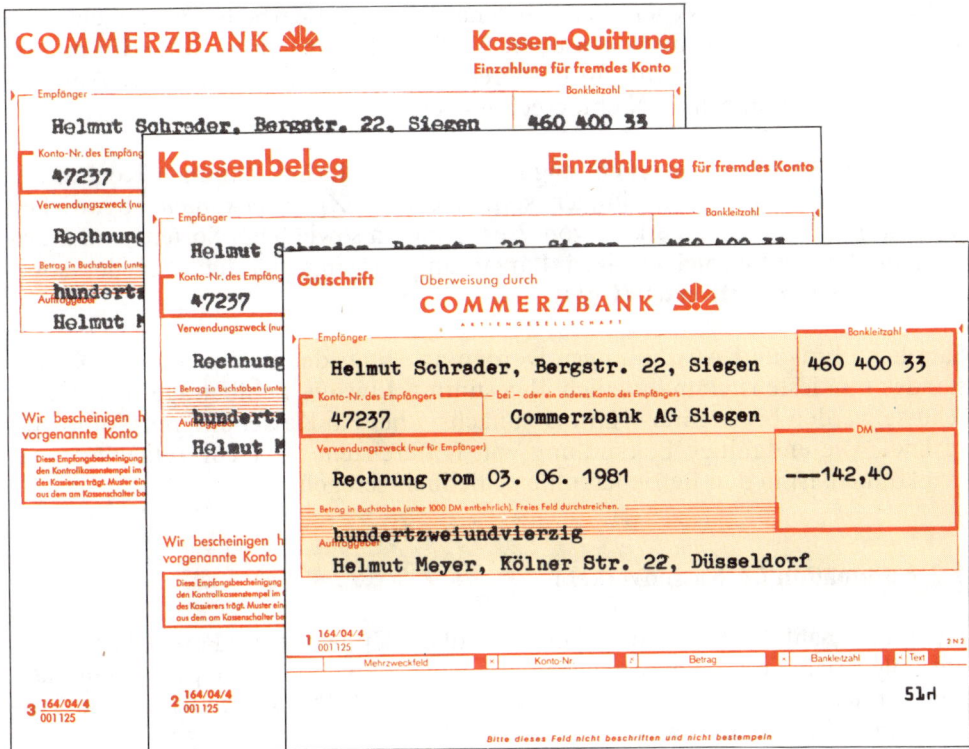

Barauszahlungen zu Lasten von Girokonten können nur bis zur Höhe eines Guthabens bzw. eines eingeräumten Kredits und erst nach Genehmigung der kontoführenden Stelle vorgenommen werden. Werden Spar- und Termineinlagen abgehoben, so ist die entsprechende Kündigungs- bzw. Festlegungsfrist zu beachten. Auszahlungen sind sowohl gegen Quittung als auch gegen Barscheck möglich.

Durch die **Auszahlungsquittung** kann *nur der Kontoinhaber* über sein Guthaben verfügen. Die Auszahlung an den Überbringer einer Quittung birgt insoweit ein Risiko, als es sich bei der bereits ausgefüllten Quittung um eine sogenannte *„unechte Quittung"* handeln kann, bei der die Unterschrift des Kontoinhabers gefälscht wurde. Die Bank würde in einem solchen Falle nicht mit befreiender Wirkung auszahlen. Eine Auszahlungsquittung sollte daher immer *nur am Schalter* ausgefüllt und unterschrieben werden.

Eine andere Rechtslage ergibt sich dann, wenn dem Kontoinhaber ein Heft mit Quittungsvordrucken der Bank ausgehändigt wird und er in der Empfangsbescheinigung die auf der Rückseite des Quittungsheftumschlages abgedruckten **„Bedingungen für den Quittungsverkehr"** anerkennt. In diesem Falle gilt der Überbringer der Quittung als ermächtigt, den angegebenen Betrag in Empfang zu nehmen. Die Bank zahlt mit befreiender Wirkung. Der Quittungsverkehr ist jedoch bei den Banken erheblich eingeschränkt worden. Lediglich die Sparkassen geben noch Quittungshefte aus, aber auch sie reduzieren die Barabhebungen mittels Quittungen. Wegen der wirtschaftlicheren Bearbeitungsmöglichkeiten von Euroschecks geht man dazu über, für Barabhebungen nur diese Formulare zuzulassen. Gleichzeitig wird für die Kreditinstitute damit eine größere Absicherung bei Auszahlungen an Nichtberechtigte erreicht.

Neben dem Barzahlungsverkehr zugunsten oder zu Lasten ständiger Konten finden auch Ein- und Auszahlungen statt, die über *Zwischenkonten* abgewickelt werden. Beim An- und Verkauf von Wertpapieren sowie beim Sorten- und Devisenhandel zum Beispiel erfolgen Barzahlungsvorgänge häufig über das sogenannte **„Konto pro Diverse"** (CpD).

Sämtliche Ein- und Auszahlungen werden an Hand der Belege und des Barbestandes mindestens einmal täglich abgestimmt. Etwaige Fehlbeträge bzw. Überschüsse werden bis zu ihrer Klärung zunächst über ein Kassendifferenzkonto verrechnet. Die endgültige Behandlung von Differenzen, die nicht aufgeklärt werden können, ist in den Betrieben unterschiedlich geregelt.

1.2 Automation im Kassenverkehr

Die große Zahl der Kassenbewegungen und die Zunahme der Persoalkosten hat zur Folge, daß die Banken versuchen, die Abwicklung in diesem personalintensiven Bereich so weit wie möglich zu rationalisieren. Dabei stehen wir erst am Anfang einer Entwicklung, an deren Ende der Kassierer in der heutigen Form überflüssig sein wird.

Geldbearbeitungsautomaten übernehmen das Zählen des Bargeldes und prüfen teilweise die Echtheit und den Zustand eingezahlter Banknoten. Die Deustche Bundesbank unterstützt diese Entwicklung, indem sie die neu ausgegebenen Banknoten mit maschinell lesbaren Echtheits- und Zustandsmerkmalen versieht.

Automatische Kassentresore ermöglichen die wahlfreie Anbindung des Kassengeschäftes z. B. an einen Kundenberater. Dieser erhält einen eigenen automatischen Kassentresor, der ihm den jeweiligen eingetippten Betrag in der gewünschten Stückelung ausgibt. Somit kann er während der Beratung des Kunden den Barverkehr selbst mit ihm abwickeln. Neben der Rationalisierung des Barverkehrs ist mit dieser Einrichtung auch eine Verbesserung der Sicherheit verbunden, da sich das Geld nicht mehr im direkten Zugriff des Angestellten befindet.

Zentrale Geldversorgungsanlagen erlauben eine ähnliche Organisation des Kassengeschäftes wie automatische Kassentresore. Hierbei werden Ein- und Auszahlungen mit Hilfe einer Rohrpostanlage über eine zentrale Kasse („Geldbahnhof") abgewickelt. Damit ist es möglich, jeden Beratungsplatz an das Rohrpostsystem anzuschließen. Dieses System ist besonders durch die hohe Sicherheit gekennzeichnet, da der „Geldbahnhof" außerhalb des Kundenbereichs angesiedelt ist.

Geldausgabeautomaten wurden seit Mitte der 70er Jahre in verschiedenen Großversuchen getestet. Bis zum Jahresende 1983 waren in der Bundesrepublik Deutschland über 500 Geräte dieser Art aufgestellt. Das langfristige Ziel besteht darin, ein **institutsübergreifendes Geldausgabeautomatensystem für die gesamte Bundesrepublik Deutschland** zu schaffen, wie es bereits in München, Berlin und in Österreich mit dem „Bankomat" eingeführt ist. Als ein erster Schritt wurde im *April 1979 zwischen den Bankenverbänden und der Deutschen Bundespost eine „Vereinbarung für das institutübergreifende Geldausgabe-Automatensystem"* getroffen. Mit Hilfe der Geldausgabeautomaten kann der Kunde auch außerhalb der Öffnungszeiten bei allen angeschlossenen Instituten Geld abheben. Darüber hinaus können die Kunden über den Automaten ihres kontoführenden Instituts Einzahlungen leisten und Kontostände sowie Umsätze abfragen. Die Bedienung der Geldautomaten ist für den Kunden nach einer kurzen Einweisung meist problemlos:

1. Der Kunde erhält von seiner Bank eine eurocheque-Karte, die auf der Rückseite mit einem Magnetstreifen versehen ist, der verschlüsselte kartenspezifische Merkmale (modulierte Merkmale) enthält. Diese Sicherheitsmerkmale können nur durch geschützte Sensoren in den Geldausgabeautomaten gelesen werden. Der Kunde muß vor der Ausgabe die *„Bedingungen für die Benutzung von ec-Geldausgabeautomaten"* in Ergänzung zu den AGB anerkennen.

2. Die Geldausgabeautomaten sind meist in einem abgeschlossenen Vorraum der Bank aufgestellt. Mit Hilfe der codierten Karte kann sich der Kunde den Zugang zu dem Automaten verschaffen.

3. Der Kunde gibt seine Karte in die Karteneingabevorrichtung des Automaten. Dieser zieht die Karte ein, liest und entschlüsselt die Daten auf dem Magnetstreifen. Werden Karten, die am selben Tag bereits zur Abhebung benutzt wurden oder die Sperren in der Codierung enthalten, bei institutsfremden Automaten verwendet, so werden sie zurückgewiesen.

4. Der Automat fordert den Kunden auf, seine persönliche „Geheimzahl" einzutippen. Bei einer falschen Eingabe wird er bis zu zweimal zur Wiederholung aufgefordert. Bei einer dreimaligen falschen Eingabe der Geheimzahl behält der Automat die Karte ein.

5. Der Kunde gibt den gewünschten Betrag ein. Bei ausreichendem Guthaben bzw. eingeräumtem Kredit wird ihm das Geld ausbezahlt. Gleichzeitig erhält er seine Karte sowie einen Beleg mit den Daten der Auszahlung.

Point-of-Sale-Systeme (POS) wurden bisher nur in begrenzten Einzelfällen, z. B. bei der Sparkasse Salzburg und bei einigen Münchner Banken, getestet. Der Kunde hat bei diesem System die Möglichkeit, am Point of Sale *(Verkaufsstelle, Supermarkt, Tankstelle)* mit Hilfe einer Code-Karte und einer Geheimnummer bargeldlos zu zahlen. Die Kasse der Verkaufsstelle ist meist direkt („on-line") mit dem Rechenzentrum der kontoführenden Bank verbunden. Beim Kauf kann somit unmittelbar geprüft werden, ob der Kunde zur Verfügung berechtigt ist und ob die entsprechende Deckung auf dem Konto vorhanden ist. Um dem Kunden „Peinlichkeiten" beim Einkauf zu ersparen, hat er die Möglichkeit, an einem Anfragegerät vorher seinen Kontostand zu erfragen. Nach der Eingabe aller Daten erfolgt die Verbuchung des Umsatzes auf dem Konto des Kunden.
Sollte eine direkte Verbindung zum Rechenzentrum der Bank nicht bestehen, so besteht die Möglichkeit, dieses Verfahren mit einem garantierten Betrag je Kartenbenutzung – ähnlich wie beim eurocheque – zu verwenden. Die Verbuchung erfolgt dann nachträglich.

Die flächendeckende Einführung des POS würde für die Kreditwirtschaft eine erhebliche Einschränkung im Kassenverkehr und bei den Scheckeinreichungen bedeuten. Diesem Vorteil stehen jedoch enorme Kosten gegenüber. Einen größeren Nutzen versprechen sich jedoch die Handelsbetriebe, da festgestellt wurde, daß z. B. 50 % der gesamten Verweildauer eines Kunden an der Kasse bisher zu Lasten des Zahlungsvorganges ging. Um zu verhindern, daß die Handelsunternehmen Einzelentwicklungen wie z. B. in den USA vorantreiben, haben die deutschen Bankenverbände gemeinsam mit der Deutschen Bundespost ein Rahmenabkommen über das POS abgeschlossen, das jedoch noch mit konkretem Inhalt gefüllt werden muß.

Die Chip-Karte könnte die Möglichkeit bei den Geldausgabeautomaten bzw. beim POS erheblich erweitern, da dieses Produkt der Mikroelektronik in der Lage ist, ein Vielfaches der Informationen aufzunehmen, die jetzt im Magnetstreifen enthalten sind.

1.3 Bargeldersparender Zahlungsverkehr

Eine Zwischenstufe zwischen dem Barverkehr und dem bargeldlosen Zahlungsverkehr bildet der „bargeldersparende Zahlungsverkehr". Er liegt vor, wenn entweder der Zahler oder der Empfänger einer Zahlung ein Konto besitzt, während der jeweilige Zahlungspartner Bargeld erhält oder einzahlt.

Falls nur der Zahlungsempfänger ein Konto besitzt, können Bareinzahlungen zu seinen Gunsten durch Dritte bei der kontoführenden Bankstelle oder bei anderen Filialen dieser Bank erfolgen; darüber hinaus besteht sogar die Möglichkeit, daß ein Institut Einzahlungen zugunsten eines Kontos entgegennimmt, das bei „institutsfremden" Banken geführt wird. Der Barzahlungsverkehr umfaßt hier lediglich den Vorgang der Einzahlung. Die sich daran anschließende Überweisung an das Kreditinstitut des Begünstigten und die Gutschrift auf dessen Konto ist ein Vorgang des bargeldlosen Zahlungsverkehrs.

Auch beim *Einlösen eines Barschecks* durch eine andere Person als den Kontoinhaber liegt bargeldsparender Zahlungsverkehr vor. In diesem Falle läßt sich ein Dritter einen Betrag zu Lasten eines Kundenkontos am Kassenschalter auszahlen; der Kontoinhaber dagegen hat den Scheck zur bargeldlosen Zahlung außerhalb des Kreditinstituts benutzt.

Organisatorisch ist der bargeldersparende Zahlungsverkehr besonders gut bei der Post bzw. dem Postgirodienst ausgebildet. Mit Hilfe der **Zahlkarte** können bare Einzahlungen zugunsten des Kontos eines Begünstigten vorgenommen werden, während für die bare Auszahlung und Zustellung eines Betrages der **als „Zahlungsanweisung" gekennzeichnete grüne Postscheck** dient (Vergleiche dazu die Abbildungen und Schaubilder auf der folgenden Seite).

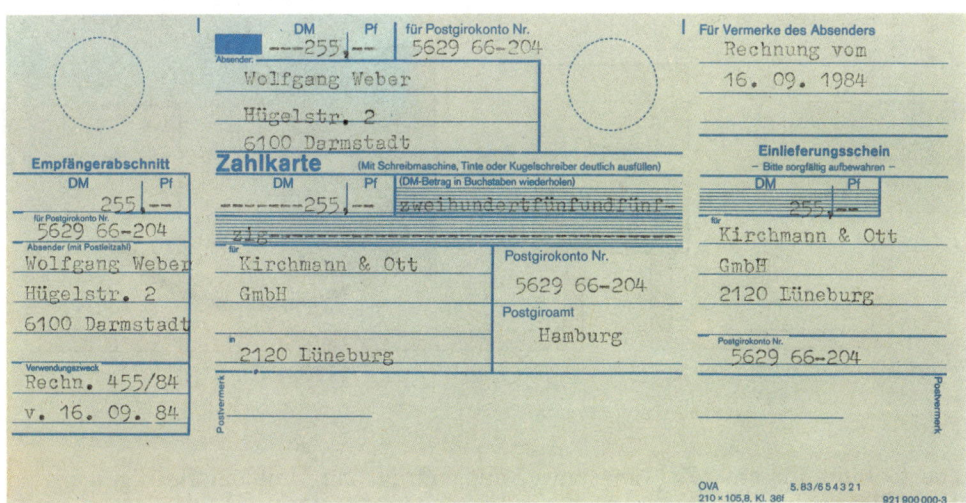

Beleg für den Empfänger   Beleg für das PGiroA   Beleg für den Auftraggeber

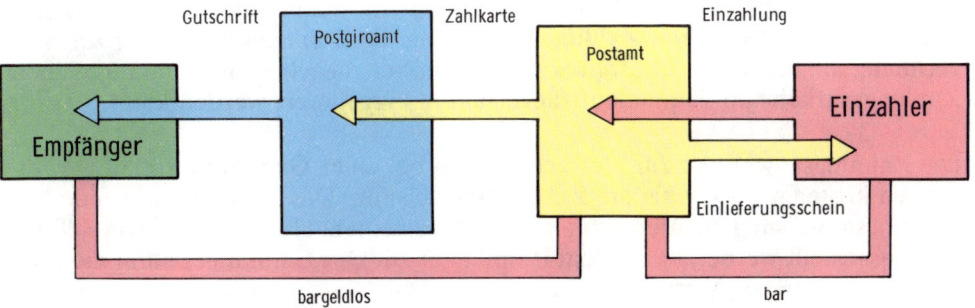

213

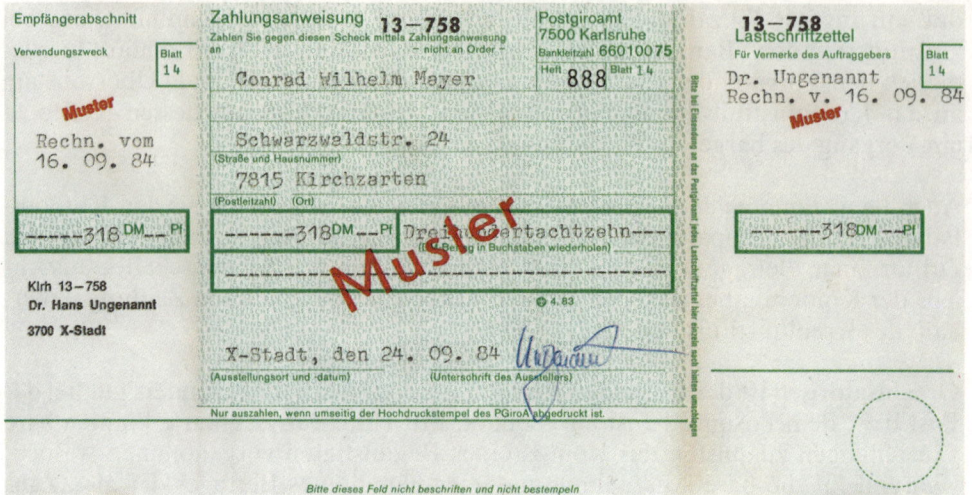

Beleg für den Empfänger   Beleg für das PGiroA   Beleg für den Auftraggeber

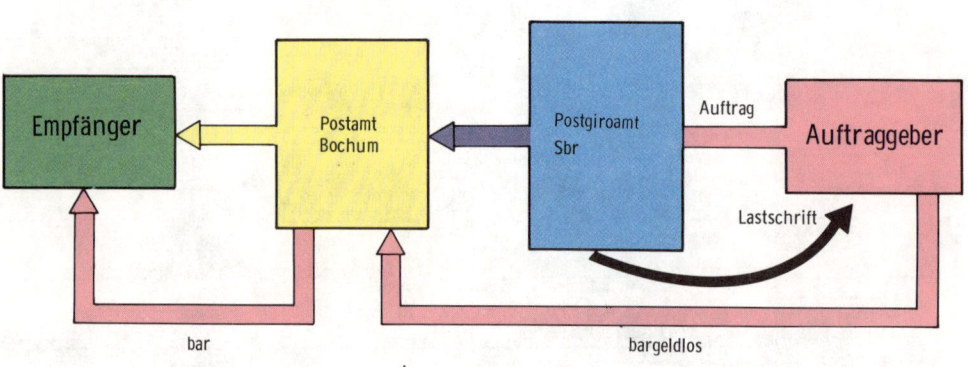

Die Gebühr für eine Zahlungsanweisung beträgt zur Zeit bei Beträgen bis zu 100,– DM 4,20 DM sowie bei Beträgen über 100,– DM für jede weitere 10,– DM zusätzlich 0,05 DM.

Für Zahlungen an Empfänger ohne Konto oder an Empfänger, deren Kontoverbindung nicht bekannt ist, bietet der Postgirodienst außerdem als ein Alternativangebot zur relativ teuren Zahlungsanweisung die **Zahlungsanweisung zur Verrechnung** an, die bei den Postgiroämtern von Auftraggebern mit umfangreichem Zahlungsverkehr im Sammelauftragverfahren eingeliefert werden kann.

Die Zahlungsanweisung zur Verrechnung ist bei einer Gebühr von 1,50 DM erheblich kostengünstiger als die Zahlungsanweisung. Das Postgiroamt sendet die Zahlungsanweisung zur Verrechnung, die bis zu einem Höchstbetrag von 3000,– DM ausgestellt werden kann, dem Empfänger zu. Der Empfänger kann die Zahlungsanweisung zur Verrechnung einlösen

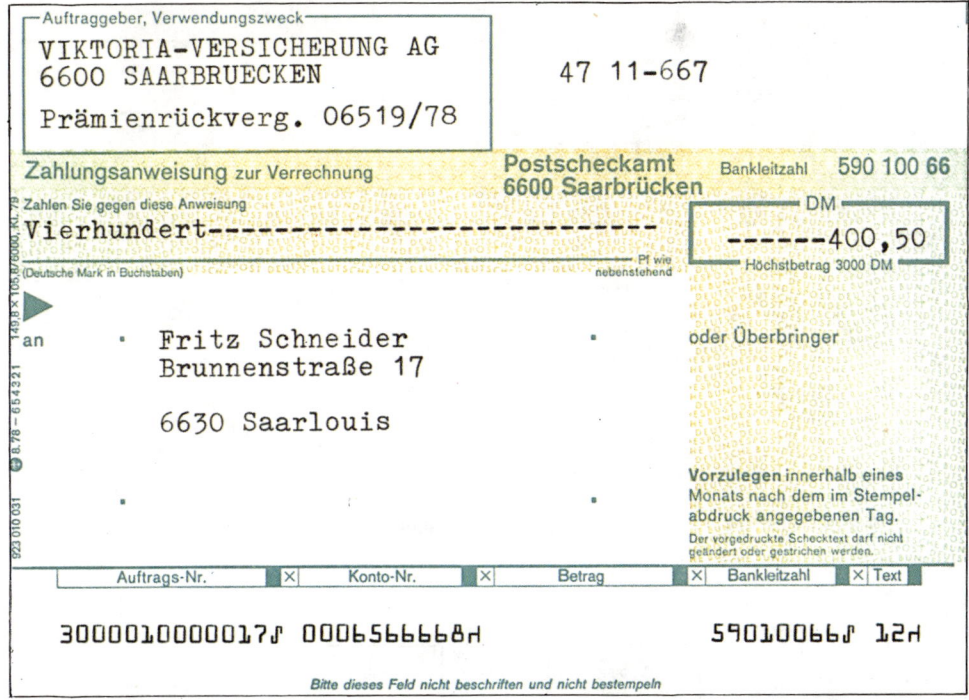

Zahlungsanweisung zur Verrechnung

a) durch Einreichung bei seiner Bank oder seinem Postgiroamt zur Gutschrift auf seinem Girokonto,
b) durch Weitergabe an einen Dritten zur Gutschrift auf dessen Girokonto oder
c) durch Vorlage zur Barauszahlung bei einem beliebigen Postamt.

Bei der Barauszahlung ist eine Auszahlungsgebühr zu entrichten, die bei der Erteilung von Magnetbandaufträgen auch vom Auftraggeber übernommen werden kann.

Postanweisungen dienen der Geldübermittlung, wenn sowohl der Einzahler als auch der Zahlungsempfänger kein Postgirokonto oder ein anderes Girokonto haben. Die Beträge werden am Postschalter bar eingezahlt und vom Zusteller des Postamtes am Wohnort des Empfängers bar ausgezahlt. Obgleich sowohl bare Einzahlungen als auch bare Auszahlungen erfolgten, hat die Postanweisung insoweit eine bargeldersparende Funktion, da ein Bargeldversand vom Einzahlungs- zum Auszahlungspostamt unterbleibt.

Die Gebühren für Postanweisungen betragen

bei Beträgen bis 100,– DM	5,00 DM
von mehr als 100,– DM bis 500,– DM	7,00 DM
von mehr als 500,– DM bis 1000,– DM	10,00 DM
von mehr als 1000,– DM bis 2500,– DM	14,00 DM
von mehr als 2500,– DM bis 5000,– DM	17,00 DM
von mehr als 5000,– DM	20,00 DM

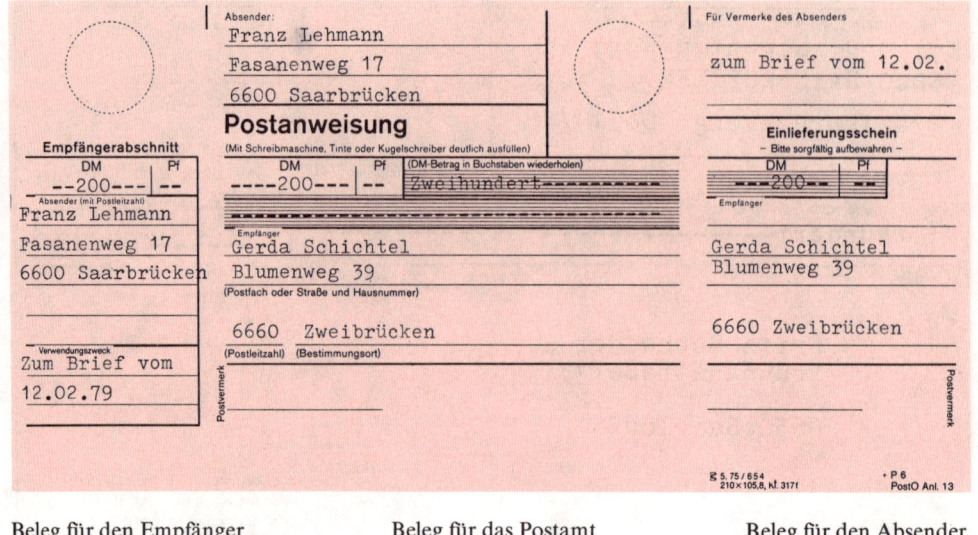

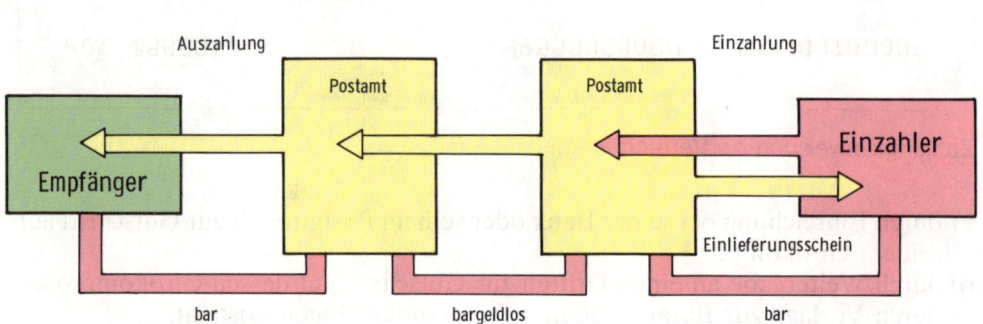

2. Bargeldloser Zahlungsverkehr

2.1 Allgemeines

Der bargeldlose Zahlungsverkehr hat die Bewegung von Buchgeld zum Gegenstand. Unter Buchgeld sind fällige Guthaben (Sichteinlagen), eingeräumte Kreditspielräume sowie stillschweigend hingenommene Überziehungen zu verstehen. Spar- und Termingelder sind kein Buchgeld, da sie für den Zahlungsverkehr nicht verwendet werden können.

Der bargeldlose Zahlungsverkehr ist nur möglich, wenn sowohl der Zahlende als auch der Zahlungsempfänger ein Kontokorrent-, Scheck-, Giro- oder Depositenkonto bei einem Kreditinstitut oder ein Postgirokonto bei einem Postgiroamt unterhalten. Während sich auf den Konten bei den Postgiroämtern ausschließlich der Zahlungsverkehr der Kontoinhaber niederschlägt, nehmen die bei den Kre-

216

ditinstituten geführten Kontokorrentkonten in der Regel auch andere Buchungs- und Verrechnungsvorgänge auf. So werden neben dem Zahlungsverkehr häufig Kredit-, Effekten- oder Auslandsgeschäfte über diese Konten abgewickelt. Außerdem werden bei den Kreditinstituten reine Zahlungsverkehrskonten geführt, die als Depositen-, Giro-, Scheck- oder Gehaltskonten bezeichnet werden und sich von den Kontokorrentkonten dadurch unterscheiden, daß sie nicht der Abwicklung von Kreditgeschäften dienen. Dieser begriffliche Unterschied läßt sich in der Praxis jedoch nur schwer verwirklichen, da eine längere Geschäftsbeziehung zwischen dem Kunden und der Bank es fast immer mit sich bringt, daß der Kunde noch weitere Leistungen eines Kreditinstituts in Anspruch nimmt. Besitzt er nur ein Zahlungsverkehrskonto, so nimmt dieses im allgemeinen die späteren Geschäftsvorfälle ebenfalls auf, ohne daß eine formelle Umbenennung stattfindet.

Hinsichtlich des bargeldlosen Zahlungsvekehrs bringt die Eröffnung eines Kontos eine Reihe allgemeiner Rechte und Pflichten für die Beteiligten des Girovertrages mit sich, die in den **„Allgemeinen Geschäftsbedingungen"** enthalten sind. Im einzelnen gelten folgende Bestimmungen:

(1) **Die Bank ist verpflichtet,** die Zahlungsaufträge des Kunden im Rahmen seines Guthabens bzw. seiner Kreditlinie mit der Sorgfalt eines ordentlichen Kaufmanns auszuführen. Der Kontoinhaber muß dieses Bemühen durch eine exakte Auftragserteilung unterstützen. Falsche Zahlungsvorgänge, die durch Übermittlungsfehler ausgelöst werden, haben lediglich eine Stornierung zur Folge und führen nicht zu irgendwelchen Ersatzansprüchen.

(2) **Die Bank ist während der Geschäftsbeziehungen unwiderruflich berechtigt,** Einzahlungen bzw. Gutschriften zugunsten des Kunden entgegenzunehmen.

(3) Die Bank ist lediglich dazu verpflichtet, mindestens einmal im Jahr die Konten abzuschließen und darüber Rechnungsabschlüsse zu erteilen. Wegen der heute überall verwendeten elektronischen Datenverarbeitungsanlagen ist es jedoch möglich und üblich geworden, dem Kunden jede Kontobewegung durch einen Tagesauszug anzuzeigen.

(4) Die Zahlungseingänge und sonstigen Buchungen der Bank sind vom Kunden stets auf ihre Richtigkeit zu prüfen. Eventuelle Fehler müssen umgehend, Fehler in den Rechnungsabschlüssen oder Wertpapieraufstellungen jedoch erst innerhalb eines Monats nach Erhalt gerügt werden.

(5) Mit der Beendigung der Geschäftsbeziehung wird der Saldo jedes für den Kunden geführten Kontokorrents sofort fällig.

Sofern eingehende Geldbeträge auf einem falschen Konto verbucht werden, muß die betreffende Bank für einen daraus entstehenden Schaden haften. Das trifft auch dann zu, wenn der Kunde den ausbleibenden Kontoauszug mit der Gutschriftsbestätigung nicht reklamiert hat. Der Kunde muß allerdings dann damit rechnen, daß ihm ein gewisses Mitverschulden angelastet wird (vgl. BGH – Urteil, Aktenzeichen II ZR 217/66).

Gegenstand des bargeldlosen Zahlungsverkehrs sind der Überweisungs- und der Inkassoverkehr. Beim *Überweisungsverkehr* wird die bankmäßige Abwicklung vom Zahlenden ausgelöst. *Der Inkassoverkehr* kommt durch einen Auftrag des Zahlungsempfängers in Gang. Da die Überweisung und der Scheck die weitaus bedeutendsten Formen des bargeldlosen Zahlungsverkehrs bilden, steht ihre Behandlung im Mittelpunkt der fogenden Ausführungen.

2.2 Überweisungsverkehr

2.2.1 Wesen und Lauf des Überweisungsauftrags

Bei einer Überweisung erteilt ein Kunde seiner Bank den Auftrag, zu Lasten seines Kontos einem begünstigten Dritten eine bestimmte Geldsumme zu übermitteln. Rechtlich handelt es sich nach herrschender Auffassung um einen Geschäftsbesorgungsvertrag gemäß § 675 BGB.

Der **Überweisungsauftrag** – mit Ausnahme der Postscheckaufträge – wird regelmäßig auf einem dreiteiligen Durchschreibeformular erteilt, das seit Herbst 1960 bei sämtlichen Kreditinstituten eine einheitliche Größe und Aufteilung besitzt. Grundlage für die Einheitlichkeit ist die „Vereinbarung über Richtlinien für die Ausgestaltung von Überweisungsvordrucken", der sich auch die Bundesbank angeschlossen hat (vgl. BAnz. Nr. 199 vom 14. 10. 1960). Sie läßt jedoch kleinere Unterschiede, z. B. in Farbe oder Text, zu.

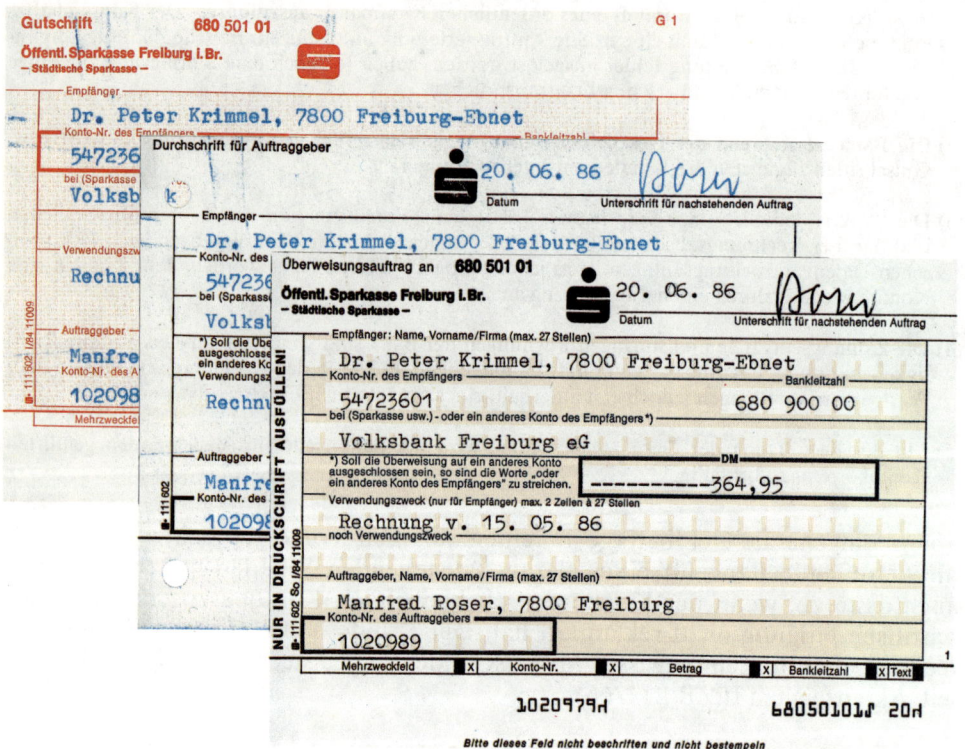

Ein Exemplar – in der Regel das Original – dient als **Buchungsbeleg** für die Belastung des Auftraggebers und enthält die Unterschrift des Kontoinhabers.

Eine Durchschrift geht als **Auftragsbestätigung** an den Kunden zurück.

Der Dritte Formularteil übernimmt die Funktion des **Gutschriftträgers** und wird dem Zahlungsempfänger von seiner kontoführenden Bank zugestellt.

Sofern der Begünstigte bei der Bank des Auftraggebers kein Konto hat – das trifft in der Mehrzahl der Fälle zu –, muß die Gutschriftsanzeige über die bestehenden Gironetze bzw. den Abrechnungsverkehr der Landeszentralbanken der Bank des Zahlungsempfängers zugeleitet werden. Mit der Gutschrift des Überweisungsbetrages auf dem Konto des Begünstigten ist der Zahlungsvorgang abgeschlossen.

Zur Vereinfachung des Überweisungsverkehrs und als Dienstleistung für den Kunden besteht die Möglichkeit, für regelmäßig wiederkehrende Zahlungen, wie Miete, Beiträge usw., einen **Dauerauftrag** zu erteilen. Nach den genauen Angaben des Kunden hinsichtlich Betrag, Empfänger, Bankverbindung und Zeitpunkt der Ausführung, die in einer nach Fälligkeit geordneten Kartei vermerkt werden, übernimmt es die Bank, zum jeweiligen Termin eine Überweisung durchzuführen.

Da dieses Verfahren jedoch mit einem erheblichen Arbeitsaufwand für die Kreditinstitute verbunden ist, empfehlen sie in geeigneten Fällen vielfach das Verfahren der sogenannten *rückläufigen Überweisungen* (dargestellt im Abschnitt „Inkasso von Quittungen und Lastschriften").

Eine weiter Erleichterung für den Auftraggeber bildet die Möglichkeit der **Sammelüberweisung**. Er muß in diesem Falle nur einen Belastungsauftrag über die Gesamtsumme der angehefteten Überweisungen, die an verschiedene Begünstigte gehen, unterschreiben.

Für sehr dringliche Überweisungsaufträge besteht die Möglichkeit, den Auftrag telefonisch oder durch Fernschreiben zu übermitteln. Die schriftliche Anzeige wird auf dem üblichen Wege nachgesandt.

2.2.2 Gironetze des Überweisungsverkehrs

Jedes Kreditinstitut ist bestrebt, die liquiden Mittel, die es durch Überweisungen zu verlieren droht, entweder innerhalb seines Filial- oder seines Institutssystems zu halten. Es wird daher stets darauf achten, daß in den Fällen, in denen der Zahlungsempfänger ein Konto bei einer Niederlassung des Instituts oder bei einer befreundeten Bank am Bestimmungsort besitzt, die Überweisung dorthin gelangt. Die Möglichkeit hierzu gibt die sogenannte **Fakultativklausel** („oder auf ein anderes Konto des Empfängers") im Auftragsformular der Kreditinstitute. Nur wenn diese Klausel vom Auftraggeber gestrichen wurde, ist die Bank verpflichtet, die Überweisung dem bezeichneten Konto des Begünstigten bei einem genau bestimmten Kreditinstitut zuzuleiten.

Um die Möglichkeit zu vergrößern, die Summe der Sichteinlagen trotz des bargeldlosen Zahlungsverkehrs im eigenen Geschäftsbereich und damit als Grundlage des Aktivgeschäftes zu erhalten, haben sich verschiedene Kreditinstitute derselben Bankengruppe zu sogenannten Gironetzen zusammengeschlossen. So entstanden

(1) das Gironetz der Sparkassen und Girozentralen,
(2) der Genossenschaftsring,
(3) die Gironetze der privaten Kreditbanken, vor allem der Großbanken,
(4) das Gironetz der Landeszentralbanken und
(5) das Gironetz der Postgiroämter.

Die Gironetze sind zwar selbständig, der *Übergang vom einen in den anderen Ring* ist jedoch, seit 1963 unter gewissen Einschränkungen unter Einschluß des Postgirodienstes, ohne Formerfordernisse möglich. Als Bindeglied fungiert in der Regel das Gironetz der Bundesbank bzw. Landeszentralbanken. Die Gironetze entstanden zunächst zur Erleichterung des Überweisungsverkehrs. In der Zwischenzeit ist es jedoch üblich geworden, auch den Großteil des übrigen bargeldlosen Zahlungsverkehrs, vor allem den Scheckinkassoverkehr, in entsprechender Weise über die Gironetze abzuwickeln.

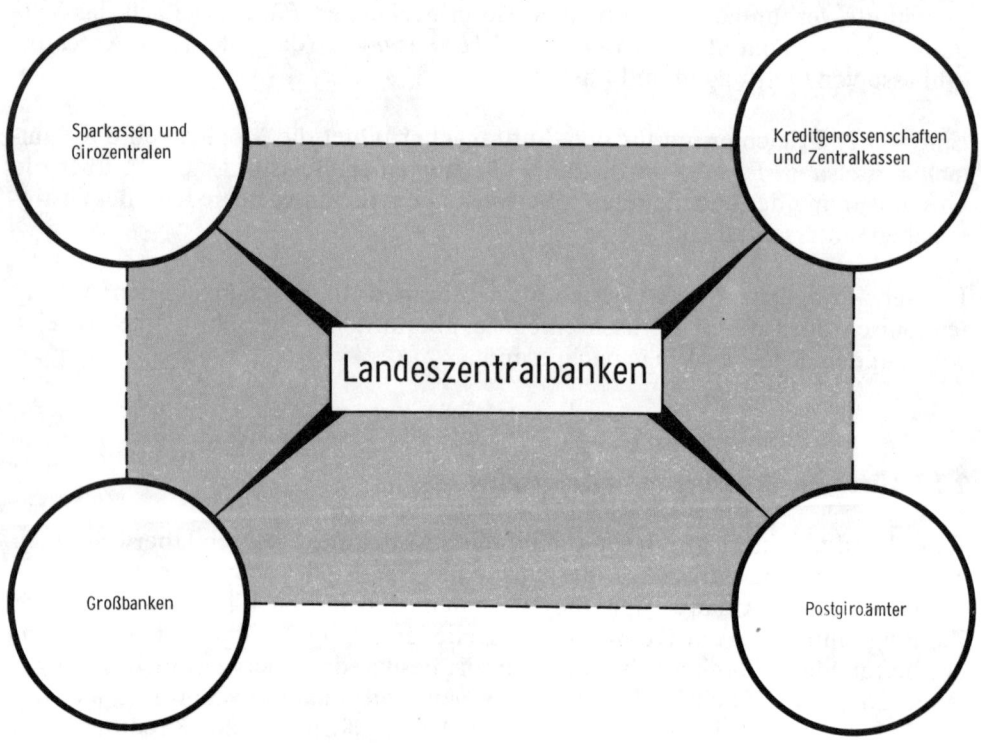

a) Spargiroverkehr

Der Sparkassenorganisation steht mit ihren 17402 Sparkassenstellen (Stand Ende 1980) ein weitverzweigtes Institutsnetz zur Verfügung. Mit seiner Hilfe ist es möglich, fast jede Überweisung bis zum Ort des Begünstigten im eigenen Ring weiterzuleiten. Dadurch fließt aus dem Sparkassensektor kein Buchgeld ab. Umgekehrt erhöht aber der Einzug einer rückläufigen Überweisung aus einem anderen Gironetz das Buchgeldvolumen des Sparkassensektors.

Soweit sich das angesprochene Konto bei einem anderen Kreditinstitut am gleichen Ort befindet, erfolgt der Übergang in der Regel im Abrechnungsverkehr der Landeszentralbanken. Grundsätzlich gilt, ebenso wie beim Genossenschaftsring, das Prinzip, sämtliche Zahlungsvorgänge weitestgehend im eigenen Spargironetz durchzuführen. Hierzu steht ein verhältnismäßig straff organisiertes System zur Verfügung.

Die Sparkassen sind rechtlich zwar selbständig, unterstehen aber hinsichtlich des Giroverkehrs den Anordnungen der **Girozentralen**. Die Girozentralen sind die Kopfstellen einzelner Bezirke und sorgen für den bargeldlosen Zahlungsverkehr ihrer Sparkassen. Für die Zahlungen, die über den Bereich einer Sparkassenhauptstelle hinausgehen, besteht der sogenannte Bezirksverkehr und der sogenannte Außenbezirksverkehr.

Vom **Bezirksverkehr** wird gesprochen, wenn eine Zahlung innerhalb des Bereiches einer Girozentrale bleibt, vom **Außenbezirksverkehr**, wenn verschiedene Girozentralen eingeschaltet werden müssen.

Bezirksverkehr[1]

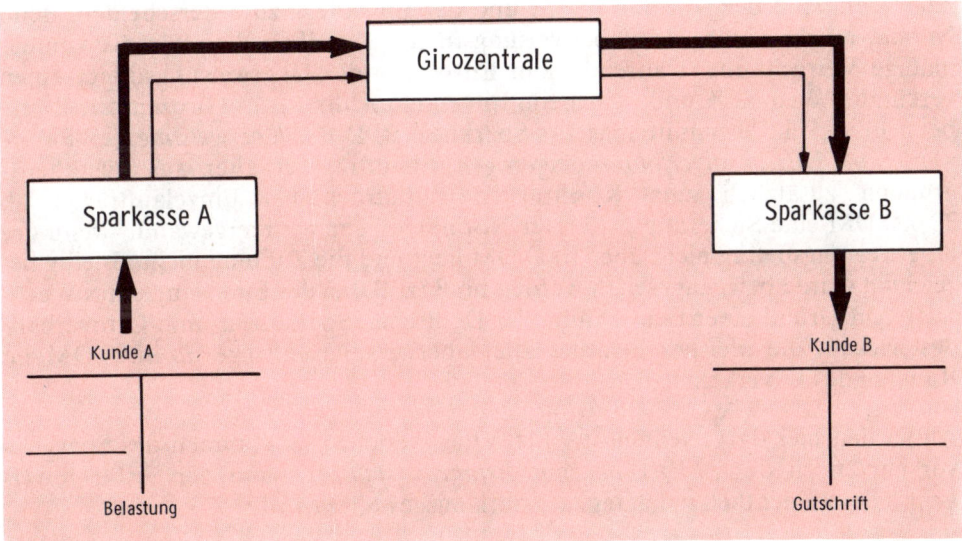

Normalverkehr

[1] Die ▬▬▬▬ Linien bezeichnen den Weg des Gutschriftsträgers und die ───── Linien die Verrechnungswege.

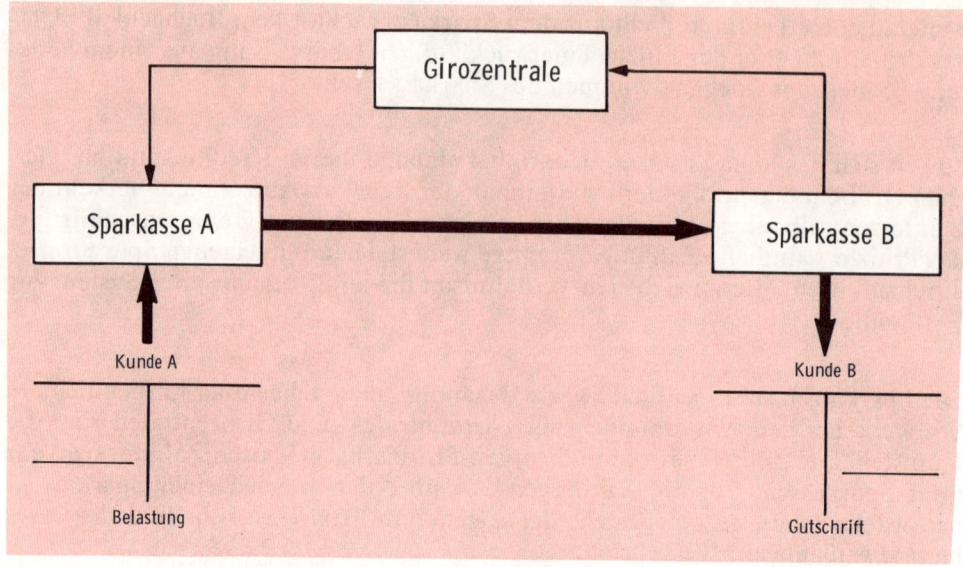

Eilverkehr

Obwohl die Landesbanken-Girozentralen ihre Geschäfte durch Gründung von Niederlassungen zunehmend auch auf andere Bundesländer ausdehnen, werden viele Überweisungen weiterhin im Außenbezirksverkehr abgewickelt werden müssen.

Außerdem sind der Normalverkehr und der Eilverkehr zu unterscheiden. Beim **Normalverkehr** nimmt der Überweisungsträger denselben Weg wie die kontenmäßige Verrechnung, während beim **Eilverkehr** der Überweisungsträger einen verkürzten Weg läuft, und zwar beim Eilverkehr A direkt zur Girozentrale B und beim Eilverkehr B unmittelbar zur Sparkasse B. Die *Eilüberweisungsgegenwerte werden im Lastschriftverfahren eingezogen.* Eilaufträge erhalten aus Sicherheitsgründen zusätzlich zum Kontrollstempelaufdruck bei Einzelaufträgen ab 20 000 DM eine Sicherungszahl. Der Normalverkehr wird angewandt, wenn der Überweisungsbetrag nicht über 1000 DM liegt und die Zahlung nicht als eilig bezeichnet wurde bzw. angesehen werden muß (z. B. bei der Einlösung eines Wechsels). Auf Grund einer Empfehlung des Deutschen Sparkassen- und Giroverbandes wickeln die meisten Institute alle Überweisungsaufträge ab 1000 DM im Rahmen des Eilverkehrs ab.

Außer den hier dargestellten Möglichkeiten bestehen im Rahmen des Spargiroverkehrs noch der *„Eilverkehr mit Erfahrungsplätzen"* und der *„Blitzgiroverkehr",* der namentlich in letzter Zeit stark ausgeweitet wurde.

Als Spitzeninstitut des gesamten Spargironetzes fungiert die **Deutsche Girozentrale – Deutsche Kommunalbank, Frankfurt am Main.** Sie überwacht den reibungslosen Ablauf des Spargiroverkehrs, vor allem auch sein Zusammenspiel mit den anderen Gironetzen und dem Ausland.

222

Außenbezirksverkehr

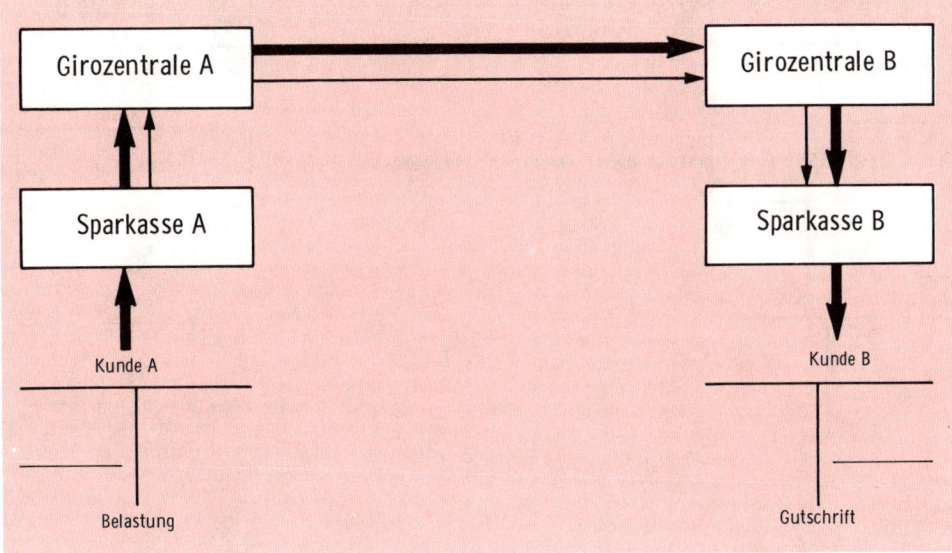

Normalverkehr

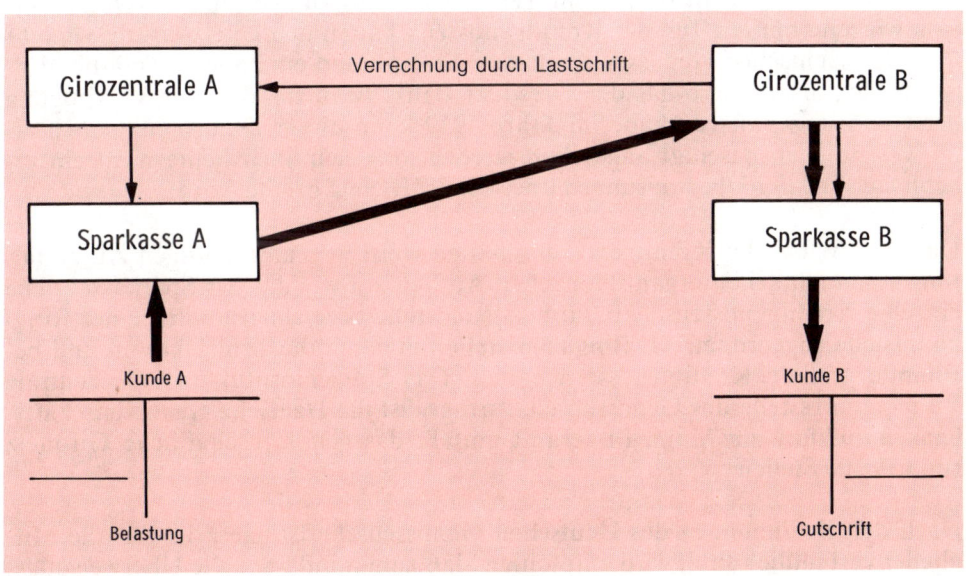

Eilverkehr A

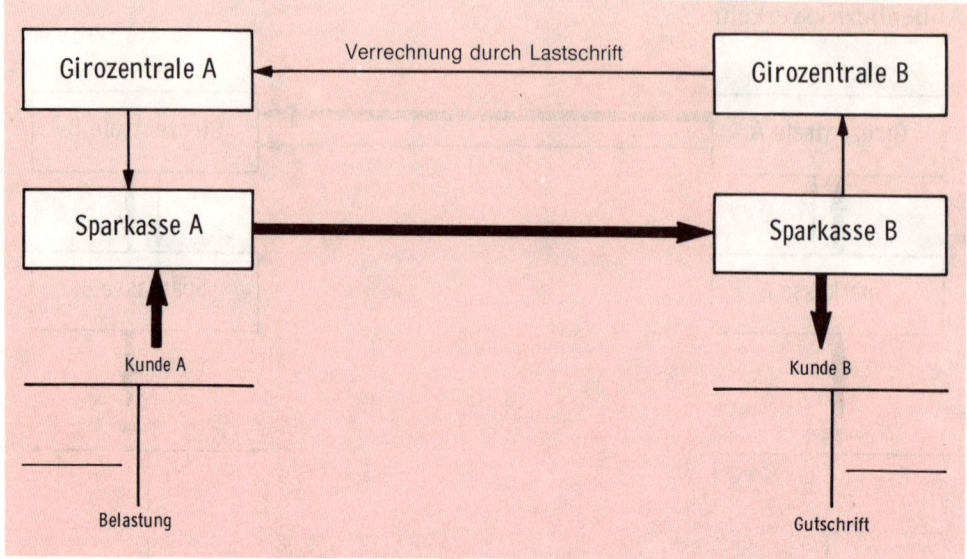

Eilverkehr B

Der Eilverkehr B ist ab dem 01. 01. 1984 weitgehend durch den EZÜ abgelöst worden, wird jedoch aus technischen Gründen teilweise noch praktiziert.

b) Genossenschaftsring

Der Aufbau eines gemeinsamen Gironetzes für die ländlichen und gewerblichen Kreditgenossenschaften war zunächst mit Schwierigkeiten verbunden, da die Leiter der kleineren Institute zum Teil nur nebenberuflich tätig waren. Außerdem wickelte nur ein Teil der Kreditgenossenschaften den Überweisungsverkehr über den Deutschen Genossenschaftsring ab, während ein anderer Teil die übrigen Netze, insbesodere das der Dresdner Bank, benutzte. Seit der Vereinigung der Genossenschaftsverbände im Jahre 1939 kann dieser Dualismus jedoch als im wesentlichen beseitigt angesehen werden, obgleich auch heute noch ein erheblicher Teil der Überweisungen über das LZB-Netz geleitet wird.

Das Girosystem der Kreditgenossenschaften weist in seiner heutigen Ausgestaltung einen ähnlichen organisatorischen Aufbau auf wie das der Sparkassen. Die einzelne Kreditgenossenschaft wird als **Ringstelle** bezeichnet und ist einer Ringhauptstelle zugeordnet. Als **Ringhauptstelle** fungieren die Zentralkassen und bestimmte größere Kreditgenossenschaften. Das Spitzeninstitut und die zentrale Verrechnungsstelle des Genossenschaftsringes ist die **Deutsche Genossenschaftsbank, Frankfurt am Main.** Insgesamt umfaßt das genossenschaftliche Gironetz rund 19 500 Stellen.

Nach den Bedingungen des Deutschen Genossenschaftsringes, die für alle Mitglieder verbindlich sind, wird empfohlen, daß zum mindesten alle Überweisungsaufträge **über 300 DM als Eilüberweisungen** erledigt werden. Der Überweisungs-

224

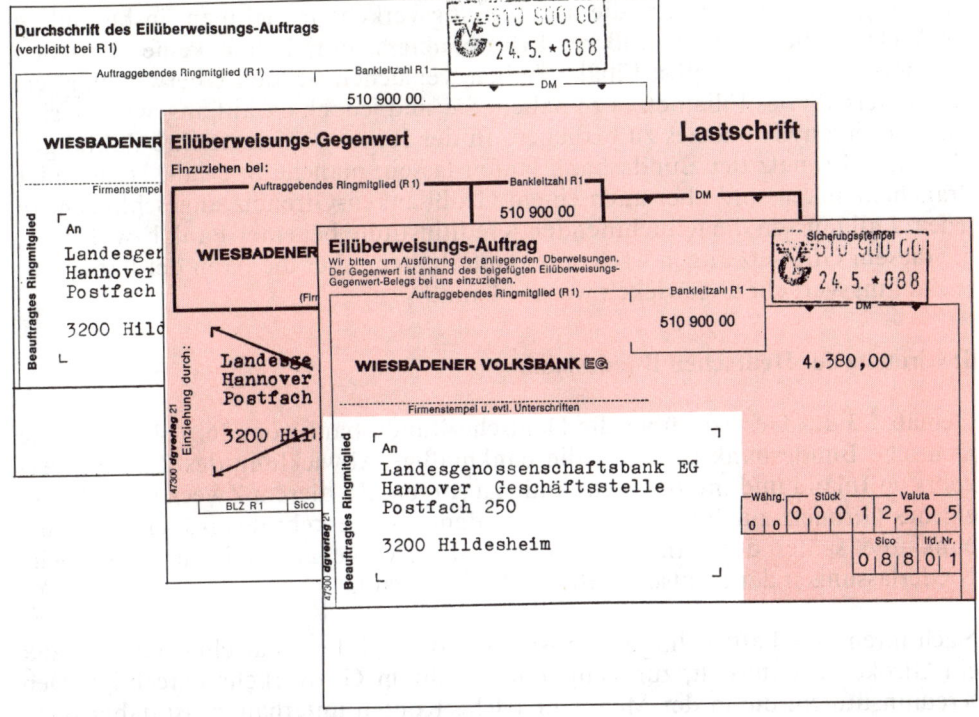

träger wird dann von der beauftragten Kreditgenossenschaft direkt an die kontoführende Kreditgenossenschaft des Begünstigten gesandt, während die Verrechnung über die Ringhauptstellen erfolgt. Allerdings sind nicht alle Ringstellen – z. B. die kleineren Raiffeisenkassen – an diesem Eilverkehr beteiligt. Die Ausführung des Überweisungsauftrags im Rahmen des „Blitzgiroverkehrs" wird – wie bei den Sparkassen – auch im Genossenschaftsring stark intensiviert.

c) Gironetze der privaten Kreditbanken

Von der privaten Kreditbanken besitzen nur die drei **Großbanken** eigene Gironetze, die sich über das ganze Bundesgebiet erstrecken. Zwar sind die Großbanken ebenfalls bestrebt, die bargeldlosen Zahlungen möglichst lange im eigenen Filialnetz zu halten; sie besitzen aber längst nicht eine solch straffe Organisation ihres Gironetzes wie der Sparkassensektor. Speziell beim Scheckinkasso, aber auch beim Überweisungsverkehr machen die Großbanken von den Möglichkeiten des *Gironetzes der Bundesbank* häufigen Gebrauch. Die bargeldlosen Zahlungen nehmen über die Hauptstellen und Zentralen ihren Lauf zu anderen Filialen. Bei Eilüberweisungen oder bei größeren Beträgen für eine bestimmte Filiale werden die Gutschriftanzeigen direkt zugesandt und die Verrechnung erfolgt wie im Eilverkehr B der Spargironetzes.

Auch bei den größeren **Regionalbanken** kann von dem Vorhandensein eines eigenen Gironetzes gesprochen werden, das sich jedoch nicht über das gesamte Bundesgebiet, sondern nur über den Tätigkeitsbereich erstreckt.

Die übrigen Kreditinstitute, die am Zahlungsverkehr teilnehmen, insbesondere die Vielzahl kleiner und größerer **Privatbankiers**, unterhalten keine speziellen Gironetze. Soweit sie selbst Filialen haben, versuchen sie, den Überweisungsverkehr innerhalb des Filialnetzes zu halten. Sie sind jedoch darauf angewiesen, sich eines größeren Gironetzes zu bedienen. In der Regel werden sie ihre Zahlungen über das Gironetz der Bundesbank laufen lassen, manche Spezial-, Haus- oder Branchenbanken sind aber auch einem Großbanken-Gironetz angeschlossen. In jedem Fall müssen die teilnehmenden Kreditinstitute bei einer Bank bzw. Filiale, die diesem Gironetz angehört, Konten unterhalten, über die dann der bargeldlose Zahlungsverkehr abgewickelt werden kann.

d) Gironetz der Deutschen Bundesbank

Gemäß § 3 des Gesetzes über die Deutsche Bundesbank vom 26. 7. 1957 hat die Deutsche Bundesbank u. a. „für die bankmäßige Abwicklung des Zahlungsverkehrs im Inland und mit dem Ausland" zu sorgen. Zu diesem Zweck steht ihr ein eigenes Gironetz zur Verfügung, das aus dem Giroverkehr der früheren Reichsbank und später der Landeszentralbanken hervorgegangen ist und sämtliche Niederlassungen der Deutschen Bundesbank umfaßt.

Nach ihren Geschäftsbedingungen ist jeder, der bei der Deutschen Bundesbank ein Girokonto unterhält, zur Teilnahme an ihrem Giroverkehr berechtigt. Den Kreditinstituten, die in der Mehrzahl solche Konten unterhalten, ist daher ohne weiteres die Möglichkeit gegeben, für ihren Zahlungsverkehr ihr eigenes und das Zentralbankgironetz in Anspruch zu nehmen.

Die Deutsche Bundesbank führt den Giroverkehr innerhalb ihres Netzes **kostenlos** durch, vergütet allerdings für Guthaben auch **keine Zinsen**. Die Guthaben dürfen – außer bei mindestreservepflichtigen Kreditinstituten und öffentlichen Verwaltungen – fünf DM nicht unterschreiten.

Für den Überweisungsverkehr werden dem Kunden kostenlos rote, dreiteilige Durchschreibeformulare zur Verfügung gestellt. Als Begünstigter darf nur ein Girokontoinhaber der Deutschen Bundesbank benannt werden. Ob diese Voraussetzung vorliegt, wird bei der Entgegennahme des Auftrages nicht geprüft. Auf den Überweisungsaufträgen sind die Bankleitzahlen des Auftraggebers und des Empfängers stets anzugeben. Bei Auftragserteilungen auf eigenen Vordrucken der beteiligten Institute sowie bei mehr als fünf Überweisungsaufträgen sind **Sammelüberweisungsaufträge** zu benutzen.

Beim Überweisungsverkehr mit der Deutschen Bundesbank herrscht *kein Formularzwang*. Die Landeszentralbanken übernehmen sämtliche Überweisungsträger der anderen Gironetze ohne Umschreibung zur Weiterleitung. Da dies jedoch bei jeder Einlieferung regelmäßig mehr als fünf sind, werden sie fast immer in Sammelüberweisungsaufträgen zusammengefaßt.

Die von der LZB gelieferten Sammelüberweisungsvordrucke sind rechtsverbindlich zu unterschreiben. Für **Fernüberweisungen** ist ein *roter*, für **Platzüberweisungen** ein *weißer* Vordruck zu benutzen (s. o.). Fernüberweisungen werden von der beauftragten LZB *unmittelbar* an den Empfangsort gesandt. Die Verrechnung erfolgt über die Bundesbankzentrale in Frankfurt am Main. Eine Überweisung überschreitet daher nicht die *Postlaufzeit.* – Daneben werden von den Landeszentralbanken auch Anträge zur *telegrafischen* Überweisung entgegengenommen.

Platzüberweisungen werden im örtlichen Abrechnungsverkehr der Landeszentralbanken am gleichen Tage über die LZB-Girokonten der beteiligten Banken verrechnet.

Sind Überweisungsempfänger ungenau bezeichnet, so leitet der Bundesbank die Überweisung an das einreichende Kreditinstitut zurück. In besonderen Fällen behält sie sich eine telefonische, fernschriftliche oder telegrafische Rückfrage zu Lasten des Kreditinstitutes vor. Bei Überweisungen für ein Kreditinstitut, das kein Girokonto bei der Deutschen Bundesbank unterhält, schreibt sie den Betrag dem Girokonto desjenigen Kreditinstituts gut, über das die begünstigte Bank dem Giroverkehr der Bundesbank angeschlossen ist.

Für *Barabhebungen* dürfen nur Barschecks verwendet werden (keine Auszahlungsquittungen!). Für *Bareinzahlungen* von Nichtkunden zugunsten eines Girokontos bei der LZB steht der *Zahlschein* zur Verfügung. Die Einzahlungen sind gebührenfrei, auch wenn das Empfängerkonto bei einer anderen Zweiganstalt geführt wird. Barauszahlungen bei einer anderen LZB-Stelle an Nicht-Kontoinhaber sind hingegen gebührenpflichtig.

e) Postgiroring

Die Zahlungsmöglichkeiten – einschließlich der Zahlungsverkehrsvordrucke im Postgiroverkehr – sind neuerdings im wesentlichen denen der Kreditinstitute angeglichen worden. Für Überweisungen von Postgirokonto zu Postgirokonto wird zur Zeit jedoch noch die **dreiteilige Postüberweisung,** die im „Nebeneinanderverfahren" auszufüllen ist, verwandt.

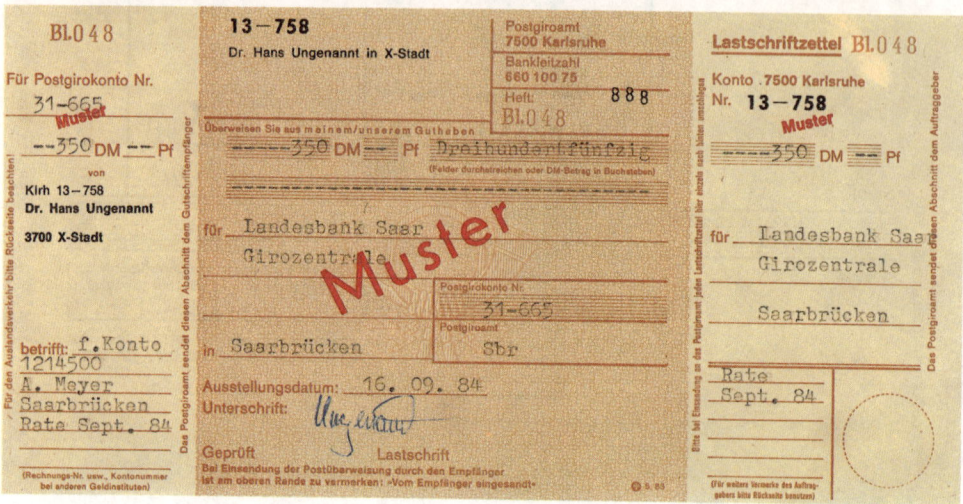

Das Überweisungsformblatt besteht aus drei Teilen:

a) dem **Empfängerabschnitt** (linker Teil), der dem Zahlungsempfänger zusammen mit dem Kontoauszug zugeht,
b) dem **Hauptteil** mit der Unterschrift, der beim Postgiroamt verbleibt und
c) dem **Lastschriftzettel,** der dem Auftraggeber als Beleg mit dem Kontoauszug zurückgeschickt wird.

Postüberweisungsaufträge können auch im netzüberschreitenden Zahlungsverkehr zugunsten von Girokonten der Kreditinstitute erteilt werden. In diesem Fall werden als Zahlungsempfänger die kontoführende Bank und auf dem linken Abschnitt die Girokontonummer und der Name des Endbegünstigten angegeben. Die Postgirokontonummern der Kreditinstitute können einem von den Postgiroämtern zu beziehenden **„Verzeichnis der Postgirokonten von Kreditinstituten"** entnommen werden.

Zur gleichen Erledigung mehrerer Zahlungen kann von der **Sammelüberweisung** Gebrauch gemacht werden. Für die einzelnen Zahlungen werden dann sogenannte **Ersatzüberweisungen** ausgefertigt, die auf einem Rechenstreifen zusammenzustellen sind. Als Summenträger dient eine Postüberweisung, auf der statt der Empfängerangaben der Vermerk „laut Anlage" angebracht wird.

Eilbedürftige Zahlungen können gebührenpflichtig als **Eilaufträge,** telegraphische oder fernschriftliche Aufträge erteilt werden. Zahlungen, die in gleichbleibenden Zeitabständen in gleicher Höhe an denselben Empfänger zu leisten sind, werden auf Wunsch mit gebührenfreien **Daueraufträgen** erledigt. Sie werden auf dem Hauptteil des Überweisungsvordrucks mit dem Vermerk „Dauerauftrag" erteilt. Ist im Feld für die Kontonummer der Vermerk „Zahlungsanweisung" angegeben, wird der Betrag jeweils durch den Postzusteller ausgezahlt.

Die Organisation des Postgiroverkehrs ist auf größtmögliche Schnelligkeit abgestellt. Durch die Konzentration auf nur 13 Kontoführungszentren, die in den Mittelpunkten zusammengehörender Wirtschaftsregionen gelegen sind, kann die Mehrzahl der Überweisungsaufträge beim gleichen Postgiroamt an einem Tag belastet und gutgeschrieben werden. Haben Auftraggeber und Zahlungsempfänger ihr Konto nicht beim gleichen Postgiroamt, werden nur zwei Tage für die Auftragserledigung benötigt. Der Schnelligkeit kommt auch zugute, daß die Postgiroämter keine gegenseitigen Verrechnungen vornehmen und die Überweisungen ohne die zeitaufwendige Erstellung von Begleitlisten austauschen. Eine Buchungskontrolle wird erst nach der Zahlungsabwicklung im Wege der Rückrechnung durchgeführt.

Der **Übergang von einem Gironetz der Kreditinstitute zum Postgironetz** war ursprünglich für die Banken sehr umständlich, da im Postgirodienst absoluter Formularzwang herrschte und deshalb nur Aufträge angenommen wurden, die auf Postgiroformblättern erteilt worden waren. Bei der Überleitung eines Überweisungsauftrages in das Postgironetz mußten die Überweisungsdaten deshalb auf eine Postüberweisung umgeschrieben werden. Dieses zeitaufwendige Umschreiben ist seit 1963 weggefallen. Die auf den einheitlichen Überweisungsträgern der Kreditinstitute erstellten Überweisungsaufträge zur Gutschrift auf Postgirokonten werden seither im Platzverkehr mit sogenannten Giro-Sammelaufträgen in das Postgironetz übergeleitet. Gutschriften für fremde Postgiroämter werden von den Kreditinstituten im eigenen Gironetz an die betreffenden Plätze weitergeleitet.

Die Verbindung mit dem Postgironetz stellt ein Postgirokonto dar, das jedes Kreditinstitut bei dem regional zuständigen Postgiroamt unterhält. Überweisungen zugunsten eines Postgirokontoinhabers werden zu Lasten des eigenen Postgirokontos ausgeführt. Überweisungen eines Postgirokontoinhabers an einen Bankkunden leiten die Postgiroämter über das Postgirokonto des kontoführenden Kreditinstituts.

Im Rahmen ihrer Datendienste nehmen die Postgiroämter auch von ihren Kunden an Stelle von Zahlungsverkehrsvordrucken Magnetbänder mit Überweisungen und/oder Lastschriften entgegen. Umgekehrt werden an Postgirokunden für bestimmte Zahlungseingänge Magnetbänder zur automatischen Weiterverbuchung ausgeliefert.

Die Datendienste der Postgiroämter wurden durch die Möglichkeit der Einlieferung von Sammelaufträgen mit Zahlungsanweisungen zur Verrechnung und durch das sogenannte Klarschriftleseverfahren vervollständigt. Die Teilnehmer erhalten vom Postgiroamt an Stelle der üblichen Gutschriftsabschnitte die von ihnen selbst vorgegebenen Buchungsdaten auf Magnetbändern oder Lochkarten zur automatischen Endverbuchung.

Exkurs: Automatisierter Zahlungsverkehr

Das in den letzten Jahren explosionsartig ausgeweitete Belegvolumen im unbaren Zahlungsverkehr macht es immer schwieriger, Zahlungsvorgänge termingerecht und reibungslos abzuwickeln. Von dieser Situation sind in erster Linie die Kreditinstitute als Träger des Zahlungsverkehrs betroffen. Während von ihnen im Jahre 1960 noch etwa 2,2 Milliarden unbare Zahlungsverkehrsvorgänge abzuwickeln waren, stieg diese Zahl bis 1971 auf ca. 7 Milliarden. Nach Schätzungen von Experten belief sich die Anzahl im Jahre 1980 bereits auf rd. 14 Milliarden

Posten pro Jahr. Es mußte mithin nach Mitteln und Wegen gesucht werden, um mit Hilfe der elektronischen Datenverarbeitung dieses Massenproblem zu lösen. Als Ergebnis dieser Untersuchungen hat sich die Erkenntnis durchgesetzt, den unbaren Zahlungsverkehr möglichst beleglos abzuwickeln oder die Belege als maschinell lesbare Datenträger zu benutzen. Diese beiden Verfahren sind mittlerweile unter den Begriffen „belegloser Datenträgeraustausch" und „optische Beleglesung" feste Bestandteile der automatischen Zahlungsverkehrsabwicklung geworden.

Belegloser Datenträgeraustausch (Magnetband-Clearing)

Ziel dieses Verfahrens ist die beleglose Entgegennahme, Verarbeitung und Weiterleitung von Zahlungsvorgängen bis zur automatischen Buchung auf den Konten der Zahlungsempfänger/Zahlungspflichtigen. Als geeignete Organisationsmittel hierfür bieten sich das Magnetband und die Datenfernübertragung an. Diese Form der Zahlungsabwicklung ist die rationellste und – soweit möglich – jedem anderen Abwicklungsverfahren vorzuziehen. Insbesondere geeignet hierfür sind regelmäßig wiederkehrende Massen-Zahlungen aus maschineller Abrechnung (z. B. Daueraufträge), weil alle zur Ausführung benötigten Angaben (Auftraggeber, Empfänger, Verwendungszweck, Bankleitzahl, Konto-Nr., Betrag usw.) bereits in sogenannten „Bestands-Dateien" gespeichert sind und an den Ausführungsterminen per Programm auf Magnetbänder überspielt und weitergeleitet werden können.

In zunehmendem Maße wird jedoch auch der Individual-Zahlungsverkehr in dieses Verfahren einbezogen, da immer mehr Firmen dazu übergehen, ihre bargeldlosen Lohn- und Gehaltszahlungen, den Einzug von Versicherungsprämien oder Zeitungsgeldern sowie die Begleichung von Lieferanten-Rechnungen maschinell unter Einsatz eigener EDV-Anlagen abzuwickeln, wobei sie die dabei anfallenden Datenaustauschbänder als Sammel-Einzugs- oder -Überweisungsaufträge an ihre Hausbanken weiterleiten.

Der Grundstein für ein einheitliches Datenträgeraustauschverfahren zwischen Kreditinstituten und mit Kunden wurde gelegt durch das **„Abkommen zum automatisierten Zahlungsverkehr der privaten Banken durch Datenträgeraustausch (Magnetband-Clearing-Verfahren)"** vom 01. 11. 1972. Nach langwierigen Verhandlungen einigte sich dann das gesamte deutsche Kreditgewerbe einschließlich der Deutschen Bundesbank auf einen einheitlichen Datenaustausch-Bandsatz. Die hierzu ausgearbeiteten **„Richtlinien für den beleglosen Datenträger-Austausch"** konnten am 02. 01. 1976 in Kraft treten. Parallel dazu wurden die „Bedingungen für die Beteiligung von Kunden am automatisierten Zahlungsverkehr durch beleglosen Datenträgeraustausch (Magnetband-Clearing-Verfahren)" festgelegt und veröffentlicht. Auch die Deutsche Bundespost wurde mit dem unbaren Post-Zahlungsverkehr in dieses einheitliche Datenträgeraustausch-Verfahren einbezogen.

Die beleglose Weiterleitung von Zahlungsaufträgen bis hin zum letztbeteiligten Kreditinstitut ist relativ problemlos. Dagegen ist die beleglose Buchung auf den

Konten der Zahlungsempfänger/Zahlungspflichtigen davon abhängig zu machen, ob durch Andrucken der relevanten Verwendungszweckangaben im Tagesauszug der Zahlungsvorgang so eindeutig definiert werden kann, daß ein Belegausdruck und Versand an den Kontoinhaber nicht notwendig ist (Vgl. Abschnitt „Belegloser Scheckeinzug" – BSE).

Optische Beleglesung (Belegautomation)

Neben der Schaffung einer genormten, optisch lesbaren Schrift waren eine ganze Reihe umfangreicher, technisch-organisatorischer Vorarbeiten zu leisten. Hier ist zunächst als wichtigstes Steuerungs- und Sortier-Kriterium die **Bankleitzahl (BLZ)** zu nennen. Bereits im Jahre 1965 wurde von der Deutschen Bundesbank hierzu ein Vorschlag unterbreitet, der eine 8stellige BLZ vorsah und mit geringfügigen Änderungen am 01. 10. 1970 in Kraft getreten ist. – Kritisch ist anzumerken, daß dieses für die Weiterleitung der Zahlungsvorgänge entscheidende Steuerungskriterium ohne Prüfziffer konzipiert wurde und somit die Richtigkeit einer BLZ maschinell nicht überprüft werden kann.

1	2	3	4	5	6	7	8
Clearing-Gebiet			Banken-gruppe	Nebenplatznummern (Sitz des Instituts)		Interne Niederlassungs-nummern	
Clearing-Bezirk							
Bankplatz/Bankbezirk							

Aufbau der einheitlichen Bankleitzahl

Die optische Beleglesung machte die Überarbeitung sämtlicher Zahlungsverkehrsbelege (Scheck, Lastschrift, Gutschrift) notwendig. Belegformat und -aufbau mußten vereinheitlicht und die besonderen Anforderungen einer maschinellen Bearbeitung hinsichtlich der Papierspezifikation berücksichtigt werden. Darüber hinaus galt es, die Codierzeile zur Aufnahme (Codierung) der für die maschinelle Bearbeitung relevanten Daten festzulegen und wegen der durch das Belegformat begrenzten Stellenkapazität auf ein Minimum zu beschränken. Hierzu hat das Institut für Automation (IfA) im Rahmen einer Forschungsgemeinschaft zwischen dem Deutschen Sparkassen- und Giroverband und der Deutschen Bundesbank entscheidende Vorarbeiten geleistet.

Als Ergebnis konnten am 01. 07. 1970 die **„Richtlinien für einheitliche Zahlungsverkehrsvordrucke"** verabschiedet und für das gesamte deutsche Kreditgewerbe verbindlich in Kraft gesetzt werden.

232

Abhängig von der Belegart (Scheck, Lastschrift, Gutschrift) sind die Angaben in der Codierzeile entweder vor- oder nachzucodieren.

Der automationsfreundlichste Zahlungsverkehrsbeleg ist der Scheck, da bereits bei der Vordruck-Herstellung die Angaben „Textschlüssel", „Bankleitzahl" und „Scheck-Nr." angebracht werden können und lediglich der Betrag von der ersten Inkassostelle nachcodiert werden muß. Die Konto-Nummer des Scheck-Ausstellers dagegen wird bei der Ausgabe der Scheckvordrucke über Konstantendrucker vorcodiert. – Der Konstantendrucker ist eine Maschine, die einen einmal eingetasteten Begriff (z. B. die Konto-Nr.) beliebig oft in ein bestimmtes Feld der Codierzeile in OCR-A-Schrift übernimmt.

Anders ist es bei Lastschriften und Gutschriften. Bei diesen Vordrucken kann lediglich der einheitliche Textschlüssel bereits bei der Vordruck-Herstellung aufgebracht werden. Bankleitzahl und Betrag dagegen müssen von dem die Belege in Umlauf setzenden und die Konto-Nr. vom endbeteiligten Institut mit Hilfe von Codiermaschinen in die Belege codiert werden. Codiermaschinen sind in der Lage, alle oder nur bestimmte Felder innerhalb der Codierzeile auszufüllen, und können gleichzeitig auch als Konstantendrucker eingesetzt werden.

Die heute für die Belegbearbeitung angebotenen und im Praxiseinsatz befindlichen On-line-Sortier-Leser sind programmgesteuert und mit mindestens 10 Ablagefächern für die Sortierung ausgestattet.

Die theoretische Lese- und Sortierleistung liegt bei ca. 100 000 Belegen/Std. In der Praxis verringert sich diese Leistung zwangsläufig durch das Handling (Leeren der Fächer) und aufgrund von Verzögerungen, die durch Papierstau hervorgerufen werden, auf ca. 60%. Entscheidend beeinflußt wird die Lese-Sortier-Leistung durch die Papierqualität und den Zustand der zu bearbeitenden Belege, insbesondere in bezug auf die Codierzeile.

Alle On-line Sortier-Leser können auch systemunabhängig (off-line) eingesetzt werden. Sie arbeiten dann Stelle für Stelle, d. h. zum Beispiel bei der Sortierung nach 10stelligen Kontonummern, daß sämtliche Belege zehnmal einzulesen sind.

Die von den Herstellern in Zusammenarbeit mit den Benutzern entwickelten Programm-Pakete ermöglichen einen umfassenden Einsatz der Sortier-Leser im Bankbetrieb. Dabei liegt der größte Rationalisierungseffekt in der Einsparung von Sortier- und Erfassungskräften.

Im Einzelnen übernimmt ein solches On-line-System folgende Funktionen:

- Erstmaliges Einlesen der automationsgerecht aufbereiteten Zahlungsverkehrsbelege mit gleichzeitiger Erfassung der Belegdaten aus der Codierzeile auf Magnetplatten. Gleichzeitig werden die Belege bereits nach Belegarten vorsortiert (Eingangs-Sortierung).

- Korrektur der infolge von Lesefehlern in das Rückweisungsfach ausgesteuerten Belege über Bildschirme.

– Abstimmung der eingelesenen Belege (z. B. Soll-/Haben-Ausgleich) und automatischer Ausdruck nicht stimmender Beleggruppen.

– Differenzbescheinigung der nicht stimmenden Beleggruppen über Bildschirme.

– Sortierung des Ausgangsmaterials anhand von Giro-Leitweg-Tabellen nach Bankleitzahl der Empfänger-Institute (Ausgangs-Sortierung).

– Druck von Lieferverzeichnissen mit Summenbelegen für das Ausgangsmaterial.

– Sortieren des eigenen Materials nach Konto-Nummern (Anlagen-Sortierung).

– Ausgabe einer Umsatzdatei, auf der alle notwendigen Daten für die Buchungen auf den Kundenkonten und die Verrechnung des Ausgangsmaterials gespeichert sind.

Aufgaben:

I. 1. In welcher Weise sind die verschiedenen Arten der Zahlung zu kennzeichnen?
   2. Worin liegt die Bedeutung des bargeldlosen Zahlungsverkehrs
      a) für die Kunden der Kreditinstitute,
      b) für die Kreditinstitute selbst (unter besonderer Berücksichtigung von Aufwand und Ertrag) sowie
      c) für die Volkswirtschaft?
   3. Warum pflegen die Kreditinstitute Auszahlungsquittungen stets vom Kontoinhaber am Schalter ausfüllen und unterschreiben zu lassen?
   4. Wie wird in einer Bank die Kasse abgestimmt, und wie werden Kassendifferenzen behandelt?
   5. Wie unterscheiden sich die Postanweisung, die Zahlkarte, die Zahlungsanweisung, die Zahlungsanweisung zur Verrechnung und die Postüberweisung voneinander? Was ist der billigste und was ist der teuerste Zahlungsweg?
   6. Welche Rechte und Pflichten haben bzw. erwerben die Beteiligten bei der Eröffnung eines Bankkontos in laufender Rechnung?
   7. Welche Angaben muß ein Überweisungsauftrag enthalten, und wozu dient die sogenannte Fakultativklausel?
   8. Skizzieren Sie anhand von Beispielen
      a) den Weg eines Übertrags (unter Benutzung eines Übertragskontos),
      b) den Weg einer unmittelbaren Überweisung und
      c) den Weg einer mittelbaren Überweisung durch Verrechnung über mehrere Zentralstellen, und tragen Sie die entsprechenden Buchungen bei den verschiedenen Kontostellen auf einzurichtenden T-Konten ein!
   9. Charakterisieren Sie das Wesen
      a) einer Eilüberweisung,
      b) einer Dauerüberweisung und
      c) einer Sammelüberweisung!
   10. Welche Bestimmungen sind bei der Eröffnung eines LZB-Girokontos zu beachten, und worin liegen die Vor- bzw. Nachteile eines solchen Kontos für den Kontoinhaber?
       (Vergleichen Sie das LZB-Girokonto mit einem Postgirokonto!)

II. Bei der Durchsicht der Konten stellen Sie als Kontoführer fest, daß Ihr Kunde Helmut Schreiber in regelmäßig wiederkehrenden Abständen jeweils an den gleichen Zahlungungsempfänger Geldbeträge in gleicher Höhe überweist. – Empfehlen Sie dem Kunden, der Bank einen Dauerauftrag zu erteilen, und stellen Sie die Vorzüge dieses Verfahrens heraus! Verbinden Sie diese Empfehlung ferner mit dem Hinweis darauf, daß die Bank gern bereit ist, die Bezahlung von Telefonrechnungen, Strom- und Gasrechnungen, Versicherungsbeiträgen usw. im Rahmen des rückläufigen Überweisungsverkehrs zu übernehmen, und erteilen Sie dazu nähere Informationen!

III. Der Kaufmann K unterhält bei der Bank B ein Guthaben auf einem Konto in laufender Rechnung. Bei Barabhebungen bediente K sich entweder eines Barschecks oder einer Auszahlungsquittung. Zuweilen beauftragte er mit der Abhebung auch einen seiner Angestellten, indem er einen Barscheck oder eine im voraus erteilte Auszahlungsquittung ausstellte und dem Angestellten mitgab. Um sich über die Echtheit der Unterschrift zu vergewissern, pflegte die Bank B bei der Vorlage anfangs telefonisch zurückzurufen, zahlte in der Folge jedoch bedenkenlos aus.
Als K sich eines Tages auf einer Geschäftsreise befand, stellte der Angestellte A eine Quittung über einen höheren Betrag aus, fälschte die Unterschrift seines Chefs und versah die Quittung mit dem Abdruck eines Firmenstempels. Daraufhin legte er die Quittung der Bank B zur Auszahlung des quittierten Betrages vor. Der Schalterbeamte prüfte die Unterschrift und veranlaßte die Auszahlung des Betrags. A nahm den Betrag an sich und suchte das Weite.
Nachdem der Kaufmann K von der Abhebung erfahren hatte, verlangte er von der Bank, den Geldbetrag seinem Konto weder gutzuschreiben. Die Bank hingegen gab zu erkennen, daß sie dazu nicht bereit sei, weil sie die Unterschrift ordnungsgemäß geprüft habe und weil es im übrigen zwischen ihr und dem Kunden K zur Gewohnheit geworden sei, Zahlung gegen im voraus erteilte Quittungen zu leisten. Außerdem gelte nach § 370 BGB der Überbringer einer Quittung als legitimiert, den darin angegebenen Geldbetrag zu empfangen. Ein Verschulden der Bank liege mithin nicht vor. – Es kommt zum Prozeß.
a) Wie ist zu entscheiden?
b) Wie wäre es, wenn der Angestellte A statt einer Quittung ein Scheckformular für die Abhebung benutzt hätte?

2.3 Scheckinkassoverkehr

2.3.1 Wesen, rechtliche Grundlagen und Form des Schecks

a) Wesen

Der Scheck ist eine Urkunde, die die unbedingte Anweisung des Ausstellers an ein Kreditinstitut oder ein Postscheckamt enthält, aus dem Guthaben bzw. auf Grund eines zugesagten Kredits an einen Dritten die im Scheck genannte Geldsumme zu zahlen. Rechtlich verkörpert der Scheck ein Wertpapier, das kraft Gesetzes als Orderpapier und abstraktes Forderungspapier gilt.

b) Bedingungen für den Scheckverkehr

Durch die Annahme der Schecks unterwirft sich der Kontoinhaber folgenden Bedingungen, die in der Regel auf der Rückseite des Vordrucks für die Bestellung und Empfangsbescheinigung von Schecks abgedruckt sind:

1. Für die Ausstellung von Schecks sind nur die vom bezogenen Institut zugelassenen **Scheckvordrucke** zu verwenden; andernfalls besteht keine Einlösungsverpflichtung. Verwendet der Kunde eigene Scheckvordrucke, gelten ebenfalls diese Bedingungen.

Scheckvordrucke werden gegen **Empfangsbescheinigung** ausgehändigt. Der Empfänger von Scheckvordrucken hat diese bei Emfang auf **Vollständigkeit** zu prüfen.

2. Scheckvordrucke sind mit besonderer Sorgfalt aufzubewahren. Das **Abhandenkommen von Scheckvordrucken** oder des Vordrucks der Empfangsbescheinigung ist der kontoführenden Stelle unverzüglich mitzuteilen. Unbrauchbar gewordene Vordrucke sind vom Kontoinhaber sofort zu vernichten. Bei Beendigung des Scheckvertrages sind nichtbenutzte Vordrucke unverzüglich entweder in den Geschäftsräumen der kontoführenden Stelle zurückzugeben oder entwertet zurückzusenden.

3. Scheckvordrucke sind deutlich und korrekt auszufüllen sowie sorgfältig zu behandeln (z. B. nicht knicken, lochen, beschmutzen). Der Scheckbetrag ist in Ziffern und Buchstaben so einzusetzen, daß nichts hinzugeschrieben werden kann.

4. Das bezogene Institut ist befugt, die **Berechtigung des Einreichers** des Schecks oder der Empfangsbescheinigung zu prüfen; soweit das bezogene Institut eine solche Prüfung vorzunehmen hat, haftet es nur für grobes Verschulden.

5. Das bezogene Institut ist berechtigt, Schecks auch bei mangelndem Guthaben einzulösen. Bei **Nichteinlösung** wird dem Vorleger des Schecks ohne vorheriger Rückfrage beim Kontoinhaber die gesetzlich vorgesehene Bescheinigung erteilt. Reicht bei Vorlegung eines Schecks das Guthaben zur vollen Einlösung nicht aus, so wird das bezogene Institut Teilzahlung nur dann leisten, wenn der Aussteller gesondert und im Einzelfall einen Auftrag dazu erteilt hat.

6. Schecks, die **vor dem angegebenen Ausstellungstag vorgelegt** werden, löst das bezogene Institut aus dem Guthaben des Kontoinhabers ohne vorherige Rückfrage bei Verlegung ein. Im übrigen gelten auch für diese Schecks die Regelungen in Nr. 5.

7. Im Falle der Nichteinlösung eines Schecks obliegt die Verpflichtung zur **Benachrichtigung des Ausstellers** gemäß Artikel 42 des Scheckgesetzes nicht dem letzten Inhaber des Schecks, sondern dem bezogenen Institut. Das bezogene Institut ist berechtigt, die Nichteinlösung ungedeckter Schecks einer Kreditschutzorganisation der Wirtschaft zu melden.

8. **Überbringerschecks** dürfen nur auf Vordrucken für Überbringerschecks, **Orderschecks** nur auf Vordrucken für Orderschecks ausgestellt werden. Änderungen und **Streichungen** des vorgedruckten Textes dürfen nicht vorgenommen werden.

9. *Wenn auf einem im Inland ausgefüllten Scheckvordruck die Währungsangabe fehlt, kann das bezogene Institut in Deutscher Mark zahlen.* Schecks, die auf Fremdwährung lauten, kann das bezogene Institut in Deutscher Mark einlösen. Es ist berechtigt, die Umrechnung durch die erste inländische Inkassostelle vornehmen zu lassen. Dabei wird der Briefkurs des der Umrechnung vorangegangenen Börsentages zugrunde gelegt.

10. Das bezogene Institut ist berechtigt, aber – *soweit rechtlich zulässig* – nicht verpflichtet, den **Widerruf eines Schecks (Schecksperre)** vor Ablauf der Vorlegungschrift zu beachten. Der Widerruf eines Schecks braucht nur beachtet zu werden, wenn er der kontoführenden Stelle spätestens am Bankarbeitstag vor der Vorlage des Schecks zugeht. Nach Ablauf der Vorlegungsfrist hat das bezogene Institut eine Schecksperre nur für 6 Monate, gerechnet vom Eingang des Widerrufes, zu beachten; später vorgelegte Schecks kann das bezogene Institut einlösen, sofern der Aussteller die Sperre nicht schriftlich um weitere 6 Monate verlängert.

11. Alle **Folgen eines Zuwiderhandelns** gegen die vorstehenden Bedingungen sowie alle **Nachteile des Abhandenkommens**, der mißbräuchlichen Verwendung, der Fälschung und Verfälschung von Schecks, Scheckvordrucken und des Vordrucks der Empfangsbescheinigung trägt der Kontoinhaber. *Das bezogene Institut haftet im Rahmen des von ihm zu vertretenden Verschuldens nur in dem Maße, als es im Verhältnis zu anderen Ursachen an der Entstehung des Schadens mitgewirkt hat.*
Für **Orderschecks** gelten neben den Nummern 1 bis 8, 10 und 11 zusätzlich noch folgende Bedingungen:

12. Der Aussteller von Orderschecks steht allen Kreditinstituten, die am Einzug der von ihm begebenen Orderschecks beteiligt sind, für deren Bezahlung ein. Jedes dieser Kreditinstitute kann gegen Vorlage der innerhalb der Vorlegungsfrist vorgelegten und nicht bezahlten Schecks Zahlung vom Aussteller verlangen.

13. Die vorstehenden Bestimmungen gelten auch für nach Beendigung des Scheckvertrages ausgestellte Orderschecks.
(Fassung April 1977).

Die Nummern der ausgegebenen Schecks werden von der kontoführenden Stelle zu Kontrollzwecken notiert.

Der Kunde selbst hat die Möglichkeit, die von ihm ausgestellten Schecks durch Aufschreiben der Nummer, des Betrags, Datums und Verwendungszwecks auf der sog. *Scheckleiste* nachträglich zu kontrollieren.

c) Ausstellung und Form des Schecks

Als rechtliche Grundlage für den Scheckverkehr gilt neben den „Allgemeinen Geschäftsbedingungen" sowie den „Bedingungen für den Scheckverkehr" das Scheckgesetz in der Fassung vom 14. 08. 1933. Nach Art. 1 des Gesetzes muß der Scheck, um als solcher zu gelten, folgende **gesetzliche Bestandteile** enthalten:

(1) die **Bezeichnung als Scheck im Text der Urkunde**, und zwar in der Sprache, in SchG
der sie ausgestellt ist;

(2) die **unbedingte Anweisung, eine bestimmte Geldsumme** zu zahlen;

Ist die Schecksumme in Buchstaben und in Ziffern angegeben, so gilt bei *Abweichungen* die in Art. 9, 1
Buchstaben angegebene Summe.

(3) den Namen dessen, der zahlen soll **(Bezogener)**;

Der Scheck darf nur auf einen *Bankier* gezogen werden, bei dem der Aussteller ein *Guthaben hat* Art. 3
(passive Scheckfähigkeit). Die Gültigkeit der Urkunde als Scheck wird jedoch durch die Nichtbeachtung dieser Vorschrift nicht berührt.

Als Bankiers sind anzusehen: Art. 54
(1) die Anstalten des öffentlichen Rechts, die unter staatlicher Aufsicht stehenden Anstalten sowie die in das Genossenschaftsregister eingetragenen Genossenschaften, die sich nach den für ihren Geschäftsbetrieb maßgebenden Bestimmungen mit der Annahme von Geld und der Leistung von Zahlungen für fremde Rechnung befassen, ferner die unter amtlicher Aufsicht stehenden Sparkassen, wenn sie die nach Landesrecht für sie geltenden Aufsichtsbestimmungen erfüllen;
(2) die in das Handelsregister eingetragenen Firmen, die gewerbsmäßig Bankiersgeschäfte betreiben.

(4) die Angabe des **Zahlungsortes;**

Mangels einer besonderen Angabe gilt der bei dem Namen des Bezogenen angegebene Ort als Art. 2, 2
Zahlungsort. Sind mehrere Orte bei dem Namen des Bezogenen angegeben, so ist der Scheck an dem an erster Stelle angegebenen Orte zahlbar. Fehlt eine solche und jede andere Angabe, so ist der Scheck an dem Orte zahlbar, an dem der Bezogene seine Hauptniederlassung hat.

(5) die Angabe des **Tages und des Ortes der Ausstellung;** Art. 2, 3

| Art. 2, 4 | Ein Scheck ohne Angabe des Ausstellungsortes gilt als ausgestellt an dem Orte, der bei dem Namen des Ausstellers angegeben ist. |

| Art. 7 | Ein in den Scheck aufgenommener *Zinsvermerk* gilt als nicht geschrieben. |

(6) die Unterschrift des Ausstellers.

Trägt ein Scheck Unterschriften von Personen, die eine Scheckverbindlichkeit nicht eingehen können (z. B. geschäftsunfähige oder beschränkt geschäftsfähige Personen), gefälschte Unterschriften, Unterschriften erdichteter Personen oder Unterschriften, die aus irgendeinem Grunde für die Personen, die unterschrieben haben, oder mit deren Namen unterschrieben worden ist, keine Verbindlichkeit begründen, so hat dies auf die Gültigkeit der übrigen Unterschriften keinen Einfluß.

| SchG Art. 10 | Mit dem Artikel 10 SchG ist eine dem Artikel 7 WG etwas verwandte Regelung übernommen worden. Sie hat nur Bedeutung für umlaufende Papiere, die mehrfach indossiert sind; Die Rückgriffsmöglichkeiten eines Scheckinhabers gegen seine Vormänner sollen nicht dadurch eingeschränkt werden können, daß z. B. die Unterschrift des Ausstellers oder eines Indossanten gefälscht ist. Für die üblichen Bar- oder Verrechnungsschecks, die lediglich zahlungshalber begeben und gleich anschließend eingelöst werden, ist diese Vorschrift bedeutungslos. |

| Art. 11 | Wer auf einen Scheck seine Unterschrift als Vertreter eines anderen setzt, ohne hierzu ermächtigt zu sein, haftet selbst scheckmäßig und hat, wenn er den Scheck einlöst, dieselben Rechte, die der angeblich Vertretene haben würde. Das gleiche gilt von einem Vertreter, der seine Vertretungsbefugnis überschritten hat. |

Art. 12 Für die Zahlung des Schecks haftet der *Aussteller*. Jeder Vermerk, durch den er diese **Haftung** ausschließt, gilt als nicht geschrieben. Im Wirtschaftsleben wird der Scheck daher nur *zahlungshalber* und nicht an *Zahlungs Statt* entgegenge-

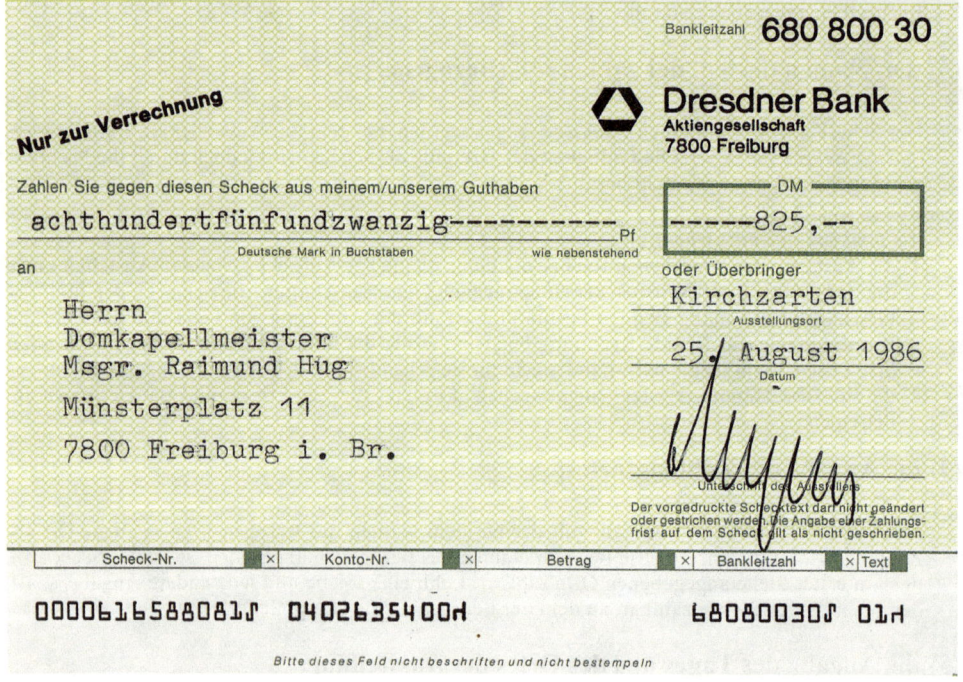

238

nommen. Das bezogene Kreditinstitut ist lediglich dem Aussteller gegenüber gemäß den Scheckbedingungen verpflichtet. Es kann – im Gegensatz zum Wechsel – den Scheck nicht akzeptieren; ein **Annahmevermerk** gilt als nicht geschrieben.

Als Annahme ist jede Erklärung des Bezogenen zu verstehen, durch die er sich zur Zahlung verpflichtet. Mit dieser Vorschrift will das Gesetz vermeiden, daß wegen der Bonität der Banken ein angenommener Scheck banknotenähnliche Wirkung erhält.

Eine Ausnahme, von der zur Umgehung dieser Vorschriften Gebrauch gemacht werden kann, ist der sogenannte „**bestätigte Scheck**" der Deutschen Bundesbank. Die Deutsche Bundesbank versichert gegen eine Bestätigungsprovision von 2,– DM durch den Bestätigungsvermerk, daß sie den auf sie gezogenen Scheck einlösen wird. Gleichzeitig belastet sie den entsprechenden Betrag auf dem bei ihr geführten Konto. Wird der Scheck innerhalb einer Frist von 8 Tagen nicht vorgelegt, so erlischt damit die Verpflichtung der Bundesbank aus der Bestätigung; der Scheck wird bei der Vorlegung wie ein nicht bestätigter Scheck behandelt. Sofern der Scheck nach Ablauf von 15 Tagen noch nicht bei der bezogenen Stelle der Bundesbank zur Einlösung vorgelegt wurde, wird der Scheckbetrag dem Girokonto des Ausstellers wieder gutgeschrieben.

BBkG
§ 23,1

§ 23,3

Jeder Kunde, der kein Konto bei der Deutschen Bundesbank besitzt, kann sich von seiner Hausbank einen derartigen bestätigten Scheck beschaffen lassen.

Wir verpflichten uns, diesen Scheck über
Deutsche Mark . . . .
. . . .
bis zum . . . . .19 . . . . . . während der
Geschäftsstunden einzulösen. Von anderen Stellen der Deutschen Bundesbank wird der Scheck in Zahlung genommen, jedoch nicht bar ausgezahlt.

Frankfurt (Main), den . . . .

**Landeszentralbank in Hessen
Hauptstelle Frankfurt**
der Deutschen Bundesbank

Scheckbestätigung

Neben den gesetzlichen Bestandteilen enthält der Scheck sogenannte „**kaufmännische Bestandteile**", die jedoch keinen Einfluß auf die rechtliche Gültigkeit des Schecks haben. Sie dienen im wesentlichen der technischen Abwicklung des Scheckverkehrs im Bankbetrieb. Neben der Wiederholung der Schecksumme in Ziffern handelt es sich im einzelnen um folgende Angaben:

(1) **die Schecknummer**
   (sie dient der Kontrolle bei der Einlösung und erleichtert den Widerruf einzelner Schecks);

(2) die Kontonummer

(sie ist wichtig für die Bearbeitung des Schecks bei der Einlösung, weil die Unterschriften häufig nicht leicht zu entziffern sind);

(3) die Bankleitzahl

(sie dient der Automatisierung des zwischenbetrieblichen bargeldlosen Zahlungsverkehrs mittels elektronischer Datenverarbeitungsanlagen);

(4) die Guthabenklausel

(sie soll vor der Ausstellung ungedeckter Schecks warnen);

(5) die Angabe des Zahlungsempfängers

(sie enthält die Bezeichnung des Begünstigten und erleichtert u. U. den Rückgriff bei Nichteinlösung);

(6) den Überbringervermerk

(die Überbringerklausel macht den Scheck praktisch zum Inhaberpapier und enthebt das bezogene Kreditinstitut der Verpflichtung, die Legitimation des Einreichers zu prüfen);

(7) die Codierzeile

(sie darf nicht beschrieben und nicht bestempelt werden und entspricht den Erfordernissen der elektronischen Datenverarbeitung).

d) Arten des Schecks

Nach dem Scheckgesetz sind **in bezug auf die Weitergabe des Schecks** folgende Scheckarten zu unterscheiden:

da) Orderscheck

Ist der Scheck lediglich zugunsten einer bestimmten Person mit oder ohne ausdrücklichen Vermerk **„an Order"** ausgestellt, so handelt es sich um einen Order-

240

scheck (= geborenes Orderpapier). Er findet in der Bundesrepublik Deutschland wenig Verwendung, ist jedoch im Ausland und in der Bundesrepublik Deutschland namentlich im Verkehr mit dem Ausland weit verbreitet.

Die Übertragung des Orderschecks erfolgt durch *Einigung, Übergabe und Indossament.* Für die Formen und Wirkungen des Indossaments finden die wechselrechtlichen Bestimmungen entsprechende Anwendung.

SchG
Art. 14, 1

Das Indossament kann bei einem Scheck auch auf den Aussteller und jeden anderen Scheckverpflichteten lauten. Ein Indossament an den Bezogenen gilt nur als Quittung. Der Bezogene selbst kann den Scheck nicht indossieren; sein Indossament wäre – im Gegensatz zu den wechselrechtlichen Vorschriften – nichtig.

Art. 14, 3
Art. 15, 5

Art. 15, 3

db) Inhaberscheck

Enthält der Scheck keine Angaben über den Begünstigten oder ist ein Empfänger mit dem Zusatz „oder Überbringer" (Überbringerscheck) bezeichnet, so liegt ein Inhaberscheck vor. In der Bundesrepublik Deutschland findet er überwiegend in der Form des Überbringerschecks Verwendung (vgl. Abb. auf Seite 238).

Seine Übertragung erfolgt durch *Einigung und einfache Übergabe.* Ein Indossament ist nicht erforderlich. Gleichwohl pflegen die Kreditinstitute die ihnen zum Einzug eingereichten Inhaberschecks durch den Einreicher girieren zu lassen. Diese Unterschrift macht zwar die Urkunde nicht zu einem Orderpapier, der Indossant haftet jedoch für die Einlösung entsprechend den im Scheckgesetz für den Rückgriff vorgesehenen Bestimmungen (Garantiefunktion des Indossaments). Ein Firmenstempel auf der Rückseite des Schecks hingegen dient nur dem Zweck, den Lauf des Schecks im Falle der Nichteinlösung rekonstruieren zu können.

Art. 20

dc) Rektascheck

Enthält der auf eine bestimmte Person ausgestellte Scheck den Vermerk **„nicht an Order"** (= negative Orderklausel) oder einen gleichbedeutenden Vermerk, so wird er als Rektascheck bezeichnet (vgl. Zahlungsanweisungen der Postscheckämter auf Seite 214). Dieser kann nur im Wege der *bürgerlich-rechtlichen Abtretung (Zession)* weitergegeben werden. Die Auszahlung bzw. Gutschrift erfolgt grundsätzlich an die im Text der Urkunde genannte Person.

Art. 14, 2

BGB
§ 398 ff.

In bezug auf die Einlösung des Schecks unterscheidet das Scheckgesetz zwischen dem Barscheck, dem Verrechnungsscheck und dem gekreuzten Scheck.

dd) Barscheck

Der Barscheck dient zu Barauszahlungen an den Kontoinhaber oder einen Dritten. Sofern es sich dabei um einen Inhaberscheck handelt, wird das bezogene

Kreditinstitut grundsätzlich ohne Legitimationsprüfung an den Einreicher zahlen. **Der Verlust eines Barschecks birgt daher für den Aussteller die Gefahr einer mißbräuchlichen Verwendung in sich.** Zur Abwendung dieser Risiken hat der Aussteller die Möglichkeit, jeden Barscheck in einen Verrechnungsscheck umzuwandeln.

de) Verrechnungsscheck

SchG
Art. 39, 1
Art. 39, 2
Art. 39, 3
Durch den quer über die Vorderseite des Schecks gesetzten Vermerk *„Nur zur Verrechnung"* kann der Aussteller dem bezogenen Kreditinstitut untersagen, daß der Scheck bar bezahlt wird. Der Verrechnungsscheck berechtigt die Kreditinstitute nur, den Scheck im Wege der Gutschrift einzulösen, d. h. das Konto des Scheckeinreichers zu erkennen. – **Die Streichung des Vermerks „Nur zur Verrechnung" gilt als nicht erfolgt.**

Die mißbräuchliche Verwendung eines Verrechnungsschecks ist zwar nicht ausgeschlossen, sie ist jedoch wesentlich dadurch erschwert, daß der Einreicher – sei er berechtigt oder nicht – stets ein Konto unterhalten muß, dem betr. Kreditinstitut mithin bekannt ist und auf Herausgabe des ohne rechtlichen Grund Erlangten (§ 812 BGB) bzw. auf Schadenersatz geklagt werden kann.

df) Gekreuzter Scheck

Art. 37
Das Wesen eines gekreuzten Schecks besteht darin, daß das Kreditinstitut zwar zur Bareinlösung berechtigt ist, daß jedoch nur an bestimmte Personen mit befreiender Wirkung geleistet werden kann. Die Kreuzung erfolgt durch zwei gleichlaufende Striche auf der Vorderseite des Schecks. Sie ist *allgemein*, wenn zwischen den beiden Strichen keine Angabe oder die Bezeichnung „Bankier" oder ein gleichbedeutender Vermerk steht; sie ist eine besondere, wenn der Name eines Bankiers zwischen die beiden Striche gesetzt ist. Die allgemeine Kreuzung kann in eine besondere, nicht aber die besondere Kreuzung in eine allgemeine umgewandelt werden. Die Streichung der Kreuzung oder des Namens des bezeichneten Bankiers gilt als nicht erfolgt.

Art. 38, 1
Art. 38, 2
Ein allgemein gekreuzter Scheck darf vom Bezogenen nur an einen Bankier oder an einen Kunden des Bezogenen bezahlt werden. – Ein besonders gekreuzter Scheck darf vom Bezogenen nur an den bezeichneten Bankier oder, wenn dieser selbst der Bezogene ist, an dessen Kunden bezahlt werden. Das bezeichnete Kreditinstitut kann allerdings ein anderes Institut mit der Einziehung des Schecks beauftragen.

Diese im Scheckgesetz enthaltenen Bestimmungen sind zwar noch nicht in Kraft getreten, gleichwohl kommen gekreuzte Schecks im Verkehr mit dem Ausland vor. Sie werden im Inland **häufig wie Verrechnungsschecks behandelt. Nach neuerer Rechtssprechung ist jedoch auch die Barauszahlung bei gekreuzten Schecks zulässig. Der Kontoinhaber wird also nicht geschützt; die Kreditinstitute zahlen mit befreiender Wirkung aus.**

e) Einlösung des Schecks

Art. 28
Schecks sind grundsätzlich bei Sicht zahlbar, d. h. zum Zeitpunkt der Vorlage bei der bezogenen Bank. **Ein Scheck, der vor Eintritt des auf ihm angegebenen Ausstellungstages zur Zahlung vorgelegt wird (= vordatierter Scheck), ist am Tage der Vorlegung zahlbar.** Das bedeutet, daß der Scheckberechtigte ohne weiteres eine Vereinbarung mit dem Aussteller über eine spätere Vorlage brechen kann und das bezogene Kreditinstitut verpflichtet ist, den vordadierten Scheck einzulösen.

Die **gesetzliche Vorlegungsfrist**, innerhalb der der Scheck dem bezogenen Kreditinstitut zur Einlösung vorzulegen ist, beträgt

SchG

bei **Inlandsschecks 8 Tage,** Art. 29, 1

bei Schecks auf das
europäische Ausland und die außereuropäischen Mittelmeerländer 20 Tage und Art. 29, 2

bei Schecks auf
sonstige **Länder anderer Erdteile 70 Tage.**

Die Einlieferung in eine Abrechnungsstelle steht der Vorlegung zur Zahlung gleich. Art. 31, 1

Die **scheckrechtliche Bedeutung der Vorlegungsfristen** liegt vor allem darin, daß der *Widerruf* eines Schecks erst nach Ablauf der Vorlegungsfrist wirksam ist. Die Art. 32
Kreditinstitute werden aber in der Regel im Interesse ihrer Kunden den Widerruf bereits während der Vorlegungsfrist beachten, d. h., sie nehmen den Auftrag des Kontoinhabers auf Nichteinlösung des Schecks entgegen, ohne sich jedoch rechtsverbindlich zu verpflichten, den Weisungen des Kunden zu entsprechen. Die Zulässigkeit des Ausschlusses der Haftung der Bank in den „Bedingungen für den Scheckverkehr" (Ziff. 10) für den Fall, daß trotz eines ergangenen Widerrufs Zahlung geleistet wird, ist allerdings umstritten (vgl. hierzu BGH-Urteil vom 08. 06. 61 – Akt. Z. II ZR 54/60 – veröffentlicht im Rundschreiben Nr. 74 des Bundesverbandes deutscher Banken v. 11. 08. 1961).

Das bezogene Kreditinstitut kann vom Inhaber des Schecks gegen Zahlung die Art. 34, 1
Aushändigung des quittierten Schecks verlangen. Die Quittung erfolgt im allgemeinen durch einfache Unterschrift auf der Rückseite, also in Form eines Blankoindossaments.

Empfangsberechtigt ist grundsätzlich der Inhaber des Schecks, bei einem Order- Art. 35
scheck die im letzten Indossament namentlich bezeichnete Person. Der Bezogene ist in diesem Falle verpflichtet, die Ordnungsmäßigkeit der Indossamentenkette, nicht aber die Unterschriften der Indossanten zu prüfen.

f) Nichteinlösung und Rückgriff

Verfügt der Aussteller nicht über ein ausreichendes Guthaben oder wird aus einem Art. 40
anderen Grund die Einlösung des Schecks verweigert, so muß sich der Begünstigte diese Tatsache durch eine öffentliche Urkunde (*Protest*) oder durch eine schriftliche, datierte Erklärung des Bezogenen auf dem Scheck bestätigen lassen, um nicht sein Rückgriffsrecht seinen Vormännern gegenüber zu verlieren. Das **Rückgriffsrecht erlischt, wenn der Scheck nicht innerhalb der Vorlegungsfrist vorgelegt wird.**

Für das *Rückgriffsverfahren* gelten die wechselrechtlichen Vorschriften entsprechend. Die Kreditinstitute sind jedoch darauf nicht angewiesen, weil sie gemäß den „Allgemeinen Geschäftsbedingungen" die ihnen eingereichten Inkassopapiere grundsätzlich nur „*Eingang vorbe-halten*" gutschreiben.

Kann der Scheck nicht eingelöst werden, so erhält er den „*Nichtbezahlungsver-merk*", der normalerweise am linken Rand des Schecks, quer zum Text, angebracht wird und z. B. folgendes Aussehen hat:

Am ....

vorgelegt und nicht bezahlt.

Frankfurt a. M., den ....

COMMERZBANK
AKTIENGESELLSCHAFT
Abteilung für Privatkundschaft

Die unbezahlt gebliebenen Schecks sind von dem bezogenen Kreditinstitut gemäß dem **„Abkommen über die Rückgabe nicht eingelöster Schecks (Scheckabkommen)"** in der Fassung vom 01. Oktober 1982 spätestens an dem auf den Tag der Vorlage (Eingangstag) folgenden Geschäftstag, mit dem Vorlegungsvermerk versehen, an die erste Inkassostelle zurückzuleiten. Bei Nichteinlösung eines Schecks im Betrage von 2000 DM und darüber ist die erste Inkassostelle unmittelbar an dem auf den Eingangstag folgenden Geschäftstag bis spätestens 14.30 Uhr mittels Telex, Telefax, Teletex, Telefon oder Telegramm zu benachrichtigen (Eilnachricht).

Die **Eilnachricht** hat den Scheckbetrag sowie die Schecknummer, die Kontonummer des Scheckausstellers und die Bankleitzahl des bezogenen Kreditinstituts zu enthalten. Ferner soll – soweit erkennbar – ein eventuell vorhandenes Merkmal zur Identifizierung des Scheckeinreichers (z.B. Kontonummer, Stempelnummer mit Bearbeitungstag) angegeben werden.

Die erste Inkassostelle ist verpflichtet, nicht eingelöste und mit dem Vorlegungsvermerk versehene Schecks zurückzunehmen, und zwar gleichgültig, auf welchem Wege die Schecks zurückgesandt worden sind. Für die Rückgabe und die Rückrechnung ist der Vordruck „Retourenhülle für Einzugspapier" zu benutzen. Werden Rückschecks unmittelbar an die erste Inkassostelle zurückgegeben, so ist für die Rücksendung und Rückrechnung der Vordruck „Rückrechnung für Direktrückgabe" zu verwenden.

Das bezogene Kreditinstitut kann für die Rückschecks als Auslagenersatz und Bearbeitungsprovision eine Rückscheckgebühr verlangen, und zwar für Rückschecks im Betrag von weniger als 2000 DM eine Rückscheckgebühr von höchstens 5,– DM, für Rückschecks von 2000 DM und darüber von höchstens 10,– DM. Ferner ist das bezogene Kreditinstitut berechtigt, bei Rückschecks im Betrag von 10 000 DM und darüber gegenüber der ersten Inkassostelle einen Anspruch auf Zinsausgleich geltend zu machen, wenn der Wertstellungsverlust 30,– DM oder mehr beträgt. Als Zinssatz gilt der Diskontsatz der Deutschen Bundesbank am Tage des Eingangs des Einzugsschecks.

SchG
Art. 27, 1

Art. 26, 1
Art. 26, 3

Für den Fall, daß die Zahlung der Schecksumme durch eine **Scheckbürgschaft** gesichert wurde, haftet der Scheckbürge in der gleichen Weise wie derjenige, für den er sich verbürgt hat. Die Bürgschaftserklärung wird auf dem Scheck oder einem Anhang durch die Worte „*als Bürge*" oder „*per Aval*" oder einen gleichbedeutenden Vermerk ausgedrückt. Sie ist von dem Bürgen zu unterschreiben. Die bloße Unterschrift eines Dritten auf der Vorderseite des Schecks gilt ebenfalls als eine Bürgschaftserklärung.

Retourenhülle (Lastschrift) für Einzugspapier

Die Teileinlösung eines Schecks ist möglich. Im Falle der Teilzahlung kann der Bezogene verlangen, daß dies auf dem Scheck vermerkt und dem Bezogenen eine Quittung erteilt wird. In der Praxis werden die Kreditinstitute jedoch nur dann eine Teileinlösung vornehmen, wenn der Aussteller gesondert und im Einzelfall einen Auftrag dazu erteilt hat (siehe Ziffer 5 der Sonderbedingungen für den Scheckverkehr).   SchG Art. 34

g) Verjährung scheckrechtlicher Ansprüche

Die Rückgriffsansprüche des Inhabers gegen den Aussteller, die Indossanten und die anderen Scheckverpflichteten verjähren in **sechs Monaten,** vom Ablauf der Vorlegungsfrist bzw. vom Tage der Zahlung des Indossanten an gerechnet.   Art. 52

h) Verwendungsmöglichkeiten des Postschecks

Der von den Postgiroämtern seit 1975 ausgegebene Postscheck mit blauem Aufdruck entspricht den von der Deutschen Bundesbank bekanntgegebenen Richtlinien für einheitliche Zahlungsverkehrsvordrucke. Er ist als Inhaberscheck ausgestaltet und ersetzt den früheren grünen dreiteiligen Postscheck, der wegen des fehlenden Eindrucks eines Überbringervermerks bei der Angabe eines Begünstigten als Orderscheck galt.

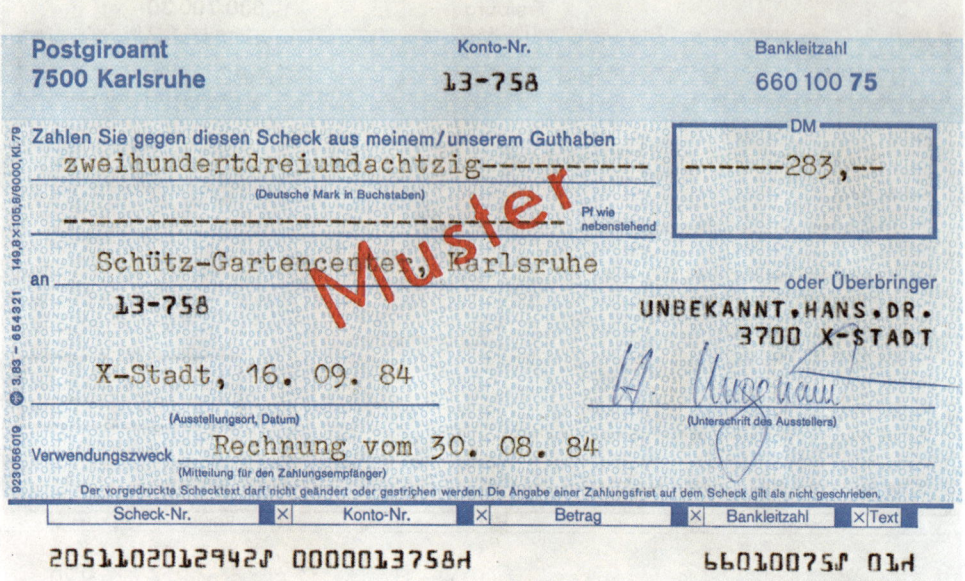

Kassenscheck oder Postbarscheck

Der einteilige Postscheck findet als Postbarscheck, als Kassenscheck oder als Verrechnungsscheck Verwendung.

Mit einem *Postbarscheck* kann der Kontoinhaber bei einem vom ihm ausgewähltem Postamt aus seinem verfügbaren Postgiroguthaben Barbeträge abheben oder abheben lassen. Die Teilnahme am Postscheckverfahren wird beim zuständigen Postgiroamt beantragt. Der Postgirokunde erhält von seinem Postgiroamt eine grüne Ausweiskarte, die beim Auszahlungspostamt bei jeder Abhebung vorzulegen ist. Täglich kann nur ein Postbarscheck bis zum Höchstbetrag von 20 000 DM eingelöst werden. Der Betrag wird an jeden ausgezahlt, der den vom Kontoinhaber oder einem anderen Zeichnungsberechtigten unterschriebenen Postbarscheck mit der Ausweiskarte vorlegt.

Der *Kassenscheck* ist wie der Postbarscheck ein Inhaberscheck und dient der Barabhebung in der Zahlungsstelle des kontoführenden Postgiroamtes. Abhebungen können in unbeschränkter Höhe vorgenommen werden. Da die Auszahlung stets an den Vorleger erfolgt, birgt der Verlust eines Kassenschecks in hohem Maße die Gefahr der mißbräuchlichen Verwendung. Auf Wunsch werden Kassenschecks durch weiße Landeszentralbankschecks mit dem Vermerk „Nur zur Verrechnung" beglichen.

Durch einen quer über den Scheck geschriebenen Vermerk „Nur zur Verrechnung" wird der Postscheck zum *Verrechnungsscheck*. Der Zahlungsempfänger kann einen solchen Scheck wie jeden Bankverrechnungsscheck bei seinem Postgiroamt oder seiner Bank zur Gutschrift einreichen.

2.3.2 Tankscheck und eurocheque

Seit Beginn des Jahres 1968 wird von fast allen deutschen Kreditinstituten und den Postscheckämtern zum Zwecke der Förderung des Scheckverkehrs die sogenannte Scheckkarte ausgegeben, die insofern geeignet ist, den Scheck zu einem populären Zahlungsmittel im privaten Zahlungsverkehr zu machen, als sie es dem breiten Publikum ermöglicht, bequemer über sein Bankguthaben mittels Scheck zu verfügen. Während es bis zu diesem Zeitpunkt den Privatpersonen nur in verhältnismäßig geringem Umfange möglich war, z. B. Einkäufe in Einzelhandelsgeschäften, Rechnungen im Hotel oder an der Tankstelle mit einem Scheck zu bezahlen, trägt nunmehr die Scheckkarte in bestimmten Grenzen dazu bei, das Mißtrauen gegenüber dem Scheck zu beseitigen.

Die Zurückhaltung des Handels bei der Annahme von Schecks zum Ausgleich von Zahlungsverpflichtungen im alltäglichen Verkehr basierte im wesentlichen darauf, daß dem Scheckgläubiger nur ein unzureichender Schutz zuteil wurde, den das deutsche Scheckgesetz gegen den Scheckmißbrauch bietet. Obwohl die Bemühungen der Kreditinstitute um eine Popularisierung des Schecks – insbesondere mit der teilweisen Einführung der bargeldlosen Lohn- und Gehaltszahlung im Jahre 1960 – in letzter Zeit in hohem Maße intensiviert wurden, vermochten sie nicht die Bereitschaft des Handels und der sonstigen Dienstleistungsbetriebe zur Annahme von Schecks wesentlich zu erhöhen. Weder die im Jahre 1960 ausgegebenen „Kaufschecks", die mit einer Garantieerklärung der Bank versehen waren und auf feste Beträge von 50,– DM bzw. 100,– DM lauteten, noch die **Scheckausweiskarte**, die den Inhaber Dritten gegenüber als vertrauenswürdigen Bankkunden legitimierte, konnten zu dem erhofften Erfolg führen. Die Ausgabe von Kaufschecks mußte bereits wenige Tage nach der Einführung wieder eingestellt werden, weil die Bundesbank unter Berufung auf die Vorschrift des § 35 BBkG (Verbot der Ausgabe geldähnlicher Urkunden) intervenierte. Die Scheckausweiskarte andererseits entsprach offenbar deswegen nicht den Vorstellungen der beteiligten Personen, weil sie zu unverbindlich gehalten war und lediglich eine Bestätigung der bezogenen Bank enthielt, daß der Kunde sich verpflichtet habe, Schecks nur im Rahmen eines Guthabens auszustellen.

Demgegenüber enthielt der ursprüngliche „**Tankscheck**" eine *Einlösungsgarantie*, die auf einer Vereinbarung zwischen den beteiligten Kreditinstituten und Mineralölgesellschaften beruhte. Danach erklärten sich die Banken bereit, Schecks bis zu 50,– DM einzulösen, sofern sie für Käufe bzw. Dienstleistungen bei Tankstellen verwendet worden waren. Dieser Tankscheck konnte nur eine seinem Verwendungszweck entsprechende Verbreitung finden, durch die Einführung des Tankschecks wurde aber bewiesen, daß bei den Bemühungen um die Förderung des Scheckverkehrs die Einlösungsgarantie der bezogenen Bank die entscheidende Rolle spielt.

Mit Wirkung ab September 1981 haben dann die deutschen Kreditinstitute das bis dahin praktizierte Tankscheckverfahren neu gestaltet. Die wichtigste Neuerung bestand darin, daß nunmehr Tankschecks bis zu einem Betrag von 200 DM ausgestellt werden können. Das bezogene Kreditinstitut garantiert dem Tankscheck-Nehmer (inländische Tankstellen) die Einlösung des Schecks bis zu diesem Höchstbetrag, sofern bestimmte Bedingungen erfüllt wurden, die im einzelnen dem Tankscheck-Ausweis zu entnehmen sind.

Das **Tankscheck-Formular** hat jetzt dasselbe Format wie der eurocheque. Der **Tankscheck-Ausweis** enthält auf seiner Vorderseite als wesentlichen Bestandteil den Wortlaut der Garantieerklärung sowie ein Feld, in das das amtliche Kraftfahrzeug-Kennzeichen desjenigen Kraftfahrzeugs einzutragen ist, für dessen Betrieb die Tankschecks verwendet werden sollen. Auf der Rückseite des Tankscheck-Ausweises sind die „Bedingungen für den Tankscheck-Verkehr" abgedruckt, die zwischen der bezogenen Bank und dem Kontoinhaber als vereinbart gelten.

Die den Tankscheck-Ausweis enthaltende Hülle aus Klarsichtfolie erfüllt zugleich die Funktion eines Scheckheftes, in die der Tankscheck-Verwender Tankscheck-Formulare je nach Bedarf einstecken kann. Während im eurocheque-Verfahren (siehe Seite 246 f.) die Scheckvordrucke stets getrennt von der eurocheque-Karte aufbewahrt werden sollen, um Mißbräuchen vorzubeugen, ist die Verbindung von Tankscheck-Ausweis und Scheckhülle beim Tankscheck-Verfahren ohne besonderes Risiko möglich, weil ein Mißbrauch der Tankschecks den Besitz des zugehörigen Kraftfahrzeugs bzw. des Kraftfahrzeugscheins voraussetzt.

Deshalb wird der Kontoinhaber auch unter Ziffer 6 der Tankscheck-Bedingungen ausdrücklich darauf hingewiesen, daß der Tankscheck-Ausweis und die Tankscheck-Vordrucke nicht unbeaufsichtigt im Kraftfahrzeug belassen werden sollen; wird diese Sorgfaltspflicht verletzt, so kann zum Beispiel ein Autodieb problemlos mit dem vorgefundenen Ausweis und den Schecks das Fahrzeug auf Kosten des Kontoinhabers betanken lassen. Die Pflicht zur Prüfung der Unterschrift seitens der bezogenen Bank besteht nicht, weil Tankschecks sowohl vom Kontoinhaber als auch von dem Kraftfahrzeugführer „als seinem Bevollmächtigten" ausgestellt werden können, ohne daß dem bezogenen Institut die Bevollmächtigten bekanntgegeben werden. – Gerade in dieser Vereinbarung liegt jedoch der große Vorteil des neuen Tankscheck-Verfahrens gegenüber dem eurocheque-Verfahren. Der Kontoinhaber hat die Möglichkeit, an seine Kraftfahrzeugführer Tankscheck-Vordrucke auszugeben, mit denen diese nur die für den Betrieb des Kraftfahrzeugs regelmäßig benötigten Mineralölprodukte und Dienstleistungen einer Tankstelle auf einer Fahrt bezahlen können. Eine mißbräuchliche Benutzung der Tankschecks wird weitgehend verhindert, weil sie nur zweckgebunden verwendet werden können. Die Bindung der Tankschecks an ein bestimmtes Fahrzeug ist zudem geeignet, die betriebliche Abrechnung der Kraftfahrzeugkosten zu vereinfachen.

Als Tankscheck-Kunde kommt demnach vor allem ein Gewerbetreibender in Betracht, der mehrere Firmenwagen unterhält. Für Privatkunden kann der Tankscheck interessant sein, wenn das Fahrzeug von mehreren Familienangehö-

rigen genutzt wird. Will der Kontoinhaber auf das bargeldlose Tanken nicht verzichten und möchte er zugleich nicht allen Familienangehörigen eine Kontovollmacht erteilen, so bietet sich auch hier der Tankscheck an.[1]

1 Vgl. dazu den Aufsatz „Neue Konzeption des Tankscheckverfahrens" in „Die Bank", Nummer 9/81.

Bedingungen für den Tankscheck Verkehr

1. Für die Ausstellung von Tankschecks sind nur die von dem bezogenen Institut ausgegebenen Tankscheck-Vordrucke zu verwenden; andernfalls besteht keine Einlösungsverpflichtung.

   Tankscheck-Vordrucke dürfen jeweils nur für den Betrieb des Kraftfahrzeugs verwendet werden, dessen amtliches Kennzeichen auf dem Tankscheck-Ausweis sowie den einzelnen Vordrucken eingetragen ist.

   Tankscheck-Ausweise gelten nur für das in ihnen mit seiner Nummer angegebene Konto und nur für Tankscheck-Vordrucke, bei denen das in ihnen eingetragene amtliche Kennzeichen übereinstimmt mit dem auf dem Tankscheck-Ausweis eingetragenen amtlichen Kraftfahrzeug-Kennzeichen.

2. Tankschecks können nur bei inländischen Tankstellen in Zahlung gegeben werden.

   Tankschecks dürfen nur für die Bezahlung von Mineralölprodukten und spezifischen Dienstleistungen der Tankstellen ausgestellt werden, sofern diese der Erhaltung der Betriebssicherheit des Kraftfahrzeuges dienen. Der Tankscheck darf nicht für die Bezahlung von sonstigen Waren verwendet werden.

3. Tankschecks können sowohl von dem Kontoinhaber als auch von dem Kraftfahrzeug-Führer als seinem Bevollmächtigten ausgestellt werden, ohne daß dem bezogenen Institut die Bevollmächtigten bekanntgegeben werden.

   Wird ein Tankscheck von einem Bevollmächtigten ausgestellt, so kann das bezogene Institut weder die Unterschrift noch die Bevollmächtigung prüfen, da ihm die Unterschrift und die Bevollmächtigung nicht bekannt sind.

4. Tankscheck-Vordrucke und Tankscheck-Ausweise werden im Auftrag des Kontoinhabers gegen Empfangsbescheinigung ausgehändigt. Der Empfänger von Tankscheck-Vordrucken hat diese bei Erhalt auf Vollständigkeit zu überprüfen. Die Tankscheck-Ausweise und die Tankscheck-Vordrucke sind sofort nach Empfang vom Kontoinhaber oder von einem Kontobevollmächtigten in dem dafür vorgesehenen Feld mit dem amtlichen Kennzeichen des Kraftfahrzeugs zu versehen, zu dessen Betrieb Tankschecks begeben werden sollen.

5. Tankscheck-Vordrucke sind sorgfältig zu behandeln (z. B. nicht knicken, lochen, beschmutzen) und von demjenigen, der sie in Zahlung gibt, an der Tankstelle deutlich und korrekt mit Betrag, Ort und Datum auszufüllen und zu unterschreiben. Der Scheckbetrag ist in Ziffern so einzusetzen, daß nichts hinzugeschrieben werden kann.

6. Die Tankscheck-Ausweise und die Tankscheck-Vordrucke sind mit besonderer Sorgfalt aufzubewahren; sie sollten insbesondere nicht unbeaufsichtigt im Kraftfahrzeug belassen werden.

7. Auf Tankscheck-Vordrucken darf der Zusatz „oder Überbringer" nicht gestrichen werden.

8. In dem Tankscheck-Ausweis garantiert das Kreditinstitut die Zahlung des Scheckbetrages eines auf seinen Tankscheck-Vordrucken ausgestellten Schecks jedem Tankstelleninhaber bis zu einem Betrag von 200 DM. Tankschecks sind für die Dauer einer Frist von acht Tagen seit dem Ausstellungsdatum bis zu dem genannten Höchstbetrag garantiert. Die Frist ist gewahrt, wenn der Tankscheck innerhalb dieser Frist dem bezogenen Institut vorgelegt oder einem Geldinstitut zum Inkasso eingereicht worden ist.

   Das Kreditinstitut wird für Rechnung des Kontoinhabers auf jeden mit dem amtlichen Kennzeichen, das auch in den Tankscheck-Ausweis eingetragen ist, versehenen Tankscheck Zahlung gemäß Nr. 8 Absatz 1 leisten, wenn der Tankscheck auf der Vorderseite in dem dafür vorgesehenen Feld mit dem Firmenstempel der annehmenden Tankstelle versehen ist.

   Im Rahmen der sich aus Nr. 8 Absatz 1 ergebenden Beträge wird eine Zahlungsverpflichtung des Kreditinstituts durch Widerruf bzw. Sperre solcher Tankschecks, die rechtzeitig (Nr. 8 Absatz 1 Sätze 2 und 3) vorgelegt, eingereicht oder zugeleitet worden sind, nicht berührt.

250

9. Trägt der Tankscheck auf der Vorderseite den Firmenstempel der schecknehmenden Tankstelle, so ist der Tankscheck nach dem Beweis des ersten Anscheins unter Verwendung des Tankscheck-Ausweises begeben worden.

10. Der Kontoinhaber bzw. sein Bevollmächtigter werden von der Garantieerklärung nur im Rahmen des Guthabens bzw. eines vorher eingeräumten Kredits Gebrauch machen. Der Kontoinhaber ist zum Ersatz aller Aufwendungen verpflichtet, die dem Kreditinstitut aufgrund der mit dem Tankscheck- Ausweis verbundenen Zahlungsverpflichtungen erwachsen.

11. Das Abhandenkommen von Tankscheck-Ausweisen, von Tankscheck-Vordrucken oder des Vordrucks der Empfangsbescheinigungen ist der kontoführenden Stelle unverzüglich mitzuteilen. Unbrauchbar gewordene Tankscheck-Ausweise und Tankscheck- Vordrucke sind sofort zu vernichten. Bei Beendigung des Tankscheckvertrages sind der Tankscheck-Ausweis sowie die nicht benutzten Tankscheck-Vordrucke entweder unverzüglich zu vernichten, in den Geschäftsräumen der kontoführenden Stelle zurückzugeben oder entwertet zurückzusenden. Dies gilt auch dann, wenn sich das amtliche Kennzeichen des Kraftfahrzeugs, zu dessen Betrieb der Tankscheck-Ausweis ausgegeben wurde oder dem die Tankscheck- Vordrucke zugeschrieben sind, geändert hat, das Kraftfahrzeug aus dem Verkehr gezogen oder veräußert worden ist.

12. Alle Folgen eines Zuwiderhandelns gegen die vorstehenden Bedingungen sowie alle Nachteile des Abhandenkommens, der mißbräuchlichen Verwendung, der Fälschung und Verfälschung des Tankscheck-Ausweises, der Tankschecks, Tankscheck-Vordrucke und des Vordrucks der Empfangsbescheinigung trägt der Kontoinhaber, und zwar auch dann, wenn dem Kreditinstitut der Verlust angezeigt worden ist. Das bezogene Institut haftet im Rahmen des von ihm zu vertretenden Verschuldens nur in dem Maße, als es im Verhältnis zu anderen Ursachen an der Entstehung des Schadens mitgewirkt hat.

13. Ergänzend gelten die Bedingungen für den Scheckverkehr.

a) eurocheque-Karte und eurocheque

Die eurocheque-Karte ist für den Inhaber eines privaten Kontos in laufender Rechnung ein von einem Kreditinstitut unter bestimmten Voraussetzungen ausgestellter besonderer Ausweis, der neben dem Namen, der Kontonummer und der Unterschrift des Kunden die Garantieerklärung des bezogenen Instituts enthält, daß alle im Zusammenhang mit der eurocheque-Karte begebenen und auf ihren Vordrucken ausgestellten Schecks bis zum Betrage von 400,– DM bzw. zu einem entsprechenden Gegenwert in ausländischer Währung eingelöst werden.

Vorderseite *Rückseite*

Die eurocheque-Karte hat bei allen Banken ein einheitliches Format (54 mm hoch und 86 mm breit) und besteht aus einem fälschungssicheren Material. Während die Vorderseite die Bezeichnung der Bank und des Kunden, die Kontonummer und die Kartennummer sowie die Unterschrift des Kunden enthält, sind auf der Rückseite die Bedingungen abgedruckt, unter denen die bezogene Bank dem Schecknehmer die Einlösung des Schecks garantiert.

Der ec-Scheck selbst erfährt nur insoweit eine Änderung, als auf der Rückseite derjenigen Schecks, die im Zusammenhang mit der Scheckkarte verwendet werden sollen, die Nummer der Scheckkarte angegeben wird.

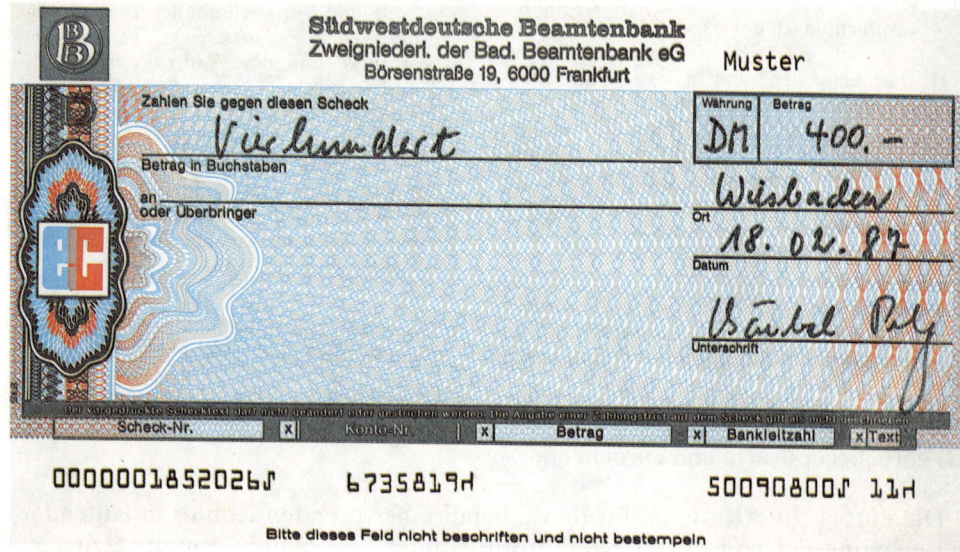

Rechtliche Bedenken gegen die Scheckkarte können schon allein deswegen nicht vorgebracht werden, weil die Erklärung der Bank sich nur an den ersten Schecknehmer wendet und damit die allgemeine Verwertbarkeit und die Benutzungsmöglichkeit in einem unbestimmten Kreis ausgeschlossen wird. Außerdem ist die Garantieerklärung der Bank außerhalb der Scheckurkunde nach der Rechtsprechung zulässig. Art. 4 des Scheckgesetzes verbietet nur die Annahmeerklärung *auf dem Scheck selbst,* um zu verhindern, daß der Scheck dem Sichtwechsel ähnlich wird und zu Kreditzwecken benutzt werden kann. Die Befristung der Garantie auf 8 Tage bzw. 20 Tage bei Auslandsschecks – vom Tage der Ausstellung an gerechnet – bewirkt im übrigen eine kurze Laufzeit.

b) Ausgabe und Verwendungsmöglichkeiten der Scheckkarte

Das zentrale Problem bei der Ausgabe der Scheckkarten ist die Auswahl der Personen, für die das betreffende Kreditinstitut die Einlösung der Schecks Dritten gegenüber garantiert. Wenn auch die Garantie für den Einzelscheck auf 400,– DM begrenzt ist, so darf dennoch nicht übersehen werden, daß mit der Hergabe eines Scheckheftes mit z. B. 25 Vordrucken sich der Garantiebetrag bereits auf 10 000,– DM beläuft. Die **„Bedingungen für eurocheque-Karten"** sehen zwar nur eine Verfügungsmöglichkeit auf der Grundlage eines entsprechenden Guthabens oder eines vorher eingeräumten Kredits vor, das bezogene Institut muß aber damit rechnen, daß im Rahmen des Scheckkartenprogramms auch debitorische Verfügungen vorkommen, zu deren Abdeckung der betreffende Kunde in Einzelfällen nicht in der Lage sein könnte.

Eine Bank wird daher die Scheckkarte nicht wahllos verteilen können, sofern sie das Ausfallrisiko auf ein Mindestmaß reduzieren will. Ob es andererseits aber sinnvoll ist, für jeden einzelnen Interessenten eine umfassende *Bonitätsprüfung* zu veranstalten, muß zumindestens fraglich erscheinen, wenn man den Erfolg der Bemühungen um die Förderung des Scheckverkehrs nicht von vornherein in Frage stellen will. Die **Auswahlkriterien**, nach denen im allgemeinen über die Ausgabe von Scheckkarten zu entscheiden ist, werden sich nach der Struktur der Privatkundschaft richten und sind naturgemäß von Bank zu Bank verschieden.

Der Erhalt der Scheckkarte ist von dem Kunden auf einem besonderen Formular zu quittieren. Mit seiner Unterschrift bestätigt der Kunde gleichzeitig, daß er von den „Bedingungen für eurocheque-Karten", die auf der Rückseite des Formulars abgedruckt sind, Kenntnis genommen hat.

Die Ausgabe von Scheckkarten an einen Bevollmächtigten ist auf Wunsch des Kontoinhabers ohne weiteres möglich. Ebenso können bei Gemeinschaftskonten, die in der Form des Oder-Kontos geführt werden, die Einzelverfügungsberechtigten jeweils für sich eine Scheckkarte erhalten (z. B. Ehegatten). Lediglich bei den Und-Konten sind die Kreditinstitute – und zwar aus technischen Gründen – gezwungen, auf die Ausgabe von Scheckkarten zu verzichten.

Obgleich Postgirokonten nur bis maximal 1000,– DM überzogen werden können, geben auch die Postgiroämter seit 1976 an ihre Kunden eurocheque-Karten

Bedingungen für eurocheque-Karten

1. eurocheque-Karten gelten ausschließlich für das in ihnen mit seiner Nummer angegebene Konto. Auf Wunsch des Kontoinhabers können eurocheque-Karten auch für Kontobevollmächtigte ausgestellt werden.

2. Eine eurocheque-Karte gilt nur bis zum Ende des auf ihr vermerkten Kalenderjahres. Bei Beendigung des eurocheque-Kartenvertrages ist die eurocheque-Karte unverzüglich zurückzugeben.

3. Die eurocheque-Karte wird nur gegen besondere Empfangsbescheinigung ausgehändigt und ist in Anwesenheit des Schalterangestellten vom Inhaber der eurocheque-Karte mit seiner Unterschrift zu versehen. Die Unterschriften auf Empfangsbescheinigung und eurocheque-Karte müssen übereinstimmen.

4. In der eurocheque-Karte garantiert das Kreditinstitut die Zahlung des Scheckbetrages eines auf seinen ec-Scheckvordrucken ausgestellten Schecks jedem Schecknehmer in Europa und in den an das Mittelmeer grenzenden Staaten bis zu einem Betrag von 400,– DM oder Gegenwert in ausländischer Währung. Wird infolge von Kursdifferenzen beim Einzug des Schecks der Betrag von 400,– DM überschritten, ist auch der darüber hinausgehende Betrag garantiert. Das Kreditinstitut ist über diese Beträge hinaus berechtigt, auf ausländische Währung lautende ec-Schecks bis zur Höhe des in dem Land des Schecknehmers geltenden ec-Garantiehöchstbetrages einzulösen. Im Inland ausgestellte ec-Schecks sind für die Dauer einer Fist von 8 Tagen, im Ausland ausgestellte ec-Schecks für die Dauer einer Frist von 20 Tagen seit dem Ausstellungsdatum garantiert. Die Frist ist gewahrt, wenn der ec-Scheck innerhalb dieser Fristen dem bezogenen Institut vorgelegt, einem inländischen Geldinstitut zum Inkasso eingereicht oder der Deutschen eurocheque-Zentrale zugeleitet worden ist. Das Kreditinstitut wird für Rechnung des Kontoinhabers auf jeden mit der Nummer der eurocheque-Karte versehenen ec-Scheck Zahlung gemäß Nr. 4 Absatz 1 leisten. Im Rahmen der sich aus der Nr. 4 Absatz 1 ergebenden Beträge wird eine Zahlungsverpflichtung des Kreditinstituts durch Widerruf bzw. Sperre solcher Schecks, die rechtzeitig (Nr. 4 Absatz 2 Sätze 1 und 2) vorgelegt, eingereicht oder zugeleitet worden sind, nicht berührt.

5. Trägt der ec-Scheck auf der Rückseite die Nummer der eurocheque-Karte, so ist der ec-Scheck nach dem Beweis des ersten Anscheins unter Verwendung der eurocheque-Karte begeben worden.

Werden die auf der Rückseite der eurocheque-Karte aufgezählten Voraussetzungen eingehalten und erwecken die Unterschriften auf eurocheque-Karte und ec-Scheckvordruck nach ihrem äußeren Gesamtbild den Eindruck der Echtheit, so besteht eine Einlösungsverpflichtung auch dann, wenn die Unterschriften auf den ec-Scheckvordrucken und/oder eurocheque-Karten gefälscht und/oder die ec-Scheckvordrucke bzw. eurocheque-Karten verfälscht worden sind.

Das Kreditinstitut prüft die Unterschriften auf Scheckkartenschecks mit derselben Sorgfalt wie bei sonstigen Schecks.

6. Die eurocheque-Karte wird im Auftrag und im Interesse des Kontoinhabers ausgestellt und ausgehändigt. Der Inhaber wird von der eurocheque-Karte nur im Rahmen des Guthabens bzw. eines vorher eingeräumten Kredits Gebrauch machen. Der Kontoinhaber ist zum Ersatz aller Aufwendungen verpflichtet, die dem Kreditinstitut aufgrund der mit der eurocheque-Karte verbundenen Zahlungsverpflichtungen erwachsen.

7. Die ec-Scheckvordrucke und die eurocheque-Karte sollten mit besonderer Sorgfalt und getrennt voneinander aufbewahrt werden. Der Kontoinhaber trägt alle Folgen und Nachteile des Abhandenkommens, der mißbräuchlichen Verwendung, der Fälschung oder der Verfälschung der eurocheque-Karte oder der ec-Scheckvordrucke, und zwar auch dann, wenn dem Kreditinstitut der Verlust angezeigt worden ist oder wenn eine Kontovollmacht dem Kreditinstitut gegenüber widerrufen wurde. Das Kreditinstitut haftet im Rahmen des von ihm zu vertretenden Verschuldens nur in dem Maße, als es im Verhälnis zu anderen Ursachen an der Entstehung des Schadens mitgewirkt hat.

8. Ergänzend gelten die Bedingungen für den Scheckverkehr und die Allgemeinen Geschäftsbedingungen des Kreditinstitutes.

und eurocheques aus. Die Postgirokunden dürfen deshalb nach den von ihnen anzuerkennenden „Bedingungen für eurocheque-Karten im Postgirodienst" von der eurocheque-Karte nur im Rahmen des verfügbaren Guthabens Gebrauch machen. Gleichwohl bleiben die Postgiroämter verpflichtet, ordnungsgemäß gegebene eurocheques bis zu einem Betrag von 400,– DM auch dann zu garantieren, wenn ein Postgirokonto hierdurch um mehr als 1000,– DM überzogen wird.

Durch den Beitritt der Deutschen Bundespost zum eurocheque-Verfahren hat sich die Zahl der inländischen Auszahlungsstellen um 15 000 Postämter und Poststellen vermehrt.

Hierdurch erhalten auch Bankkunden die Möglichkeit, die oft günstigeren Schalterstunden der Post, vor allem an Samstagen, zur Einlösung von eurocheques zu nutzen.

Der **Verwendungsbereich** der eurocheque-Karte umfaßt alle Scheckzahlungen bis zu einem Höchstbetrag von 400,– DM und reicht von der Barzahlung der Einkäufe in einem Einzelhandelsgeschäft bis hin zur Barabhebung bei irgendeiner Bank im Bundesgebiet. Darüber hinaus wird die eurocheque-Karte der Bundesrepuplik Deutschland von den meisten Kreditinstituten der europäischen Länder (ausgenommen z. B. die DDR) und einiger asiatischer und afrikanischer Länder anerkannt. In diesen Ländern kann der Scheck auch in den jeweiligen Landeswährungen ausgestellt werden.

eurocheque

Seit dem 1. Mai 1981 gelten im eurocheque-Verkehr folgende Regelungen:

In 22 der dem eurocheque-Abkommen beigetretenen Ländern können eurocheques nur noch in der jeweiligen Landeswährung ausgestellt werden. Sie können dort sowohl bei Banken zur Bargeldbeschaffung als auch in Hotels, Läden, Tankstellen usw. zur Bezahlung von Rechnungen verwendet werden. Pro Scheck wird ein Gegenwert von etwa 300,– DM gewährleistet. Auszahlungen erfolgen ohne Abzug von Gebühren. Gebühren werden erst bei der Umrechnung in Deutschland berechnet. Die Gebühren betragen 1,75% des Scheckgegenwerts, mindestens 2,50 DM.

In den 16 anderen ec-Ländern können eurocheques nur in der Währung des Heimatlandes ausgestellt werden, d.h. deutsche Touristen und Geschäftsreisende können nur DM-Schecks ausstellen. Grundsätzlich können diese Schecks nur bei Kreditinstituten eingelöst werden, die bei der Auszahlung sofort Gebühren abziehen. In Deutschland wird der Scheckbetrag ohne weitere Gebührenberechnung belastet.

Eurocheques in ausländischer Währung werden in der Bundesrepublik Deutschland zentral über die „Deutsche eurocheque-Zentrale" in Frankfurt abgerechnet.

Damit der Reisende erkennen kann, welche ausländische Stelle Scheckkartenschecks einlöst, ist ein Erkennungszeichen an den Schaufenstern oder Türen der

Länder, in denen Euroschecks auf die jeweilige Landeswährung ohne sofortigen Spesenabzug ausgestellt werden müssen:	
Land	Garantiesumme pro Scheck (Währungskürzel)
Andorra	25 000 Pesetas/750 frz. Francs (PTA/FF)
Belgien	7 000 belgische Francs (BF)
Dänemark	1 200 Dänenkronen (DKR)
Finnland	700 Finnmark (FM)
Frankreich	1 200 französische Francs (FF)
Monaco	1 200 französische Francs (FF)
Großbritannien	100 englische Pfund (£)
Irland	100 irische Pfund (I£)
Island	5 000 isländische Kronen
Italien	275 000 Lire (LIT)
Jugoslawien	50 000 jugoslawische Dinar
San Marino	275 000 Lire (LIT)
Luxemburg	7 000 luxemb./belg. Franc (LF/BF)
Malta	60 maltesische Pfund (M£)
Niederlande	300 Gulden (HFL)
Norwegen	1 000 norwegische Kronen (NKR)
Österreich	2 500 österreichische Schilling (ÖS)
Portugal	25 000 portugiesische Escudos (ESC)
Schweden	1 000 schwedische Kronen (SKR)
Schweiz	300 Schweizer Franken (SFR)
Liechtenstein	300 Schweizer Franken (SFR)
Spanien	25 000 Pesetas (PTA)

Länder, in denen Euroschecks auf D-Mark bei sofortigem Gebührenabzug ausgestellt werden müssen:		
Ägypten	Libanon	Türkei
Albanien	Marokko	Tunesien
Bulgarien	Polen	UdSSR
Gibraltar	Rumänien	Ungarn
Griechenland	Tschechoslowakei	Zypern
Israel		

betreffenden Kreditinstitute angebracht. Dieses Schild zeigt die stilisierten Buchstaben „ec" und darunter das Wort „eurocheque" (siehe Seite 255).

c) Einlösung der mittels eurocheque-Karte begebenen ec-Schecks

Zum Zwecke der Kontrolle und der Risikovorsorge garantiert die bezogene Bank den Scheckbetrag bis zur Höhe von 400,– DM nur, wenn die auf der Rückseite der Scheckkarte abgedruckten Voraussetzungen erfüllt sind. Der Schecknehmer hat sich davon zu überzeugen, daß

(1) die **Unterschrift** und die **Kontonummer** auf Scheck und Scheckkarte übereinstimmen,

(2) die **Scheckkartennummer** auf der Rückseite des Schecks vermerkt ist und

(3) das Ausstellungsdatum des Schecks innerhalb der **Gültigkeitsdauer** der Scheckkarte liegt.

Ferner müssen der Schecknehmer und die übrigen Beteiligten in ihrem eigenen Interesse veranlassen, daß der Scheck **binnen 8 Tagen bzw. bei Auslandsschecks binnen 20 Tagen zur Einlösung** vorgelegt wird, weil danach die Einlösungsverpflichtung für die bezogene Bank entfällt. *Widerruf* und *Sperre* der mit der Scheckkarte begebenen Schecks sind innerhalb der Vorlegungsfrist bis zur Höhe der Einlösungsverpflichtung *nicht möglich.* Sollte also durch Verlust oder Diebstahl ein Unberechtigter in den Besitz der Scheckkarte und des Scheckheftes kommen und diese mißbräuchlich benutzen, so müssen die ausgestellten Schecks innerhalb von 8 Tagen zu Lasten des betreffenden Kunden immer dann eingelöst werden, wenn die Prüfung des Schecks durch den Schecknehmer keine Beanstandungen ergeben hat. Die Einlösung muß selbst dann erfolgen, wenn der Bank der Verlust angezeigt worden ist oder wenn eine Kontovollmacht der Bank gegenüber widerrufen wurde.

Im Hinblick auf die Verlustgefahr ist die Benutzung der Scheckkarte also – gegenüber dem normalen Scheckverkehr – für den Kontoinhaber mit einem erheblich größeren Risiko belastet, und es ist daher richtig, dem Kunden eine getrennte Verwahrung von Scheckkarte und Scheckheft ausdrücklich zu empfehlen. Sollte dem Kunden trotz sorgfältiger Handhabung durch Verlust von Scheckkarten und Scheckvordrucken ein Schaden entstehen, so tritt unter bestimmten Voraussetzungen eine *Versicherung* für den Schaden ein. Die Versicherungskosten tragen die Banken. Bei Verlust der Scheckkarte sind die Kunden gehalten, ihre Bank umgehend zu benachrichtigen.

2.3.3 Lauf und Bearbeitung des Schecks

Der Scheck ist das *Gegenstück zur Überweisung.* Während bei der Überweisung der Zahlungsvorgang vom Schuldner ausgelöst wird, wickelt sich die Zahlung mit Hilfe des Schecks in umgekehrter Richtung ab. Das *Inkassoverfahren* beginnt damit, daß die Schecks von Kunden, auf Einreicherlisten zusammengestellt, zum Inkasso eingeliefert werden. Im allgemeinen wird den Kunden der Gegenwert sofort auf ihrem Konto „Eingang vorbehalten" (E.v.) gutgeschrieben. Die *Wertstellung* erfolgt, je nach der voraussichtlichen Laufzeit des Schecks, zum wahrscheinlichen Einlösungstag. Dabei sind für die Kreditinstitute Valutierungsgewinne möglich. Für den Fall, daß das Kreditinstitut Zweifel hat, ob der Scheck eingelöst wird bzw. ob es ihm möglich ist, bei einer Nichteinlösung den Einreicher zurückzubelasten, wird der Scheck dem Einreicher erst „nach Eingang des Gegenwertes" gutgeschrieben (reines Inkasso).

Die **Weiterleitung der Schecks** richtet sich danach, ob es sich um Schecks auf das eigene Institut, um Platzschecks oder Fernschecks handelt.

(1) **Schecks auf das eigene Institut** werden der Buchhaltung zur Belastung der entsprechenden Kundenkonten zugeleitet. Schecks, die auf eigene Filialen oder Niederlassungen lauten, werden in der Regel im eigenen Gironetz weitergeleitet.

(2) Unter **Platzschecks** werden solche Schecks verstanden, die auf Kreditinstitute am Platze lauten. Sie werden grundsätzlich in die Abrechnung gegeben und damit der bezogenen Bank zugestellt (s. unten).

(3) Für **Fernschecks** besitzt die Inkassobank die Wahl, eigene Filialen oder zum eigenen Gironetz gehörende Institute einzuhalten oder den vereinfachten Scheck- und Lastschrifteinzug der Deutschen Bundesbank in Anspruch zu nehmen.

(4) Postscheckkunden reichen in Zahlung genommene Schecks mit einer über den Scheckbetrag lautenden Zahlkarte zugunsten des eigenen Postscheckkontos ein; mehrere Schecks werden in einem Scheckeinreichungsverzeichnis zusammengestellt.

Bei sämtlichen Inkassoverfahren werden die Konten der Kreditinstitute, an welche die Schecks weitergeleitet wurden, belastet und das Scheckkonto, das bei der Einreichung belastet wurde, wieder erkannt.

Schecks, die den *bezogenen* Kreditinstituten zum Zwecke der Einlösung vorgelegt werden, gehen durch die Abrechnung der Bundesbank oder direkt von anderen Banken ein. Sie werden auf ihre Ordnungsmäßigkeit überprüft und, sofern der Aussteller über das notwendige Guthaben oder den erforderlichen Kredit verfügt, zu Lasten des Kundenkontos und zugunsten des einreichenden Instituts eingelöst. Von der Einschaltung des Scheckkontos wird in der Praxis im allgemeinen abgesehen.

2.3.4 Scheckinkassoverfahren

Für den Einzug von Schecks stehen den Kreditinstituten und Postgiroämtern drei Möglichkeiten zur Verfügung:

der
Abrechnungsverkehr der Bundesbank,
der vereinfachte
Scheck- und Lastschrifteinzug der Deutschen Bundesbank und
der
beleglose Scheckeinzug bei anderen Kreditinstituten (BSE).

a) Abrechnungsverkehr

Durch die Abrechnung wird der Verrechnungsverkehr zwischen den an einem Ort befindlichen Kreditinstituten in der Weise vereinfacht, daß an einer zentralen Stelle Gut- und Lastschriften gegenseitig ausgetauscht und verrechnet werden. Die Abrechnung wird auch als „Clearing" bezeichnet, weil ihr Ursprung in den angelsächsischen Clearing-Häusern liegt.

Der Abrechnungsverkehr findet heute in Deutschland in den sogenannten *„Abrechnungsstellen"* statt, die bei den Niederlassungen und Zweigstellen der Deutschen Bundesbank, also an allen Bankplätzen, eingerichtet sind und ihre Funktion im Sinne des Wechsel- und Scheckgesetzes erfüllen. Hinsichtlich der Bedingungen und der technischen Abwicklung des Abrechnungsverkehrs gelten die **„Geschäftsbestimmungen der Abrechnungsstellen"**. Sie sind für alle Abrechnungsteilnehmer verbindlich, ohne daß es einer besonderen Anerkennung bedarf. Änderungen werden durch Rundschreiben bekanntgegeben. – Abrechnungsteilnehmer und Abrechnungsstelle können das Vertragsverhältnis jederzeit kündigen. Das gilt insbesondere für den Fall, daß ein Kreditinstitut nicht in der Lage ist, einen sich aus der Abrechnung ergebenden Debetsaldo abzudecken.

WG
Art. 38, 2
SchG
Art. 31, 1

Die Abrechnung erstreckt sich nicht nur auf die gemeinsame Verrechnung von Schecks, vielmehr können praktisch sämtliche Zahlungs- und Inkassopapiere, wie Schecks, Wechsel, Anweisungen. Lastschriften, Quittungen, Rechnungen, Zins- und Dividendenscheine sowie Platzübertragungen (Ausnahme: Rektaschecks), eingeliefert werden.

Die **technische Abwicklung** des Abrechnungsverkehrs geht etwa folgendermaßen vor sich:

Zu den zwei bzw. drei täglichen Abrechnungsterminen – z. B. in Ffm. 8.15 Uhr und 11.15 Uhr sowie 13.45 Uhr (nur für Platzübertragungen) – werden die Abrechnungspapiere, sowohl nach Forderungspapieren und Platzübertragungen als auch nach den teilnehmenden Kreditinstituten getrennt, von den Boten der Banken eingeliefert. Hinzu kommen die Abrechnungspapiere, die über das Gironetz der Bundesbank oder durch die Nichtbankenkundschaft der Landeszentralbanken zu der Abrechnungsstelle gelangt sind.

Aus dem Abrechnungspapier müssen deutlich der Empfänger, der Einlieferer und der Betrag zu ersehen sein. Schecks, Wechsel, Lastschriften und Anweisungen müssen den Stempel „Inhalt durch Abrechnung empfangen" tragen.

Sämtliche Abrechnungspapiere sind auf einem Einlieferungsverzeichnis für Schecks und andere Forderungspapiere und einem zweiten für Platzübertragungen mit Durchschrift zusammenzustellen. Die gegenseitige Verrechnung der Forderungen und Verbindlichkeiten, welche die Abrechnungsstelle vornimmt, soll durch das folgende Beispiel veranschaulicht werden:

Der *Ausgleich der Rechnungsspitzen* erfolgt über die Girokonten der drei Banken bei der betreffenden Bundesbankniederlassung, und zwar wird C mit 50 000 DM belastet, während A 35 000 DM und B 15 000 DM gutgeschrieben erhalten.

Das Abrechnungskonto der Abrechnungsstelle muß stets ausgeglichen sein. Nach der gegenseitigen Verrechnung werden die für jedes teilnehmende Kreditinstitut bestimmten Abrechnungspapiere in einem Auslieferungsverzeichnis zusammengestellt und den Boten übergeben.

Der *Umfang des Abrechnungsverkehrs* richtet sich nach der Bedeutung der Bankplätze. Wenn zwei Abrechnungen üblich sind, dient die erste sogenannte *„große Abrechnung"* vor allem zum Ausgleich von Schecksendungen, die zweite sogenannte *„kleine Abrechnung"* der Verrechnung von Platzübertragungen und Rückschecks, die ähnlich wie Überweisungen behandelt werden.

Durch den Abrechnungsverkehr ermöglicht die Deutsche Bundesbank einen schnellen Austausch der Abrechnungspapiere und eine organisatorisch vereinfachte Verrechnung von Forderungen und Verbindlichkeiten aller an einem Bankplatz vertretenen Kreditinstitute.

b) Vereinfachter Scheck- und Lastschrifteinzug der Deutschen Bundesbank

Mit Wirkung vom 10. 07. 1950 wurde von den damals selbstständigen Landeszentralbanken der „vereinfachte Scheckeinzug für die Kreditinstitute" eingeführt. Er bildet seitdem eine wertvolle Ergänzung des Zentralbankgiro- und des Abrechnungsverkehrs, die schon zu Zeiten der Reichsbank gut ausgebildet waren, aber in der Hauptsache dem Überweisungsverkehr dienten. Das Scheckinkasso war lediglich bei der Abrechnung möglich und mußte, sofern die Schecks nicht im eigenen Gironetz zahlbar waren, über zahlreiche gegenseitige Inkassokonten oder durch Überweisungen des Scheckgegenwertes erledigt werden. Die Einführung des vereinfachten Scheckeinzuges bedeutet daher eine Vervollständigung der zentralbankmäßigen Dienstleistungen im Rahmen des bargeldlosen Zahlungsverkehrs.

Seit der Gründung der Deutschen Bundesbank sind die Bestimmungen über den vereinfachten Scheckeinzug Bestandteil ihrer Allgemeinen Geschäftsbedingungen. **Danach zieht die Bundesbank für Kreditinstitute, die bei ihr ein Konto unterhalten, auf Deutsche Mark lautende Schecks und Lastschriften auf alle Orte des Bundesgebietes gebühren- und kostenfrei ein.** Die eingereichten Schecks müssen Verrechnungsschecks sein, die den üblichen Normen entsprechen und die Bankleitzahl des bezogenen Kreditinstituts tragen. Ausgeschlossen vom vereinfachten Scheckeinzug sind Schecks, die von einem Kreditinstitut ausgestellt sind (Bank-auf-Bank-Ziehungen), bedingte Verrechnungsschecks und Rektaschecks.

Die Einzugsschecks sind den Niederlassungen der Deutschen Bundesbank bis zu einer jeweils örtlich bestimmten Tageszeit, auf *Einlieferungsverzeichnissen* zusammengestellt, zu übergeben. Schecks, die nach Annahmeschluß eingehen, gelten als am nächsten Werktag eingereicht. Mit dem Gegenwert der eingereichten Schecks werden die einreichenden Kreditinstitute zum nächsten Geschäftstag „Eingang vorbehalten" auf ihrem Girokonto erkannt. Die eingelieferten Schecks werden von der Bundesbank nicht auf ihre Formerfordernisse geprüft, müssen jedoch auf der Rückseite mit dem Vermerk „*An Landeszentralbank*" versehen sein und den Ort, den Namen und die Bankleitzahl des einreichenden Kreditinstituts enthalten. **Orderschecks** sind mit den gleichen Angaben – ohne einschränkenden Zusatz – zu indossieren bzw. auf der Rückseite mit einem dem „Abkommen zur Vereinfachung des Einzugs von Orderschecks" entsprechenden Stempelabdruck zu versehen, der den Ort und den Namen des ersten mit dem Einzug beauftragten Kreditinstituts und, wenn dieses der Einreicher ist, seine Bankleitzahl zu enthalten hat.

Die Bundesbank entzieht sich zwar ausdrücklich der Verpflichtung, die Schecks rechzeitig vorlegen und die Verweigerung der Zahlung feststellen zu lassen, in der Regel versendet sie aber die Schecks im **Direktverkehr** von Landeszentralbank zu Landeszentralbank und legt sie zeitgerecht dem bezogenen Kreditinstitut zur Zahlung vor. Weitaus am häufigsten erfolgt die Vorlage innerhalb der Abrechnung. Schecks auf Kreditinstitute, die nicht an der Abrechnung teilnehmen bzw. ihren Sitz an einem Nebenplatz haben, werden entweder über ein Bundesbankgirokonto des Kreditinstituts eingelöst oder über das Konto einer Einlösungsstelle (z. B. Zentralkassen, Girozentralen, größere Schwesterinstitute u. ä.). **Unbezahlt gebliebene Schecks**, die über die LZB-Abrechnung vorgelegt wurden, müssen, mit einem Vorlegungsvermerk versehen, noch am Tage des Eintreffens zurückgeliefert werden. Will ein Kreditinstitut wegen Ablaufs der Vorlegungsfrist den Vorlegungsvermerk auf dem Scheck nicht mehr anbringen, so ist ein entsprechender Zettel anzuheften.

Die Teilnahme am vereinfachten Scheckeinzug der Bundesbank ist den Kreditinstituten freigestellt. Er bietet ihnen jedoch so erhebliche Vorteile, daß sich jede Bank, wenn es ihr technisch möglich ist, daran beteiligt. Besonders hervorzuheben ist die *günstige Wertstellung.* Die einreichenden Kreditinstitute erhalten den Gegenwert bereits zum nächsten Werktag gutgeschrieben, während der Gegenwert der Zentralbank vielfach erst später zur Verfügung steht. Der Bundesbank können dadurch Valutaverluste bis zu fünf Tagen entstehen.

Zugelassen zur Teilnahme am vereinfachten Scheckeinzug sind nur solche Kreditinstitute, die bei der Bundesbank ein Girokonto unterhalten. Die auf den Girokonten der Bundesbank zu unterhaltenden Mindestreserven dienen in diesem Zusammenhang einmal als Sicherheit für den „Eingang vorbehalten" gutzuschreibenden Scheckgegenwert, zum anderen bringen sie als zwangsweise und unverzinsliche Liquiditätsreserve einen rentabilitätsmäßigen Ausgleich für die beim vereinfachten Scheckeinzug auftretenden Valutaverluste.

Der weitaus größte Teil des Scheckinkassos wird aus Zweckmäßigkeits- und Rentabilitätsgründen über die von der Bundesbank in Form der Abrechnung und des vereinfachten Scheckeinzugs gebotenen Wege abgewickelt. Daneben bestehen jedoch die verschiedenen *Gironetze der einzelnen Institutsgruppen,* die für das Scheckinkasso herangezogen werden können. Hiervon wird bei den Kreditinstituten jedoch sehr unterschiedlich Gebrauch gemacht. Während die Sparkassen ziemlich streng und die Genossenschaften in gemäßigter Weise darauf bedacht sind, die Schecks möglichst lange im eigenen Ring weiterzuleiten, bedienen sich die privaten Kreditbanken weitgehend des vereinfachten Scheckeinzugs der Bundesbank. Die Großbanken werden im allgemeinen aber die über größere Beträge lautenden und bei Schwesterinstituten zahlbar gestellten Schecks diesen direkt zustellen.

c) Belegloser Scheckeinzug bei anderen Kreditinstituten

Auf der Grundlage des „Abkommens über das beleglose Scheckeinzugsverfahren (BSE)" in der Fassung vom 31. Januar 1985 wurde ähnlich wie beim Überweisungsverkehr im Rahmen des „EZÜ-Abkommens" eine Vereinbarung getroffen, bei der beleghafte Individualzahlen durch das erstbeauftragte Kreditinstitut (1. Inkassostelle) oder gegebenenfalls ein Clearingrechenzentrum in den *elektronischen Zahlungsverkehr* übergeleitet werden.

Das Beleglose ScheckEinzugsverfahren (BSE) ist das Inkasso von Scheckforderungen mittels elektronischer Datensätze im Rahmen des Datenträgeraustausches bzw. der Datenfernübertragung. Die Schecks verbleiben dabei bei der 1. Inkassostelle oder einem Clearingrechenzentrum.

Nach dem BSE-Abkommen können *DM-Schecks* und *Zahlungsanweisungen zur Verrechnung,* die auf inländische Kreditinstitute gezogen sind und *1000 DM nicht überschreiten,* in dieses Verfahren übergeleitet werden. Damit kommen circa 75 % aller deustchen Schecks für dieses Verfahren in Frage.

Das BSE-Verfahren läuft nach dem nebenstehend dargestellten Schema ab.

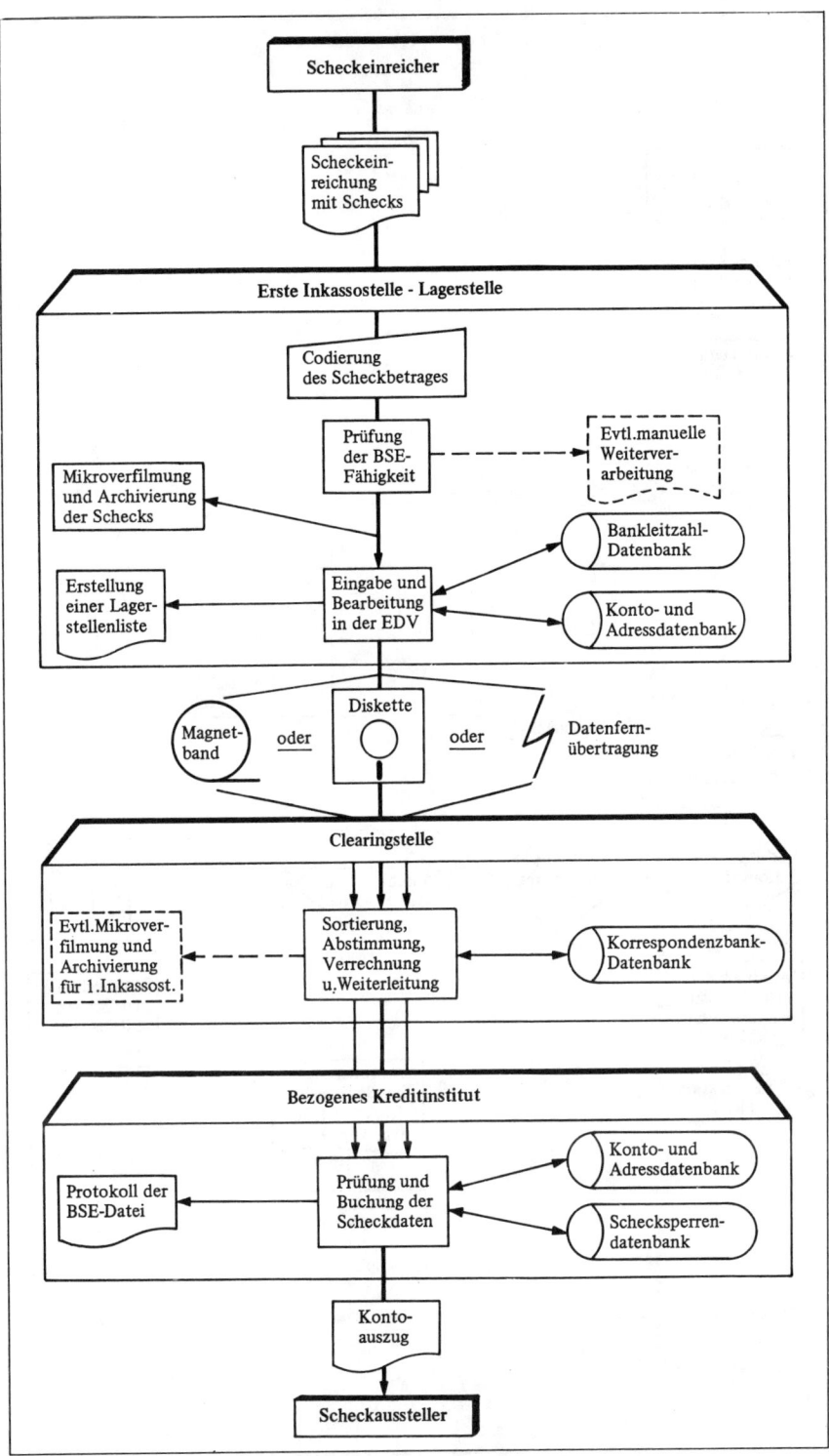

Ablauf des beleglosen Scheckinkassos

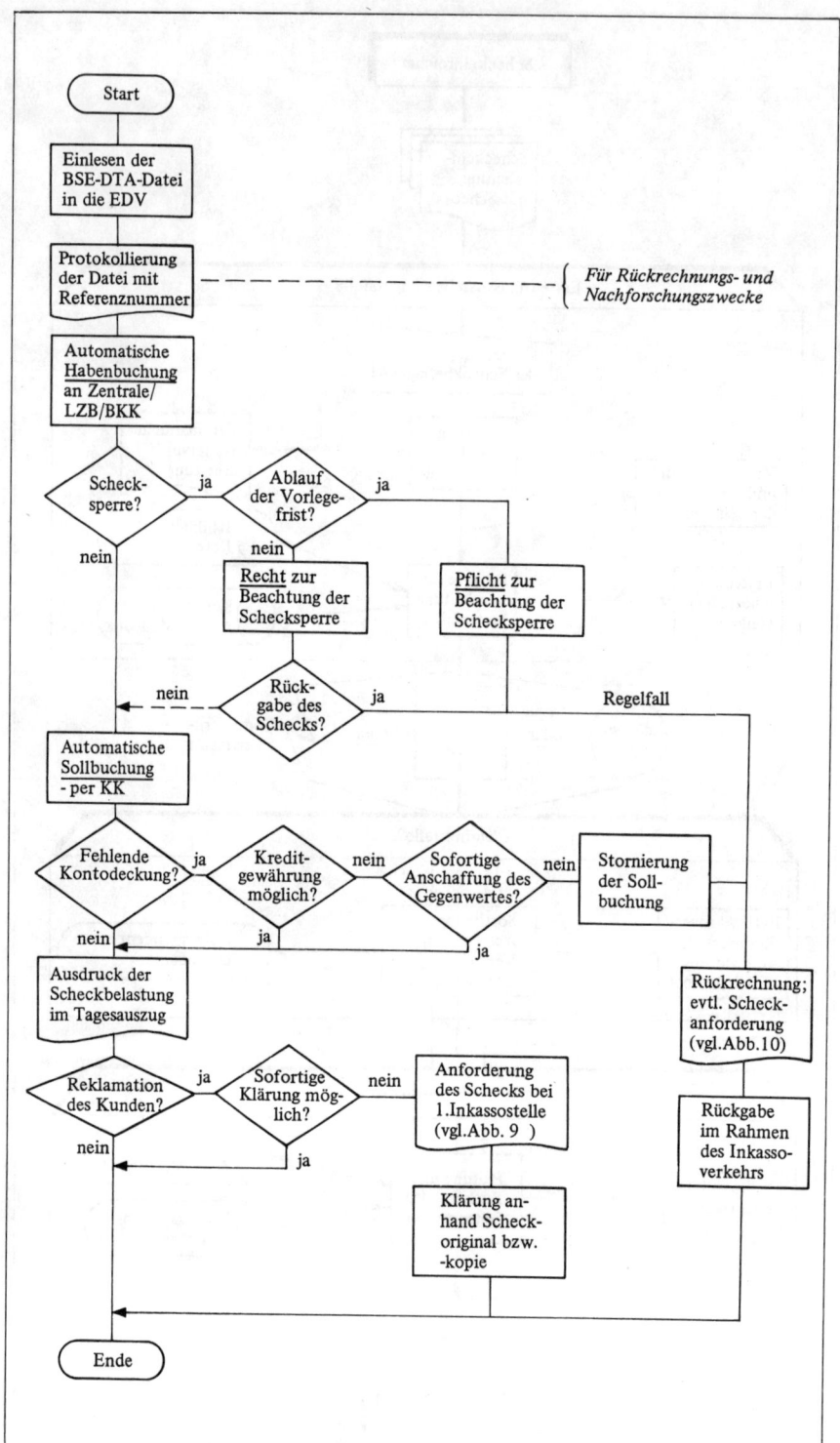

Bearbeitung von BSE-Daten

Im Regelfall hat die 1. Inkassostelle (erstbeauftragtes Institut) die Schecks in Datensätze umzuwandeln und auf Mikrofilm zu nehmen. Verfügt diese Bank nicht über die notwendigen Belegleser mit Mikrofilmeinrichtung, so übernimmt das jeweilige Clearingzentrum – meist das Rechenzentrum des Zentralinstituts – diese Aufgabe. Die Banken haben auch die Möglichkeit, BSE-fähige Schecks bei der Landeszentralbank umwandeln und archivieren zu lassen, sofern dort bereits die notwendigen Einrichtungen vorhanden sind. Da die Bundesbank dafür jedoch 2 Dpf. je Scheck verlangt, sind die meisten Bankengruppen dazu übergegangen, selbst umzuwandeln.

Der Datensatz, der mittels Datenträgeraustausch (DTA) beziehungsweise Datenfernübertragung (DFÜ) weitergeleitet wird, setzt sich aus folgenden Werten zusammen:

– Schecknummer
– Kontonummer des Ausstellers
– Betrag
– Bankleitzahl der bezogenen Bank
– Textschlüssel der Codierzeile
– Bankleitzahl der Schecklagerstelle
– Referenznummer (11-stellig), deren Aufbau von der Inkassostelle bestimmt wird.

Für die Weiterleitung sind die Daten im Satz- und Dateiaufbau nach den Regeln der „Richtlinien für den beleglosen Datenträgeraustausch" zu formatieren.

Das überleitende Institut verwahrt die Scheckbelege oder davon erstellte Mikrokopien der Vorder- und Rückseiten für mindestens 6 Jahre. Sofern die Mikroverfilmung eingesetzt wird, müssen die Originalschecks trotzdem für einen Zeitraum von mindestens zwei Monaten aufbewahrt werden.

Bearbeitung von BSE-Daten bei der bezogenen Bank

Nachdem die BSE-Datensätze in die EDV der bezogenen Banken eingelesen und protokolliert worden sind, erfolgt grundsätzlich die gleiche Prüfung wie bei der Bearbeitung von Schecks auf das eigene Institut.

Der Aussteller erhält über seinen Kontoauszug eine Mitteilung über die vollzogene Belastung.

Sofern der Aussteller eines Schecks mit der Belastung nicht einverstanden ist, kann er sich bei der bezogenen Bank beschweren. Diese fordert daraufhin den Originalscheck bei der 1. Inkassostelle an.

Die 1. Inkassostelle kann für die Auslieferung einer Scheckkopie beziehungsweise des Originalschecks eine Gebühr berechnen. Der Scheck wird im üblichen Verrechnungswege in der Lastschrifttasche versandt, die als Durchschlag des Anforderungsformulars anfällt. Auf dieser Lastschrift könnte die betroffene Bank die Gebühr bei dem anfordernden Institut einziehen.

Mit Hilfe des Originalschecks kann zusammen mit dem Kunden der bezogenen Bank geklärt werden, ob der Scheck ordnungsgemäß ausgestellt worden ist.

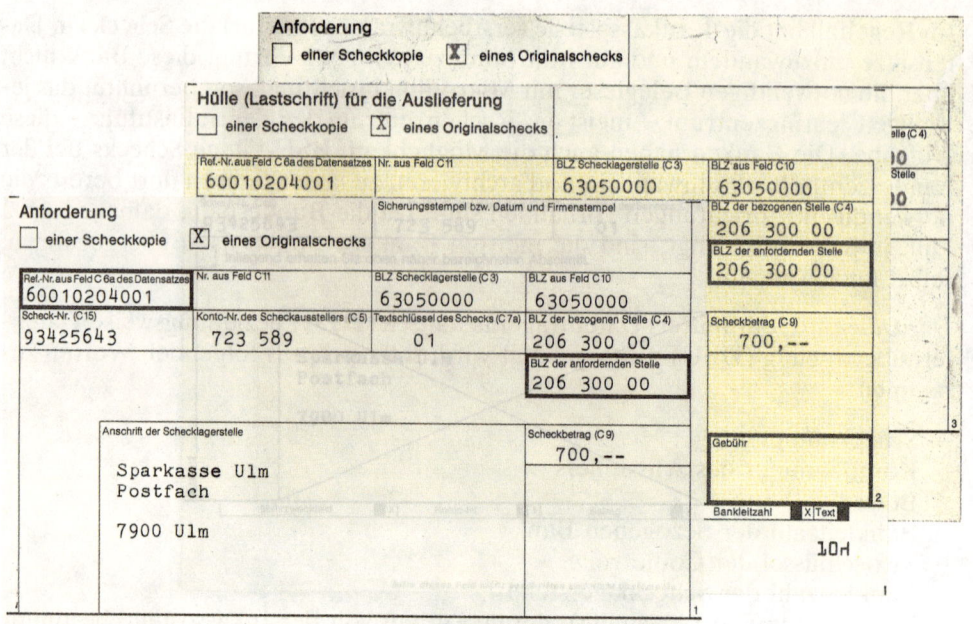

Anforderung
- ☐ einer Scheckkopie   ☒ eines Originalschecks

Hülle (Lastschrift) für die Auslieferung
- ☐ einer Scheckkopie   ☒ eines Originalschecks

Ref.-Nr. aus Feld C6a des Datensatzes	Nr. aus Feld C11	BLZ Schecklagerstelle (C3)	BLZ aus Feld C10
60010204001		63050000	63050000

BLZ der bezogenen Stelle (C4): 206 300 00
BLZ der anfordernden Stelle: 206 300 00

Anforderung
- ☐ einer Scheckkopie   ☒ eines Originalschecks

Ref.-Nr. aus Feld C6a des Datensatzes	Nr. aus Feld C11	BLZ Schecklagerstelle (C3)	BLZ aus Feld C10
60010204001		63050000	63050000

Scheck-Nr. (C15)	Konto-Nr. des Scheckausstellers (C5)	Textschlüssel des Schecks (C7a)	BLZ der bezogenen Stelle (C4)
93425643	723 589	01	206 300 00

BLZ der anfordernden Stelle: 206 300 00

Scheckbetrag (C9): 700,--

Gebühr:

Anschrift der Schecklagerstelle

Sparkasse Ulm
Postfach

7900 Ulm

Scheckbetrag (C9): 700,--

Bankleitzahl ☒ Text

10H

Ausfertigung für Schecklagerstelle

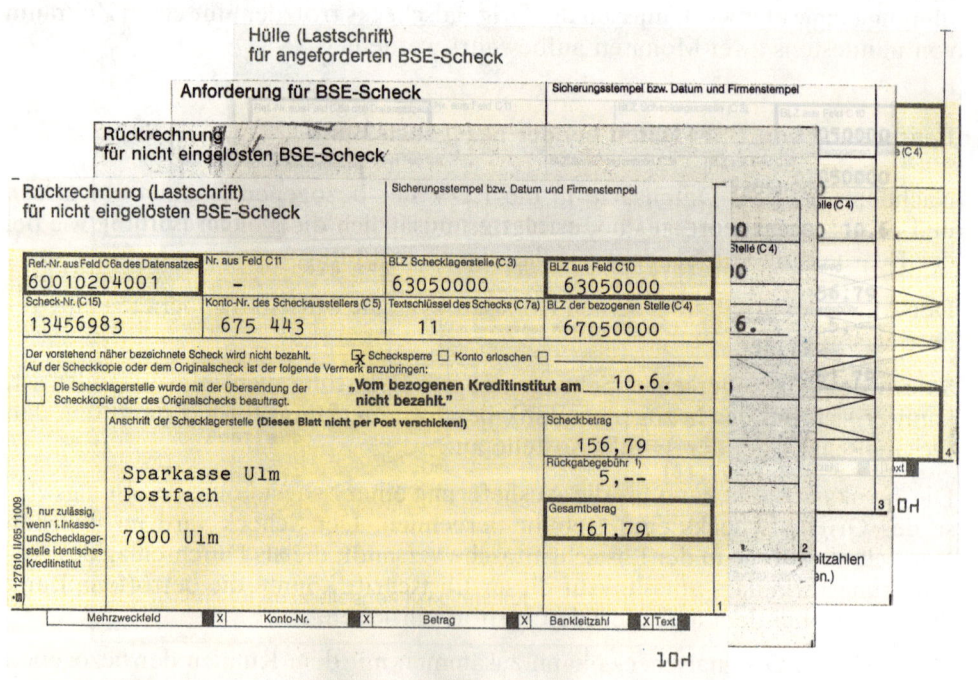

Hülle (Lastschrift) für angeforderten BSE-Scheck

Anforderung für BSE-Scheck   Sicherungsstempel bzw. Datum und Firmenstempel

Rückrechnung für nicht eingelösten BSE-Scheck

Rückrechnung (Lastschrift) für nicht eingelösten BSE-Scheck   Sicherungsstempel bzw. Datum und Firmenstempel

Ref.-Nr. aus Feld C6a des Datensatzes	Nr. aus Feld C11	BLZ Schecklagerstelle (C3)	BLZ aus Feld C10
60010204001	–	63050000	63050000

Scheck-Nr. (C15)	Konto-Nr. des Scheckausstellers (C5)	Textschlüssel des Schecks (C7a)	BLZ der bezogenen Stelle (C4)
13456983	675 443	11	67050000

Der vorstehend näher bezeichnete Scheck wird nicht bezahlt.
Auf der Scheckkopie oder dem Originalscheck ist der folgende Vermerk anzubringen:
☒ Schecksperre ☐ Konto erloschen ☐ _____

☐ Die Schecklagerstelle wurde mit der Übersendung der Scheckkopie oder des Originalschecks beauftragt.

"Vom bezogenen Kreditinstitut am 10.6. nicht bezahlt."

Anschrift der Schecklagerstelle (Dieses Blatt nicht per Post verschicken!)

Sparkasse Ulm
Postfach

7900 Ulm

Scheckbetrag: 156,79
Rückgabegebühr 1): 5,--
Gesamtbetrag: 161,79

1) nur zulässig, wenn 1. Inkasso- und Schecklager- stelle identisches Kreditinstitut

☐ 127.610 I/U/85 11009

Mehrzweckfeld	☒	Konto-Nr.	☒	Betrag	☒	Bankleitzahl	☒ Text

10H

Bitte dieses Feld nicht beschriften und nicht bestempeln

266

Die Rückbuchung eines BSE-Datensatzes

Kann ein Scheck wegen fehlender Kontodeckung nicht eingelöst werden hat die Bank nunmehr eine Vielzahl von Vorschriften zu beachten, die sich vor allen aus dem Scheckgesetz, dem Scheckabkommen sowie dem BSE-Abkommen ergeben. Teileinlösungen nehmen die Kreditinstute in der Praxis nur dann vor, wenn der Aussteller ausdrücklich einen Auftrag dafür erteilt hat.

Auf einem besonderen Rückrechnungsformular für nicht eingelöste BSE-Schecks wird die Rückrechnung erstellt. Die Rückgabegebühr beträgt bei dem auf der Abbildung angenommenen Scheckbetrag 5,– DM. Das Formular ist so aufgebaut, daß zusätzlich auch der Originalscheck beziehungsweise eine Scheck-kopie angefordert werden kann. In diesem Fall kann die anhängende Lasten-schrifthülle für den Schecktransport eingesetzt werden.

Die Rückrechnung wird auf dem rückläufigen Inkassoweg zurückgeleitet. Die bezogene Bank erstellt wiederum eine Belastungsanzeige für den Scheckeinrei-cher. Dabei berechnet sie eigene Gebühren in Höhe von 1/3 Prozent, mindestens 3,– DM.

Exkurs: Eurocard – ein internationales Zahlungsmittel

Als Ergänzung zum eurocheque und zur eurocheque-Karte haben die Spitzen-verbände der deutschen Kreditwirtschaft die „EUROCARD Deutschland Inter-nationale Kreditkarten-Organisation GmbH" mit Sitz in Frankfurt gegründet. Stellvertretend für alle deutschen Kreditinstitute haben 24 Banken und Sparkas-sen die Geschäftsanteile übernommen.

EUROCARD kooperiert mit Access, einer englischen Kartenorganisation, Inter-bank/Master Charge, einem amerikanischen Bankkredit–Karten-Verband und der Standard Bank of South Africa. Im EUROCARD/Interbank-Verband gibt es derzeit weltweit mehr als 60 Millionen Karteninhaber (im Vergleich: American Express ca. 9 Mio, Diners Club ca. 2,5 Mio), wobei allerdings berücksichtigt wer-den muß, daß in Deutschland erst im Jahre 1977 mit dem Aufbau der EURO-CARD-Organisation begonnen wurde. In Europa gibt es bis heute 12 nationale EUROCARD-Institutionen.

Die Einführung einer in der Betragshöhe praktisch unbegrenzten Kreditkarte als Abrundung der Dienstleistungspalette im Zahlungsverkehr wurde auch deswe-gen notwendig, weil die deutschen Kreditinstitute ihren häufig über Europa hin-aus reisenden Kunden bisher keine entsprechende Dienstleistung anbieten konn-ten. Sie waren bisher veranlaßt, diesen interessanten Kundenkreis an ausländi-sche Kreditkartenorganisationen zu verweisen.

EUROCARD ist eine sogenannte T. & E. (Travel und Entertaiment) – Karte für gehobene Ansprüche, die zum Preis von DM 80,– an einen ausgewählten Kun-denkreis ausgegeben wird. Sie unterscheidet sich dadurch deutlich von den vor allem in den USA üblichen Konsumenten-Kreditkarten, die für jedermann ko-stenlos bereitgestellt werden.

EUROCARD kann weltweit als bargeldloses Zahlungsinstrument bei derzeit knapp 2,7 Millionen Vertragsunternehmen (Fluggesellschaften, Hotels, Autovermietungen, Einzelhandelsgeschäfte für gehobene Ansprüche) ohne besondere Legitimationsprüfung für die Bezahlung verwendet werden. Zudem kann mit EUROCARD bei 20 000 Bankinstituten bis zum Gegenwert von US-Dollar 500.– Bargeld abgehoben werden. Hierbei muß sich der Karteninhaber allerdings mit einem Paß ausweisen, um Mißbrauch auszuschließen. Für die Bargeldbevorschussung wird eine Gebühr von 1%, mindestens DM 6,–, pro Auszahlung bei der Abrechnung durch EUROCARD erhoben.

Zur Bezahlung mit der Karte legt der Karteninhaber beim Vertragsunternehmen lediglich die EUROCARD vor und unterschreibt einen entsprechenden Rechnungsbeleg. Die Vertragsunternehmen rechnen zentral mit EUROCARD ab. EUROCARD belastet einmal im Monat per Lastschrift das Konto des Karteninhabers bei seiner Hausbank nach vorheriger Zusendung einer detaillierten Rechnung. Die Rechnung erfolgt in DM. Die Umrechnung von Umsätzen in fremder Währung erfolgt am Tage des Eingangs der Belege bei EUROCARD Deutschland zum Devisen-Briefkurs des Börsenvortages zuzüglich 1/2% Aufschlag.

Haftung bei Kartenverlust

Bei Verlust oder Diebstahl der EUROCARD ist der Karteninhaber aus der Haftung durch Mißbrauch befreit, sobald er EUROCARD Deutschland oder einen ihrer Kooperationspartner unterrichtet hat. Bis zur Abgabe der Verlustmeldung ist die Haftung auf maximal DM 100,– beschränkt.

Bonitätsprüfung/Auswahlkriterien

Bei der Auswahl der potentiellen EUROCARD-Kunden werden relativ strenge Maßstäbe angelegt, die von vornherein den Kreis der Karteninhaber einengen. Die Bonitätsbeurteilung wird ausschließlich auf die Seriösität, Bonität und Kreditwürdigkeit des jeweiligen Bankkunden abgestellt; die in der Einführungsphase der EUROCARD zusätzlichen Voraussetzungen, häufiges Reisen, auch über Europa hinaus, und ein (bewußt hoch angesetztes) Jahresbruttoeinkommen von 60 000 DM sind inzwischen ersatzlos weggefallen.

Die Entscheidung, wem eine EUROCARD angeboten werden soll, wird von der kontoführenden Bank getroffen, die auch den von dem Kunden unterschriebenen Kartenantrag mit einem Bestätigungsvermerk, daß die Ausgabekriterien beachtet wurden, an EUROCARD weiterleitet. Eine Haftung des Kreditinstituts für Forderungen der EUROCARD Deutschland GmbH entsteht dadurch aller-

dings nicht. Die Kreditinstitute werden jedoch die ihnen bekanntgewordenen Veränderungen der wirtschaftlichen Verhältnisse (Verschlechterung der Bonität, Auflösung der Kontoverbindung) EUROCARD Deutschland unverzüglich weiterleiten.

In Ergänzung zur EUROCARD-Privatkarte wurde ein Firmenkartenprogramm entwickelt, für das im Prinzip die gleichen Regelungen gelten wie bei der Privatkarte. Hierbei kann die Abbuchung der Rechnungsbeträge entweder vom Konto der betreffenden Firma oder vom Konto des Karteninhabers erfolgen. Desgleichen kann die Firmenkarte mit Firmeneindruck oder nur mit Eindruck des Inhabers ausgegeben werden.

Zudem besteht die Möglichkeit, für Firmen „Reisestellen-Karten" für die Bezahlung von Flugscheinen auszustellen. Bei Bestellung der Flugscheine muß die Firmenreisestelle lediglich das Reisebüro darauf hinweisen, daß mit EUROCARD bezahlt wird, Gegen Vorlage der Reisestellen-EUROCARD werden die Flugtikkets ausgehändigt. Die Verrechnung erfolgt direkt zwischen Reisebüro, Fluglinie und EUROCARD Deutschland, die die Beträge in ihrer monatlichen Rechnungsstellung dann von der Firma einzieht.

Aufgaben:

I. 1. Der Scheck ist ein geborenes Orderpapier und ein abstraktes Forderungspapier. – Was bedeutet das?

2. Durch welche Bedingungen im Scheckvertrag schließen die Kreditinstitute die Haftung für evtl. entstehende Schäden weitgehend aus? Welcher Verpflichtung können sie sich aber andererseits in diesem Zusammenhang nicht entziehen?

3. Welche Scheckarten sind zu unterscheiden
   a) in bezug auf die Einlösung des Schecks,
   b) in bezug auf die Weitergabe des Schecks?

4. Warum dürfen Schecks nicht vom Bezogenen „akzeptiert" werden?

5. Wozu dient der LZB-Scheck, und worin liegt die Besonderheit des bestätigten LZB-Schecks?

6. Innerhalb welcher Frist ist ein Scheck der bezogenen Bank zur Einlösung vorzulegen, und welche Folgen hat das Versäumen der Vorlegungsfrist für den Scheckberechtigten?

7. Wie verhalten sich die Banken, wenn ihnen Schecks zur Einlösung vorgelegt werden, bei denen
   a) die Vorlegungsfrist abgelaufen ist,
   b) ein Widerruf vor Ablauf der Vorlegungsfrist ergangen ist?

8. Wie ist ein vordatierter Scheck zu beurteilen, und welche Rechtsfolgen können sich für den Kontoinhaber aus der Vordatierung ergeben?
   Handelt es sich bei der Hingabe eines vordatierten und zum Zeitpunkt der Hingabe noch ungedeckten Schecks um einen Betrug im Sinne des § 263 StGB?

9. Nennen Sie die Voraussetzungen für den Scheckregreß!

10. Erklären Sie an Hand eines Beispiels das Wesen der LZB-Abrechnung!

II. Ein Kunde braucht zum Besuch einer Auktion den Betrag von 30 000,– DM, den er aber nicht in bar mitnehmen möchte. Er fragt schriftlich an, ob die Bank ihm die Ordnungsmäßigkeit des dem Schreiben beigefügten Schecks bestätigen könne, Beantworten Sie die Anfrage des Kunden, und machen Sie ihm einen geeigneten Vorschlag!

III. Dem Kontoinhaber wird ein Scheckformular gestohlen, von einem Dritten ausgefüllt und mit dem Namen des Kontoinhabers unterschrieben.

In welchen Fällen wird die bezogene Bank für die von ihr an den Dritten gegen Aushändigung des Schecks geleistete Zahlung in Anspruch genommen werden können?

2.4 Wechselinkassoverkehr

2.4.1 Entstehung und Wesen des Wechsels

Entstehung und Entwicklung des Wechselverkehrs stehen in engem Zusammenhang mit dem wirtschaftlichen Aufbau einer Volkswirtschaft. Im frühen Mittelalter, als sich die Handelsbeziehungen zwischen verschiedenen Ländern bzw. Handelszentren enger gestalteten, erwies sich das Mitführen von Bargeld *wegen der zahlreichen verschiedenen Währungen* und der mit dem Transport des Geldes verbundenen Gefahren als unzweckmäßig. Durch die Einführung des Wechsels wurden diese Schwierigkeiten überwunden. Das geschah in der Weise, daß der Kaufmann den Geldbetrag, den er an einem fremden Ort benötigte, einem Geldwechsler seines Heimatortes aushändigte und dieser dagegen das Versprechen abgab, den entsprechenden Betrag am fremden Ort in derselben Währung bzw. in der Währung des fremden Ortes zurückzuzahlen. Einer der ersten, aus dem 13. Jahrhundert stammenden Wechsel hat z. B. folgenden Wortlaut: „Ich erhielt 10 Genuesische Lire im Wechsel gegen das Versprechen, sie in Tunesi auszuzahlen." Durch die Ausstellung einer derartigen „lettera di cambio" in der Form eines eigenen Wechsels ergab sich bereits ein bargeldersparender Effekt, denn die Wechselhändler, die ursprünglich selbst an den fremden Ort reisten, brauchten nur relativ wenig Bargeld mitzunehmen, da sie ihre Zahlungsversprechen größtenteils aus den Einnahmen an dem fremden Ort, für die sie wiederum Wechsel auf ihren Heimatort oder einen dritten Ort ausstellten, erfüllen konnten.

Im Laufe der Zeit erübrigten sich auch diese Reisen der Geldwechsler bzw. Wechselhändler, da sie in den fremden Handelszentren entweder eigene Agenturen errichteten oder mit ihren dortigen Geschäftsfreunden eng zusammenarbeiteten, so daß sich durch die gegenseitige Handhabung des Verfahrens die Ansprüche der Geschäftspartner weitgehend aufhoben und nur ein Saldo von Zeit zu Zeit reguliert zu werden brauchte. Diese Wechsel, bei denen es sich nicht mehr um eigene, sondern um „gezogene" Wechsel handelte, wurden in Briefform ausgestellt und enthielten eine Zahlungsanweisung an einen befreundeten „Kampsor" an dem Ort, an dem die Zahlung erfolgen sollte. Auch diese Form des Wechselverkehrs ist bereits aus dem 13. Jahrhundert bekannt. Der Name „Wechsel" für derartige Papiere entstand also dadurch, daß mit diesen Transaktionen regelmäßig ein Wechsel der Währung verbunden war.

Mit der Entwicklung eines speziellen Wechselrechts ist der Wechsel zu einem gesetzlich fixierten Begriff geworden. Bereits im 16. und 17. Jahrhundert entstanden in Deutschland, wo der Wechsel in der kaufmännischen Praxis besonders in den Handelsstädten in zunehmendem Umfang verwendet wurde, zahlreiche handelsrechtliche **Wechselordnungen**. Die älteste deutsche Wechselordnung ist die von Hamburg aus dem Jahre 1603. Infolge der Vielzahl der im Laufe der Zeit entstandenen mehr oder weniger verschiedenen Wechselordnungen – im Jahre 1847 gab es in Deutschland 55 verschiedene Wechselordnungen – und der damit verbundenen Schwierigkeiten entstand ein immer dringenderes Bedürfnis nach einer einheitlichen Regelung. Am 27. 11. 1848 wurde deshalb von der Deutschen Nationalversammlung in Frankfurt eine „Allgemeine Deutsche Wechselordnung" als Reichsgesetz verkündet, die anschließend in allen deutschen Ländern als Landesrecht eingeführt wurde. Diese Wechselordnung hat – unter Berücksichtigung einiger Änderungen und einer Neufassung im Jahre 1908 – bis zum Erlaß des sachlich jedoch nur in wenigen Punkten abweichenden Wechselgesetzes vom 21. 06. 1933 Geltung besessen.

Das am **01. 04. 1934** in Kraft getretene und heute noch gültige **Wechselgesetz** entspricht im wesentlichen dem auf der Wechselrechtskonferenz in Genf im Jahre 1930 getroffenen Abkommen über ein einheitliches Wechselgesetz. Das Abkommen wurde von zahlreichen Staaten unterzeichnet und ratifiziert, jedoch sind u. a. Großbritannien und die Vereinigten Staaten von Amerika überhaupt nicht und die Sowjetunion erst im Jahre 1936 beigetreten. Im wesentlichen gibt es heute nur noch zwei Wechselsysteme: einmal das aus der Verschmelzung des deutschen mit dem französischen 1930 entstandene kontinentaleuropäische und zum anderen das anglo-amerikanische.

Nach dem heute in der Bundesrepublik geltenden Wechselrecht ist der Wechsel eine Urkunde, die die unbedingte Anweisung des Ausstellers an den Bezogenen enthält, eine bestimmte Geldsumme an eine im Wechsel genannte Person oder deren Order zu zahlen. Die Urkunde muß im Text als Wechsel bezeichnet sein und gilt kraft Gesetzes als geborenes Orderpapier und abstraktes Forderungspapier.

Der Wechsel ist also ein Wertpapier, das eine selbständige Zahlungsverpflichtung enthält. Alle im Wechsel verkörperten Rechte können nur von demjenigen geltend gemacht werden, der sein Eigentumsrecht am Papier nachweist; **„dem Recht am Papier folgt das Recht aus dem Papier"**.

2.4.2 Formen und Arten des Wechsels

Das Wechselgesetz kennt zwei Grundformen des Wechsels: den „gezogenen Wechsel" und den „eigenen Wechsel".

a) Gezogener Wechsel

Der gezogene Wechsel enthält nach Art. 1 Wechselgesetz die folgenden **gesetzlichen Bestandteile:**

WG
Art. 1
(1) **die Bezeichnung „Wechsel" im Text** der Urkunde, und zwar in der Sprache, in der sie ausgestellt ist;

(2) **die unbedingte Anweisung, eine bestimmte Geldsumme zu zahlen;**

Art. 6, 1 Ist die Wechselsumme in Buchstaben und in Ziffern angegeben, so gilt bei Abweichungen die in Buchstaben angegebene Summe.

Art. 6, 2 Ist die Wechselsumme mehrmals in Buchstaben oder mehrmals in Ziffern angegeben, so gilt bei Abweichung die geringste Summe.

WG
Art. 5
Bei Sicht- und Nachsichtwechseln (s. unten) kann der Aussteller bestimmen, daß die Wechselsumme vom Tag der Ausstellung oder einen anderen benannten Tag an zu verzinsen ist; der Zinsfuß ist dann im Wechsel anzugeben. Lautet der Wechsel auf eine fremde Währung, so kann die Wechselsumme in der betr. Landeswährung nach dem Werte gezahlt werden, den sie am

Art. 41, 1
Art. 41, 2
Verfalltag besitzt, es sei denn, daß der Aussteller die Zahlung in einer bestimmten Währung durch den Vermerk „effektiv" hinter der Wechselsumme vorgeschrieben hat.

(3) **den Namen dessen, der zahlen soll (Bezogener oder Trassat);**

Art. 3 Hat der Bezogene die Zahlungsverpflichtung durch seine Unterschrift auf dem Wechsel angenommen (akzeptiert), wird er Akzeptant genannt. Gibt der Aussteller sich selbst als Bezogener an, so spricht man von einem *trassiert-eigenen* Wechsel.

(4) **die Angabe der Verfallzeit;**

Nach der Angabe der Verfallzeit sind folgende Arten von Wechseln zu unterscheiden:

Art. 33, 1 (a) der **Tagwechsel** ist an einem bestimmten Tag fällig;

(b) der **Datowechsel** ist eine bestimmte Zeit nach dem Tage der Ausstellung fällig, z. B. „3 Monate dato";

Art. 34 (c) der **Sichtwechsel** ist bei Sicht, d. h. im Zeitpunkt der Vorlegung, zahlbar; er muß binnen eines Jahres vorgelegt werden;

Art. 35 (d) der **Nachsichtwechsel** (Zeit-Sichtwechsel) ist eine bestimmte Zeit nach Sicht fällig, z. T. 14 Tage nach Sicht; das Akzept ist daher zu datieren.

Art. 2, 2 Ein Wechsel ohne Angabe der Verfallzeit gilt als Sichtwechsel.

Art. 72, 1 Ist der Verfalltag des Wechsels ein Sonntag, ein Sonnabend oder ein gesetzlicher Feiertag, so gilt als *Zahlungstag* der nächste Werktag.

(5) **die Angabe des Zahlungsortes;**

Art. 4 Wechselschulden sind *Holschulden*, d. h. der Wechsel muß bei Fälligkeit grundsätzlich beim Bezogenen eingezogen werden. Er kann aber auch bei einem Dritten (z. B. einem Kreditinstitut) und an einem anderen Ort zahlbar gestellt werden. Es ist daher zu unterscheiden zwischen dem

Zahlstellenwechsel, der bei einem Dritten am Wohnort des Bezogenen einzulösen ist, und dem

Domizilwechsel, bei dem der Zahlungsort nicht mit dem Wohnort des Bezogenen identisch ist. Fehlt die Angabe eines Zahlungsortes, so gilt der bei dem Namen des Bezogenen angegebene Ort als Zahlungsort.

WG
Art 2, 3

(6) den Namen dessen, an den oder an dessen Order gezahlt werden soll (Wechselnehmer, Remittent);

Der Name des Begünstigten ist – im Gegensatz zum Scheck – beim Wechsel gesetzlicher Bestandteil. Der Wechsel kann allerdings an die „eigene Order" des Ausstellers lauten.

Art. 3, 1

Hat der Aussteller in den Wechsel die Worte „nicht an Order" oder einen gleichbedeutenden Vermerk aufgenommen, so kann der Wechsel nur noch in der Form und mit der Wirkung einer Abtretung (Zession) übertragen werden **(Rektawechsel).**

(7) die Angabe des Ausstellungstages und -ortes;

Ein Wechsel ohne Angabe des Ausstellungsortes gilt als ausgestellt an dem Orte, der bei dem Namen des Ausstellers angegeben ist. Die Angabe des Ausstellungstages darf nicht fehlen, Monatsangaben sind – nach den Geschäftsbedingungen der Bundesbank – auszuschreiben.

Art. 2, 4

(8) die Unterschrift des Ausstellers (Transsanten);

Mit seiner Unterschrift haftet der Aussteller für die Annahme und die Zahlung des Wechsels. Durch die sog. *Angstklausel* mit dem Vermerk „ohne Gewähr" oder „ohne Obligo" kann er zwar seine Haftung für die Annahme ausschließen, nicht jedoch für die Zahlung des Wechsels.

Art. 9

Der Ausschluß der Haftung für die Annahme bewirkt, daß der Aussteller von den Indossanten wegen verweigerter Annahme nicht in Anspruch genommen werden kann, das gilt insbesondere für den Aussteller im Falle des Protestes wegen Annahmeverweigerung (Art. 43 Abs. 2 Ziff. 1 WG).

Seine Haftung für die Annahme des Wechsels durch den Bezogenen kann der Aussteller aber auch durch die Aufnahme eines Vorlegungsverbotes in den Wechsel ausschließen (vgl. S. 270).

Trägt ein Wechsel Unterschriften von Personen, die eine Wechselverbindlichkeit nicht eingehen können, gefälschte Unterschriften, Unterschriften erdichteter Personen oder Unterschriften, die aus irgendeinem Grunde keine Verbindlichkeit begründen, so hat dies auf die Gültigkeit der übrigen Unterschriften keinen Einfluß.

Art. 8

Wer auf einen Wechsel seine Unterschrift als Vertreter eines anderen setzt, ohne hierzu ermächtigt zu sein, haftet selbst wechselmäßig. Das gleiche gilt von einem Vertreter, der seine Vertretungsbefugnis überschritten hat.

Der *gezogene* Wechsel stellt die *Anweisung* des Ausstellers an den Bezogenen dar, zu einem genau festgelegten Zeitpunkt an den genannten Wechselnehmer eine bestimmte Geldsumme zu zahlen. Für einen gezogenen, aber nicht akzeptierten Wechsel findet der Ausdruck **„Tratte"** Verwendung, während ein angenommener (akzeptierter) Wechsel kurz als **„Akzept"** bezeichnet wird.

b) Eigener Wechsel (Solawechsel)

Im Gegensatz zum gezogenen Wechsel enthält der eigene Wechsel das *Versprechen* des Ausstellers, an den genannten Wechselnehmer oder an dessen Order zu einem genau festgelegten Termin eine bestimmte Geldsumme zu zahlen. Hin-

Art. 75

sichtlich der gesetzlichen Wechselbestandteile unterscheidet sich der Solawechsel vom gezogenen Wechsel dadurch, daß die Angabe eines Bezogenen entfällt und in der Urkunde keine Anweisung, sondern ein unbedingtes Zahlungsversprechen gegeben wird.

Die gleiche Wirkung wie mit einem Solawechsel kann mit einem gezogenen Wechsel erzielt werden, wenn dieser auf den Aussteller selbst gezogen wird (trassiert-eigener Wechsel). Trassiert-eigene Wechsel kommen hauptsächlich als Ziehungen der Hauptniederlassungen auf ihre Zweigniederlassungen vor und werden dann auch als *Kommanditwechsel* bezeichnet.

c) Wechselformular

Das Wechselgesetz schreibt eine bestimmte Form des Wechsels oder gar einen bestimmten Wechselvordruck nicht zwingend vor. Dennoch werden im allgemeinen nur noch genormte Wechselvordrucke verwendet, um einmal den auf äußeren Mängeln beruhenden Schwierigkeiten im Wechselverkehr zu begegnen und um zum anderen eine rationellere Bearbeitung der Wechsel durch die Kreditinstitute zu ermöglichen.

Die Deutsche Bundesbank schreibt daher in ihren Geschäftsbedingungen vor, daß die ihr einzureichenden Wechsel auf dem vom Deutschen Normenauschuß gestalteten **Normblatt DIN 5004** – Ausgabe Mai 1968 – ausgeschrieben sein müssen, und die Kreditinstitute nehmen im allgemeinen schon aus diesem Grunde nur noch normgerechte Vordrucke entgegen. Das Wechselformular hat die Größe eines in der Längsrichtung halbierten DIN-A 4-Blattes und ist somit 105 × 297 mm groß.

Der **Wechseltext** ist ebenfalls vom Deutschen Normenausschuß nach Wortlaut und Anordnung festgelegt worden, so daß die einzelnen Bestandteile des Wechsels immer an der gleichen Stelle zu finden sind.

Im Laufe der Zeit hat es sich als zweckmäßig erwiesen, neben den gesetzlichen Bestandteilen sogenannte **kaufmännische Bestandteile** im Wechseltext aufzunehmen, die den Wechselverkehr erleichtern sollen. **Der Deutsche Normenausschuß hat folgende kaufmännische Vermerke bei der Gestaltung des Formulars berücksichtigt:**

(1) die **Wiederholung des Verfalltages und des Zahlungsortes** in der rechten oberen Ecke des Wechsels,

(2) die **Angabe der Ortsnummer** des Zahlungsortes am oberen Rand des Wechsels neben dem Zahlungsort,

(3) die **Duplikatklausel** „Erste Ausfertigung", „Zweite Ausfertigung" usw. im Wechseltext, die dann erforderlich ist, wenn mehrere Ausfertigungen eines Wechsels vorhanden sind. Tratten werden häufig in mehrfacher Ausfertigung ausgestellt, um entweder die Verlustgefahr zu begrenzen oder um den Duplikatwechsel bereits indossieren zu können, während das Original zum Bezoge-

nen versandt wird, damit dieser es mit seinem Akzept versieht. Der Aussteller und die Indossanten haben alle Ausfertigungen zu unterschreiben, der Bezogene wird hingegen nur eine unterschreiben, um einer mehrfachen Wechselhaftung zu entgehen.

(4) die **Wiederholung der Wechselsumme** in Ziffern,

(5) die **Anschrift des Ausstellers,**

(6) den **Domizil- und Zahlstellenvermerk**, der angibt, an welchem Ort und bei welcher Bank der Wechsel zur Zahlung vorgelegt werden soll,

(7) Die **Wechselkopiernummer,** welche die Banken bei der Hereinnahme zu Kontrollzwecken anbringen.

d) Sonstige Wechselarten

In der kaufmännischen Praxis hat sich ferner eine Reihe von Begriffen herausgebildet, die ganz bestimmte Arten von Wechseln charakterisieren:

(1) **Warenwechsel oder Handelswechsel:** Wechsel, die der Finanzierung eines Waren- oder Dienstleistungsgeschäftes dienen.

(2) **Umkehrwechsel** (Scheck-Wechsel-Verfahren): In zunehmendem Maße erlangt die Finanzierung über Scheck-Wechsel-Deckung, nicht zuletzt wegen der günstigen Finanzierungskosten, immer stärkere Bedeutung. Um die vom Lieferanten angebotene Skonto-Inanspruchnahme zur Verbilligung des Kaufpreises nutzen zu können, übersendet der Abnehmer jenem am Fälligkeitstage einen Scheck zum Ausgleich der Warenforderung. Zusammen mit dem Scheck überreicht der Abnehmer einen bereits akzeptierten Wechsel, den der Lieferant mit der Ausstellerunterschrift versieht und an den Abnehmer zurückschickt. Der Lieferant reicht den Scheck zur Gutschrift auf sein Konto bei seiner Bank ein, der Abnehmer läßt den Wechsel diskontieren und beschafft sich damit das zur Einlösung des Schecks erforderliche Guthaben, oder er behält den Wechsel – wenn es seine Liquiditätslage erlaubt – im eigenen Portefeuille. Am Fälligkeitstage wird der Wechsel vom Bezogenen eingelöst.

(3) **Finanzwechsel:** Wechsel, die der Geldbeschaffung dienen und denen kein Waren- oder Dienstleistungsgeschäft zugrunde liegt.

Zu den Finanz- oder Kreditwechseln zählen auch die sogenannten „Reitwechsel" und „Kellerwechsel". Reitwechsel ziehen zwei Wechselreiter gegenseitig aufeinander und versuchen dann, die Wechsel bei verschiedenen Banken diskontieren zu lassen. Da Reitwechsel äußerlich nicht von Handelswechseln zu unterscheiden sind, kann sich die Bank nur durch sorgfältige Beobachtung vor dem Ankauf derartiger bonitätsmäßig sehr zweifelhafter Papiere schützen.

Kellerwechsel werden vom Aussteller auf fingierte oder völlig zahlungsunfähige Personen gezogen. Da die Banken die Bonität des Bezogenen prüfen, gelingt es selten, derartige Abschnitte zum Diskont unterzubringen.

(4) **Bankakzepte:** von Kreditinstituten akzeptierte Wechsel.

(5) **Privatdiskonten:** Bankakzepte, die auf dem Privatdiskontmarkt gehandelt werden.

(6) **Debitorenziehungen:** von Banken auf Kreditnehmer gezogenen Wechsel.

(7) **Mobilisierungstratten** bzw. Mobilisierungswechsel: Debitorenziehungen, die den Zweck haben, der Bank eine Refinanzierung zu ermöglichen.

(8) **Depotwechsel** oder Kautionswechsel: Akzepte von Schuldnern (Kreditnehmern), die von der Bank als Wechselnehmer zum Zwecke der Sicherstellung ihrer Forderungen in Verwahrung genommen werden und nicht zum Umlauf bestimmt sind; derartige Wechsel geben der Bank die Möglichkeit, ihre Ansprüche im Wechselprozeß rasch durchzusetzen. Depotwechsel haben auch häufig die Form eines Solawechsels und tragen in vielen Fällen eine Rektaklausel.

(9) **Gefälligkeitswechsel:** Finanzwechsel, die aus Gefälligkeit akzeptiert wurden und nicht dem Akzeptanten, sondern dem Aussteller zur Geldbeschaffung dienen; der Bezogene geht davon aus, daß der Wechsel am Fälligkeitstage nicht von ihm eingelöst zu werden braucht, sondern daß die Einlösung durch den Wechselaussteller erfolgt.

2.4.3 Funktionen des Wechsels

Ein Wechsel kann folgende wirtschaftliche Funktionen erfüllen:

a) Zahlungsmittelfunktion

Historisch gesehen steht die Zahlungsmittelfunktion an erster Stelle, denn ursprünglich diente der gezogene Wechsel als Zahlungsanweisung eines Kaufmanns an einen befreundeten Kampsor, der an einem ausländischen Messe- oder Handesplatz wohnte. Auch heute besitzt der Wechsel noch die Zahlungsmittelfunktion, allerdings tritt sie gegenüber den anderen wirtschaftlichen Funktionen in ihrer Bedeutung erheblich zurück.

b) Kreditfunktion

Die Kreditfunktion ist heute die *wichtigste Funktion* des Wechsels im Wirtschaftsleben. Eine Kreditgewährung ergibt sich daraus, daß durch das Akzept die effektive Zahlung des Bezogenen um die Laufzeit des Wechsels hinausgeschoben wird. Der Kunde akzeptiert einen Wechsel des Lieferanten (Austellers), den er erst bei Fälligkeit einzulösen braucht, so daß er ihn in der Regel bereits mit dem Erlös aus dem Warenverkauf abzudecken vermag. In diesem Falle wird die Wechselsumme durch den Warenumschlag freigesetzt. Weitere Kreditbeziehungen entstehen, wenn der Wechselnehmer den Wechsel weitergibt. Das wichtigste Beispiel hierfür bildet der *Diskontkredit* der Banken, der nicht dem Hauptschuldner (Akzeptanten), sondern dem Einreicher (Remittent oder Indossatar) eingeräumt wird. Ein Kreditverhältnis besonderer Art wird mit Hilfe des Wechsels bei Akzeptkrediten hergestellt. In diesem Fall erfolgt die Kreditgewährung durch den Akzeptanten.

c) Refinanzierungsfunktion

Die Bedeutung des Wechsels als Kreditmittel basiert zu einem großen Teil darauf, daß sich die Unternehmen mit Hilfe von Abschnitten erster Bonität fast jederzeit refinanzieren können. Die Refinanzierungsfunktion der Wechsel beruht auf ihrer *Eignung für die Diskontierung oder Lombardierung* durch Kreditinstitute. Für die Kreditinstitute besteht ihrerseits wieder die Möglichkeit, Abschnitte, die besondere Erfordernisse erfüllen, zum Rediskont bei der Deutschen Bundesbank einzureichen. Im Rahmen der Refinanzierungsmöglichkeiten mit Hilfe des Wechsels ist besonders auf die **Mobilisierungstratten** sowie auf die *Solawechsel* im Rahmen der Exportfinanzierung der Ausfuhrkredit-Gesellschaft hinzuweisen.

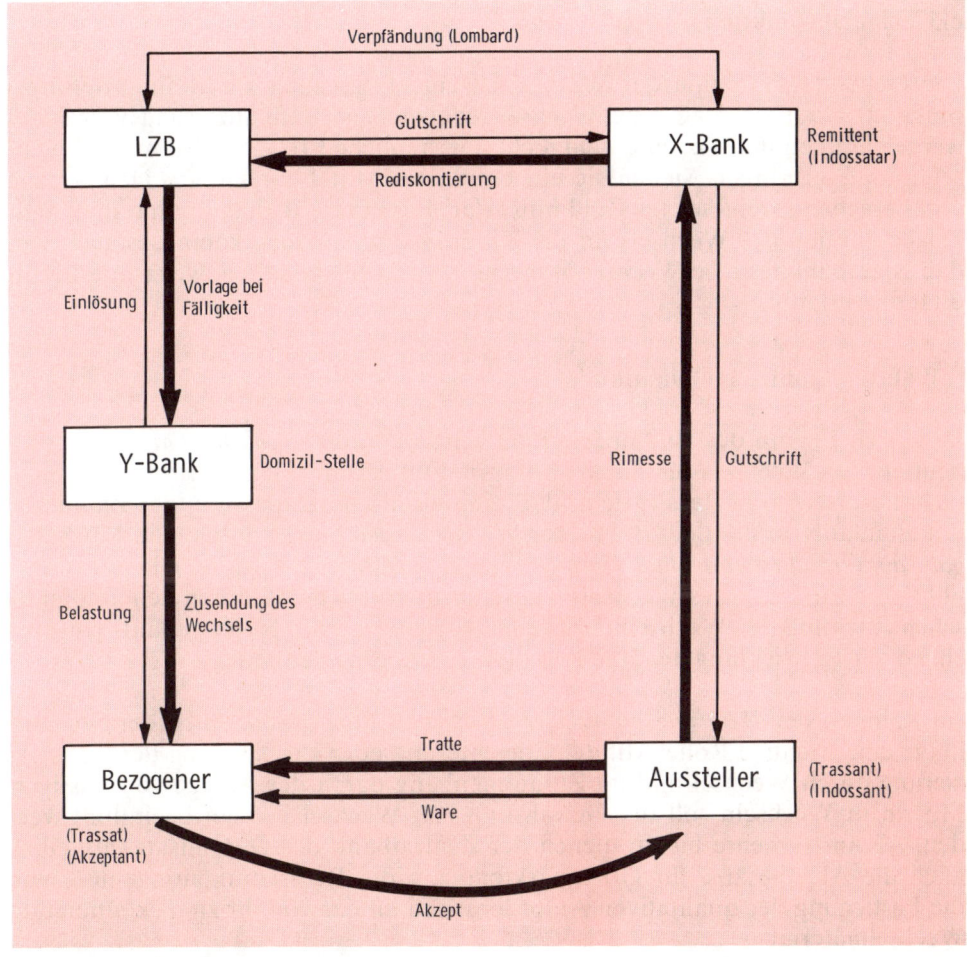

d) Sicherungsfunktion

Im Zusammenhang mit den beiden letzterwähnten Funktionen steht die Sicherungsfunktion der Wechsel. Die Sicherheit im Wechselgeschäft beruht auf der im Wechselgesetz festgelegten *wechselrechtlichen Strenge,* nämlich der Bindung an feste Formen und Regeln und insbesondere der Loslösung von dem zugrunde liegenden Rechtsgeschäft (Kausalgeschäft). Mit jeder Weitergabe verbessert sich die Sicherheit des Wechsels, da jeder Indossant die Haftung für die Einlösung des Wechsels übernimmt.

Über das ursprünglich reine Wechselgeschäft hinaus wird der Wechsel auch gelegentlich zur Sicherung anderer Kredite benutzt. Die Kreditinstitute bedienen sich der Sicherungsfunktion des Wechsels im *Zusammenhang mit Kontokorrentkrediten,* indem sie auf ihre Kunden Wechsel ziehen, die von diesen akzeptiert werden, ohne daß beabsichtigt ist, diese Debitorenziehungen in Umlauf zu setzen. Im *Rahmen von Lombardkrediten* werden Wechsel von der Bank als Pfandobjekt angenommen und beliehen.

e) Geldanlagefunktion

Die Geldanlagefunktion der Wechsel ist eine Ergänzung zur Refinanzierungsfunktion. Dadurch, daß gute Wechsel jederzeit zur Refinanzierung verwendet werden können und sie außerdem nicht unerhebliche Erträge in Form des Wechseldiskonts erbringen, stellen sie ein geeignetes Mittel zur kurzfristigen Anlage vorübergehend freigesetzter Geldmittel dar. Besondere Bedeutung hat die Geldanlagefunktion des Wechsels für die Kreditinstitute, jedoch kommt es auch vor, daß Nichtbankbetriebe Wechsel in ihrem Portefeuille behalten, wenn ihre Liquidität dies erlaubt.

f) Währungspolitische Funktion

Bereits zu Beginn des 19. Jahrhunderts wurde von der *Banking-Theorie* die Bedeutung des Wechsels für die Währungspolitik erkannt. Die Vertreter der Banking-Theorie waren der Ansicht, daß eine elastische Anpassung des Zahlungsmittelumlaufs an die Bedürfnisse der Wirtschaft am besten durch eine *Notenausgabe auf Grund eingereichter Handelswechsel* gewährleistet würde. Die währungspolitische Funktion des Wechsels wurde darin erblickt, daß durch den automatischen Rückfluß des Wechselkredits eine Regulierung des Notenumlaufs entsprechend der Entwicklung des Handelsvolumens zu erwarten sei.

Im Rahmen der *Währungspolitik der Deutschen Bundesbank* spielt der Wechsel heute eine wichtige Rolle. Mit der Erleichterung oder Erschwerung der Refinanzierung durch Wechsel und im Zusammenhang damit der Anlage von flüssigen Mitteln in Wechseln soll die Gewährung von Wechselkrediten beeinflußt werden. Als Instrumente hierzu dienen der Zentralbank der Diskontsatz, mittelbar auch die Abgabesätze für Offenmarktpapiere, die Rediskontkontingente sowie die Festlegung der qualitativen Anforderungen an das von ihr zu diskontierende Wechselmaterial.

2.4.4 Annahme und Versteuerung des Wechsels

a) Akzept

Der gezogene Wechsel ist auf die *Annahme durch den Bezogenen* gerichtet. Der Aussteller weist ihn an, eine bestimmte Geldsumme an einen Dritten zu zahlen. Durch die Annahme wird der Bezogene Hauptschuldner aus dem Wechsel, die Tratte wird zum Akzept. WG Art. 28, 1

Die Annahmeerklärung wird durch das Wort *„angenommen"* oder durch ein gleichbedeutendes Wort auf den Wechsel gesetzt und ist vom Bezogenen *handschriftlich* zu unterschreiben. Die bloße Unterschrift auf der Vorderseite gilt als Annahme. Art. 25, 1

Die Annahme muß unbedingt sein, der Bezogene kann sie allerdings auf einen Teil der Wechselsumme beschränken (Teilakzept). Bei Nachsichtwechseln ist das Akzept zu datieren, ebenso bei den Wechseln, die dem Bezogenen innerhalb einer bestimmten Frist zur Annahme vorzulegen sind (**Vorlagegebot**). Art. 26, 1 WG Art. 25, 2

Ein Zwang zur Annahme besteht nicht; ein diesbezüglicher Anspruch ergibt sich jedoch im allgemeinen aus dem Grundgeschäft (Kausalverhältnis). Hat der Bezogene die auf den Wechsel gesetzte Annahmeerklärung vor der Rückgabe gestrichen, so gilt die Annahme als verweigert, es sei denn, daß der Bezogene einem der Beteiligten die Annahme bereits schriftlich mitgeteilt hat. Art. 29

Die Verweigerung der Annahme muß von einem Notar oder einem Gerichtsbeamten durch eine öffentliche Urkunde festgestellt werden (**Protest mangels Annahme**) und führt zum Rückgriff. Art. 79, 1 Art. 44, 2 Art. 43, 2

Der Bezogene kann allerdings verlangen, daß ihm der Wechsel am Tage nach der ersten Vorlegung nochmals vorgelegt wird. Der Inhaber ist in diesem Falle nicht verpflichtet, den zur Annahme vorgelegten Wechsel in der Hand des Bezogenen zu lassen. Art. 24

b) Vorlegung zur Annahme

Jeder Wechselinhaber ist berechtigt, den Wechsel bis zum Verfall dem Bezogenen an seinem Wohnort zur Annahme vorzulegen, es sei denn, daß der Aussteller eine besondere Weisung erteilt hat. Art. 21

Der Aussteller kann nämlich mit oder ohne Bestimmung einer Frist vorschreiben, daß der Wechsel zur Annahme vorgelegt werden muß (z. B. durch den Vermerk „zur Annahme" oder „vorzulegen bis zum . . ."). Er kann auch vorschreiben, daß der Wechsel nicht vor einem bestimmten Tag zur Annahme vorgelegt werden darf (**Vorlagegebot**) Art. 22, 1

Schließlich kann der Aussteller im Wechsel die Vorlegung zur Annahme durch den Vermerk „nicht zur Annahme" untersagen (**Vorlageverbot**). Das Vorlageverbot ist unzulässig bei Domizil-, Zahlstellen- und Nachsichtwechseln. Nachsichtwechsel sind binnen eines Jahres nach dem Tage der Ausstellung zur Annahme vorzulegen (gesetzliches Vorlagegebot). Der Aussteller kann eine kürzere oder eine längere Frist bestimmen, die Indossanten können sie nur verkürzen. Art. 22, 2 Art. 23

Beachtet ein Inhaber das Gebot des Ausstellers nicht, so verliert er im Falle der Nichteinlösung das Rückgriffsrecht. Art. 53, 2

c) Versteuerung des Wechsels

WStG   Nach dem Wechselsteuergesetz (WStG) vom 24. 07. 1959 in Verbindung mit der
§ 1   Wechselsteuer-Durchführungsverordnung (WStDV) vom 20. 04. 1960 unterliegt
§ 4   jeder gezogene und eigene Wechsel der Wechselsteuer, sobald er im *Inland in
Umlauf* gesetzt wird. Dabei ist es unerheblich, ob die Wechselurkunde bereits
§ 1   vollständig oder noch unvollständig ausgefüllt ist. Die Einholung des Akzepts
kann unversteuert erfolgen, wenn der Wechsel noch kein inländisches Indossament trägt.

§ 7, 1   Die Steuer wird *von der Wechselsumme* berechnet und beträgt 15 Pfennig für je
§ 8, 1   angefangene 100,– DM. Ist die Wechselsumme nicht angegeben (unvollständiger
§ 7, 2   Wechsel), so ist bei der Berechnung der Steuer zunächst von 10 000,– DM auszugehen.

Die Steuer ermäßigt sich auf die Hälfte (aufgerundet auf volle 10 Pfennig):

WStG   (1) bei einem Wechsel, der vom Inland auf das Ausland gezogen und im Aus-
§ 8, 2   land zahlbar ist,
       (2) bei einem Wechsel, der vom Ausland auf das Inland gezogen und im Inland
            zahlbar ist.

Von der Besteuerung ausgenommen sind:

§ 6, 1   (1) Wechsel, die vom Ausland auf das Inland gezogen und im Ausland zahlbar
            sind (Transitwechsel), sowie
       (2) Wechsel, die, vom Inland auf das Ausland gezogen, bei Sicht oder innerhalb
            von 10 Tagen nach dem Ausstellungstag zahlbar sind und unmittelbar in das
            Ausland versandt werden.

WStDV   Die **Entrichtung der Steuer** erfolgt durch Aufkleben von *Wechselsteuermarken,*
§ 4, 1   die beim Postamt erhältlich sind, auf der rechten Rückseite des Wechsels unmit-
WStDV   telbar am Rande der Schmalseite (s. Abbildung auf S. 272). Die Wechselsteuer-
§ 8, 1   marken sind durch Eintragung des Datums der Versteuerung zu entwerten, wo-
§ 9, 1   bei die Monatsnamen nicht in Ziffern ausgedrückt werden dürfen; übliche Abkürzungen sind zulässig.

§ 4, 1   Nach der Wechselsteuer-Durchführungsverordnung ist die Verwendung eines
§ 14, 1   zugelassenen Steuerstemplers statthaft, der aus Rationalisierungsgründen zunehmend Verwendung findet.

WStG   *Steuerschuldner* ist, wer den Wechsel im Zeitpunkt der Entstehung der Steuer-
§ 9   schuld aushändigt. Für die ordnungsmäßige Versteuerung haften Aussteller, Bezogener und Indossanten gemeinsam.

280

2.4.5 Übertragung des Wechsels

a) Grundformen des Indossaments

Die Weitergabe eines Wechsels erfolgt durch eine Übertragungserklärung auf WG
seiner Rückseite, die als *„Indossament"* oder *„Giro"* bezeichnet wird. Das Indos- Art. 11, 1
sament ist die dem Wechsel eigene Übertragungsform und kommt in *zwei Grund-* Art. 13, 1
formen vor:

(1) als **Vollindossament,** das z. B. folgenden Wortlaut hat:
Für uns an die Order der Kreditbank, Kassel
Kassel, den 8. 3. 19 . .

Bernhard Schmidt
(Unterschrift)

und
(2) als **Blankoindossament,** das lediglich aus der Unterschrift des Indossanten Art. 13, 2
besteht.

Während also beim Vollindossament der Begünstigte (Indossatar) als solcher bezeichnet wird, hat der spätere Inhaber eines blanko-indossierten Wechsels die
Möglichkeit,

(1) das Blankoindossament durch Einsetzen seines Namens in ein Vollindossament umzuwandeln oder

(2) den Wechsel im Wege der sog. **Blankotradition durch einfache Übergabe** an
einen Dritten zu übertragen und sich damit jeder wechselrechtlichen Verpflichtung zu entziehen; das Papier ist praktisch – nicht rechtlich – zu einem
Inhaberpapier geworden.

Mit Ausnahme des Rektawechsels kann jeder Wechsel durch Indossament über- WG
tragen werden, auch wenn er nicht ausdrücklich an Order lautet (geborenes Or- Art. 11, 2
derpapier). Im Gegensatz zum Scheck kann das Indosssament *auch auf den Bezo-* Art. 11, 3
genen – sowie auf jeden anderen Wechselverpflichteten – lauten, und auch diese
Personen können den Wechsel weiter indossieren.

Das Indossament muß wie beim Scheck unbedingt sein, Teilindossamente sind
nichtig; ein Indossament an den Inhaber gilt als Blankoindossament.

Das Indossament hat drei Funktionen:

(1) **Übertragungs- oder Transportfunktion:** Ein Indossament überträgt sämtliche
Rechte an und aus dem Wechsel auf einen Dritten, den Indossatar;

(2) **Ausweis- oder Legitimationsfunktion:** Wer einen Wechsel in Händen hat, gilt Art. 14, 1
als rechtmäßiger Inhaber, sofern er sein Recht durch eine ununterbrochene Art. 16, 1
Reihe von Indossamenten – unter denen sich auch Blankoindossamente befinden können – nachweisen kann;

(3) **Haftungs- oder Garantiefunktion:** Jeder Indossant haftet – sofern ein entge- Art. 15, 1
genstehender Vermerk nicht vorhanden ist (Angstindossament) – für die Annahme und Einlösung des Wechsels.

Gezogener Wechsel

Frankfurt(Main), den 05. Mai 19 72

Gegen diesen **Wechsel** – erste Ausfertigung – zahlen Sie am 05. August 19 72

an eigene Order

DEUTSCHE MARK zweitausendvierhundert

Bezogener Raimann & Cie.,
Maschinenfabrik,
in Darmstadt, Heinrichstr. 35

Zahlbar in Darmstadt
bei Commerzbank AG 124456 z.Lt Konto Nr.

DM 2.400,—

508 Darmstadt 5. 8. 72

Arnold Becker & Go. GmbH
6000 Frankfurt(Main),
Wegerstr. 32

Angenommen
Raimann & Cie.

Wechselrückseite

Für uns an die Order der

Herrling & Sauter KG
Regensburg

Frankfurt(M), 16. Mai 1977

Arnold Becker & Co. GmbH

Herrling & Sauter KG
ppa.

Für uns an die

Bauer GmbH & Co. KG
Schweinfurt

ohne Obligo

KLEIDERWERKE
RICHTER & ULLMANN

An die

Deutsche Bank AG
Filiale Darmstadt

zum Einzug

Schweinfurt, den 27. Juli 1977

Bauer GmbH & Co. KG

Der Indossant kann untersagen, daß der Wechsel mittels Indossament weitergegeben wird (*Rektaindossament*); in diesem Falle kann der Wechsel zwar noch weiter indossiert werden – anders als bei einer Rektaklausel im Wechseltext –, der Indossant beschränkt jedoch seine Haftung auf seinen unmittelbaren „Nachmann". WG
Art. 15,2

b) Sonderformen des Indossaments

Durch Zusätze können die Wirkungen des Indossaments eingeschränkt oder erweitert werden:

(1) Das **Inkassoindossament** (Prokura- oder Vollmachtsindossament). Enthält das Indossament den Vermerk „*Wert zur Einziehung*" oder „*zum Inkasso*" oder „*in Prokura*", so handelt es sich um ein *offenes Vollmachtsindossament*, das dem Indossatar nicht das Eigentum am Wechsel verschafft, sondern ihn lediglich zum Einzug des Wechsels legitimiert. Art. 18

Der Indossatar kann den Wechsel nur durch ein weiteres Vollmachtsindossament übertragen, andererseits können die Wechselverpflichteten dem Indossatar alle Einwendungen entgegenhalten, die ihnen gegen den *Indossanten* zustehen. Art. 18.1
Art. 18.2

Ein *verdecktes Vollmachtsindossament* (Inkassomandat-Indossament) liegt vor, wenn der Zusatz fehlt, daß der Indossatar nur zum Einzug ermächtigt sein soll.

Dritten gegenüber wird also der Indossatar als Eigentümer des Wechsels legitimiert, während im Innenverhältnis gleichfalls nur eine Vollmachtserteilung vorliegt. Rechtlich handelt es sich dabei um den Erwerb fiduziarischen Eigentums. Das schließt nicht aus, daß die Wechselverpflichteten dem Indossatar auch die Einwendungen entgegenhalten können, die ihnen gegen den Indossanten zustehen.

(2) Das **Pfandindossament**. Enthält das Indossament den Vermerk „*Wert zur Sicherheit*" oder „*Wert zum Pfand*", so verschafft dieses Indossament dem Indossatar gleichfalls nicht das Eigentum, sondern nur ein *Pfandverwertungsrecht*. Art. 19,1

Ein weiteres Indossament hat daher auch nur die Wirkung eines Vollmachtsindossaments, die Wechselverpflichteten können dem Indossatar aber *keine* Einwendungen entgegenhalten, die ihnen aus ihren Rechtsbeziehungen zum Indossanten zustehen, weil der Indossatar mit dem Pfandrecht ein *selbständiges Recht* erworben hat – es sei denn, daß der Inhaber bewußt zum Nachteil des Wechselverpflichteten gehandelt hat.

Weil ein *offenes Pfandindossament* jedoch im allgemeinen das Ansehen des Indossanten beeinträchtigt und die weitere Verwertung selbst dann erheblich einschränkt, wenn der Wechsel dem Indossanten zurückgegeben wird, bedient man sich in der Praxis in der Regel des *verdeckten Pfandindossaments.*

Das verdeckte Pfandindossament legitimiert den Indossatar Dritten gegenüber als Eigentümer des Wechsels, obwohl er nur ein Pfandrecht erworben hat; der Indossatar kann aber – wie jeder spätere Inhaber auch – den Wechsel durch Vollindossament weitergeben und ist im übrigen im Hinblick auf die Verwertungsmöglichkeit des Pfandes keinen Beschränkungen unterworfen, die sich aus dem Indossament ergeben könnten.

(3) Das **Angstindossament**. Durch den Zusatz „*ohne Gewähr*", „*ohne Obligo*" oder einen gleichbedeutenden Vermerk kann der Indossant seine Haftung den Nachmännern gegenüber (im Gegensatz zum Aussteller nicht nur für die Annahme, sondern auch für die Zahlung) ganz oder teilweise ausschließen. Die Bonität des Wechsels wird durch die sog. Angstklausel jedoch erheblich herabgesetzt. Art. 15,1

283

(4) Das Nachindossament. Ein Indossament nach Verfall hat dieselben Wirkungen wie ein Indossament vor Verfall. Ist jedoch der Wechsel erst nach Erhebung des Protestes mangels Zahlung oder nach Ablauf der hierfür bestimmten Frist indossiert worden, so hat das Indossament nur die Wirkung einer gewöhnlichen Abtretung.

2.4.6 Geltendmachung wechselrechtlicher Ansprüche

a) Einlösung des Wechsels

Der Inhaber eines Wechsels hat den Wechsel am **Zahlungstag** oder an einem der beiden folgenden Werktage zur Zahlung vorzulegen. Der Zahlungstag bezeichnet den Tag, an dem die Zahlung des Wechsels verlangt werden kann, und fällt regelmäßig mit dem Verfalltag zusammen. Verfällt der Wechsel jedoch an einem gesetzlichen Feiertag oder *einem Sonnabend*, so ist der Bezogene erst am nächsten Werktag oder an einem der beiden folgenden Werktage zur Einlösung des Wechsels aufzufordern (Art. 72 WG in der Fassung vom 10. 8. 1965 – BGBl. I S. 753).

Mit dem **Versäumen der Vorlegungsfrist** verliert der Inhaber seine Rückgriffsansprüche gegenüber den Indossanten, dem Aussteller und allen anderen Wechselverpflichteten, mit Ausnahme des Bezogenen.

Beispiele:

(1) *Verfällt ein Wechsel an einem Donnerstag* und fällt der letzte Tag der Vorlegungsfrist auf einen Sonnabend, so verlängert sich die Vorlegungsfrist bis zum nächsten Werktag, d. h. in der Regel bis zum Montag.

(2) *Verfällt ein Wechsel an einem Freitag,* so fällt der Sonnabend zwar in den Lauf der Frist, wird aber als Werktag nicht mitgerechnet. Die Vorlegungsfrist endet daher mit dem Ablauf des zweiten Werktages, d. h. in der Regel mit dem folgenden Dienstag. Diese Auffassung ist jedoch rechtlich umstritten.

(3) *Verfällt der Wechsel an einem Sonnabend,* so kann die Zahlung erst am nächsten Werktag, d. h. regelmäßig am nächstfolgenden Montag, verlangt werden. Der Wechsel muß spätestens am zweiten Werktag nach dem auf den Zahlungstag folgenden Werktag vorgelegt worden sein, d. h. in der Regel am folgenden Mittwoch.

(4) In der Regel sind die Vorlegungsfristen eindeutig aus den im Wechselformular angegebenen Verfalldaten abzulesen (vgl. S. 263). Bei ungenauen Angaben darüber gelten folgende Auslegungsregeln: Verfällt ein Wechsel innerhalb eines festgelegten Monats, aber ohne Tagesangabe, so ist der Wechsel am letzten Tage des Monats fällig. Lautet der Wechsel auf einen oder mehrere Monate und einen halben Monat nach Sicht, so werden die ganzen Monate zuerst gezählt. Ist als Verfallzeit der Anfang, die Mitte oder das Ende eines Monats angegeben, so ist darunter der erste, der fünfzehnte oder der letzte des Monats zu verstehen. Die Ausdrücke „acht Tage" oder „fünfzehn Tage" bedeuten nicht eine oder zwei Wochen, sondern volle acht oder fünfzehn Tage, ein halber Monat meint fünfzehn Tage.

Sichtwechsel werden bei der Vorlage fällig. Sie müssen binnen eines Jahres zur Zahlung vorgelegt werden. Der Aussteller kann eine kürzere oder längere Frist bestimmen, die Indossanten können sie nur verkürzen.

WG
Art. 34, 1

Die Vorlage muß an dem im Wechsel genannten **Zahlungsort** beim Bezogenen oder bei der Domizilstelle in deren Geschäftsräumen oder, wenn sich solche nicht ermitteln lassen, in deren Wohnung erfolgen. – Die Einlieferung des Wechsels in eine Abrechnungstelle steht der Vorlegung zur Zahlung gleich.

Art. 87, 1

Art. 38, 2

Gläubiger des Wechselanspruchs ist der Eigentümer der Wechselurkunde. Zum Nachweis des Gläubigerrechts genügt der Besitz des an den Besitzer indossierten Wechsels (Legitimationsfunktion des Indossaments). Der Gläubiger kann andere Personen mit dem Einzug des Wechsels beauftragen (s. unten: Wechselinkasso).

Der Zahlende hat vor der Einlösung des Wechsels zu prüfen:

(1) die *Ordnungsmäßigkeit der Urkunde selbst sowie der Reihe der Indossamente,* nicht jedoch die Unterschrift der Indossanten,

Art. 40, 3

(2) die *Identität des Wechselinhabers* mit dem durch die Indossamente bezeichneten Gläubiger.

Wer bei Verfall zahlt, wird von seiner Verbindlichkeit befreit. Die Zahlung an einen Nichtberechtigten erfolgt nur dann mit befreiender Wirkung, wenn der Zahlende nicht arglistig oder grob fahrlässig handelt (z. B. bei einer Verletzung der Prüfungspflicht oder bei der Zahlung an einen Nichtberechtigten, der dem Zahlenden als solcher bekannt ist).

Gegen Zahlung kann der Bezogene die Aushändigung des quittierten Wechsels verlangen. Eine *Teilzahlung* darf der Inhaber nicht zurückweisen; sie ist auf Verlangen des Bezogenen auf dem Wechsel zu vermerken und dem Bezogenen zu quittieren.

Art. 39

Einwendungen gegen den Wechselanspruch stehen dem Bezogenen nur zu, wenn

(1) die Einwendungen nicht auf den unmittelbaren Beziehungen zwischen dem Bezogenen und dem Aussteller oder einem früheren Wechselinhaber beruhen,

(2) der Inhaber beim Erwerb des Wechsels *bewußt zum Nachteil des Schuldners* gehandelt hat oder

Art. 17

(3) sich die Einwendungen *aus der Wechselurkunde* selbst ergeben bzw. die Gültigkeit anderer wechselrechtlicher Erklärungen betroffen ist.

Diese Vorschrift garantiert die Umlauffähigkeit des Wechselpapiers: Der Käufer eines Wechsels muß sich allein auf die in der Urkunde enthaltenen Daten verlassen können.

b) Wechselbürgschaft und Ehreneintritt

Die **Wechselbürgschaft** (Aval) dient als zusätzliche Sicherheit für die Zahlung der Wechselsumme und stellt eine *abstrakte Verpflichtung* dar. Die Bürgschaftserklärung wird auf den Wechsel oder auf einen Anhang gesetzt und durch die

Art. 30, 1

WG   Worte „als Bürge" oder „per Aval" ausgedrückt. Sie ist von dem Wechselbürgen
Art. 31, 1 zu unterschreiben. In der Bürgschaftserklärung soll angegeben werden, für wen
– 31, 2   die Bürgschaft geleistet wird; mangels einer solchen Angabe gilt sie für den Aus-
Art. 31, 4 steller.

Art. 32, 1 Der Wechselbürge haftet – anders als bei der bürgerlich-rechtlichen Bürgschaft –
Art. 32, 3 in der gleichen Weise wie der Hauptschuldner, d. h. die Einrede der Vorausklage
          steht ihm nicht zu (selbstschuldnerische Bürgschaft). Der Wechselbürge, der den
          Wechsel einlöst, erwirbt alle Rechte aus dem Wechsel gegen den, für den er sich
          verbürgt hat, und gegen alle, die diesem wechselmäßig haften.

Art. 55, 1 Der **Ehreneintritt** – entweder Ehrenannahme oder Ehrenzahlung – erfolgt bei „notleidenden" Wech-
– 55, 3   seln zugunsten eines bestimmten Rückgriffsschuldners, um diesen vor den Folgen des Rückgriffs zu
          bewahren.

Art. 56, 1 Die *Ehrenannahme* ist in allen Fällen zulässig, in denen der Inhaber vor Verfall des Wechsels Rück-
Art. 57   griff nehmen kann (s. unten). Sie wird auf dem Wechsel meist unter der Adresse des Bezogenen durch
          die Worte „Angenommen zu Ehren des Herrn X" vermerkt und ist von dem, der zu Ehren annimmt,
Art. 58, 1 zu unterschreiben. – Der Ehrenannehmer wird durch die Annahme nicht wie der Bezogene Haupt-
          schuldner des Wechsels, sondern lediglich Rückgriffsschuldner. Er haftet den Nachmännern desjeni-
          gen, für den er eingetreten ist (Honorat), in der gleichen Weise wie dieser selbst.

Art. 59, 1 Die *Ehrenzahlung* durch eine Notadresse ist in allen Fällen zulässig, in denen der Wechselinhaber bei
          Verfall oder vor Verfall Rückgriff nehmen kann.

Art. 59, 3 Sie muß spätestens am dritten Werktag nach dem Zahlungstag des Wechsels erfolgen. Der Wechsel-
          inhaber muß, falls der Bezogene nicht zahlt, die am Zahlungsort des Wechsels wohnenden Notadres-
Art. 60, 1 saten und Ehrenannehmer spätestens an diesem Tag um Ehrenzahlung angehen; andernfalls verliert
Art. 61   er seine Rückgriffsansprüche gegen die Honoraten und deren Nachmänner. Verweigert der Notadres-
Art. 63, 1 sat oder der Ehrenannehmer die Zahlung, so muß der Wechselinhaber zur Wahrung seiner Rück-
          griffsansprüche „Protest mangels unterbliebener Ehrenzahlung" erheben. Eine ihm angebotene Eh-
          renzahlung darf der Wechselinhaber nicht zurückweisen. – Die Ehrenzahlung muß den vollen Betrag
          umfassen, den der Honorat zahlen müßte. Durch die Ehrenzahlung wird der Ehrenzahler Wechsel-
          gläubiger.

c) Nichteinlösung und Rückgriff

Wird der Wechsel vom Bezogenen nicht eingelöst oder ist mit der Einlösung des
Wechsels nicht mehr zu rechnen, so kann der Inhaber gegen seine Vormänner
(Indossanten, Aussteller, Wechselbürgen) Rückgriff nehmen.

Folgende **Arten des Rückgriffs** sind zu unterscheiden:

Art. 43,2 (1) **Rückgriff mangels Annahme**
          für den Fall, daß die Annahme ganz oder zum Teil verweigert worden ist; (Ausnahme: der Wech-
          sel enthält ein Vorlageverbot). Ebenso gilt die Annahme als verweigert, wenn sie nicht unbedingt
Art. 26   ist: Sie darf keinerlei Bedingung im Rechtssinn enthalten. Unzulässig ist z. B. die Bemerkung:
          „Angenommen, falls Deckung vorhanden". Eine Bedingung verträgt sich nicht mit der Natur des
          Wechsels, der als Umlaufpapier alle Voraussetzungen der Zahlungspflicht erschöpfend enthalten
          muß. Eine bedingte Annahme der erwähnten Form läßt sich auch nicht durch Art. 26 Abs. 2 dek-
          ken, wonach der Akzeptant entsprechend dem Inhalt seiner Annahmeerklärung haftet. *Zulässig
          ist dagegen bei einem Sichtwechsel* die Bedingung: „Sofern die Vorzeigung bis zum... erfolgt".
          Dies ist mit Rücksicht auf die besondere Natur des Sichtwechsels, bei dem die Fälligkeit von dem
          ungewissen Tag der Vorlage abhängt, auch angemessen. Die Annahme gilt auch als verweigert,
          wenn das Akzept eine ausdrückliche Abweichung von den Bestimmungen des Wechsels enthält.
          Solche Abweichungen können sich bezüglich des Zahlungsortes oder der Zahlungszeit ergeben.
          Die wechselrechtliche Haftung des Akzeptanten bleibt in diesen letzteren Fällen allerdings unbe-
          rührt[1]).

---

1 Vgl. Baumbach/Hefermehl, Wechselgesetz und Scheckgesetz, S. 199 f.

286

(2) **Rückgriff mangels Sicherheit**
(er kann genommen werden, wenn über das Vermögen des Bezogenen der Konkurs oder das gerichtliche Vergleichsverfahren eröffnet worden ist, der Bezogene seine Zahlungen eingestellt hat oder die Zwangsvollstreckung in sein Vermögen fruchtlos verlaufen ist; ferner ist der Rückgriff vor Verfall möglich, wenn über das Vermögen des Ausstellers eines Wechsels, dessen Vorlegung zur Annahme untersagt ist, der Konkurs oder das gerichtliche Vergleichsverfahren eröffnet worden ist);

(3) **Rückgriff mangels Zahlung**
bei Vorlage und Nichteinlösung am Zahlungstag.

Protesturkunde

D.-R. I Nr. 356/77

Im Auftrage der
Dresdner Bank AG. Frankfurt/M

habe ich diesen hiermit verbundenen Wechsel

in dem Geschäftslokal der Deutschen
Bank Frankfurt/Main als Zahlstelle

de S Bezogenen

Ludwig Kaiser, Frankfurt/Main,
Gräfstr. 23, in dessen Abwesenheit
dem Bevollmächtigten, Herrn Krause –

unter Zahlungsaufforderung vorgelegt und, da
keine Zahlung zu erhalten war, heute gegen
d en Bezogene n nach Wechselrecht Protest
erhoben.

.·/·. Worte gestrichen.

Frankfurt am den 28. Juni 19 77

Ober-Gerichtsvollzieher

Kostenberechnung:

Wertgegenstand 2500.--	DM	
Gebühr f. d. Protestaufn.	10 DM	-- Pf.
Zusatzgebühr f. Weg	3 ,,	-- ,,
Reisekosten km	,,	,,
Fremde Sprache	,,	,,
Notadresse	,,	,,
Auslagen	,,	,,
Nachnahmekosten	,,	,,
Summe	13 DM.	--Pf.

d) Protest

Der Protest ist eine öffentliche Urkunde, durch die allen Wechselbeteiligten bewiesen wird, daß vom Bezogenen die Zahlung nicht oder nur zum Teil zu erlangen war und daß der Wechsel ferner innerhalb der gesetzlich vorgesehenen Frist zur Zahlung vorgelegt wurde. Der Protest mangels Zahlung ist – wie der Protest mangels Annahme – Voraussetzung für die Geltendmachung von Rückgriffsansprüchen durch den Inhaber.

Ist der Protest durch einen auf den Wechsel gesetzten Vermerk („*ohne Kosten*" oder „*ohne Protest*") erlassen worden (*Protesterlaßklausel*), so ist der Wechselinhaber von der Pflicht befreit, vor dem Rückgriff Protest mangels Zahlung erheben zu lassen. Die vom **Aussteller** angebrachte Protesterlaßklausel wirkt gegenüber allen Wechselverpflichteten in der Weise, daß im Falle der Nichtbeachtung alle entstandenen Kosten dem Inhaber zur Last fallen.

Wird ein entsprechender Vermerk von einem **Indossanten** angebracht, so verzichtet er damit auf die Protesterhebung; er bleibt dem Inhaber gegenüber aber zum Ersatz der Protestkosten verpflichtet, wenn dieser trotz der Protesterlaßklausel hat Protest erheben lassen.

Der Inhalt einer Protesturkunde ist aus *nebenstehender Abbildung ersichtlich.*

WG
Art. 43, 1

Art. 44, 1
–44, 2

Art. 46, 1

Art. 46, 3

Eine Protesterhebung ist auch dann nicht erforderlich, wenn über das Vermögen des Bezogenen bereits das Vergleichsverfahren oder der Konkurs eröffnet worden ist (s. oben). In diesem Falle genügt die Vorlegung eines entsprechenden gerichtlichen Beschlusses.

WG Der Protest kann nur von einem Notar oder einem Gerichtsbeamten und – bei
Art. 79, 1 Wechseln bis zu 1000 DM – von einem Postbeamten auf den Wechsel oder auf
Art. 81, 1 ein mit dem Wechsel verbundenes Blatt gesetzt werden (**Allonge**). Der Unter-
–81, 3 schrift des Protestbeamten braucht ein Siegel nur dann nicht beigefügt zu werden, wenn der Protest auf ein Blatt gesetzt ist, das mit dem Wechsel verbunden wurde, und die Verbindungsstelle mit einem Amtssiegel versehen worden ist.

Art. 44, 2 Proteste mangels Zahlung müssen an einem der beiden auf den Zahlungstag fol-
Art. 86 genden Werktage und *sollen* in der Zeit von neun Uhr vormittags bis sechs Uhr
Art. 87, 1 abends in den Geschäftsräumen oder, wenn sich solche nicht ermitteln lassen, in
Art. 84 der Wohnung des Bezogenen erhoben werden. – Die Zahlung der Wechselsumme an den Protestbeamten ist zulässig.

Hat der Bezogene sein Geschäftslokal oder seine Wohnung verschlossen, so wird ein sog. **Wandprotest** erhoben. – Stellt sich heraus, daß die im Wechsel bezeichneten Geschäfts- oder Wohnräume nicht auffindbar sind, wird der Protestbeamte einen sog. **Windprotest** erheben.

e) Benachrichtigung (Notifikation)

Art. 45, 1 Ist ein Wechsel zu Protest gegangen, so hat der Inhaber seinen unmittelbaren
Vormann und den Aussteller innerhalb von *vier* Werktagen nach der Protester-
Art. 45, 4 hebung davon zu unterrichten. Ferner muß jeder Indossant innerhalb *zweier*
Werktage seinen unmittelbaren Vormann benachrichtigen. Die Nachricht kann in jeder Form gegeben werden; die einfache Rücksendung des Wechsels genügt.

Art. 45, 6 Wer die rechtzeitige Benachrichtigung versäumt, verliert zwar nicht das Rückgriffsrecht, er haftet jedoch für den etwa durch seine Nachlässigkeit entstandenen Schaden bis zur Höhe der Wechselsumme.

f) Rückgriff (Regreß)

Art. 47, 1 Alle Personen, die einen Wechsel ausgestellt, angenommen, indossiert oder mit
–47, 2 einer Wechselbürgschaft versehen haben, haften dem jeweiligen Inhaber als *Gesamtschuldner*, d. h. der Inhaber kann jeden einzeln oder mehrere oder alle zusammen in Anspruch nehmen, ohne an die Reihenfolge gebunden zu sein.

Greift ein Rückgriffsberechtigter auf seinen unmittelbaren Vormann zurück, so spricht man von einem **Reihenregreß**, überspringt er einen oder mehrere rückgriffsverpflichtete Vormänner, so handelt es sich um einen **Sprungregreß**.

Im Wege des Rückgriffs kann der letzte Inhaber von einem Vormann verlangen:

Art. 48, 1 (1) die **Wechselsumme,** soweit der Wechsel nicht eingelöst worden ist;

(2) die **Zinsen,** und zwar 2% über dem LZB-Diskontsatz, mindestens aber 6% seit dem Verfalltag;

(3) die **Kosten** des Protests sowie die anderen Auslagen der Benachrichtigung;

(4) die **Provision** in Höhe von ⅓% der Wechselsumme.

Wer den Wechsel eingelöst hat, kann von einem seiner Vormänner verlangen:

(1) die **Summe der Rückrechnung,** die er gezahlt hat;

(2) die **Zinsen dieses Betrages,** und zwar ebenfalls 2% über dem LZB-Diskontsatz, mindestens aber 6% seit dem Tage der Einlösung der Rückrechnung;

(3) die **Auslagen;**

(4) **die Provision** in Höhe von ⅓% der Wechselsumme.

Jeder Rückgriffsschuldner braucht nur gegen Aushändigung des Wechsels und einer quittierten Berechnung der Rückgriffssumme zu zahlen.

WG

Art. 49

Art. 50, 1

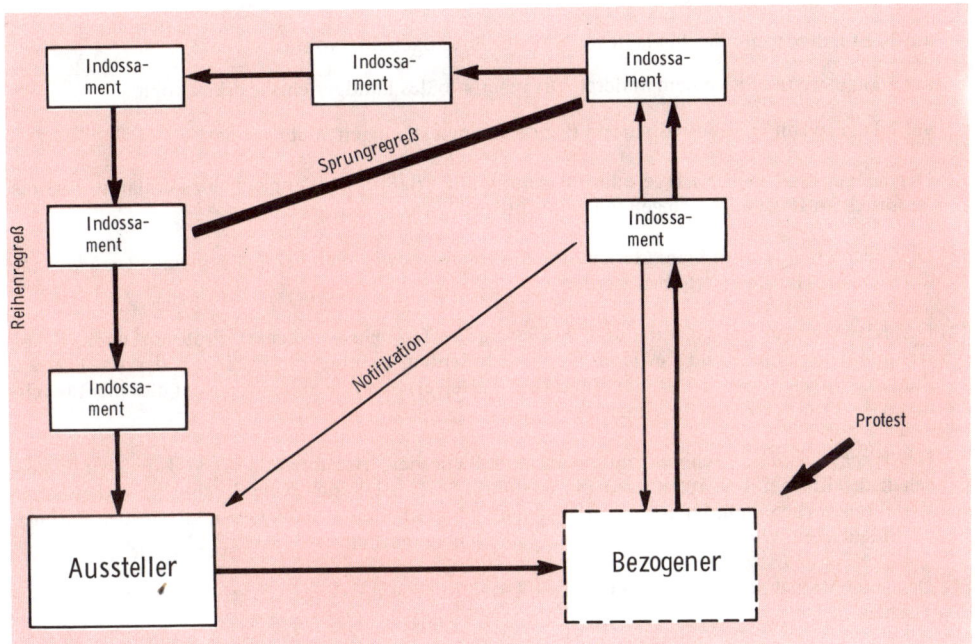

g) Wechselprolongation (Verlängerung der Laufzeit)

Die Wechselprolongation dient der *Vermeidung des Protests* und besteht darin, daß der Aussteller dem zum Zeitpunkt der Fälligkeit des Wechsels zahlungsunfähigen Bezogenen einen Zahlungsaufschub gewährt.

Protesterhebung und Rückgriff schaden dem Ansehen des Bezogenen und des Ausstellers, – und aus diesem Grunde wird der Aussteller in vielen Fällen bereit sein, dem Bezogenen über den Verfalltag hinaus in der Weise Kredit zu gewähren, daß er unter gleichzeitiger Ausstellung eines neuen Wechsels über den gleichen oder einen Teilbetrag dem Bezogenen die Wechselsumme zur Einlösung des Wechsels zur Verfügung stellt. Der Bezogene muß den neuen Wechsel akzeptieren und hat alle durch die Zahlungsverzögerung entstandenen Kosten (Diskont, Spesen, Wechselsteuer) zu tragen.

h) Wechselklage und Wechselmahnbescheid

ZPO
§ 602
§ 592 ff.

Jeder Wechselgläubiger kann seine wechselrechtlichen Ansprüche in einem besonderen Wechselverfahren geltend machen. Für den Wechselprozeß gelten die Vorschriften der Zivilprozeßordnung über den **Urkundenprozeß** entsprechend. Er dient dem Ziel, dem Wechselgläubiger möglichst schnell einen vollstreckbaren Titel gegenüber einem Wechselverpflichteten zu verschaffen und ist durch folgende Besonderheiten gekennzeichnet:

§ 604, 2

(1) die *Fristen* zwischen der Klagezustellung und dem Verhandlungstermin (Einlaßfristen) sind kurz bemessen; sie können festgesetzt werden

auf 24 Stunden, wenn der Beklagte am Sitz des Prozeßgerichts wohnt,

auf 3 Tage, wenn er an einem anderen Ort innerhalb des Landgerichtsbezirkes wohnt,

auf 7 Tage, wenn er außerhalb dieses Bezirkes seinen ständigen Wohnsitz hat.

§ 604, 1

(2) Der Kläger muß in der Klage oder im Antrag auf Erlaß des Mahnbescheides erklären, daß der Anspruch im *Wechselprozeß* geltend gemacht wird.

§ 603, 1

§ 605, 1

(3) Die Wechselklage kann beim Gericht des Zahlungsortes wie auch beim allgemeinen *Gerichtsstand* des Wechselschuldners erhoben werden.

(4) Der Klageanspruch kann nur durch *Vorlegung der Urkunden* (Wechsel, Protesturkunde, Rückrechnung) begründet und bewiesen werden; außerdem ist über die Frage, ob der Wechsel zur Zahlung vorgelegt worden ist, der Antrag auf Parteivernehmung zulässig, soweit dies nicht bereits durch die Protesturkunde bewiesen ist.

§ 599, 1
§ 599, 2

(5) Das *Wechselverfahren* schließt mit einem ohne Sicherheitsleistung vorläufig vollstreckbaren **Vorbehaltsurteil;** dem Beklagten wird die ausführliche Darstellung seiner Rechte im ordentlichen Verfahren vorbehalten. Dieses vom Beklagten zu betreibende *Nachverfahren* gibt beiden Parteien die Möglichkeit, von allen Beweismitteln Gebrauch zu machen.

§ 599, 3

(6) Das unter Vorbehalt der Rechte ergangene Urteil ist *für die Zwangsvollstreckung* als *Endurteil* anzusehen.

(7) Die Verurteilung zur Zahlung der Wechselsumme kann nur gegen *Herausgabe des Wechsels* und der weiteren Urkunden erfolgen; sie sind daher dem Gerichtsvollzieher bei dem Zwangsvollstreckungsauftrag zu übergeben.

i) Verjährung wechselrechtlicher Ansprüche

WG
Art. 70

Die wechselmäßigen Ansprüche gegen den Akzeptanten verjähren **in drei Jahren,** vom Verfalltage an gerechnet.

290

Die Ansprüche des letzten Inhabers gegen die Indossanten und den Aussteller verjähren **in einem Jahr** vom Tage des erhobenen Protests oder im Falle des Vermerks „ohne Kosten" vom Verfalltage an.

Die Ansprüche der Indossanten gegen ihre Vormänner und den Aussteller verjähren **in sechs Monaten,** vom Tage der Einlösung an gerechnet.

k) Wechselverlust

Ein abhanden gekommener oder vernichteter Wechsel kann im Wege des Aufgebotsverfahrens entsprechend den einschlägigen Bestimmungen der Zivilprozeßordnung (§§ 946 ff. und 1003 ff. ZPO) für kraftlos erklärt werden.

WG
Art. 90, 1

Verlustmeldung 3

Hiermit melden wir den Verlust der Wechsel Nr. 2524–2533 gezogen von der Firma CARL ZEISS, Oberkochen, an die Order der Deutschen Bank AG., Heidenheim (Brenz), über den Betrag von einer Million vierhundertfünftausend-vierhundertfünfundsiebzig Deutsche Mark (DM 1 405 475,–) mit dem Akzept des Schatzmeisters der Republik Chile (Tesoreria General de la Republica de Chile).

Diese Wechsel wurden am 12. 4. 1973 durch einen Bediensteten vom Erziehungsministerium in Santiago bei dem Schatzmeister abgeholt und sind seitdem in Verlust geraten. Durch diese Anzeige werden sie als ungültig erklärt.

CARL ZEISS, 7082 Oberkochen/Württ.

Bekanntmachung

1 C 23;71 – Die Firma Böhringer Reuss GmbH in 7808 Waldkirch hat das Aufgebot des Wechsels über 20 670,60 DM, auf die Antragstellerin selbst gezogen und von ihr angenommen, zahlbar gestellt bei der Deutschen Bank AG – Filiale Freiburg –, Verfalltag 2. 3. 1971, beantragt. Der Inhaber der Urkunde wird aufgefordert, spätestens in dem auf **Freitag, den 20. 8. 1971** vor dem Amtsgericht Freiburg i. Br., Holzmarkt, Zimmer 417, anberaumten Aufgebotstermin seine Rechte anzumelden und die Urkunde vorzulegen, andernfalls sie für kraftlos erklärt wirt.

Amtsgericht Freiburg i. Br.

2.4.7 Wechselinkasso der Kreditinstitute

Neben dem umfangreichen Scheckinkasso spielt der Wechsel im Einzugsverkehr der Kreditinstitute eine wesentliche Rolle. Das Wechselinkasso wickelt sich – abgesehen von einigen Besonderheiten – wie das Scheckinkasso ab. Dabei handelt es sich zum Teil um die im Portefeuille eines Kreditinstituts befindlichen **Diskontwechsel** und zum anderen um die sogenannten **Einzugswechsel,** die von den Kunden in der Regel einige Tage vor Verfall zum Inkasso eingereicht werden. – Für jedes Kreditinstitut entsteht die Notwendigkeit, die Diskontwechsel, soweit sie nicht rediskontiert wurden, zusammen mit den Inkassowechseln den als Domizilstellen fungierenden Kreditinstituten zuzuleiten, so daß sie am Verfalltag zur Einlösung vorliegen.

Die *Wechselinkassoverfahren sind mit denen des Scheckeinzugs weitgehend identisch.* Dies gilt besonders für die Weiter- bzw. Zuleitung durch die Abrechnung. Eine Einrichtung wie das vereinfachte Scheckeinzugsverfahren der Bundesbank gibt es für die Wechsel allerdings nicht. Die Bundesbank übernimmt, außer in der Abrechnung, den Einzug von Wechseln nur auf Grund eines besonderen *entgeltlichen* Auftrags. Die Wechsel müssen ferner bei einer Niederlassung der Bundesbank zahlbar gestellt sein. Beim Wechselinkasso sind die Kreditinstitute deshalb in starkem Maße auf die *Inanspruchnahme der Gironetze* angewiesen.

Das Wechselinkasso ist nur in der Weise zu rationalisieren, daß hierfür in jedem Ring *gebietsweise Zentralstellen* gebildet werden, die sämtliche Inkassowechsel ihres Einzugsgebietes an die zuständigen anderen Zentralstellen weiterleiten, die ihrerseits wiederum die Feinverteilung vornehmen. Als solche Zentralstellen fungieren z. B. die Hauptstellen der Großbanken, die Girozentralen und die Zentralkassen. Sie bilden auch gleichzeitig die Übergangsstellen zu anderen Gironetzen, wenn die Wechsel nicht im eigenen Netz bis zum Ort der Domizilbank und dort über die Abrechnung diesem Kreditinstitut zugeleitet werden können.

Eine besondere Einzugsart wird notwendig, wenn ein Wechsel *nicht bei einer Bank zahlbar* gestellt ist. In diesen Fällen wird bis zu einem Betrage von 3000 DM vorwiegend die Post beauftragt, das Wechselinkasso zu übernehmen. Der Wechsel wird mit einem Formblatt **„Postprotestauftrag"** und einer Zahlkarte zugunsten des Postgirokontos des Kreditinstitutes unter Einschreiben an das für den Bezogenen zuständige Zustellpostamt gesandt. Die Sendung ist mit der Brief- und Einschreibegebühr sowie zusätzlich mit einer Vorzeigegebühr in Höhe von 2,80 DM freizumachen. Auf die Zahlkarte ist die um die Zahlkartengebühr gekürzte Wechselsumme einzusetzen. Unterbleibt die Einlösung des Wechsels, so wird von einem Postbediensteten nach den Bestimmungen des Wechselgesetzes Protest erhoben und der Wechsel mit der Protesturkunde unter Ansatz einer Protestgebühr von 10,– DM zuzüglich der Gebühr für einen eingeschriebenen Brief an das Kreditinstitut zurückgesandt.

Als **Domizilstelle** sind die Kreditinstitute am Wechselinkasso beteiligt, wenn ein Wechsel bei ihnen zahlbar gestellt ist. Diese Wechsel gehen ihnen auf die oben beschriebene Weise von den anderen Kreditinstituten bzw. von ihren Kunden jeweils so zu, daß sie am Verfalltag zur Einlösung vorliegen.

Im Gegensatz zum Scheck muß für den Wechsel in der Regel ein *Einlösungsauftrag* des Bezogenen vorliegen. Sofern sein Konto das erforderliche Guthaben bzw. einen Kredit aufweist, wird der Wechsel unter Berechnung einer Domizilgebühr zu Lasten des Bezogenen eingelöst.

Postprotestauftrag

Protesttag		Eingangs-Nr.

Die Post wird beauftragt, den anliegenden Wechsel	zahlbar am **21. Aug. 1986**	über

DM	Pf	(DM-Betrag in Buchstaben wiederholen)	
2.500,	--	zweitausendfünfhundert————————	Deutsche Mark

zur Zahlung vorzulegen oder, wenn der Auftrag postordnungswidrig ist, den Auftrag an einen anderen Protestbeamten (Art. 79 Wechselgesetz) weiterzuleiten.

Vom Absender auszufüllen

Zahlungspflichtiger
(Vor- und Zuname, Straße und Hausnummer, Postleitzahl, Wohnort, Zustellpostamt)

Carl-Heinrich Gröning
Butjadinger Str. 355
2900 Oldenburg i. O.

Zahlstelle – nur bei **Zahlstellenwechsel** ausfüllen –
(Name, Straße und Hausnummer, Postleitzahl, Ort, Zustellpostamt)

Auftraggeber (Vor- und Zuname, Straße, Hausnummer oder Postfach, Postleitzahl, Wohnort, Zustellpostamt)

Manfred Leonhard
Schloßallee 22, 7801 Stegen

Postscheckkonto Nr. 62480-756	Postscheckamt Karlsruhe (BLZ 660100 75)

⊕ 2.82 – 6 5 4 3 2
A6, Kl. 317f

911 014 000-5
PostO Anl. 22

Wichtige Hinweise

1. Die Post kann beauftragt werden, einen Wechsel zur Zahlung vorzulegen. Wird die Zahlung verweigert, so erhebt ein Postbediensteter Protest mangels Zahlung nach den Bestimmungen des Wechselgesetzes. Protest mangels Ehrenzahlung wird nicht erhoben. Der Wechsel muß in deutscher Sprache auf deutsche Währung ausgestellt und an einem bestimmten Tag zahlbar sein. Die Wechselsumme darf 3000 DM nicht übersteigen. Demnach sind z. B. ausgeschlossen Sicht- und Nachsichtwechsel, Wechsel mit Notanschrift (Notadresse) oder Ehrenannahme, Wechsel, die in mehreren Ausfertigungen oder in einer Ur- und einer Abschrift zu protestieren sind.
2. Einem Postprotestauftrag darf nur ein quittierter Wechsel beigefügt werden.
3. Die Auftragskarte ist vordruckgemäß auszufüllen. Wird sie handschriftlich ausgefüllt, darf nur Tinte oder Kugelschreiber verwendet werden. Stimmen die Angaben der Auftragskarte und die Wechselsumme, der Zahlungstag und -ort auf dem Wechsel nicht überein, so ist der Wechsel maßgebend. Ist auf dem Wechsel eine Teilzahlung vermerkt, so darf der Postprotestauftrag nur auf den noch nicht bezahlten Rest lauten.
4. Dem Auftrag ist eine ausgefüllte Postanweisung oder eine ausgefüllte Zahlkarte in hellbrauner Farbe beizufügen, auf der der einzuziehende Betrag abzüglich der Postanweisungs- oder Zahlkartengebühr einzutragen ist. Bei Wechselsummen von mehr als 1000 DM ist die erforderliche Anzahl von Postanweisungen beizufügen; die Summe der einzutragenden Teilbeträge muß dem einzuziehenden Betrag abzüglich der Postanweisungsgebühren entsprechen.
5. Der Auftrag ist als eingeschriebener Brief mit der Aufschrift
   »Postprotestauftrag
   Postamt

   ....
   (Postleitzahl) (Name des Zustellpostamts)«

   an das Zustellpostamt zu richten. Zustellpostamt ist das Postamt, in dessen Zustellbereich der im Wechsel angegebene Zahlungsort liegt, auch wenn der Zahlungspflichtige nicht an diesem Ort wohnt, z. B. nach Ausstellung des Wechsels verzogen ist.
6. Für einen Postprotestauftrag ist die Gebühr für einen eingeschriebenen Brief und eine Vorzeigegebühr durch Postwertzeichen oder Freistempelabdruck auf dem Brief zu entrichten.
7. Mehrere Postprotestaufträge dürfen nicht zu einer Sendung vereint werden.
8. Wird der Wechsel bezahlt, so wird der Betrag mit der beigelegten Postanweisung oder Zahlkarte überwiesen.
9. Wird Protest erhoben, so wird der protestierte Wechsel einschließlich der Protesturkunde dem Auftraggeber als eingeschriebener Brief zugesandt. Die Gebühr für den eingeschriebenen Brief sowie die Protestgebühr nach der Kostenordnung werden vom Auftraggeber eingezogen.
10. Geht der Auftrag erst am letzten Tag der Protestfrist beim Zustellpostamt ein, so ist die Post zur Protesterhebung nicht verpflichtet.

Vermerk

Vorgelegt, benachrichtigt	Nicht angetroffen, benachrichtigt	Bezahlt durch

Protest erhoben, weil	Eine Protesterhebung war nicht möglich (s. § 40 Abs. 5 PostO; Wichtige Hinweise Nr. 10).

Postprotestauftrag

Ist für den vorgelegten Wechsel noch keine ausreichende Deckung vorhanden, verbleibt er zunächst bei der Domizilbank und wird am letzten Tag an das vorlegende Kreditinstitut zurückgegeben (Ausnahme: LZB). Kann ein Wechsel nicht eingelöst werden, so muß er, um dem Einreicher sein Rückgriffsrecht zu erhalten, von der dazu berechtigten Person mit einem Protest mangels Zahlung versehen werden. Die Rückgabe nicht eingelöster Wechsel ist im **Wechselrückgabeabkommen** geregelt. Danach werden die Rückwechsel spätestens am 1. Geschäftstag nach der Protesterhebung direkt an die 1. Inkassostelle zurückgegeben. Die Verrechnung erfolgt auf dem umgekehrten Inkassoweg.

Aufgaben:

I. 1. Schildern Sie die Entstehung des Wechsels, und erklären Sie das Wesen des Wechsels aus seinen Funktionen!
2. Wodurch wird der Solawechsel dem gezogenen Wechsel gegenüber gekennzeichnet, wo kommt er heute noch vor, und was ist unter einem trassiert-eigenen Wechsel (Kommanditwechsel) zu verstehen?
3. Welche Wechsel sind nach der Angabe der Verfallzeit zu unterscheiden?
4. Worin unterscheiden sich Zahlstellen- und Domizilwechsel?
5. Worin liegt die unterschiedliche Bedeutung einer Rektaklausel im Wechseltext und einem Rektaindossament?
6. Wer darf einen Wechsel unterschreiben, und welche Wirkung haben Unterschriftsfälschungen oder Unterschriften Nichtberechtigter auf die übrigen Unterschriften?
7. Was ist mit dem Begriff der Wechselstrenge gemeint?
8. Was ist unter einem Vorlageverbot und einem Vorlagegebot zu verstehen?
9. Zu welchem Zeitpunkt, in welcher Höhe und von wem sind umlaufende Wechsel zu versteuern?
10. Worin bestehen die Funktionen eines Indossaments auf einem Wechsel?
11. Welche Verwendungsmöglichkeiten hat der Inhaber eines an ihn durch Blankoindossament weitergegebenen Wechsels?
12. Worin bestehen die formellen und materiellen Unterschiede zwischen den offenen und verdeckten Inkasso- und Pfandindossamenten?
13. Wann und wo ist ein Wechsel zur Einlösung vorzulegen, und was hat der Bezogene bei der Einlösung des Wechsels zu prüfen?
14. a) Wer ist zur Erhebung des Wechselprotests ermächtigt?
   b) Wo und wann ist zu protestieren?
   c) Welche Folgen hat das Versäumen einer fristgerechten Protesterhebung?
15. a) Welche Bedeutung hat die Protesterlaßklausel?
   b) Worin besteht die Notifikationspflicht?
   c) Wie hoch sind die Rückgriffsansprüche eines Rückgriffsberechtigten?
   d) Wann verjähren die wechselrechtlichen Ansprüche?
   e) Durch welche Besonderheiten wird der Wechselprozeß gekennzeichnet?
II. Die Maschinenfabrik Deubner OHG, Daimlerstraße 74–76, 8000 München, fragt am 10. August bei der Bayerischen Staatsbank, 8000 München, an, ob sie bereit sei, den bei ihr domizilierten Wechsel, fällig am 16. August, über 27 500,– DM einzulösen. Leider sei es Deubner nicht gelungen, den vollen Wechselbetrag im Rahmen der Kreditzusage anzuschaffen, weil verschiedene Rechnungsbeträge von den Kunden Deubners wider Erwarten nicht vertragsgemäß beglichen worden seien. Deubner bittet die Bank, die Kreditzusage um 20 000,– DM zu erhöhen oder eine Kontoüberziehung in Höhe von rund 20 000,– DM zuzulassen, damit

sein Akzept eingelöst werden könne. Die Bank lehnt ab. Eine Aufstockung der Kreditzusage von 40 000,– DM auf 60 000,– DM bzw. eine Kontoüberziehung in dem vorgesehenen Ausmaß sei „auf Grund der restriktiven Maßnahmen der Deutschen Bundesbank" nicht vertretbar.

Die Bank empfiehlt Deubner daher, eine Prolongation des Akzeptes durch den Aussteller zu erwirken oder – wenn dies keinen Erfolg habe – die Kunden, die ihren vertraglichen Zahlungsverpflichtungen nicht rechtzeitig nachgekommen seien, wechselmäßig zur Zahlung zu verpflichten. Sofern es sich bei den Kunden um solvente Firmen handele, sei die Bank bereit, diese Wechsel zu den üblichen Bedingungen zu diskontieren. Entsprechende Schritte müßten aber umgehend unternommen werden, um einen Teilprotest zu vermeiden.

Beantworten Sie die Anfrage des Kunden!

III. Am 24. 9. reicht der Kunde R als Remittent der Bank K einen Wechsel über 4000,– DM, fällig am 15. 12. des gleichen Jahres, zum Diskont ein, der jedoch von dem Bezogenen B noch nicht akzeptiert wurde. Der Aussteller A hat seiner Unterschrift den Vermerk „ohne Gewähr" beigefügt. Nach Einholung einer Auskunft kauft die Bank den Wechsel an und schreibt dem Kunden R den Gegenwert nach Abzug von Diskont und Spesen „Eingang vorbehalten" gut.

Bei der Vorlage zur Annahme erklärt der Bezogene B, daß er seinerzeit zwar dem A erlaubt habe, einen Wechsel auf ihn zu ziehen, dem A jedoch zugleich zu verstehen gegeben habe, daß er sich durch seine Unterschrift nicht wechselmäßig verpflichten werde.

Bei der Vorlage zur Zahlung am 15. 12. verweigert B die Einlösung, die Bank läßt Protest mangels Zahlung erheben und belastet R mit der Rückgriffssumme.

a) Kann der Kunde R im Wege des Rückgriffs den Aussteller A aus dem Wechsel in Anspruch nehmen?

b) Wie wäre es, wenn R sein Indossament ebenfalls mit dem Vermerk „ohne Gewähr" versehen hätte?

2.5 Inkasso von Lastschriften

2.5.1 Wesen

Bei der Lastschrift handelt es sich um ein vom Gläubiger (Zahlungsempfänger) ausgefertigtes Einzugspapier, mit dem durch Vermittlung der Hausbank bei der Bankverbindung des Schuldners (Zahlungspflichtiger) fällige Forderungen unter der Voraussetzung eingezogen werden sollen, daß der Schuldner mit dieser Form des Forderungseinzugs einverstanden ist.

Die ständige Zunahme des Lastschriftverkehrs in den vergangenen Jahren veranschaulicht die wachsende Beliebtheit dieses relativ neuen Zahlungsinstruments bei wiederkehrenden Zahlungen sowohl beim Zahlungsempfänger als auch beim Zahlungspflichtigen. Die Besonderheit des Verfahrens liegt darin, daß der Zahlungsempfänger nicht nur Rechnungen ausstellt – bei der „Einzugsermächtigung" kann er meistens sogar darauf verzichten –, sondern gleichzeitig den eigentlichen Zahlungsvorgang direkt auslöst. Diese Technik der Rechnungsregulierung bietet beiden Seiten, dem Gläubiger und dem Schuldner, vielfache Möglichkeiten zur Rationalisierung und damit zu Kosteneinsparungen, vor allem dann, wenn mit elektronischen Datenverarbeitungsanlagen gearbeitet wird.

Die Vorteile des Lastschriftverfahrens für den *Gläubiger* bestehen vor allem darin, daß er den Zeitpunkt der Zahlung bestimmt und somit weiß, wann er über die entsprechenden Gegenwerte verfügen kann, und daß ihm durch ein vereinfachtes Buchungsverfahren spürbare Kosteneinsparungen möglich sind.

Der *Schuldner* andererseits ist der Mühe enthoben, seine Zahlungstermine zu überwachen, Überweisungen oder Schecks ausstellen oder den Betrag dem Gläubiger auf andere Weise anschaffen zu müssen. Allerdings wird er in seinen finanziellen Dispositionen eingeschränkt, weil der Zeipunkt der Belastung seines Kontos durch den Gläubiger bestimmt wird.

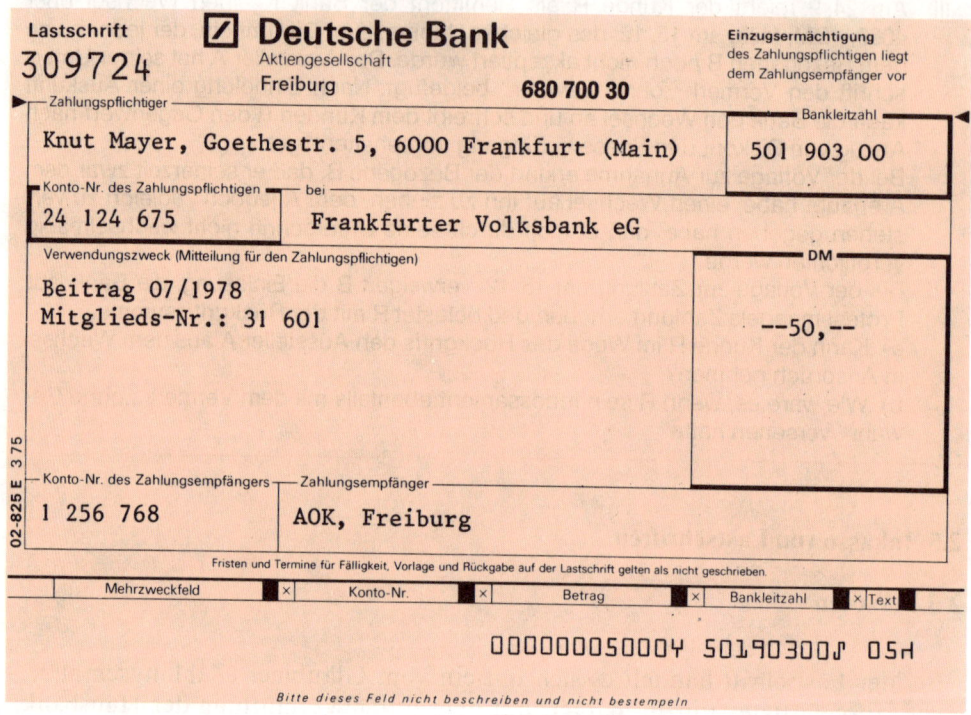

2.5.2 Organisation des Lastschriftverfahrens

Der Bedeutung der Lastschrift als Einzugspapier hat das Kreditgewerbe dadurch Rechnung getragen, daß es für den Lastschriftverkehr einheitliche Regeln einführte, damit auch dieser Teil des bargeldlosen Zahlungsverkehrs im Interesse aller Beteiligten so rationell, schnell und risikolos wie möglich abgewickelt werden kann. Diese Regeln sind im **„Abkommen über den Lastschriftverkehr"** in der zur Zeit gültigen Fassung vom 1. Juli 1982 niedergelegt, das die beteiligten Spitzenverbände des Kreditgewerbes für die ihnen angeschlossenen Institute getroffen haben. Dieses Abkommen begründet nur die Rechte und Pflichten zwischen den beteiligten Kreditinstituten und sieht zwei Formen des Lastschriftverfahrens vor, nämlich das „Einzugsermächtigungsverfahren" und das „Abbuchungsverfahren".

Beim **Einzugsermächtigungsverfahren** erteilt der Zahlungspflichtige dem Zahlungsempfänger schriftlich die Ermächtigung, Forderungen des Zahlungsempfängers gegen ihn bei Fälligkeit zu Lasten seines Kontos einzuziehen. Die Bank des Zahlungspflichtigen – Zahlstelle – erhält durch den im Vordruck enthaltenen Zusatz „*Einzugsermächtigung des Zahlungspflichtigen liegt dem Zahlungsempfänger vor*" Kenntnis von dieser Abmachung. In einer besonderen Vereinbarung mit der 1. Inkassostelle muß sich der Zahlungsempfänger verpflichten, solche Lastschriften nur dann einzureichen, wenn ihm die schriftliche Einzugsermächtigung des Zahlungspflichtigen vorliegt, und sie zurückzunehmen, falls der Zahlungspflichtige der Belastung seines Kontos widerspricht. Die Zahlstelle ist berechtigt, Lastschriften zurückzubelasten, wenn der **Widerspruch binnen sechs Wochen** erfolgt. Bei ungerechtfertigten Lastschriften ist eine Rückgabe auch noch zu einem späteren Zeitpunkt möglich.

Das Einzugsermächtigungsverfahren eignet sich insbesondere für den Einzug regelmäßig wiederkehrender, kleinerer Geldbeträge, z. B. für das Prämieninkasso von Versicherungsgesellschaften oder für den Einzug von Beiträgen von Vereinen, Krankenkassen und dergleichen. Regelmäßig einzuziehende Kleinbeträge sollten jedoch viertel- oder halbjährlich zusammengefaßt werden, so daß sich Beträge von mindestens 10,– DM ergeben.

Beim **Abbuchungsverfahren** erteilt der Zahlungspflichtige *seiner Bank* den Auftrag, die vom Zahlungsempfänger vorkommenden Lastschriften zu Lasten seines Kontos einzulösen, und benachrichtigt gleichzeitig den Zahlungsempfänger. Dieses Verfahren ist vor allem dann interessant, wenn es sich um größere Forderungen handelt, z. B. aus Warenlieferungen, die zwar wiederholt, aber nicht regelmäßig bei einem gleichbleibenden Kundenkreis eingezogen werden.

Bei Lastschriften nach dem „Einzugsermächtigungsverfahren" haftet die 1. Inkassostelle (Bank des Zahlungsempfängers) der Zahlstelle (Bank des Zahlungspflichtigen) für jeden Schaden, der ihr durch unberechtigt ausgestellte Lastschriften entsteht.

Lastschriften sind **bei Sicht zahlbar.** Fälligkeitsdaten und Wertstellungen gelten als nicht geschrieben (vgl. Vordruck). Eine Lastschrift, die vor Eintritt des auf ihr angegebenen Ausstellungstages zur Zahlung vorgelegt wird, ist am Tage der Vorlage zahlbar.

Die Zahlstelle hat dem Zahlungspflichtigen die Lastschrift nach der Belastung unverzüglich auszuhändigen. Bezahltmeldungen werden nicht erteilt. **Teilzahlungen** sind **unzulässig.**

2.5.3 Nichteinlösung von Lastschriften

Lastschriften, die nicht bezahlt werden,
(1) weil weder der Zahlstelle ein Abbuchungsauftrag vorliegt noch die Lastschrift einen Ermächtigungsvermerk trägt oder
(2) weil auf dem Konto des Zahlungspflichtigen keine Deckung vorhanden ist,

sind von der Zahlstelle mit dem Vermerk *,, Vorgelegt am ... und nicht bezahlt"* zu versehen und spätestens an dem auf den Tag des Eingangs folgenden Geschäftstag zurückzureichen.

Bei Lastschriftbeträgen von 2000 DM und darüber hat die Zahlstelle die erste Inkassostelle unmittelbar an dem auf dem auf den Eingangstag folgenden Geschäftstag bis spätestens 14.30 Uhr mittels Telex, Telefax, Teletext, Telefon oder Telegramm von der Nichteinlösung zu benachrichtigen (**Eilnachricht**). Die Eilnachricht hat den Namen und die Kontonummer des Zahlungsempfängers, den Lastschriftbetrag sowie den Namen des Zahlungspflichtigen zu enthalten.

Lastenschriften auf Grund einer Einzugsermächtigung, die wegen Widerspruchs des Zahlungspflichtigen zurückgesandt werden, erhalten den Vermerk

,, Belastet am ....
Zurück am .... wegen Widerspruchs."

Die 1. Inkassostelle ist verpflichtet, nicht eingelöste und mit dem Vorlegungsvermerk versehene Lastschriften zurückzunehmen und wieder zu vergüten. Zurückgenommene Lastschriften dürfen nicht erneut zum Einzug gegeben werden.

Für Rücklastschriften kann die Zahlstelle als Auslagenersatz und Bearbeitungsprovision eine **Rücklastschriftgebühr** verlangen, und zwar für Rücklastschriften im Betrag von weniger als 2000 DM eine Rücklastschriftgebühr von insgesamt höchstens 5,– DM, für Rücklastschriften von 2000 DM und darüber von höchstens 10,– DM.

2.5.4 Inkasso und Verrechnung von Lastschriften

Verechnungstechnisch ähnelt die Lastschrift – trotz wesentlicher rechtlicher Unterschiede – dem Scheck. Die Voraussetzungen dafür, daß Lastschriften beim Inkasso und bei der Verrechnung grundsätzlich wie Schecks behandelt werden können, wurden durch das Lastschriftabkommen geschaffen. Insoweit gelten daher die im Abschnitt *,, Scheckinkassoverfahren"* gemachten Ausführungen im großen und ganzen auch für die Lastschriften, sofern nicht die Besonderheiten des Lastschriftverkehrs spezielle Regelungen erforderten.

Sollen Lastschriften durch die Vermittlung der Deutschen Bundesbank eingezogen werden, dürfen nur solche Lastschriftvordrucke verwendet werden, die den *,, Richtlinien für einheitliche Zahlungsverkehrsvordrucke"* vom 30. 06. 1970 entsprechen.

Im übrigen trägt die Bundesbank in ihren Bedingungen für den Einzug von Lastschriften weitestgehend den Modalitäten Rechnung, die sich aus dem Lastschriftabkommen ergeben. Das gilt insbesondere für die Rückgabe nicht bezahlter Lastschriften, und zwar sowohl für den *,, Abrechnungsverkehr"* als auch für den „*Vereinfachten Scheck- und Lastschrifteinzug*". Danach werden zum Beispiel solche **Lastschriften als (Neu-)Einreichungen** behandelt, die nach dem Tag des Eintreffens bei der Zahlstelle, jedoch innerhalb der vorgesehenen Fristen, zurückgegeben werden.

Vom Einzug ausgeschlossen sind Lastschriften, bei denen Zahlungspflichtiger und Zahlungsempfänger Kreditinstitute sind; Lastschriftrückgaben werden allerdings hiervon nicht betroffen.

Lastschriften, die die Bundesbank wegen ihrer außergewöhnlichen großen Stückzahl als *Massenlastschriften* ansieht, sind unter Beachtung der „*Besonderen Bestimmungen für Massenlastschriften*" einzureichen.

Auch im Lastschriftverkehr gewinnt im Zuge der fortschreitenden Automation im Bankbetrieb der *beleglose Zahlungsverkehr* eine immer größer werdende Bedeutung. So vereinbaren zum Beispiel in zunehmendem Maße diejenigen Zahlungsempfänger, die auf lokaler Ebene zu bestimmten Terminen Lastschriften in großen Stückzahlen zu verrechnen haben, einen *Datenträgertausch* mit den Zahlstellen, die in der Regel auch 1. Inkassostellen sind. Hierbei werden dem Zahlungspflichtigen die Rechnungen (z. B. von Versorgungsunternehmen) direkt vom Zahlungsempfänger zugestellt. Von seiner Bankverbindung (Zahlstelle) erhält der Zahlungspflichtige dann nur noch einen Kontoauszug.

In diesem Zusammenhang ist noch zu erwähnen, daß seit dem 01.04.77 auch der **Postgirodienst** dem „Abkommen über den Lastschriftverkehr" beigetreten ist. Deshalb können jetzt auch von den Postgiroämtern zugelassene Postgirokontoinhaber mit sogenannten Sammeleinziehungsaufträgen sowohl im Einzugsermächtigungsverfahren als auch im Abbuchungsverfahren Beträge nicht nur von Postgirokonten, sondern auch von Girokonten bei Kreditinstituten einziehen lassen. Diese Lastschriften werden auf einteiligen Vordrucken, die den „Richtlinien für

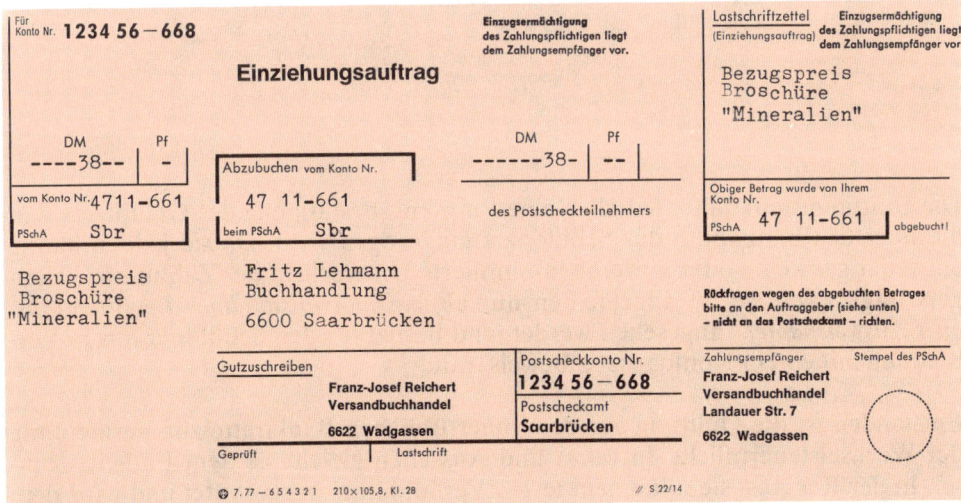

einheitliche Zahlungsverkehrsvordrucke" entsprechen, durch Vermittlung der Landeszentralbanken in die Gironetze der Kreditinstitute übergeleitet. Auf dem gleichen Weg leiten die Kreditinstitute Lastschriften in das Postgironetz.

Daneben besteht im Postgirodienst noch eine eigene Form der rückläufigen Überweisung unter Verwendung eines dreiteiligen Vordrucks **„Einziehungsauftrag"**. Mit diesen Einziehungsaufträgen können jedoch nur netzinterne Beträge von Postgirokonten abgebucht werden.

2.6 Inkasso von Quittungen

Auch bei der Quittung handelt es sich – wie bei der Lastschrift – um einen Auftrag des Gläubigers an seine Bank, zu Lasten eines Zahlungspflichtigen einen bestimmten Betrag einzuziehen. Das Einverständnis des Schuldners, die Quittung zu Lasten seines Kontos einzulösen, wird von ihm nicht durch eine Unterschrift auf dem Inkassopapier dokumentiert wie beim Scheck, sondern durch eine *generelle Ermächtigung an den Gläubiger*, innerhalb gewisser Grenzen für einen genau bestimmten Zweck über sein Konto zu verfügen.

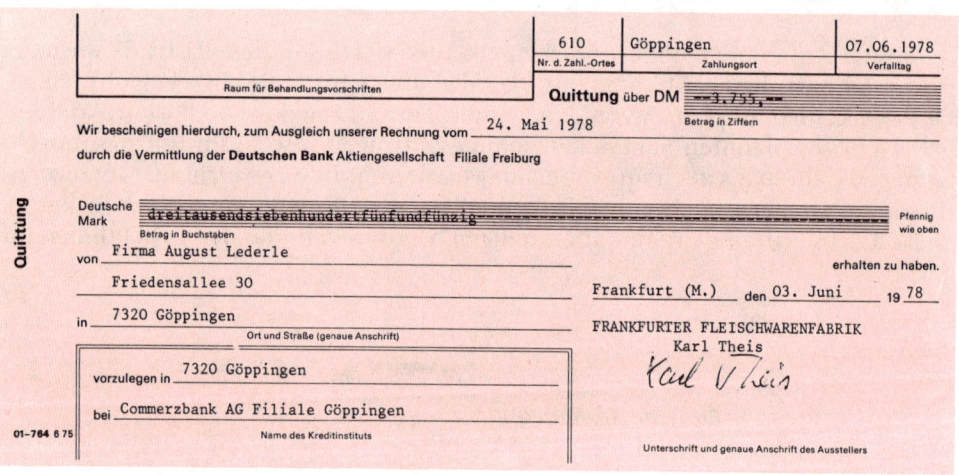

Die Quittung stellt daher lediglich eine Empfangsbestätigung des Gläubigers dar, die über das Bankkonto des Schuldners eingezogen wird. Da sie jedoch häufig entweder gar keine oder nur eine faksimilierte Unterschrift des Zahlungsempfängers trägt, kann sie im allgemeinen nur als ein *„unvollständiges Legitimations- oder Ausweispapier"* angesehen werden und besitzt für den Schuldner nur in Verbindung mit einem Kontoauszug Beweiskraft.

Entstanden ist die Quittung aus der früher üblichen Banktratte zur Vermeidung der Wechselsteuerpflicht. In Form und Aussehen gleicht sie dem Einheitswechsel. In der Regel ist sie mit einem festen Verfalldatum ausgestattet und wird dem

Einreicher meist sofort – in Ausnahmefällen erst nach erfolgtem Inkasso – „*Eingang vorbehalten*" und „*Wert Verfall*" gutgeschrieben. Mit dem Einzug einer Quittung kann daher bis zu deren Fälligkeit die Einräumung eines kurzfristigen Kontokorrentkredits verbunden sein.

Das **Inkasso durch Quittung** kündigt der Gläubiger seinem Schuldner im allgemeinen durch eine entsprechende *Rechnungsklausel* an, so daß der Kunde für Deckung am Fälligkeitstage sorgen kann. Die *Vollmacht zur Einlösung* der Quittung, die in bezug auf die Zeit, den Betrag und die Person beschränkt sein kann, übergibt der Schuldner entweder seiner Bank oder seinem Gläubiger, der sie weiterleitet. Eine solche Vollmacht ist zwar die Regel, muß bei der Quittung jedoch nicht schon bei ihrem Eintreffen vorliegen. Sie ist ein **vorlagepflichtiges Inkassopapier**; zu ihrer Einlösung muß daher wie beim Wechsel zuerst das Einverständnis des Schuldners eingeholt werden. Nur eine bereits erteilte Vollmacht befreit von dieser Vorlage. Eine dennoch verfügte Einlösungssperre für eine bestimmte Quittung muß beachtet werden.

2.7 Sonstige Inkassogeschäfte

Der Vollständigkeit halber sollen noch einige Einzugsgeschäfte erwähnt werden, die im Rahmen des gesamten Zahlungsverkehrs jedoch nur geringe Bedeutung besitzen. **Zins- und Dividendenscheine** müssen, sei es im Rahmen des Depotgeschäfts oder nach Ankauf im Tafelgeschäft, bei Fälligkeit eingelöst werden. In der Regel fungieren *bestimmte Kreditinstitute als offizielle Zahlstellen* der verpflichteten Gesellschaften. Soweit eine Bank, die nicht selbst Zahlstelle ist, im Besitz fälliger Zins- und Dividendenscheine ist, muß sie einen dem Scheck- und Wechselinkasso ähnlichen Einzug veranlassen. Die Einlösung erfolgt zu Lasten des Emissionshauses bei der als Zahlstelle dienenden Bank. Das Inkasso von Zins- und Dividendenscheinen wird jedoch wegen seiner engen Verknüpfung mit dem Effektengeschäft in der Regel diesem zugerechnet.

Beim sogenannten **Dokumenteninkasso** leitet eine vom Verkäufer einer Ware beauftragte Bank bestimmte Versanddokumente, welche die Ware verkörpern, an die Bank des Käufers weiter, die ihr dafür den Gegenwert der Lieferung zur Verfügung stellt. Auch dieses Inkasso hat Ähnlichkeit mit dem des Schecks und Wechsels, nur daß an deren Stelle die zum Inkasso gegebenen Dokumente treten. Der Zahlungsempfänger erreicht durch das Dokumenteninkasso eine *Zug-um-Zug-Leistung*, da er die Dokumente gegen Zahlung an die Bank weitergibt. Im inländischen Waren- und Zahlungsverkehr spielt das Dokumenteninkasso allerdings kaum eine Rolle, da es vom Schuldner als ein Mißtrauen des Lieferanten ihm gegenüber empfunden wird.

Weitere Instrumente des Zahlungsverkehrs sind das **Akkreditiv**, der **Kreditbrief** und der **Reisescheck**. Wie das Dokumenteninkasso haben auch sie für den inländischen Zahlungsverkehr nur geringe Bedeutung und werden daher im Abschnitt „*Auslandsgeschäft*" erklärt.

Zum Schluß sei noch das **Inkasso von Sparbüchern** erwähnt, das dann durchgeführt wird, wenn ein Kunde den Auftrag gibt, ein bei einem anderen Kreditinstitut unterhaltenes Sparkonto wegen Umzugs, Erbschaft u. ä. einzuziehen. Er übergibt hierzu das Sparbuch der Einreicherbank, die es dem kontoführenden Kreditinstitut direkt zusendet. Nach Verrechnung der Zinsen wird der Gegenwert der Einreicherbank durch Überweisung zugeleitet.

V. Bedeutung des Zahlungsverkehrs für Aufwand und Ertrag

1. Aufwendungen im Zahlungsverkehrsgeschäft

Bei der Betrachtung des durch den Zahlungsverkehr für die Kreditinstitute anfallenden Aufwands ist zunächst zwischen dem baren und bargeldersparenden Zahlungsverkehr einerseits und dem bargeldlosen Zahlungsverkehrs andererseits zu unterscheiden. Der **bare bzw. bargeldersparende Zahlungsverkehr** verursacht relativ hohe Aufwendungen, weil er einen umfangreichen Kassenverkehr mit sich bringt, der von qualifizierten Kräften durchgeführt werden muß. Daneben sind die Liquiditäts- und Risikokosten, die mit der Verwahrung, der Einnahme und Ausgabe von Zentralbankgeld verbunden sind, erheblich.

Der Aufwand im **bargeldlosen Zahlungsverkehr** belastet die Kreditinstitute auch bei einer noch so rationellen Abwicklung in starkem Maße. Grundsätzlich muß davon ausgegangen werden, daß der gesamte Zahlungsverkehr – isoliert betrachtet – als Zuschußgeschäft anzusehen ist. Eine schlüssige kosten- und erlösmäßige Würdigung des Zahlungsverkehrs kann nur im Zusammenhang mit den übrigen Sparten des Bankgeschäfts erfolgen.

Überwog früher in den Zahlungsverkehrsabteilungen der *personelle Aufwand,* so ist seit einiger Zeit im Zuge der unumgänglichen Mechanisierung und Automatisierung, insbesondere durch den Einsatz der elektronischen Datenverarbeitung, eine Verschiebung zu den *Sachkosten* festzustellen. Fachleute sind sich darüber einig, daß man – auch pro Stück – zumindest zunächst keine absolute Kostensenkung erreichen wird, wohl aber ein weiteres Anschwellen der Kostenlawine verhindern kann. – Ein besonderes Problem stellen die bei den bearbeitenden Stellen täglich unvermeidbaren *Spitzenbelastungszeiten* dar. Auf diese Kapazitätsspitzen muß die Zahl und die Zusammensetzung der Arbeitskräfte abgestellt sein, um einen reibungslosen Arbeitsablauf zu gewährleisten. Die dabei anfallenden personellen Aufwendungen in Zeiten mit geringerer Arbeitsbelastung sind zum Teil „**Leerkosten**", es sei denn, daß sie durch Arbeit auf Vorrat – z. B. Ausschreibung von Daueraufträgen, Kopieren der Inkassowechsel u. ä. – in „**Nutzkosten**" umgewandelt werden können.

Erhebliches Gewicht haben daneben die **Liquiditätskosten**, die immer dann entstehen, wenn zur Abwicklung des bargeldlosen Zahlungsverkehrs bei anderen Kreditinstituten Verrechnungsguthaben unterhalten werden müssen. Um sie möglichst niedrig zu halten, haben sich die verschiedenen Gironetze gebildet. Die darin zusammengeschlossenen Kreditinstitute führen Zahlungen ohne die Voraussetzung einer Guthabenhaltung untereinander aus, da die gegenseitige Verrechnung über Kopfstellen erfolgt, die eventuelle Debetsalden als Kontokorrentkredite ansehen. Sie verursachen dann allerdings *Liquiditätsaufwendungen* in Form des Sollzinses.

Überweisung oder Scheck?

Jedes Kreditinstitut ist bestrebt, *so wenig wie möglich Liquidität durch den bargeldlosen Zahlungsverkehr zu binden* und weitgehend Belastungen und Gutschriften im Verrechnungsverkehr der Kreditinstitute ausgeglichen zu gestalten. Ob das gelingt, hängt außer von den Dispositionen der Kundschaft auch von der Verwendung der einzelnen Instrumente des Zahlungsverkehrs ab. Besondere Bedeutung kommt hierbei der Frage zu, ob die Überweisung oder der Scheck für die Kreditinstitute kostengünstiger ist. Die **betriebsbedingten Aufwendungen** des Scheckverkehrs werden – obwohl die jeweilige betriebliche Organisation hier eine wichtige Rolle spielt – im allgemeinen etwas niedriger beziffert als beim Überweisungsverkehr, zumal der Scheck als „automationsfreundlicher" gilt. Ein entscheidender Unterschied zwischen Scheck und Überweisung besteht jedoch hinsichtlich der **Liquiditätsaufwendungen.**

Verfügt der Kunde einer Bank mittels Überweisung, so hat es das Kreditinstitut weitgehend in der Hand, einen Abfluß von Liquidität aus dem eigenen Gironetz zu verhindern. Je größer das Gironetz ist, desto eher gibt die Fakultativklausel die Möglichkeit, eigene Institute auf dem Weg vom Zahlenden bis zum Empfänger kurzzeitig mit Guthaben zu versorgen.

Wenn der Kunde über sein Guthaben per Scheck verfügt, dann tut er dies entweder, indem er seinem Gläubiger aus einem Warengeschäft einen Scheck übergibt, oder der Kunde will sich Bargeld durch eine Barabhebung verschaffen.

Im ersten Fall bestimmt der Gläubiger des Kunden, über welches Gironetz der Scheck zur bezogenen Bank gelangt. Hier besteht häufig die Möglichkeit, daß Guthaben aus dem Gironetz der bezogenen Bank abfließen. Löst der Gläubiger den Scheck jedoch zur Verrechnung bei einem Institut des gleichen Gironetzes ein, so entsteht keine andere Wirkung als bei der Überweisung.

Löst der Kunde einen Barscheck ein, so wird in jedem Fall dem Kreditinstitut Liquidität entzogen.

Auch wenn der Kunde der Bank als **Zahlungsempfänger** auftritt, ergeben sich Unterschiede, je nachdem, ob der Kunde die Zahlung per Überweisung oder per Scheck erhält.

Bei Eingang der Überweisung erfolgt unmittelbar die Gutschrift auf dem Kundenkonto. Gelangt die Überweisung aus einem fremden Gironetz zur Bank, wird die Liquidität des eigenen Gironetzes erhöht, sie bleibt unverändert, wenn die Überweisung im eigenen Gironetz aufgegeben wurde. Erhält der Kunde einen Scheck, dann kann dies ein Barscheck oder ein Verrechnungsscheck sein. Ein Verrechnungsscheck führt zu einer Erhöhung der Liquidität des Gironetzes, wenn er bei einem Institut eines fremden Gironetzes eingezogen wird. Die Liquidität bleibt jedoch unverändert, wenn die bezogene Bank dem gleichen Gironetz angehört. Löst der Kunde aber einen Barscheck ein, so entsteht in jedem Falle eine Liquiditätslücke, die durch Einlösung des Schecks nicht mehr aufgefüllt werden kann, wenn das bezogene Institut dem gleichen Gironetz angehört. Diese Lücke kann nur gestopft werden, wenn der Bezogene einem fremden Gironetz angehört. In diesem Fall wird die Bank den Scheck so schnell wie möglich zur Einlösung in das fremde Gironetz geben.

Zusammenfassend kann man folgendes sagen: **Die Liquiditätsaufwendungen des bargeldlosen Zahlungsverkehrs lassen sich bei der Überweisung besser regulieren als beim Scheck**, da die Bank den Lauf der Überweisung bestimmen und auch besser über ihre Guthaben bzw. Kredite bei den anderen Kreditinstituten und über ihr Guthaben bei der Bundesbank und im Postscheckverkehr verfügen kann.

Der Scheck hingegen verursacht durch die Abhängigkeit von den Dispositionen der Scheckinhaber in der Regel höhere Liquiditätsaufwendungen in Form kurzfristig benötigter Kredite oder dadurch, daß hohe Guthaben auf den Zahlungsverkehrskonten gehalten werden müssen, für die im Passivgeschäft Zinsaufwendungen anfallen. Die erhöhten Liquiditätsaufwendungen der Schecks werden allerdings gemindert durch die günstigen Bedingungen des vereinfachten Scheck- und Lastschrifteinzugs der Bundesbank. Abgesehen davon, daß die Kreditinstitute bei der Bundesbank ohnehin unverzinsliche Mindestreserven unterhalten müssen, stellt die beim Scheckeinzug übliche Wertstellung praktisch die Gewährung eines kurzfristigen zinslosen Kredits an das einreichende Kreditinstitut dar.

2. Erträge im Zahlungsverkehrsgeschäft

Die Auswirkungen des Zahlungsverkehrs auf den Ertrag ziffernmäßig festzustellen, ist nahezu unmöglich. Ebensowenig wie eine exakte Ermittlung der Liquiditäts- und Risikoaufwendungen erreicht werden kann, können alle dem Zahlungsverkehr zuzurechnenden Erträge ermittelt werden.

2.1 Direkte Erträge

Als direkte Erträge des Zahlungsverkehrsgeschäftes sind zunächst die **Gebühren und Provisionen** zu erwähnen. So wird z. B. grundsätzlich für die Einlösung eines Wechsels eine Domizilprovision in Rechnung gestellt oder beim Einzug von Quittungen eine Gebühr erhoben. Außerdem können spezielle Belastungen bei nicht eingelösten Inkassopapieren vorgenommen werden.

Als direkter Ertrag des Zahlungsverkehrs, der allerdings in globaler Form anfällt, ist ferner die **Umsatzprovision** anzusehen. Dies brachte das frühere „Sollzinsabkommen" deutlich zum Ausdruck. „Die Umsatzprovision stellt ein Entgelt für die mit der Kontenführung verbundenen Grundleistungen sowie die Zurverfügungstellung der Bankeinrichtungen dar." Nach § 7 der mit Wirkung vom 1. 4. 1967 aufgehobenen Zinsverordnung vom 5. Februar 1965 durfte die Umsatzprovision bei Konten, die im Zusammenhang mit einer Kreditgewährung geführt wurden, folgende Höchstsätze nicht übersteigen:

¼% des reinen Umsatzes auf derjenigen Kontoseite, die den größeren Umsatz aufwies,

oder

1% p. a. aus dem in Anspruch genommenen Kredit.

In der Praxis wurde im allgemeinen so verfahren, daß zwischen der Bank und dem Kunden eine Berechnungsart vereinbart wurde, deren Formulierung im Kreditbewilligungsschreiben z. B. folgenden Wortlaut hatte:

„⅛% Umsatzprovision vom reinen Umsatz der größeren Kontoseite, mindestens jedoch 1% p.a. vom in Anspruch genommenen Kredit."

Da die *Zinszahlen* für den in Anspruch genommenen Kredit – einschl. Überziehungen – ohnehin für jeden Abrechnungszeitraum für die Errechnung der Sollzinsen ermittelt werden müssen, gestaltet sich der Vergleich der beiden Formen der Umsatzprovisionsberechnung relativ einfach.

Statt der Berechnung der Umsatzprovision ist es heute vor allem bei kreditorisch geführten Konten üblich, sogenannte **Postentgelte** in Rechnung zu stellen. Diese hängen nicht wie die Umsatzprovision vom Umsatz ab, sondern von der Stückzahl der vorgenommenen Buchungen. Darüber hinaus ist es üblich, **Barauslagen** gesondert in Rechnung zu stellen (vgl. Berechnungsbeispiele auf S. 463).

2.2 Indirekte Erträge

Die indirekten Erträge des Zahlungsverkehrs fallen in anderen Geschäftssparten an und können auch durch eine gut ausgebaute Bankkalkulation nur ungenau der Sparte „Zahlungsverkehr" zugerechnet werden. Der Grund ist in der Erlösverbundenheit mit den übrigen Geschäftssparten zu sehen, die meist nur rein willkürliche Zurechnungen erlaubt.

Ein Teil der indirekten Erträge entfällt auf die sogenannten **Wertstellungsgewinne.** Durch die frühere Valutierung von Belastungen und die spätere Valutierung von Gutschriften werden im debitorischen Zahlungsverkehr die Zins- und Provisionserträge erhöht, weil die Kredite an die Kunden zeitweilig höher ausgewiesen werden, und im kreditorischen Zahlungsverkehr der Zins- und Provisionsaufwand gesenkt, weil die Depositen zeitweilig niedriger ausgewiesen werden, als wenn Belastung und Gutschrift gleichzeitig erfolgen.

Dem Bestreben, die Wertstellungserträge zu erhöhen, ist allerdings eine Genze durch das Verhältnis zur Kundschaft gesetzt. Die **Valutierungsdifferenz** ist durch die Bearbeitungs- und Postlaufzeit der Zahlungsverkehrsträger begründet und darf einen vertretbaren Zeitraum nicht überschreiten, um die Kundschaft nicht zu verärgern. Aus diesem Grunde wurde auch der Eilverkehr im Spargiro- und Genossenschaftsring bzw. der Direktversand in den Gironetzen der Großbanken eingeführt; außerdem besteht die Möglichkeit, Überweisungen telegrafisch oder telefonisch ausführen zu lassen, wofür aber eine spezielle Gebühr erhoben wird.

Die weiteren indirekten Zahlungsverkehrserträge sind dem **fördernden Charakter des Zahlungsverkehrs im Hinblick auf andere Geschäftszweige** zuzuschreiben. Dies läßt sich am eindrucksvollsten am Zusammenhang zwischen Zahlungsverkehr, Depositen- und Kreditgeschäft aufzeigen.

Um ihren bargeldlosen Zahlungsverkehr reibungslos abwickeln zu können, sind die Kunden gezwungen, entweder einen *Mindestbestand an Sichteinlagen* mit niedriger Verzinsung zu unterhalten oder sich einen Kontokorrentkredit einräumen zu lassen. Im letzteren Fall sind also Teile des Ertrages aus dem Kreditgeschäft durch den Zahlungsverkehr bedingt. Andererseits kann ein Teil des Bestandes an Sichteinlagen, der sogenannte „Bodensatz", der etwa 60 bis 70% des normalen Sichteinlagenbestandes ausmacht, im Aktivgeschäft eingesetzt werden. *Der niedrigere Geldbeschaffungsaufwand für täglich fällige Einlagen einerseits und ein Teil der Erlöse aus dem Kreditgeschäft andererseits sind daher als Ertrag des Zahlungsverkehrs anzusehen.* Eine Kreditgewährung auf der Grundlage der Depositen ist um so eher möglich, je mehr Zahlungsvorgänge durch interne Umbuchungen innerhalb eines Instituts oder eines Gironetzes ausführbar sind. Die Wahrscheinlichkeit der inneren Verrechnung steigt mit der Größe eines Instituts oder Gironetzes. Sobald andere oder einem anderen Kreis angehörende Kreditinstitute in einen Zahlungsvorgang eingeschaltet werden müssen, verschlechtern sich die Liquidität, die Kreditschöpfungsfähigkeit und damit die Möglichkeit zur Erzielung eines Gewinns, weil entweder Zentralbankgeld oder Buchgeld anderer Kreditinstitute zur Verfügung gestellt werden muß.

Allgemein wird in der Bankpraxis davon ausgegangen, daß die Zahlungsverkehrsgeschäfte rentabilitätsmindernd wirken, weil hohe Betriebsaufwendungen verhältnismäßig geringen Erträgen gegenüberstehen. Dies stimmt, wenn den Aufwendungen nur die direkt dem Zahlungsverkehr zuzuschreibenden Erträge gegenübergestellt werden. Sobald jedoch auch die indirekten Erträge in die Betrachtung mit einbezogen werden, dürften letztlich die Erträge des Zahlungsverkehrs über den Aufwendungen liegen, obwohl ein derartiger Nachweis exakt nicht geführt werden kann.

Aufgaben:

1. Wodurch unterscheiden sich Quittungen, Banktratten und Lastschriften voneinander, und wozu dienen sie?
2. Schildern Sie die Abwicklung des Inkassos von Quittungen und Lastschriften!

3. Warum wird die Ausdehnung des Lastenschriftverfahrens zu Lasten des Quittungs-
verfahrens von den Kreditinstituten unterstützt und gefördert?

4. Wie werden nicht eingelöste Lastschriften behandelt?

5. Welche Aufwendungen entstehen für die Kreditinstitute im Zahlungsverkersge-
schäft, und durch welche Erträge sind sie auszugleichen?

6. Welche Art der Regulierung von Rechnungen werden die Kreditinstitute ihren Kunden regelmäßig empfehlen und warum?

7. Was ist im Zusammenhang mit dem Einlagengeschäft unter einem „Bodensatz" zu
verstehen, und worin liegt seine Bedeutung für das Kreditinstitut?

8. Wie entstehen Wertstellungserträge, und inwieweit sind sie für den Kunden zumutbar?

B. Fremdfinanzierung der Kreditinstitute (Passivgeschäfte)

Wenn das Eigenkapital auch der Ausgangspunkt der bankbetrieblichen Tätigkeit ist und die Höhe der möglichen Fremdfinanzierung bestimmt, so ist das Fremdkapital heute doch die bei weitem dominierende Komponente der Mittelaufbringung.

Die Formen, in denen das *Fremdkapital* den Kreditinstituten zur Verfügung gestellt werden kann, sind der folgenden Übersicht zu entnehmen:

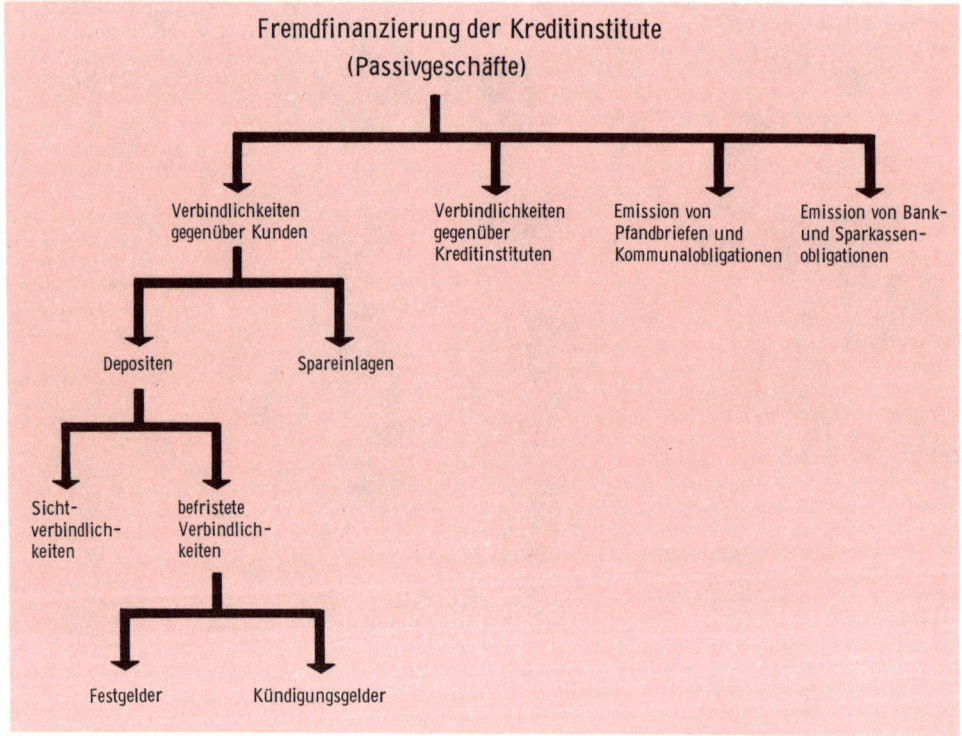

I. Depositengeschäft

1. Geschichtliche Entwicklung, Wesen und Abgrenzung

Die ursprüngliche Form des Depositengeschäfts war das *„depositum regulare"*, d.h., die Banken bzw. deren Vorgänger (Geldwechsler und Cambisten) waren

308

verpflichtet, den Hinterlegern *dieselben Münzen* zurückzugeben. Diese starre Handhabung hinderte die damaligen Institute, die ihnen anvertrauten Mittel im Kreditgeschäft und damit ertragbringend einzusetzen.

Schon frühzeitig wurde daher dieses System durch das *„depositum irregulare"* abgelöst. Die Banken brauchten nunmehr nur noch den *wertmäßig gleichen Betrag* zurückzuzahlen, nicht aber dieselben Münzen. Mit dieser Wandlung wurde die Möglichkeit geschaffen, Kredite auf der Basis von Fremdkapital zu gewähren und die hereingenommenen fremden Mittel zu verzinsen. Erst im 19. Jahrhundert allerdings machten die Banken in stärkerem Maße von dieser Möglichkeit Gebrauch.

Grundsätzlich wird zwischen zwei Arten von Depositen unterschieden, nämlich den *Sichtverbindlichkeiten*, die dem Zahlungsverkehr dienen, und den *befristeten Verbindlichkeiten*, die vorübergehend zur Erzielung eines Zinsertrages auf besonderen Konten angelegt werden.

Dem Depositengeschäft kann keine bestimmte Kontengruppe zugerechnet werden. **Sichtverbindlichkeiten sind sowohl auf Depositenkonten als auch auf Kontokorrentkonten vorhanden.** Begrifflich ist jedoch eine Trennung in Kontokorrent- und Depositenkonten notwendig.

Kontokorrentkonten können zwischen Soll und Haben schwanken. Es entspricht dem Wesen des Kontokorrentkredits, daß der Kunde sowohl Kredit beansprucht als auch zeitweilig über Guthaben verfügt. Strenggenommen müßte, je nachdem, ob sich der Kunde im „Credit" oder im „Debet" befindet, das Konto als Sichteinlagen- oder Kontokorrentkonto geführt werden. Diese Trennung läßt sich aber in der Praxis während des Geschäftsjahres nicht verwirklichen, zumal die Ausgabe von Scheckkarten oft auch die Einräumung von Kreditlinien bedingt. Lediglich bei der Aufstellung der Bilanz werden Sollsalden und Habensalden getrennt erfaßt. Wird ein Kontokorrentkredit auf einem Kreditsonderkonto belastet und der Kreditbetrag gleichzeitig auf einem Konto in laufender Rechnung gutgeschrieben, so sind die Salden auf diesen Konton zum Zwecke eines unverfälschten Bilanzausweises beim Abschluß zu kompensieren.

Depositenkonten werden im Gegensatz zu den Kontokorrentkonten grundsätzlich nur kreditorisch geführt. In der Praxis bestehen also Depositen- und zeitweilig kreditorisch geführte Kontokorrentkonten nebeneinander; eine strenge Trennung zwischen diesen beiden Kontengruppen wird in der Buchhaltung aber zumeist nicht vorgenommen.

2. Rechtliche Grundlagen

Als rechtliche Grundlagen für das Depositengeschäft der Kreditinstitute kommen die Vorschriften des Bürgerlichen Gesetzbuches über das Schuldversprechen und Schuldanerkenntnis sowie über die Übertragung von Forderungen in BGB §§ 780 ff. §§ 398 ff.

Betracht, daneben die speziellen Vorschriften des Handelsgesetzbuches über den Kontokorrentvertrag, vor allem aber die Sonderregelungen des Gesetzes über das Kreditwesen, die sich im wesentlichen auf die Liquidätshaltung und die Zinsgestaltung beziehen und daher in einem besonderen Abschnitt erläutert werden.

3. Wesen und Technik des Depositengeschäfts

3.1 Sichtverbindlichkeiten gegenüber Kunden (Sichteinlagen)

Sichtverbindlichkeiten sind Guthaben auf Scheck-, Giro- oder Kontokorrentkonten, über die der Kunde jederzeit verfügen kann und die in erster Linie der Abwicklung des Zahlungsverkehrs dienen.

Mit der Eröffnung eines Sichteinlagen-Kontos überträgt der *Kontoinhaber* einen großen Teil seiner Kassengeschäfte auf das kontoführende Institut. Privatleute und Unternehmungen erzielen dadurch eine rationale Abwicklung der z. T. umfangreichen Zahlungsverpflichtungen, des Inkassos von Schecks, Wechseln und Lastschriften sowie des Eingangs von Geldbeträgen.

Für das *Kreditinstitut* bringen die Sichteinlagen dagegen eine starke Arbeitsbelastung mit sich, weil diese Konten infolge häufiger Zu- und Abbuchungen in ständiger Bewegung sind. Die Erfahrung hat allerdings gezeigt, daß ein bestimmter Teil dieser Sichteinlagen, der sogenannte „*Bodensatz*", dem Kreditinstitut ständig zur Verfügung steht, eine Erfahrungsregel, die auf die Wirkung des *Gesetzes der großen Zahl* zurückzuführen ist. Zwar mag der eine oder andere Kunde sein gesamtes Sichtguthaben abziehen, im Normalfall werden sich jedoch in der Gesamtheit aller Sichteinlagen Einzahlungs- und Auszahlungsströme etwa ausgleichen. Das bedeutet, daß durch die *Kompensation der Einzahlungen und Auszahlungen* die Institute auch auf längere Sicht einen Teil der Sichteinlagen im Aktivgeschäft (z. B. im Wechseldiskont-, Kontokorrentkredit- und sogar zu einem geringeren Teil im langfristigen Kreditgeschäft) einsetzen können, ohne daß Liquiditätsprobleme entstehen. Selbst in konjunkturell ungünstigen Zeiten benötigen die Kunden der Institute neben einem bestimmten Bargeldbestand einen Mindestbestand an Sichteinlagen, da sie sonst den zur Durchführung ihrer Geschäfte notwendigen Zahlungsverkehr nicht abwickeln können.

3.1.1 Goldene Bankregel und Giralgeldschöpfung

Bei den Sichteinlagen wird deutlich, daß die *Goldene Bankregel, nach der Höhe und Fristigkeit der Forderungen einer Bank der Höhe und Fristigkeit ihrer Verbindlichkeiten zu entsprechen haben,* nur sehr bedingt Geltung besitzt. Sonst wäre es nicht möglich, daß Sichteinlagen, die täglich fällig sind, zur Finanzierung von Krediten dienen können.

Gerade in diesem Zusammenhang ist an die *neuere Theorie der Giralgeldschöpfung* zu denken. Sie erklärt, daß die einzelne Bank sich bei ihren Ausleihungen in erster Linie *nach ihrer Liquidität* zu richten habe und daß sie – gesamtwirtschaftlich gesehen – durch ihre Kreditgewährung neues Geld, Giralgeld, schafft. Betriebswirtschaftlich-bilanziell gesehen, kommt die Giralgeldschöpfung der Banken wie folgt zum Ausdruck:

Die **„passive Giralgeldschöpfung"** vollzieht sich in der Weise, daß *ein Kunde* bei einer Bank z. B. den Betrag von 100 DM bar einzahlt. In der Bilanz dieser Bank erscheinen die 100 DM einmal auf der Passivseite als Sichtverbindlichkeiten und zum anderen auf der Aktivseite als Kassenbestand.

Aktiva		Passiva	
	DM		DM
Liquide Mittel	100	Sichteinlagen	100

Neben das Bargeld in Form von Banknoten, die in den Besitz des betreffenden Kreditinstituts übergegangen sind, tritt also das durch die Einzahlung entstandene Giralgeld in Form eines Sichtguthabens, über das der Kunde verfügen kann und das zum Geldvolumen im Nichtbankensektor zählt.

Der Kassenbestand der Bank von 100 DM Zentralbankgeld gehört zwar nicht zu dem gesamtwirtschaftlich entscheidenden Geldvolumen im Nichtbankensektor, aber er bietet dem Institut die Möglichkeit, einen entsprechenden Kredit zu gewähren. Müßte die Bank keine sog. *Mindestreserven* unterhalten und brauchte sie nicht mit Barabzügen zu rechnen, so könnte sie den Betrag von 100 DM in voller Höhe als Kredit ausleihen. Tatsächlich muß die Bank jedoch für ihre Einlagen einen bestimmten Mindestbestand an liquiden Mitteln unterhalten. Dies ist notwendig, auch wenn keine Mindestreservepflicht besteht, da eine Bank jederzeit damit rechnen muß, daß Kunden mit Auszahlungsansprüchen in Notenbankgeld an sie herantreten werden. In der Bundesrepublik Deutschland werden von der Bundesbank jeweils bestimmte Sätze festgesetzt, nach denen sich die Höhe der „Mindestreserve" bestimmt.

Im vorliegenden Fall soll angenommen werden, daß dieser Satz 10% für Sichteinlagen betrage. Die „Überschußreserve" von 90% (90 DM) kann somit als Kredit weitergegeben werden. – Wird ein Kredit in Höhe von 90 DM gewährt, so führt dies zu einer Erhöhung des Giralgeldvolumens im Nichtbankensektor auf 190 DM.

Dieser zweite Vorgang, die Ausleihung des Geldes, wird als **„aktive Giralgeldschöpfung"** bezeichnet. Sie liegt also in den Fällen vor, in denen *eine Bank* einem Kunden einen Kredit einräumt und den Gegenwert auf seinem Konto gutschreibt. Diskontiert z. B. eine Bank einen Wechsel, kauft sie von einem Kunden Wertpapiere oder gewährt sie einem Kunden einen Kontokorrentkredit und bucht nach der englischen Methode, d.h. der Kunde wird sofort mit dem gesamten Kreditbetrag unter Gutschrift auf einem laufenden Konto belastet, so erscheint einerseits der Aktivposten „Wechsel", „Wertpapiere" oder „Debitoren" und andererseits das entsprechende Guthaben des Kunden als „Sichtverbindlichkeit". Es entsteht „Giralgeld". Auf das oben angeführte Beispiel bezogen, ergibt sich bei der Verbuchung nach der *englischen Buchungsmethode* folgendes Bilanzbild:

Aktiva			Passiva
	DM		DM
LZB-Guthaben	10,–	Sichtverbindlichkeiten Kunde A	100,–
Überschußreserve		Sichtverbindlichkeiten durch	
= frei verfügbare Kasse	90,–	Kreditgewährung	
Debitoren Kunde B	90,–	Kunde B	90,–

Bei der Verbuchung nach *deutscher Buchungsmethode* erhält die Bilanz folgendes Aussehen:

Aktiva			Passiva
	DM		DM
LZB-Guthaben	10,–	Sichtverbindlichkeiten	
Überschußreserve		Kunde A	100,–
= frei verfügbare Kasse	90,–		

Ein materieller Unterschied hinsichtlich des Geldcharakters des eingeräumten Kredits besteht bei englischer und deutscher Buchungsmethode nicht. Entscheidend für die Giralgeldschöpfung ist die *Kreditzusage* einer Bank an ihren Kunden. Deutlicher erkennbar allerdings ist das Wesen der Giralgeldschöpfung bei der Verbuchung nach der englischen Methode.

Wenn bei der Giralgeldschöpfung berücksichtigt wird, daß die *Kreditinstitute* vom Gesamtbetrag ihrer Sichtverbindlichkeiten neben den Mindestreserven *nur einen geringen Teil in Zentralbankgeld* bereithalten müssen und die *Kunden* über ihre Sichtguthaben zum größten Teil durch *unbare Zahlungen* verfügen, dann ergibt sich, volkswirtschaftlich gesehen, daß einerseits die Banken den größten Teil der ihnen in Form von Sichteinlagen zufließenden Mittel *zur Kreditgewährung verwenden können und daß sich andererseits durch die unbaren Zahlungen der Kunden* zu Lasten der Sichtguthaben der Vorgang der Giralgeldschöpfung fortsetzt.

Dieser **Prozeß der multiplen Giralgeldschöpfung** wird allerdings nicht nur durch die Pflicht zur Mindestreservehaltung, sondern auch durch Barabhebungen gehemmt, so daß z. B. eine Bareinzahlung in Höhe von 100 DM nur zu einer – je nach der Höhe der Mindestreserve und dem Anteil der baren Verfügungen – begrenzten Giralgeldschöpfung führt. Die *Gesamtsumme der möglichen Giralgeldschöpfung* kann nach folgender Formel ermittelt werden:

$$D = \frac{Z}{r + c\,(1 - r)}$$

D = Geldschöpfungsspielraum

Z = Überschußreserve (frei verfügbarer Zentralbankgeldbestand, z. B. Bareinzahlungen abzüglich darauf entfallende Mindestreserve)

r = Mindestreservesatz, als Dezimalbruch geschrieben

c = Bruchteil der neu gewährten Kredite, der vom Publikum in Zentralbankgeld abgefordert wird und nicht zu den Banken zurückgelangt.

Beispiel: $$D = \frac{100}{0,1 + 0,2\,(1-0,1)} = 357,14$$

Von den geschilderten Vorgängen bemerkt die einzelne Bank unmittelbar nur die erste Phase, nämlich die Einzahlung und die Kreditgewährung. Sie vermag nicht zu erkennen, ob die bei ihr zu verzeichnenden Einlagenzugänge auf Grund ihrer eigenen Kreditgewährung bzw. der Kreditgewährung einer anderen Geschäftsbank erfolgen und somit ein Ergebnis aktiver Giralgeldschöpfung sind oder ob die Einzahlungen aus der Auflösung eines Bargeldhortes stammen.

Die Ausführungen über die Giralgeldschöpfung lassen erkennen, daß die Anlage der den Banken zufließenden Mittel und deren Kreditpolitik nicht nur nach *einzelwirtschaftlichen,* sondern auch nach *gesamtwirtschaftlichen* Gesichtspunkten ausgerichtet sein muß.

3.2 Befristete Verbindlichkeiten gegenüber Kunden

Befristete Verbindlichkeiten – auch Termineinlagen genannt – sind im Gegensatz zu den Sichtverbindlichkeiten vorübergehend freigesetzte Geldbeträge, die im allgemeinen für mindestens einen Monat zum Zwecke der Erzielung eines höheren Zinsertrages auf sog. Termingeldkonten angelegt werden.

Die befristeten Verbindlichkeiten dienen grundsätzlich nicht dem Zahlungsverkehr und sind in bezug auf den Eintritt des Zeitpunktes der Fälligkeit entweder als Festgelder oder als Kündigungsgelder anzusehen.

(1) **Festgelder** werden an einem im voraus bestimmten Tage zur Rückzahlung fällig, von dem an sie als Sichtverbindlichkeiten mit entsprechend niedrigerer Verzinsung zu betrachten sind.

(2) **Kündigungsgelder** werden dagegen erst fällig, nachdem sie zuvor entsprechend der mit dem Kunden vereinbarten Kündigungsfrist gekündigt wurden.

Die *Staffelung der Anlagedauer* beim Festgeld entspricht den Kündigungsterminen beim Kündigungsgeld. Zur Zeit gelten folgende Festlegungs- bzw. Kündigungsfristen, die für die Verzinsung der befristeten Verbindlichkeiten maßgeblich sind:

(1) *Kündigungsgelder mit einer Kündigungsfrist von*

    a)   1 bis weniger als 3 Monaten
    b)   3 bis weniger als 6 Monaten
    c)   6 bis weniger als 12 Monaten
    d)   12 Monaten und darüber

(2) *Festgelder mit einer Laufzeit von*

    a)   30 bis 89 Tagen
    b)   90 bis 179 Tagen
    c)   180 bis 359 Tagen
    d)   360 Tagen und darüber.

Von den *Spareinlagen unterscheiden sich die befristeten Verbindlichkeiten* dadurch, daß die Kündigungs- und Festgelder im allgemeinen für einen relativ kurzen und genau begrenzten Zeitraum und in ganz bestimmten, meist runden Beiträgen festgelegt werden, während für die Spareinlagen in der Regel ihr langsames Anwachsen, vielfach über Jahre hinweg, charakteristisch ist.

In bezug auf die *Liquidität* erlauben die befristeten Verbindlichkeiten der Bank wesentlich genauere Dispositionen als Sichtverbindlichkeiten. Während nämlich die Kreditinstitute bei Sichtverbindlichkeiten täglich damit rechnen müssen, daß **Rückzahlung** gefordert wird, stehen ihnen befristete Verbindlichkeiten grundsätzlich für eine fest umrissene Zeit zur Verfügung. Allerdings gelten diese Überlegungen nicht ohne Einschränkung. Die Kreditinstitute müssen berücksichtigen, daß ein gewisser, wenn auch geringer Teil der befristeten Verbindlichkeiten vor dem vereinbarten Termin bzw. ohne Einhaltung der vertraglichen Kündigungsfrist von den Einlegern benötigt wird. Aus Gründen der Kulanz entsprechen die Kreditinstitute diesen Wünschen zumeist in der Form, daß ein Kredit bis zur Höhe der befristeten Einlage gewährt wird. Sie sind jedoch gezwungen, dies in ihren Dispositionen über die ihnen zur Verfügung stehenden Mittel zu berücksichtigen. Eine andere Möglichkeit zur vorzeitigen Rückzahlung besteht darin, daß dem Kunden bei der Abhebung **Vorschußzinsen** entsprechend der nach dem KWG vorgeschriebenen Vorschußzinsberechnung für Sparkonten belastet werden.

Unter Liquiditätsgesichtspunkten sind also bei den befristeten Verbindlickeiten Tendenzen zu beobachten, die denjenigen bei den Sichtverbindlichkeiten entgegenlaufen. Während bei den Sichtverbindlichkeiten ein gewisser Mindesbestand immer vorhanden sein wird, so daß für diesen „Bodensatz" liquiditätsmäßig keine Vorsorge getroffen zu werden braucht, ist es bei den befristeten Verbindlichkeiten möglich, daß sie, z. B. in Zeiten einer allgemeinen finanziellen Anspannung oder durch Zinsverhältnisse bedingt, nahezu restlos abgerufen werden. Daher sind bei den befristeten Verbindlichkeiten die *Liquiditätsreserven* höher zu bemessen, als dies nach den vertraglichen Vereinbarungen der Fall sein müßte. Grundsätzlich gesehen weisen die befristeten Verbindlichkeiten aber trotz der obigen Einschränkungen eine größere Stabilität auf als die Sichtverbindlichkeiten und erleichtern allein dadurch, daß sie nicht täglich fällig sind, die Dispositionen und Kreditgewährungsmöglichkeiten der Banken. Diese Eigenschaften sind auch der Hauptgrund dafür, daß die befristeten Verbindlichkeiten höher verzinst werden als die Sichtverbindlichkeiten.

Nach den Bilanzierungsrichtlinien zählen zu den „befristeten Verbindlichkeiten gegenüber Kunden" auch die **von Nichtbanken aufgenommenen Gelder und aufgenommenen langfristigen Darlehen.** Hierzu gehören insbesondere weiterzuleitende, zweckgebunden hereingenommene Mittel, sofern das durchleitende Kreditinstitut einerseits mehr als rein treuhänderische Funktionen übernimmt und andererseits den Kredit einer Nichtbank, also beispielsweise direkt einer öffentlichen Stelle ohne Zwischenschaltung eines Kreditinstituts, schuldet.

Außer den nicht in Wertpapieren verbrieften Verbindlichkeiten rechnen zu den befristeten Verbindlichkeiten aus dem Bankgeschäft heute „auch **Verbindlichkeiten aus Namensschuldverschreibungen, Sparbriefen u. ä.**"[1]. Vor dem Erlaß der neuen Bilanzierungsrichtlinien, die erstmals eine Definition für Wertpapiere enthalten, wurden nach herrschender Meinung unter der Position „Wertpapiere" alle Urkunden erfaßt, in denen ein privates Recht in der Weise verbrieft wird, daß zur Ausübung des Rechts die Innehabung der Urkunde erforderlich ist, mit Ausnahme derjenigen Papiere, die in Spezialpositionen auszuweisen sind (z. B. Schecks, Wechsel, eigene Aktien). Eine solche mehr allgemeine Definition der Wertpapiere hat keine Gültigkeit mehr, nachdem in den neuen Bilanzierungs-

---

1 Bekanntmachung Nr. 1/68 des Bundesaufsichtsamtes für das Kreditwesen betreffend Richtlinien für die Aufstellung des Jahresabschlusses der Kreditinstitute und das Muster für die Anlage zur Jahresbilanz der Kreditinstitute in der Rechtsform der eingetragenen Genossenschaft, ausgenommen Zentralkassen, vom 22. Juli 1968, Anlage 1, S. 13.

richtlinien ein vergleichsweise engerer Begriffsinhalt gewählt wurde; danach sind als Wertpapiere nur noch zu erfassen „Aktien, Kuxe, Zwischenscheine, Investmentanteile, Zins- und Gewinnanteilscheine, auf den Inhaber lautende Schuldverschreibungen oder durch Indossament übertragbare Schuldverschreibungen, soweit letztere Teile einer Gesamtemission sind, ferner andere Wertpapiere, wenn diese börsengängig sind"[1].

Verbindlichkeiten aus Namensschuldverschreibungen und Orderschuldverschreibungen, die nicht Teile einer Gesamtemission sind[2], zählen danach, wohl mit Rücksicht auf die geringere Fungibilität dieser Papiere, nicht mehr zu den Schuldverschreibungen im Umlauf. Sie sind – je nach Gläubiger – unter „Verbindlichkeiten gegenüber Kreditinstituten" oder unter *Verbindlichkeiten aus dem Bankgeschäft gegenüber anderen Gläubigern"* bzw. bei Sparkassen unter „*Verbindlichkeiten aus dem Sparkassengeschäft gegenüber Kunden"* auszuweisen. Zu diesen Wertpapieren, die aber in der Position „Verbindlichkeiten" auszuweisen sind, zählen insbesondere die meist unter der Bezeichnung „Sparbriefe" angebotenen mittelfristigen Kapitalmarktpapiere, soweit es sich dabei nicht um Inhaberpapiere handelt.

3.3 Verbindlichkeiten gegenüber Kreditinstituten

Neben den Verbindlichkeiten gegenüber Bankkunden bestehen auch sehr wichtige *Interbankbeziehungen*, die sich in der Position „*Verbindlichkeiten gegenüber Kreditinstituten"* niederschlagen. Diese Verpflichtungen können sowohl Sichtverbindlichkeiten als auch befristete Verbindlichkeiten sein. Sie werden auch als Bank-zu-Bank-Geschäfte oder Interbankverpflichtungen bezeichnet und können nach den Quellen und Entstehungsgründen in folgende Gruppen eingeteilt werden:

(1) Verbindlichkeiten, die der Abwicklung des Zahlungsverkehrs eines Partnerinstituts dienen,

(2) Geld- und Kapitalanlagegeschäfte des Gläubigerinstituts, das über liquide Mittel verfügt,

(3) Kredite und Darlehen,

(4) weiterzuleitende, zweckgebunden hereingenommene Mittel,

(5) Verbindlichkeiten aus den seitens der Kundschaft bei Dritten benutzten Krediten, Barvorschüssen und Importremboursen,

(6) Verbindlichkeiten aus Nostrowertpapiergeschäften,

(7) Verbindlichkeiten aus Pensionsgeschäften,

(8) Verbindlichkeiten aus der Diskontierung eigener Ziehungen, die den Kreditnehmern nicht abgerechnet wurden.

---

1 Bekanntmachung Nr. 1/68 des Bundesaufsichtsamtes für das Kreditwesen, Anlage 1, S. 1.
2 Vgl. Richtlinien für die Meldungen der Kreditinstitute zur „Monatlichen Bilanzstatistik", Mitteilungen Nr. 8005/68 der Deutschen Bundesbank vom 6. Dezember 1968, S. 14.

3.3.1 Sichtverbindlichkeiten

Sichtverbindlichkeiten gegenüber Kreditinstituten dienen in erster Linie der Abwicklung des Zahlungsverkehrs. So unterhalten z. B. Banken an kleineren Orten häufig ein Konto bei einer größeren Korrespondenzbank neben ihrem Konto bei der Landeszentralbank, weil Kontoguthaben bei der Zentralbank nicht verzinst werden und Kontoüberziehungen nicht möglich sind.

Von besonderer Wichtigkeit ist das Vorhandensein eines Kontos bei einer anderen Bank aber auch für die Abwicklung der Börsengeschäfte der Provinzbanken an den Börsenplätzen. – *Typisch* ist das Vorhandensein von Forderungen und Verpflichtungen der Kreditinstitute untereinander für das Verhältnis zwischen den einzelnen Kreditgenossenschaften und deren Zentralkassen bzw. den Sparkassen und ihren Girozentralen. Aber auch bei privaten Kreditbanken ist eine derartige geschäftliche Zusammenarbeit häufig zu beobachten.

3.3.2 Geld- und Kapitalanlagegeschäfte

Liquide Mittel wird ein Kreditinstitut nur dann als täglich fällige Gelder oder als befristete Verbindlichkeiten anderen Kreditinstituten überlassen, wenn keine Möglichkeit besteht, die Mittel ertragbringender im Kreditgeschäft oder Wertpapiergeschäft anzulegen, oder wenn aus Liquiditätsgründen nur sehr kurzfristig (z. B. für einen Tag als sog. „Tagesgeld") über die Mittel disponiert werden kann.

Die beiden bisher behandelten Arten von Verbindlichkeiten gegenüber Kreditinstituten sind dadurch gekennzeichnet, daß die Initiative für die Entstehung der Verbindlichkeiten vom Partnerinstitut ausgeht und das aufnehmende Institut relativ wenig Einfluß auf die Höhe der Beträge ausüben kann. Nach der früher üblichen Terminologie wurden sie als „Einlagen" bezeichnet.

Geht indessen die Entstehung der Verbindlichkeiten gegenüber Kreditinstituten auf die Initiative des bilanzierenden Instituts zurück, so handelt es sich um die sog. „aufgenommene Gelder". Bei diesen *früher* so bezeichneten Verpflichtungen besteht in der Regel für die aufnehmende Bank die Notwendigkeit, sich aus eigener Initiative fremde Mittel zu beschaffen, weil möglicherweise „Einlagen" nicht zur Verfügung stehen.

3.3.3 Kredite und Darlehen

In erster Linie bestehen die auf Initiative des bilanzierenden Instituts aufgenommenen fremden Mittel aus Krediten und Darlehen. Die *kurzfristig* aufgenommenen Gelder werden fast ausschließlich von anderen Kreditinstituten gewährt. In diesem Zusammenhang sind auch jene Kredite und Darlehen zu nennen, die eine Bank gegen Verpfändung von Aktivwerten, z. B. durch Lombardierung von Wertpapieren bei der Bundesbank, erhält.

Zur Aufnahme *langfristiger* Kredite wenden sich die Kreditinstitute dagegen auch an andere Kapitalsammelstellen, wie Lebensversicherungsgesellschaften oder Sozialversicherungsträger, ja selbst an Wirtschaftsunternehmen und potente Privatpersonen, vorwiegend aber an öffentlichen Stellen (Bund, Länder, ERP-Sondervermögen, Lastenausgleichsfonds usw.). Diese von Nichtbankbetriebswirtschaften aufgenommenen fremden Mittel sind allerdings in der Bilanzposition *„Verbindlichkeiten gegenüber anderen Gläubigern"* auszuweisen.

3.3.4 Zweckgebunden hereingenommene Mittel

Zweckgebunden hereingenommene Mittel setzen sich aus Krediten zusammen, für die die kreditaufnehmenden Institute zwar mehr als rein treuhänderische Funktionen erfüllen, für die sie jedoch häufig keine Haftung übernehmen. Zu diesen hereingenommenen zweckgebundenen Mitteln gehören z. B. solche, die den Kreditinstituten insbesondere von der öffentlichen Hand mit der Auflage zur Verfügung gestellt werden, sie unter Übernahme eines Teiles des Kreditrisikos einem bestimmten Kreis von Kreditnehmern zur Verfügung zu stellen.

Der Kreditanstalt für Wiederaufbau werden z. B. langfristige Darlehen – insbesondere aus dem ERP-Sondervermögen und vom Bund – zur Verfügung gestellt mit der Maßgabe, diese in Form von langfristigen Krediten weiterzuleiten. Sobald die Geschäftsbanken, über die diese Mittel in der Hauptsache geleitet werden, für die Kredite mehr als rein treuhänderische Funktionen erfüllen, erscheinen diese Darlehen auch bei den durchleitenden Instituten als befristete Verbindlichkeiten. Als Treuhandgeschäfte sind hingegen nur solche Kredite anzusehen, bei denen die Mittel der Bank in voller Höhe zur Verfügung gestellt werden und bei denen auch das Kreditrisiko voll vom Auftraggeber getragen wird. Auch bei nur partiellem Kreditrisiko müssen diese Mittel also in voller Höhe unter den Verbindlichkeiten gegenüber Kreditinstituten oder anderen Gläubigern ausgewiesen werden.

3.3.5 Verbindlichkeiten aus den von der Kundschaft bei Dritten benutzten Krediten

Zu den Verbindlichkeiten gegenüber Kreditinstituten sind ferner die Verbindlichkeiten aus den von der Kundschaft bei Dritten benutzten Krediten zu rechnen. Hier handelt es sich meist um Wechsel-Rembourse, seltener um Barvorschüsse im Ausland. Der *Wechsel-Rembours* stellt aus der Sicht der Bank des Importeurs einen von ihrem Kunden (dem Importeur) bei einem Dritten (der Remboursbank) benutzten Kredit dar, zu dessen Abdeckung sie selbst verpflichtet ist. Bei *Barvorschüssen* gewährt in der Regel die Auslandsbank dem Exporteur einen Barkredit im Rahmen der mit der Inlandsbank des Importeurs vereinbarten Kreditlinie. Da auch hieraus eine Verpflichtung gegenüber der Auslandsbank entsteht, sind beide Vorgänge als Aufnahme von Fremdkapital zu bezeichnen. Hierzu gehören auch gegen Kreditauftrag des Kunden übernommene Kreditobligos gegenüber anderen Kreditinstituten zugunsten der dortigen Kreditnehmer.

318

3.3.6 Verbindlichkeiten aus Nostrowertpapiergeschäften

Verbindlichkeiten aus Nostrowertpapiergeschäften entstehen immer dann, wenn eine Bank noch Effekten zu liefern hat, deren Gegenwert bereits eingegangen ist. Sofern es sich bei dem Kontrahenten um ein Kreditinstitut handelt, sind derartige Verpflichtungen den „Verbindlichkeiten gegenüber Kreditinstituten" zuzurechnen.

3.3.7 Verbindlichkeiten aus Pensionsgeschäften

Seit dem Erlaß der neuen Bilanzierungsrichtlinien gehören unter bestimmten Voraussetzungen auch die Pensionsgeschäfte zu den befristeten Verbindlichkeiten. Als Pensionsgeschäfte gelten Geschäfte, bei denen der Pensionsgeber Vermögensgegenstände, wie Wechsel, Forderungen und Wertpapiere, gegen Zahlung eines Betrages auf einen Pensionsnehmer mit der Vereinbarung überträgt, daß der Pensionsnehmer verpflichtet oder auch berechtigt ist, die Vermögensgegenstände zu einem bestimmten bzw. noch zu bestimmenden Zeitpunkt zurückzuübertragen. Während die sogenannten *unechten* Pensionsgeschäfte, bei denen der Pensionsnehmer zwar berechtigt, aber nicht verpflichtet ist, die Vermögensgegenstände zurückzugeben, auch weiterhin bilanziell wie ein Verkauf zu behandeln sind, hat der Pensionsgeber beim *echten* Pensionsgeschäft, bei dem der Pensionsnehmer verpflichtet ist, die Vermögensgegenstände zu einem bestimmten Zeitpunkt zurückzuübertragen, eine Verbindlichkeit gegenüber dem Pensionsnehmer zu passivieren.

3.3.8 Verbindlichkeiten aus der Diskontierung eigener Ziehungen

Die Verbindlichkeiten aus der Diskontierung eigener Ziehungen, die den Kreditnehmern nicht abgerechnet worden sind, gehören ebenfalls zu den aufgenommenen Geldern; und zwar entstehen sie bei der Verwendung sogenannter *Mobilisierungstratten,* welche die Bank auf ihre Kunden mit der Vereinbarung gezogen hat, daß die Bank die Wechsel nach erfolgter Akzeptleistung dem Kunden nicht abrechnet, also nicht gutschreibt, sondern sie lediglich zur eigenen Refinanzierung verwendet und bei Fälligkeit selbst einlöst. Die Zurechnung zu den Verbindlichkeiten gegenüber Kreditinstituten erfolgt in dem Moment, in dem durch die Weitergabe der eigenen Ziehungen zum Zwecke der Refinanzierung für die Bank eine Verbindlichkeit entsteht.

4. Bedeutung der Sicht- und befristeten Verbindlichkeiten für Aufwand und Ertrag

Die Zinssätze für Sicht- und befristete Verbindlichkeiten, die einen wesentlichen Aufwandsfaktor im Passivgeschäft darstellen, werden von den einzelnen Kreditinstituten nach eigenem Ermessen bzw. auf Grund von Verhandlungen mit dem Kunden festgesetzt.

Nach § 23, 1 KWG kann der *Bundeswirtschaftsminister* aber durch Rechtsverordnung Anordnungen für die Kreditinstitute über die Bedingungen erlassen, zu denen Kredite gewährt und Einlagen entgegengenommen werden dürfen. Die Zins- und Provisionssätze sind dabei so zu bemessen, daß die kreditpolitischen Maßnahmen der Bundesbank unterstützt werden und die Funktionsfähigkeit des Kreditgewerbes gewahrt bleibt. Zudem soll eine der gesamtwirtschaftlichen Entwicklung angemessene Kreditversorgung gesichert und die Spartätigkeit gefördert werden. Der Bundeswirtschaftsminister kann diese Ermächtigung auf das *Bundesaufsichtsamt für das Kreditwesen* übertragen mit der Maßgabe, daß Rechtsverordnungen des Bundesaufsichtsamtes nur im Einvernehmen mit der Deutschen Bundesbank ergehen.

Entsprechend diesen Vorschriften wurde mit der „Verordnung" des Bundesaufsichtsamtes „über die Bedingungen, zu denen Kreditinstitute Kredite gewähren und Einlagen entgegennehmen dürfen" **(Zinsverordnung vom 5. 2. 1965)**, eine bundeseinheitliche Regelung geschaffen, die am 1. März 1965 in Kraft trat. Allerdings wurde durch die Verordnung zur *Aufhebung* der Zinsverordnung und von Bestimmungen über die Kosten für Teilzahlungsfinanzierungskredite und Kleinkredite vom 21. März 1967 (BGBl. I 1967, S. 352) diese Zinsverordnung vom Bundesaufsichtsamt für das Kreditwesen mit Wirkung vom 1. April 1967 bereits wieder außer Kraft gesetzt, so daß von diesem Zeitpunkt an alle Kreditinstitute des Bundesgebiets die Bedingungen, zu denen sie Einlagen entgegennehmen, frei vereinbaren können.

Nach Aufhebung der Zinsverordnung ergingen dann von einzelnen Verbänden des Kreditgewerbes **„unverbindliche Empfehlungen"** für die im Einlagengeschäft zu vergütenden Habenzinsen, die im wesentlichen als *Orientierungshilfen* anzusehen waren.

Nach herrschender Meinung stellten diese Zinsempfehlungen des Jahres 1967 und der Folgezeit, die der Zentrale Kreditausschuß oder einzelne Verbände aussprachen, in aller Regel keinen Mißbrauch im Sinne des § 102 des Gesetzes gegen Wettbewerbsbeschränkungen dar.

Mitte 1973 allerdings trat durch den Wandel in der **Einstellung des Bundeskartellamts** eine neue Situation ein. Der Eingang einer neuen Zinsempfehlung wurde zum Anlaß genommen, um darauf hinzuweisen, daß Zinsempfehlungen nach Auffassung des Kartellamtes nach 6 Jahren der Aufhebung der staatlichen Zinsbindung für die Mitgliedinstitute keines Spitzenverbandes mehr notwendig erscheinen, da für die Informationen der Institute über die Lage am Zinsmarkt allgemein berichtende Rundschreiben der Verbände durchaus ausreichen. Da die Entwicklung des Geldmarkts, die Wettbewerbsverhältnisse, die Arbeit der Verbände und der Presse dazu beigetragen haben, die Institute über den marktgerechten Zinssatz auf allen Gebieten der Einlagen zu informieren, betrachtete das Kartellamt die Zinsempfehlungen als *mißbräuchliche Ausnutzung der Freistellungsmöglichkeit* des § 102 des Gesetzes gegen Wettbewerbsbeschränkungen. Das Bundesaufsichtsamt für das Kreditwesen und die Verbände des Kreditwesens teilten diese Auffassung nicht. Ab November 1973 verzichteten der Bundesverband deutscher Banken und der Deutschen Sparkassen- und Giroverband freiwillig auf Zinsempfehlungen, der Bundesverband der Deutschen Volksbanken und Raiffeisenbanken stellte seine Empfehlungen im Jahre 1974 ein. Die Zinssätze werden somit nunmehr vom einzelnen Institut selbständig ohne Orientierungshilfe der Verbände festgesetzt.

Die Ermittlung der durch die Sicht- und befristeten Verbindlichkeiten entstehenden *Aufwendungen* und die Herstellung eines Zusammenhangs mit den *Erträgen*, durch welche sie gedeckt werden sollen, stellen ein besonders schwieriges Problem bankbetrieblicher Kostenrechnung dar. Die Ursache hierfür liegt einerseits in der Problematik der Zurechnung bestimmter Finanzierungsmittel zu den entsprechenden Aktivposten, also bestimmter Kapitalquellen zu den betreffenden Kapitalverwendungsformen, und andererseits in der Notwendigkeit, die Aufwendungen, die durch die Hereinnahme von Depositen entstehen, aufzuspalten in einen dem Zahlungsverkehr zuzurechnenden Teil und einen dem Aktivgeschäft zuzurechnenden Teil. Für eine genaue Kalkulation im Zahlungsverkehr und in der Wertleistungssphäre ist eine solche Aufteilung erforderlich.

Grundsätzlich müssen *wert*bedingte und *betriebs*bedingte **Aufwendungen** und *wert*bedingte und *betriebs*bedingte **Erträge** unterschieden werden.

Während der reine Zinsaufwand zumindest als Durchschnittssatz ohne Schwierigkeit dem reinen Zinsertrag gegenübergestellt werden kann – die Differenz ist die Zinsspanne –, bereitet es große Schwierigkeiten, die betriebsbedingten Erträge und Aufwendungen miteinander zu vergleichen. Zu den *betriebsbedingten Erträgen* für die Abwicklung des Zahlungsverkehrs gehören die Umsatzprovision oder Postengebühr und eine etwaige Kontoführungsgebühr. Außerdem sind die sogenannten Wertstellungsgewinne zu berücksichtigen. Inwieweit sie zur Deckung der betriebsbedingten Aufwendungen, die durch die Hereinnahme von Depositen entstehen (Personalkosten der Überweisungsabteilung, Belegkosten, Abschreibungen der Buchungsautomaten usw.), ausreichen, ist eine Frage, die kaum beantwortet zu werden vermag, weil die oben erwähnte Trennung in betriebs- und wertbedingte Aufwendungen praktisch nicht durchgeführt werden kann.

Die betriebsbedingten Erträge können ohne Schwierigkeiten ermittelt werden, soweit sie aus Umsatzprovision und Kontoführungs- bzw. Postengebühren bestehen. Kompliziert wird die Rechnung vollends, sobald versucht wird, die Wertstellungsgewinne in die Rechnung einzubeziehen.

Untersuchungen verschiedener Kreditinstitute haben gezeigt, daß zwar die betriebsbedingten Erträge die betriebsbedingten Aufwendungen im Zahlungsverkehrsgeschäft nicht voll decken. Daraus kann aber nicht gefolgert werden, daß dieser Geschäftszweig unrentabel ist, solange nicht diejenigen Erträge berücksichtigt worden sind, die unmittelbar durch den kreditorischen Zahlungsverkehr durch Einsatz der aus den Sichtverbindlichkeiten ständig den Instituten zur Verfügung stehenden Mittel im Aktivgeschäft erzielt werden. Es muß vielmehr klar herausgestellt werden, daß die Finanzierung des Aktivgeschäftes zu einem Teil durch die Sichtverbindlichkeiten erfolgt, daß aber die Sichtverbindlichkeiten hauptsächlich deshalb unterhalten werden, weil die Einleger mit ihrer Hilfe den

Zahlungsverkehr abwickeln wollen. Der kreditorische Zahlungsverkehr darf also nicht isoliert werden, sondern muß in seiner Wirkung sowohl auf das Passiv- als auch auf das Aktivgeschäft betrachtet werden. Zu berücksichtigen sind die betriebsbedingten Erträge (Umsatzprovision und Postengebühren) und die wertbedingten Erträge (Erträge aus dem Aktivgeschäft einschließlich Wertstellungsgewinne). Eine Kalkulation des kreditorischen Zahlungsverkehrs auf dieser Basis wird zeigen, daß er für die Kreditinstitute grundsätzlich kein Verlustgeschäft ist.

Im Gegensatz zu den Sichtverbindlichkeiten dienen die *befristeten Verbindlichkeiten* nicht dem Zahlungsverkehr. Mit den befristeten Verbindlichkeiten sind folglich keine derartig hohen betriebsbedingten Aufwendungen wie mit den Sichtverbindlichkeiten verbunden; befristete Verbindlichkeiten erfordern jedoch einen höheren Zinsaufwand. Diesen höheren Zinsaufwendungen sollen bei den befristeten Verbindlichkeiten entsprechende Erträge im Aktivgeschäft gegenüberstehen. Die exakte Zurechnung bestimmter Aktiva zu bestimmten Passiva stellt ebenfalls ein schwieriges Kalkulationsproblem dar, die *grundsätzliche* Überlegung ist jedoch einleuchtend, daß mit Hilfe der den Instituten auf bestimmte Zeit zur Verfügung stehenden Gelder Kredite mit einer entsprechenden Laufzeit finanziert werden können. Allgemein kann ferner gesagt werden, daß bei den Verbindlichkeiten ein wesentlich höherer Teil der zur Verfügung gestellten Mittel ertragbringend angelegt werden kann als bei den Sichtverbindlichkeiten. Ob der höhere Zinsertrag allerdings dem höheren Zinsaufwand voll entspricht, läßt sich nicht exakt sagen.

Zusammenfassend ist festzustellen, daß drei Gesichtspunkte zugunsten der **Deckung der Aufwendungen durch Erträge bei den befristeten Einlagen** sprechen.

(1) Befristete Verbindlichkeiten erlauben der Bank eine **leichtere und sicherere Disposition** über liquide Mittel als Sichtverbindlichkeiten. Dies kann als eine Minderung des Ertragsausfalles angesehen werden, der der Bank für die Liquiditätshaltung entsteht.

(2) Befristete Verbindlichkeiten erfordern eine **geringere Mindestreservehaltung** als Sichtverbindlichkeiten.

(3) Durch befristete Verbindlichkeiten entstehen wesentlich **geringere betriebsbedingte Aufwendungen** als durch Sichtverbindlichkeiten, da durch die fehlenden Zahlungsverkehrsvorgänge weniger Buchungen vorkommen.

Aufgenommene Gelder, insbesondere tägliche Gelder, bedürfen in liquiditäts- und dispositionsmäßiger Hinsicht auf Grund der unterschiedlichen Zwecksetzung einer anderen Behandlung als die Sichtverbindlichkeiten gleicher Fälligkeit. Während bei letzteren selbst in Krisenzeiten von seiten der Nichtbanken ein gewisser Mindesbestand zur Durchführung des Zahlungsverkehrs gehalten werden muß, ist bei täglichem Geld damit zu rechnen, daß es – vor allem bei allgemeiner Liquiditätsanspannung – fast restlos abdisponiert wird. Salden aus dem Verrechnungsverkehr werden allerdings – ähnlich wie Sichtverbindlichkeiten gegenüber Nichtbanken – immer eine bestimmte Höhe aufweisen.

Die **Bedeutung der aufgenommenen Mittel für Aufwand und Ertrag** kann unter zwei Aspekten gesehen werden, nämlich hinsichtlich:

(1) einer Vergrößerung des Geschäftsumfanges, die mit Hilfe der aufgenommenen Mittel erreicht werden kann, und

(2) der Relation zwischen den hohen Aufwendungen für aufgenommene Mittel und den Erträgen für zurechenbare Aktivgeschäfte.

Der Umfang der Geschäfte eines Kreditinstituts läßt sich mit Hilfe aufgenommener Mittel erweitern, jedoch sollten sich die Institute hierbei Beschränkungen auferlegen. Die Grenzen einer Expansion mittels aufgenommener Mittel sind in erster Linie in den Gefahren für die Liquidität eines Kreditinstituts zu sehen, die um so größer sind, je weniger die Fristigkeit der aufgenommenen Mittel mit den Laufzeiten der zugehörigen Aktivkredite übereinstimmt und je geringer die Beschaffungsmöglichkeiten für aufgenommene Gelder infolge Ausnutzung des Kreditspielraumes für die betreffenden Kreditinstitute werden.

Die relativ hohen Aufwendungen für aufgenommene Mittel sind mit dem Gewinnstreben der Banken vereinbar, wenn ihnen entsprechende Erträge aus dem Aktivgeschäft gegenüberstehen. Am günstigsten ist es, wenn das einzelne mit Hilfe von aufgenommenen Mitteln finanzierte Geschäft durch seinen Erlös sowohl die Kosten für die Beschaffung dieser Mittel als auch sämtliche Verwaltungskosten deckt und zusätzliche Überschüsse erbringt.

Wird angenommen, daß die allgemeinen Verwaltungskosten der Bank bereits durch die übrigen Geschäfte gedeckt werden, so kann ein zusätzliches Geschäft, das mit Hilfe aufgenommener Mittel finanziert wird, bereits als lohnend angesehen werden, sofern in dem Ertrag dieses Geschäfts nur ein Überschuß über die Mittelbeschaffungskosten vorhanden ist. In diesem Fall handelt es sich um eine **Grenzkalkulation**, in der die Grenzkosten den Grenzerlösen gegenübergestellt werden, wobei als Grenzkosten die Kosten der aufgenommenen Mittel für ein zusätzliches Geschäft und als Grenzerlöse die Erlöse dieses zusätzlichen Geschäftes angesehen werden. Die Hereinnahme aufgenommener Gelder kann jedoch auch dann gerechtfertigt sein, wenn mit ihrer Hilfe kein zusätzlicher Gewinn – auch nicht im Sinne einer Grenzkalkulation – erzielt werden kann. Die Zweckmäßigkeit der Beschaffung aufgenommener Gelder kann nämlich auch darin bestehen, daß zur Überbrückung von Liquiditätsanspannungen keine Aktivwerte (etwa Effekten) verflüssigt zu werden brauchen und dadurch etwaige Zins- und Kursverluste vermieden werden.

Aufgaben:

I. 1. Worin liegt für die Kreditinstitute die Bedeutung des Einlagengeschäfts?
2. Welche Einlagearten sind nach den Bilanzformblättern zu unterscheiden?
3. Was ist unter den Begriffen der pasiven und aktiven Giralgeldschöpfung zu verstehen?
4. Inwiefern wirkt sich die Haltung von Mindestreserven im Zentralbanksystem auf die Giralgeldschöpfung aus?

5. Erklären Sie an Hand eines Beispiels den Prozeß der multiplen Giralgeldschöpfung!
6. Wie sind die Scheck- und Giroeinlagen einerseits und die Kontokorrenteinlagen andererseits gegeneinander abzugrenzen, und wie werden sie verzinst?
7. Was sind Kündigungs- und Festgelder, welchen Zwecken dienen sie und wie werden sie verzinst?
8. Welche Arten der Verbindlichkeiten gegenüber Kreditinstituten sind nach den Entstehungsgründen zu unterscheiden?
9. Wie entstehen Verbindlichkeiten aus den seitens der Kundschaft bei Dritten benutzten Krediten?
10. Nennen Sie Beispiele für hereingenommene zweckgebundene Mittel!
11. Was sind Mobilisierungsratten, und welchem Zweck dienen sie?
12. Womit könnte die Aufhebung der Zinsverordnung begründet werden, und inwiefern wirkte sich die Zinsliberalisierung auf die Höhe der Habenzinsen aus?

II. Ein Kunde unterhält seit längerer Zeit auf einem laufenden Konto ein Guthaben von ca. 38 000,– DM, das mit ½% verzinst wird. Empfehlen Sie ihm schriftlich Möglichkeiten einer höher verzinslichen Anlage!

III. Der Kunde K unterhält bei der Bank B ein Guthaben von 140 000,– DM-Mark auf einem Kündigungsgeldkonto, das einer Kündigungsfrist von einem Monat unterliegt und mit 2% verzinst wird. Dem Kunden ist diese Verzinsung zu gering. Auf eine Verlängerung der Kündigungsfrist will er sich jedoch nicht einlassen. Der Bankangestellte A überlegt, welche Rechtsfolgen sich für ihn, die Bank und den Kunden ergeben könnten, wenn er, um den Kunden nicht zu verlieren, ihm folgende Angebote mache:
a) Das Guthaben wird auf eine Sparkonto mit gesetzlicher Kündigungsfrist (vgl. S. 320) übertragen, wobei sich der Zinssatz auf 3½% erhöht. Die Kündigungsfrist von einem Monat soll weiterhin bestehenbleiben, der Kunde verpflichtet sich aber, Dritten gegenüber von dieser Regelung keine Mitteilung zu machen. Gegebenenfalls sei er zum Ersatz jeglichen Schadens und aller Nachteile, die der Bank aus dem Bekanntwerden dieser Vereinbarung erwachsen könnten, verpflichtet.
b) Das Guthaben wird auf ein Sparkonto mit einer vereinbarten Kündigungsfrist von einem Jahr übertragen (Zinssatz 4½%), die Bank erklärt sich aber bereit, vorschußzinsfreie Abhebungen zuzulassen, sofern sie der Bank mindestens einen Monat vorher angekündigt worden sind.
Beraten Sie den Angestellten A unter Hinweis auf die entsprechenden gesetzlichen Vorschriften (§ 22 Abs. 3, § 56 Abs. 1 Ziff. 6, § 56 Abs. 2, § 57 KWG)!

II. Spargeschäft

1. Geschichtliche Entwicklung und Definition

Das Spargeschäft geht auf das Bestreben zurück, Bevölkerungskreisen mit verhältnismäßig niedrigem Einkommen Gelegenheit zu geben, ihre kleinen und kleinsten Ersparnisse sicher und verzinslich anzulegen. Das Sammeln von Spareinlagen war zunächst ausschließlich den Sparkassen vorbehalten, die es lange

Zeit als einziges Passivgeschäft betrieben. Deshalb konnten im 19. Jahrhundert unter dem Begriff „Spareinlagen" alle von Sparkassen hereingenommenen Gelder zusammengefaßt werden.

Die erste Veränderung trat ein, als infolge der Ausdehnung des Sparerkreises auf den Mittelstand, der neben dem Spargeschäft auch andere Bankgeschäfte über die Sparkassen abwickeln wollte, den Sparkassen auf Grund des Scheckgesetzes vom Jahre 1908 die *passive Scheckfähigkeit* und die Berechtigung zur Durchführung des *Depositen- und Kontokorrentverkehrs* zuerkannt wurde. Von diesem Zeitpunkt an waren nicht mehr sämtliche Einlagen der Sparkassen Spareinlagen.

Eine wiederum veränderte Situation ergab sich, als im Jahre 1928 auch die Aktienbanken die Annahme von Spareinlagen in ihre Geschäftstätigkeit einbezogen. Diese Entwicklung führte allmählich zu einer *Angleichung der Geschäfte* von Sparkassen und Kreditbanken. Trotzdem haben die Sparkassen auf dem Gebiet des Spargeschäftes auch heute noch die führende Stellung inne, da sie sich entsprechend ihrer Aufgabe um die Förderung des Spargedankens besonders intensiv bemühen.

Ursprünglich war der *Begriff der Spareinlagen* gegenüber dem der Depositen nicht klar abgegrenzt. Diese Unklarheit wurde dadurch verstärkt, daß Depositen teilweise längerfristig angenommen und Kontogegenbücher für sie ausgegeben wurden. Außerdem war der Begriff „Sparkasse" noch nicht geschützt. – Diese Entwicklung führte in Verbindung mit der Ausdehnung der Geschäftstätigkeit der Sparkassen und der Aufnahme des Spargeschäfts durch fast alle Kreditinstitute dazu, daß sich der Gesetzgeber veranlaßt sah, den Begriff Spareinlagen im Kreditwesengesetz genau zu definieren und sie gegenüber anderen Verbindlichkeiten abzugrenzen.

Spareinlagen sind nach dem KWG Einlagen, die durch Ausfertigung einer Urkunde, insbesondere eines Sparbuches, als solche gekennzeichnet sind und der Ansammlung oder Anlage von Vermögen dienen.

KWG § 21,1 –21,2

2. Rechtliche Grundlagen

Das Kreditwesengesetz hat dem Sparverkehr einen eigenen Abschnitt mit zwei Paragraphen gewidmet, während das übrige Einlagengeschäft kaum eine Erwähnung findet. Dafür waren im wesentlichen drei Gründe maßgebend:

(1) Die Sparer stammen im allgemeinen aus Kreisen, die **nur geringe Kenntnisse über die Risiken und Probleme der Geld- und Kapitalanlage** besitzen. Sie bedürfen daher eines größeren gesetzlichen Schutzes als diejenigen Einleger, die einer Bank Depositen anvertrauen.

(2) Eine klare **Abgrenzung der Spareinlagen von den sonstigen Einlagen ist auch für die Kreditinstitute erforderlich,** da sowohl hinsichtlich der Disposition als auch der Erfolgswirksamkeit Unterschiede gegenüber den Depositen bestehen.

(3) Gesamtwirtschaftlich ist die Trennung der Spareinlagen von den sonstigen Einlagen wichtig, weil insbesondere aus der **Entwicklung der Spareinlagen wichtige Schlüsse auf die gesamtwirtschaftliche Situation** möglich sind.

Die Bestimmungen des KWG erklären jedoch nicht nur das Wesen und den Charakter der Spareinlagen, sondern enthalten darüber hinaus auch Vorschriften, die zum Teil sogar in die Technik der Abwicklung des Spargeschäfts hineinreichen. Wegen seiner grundsätzlichen Bedeutung sei der § 21 KWG wörtlich zitiert:

(1) Spareinlagen sind Einlagen, die durch Ausfertigung einer Urkunde, insbesondere eines Sparbuchs, als solche gekennzeichnet sind.

(2) Als Spareinlagen dürfen nur Geldbeträge angenommen werden, die der Ansammlung oder Anlage von Vermögen dienen; Geldbeträge, die zur Verwendung im Geschäftsbetrieb oder für den Zahlungsverkehr bestimmt sind, erfüllen diese Voraussetzungen nicht. Geldbeträge, die von vornherein befristet angenommen werden, gelten nicht als Spareinlage.

(3) Geldbeträge von juristischen Personen und Personenhandelsgesellschaften dürfen nur dann als Spareinlage angenommen werden, wenn die Voraussetzungen des Absatzes 2 dargetan sind. Das gilt nicht für Geldbeträge von Einrichtungen, die gemeinnützigen, mildtätigen oder kirchlichen Zwecken dienen.

(4) Urkunden über Sparkonten dürfen ohne Einlage nicht ausgegeben werden. Die Urkunde ist dem Einleger auszuhändigen; sie darf nur in Ausnahmefällen bei dem Kreditinstitut hinterlegt werden. Verfügungen über Spareinlagen dürfen nicht durch Überweisung oder Scheck und nur gegen Vorlage der Urkunde zugelassen werden. Bei voller Rückzahlung der Einlage ist die Urkunde zurückzufordern.

KWG
§ 22 a
Die Beachtung dieser Vorschriften überwacht das Bundesaufsichtsamt für das Kreditwesen. Zweifelsfragen über die Auslegung des Gesetzestextes wurden durch Mitteilungen des Bundesaufsichtsamtes an die Verbände des Kreditwesens ausgeräumt (wegen der Einzelheiten vgl. Abschnitt 3). Auf *Bausparanlagen* finden die Vorschriften des KWG jedoch keine Anwendung.

Sparbuch

Grundlage des Sparens bei Kreditinstituten ist nach den gesetzlichen Regelungen **das Sparbuch.** Es ist auf eine bestimmte Person ausgestellt, lautet „nicht an Order" und besitzt mithin den Charakter eines *Rektapapiers.* Das Eigentum am

326

Sparbuch steht dem Inhaber der Forderung gegenüber dem Kreditinstitut zu. Träger der Forderung ist nicht das Sparbuch, sondern das Konto. Eine Übertragung des Sparguthabens kann deshalb nur durch Abtretung und nicht durch die Übergabe des Sparbuches erfolgen.

Eine eingehendere Betrachtung des Wesens des Sparbuchs ergibt im übrigen, daß das Sparbuch verschiedene *Funktionen* erfüllt, die im folgenden darzustellen sind.

(1) Die Legitimationsfunktion:

Das Kreditinstitut ist berechtigt, aber nicht verpflichtet, an jeden Inhaber des Sparbuches Zahlung zu leisten. Das Sparbuch ist infolgedessen kein reines Inhaberpapier, sondern ein sogenanntes *„hinkendes Inhaberpapier"*, das auch als *qualifiziertes Legitimationspapier* bezeichnet wird.

BGB
§ 793, 1
§ 808, 1

(2) Die Informationsfunktion:

Dem Kontoinhaber gegenüber erfüllt das Sparbuch eine Informationsfunktion, d. h. es dient der ständigen Unterrichtung über Ein- und Auszahlungen und über den jeweiligen Kontostand und ist geeignet, während vieler Jahre und Jahrzehnte derartige Informationen zu speichern. Die gebundene Form und die sofortige Verbuchung der Ein- und Auszahlungen ist der Mentalität der Sparkunden angepaßt, denen vielfach nicht der Umgang mit Kontoauszügen vertraut ist.

(3) Die Werbefunktion:

Das Sparbuch ist geeignet sowohl für das einzelne Kreditinstitut als auch für den Spargedanken im allgemeinen werbend zu wirken. Das ergibt sich aus der relativ freien Gestaltungsmöglichkeit sowohl in bezug auf die äußere Aufmachung als auch auf die Textanordnung. Daneben ergibt sich eine Werbefunktion, die mehr auf psychologischen Momenten beruht: Schon die Freude am Besitz eines Sparbuches mit kleinem Guthaben kann zu einer Anregung der Spartätigkeit führen. Durch die sofortige Abbuchung von Rückzahlungen kann sich unter Umständen ein *psychologischer Effekt* derart ergeben, daß sich die Kontoinhaber zu Verfügungen über Sparbücher schwerer entschließen als zu Dispositionen über andere Konten. Entsprechendes gilt für die sofortige Gutschrift von Bareinzahlungen.

Nach der Mustersatzung sind die Sparkassen verpflichtet, von jedermann Spareinlagen ab 1,– DM entgegenzunehmen (*Kontrahierungszwang*). Sie nehmen jedoch – ebenso auch andere Kreditinstitute – im Rahmen des Kleinsparwesens (z. B. Schulsparen, Abholverfahren, Vereinssparen, Prämiensparen) auch kleinere Beträge an.

3. Wesen und Technik des Spargeschäfts

3.1 Eröffnung von Sparkonten

Für die Eröffnung von Sparkonten gelten die gleichen Grundsätze wie für die Eröffnung von Depositenkonten. Hinzu kommt, daß bei Sparkassen das Sparbuch entsprechend den Vorschriften der Mustersatzung ausgestellt werden muß. Ferner ist zu beachten, daß die Ausgabe von Sparbüchern ohne eine Einlage unzulässig ist und daß ein Kreditinstitut Beträge, die es erst im Kreditwege zur Verfügung gestellt hat, nicht auf Sparkonten erkennen darf.

KWG § 21, 4

Nach der Mitteilung 1/64 vom 3. August 1964 des Bundesaufsichtsamtes für das Kreditwesen dürfen Gehalts-, Pensions-, Renten- oder ähnliche laufende Zahlungen den Sparkonten nur insoweit gutgeschrieben werden, als sie nicht für den Lebensunterhalt benötigt werden, sondern der Ansammlung von Vermögen dienen.

Kreditinstitute, die Spareinlagen von juristischen Personen und Personenhandelsgesellschaften annehmen, haben von den Einlegern eine schriftliche Erklärung zu verlangen, in welcher der Sparcharakter jeder Einlage im einzelnen erläutert wird, Ausnahme: die in § 21 Abs. 3 Satz 2 KWG geregelten Fälle. Sofern sich allerdings aus den Umständen (z. B. aus dem Einzahlungsbeleg oder aus dem im Überweisungsträger angegebenen Verwendungszweck) ergibt, daß die Einlage dem bei der Errichtung des Sparkontos dargelegten Zwecke dient, kann auf eine weitere schriftliche Erklärung verzichtet werden.

3.2 Verfügungen über Spareinlagen

Grundsätzlich dürfen Verfügungen über Spareinlagen durch einen Überweisungsauftrag nur in Ausnahmefällen zugelassen werden, und auch nur dann, wenn das Sparbuch vorgelegt wird. **Verfügungen ohne Vorlage des Sparbuchs** erklärt das Bundesaufsichtsamt nur für zulässig, wenn

(1) **Daueraufträge** zugunsten eines anderen Sparkontos des Sparers bei demselben Kreditinstitut ausgeführt werden (z. B. zu Gunsten eines prämienbegünstigten Sparkontos),

(2) das kontoführende Kreditinstitut wegen fälliger **Forderungen gegen den Sparer** das Sparkonto belastet (z. B. Hypothekenzinsen, Tilgungsraten, Depotgebühren, Tresormieten, Ansprüche aus dem Kauf von Wertpapieren),

(3) Der Sparer aus besonderen Gründen (**z. B. wegen Krankheit**) nicht beim Kreditinstitut erscheinen kann und ihm die Einsendung des Sparbuches nicht zumutbar ist (Überweisungen sind jedoch dann nur an den Sparer selbst zulässig),

(4) Der **Verlust des Sparbuchs** angezeigt wurde; für diesen Fall sind die maßgeblichen gesetzlichen und satzungsmäßigen Vorschriften zu beachten.

Nach voller Rückzahlung der Spareinlage kann dem Sparer das Sparbuch belassen werden, wenn durch die **Entwertung des Sparbuches** (z. B. durch Lochen, Einreißen, Einschneiden) ein Mißbrauch der Urkunde ausgeschlossen worden ist.

3.3 Kündigung von Spareinlagen

Bei den Spareinlagen sind zu unterscheiden die Spareinlagen mit gesetzlicher Kündigungsfrist und die Spareinlagen mit vereinbarter Kündigungsfrist.

(1) **Spareinlagen mit gesetzlicher Kündigungsfrist** sind alle Spareinlagen, für die zwischen dem Sparer und dem Kreditinstitut keine besonderen Vereinbarungen über eine Kündigungsfrist getroffen wurden und für die deshalb die Bestimmungen des Kreditwesengesetzes gelten. Danach dürfen Rückzahlungen von Spareinlagen ohne Kündigung nur bis zum Betrag von **2000 DM** für jedes Sparbuch innerhalb von 30 Zinstagen geleistet werden. Zur Rückzahlung höherer Beträge bedarf es der Kündigung; die Kündigungsfrist beträgt grundsätzlich 3 Monate (gesetzliche Kündigungsfrist). Ausnahmen von der Einhaltung der Kündigungsfrist sind im Falle einer wirtschaftlichen Notlage der Berechtigten zulässig. KWG § 22

(2) Bei den **Spareinlagen mit vereinbarter Kündigungsfrist,** die mindestens 6 Monate betragen muß, ist die Kündigung frühestens 6 Monate nach der Einzahlung der Spareinlage möglich, so daß der erste Festlegungszeitraum mindestens ein Jahr beträgt.

Werden Spareinlagen ausnahmsweise *vorzeitig* zurückgezahlt, so ist der zurückgezahlte Betrag als **Vorschuß** zu verzinsen. Die zu berechnenden Sollzinsen müssen dabei die zu vergütenden Habenzinsen um mindestens ein Viertel übersteigen. Sollten die für das laufende Jahr zu vergütenden Habenzinsen zur Saldierung mit den Vorschußzinsen nicht ausreichen, so sind die in den Vorjahren kapitalisierten Zinsen rechnerisch mit heranzuziehen. Die effektive Sparleistung des Kunden soll jedoch nicht durch die Vorschußzinsberechnung beeinträchtigt werden. § 22, 3

Die „Zinsverordnung", die mit Wirkung vom 1. 4. 1967 aufgehoben wurde, hatte im § 17 Absatz 2 festgelegt, daß für vorzeitig zurückgezahlte Einlagen dem Einleger für die Restlaufzeit längstens für 2½ Jahre Sonderzinsen zu belasten sind. Als Restlaufzeit gilt die Kündigungsfrist bzw. Kündigungssperrfrist plus Kündigungsfrist. Nach geltender Rechtsauffassung stellt der § 17 Abs. 2 ZVO eine authentische Interpretation des § 22 Abs. 3 KWG dar, die auch nach Wegfall der ZVO als maßgebliche Auslegungsregel dienen kann.

Für die Kündigungsfristen steuer- oder prämienbegünstigter Spareinlagen sind die Bestimmungen des Sparvertrages maßgebend. – Die gesetzliche oder vereinbarte Kündigungsfrist gilt auch für die Kündigungen durch das Kreditinstitut.

Wird über Zinsen für Spareinlagen innerhalb eines Zeitraumes von zwei Monaten nach Wertstellung verfügt, so sind diese Beträge auf die monatliche Freigrenze von 2000 DM nicht anzurechnen; die Berechnung von Vorschußzinsen kann daher unterbleiben.

Außer in Fällen wirtschaftlicher Not – über die unter Abwägung aller Umstände von Fall zu Fall entschieden werden muß – kann ferner nach der Auffassung des

Bundesamtes für das Kreditwesen auf die Berechnung von Vorschußzinsen verzichtet werden, wenn

(1) die Spareinlagen vor Fälligkeit zum **Erwerb von Wertpapieren** benutzt werden; bei einer Veräußerung der Wertpapiere vor Ablauf der für die Spareinlagen maßgeblichen Kündigungsfrist sind jedoch Vorschußzinsen vom Zeitpunkt der Veräußerung an bis zum Ablauf der Kündigungsfrist zu berechnen;

(2) Spareinlagen vor Fälligkeit **auf andere Sparkonten oder Bausparkonten bei demselben Kreditinstitut übertragen** werden und wenn für diese Konten eine gleiche oder längere Kündigungsfrist vorgesehen ist;

(3) der Sparer seinen **Wohnsitz wechselt** und auf seinen Antrag hin die Spareinlage vor Fälligkeit auf ein Sparkonto desselben Sparers bei einem Kreditinstitut am neuen Wohnsitz des Sparers übertragen wird; das empfangende Kreditinstitut hat für diesen Fall dem abgebenden Kreditinstitut schriftlich zu bestätigen, daß durch die Übertragung keine Verkürzung der Kündigungsfrist eintritt;

(4) auf Grund einer letztwilligen Verfügung des Sparers oder zum Zwecke der Erbauseinandersetzung über eine zum **Nachlaß des Sparers** gehörende Spareinlage vor Fälligkeit durch Barauszahlung, Umschreibung oder Übertragung verfügt wird;

(5) prämienbegünstigte Spareinlagen *prämienunschädlich* vorzeitig zurückgezahlt werden

3.4 Freizügiger Sparverkehr

Als Ein- und Auszahlungsstellen gelten nach der Einführung des „freizügigen Sparverkehrs" beim Sparkassenbuch alle Sparkassen, bei dem Sparbuch einer Genossenschaftsbank alle Kreditgenossenschaften, bei einem Großbanksparbuch alle Filialen der betreffenden Großbank und bei einem Postsparbuch schließlich alle Postämter in der Bundesrepublik Deutschland und Berlin (West). Von einem Postsparbuch können außerdem in Spanien, in Österreich, in der Schweiz, in Liechtenstein, in den Niederlanden, in Luxemburg und in Dänemark bei Postämtern Barbeträge abgehoben werden. In Italien ist hierzu noch eine Rückzahlungskarte erforderlich, die etwa 10 Tage vor Reiseantritt bei einem inländischen Postamt angefordert werden kann.

In diesem Zusammenhang muß allerdings darauf hingewiesen werden, daß ein Kreditinstitut durch **Zahlung an einen nicht verfügungsberechtigten Inhaber** des Sparbuchs dann nicht befreit wird, wenn es entgegen den Bestimmungen des KWG aus einer Spareinlage mehr als 2000 DM innerhalb von 30 Tagen an einen nichtberechtigten Inhaber des Sparbuchs ohne vorherige Kündigung zahlt (vgl. BGH-Urteil VII ZR 206/62). Im freizügigen Sparverkehr muß stets eine Legitimationsprüfung vorgenommen werden, und es muß sich um eine Spareinlage mit gesetzlicher Kündigungsfrist ohne Sperrvermerk handeln.

3.5 Prämiensparen

Zur Förderung des individuellen Sparens wurde – und wird zum Teil jetzt noch – dem privaten Anleger seit dem Jahre 1959 die Möglichkeit gegeben, unter bestimmten Voraussetzungen neben der Verzinsung auch staatliche Prämien auf seine Sparleistungen zu beziehen. Diese Sparförderungsmaßnahmen des Staates wurden jedoch durch das **Subventionsabbaugesetz** vom 26. Juni 1981 wesentlich eingeschränkt. Danach ist für alle Sparverträge, die nach dem 12. November 1980 abgeschlossen wurden, die Sparprämie ersatzlos gestrichen worden. Das Sparprämiengesetz von 1975 in der Fassung vom 28. 08. 1974 gilt mithin nur noch für die Sparleistungen, die aufgrund der vor diesem Stichtag abgeschlossenen Verträge erbracht werden, d. h. die betroffenen Sparer können noch bis zum Jahre 1987 im Rahmen der gesetzlichen Höchstbeträge prämienbegünstigt sparen, weil sich die Festlegungsfrist für Ratensparverträge auf 7 Jahre beläuft.

Damit der Antragsteller die Prämien in Anspruch nehmen kann, müssen zunächst einige **persönliche Voraussetzungen** erfüllt werden: Der Antragsteller muß unbeschränkt einkommensteuerpflichtig nach § 1 Abs. 1 Einkommensteuergesetz sein. Die Tatsache, ob der Antragsteller überhaupt Sparprämien erhält und in welcher Höhe, hängt von seinem Einkommen und seinem Familienstand ab. Zudem ist die Anzahl der Kinder zu berücksichtigen. Liegt das zu versteuernde Einkommen (= Summe der Einkünfte abzüglich Altersentlastungsbetrag, Sonderausgaben, außergewöhnliche Belastungen sowie der Sonderfreibeträge und sonstiger vom Einkommen abzuziehenden Beträge) eines Junggesellen in dem dem Jahr des Vertragsabschlusses vorausgegangenen Kalenderjahr über 24 000 DM, kann er keine Prämien beziehen. Die Prüfung der Einkommenssituation obliegt dem Finanzamt. Für Verheiratete verdoppelt sich die Einkommensgrenze und für jedes Kind wird die Grenze um jeweils 1800 DM erhöht. Ein Ehepaar mit zwei Kindern kann demnach höchstens ein zu versteuerndes Einkommen von 51 600 DM haben, um in den Genuß der Prämien zu kommen. Auf prämienbegünstigte Sparverträge kann der Sparer im Jahr höchstens bis zu 800 DM leisten, für Verheiratete ist wiederum die Verdoppelung dieses Höchstbetrages vorgesehen, sie können also bis zu 1600 DM prämienbegünstigt anlegen.

Spar PG
§ 1, 1

§ 1a, 2

§ 1a, 1

§ 2, 2

Der auf die prämienbegünstigten Sparleistungen anzuwendende Prämiensatz ist zwar für Ledige und Verheiratete gleich, hängt aber von der Kinderzahl ab. Der Prämiensatz beträgt 14% und erhöht sich für jedes im Jahre der Sparleistung noch nicht 17jährige Kind oder in diesem Jahr geborene Kind um jeweils zwei Prozentpunkte. Der für die oben erwähnte Familie anzuwendende Prämiensatz wäre daher 18%.

§ 2, 1

Neben den persönlichen Voraussetzungen sind einige **sachliche Grundsätze** zu beachten: Die Sparleistungen können in unterschiedlicher Form erbracht, müssen aber stets mit einem Kreditinstitut festgelegt werden. Das Sparprämiengesetz sieht u. a. folgende Möglichkeiten vor:

§ 1, 2

1. Der Sparer verpflichtet sich zu laufenden, in der Höhe gleichbleibenden Sparraten. Diese Sparraten sind während der Festlegungsfrist regelmäßig zu erbringen und dürfen erst nach Ablauf der Festlegungsfrist abgehoben werden (*Ratensparvertrag*).

2. Ratensparverträge mit ausschließlicher Anlage *vermögenswirksamer Leistungen.*

3. Die Aufwendungen zum *Erwerb von Wertpapieren* können ebenfalls prämienbegünstigt sein, wenn über die Wertpapiere während der Festlegungsfrist nicht verfügt werden kann. Diese Wertpapiersparverträge können als Ratensparvertrag oder als Vertrag zur Anlage vermögenswirksamer Leistungen abgeschlossen werden.

Spar PG § 1, 4   Für die Gewährung einer Prämie ist ferner Voraussetzung, daß die Sparleistung weder mittelbar noch unmittelbar im Zusammmenhang mit einer Kreditaufnahme steht (eine Bedingung, die schwer zu kontrollieren sein dürfte) und vor Ablauf der Festlegungsfrist Sparbeiträge nicht zurückgezahlt werden. Die Verfügung über Sparbeiträge ist nur dann *unschädlich,* wenn

1. der Prämiensparer vor der Verfügung über das Konto geheiratet hat und die Verfügung nicht vor Ablauf von 2 Jahren seit Beginn der Festlegungsfrist erfolgt und

2. der Prämiensparer oder sein nicht dauernd von ihm getrennt lebender Ehegatte gestorben oder völlig erwerbsunfähig geworden ist.

§ 1 b   Die Gewährung einer Prämie ist schließlich auch davon abhängig, ob das „*Kumulierungsverbot*" beachtet wurde, d. h. die Prämie wird auf Sparleistungen grundsätzlich dann nicht gewährt, wenn der Sparer gleichzeitig eine Wohnungsbauprämie oder den Sonderausgabenabzug seiner Bausparbeiträge beantragt hat.

Die **Anlage vermögenswirksamer Leistungen** erfolgte häufig auf den oben erwähnten Prämiensparkonten, weil damit eine Doppelbegünstigung von vermögenswirksamen Leistungen erzielt wurde. Ab dem Jahre 1982 ist jedoch die Doppelbegünstigung durch Arbeitnehmersparzulage und Sparprämie generell − d.h. auch für Altverträge − entfallen, so daß nunmehr nur noch die Vergünstigungen des vierten Vermögensbildungsgesetzes in Betracht kommen.

Nach den Bestimmungen dieses Gesetzes können unter bestimmten Voraussetzungen Anlagen auf Bankkonten, in Wertpapieren mit fester Verzinsung, in Lebensversicherungen und auf Bausparverträge bis zu 624,− DM im Jahr und Anlagen in Genußscheinen, Genossenschaftsanteilen, stillen Beteiligungen und Arbeitnehmerdarlehen bis zu 936,− DM im Jahr staatlich gefördert werden. Dabei kann der Sparer eine Sparzulage zwischen 16 % und 33 % erhalten. Voraussetzung ist, daß der ledige Arbeitnehmer im Jahr der vermögenswirksamen Leistung ein zu versteuerndes Einkommen von maximal 24 000 DM, zuzüglich 1800 DM für jedes Kind unter 18 Jahren hat. Bei verheirateten Arbeitnehmern verdoppelt sich die maximale vermögenswirksame Anlage auf 1248,− DM und das höchstzulässige zu versteuernde Einkommen auf 48 000 DM, ebenfalls zuzüglich Kinderbeträge. Der Satz der Arbeitnehmersparzulage bleibt unverändert.

Während die vermögenswirksame Leistung vom Arbeitgeber unmittelbar dem Institut zugeleitet wird, bei dem nach der Wahl des Arbeitnehmers die vermögenswirksame Leistung erfolgen soll, ist die Arbeitnehmersparzulage direkt an den Arbeitnehmer auszuzahlen. Sie ist steuerfreies Einkommen.

332

3.6 Bausparen

Im Bauspargeschäft der Bausparkassen erwächst den Kreditinstituten eine mächtige Konkurrenz für ihr Einlagengeschäft. Für den Bausparer, der die Bausparprämie kassieren will, gelten die gleichen persönlichen Voraussetzungen wie für den Prämiensparer. Ledige und Verheiratete haben einen Prämiensatz von 14%, der sich für jedes Kind, das in dem Jahre, in welchem die Sparbeiträge geleistet werden, das 17. Lebensjahr noch nicht vollendet hat oder lebend geboren wurde, um jeweils zwei Prozentpunkte erhöht. Prämienbegünstigte Aufwendungen im Sinne des Wohnungsbauprämiengesetzes sind:

Wohn-
bPG
§§ 1–3

§ 3, 1

1. Beiträge an Bausparkassen zur Erlangung von Wohnungsbaudarlehen.

§ 2, 1

2. Aufwendungen für den Erwerb von Anteilen von Bau- und Wohnungsgenossenschaften.

3. Beiträge aufgrund von Verträgen, die mit Wohnungs- und Siedlungsunternehmen oder Organen der staatlichen Wohnungspolitik geschlossen werden.

Die Sparleistungen nach Ziff. 1 werden erst 10 Jahre nach Vertragsabschluß fällig; wenn der Sparer vor Ablauf der Frist über sie verfügt, verliert er die gezahlten Prämien, es sei denn, daß die ausgezahlte Bausparsumme unverzüglich und unmittelbar zum Wohnungsbau verwendet wird. Bei den Sparverträgen im Sinne des § 1 Abs. 1 Ziffer 3. und 4. muß die vertraglich vereinbarte Festlegungsfrist von 3–6 Jahren eingehalten werden, wenn der Sparer die Prämien nicht verlieren will.

§ 2, 2

WoPDV
§§ 4–7

Der Vertrag kann um ein oder mehrere Jahre verlängert, jedoch dürfen insgesamt 6 Jahre nicht überschritten werden. Handelt es sich um einen Ratensparvertrag, dann kann über das Guthaben erst verfügt werden, wenn mindestens ein Jahr nach der letzten Einzahlung verstrichen ist. Verträge mit Siedlungs- und Wohnungsbauunternehmen können nur in Form eines Ratensparvertrages abgeschlossen werdé. Die Regelungen über den Beginn der Festlegungsfrist entsprechen denen nach dem Sparprämiengesetz.

Auch für Bausparverträge gilt das Kreditaufnahmeverbot und das Kumulierungsverbot. Letzteres allerdings in einem anderen Sinne: Der Bausparer hat ein Wahlrecht, ob er für seine Bausparleistungen Prämien beziehen oder für seine Bausparleistungen den Sonderausgabenabzug erwirken will. Dieses Wahlrecht hat der Bausparer jedes Jahr neu. Es kann nur für alle Bausparbeiträge einheitlich und muß auch von Verheirateten einheitlich ausgeübt werden, wenn ihnen der Höchstbetrag von 1600 DM Sparleistung im Jahr zusteht. Daneben gilt indessen auch noch das Kumulierungsverbot im Sinne des Sparprämiengesetzes.

Wohn-
bPG
§ 2, 2

§ 2 b, 1

3.7 Sparbriefe

Sparbriefe werden entsprechend ihrer rechtlichen Ausgestaltung unter der Position „Verbindlichkeiten aus dem Bankgeschäft mit einer vereinbarten Laufzeit oder Kündigungsfrist" oder als „Schuldverschreibungen" in der Bilanz passiviert. Darüber hinaus können sie sich unterscheiden in der Stückelung, Laufzeit, Verzinsung und Verfügbarkeit. Welcher Sparbrief mit welcher Ausstattung von den einzelnen Kreditinstituten am Markt angeboten wird, hängt von den geschäftspolitischen Zielen und der Marktsituation ab. Den Sparbrief als Form der Geldanlage gibt es in der Bundesrepublik Deutschland seit 1964 (Sparbrief in Genossenschaftsbereich). Zwischenzeitlich hat sich die Finanzierungsform Sparbrief am Markt schrittweise durchgesetzt. Neben der Bezeichnung sind weitere Bezeichnungen am Markt zu finden (z. B. Sparkassenbrief, Sparzertifikat, Rentensparbrief, Sparobligation, Sparkassenobligation und Sparschuldverschreibung).

4. Bedeutung des Spargeschäftes für Aufwand und Ertrag

Aus dem Spargeschäft entstehen den Kreditinstituten **Aufwendungen** verschiedener Art. Einmal müssen die Kreditinstitute den Einlegern für die überlassenen Spargelder Zinsen zahlen (*wertbedingte Aufwendungen*), die entsprechend den Kündigungsfristen unterschiedliche Höhe haben und im Durchschnitt höher liegen als für Depositen zu zahlenden Zinsen. Außerdem sind mit dem Spargeschäft *betriebsbedingte Aufwendungen* aus der Führung der Konten und der Verbuchung der Ein- und Auszahlungen verbunden.

Obwohl die Sparkonten nicht dem Zahlungsverkehr dienen und daher wesentlich weniger Geschäftsvorfälle je Konto aufweisen als Depositenkonten, ist zu berücksichtigen, daß die einzelnen Ein- und Auszahlungen auf Sparkonten in der Regel nur eine verhältnismäßig geringe Höhe haben und deshalb das *Verhältnis zwischen der Höhe des einzelnen Buchungspostens und den damit verbundenen Aufwendungen relativ ungünstig wird.*

Das Spargeschäft ist insbesondere bei den Sparkassen auch deshalb mit Aufwendungen verbunden, weil diese Institute gemäß ihrem Auftrag keine Möglichkeit außer acht lassen, für den Spargedanken zu werben. Dies gilt in zunehmendem Maße auch für die übrigen Universalbanken. In diesem Zusammenhang ist auch auf das von den Sparkassen und den Kreditgenossenschaften seit jeher in großem Umfang betriebene Kleinstsparwesen hinzuweisen. Durch Schulsparen, Vereins- oder Klubsparen, Betriebssparen, Heimsparbüchsen, Sparschränke sowie das Abholverfahren bemühen sich die Sparkassen und Kreditgenossenschaften trotz der damit verbundenen erheblichen Aufwendungen auch den Bevölkerungskreisen, die nur sehr geringe Einzelbeträge sparen können, jede mögliche Gelegenheit zur Anlage ihres Geldes zu verschaffen und dadurch auch kleinste Beträge zu erfassen.

Erträge können die Kreditinstitute aus dem Spargeschäft direkt nicht erzielen, da die Führung der Sparkonten grundsätzlich gebührenfrei erfolgt. Eine gewisse Ausnahme bildet die Berechnung von *Vorschußzinsen* bei Abhebungen vor Ablauf der Kündigungsfrist. Diese Erträge haben jedoch nur bedingt Verbindung mit dem Spargeschäft, denn sie stellen ein Entgelt für einen bis zur Fälligkeit des Sparbetrages zur Verfügung gestellten „Kredit" dar.

Indirekt sind die Spareinlagen durch ihren *Einsatz im Aktivgeschäft* ein wesentlicher Ertragsfaktor. Sie stehen den Kreditinstituten relativ langfristig zur Verfügung und können deshalb für längerfristige Aktivgeschäfte, z. B. Hypothekendarlehen bei den Sparkassen, Kreditgenossenschaften und neuerdings auch den Großbanken sowie gewerbliche Investitionskredite bei den Großbanken und Kreditgenossenschaften, verwendet werden. Die Möglichkeit, die Spareinlagen bestimmten Aktivposten zuzurechnen, ist zwar umstritten, gewisse Anhaltspunkte bieten aber zweifellos die Grundsätze des Bundesaufsichtsamtes, die Mindestreservevorschriften, die Mustersatzungen der Sparkassen und gegebenenfalls die Beschlüsse der Geschäftsleitung hinsichtlich der Anlagepolitik. Kalkulationen einzelner Institute haben ergeben, daß das Spargeschäft eine günstige Art r Mittelbeschaffung darstellt. Das gesteigerte Bemühen aller Institute um eine höhung der Spareinlagen unterstreicht diese Feststellung.

III. Einlagensicherung in der Bundesrepublik Deutschland

Durch die wirtschaftliche Entwicklung haben sich die geldwirtschaftlichen Beziehungen weitester Bevölkerungskreise stark ausgedehnt. Bargeldloser Zahlungsverkehr und Kontensparen sind auch für wirtschaftlich **schwächere Volksschichten eine Selbstverständlichkeit;** daher ist die Sicherung der Einlagen eine sozialpolitische Notwendigkeit. Ein Bankzusammmbruch könnte über den Kreis der unmittelbar Betroffenen hinaus dazu führen, daß das Vertrauen in die Solidität der Bankwirtschaft erschüttert wird.

Die Auflösung der Arbeitsteilung zwischen den verschiedenen Institutsgruppen, die Zweigstellenexpansion (nach Wegfall der Bedürfnisprüfung), die Konditionenfreiheit (nach Wegfall der staatlichen Zinsbindung) und die Intensivierung der Werbung (nach Wegfall einer staatlichen Werberegelung) haben zwangsläufig zu einer erheblichen Belebung des Bankenwettbewerbs geführt. Für diese gewonnene Freiheit ist eine Einlagensicherung ein wirksamer Schutz dagegen, daß dirigistische Maßnahmen wieder eingeführt werden oder gar die marktwirtschaftliche Ordnung dieses Wirtschaftszweiges zur Disposition stünde.

Die öffentlich-rechtlichen Sparkassen und die privaten Kreditinstituten stehen heute in fast allen Geschäftszweigen in scharfem **Wettbewerb** miteinander. Dabei verfügen öffentlich-rechtliche Sparkassen aufgrund der Anstaltslast und der Gewährträgerhaftung auch in den Augen der Einleger über eine Einlagensicherheit und Bonität, wie sie private Kreditinstitute nur nach langjährigen Leistungen und Anstrengungen erreichen können. Der strukturelle Sicherheitsvorsprung der öffentlich-rechtlichen Kreditinstitute wird durch die Einlagensicherung wirksam gemildert. Obwohl die Sicherheit der Einlagen sich im Laufe der letzten Jahrzehnte ständig verbessert hat, erwiesen sich die Grundsätze, nach denen die bisherige Sicherungsfonds arbeiteten, nicht als zufriedenstellend. Immer wieder gab es Meinungsverschiedenheiten über den Umfang der zu schützenden Einlagen und über das notwendige Fondsvolumen.

Um einer gesetzlichen Regelung der Einlagensicherung zuvorzukommen, sind die Fondssysteme so verändert worden, daß sie die Zustimmung der Bundesregierung und des Bundestages gefunden haben. Heute stellt sich die Einlagensicherung in der Bundesrepublik Deutschland wie folgt dar:

1. Liquiditäts-Konsortialbank GmbH

Die Liquiditäts-Konsortialbank stellt eine Gründung des gesamten Kreditgewerbes dar. Den Anstoß zur Gründung gaben akute Liquiditätsschwierigkeiten der von Einlagenabzügen betroffenen kleineren und mittleren Institute als Folge des Vertrauensschwundes durch Bekanntwerden von Bankverlusten im Jahre 1974. Die Liquiditäts-Konsortialbank GmbH **leistet Liquiditätshilfe für solche Banken, die wirtschaftlich gesund sind, aber durch plötzlichen Einlagenabzug in Liquiditätsschwierigkeiten zu geraten drohen.**

Die Bank ist mit einem Stammkapital von DM 250 Mio. ausgestattet. Der Gesellschaftsvertrag sieht ferner eine Nachschußpflicht von insgesamt DM 750 Mio. vor. Beteiligt sind:

- die deutsche Bundesbank mit 30 %,
- Mitglieder des Bundesverbandes deutscher Banken e. V. mit 30 %,
- Mitglieder des Deutschen Sparkassen- und Giroverbandes e. V. mit 26,5 %,
- die Deutsche Genossenschaftsbank als Repräsentant des Bundesverbandes der Deutschen Volksbanken und Raiffeisenbanken e. V. mit 11 %,
- die Bank für Gemeinwirtschaft als Mitglied des Verbandes der Gemeinwirtschaftlichen Geschäftsbanken mit 1,5 %,
- der Bundesverband Konsumenten- und gewerbliche Spazialkredite (BKG e. V.) mit 1 %.

Organe der Gesellschaft sind die Geschäftsführer, der Verwaltungsrat, der Kreditausschuß und die Gesellschafterversammlung.

Zur Abwicklung der Bankgeschäfte bedient sich die Liquiditäts-Konsortialbank der Ausfuhrkredit-Gesellschaft mbH, Frankfurt am Main (AKA).

2. Einlagensicherungsfonds des privaten Bankgewerbes

2.1 Aufgabe des Einlagensicherungsfonds

Der Einlagensicherungsfonds ist ein unselbständiges Sondervermögen des Bundesverbandes deutscher Banken. Die Aufgabe ist im § 2 des Statuts des Einlagensicherungsfonds dargelegt:

(1) Der Einlagensicherungsfonds hat die Aufgabe, bei drohenden oder bestehenden finanziellen Schwierigkeiten von Banken, insbesondere bei drohender

336

Zahlungseinstellung, im Interesse der Einleger Hilfe zu leisten und Beeinträchtigungen des Vertrauens in die privaten Kreditinstitute zu verhüten.

(2) Zur Durchführung der in Absatz I umschriebenen Aufgabe sind alle zur Hilfeleistung geeigneten Maßnahmen zulässig, und zwar insbesondere „Zahlungen an einzelne Gläubiger . . . Leistungen an Banken, die Übernahme von Garantien oder die Übernahme von Verpflichtungen im Rahmen von Maßnahmen gemäß § 46a KWG."

Diese Vorschrift läßt erkennen, daß die Sicherungseinrichtung des Bundesverbandes darüber entscheiden kann, ob ein Institut unter voller Auszahlung der Gläubiger und Einschuß von Fondsmitteln abgewickelt werden soll, ob ein Vergleich angestrebt oder ob der Konkurs beantragt werden soll. Ein deutlicherer Vertrauensbeweis für die freiwillige Einlagensicherung ist nicht denkbar.

2.2 Umfang der Einlagensicherung

Gemäß § 6 des Statuts werden folgende Einlagen gesichert:

- bei Banken alle Verbindlichkeiten aus dem Bankgeschäft gegenüber anderen Gläubigern (Bilanzposition Passiv 2 des Bilanzformblattes), d. h. Sichtverbindlichkeiten, befristete Verbindlichkeiten, Spareinlagen und solche Sparbriefe, die nicht als Inhaberschuldverschreibungen ausgegeben worden sind;

- bei Hypothekenbanken und Schiffsbanken treten an die Stelle der vorgenannten Verbindlichkeiten folgende Bilanzpositionen: Aufgenommene Darlehen mit einer vereinbarten Laufzeit oder Kündigungsfrist von vier Jahren oder länger sowie täglich fällige Verbindlichkeiten und solche mit vereinbarter Laufzeit oder Kündigungsfrist von weniger als vier Jahren, ausgewiesene Verbindlichkeiten gegenüber Nichtbanken, soweit nicht zur Sicherstellung der Gläubiger Namenspfandbriefe oder Namenskommunalschuldverschreibungen ausgegeben worden sind;

- außerdem sind die Verbindlichkeiten gegenüber Kapitalanlagegesellschaften und deren Depotbanken geschützt, soweit es sich um Teile des Fondsvermögens handelt. Dabei gilt für die Berechnung der Sicherungsgrenze jeder Fonds als selbständiger Gläubiger.

Maßgeblich für die Entschädigung ist die Sicherungsgrenze. Sie liegt pro Gläubiger bei 30% des haftenden Eigenkapitals im Sinne von § 10 KWG des letzten veröffentlichten Jahresabschlusses der Bank. Die Zahlungen des Fonds umfassen im Rahmen der Sicherungsgrenze auch die bis zur Rückzahlung oder Eröffnung eines gerichtlichen Vergleichs- oder Konkursverfahrens aufgelaufenen Zinsen. Der Fonds leistet aber nur Zinszahlungen in marktüblicher Höhe. Übersteigen die Verbindlichkeiten gegenüber einem Gläubiger die Sicherungsgrenze, so sind diese durch den Sicherungsfonds nur bis zur Höhe der Sicherungsgrenze gedeckt.

Das folgende Beispiel soll das noch einmal verdeutlichen:
Ausgangspunkt ist das haftende Eigenkapital, das sich aus dem letzten veröffentlichten Jahresabschluß wie folgt errechnen läßt:

Eingezahltes Grundkapital	DM 1 000 000 000
Eigene Aktien	./. DM –
Offene Rücklagen	+ DM 2 000 000 000
Reingewinn (soweit seine Zuführung zu den offenen Rücklagen beschlossen ist)	+ DM 100 000 000
Reinverlust	./. DM –
Haftendes Eigenkapital	DM 3 100 000 000
Sicherungsgrenze (30% des haftenden Eigenkapitals) =	DM 930 000 000

Je Gläubiger im Nichtbankenbereich sind damit Forderungen bis DM 930 Mio. abgedeckt. Eigenkapitalerhöhungen bewirken somit auch eine Erhöhung der Sicherungsgrenze und verbessern den Gläubigerschutz im Nichtbankenbereich.

Nach § 6 Abs. 1 des Fondsstatuts besteht kein Rechtsanspruch auf ein Eingreifen oder auf Leistungen des Sicherungsfonds. Das beruht einerseits auf versicherungsrechtlichen Hindernissen, da der Fonds sonst zum Versicherungsunternehmen geworden wäre. Andererseits ist zu berücksichtigen, daß nach § 10 des Fondsstatuts ein Anspruch der Banken auf Hilfeleistung oder auf das Vermögen des Fonds nicht besteht.

2.3 Mitwirkung am Einlagensicherungsfonds

An dem Einlagensicherungsfonds wirken alle den Mitgliedsverbänden des Bundesverbandes deutscher Banken e. V. angeschlossenen Banken mit, sofern sie u. a.

- über ein haftendes Eigenkapital verfügen, das den Anforderungen entspricht, die das Bundesaufsichtsamt für das Kreditwesen für die Erteilung der Erlaubnis zum Betrieb eines Bankgeschäftes zugrunde legt,
- mindestens zwei Geschäftsleiter haben, welche die erforderliche Eignung und Zuverlässigkeit besitzen,
- ein insgesamt ausgeglichenes Ergebnis im laufenden Geschäftsjahr ausweisen,
- Mitglied im Prüfungsverband deutscher Banken e. V. sind.

Zusätzlich gibt es in Paragraph 3 des Status eine Reihe von Ausnahmebestimmungen. So können private Kreditbanken (einschließlich Teilzahlungsbanken mit Vollkonzession), private Hypothekenbanken und Schiffsbanken sowie private Kreditinstitute mit Sonderaufgaben, die keinem Mitgliedsverband des Bundesverbandes deutscher Banken angehören, auf Antrag am Sicherungsfonds mitwirken. In der Bundesrepublik tätige Auslandsbanken können auch eine Mitgliedschaft am Sicherungsfonds erwerben. Bei den Mitgliedern wird die notwendige Solidarität vorausgesetzt und laufend überprüft. Zweifel führen zu entsprechenden Konsequenzen.

2.4 Finanzierung der Einlagensicherungfonds

Die Mitgliedsbanken sind verpflichtet, jeweils zum 30. Juni eines jeden Jahres einen Betrag in Höhe von 0,3 % der Bilanzposition „Verbindlichkeiten aus dem

Bankgeschäft gegenüber anderen Gläubigern" ihres letzten Jahresabschlusses zu entrichten.

Der Vorstand des Bundesverbandes kann beschließen:

— die Jahresumlage auszusetzen, wenn das Fondsvermögen eine angemessene Höhe erreicht hat,
— die Jahresumlage zu verdoppeln, wenn die Mittel des Fonds für Maßnahmen zur Hilfeleistung nicht ausreichen.
— die Erhebung einer Sonderumlage bis zur Höhe einer Jahresumlage je Geschäftsjahr.

2.5 Werbung mit der Einlagensicherung

Die Werbung mit der Sicherheit der Einlagen oder mit der Fondszugehörigkeit in Presse, Rundfunk und Fernsehen, durch Postwurfsendungen oder ähnliche Publikumswerbung ist der Kreditwirtschaft untersagt. Hingegen ist die Information über die Mitwirkung am Einlagensicherungsfonds zulässig. Die Banken sind gemäß § 5, Abs. 13 des Status berechtigt,

— die Tatsache ihrer Mitwirkung an dem Einlagensicherungsfonds,
— die Art der gesicherten Verbindlichkeiten und
— die Höhe der gesicherten Verbindlichkeiten pro Kunde

bekanntzugeben.

Die Bekanntgabe kann erfolgen

— durch Aushang in der Schalterhalle,
— durch Schreiben an bestimmte Personen
— und bei der Beantwortung von Anfragen.

Außerdem ist jede Mitgliedsbank verpflichtet, in ihre Allgemeinen Geschäftsbedingungen folgende Klausel aufzunehmen und der Geschäftsbeziehung mit Kunden zugrunde zu legen:

„Die Bank ist dem Sicherungsfonds des Bundesverbandes deutscher Banken e. V. (im folgenden Einlagensicherungsfonds genannt) angeschlossen. Soweit der Einlagensicherungsfonds oder ein von ihm Beauftragter Zahlungen an einen Kunden leistet, gehen dessen Forderungen gegen die Bank in entsprechender Höhe Zug um Zug auf den Einlagensicherungsfonds über. Entsprechendes gilt, wenn der Einlagensicherungsfonds die Zahlungen mangels Weisungen eines Kunden auf ein Konto leistet, das zu seinen Gunsten bei einer anderern Bank eröffnet wird. Die Bank ist befugt, den Einlagensicherungsfonds oder einem von ihm Beauftragten alle in diesem Zusammenhang erforderlichen Auskünfte zu erteilen und Unterlagen zur Verfügung zu stellen."

3. Einlagensicherung der gemeinwirtschaftlichen Geschäftsbanken

Die gemeinwirtschaftlichen Geschäftsbanken haben 1976 einen eigenen Einlagensicherungsfonds gebildet, der beim Verband der Gemeinwirtschaftlichen Geschäftsbanken (VGG) errichtet ist. Der Sicherungsfonds dient dem Zweck, die Einlagen der Nichtbankenkundschaft zu sichern.

Zur Ergänzung der eigenen Sicherungsmittel dieses Fonds ist eine zusätzliche Sicherung der Einlagen durch eine vertragliche Absprache mit dem Deutschen Sparkassen- und Giroverband gewährleistet. In Sicherungsfällen stehen also neben den Fondsmitteln beim VGG zusätzliche Sicherungsmittel der Deutschen Sparkassenorganisation zur Verfügung.

Gesicherte sind über den Einlagensicherungsfonds des VGG − ebenso wie beim Sicherungsfonds des privaten Bankgewerbes − alle Einlagen von Nichtbanken bis zur Höhe von 30 % des haftenden Eigenkapitals des jeweiligen Mitgliedsinstitutes. Auch hier hat der Gläubiger keinen Rechtsanspruch auf Rückzahlung der Einlagen gegen den Sicherungsfonds bei Insolvenz einer Mitgliedsbank.

Die Fondsmittel werden durch eine jährliche Verbandsumlage von 0,3 % der Nichtbankeneinlagen nach dem Stand vom 31. 12. 1975 als Bemessungsgrundlage aufgebracht, bis 0,5 % der Bemessungsgrundlage erreicht sind. Beim Eintreten eines Sicherungsfalles besteht außerdem Nachschlußpflicht.

4. Sicherungsfonds der Sparkassenorganisation

Sparkassen und Landesbanken/Girozentralen sind als öffentlich-rechtliche Unternehmen durch zwei Merkmale gekennzeichnet, die im Rahmen einer Bonitätsbetrachtung jede Einlagensicherung überflüssig erscheinen lassen: die Anstaltslast und die Gewährträgerhaftung.

Die Anstaltslast verpflichtet den Träger einer öffentlich-rechtlichen Sparkasse, diese jederzeit mit den zur Funktionsfähigkeit notwendigen Mitteln auszustatten. Sie ist essentieller Bestandteil der Unternehmensverfassung und kann nicht abbedungen werden. Die Anstaltslast sichert also den Bestand der Sparkasse.

Die Gewährträgerhaftung zielt auf den äußeren Gläubigerschutz ab. Bürgschaftsähnlich gewährt sie jedem Gläubiger einer Sparkasse oder einer Landesbank/Girozentrale in unbeschränkter Höhe dann einen unmittelbaren Zahlungsanspruch gegenüber dem Träger der Anstalt, wenn diese ihren Verbindlichkeiten nicht nachkommt. Die in der Sparkassenorganisation vorhandenen Einlagensicherungsfonds wurden als zusätzliche Sicherungseinrichtungen neben der Anstaltslast und der Gewährträgerhaftung aufgebaut, um den Wettbewerb mit den Banken des privaten und genossenschaftlichen Sektors hinsichtlich der Einlagensicherung auf eine kostenneutrale Grundlage zu stellen.

Die Sparkassensicherungsfonds sind auf eine Unternehmenssicherung ausgerichtet. Daher ergibt sich die Einlagensicherung nur als abgeleitetes Ziel aus der Institutssicherung.

Das ergibt sich auch aus der Bemessungsgrundlage des Volumens der regionalen Sparkassenstützungsfonds. Statt der Verbindlichkeiten wurden die Forderungen gewählt, weil bei Krisenfällen grundsätzlich nur Kreditausfälle intern auszugleichen sind. Das Volumen der Regionalfonds wurde auf 3 % der Kundenforderungen der Mitgliedersparkassen nach dem der Feststellung jeweils vorausgegangenen Jahresendstand festgesetzt. Davon ist die Hälfte in bar aufzubringen; für die andere Hälfte besteht eine Nachschußpflicht.

In diesem somit dynamisierten Fonds zahlen die Sparkassen über den Verband jährlich 0,3 % ihrer Kundenforderungen als Verbandsumlage. Zwischen den regionalen Stützungsfonds besteht dann eine Ausgleichspflicht, wenn der Barbestand eines Fonds aufgezehrt ist. Außerdem hat der Deutsche Sparkassen- und Giroverband ein sogenanntes zentrales Verfügungsrecht in Höhe von 15 % des Gesamtvolumes der regionalen Stützungsfonds jährlich. Diese Regelung ist für solche Krisenfälle gedacht, die aufgrund ihrer Größe ein zentral organisiertes Verhalten erforderlich machen.

Die Landesbanken/Girozentralen haben eine eigene Sicherungsreserve aufgebaut. Das Gesamtvolumen beträgt 1 % der Einlagen von Nichtbankenkunden. Die Mitgliedsinstitute zahlen jährlich 1 % der Einlagen von Nichtbankenkunden ein bis 50 % des Gesamtvolumens erreicht sind; für die andere Hälfte besteht eine Nachschußpflicht. Außerdem besteht zwischen der Sicherungsreserve und den Stützungsfonds ein Haftungsverbund. Für die Sicherungsreserve der Landesbanken/Girozentralen steht dem Sparkassen- und Giroverband ebenfalls ein zentrales Verfügungsrecht in Höhe von 15 % des Gesamtvolumens jährlich zu.

5. Sicherungseinrichtung bei den Kreditgenossenschaften

Das Sicherungssystem der Kreditgenossenschaften ist das älteste im Bankgewerbe. Ähnlich wie bei der Sparkassenorganisation sind die Einlagen nur mittelbar gestützt, weil die Sicherungseinrichtung der Kreditgenossenschaften primär auf die Unternehmenssicherung ausgerichtet ist.

Der Bundesverband der Deutschen Volksbanken und Raiffeisenbanken e. V. (BVR) hat gemäß § 4 Abs. 2 Nr. 4 seiner Satzung eine Sicherungseinrichtung aufgebaut, die aus dem Garantiefonds und einem Garantieverbund besteht.

Der Zweck des **Garantiefonds** besteht darin, wirtschaftliche Schwierigkeiten der einbezogenen Banken zu beheben und dadurch insbesondere die Sicherheit der Kundeneinlagen zu gewährleisten. Dabei muß die Ursache der wirtschaftlichen Schwierigkeiten in den geschäftlichen Verhältnissen dieser Bank liegen und nicht in einer allgemeinen Krise der Kreditwirtschaft. Die im Garantiefonds angesammelten Mittel sind Vermögen des BVR und getrennt von dem sonstigen Vermögen des BVR anzulegen und zu verwalten.

Die in den Garantiefonds einbezogenen Banken sind:

- die einem genossenschaftlichen Prüfungsverband angehörenden Kreditgenossenschaften (auch die mit Warengeschäft), Banken anderer Rechtsformen und genossenschaftliche Zentralbanken,
- die Deutsche Genossenschaftsbank
- die Bausparkasse Schwäbisch Hall AG,
- andere Banken, welche die Voraussetzungen gemäß § 3 Abs. 2 der Durchführungsbestimmungen zu den Sicherungseinrichtungen des BVR erfüllen.

Die jährlich aufzubringenden Fondsbeiträge richten sich nach folgender Bemessungsgrundlage: Kreditgenossenschaften und Banken anderer Rechtsformen entrichten 0,5 % der sich aus dem vorletzten Jahresabschluß ergebenden Summen aus Wechseln (mit Ausnahme Zentralbank-girierter und DG-Bankgirierter Wechsel), Forderung an Kunden, eigenen Ziehungen im Umlauf, Indossamentsverbindlichkeiten aus weitergegebenen Wechseln, Verbindlichkeiten aus Bürgschaften und Garantien jeder Art. Der Erhebungssatz wurde für die Jahre 1984 bis 1987 auf 1,5 % erhöht. Genossenschaftliche Zentralbanken leisten einen Jahresbeitrag von 0,5 %, mindestens jedoch 0,2 % der Kundenforderungen aufgrund des vorletzten Jahresabschlusses bzw. der Einlagen der angeschlossenen Kreditinstitute nach dem Mittelwert, der aufgrund des jeweiligen Monatsultimos des vorletzten Jahres errechnet wird, wobei die darin enthaltenen Mindestreserven abzuziehen sind.

Die deutsche Genossenschaftsbank zahlt 50 % der Jahresbeiträge der genossenschaftlichen Zentralbanken. Für die genossenschaftlichen Spezialinstitute gelten andere Prozentsätze.

10 % der Beiträge der Kreditgenossenschaften, der Banken anderer Rechtsformen und der genossenschaftlichen Zentralbanken werden auf einem besonderen Konto des BVR angesammelt und von diesem verwaltet. 90 % der Beiträge dieser Kreditinstitute verbleiben auf Konto bei den jeweiligen Prüfungsverbänden, die diese Mittel treuhänderisch für den BVR verwalten. Beiträge der überregionalen Kreditinstitute unterliegen in vollem Umfang der Verwaltung des BVR. Treten bei einer in die Sicherungseinrichtung einbezogenen Bank wirtschaftlich Schwierigkeiten auf, so können je nach Art und Umfang aus Mittel des Garantiefonds Barzuschüsse, verzinsliche oder unverzinsliche Darlehen oder auch Bürgschaften und Ganatien gewährt werden.

Der **Garantieverbund** ist als eine Alternative zum Garantiefonds ausgestaltet. Dies bedeutet, daß die Gewährung von Bürgschaften zu Lasten des Garantieverbundes auch möglich ist, wenn der Bestand des Garantiefonds noch nicht aufgebraucht ist, sofern bei vorsichtiger Beurteilung der Ertragsentwicklung der jeweils gestützten Bank eine Feststellung des Garantieverbundes aus der Bürgschaft binnen fünf Jahren zu erwarten ist.

Eine dem Garantiefonds entsprechende Regionalisierung des Garantieverbundes wird dadurch erreicht, daß die Bürgschaften auf das für den jeweiligen Prüfungsverband gebildete Garantievolumen zu beschränken sind.

Das notwendige Garantievolumen wird dadurch gebildet, daß die in den Garantieverbund einbezogenen Banken durch entsprechende Erklärungen gegenüber dem BVR Garantien in Höhe von 60 % ihrer Sammelwertberichtigungen übernehmen. Diese Garantien dienen zur Deckung der Bürgschafts- und Garantieverpflichtungen, die zu Lasten des Garantieverbundes eingegangen werden. Bei jedem Prüfungsverband wird ein Garantievolumen gebildet und verwaltet. Aus den Garantie-Erklärungen der überregionalen Institute wird auch ein Garantievolumen beim BVR gebildet und verwaltet. Über die Gewährung von Bürgschaften oder Garantien bis zum Betrag von DM 1 Mio. pro Sanierungsfall entscheidet der zuständige Prüfungsverband, über höhere Beträge oder über den Einsatz des beim BVR gebildeten Garantievolumens entscheidet der Vorstand des BVR.

Exkurs: Rechtsvorschriften über die Liquidität

Die außerordentlich große Bedeutung einer ständigen Zahlungsfähigkeit für die Kreditinstitute hat dazu geführt, die Liquiditätsvorsorge den Instituten nicht allein zu überlassen, sondern sie durch Gesetze und Vorschriften bis zu einem gewissen Grade zu regeln. Im wesentlichen handelt es sich dabei um die:

Liquiditätsvorschriften des Kreditwesengesetzes sowie die **Mindestreservevorschriften der Deutschen Bundesbank** und die **Grundsätze über das Eigenkapital und die Liquidität,**

die das Bundesaufsichtsamt im Einvernehmen mit der Deutschen Bundesbank aufstellte. Daneben bestehen Sondervorschriften für einzelne Arten von Kreditinstituten in ihren Satzungen.

1. Bestimmungen des Kreditwesengesetzes

Die Bestimmungen des Kreditwesengesetzes stellen die Grundnormen für die Liquiditätsvorsorge der deutschen Kreditinstitute dar. Während das KWG von 1939 noch Rahmenvorschriften für die Haltung von Liquiditätsreserven enthielt, beschränkt sich das KWG von 1961 darauf, einen „allgemeinen Programmsatz" aufzustellen mit folgendem Wortlaut:

„Die Kreditinstitute müssen ihre Mittel so anlegen, daß jederzeit eine **ausreichende Zahlungsbereitschaft** gewährleistet ist. Das Bundesaufsichtsamt stellt im Einvernehmen mit der Deutschen Bundesbank Grundsätze auf, nach denen es für den Regelfall beurteilt, ob die Liquidität eines Kreditinstituts ausreicht; die Spitzenverbände der Kreditinstitute sind vorher anzuhören." KWG § 11

Auch bezüglich des haftenden Eigenkapitals enthält das neue KWG nur einen durch Grundsätze zu konkretisierenden „allgemeinen Programmsatz". Er lautet:

343

§ 10

„Die Kreditinstitute müssen im Interesse der Erfüllung ihrer Verpflichtung gegenüber ihren Gläubigern, insbesondere zur Sicherheit der ihnen anvertrauten Vermögenswerte ein **angemessenes haftendes Eigenkapital** haben. Das Bundesaufsichtsamt stellt im Einvernehmen mit der Deutschen Bundesbank Grundsätze auf, nach denen es für den Regelfall beurteilt, ob die Anforderungen des Satzes 1 erfüllt sind; die Spitzenverbände der Kreditinstitute sind vorher anzuhören."

2. Grundsätze über das Eigenkapital und die Liquidität

Die im KWG angekündigten Grundsätze für die Liquidität und das Eigenkapital der Kreditinstitute sind im März 1962 erlassen worden. Das Ziel der Grundsätze ist die Aufstellung einer Norm für die Eigenkapital- und Liquiditätsverhältnisse der Kreditinstitute. Der Grundsatz I betrifft das Eigenkapital, der Grundsatz Ia die Devisenpositionen, die Grundsätze II und III betreffen die Liquidität der Kreditinstitute. Die hier im Auszug dargestellten Grundsätze gelten ab 20. Januar 1969 ergänzt durch die Bekanntmachungen vom 22. Dezember 1972 , 16. Januar 1980 und 19. Dezember 1985 und haben folgenden Wortlaut:

Grundsatz I

(1) Die Kredite und Beteiligungen eines Kreditinstituts (einschließlich einer als rechtlich unselbständige Einrichtung betriebenen Bausparkasse) sollen das 18fache des haftenden Eigenkapitals nicht übersteigen. Abzuziehen sind die Wertberichtigungen, die passiven Rechnungsabgrenzungsposten aus Gebührenabgrenzung im Teilzahlungsfinanzierungsgeschäft und die Posten wegen der Erfüllung oder der Veräußerung von Forderungen aus Leasingverträgen bis zu den Buchwerten der diesen zugehörigen Leasinggegenstände.

(2) Die Begrenzung gemäß Absatz 1 gilt entsprechend bei Kreditinstitutsgruppen (§ 10 a Abs. 2 KWG) für das nach dem Verfahren der quotalen Zusammenfassung (§ 10a Abs. 3 KWG) ermittelte Verhältnis des gesamten haftenden Eigenkapitals zu den Krediten, den gruppenfremden Beteiligungen und den aktivischen Unterschiedsbeträgen aus der Eigenkapitalzusammenfassung gemäß § 10 a Abs. 3 Satz 4 KWG.

(3) Als Kredite im Sinne der Absätze 1 und 2 sind anzusehen:

1. Wechsel im Bestand und Wechsel, die aus dem Bestand vor Verfall zum Einzug versandt worden sind,
2. Forderungen an Kreditinstitute und an Kunden (einschließlich der Warenforderungen von Kreditinstituten mit Warengeschäft),
3. Gegenstände, über die ein Kreditinstitut oder ein Unternehmen im Sinne des § 10a Abs. 2 Satz 5 Nr. 1, Nr. 2 oder Nr. 3 KWG als Leasinggeber Leasingverträge abgeschlossen hat,
4. Eventualforderungen aus
   a) den Kreditnehmern abgerechneten eigenen Ziehungen im Umlauf,
   b) Indossamentsverbindlichkeiten aus weitergegebenen Wechseln,
   c) Bürgschaften, Wechsel- und Scheckbürgschaften, Gewährleistungsverträgen und aus der Bestellung von Sicherheiten für fremde Verbindlichkeiten,
   d) unbedingten Verpflichtungen der Bausparkassen zur Ablösung fremder Zwischenkredite an Busparer.

Weitere Einzelheiten vergl. die Absätze (4)−(7)

Grundsatz I a

(1) Der Unterschiedsbetrag zwischen Aktiv- und Passivpositionen in fremder Währung sowie in Gold, Silber oder Platinmetallen (Edelmetalle), unabhängig von ihrer Fälligkeit, soll bei einem Kre-

344

ditinstitut 30% des haftenden Eigenkapitals täglich bei Geschäftsschluß nicht übersteigen. Aktiv- und Passivpositionen im Sinne des Satzes 1 sind die folgenden Positionen, wenn sie auf fremde Währung oder auf Gold, Silber oder Platinmetalle in unverarbeitetem Zustand (d. h. ohne Erzeugnisse in diesen Edelmetallen) lauten:

A. Aktivpositionen

1. Forderungen an Kreditinstitute und an Kunden sowie Forderungen aus Währungskonten bei der Deutschen Bundesbank,
2. Wechsel,
3. Schatzwechsel und unverzinsliche Schatzanweisungen,
4. Wertpapiere, ausgenommen Aktien und sonstige Beteiligungspapiere,
5. Lieferansprüche aus Kassa- und Termingeschäften,
6. Bestände an
   a) Gold,
   b) Silber,
   c) Platinmetallen,
7. Ansprüche und Eventualansprüche auf Rückgabe von in Pension gegebenen Gegenständen der Aktivpositionen Nummern 1 bis 6, soweit diese Gegenstände nicht in diesen Aktivpositionen erfaßt sind;

B. Passivpositionen

1. Verbindlichkeiten gegenüber Kreditinstituten und anderen Gläubigern,
2. Schuldverschreibungen,
3. eigene Akzepte und Solawechsel im Umlauf,
4. Lieferverpflichtungen aus Kassa- und Termingeschäften,
5. Verbindlichkeiten und Eventualverbindlichkeiten auf Rückgabe von in Pension genommenen Gegenständen der Aktivpositionen Nummern 1 bis 6, soweit diese Gegenstände in diesen Aktivpositionen erfaßt sind.

Der Unterschiedsbetrag ergibt sich aus der Gesamtheit der getrennt nach Währungen und Edelmetallen ermittelten Salden aus den Aktiv- und Passivpositionen; dabei sind Beträge in verschiedenen Währungen und Edelmetallen nicht miteinander zu saldieren. Bei der Umrechnung von auf fremde Währungen lautenden Aktiv- und Passivpositionen in Deutsche Mark sind für die an der Frankfurter Devisenbörse amtlich notierten Währungen die Mittelkurse, für andere Währungen die Ankaufskurse im Freiverkehr zugrunde zu legen. Aktiv- und Passivpositionen in Gold sind nach der Notierung an der Frankfurter Goldbörse für 12,5 kg-Barren (1 kg = 32 Feinunzen) in Deutsche Mark umzurechnen. Für die Umrechnung von Aktiv- und Passivpositionen in Silber und Platinmetallen sind die Notierungen an der Londoner Metallbörse pro Feinunze maßgebend.

(2) Der Unterschiedsbetrag zwischen den Aktiv- und Passivpositionen in fremder Währung, die innerhalb eines Kalendermonats fällig werden, soll bei einem Kreditinstitut 40% des haftenden Eigenkapitals täglich bei Geschäftsschluß nicht übersteigen. Absatz 1 Satz 2 bis 4 gilt entsprechend, soweit er sich auf Aktiv- und Passivpositionen in fremder Währung bezieht.

(3) Der Unterschiedsbetrag zwischen den Aktiv- und Passivpositionen in fremder Währung, die innerhalb eines Kalenderhalbjahres fällig werden, soll bei einem Kreditinstitut 40% des haftenden Eigenkapitals täglich bei Geschäftsschluß nicht übersteigen. Absatz 1 Satz 2 bis 4 gilt entsprechend, soweit er sich auf Aktiv- und Passivpositionen in fremder Währung bezieht.

Grundsatz II

Die Anlagen eines Kreditinstituts abzüglich der Wertberichtigung in

1. Forderungen an Kreditinstitute und Kunden mit vereinbarter Laufzeit oder Kündigungsfrist von vier Jahren oder länger,
2. nicht börsengängigen Wertpapieren,
3. Beteiligungen,

4. Anteilen an einer herrschenden oder mit Mehrheit beteiligten Gesellschaft,
5. Grundstücken und Gebäuden und
6. der Betriebs- und Geschäftsausstattung

sollen die Summe der nachstehenden langfristigen Finanzierungsmittel nicht übersteigen.

Als langfristige Finanzierungsmittel sind anzusehen:

1. das Eigenkapital,
2. die Verbindlichkeiten (ohne Spareinlagen) gegenüber Kreditinstituten und aus dem Bankgeschäft gegenüber anderen Gläubigern mit vereinbarter Laufzeit oder Kündigungsfrist von vier Jahren oder länger,
3. 10% der Verbindlichkeiten (ohne Spareinlagen) aus dem Bankgeschäft gegenüber anderen Gläubigern mit täglicher Fälligkeit sowie vereinbarter Laufzeit oder Kündigungsfrist von weniger als vier Jahren,
4. 60% der Spareinlagen,
5. die umlaufenden und vorverkauften Schuldverschreibungen mit einer Laufzeit von mehr als vier Jahren,
6. 60% der umlaufenden und vorverkauften Schuldverschreibungen mit einer Laufzeit bis zu vier Jahren,
7. 60% der Pensionsrückstellungen,
8. 20% der Verbindlichkeiten gegenüber angeschlossenen Kreditinstituten mit vereinbarter Laufzeit oder Kündigungsfrist von mindestens sechs Monaten, aber weniger als vier Jahren (nur bei Girozentralen und Zentralkassen).

Grundsatz III

1. 20% der Forderungen an Kreditinstitute mit vereinbarter Laufzeit oder Kündigungsfrist von mindestens drei Monaten, aber weniger als vier Jahren
2. die Forderung an Kunden mit vereinbarter Laufzeit oder Kündigungsfrist von weniger als vier Jahren (einschließlich der Warenforderungen von Kreditinstituten mit Warengeschäft),
3. die den Kreditnehmern abgerechneten eigenen Ziehungen und von diesen ausgestellten und ihnen abgerechneten Solawechsel im Bestand (ausgenommen Solawechsel der Bank für Internationalen Zahlungsausgleich und der Einfuhr- und Vorratsstellen und Solawechsel, die zur Inanspruchnahme von Krediten der Ausfuhrkredit- Gesellschaft mbH und der Gesellschaft zur Finanzierung von Industrieanlagen mbH begeben werden) sowie die Eventualforderungen aus solchen Wechseln im Umlauf,
4. die börsengängigen Anteile und Investmentanteile,
5. die „sonstigen Aktiva" (einschließlich des Warenbestandes von Kreditinstituten mit Warengeschäft)

sollen abzüglich der Wertberichtigungen die Summe der nachstehenden Finanzierungsmittel nicht übersteigen.

Als Finanzierungsmittel sind anzusehen:

1. 10% der Verbindlichkeiten gegenüber Kreditinstituten mit täglicher Fälligkeit sowie vereinbarter Laufzeit oder Kündigungsfrist von weniger als drei Monaten ohne die von der Kundschaft bei Dritten benutzten Kredite,
2. 50% der Verbindlichkeiten gegenüber Kreditinstituten mit vereinbarter Laufzeit oder Kündigungsfrist von mindestens drei Monaten aber weniger als vier Jahren, ohne die von der Kundschaft bei Dritten benutzten Kredite,
3. 80% der Verbindlichkeiten gegenüber Kreditinstituten aus von der Kundschaft bei Dritten benutzten Krediten,
4. 20% der Spareinlagen,
5. 60% der sonstigen Verbindlichkeiten aus dem Bankgeschäft gegenüber anderen Gläubigern mit täglicher Fälligkeit sowie vereinbarter Laufzeit oder Kündigungsfrist von weniger als vier Jahren,
6. 80% der Verpflichtungen aus Warengeschäften und aufgenommenen Warenkrediten ohne die in Nummer 8 enthaltenen Verpflichtungen von Kreditinstituten mit Warengeschäft,
7. 20% der umlaufenden und vorverkauften Schuldverschreibungen mit einer Laufzeit bis zu vier Jahren,

8. 80% der eigenen Akzepte und Solawechsel im Umlauf und der den Kreditnehmern abgerechneten eigenen Ziehungen und von diesen ausgestellten und ihnen abgerechneten Solawechsel im Umlauf (ausgenommen Solawechsel der Bank für Internationalen Zahlungsausgleich und der Einfuhr- und Vorratsstellen und Solawechsel, die zur Inanspruchnahme von Krediten der Ausfuhrkredit-Gesellschaft mbH und der Gesellschaft zur Finanzierung von Industrieanlagen mbH begeben werden) zuzüglich des Finanzierungsüberschusses bzw. abzüglich des Finanzierungsfehlbetrages im Grundsatz II.

Mit Hilfe dieser Grundsätze sollen *Kreditvolumen und Kreditstruktur* der Kreditinstitute den finanziellen Möglichkeiten angepaßt werden. Gleichzeit kann das Bundesaufsichtsamt durch Veränderungen der Grundsätze das Geld- und Kreditvolumen beeinflussen. Für die *Liquidität* sind daher die Grundsätze in zweierlei Hinsicht von Bedeutung. Einmal haben die Kreditinstitute bei ihren Dispositionen die Einhaltung der Grundsätze zu beachten, da hiervon im Bedarfsfalle die Finanzierungshilfe der Bundesbank abhängig ist, und zum anderen werden durch Veränderungen der Grundsätze die finanziellen Möglichkeiten der Kreditinstitute beeinflußt.

3. Mindestreserven

3.1 Wesen und Bedeutung

Mindestreserven sind unverzinsliche Guthaben, die auf Grund gesetzlicher Vorschriften von den Geschäftsbanken bei der Zentralbank zu unterhalten sind und die in einem bestimmten prozentualen Verhältnis zu den Einlagen (Sicht-, befristete und Spareinlagen) der Kundschaft sowie den kurz- und mittelfristig aufgenommenen Geldern von nichtmindestreservepflichtigen Unternehmungen und Privaten stehen.

Der Ausdruck „Mindestreserve" ist eine Übersetzung des Begriffs *„minimum reserve requirement"* aus der amerikanischen Bankliteratur.

Teilweise werden die Mindestreserven auch als Pflichtreserven, Barreserven oder Liquiditätsreserven bezeichnet. Bei den beiden letzten Ausdrücken ist jedoch zu berücksichtigen, daß diese Begriffe auch Mittel umfassen, die nicht zu den Mindestreserven zu rechnen sind; so sind in den Liquiditätsreserven auch Bankguthaben der Geschäftsbanken bei anderen Geschäftsbanken enthalten, während Mindestreserven nur bei der Zentralbank gehalten werden können.

Primär gehören die Mindestreseven zum *kreditpolitischen Instrumentarium* der Zentralbank und stellen ein Werkzeug der Währungs- und Kreditpolitik dar, mit dem es möglich ist, das Kreditvolumen der Banken zu beeinflussen (vgl. Seite 169). BBkG § 16

Sekundär bedeuten die Mindestreserven für die Kreditinstitute *Liquiditätsreserven*. Zwar können die Banken nicht unbeschränkt über diese Liquiditätsreserven verfügen, da sie in vorgeschriebener Höhe im Monatsdurchschnitt vorhanden sein müssen. Trotzdem wird die Liquidität der Kreditinstitute gestärkt, da die Mindestreserven – wie der Berechnungsmodus zeigt (s. u.) – vorübergehend zum Ausgleich von Zahlungsverkehrsspitzen verwendet werden können und im Falle akuter Liquiditätsanspannungen im Rahmen des Zahlungsverkehrs den betreffenden Kreditinstituten zur Verfügung stehen.

3.2 Geschichtliche Entwicklung

Die Verpflichtung zur Mindestreservehaltung erfolgte in Deutschland auf Grund der in den anglo-amerikanischen Ländern gesammelten Erfahrungen. Schon im vergangenen Jahrhundert gab es nämlich sowohl in England als auch in den USA sogenannte Mindestreserven.

Vor rund 140 Jahren wurde bereits im Staate New York das sogenannte *„safety fund system"* eingeführt. Dieses bestimmte, daß die Banken 3% ihres Grundkapitals in jährlichen Raten von ½% an einen staatlichen Garantiefonds abzuführen hatten. Mit Hilfe dieses Fonds sollten in Schwierigkeiten geratene Banken gestützt werden. In diesem Gesetz des Staates New York kam also erstmalig der Gedanke zum Ausdruck, durch die Festsetzung einer bestimmten Pflichtreserve ein wirtschaftspolitisches Ziel zu erreichen. Eigentliche Mindestreserven wurden allerdings erst in den Jahren nach 1840 durch einzelstaatliche Gesetze vorgeschrieben. Dabei hatten die Mindestreservevorschriften zuerst nicht die Aufgabe, als währungspolitisches Instrument zu dienen, sondern sie sollten die Zahlungsbereitschaft der Kreditinstitute gewährleisten.

Weitere Etappen auf dem Gebiet der Mindestreserven-Gesetzgebung waren die **National Bank Act von 1863,** welche die Reservehaltung der National Bank regelte, sowie die Novelle zu diesem Gesetz aus dem Jahre 1887 und die **Federál Reserve Act von 1913.** In diesen Gesetzen wurde festgelegt, daß Mindestreserven in Höhe eines bestimmten unveränderlichen Prozentsatzes gehalten werden mußten. Diese Unelastizität wurde erst mit der **Banking Act von 1935** aufgehoben, die dem Board of Governors of the Federal Reserve System die Ermächtigung erteilte, die jeweiligen Reservesätze festzulegen. Damit wurden die Mindestreserven auch ein Instrument der Währungspolitik. Heute erfüllen sie in allen Ländern, in denen entsprechende Vorschriften bestehen, primär die Funktion eines währungspolitischen Instrumentes der Notenbank.

In Deutschland wurden **1914** die ersten Vorschläge zur Einführung von Mindestreserven von dem damaligen Reichsbankpräsidenten von Havenstein gemacht. Er schlug den Großbanken vor, daß sie etwa 10% ihrer gesamten Kreditoren als Barreserve (Kassenbestand oder Giroguthaben bei der Reichsbank) unterhalten sollten, während für die Provinzbanken niedrigere Sätze, bis auf etwa 6% absinkend, in Aussicht genommen waren. Diese Gedanken gelangten aber noch nicht zur Verwirklichung. Das gleiche gilt für die Anregungen nach der *Bankenkrise* des Jahres **1931** und der darauffolgenden *Bankenenquete,* obwohl gerade in dieser Zeit wieder besonders offensichtlich wurde, wie wichtig es ist, den Kreditinstituten die Haltung von Liquiditätsreserven in bestimmter Höhe zur Auflage zu machen.

Durch das **Kreditwesengesetz von 1934** wurde die Reichsbank dann zwar ermächtigt, den Kreditinstituten eine Barreservehaltung von 10% der Verpflichtungen aufzuerlegen. Die Reichsbank hat jedoch von dieser Ermächtigung keinen Gebrauch gemacht.

3.3 Rechtliche Grundlagen

Nach dem Zweiten Weltkrieg bzw. nach der Währungsreform wurden – stark angelehnt an das amerikanische Vorbild – die Mindestreserven in Deutschland gesetzlich vorgeschrieben. Die ersten Gesetze hierzu waren:

(1) das Zweite Gesetz zur Neuordnung des Geldwesens – auch Emissionsgesetz genannt – vom 20. 6. 1948,
(2) das Gesetz über die Errichtung der Bank deutscher Länder von 1. 11. 1948,
(3) das Gesetz über die Landeszentralbanken vom 15. 4. 1949

Seit dem 1. 8. 1957 bilden die **Bestimmungen des Gesetzes über die Deutsche Bundesbank** die rechtliche **Grundlage für die Mindestreservehaltung.** Sie lauten in der Fassung vom 3. Mai 1976

„(1) Zur Beeinflussung des Geldumlaufs und der Kreditgewährung kann die Deutsche Bundesbank verlangen, daß die Kreditinstitute in Höhe eines Vom-Hundert-Satzes ihrer Verbindlichkeiten aus Sichteinlagen, befristeten Einlagen und Spareinlagen sowie aus aufgenommenen kurz- und mittelfristigen Geldern mit Ausnahme der Verbindlichkeiten gegenüber anderen mindestreservepflichtigen Kreditinstituten Guthaben auf Girokonto bei ihr zu unterhalten (Mindestreserve). Die Bank darf den Vom-Hundert-Satz

für die Sichtverbindlichkeiten nicht über dreißig,
für befristete Verbindlichkeiten nicht über zwanzig,
für Spareinlagen nicht über zehn

BBkG
§ 16

festsetzen; für Verbindlichkeiten gegenüber Gebietsfremden (§ 4 Abs. 1 Nr. 4 des Außenwirtschaftsgesetzes) darf sie jedoch den Vom-Hundert-Satz bis zu Hundert festsetzen.
Innerhalb dieser Grenzen kann sie die Vom-Hundert-Sätze nach allgemeinen Gesichtspunkten, insbesondere für einzelne Gruppen von Instituten, verschieden bemessen sowie bestimmte Verbindlichkeiten bei der Berechnung ausnehmen. Als eine Verbindlichkeit aus Sichteinlagen im Sinne des Satzes 1 gilt bei einem Kreditinstitut im Sinne des § 53 des Gesetzes über das Kreditwesen auch ein passiver Verrechnungssaldo.

(2) Das monatliche Durchschnittsguthaben eines Kreditinstituts bei der Deutschen Bundesbank (Ist-Reserve) muß mindestens die nach Absatz 1 festgesetzten Vom-Hundert-Sätze des Monatsdurchschnitts seiner reservepflichtigen Verbindlichkeiten (Reserve-Soll) erreichen. Die Bank erläßt nähere Bestimmungen über die Berechnung und Feststellung der Ist-Reserve und des Reserve-Solls.

(3) Die Deutsche Bundesbank kann für den Betrag, um die die Ist-Reserve das Reserve-Soll unterschreitet, einen Sonderzins bis zu drei vom Hundert über dem jeweiligen Lombardsatz erheben. Der Sonderzins soll nicht erhoben werden, wenn die Unterschreitung aus nicht vorhersehbaren Gründen unvermeidlich war oder das Kreditinstitut in Abwicklung getreten ist. Die Deutsche Bundesbank hat eine erhebliche oder wiederholte Unterschreitung der Bankaufsichtsbehörde mitzuteilen.

(4) Ländliche Kreditgenossenschaften, die einer Zentralkasse angeschlossen sind und kein Girokonto bei der Deutschen Bundesbank unterhalten, können die Mindestreserven bei ihrer Zentralkasse unterhalten; die Zentralkasse hat gleich hohe Guthaben bei der Deutschen Bundesbank zu unterhalten.

349

(5) Die nach diesem Gesetz zu unterhaltenden Mindestreserven sind auf die nach anderen Gesetzen zu unterhaltenden Liquiditätsreserven anzurechnen."

Eine Ergänzung zu den Bestimmungen des Bundesbankgesetzes über die Mindestreserven stellt die **„Anweisung der Deutschen Bundesbank über Mindestreserven (AMR)"** vom 11. 11. 1968 in der Fassung vom 20. Februar 1986 dar. Diese Anweisung wurde auf Grund der §§ 6 und 16 BBkG vom Zentralbankrat beschlossen und enthält ergänzende Bestimmungen über die reservepflichtigen Kreditinstitute, die reservepflichtigen Verbindlichkeiten sowie Ergänzungen über die Reservepflicht, die Berechnung des Reserve-Solls und der Ist-Reserve, den Sonderzins und die Reservemeldung.

Der *Mindestreservesatz* wird von der Deutschen Bundesbank der jeweiligen währungspolitischen Situation entsprechend festgesetzt. Mindestsätze sind im Gegensatz zur vorangegangenen Regelung des Emissionsgesetzes nicht mehr vorgesehen.

Nach § 2 AMR sind die Mindestreserven zu halten „für Verbindlichkeiten aus Einlagen und aufgenommenen Geldern, und zwar bei
a) Buchverbindlichkeiten einschl. Verbindlichkeiten aus Schuldverschreibungen, die auf den Namen oder, wenn sie nicht Teile einer Gesamtemission darstellen, an Order lauten, mit einer Befristung von weniger als vier Jahren,
b) Verbindlichkeiten aus Schuldverschreibungen, die auf den Inhaber oder, wenn sie Teile einer Gesamtemission darstellen, an Order lauten, mit einer Befristung von weniger als zwei Jahren,
sofern die Verbindlichkeiten nicht gegenüber selbst reservepflichtigen Kreditinstituten bestehen (reservepflichtige Verbindlichkeiten)."

„Zu den reservepflichtigen Verbindlichkeiten gehören auch
a) ein auf der Passivseite der Bilanz auszuweisender Verrechnungssaldo eines Kreditinstituts im Sinne von § 53 KWG,
b) Verbindlichkeiten aus Pensionsgeschäften, bei denen der Pensionsnehmer zur Rückgabe des in Pension genommenen Vermögensgegenstandes verpflichtet und der Vermögensgegenstand weiterhin dem Vermögen des pensionsgebenden Kreditinstituts zuzurechnen ist."

Von der nach § 16 Abs. 1 BBkG gegebenen Möglichkeit, die Mindestreservesätze unterschiedlich hoch anzusetzen, wird bei der Berechnung des Reserve-Solls derzeit wie folgt Gebrauch gemacht:

Die bis zum 1. März 1977 praktizierte **Differenzierung der Reservesätze nach der Größe der Institute** — gemessen an den mindestreservepflichtigen Einlagen — (Reserveklassensystem) wurde durch ein **Progressionsstaffelverfahren** ersetzt. Hiernach wurden die drei Arten der Verbindlichkeiten (Sichtverbindlichkeiten, befristete Verbindlichkeiten, Spareinlagen) in drei Stufen (bis 10 Mio DM; über 10 bis 100 Mio DM; über 100 Mio DM) mit von Stufe zu Stufe ansteigenden Reservesätzen belastet. Mit Wirkung vom 1. Mai 1986 an wurde schließlich die Reservesatzstruktur erneut geändert, und zwar insofern, als die Progressionsstufen bei den befristeten Verbindlichkeiten und den Spareinlagen abgeschafft wurden.

Die ab 1. Mai 1986 gültigen Mindestreservesätze lauten:

für Gebietsansässige	Reservesätze in vH für		
Progressionsstufen	Sichtverbind-lichkeiten	befristete Ver-bindlichkeiten	Sparein-lagen
bis 10 Mio DM	6,0	4,5	3,75
über 10 bis 100 Mio DM	9,0	4,5	3,75
über 100 Mio	11,0	4,5	3,75
für Gebietsfremde	11,0	4,5	3,75

Mindestreservepflichtige Verbindlichkeiten gegenüber Gebietsfremden werden derzeit – ohne Anwendung der Progressionsstufen – mit den Sätzen der höchsten Progressionsstufe für Verbindlichkeiten gegenüber Gebietsansässigen belegt.

Allerdings gibt es hier eine Kompensationsmöglichkeit, wonach die Verbindlichkeiten gegenüber Gebietsfremden in fremder Währung *in Höhe der Buchforderungen an Gebietsfremde* in fremder Währung mit einer Befristung von weniger als vier Jahren von der Reservepflicht freigestellt sind (§ 2 Abs. 4 e AMR).

Die reservepflichtigen Verbindlichkeiten aus Inhaber- oder Orderschuldverschreibungen sind auf dem Abstimmungsbogen, der die Grundlage für die Angaben in der Reservemeldung darstellt, bei den befristeten Verbindlichkeiten auszuweisen.

Das sogenannte **Nebenplatzprivileg**, das mit Einführung des Progressionsstaffelverfahrens zum 1. 3. 1977 zunächst für Nebenplätze mit einem gleichbleibenden Abschlag von einem Prozentpunkt bei den Sichtverbindlichkeiten, und einem halben Prozentpunkt bei den Spareinlagen gegenüber den Mindestreservesätzen an Bankplätzen beibehalten wurde, ist vom Zentralbankrat mit Wirkung vom 1. März 1978 aufgehoben worden. Gleichzeitig wurde beschlossen, daß ab 1. März 1978 diejenigen Kreditinstitute, die die täglichen Bestände an inländischen gesetzlichen Zahlungsmitteln ordnungsgemäß nachweisen, den Durchschnittsbetrag der im meldepflichtigen Zeitraum in den Kassenbüchern aufgenommenen inländischen gesetzlichen Zahlungsmittel von ihren Mindestreserve-Verpflichtungen absetzen können (s. unten).

Die Staffelung nach der Höhe des Einlagenbestandes berücksichtigt das unterschiedliche Kreditvolumen der einzelnen Institute. Dabei wird davon ausgegangen, daß mit der Größe eines Instituts das Kreditvolumen progressiv steigt, so daß ein für alle Kreditinstitute einheitlicher Satz eine geringe Belastung für die großen Institute und eine Benachteiligung der kleinen Banken bedeuten würde.

3.4 Berechnung der Mindestreserven

Das **Reserve-Soll** ergibt sich durch Anwendung der von der Bundesbank angeordneten Reservesätze auf die reservepflichtigen Verbindlichkeiten. Maßgeblich für die Berechnung ist der *Monatsdurchschnitt der reservepflichtigen Verbindlichkeiten.*

Der Monatsdurchschnitt der reservepflichtigen Verbindlichkeiten ist entweder aus den Endständen der Geschäftstage und geschäftsfreien Tage in der Zeit vom 16. des Vormonats bis zum 15. des laufenden Monats oder aus den Endständen folgender vier Stichtage zu errechnen:

  23. Tag des Vormonats,
      letzter Tag des Vormonats,
   7. Tag des laufenden Monats,
  15. Tag des laufenden Monats,

Die kalendertäglichen Berechnungsweise kann bei einzelnen Kreditinstituten ganz oder teilweise vorgeschrieben werden, wenn Grund zu der Annahme besteht, daß das Kreditinstitut den Stand der reservepflichtigen Verbindlichkeiten an den vier Stichtagen beeinflußt hat, um ihn unter den Betrag herabzudrücken, der sich bei der kalendertäglichen Berechnungsweise ergeben würde, oder der nach Stichtagen ermittelte Stand der reservepflichtigen Verbindlichkeiten nicht nur ausnahmsweise wesentlich unter dem kalendertäglich ermittelten Monatsdurchschnitt liegt.

Von dem in dieser Weise ermittelten Betrag (vgl. „Mindestreservemeldung" Seite 335) ist dann der Durchschnitt aus den an sämtlichen Tagen vom Ersten bis zum Ultimo des laufenden Monats zum Geschäftsschluß in den Kassenbüchern aufgenommenen Beständen an inländischen gesetzlichen Zahlungsmitteln abzusetzen. Als Bestand an geschäftsfreien Tagen gilt der an dem vorhergehenden Geschäftstag festgestellte Bestand. Die Anrechnung des durchschnittlichen Bestandes an inländischen gesetzlichen Zahlungsmitteln ist auf 50% des Reserve-Solls begrenzt.

Zur Erleichterung der Mindestreservedisposition am Monatsende kann bei der Berechnung des absetzbaren Durchschnittsbestandes an Stelle des jeweiligen tatsächlichen Tagesbestandes an den letzten beiden Geschäftstagen der jeweilige Durchschnitt aus den Beständen der entsprechenden Geschäftstage der vorangegangenen zwölf Monate zugrunde gelegt werden. Die Kreditinstitute haben sich zu Beginn eines jeden Kalenderjahres für das Berechnungsverfahren nach dieser Vorschrift zu entscheiden. Das gewählte Verfahren ist während des gesamten Kalenderjahres anzuwenden.

Als **Ist-Reserve** gilt der Monatsdurchschnitt des bei der Bundesbank bzw. Zentralkasse unterhaltenen Guthabens. Errechnet wird das Reserve-Ist aus dem Stand des betreffenden Guthabens am Ende sämtlicher Tage des Monats. Am Monatsende wird die Ist-Reserve dem Kreditinstitut von der Bundesbank bzw. Zentralkasse mitgeteilt.

Banknummer — Prüfziffer

Reservemeldung (§ 9 AMR) für _Monat, Jahr_ September 1986

Firma und Sitz des Kreditinstituts/der Niederlassung

Bankengruppe

Einzelmeldung [X]
Zahl der einbezogenen
Niederlassungen _8_

Sammelmeldung¹⁾ [ ]
Zahl der abgegebenen
Einzelmeldungen _____

(Von Niederlassungen von Filial-Kreditinstituten nur in den stark umrandeten Teilen auszufüllen)
– Beträge, soweit nicht anders angegeben, in Tsd DM –

Zutreffendes ankreuzen [X] oder ausfüllen

Berechnung des Reserve-Solls für	Monatsdurchschnitte der reservepflichtigen Verbindlichkeiten	Reservesatz	Reserve-Soll DM²⁾
	1	2	3

I. Verbindlichkeiten gegenüber Gebietsansässigen (Rücks. IV b)

a) Sichtverbindlichkeiten insgesamt	¹ 211.000		
davon Progressionsstufe 1 (bis 10 Mio DM)	10.000	6,0 %	600.000
Progressionsstufe 2 (über 10 bis 100 Mio DM)	90.000	9,0 %	8.100.000
Progressionsstufe 3 (über 100 Mio DM)	111.000	11,0 %	12.210.000
b) Befristete Verbindlichkeiten	² 582.000	4,5 %	26.190.000
c) Spareinlagen	³ 140.000	3,75 %	5.250.000
d) Summen Gebietsansässige	933.000		52.350.000

II. Verbindlichkeiten gegenüber Gebietsfremden (Rücks. V b)

a) Sichtverbindlichkeiten	⁴ 47.000	11,0 %	5.170.000
b) Befristete Verbindlichkeiten	⁵ 2.000	4,5 %	90.000
c) Spareinlagen	⁶ 1.000	3,75 %	37.500
d) Summen Gebietsfremde	50.000		5.297.500

III. Monatsdurchschnitt der reservepflichtigen Verbindlichkeiten (Summe Spalte 1, Zeilen I d + II d)	⁸ 983.000	Reserve-Soll gemäß § 5 Abs. 1 AMR (Summe Spalte 3, Zeilen I d + II d)	⁹ 57.647.500

Am³⁾ (Buchungsschluß)	Gemäß § 2 Abs. 3 AMR kompensierte täglich fällige Verbindlichkeiten	Gemäß § 2 Abs. 4–5 AMR freigestellte Verbindlichkeiten
	4	5
23. Tag des Vormonats		
letzten Tag des Vormonats	10	
7. Tag des lfd. Monats		
15. Tag des lfd. Monats		

Ort, Datum

Firma und Unterschrift

Sachbearbeiter

Telefon Nr.

An
Landeszentralbank

_____⁴⁾
Zuständige Zweiganstalt

Nur für Vermerk der LZB
Kontrolliert

Anmerkungen siehe Rückseite

Vordr. 1500 04.86 – 6 5 4 3 2 1

Mindestreservemeldung

Die Pflicht zur Unterhaltung von Mindestreserven ist erfüllt, wenn die ermittelte Ist-Reserve das Reserve-Soll erreicht. Ist das Reserve-Soll unterschritten, so ist ein **Sonderzins** auf den Fehlbetrag für 30 Tage in der jeweils von der Bundesbank angeordneten Höhe zu entrichten (z. Z. 3 vH über dem Lombardsatz).

Die Höhe der Reservesätze wird von der Bundesbank öffentlich bekanntgemacht.

Aufgaben:

I. 1. Wie unterscheiden sich die befristeten Verbindlichkeiten von den Spareinlagen, und worin liegt der Grund für ihre unterschiedliche Verzinsung?
   2. Welche Gründe waren entscheidend für die Aufnahme besonderer Vorschriften für Spareinlagen in das Kreditwesengesetz?
   3. Welchen Rechtscharakter hat das Sparbuch, und welche Funktionen hat es im übrigen zu erfüllen?
   4. Welche Verfügungsmöglichkeiten hat der Kunde im Sparverkehr?
   5. Welche Kündigungsfristen sind im Spargeschäft zu unterscheiden, und auf welchen Bestimmungen des KWG ist der Kunde bei der Eröffnung eines Sparkontos ausdrücklich hinzuweisen?
   6. Worin besteht die besondere Sicherheit der Spareinlagen bei den Sparkassen, und wie ist in diesem Zusammenhang der Begriff der Mündelsicherheit zu erklären?
   7. Beschreiben Sie Arten der Einlagensicherung in der Bundesrepublik Deutschland.
   8. Analysieren Sie die „Grundsätze über das Eigenkapital und die Liquidität", und stellen Sie die Bedeutung dar, die diesen Grundsätzen im Hinblick auf die finanziellen Möglichkeiten der Kreditinstitute zukommt!
   9. Welchen Zwecken dient die Unterhaltung von Mindestreserven im Zentralbanksystem? (Erklären Sie die Verpflichtung zur Mindestreservehaltung aus ihrer geschichtlichen Entwicklung!)
   10. Wer setzt die Mindestreservesätze fest, wie hoch sind sie z. Z. für die verschiedenen Progressionsstufen, und wie werden die Mindestreserven berechnet?

II. Ein verheirateter Angestellter mit zwei minderjährigen Kindern interessiert sich für eine vom Gesetzgeber im Rahmen des Sparförderungsprogramms vorgesehene Form des Kontensparens und bittet um diesbezügliche Informationen.
   Beantworten Sie schriftlich die Anfrage Ihres Kunden!

III. Die Eheleute Heinrich und Anna W. leben im gesetzlichen Güterstand und unterhalten bei der Sparkasse S ein auf ihrer beider Namen lautendes Sparkonto mit gesetzlicher Kündigungsfrist, das ein Guthaben von rund 5000,– DM aufweist. Aus Gründen der Sicherheit haben sie ihr Sparkassenbuch während einer gemeinsamen Urlaubsreise bei der Sparkasse S hinterlegt. – Während der Abwesenheit seiner Eltern spricht eines Tages der 17 Jahre alte Sohn M bei der Sparkasse vor und bittet – unter Vorlage einer von seiner Mutter ohne Wissen seines Vaters unterschriebenen Vollmacht zur Verfügung über das Sparkonto – um Auszahlung von 3000.– DM, um damit die Kosten einer längeren Seereise zu bestreiten.
   Der Sparkassenangestellte A, der den Sohn und seine Mutter persönlich gut kennt, zahlt den Betrag aus unter Berechnung der üblichen Vorschußzinsen.

Nach der Rückkehr aus dem Urlaub erfährt der Vater von der Abhebung und der Reise seines Sohnes. Es kommt zwischen den Eheleuten zum Streit und Heinrich W. verlangt von der S, daß der abgehobene Betrag dem Konto wieder erkannt werde. S habe an einen Minderjährigen gezahlt, er sei als Mitinhaber des Kontos nicht gefragt worden, und außerdem habe der abgehobene Betrag drei Monate vorher gekündigt werden müssen.

a) Hat die Sparkasse S den Betrag mit befreiender Wirkung ausgezahlt?
b) Wie wäre es, wenn der Betrag auf 900,– DM gelautet hätte?
c) Würden sich die Rechtsfolgen ändern, wenn das Sparkassenbuch nicht bei der S hinterlegt gewesen wäre, sondern M es selbst – ohne Wissen seiner Eltern – zum Zwecke der Abhebung von 3000.– DM bzw. 900.– DM vorgelegt hätte?

Exkurs: Refinanzierung durch Wechsel, Effekten und Ausgleichsforderungen

Bei der Refinanzierung handelt es sich um Maßnahmen der Geldbeschaffung von Kreditinstituten bei anderen Geschäftsbanken und der Notenbank durch Verkauf oder Verpfändung von Wechseln, Effekten und Ausgleichsforderungen.

1. Geschichtliche Entwicklung, Bilanzierung und Bedeutung

Voraussetzung für die Refinanzierung eines Kreditinstituts ist die Bereitschaft eines anderen Instituts oder einer ähnlichen Einrichtung, die angebotenen Vermögenswerte aufzunehmen und als Gegenwert liquide Mittel zur Verfügung zu stellen.

Während die einzelnen Kreditinstitute ursprünglich ihre Geschäfte isoliert voneinander betrieben, entstanden im Laufe der Zeit immer engere Beziehungen zwischen den Banken, da es sich als notwendig erwies, sich jederzeit bei Bedarf an flüssigen Mitteln gegenseitig zu unterstützen. Mit der zunehmenden Konzentration und Zentralisation im Bankwesen und dem Aufbau von geschlossenen Organisationen im Kreditgewerbe wurden zwar die einzelnen Intitute bzw. Institutsgruppen unabhängiger; zugleich wurde aber dadurch der Kreis der Banken, die sich gegenseitig liquide Mittel zur Verfügung stellen konnten, kleiner.

Heute ist die **Deutsche Bundesbank die entscheidende Refinanzierungsquelle** für sämtliche Kreditinstitute. Daneben haben die Banken die Möglichkeit, sich am Geldmarkt flüssige Mittel zu beschaffen, an dem Notenbankguthaben und Geldmarkttitel gehandelt werden. Als Geschäftspartner kommen also neben der Notenbank die Geschäftsbanken und öffentlichen Verwaltungen in Frage.

In der *Bankbilanz* schlägt sich die Refinanzierung in verschiedenen Positionen nieder:

(1) Die **Rediskontierung von Handelswechseln** bedeutet eine Verminderung des Wechselbestandes, eine Zunahme der LZB-Guthaben und eine Erhöhung der „unter dem Strich" befindlichen Position *„Indossamentsverbindlichkeiten aus weitergegebenen Wechseln"*.

(2) Die **Weitergabe eigener Akzepte** in den Geldmarkt bewirkt eine Erhöhung der LZB-Guthaben bzw. anderer Zahlungsverkehrsguthaben sowie eine Erhöhung der Passivposten *„Eigene Akzepte und Solawechsel im Umlauf"*.

(3) Dem Kunden **abgerechnete eigene Ziehungen** werden im Jahresabschluß wie Handelswechsel behandelt. Dagegen erscheinen die **nicht abgerechneten eigenen Ziehungen** nach ihrer Verwendung zur Refinanzierung in der Bilanz unter dem Strich.

(4) Die **Lombardierung von Wertrechten und Wertpapieren** wird in der Position *„Verbindlichkeiten gegenüber Kreditinstituten"* erfaßt.

(5) Beim **Verkauf von Effekten und Ausgleichsforderungen** erfolgt dagegen nur ein Aktivtausch; die genannten Bilanzpositionen der Passivseite verändern sich nicht.

Die Bedeutung der Refinanzierung liegt in erster Linie in der *Erhöhung der Liquidität* der Geschäftsbanken. Die Möglichkeiten der Refinanzierung werden zum Teil aber auch über die Erfordernisse des Geschäftsverkehrs hinaus ausgenutzt, wenn eine Bilanz erstellt werden muß, nach welcher Außenstehende ein Urteil über die Liquidität eines Instituts fällen.

Außerdem kann die Rediskontierung von Wechseln zweckmäßig sein, um durch den *Abschluß neuer Geschäfte* mit Hilfe der zusätzlichen flüssigen Mittel den Ertrag zu steigern. Auch die kurzfristige Lombardierung von Effekten, z.B. zur Überbrückung einer Anspannung am Ultimo, kann sich lohnen, wenn dadurch eine sonst notwendige Verminderung ertragbringender Geldanlagen vermieden werden kann.

2. Rechtliche Grundlagen

Sofern die Refinanzierung bei einer anderen Geschäftbank erfolgt, gelten die entsprechenden gesetzlichen Vorschriften des Privatrechts, also insbesondere des Bürgerlichen Gesetzbuches, Handelsgesetzbuches und Wechselrechts, soweit nicht abweichende vertragliche Vereinbarungen getroffen werden.

Für die Refinanzierung bei der Deutschen Bundesbank ist als rechtliche Grundlage zunächst § 3 BBkG zu nennen. Danach hat die Deutsche Bundesbank die Aufgabe, die *„Kreditversorgung der Wirtschaft"* zu regeln. Aus dieser Vorschrift kann geschlossen werden, daß die Bundesbank auch dazu berufen ist, den Geschäftsbanken als Refinanzierungsstelle zu dienen. Ein Recht auf Kredit können die Banken daraus zwar nicht ableiten; sofern sich die einzelne Geschäftsbank aber an die noch näher zu erläuternden Bestimmungen der Bundesbank hält, kann sie damit rechnen, daß ihr im Rahmen ihres Kontingentes Kredit gewährt wird. Die Nichteinhaltung von Vorschriften der Bundesbank, und zwar auch solcher, die sich nicht direkt auf die Refinanzierung beziehen (z. B. Mindestreservevorschriften), kann jedoch auch dazu führen, daß das betreffende Kreditinstitut von der Bundesbank keine Mittel mehr zur Verfügung gestellt bekommt. Die einzelnen Refinanzierungsgeschäfte sind im Gesetz über die Deutsche Bundesbank wie folgt geregelt:

§ 15 Diskont-, Kredit- und Offenmarkt-Politik,
§ 19 Geschäfte mit Kreditinstituten,
§ 21 Geschäfte am offenen Markt,
§ 24 Beleihung und Ankauf von Ausgleichsforderungen.

Die Gewährung verzinslicher Darlehen (*Lombardkredite*) **ist der Bundesbank nur gegen folgende Sicherheiten möglich:**

BBkG
§ 19,1
Ziff. 3

(1) gegen *Wechsel,* die den Anforderungen gem. § 19 Abs. 1 Ziff. 1 BBkG entsprechen, zu höchstens 90% ihres Nennbetrages;

(2) gegen *Schatzwechsel* des Bundes, eines Sondervermögens des Bundes und der Länder, die innerhalb von drei Monaten fällig sind, ebenfalls zu höchstens 90% ihres Nennwertes;

(3) gegen bestimmte *festverzinsliche Wertpapiere sowie gegen festverzinsliche Schuldverschreibungen und Schuldbuchforderungen des Bundes, eines Sondervermögens des Bundes oder eines Landes* zu höchstens 75% ihres Kurswertes; besteht für Werte dieser Art kein Börsenkurs, so setzt die Bundesbank den einer Beleihung zugrunde zu legenden Wert nach der bestehenden Verwertungsmöglichkeit fest;

(4) gegen *unverzinsliche Schatzanweisungen,* die, vom Tage der Beleihung an gerechnet, innerhalb eines Jahres fällig sind, zu höchstens 75% ihres Nennbetrages;

(5) gegen *Ausgleichsforderungen* bis zu 75% des Nennbetrages.

Die Laufzeit dieser Lombardkredite darf höchstens 3 Monate betragen.

Zur Regelung des Geldmarktes darf die Bundesbank ferner am offenen Markt folgende Papiere zu Marktsätzen kaufen und verkaufen:

(1) *Wechsel,* die den Vorschriften des § 19 Ziff. 1 entsprechen;

§ 21

(2) *Schatzwechsel* und Schatzanweisungen des Bundes, bestimmter Sondervermögen des Bundes sowie der Länder;

(3) *Schuldverschreibungen und Schuldbuchforderungen des Bundes, bestimmter Sondervermögen des Bundes und der Länder;*

(4) andere zum amtlichen Börsenhandel zugelassene *Schuldverschreibungen.*

BBkG
§ 24, 1
§ 24, 2
Die Beleihung und der Ankauf von Ausgleichsforderungen sind besonders geregelt. Danach darf die Bundesbank Kreditinstituten, Versicherungsunternehmen und Bausparkassen Darlehen gegen Verpfändung von Ausgleichsforderungen gewähren, soweit und solange es zur Aufrechterhaltung der Zahlungsbereitschaft des Verpfänders erforderlich ist. Außerdem ist die Bundesbank befugt, Ausgleichsforderungen unter bestimmten Voraussetzungen anzukaufen.

3. Arten der Refinanzierung

3.1 Rediskontierung von Wechseln

Grundlage für die Geschäftsabwicklung bei der Rediskontierung von Wechseln durch die Deutsche Bundesbank sind einmal die Bestimmungen des Gesetzes über die Deutsche Bundesbank, andererseits die entsprechenden Vorschriften der „Allgemeinen Geschäftsbedingungen der Deutschen Bundesbank", die im sogenannten „Grünen Buch" niedergelegt sind. Daraus ergibt sich, daß sowohl in formeller als auch in qualitativer Hinsicht sehr strenge Maßstäbe angelegt werden. Sind die formellen und qualitativen Anforderungen an die der Bundesbank zur Rediskontierung eingereichten Wechsel nicht erfüllt, lehnt die Bundesbank die Rediskontierung ab.

3.1.1 Formelle Anforderungen

(Auszug aus dem Merkblatt für die Form der zum Ankauf geeigneten Wechsel)

(1) Die **Wechsel** müssen **auf Vordrucken** gemäß Normblatt DIN 5004 – Ausgabe Mai 1968 – ausgeschrieben sein.

(2) **Eine Änderung der** im Artikel 1 des Wechselgesetzes genannten **Bestandteile** der Wechselurkunde macht den Wechsel für den Ankauf **ungeeignet.** Der Zahlstellenvermerk darf ebenfalls nicht geändert sein.

(3) **Zerrissene Wechsel** sind vom Ankauf **ausgeschlossen;** das gilt auch dann, wenn die auseinandergerissenen Teile wieder zusammengeklebt oder in anderer Weise miteinander verbunden sind.

(4) Als **Ausstellungsort** muß ein wirklich **vorhandener Ort** angegeben werden; er braucht nicht mit dem Wohnsitz oder Sitz des Ausstellers übereinzustimmen.

(5) Die **Monatsbezeichnung** im Ausstellungs- und Verfalldatum ist in Buchstaben zu schreiben; allgemein übliche und verständliche Abkürzungen (z. B. Okt. statt Oktober) werden nicht beanstandet.

358

(6) Die **Wechselsumme** muß in Ziffern und Buchstaben angegeben werden; bei der Wiederholung der Wechselsumme in Buchstaben bleiben die Pfennigbeträge weg.

(7) Zur **Angabe der Firma** in Wechselunterschriften dürfen *umrandete Stempel nicht* verwendet werden.

(8) Das **Indossament** an den Verkäufer muß ein *Vollindossament* sein; das Indossament des Verkäufers muß „An Landeszentralbank" (ohne Angabe des Landes und der Stelle) lauten.

(9) Die Wechsel müssen nach den **Vorschriften des Wechselsteuergesetzes** *versteuert* sein.

3.1.2 Qualitative Anforderungen

Die Landeszentralbanken rediskontieren nur Wechsel, die folgenden Ansprüchen genügen (**bundesbankfähige Wechsel**) gemäß Beschluß des Zentralbankrates vom 3. März 1977.

(1) Auf den Wechseln sollen (mindestens) **3 als zahlungsfähig bekannte Verpflichtete** haften; die Bundesbank kann sich mit zwei Unterschriften begnügen, wenn die Sicherheit des Wechsels in anderer Weise gewährleistet ist.

(2) Die Wechsel müssen **innerhalb von 3 Monaten** nach dem Tage des Ankaufs **fällig** sein.

(3) Die Wechsel sollen **gute Handelswechsel** sein; als Handelswechsel im Sinne von § 19, Abs. 1, Nr. 1 BBkG werden solche Wechsel angekauft, die auf Grund von Warenlieferungen oder von Dienstleistungen zwischen Unternehmen und/oder wirtschaftlich Selbständigen begeben worden sind (Globaldefinition). Der Verkäufer ist verpflichtet, auf Verlangen über die geschäftliche Grundlage der Wechsel Auskunft zu geben (sog. **Grundgeschäftserklärung**).

(4) **Prolongationen** zu Handelswechseln können diskontiert werden, soweit sie nicht auf Zahlungsschwierigkeiten der Wechselverpflichteten beruhen.

(5) Alle **Bankakzepte und Teilzahlungswechsel,** die die allgemeinen Voraussetzungen für Handelswechsel erfüllen, sind ankaufsfähig.

(6) Die Wechsel müssen **bei einer Stelle der Bundesbank** oder bei einem anderen Kreditinstitut an einem Bankplatz **zahlbar** sein.

(7) Gezogene Wechsel müssen mit einer **Annahmeerklärung** versehen sein. Gezogene Nachsicht-Wechsel müssen eine datierte Annahmeerklärung, eigene Nachsicht-Wechsel einen datierten Sichtvermerk tragen.

Finanz- und Konsumwechsel werden nicht angekauft. Ziehungen von Kreditinstituten auf ihre Debitoren – sogenannte Debitorenziehungen oder Eigene Ziehungen – gelten als Finanzwechsel und sind demzufolge nicht ankaufsfähig; lediglich Ziehungen auf Grund eigener Warengeschäfte eines Kreditinstitutes und – unter bestimmten Voraussetzungen – auch sogenannte Holzkaufwechsel können weiterhin bei der Bundesbank diskontiert werden.

Die bisher wiedergegebenen Bestimmungen, insbesondere soweit sie nicht rein formeller Natur sind, werden von der Bundesbank nicht starr gehandhabt und als ein Instrument der Währungspolitik der jeweiligen Wirtschaftslage nach Bedarf angepaßt. Dies kam und kommt u.a. zum Ausdruck beim Ankauf von Bankakzepten, gilt aber auch für die Beschränkung der Rediskontierung von Teilzahlungswechseln oder Wechseln, die der Zwischenfinanzierung von Bauvorhaben dienen. In entsprechender Weise wirkt zum Beispiel die Bevorzugung von Getreide- und Futtermittelwechseln, die mit einer Standardlaufzeit von drei Monaten hereingenommen werden, auch wenn die Abwicklung des zugrunde liegenden Warengeschäftes geringere Zeit in Anspruch nimmt.

3.1.3 Quantitative Beschränkungen

Neben den bisher erläuterten qualitativen Anforderungen bestehen quantitative Beschränkungen für die Refinanzierung in Form der sogenannten **Rediskontkontingente.** Der Zentralbankrat setzt, differenziert nach Institutsgruppen, Normkontingente fest, die auf der Grundlage des haftenden Eigenkapitals bemessen werden. Die Festsetzung der Kontingente für die einzelnen Institute übernehmen dann die Vorstände der zuständigen Landeszentralbanken bzw. bei Instituten mit zentralen Aufgaben im ganzen Bundesgebiet das Direktorium der Bundesbank. Diese Rediskontkontingente geben die Höchstgrenze an, bis zu der die Rediskontierung von Wechseln vorgenommen wird.

Ausgenommen davon sind Solawechsel, die im Rahmen der von der Bundesbank für die Finanzierung mittel- und langfristiger Exportgeschäfte eingeräumten Rediskontlinie Plafond B mit dem Indossament der Ausfuhrkredit-Gesellschaft versehen sind. Das gleiche gilt für die Wechsel, die im Rahmen der der Gesellschaft zur Finanzierung von Industrieanlagen mbH eingeräumten Rediskontlinie Plafond II ausgestellt sind (vgl. Geschäftsbericht der Bundesbank für das Jahr 1980).

Das festgesetzte Rediskontingent darf nicht, auch nicht vorübergehend, überschritten werden. Ein Kreditinstitut, dessen Kontingent erschöpft ist, kann auf den Lombardkredit ausweichen.

Die Methode der Kontingentbemessung kann entsprechend der wirtschaftspolitischen Gesamtsituation variiert werden. In den Händen der Bundesbank ist deshalb das Rediskontlimit ein wichtiges Instrument zur Beeinflussung der Liquidität der Geschäftsbanken und des Geldvolumens.

3.2 Lombardierung von Wechseln, Effekten und Ausgleichsforderungen

Eine weitere Art der Refinanzierung besteht in der Aufnahme von Lombardkrediten, d. h. verzinslicher Darlehen gegen Pfänder, wobei die Laufzeit höchstens 3 Monate betragen darf. Die Gewährung von Lombardkrediten zum Lombardsatz kann jedoch aus kreditpolitischen Gründen allgemein ausgesetzt werden. Über die beleihbaren Werte sowie die dafür maßgeblichen Beleihungsgrenzen gibt das im Bundesanzeiger und in den Mitteilungen der Bundesbank veröffentlichte „Verzeichnis der bei der Deutschen Bundesbank beleihbaren Wertpapiere" **(Lombardverzeichnis)** im einzelnen Aufschluß.

BBkG
§ 24, 1
Darlehen gegen Verpfändung von Ausgleichsforderungen darf die Bundesbank nur gewähren, soweit und solange es zur Aufrechterhaltung der Zahlungsbereitschaft des Verpfänders erforderlich ist.

Grundsätzlich sind Wechsel, die nach den geltenden Bestimmungen nicht angekauft werden können, auch nicht lombardierbar. Eine Ausnahme bilden lediglich die über den *Plafond A* der Ausfuhrkredit-Gesellschaft finanzierten Sola-Wechsel deutscher Exporteure, die von der Bundesbank zwar nicht angekauft, aber lombardiert werden können.

Die Lombardierung erfolgt normalerweise gegen einen **Pfandschein,** auf welchem der Kreditgeber dem Kreditnehmer bestätigt, daß er bestimmte Pfänder erhalten hat. In entsprechender Weise erhalten die Geschäftsbanken, die einen Lombardkredit bei der Bundesbank aufnehmen, einen derartigen Pfandschein. Auf diesem verzeichnet die Bundesbank die gestellten Pfänder und die geleisteten Zahlungen.

Eine Besonderheit stellt der sogenannte **Giroüberzugspfandschein** dar. Er besteht aus einer schriftlich der Bundesbank gegebenen Ermächtigung zur Deckung eines etwaigen Debetsaldos auf dem Girokonto der Geschäftsbank durch die bei der Bundesbank hinterlegten Effekten und Wechsel der Geschäftsbank und erhöht die Beweglichkeit der Institute bei der Inanspruchnahme von Lombardkrediten wesentlich.

Die **technische Abwicklung** erfolgt durch Eintragung eines entsprechenden Postens auf dem Pfandschein und Gutschrift des Gegenwertes auf dem Girokonto. Auf diese Weise ist es bei einem ausreichenden Wertpapierbestand bei der Bundesbank praktisch nicht möglich, daß das Girokonto einer Geschäftsbank ins Debet kommt oder zur Deckung einer Verpflichtung nicht ausreicht. Diese Handhabung bedeutet insbesondere dann eine erhebliche Erleichterung für die Geschäftsbanken, wenn sie am Abrechnungsverkehr der Bundesbank teilnehmen; denn nicht immer läßt es sich genau überblicken, ob das Guthaben auf dem Girokonto zur Erfüllung der aus dem Abrechnungsverkehr entstehenden Verpflichtungen ausreicht. Vor allem ist z.B. an Schecks zu denken, die in täglich wechselnder Höhe dem Institut zur Einlösung präsentiert werden. Eine Auffüllung des Girokontos durch einen Lombardkredit mittels Giroüberzugspfandscheines bietet deshalb gegebenenfalls einen zweckmäßigen Ausweg.

Obwohl der **Lombardsatz** der Landeszentralbank *normalerweise* 1% über dem Diskontsatz liegt, bei einem Diskontsatz von z.B. 4% also 5% beträgt, wird der Lombardkredit von den Geschäftsbanken relativ häufig in Anspruch genommen. Manchmal sind die Banken sogar dazu gezwungen, wenn nämlich ihr Rediskontkontingent erschöpft ist und sie sich auf anderem Wege die notwendigen Mittel nicht beschaffen können.

3.3 Geschäfte der Bundesbank am offenen Markt

Zur Beeinflussung der währungspolitischen Lage bedient sich die Deutsche Bundesbank der Offenmarktpolitik, d.h. sie kauft oder verkauft Wertpapiere am offenen Markt. In erster Linie erstreckt sich dieser Handel auf Schatzwechsel und unverzinsliche Schatzanweisungen des Bundes, seiner Sondervermögen und der Länder sowie auf Solawechsel der Einfuhr- und Vorratsstellen, ferner Kassenobligationen des Bundes, der Bundesbahn, der Bundespost und der Länder, soweit diese noch eine Restlaufzeit bis zu 18 Monaten haben. Beim An- und Verkauf von Privatdiskonten am Geldmarkt kontrahiert die Bundesbank nur mit der Privatdiskont-Aktiengesellschaft. Festverzinsliche Wertpapiere sind zur Zeit nur in unbedeutendem Maße Gegenstand der Offenmarktgeschäfte.

Zur Erweiterung der Möglichkeiten der Bundesbank in der Offenmarktpolitik hat der Bund gemäß §§ 42 und 42a BBkG der Bundesbank auf Verlangen bis zum Nennbetrag der ihr gegen den Bund zustehenden Ausgleichsforderungen (rund 8,1 Mrd. DM) Schatzwechsel und verzinsliche Schatzanweisungen (**Mobilisierungspapiere**) und – falls solche Papiere bis zum Nennbetrag der Ausgleichsforderung in Umlauf gebracht worden sind – weitere Schatzwechsel und unverzinsliche Schatzanweisungen bis zum Höchstbetrag von 8 Mrd. DM (**Liquiditätspapiere**) auszuhändigen. Die Möglichkeit der Abgabe von Liquiditätspapieren ist der Bundesbank durch die Änderung und Ergänzung des Gesetzes über die Deutsche Bundesbank (§§ 42 und 42a) durch § 29 des Gesetzes zur Förderung der Stabilität und des Wachstums der Wirtschaft vom 8. Juni 1967 (BGBl. I S. 582) eingeräumt worden. Die Gegenwerte aus den abgegebenen Mobilisierungs- und Liquiditätspapieren fließen nicht dem Bund zu. Die Papiere sind bei Fälligkeit von der Bundesbank einzulösen.

Durch den Verkauf dieser Papiere am offenen Markt ist die Bundesbank in der Lage, der Wirtschaft erhebliche Beträge an flüssigen Mitteln zu entziehen, den Geldumlauf also fühlbar zu reduzieren. Umgekehrt kann sie – sofern es die wirtschaftliche Situation erfordert – durch Rückkauf der Papiere den Geldumlauf vergrößern. Die Wirksamkeit dieses währungspolitischen Instruments der Bundesbank hängt jedoch davon ab, inwieweit die Geschäftsbanken diese Papiere zu kaufen oder zu verkaufen bereit sind.

Wenn es zur Regelung des Geldmarktes angezeigt erscheint, verkauft die Bundesbank aber auch im Rahmen ihrer Offenmarktgeschäfte unverzinsliche Schatzanweisungen, die sie nicht vor Fälligkeit zurücknimmt, dafür aber höher verzinst (Beschluß vom 31. März 1971).

Die Sätze, zu denen die Offen-Markt-Papiere angekauft und verkauft werden, ändern sich häufig und werden von der Bundesbank je nach der Geldmarktlage festgesetzt. Im allgemeinen liegen die Ankaufsätze ⅛% über den Abgabesätzen. Die Möglichkeit der Refinanzierung besteht für die Geschäftsbanken darin, daß sie bei entsprechender Offenmarktpolitik der Zentralbanken in der Lage sind, Schatzwechsel und Schatzanweisungen abzusetzen, wenn sie liquide Mittel benötigen. Allerdings müssen die Geschäftsbanken in ihren Dispositionen berücksichtigen, daß die Bundesbank diese Art der Refinanzierung sehr erschweren bzw. sogar ausschließen kann, sofern die kreditpolitische Situation solche Einschränkungen angebracht erscheinen läßt (siehe oben).

3.4 Ankauf von Ausgleichsforderungen seitens der Bundesbank

Neben diesen normalen Formen der Geldbeschaffung bei der Deutschen Bundesbank haben die Geschäftsbanken im Notfall die Möglichkeit, sich durch den

Verkauf von Ausgleichsforderungen an die Bundesbank liquide Mittel zu beschaffen. In der Technik ähnelt ein solcher Ankauf von Ausgleichsforderungen durch die Bundesbank der Offenmarktpolitik, da es sich um einen *Aktivtausch* beim verkaufenden Institut handelt. Dem Wesen nach hat ein derartiger Ankauf jedoch nichts mit der Offenmarktpolitik, die währungspolitischen Zwecken dient, zu tun. Vielmehr handelt es sich um eine Hilfeleistung für liquiditätsmäßig besonders angespannte Kreditinstitute oder auch um die Finanzierung von Programmen der Bundesregierung.

Der Ankauf von Ausgleichsforderungen wird regelmäßig nur durchgeführt, wenn sich die betreffende Geschäftsbank dazu verpflichtet, diese zurückzukaufen, sobald die finanzielle Anspannung überwunden ist.

Nicht zu verwechseln mit diesen Hilfsmaßnahmen der Bundesbank durch vorübergehenden Ankauf von Ausgleichsforderungen ist der *endgültige Rückkauf von Ausgleichsforderungen,* für den aus Teilen des Reingewinns der Bundesbank seit dem Jahre 1952 ein Sonderfonds gebildet wird. Wegen des geringen Umfangs der zum Rückkauf von Ausgleichsforderungen zur Verfügung stehenden Mittel und des sehr hohen Betrages der zu tilgenden Ausgleichsforderungen – insgesamt mehr als 21 Mrd. DM – wird sich diese Aktion noch über längere Zeit erstrecken.

IV. Pfandbriefgeschäft

1. Geschichtliche Entwicklung und Wesen

Die Geschichte des Pfandbriefgeschäfts ist auf das engste mit der Entstehung und Entwicklung der Realkreditinstitute sowie der übrigen Banken verbunden, die das Pfandbriefgeschäft betreiben.

Charakteristisch für das Pfandbriefgeschäft ist, daß es nahezu ein Jahrhundert ausschließlich von *öffentlich-rechtlichen* Bodenkreditinstituten betrieben wurde und fast ebenso lange der Kreis der Darlehensnehmer auf die Besitzer von Rittergütern beschränkt blieb. Erst ab 1849 wurde das Pfandbriefgeschäft zur Kapitalquelle für den gesamten landwirtschaftlichen Sektor, weil in diesem Jahr den in Preußen ansässigen Bodenkreditinstituten gestattet wurde, Darlehen auch an Besitzer bäuerlicher Grundstücke zu gewähren. Seine heutige Bedeutung erlangte das Pfandbriefgeschäft erst mit der Gründung *privater* Hypothekenbanken und der Errichtung öffentlich-rechtlicher Stadtschaften in der zweiten Hälfte des 19. Jahrhunderts, als es auch auf die Wohnungsfinanzierung ausgedehnt wurde.

Ein weiteres Anwachsen erfuhr das Pfandbriefgeschäft nach dem ersten Weltkrieg durch die Errichtung von *Schiffspfandbriefbanken.* Diese Spezialinstitute emittieren Schiffspfandbriefe und leihen die auf diesem Weg hereingenommenen Gelder gegen Hypotheken auf fertige oder im Bau befindliche Schiffe langfristig aus.

Eine Ergänzung fand das Pfandbriefgeschäft bereits im vorigen Jahrhundert durch die *Ausgabe von Kommunalobligationen.* Als Deckung dienen dabei nicht Hypothekenforderungen, sondern Forderungen aus Darlehen an Körperschaften öffentlichen Rechts oder aus Darlehen, für die eine derartige Körperschaft die Bürgschaft übernommen hat.

Interessant ist die Beobachtung, daß sich die Form, in der die Pfandbriefe in Umlauf gelangen, im Laufe der Zeit grundlegend gewandelt hat. Ursprünglich wurden die Pfandbriefe dadurch in den Verkehr gebracht, daß die Bodenkredit-institute die Pfandbriefe den Darlehensnehmern zur Verfügung stellten und diese die Pfandbriefe verkauften, um sich das nötige Kapital zu beschaffen. Die Pfand-briefe wurden somit auf dem Wege des *Pfandbriefdarlehens,* bei dem der Schuld-ner den Darlehensbetrag nicht bar, sondern in Pfandbriefen ausgezahlt bekam, in Umlauf gesetzt. Die Rückzahlung der Darlehen hatte ebenfalls in Pfandbrie-fen zu erfolgen. Dieses System ging von den Landschaften aus und war durch den seinerzeit wenig entwickelten Kapitalmarkt bedingt. – Die Hypothekenban-ken dagegen emittierten ihre Pfandbriefe selbst und gewährten Bardarlehen.

Der wesentliche Nachteil des Pfandbriefdarlehens gegenüber dem Darlehen be-steht darin, daß das Emissionsrisiko in vollem Umfang auf die Darlehensnehmer abgewälzt wird. Diesem Nachteil steht allerdings der Vorteil gegenüber, daß der Darlehensnehmer seine Schuld in Pfandbriefen der gleichen Gattung zum Nenn-betrag tilgen kann. Im Laufe der Zeit wurde das Pfandbriefdarlehenssystem von allen Realkreditinstituten zugunsten des Bardarlehenssystems aufgegeben, so daß heute alle Pfandbriefe von den emittierenden Instituten direkt in Umlauf ge-setzt werden und die Darlehen bar zurückzuzahlen sind.

2. Rechtliche Grundlagen

Im Interesse der ordnungsmäßigen Abwicklung des Pfandbriefgeschäfts wurden besondere, nach den einzelnen Gruppen von Realkreditinstituten differenzierte Gesetze erlassen. Die rechtlichen **Vorschriften für die Ausgabe von Pfandbriefen** befinden sich vor allem in drei mehrfach geänderten Gesetzen:

(1) Für die **Hypothekenpfandbriefe** der Hypothekenbanken gelten die Bestim-mungen des Hypothekenbankgesetzes vom 13. 7. 1899 in der Fassung vom 5. 2. 1963.

(2) für **Pfandbriefe der öffentlich-rechtlichen Grundkreditanstalten** gelten die Bestimmungen des Gesetzes über die Pfandbriefe und verwandten Schuld-verschreibungen öffentlich-rechtlicher Kreditanstalten vom 21. 12. 1927 i.d.F. vom 8. 5. 1963.

(3) Die **Ausgabe von Schiffspfandbriefen** unterliegt den Bestimmungen des Ge-setzes über Schiffspfandbriefbanken (Schiffsbankgesetz) vom 8. 4. 1943 i.d.F. vom 8. 5. 1963.

Durch die genannten Gesetze wird die **Bezeichnung „Pfandbrief"** geschützt und zugleich gewährleistet, daß der Begriff „Pfandbrief" nur von bestimmten Kreditinstituten und nur für eine bestimmte Art von Wertpapieren verwendet wird. Öffentlich-rechtliche Kreditanstalten dürfen Schuldverschreibungen nur dann als „Pfandbriefe" ausgeben, wenn zu deren Deckung Hypotheken bestimmt sind. Daneben dürfen nur Hypothekenbanken und Schiffspfandbriefbanken Schuldverschreibungen unter dem Namen „Pfandbrief" emittieren. Nur die Pfandbriefe privater Hypothekenbanken werden im *Gesetz* als „Hypothekenpfandbriefe" bezeichnet, und es ist daher üblich, in Anlehnung an die in den einzelnen Gesetzen angewandte Terminologie von „Pfandbriefen" der öffentlich-rechtlichen Kreditanstalten, von „Hypothekenpfandbriefen" der privaten Hypothekenbanken und von „Schiffspfandbriefen" der privaten Schiffspfandbriefbanken zu sprechen.

HypBkG
§ 5 a

Pfandbriefe sind festverzinsliche, nach den Vorschriften der entsprechenden Gesetze emittierte Inhaberpapiere oder – in Ausnahmefällen – Namenspapiere, die als Teilschuldverschreibungen einer gestückelten Anleihe ausgegeben werden.

Die einzelnen Pfandbriefe einer Anleihe (bzw. Reihe oder Serie) sind untereinander vertretbar, also *fungibel,* und normalerweise jederzeit leicht verkäuflich und verpfändbar. Inhaber- und Orderschuldverschreibungen bedürfen zur Emission der staatlichen Genehmigung. Die Genehmigung wird durch den Bundeswirtschaftsminister im Einvernehmen mit der obersten Behörde des Landes erteilt, in dem das betreffende Realkreditinstitut seinen Sitz hat. Diese *Genehmigungspflicht,* die ursprünglich nur der Gewährleistung der Verkehrssicherheit auf dem Kapitalmarkt diente, ist heute auch deshalb von Bedeutung, weil sie die Möglichkeit zum Ergreifen vorbeugender Maßnahmen bietet, sobald die Funktionsfähigkeit des Kapitalmarktes bedroht erscheint.

BGB
§ 973, 1
§ 808 a
§ 795, 1

Die Ausgabe von „sonstigen Schuldverschreibungen" unterliegt hinsichtlich der Kommunalobligationen im wesentlichen den gleichen Vorschriften wie die Emission von Pfandbriefen.

HypBkG
§ 41

Weitere wichtige Rechtsgrundlagen für das Pfandbriefgeschäft sind ferner die Verordnung über die **Mündelsicherheit** der Pfandbriefe und verwandten Schuldverschreibungen vom 7. 5. 1940 und die Verordnung über die Mündelsicherheit der Schiffspfandbriefe vom 18. 3. 1941. Auf Grund dieser Verordnungen sind sämtliche Pfandbriefe und Kommunalobligationen aller öffentlich-rechtlichen und privaten Realkreditinstitute zur Anlage von Mündelgeld geeignet.

Für das Pfandbriefgeschäft bzw. für den Pfandbriefabsatz ist außerdem von großer Wichtigkeit, daß den Pfandbriefen und Kommunalobligationen die **Deckungsstockfähigkeit** nach den Vorschriften des Gesetzes über die Beaufsichtigung der privaten Versicherungsunternehmen und der Bausparkassen vom 6. 6. 1931 zuerkannt wurde. Die Deckungsstockfähigkeit für die Anlagen der Sozialversicherungsträger ist in der Reichsversicherungsordnung (RVO) geregelt.

3. Technik des Pfandbriefgeschäfts

3.1 Ausstattung

Für die Konkurrenzfähigkeit der Pfandbriefe gegenüber anderen Effekten und damit für den Absatz der Pfandbriefe bzw. Kommunalobligationen ist die Ausstattung der Papiere von entscheidender Bedeutung. Unter Ausstattung der Pfandbriefe bzw. Kommunalobligationen sind die wesentlichen Bestandteile der Anleihebedingungen zu verstehen; im **engeren Sinne** werden damit diejenigen Anleihebedingungen bezeichnet, aus denen sich die Effektivverzinsung (Rendite) des in den betreffenden Effekten angelegten Kapitals ergibt. Zur Ausstattung der Pfandbriefe und Kommunalobligationen sind im **weiteren Sinne** folgende Faktoren zu rechnen:

3.1.1 Nominalverzinsung und Ausgabekurs

Die *Nominalverzinsung* der Pfandbriefe und Kommunalobligationen, d. h. der auf den Nominalbetrag zugesicherte Zinsbetrag, richtet sich nach dem jeweiligen Zinssatz auf dem Kapitalmarkt. Geringe Abweichungen des Nominalzinssatzes vom Kapitalmarktzins können bei der Emission durch eine Änderung des *Ausgabekurses* ausgeglichen werden. Eine Unter-pari-Emission ist im Pfandbriefgeschäft aus diesem Grund und anderen absatzpolitischen Gründen der Regelfall. Während der Laufzeit der Anleihe erfolgte die Angleichung der Rendite der festverzinslichen Papiere an den Kapitalmarktzins über die Kursbildung an der Börse.

Eine Änderung des Nominalzinssatzes (**Zinskonversion**) kann während der Laufzeit der Anleihe entweder durch vertragliche Vereinbarungen mit den Pfandbriefgläubigern oder im Rahmen der in den Anleihebedingungen vorgesehenen Rückzahlungsmöglichkeiten erfolgen.

Die *Zinszahlung* erfolgt im allgemeinen halbjährlich, und zwar nachträglich zu bestimmten Terminen gegen Vorlegung der entsprechenden Zinsscheine, die der Effektenwerber beim Kauf in Gestalt des „Bogens" erhält.

3.1.2 Rückzahlungsbedingungen

Für die Gestaltung der Rückzahlungsmodalitäten, die ebenfalls die Effektivverzinsung beeinflussen, gibt es verschiedene Möglichkeiten. Da die Rückzahlung immer zum Nennwert erfolgt, bestehen Variationsmöglichkeiten bei der befristeten „Unkündbarkeitsklausel" im Hinblick auf die Laufzeit und in bezug auf die Art der Tilgung.

Unter einer befristeten *Unkündbarkeitsklausel* ist die vertragliche Zusicherung des Emissionsinstituts zu verstehen, die Anleihe nicht vor einem bestimmten Termin zu kündigen. Sie wird heute meistens auf 3 bis 5 Jahre festgesetzt. Die Unkündbarkeitsfrist ist deshalb von Bedeutung, weil von ihr die maximale Auswirkung des Emissionsdisagios abhängt. Um zu verhindern, daß die Realkreditinstitute bei sinkendem Landeszinsfuß im Aktivgeschäft in Schwierigkeiten geraten, wurde durch gesetzliche Bestimmungen bzw. aufsichtsbehördliche Vorschriften festgesetzt, daß die Institute auf das Recht der Rückzahlung der Pfandbriefe höchstens für einen Zeitraum von 10 Jahren verzichten dürfen. Den Pfandbriefgläubigern darf ein Kündigungsrecht grundsätzlich nicht eingeräumt werden.

Die *Laufzeit* der jeweiligen Emissionen muß dem Verwendungszweck angepaßt werden. Heute liegt die Laufzeit der Pfandbriefe und Kommunalobligationen im allgemeinen zwischen 10 und 25 Jahren; es sind aber auch wieder Pfandbriefe mit einer Laufzeit von 40 Jahren und mehr im Umlauf.

Die Form der *Rückzahlung* der Pfandbriefe bzw. Kommunalobligationen kann verschiedenartig gestaltet sein.

(1) Bereits bei der Emission kann für die Gesamtanleihe ein *Rückzahlungstermin* festgelegt werden, oder es können mehrere Rückzahlungstermine für entsprechende Teilbeträge angegeben werden.

(2) Das Emissionsinstitut kann sich von einem bestimmten Zeitpunkt an die *Kündigung* der gesamten Anleihe oder bestimmter Teilbeträge, z.B. nach Auslosung, vorbehalten.

(3) Die Rückzahlung kann durch *freihändigen Rückkauf* vorgenommen werden.

Im allgemeinen verpflichten sich die Realkreditinstitute, nach Ablauf einer gewissen Rückzahlungssperrzeit jährlich bestimmte Teilbeträge zurückzuzahlen. Die Auswahl der einzulösenden Pfandbriefe erfolgt an Hand der Nummern der einzelnen Stücke durch „Auslosung". Die Realkreditinstitute behalten sich jedoch meistens vor, über die planmäßigen Rückzahlungen hinaus zusätzliche Beträge zu kündigen oder Stücke freihändig zurückzukaufen und dadurch den Umfang der Tilgung zu erhöhen. Mit dem freihändigen Rückkauf ergibt sich täglich ein kurspflegender Effekt.

Die Gestaltung der Rückzahlungsbedingungen ist deshalb als ein wesentlicher Teil der Anleihebedingungen anzusehen, weil durch die Verteilung des Emissionsdisagios auf die Gesamtlaufzeit die Höhe der Effektivverzinsung beeinflußt wird.

3.1.3 Stückelung

Die Stückelung einer Pfandbriefemission richtet sich nach den Bedürfnissen der Effektenkäufer. Normalerweise werden Pfandbriefe mit einem Nominalwert von 100, 200, 500 und 1000 DM ausgegeben. Stücke mit einem Nennwert über 1000 DM (z.B. Globalstücke für Banken, Versicherungsunternehmungen, Sozialversicherungsträger) werden nur zu besonderen Zwecken emittiert.

3.2 Sicherheit

Der Sicherstellung der finanziellen Ansprüche der Pfandbriefgläubiger dient zunächst einmal das *Eigenkapital* der betreffenden Banken und bei öffentlich-rechtlichen Instituten außerdem die Haftung des Gewährträgers.

HypBkG
§ 7 Zum Schutze der Pfandbriefgläubiger privater Realkreditinstitute (Hypotheken-banken, Schiffspfandbriefbanken) wurde außerdem festgelegt, daß der Gesamt-betrag der ausgegebenen Hypothekenpfandbriefe bei den Hypothekenbanken das 25fache des eingezahlten Grundkapitals, der gesetzlichen Rücklage sowie an-derer ausschließlich zur Deckung von Verlusten oder zu einer Kapitalerhöhung aus Gesellschaftsmitteln bestimmter Rücklagen nicht übersteigen dürfen. Der
§ 41, 2 Gesamtbetrag der in Umlauf befindlichen Kommunalschuldverschreibungen darf unter Hinzurechnung der in Umlauf befindlichen Pfandbriefe das Doppelte des Höchstbetrages nicht übersteigen, der in § 7 HypBkG für den Pfandbriefum-lauf allein bestimmt ist.

§ 35, 1 Ist über das Vermögen der Hypothekenbank der **Konkurs** eröffnet, so gehen in bezug auf die im Hypothekenregister eingetragenen Werte die Forderungen der Pfandbriefgläubiger einschließlich ihrer seit Eröffnung des Verfahrens laufenden
KO Zinsforderungen den Forderungen aller anderen Konkursgläubiger vor. Die
§ 64 Pfandbriefgläubiger haben untereinander gleichen Rang. – Bezüglich des An-
§§ 153 ff spruchs der Pfandbriefgläubiger auf Befriedigung aus dem *sonstigen* Vermögen
§ 168 der Bank finden die für die Absonderungsberechtigten geltenden Vorschriften der Konkursordnung entsprechende Anwendung.

HypBkG
§ 6, 1 Weiterhin wurden eingehende Vorschriften darüber erlassen, in welcher Weise die umlaufenden Pfandbriefe durch Hypothekenforderungen und andere Vermö-genswerte gedeckt sein müssen. Für alle Realkreditinstitute gilt, daß der Gesamt-betrag der in Umlauf befindlichen Pfandbriefe jederzeit in Höhe des Nennwertes durch Hypotheken von mindestens gleicher Höhe gedeckt sein muß. Dabei bil-den sämtliche Hypotheken eine einheitliche **Deckungsmasse,** die der Gesamtheit aller Pfandbriefgläubiger gegenübersteht.

§ 6, 4 Reichen die vorhandenen Hypotheken nicht zur Deckung der in Umlauf befind-lichen Pfandbriefe aus, so hat das betreffende Realkreditinstitut in Höhe der feh-lenden Hypothekendeckung für eine „**Ersatzdeckung**" zu sorgen. Als Ersatzdek-kung nennt das Hypothekenbankgesetz Schuldverschreibungen, Schuldbuchfor-derungen, Schatzwechsel und Schatzanweisungen des Bundes, eines Sonderver-mögens des Bundes und der Länder sowie Schuldverschreibungen, für deren
§ 6, 5 Verzinsung eine dieser Stellen die Gewährleistung übernommen hat, und Gutha-ben bei der Deutschen Bundesbank. Diese Ersatzdeckungswerte dürfen aber vom 1. 1. 1966 an 10% des gesamten Pfandbriefumlaufs nicht übersteigen.

§ 30, 2 Eine Sicherheit der Pfandbriefe ist schließlich in der Vorschrift zu erblicken, daß sämtliche zur Deckung der Pfandbriefe bestimmten Werte in ein sogenanntes
§ 29 **Hypotheken- oder Deckungsregister** eingetragen werden müssen und daß der Treuhänder zu überwachen hat, ob die zur Deckung bestimmten Vermögenswer-te ordnungsgemäß in das Hypothekenregister eingetragen werden. Die im Hypo-

368

thekenregister eingetragenen Werte sowie Urkunden über solche Werte hat der
Treuhänder unter Mitverschluß der Bank zu verwahren, und er darf sie nur gemäß
den Vorschriften des Hypothekenbankgesetzes herausgeben. Bei allen privaten
Realkreditinstituten muß durch die Aufsichtsbehörde ein Treuhänder bestellt
werden, der seiner Funktion nach als Vertreter der Pfandbriefgläubiger bezeichnet werden kann und der die Interessen der Pfandbriefgläubiger wahrzunehmen
hat.

HypBkG
§ 31, 1
§ 29

Die **Sicherstellung der Zinsansprüche** der Pfandbriefgläubiger soll dadurch gewährleistet werden, daß bei allen Realkreditinstituten die umlaufenden Pfandbriefe durch Hypotheken von mindestens gleichem Zinsertrag gedeckt sein müssen (*ordentliche Deckung*).

§ 6, 1

Die Sicherheit der Pfandbriefe und Kommunalobligationen beruht aber nicht
nur auf quantitativen Deckungsvorschriften, sondern in wesentlichem Maße
auch auf der **Qualität der zur Deckung verwendeten Vermögenswerte.**

Hinsichtlich der Kommunalobligationen bestehen in dieser Beziehung keine Probleme, da diesen Schuldverschreibungen Darlehen an öffentlich-rechtlichen Institutionen bzw. von solchen Institutionen verbürgte Darlehen an Dritte gegenüberstehen.

Bei den Pfandbriefen wird durch gesetzliche, satzungsmäßige und aufsichtsbehördliche Bestimmungen erreicht, daß die qualitativen Eigenschaften der Dek-
kungswerte – insbesondere der Hypotheken – *gewissen* **Mindestanforderungen**
entsprechen. In diesen Vorschriften ist folgendes festgelegt:

§ 11

(1) Nur **inländische Grundstücke** dürfen beliehen werden.

(2) Die Beleihung ist in der Regel nur **„zur ersten Stelle",** d. h. an erster Rangstelle im Sinne des Grundbuchrechts, zulässig.

(3) Die Beleihung der Grundstücke darf **höchstens 60% des Grundstückswertes**
betragen.

(4) Der einer Beleihung zugrunde gelegte Wert des Grundstücks darf den durch
sorgfältige Ermittlung festgestellten **Verkaufswert** nicht übersteigen.

§ 12, 1

(5) Bei der Feststellung dieses Wertes sind nur die **dauernden Eigenschaften des
Grundstücks und der Ertrag,** welchen das Grundstück bei ordnungsmäßiger
Wirtschaft nachhaltig gewähren kann, zu berücksichtigen.

Abschließend ist darauf hinzuweisen, daß die Sicherung der Pfandbriefgläubiger
nicht – wie es der Ausdruck „Pfandbrief" anzudeuten scheint – dinglicher Natur
ist. Nach der geltenden gesetzlichen Regelung verbriefen Pfandbriefe lediglich
eine schuldrechtliche Forderung gegenüber dem Emissionsinstitut. Die Pfandbriefgläubiger bzw. die Gläubiger aus Kommunalobligationen besitzen allerdings im Konkursfall das bereits erwähnte Befriedigungsvorrecht hinsichtlich der
im Deckungsstock befindlichen Vermögenswerte.

§ 35

4. Bedeutung des Pfandbriefgeschäfts für Aufwand und Ertrag

Das Pfandbriefgeschäft ist für die Kreditinstitute mit folgenden **Kosten** verbunden:

(1) Auf die im Umlauf befindlichen Pfandbriefe sind **Zinsen** zu zahlen (wertbedingter Aufwand). Der Zinssatz liegt in der Regel erheblich über dem Zinssatz für Spareinlagen. Dadurch sind die wertbedingten Kapitalbeschaffungskosten der Realkreditinstitute wesentlich höher als die der Sparkassen. Infolgedessen können die Sparkassen, die ebenfalls im Hypothekarkreditgeschäft in großem Umfang tätig sind, in den Wettbewerb mit den Realkreditinstituten zwar mit niedrigeren Zinskosten eintreten, sie müssen jedoch höhere Betriebskosten für ihre Kapitalbeschaffung aufwenden.

(2) Ein weiterer Kostenfaktor ist das **Emissionsdisagio.** Auch hierbei handelt es sich um wertbedingte Kosten, da das Disagio normalerweise der Erhöhung der Effektivverzinsung dient und diese Kosten damit zinsähnlichen Charakter haben.

(3) Die Emission der Pfandbriefe und ähnlicher Papiere ist mit der Zahlung einer **„Bonifikation"** an andere Banken und Kapitalsammelstellen verbunden. Hierbei handelt es sich um betriebsbedingte Kosten, da die Bonifikation eine Provision für den Absatz der Papiere darstellt.

(4) Werden die Pfandbriefe vom emittierenden Institut direkt im Publikum untergebracht, so entstehen **Placierungskosten,** die der zu zahlenden Bonifikation entsprechen.

(5) Zusätzliche Kosten ergeben sich im Pfandbriefgeschäft durch die **Herstellung** der Pfandbriefe bzw. Kommunalobligationen, durch die **Verwahrung** und die **Verwaltung** der Wertpapiere und durch die dem Pfandbriefabsatz dienende **Werbung.** Auch diese Kosten sind sämtlich als betriebsbedingte Kosten anzusprechen.

(6) Bei der Einführung der Pfandbriefe an der Börse ist an die Landesregierung für die Befreiung von der Einreichung eines Prospektes eine **Gebühr** zu zahlen. Außerdem erhebt die Börse, an der die Papiere eingeführt werden, eine Zulassungsgebühr (**Kotierungsgebühr**) in Höhe der sonst für festverzinsliche Wertpapiere erhobenen Gebühr.

(7) Während der Umlaufzeit der Pfandbriefe und ähnlicher Papiere entstehen einerseits wertbedingte Kosten durch die **Kurspflege** (Aufwand für die Erhaltung des Emissionskredits) und andererseits betriebsbedingte Kosten durch die technische Abwicklung des **Zinsendienstes** (einschließlich Provision für die anderen Banken).

(8) Die zum Schutze der Gläubiger aus Pfandbriefen und verwandten Papieren vorgeschriebenen Sicherheitsmaßnahmen – wie z. B. Bestellung eines Treu-

händers (Staatskommissars), **Führung des Deckungsregisters** – verursachen ebenfalls betriebsbedingte Kosten, die dem Pfandbriefgeschäft zugerechnet werden müssen.

Den Kosten des Pfandbriefgeschäftes stehen die **Erträge aus dem Hypothekarkreditgeschäft** gegenüber, weil grundsätzlich sämtliche Kosten des Pfandbriefgeschäfts von den Hypothekenschuldnern zu tragen sind. Dabei ist zu berücksichtigen, daß im Realkreditgeschäft auf Pfandbriefbasis ein enger Zusammenhang zwischen Geldbeschaffung und Darlehensgewährung besteht. Dies kommt z. B. darin zum Ausdruck, daß bei Neuemissionen eine Änderung des Pfandbriefzinses zu einer gleichgerichteten Änderung des Hypothekenzinses führt.

Ebenso hat eine **Änderung des Emissionsdisagios** in der Regel eine entsprechende **Änderung des Hypothekendamnums** (= Unterschiedsbetrag zwischen dem nominellen Hypothekarkredit und dem Auszahlungsbetrag an den Kreditnehmer) zur Folge.

Im Gegensatz zu den Universalbanken ist bei den Realkreditinstituten also die Zuordnungsmöglichkeit bestimmter Aktiva zu bestimmten Passiva gegeben, deren Fehlen die Kalkulation bei einer Kreditbank schwierig gestaltet.

Aufgaben:

1. In welchen Positionen der Bankbilanz findet die Refinanzierung der Kreditinstitute ihren Niederschlag?
2. Zu welchen Bedingungen gewährt die Deutsche Bundesbank den Kreditinstituten Lombardkredite?
3. Welche Anforderungen stellt die Deutsche Bundesbank an das von ihr zu diskontierende Wechselmaterial?
4. Erklären Sie das Wesen eines Giroüberzugspfandscheines der Deutschen Bundesbank!
5. Worin besteht das Wesen der Offenmarktgeschäfte der Deutschen Bundesbank, und auf welche Papiere erstrecken sich diese Geschäfte?
6. Welche Institute dürfen Pfandbriefe emittieren, und an welche Voraussetzungen ist die Emissionen von Pfandbriefen gebunden?
7. Welche Möglichkeiten der Ausstattung bieten sich dem Emittenten, um die Konkurrenzfähigkeit der Pfandbriefe und Kommunalobligationen gegenüber anderen Effekten zu erhöhen?
8. Worin besteht die Sicherheit der Pfandbriefgläubiger bei den öfftenlich-rechtlichen Instituten und bei den privaten Realkreditinstituten?
9. Was ist unter einer „Deckungsmasse" sowie einer „Ersatzdeckung" zu verstehen?
10. Durch welche Bestimmungen wird die Qualität der zur Deckung der Pfandbriefe verwendeten Vermögenswerte gesichert?
11. Wer haftet den Pfandbriefgläubigern gegenüber im Falle des Konkurses des Emissionsinstitutes?
12. Klären Sie folgende Begriffe:
    a) Emissionsdisagio
    b) Bonifikation
    c) Kotierungsgebühr
    d) Hypothekendamnum

C. Kreditgeschäft

I. Allgemeine Grundlagen des Kreditgeschäfts

1. Begriffe und Einteilung der Kredite

Der Begriff „Kredit" ist auf das lateinische Wort „credere" = glauben, Vertrauen schenken, zurückzuführen. In der deutschen Sprache wird das Wort „Kredit" in zweifacher Bedeutung gebraucht: Einerseits ist damit das Ansehen und das Vertrauen gemeint, das jemand im Hinblick auf seinen Willen und seine Fähigkeit, seine Verpflichtungen ordnungsgemäß zu erfüllen, bei seinen Mitmenschen genießt; zum anderen wird unter „Kredit" eine Leistung verstanden, die im Vertrauen darauf erbracht wird, daß die Gegenleistung zu einem späteren Zeitpunkt ordnungsgemäß erfolgt.

Das Wesen des Kredits liegt darin, daß der Kreditgeber eine Leistung in der Gegenwart erbringt und damit zum Gläubiger wird, während der Kreditnehmer sich als Schuldner verpflichtet, die Gegenleistung erst in der Zukunft zu erfüllen.

Das Kreditgeschäft der Banken ist zu unterteilen in das Geldleihgeschäft und das Kreditleihgeschäft.

Bei den Geldleihgeschäften stellt die Bank dem Kreditnehmer einen bestimmten Geldbetrag für eine gewisse Zeit zur Verfügung. Da die Rückzahlung ebenfalls in Geld erfolgt, handelt es sich bei dieser Art von Bankkrediten – rechtlich gesehen – stets um *Darlehensgeschäfte*.

Bei den Kreditleihgeschäften leiht die Bank den Kreditnehmern kein Geld, sondern gibt lediglich das Versprechen, Zahlungen zu leisten, sofern die Kreditnehmer ihren Verpflichtungen gegenüber Dritten nicht nachkommen. Mit einer solchen Kreditleihe, bei der also die Geldhergabe durch ein bedingtes Zahlungsversprechen ersetzt wird, ermöglicht die Bank ihren Kreditnehmern, sich mit Hilfe ihres eigenen Kredits, den sie bei Dritten genießt, an anderer Stelle Kredit zu beschaffen. Die Bank überträgt damit ihre eigene Kreditwürdigkeit auf ihre Kreditnehmer.

2. Kreditantrag – Kreditwürdigkeitsprüfung – Kreditzusage

Um von der Bank einen Kredit zu erhalten, muß sich der Kreditbewerber mit einem entsprechenden Antrag an das in Betracht kommende Institut wenden. Der

Kreditantrag, der sowohl schriftlich als auch mündlich gestellt werden kann, **bildet die Grundlage**

a) **für die Prüfung der Kreditfähigkeit und der Kreditwürdigkeit des Kreditnehmers,**

b) **für den Kreditvertrag und**

c) **für den Kreditsicherungsvertrag.**

2.1 Kreditfähigkeit des Antragstellers

Im einzelnen wird zunächst die Kreditfähigkeit des Antragstellers geprüft, d. h. die Fähigkeit, rechtsgültige Kreditgeschäfte abzuschließen, sich also in rechtswirksamer Weise gegenüber der Bank zu verpflichten. Die Kreditfähigkeit ist bei natürlichen Personen, Personengemeinschaften, Handelsgesellschaften und juristischen Personen des privaten bzw. öffentlichen Rechts von unterschiedlichen rechtlichen Bedingungen abhängig.[1]

Eine *natürliche Person* ist nur dann kreditfähig, wenn sie unbeschränkt geschäftsfähig ist; **Minderjährige** sind nur beschränkt geschäftsfähig und **können daher allein keinen Kredit aufnehmen. Sie benötigen hierzu die Zustimmung des gesetzlichen Vertreters** (Eltern, d. h. Vater und Mutter, Vormund, Pfleger) und die Genehmigung des Vormundschaftsgerichts.
BGB
§ 107 f.
§ 1643, 1
BGB
§ 1822
Ziff. 8

Bei Kreditanträgen *verheirateter Personen* ist zu prüfen, inwieweit der eheliche Güterstand für das Kreditgeschäft von Bedeutung ist. Seit dem Inkrafttreten des Gesetzes über die Gleichberechtigung von Mann und Frau auf dem Gebiet des bürgerlichen Rechts (**Gleichberechtigungsgesetz**) vom 18. 6. 1957 gilt als **gesetzlicher Güterstand von Eheleuten die Zugewinngemeinschaft.** Danach bedarf keiner der Ehegatten der Zustimmung des anderen, wenn der Kredit ausschließlich zu Lasten des Vermögens des kreditaufnehmenden Ehegatten in Anspruch genommen wird. Ebenso kann ein Ehegatte aus seinem Vermögen Sicherheiten für einen Kredit bestellen. Die Zustimmung des anderen Ehegatten ist jedoch dann erforderlich, wenn Gegenstände zur Sicherung herangezogen werden, die das gesamte oder doch im wesentlichen gesamte Vermögen eines Ehegatten ausmachen oder zum ehelichen Haushalt gehören. **Abweichend von diesem gesetzlichen Güterstand können die Ehepartner eine Form des vertragsmäßigen Güterrechts – Gütertrennung oder Gütergemeinschaft – vereinbart haben.** Zur öffentlichen Kenntnisnahme derartiger vom gesetzlichen Güterstand abweichender Vereinbarungen wird bei den Amtsgerichten ein „Güterrechtsregister" geführt.
§ 1363 ff.

§ 1408 ff.

Um die bei Kreditanträgen von Privatpersonen deswegen eigentlich erforderliche Einsichtnahme in das Güterrechtsregister zu vermeiden, gewähren Banken häufig Kredite nur an die Eheleute gemeinschaftlich bzw. gegen die Hereinnahme einer Bürgschaft des Ehepartners.

---

1 Vgl. S. 194;

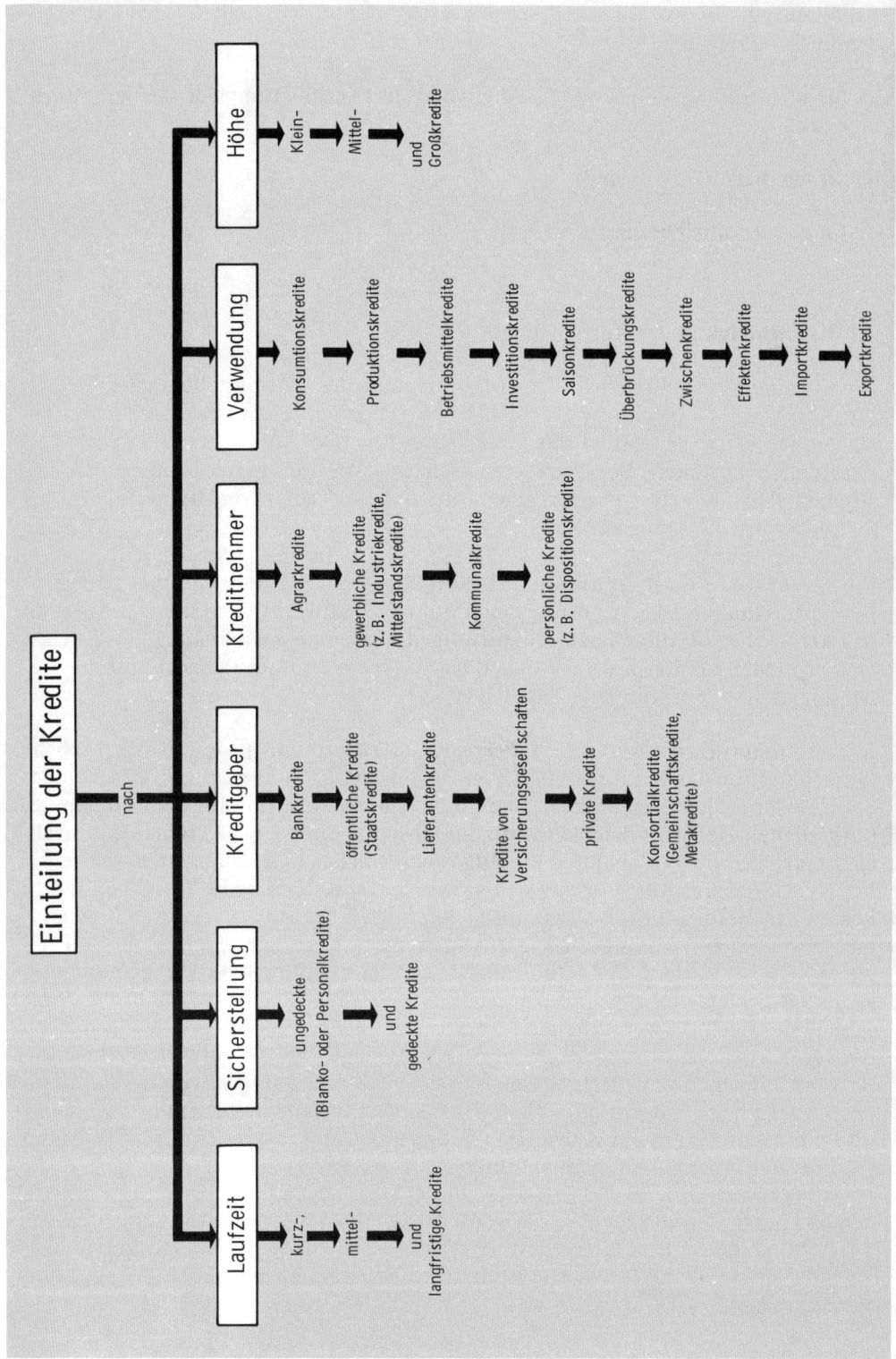

Einteilung der Kredite

nach

Laufzeit
- kurz-,
- mittel-
- und langfristige Kredite

Sicherstellung
- ungedeckte (Blanko- oder Personalkredite)
- und gedeckte Kredite

Kreditgeber
- Bankkredite
- öffentliche Kredite (Staatskredite)
- Lieferantenkredite
- Kredite von Versicherungsgesellschaften
- private Kredite
- Konsortialkredite (Gemeinschaftskredite, Metakredite)

Kreditnehmer
- Agrarkredite
- gewerbliche Kredite (z.B. Industriekredite, Mittelstandskredite)
- Kommunalkredite
- persönliche Kredite (z.B. Dispositionskredite)

Verwendung
- Konsumtionskredite
- Produktionskredite
- Betriebsmittelkredite
- Investitionskredite
- Saisonkredite
- Überbrückungskredite
- Zwischenkredite
- Effektenkredite
- Importkredite
- Exportkredite

Höhe
- Klein-
- Mittel-
- und Großkredite

Treten *Personenmehrheiten (Gesellschaften) oder juristische Personen* des privaten oder öffentlichen Rechts mit Kreditwünschen an eine Bank heran, so ist genau zu prüfen, inwieweit die handelnden Personen kraft gesetzlicher oder vertraglicher Vertretungsmacht zur Kreditaufnahme berechtigt sind.

Hierzu ist stets die Einsichtnahme in die öffentlichen Register oder die entsprechenden Abschriften bzw. die Unterschriftenkontrolle nach den Unterschriftenverzeichnissen der Kreditnehmer erforderlich. Die Kreditakten sollten immer aktuelle Abschriften des Handelsregisters und Unterschriftskopien enthalten.

Besondere Aufmerksamkeit ist außerdem der (ungeteilten) *Erbengemeinschaft* insofern zu schenken, als im Zeitpunkt ihrer rechtlichen Entstehung auch die von dem Erblasser dem Kreditinstitut geschuldeten Kredite auf sie übergehen. **Die Erben müssen dann entweder gemeinschaftlich handeln oder sie können sich durch einen bevollmächtigten Dritten,** der allerdings gleichzeitig auch Erbe sein kann, **vertreten lassen.** § 2032 ff. § 2040, 1

Sofern eine ungeteilte Erbengemeinschaft neue Kredite aufnehmen will, um damit z.B. die Verwaltung des Nachlasses zu ermöglichen, sind derartige Kredite, losgelöst vom Erbfall, als ein vollkommen neues Kreditgeschäft nach den Grundsätzen über die Kreditgewährung an eine Mehrheit von Schuldnern zu behandeln. Die einzelnen Erben müssen sich dann im Kreditvertrag – gegebenenfalls durch einen oder mehrere Bevollmächtigte – als Gesamtschuldner verpflichten. Ist ein Nachlaßverwalter oder ein Testamentsvollstrecker bestellt, so erfolgt die Verwaltung des Nachlasses und die Vertretung der Erben durch diese Personen.

2.2 Prüfung der Kreditwürdigkeit

Nachdem feststeht, daß der Kreditantrag ordnungsgemäß und von den dazu berechtigten Personen gestellt worden ist und sich aus dem beabsichtigten Kreditverwendungszweck keine Bedenken gegen eine Gewährung des beantragten Kredits ergeben, müssen die wirtschaftlichen Verhältnisse des Kreditbewerbers geprüft werden.

Auf Grund des Kreditantrages wird eine – je nach Höhe des Kredits und der Schwierigkeit der zu beurteilenden wirtschaftlichen und rechtlichen Verhältnisse des Kunden mehr oder weniger intensive – **Kreditwürdigkeitsprüfung** vorgenommen.

Unter dem Begriff der Kreditwürdigkeitsprüfung sind alle Untersuchungen über die wirtschaftliche Fähigkeit des Kreditnehmers zu vereinbarungsgemäßen Zins- und Tilgungsleistungen zu verstehen, die ein Kreditinstitut vor der Kreditgewährung treffen muß.

Die meisten Banken verwenden dazu Formulare und tabellarische Übersichten. Dies ist z. B. bei der Aufbereitung des den Bilanzen usw. entnommenen Zahlenmaterials der Fall. Im Rahmen der Kreditwürdigkeitsprüfung sind die Kreditinstitute verpflichtet, von Kreditnehmern, denen Kredite von insgesamt mehr als 100 000,– DM gewährt werden, grundsätzlich die Offenlegung ihrer wirtschaftlichen Verhältnisse, insbesondere die Vorlage der Jahresabschlüsse, zu verlangen, sofern die Offenlegung im Hinblick auf die gestellten Sicherheiten oder auf die Bonität der Mitverpflichteten nicht offensichtlich unbegründet ist.

Zur Frage, welche Sicherheiten ausreichend sind, um auf die Offenlegung der wirtschaftlichen Verhältnisse verzichten zu können, hat das Bundesaufsichtsamt für das Kreditwesen in erläuternden Schreiben an die Kreditwirtschaft Stellung genommen. Auch wer als Mitverpflichteter im Sinne dieser Ausnahmeregelung gelten kann, hat das Amt klargestellt: Es kann sich nur um eine dritte Person (etwa einen Bürgen), aber nicht um einen Mitkreditnehmer (etwa einen gesamtschuldnerisch haftenden Miterben bei Krediten an eine Erbengemeinschaft) handeln. Weitere Ausnahmen von dem Grundsatz des § 18 KWG enthält § 20 KWG.

Die wirtschaftlichen Verhältnisse eines Kreditnehmers werden durch sein Vermögen und sein Einkommen bestimmt, so daß die Kreditwürdigkeitsprüfung mit dem Nachweis der Vermögens- und Ertragslage durch den Kreditnehmer beginnt.

Naturgemäß sind die hierfür vorzulegenden Unterlagen je nach der wirtschaftlichen Betätigung des Kreditnehmers unterschiedlich. Es ist daher in jedem Falle ratsam, sich über die handelsrechtlichen und steuerrechtlichen Buchführungsvorschriften zu orientieren, um vom jeweiligen Kreditnehmer die zutreffenden Unterlagen verlangen zu können.

Von privaten Kreditnehmern, die in einem Beschäftigungsverhältnis stehen, wird man in aller Regel einen aktuellen Lohn- oder Gehaltsnachweis verlangen und sich über ein evtl. vorhandenes Immobilien- oder sonstiges Vermögen eine vom Kreditnehmer unterschriebene Aufstellung aushändigen lassen. Auch zeitnahe Einkommen- und Vermögensteuerbescheide sind geeignete Unterlagen.

Angehörige freier Berufe sind dagegen nur ausnahmsweise in der Lage, Lohn- und Gehaltsnachweise zu erbringen; da sie auch nur in den seltensten Fällen nach Handelsrecht buchführungspflichtig sind, kommen hier als geeignete Unterlagen für die Offenlegung wirtschaftlicher Verhältnisse die steuerlichen Periodenrechnungen infrage (sogenannte Einnahmeüberschußrechnungen, Steuerbilanzen, Steuerbescheide). Über ein evtl. vorhandenes übriges Vermögen sind von diesem Personenkreis darüber hinaus die gleichen Nachweise zu führen wie von den Lohn- und Gehaltsempfängern.

Auch bei Kreditnehmern, deren wirtschaftliche Betätigung in der Verwaltung eines oft sehr beträchtlichen Immobilienbesitzes besteht, sind Besonderheiten zu beachten. Da sie kein Grundhandelsgewerbe betreiben, ließe sich eine Buchführungspflicht nach HGB für diese Kreditnehmer nur aus dem Erfordernis eines in kaufmännischer Weise eingerichteten Geschäftsbetriebs ableiten. Einen kaufmännischen Betrieb wird man jedoch bei diesen „Vermögensverwaltern" häufig nicht vorfinden. Steuerlich werden die Ergebnisse der Betätigung dieser Kreditnehmer als „Einkünfte aus Vermietung und Verpachtung" klassifiziert; sie werden als Überschuß der Einnahmen über die Werbungskosten ermittelt, ein Jahresabschluß wird also nicht erstellt.

Die wirtschaftlichen Verhältnisse dieser Kreditnehmer lassen sich objektiv durch Steuerbescheide bzw. durch vom Kreditnehmer und seinem Steuerberater unterschriebene Steuererklärungen belegen. Diese Unterlagen haben indessen den Nachteil, erst mit relativ großer zeitlicher Verzögerung vorzuliegen. Es kommen daher für die Kreditwürdigkeitsprüfung detaillierte zeitnahe Aufstellungen über den Immobilienbesitz mit Angabe der erzielten Mieten, der Bewirtschaftungs- und Instandhaltungskosten, der Vorbelastungen und der Zinskosten infrage.

Von der gewerblichen Kundschaft wird man Jahresabschlüsse nur bei Vorliegen eines in kaufmännischer Weise eingerichteten Geschäftsbetriebes fordern können. Gewerbetreibende, die einen solchen Geschäftsbetrieb nicht eingerichtet haben, erstellen aber für einkommensteuerliche Zwecke Einnahmenüberschußrechnungen.

Für Einzelkaufleute mit einem kaufmännischen Geschäftsbetrieb, für Personenhandelsgesellschaften und für Kapitalgesellschaften gelten jedoch die handelsrechtlichen Buchführungsvorschriften, so daß als Grundlagen für die Kreditwürdigkeitsprüfung die Bilanz und die Gewinn- und Verlustrechnung herangezogen werden können.

Um einen möglichst umfassenden Überblick über die Vermögens- und Ertragsverhältnisse zu erhalten, sollten im einzelnen folgende Unterlagen angefordert werden:

(1) die letzten **Jahresbilanzen** (möglichst testierte Abschlüsse) mit ausführlichen Erläuterungen **und** den dazugehörigen **Gewinn- und Verlustrechnungen, gegebenenfalls Prüfungsberichte;**

(2) eine **Zwischenbilanz oder ein Kreditstatus** zum Zeitpunkt des Kreditantrages mit ausführlichen Erläuterungen,

(3) die letzten **Geschäftsberichte,** sofern solche vorliegen,

(4) ein **Vermögensverzeichnis** mit genauer Angabe der vorhandenen Grundstücke und Gebäude (nebst Grundbuchauszug), Maschinen und maschinellen Einrichtungen sowie der Rohstoff- und Fertigwarenvorräte (unter Angabe eventuell bestehender Eigentumsvorbehalte),

(5) Zahlen über die **Umsatzentwicklung, den Auftragsbestand und die Investitionstätigkeit,**

(6) Zahlen **über die Struktur und die Entwicklung der Eigenkapitalverhältnisse,**

(7) Angaben über bereits bestehende **Darlehens- und Kreditverhältnisse** und dafür bestellte Sicherheiten.

377

(8) einen **Finanzplan** für die Dauer des beantragten Kredites bzw. für die ersten drei bis sechs Monate, eventuell sogar eine Planbilanz;

(9) ein Verzeichnis über die zur Verfügung stehenden **Sicherheiten,** eventuell ergänzt durch entsprechende Unterlagen, wie z. B.

    a) **Debitorenlisten,**

    b) Angabe von Namen, Anschrift, Beruf usw. eventueller **Bürgen,**

    c) **Grundbuchauszug**

    d) **Katasterauszug,**

    e) **Prospekte, Rechnungen** usw. von gegebenenfalls zu übereignenden Maschinen,

    f) **Bestandsverzeichnisse** über die in Betracht kommenden Rohstoffe und Fertigwaren.

Die an Hand der eingereichten und eventuell noch anderweitig beschafften Unterlagen durchzuführende Kreditwürdigkeitsprüfung wird im allgemeinen folgende Gebiete umfassen:

(1) **Analyse der Vermögensstruktur,**

(2) **Analyse der Kapitalstruktur,**

(3) **Analyse der Liquiditätslage,**

(4) **Prüfung bzw. Aufstellung eines Finanzplanes,**

(5) **Analyse der Ertragslage.**

Aus dem Beispiel auf den Seiten 380 ff. wird die Ermittlung der *Kennzahlen* ersichtlich, die zur Beurteilung der Vermögens-, Kapital- und Liquiditätsverhältnisse sowie der Ertragslage der betreffenden Unternehmen erforderlich sind.

Eine derartige Analyse der Vermögens- und Kapitalstruktur, der Liquiditäts und Ertragslage kann die **Entwicklung eines Unternehmens** jedoch nur widerspiegeln, wenn die Bilanzen zweier aufeinanderfolgender Jahre betrachtet werden. Auf diese Weise ist es möglich, die *Veränderungen* im einzelnen zu erfassen und damit die Prüfung der Kreditwürdigkeit der betreffenden Unternehmung sinnvoller zu gestalten.

Zur Ergänzung dieser Unterlagen holen die Banken – soweit es erforderlich erscheint – **Auskünfte** bei eigenen Filialen, befreundeten Banken oder bei gewerbsmäßigen Auskunfteien ein. Die Beschaffung von Auskünften hat insbesondere bei Diskontkrediten Bedeutung, da hierbei nicht nur die Kreditwürdigkeit der Wechseleinreicher, sondern auch die der Mitverpflichteten geprüft wird. Vor der *Anfertigung eines Kreditgutachtens* ist nicht selten eine **Betriebsbesichtigung** zweckmäßig, um auf diese Weise einen konkreten Eindruck von dem kreditsuchenden Unternehmen zu bekommen. Im allgemeinen rundet erst eine Besichtigung der Betriebsanlagen das Urteil über die wirtschaftliche Situation und den technischen Entwicklungsstand eines Unternehmens ab.

Schließlich muß die Bank versuchen, sich auf Grund der bisherigen Ergebnisse und unter Berücksichtigung der gegenwärtigen Situation bzw. der mutmaßlichen Entwicklungstendenzen in der betreffenden Branche sowie der konjunkturellen Lage der Gesamtwirtschaft einen Überblick über die wahrscheinliche **zukünftige Umsatz- und Erfolgsentwicklung** des kreditsuchenden Unternehmens zu verschaffen.

Die für die Bank relevanten Ergebnisse der Kreditwürdigkeitsprüfung werden schließlich in Aktennotizen entsprechend festgehalten.

2.3 Kreditzusage

Hat die Kreditwürdigkeitsprüfung ein positives Ergebnis und konnte auch über die Sicherstellung des künftigen Kredits Einigkeit erzielt werden, so wird dem Kunden eine *Kreditzusage (Krediteinweisung, Krediteinräumung)* erteilt. Das geschieht meist in Form eines Schreibens an den Kreditbewerber, in dem u. a. folgende Einzelheiten noch einmal festgelegt werden:

(1) Genaue Bezeichnung des Schuldners,

(2) Art, Höhe und Laufzeit des Kredits,

(3) die Berechnung der Zinsen und Provisionen,

(4) die Kreditsicherheiten und

(5) die Form der Bereitstellung des Kredits.

Der Antragsteller ist aufzufordern, das Kreditangebot − meist innerhalb einer bestimmten Frist − schriftlich anzunehmen. Erst mit der Annahmebestätigung kommt der Kreditvertrag zustande. Läßt der Antragsteller diese Frist verstreichen, dann entfällt die Bindung der Bank an das Kreditangebot.

Außerdem enthält sie gewöhnlich einen *Hinweis auf* die entsprechenden Bestimmungen der *Allgemeinen Geschäftsbedingungen,* wonach die Bank das Recht hat, jederzeit von der Kreditzusage bzw. – insbesondere auch vor Inanspruchnahme des Kredits – vom Kreditvertrag zurückzutreten. Derartige Vereinbarungen sind notwendig, weil der Widerruf einer Kreditzusage im Zweifel nur zulässig ist, wenn in den Vermögensverhältnissen des Kreditnehmers eine wesentliche Verschlechterung eintritt, so daß die Rückzahlung des Kredits gefährdet wird. Von diesem Recht wird eine Bank allerdings im Interesse der Erhaltung ihrer Kundschaft nur in Ausnahmefällen Gebrauch machen. Außerdem ist es zweckmäßig, beiden Vertragsparteien, und nicht nur der Bank, ein solches Rücktrittsrecht zuzuerkennen, um Einwendungen zu vermeiden (vgl. die Kreditzusage auf der Seite 390).

BGB
§ 610

Beispiel:

Eine Aktiengesellschaft reicht zum Zwecke der Prüfung der Kreditwürdigkeit folgende Bilanz und Gewinn- und Verlustrechnung ein:

Bilanz zum 31. 12. 19.. (in TDM)

Aktiva

I. Anlagevermögen

A. Sachanlagen	Stand 1. 1. 19..	Zugänge	Abgänge	Abschreibungen	Stand 31. 12. 19..
Grundstücke und grundstücksgleiche Rechte mit Geschäfts-, Fabrik- und anderen Bauten	7 697	5 300	–	2 626	10 371
Maschinen und maschinelle Anlagen	27 200	3 167	–	3 417	26 950
Betriebs- und Geschäftsausstattung	4 492	2 311	1 375	820	4 608
	39 389	10 778	1 375	6 863	41 929
B. Finanzanlagen					
Beteiligungen	1 368	–	–	16	1 352
	40 757	10 778	1 375	6 879	43 281

II. Umlaufvermögen

A. Vorräte

Roh-, Hilfs- und Betriebsstoffe	19 988	
Halbfertige Erzeugnisse	29 847	
Fertige Erzeugnisse, Waren	10 432	60 267

B. Andere Gegenstände des Umlaufvermögens

Forderungen aus Lieferungen und Leistungen	39 392
Wechsel	7 918
Schecks	43
Kassenbestand, Bundesbank- und Postgiroguthaben	319
Guthaben bei Kreditinstituten	15 428
Wertpapiere	769
Forderungen an verbundene Unternehmen	1 788
Sonstige Vermögensgegenstände	1 489

III. Rechnungsabgrenzungsposten

A. Disagio	322	
B. Sonstige	14	336
		171 030

				Passiva
I.	**Grundkapital**			20 000
II.	**Offene Rücklagen**			
	A. Gesetzliche Rücklage		8 000	
	B. Andere Rücklagen			
	Stand 1. 1. 19..	2 600		
	Zuführung aus dem Jahresüberschuß	100		
	Stand 31. 12. 19..	2 700	2 700	10 700
III.	**Pauschalwertberichtigungen auf Forderungen**			3 669
IV.	**Rückstellungen**			
	A. Pensionsrückstellungen		7 114	
	B. Andere Rückstellungen		16 190	23 304
V.	**Verbindlichkeiten mit einer Laufzeit von mindestens 4 Jahren**			
	A. Anleihen		12 807	
	B. Verbindlichkeiten gegenüber Kreditinstituten		12 962	25 769
	(davon durch Grundpfandrechte gesichert: 416)			
	Von den Ziffern A. und B. sind vor Ablauf von 4 Jahren fällig: 6 384			
VI.	**Andere Verbindlichkeiten**			
	A. Verbindlichkeiten aus Lieferungen und Leistungen			63 166
	B. Verbindlichkeiten aus der Annahme gezogener Wechsel			5 608
	C. Verbindlichkeiten gegenüber Kreditinstituten			6 787
	D. Sonstige Verbindlichkeiten			7 812
VII.	**Rechnungsabgrenzungsposten**			1 560
VIII.	**Bilanzgewinn**			2 655
				171 030

Gewinn- und Verlustrechnung für das Geschäftsjahr 19..
(in TDM)

Umsatzerlöse	283 923
Verminderung des Bestandes an fertigen und unfertigen Erzeugnissen	−43 846
	240 077
Andere aktivierte Eigenleistungen	269
Gesamtleistung	240 346
Aufwendungen für Roh-, Hilfs- und Betriebsstoffe sowie für bezogene Waren	146 090
Rohertrag	94 256
Erträge aus Beteiligungen	215
Sonstige Zinsen und ähnliche Erträge	1 255
Erträge aus dem Abgang von Gegenständen des Anlagevermögens	423
Erträge aus der Auflösung von Rückstellungen	32
Sonstige Erträge	204
	96 385
Löhne und Gehälter	60 773
Soziale Abgaben	7 116
Aufwendungen für Altersversorgung und Unterstützung	3 799
Abschreibungen und Wertberichtigungen auf Sachanlagen	6 863
Abschreibungen und Wertberichtigungen auf Finanzanlagen	16
Verluste aus Wertminderungen oder dem Abgang von Gegenständen des Umlaufvermögens	731
Verluste aus dem Abgang von Gegenständen des Anlagevermögens	57
Zinsen und ähnliche Aufwendungen	1 898
Steuern	
a) vom Einkommen, Ertrag und Vermögen	4 689
b) sonstige	6 566
Sonstige Aufwendungen	1 182
Jahresüberschuß	2 695
Gewinnvortrag aus dem Vorjahr	60
	2 755
Einstellung aus dem Jahresüberschuß in die freie Rücklage	100
Bilanzgewinn	2 655

Bilanzgliederung

Bilanz der Firma ....

Aktiva in TDM	p. 31. 12. 19..	p. 31. 12. 19..	p. 31. 12. 19..
Grundstücke mit Bauten			
Grundstücke ohne Bauten			
Bauten auf fremden Grundstücken			
Maschinen und maschinelle Anlagen	s.u.		
Betriebs- und Geschäftsausstattung			
Anlagen im Bau und Anzahlungen			
auf Anlagen			
Konzessionen, gewerbliche			
Schutzrechte und ähnl. Rechte	—	—	
Sachanlagen und immaterielle Anlagewerte	41 929 25%		
Zugänge/Zuschreibungen	(10 778/ —)	(/)	(/)
Abgänge/Abschreibungen	(1 375/6 863)	(/)	(/)
Beteiligungen	1 352		
Wertpapiere	—		
Ausleihungen	—		
Anlagevermögen	43 281 25%	%	%
Roh-, Hilfs- und Betriebsstoffe	19 988		
nicht fertige Erzeugnisse	29 847		
Fertige Erzeugnisse, Waren	10 432		
Geleistete Anzahlungen	—		
Forderungen an verbundene Unternehmen	1 788		
Umlaufvermögen II	62 055 36%	%	%
Rechnungsabgrenzungsposten	336		
Sonstige Vermögensgegenstände	1 489		
Wertpapiere	769		
Forderungen aus Lieferungen und Leistungen	39 392		
Wechsel (davon bundesbankfähig)	7 918		
Schecks	43		
Guthaben bei Kreditinstituten	15 428		
Kassenbestand, Bundesbank- und Postgiroguthaben	319		
Umlaufvermögen I	65 694 38%	%	%
Umlaufvermögen I und II	127 749 75%	%	%
Bilanzsumme	171 030 100%	100%	100%

Umsatz: 283 923

Passiva in TDM	p. 31. 12. 19..		p.31. 12. 19..		p. 31. 12. 19..	
Kapital	20 000					
Gesetzliche Rücklage	8 000					
Andere Rücklagen	2 700					
Gewinn-(+)/Verlust-(./.)Vortrag	+60					
Eigene Mittel	**30 760**	**18%**		**%**		**%**
Pensionsrückstellungen	7 114					
Darlehen gegen Grundpfandrechte	416					
Anleihen	12 807					
Verbindlichkeiten gegenüber Kreditinstituten (Inv.-Kred.)	12 546					
Sonstige Verbindlichkeiten	–					
Langfristige Fremdmittel*	**32 883**	**20%**		**%**		**%**
Eigene Mittel und langfristige Fremdmittel	**63 643**	**38%**		**%**		**%**
Langfristige Verbindlichkeiten fällig vor Ablauf von 4 Jahren	–					
Verbindlichkeiten gegenüber verbundenen Unternehmen	–					
Verbindlichkeiten aus Lieferungen und Leistungen	63 166					
Pauschalwertberichtigungen auf Forderungen	3 669					
Akzepte und Solawechsel	5 608					
Erhaltene Anzahlungen	–					
Verbindlichkeiten gegenüber Kreditinstituten	6 787					
Rückstellungen	16 190					
Rechnungsabgrenzungsposten	1 560					
Sonstige Verbindlichkeiten	7 812					
verteilungsfähiger Jahresüberschuß	2 595					
*Bereinigt um die vor Ablauf von 4 Jahren fälligen Verbindlichkeiten						
Kurz- und mittelfristige Fremdmittel	**107 387**	**62%**		**%**		**%**
Fremdmittel insgesamt	**140 270**	**82%**		**%**		**%**
Bilanzsumme	**171 030**	**100%**		**100%**		**100%**
Indossamentsverbindlichkeiten:	3 574		2 983			
Verbindlichkeiten aus Bürgschaften/ Gewährleistungsverträgen	–					
Bestellung von Sicherheiten für fremde Verbindlichkeiten:	–					

Gliederung der Erfolgsrechnung

in TDM	p. 31.12.19..	in v.H. d. Gesamtl./ Umsatzes	p. 31.12.19..	in v.H. d. Gesamtl./ Umsatzes	p. 31.12.19..	in v.H. d. Ge. samtl./ Umsatzes
Umsatzerlöse	283923	118				
Bestandsveränderungen an fertigen und nicht fertigen Erzeugnissen	./. 43846	18				
Andere aktivierte Eigenleistungen	269					
Gesamtleistung	240346	100				
./. Materialaufwendungen u. ä.	146090	61				
Rohertrag	94256	39				
Zinsen und ähnliche Erträge	1255					
Sonstige Betriebserträge	204					
	95715					
./. Personalaufwendungen	71688	30				
./. Abschreib. auf Sachanlagen	6863	2,9				
./. Zinsen u. ähnl. Aufwend.	1898					
./. Sonstige Aufwendungen	1182					
Betriebsergebnis (nach etw. Bildung od. Auflösung stiller Reserven)	7964	3,3				
Beteiligungs- und Ergebnisübernahmeerträge	215					
Erträge aus and. Finanzanlagen						
Erträge aus Anlageabgängen und -zuschreibungen	423					
Erträge aus der Auflösung von Rückstellungen und Wertberichtigungen	32					
Außerordentliche Erträge	–					
	8634					
./. Verluste aus Anlageabgängen	57					
./. Beteiligungs- und Ergebnisübernahmeverluste	–					
./. Wiederkehr. Risikoaufwend.	731					
./. Außerordentl. Aufwendungen	16					
./. Steuern von Einkommen, Ertrag und Vermögen	4689					
./. sonstige Steuern	6566					
Ergebnis-Abführungs-/-Übernahme	–					
Jahres-Überschuß (+)/ -Fehlbetrag (./.)	2695	1,1				
Gewinn- (+)/Verlust-(./.) Vortrag	+ 60					
Zuweisungen (./.)/Entnahmen (+) aus den Rücklagen	./. 100					
Bilanz-Gewinn (+)/-Verlust (./.)	2655					

Branche .... Rechtsform .... Art der Bilanz ....

Kennzahlen der Bilanz der .... AG zum	Unter-nehmen	19..Branche	Differenz
VERMÖGENSLAGE			
Vermögensstruktur = Anlagevermögen · 100 : Bilanzsumme	25,3		
Eigenkapitalquote = Gesamtes Eigenkapital · 100 : Bilanzsumme	18,0		
Anlagendeckung I = Gesamtes Eigenkapital · 100 : Anlagevermögen	70,9		
Anlagendeckung II = Gesamtes langfr. Kapital · 100 : Anlagevermögen	192,8		
LIQUIDITÄTSLAGE			
Liquidität 1. Grades = (Warenforderungen + -wechsel + flüssige Mittel) · 100 : kurzfristiges Fremdkapital	75,7		
Liquidität 2. Grades = (Gesamtes Umlaufvermögen ./. Sonstige vermögensgegenstände) · 100 : kurzfristiges Fremdkapital	151,0		
ZAHLUNGSZIELE			
Zielgewährung = (Warenforderungen und -wechsel) · 360 : Nettoumsatz	60		
Zielinanspruchnahme = (Lieferantenschulden und Wechselverbindlich-keiten) · 360 : Wareneinsatz	169		
UMSCHLAGSHÄUFIGKEIT			
der **dauerhaften Produktionsmittel** = Umsatzerlose : Anlagevermögen	6,6		
der **gesamten Produktionsmittel** = Umsatzerlöse : (Anlage- + Umlaufvermögen)	1,7		
ERTRAGSLAGE			
Eigenkapitalrendite = Betriebsergebnis · 100 : gesamtes Eigenkapital	25,9		
Gesamtkapitalrendite = Jahresüberschuß : (Eigen- + Fremdkapital)	1,6		
CASH-FLOW (= der selbstwirtschaftete Überschuß der Einnahmen über die Ausgaben der Periode):			
Jahresüberschuß	2 695		
+Zuweisung zu den Rücklagen (soweit nicht im Jahres-überschuß enthalten)			
+Abschreibungen auf Sachanlagen	–,–		
+Verluste aus Anlageabgängen	6863		
+Abschreibungen und Wertberichtigungen auf Forderungen	57		
+Abschreibungen auf Finanzanlagen	731		
+Aufwendungen aus Organverträgen	16		
+Zuführungen zu Rückstellungen	–,–		
+Steuern vom Einkommen, Ertrag und Vermögen	–,–		
Zwischensumme	4689		
–Rücklagenauflösungen (soweit nicht im Jahresüberschuß enthalten)	–,–		
–Erträge aus Beteiligungen und Ergebnisabführungsverträgen	196		
–Erträge aus anderen Finanzanlagen	19		
–Erträge aus Anlageabgängen und Zuschreibungen	423		
–Erträge aus der Auflösung von Rückstellungen	32		
–Erträge aus Organverträgen	–,–		
= **Cash-Flow I**	14381		
– Steuern vom Einkommen, Ertrag und Vermögen	4689		
= **Cash-Flow II**	9692		

Dresdner Bank
Aktiengesellschaft
in Freiburg i. Brg.

Bismarckallee 18-20
Postfach 360

7800 Freiburg i. Brg.

Telefon (0761) 21 81-1
Bankleitzahl 680 800 30
S.W.I.F.T.-Adresse:
DRES DE FF 680

Finanz-Service GmbH
Postfach 123

7800 Freiburg

Ihre Zeichen und Nachricht Your reference Votre référence Su referencia	Bei Beantwortung bitte angeben In replying please quote Veuillez rappeler dans votre réponse Citese en la respuesta	Durchwahl/Hausruf Direct dialling/Extension Sélection directe/Poste Número directo/Extensión	Datum Date Date Fecha
abc	xyz	123-456	28. April 1982

Sehr geehrte Damen,
sehr geehrte Herren,

wir dürfen Bezug nehmen auf die mit Ihnen geführten Unterredungen und
bestätigen gern, daß wir Ihnen mit einem

<u>Barkredit in Höhe von DM 500.000,--</u>

(i.W.: Deutsche Mark fünfhunderttausend)

zur Verfügung stehen. Die Laufzeit dieses Kredites haben wir zunächst
bis 29. April 1983 befristet.

Für Ihre jeweilige Kreditinanspruchnahme berechnen wir Ihnen derzeit
und bis auf weiteres einen Zinssatz von 13 % p.a. netto, wobei wir
uns vorbehalten dürfen, den Zinssatz dann neu festzulegen, wenn wir
uns hierzu angesichts einer Änderung des allgemeinen Zinsgefüges
veranlaßt sehen sollten.

Für die Sicherheitenbestellung (Eintragung einer Grundschuld in Höhe
von DM 500.000,-- auf Ihrem Firmenanwesen in Freiburg, nach Vorlasten
in Abteilung II und III: keine, zu unseren Gunsten) die die Voraussetzung für die Valutierung des Kredites ist, werden noch gesonderte Ab-
sprachen getroffen.

Ergänzend gelten unsere Allgemeinen Geschäftsbedingungen, die in unseren Geschäftsräumen eingesehen werden können und die wir Ihnen auf
Wunsch zusenden.

Abschließend dürfen wir Sie noch sehr höflich bitten, uns Ihr Einverständnis mit dem Inhalt dieses Schreibens durch Unterzeichnung und
Rückgabe der beigefügten Briefkopie zu bestätigen.

Mit freundlichen Grüßen

Dresdner Bank AG in Freiburg i. Brg.

Dresdner Bank

Vorsitzender des Aufsichtsrats: Helmut Haeusgen. Vorstand: Karl-Ludwig Bresser, Christoph v. d. Decken, Rolf Diel, Hans Friderichs, Werner Funke, Wolfgang Leeb, Manfred Meier-Preschany, Wolfgang Röller,
Horst Schmeling, Hans-Joachim Schreiber, Christian Seidel, stellv.: Kurt Morgen. Sitz Frankfurt a. M. Eingetragen in das Handelsregister des Amtsgerichts Frankfurt a. M. unter Nummer 72 HRB 14000

Ko.33
6.81

Aufgabe:

Im Anschluß an das oben dargestellte Beispiel sind für das Folgejahr die unten-stehende Bilanz sowie die Gewinn- und Verlustrechnung in der gleichen Weise wie im Beispiel zu analysieren. – Ermitteln Sie die Kennzahlen zur Bilanz und Ertragslage, und versuchen Sie, die Veränderungen zu erklären!

Bilanz zum 31. 12. 19.. (in TDM)

Aktiva

I. Anlagevermögen

A. Sachanlagen	Stand 1.1.19..	Zugänge	Abgänge	Abschrei-bungen	Stand 31.12.19..
Grundstücke und grundstücksgleiche Rechte mit Geschäfts-, Fabrik- und anderen Bauten	10371	–	–	548	9823
Maschinen und maschinelle Anlagen	26950	6462	–	4102	29301
Betriebs- und Geschäftsausstattung	4608	5312	2584	2368	4968
	41929	11774	2584	7018	44101
B. Finanzanlagen					
Beteiligungen	1352	48	–	–	1400
	43281	11822	2584	7018	45501

II. Umlaufvermögen

A. Vorräte

Roh-, Hilfs- und Betriebsstoffe	22117	
Halbfertige Erzeugnisse	43444	
Fertige Erzeugnisse, Waren	11120	76681

B. Andere Gegenstände des Umlaufvermögens

Forderungen aus Lieferungen und Leistungen	45689
Wechsel	5899
Schecks	–
Kassenbestand, Bundesbank- und Postgiroguthaben	387
Guthaben bei Kreditinstituten	9607
Wertpapiere	616
Forderungen an verbundene Unternehmen	2023
Sonstige Vermögensgegenstände	1097

III. Rechnungsabgrenzungsposten

A. Disagio	402	
B. Sonstige	18	420
		187920

388

			Passiva
I.	**Grundkapital**		20 000
II.	**Offene Rücklagen**		
	A. Gesetzliche Rücklage	8 000	
	B. Andere Rücklagen		
	Stand 1. 1. 19..	2 700	
	Zuführung aus dem Jahresüberschuß	1 000	
	Stand 31. 12. 19..	3 700	3 700	11 700

I.	**Grundkapital**			20 000
II.	**Offene Rücklagen**			
	A. Gesetzliche Rücklage		8 000	
	B. Andere Rücklagen			
	Stand 1. 1. 19..	2 700		
	Zuführung aus dem Jahresüberschuß	1 000		
	Stand 31. 12. 19..	3 700	3 700	11 700
III.	**Pauschalwertberichtigungen auf Forderungen**			3 909
IV.	**Rückstellungen**			
	A. Pensionsrückstellungen		7 438	
	B. Andere Rückstellungen		14 200	21 638
V.	**Verbindlichkeiten mit einer Laufzeit von mindestens 4 Jahren**			
	A. Anleihen		15 821	
	B. Verbindlichkeiten gegenüber Kreditinstituten		14 545	30 366
	(davon durch Grundpfandrechte gesichert: 1 599)			
	Von den Ziffern A. und B. sind vor Ablauf von 4 Jahren fällig: 7 532			
VI.	**Andere Verbindlichkeiten**			
	A. Verbindlichkeiten aus Lieferungen und Leistungen			66 129
	B. Verbindlichkeiten aus der Annahme gezogener Wechsel			8 945
	C. Verbindlichkeiten gegenüber Kreditinstituten			13 346
	D. Sonstige Verbindlichkeiten			7 684
VII.	**Rechnungsabgrenzungsposten**			1 596
VIII.	**Bilanzgewinn**			2 607
				187 920

Gewinn- und Verlustrechnung für das Geschäftsjahr 19..
(in TDM)

Umsatzerlöse		222 833
Erhöhung des Bestandes an fertigen und unfertigen Erzeugnissen		14 285
Gesamtleistung		237 118
Aufwendungen für Roh-, Hilfs- und Betriebsstoffe sowie für bezogene Waren		136 382
Rohertrag		100 905
Erträge aus Beteiligungen		163
Sonstige Zinsen und ähnliche Erträge		1 238
Erträge aus dem Abgang von Gegenständen des Anlagevermögens		111
Erträge aus der Herabsetzung der Pauschalwertberichtigung zu Forderungen		1 445
Erträge aus der Auflösung von Rückstellungen		505
Sonstige Erträge		1 217
		105 584
Löhne und Gehälter		66 970
Soziale Abgaben		7 786
Aufwendungen für Altersversorgung und Unterstützung		4 408
Abschreibungen und Wertberichtigungen auf Sachanlagen		7 018
Abschreibungen und Wertberichtigungen auf Finanzanlagen		–
Verluste aus Wertminderungen oder dem Abgang von Gegenständen des Umlaufvermögens		1 685
Verluste aus dem Abgang von Gegenständen des Anlagevermögens		11
Zinsen und ähnliche Aufwendungen		2 720
Steuern		
a) vom Einkommen, Ertrag und Vermögen	5 119	
b) sonstige	4 695	9 814
Sonstige Aufwendungen		1 620
Jahresüberschuß		3 552
Gewinnvortrag aus dem Vorjahr		55
		3 607
Einstellung aus dem Jahresüberschuß in die freie Rücklage		1 000
Bilanzgewinn		2 607

Mit der Übersendung bzw. der Übergabe der Einverständniserklärung kommt der Kreditvertrag zustande.

Bei bestimmten Krediten ist nach den Vorschriften des Kreditwesengesetzes die Kreditzusage an die Erfüllung bestimmter Voraussetzungen geknüpft. So dürfen z. B. Kreditinstitute in der Rechtsform einer juristischen Person oder Personenhandelsgesellschaft unbeschadet der Wirksamkeit des Rechtsgeschäfts Kredite, die 15 % des haftenden Eigenkapitals übersteigen, nur auf Grund eines einstimmigen Beschlusses sämtlicher Geschäftsleiter gewähren (**Großkredite**). Alle Großkredite zusammen dürfen das Achtfache sowie der einzelne Großkredit – unbeschadet der Wirksamkeit des Rechtsgeschäfts – fünfzig vom Hundert des haftenden Eigenkapitals nicht übersteigen.

KWG § 13,2

Ebenso dürfen Kredite an Geschäftsleiter, bestimmte Gesellschafter, Mitglieder von Aufsichtsorganen, Prokuristen und zum gesamten Geschäftsbetrieb ermächtigte Handlungsbevollmächtigte sowie weitere im Gesetz aufgeführte Personen und Unternehmen grundsätzlich nur dann gewährt werden, wenn dieser Kreditgewährung alle Geschäftsleiter und der Aufsichtsrat bzw. Verwaltungsrat zugestimmt haben (**Organkredite**). Von dieser Zustimmung kann u. a. abgesehen werden, wenn der Kredit ein Jahresgehalt des Prokuristen oder Handlungsbevollmächtigten nicht übersteigt.

KWG § 15,1

Bei den Sparkassen sind hinsichtlich der Kreditzusage darüber hinaus auch die *Bestimmungen der Sparkassengesetze* zu beachten. Danach muß z. B. der Kreditzusage eine förmliche „Bewilligung des Kredites" vorausgehen. Sofern es in einem Land kein Sparkassengesetz gibt – wie z. B. in Hamburg –, finden sich entsprechende Bestimmungen in den Satzungen der dortigen Sparkassen.

3. Sicherheiten im Kreditgeschäft

Im Rahmen der Bearbeitung von Kreditanträgen nimmt die Sicherstellung der gewährten Kredite einen relativ großen Raum ein. Sie erfolgt durch sogenannte „Sicherheiten" („Kreditsicherheiten"), die der Bank vom Kreditnehmer zur Verfügung gestellt werden. Diese Sicherheiten sollen dem Kreditgeber die Möglichkeit geben, sich aus ihnen zu befriedigen, sofern der Kreditnehmer den in Anspruch genommenen Kredit nicht zurückzahlen bzw. die mit der Kreditgewährung verbundenen Kosten nicht entrichten kann.

Grundsätzlich ist zwischen den persönlichen und realen oder sachlichen Sicherheiten zu unterscheiden.

Bei einer **persönlichen Sicherheit** haftet neben dem Kreditnehmer eine dritte Person für den Kredit. Sie kommt hauptsächlich in Form der Bürgschaft vor.

Bei der **Sachsicherheit** hingegen werden dem Kreditgeber zur Sicherung des Kredits bestimmte Sachwerte zur Verfügung gestellt. Sie umfaßt z. B. die Verpfändung oder Sicherungsübereignung von beweglichen Sachen, die Abtretung von Rechten, insbesondere von Forderungen, und die Begründung von Rechten an Grundstücken.

HGB § 369

Ein Mittelding zwischen Personal- und Sachkredit ist das **Zurückbehaltungsrecht.** Insbesondere unter Kaufleuten kann das Zurückbehaltungsrecht Bedeutung erlangen.

BGB § 1136

Eine ganz anders geartete Form der Kreditsicherung ist die sogenannte **Negativerklärung.** Darin verpflichtet sich der Kreditnehmer, während der Kreditlaufzeit sein Vermögen nicht durch Veräußerung oder Belastung seines Grundbesitzes und/oder durch Bestellung sonstiger Sicherheiten zugunsten Dritter zum Nachteil der Bank zu verändern. Mitunter kommt nur eine Verpflichtung des Kreditnehmers in Betracht, seinen Grundbesitz nicht zu veräußern oder anderweitig zu belasten. Hierbei ist jedoch stets zu berücksichtigen, daß eine solche Negativerklärung nichtig ist, wenn der Kreditgeber bereits wegen eines von ihm gewährten früheren Kredits Grundpfandgläubiger ist. Die Negativerklärung stellt *keine echte Kreditsicherheit* dar, und eine tatsächliche Sicherheitenbestellung kann durch sie nicht ersetzt werden. Eine Verletzung der Negativerklärung durch den Kunden macht diesen zwar gegenüber der Bank schadenersatzpflichtig, die vertragswidrige Verfügung wird dadurch aber nicht unwirksam.

...., den ....

Wir verpflichten uns hiermit Ihnen gegenüber, solange uns von Ihnen Kredite zugesagt sind oder wir irgendwelche Verpflichtungen bei Ihnen haben, anderen Gläubigern ohne Ihre vorherige Zustimmung keinerlei wie immer geartete Sicherheiten zu bestellen und bei anderen Banken keine Kredite in Anspruch zu nehmen.

Unterschrift

Negativerklärung

In der Praxis wird diese Negativerklärung oftmals mit der Verpflichtung des Kreditnehmers verbunden, der Bank aufs erste Anfordern ihr genehme Sicherheiten zu bestellen (**Positiverklärung**).

In diesem Zusammenhang ist auch die gesetzlich nicht geregelte **Patronatserklärung** zu erwähnen: Hierdurch geben Muttergesellschaften gegenüber den Kreditgebern ihrer Tochtergesellschaften teils härtere, teils schwächere Garantieerklärungen ab, die der Förderung und Erhaltung der Kreditbereitschaft dienen sollen. Gegenstand einer solchen Erklärung kann sein, die Tochtergesellschaft während der Dauer des Kreditverhältnisses dahingehend zu beeinflussen, ihren Verpflichtungen daraus vereinbarungsgemäß nachzukommen (**weiche Patronatserklärung**). Eine sehr weitgehende Verpflichtung der Muttergesellschaft hat dagegen eine Erklärung zum Inhalt, die besagt, die Tochtergesellschaft während der Dauer des Kreditverhältnisses finanziell so ausgestattet zu halten, daß diese ihren Verpflichtungen nachkommen kann (**harte Patronatserklärung**).

Die Eignung der verschiedenen Kreditsicherheiten ist im Verhältnis zueinander sehr unterschiedlich, aber auch im Hinblick auf die einzelnen Kreditarten ungleich. Das Problem liegt darin, für den jeweiligen Kredit die bestmögliche Sicherungsform zu finden. Wichtig ist, daß nicht nur bei Bestellung der Sicherheiten sorgfältig und genau nach den gesetzlichen Bestimmungen vorgegangen wird, sondern daß auch im Anschluß daran die Sicherheiten für die Dauer der Laufzeit des Kredits genau überwacht werden.

Als die wichtigsten Kreditsicherheiten sind anzusehen:

(1) die **Bürgschaft,**

(2) die **Verpfändung** von Wertpapieren, Waren und sonstigen Vermögenswerten,

(3) die **Sicherungsübereignung** von beweglichen Sachen,

(4) die **Abtretung** von Forderungen und Rechten,

(5) die **Grundschuld** und die **Hypothek.**

3.1 Bürgschaft

3.1.1 Wesen

Die Bürgschaft ist ein einseitig verpflichtender Vertrag, durch den sich der Bürge dem Gläubiger eines Dritten gegenüber verpflichtet, für die Verbindlichkeiten des Dritten einzustehen.
BGB
§ 765, 1

Zweck der Bürgschaft ist die Sicherung des Gläubigers bei Zahlungsunfähigkeit des Schuldners. Sie setzt grundsätzlich das Bestehen einer Hauptschuld voraus (**akzessorische Natur der Bürgschaft**), sie kann jedoch auch für künftige oder bedingte Verbindlichkeiten übernommen werden.
§ 765, 2

Wird eine Bürgschaft für eine *künftige Verbindlichkeit* übernommen, so kann die Hauptschuld noch unbestimmt sein, sie muß jedoch zum gegebenen Zeitpunkt und in bezug auf die Höhe der Schuld bestimmbar sein. Wegen dieses Erfordernisses ist eine Bürgschaft für alle nur irgendwie denkbar künftigen Verbindlichkeiten des Hauptschuldners ohne sachliche Begrenzung unwirksam. Dagegen kann eine Verbürgung für alle künftigen Ansprüche einer Bank gegen den Hauptschuldner, die sich aus der zu ihm bestehenden Geschäftsverbindung ergeben werden, als zulässig angesehen werden. Die Bürgschaft bleibt so lange bestehen, bis dieses Kreditverhältnis abgewickelt ist, sofern sie nicht ausnahmsweise zeitlich begrenzt ist.
§ 767, 1

Der *Umfang der Haftung* des Bürgen bestimmt sich nach dem jeweiligen Stand der Hauptschuld, d.h. nach der jeweiligen Höhe des Kredits, für den sich der Bürge verbürgt hat. **Wird die Forderung des Gläubigers gegen den Hauptschuldner durch den Bürgen befriedigt, so geht sie kraft Gesetzes auf den Bürgen über.** Der Übergang kann jedoch nicht zum Nachteil des Gläubigers geltend gemacht werden, z. B. darf der Bürge bei einer teilweisen Befriedigung des Gläubigers seine Forderung im Konkurs des Hauptschuldners nicht anmelden, solange der Gläubiger nicht voll befriedigt wurde.

Verbürgen sich mehrere, so ist zu unterscheiden zwischen der Mitbürgschaft, der Nachbürgschaft und der Rückbürgschaft.

a) Mitbürgschaft

Mehrere Bürgen, die sich für dieselbe Verbindlichkeit verbürgt haben, **haften als Gesamtschuldner,** und zwar auch dann, wenn die Bürgschaft von ihnen nicht gemeinschaftlich übernommen wurde.

b) Nachbürgschaft

Der Nachbürge haftet dem Gläubiger, wenn von dem Hauptbürgen im Falle der Zahlungsunfähigkeit des Hauptschuldners ebenfalls keine Zahlung zu erlangen ist; **sie dient der Sicherung des Gläubigers.**

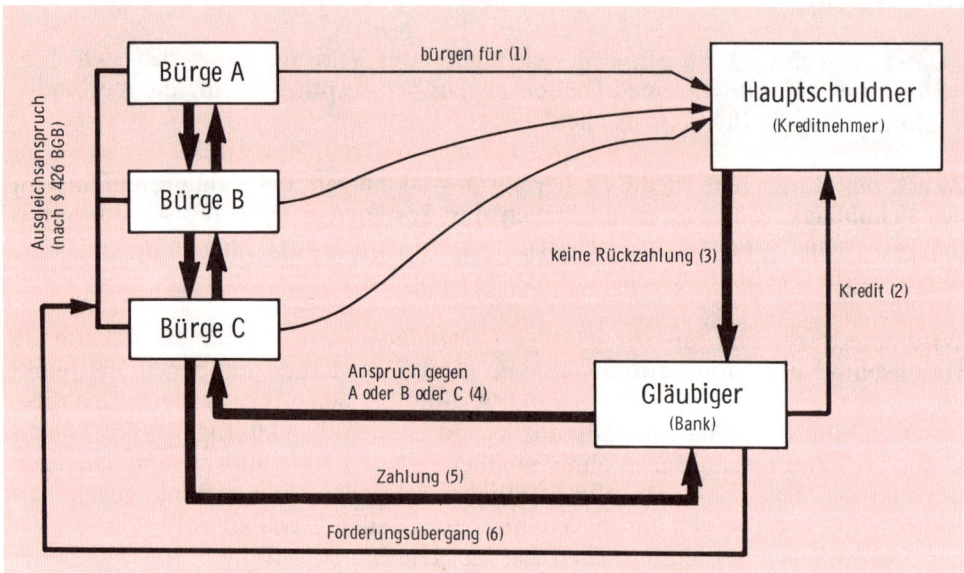

Mitbürgschaft

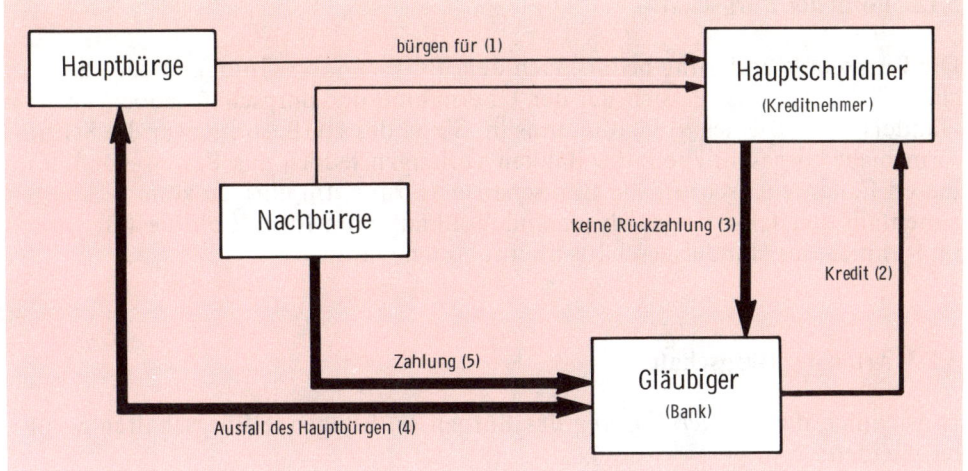

Nachbürgschaft

c) Rückbürgschaft

Der Rückbürge haftet dem Hauptbürgen dafür, daß im Falle der Zahlung durch den Hauptbürgen dessen Ersatzanspruch gegen den Hauptschuldner erfüllt wird; **die Rückbürgschaft dient also der Sicherung des Rückgriffsanspruches des Hauptbürgen gegen den Hauptschuldner.**

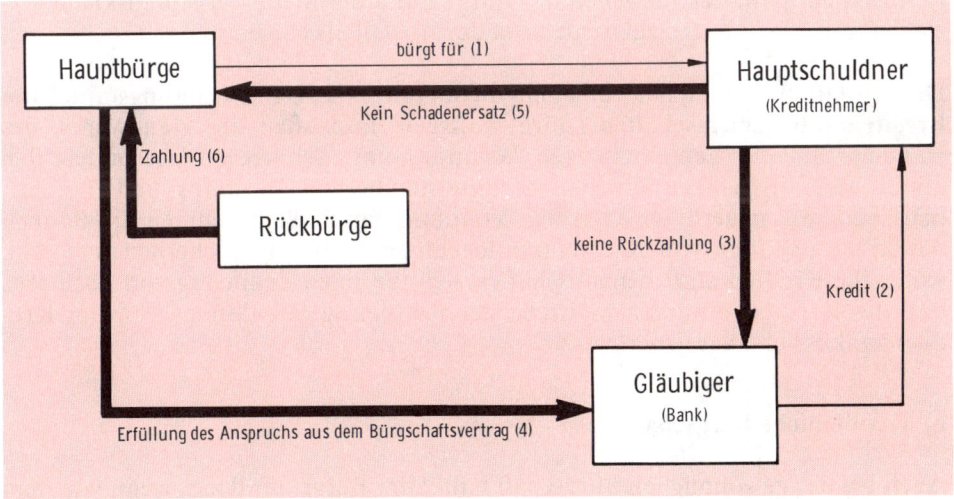

Rückbürgschaft

3.1.2 Form der Bürgschaft

BGB
§ 766

HGB
§ 350

Die Bürgschaftserklärung bedarf nach dem BGB zu ihrer Gültigkeit der schriftlichen Form. Handelt es sich bei der Übernahme der Bürgschaft jedoch um ein Handelsgeschäft eines Vollkaufmanns im Sinne des HGB, so ist zwar die Schriftform nicht vorgeschrieben, die Banken verlangen jedoch aus Beweisgründen in diesen Fällen eine schriftliche Bürgschaftserklärung. Im übrigen könnte es gegebenenfalls zweifelhaft sein, ob jemand Vollkaufmann ist und ob die Bürgschaft im Rahmen des Handelsgeschäfts übernommen wurde.

3.1.3 Arten der Bürgschaft

Hinsichtlich der *Art der Haftung* des Bürgen sind folgende Bürgschaften zu unterscheiden:

a) Ausfallbürgschaft

Bei einer Ausfallbürgschaft verpflichtet sich der Bürge gegenüber dem Kreditinstitut, für die Forderung des Kreditinstituts gegen den Kreditnehmer einzustehen, wenn der Bank aus der Gewährung des betreffenden Kredites ein Verlust entsteht. **Die Bank muß folglich den erlittenen Verlust nachweisen.** Um diesen Beweis erbringen zu können, müssen zunächst sämtliche zur Verfügung stehenden Sicherheiten realisiert und **die Zwangsvollstreckung in das Vermögen des Schuldners betrieben worden sein;** außerdem muß gegebenenfalls ein Konkursverfahren stattgefunden haben.

Die Banken besitzen bei derartigen Ausfallbürgschaften eine relativ ungünstige Rechtsstellung, und sie vereinbaren daher im allgemeinen sogenannte **modifizierte Ausfallbürgschaften,** in denen der Bürge auf die Einrede der Vorausklage verzichtet und genau festgelegt wird, *wann* der Ausfall als eingetreten gilt.

Die Ausfallbürgschaft hat vor allem Bedeutung als Kreditsicherungsmittel der **Kreditgarantiegemeinschaften** (Bürgschaftsgemeinschaften des Handwerks, des Handels und der gemeinnützigen Wohnungsunternehmen). Insbesondere bei mittel- und langfristigen Krediten an mittelständische Handwerks- und Handelsbetriebe sowie neuerdings auch bei Wohnungsbaukrediten nehmen die Banken Ausfallbürgschaften von Kreditgarantiegemeinschaften als Sicherheiten herein, wobei die Kreditgarantiegemeinschaften sich für einen Teilbetrag von höchstens 80% des Kredits verbürgen, während der Restbetrag (mindestens 20% des Kredits) banküblich abgesichert wird.

b) Gewöhnliche Bürgschaft

Auch bei der gewöhnlichen Bürgschaft haftet der Bürge nur dann, wenn von dem Hauptschuldner keine Befriedigung zu erlangen ist. **Von der Ausfallbürgschaft unterscheidet sie sich aber dadurch, daß der Gläubiger den Bürgern auch dann in**

396

Anspruch nehmen kann, wenn zuvor keine Zwangsvollstreckung in das Vermögen des Hauptschuldners stattgefunden hat.

Die Behauptung, die Zwangsvollstreckung gegen den Hauptschuldner sei erfolglos gewesen, gehört also *nicht* zur Klagebegründung. – Der Bürge hat zwar dann das Recht, von dem Gläubiger zu verlangen, daß die Zwangsvollstreckung versucht wird (**Einrede der Vorausklage**), er kann aber auch auf sie verzichten. Regelmäßig wird der Bürge die Einrede der Vorausklage dann nicht erheben, wenn es offensichtlich ist, daß eine Zwangsvollstreckung erfolglos bleiben wird; andernfalls würden ihm die Kosten einer etwaigen Rechtsverfolgung zusätzlich zur Last fallen.

BGB
§ 771
§ 767,2

c) Selbstschuldnerische Bürgschaft

Bei einer selbstschuldnerischen Bürgschaft verzichtet der Bürge auf die Einrede der Vorausklage, d.h. **der Gläubiger (Kreditgeber) kann vom Bürgen sofort Zahlung verlangen, wenn der Kreditnehmer seinen Verpflichtungen nicht ordnungsgemäß nachkommt.** Es ist also nicht erforderlich, daß der Gläubiger eine Zwangsvollstreckung in das Vermögen des Kreditnehmers nachweist oder zum Beispiel vorher von einem ihm zustehenden Pfandrecht – z.B. aus den Allgemeinen Geschäftsbedingungen – Gebrauch macht.

§ 773

Ergänzend ist darauf hinzuweisen, daß ein Kaufmann, der eine Bürgschaft im Rahmen seines Handelsgeschäftes übernimmt, die Einrede der Vorausklage grundsätzlich nicht geltend machen kann; sicherheitshalber – u.a. aus den oben im Zusammenhang mit der Schriftform genannten Gründen – verlangen die Kreditinstitute stets aber auch von Kaufleuten einen ausdrücklichen Verzicht auf die Einrede der Vorausklage.

HGB
§ 349

Die selbstschuldnerische Bürgschaft ist die für das Kreditgeschäft der Banken wichtigste Sonderform. Die Banken akzeptieren als Kreditsicherheit grundsätzlich nur selbstschuldnerische Bürgschaften einer als kreditwürdig bekannten Person oder Unternehmung bzw. einer öffentlichen Behörde.

Bei allen Formen der Bürgschaftserklärung ist es denkbar, daß der Bürge seine Haftung nicht für alle Forderungen gegen den Hauptschuldner, sondern nur für einen bestimmten Höchstbetrag erklären will. In diesem Falle gibt er eine **Höchstbetragsbürgschaft;** ein Muster einer auf einen Höchstbetrag beschränkten selbstschuldnerischen Bürgschaft ist auf den folgenden Seiten abgebildet.

3.1.4 Kreditauftrag und Ausbietungsgarantie

Ein **Kreditauftrag** ist ein dem Kreditgeber erteilter und von diesem angenommener Auftrag, einem Dritten (dem Kreditnehmer) im eigenen Namen und auf eigene Rechnung Kredit zu gewähren. Führt eine Bank einen derartigen Auftrag ordnungsgemäß aus, so haftet der Auftraggeber für den Kredit wie ein Bürge.

BGB
§ 778

Die Funktionen einer Bürgschaft erfüllt auch eine **Ausbietungsgarantie.** In einer Ausbietungsgarantie, die im Gegensatz zur Bürgschaft **an keine Forderung gebunden** ist, übernimmt ein Dritter die Verpflichtung, dafür einzustehen, daß der Gläubiger einer Hypothek (Grundschuld, Rentenschuld) im Falle der Zwangsversteigerung des Grundstücks ohne Verlust bleibt.

3.2 Pfandrecht

3.2.1 Wesen

BGB
§ 1204
§ 1273

Das Pfandrecht ist ein dingliches, zur Sicherung einer Forderung dienendes, gegen jedermann wirkendes Recht an fremden beweglichen Sachen oder Rechten, kraft dessen der Gläubiger berechtigt ist, sich aus dem belasteten Gegenstand zu befriedigen.

Gegenstand des Pfandrechts können bewegliche Sachen und Rechte jeder Art sein, sofern sie exakt bestimmbar sind, d. h. daß das Pfandrecht nur an einzelnen selbständigen Sachen – nicht z. B. an einem Vermögen – begründet werden kann. Nicht übertragbare Rechte – z. B. der unpfändbare Teil eines Gehalts – können ebenfalls nicht verpfändet werden.

§ 1210 **Zweck der Verpfändung ist die Sicherung einer Forderung in deren jeweiligem Bestand zuzüglich Zinsen und Vertragsstrafen.**

3.2.2 Entstehung des Pfandrechts

Die Entstehung des Pfandrechts ist an **drei Voraussetzungen** geknüpft:

(1) Es muß eine Forderung bestehen **(akzessorische Natur des Pfandrechts).** – Das Pfandrecht kann jedoch für eine künftige oder eine bedingte Forderung bestellt werden.

§ 1205, 1 (2) Zwischen den Parteien muß eine **Einigung** darüber zustande kommen, **daß das Pfandrecht dem Gläubiger zustehen soll.** Sie ergibt sich im bankmäßigen Lombardgeschäft aus dem Kreditantrag und der Kreditzusage bzw. aus dem Kreditbewilligungsschreiben und der Einverständniserklärung des Kunden

§ 1205, 1
§ 854, 1 (3) Der Eigentümer muß dem Gläubiger die Sache übergeben **(Faustpfandprinzip).** Mit der tatsächlichen Gewalt über die Sache erwirbt der Gläubiger den unmittelbaren Besitz, während dem Eigentümer der *mittelbare* Besitz verbleibt.

Höchstbetragsbürgschaft

Für alle bestehenden und künftigen – auch bedingten oder befristeten – Ansprüche, die der **Dresdner Bank Aktiengesellschaft** mit ihren sämtlichen Geschäftsstellen aus der Geschäftsverbindung, insbesondere aus laufender Rechnung und aus der Gewährung von Krediten jeder Art, aus abgetretenen oder kraft Gesetzes übergegangenen Forderungen sowie aus Wechseln (auch soweit diese von Dritten hereingegeben worden sind) gegen

_____ (Hauptschuldner)

zustehen, übernehmen wir hiermit die selbstschuldnerische Bürgschaft bis zum Betrage von

DM _____

in Worten: Deutsche Mark

Der Betrag der von uns übernommenen Bürgschaft **erhöht sich** um die Beträge, die als Zinsen, Provisionen, Spesen und Kosten jeder Art auf den verbürgten Höchstbetrag anfallen oder durch deren Geltendmachung entstehen; dies gilt auch dann, wenn die Beträge durch Saldofeststellung im Kontokorrent jeweils zum Kapital geschlagen werden und dadurch der verbürgte Höchstbetrag überschritten wird.

Die Bürgschaft besteht bis zur Beendigung der Geschäftsverbindung und bis zur Rückführung aller gesicherten Ansprüche der Bank; sie erlischt insbesondere nicht durch eine vorübergehende Rückzahlung der Kredite. Ein Anspruch gegen den Hauptschuldner auf Befreiung von der Bürgschaft (§ 775 BGB) darf nur mit vorheriger schriftlicher Zustimmung der Bank geltend gemacht werden.

Unsere Zahlungen dienen als Sicherheitsleistung für unsere Bürgschaftsschuld, bis die Bank wegen ihrer sämtlichen Ansprüche gegen den Hauptschuldner, die im Zeitpunkt der vollständigen Erfüllung unserer Bürgschaftsschuld bestehen, befriedigt ist. Daher gehen die Ansprüche der Bank gegen den Hauptschuldner erst dann auf uns über. Die Bank ist jedoch berechtigt, sich jederzeit aus den von uns gezahlten Beträgen zu befriedigen. Sicherheiten, die der Bank vom Hauptschuldner oder von dritter Seite bestellt worden sind, hat die Bank nur insoweit auf uns zu übertragen, als der Sicherungsgeber uns seinen Anspruch gegen die Bank auf Rückübertragung der Sicherheiten abgetreten oder sich mit der Übertragung auf uns ausdrücklich einverstanden erklärt hat. Dies gilt nicht für Sicherheiten, die kraft Gesetzes auf uns übergehen.

Die Bank darf den Erlös aus ihr anderweitig bestellten Sicherheiten, ferner alle vom Hauptschuldner oder für dessen Rechnung geleisteten Zahlungen sowie dessen etwaige Gegenforderungen zunächst auf ihre durch unsere Bürgschaft nicht gedeckten Ansprüche oder den nicht gedeckten Teil ihrer Ansprüche anrechnen.

Haften für die Ansprüche der Bank mehrere Bürgen, so haftet jeder einzelne unter Ausschluß eines Gesamtschuldverhältnisses unabhängig von den anderen für jeden Teil der verbürgten Ansprüche.

Die Bürgschaft gilt zusätzlich zu etwaigen weiteren von uns abgegebenen Bürgschaftserklärungen.

Allg. 1604 e (w. b.) Fassung Mai 1981 10. 12. 81

399

Alle Maßnahmen und Vereinbarungen, welche die Bank hinsichtlich ihrer Ansprüche oder bei der Verwertung anderweitiger Sicherheiten für zweckmäßig erachtet, berühren den Umfang der Bürgschaftsverpflichtung nicht. Insbesondere bleibt unsere Bürgschaft bis zur vollen Befriedigung der Bank auch dann unverändert bestehen, wenn die Bank dem Hauptschuldner Stundung gewährt oder Sicherheiten und Vorzugsrechte, welche ihr für die von uns verbürgten Ansprüche anderweitig bestellt sind oder künftig bestellt werden, freigibt, namentlich andere Bürgen aus der Haftung entläßt. Falls die Bank es bei einer befristeten Bürgschaft unterläßt, uns unverzüglich nach Fristablauf anzuzeigen, daß sie uns in Anspruch nimmt, stehen uns hieraus keine Einwendungen zu. Wir verzichten auf die Einrede der Anfechtbarkeit und der Aufrechenbarkeit.

Wir werden uns über den jeweiligen Stand der Hauptschuld gegebenenfalls beim Hauptschuldner selbst unterrichten.

Die Bürgschaft bleibt bei einem Inhaberwechsel oder bei einer Änderung der Rechtsform auf seiten des Hauptschuldners auch für die Ansprüche aus der künftigen Geschäftsverbindung unverändert bestehen.

Für das Bürgschaftsverhältnis ist deutsches Recht maßgebend.

Ergänzend gelten die Allgemeinen Geschäftsbedingungen der Bank, die in jeder Geschäftsstelle eingesehen werden können und auf Wunsch zugesandt werden.

_____   _____
Ort / Datum   Unterschrift des Bürgen

In meiner Gegenwart von _____

geb. am _____ wohnhaft in _____
                                        Straße, Haus-Nr.

                                        _____
                                        Postleitzahl, Ort

persönlich bekannt / ausgewiesen durch _____
unterschrieben.

_____   _____
Datum   Unterschrift

wird von der Bank ausgefüllt

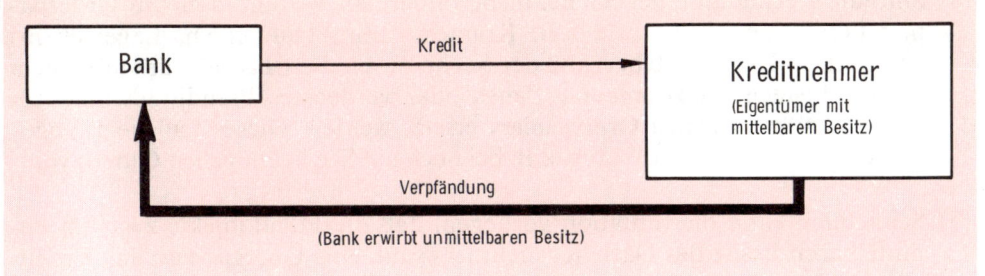

Zur Verpfändung einer Forderung ist die Anzeige der Verpfändung durch den Gläubiger der verpfändeten Forderung an den Schuldner erforderlich.

BGB
§ 1280

Beispiel: Der Sparer muß der Sparkasse die Verpfändung des Sparkassenguthabens anzeigen, damit das Pfandrecht zur Entstehung gelangt.

Die Notwendigkeit, daß das *Pfandobjekt* in den Besitz des Gläubigers übergehen muß, bereitet im Lombardgeschäft der Kreditinstitute insofern manchmal Schwierigkeiten, als sich das Pfandobjekt häufig nicht im unmittelbaren Besitz des Schuldners befindet bzw. auf Grund seiner Beschaffenheit nicht körperlich übergeben werden kann.

Hinsichtlich der Erfüllung des Erfordernisses der Übergabe stehen grundsätzlich fünf Möglichkeiten zur Verfügung.

(1) Der einfachste Fall ist gegeben, wenn der Darlehensnehmer dem Kreditinstitut das Pfandobjekt effektiv übergibt. Dann muß es sich allerdings um leicht transportable Sachen mit einem relativ hohen Wert handeln, die sich zu einer **Verwahrung im Tresor der Bank** eignen. Derartige Objekte sind z.B. Wertpapiere und Edelmetalle.

(2) Sind die Pfandgegenstände bereits in unmittelbarem Besitz der Bank, z.B. weil sie von der Bank verwahrt werden, so ist eine förmliche Übergabe nicht erforderlich; in diesem Fall genügt es, wenn neben der Forderung **Einigung über die Entstehung des Pfandrechts** besteht.

(3) Befinden sich die Pfandobjekte weder in unmittelbarem Besitz des Kreditnehmers noch der Bank, sondern bei einem Dritten, so muß der Eigentümer anstelle der Übergabe den **Herausgabeanspruch gegen den Dritten an das Kreditinstitut abtreten und dem unmittelbaren Besitzer die Verpfändung anzeigen.**

§ 1205, 2

In einem solchen Fall kann außerdem vereinbart werden, daß die Herausgabe der Pfandobjekte nur gemeinschaftlich an den Eigentümer und die Bank erfolgen darf; diese Regelung entspricht der **Einräumung des Mitverschlusses,** wenn sich die Pfandgegenstände in unmittelbarem Besitz des Pfandgebers befinden (siehe unten). Die Möglichkeit der Übertragung des mittelbaren Besitzes oder des Mitbesitzes ist z.B. gegeben, wenn Waren auf den Namen des Kreditnehmers in einem Lagerhaus lagern.

§ 1206

(4) Sind die Rechte an einer Sache, insbesondere an Waren, in einem Orderpapier (Traditionspapier, wie z. B. Konnossement, Ladeschein, Lagerschein) verbrieft, so kann die Übergabe der Sache durch die **Übergabe des mit einem entsprechenden Indossament** (offenes oder verdecktes Pfandindossament – vgl. S. 274) **versehenen Orderpapiers** ersetzt werden. Dieser Fall liegt, abgesehen von eingelagerten Waren, z. B. bei noch auf See befindlichen Gütern vor.

(5) Schließlich kann die Situation vorliegen, daß die Pfandobjekte zwar im unmittelbaren Besitz des Darlehensnehmers sind, eine Übergabe an das Kreditinsitut aber wegen der Beschaffenheit der Objekte nicht möglich ist oder nicht gewünscht wird. In einem solchen Falle genügt es, wenn die Bank den

Mitbesitz an der Sache erhält, d. h. wenn das **Pfandobjekt unter Mitverschluß der Bank** genommen wird. So wird z. B. verfahren, wenn Teile eines Warenlagers verpfändet werden. Die verpfändeten Waren werden in einem besonderen Raum gelagert, der nur gemeinschaftlich vom Kreditnehmer und der Bank geöffnet werden kann.

3.2.3 Gutgläubiger Erwerb des Pfandrechts

Zur Bestellung eines rechtswirksamen Pfandrechts ist grundsätzlich nur der Eigentümer berechtigt. Eine Ausnahme ist dann gegeben, wenn ein Nichtberechtigter eine Sache verpfändet und dem Pfandnehmer der Schutz des guten Glaubens zugute kommt. Wenn der *Verpfänder nicht die Kaufmannseigenschaft besitzt,* ist nur der gute Glaube der Bank an das Eigentum des Verpfänders geschützt. *Ist*

der Verpfänder dagegen ein Kaufmann, so ist auch der gute Glaube an die Verfügungsmacht des Verpfänders über eine Sache, die ihm nicht gehört, geschützt, d. h., es genügt, daß der Erwerber den Verpfänder zwar nicht den Eigentümer, aber für zur Verpfändung berechtigt hält, sei es kraft Vertrages oder kraft Gesetzes.

Für die Banken ist allerdings die folgende einschränkende Bestimmung von besonderer Bedeutung:

Für die Banken ist allerdings die folgende einschränkende Bestimmung von besonderer Bedeutung:
„Wird ein Inhaberpapier, das dem Eigentümer gestohlen worden, verlorengegangen oder sonst abhanden gekommen ist, an einen Kaufmann, der Bankier- oder Geldwechslergeschäfte betreibt, veräußert oder verpfändet, so gilt dessen **guter Glaube** als **ausgeschlossen,** wenn zur Zeit der Veräuße-

rung oder Verpfändung der Verlust des Papiers im Bundesanzeiger bekanntgemacht und seit dem Ablauf eines Jahres, in dem die Veröffentlichung erfolgt ist, nicht mehr als ein Jahr verstrichen war. Inhaberpapieren stehen an Order lautende Anleiheschuldverschreibungen sowie Namensaktien, Zwischenscheine und Reichsbankanteilscheine gleich, falls sie mit einem Blankoindossament versehen sind.“

3.2.4 Entstehung des Pfandrechts nach den Allgemeinen Geschäftsbedingungen

Neben den gesetzlichen Vorschriften sind die Allgemeinen Geschäftsbedingungen zu berücksichtigen. In diesen ist. u. a. festgelegt, daß verpfändete Werte auch dann, wenn sie nur für einen bestimmten Kredit als Sicherheit gegeben sind, für

Verpfändungserklärung

Für den unterzeichnenden Verpfänder wird bei der

Dresdner Bank
Aktiengesellschaft

– nachstehend „Bank" genannt –

unter der Nr. _____ ein Wertpapierdepot unterhalten.

Hiermit werden der Bank die Wertpapiere und entsprechenden Werte einschließlich Sammeldepotanteile nebst Zins-, Dividenden-, Renten- und Erneuerungsscheinen sowie die auf die Aktien anfallenden Bezugsrechte und Berichtigungsaktien verpfändet, die jetzt und künftig in dem obenbezeichneten Depot jeweils verbucht sind. Soweit es sich um Orderpapiere handelt und diese nicht bereits mit Blankoindossament versehen sind, wird hiermit der Bank unter Befreiung von der Beschränkung des § 181 BGB die unwiderrufliche Ermächtigung erteilt, diese blanko zu indossieren oder indossieren zu lassen. Das Stimmrecht bleibt dem Verpfänder vorbehalten.

Ausgenommen von der Verpfändung sind aufgrund von Sparprämienverträgen festgeschriebene Wertpapiere, und zwar für die Dauer der Festlegungsfrist, sowie Kuxe, vinkulierte Namensaktien, Aktien der Dresdner Bank Aktiengesellschaft und im Ausland ruhende Wertpapiere und entsprechende Werte. Der Verpfänder verpfändet jedoch der Bank seine Ansprüche, vor allem Lieferungs- und Herausgabeansprüche, die ihm wegen der in obenbezeichnetem Depot jeweils verbuchten, im Ausland ruhenden Wertpapiere und entsprechenden Werte nebst Zins-, Dividenden-, Renten- und Erneuerungsscheinen jetzt und künftig gegen die Bank zustehen. Derartige Ansprüche kann die Bank im ausländischen Lagerort durch Veräußerung entsprechender Werte aus ihrem Deckungsbestand verwerten.

Die Verpfändung dient als Sicherheit für alle gegenwärtigen und zukünftigen – auch bedingten oder befristeten – Ansprüche, die der Dresdner Bank Aktiengesellschaft mit ihren sämtlichen Geschäftsstellen aus der Geschäftsverbindung (insbesondere aus laufender Rechnung und aus Gewährung von Krediten jeder Art), aus Bürgschaften und aus abgetretenen oder kraft Gesetzes übergegangenen Forderungen sowie aus Wechseln (auch soweit diese durch Dritte hereingegeben worden sind) gegen den Verpfänder und/oder

gegen _____ (Kreditnehmer)

zustehen. Diese Vereinbarung bleibt bei einem Inhaberwechsel oder bei einer Änderung der Rechtsform auf Seiten des Kreditnehmers auch für die Ansprüche aus der künftigen Geschäftsverbindung unverändert bestehen.

Soweit der Verpfänder nicht zugleich Kreditnehmer ist, gilt folgendes:

Der Verpfänder verzichtet auf die Einrede der Anfechtbarkeit und der Aufrechenbarkeit (§§ 1211, 770 BGB). Im Falle der Verwertung gehen die Ansprüche der Bank gegen den Kreditnehmer erst dann auf den Verpfänder über, wenn ihre sämtlichen zu diesem Zeitpunkt bestehenden Ansprüche gegen den Kreditnehmer befriedigt sind. Bis dahin ist die Bank befugt, Verwertungserlöse als Sicherheit zu behandeln, ungeachtet ihres Rechts, sich jederzeit daraus zu befriedigen. Sicherheiten, die der Bank von dem Kreditnehmer oder von dritter Seite bestellt worden sind, hat die Bank nur insoweit auf den Verpfänder zu übertragen, als der Besteller den Anspruch gegen die Bank auf Rückübertragung der Sicherheiten an den Verpfänder abgetreten oder sich mit der Übertragung auf den Verpfänder ausdrücklich einverstanden erklärt hat. Dies gilt nicht für Sicherheiten, die kraft Gesetzes auf den Verpfänder übergehen.

Ergänzend gelten die Allgemeinen Geschäftsbedingungen der Bank, die in jeder Geschäftsstelle eingesehen werden können und auf Wunsch zugesandt werden.

_____   _____
Ort, Datum   Unterschrift des Verpfänders

U. g.

Allg. 1625 Fassung Juni 1981 20.6.81

403

sämtliche Forderungen der Bank gegen ihren Kunden haften. Außerdem werden den Banken in den Allgemeinen Geschäftsbedingungen z. B. erweiterte Rechte und Erleichterungen hinsichtlich der Verwertung der Pfandgegenstände eingeräumt.

In den Allgemeinen Geschäftsbedingungen der Deutschen Bundesbank ist in dem Abschnitt „*Lombardverkehr*" die Abwicklung des Lombardkreditgeschäfts der Deutschen Bundesbank genau geregelt.

3.2.5 Verwertung des Pfandes

BGB § 1228 f.

Die Befriedigung des Pfandgläubigers aus dem Pfand erfolgt durch Verkauf. **Der Pfandgläubiger ist zum Verkauf berechtigt, sobald die Forderung ganz oder teilweise fällig ist.** – Die Art und Weise des Verkaufs vollzieht sich entsprechend den gesetzlichen Bestimmungen, sofern sie nicht durch vertragliche Vereinbarungen ausgeschlossen wurden.

Die Allgemeinen Geschäftsbedingungen sehen auch hier entsprechende Maßnahmen vor und berücksichtigen – soweit zulässig – weitgehend die Interessen der Banken im Hinblick auf eine möglichst rasche und günstige Verwertungsmöglichkeit der ihnen übergebenen Pfandobjekte.

3.2.6 Erlöschen des Pfandrechts

Das Pfandrecht erlischt

§ 1252 (1) mit dem **Erlöschen der Forderung,** für die es besteht,

§ 1253, 1 (2) mit der **Zurückgabe des Pfandes** an den Verpfänder oder den Eigentümer,

§ 1255, 1 (3) durch die **Verzichterklärung des Pfandgläubigers** dem Empfänger oder dem Eigentümer gegenüber und

§ 1256, 1 (4) durch **Konsolidation,** d. h. durch das Zusammentreffen mit dem Eigentum in derselben Person.

3.2.7 Bedeutung des Pfandrechts für die Kreditinstitute

Die Verpfändung von Grundstücken und Wertpapieren, Waren und sonstigen Vermögenswerten stellt eine wichtige Art der Kreditsicherung dar. Bei der *Verpfändung von Wertpapieren* sind die rechtlichen Erfordernisse hinsichtlich der Wirksamkeit der Verpfändung am leichtesten zu erfüllen.

Relativ einfach ist die Verpfändung von Wertpapieren dann durchführbar, wenn die Effekten bei der kreditgebenden Bank im Depot liegen. Es ist dabei gleichgültig, ob es sich um Streifband- oder Girosammeldepotstücke handelt. Die Verpfändung von Waren und anderen Vermögenswerten bereitet dagegen Schwierigkeiten, da die Pfandgegenstände der tatsächlichen Gewalt des Verpfänders entzogen werden müssen (vgl. Sicherungsübereignung).

Die Verpfändung von Wertpapieren, Waren und sonstigen Vermögenswerten ist die Grundlage des Lombardkreditgeschäftes der Banken. Die eingehende Darstellung der Verpfändung von Wertpapieren, Waren und sonstigen Vermögenswerten und der damit zusammenhängenden Probleme erfolgt daher im Kapitel „Lombardkredit". Aber auch andere Kredite – insbesondere Kontokorrentkredite und Diskontkredite – werden häufig durch die Verpfändung von Wertpapieren, Waren usw. gesichert (**unechter Lombardkredit**).

3.3 Sicherungsübereignung

3.3.1 Entstehung und Wesen

Die Sicherungsübereignung vollzieht sich in der Praxis in der Weise, daß dem kreditgewährenden Kreditinstitut das *Eigentum* an den Sicherungsgegenständen übertragen wird und gleichzeitig die Bank dem Kreditnehmer die Gegenstände zur Benutzung überläßt.

BGB § 930

Das Sicherungsgut bleibt also in unmittelbarem Besitz des Kreditnehmers, und die Bank erwirbt lediglich den mittelbaren Besitz.

Die hierzu erforderlichen Rechtsgeschäfte sind nach den allgemeinen Vorschriften des BGB über das Eigentum, die Leihe, die Miete usw. zu vollziehen, weil die Sicherungsübereignung weder eine gesonderte gesetzliche Regelung erfahren hat, noch in irgendwelchen Gesetzen erwähnt ist. Sie ist aus den Bedürfnissen des Wirtschaftslebens heraus entstanden und wurde durch die Praxis und die Rechtsprechung hinsichtlich ihrer Handhabung ausgestaltet. Beim Abschluß von Sicherungsübereignungsverträgen – die besonderen Formvorschriften nicht unterliegen – sind daher neben den Vorschriften des BGB die in dieser Beziehung ergangenen höchstrichterlichen Entscheidungen zu beachten.

Das Sicherungseigentum ist das durch die Übereignung einer beweglichen Sache seitens des Sicherungsgebers (Veräußerers) an den Sicherungsnehmer (Erwerber) begründete und zur Sicherung einer Forderung bestimmte Eigentum an einer Sache, welche der Erwerber zu verwerten berechtigt ist, um aus dem Erlös die gesicherte Forderung zu tilgen.

3.3.2 Verpfändung oder Sicherungsübereignung?

Als Kreditsicherungsmittel ist überall dort die **Sicherungsübereignung an Stelle der Verpfändung** getreten, wo die bei der Verpfändung erforderliche strenge

Form der Übergabe des Sicherungsgegenstandes an die Bank nicht möglich ist, weil entweder die Übergabe und die Verwahrung der Gegenstände durch das Institut bzw. durch einen von diesem beauftragten Lagerhalter infolge ihrer Natur nicht durchführbar oder nicht zweckmäßig ist oder weil der Kreditnehmer auf die als Sicherheit dienenden Gegenstände – insbesondere Waren, Maschinen, Kraftfahrzeuge – wegen der Weiterführung seines Betriebes nicht verzichten kann.

Der **Nachteil der Sicherungsübereignung** gegenüber der Verpfändung besteht darin, daß der Übereignungsnehmer wesentlich schwächer gesichert ist als der Pfandgläubiger, der den Pfandgegenstand im Besitz hat. **Der Übereignungsnehmer** ist in hohem Maße von der Ehrlichkeit des Sicherungsgebers abhängig, dem er das Sicherungsgut zur Fortführung seines Geschäftes überläßt. Er **hat z. B.** bei **vertragswidriger Veräußerung des Sicherungsgutes durch den Kreditnehmer an einen gutgläubigen Dritten keinen Herausgabeanspruch gegenüber dem Dritten.**

3.3.3 Sicherungsübereignungsvertrag

Um der Gefahr der **Anfechtung des Vertrages** zu entgehen, muß aus dem Sicherungsübereignungsvertrag eindeutig hervorgehen, daß die **Übertragung des Eigentums ernsthaft gewollt** wird, d. h. daß das Geschäft nicht nur zum Schein abgeschlossen wurde. – Andererseits muß ein **Besitzmittlungsverhältnis** vereinbart werden, durch das dem Kreditnehmer die Sache in unmittelbarem Besitz belassen wird, z. B. Miete, Leihe und Pacht.

Sollen Gegenstände sicherungsübereignet werden, die noch einem **Eigentumsvorbehalt seitens des Lieferanten** unterliegen, so muß in dem Übereignungsvertrag – da der Kreditnehmer das Eigentum an diesen Gegenständen noch nicht auf die Bank übertragen kann – vereinbart werden, daß der Bank ein Anwartschaftsrecht auf das Eigentum an den betreffenden Gegenständen zusteht.

Für die *Wirksamkeit einer Sicherungsübereignung* ist ferner von entscheidender Bedeutung, daß die zur Sicherheit übereigneten Gegenstände ausreichend bestimmbar sind, d. h. das Sicherungsgut muß so gekennzeichnet sein, daß es sich von allen anderen – insbesondere gleichartigen – Sachen des Sicherungsgebers deutlich unterscheidet und über die Identität des Sicherungsgutes für jeden, der vom Inhalt des Vertrages Kenntnis nimmt, kein Zweifel besteht. Die *Möglichkeit der Bestimmbarkeit* der übereigneten Gegenstände allein ist von der Rechtsprechung *nicht als ausreichend* anerkannt worden.

BGB
§ 559

Sicherungsgut, das sich in gemieteten Räumen oder auf gemietetem Gelände befindet, unterliegt u. U. dem **Vermieterpfandrecht.** Es ist dann eine Erklärung des Vermieters über seinen Verzicht auf das Vermieterpfandrecht einzuholen. Sicherungsübereignete Gegenstände, die **Zubehör eines Grundstückes** sind (siehe S. 405) haften für bestehende Grundpfandrechte, sofern das Grundpfandrecht zeitlich vor der Sicherungsübereignung entstanden ist. Es empfiehlt sich daher, vom Grundpfandgläubiger eine Erklärung über seinen Verzicht auf die Zubehörhaftung einzuholen.

§ 1120

Sicherungsübereignungsvertrag
(Sicherungsübereignung individuell bestimmter Sachen)

Zwischen _____

– nachstehend „Sicherungsgeber" genannt –

und der

Dresdner Bank
Aktiengesellschaft

_____

– nachstehend „Bank" genannt –

wird folgendes vereinbart:

1. Zur Sicherung aller bestehenden und künftigen – auch bedingten oder befristeten – Ansprüche, die der Bank und allen anderen Geschäftsstellen der Dresdner Bank AG aus der Geschäftsverbindung (insbesondere aus laufender Rechnung und aus der Gewährung von Krediten jeder Art), aus Bürgschaften und aus abgetretenen oder kraft Gesetzes übergegangenen Forderungen sowie aus Wechseln (auch soweit diese von Dritten hereingegeben worden sind) gegen den Sicherungsgeber und/oder gegen

_____ (Kreditnehmer)

zustehen, übereignet der Sicherungsgeber der Bank hiermit folgende Gegenstände (nachstehend „Sicherungsgut" genannt):

_____

_____

_____

Soweit das Sicherungsgut unter Eigentumsvorbehalt steht, überträgt der Sicherungsgeber hiermit das bedingte Eigentum (Anwartschaft) an dem Sicherungsgut auf die Bank. Gleichzeitig tritt der Sicherungsgeber an die Bank die Ansprüche ab, welche ihm im Falle der Auflösung oder Nichterfüllung von den das Sicherungsgut betreffenden Kaufverträgen gegen die Verkäufer zustehen, insbesondere die Ansprüche auf Rückgewähr etwa bereits geleisteter Zahlungen.

Diese Vereinbarung bleibt bei einem Inhaberwechsel oder bei einer Änderung der Rechtsform auf Seiten des Kreditnehmers auch für die Ansprüche aus der künftigen Geschäftsverbindung unverändert bestehen.

2. Die Übergabe des Sicherungsgutes an die Bank wird dadurch ersetzt, daß die Bank das Sicherungsgut dem Sicherungsgeber leihweise überläßt. Soweit Dritte unmittelbaren Besitz am Sicherungsgut erlangen, tritt der Sicherungsgeber bereits jetzt seine gegenwärtigen und künftigen Herausgabeansprüche an die Bank ab.

3. Das Sicherungsgut befindet sich

_____

Der Sicherungsgeber wird der Bank jede Änderung des Standortes unverzüglich bekanntgeben. Sollten sich an dem Standort außer dem Sicherungsgut Gegenstände gleicher Art befinden oder künftig dorthin verbracht werden, so besteht Einigkeit darüber, daß auch diese Gegenstände zum Sicherungsgut gehören und mit Unterzeichnung dieses Vertrages bzw. mit der späteren Einbringung in das Eigentum der Bank übergehen. Die Übergabe dieser Gegenstände wird dadurch ersetzt, daß die Bank sie dem Sicherungsgeber zur leihweisen Benutzung überläßt.

4. Der Sicherungsgeber hat das der Bank übereignete Sicherungsgut an dem bezeichneten Standort zu belassen und es auf seine Kosten sorgfältig zu behandeln. Das Sicherungsgut ist auf Verlangen der Bank in einer ihr zweckmäßig erscheinenden Weise als ihr Eigentum zu kennzeichnen. In den Unterlagen des Sicherungsgebers ist die Übereignung mit dem Namen der Bank kenntlich zu machen. Außerdem verpflichtet sich der Sicherungsgeber, alles zu vermeiden, wodurch Dritten, die daran rechtlich oder wirtschaftlich interessiert sind, das Eigentumsrecht der Bank verborgen bleibt.

5. Der Sicherungsgeber verpflichtet sich ferner, das Sicherungsgut für die Dauer der Übereignung auf eigene Kosten in voller Höhe gegen die üblichen Gefahren und gegen diejenigen, gegen die der Bank Versicherungsschutz erforderlich erscheint, versichert zu halten. Alle daraus entstehenden gegenwärtigen und künftigen Ansprüche gegen die Versicherungsgesellschaft tritt der Sicherungsgeber hiermit an die Bank ab. Der Sicherungsgeber hat der Versicherungsgesellschaft davon Mitteilung zu machen, daß das Sicherungsgut

Allg. 1648 c Fassung Dez. 1981 10.12.81

Eigentum der Bank ist, daß sämtliche Rechte aus dem Versicherungsvertrag, soweit sie das Sicherungsgut betreffen, der Bank zustehen sowie daß die Bank nur in die Rechte und nicht in die Pflichten des Versicherungsvertrages eintritt mit der Maßgabe, daß der Sicherungsgeber zur Aufhebung der Versicherung ohne Zustimmung der Bank nicht berechtigt ist. Der Sicherungsgeber wird die Versicherungsgesellschaft ersuchen, der Bank einen entsprechenden Sicherungsschein zu übersenden.

Wenn der Sicherungsgeber die Versicherung nicht oder nicht ausreichend bewirkt hat, darf die Bank das auf seine Gefahr und Kosten tun. Auf Wunsch der Bank wird der Sicherungsgeber die Versicherung zugunsten dessen, den es angeht, oder auf den Namen der Bank nehmen.

6. Soweit ein gesetzliches Pfandrecht Dritter (Vermieter, Verpächter, Lagerhalter) an dem Sicherungsgut in Betracht kommt, hat der Sicherungsgeber auf Wunsch der Bank jeweils drei Tage nach Fälligkeit des Miet- bzw. Pachtzinses oder Lagergeldes deren Zahlung der Bank nachzuweisen und zu versichern, daß keine sonstigen Ansprüche des Vermieters, Verpächters oder Lagerhalters gegen den Sicherungsgeber bestehen. Befindet sich das Sicherungsgut in gemieteten oder gepachteten Räumen, so ist die Bank befugt, zur Abwendung des Vermieter- oder Verpächterpfandrechts den Miet- oder Pachtzins für Rechnung des Sicherungsgebers zu bezahlen.

7. Der Sicherungsgeber hat der Bank unverzüglich anzuzeigen, wenn die Rechte der Bank an dem Sicherungsgut durch Pfändung oder sonstige Maßnahmen Dritter beeinträchtigt oder gefährdet werden sollten, und zwar unter Übersendung einer Abschrift des Pfändungsprotokolls sowie aller sonstigen zu einem Widerspruch gegen die Pfändung erforderlichen Schriftstücke mit der eidesstattlichen Versicherung, daß oder inwieweit die gepfändeten Sachen mit dem Sicherungsgut identisch sind. Außerdem hat der Sicherungsgeber den Pfändungsgläubiger oder sonstige Dritte unverzüglich schriftlich von dem Eigentumsrecht der Bank in Kenntnis zu setzen.

8. Die Bank ist berechtigt, das Sicherungsgut am jeweiligen Standort zu überprüfen oder durch ihre Beauftragten überprüfen zu lassen. Der Sicherungsgeber hat jede zu diesem Zweck erforderliche Auskunft zu erteilen und die betreffenden Unterlagen zur Einsicht vorzulegen.

9. Werden Verpflichtungen aus den Kreditvereinbarungen oder aus diesem Sicherungsübereignungsvertrag nicht ordnungsgemäß erfüllt, so ist die Bank berechtigt, das Sicherungsgut in ihren unmittelbaren Besitz zu nehmen oder an dritter Stelle einzulagern.

10. Die Bank darf das Sicherungsgut im Verwertungsfall im eigenen Namen oder im Namen des Sicherungsgebers nach billigem Ermessen, auch durch freihändigen Verkauf, verwerten; sie kann auch von dem Sicherungsgeber verlangen, daß dieser nach ihren Weisungen das Sicherungsgut bestmöglich verwertet oder bei der Verwertung mitwirkt. Der Sicherungsgeber hat alles bei der Verwertung des Sicherungsgutes Erlangte unverzüglich an die Bank herauszugeben.

Nach Verwertung des Sicherungsgutes wird die Bank den Erlös abzüglich etwa von ihr zu entrichtender Umsatzsteuer zur Abdeckung der gesicherten Forderungen verwenden. Soweit die Sicherheit nicht vom Kreditnehmer gestellt wird, ist die Bank bis zur vollständigen Befriedigung ihrer Forderung befugt, den Verwertungserlös als Sicherheit zu behandeln, ungeachtet ihres Rechts, sich jederzeit daraus zu befriedigen.

11. Nach Abdeckung ihrer durch diesen Vertrag gesicherten Forderungen hat die Bank das Eigentum an dem noch vorhandenen Sicherungsgut auf den Sicherungsgeber zurückzuübertragen.

12. Sollte eine Bestimmung dieses Vertrages nicht rechtswirksam sein oder nicht durchgeführt werden, so wird dadurch die Gültigkeit des übrigen Vertragsinhalts nicht berührt.

Ergänzend gelten die Allgemeinen Geschäftsbedingungen der Bank, die in jeder Geschäftsstelle eingesehen werden können und auf Wunsch zugesandt werden.

Ort, Datum   Ort, Datum

Unterschrift des Sicherungsgebers   Unterschrift der Bank

U. g.

Bei Warenlagern mit häufig wechselnden Beständen bereitet die Einhaltung der obigen Grundsätze besondere Schwierigkeiten. In der Praxis hat sich daher das **Instrument des Raumsicherungsvertrages** herausgebildet. In einem solchen – *auch Bassinvertrag genannten* – Sicherungsübereignungsvertrag wird vereinbart, daß alle Gegenstände, die sich in einem bestimmten Raum (Lagerplatz, Schuppen) befinden, an das Kreditinstitut übereignet sind bzw. daß der Bank – sofern die Gegenstände mit einem Eigentumsvorbehalt behaftet sind – ein Anwartschaftsrecht auf das Eigentum übertragen wird. Auf diese Weise kann der Bestand an sicherungsübereigneten Gütern jederzeit auf der vertraglich vereinbarten Höhe gehalten und überwacht werden. Die Rechtsgültigkeit derartiger Raumsicherungsverträge war nach der Währungsreform zeitweise umstritten; inzwischen hat sich jedoch der Bundesgerichtshof wieder der Rechtsprechung des früheren Reichsgerichts angeschlossen und Bassinverträge als rechtswirksam anerkannt.

Der Begriff „**Bassinvertrag**" wird auch in einer anderen Bedeutung gebraucht. Danach besteht sein Wesen darin, daß alle Gläubiger eines Schuldners einen gemeinsamen Sicherungsübereignungsvertrag abschließen und die allen zustehenden Sicherungsgüter einem Treuhänder übereignen.

Die Sicherungsübereignung ist zwar einerseits ein sehr gebräuchliches Sicherungsinstrument, andererseits sind aber gewisse Gefahren damit verbunden, da der Wert der Sicherheiten in starkem Maße von dem einwandfreien Verhalten des Kreditnehmers bzw. Sicherungsgebers abhängig ist.

3.4 Abtretung von Forderungen und Rechten (Zession)

3.4.1 Wesen und Form

Eine weitverbreitete Form der Besicherung von Krediten ist die Abtretung von Forderungen und die Übertragung von Rechten an die kreditgebende Bank. Dabei kommt der sicherungsweisen Abtretung von im Geschäftsbetrieb des Kreditnehmers **entstandenen Forderungen** die größere Bedeutung zu. Durch die Ausdehnung des Teilzahlungskreditgeschäfts und des Kleinkreditgeschäfts („persönliche Kleinkredite") lassen sich die Banken in letzter Zeit jedoch auch in gewissem Umfange Lohn- und Gehaltsforderungen abtreten.

Auch künftig **entstehende Forderungen** können zediert werden; dies gilt sowohl für die Forderungen auf Grund von Warenlieferungen und Leistungen als auch für Lohn- und Gehaltsforderungen.

In der an keine Formvorschriften gebundenen Abtretungserklärung des Kreditnehmers tritt der bisherige Gläubiger (Zedent) dem neuen Gläubiger (Zessionar) seine Forderung gegenüber einem Dritten (Drittschuldner) zur Sicherung eines Kredits ab.

BGB §§ 398 f.

Die Abtretung einer Forderung verschafft dem Zessionar die uneingeschränkte Rechtsstellung eines Gläubigers. Sie eignet sich schon aus diesem Grunde besser zur Kreditsicherung als eine Verpfändung einer Forderung. Aber auch vom Standpunkt der formellen Handhabung ist die Abtretung von Forderungen der Verpfändung vorzuziehen; für den Kreditnehmer ist sie angenehmer, weil die Abtretung – im Gegensatz zur Verpfändung – dem Drittschuldner nicht angezeigt zu werden braucht.

Verzichtet der Zessionar darauf, daß der Drittschuldner von der Abtretung benachrichtigt wird, so handelt es sich um eine **stille Zession,**

wird dagegen dem Drittschuldner die Abtretung angezeigt, so handelt es sich um eine **offene Zession,** d.h. der Drittschuldner kann dann nicht mehr mit befreiender Wirkung an den Zedenten (Kreditnehmer) zahlen, es sei denn, daß er die Forderungsabtretung vertraglich ausgeschlossen hat.

Der Weg der *offenen Zession* wird im Interesse des Kreditnehmers im allgemeinen nur in Ausnahmefällen angewandt. Würden die Kreditinstitute grundsätzlich offene Zessionen verlangen, so würde dies die Kreditnehmer in vielen Fällen davon abhalten, den Banken Forderungen als Sicherheiten zur Verfügung zu stellen, weil sie befürchten müßten, daß die Benachrichtigung ihrer Schuldner unter Umständen zu einer Schädigung ihres Ansehens führen könnte.

Andererseits dürfen die mit den *stillen Abtretungen* verbundenen Gefahren nicht übersehen werden: Der Schuldner kann z.B., solange er von der Abtretung der Forderung keine Kenntnis hat, mit befreiender Wirkung an den bisherigen Gläubiger, d.h. an den Kreditnehmer, zahlen. Sofern der Kreditnehmer bei mehreren Banken Konten unterhält, muß die kreditgebende Bank damit rechnen, daß ein Teil der ihr abgetretenen Forderungen auf Konten ihres Kunden bei anderen Instituten eingeht und dadurch die eingegangenen Beträge unter Umständen nicht zur Abdeckung seiner Schuld bei der kreditgebenden Bank, sondern zu anderen Zwecken verwendet werden. Um derartigen Risiken zu begegnen und erforderlichenfalls den ordnungsgemäßen Eingang der abgetretenen Forderungen sicherstellen zu können, lassen sich die Banken normalerweise mit dem Zessionsvertrag gleichzeitig eine bestimmte Anzahl von **Blanko-Abtretungsanzeigen** vom Kunden unterschreiben, um die stille Zession gegebenenfalls in eine offene umzuwandeln.

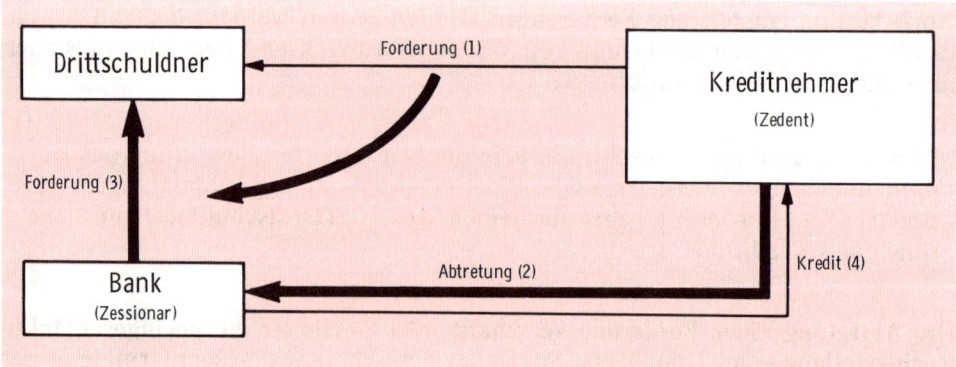

3.4.2 Zessionsvertrag

Zur Vereinfachung der Geschäftsabwicklung ist es üblich, daß die Kreditinstitute für Zessionsverträge bestimmte Vordrucke verwenden. Da die Abtretung nur zur Sicherung der Forderung der Bank gegen den Kreditnehmer erfolgt, die Zession also eine sogenannte **„fiduziarische Abtretung"** darstellt, bleiben sowohl die Forderungen der Bank gegenüber ihrem Kreditnehmer als auch die abgetretene Forderung des Kreditnehmers gegen dessen Schuldner unabhängig voneinander bestehen.

Die Abtretung der Forderungen erfolgt also weder erfüllungshalber noch an Erfüllungs Statt, so daß die Bank ihren Anspruch gegen ihren Kunden nach wie vor gegenüber diesem geltend machen kann und auch nicht das Risiko des Eingangs der abgetretenen Forderungen trägt.

Die Bank betrachtet die abgetretenen Forderungen daher nur als *„Deckung"* für ihre Ansprüche aus dem Kredit an ihre Kunden.

Im Gegensatz dazu handelt es beim **Factoring-Geschäft** nicht um fiduziarische Forderungsabtretungen. Beim Factoring-Geschäft erwirbt das Kreditinstitut die Gesamtheit aller Warenforderungen eines Unternehmens und übernimmt als Zessionar zugleich auch das Forderungsrisiko.

Wegen der **Rechtswirksamkeit der Forderungsabtretung** muß sich die Bank vor Annahme der Zession davon überzeugen, daß die Abtretung der Forderungen zulässig ist. In der Regel wird dies zwar der Fall sein, doch gibt es u. a. folgende Ausnahmen:

Ein **gesetzliches Abtretungsverbot** besteht für alle unpfändbaren Forderungen. Dieses Verbot bezieht sich insbesonderen auf den unpfändbaren Teil von Lohn- und Gehaltseinkommen sowie auf höchstpersönliche Ansprüche. Aber auch Postscheckguthaben sind nur bedingt abtretbar, weil über sie nur mittels der im Postscheckverkehr vorgeschriebenen Formulare verfügt werden kann.

BGB
§ 400

Darüber hinaus kann bei jeder anderen Forderung eine Abtretung durch *Vereinbarung* zwischen Gläubiger und Schuldner ausgeschlossen werden (sogenanntes **„vertragliches Abtretungsverbot"**). Derartige vertragliche Abtretungsverbote sind insbesondere bei größeren Industriefirmen – bei denen das Abtretungsverbot oftmals in den Geschäfts-(Liefer)-bedingungen enthalten ist –, aber auch bei öffentlichen Verwaltungen zu beobachten. Um seinen Mitgliedern das Erkennen derartiger Forderungen zu erleichtern, gibt z. B. der Bundesverband deutscher Banken in einer Liste laufend diejenigen Firmen bekannt, die die Abtretbarkeit der gegen sie gerichteten Forderungen ausschließen oder von ihrer ausdrücklichen Zustimmung abhängig machen.

Hinsichtlich der *Lohn- und Gehaltsforderungen* haben die Banken darauf zu achten, daß die Abtretung dieser Forderungen nicht nur durch Vereinbarung zwischen dem Arbeitgeber und dem Arbeitnehmer, sondern auch durch Betriebsvereinbarungen (**kollektives Abtretungsverbot**) ausgeschlossen werden kann. Das

Einmalige Abtretung einzelner Forderungen

Zwischen _____

– nachstehend „Sicherungsgeber" genannt –

und der

Dresdner Bank
Aktiengesellschaft

_____

– nachstehend „Bank" genannt –

wird folgendes vereinbart:

1. Der Sicherungsgeber tritt hiermit der Bank die nachstehend bezeichneten Forderungen

   aus _____

   gegen _____
   ab.

   Weitere Angaben – soweit vorhanden –:

   Lieferschein/Rechnung Nr. _____ vom _____

   über DM _____ , fällig am _____

2. Die Abtretung dient als Sicherheit für alle bestehenden und künftigen – auch bedingten oder befristeten – Ansprüche, die der Bank und allen anderen Geschäftsstellen der Dresdner Bank AG aus der Geschäftsverbindung (insbesondere aus laufender Rechnung und aus der Gewährung von Krediten jeder Art), aus Bürgschaften und aus abgetretenen oder kraft Gesetzes übergegangenen Forderungen sowie aus Wechseln (auch soweit diese von Dritten hereingegeben worden sind) gegen den Sicherungsgeber und/oder gegen

   _____ (Kreditnehmer)
   zustehen.
   Diese Vereinbarung bleibt bei einem Inhaberwechsel oder bei einer Änderung der Rechtsform auf Seiten des Kredit-nehmers auch für die Ansprüche aus der künftigen Geschäftsverbindung unverändert bestehen.

3. Besteht zwischen dem Sicherungsgeber und den Drittschuldnern ein echtes oder unechtes Kontokorrentverhältnis, so tritt er hiermit der Bank zusätzlich die Ansprüche auf Kündigung des Kontokorrentverhältnisses, auf Feststellung des gegen-wärtigen Saldos sowie die Forderungen aus gezogenen oder in Zukunft zu ziehenden Salden ab.

4. Der Sicherungsgeber haftet für den Bestand der abgetretenen Forderungen.

   Der Sicherungsgeber versichert, daß er über die von der Abtretung erfaßten Forderungen uneingeschränkt verfügungs-berechtigt ist, insbesondere,

   – daß die Drittschuldner die Abtretbarkeit nicht ausgeschlossen oder eingeschränkt haben oder – wenn dies der Fall ist –, daß sie der Abtretung zugestimmt haben, was der Bank nachzuweisen ist,
   – daß die an die Bank abgetretenen Forderungen nicht bereits an Dritte abgetreten sind sowie
   – daß Rechte Dritter an den Forderungen nicht bestehen.

5. Mit den abgetretenen Forderungen gehen alle für diese haftenden Sicherheiten sowie die Rechte aus den zugrunde liegen-den Rechtsgeschäften auf die Bank über. Liegen den abgetretenen Forderungen Lieferungen unter Eigentumsvorbehalt zugrunde oder sind dem Sicherungsgeber bewegliche Sachen zur Besicherung dieser Forderung übereignet, so besteht Übereinstimmung, daß Vorbehaltseigentum und Sicherungseigentum auf die Bank übergehen; die Herausgabeansprüche des Sicherungsgebers gegen den unmittelbaren Besitzer sind zugleich an die Bank abgetreten. Hat der Sicherungsgeber das Sicherungsgut in unmittelbarem Besitz, so wird die Übergabe dadurch ersetzt, daß er das Sicherungsgut für die Bank unentgeltlich in Verwahrung nimmt.

   Sind für die Übertragung solcher Sicherheiten besondere Erklärungen und Handlungen erforderlich, wird der Sicherungs-geber diese auf Verlangen der Bank abgeben bzw. vornehmen.

6. Bei Zahlungen durch Schecks auf die der Bank abgetretenen Forderungen geht das Eigentum an diesen Papieren auf die Bank über, sobald der Sicherungsgeber es erwirbt. Erfolgt Zahlung durch Wechsel auf die der Bank abgetretenen Forde-rungen, so tritt der Sicherungsgeber die ihm daraus zustehenden Rechte schon jetzt im voraus sicherungshalber an die Bank ab. Die Übergabe der Schecks und Wechsel wird dadurch ersetzt, daß der Sicherungsgeber sie zunächst für die Bank in Verwahrung nimmt oder, falls er nicht deren unmittelbaren Besitz erlangt, den ihm zustehenden Herausgabeanspruch gegen Dritte bereits jetzt im voraus an die Bank abtritt; er wird die Papiere mit seinem Indossament versehen und unver-züglich an die Bank abliefern.

Allg. 1645 Fassung Juli 1980 12.9.81

412

7. Verändern sich die an die Bank abgetretenen Forderungen infolge von Beanstandungen, Preisnachlässen, Aufrechnungen oder aus anderen Gründen nachträglich in ihrem Wert, so ist der Sicherungsgeber verpflichtet, der Bank hiervon, soweit und sobald sie ihm bekannt werden, unverzüglich Kenntnis zu geben und nach ihren Weisungen zu verfahren. Das gleiche gilt, wenn sich der Fälligkeitstag verändert oder dem Sicherungsgeber Umstände zur Kenntnis kommen, welche die Zahlungsfähigkeit von Drittschuldnern beeinträchtigen. Werden die Rechte der Bank an den ihr abgetretenen Forderungen durch Pfändung oder sonstige Maßnahmen beeinträchtigt oder gefährdet, hat der Sicherungsgeber der Bank ebenfalls unverzüglich Mitteilung zu machen. Bei einer Pfändung hat der Sicherungsgeber der Bank Abschrift des Pfändungs- und Überweisungsbeschlusses sowie aller sonstigen zu einem Widerspruch gegen die Pfändung erforderlichen Schriftstücke zu übersenden und den Pfändungsgläubiger unverzüglich schriftlich von dem Sicherungsrecht der Bank zu unterrichten.

8. Dem Sicherungsgeber ist es bis zum Widerruf durch die Bank gestattet, die an die Bank abgetretenen Forderungen im Rahmen eines ordnungsgemäßen Geschäftsbetriebes einzuziehen. Die Bank ist nach billigem Ermessen berechtigt, die Forderungsabtretungen auch im Namen des Sicherungsgebers den Drittschuldnern bekanntzugeben. Mit der Anzeige der Abtretung an den Drittschuldner erlischt die Einziehungsbefugnis des Sicherungsgebers.

Der Sicherungsgeber hat der Bank auf ihre Anforderung Blanko-Benachrichtigungsschreiben zur Unterrichtung der Drittschuldner über die Abtretung auszuhändigen. Die Bank ist berechtigt, vom Sicherungsgeber unterschriebene Blanko-Benachrichtigungsschreiben zu vervielfältigen.

Auf Verlangen der Bank hat der Sicherungsgeber die Drittschuldner anzuhalten, die geschuldeten Beträge ausschließlich auf sein bei der Bank geführtes Konto einzuzahlen. Soweit dennoch auf die abgetretenen Forderungen Zahlungen beim Sicherungsgeber selbst oder bei einem Kreditinstitut für den Sicherungsgeber eingehen, ist er verpflichtet, der Bank die Eingänge unverzüglich unter Angabe der betreffenden Forderungen anzuzeigen und abzuliefern.

9. Der Sicherungsgeber verpflichtet sich, der Bank auf Verlangen Auskünfte, Nachweise und Urkunden zu geben, die zur Prüfung und zur Geltendmachung der abgetretenen Forderungen erforderlich sind.

Der Sicherungsgeber gestattet der Bank, zur Prüfung und Geltendmachung der abgetretenen Forderungen jederzeit seine Unterlagen einzusehen oder durch einen Bevollmächtigten einsehen zu lassen.

Erlischt die Einziehungsbefugnis des Sicherungsgebers, so kann die Bank die Aushändigung aller Unterlagen über die abgetretenen Forderungen verlangen.

10. Soweit die Bank Forderungen selbst einzieht, darf sie alle Maßnahmen und Vereinbarungen mit Drittschuldnern treffen, die sie für zweckmäßig hält, insbesondere Stundungen und Nachlässe gewähren und Vergleiche abschließen. Die Bank wird bei der Einziehung von Forderungen die gleiche Sorgfalt anwenden, die sie in eigenen Angelegenheiten anzuwenden pflegt. Eine Verpflichtung zum Einzug übernimmt die Bank nicht. Der Kreditnehmer ist verpflichtet, auf Verlangen der Bank die Zahlung an die Bank auf seine Kosten zu betreiben.

11. Die Bank wird die von ihr vereinnahmten Beträge zur Abdeckung ihrer durch die Abtretung gesicherten Ansprüche verwenden und einen etwaigen Überschuß an den Sicherungsgeber herausgeben. Soweit die Abtretung nicht vom Kreditnehmer erfolgte, ist die Bank bis zur Befriedigung ihrer gesicherten Ansprüche befugt, den Verwertungserlös als Sicherheit zu behandeln, ungeachtet ihres Rechts, sich jederzeit daraus zu befriedigen.

12. Nach Abdeckung ihrer durch die Abtretung gesicherten Ansprüche hat die Bank die ihr abgetretenen Forderungen, soweit sie von ihr nicht in Anspruch genommen worden sind, an den Sicherungsgeber zurückzuübertragen. Die Bank ist verpflichtet, auf Verlangen des Sicherungsgebers die ihr bestellten Sicherheiten nach ihrer Wahl freizugeben, soweit deren Gesamtwert die Deckungsgrenze nicht nur vorübergehend übersteigt.

13. Sollte eine Bestimmung dieses Vertrages nicht rechtswirksam sein oder nicht durchgeführt werden, so wird dadurch die Gültigkeit des übrigen Vertragsinhalts nicht berührt; das gilt insbesondere wenn die Unwirksamkeit sich nur auf einzelne Forderungen oder Forderungsteile erstreckt.

Ergänzend gelten die Allgemeinen Geschäftsbedingungen der Bank, die in jeder Geschäftsstelle eingesehen werden können und die auf Wunsch zugesandt werden.

_____   _____
Ort, Datum   Ort, Datum

_____   _____
Unterschrift des Sicherungsgebers   Unterschrift der Bank


```
_____
U. g.
_____
```

Lohn-/Gehaltsabtretung

Zwischen _____

– nachstehend „Sicherungsgeber" genannt –

und der

Dresdner Bank
Aktiengesellschaft

_____

– nachstehend „Bank" genannt –

wird folgendes vereinbart:

1. Der Sicherungsgeber tritt hiermit den pfändbaren Teil seiner gegenwärtigen und künftigen Ansprüche auf Arbeitsentgelt jeder Art einschließlich Pensionsansprüche, Provisionsforderungen, Tantiemen und Gewinnbeteiligungen gegen seinen jeweiligen Arbeitgeber

   zur Zeit _____
   und seine etwaigen Ansprüche auf Sozialleistungen gegen die jeweilige zahlende Stelle sowie alle eventuellen Rückgewähransprüche gegenüber Dritten in bezug auf diese Ansprüche an die Bank ab.

2. Die Abtretung dient als Sicherheit für alle bestehenden und künftigen – auch bedingten oder befristeten – Ansprüche, die der Bank und allen anderen Geschäftsstellen der Dresdner Bank AG aus der Geschäftsverbindung (insbesondere aus laufender Rechnung und aus der Gewährung von Krediten jeder Art), aus Bürgschaften und aus abgetretenen oder kraft Gesetzes übergegangenen Forderungen sowie aus Wechseln (auch soweit diese von Dritten hereingegeben worden sind) gegen den Sicherungsgeber und/oder gegen

   _____ (Kreditnehmer)
   zustehen.

3. Der Sicherungsgeber versichert, daß seine in Nr. 1 genannten Ansprüche weder gepfändet noch an Dritte abgetreten oder verpfändet sind und daß ihre Abtretbarkeit auch nicht durch Tarifvertrag oder durch Vereinbarung mit seinem Arbeitgeber ausgeschlossen oder eingeschränkt ist.

4. Der Sicherungsgeber verpflichtet sich, die Bank von einem Arbeitsplatzwechsel, einer Änderung seines Wohnsitzes oder einer Pfändung der abgetretenen Ansprüche unverzüglich zu unterrichten und auf Wunsch der Bank eine Verdienstbescheinigung des Arbeitgebers vorzulegen.

5. Die Bank wird bis auf weiteres davon absehen, den Arbeitgeber über die Abtretung zu unterrichten. Sie ist jedoch nach billigem Ermessen berechtigt, die Abtretung beim Arbeitgeber oder der zahlenden Stelle anzuzeigen.

6. Nach Abdeckung ihrer durch die Abtretung gesicherten Ansprüche hat die Bank die ihr abgetretenen Forderungen, soweit sie von ihr nicht in Anspruch genommen worden sind, an den Sicherungsgeber zurückzuübertragen.

Ergänzend gelten die Allgemeinen Geschäftsbedingungen der Bank, die in jeder Geschäftsstelle eingesehen werden können und die auf Wunsch zugesandt werden.

_____   _____
Ort, Datum   Ort, Datum

_____   _____
Unterschrift des Sicherungsgebers   Unterschrift der Bank

┌─────────────────┐
│ U. g.   │
│   │
└─────────────────┘

Allg. 1639 (1-3) Fassung Juli 1980   30. 3.81

414

Bundesarbeitsgericht hat die Rechtswirksamkeit eines solchen – zunächst umstrittenen – kollektiven Abtretungsverbots ausdrücklich bejaht.

Die Bank muß ferner prüfen, ob die Forderungen nicht schon anderweitig abgetreten sind, da eine **nochmalige Abtretung** infolge der mangelnden Verfügungsmacht des Kreditnehmers **rechtsunwirksam** ist und es grundsätzlich *keinen* gutgläubigen Erwerb einer bereits anderweitig abgetretenen Forderung gibt. Dieser Sachverhalt ist insbesondere im Zusammenhang mit einem verlängerten Eigentumsvorbehalt seitens der Lieferanten des Kreditnehmers zu prüfen, weil sehr viele Unternehmen in ihren „Allgemeinen Lieferbedingungen" den sogenannten *verlängerten Eigentumsvorbehalt* aufgenommen haben. Durch einen verlängerten Eigentumsvorbehalt wird zwischen dem Käufer und dem Lieferanten vereinbart, daß bei einem Weiterverkauf der gelieferten Waren die Kaufpreisforderungen im Augenblick ihrer Entstehung als an den Lieferanten abgetreten gelten.

Da es sich bei den abgetretenen Forderungen in der Regel um eine Vielzahl kurzfristiger und häufig wechselnder Forderungen handelt, ist die Form der Einzelabtretung einer jeden Forderung nicht zweckmäßig. In der Praxis werden daher zwischen dem Kreditnehmer und der Bank meistens Mantelzessions- oder Globalzessionsverträge abgeschlossen. Diese Formen der Forderungsabtretung eignen sich darüber hinaus auch vor allem zur Sicherung länger dauernder Kreditverhältnisse, z. B. regelmäßig prolongierter Kontokorrent- und Diskontkredite.

3.4.3 Mantelzession

In einem Mantelzessionsvertrag verpflichtet sich der Kreditnehmer, laufend Forderungen in Höhe eines bestimmten Gesamtbetrages an die Bank abzutreten.

Durch den Mantelvertrag selbst erfolgt jedoch noch keine Übertragung der Forderungsrechte an die Bank. **Die eigentliche Abtretung der Forderungen vollzieht sich** — auf Grund der im Mantelzessionsvertrag getroffenen Vereinbarungen — **erst im Augenblick der Einreichung der betreffenden Rechnungskopien oder Debitorenlisten.** Da auf diese Forderungen laufend Eingänge zu verzeichnen sein werden, verpflichtet sich der Kreditnehmer darüber hinaus — sobald ein festgelegter Mindestbetrag unterschritten oder ein bestimmter Zeitraum verstrichen ist —, neu entstandene Forderungen durch Übersendung entsprechender Rechnungskopien oder Aufstellungen an die Bank abzutreten.

3.4.4 Globalzession

In einem Globalzessionsvertrag wird zwischen dem Kreditnehmer und der Bank vereinbart, daß sämtliche gegenüber bestimmten Kunden – z. B. allen Kunden mit den Anfangsbuchstaben A–K, allen Kunden in den Vertreterbezirken I, III oder V – oder aus bestimmten Geschäften innerhalb eines festgelegten Zeitraumes bestehenden oder in der Zukunft entstehenden Forderungen an die Bank abgetreten sind.

Globalabtretung

Zwischen _____

– nachstehend „Sicherungsgeber" genannt –

und der

Dresdner Bank
Aktiengesellschaft

_____

– nachstehend „Bank" genannt –

wird folgendes vereinbart:

1. Der Sicherungsgeber tritt hiermit der Bank seine sämtlichen gegenwärtigen und künftigen Forderungen

   aus _____

   gegen _____
   ab.
   Die gegenwärtigen Forderungen gehen mit Abschluß dieses Vertrages, alle künftig entstehenden Forderungen jeweils mit
   ihrer Entstehung auf die Bank über.

2. Die Abtretung dient als Sicherheit für alle bestehenden und künftigen – auch bedingten oder befristeten – Ansprüche, die
   der Bank und allen anderen Geschäftsstellen der Dresdner Bank AG aus der Geschäftsverbindung (insbesondere aus
   laufender Rechnung und aus der Gewährung von Krediten jeder Art), aus Bürgschaften und aus abgetretenen oder kraft
   Gesetzes übergegangenen Forderungen sowie aus Wechseln (auch soweit diese von Dritten hereingegeben worden sind)
   gegen den Sicherungsgeber und/oder gegen

   _____ (Kreditnehmer)
   zustehen.
   Diese Vereinbarung bleibt bei einem Inhaberwechsel oder bei einer Änderung der Rechtsform auf Seiten des Kreditnehmers auch für die Ansprüche aus der künftigen Geschäftsverbindung unverändert bestehen.

3. Der Wert der abgetretenen Forderung muß jeweils mindestens _____% der Verbindlichkeiten des Kreditnehmers gegenüber
   der Bank betragen (Deckungsgrenze). Soweit eine besondere Vereinbarung nicht getroffen worden ist, muß der Wert der abgetretenen Forderungen zumindest dem Gesamtbetrag der gesicherten Ansprüche entsprechen. Unterschreitet der Wert
   der abgetretenen Forderungen die Deckungsgrenze oder, mangels einer solchen Vereinbarung, den Gesamtbetrag der
   gesicherten Ansprüche, ist der Sicherungsgeber zur Abtretung entsprechender neuer Forderungen verpflichtet

4. Der Sicherungsgeber hat der Bank bis zum 10. eines jeden Monats, abgestellt auf das Ende des Vormonats – auf Verlangen
   der Bank auch in anderen Zeitabständen und zu anderen Terminen –, unter Bezugnahme auf diesen Vertrag eine Bestandsliste über die an die Bank abgetretenen, noch ausstehenden Forderungen einzureichen. Aus der Bestandsliste sollen,
   soweit nichts anderes vereinbart wird, Namen und Anschriften der Drittschuldner, Betrag sowie Rechnungs- und Fälligkeitstag ersichtlich sein. Die Vertragspartner sind darüber einig, daß sämtliche in den Bestandslisten angegebenen Forderungen
   an die Bank abgetreten sein sollen, auch wenn sie nicht unter den in Nr. 1 festgelegten Forderungskreis fallen. Andererseits
   sind die in Nr. 1 dieses Vertrages näher bezeichneten Forderungen auch dann an die Bank abgetreten, wenn sie aus irgendeinem Grunde nicht oder nicht in voller Höhe in den der Bank eingereichten Listen verzeichnet sein sollten.

5. Besteht zwischen dem Sicherungsgeber und den Drittschuldnern ein echtes oder unechtes Kontokorrentverhältnis, so tritt
   er hiermit der Bank zusätzlich die Ansprüche auf Kündigung des Kontokorrentverhältnisses, auf Feststellung des gegenwärtigen Saldos sowie die Forderungen aus gezogenen oder in Zukunft zu ziehenden Salden ab.

6. Der Sicherungsgeber haftet für den Bestand der abgetretenen Forderungen.
   Der Sicherungsgeber versichert, daß er über die von der Abtretung erfaßten Forderungen uneingeschränkt verfügungsberechtigt ist, insbesondere,
   – daß die Drittschuldner die Abtretbarkeit nicht ausgeschlossen oder eingeschränkt haben oder – wenn dies der Fall
     ist –, daß sie der Abtretung zugestimmt haben, was der Bank nachzuweisen ist,
   – daß die an die Bank abgetretenen Forderungen nicht bereits an Dritte abgetreten sind (Vorausabtretungen aufgrund
     von Lieferungsbedingungen fallen nicht unter diese Erklärung) sowie
   – daß Rechte Dritter an den Forderungen nicht bestehen.

7. Mit den abgetretenen Forderungen gehen alle für diese haftenden Sicherheiten sowie die Rechte aus den zugrunde liegenden Rechtsgeschäften auf die Bank über. Liegen den abgetretenen Forderungen Lieferungen unter Eigentumsvorbehalt
   zugrunde oder sind dem Sicherungsgeber bewegliche Sachen zur Besicherung dieser Forderung übereignet, so besteht
   Übereinstimmung, daß Vorbehaltseigentum und Sicherungseigentum auf die Bank übergehen; die Herausgabeansprüche
   des Sicherungsgebers gegen den unmittelbaren Besitzer sind zugleich an die Bank abgetreten. Hat der Sicherungsgeber
   das Sicherungsgut in unmittelbarem Besitz, so wird die Übergabe dadurch ersetzt, daß er das Sicherungsgut für die Bank
   unentgeltlich in Verwahrung nimmt.
   Sind für die Übertragung solcher Sicherheiten besondere Erklärungen und Handlungen erforderlich, wird der Sicherungsgeber diese auf Verlangen der Bank abgeben bzw. vornehmen.

8. Bei Zahlungen durch Schecks auf die der Bank abgetretenen Forderungen geht das Eigentum an diesen Papieren auf die
   Bank über, sobald der Sicherungsgeber es erwirbt. Erfolgt Zahlung durch Wechsel auf die der Bank abgetretenen Forde-
   rungen, so tritt der Sicherungsgeber die ihm daraus zustehenden Rechte schon jetzt im voraus sicherungshalber an die
   Bank ab. Die Übergabe der Schecks und Wechsel wird dadurch ersetzt, daß der Sicherungsgeber sie zunächst für die Bank

416

in Verwahrung nimmt oder, falls er nicht deren unmittelbaren Besitz erlangt, den ihm zustehenden Herausgabeanspruch gegen Dritte bereits jetzt im voraus an die Bank abtritt; er wird die Papiere mit seinem Indossament versehen und unverzüglich an die Bank abliefern.

9. Verändern sich die an die Bank abgetretenen Forderungen infolge von Beanstandungen, Preisnachlässen, Aufrechnungen oder aus anderen Gründen nachträglich in ihrem Wert, so ist der Sicherungsgeber verpflichtet, der Bank hiervon, soweit und sobald sie ihm bekannt werden, unverzüglich Kenntnis zu geben und nach ihren Weisungen zu verfahren. Das gleiche gilt, wenn sich der Fälligkeitstag verändert oder dem Sicherungsgeber Umstände zur Kenntnis kommen, welche die Zahlungsfähigkeit von Drittschuldnern beeinträchtigen. Werden die Rechte der Bank an den ihr abgetretenen Forderungen durch Pfändung oder sonstige Maßnahmen beeinträchtigt oder gefährdet, hat der Sicherungsgeber der Bank ebenfalls unverzüglich Mitteilung zu machen. Bei einer Pfändung hat der Sicherungsgeber der Bank Abschrift des Pfändungs- und Überweisungsbeschlusses sowie aller sonstigen zu einem Widerspruch gegen die Pfändung erforderlichen Schriftstücke zu übersenden und den Pfändungsgläubiger unverzüglich schriftlich von dem Sicherungsrecht der Bank zu unterrichten.

10. Falls an die Bank eine Forderung abgetreten ist, die von einem Lieferanten des Sicherungsgebers aufgrund eines verlängerten Eigentumsvorbehaltes gegenwärtig oder zukünftig berechtigterweise in Anspruch genommen werden kann, soll die Abtretung erst mit Erlöschen des verlängerten Eigentumsvorbehaltes wirksam werden. Soweit die Forderung einem Lieferanten nur teilweise zusteht, ist die Abtretung an die Bank zunächst auf den Forderungsteil beschränkt, der dem Sicherungsgeber zusteht; der Restteil wird auf die Bank erst übergehen, wenn er durch den verlängerten Eigentumsvorbehalt nicht mehr erfaßt wird.

Soweit der Sicherungsgeber gegenwärtig oder zukünftig von einem Lieferanten die Rückabtretung der ihm aufgrund des verlängerten Eigentumsvorbehaltes abgetretenen Forderung oder die Abführung des ihm zugeflossenen Erlöses verlangen kann, tritt der Sicherungsgeber diese Rechte mit allen Nebenrechten bereits hiermit an die Bank ab; Entsprechendes gilt für ein etwaiges Anwartschaftsrecht auf Rückerwerb einer auflösend bedingt abgetretenen Forderung. Die Bank ist berechtigt, den verlängerten Eigentumsvorbehalt durch Befriedigung des Lieferanten abzulösen.

11. Dem Sicherungsgeber ist es bis zum Widerruf durch die Bank gestattet, die an die Bank abgetretenen Forderungen im Rahmen eines ordnungsgemäßen Geschäftsbetriebes einzuziehen. Die Bank ist nach billigem Ermessen berechtigt, die Forderungsabtretung auch im Namen des Sicherungsgebers den Drittschuldnern bekanntzugeben. Mit der Anzeige der Abtretung an den Drittschuldner erlischt die Einziehungsbefugnis des Sicherungsgebers.

Der Sicherungsgeber hat der Bank auf ihre Anforderung Blanko-Benachrichtigungsschreiben zur Unterrichtung der Drittschuldner über die Abtretung auszuhändigen. Die Bank ist berechtigt, vom Sicherungsgeber unterschriebene Blanko-Benachrichtigungsschreiben zu vervielfältigen.

12. Der Sicherungsgeber verpflichtet sich, der Bank auf Verlangen Auskünfte, Nachweise und Urkunden zu geben, die zur Prüfung und zur Geltendmachung der abgetretenen Forderungen erforderlich sind.

Der Sicherungsgeber gestattet der Bank, zur Prüfung und Geltendmachung der abgetretenen Forderungen jederzeit seine Unterlagen einzusehen oder durch einen Bevollmächtigten einsehen zu lassen.

Erlischt die Einziehungsbefugnis des Sicherungsgebers, so kann die Bank die Aushändigung aller Unterlagen über die abgetretenen Forderungen verlangen.

13. Soweit die Bank Forderungen selbst einzieht, darf sie alle Maßnahmen und Vereinbarungen mit Drittschuldnern treffen, die sie für zweckmäßig hält, insbesondere Stundungen und Nachlässe gewähren und Vergleiche abschließen. Die Bank wird bei der Einziehung von Forderungen die gleiche Sorgfalt anwenden, die sie in eigenen Angelegenheiten anzuwenden pflegt. Eine Verpflichtung zum Einzug übernimmt die Bank nicht. Der Kreditnehmer ist verpflichtet, auf Verlangen der Bank die Zahlung an die Bank auf seine Kosten zu betreiben.

14. Die Bank wird die von ihr vereinnahmten Beträge zur Abdeckung ihrer durch die Abtretung gesicherten Ansprüche verwenden und einen etwaigen Überschuß an den Sicherungsgeber herausgeben. Soweit die Abtretung nicht vom Kreditnehmer erfolgte, ist die Bank bis zur Befriedigung ihrer gesicherten Ansprüche befugt, den Verwertungserlös als Sicherheit zu behandeln, ungeachtet ihres Rechts, sich jederzeit daraus zu befriedigen.

15. Nach Abdeckung ihrer durch die Abtretung gesicherten Ansprüche hat die Bank die ihr abgetretenen Forderungen, soweit sie von ihr nicht in Anspruch genommen worden sind, an den Sicherungsgeber zurückzuübertragen. Die Bank ist verpflichtet, auf Verlangen des Sicherungsgebers die ihr bestellten Sicherheiten nach ihrer Wahl freizugeben, soweit deren Gesamtwert die Deckungsgrenze nicht nur vorübergehend übersteigt.

16. Sollte eine Bestimmung dieses Vertrages nicht rechtswirksam sein oder nicht durchgeführt werden, so wird dadurch die Gültigkeit des übrigen Vertragsinhalts nicht berührt; das gilt insbesondere wenn die Unwirksamkeit sich nur auf einzelne Forderungen oder Forderungsteile erstreckt.

Ergänzend gelten die Allgemeinen Geschäftsbedingungen der Bank, die in jeder Geschäftsstelle eingesehen werden können und die auf Wunsch zugesandt werden.

Ort, Datum   Ort, Datum

Unterschrift des Sicherungsgebers   Unterschrift der Bank

U. g.

417

Der *Vorteil* einer Globalzession gegenüber einer Mantelzession besteht darin, **daß bei der Globalzession die Bank im Zeitpunkt der Entstehung der Forderung Gläubiger dieser Forderung wird,** ohne daß es dazu einer Rechtshandlung des Zedenten bedarf, während bei einer Mantelzession die Abtretung erst mit Einreichung der Rechnungskopien oder Debitorenlisten wirksam wird.

Gleichwohl ist auch bei Globalzessionsverträgen die Einreichung von Aufstellungen über die abgetretenen Forderungen bzw. von Rechnungskopien üblich. Diese Listen dienen jedoch im Gegensatz zur Mantelabtretung nur der Sicherheitenüberwachung, insbesondere der Feststellung und der Überprüfung des jeweiligen Bestandes an abgetretenen Forderungen.

Infolge der **Risiken,** die mit allen Forderungsabtretungen verbunden sind, verlangen die Kreditinstitute im allgemeinen eine **Überdeckung des Kredits,** d. h. der Kreditnehmer muß Forderungen in einem Gesamtbetrag abtreten, der um einen bestimmten Prozentsatz über dem Kreditbetrag liegt. Bei der Festsetzung der Höhe der Überdeckung muß neben der sogenannten „Bonitätsmarge" (etwa 20–30%) bei Mantelzessionsverträgen noch eine „Schwundmarge" für die Verringerung des Forderungsbestandes durch Zahlungseingänge berücksichtigt werden; das gleiche gilt bei Globalzessionsverträgen für die aus möglichen Umsatzschwankungen resultierende unterschiedliche Höhe des Gesamtbetrages der abgetretenen Forderungen.

Umgekehrt müssen die Banken aber darauf achten, daß keine „Überbesicherung" ihrer Kreditforderungen erfolgt; bei einem krassen Mißverhältnis zwischen der zu sichernden Forderung der Bank und dem Wert der als Sicherheit abgetretenen Forderungen könnte sonst der Zessionsvertrag wegen „Gläubigergefährdung" nichtig sein.

3.4.5 Abtretung von Versicherungsansprüchen

Als eine besondere Kategorie im Rahmen der Zessionen ist die Abtretung von Versicherungsansprüchen – in erster Linie Lebensversicherungsansprüchen – zu bezeichnen. Zwar gelten hierfür dieselben gesetzlichen Vorschriften wie für die Abtretung von Forderungen, über die eine Urkunde ausgestellt ist; daneben sind aber die *Versicherungsbedingungen* der betreffenden Versicherungsgesellschaften zu beachten. So kann z. B. – wie bei den sogenannten Handwerkerversicherungen – eine Abtretung oder Verpfändung der Rechte aus der Versicherung ausgeschlossen sein. Grundsätzlich bedarf es im Fall einer Abtretung derartiger Ansprüche daher der **Aushändigung des Versicherungsscheines an die Bank;** weiterhin ist zu empfehlen, der betreffenden Versicherungsgesellschaft die Abtretung anzuzeigen und den **Rückkaufswert** zu erfragen.

Aufgaben:

I. 1. Was ist ein Kreditvertrag, und wie kommt er zustande?
  2. Worauf erstreckt sich die Prüfung der Kreditfähigkeit und Kreditwürdigkeit, und welches ist das Ziel einer solchen Prüfung?
  3. Über welche Punkte muß im Kreditvertrag eine klare Regelung getroffen sein?
  4. Worauf erstreckt sich im einzelnen die Bilanzkritik und die Bilanzanalyse bei einer Kreditwürdigkeitsprüfung?
  5. Welche Bestimmungen enthält das KWG in bezug auf die Kreditgewährung?

6. In welchen Formen kann die Bereitstellung des Kredits erfolgen, und worauf erstreckt sich die Kreditüberwachung?
7. Was ist eine Negativerklärung, und worin liegt ihre Bedeutung in bezug auf die Sicherstellung eines Kredits?
8. Worin besteht das Wesen einer Bürgschaft, welche Arten der Bürgschaft sind im einzelnen zu unterscheiden, und für welche Art der Bürgschaft wird sich ein Kreditinstitut in der Regel entscheiden?
9. Was ist unter dem „Faustpfandprinzip" zu verstehen, und welche Ausnahmen davon sind im BGB vorgesehen?
10. Worin besteht das Wesen der Sicherungsübereignung, und welches sind die Gefahren der Sicherungsübereignung für eine Bank?
11. Was ist der Unterschied zwischen einer stillen und offenen Zession, und was ist unter gesetzlichen und vertraglichen Abtretungsverboten zu verstehen?
12. Wie sind die Mantel- und Globalzession im Hinblick auf ihre Eignung als Kreditsicherheiten zu beurteilen?

II. 1. Entwerfen Sie den Text für die Zusage eines durch eine Grundschuld zu sichernden Kontokorrentkredits bis zum Höchstbetrage von 25 000,– DM unter Berücksichtigung der zur Zeit geltenden Normalkonditionen!
2. Das „Kaufhaus Mitte" bietet als Sicherheit für einen kurzfristigen Saisonkredit im Betrage von 300 000,– DM ein Warenlager im Werte von ca. 500 000,– DM an, das sich in den Verkaufsräumen befindet. Erläutern Sie dem Kunden die Voraussetzungen, unter denen diese Werte als Sicherheiten für den zu gewährenden Kredit angenommen werden können!

III. Der Kunde K tritt eine Forderung über 5000,– DM gegen den Schuldner S sicherungshalber an die Bank B ab, ohne daß S von der Abtretung benachrichtigt wird. Bereits vorher hatte K diese Forderung an die Bank C in der gleichen Weise abgetreten.
K gerät in Zahlungsschwierigkeiten, und die Bank B macht daraufhin von der ihr erteilten Ermächtigung zur Aufdeckung der Abtretung Gebrauch. S, der von der Abtretung der Forderung an die Bank C nichts weiß, überweist den Betrag von 5000,– DM an die Bank B. Das bis dahin debitorisch geführte Konto des K bei der Bank B wird durch die Überweisung ausgeglichen und aufgelöst.
Einige Zeit später wendet sich die Bank C ebenfalls an den S, der jedoch auf die Zahlung an die Bank B verweist.
Muß der Schuldner S noch einmal an die Bank C zahlen oder muß die Bank B der Bank C die erhaltenen 5000,– DM herausgeben?

3.5 Grundpfandrechte

Als Sicherheiten von besonderer Güte sind die Pfandrechte an Grundstücken, Wohnungs- und Teileigentum sowie Erbbaurechten anzusehen, die im BGB von den Pfandrechten an beweglichen Sachen und Rechten getrennt behandelt werden. Die Grundpfandrechte (Hypotheken, Grundschulden, Rentenschulden) besitzen vor allem im langfristigen Kreditgeschäft große Bedeutung; bestimmte Formen können aber auch zur Deckung kurzfristiger Kredite herangezogen werden.

3.5.1 Grundbuch

Aus dem Grundbuch sind die Eigentumsverhältnisse, die auf dem Grundstück liegenden Lasten und Beschränkungen sowie die mit dem Grundstück verbundenen Rechte zu ersehen. Nicht ersichtlich sind die öffentlichen Lasten (§ 54 GBO,

z. B. Grundsteuer, Schornsteinfeger-Kehrgebühren), die dinglich auf dem Grundstück ruhen. Es ist daher notwendig, zunächst die wesentlichen Bestimmungen des Grundbuchrechts und die Einrichtungen des Grundbuchs darzustellen, bevor im einzelnen die Grundpfandrechte im Hinblick auf ihre Eignung als Sicherheiten im Kreditgeschäft der Banken untersucht werden können.

Die **materielle Rechtsgrundlage** für das Grundstücksrecht bildet das Sachenrecht (3. Buch des BGB, ErbbauVO, Wohnungseigentumsgesetz).

Die **formelle Grundlage für das Grundbuchrecht** ist insbesondere in der

- **Grundbuchordnung** (GBO), der
- **Ausführungsverordnung der GBO** und der
- **Grundbuchverfügung**

geregelt.

GBO
§ 1

Das Grundbuch ist das von einem Amtsgericht (Grundbuchamt) geführte amtliche Verzeichnis aller Grundstücke eines Amtsgerichtsbezirks.

Bei der Beschreibung des Wesens eines Grundstücks ist zwischen einem Grundstück im katastertechnischen Sinn und einem Grundstück im Rechtssinne zu unterscheiden.

1) *Grundstück im katastertechnischen Sinn*
Danach ist ein Grundstück ein Teil der Erdoberfläche, der genau vermessen und in der Flurkarte unter einer laufenden Nummer, der Flurstücknummer, verzeichnet ist. Das Kataster besteht aus dem Kartenwerk und dem Flurbuch. Die Aufgaben des Katasters sind, den Umfang des Staatsgebietes durch Vermessung festzustellen sowie die Grundlage für die Besteuerung und für das Grundbuch zu beschaffen.

2) *Grundstück im Rechtssinn*
Danach ist ein Grundstück ein Teil der Erdoberfläche, der katastermäßig vermessen und bezeichnet ist (damit räumlich abgegrenzt) und im Grundbuch an besonderer Stelle (unter einer laufenden Nummer des Bestandsverzeichnisses) eingetragen ist. Die Aufgaben des Grundbuches (§ 873 BGB) sind es, privatrechtliche Verhältnisse an Grundstücken entstehen zu lassen und festzuhalten.

§§ 2–4

Für jedes Grundstück wird ein **Grundbuchblatt** geführt. Mehrere Grundbuchblätter bilden einen **Grundbuchband**. Liegen mehrere Grundstücke eines Eigentümers im gleichen Grundbuchbezirk, so werden diese auf *einem* Grundbuchblatt gebucht.

a) **Einteilung des Grundbuchs** (§§ 4 bis 11 GBVfg)

Das einzelne Grundbuchblatt enthält:

(1) **die Aufschrift**

mit der Angabe des Grundbuchbezirks sowie der Nummer des Bandes und des Blattes;

420

(2) **das Bestandsverzeichnis**

mit der Bezeichnung der Lage, Art und Größe des Grundstücks sowie der mit dem Eigentum verbundenen Rechte;

(3) **die I. Abteilung**

mit den Namen des oder der Eigentümer sowie der Grundlage der Eintragung (z. B. Auflassung, Erbschein, Testament, Zuschlagsbeschluß in der Zwangsversteigerung);

(4) **die II. Abteilung**

mit den Lasten und Beschränkungen, soweit sie nicht in der III. Abteilung eingetragen werden, sowie die Vormerkungen, Widersprüche, Veränderungen und Löschungen, die sich auf diese Lasten und Beschränkungen beziehen, und alle das Eigentum belastenden Beschränkungen;

- als **Lasten** sind z. B. der Nießbrauch, Vorkaufsrechte, Reallasten, Dienstbarkeiten, Auflassungsvormerkungen und Erbbaurechte anzusehen,

- als **Beschränkungen** gelten z. B. ein Nacherbenvermerk, der Konkurs, ein Veräußerungsverbot, die Testamentvollstreckung oder ein Zwangsversteigerungsvermerk;

(5) **die III. Abteilung**

mit den Hypotheken, Grund- und Rentenschulden sowie den Vormerkungen, Widersprüchen, Veränderungen und Löschungen, die sich hierauf beziehen.

Neben dem Grundbuch für Grundstücke gibt es auch Grundbücher über Wohnungs- und Teileigentum auf Grund des Wohnungseigentumsgesetzes vom 15. 03. 1951.

Wohnungseigentum

Wohnungseigentum ist das Sondereigentum an einer Wohnung in Verbindung mit dem Miteigentumsanteil an dem gemeinschaftlichen Eigentum, zu dem es gehört.
WEG § 1, 2

Teileigentum

Teileigentum ist das Sondereigentum an nicht zu Wohnzwecken dienenden Räumen eines Gebäudes in Verbindung mit dem Miteigentumsanteil an dem gemeinschaftlichen Eigentum, zu dem es gehört.
§ 1, 3

Gemeinschaftliches Eigentum bei Wohnungs- und Teileigentum sind

das Grundstück, auf dem das Gebäude steht, sowie die Teile des Gebäudes, die für dessen Bestand erforderlich sind oder dem gemeinschaftlichen Gebrauch dienen (z. B. Außenmauern, Dach, Treppen, Aufzüge, Fahrstühle, Heizung).
§ 1, 5 § 5, 2

421

Das Grundbuchblatt bezüglich eines Wohnungs-/Teileigentums weist folgende Abweichungen auf (vgl. Seite 427).

Bei der Aufschrift ist zusätzlich „Wohnungs- oder Teileigentumsgrundbuch" aufgedruckt. Im Bestandsverzeichnis ist zusätzlich der Miteigentumsanteil nebst den Angaben über die Wohnung oder das Teileigentum angegeben.

Erbbaugrundbuch

Eine weitere Form des Eigentumserwerbs ist der an einem **Erbbaurecht**. Ein Erbbaurecht ist das veräußerliche und vererbliche Recht, auf oder unter der Oberfläche eines Grundstücks ein Bauwerk zu haben. Bei diesem Recht fallen Grundstückseigentümer und Eigentümer eines Bauwerks (Erbbauberechtigter) auseinander.

Für dieses Erbbaurecht wird ebenfalls ein gesondertes **Erbbaugrundbuchblatt** angelegt (vgl. Seite 428): Im Bestandsverzeichnis wird das mit dem Erbbaurecht belastete Grundstück eingetragen. In der I. Abteilung wird der Erbbauberechtigte eingetragen.

Im Wohnungs- oder Teileigentumsblatt und Erbbaugrundbuchblatt sind die Eintragungen in der II. und III. Abteilung identisch mit den Eintragungen im Grundbuch über Grundstücke.

b) Eintragungen im Grundbuch

GBO
§ 13

§ 19
§ 29

Eintragungen im Grundbuch erfolgen grundsätzlich auf Antrag. Antragsberechtigt ist jeder, dessen Recht von der Eintragung betroffen wird oder zu dessen Gunsten die Eintragung erfolgen soll. Neben dem Eintragungsantrag ist noch die Eintragungsbewilligung in öffentlich beglaubigter oder beurkundeter Form von denjenigen erforderlich, deren Recht von der Eintragung betroffen wird.

§ 44

Liegen diese Voraussetzungen vor, so erfolgt die Eintragung im Grundbuch unter Angabe des Eintragungsdatums und der Unterschrift von zwei zuständigen Beamten. Bei der *Eintragung von Löschungen* wird zusätzlich die erloschene Grundbucheintragung rot unterstrichen („gerötet").

BGB
§ 841
§ 842

Unter dem **öffentlichen Glauben des Grundbuchs** versteht man das Prinzip, daß der Inhalt des Grundbuchs für den gutgläubigen Erwerber als richtig gilt, auch wenn die Eintragungen nicht mit der wahren Rechtslage übereinstimmen. Der Schutz des öffentlichen Glaubens gilt nur bei rechtsgeschäftlichem Erwerb. Nicht geschützt ist das Vertrauen auf den Grundbuchinhalt bei Erwerb kraft Gesetzes, im Wege der Zwangsvollstreckung oder wenn der Erwerber die Unrichtigkeit des Grundbuchs kennt.

§ 894
§ 899
GBO
§ 53

Ist eine Eintragung unrichtig, so kann auf Antrag oder von Amts wegen ein **Widerspruch** in das Grundbuch eingetragen werden. Das bedeutet; der Berechtigte hat einen **Grundbuchberichtigungsanspruch** und der gute Glaube des Grundbuchs ist zerstört.

c) Rangverhältnis der Rechte

Lasten mehrere Rechte auf einem Grundstück, so besteht innerhalb dieser Rechte ein bestimmtes Rangverhältnis. Bedeutung erhält diese Rangordnung bei einer Zwangsversteigerung des Grundstücks. Reicht der erzielte Erlös nicht zur Befriedigung aller Rechte aus, so erfolgt die Zuteilung des Versteigerungserlöses nach der Rangordnung der einzelnen Rechte. Die Rechte können sowohl in Abteilung II als auch in Abteilung III des Grundbuchs eingetragen sein. Die Rangfolge innerhalb einer Abteilung ergibt sich aus der numerischen Reihe der Eintragungen (z. B. Recht Abt. II, Nr. 1, hat Rang vor Recht Abt. II, Nr. 2). Bei Zusammentreffen von Rechten in Abt. II und III wird das Rangverhältnis zwischen den Rechten der verschiedenen Abteilungen durch den Tag der Grundbucheintragung bestimmt. Die frühere Eintragung hat Rang vor den späteren. Gleichzeitige Eintragungsdaten ergeben Gleichrang in verschiedenen Abteilungen, z. B.

BGB
§ 879
GBO
§ 45

Abt.:	Nr.:	Eintragungstag:	Rang:
II	1	01. 04. 1978	1
III	1	02. 04. 1978	2
III	2	04. 05. 1978	3
II	2	10. 08. 1978 ⎫	Gleichrang
III	3	10. 08. 1978 ⎭	

Maßgebend für die Reihenfolge der Eintragungen ist der zeitliche Eingang der Antragstellung beim Grundbuchamt. Gleichzeitiger Eingang hat gleichen Eintragungstag zur Folge. Eine **abweichende Rangbestimmung** bei Bestellung der Rechte ist zulässig. Nach Eintragung der Rechte ist durch Einigung der Beteiligten *nachträglich* eine Änderung der bestehenden Rangverhältnisse möglich. Bei Rangrücktritt eines Rechtes der Abt. III ist Zustimmung des Grundstückseigentümers erforderlich. Abweichende und nachträgliche Rangbestimmungen werden mit Eintragung in das Grundbuch wirksam.

BGB
§ 880, 1
§ 880, 2

d) Rangvorbehalt

Eine Besonderheit im Rahmen der Rangverhältnisse ist der Rangvorbehalt. Der Grundstückseigentümer kann sich bei Bestellung eines Rechtes – auch nachträglich – nach Einigung mit dem Inhaber des betroffenen Rechtes die Möglichkeit vorbehalten, ein bestimmtes, nach Art und Umfang bezeichnetes Recht mit Rang vor dem betroffenen Recht eintragen zu lassen. Bei der Ausnutzung des Rangvorbehaltes bedarf es keiner Zustimmung des Rechtsinhabers mehr. Es genügt die Antragstellung des Eigentümers. Rangvorbehalt sowie dessen Ausnutzung müssen in das Grundbuch eingetragen werden.

§ 881

e) Vormerkung

BGB
§ 883   Zur Sicherung des Anspruchs auf Einräumung oder Aufhebung

(1) eines Rechtes an einem Grundstück oder
(2) an einem Recht oder
(3) der Inhaltsänderung oder des Ranges eines Rechtes

kann eine Vormerkung in Abt. II bzw. III des Grundbuchs eingetragen werden (z. B. **Auflassungsvormerkung**). Die rein schuldrechtlichen Ansprüche können auch künftiger oder bedingter Natur sein und schützen den Rechtsinhaber nach Eintragung vor anderen Verfügungen Dritter, die seinen Anspruch vereiteln oder beeinträchtigen können. Die spätere Eintragung des vorgemerkten Rechtes erhält den Rang der Vormerkung.

3.5.2 Hypothek

a) Wesen

§ 1113, 1   Die Hypothek ist eine Grundstücksbelastung des Inhalts, daß an denjenigen, zu dessen Gunsten die Belastung erfolgt (Hypothekengläubiger), eine bestimmte Geldsumme zur Befriedigung wegen einer ihm zustehenden Forderung aus dem Grundstück zu zahlen ist.

Wie das Pfandrecht an einer beweglichen Sache, setzt die Hypothek das Bestehen einer persönlichen Forderung voraus (**akzessorischer Charakter der Hypothek**). Zu deren Sicherstellung wird die Hypothek als dingliches Pfand bestellt. Für die Forderung bestehen also nebeneinander **die persönliche Haftung des Schuldners** und **die dingliche Haftung des Grundstücks**.

§ 1113. 2   **Die Hypothek besteht nur während der Dauer und nur in der Höhe der Forderung.** Das schließt nicht aus, daß sie auch für eine künftige oder bedingte Forderung bestellt werden kann. Mit der Übertragung der Forderung geht die Hypothek ebenfalls auf den neuen Gläubiger über.

§ 1153. 2   **Die Forderung kann nicht ohne die Hypothek, die Hypothek nicht ohne die Forderung übertragen werden.**

§ 1163   Gelangt die der rechtswirksam bestellten Hypothek zugrunde liegende Forderung nicht zur Entstehung, so fällt sie ohne Grundbucheintragung dem Eigentümer des Grundstücks zu (**Eigentümerhypothek**).

Bei Erlöschen der Forderung (z. B. Rückzahlung) oder Gläubigerverzicht auf die Hypothek sowie Ausschluß eines unbekannten Gläubigers durch ein Aufgebotsverfahren entsteht nachträglich eine Eigentümerhypothek. Die forderungslose Eigentümerhypothek wird zur Grundschuld mit dem Inhalt der Hypothek und den Rechten einer Eigentümergrundschuld. Sie kann verpfändet und abgetreten werden.

Bei einer Grundstücksübertragung ist die Übernahme der persönlichen Schuld üblich. Sie ist jedoch an die Genehmigung des Gläubigers geknüpft. Die Genehmigung gilt als erteilt, wenn der Gläubiger nicht innerhalb von sechs Monaten seit dem Empfang der schriftlichen Mitteilung des Veräußerers über die Übernahme der Schuld widerspricht oder der Gläubiger die Genehmigung dem Veräußerer gegenüber nicht bereits vorher verweigert hat.

Das mit einer Hypothek belastete Grundstück haftet

(1) für die eingetragene Kapitalsumme,

(2) für die eingetragenen Zinsen und

(3)'für andere eingetragene Nebenleistungen.

Aber auch ohne Eintragung haftet das Grundstück kraft Gesetzes

BGB

(1) für die gesetzlichen Zinsen der Forderungen sowie   § 1118

(2) für die Kosten der Kündigung und der die Befriedigung aus dem Grundstücke bezweckenden Rechtsverfolgung.

Die Hypothek erstreckt sich auf das gesamte Grundstück, die wesentlichen Bestandteile sowie auf Zubehörstücke, soweit sie dem Grundstückseigentümer gehören (z. B. Hoteleinrichtung mit Möbeln und Wäsche, die zum gewerblichen Betrieb bestimmten Maschinen usw.). – Ferner unterliegen der Haftung vom Zeitpunkt der Beschlagnahme durch den Gläubiger an die Miet-, Pachtzins- und Versicherungsforderungen.

§ 1120

§ 1123, 1

§ 1127, 1

b) Entstehung und Arten der Hypothek

Zur Entstehung der Hypothek ist die **Einigung** zwischen dem Hypothekengläubiger und dem Grundstückseigentümer **und** die **Eintragung** der Hypothek in das Grundbuch erforderlich.

§ 873, 1

Die Eintragung muß enthalten:

(1) den **Namen des Gläubigers,**

(2) den **Geldbetrag der Forderung,**

(3) den **Zinssatz,** wenn die Forderung verzinslich ist, und

(4) den **Geldbetrag anderer** zu entrichtender **Nebenleistungen** (z. B. Vertragsstrafen).

Durch eine Bezugnahme auf die Eintragungsbewilligung (Bestellungsurkunde) wird auf den weiteren zur Eintragung gesetzlich nicht vorgeschriebenen Inhalt (z. B. Forderungsart, Schuldgrund, Kündigung) der Vereinbarung verwiesen.

Bei den Hypotheken ist zu unterscheiden zwischen der gewöhnlichen Hypothek (Verkehrshypothek), der Sicherungshypothek und der Höchstbetragshypothek.

b a) Verkehrshypothek

Die Verkehrshypothek ist dadurch zu kennzeichnen, daß bei ihr die Forderung und die Grundstücksbelastung so eng miteinander verbunden sind, daß im allgemeinen Sprachgebrauch für beides der Begriff Hypothek benutzt wird. Sie dient zwar *in erster Linie* der **Sicherung einer Forderung,** sie ist *zugleich* jedoch für den Hypothekengläubiger **eine Kapitalanlage.**

Ferner gehört es zum Wesen der Verkehrshypothek, daß der **Hypothekengläubiger** sich bei der Übertragung und Geltendmachung der Hypothek auf die Eintragung berufen kann. Er **braucht seine Forderung und deren Höhe nicht nachzuweisen.** Die Verkehrshypothek ist entweder eine Briefhypothek oder eine Buchhypothek.

Briefhypothek

BGB
§ 116, 1
Regelmäßig ist die Verkehrshypothek eine Briefhypothek, d. h. über die hypothekarische Belastung des Grundstücks wird vom Grundbuchamt eine wertpapierähnliche öffentliche Urkunde, der **Hypothekenbrief,** ausgestellt.

Die Briefhypothek entsteht durch Einigung und Eintragung im Grundbuch, sie wird vom Hypothekengläubiger *jedoch erst erworben,*

§ 1117, 1 (a) *mit der Entstehung der gesicherten Forderung und*

(b) *mit der Übergabe des Briefs an den Gläubiger.*

Solange die Forderung nicht zur Entstehung gelangt und der Brief nicht übergeben ist, steht die Hypothek dem Grundstückseigentümer als Eigentümergrundschuld zu.

Die Übergabe des Briefes kann allerdings durch die Vereinbarung ersetzt werden, daß der Hypothekengläubiger berechtigt sein soll, sich den Hypothekenbrief vom Grundbuchamt aushändigen zu lassen. Ist der Gläubiger bereits im Besitz des Briefes, so wird vermutet, daß die Übergabe erfolgt sei.

GBO
§ 56
Der Hypothekenbrief muß nach der Grundbuchordnung enthalten:

(1) die Bezeichnung als Hypothekenbrief,

(2) den Geldbetrag der Hypothek,

(3) die Angabe des belasteten Grundstücks und

(4) die mit dem Gerichtssiegel versehenen Unterschriften von zwei Grundbuchbeamten.

§ 57
Der Brief soll weiterhin den Inhalt der die Hypothek betreffenden Eintragungen enthalten.

Die **Bedeutung des Hypothekenbriefs** ist wie folgt zusammenzufassen:

(1) Der Hypothekenbrief vermittelt den *Erwerb und die Übertragung* der Hypothek.

BGB
§ 1160, 1

(2) Zur *Geltendmachung der Rechte* aus der Hypothek ist die Vorlage des Briefes erforderlich.

(3) Das *Eigentum am Hypothekenbrief* steht dem Gläubiger zu, d. h. das Recht am Papier folgt – umgekehrt wie bei den Wertpapieren – dem Recht aus dem Papier.

§ 952, 2

Buchhypothek

Die Erteilung eines Hypothekenbriefes kann ausgeschlossen werden. Hierzu ist die Einigung des Gläubigers und des Eigentümers sowie die Eintragung der Buchhypothek als *solche* im Grundbuch erforderlich. **Grundlage der Buchhypothek bildet** mithin **allein das Grundbuch.**

§ 1116, 2

Die Buchhypothek entsteht durch Einigung und Eintragung im Grundbuch, sie wird vom Gläubiger erworben mit der Entstehung der Forderung oder – wenn die zu sichernde Forderung bereits besteht – mit der Eintragung.

Ist die Forderung nicht entstanden, so hat der Eigentümer die Möglichkeit, innerhalb eines Monats ab Eintragung der Hypothek einen Widerspruch in das Grundbuch eintragen zu lassen. Das hat zur Folge, daß die Hypothek nicht mehr gutgläubig erworben werden kann. Diese Schutzwirkung entspricht bei der Briefhypothek der Briefaushändigung.

§ 1139

bb) Sicherungshypothek

Bei der Sicherungshypothek bestimmt sich das Recht des Gläubigers aus der Hypothek nur nach der Forderung, d. h. der Gläubiger kann sich im Gegensatz zur Verkehrshypothek zum Beweise der Forderung nicht auf die Eintragung im Grudbuch berufen.

§ 1184, 1

Die Sicherungshypothek muß im Grundbuch als solche bezeichnet sein, die Erteilung eines Hypothekenbriefes ist ausgeschlossen.

§ 1184, 2
§ 1185

Eine Sicherungshypothek kann in eine gewöhnliche Hypothek, eine gewöhnliche Hypothek kann in eine Sicherungshypothek umgewandelt werden. Dabei ist die Zustimmung der im Range gleich- oder nachstehenden Berechtigten nicht erforderlich.

§ 1186

Als Deckung für verschiedene Arten des Bankkredites ist die Sicherungshypothek deshalb ungeeignet, weil sie sich bei einer teilweisen Rückzahlung des Kredits mit diesem Betrag in eine Eigentümergrundschuld verwandelt. Bei einer erneuten Inanspruchnahme des Kredits *lebt die Sicherungshypothek nicht wieder auf*, d.h. auch nur eine vorübergehende Abdeckung eines Schuldsaldos bringt die hypothekarische Sicherung endgültig zum Erlöschen. – Für Kredite mit einem schwankenden Saldo könnte daher die Eintragung einer Höchstbetragshypothek zweckmäßig sein (siehe jedoch Vergleich mit der Grundschuld, Seite 412).

bc) Höchstbetragshypothek

BGB
§ 1190, 1

Bei einer Höchstbetragshypothek wird nicht die wirkliche Höhe der Forderung in das Grundbuch eingetragen, sondern nur der Höchstbetrag, bis zu dem das Grundstück haften soll.

Die Bank kann sich gegebenenfalls in Höhe des tatsächlich in Anspruch genommenen und dem Gericht nachzuweisenden Kreditbetrages zuzüglich der aufgelaufenen Zinsen aus dem Grundstück befriedigen. **Die Höchstbetragshypothek lebt also – im Gegensatz zur Sicherungshypothek – jeweils mit der erneuten Inanspruchnahme des Kredits wieder auf** und ist aus diesem Grunde auch für Kredite in laufender Rechnung geeignet.

§ 1190, 3 Die Höchstbetragshypothek gilt immer als Sicherungshypothek, auch wenn sie als solche im Grundbuch nicht eingetragen ist, d. h. die Erteilung eines Hypothekenbriefes ist auch hier ausgeschlossen.

bd) Gesamthypothek

§ 1132, 1

Die Gesamthypothek besteht für eine einzige Forderung an mehreren Grundstücken in der Weise, daß jedes Grundstück für die ganze Forderung haftet.

§ 1132, 2 Die belasteten Grundstücke können demselben Eigentümer oder verschiedenen Eigentümern gehören, und der Gläubiger kann die Befriedigung nach seinem Belieben aus jedem der Grundstücke ganz oder zum Teil suchen.

Die Gesamthypothek kann nur einheitlich abgetreten und verpfändet werden. Die Abtretung oder Verpfändung wird erst wirksam, wenn sie auf allen Grundbuchblättern eingetragen ist.

c) Übertragung der Hypothek

§ 1154 **Zur Abtretung der Briefhypothek ist eine Abtretungserklärung des Abtretungsgläubigers (Zedent) an den neuen Gläubiger (Zessionar) und die Briefübergabe erforderlich.** Eine Eintragung im Grundbuch erfolgt also nicht. Damit der Zessionar die gleiche Rechtsstellung wie der im Grundbuch eingetragene Gläubiger erhält, kann er von dem Zedenten eine Abtretungserklärung in öffentlich beglaubigter Form verlangen. **Der Gläubiger hat jederzeit die Möglichkeit, sein Gläubigerrecht im Grundbuch eintragen zu lassen.**

GBO
§ 6, 1

Möglich ist auch die Abtretung eines *Teilbetrages.* Hierbei ist auf Antrag ein Teilbrief zu bilden, oder aber dem Zessionar ist der Mitbesitz am Stammbrief einzuräumen.

428

Zur Abtretung einer Buchhypothek ist Einigung und immer die Eintragung im Grundbuch erforderlich. Für das Grundbuchamt ist eine Bewilligung des alten Gläubigers und ein Antrag notwendig. Werden Zinsen und Nebenleistungen mit abgetreten, so ist die **Tagesangabe der Abtretung erforderlich.**

BGB
§ 873

Die Verpfändung der Hypothek vollzieht sich nach den für die Übertragung der Hypothek geltenden Vorschriften.

Zur Pfändung einer Buchhypothek ist ein Pfändungsbeschluß gegen den Schuldner (Hypothekengläubiger) und die Eintragung der Pfändung in das Grundbuch erforderlich. Bei der Pfändung einer **Briefhypothek** ist neben dem **Pfändungsbeschluß** noch die **Übergabe des Briefes** erforderlich. Das Pfandrecht entsteht erst mit dem *Besitz* des Briefes (Übergabe oder Wegnahme durch den Gerichtsvollzieher). Eine Eintragung in das Grundbuch muß nicht erfolgen.

ZPO
§§ 823–
863

d) Erlöschen der Hypothek

Eine Hypothek kann durch Rechtsgeschäft oder kraft Gesetzes erlöschen. Zur rechtsgeschäftlichen Löschung (Aufgabeerklärung) sind erforderlich:

BGB
§ 875

(1) Löschungsfähige Quittung oder Löschungsbewilligung durch den Hypothekengläubiger mit etwaigem Hypothekenbrief.

(2) Antragstellung des Eigentümers an das Grundbuchamt bzw. Zustimmung bei Antragstellung eines Dritten.

(3) Evtl. Zustimmung eines dinglich Berechtigten an der Hypothek (Pfandgläubiger, Nießbrauchsberechtigter).

(4) Eintragung der Löschung im Grundbuch.

Bei einer **löschungsfähigen Quittung** bestätigt der Hypothekengläubiger, daß seine Forderung befriedigt ist und bewilligt die Berichtigung des Grundbuchs. Sollte ein Dritter die Forderung beglichen haben, würde die Bestätigung auf seinen Namen laufen und dieser müßte die Löschung bewilligen. Eine löschungsfähige Quittung hat für den Eigentümer den Vorteil, daß er das Recht löschen lassen oder aber auch sonst darüber verfügen kann. Bei einer günstigen Rangstelle des aufgegebenen Rechts kann der Eigentümer die entstandene Eigentümergrundschuld abtreten oder verpfänden.

Der Schutz nachrangiger Gläubiger gegenüber einer solchen weiteren Verfügung über das Recht besteht im Wesen der **Löschungsvormerkung.** Hierbei verpflichtet sich der Grundstückseigentümer bei Bestellung des Rechts oder später, die im Range vorgehenden Rechte für den Fall der Aufgabe zur Löschung zu bringen.

§ 1179
a.F.

Verfügungen des Eigentümers sind dann gegenüber dem durch die Löschungsvormerkung Geschützten unwirksam. Die Löschungsvormerkung muß im Grundbuch eingetragen sein. **Bei Grundpfandrechten, die nach dem 01. 01. 1978 eingetragen sind, besteht mit Eintragung ein gesetzlicher Anspruch auf Löschung** der vor- und gleichrangigen Grundpfandrechte, ohne daß noch eine Löschungsvormerkung eingetragen wird. Zur Eintragung gelangt nur noch der unter Umständen vereinbarte Ausschluß auf diesen Löschungsanspruch. Den Berechtigten aus der Abt. II des Grundbuchs steht dieser gesetzliche Löschungsanspruch gegenüber dem Eigentümer aber weiterhin **nur** bei einer Grundbucheintragung zu.

BGB
§ 1179
a. F.
§ 1179
n. F

Die Löschungsbewilligung beinhaltet lediglich, daß der Hypothekengläubiger die Löschung des Rechtes bewilligt und dient dem Grundbuchamt als Löschungsunterlage.

Neben der Voll-Löschung eines Rechtes können auch bestimmte Teilbeträge (z. B. erstrangige 10 000 DM aus einer Hypothek über 50 000 DM) gelöscht werden. Bei Gesamtrechten ist auch die Freigabe einzelner Grundstücke aus der Mithaft möglich.

Kraft Gesetzes erlischt die Hypothek

BGB (1) durch Befriedigung des Gläubigers aus dem Grundstück im Wege der
§ 1181   Zwangsvollstreckung sowie
ZVG (2) durch Zuschlag bei der Zwangsversteigerung des Grundstücks, wenn das
§ 91   Recht nicht in das geringste Gebot fällt.

Ist der Versteigerungserlös nur zur teilweisen Deckung der Gläubigeransprüche ausreichend, so besteht wegen des Restbetrages die persönliche Forderung an den Schuldner weiter.

e) Geltendmachung der Hypothek

Bedingt durch die akzessorische Natur der Hypothek ergeben sich zwei verschiedene Gläubigeransprüche, nämlich **der persönliche Anspruch gegen den Forderungsschuldner und der dingliche Anspruch aus der Hypothek.**

Der **persönliche Anspruch** richtet sich auf Zahlung der fälligen Geldforderung und ist vollstreckbar in das gesamte Vermögen des persönlichen Schuldners. Der Eintritt der Fälligkeit muß durch Kündigung des Gläubigers gegenüber dem persönlichen Schuldner erfolgen, falls keine abweichende Vereinbarung getroffen worden ist.

BGB   Der **dingliche Anspruch** richtet sich gegen den Eigentümer des Grundstücks und
§ 1147   ist vollstreckbar nur in das Grundstück. Der Anspruch muß fällig sein. Hier hat die Kündigung des Gläubigers an den Eigentümer des Grundstücks zu erfolgen. Zur Durchsetzung der Zwangsvollstreckung ist ein dinglicher Titel auf Duldung der Zwangsvollstreckung in das Grundstück notwendig. Der Gläubiger kann auf zweifache Art in den Besitz eines dinglichen Titels gelangen.

ZPO   a) Bei der Bestellung der Hypothek unterwirft sich der Eigentümer der sofortigen
§ 794   Zwangsvollstreckung in der Weise, daß die Zwangsvollstreckung aus der
§ 800   Bestellungsurkunde gegen den jeweiligen Eigentümer des Grundstücks zulässig sein soll. Diese **Zwangsvollstreckungsklausel** bedarf der Grundbucheintragung. Möglich ist auch eine spätere Unterwerfung unter die Zwangsvollstreckung mit der Grundbucheintragung. Für diese Erklärung des Eigentümers ist eine Beurkundungsform gesetzlich vorgeschrieben. Die Rechtsverfolgung der Ansprüche des Gläubigers werden damit erleichtert, denn der Gläuber gelangt ohne gerichtliche Klage in den Besitz eines Vollstreckungstitels.

b) Hat sich der Grundstückseigentümer nicht der sofortigen Zwangsvollstreckung nach § 800 ZPO unterworfen, verbleibt dem Gläubiger nur die Erhebung der dinglichen Klage aus der Hypothek, um in den Besitz eines Vollstreckungstitels (vollstreckbares Urteil) zu gelangen.

Mit der Erfüllung der Voraussetzungen zur Zwangsvollstreckung (vollstreckbarer Titel, Vollstreckungsklausel, Zustellungsnachweis) nach den Vorschriften der Zivilprozeßordnung kann der Gläubiger verschiedene Maßnahmen der Zwangsvollstreckung einleiten

(1) Vollstreckung in die neben dem Grundstück mithaftenden beweglichen Gegenstände (z. B. Pfändung der Miete).

(2) Zwangsversteigerung.

(3) Zwangsverwaltung.

Zwangsversteigerung, Zwangsverwaltung und Zwangssicherungshypothek sind die Vollstreckungsarten in ein Grundstück. Während die Zwangssicherungshypothek der Sicherstellung der Gläubigerforderung dient, sollen Zwangsversteigerung und Zwangsverwaltung zur *Befriedigung* des Gläubigers führen.

Bei einer **Zwangsversteigerung** geht die Substanz des Grundstücks dem Eigentümer verloren. Durch die Versteigerung erfolgt eine zwangsweise Veräußerung des Grundstücks mit dem Ziel, durch den Versteigerungserlös die Forderung des Gläubigers zu befriedigen. Wesentlich für den Gläubiger ist deshalb die Relation von Grundstückswert und eigener Rangstelle. Das Grundstück wird am Versteigerungstermin durch das zuständige Amtsgericht versteigert. Die Zuteilung des Erlöses erfolgt in dem späteren Verteilungstermin. Die Eintragung des neuen Eigentümers wird auf Ersuchen des Zwangsversteigerungsgerichts vorgenommen.

Bei der **Zwangsverwaltung** verbleibt die Substanz des Grundstücks dem Eigentümer. Es wird versucht, unter Mithilfe eines gerichtlich bestellten Verwalters, den Gläubiger aus den Erträgen des Grundstücks (Miete, Pacht usw.) zu befriedigen.

Alle Vollstreckungsmaßnahmen können unabhängig voneinander eingeleitet werden. Der Gläubiger sollte vor Beginn einer solchen Maßnahme über Erfolgsaussichten und Dauer der Vollstreckung eine Rentabilitätsrechnung aufstellen.

Bei Anordnung einer Zwangsversteigerung und Zwangsverwaltung wird auf Ersuchen des Vollstreckungsgerichts ein entsprechender Vermerk in das Grundbuch – Abteilung II – eingetragen. Der Vermerk steht zwar in keinem Rangverhältnis zu den sonstigen Rechten, bewirkt aber ein **relatives Verfügungsverbot.** Grundbucheintragungen werden dadurch nicht verhindert, sie sind aber dem Gläubiger gegenüber unwirksam. Bei einer Veräußerung des Grundstücks muß der Erwerber die Fortsetzung der Zwangsmaßnahmen dulden.

3.5.3 Grundschuld

Eine Grundschuld ist die Belastung eines Grundstücks in der Weise, daß an denjenigen, zu dessen Gunsten die Belastung erfolgt, eine bestimmte Geldsumme (auch Zinsen und Nebenleistungen) aus dem Grundstück zu zahlen ist.

BGB § 1191

BGB § 1192	Die Grundschuld ist also im Gegensatz zur Hypothek von der Forderung losgelöst. Die Zahlung einer bestimmten Geldsumme kann zur Befriedigung einer Forderung dienen, das muß jedoch nicht der Fall sein. Rechtsgrund für die Grundschuld können auch Schenkung, Tausch oder Kauf sein.

Im übrigen gelten für die Grundschuld die Vorschriften der Hypothek mit der Ausnahme, daß für die Grundschuld **keine Forderung** vorausgesetzt wird.

§ 1196 § 1197	Der Eigentümer kann sogar für sich selbst eine Grundschuld, die **Eigentümergrundschuld,** bestellen, die Zwangsvollstreckung in das eigene Grundstück kann er jedoch nicht betreiben. Im Falle einer Zwangsvollstreckung erhält der Eigentümer aus der Eigentümergrundschuld nur Zinsen, wenn das Grundstück von einem Dritten zum Zweck der Zwangsverwaltung beschlagnahmt worden ist. Die Zinsen können aber bereits bei Bestellung des Rechts eingetragen werden, da der Eigentümer das Recht übertragen kann.

§ 1193	Die Grundschuld kann als Brief- oder Buchgrundschuld bestellt werden. Die Fälligkeit der Grundschuld richtet sich nach der Vereinbarung. Bei Fehlen der Vereinbarung muß die Grundschuld gekündigt werden. Die Kündigungsfrist beträgt in diesem Fall 6 Monate.

a) Inhabergrundschuld

§ 1195	Eine Grundschuld kann in der Weise bestellt werden, daß der Grundschuldbrief auf den Inhaber ausgestellt wird. Auf einen solchen Brief finden die **Vorschriften über die Inhaberschuldverschreibung** entsprechende Anwendung. Das bedeutet, daß der jeweilige Inhaber des Grundschuldbriefes Grundschuldgläubiger ist und daß der Inhalt der Grundschuld sich nach dem Grundschuldbrief richtet.

b) Hypothek oder Grundschuld

Die Grundschuld hat in den letzten Jahren die Hypothek – namentlich die Höchstbetragshypothek – weitgehend verdrängt, soweit es sich dabei um die Abdeckung von Krediten in laufender Rechnung handelte. Während im **langfristigen Kreditgeschäft** die Verkehrshypothek dominiert, ist der Grundschuld im **kurzfristigen Geschäft** deshalb der Vorrang einzuräumen, weil sie in hervorragender Weise der Sicherung wechselnder Ansprüche oder Kredite zu dienen vermag. Namentlich folgende Gründe haben zur **Bevorzugung der Grundschuld gegenüber der Höchstbetragshypothek** geführt:

(1) Der Grundstückseigentümer kann die Grundschuld auf seinen Namen im Grundbuch als **Eigentümerbriefgrundschuld** eintragen lassen und sie dann unter Übergabe des Grundschuldbriefes an die Bank abtreten. Die Eintragung der Abtretung im Grundbuch ist nicht erforderlich.

(2) Der **Inhabergrundschuldbrief** gewährleistet im allgemeinen eine gute Sicherung selbst bei sehr kurzfristigen Krediten, verursacht geringe Kosten und ermöglicht eine zügige Durchführung der Kreditwürdigkeitsprüfung und der Kreditbereitstellung.

(3) Der **Schuldgrund** wird bei einer Grundschuld im Grundbuch nicht eingetragen; die Forderung ist nur Beweggrund für die Bestellung, nicht aber – im Gegensatz zur Hypothek – Rechtsinhalt.

(4) Im Gegensatz zur Höchstbetragshypothek kann über die Grundschuld ein **Brief** ausgestellt werden.

(5) Die Eintragung einer **Zwangsvollstreckungsklausel** ist – ebenfalls im Gegensatz zur Höchstbetragshypothek – bei der Grundschuld möglich. Sie befreit den Gläubiger von der Erhebung einer hypothekarischen Klage.

(6) Die **Beweislast** für das Bestehen oder Nichtbestehen eines Anspruches trägt bei einer Grundschuld stets der Grundstückseigentümer.

3.5.4 Rentenschuld

> Die Rentenschuld ist eine Grundstücksbelastung des Inhalts, daß zu regelmäßig wiederkehrenden Terminen eine bestimmte Geldsumme aus dem Grundstück zu zahlen ist.

BGB
§ 1199

Bei der Bestellung der Rentenschuld muß der Betrag bestimmt werden, durch dessen Zahlung die Rentenschuld abgelöst werden kann. – Die Ablösungssumme muß im Grundbuch angegeben werden.

Als Kreditsicherheit hat die Rentenschuld keine Bedeutung.

Beispiel:

Der nachstehende Abdruck eines Grundbuchblattes gibt eine Folge einfacher – beinahe alltäglicher – Grundbuchvorgänge wieder. In den folgenden Erläuterungen sind die einzelnen Grundbucheintragungen chronologisch geordnet und ziffernmäßig bezeichnet, Seite 435 ff.

(1) 4. 2. 1955 (Best.-Verz., Abt. I und Abt. II)
Die Eheleute Weigand erwerben zwei Grundstücke als Eigentümer in Bruchteilsgemeinschaft und belasten das Grundstück lfd. Nr. 1 mit einem Nießbrauch.

(2) 1. 12. 1955 (Abt. III)
Die Eigentümer bestellen auf den Grundstücken eine Gesamthypothek mit Unterwerfungsklausel.

(3) 1. 4. 1956 (Abt. II und Abt. III)
Das Nießbrauchsrecht räumt der Hypothek (für die Rechte in Abt. III wird im Grundbuch die Abkürzung Post für Position gebraucht) den Vorrang ein.

(4) 21. 8. 1956 (Abt. II)
Die Eigentümer haben an die Stadt Frankfurt (Main) eine noch nicht vermessene Teilfläche von ca. 10 m^2 verkauft. Zur Sicherung ihrer Rechte läßt sich die Stadt eine Vormerkung eintragen.

(5) 7. 9. 1958 (Best.-Verz. und Abt. I)
Die Eigentümer haben das Grundstück lfd. Nr. 3 im Zwangsversteigerungsverfahren zu je ½ ersteigert. Das Grundstück wird zu dem bereits vorhandenen Grundbesitz dazugebucht.

(6) 18. 10. 1958 (Abt. III)
Auf den Grundstücken lfd. Nr. 1–3 wird eine Gesamt-Buch-Grundschuld nebst einem Rangvorbehalt eingetragen. Bei der Post Abt. III Nr. 1 wird eine Löschungsvormerkung eingetragen.

(7) 1. 10. 1958 (Best.-Verz. und Abt. II und III)
Das von der Stadt erworbene Grundstück ist vermessen, und die Teilung des bisherigen Grundsstücks wird eingetragen. In Abt. II Spalte 2 wird das alte Grundstück gerötet und die neuen Grundstücke werden eingesetzt; ebenso in Abt. III.

(8) 12. 11. 1958 (Best.-Verz., Abt. II und Abt. III)

Nunmehr wird das Grundstück lfd. Nr. 5 auf die Stadt übertragen. Die Vormerkung wird gelöscht und die Posten in Abt. III geben das Grundstück aus der Mithaft frei.

(9) 7. 1. 1959 (Best.-Verz. und Abt. II)

Die beiden Nachbarn räumen sich gegenseitig eine Grunddienstbarkeit ein, die auch auf den jeweiligen herrschenden Grundstücken im Bestandsverzeichnis vermerkt werden soll.

(10) 1. 4. 1959 (Abt. III)

Die Eigentümer bestellen eine Buchhypothek, die den Rangvorbehalt bei der Post Abt. III Nr. 2 ausnutzt. Außerdem haften für diese Hypothek ein oder mehrere Grundstücke in einem anderen Grundbuchbezirk mit. Weiterhin wird eine Löschungsvormerkung bei der Post Abt. III Nr. 3 eingetragen.

(11) 7. 11. 1959 (Abt. III)

Die Gläubigerin Abt. III Nr. 1 hat einen Teilbetrag der Hypothek abgetreten und über diesen Betrag soll ein Teilhypothekenbrief gebildet werden.

(12) 7. 12. 1959 (Best.-Verz. und Abt. I)

Die Eigentümer erwerben zu je ½ einen Anteil von ⅙ an einem Weg, der insgesamt 6 Anliegern zum Gehen und Fahren dient.

(13) 15. 5. 1960 (Abt. III)

Eine Sicherungshypothek wird für eine Bruchteilsgemeinschaft eingetragen.

(14) 7. 8. 1961 (Abt. III)

Von der Hypothek Abt. III Nr. 3 wird ein Teilbetrag gelöscht und in der Hauptspalte abgesetzt.

(15) 16. 7. 1962 (Abt. III)

Eine Eigentümergrundschuld wird eingetragen.

(16) 7. 8. 1963 (Abt. III)

Die Sicherungshypothek wird in eine Buchhypothek umgewandelt und abgetreten. Die bisherigen Gläubiger und das Wort Sicherungshypothek werden in der Hauptspalte 4 gerötet.

(17) 1. 9. 1963 (Abt. III)

Die Eigentümergrundschuld ist abgetreten und die Eintragung im Grundbuch wird vorgenommen.

(18) 8. 5. 1965 (Abt. I)

Frau Weigand ist verstorben. Das Grundbuch ist unrichtig geworden und wird auf Antrag berichtigt. Bezüglich ihres ½ Anteils tritt die Erbengemeinschaft. Frau Weigand wird gerötet.

(19) 7. 10. 1968 (Abt. I, Abt. II und III)

Der Vater überträgt seinen Grundbesitz seinen Kindern. Die Erbengemeinschaft wird aufgelöst, die Kinder werden Eigentümer zu je ½, und der Vater behält sich ein Wohnrecht vor. Die Belastung Abt. III Nr. 4 wird gelöscht. Die alten Eigentumsverhältnisse und die Belastung Abt. III Nr. 4 werden gerötet.

(20) 1. 7. 1970 (Abt. III)

Der Eigentümer 2a bestellt auf seinem ½ Anteil eine Grundschuld.

(21) 27. 11. 1970 (Abt. III)

Das oder die Grundstücke in Sindelfingen haften nicht mehr für die Hypothek Abt. III Nr. 3.

(22) 16. 5. 1978 (Abt. III)

Die Eigentümer bestellen eine Hypothek. Der dazugehörende Hypothekenbrief ist als Anlage dargestellt.

(23) Bestandsverzeichnis eines Wohnungseigentums.

(24) Bestandsverzeichnis eines Erbbaurechts.

Amtsgericht Frankfurt am Main

Grundbuch

von

Bezirk 19

Band 25 **Blatt** 2011

Grundbuchblatt, Titelbogen
sefer G. m. b. H., Offenbach (Main) — 1. 1969

Verzeichnis der Einlegebogen

- Fortsetzung am Schluß dieses Grundbuchblattes -

Das Grundbuchblatt
enthält soviel

Einlegebogen,

wie in dem nebenstehenden
Verzeichnis durch Eintragung
der Nummern sowie durch
Datum und Unterschrift des
Grundbuchführers bescheinigt
sind.

	Einlege-bogen Nr.	Datum	Unterschrift	Einlege-bogen Nr.	Datum	Unterschrift	Einlege-bogen Nr.	Datum	Unterschrift
Bestands-verzeichnis (weiß)	1	04.02.1955	Braun						
									Fortgesetzt am
Erste Abteilung (rosa)	1	04.02.1955	Braun						
									Fortgesetzt am
Zweite Abteilung (gelb)	1	04.02.1955	Braun						
									Fortgesetzt am
Dritte Abteilung (grün)	1	04.02.1955	Braun						
									Fortgesetzt am

Dieses Grundbuchblatt ist an
die Stelle des geschlossenen
Blattes

....

Band............ Blatt............
getreten.

Eingetragen am............

....

....

(Unterschriften)

Laufende Nummer der Grundstücke	Bisherige laufende Nummer d.Grundstücke	Bezeichnung der Grundstücke und der mit dem Eigentum verbundenen Rechte				Größe		
		Gemarkung (Vermessungsbezirk) a	Karte Flur / Flurstück b	Liegenschaftsbuch c/d	Wirtschaftsart und Lage e	ha	a	qm
1	2				3		4	
1		19	8 32	411	Hof- und Gebäudefläche, ①		9	03
2			8 33		Bauplatz, Bergstraße		5	98
3			12 121		Bauplatz, Wildbach ⑤		7	05
4	2		8 33/1		Hof- und Gebäudefläche, Bergstraße 4 ⑦		5	87
5	2		8 33/2		Weg, Höchster Straße		–	11
6 zu 1		Wegerecht an dem Grundstück Flur 8 Flurstück 31/7, eingetragen in Band 15 Blatt 1201 in Abt. II Nr. 2. ⑨						
7 zu 4		1/6 (ein Sechstel) Miteigentumsanteil an dem Grundstück ⑫						
		19	8 33/9		Weg, Bergstraße		1	43

3 / 2 / 1

Zur lfd. Nr. d. Grundstücke	Bestand und Zuschreibungen	Zur lfd. Nr. d. Grundstücke	Abschreibungen
5	6	7	8
1,2	Von Blatt 154 übertragen am 04.02.1955. ① *Braun* *Betz*	5	Nach Blatt 1508 übertragen am 12.11.1958. ⑧ *Lannig* *Betz*
3	Von Blatt 1286 übertragen am 07.09.1958. ⑤ *Lannig* *Fürle*		
4,5 / 2	Lfd. Nr. 2 geteilt und als lfd. Nr. 4 und 5 eingetragen auf Grund Veränderungsnachweis 1958 Nr. 23 am 01.10.1958. ⑦ *Lannig* *Betz*		
6 zu 1	Vermerk am 07.01.1959 ⑨ *Röhner* *Kohl*		
7 zu 4	Von Blatt 1843 übertragen am 07.12.1959 ⑫ *Röhner* *Kohl*		

3 / 2 / 1

Einlageblatt-Kontrolle

○ ○ ○ ○ ○

○ ○ ○ ○

Amtsgericht **Grundbuch von** **Band** **Blatt** **Bestandsverzeichnis**

Laufende Nummer der Grundstücke	Bisherige laufende Nummer d. Grundstücke	Bezeichnung der Grundstücke und der mit dem Eigentum verbundenen Rechte					Größe		
		Gemarkung (Vermessungsbezirk)	Karte		Liegenschaftsbuch	Wirtschaftsart und Lage	ha	a	qm
			Flur	Flurstück					
		a	b		c/d	e			
1	2	3					4		

3
2
1

Bestand und Zuschreibungen		Abschreibungen	
Zur lfd. Nr. d. Grundstücke		Zur lfd. Nr. d. Grundstücke	
5	6	7	8

3
2
1

Laufende Nummer der Eintragungen	Eigentümer	Laufende Nummer der Grundstücke im Bestandsverzeichnis	Grundlage der Eintragung
1	2	3	4
1 a	W e i g a n d , Ludwig, Gärtner, geb. am 12.04.1906, Frankfurt (Main) - zu 1/2 -	1, 2	Aufgelassen am 18.05.1954, eingetragen am 04.02.1955. *Braun* *Betz*
b	W e i g a n d , Elisabeth, geb. Koch, ① geb. am 17.08.1909, Frankfurt (Main) - zu 1/2 -	3	Auf Grund Zuschlagsbeschlusses des Amtsgericht Frankfurt (Main) vom 07.08.1958 - 12 27/57 - eingetragen ⑤ am 07.09.1958. *Lauuig* *Fürke* ⑨
c	W e i g a n d , Ludwig, Gärtner, geb. am 12.04.1906, Frankfurt (Main)	6/zu 1	In Blatt 1201 eingetragen am 07.01.1959 und hier vermerkt am 07.01.1959. *Körner* *Kohl*
d	W e i g a n d , Peter, geb. am 16.09.1931, München	7/zu 4	Aufgelassen am 10.08.1959, ⑫ eingetragen am 07.12.1959. *Körner* *Kohl*
e	M ü l l e r , Elke, geb. Weigand, ⑯ geb. am 13.11.1934, Frankfurt (Main)	1, 3, 4, 6/zu 1, 7/zu 4,	1/2 Anteil 1 b berichtigt auf Grund Erbscheins des Amtsgerichts Frankfurt (Main) vom 02.04.1964 - 7 VI 317/64 - am 08.05.1965. *Henke* *Wittlaufer* ⑱
2 a	W e i g a n d , Peter, geb. am 16.09.1931, München - zu 1/2 -	1, 3, 4, 6/zu 1, 7/zu 4,	Aufgelassen am 01.06.1968; eingetragen am 07.10.1968. ⑭
b	M ü l l e r , Elke, geb. Weigand ⑬ geb. am 13.11.1934, Frankfurt (Main) - zu 1/2 -		*Henke* *Wittlaufer*

F o r t s e t z u n g   u n t e n !

3
2
1

Laufende Nummer der Eintragungen	Eigentümer	Laufende Nummer der Grundstücke im Bestandsverzeichnis	Grundlage der Eintragung

3
2
1

Einlageblatt-Kontrolle   ◯ ◯ ◯ ◯

Amtsgericht **Grundbuch von** **Band** **Blatt** **Erste Abteilung**

Laufende Nummer der Eintragungen	Eigentümer	Laufende Nummer der Grundstücke im Bestandsverzeichnis	Grundlage der Eintragung
1	2	3	4

3
2
1

Fortsetzung unten!

Laufende Nummer der Eintragungen	Eigentümer	Laufende Nummer der Grundstücke im Bestandsverzeichnis	Grundlage der Eintragung

3
2
1

Laufende Nummer der Eintragungen	Lfd. Nummer der betroffenen Grundstücke im Bestandsverzeichnis	Lasten und Beschränkungen
1	2	3
1	1	Nießbrauch für den Rentner Weigand, Helmut, geb. am 20.02.1904, Frankfurt (Main). Eingetragen am 04.02.1955. _Braun_ _Beк_ ①
2	2, 4, 5,	Auflassungsvormerkung bezüglich einer Teilfläche von ca. 10 m² für die Stadt Frankfurt am Main, Gemäß Bewilligung vom 07.08.1956 eingetragen am 21.08.1956. _Braun_ _Beк_ ④
3	1	Grunddienstbarkeit (Wegerecht) für den jeweiligen Eigentümer des Grundstücks Flur 8 Flurstück 31/7 (z. Zt. eingetragen in Band 15 Blatt 1201). Das Recht ist auf dem herrschenden Grundstück vermerkt. Gemäß Bewilligung vom 17.10.1958 eingetragen am 07.01.1959. _Röllner_ _Kohl_ ⑨
4	4	Beschränkte persönliche Dienstbarkeit (Wohnungsrecht gemäß § 1093 BGB) für den Gärtner Weigand, Ludwig, geb. am 12.04.1906, Frankfurt (Main). Gemäß Bewilligung vom 01.06.1968 eingetragen am 07.10.1968. _Henke_ _Wettlaufer_ ⑩

3
2
1

	Veränderungen			Löschungen
Laufende Nummer d. Spalte 1	5	Laufende Nummer d. Spalte 1	7	
4		6		
1	Nebenstehendes Recht hat der Post Abt. III Nr. 1 den Vorrang eingeräumt. Eingetragen am 01.04.1956. ③ _Braun_ _Beк_	2	Gelöscht am 12.11.1958. ⑧ _Lannig_ _Beк_	

3
2
1

Amtsgericht		Grundbuch von			Band	Blatt	Bestandsverzeichnis

Laufende Nummer der Grund- stücke	Bisherige laufende Nummer d. Grund- stücke	Bezeichnung der Grundstücke und der mit dem Eigentum verbundenen Rechte					Größe		
		Gemarkung (Vermessungsbezirk)	Karte		Liegen- schafts- buch	Wirtschaftsart und Lage	ha	a	qm
		a	Flur	Flurstück	c/d	e			
			b						
1	2	3					4		

3
2
1

Bestand und Zuschreibungen		Abschreibungen	
Zur lfd. Nr. d. Grund- stücke		Zur lfd. Nr. d. Grund- stücke	
5	6	7	8

3
2
1

Laufende Nummer der Eintragungen	Laufende Nummer der belasteten Grundstücke im Bestandsverzeichnis	Betrag	Hypotheken Grundschulden, Rentenschulden
1	2	3	4
1	1, 2, 4, 5,	50,000,--DM	Hypothek zu fünfzigtausend Deutsche Mark; Darlehensforderung; für Frankfurter Bank Aktiengesellschaft, Frankfurt (Main); 10 % Zinsen jährlich; vollstreckbar nach § 800 ZPO; gemäß Bewilligung vom 22.11.1955; eingetragen am 01.12.1955. *Braun* *betz* ②
2	1, 2, 3, 4, 5,	30.000,--DM	Grundschuld zu dreißigtausend Deutsche Mark; ohne Brief; für Bausparkasse Heimatland AG, Frankfurt (Main); bis 9 % Zinsen jährlich; vollstreckbar nach § 800 ZPO. Vorbehalten bleibt der Vorrang für noch einzutragende Grundpfandrecht bis zu 70.000,--DM (siebzigtausend Deutsche Mark) nebst bis zu 14 % Zinsen und Nebenleistungen. Gemäß Bewilligung vom 01.10.1958; eingetragen am 18.10.1958. *Lanng* *Fürle* ⑥
3	1, 3, 4,	70.000,--DM -20.000,--DM 50.000,--DM ⑭	Hypothek zu siebzigtausend Deutsche Mark; ohne Brief; für Industriebank eG, München; 9 % Zinsen jährlich; bis 5 % bedingte Nebenleistung einmalig; vollstreckbar nach § 800 ZPO; gemäß Bewilligung vom 17.02.1959; eingetragen am 01.04.1959. Mithaft besteht in Sindlingen Blatt 1478 Abt. III Nr. 6. *Köhner* *Kohl* ⑩
4	1, 4, 7/zu4,	20.000,--DM	Sicherungshypothek zu zwanzigtausend Deutsche Mark; für Eheleute Firle, Heinrich, geb. am 01.10.1937 und Dagmar geb. Müller, geb. am 12.07.1939, beide Frankfurt (Main) zu 1/2; 8 % Zinsen jährlich; gemäß Bewilligung vom 17.02.1960; eingetragen am 15.05.1960. *Kern* *Menz* ⑬
5	3	25.000,--DM	Grundschuld zu fünfundzwanzigtausend Deutsche Mark; für Eheleute Weigand, Ludwig, geb. am 12.04.1906 und Elisabeth geb. Koch, geb. am 17.08.1909, beide Frankfurt (Main) als Gesamtgläubiger; 10 % Zinsen jährlich; vollstreckbar nach § 800 ZPO; gemäß Bewilligung vom 19.03.1962; eingetragen am 16.07.1962. *Schneider* *Menz* ⑮

3
2
1

Veränderungen			Löschungen		
Laufende Nummer d. Spalte 1	Betrag		Laufende Nummer d. Spalte 1	Betrag	
5	6	7	8	9	10
1	50.000,--DM	Das Recht Abt. II Nr. 1 hat der Post Abt. III Nr. 1 den Vorrang eingeräumt. Eingetragen am 01.04.1956. *Braun* *Betz* ③	3	20.000,--DM	Zwanzigtausend Deutsche Mark Teilbetrag gelöscht am 07.08.1961. *Kern* *Menz* ⑭
1	50.000,--DM	Löschungsvormerkung für den jeweiligen Gläubiger der Post Abt. III Nr. 2. Gemäß Bewilligung vom 01.10.1958; eingetragen am 18.10.1958. *Lanng* *Fürle* ⑥	4	20.000,--DM	Gelöscht am 07.08.1968. *Henke* *Wittlaph* ⑲
1 2	50.000,--DM 30.000,--DM	Das Grundstück lfd. Nr. 5 ist aus der Mithaft entlassen. Eingetragen am 12.11.1958. *Lanng* *Betz* ⑩			
2 3	30.000,--DM 70.000,--DM	Die Post Abt. III Nr. 3 hat unter Ausnutzung des Rangvorbehalts Rang vor der Post Abt. III Nr. 2. Eingetragen am 01.04.1959. *Köhner* *Kohl* ⑩			
3	70.000,--DM	Löschungsvormerkung für den jeweiligen Gläubiger der Post Abt. III Nr. 2. Gemäß Bewilligung vom 17.02.1959; eingetragen am 01.04.1959. *Köhner* *Kohl* ⑩			
1 a	20.000,--DM	Letztrangiger Teilbetrag von zwanzigtausend Deutsche Mark nebst den Zinsen seit dem 01.12.1955 abgetreten an Mainbank Aktiengesellschaft, Frankfurt (Main). Ein Teilbrief ist gebildet. Eingetragen am 07.11.1959 *Köhner* *Kohl*			

3
2
1

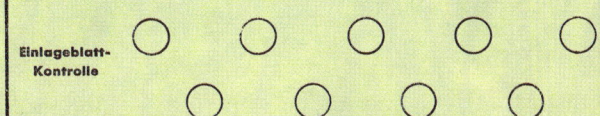

Laufende Nummer der Eintragungen	Laufende Nummer der belasteten Grundstücke im Bestandsverzeichnis	Betrag	Hypotheken, Grundschulden, Rentenschulden
1	2	3	4
6	4,7/zu 4,	40.000,--DM	Lastend auf dem 1/2 Anteil 2 a: ─ ─ ─ ─ ─ ─ ─ ─ ─ ─ ─ ─ ─ ─ ─ ─ ─ ─ Grundschuld zu vierzigtausend Deutsche Mark; ohne Brief; für Vereinsbank München eG., 10 % Zinsen jährlich; gemäß Bewilligung vom 17.04.1970; eingetragen am 01.07.1970. *Hoffmann* ㉑
7	4,7/zu 4	30.000,--DM	Hypothek zu dreißigtausend Deutsche Mark; Tilgungsdarlehen; für AG Hypothekenanstalt in Wiesbaden, Wiesbaden; 7 % Zinsen jährlich; 5 % Nebenleistung einmalig; 1 % bedingte Nebenleistung jährlich; vollstreckbar nach § 800 ZPO; gemäß Bewilligung vom 02.03.1978; eingetragen am 16.05.1978. ㉒

3/2/1

	Veränderungen			Löschungen		
Laufende Nummer d. Spalte 1	Betrag		Laufende Nummer d. Spalte 1	Betrag		
5	6	7	8	9	10
4	20.000,--DM	Die Post ist in eine Buchhypothek umgewandelt und abgetreten mit den Zinsen seit dem 15.05.1960 an die Volksbank Frankfurt e G Frankfurt (Main). Eingetragen am 07.08.1963. ⑯				
5	25.000,--DM	Abgetreten mit den Zinsen seit dem 01.01.1963 an das Bankhaus Müller AG, Limburg/Lahn. Eingetragen am 01.09.1963. ⑰				
3	50.000,--DM	Die Mithaft in Sindlingen Blatt 1478 Abt. III Nr. 6 ist erloschen. Eingetragen am 27.11.1970. *Hoffmann* ㉔				

3/2/1

Amtsgericht	Grundbuch von	Band	Blatt

Fortsetzung des
Verzeichnisses der Einlegebogen

Einlegebogen Nr.	Datum	Unterschrift	Einlegebogen Nr.	Datum	Unterschrift	Einlegebogen Nr.	Datum	Unterschrift

Bestandsverzeichnis (weiß)

Umseitig fortgesetzt am ....

Erste Abteilung (rosa)

Umseitig fortgesetzt am ....

Zweite Abteilung (gelb)

Umseitig fortgesetzt am ....

Dritte Abteilung (grün)

Umseitig fortgesetzt am ....

Das Grundbuchblatt enthält soviel

Einlegebogen,

wie in dem auf der Rückseite des Titelbogens befindlichen Verzeichnis, das auf diesem Einlegebogen fortgesetzt wird, durch Eintragung der Nummern sowie durch Datum und Unterschrift des Grundbuchführers bescheinigt sind.

Gruppe 01 № 0752806

Muster

Deutscher Hypothekenbrief

über

------------30.000,-- Deutsche Mark------------

eingetragen im Grundbuch von

Amtsgericht Frankfurt (Main)

Bezirk 19 Band 25 Blatt 2011 Abt.III Nr. 7 (sieben)

Nr. 7: 30.000,-- DM Hypothek zu dreißigtausend Deutsche Mark; Tilgungsdarlehen; für AG Hypothekenanstalt in Wiesbaden, Wiesbaden; 7 % Zinsen jährlich; 5 % Nebenleistung einmalig; 1 % bedingte Nebenleistung jährlich; vollstreckbar nach § 800 ZPO; gemäß Bewilligung vom 02.03.1978; eingetragen am 25.05.1978.

Belastete Grundstücke:

Die im Bestandsverzeichnis des Grundbuchs unter Nr. 4, 7/zu 4 verzeichneten Grundstücke.

Frankfurt(Main), den 30.05.1978
Amtsgericht

Siegel   *Müller*   *Roth*

Vordruck A. Ausfertigung eines Hypothekenbriefs (gemeinschaftlichen Hypothekenbriefs, Teilhypothekenbriefs, Gesamthypothekenbriefs) (8. 77)   BUNDESDRUCKEREI BERLIN

446

Laufende Nummer der Grundstücke	Bisherige laufende Nummer d. Grundstücke	Bezeichnung der Grundstücke und der mit dem Eigentum verbundenen Rechte					Größe		
		Gemarkung (Vermessungsbezirk)	Karte		Liegenschaftsbuch	Wirtschaftsart und Lage	ha	a	qm
			Flur	Flurstück					
		a	b		c/d	e			
1	2	3					4		
1		5,789/1000 (fünf komma siebenhundertneunundachtzig Tausendstel) Miteigentumsanteil an dem bisher in Bezirk 43 Band 29 Blatt 2432 eingetragen Grundstück							
		43	9	432/1		Hof- und Gebäudefläche, Am Berg 3		76	43

verbunden mit dem Sondereigentum an der im Aufteilungsplan bezeichneten Wohnung Nr. 130.
Das Miteigentum ist durch die Einräumung der zu den anderen Miteigentumsanteilen (Bezirk 43 Blatt 4401 bis 4650) gehörenden Sondereigentumsrechte beschränkt.
Der Wohnungseigentümer bedarf zur Veräußerung des Wohnungseigentums der schriftlichen Zustimmung des Verwalters. Das gilt nicht bei Veräußerung an Ehegatten, Verwandte auf- und absteigender Linie oder bei Veräußerung im Wege der Zwangsvollstreckung.
Unter Bezugnahme auf die Bewilligungen vom 14.10.1977 und 23.11.1977 eingetragen am 17.12.1977.

Wolff   *Kraft*

Zur lfd. Nr. d. Grundstücke	Bestand und Zuschreibungen	Zur lfd. Nr. d. Grundstücke	Abschreibungen
5	6	7	8

Einlageblatt-Kontrolle

Laufende Nummer der Grundstücke	Bisherige laufende Nummer d. Grundstücke	Bezeichnung der Grundstücke und der mit dem Eigentum verbundenen Rechte					Größe		
		Gemarkung (Vermessungsbezirk)	Karte Flur	Flurstück	Liegenschaftsbuch	Wirtschaftsart und Lage	ha	a	qm
		a	b		c/d	e			
1	2	3					4		
1		Erbbaurecht an dem im Grundbuch von Frankfurt (Main) Bezirk 56 Blatt 1100 Bestandsverzeichnis lfd. Nr. 65 verzeichneten Grundstück							
		56	12	32		Hof- und Gebäudefläche, Talweg 12		4	34

eingetragen in Abt. II Nr. 23 auf 99 Jahre ab Eintragungstag.
Die Zustimmung des Eigentümers ist erforderlich zur Veräußerung, Belastung mit
Grundpfandrechten und Reallasten.
Eigentümer: Katholische Kirchengemeinde Sankt Michael, Frankfurt (Main).
Gemäß Bewilligung vom 15.09.1976 eingetragen am 04.02.1977.

Wolff   *Kraft*

Zur lfd. Nr. d. Grundstücke	Bestand und Zuschreibungen	Zur lfd. Nr. d. Grundstücke	Abschreibungen
5	6	7	8

Einlageblatt-Kontrolle

Aufgaben:

I. 1. Was ist aus dem Grundbuch ersichtlich? Wie ist seine Einteilung?
    2. Welche grundsätzlichen Voraussetzungen bestehen, um eine Eintragung in das Grundbuch zu erreichen?
    3. Was verstehen Sie unter den Begriffen „Wohnungseigentum", „Teileigentum" und „Erbbaurecht"?
    4. Welche Bedeutung hat das Rangverhältnis der Rechte im Grundbuch?
    5. Wie wird der Rang eines Grundbuchrechtes bestimmt?
    6. Worin besteht der Vorteil des Grundstückseigentümers durch die Eintragung eines Rangvorbehaltes?
    7. Erläutern Sie den Unterschied zwischen einer löschungsfähigen Quittung und einer Löschungsbewilligung!
    8. Was ist für die Entstehung einer Briefhypothek notwendig?
    9. Wann spricht man von einem Gesamtrecht?
   10. Warum bestehen viele Gläubiger auf der Eintragung einer Zwangsvollstreckungsklausel?
   11. Welche Arten der Zwangsvollstreckung sind in ein Grundstück möglich?
   12. Erklären Sie die verschiedenen Ansprüche eines Hypothekengläubigers!
   13. Was verstehen Sie unter einer Löschungsvormerkung?
   14. Wodurch wird eine Briefhypothek abgetreten?
   15. Welchen Unterschied sehen Sie zwischen einer Hypothek und einer Grundschuld?

II. 1. Entwerfen Sie den Text einer Löschungsbewilligung und einer löschungsfähigen Quittung für das Beispiel Nr. 14 der Grundbucheintragung!
    2. Bereiten Sie für das Beispiel Nr. 11 die entsprechende Abtretungserklärung vor und führen Sie an, welche Unterlagen dem Grundbuchamt zur Wahrung vorzulegen sind!
    3. Im Grundbuch Ihres Kunden B. wurden folgende Eintragungen vorgenommen:

Abt. II	Tag der Eintragung
Nr. 1 Nießbrauchsrecht	04. 01. 58
Nr. 2 Auflassungsvormerkung	12. 07. 68
Nr. 3 Vormerkung zur Sicherung des Anspruchs auf Eintragung eines Wohnungsrechts	03. 12. 68
Umgeschrieben in ein Wohnungsrecht	06. 08. 78
Nr. 4 Vorverkaufsrecht für alle Verkaufsfälle mit Rangvorbehalt von 10 000 DM nebst bis zu 15% Zinsen und Nebenleistungen	03. 12. 68

Veränderungsspalte:

Das Recht Abt. II Nr. 1 hat der Post Abt. III Nr. 1 den Vorrang eingeräumt. Eingetragen am 04. 12. 1968.
Die Post Abt. III Nr. 1 hat unter Ausnutzung des Rangvorbehaltes Rang vor dem Recht Abt. II Nr. 4. Eingetragen am 01. 02. 1969.

Abt. III	Tag der Eintragung
Nr. 1 Buchhypothek über 10 000 DM	04. 12. 68
Nr. 2 Grundschuld über 25 000 DM	06. 08. 78

Veränderungsspalte:

Text gleichlautend wie der Text in der Veränderungsspalte in Abt. II.
Stellen Sie eine Rangfolge der Rechte auf!

3.6 Das Ausmaß der Kreditbesicherung

3.6.1 Wirtschaftliche Bestimmungsgründe des Sicherheitenumfangs

Die Verwertung der Sicherheiten im Ernstfall soll ausreichen, die Forderungen der Bank nebst Zinsen und Kosten abzudecken. Im wesentlichen bestimmt daher die Kredithöhe den Umfang der hereinzunehmenden Sicherheiten. Weniger Sicherheiten zu fordern, als es der Höhe des Kredits entspricht, ist nur nach eingehender Bonitätsanalyse und nur bei einem positiven Bonitätsurteil tunlich. Aber auch über die Kredithöhe in großem Umfang hinausreichende Sicherheiten sind aus wirtschaftlichen Erwägungen heraus nicht zu rechtfertigen. Zwar wären nach einer Verwertung nicht mehr zur Deckung der Forderungen benötigte Sicherheiten an den Kreditnehmer zurückzugeben, auch wäre dieser in seinem Vermögen insoweit nicht geschmälert, jedoch ist bei einer solchen „Übersicherung" immer zu bedenken, daß diese nicht im wohlverstandenen Interesse der Bank liegen kann, wenn sie den Kunden in seiner wirtschaftlichen Bewegungsfreiheit einengt. Eine Folge könnte unter Umständen eine nicht mehr reibungslose Bedienung des Kredits sein. Zwischen nicht ausreichender und zu weitgehender Besicherung das richtige Maß zu finden, erfordert bei den unterschiedlichen Sicherheiten differenzierte Überlegungen.

Grundpfandrechte als Sicherheiten spielen nicht nur im Hypothekarkreditgeschäft oder in der Baufinanzierung eine Rolle, sondern sind auch im Firmenkundengeschäft zur Besicherung von Betriebsmittelkrediten gebräuchlich. Sollen die Kredithöhe und der Umfang der Sicherheiten in Einklang gebracht werden, dann sind die belasteten Grundstücke bzw. die grundstücksgleichen Rechte zu bewerten. Soweit dies im Rahmen des Realkreditgeschäfts zu tun ist, gelten die einschlägigen Vorschriften des Hypothekenbankgesetzes, auf die im Abschnitt „Langfristige Kredite" näher eingegangen wird. Andere langfristige Objektfinanzierungen im Zusammenhang mit der Herstellung oder dem Erwerb von Grundvermögen unterliegen nicht den strengen gesetzlichen Vorschriften über die Ermittlung eines Beleihungswerts oder Verkaufswerts; vielmehr ist das Ausmaß der Finanzierung eine geschäftspolititische Entscheidung. Anhaltspunkte für Beleihungsgrenzen sind hier meistens die Gesamtanschaffungs- oder Gesamtherstellungskosten. Häufig haben aber die Kreditnehmer das Interesse, durch den Nachweis hoher Gesamtkosten auch hohe Finanzierungen zu erlangen. Zwar lassen sich die Kaufpreisangaben des Kunden anhand der notariellen Kaufverträge kontrollieren, jedoch sind die Angaben der Herstellungskosten nicht auf diese Weise zu überprüfen. Die in diesem Geschäftszweig tätigen Kreditinstitute lassen daher die Gesamtkostenangaben der Kunden in der Regel durch eigene Sachverständige überprüfen. Das Gutachten des Sachverständigen ist gegebenfalls um Angaben über die Verkäuflichkeit des Objekts zu ergänzen, weil sich häufig für ein teures Luxusheim kein Käufer findet, der die ursprünglichen Erstellungskosten bezahlen würde. Auch künftige Wertveränderungen in sich ändernden Marktverfassungen sind hier zu berücksichtigen.

Unter Umständen führen diese Untersuchungen dazu, daß für die Ermittlung der Finanzierungsobergrenze ein Abschlag vom Kaufpreis laut notariellem Vertrag oder von den nachgewiesenen Gesamtherstellungskosten zu machen ist. Von dem letztendlich gefundenen **Verkehrswert** ist auszugehen. Hiervon beleihen die Banken in der Regel maximal 80 %; der Rest ist durch Eigenkapital, das nachzuweisen ist, aufzubringen. Dazu ein

Beispiel:

Kreditanfrage eines Kunden (Bauträger): Finanzierung des Ankaufs eines 10 000 qm großen Grundstücks in Stadtrandlage (Bruttobauland), Kaufpreis laut notariellem Vertrag: 60 DM pro qm; das Grundstück soll in 20 gleichgroße Parzellen aufgeteilt und mit Doppelhäusern bebaut werden. Ferner Finanzierung der Erschließungskosten, die mit 80 DM pro qm (Nettobauland) anzunehmen sind. Darüber hinaus soll der Bau der 20 Doppelhaushälften finanziert werden, wenn das Grundstück parzelliert ist. Die Einheiten sollen 110 qm Wohnfläche haben und mit einem durch einen Architekten ermittelten Gesamtaufwand von 360 000 DM pro Haus errichtet werden.

Die Grenzen der Finanzierung prüft die Bank nunmehr wie folgt:

Bei der Erschließung und Parzellierung des Grundstücks gehen etwa 25 % der Fläche der wohnlichen Nutzung verloren. Damit verbleiben 8000 qm, auf die der Kaufpreis umzulegen ist: Pro Quadratmeter Nettobauland ist also 75 DM zu zahlen; hinzu kommen die Erschließungskosten von 80 DM pro qm, so daß der Quadratmeter Nettobauland letztlich 155 DM kostet.

Diesen Preis wird die Bank nicht sofort als die maßgeblichen Gesamtkosten akzeptieren, sondern sie wird ihn einem Vergleich mit objektiven, bereits anderweitig erzielten Preisen unterziehen. Hierzu liegen beispielsweise Kaufpreissammlungen der Gemeinden oder Richtwerte vor; auch Maklerauskünfte können eine gute Informationsquelle sein. Ergibt sich hieraus, daß für vergleichbare Grundstücke lediglich 120 DM je qm gezahlt werden, dann ist dieser niedrigere Preis maßgeblich für die Beleihung. Bei einer Beleihungsgrenze von 80 % kann daher ein Grundstückskredit von 96 DM pro qm, das sind insgesamt 768 000 DM, gewährt werden.

Auch die spätere Hochbaufinanzierung ist bereits zu Beginn für das Kreditangebot der Bank zu kalkulieren. Die im Bebauungsplan ausgewiesene Geschoßflächenzahl von 0,4 erlaubt bei einer Grundstücksgröße von 400 qm eine Überbauung mit 160 qm. Davon sind 25 % für Nutzflächen abzuziehen, so daß eine echte, maximal zulässige Wohnfläche von 120 qm verbleibt. Die vom Kreditnehmer vorgesehene Bebauung mit Eigenheimen von 110 qm Wohnfläche ist daher realistisch.

Bei Gesamtkosten von 360 000 DM pro Haus entsteht ein Bedarf für die Hochbaufinanzierung von 7,2 Mio DM. Würde die Bank diesen Bedarf zum Ausgangspunkt ihrer weiteren Finanzierungsüberlegungen machen, dann wären pro bebautem Grundstück 400 × 96,− + 80 % von 360 000,− DM = 326 400,− DM zu finanzieren. Bezogen auf die Wohnfläche eines Hauses ergäbe sich ein Kreditbetrag von 2 967,− DM pro Quadratmeter Wohnfläche. Auch dieser Wert ist wiederum mit tatsächlich anderweitig erzielten Kaufpreisen zu vergleichen.

Gesetzt den Fall, Verkäufe von Häusern vergleichbarer Größe, Lage und Ausstattung hätten 3 000,– DM pro qm Wohnfläche erbracht, dann läge die Bank mit ihrem Finanzierungsangebot bei 98,9 % der bei einer Verwertung der Sicherheit erzielbare Erlöse. Dies ist unter Risikogesichtspunkten nicht zu vertreten, die Finanzierungsgrenze wird daher bei 80 % von 3000,– DM = 2400,– DM gezogen werden. Das ergibt pro Haus einen Betrag von 2400 × 110 = 264 000,– DM und für die Gesamtmaßnahme ein Kreditvolumen von 5,28 Mio DM. Diesen Betrag wird sie dem Kreditnehmer anbieten und die Bestellung einer Hypothek oder Grundschuld in gleicher Höhe verlangen.

Eine derartige Objektbewertung ist bei grundpfandrechtlichen **Sicherungsvereinbarungen im Firmenkundengeschäft** nur unter großem Zeitaufwand und oftmals nur mittels grober Schätzungen möglich. Häufig ist ein Firmengelände in Parzellen aufgeteilt, so daß grundsätzlich zu klären ist, an welchen Parzellen – wenn nicht an allen – Grundpfandrechte zu bestellen sind. Sodann wären die zu belastenden Grundstücke mit aufstehenden Gebäuden und mit dem sog. Zubehör zu bewerten. Trotzdem wird aber kein Gutachter einen zutreffenden realistischen Verkehrswert angeben können.

Wollte man bei einer Bewertung auf den in einer Zwangsversteigerung erzielbaren Wert abstellen, müßte man von der Zerschlagung des Unternehmens des Kreditnehmers ausgehen, weil dieses nicht ohne Betriebsgrundstücke existieren kann. Unterstellt man einen laufenden Betrieb, so ist das Grundvermögen praktisch nicht isoliert zu bewerten, da ihm selbständig keine Erträge zugerechnet werden können. In der Praxis greift man daher häufig zu Hilfswerten wie dem Einheitswert der Betriebsgrundstücke oder den Anschaffungs- oder Herstellungskosten, vermindert um die Abschreibungen, und zusätzlich korrigiert um Zu- oder Abschläge für möglicherweise vorhandene stille Reserven oder für eine mangelhafte Lage des Grundstücks.

An Betriebsgrundstücken, Fabrikgeländen und ähnlichen Sachgesamtheiten werden im Firmenkundengeschäft des öfteren alle Kredite einer Gruppe von Gläubigerbanken in der Weise gesichert, indem ein **Sicherheitenpool** gebildet wird. Die einzelnen Banken sind dann an einem „**Gleichrangrahmen**" beteiligt. Hier ist wiederum die Bewertung des Grundvermögens problematisch. Zudem sind Abstimmungen der Gläubigerbanken untereinander über die Kredithöhe erforderlich, um nicht die Relation zwischen grundpfandrechtlicher Sicherheit und Kredithöhe zu verwässern.

Ähnliche Überlegungen sind auch hinsichtlich der Werthaltigkeit der Sicherheiten und des Umfangs der Besicherung im Lombardkreditgeschäft anzustellen (vgl. Abschnitt „Technik des Lombardkredits"). In welchem Umfang das Bundesaufsichtsamt für das Kreditwesen Abschläge vom Zeitwert bestimmter Sicherheiten (Grundvermögen und Grundpfandrechte, Wertpapiere, Beteiligungen, Sparguthaben und Termineinlagen, Bausparverträge, Lebensversicherungen, Edelmetalle) unter normalen Umständen für ausreichend hält, hat es in den Mitteilungen vom 29. Juni 1963 und vom 5. Juli 1977 niedergelegt.

Sollen zur Sicherung eines Kredits **Forderungsabtretungen** herangezogen werden, dann ist zu berücksichtigen, daß auch Forderungen, deren Wert sich zunächst nach ihrem Nominalwert bestimmt, weiteren wertbeeinflussenden Faktoren unterliegen. Insbesondere bei Mantelzessionen ist bei jedem Umschlag der abgetretenen Forderungen erneut zu fragen, ob der aufzufüllende Nominalbetrag neuer Forderungen diesen wertbeeinflussenden Umständen unterliegt. Hier ist in erster Linie nach der Verzinslichkeit oder Unverzinslichkeit einer Forderung zu fragen: Forderungen, die einen über das zur Zeit geltende Maß hinausreichenden Zins versprechen, können für Sicherungszwecke unter Umständen höher als zum Nominalwert angesetzt werden. Eine weitere wesentliche Einflußgröße ist die Bonität des Schuldners der abgetretenen Forderung. Die Banken sind nicht in der Lage und auch nicht verpflichtet, bei fiduziarischen Forderungsabtretungen die Bonität der Schuldner im einzelnen zu prüfen. Es ist daher zweckmäßig, bereits im Abtretungsvertrag bestimmte Bonitätsanforderungen zu formulieren und ein Verhältnis zum Kreditnehmer zu schaffen, in welchem Verläßlichkeit und Vetrauen im erforderlichen Ausmaß herrscht.

3.6.2 Rechtliche Schranken gegen die Übersicherung

Der Umfang der zur Sicherung des Kredits herangezogenen Vermögenswerte darf die Grenzen des rechtlich Zulässigen nicht überschreiten. Die Frage nach den rechtlichen Grenzen der Kreditbesicherung stellt sich in der Regel nur bei der vetraglichen Heranziehung von Sicherheiten. Unter mehreren denkbaren Tatbeständen, die rechtlich bedenklich sein können, seien die folgenden kurz dargestellt:

Die Knebelung: Dieser Tatbestand kann verwirklicht werden, wenn der Kreditnehmer infolge des Sicherheitenvertrages keine wirtschaftliche Bewegungsfreiheit mehr hat, so daß die Bank als wirtschaftlicher Eigentümer des Vermögens des Schuldners anzusehen ist. Anfechtungsgrundlage für einen solchen Knebelungsvetrag ist der § 138 BGB über sittenwidrige Geschäfte.

Weitere Tatbestände sind durch die Rechtssprechung gemäß § 824 BGB als **Kreditgefährdung** klassifiziert worden:

Die **Gläubigergefährdung** liegt nach BGH-Rechtsprechung vor, wenn der Sicherheitsvertrag die Schädigung Dritter herbeiführt und die Vertragspartner dies wissen oder mit dem Vertrag sittenwidrige Ziele verfolgen. Dies ist beispielsweise in einem Fall anzunehmen, in welchem die Bank einem Kreditnehmer weiter Kredit gewährt, um ihn gegenüber anderen − auch potentiellen − Gläubigern kreditwürdig erscheinen zu lassen.

Von **Konkursverschleppung** wird gesprochen, wenn ein zahlungsunfähiger Schuldner durch die Kreditgewährung einer Bank in der Absicht am Leben gehalten (jedoch nicht saniert) wird, um sich zwischenzeitlich durch Verwertung der Sicherheiten zum Schaden der übrigen Gläubiger zu befriedigen.

Während die vorstehenden Tatbestände Schadenersatzansprüche begründen, entsteht aus dem § 419 BGB der Haftungstatbestand der **Vermögensübernahme:**

Der Kreditnehmer hat im Rahmen eines Sicherungsvertrages sein ganzes oder nahezu sein ganzes Vermögen auf die Bank übertragen. Aus § 419 BGB haftet die Bank also als Gesamtrechtsnachfolger auch für die früher begründeten Verbindlichkeiten des Kreditnehmers. Dieser Fall dürfte nur eine relativ geringe praktische Bedeutung haben, weil die zur Sicherung übertragenen Vermögensgegenstände lediglich treuhänderisch übertragen werden. Es bedarf jedoch bei den Banken genauer diesbezüglicher Vertragsformulierungen und genauer Untersuchungen darüber, welchen Anteil das zu Sicherungszwecken übertragene Vermögen am Gesamtvermögen des Kreditnehmers darstellt.

II. Geldleihgeschäfte

1. Kontokorrentkredit

1.1 Geschichtliche Entwicklung

Die Entwicklung des Zahlungs- und Kreditverkehrs ist in den einzelnen Volkswirtschaften eng verknüpft mit der *Entwicklung der Gesamtwirtschaft*. Je arbeitsteiliger eine Volkswirtschaft organisiert ist, desto größer wird die Notwendigkeit, eine Vereinfachung der aus dem Warenverkehr resultierenden Zahlungsvorgänge vorzunehmen und gleichzeitig entsprechende Kreditbeziehungen zu schaffen.

Solange sich der Geldverkehr in einem lokal eng begrenzten Raum abspielte, ergaben sich für *Geldtransporte* keine besonderen Schwierigkeiten. Bei der Überbrückung großer Entfernungen wuchs jedoch zunehmend die Gefahr, daß z. B. durch Kriegswirren, Überfälle oder Unfälle das bare Geld in Verlust geriet.

Geschäfte mit Wechseln waren eine notwendige Folge dieser Situation. Vielfach wurden bei den Banken Spitzenbeträge aus gegenseitigen Wechselforderungen und Wechselverpflichtungen gestundet und erst nach Ablauf einer vereinbarten Rechnungsperiode durch Barzahlung oder Wechselzahlung ausgeglichen. Hieraus entwickelte sich allmählich der Kontokorrentverkehr.

Aus einem im Soll sich abwickelnden Kontokorrentverkehr entstand der *Kontokorrentkredit als eigene Kreditform*, eine Kombination zwischen einem Barkredit, der in einer bestimmten Höhe vereinbart ist, und der kontokorrentmäßigen Erfassung der meisten übrigen Geschäfte zwischen der Bank und ihren Kunden, vor allem des Zahlungsverkehrs.

1.2 Rechtliche Grundlagen

BGB
§ 607 ff.

Gesetzliche Grundlage für jeden Kontokorrentkredit sind zunächst die **Bestimmungen über das Darlehen**. Bei diesen schuldrechtlichen Vorschriften handelt es sich jedoch um abdingbares Recht, also nicht um zwingende Rechtsnormen. Die Bestimmungen des bürgerlichen Rechts finden daher nur Anwendung, sofern keine besonderen vertraglichen Vereinbarungen vorliegen.

Im bankmäßigen Kreditgeschäft gelten an Stelle der bürgerlich-rechtlichen Vorschriften über das Darlehen daher in erster Linie die im Einzelfall im Kreditvertrag und die generell in den **Allgemeinen Geschäftsbedingungen** getroffenen Vereinbarungen. Für den Kontokorrentkredit kommen die Vorschriften des Handelsgesetzbuches über das Kontokorrent hinzu.

HGB
§ 355 ff.

Von besonderer Bedeutung für das Verständnis des Kontokorrentverkehrs ist der § 355 Abs. 1 HGB. Er lautet:

„Steht jemand mit einem Kaufmann derart in Geschäftsverbindung, daß die aus der Verbindung entspringenden beiderseitigen Ansprüche und Leistungen nebst Zinsen in Rechnung gestellt und in regelmäßigen Zeitabschnitten durch Verrechnung und Feststellung des für den einen oder anderen Teil sich ergebenden Überschusses ausgeglichen werden (*laufende Rechnung*, Kontokorrent), so kann derjenige, welchem bei dem Rechnungsabschluß ein Überschuß gebührt, von dem Tage des Abschlusses an Zinsen von dem Überschuß verlangen, auch soweit in der Rechnung Zinsen enthalten sind."

Abgesehen davon, daß mit dieser Bestimmung – im Gegensatz zur sonstigen Gesetzespraxis – das **Zinseszinsverbot für Kontokorrentkonten aufgehoben** wird, enthält sie die rechtlich wesentlichen **Merkmale des Kontokorrent**, nämlich

BGB
§ 248

(1) die *Kaufmannseigenschaft* mindestens eines Partners,

HGB
§ 353

(2) das Bestehen einer Geschäftsverbindung mit der *gegenseitigen Verrechnung beiderseitiger Ansprüche und Leistungen*,

(3) die *Maßgeblichkeit des Überschusses* (Saldo) und

(4) die Feststellung des Überschusses in *regelmäßigen Zeitabständen*.

Durch die Feststellung des Saldos gehen die Einzelforderungen unter, d.h. sie können nicht mehr selbständig geltend gemacht, verpfändet oder aufgerechnet werden. In der Praxis ist es üblich, debitorische Konten mindestens zweimal im Jahr (zum 30. 6. und 31. 12.) abzuschließen; bei größeren debitorischen Konten erfolgt der Abschluß in der Regel vierteljährlich.

Neben den Bestimmungen des BGB und HGB gelten für die Abwicklung des Kontokorrentkredits die *Allgemeinen Geschäftsbedingungen* der betreffenden Bank, die der Kunde bei Eröffnung des Kontokorrentkontos und meistens noch einmal im Kreditvertrag anerkennen muß.

Die Allgemeinen Geschäftsbedingungen verstärken die Rechtsstellung der Bank gegenüber ihrem Kreditnehmer und geben der Bank insbesondere die Möglichkeit, sich aus in ihren Händen befindlichen oder in ihre Hände gelangenden Vermögenswerten zu befriedigen, sofern der Kredit nicht termingerecht zurückgezahlt wird. **So dienen z.B. alle in den Besitz oder die Verfügungsgewalt einer Stelle der Bank gelangten Wertgegenstände jeder Art** (z.B. Wertpapiere, Sammeldepotanteile, Schecks, Wechsel, Devisen, Waren, Konnossemente, Lager- und Ladescheine, Konsortialbeteiligungen, Bezugsrechte und sonstige Rechte jeder Art einschließlich der Ansprüche des Kunden gegen die Bank selbst), **soweit gesetzlich zulässig, als Pfand für alle** – auch bedingten oder befristeten – **Ansprüche der Bank gegen den Kunden** und seine Firma, gleichviel, aus welchem Grunde diese Ansprüche entstanden oder auf die Bank übergegangen sind. Dabei spielt es auch keine Rolle, ob die Bank den mittelbaren oder unmittelbaren Besitz, die tatsächliche oder rechtliche Verfügungsgewalt über die Wertgegenstände erlangt hat.

Daneben ist für den Kontokorrentkredit die Bestimmung der Allgemeinen Geschäftsbedingungen bedeutsam, daß dann, wenn ein Kunde mehrere Konten bei der Bank unterhält, jedes Kontokorrentkonto ein selbständiges Kontokorrent bildet (sogenannte „Selbständigkeitsklausel"). Die Anwendung des Selbständigkeitsprinzips entspricht den Gegebenheiten der Bankpraxis und kommt z. B. darin zum Ausdruck, daß für jedes Kontokorrentkonto eine eigene Zinsstaffel geführt wird und eine getrennte Zinsberechnung erfolgt.

Schließlich erübrigt sich auf Grund der Allgemeinen Geschäftsbedingungen ein schriftliches **Saldenanerkenntnis** der Kontokorrentkunden, da nach 14 Tagen der im Rechnungsabschluß mitgeteilte Saldo als stillschweigend anerkannt gilt.

1.3 Wesen des Kontokorrentkredits

Ein Kontokorrentkredit ist ein Bankkredit, der in in- oder ausländischer Währung von einem Kreditinstitut seinen Kunden in einer bestimmten Höhe eingeräumt und von diesen je nach Bedarf in wechselndem Umfang bis zu der vereinbarten Höchstgrenze in Anspruch genommen wird. Die Abrechnung der Zahlungseingänge und Zahlungsausgänge des Kunden erfolgt in bestimmten Zeitabständen zusammen mit der Abrechnung des Kredits auf einem von der Bank geführten Kontokorrentkonto.

Ein Kontokorrentkredit ist also ein *Buchkredit*, bei dem der Kreditnehmer über den Kreditbetrag sofort nach Einräumung des Kredites in voller Höhe verfügen, ihn aber auch nur teilweise oder überhaupt nicht in Anspruch nehmen kann. Es steht dem Kreditnehmer frei, den Kreditbetrag für Barabhebungen, Überweisungen, Scheckziehungen, Einlösung von Akzepten, Effekten- oder Devisenkäufe, Akkreditiveröffnungen usw. zu verwenden.

Typisch für den Kontokorrentkredit ist die schwankende Höhe seiner Inanspruchnahme. Diese ergibt sich dadurch, daß auf dem Kontokorrentkonto des Kunden meistens sein gesamter Zahlungsverkehr abgewickelt wird und dadurch Gutschriften und Lastschriften gebucht und saldiert werden; folglich ändert sich der Saldo – d. h. der tatsächlich in Anspruch genommene Kreditbetrag – nach jeder Buchung.

Ein weiteres wichtiges Merkmal des Kontokorrentkredits ist sein formal kurzfristiger Charakter. Kontokorrentkredite laufen aber durch ständige Prolongationen meist jahrelang und sind deshalb oftmals langfristiger Natur. Die Banken können einen erheblichen Teil ihrer Kontokorrentkredite gar nicht kurzfristig zurückrufen, ohne ihre Kreditnehmer in ernste Schwierigkeiten zu bringen. Um überhaupt zu gewährleisten, daß die Kontokorrentkredite von den Kreditnehmern innerhalb eines angemessenen Zeitraums zurückgeführt werden können, ist es daher wichtig, auf die vereinbarungsgemäße Verwendung der kreditierten Beträge zur Verstärkung der Betriebsmittel zu achten. Werden z. B. kurzfristige Kreditmittel für Investitionszwecke benutzt, so besteht die Gefahr, daß der Kredit „einfriert", und „eingefrorene Kredite" stellen immer eine liquiditätsmäßige Belastung für eine Bank dar.

Die an Nichtbanken gewährten Kontokorrentkredite dienen im wesentlichen der Finanzierung der Produktion und des Warenumschlags und werden auch als *Betriebsmittelkredite, Produktionskredite, Umsatz-, Umschlags- oder Umlaufkredite* bezeichnet.

Der Einsatz der Mittel im Umlaufvermögen bietet keine Gewähr dafür, daß die Kredite kurzfristig zurückgezahlt werden können, weil in der Regel bei keinem Unternehmen kurzfristig eine erhebliche Verminderung des Umlaufvermögens möglich ist, ohne daß wirtschaftliche Schwierigkeiten auftreten. Die tatsächlichen Möglichkeiten der Kreditrückführung sind vielmehr auch beim Kontokorrentkredit in erheblichem Maße davon abhängig, in welchem Umfang der Kreditnehmer in der Lage ist, liquide Mittel freizusetzen.

Kontokorrentkredite werden daneben häufig als Saison-, Überbrückungs- oder Zwischenfinanzierungskredite gewährt. Diese Kredite sind nicht nur formell, sondern auch in materieller Hinsicht durch ihren Verwendungszweck kurzfristiger Natur, wenngleich auch z. B. bei Bauzwischenkrediten in der Praxis Fristen von bis zu zwei Jahren durchaus noch als normal zu bezeichnen sind.

Zwischenkredite dienen z. B. der Vorfinanzierung eines Bauvorhabens, für das langfristige Darlehen bereits verbindlich zugesagt sind, deren Auszahlung jedoch nicht sofort möglich ist.

Saisonkredite werden zur Deckung eines regelmäßig wiederkehrenden besonders hohen Kapitalbedarfs gewährt. Vielfach sind sie eine Eigentümlichkeit bestimmter Branchen, z. B. der Zuckerrüben- oder der Spielwarenindustrie.

Durch *Überbrückungskredite* sollen vorübergehende, übersehbare, einmalige Liquiditätsanspannungen überwunden werden.

Sofern ein Kunde, der einen derartigen Kredit benötigt, bereits über einen laufenden Kontokorrentkredit verfügt, erfolgt die Gewährung des zusätzlichen Saison- oder Überbrückungskredits meist in Form eines „Sonderkredits" (*„Überziehungskredits"*). Die Bezeichnung „Sonderkredit" soll dabei andeuten, daß dieser zusätzliche Kredit vorübergehenden, kurzfristigen Charakter hat, weist aber andererseits auch darauf hin, daß sich die Bank darüber im klaren ist, daß der laufende Barkredit dem Kreditnehmer de facto für einen längeren Zeitraum zur Verfügung gestellt wird.

1.4 Technik des Kontokorrentkredits

Die **Einräumung des Kontokorrentkredits** erfolgt im allgemeinen durch eine schriftliche Kreditzusage an den Kreditnehmer. Innerbetrieblich werden die mit dem Kontokorrentkredit betrauten Stellen entweder durch Zuleitung einer Durchschrift der Kreditzusage oder durch eine besondere Aktennotiz („Kreditprotokoll") verständigt.

Bei kleineren Krediten genügt im allgemeinen ein Vermerk auf der Kontokarte. Das Konto darf dann einen Sollsaldo bis zur Höhe des zugesagten Kredits aufweisen, und der jeweilige Sollsaldo gibt Aufschluß über die tatsächliche Inanspruchnahme des Kredits.

Bei größeren Krediten, die für die gesamte Laufzeit entweder voll in Anspruch genommen werden oder in regelmäßigen Abständen getilgt werden, ist es teilweise üblich, den Kreditbetrag einem Sonderkonto zu belasten und dem laufenden Konto (Kontokorrentkonto) des betreffenden Kreditnehmers gutzuschreiben. In diesem Falle soll auf dem Kontokorrentkonto niemals ein Sollsaldo erscheinen.

Die **Sicherung der Kontokorrentkredite** stellt eine der wichtigsten Aufgaben im Zusammenhang mit der Abwicklung der Kontokorrentkredite dar. Zum überwiegenden Teil werden Kontokorrentkredite durch grundbuchliche Sicherheiten, Abtretung von Forderungen und Sicherungsübereignungen sowie z.T. auch durch Bürgschaften gesichert. Gebräuchlich ist auch eine Sicherung durch Verpfändung von Wertpapieren und kaufmännischen Orderpapieren (Traditionspapieren), wie z.B. Konnossementen. Bei Krediten von Privatpersonen, Einzelunternehmen und Personengesellschaften wird die Sicherung der Kontokorrentkredite bisweilen auch durch die Verpfändung bzw. die Abtretung von Ansprüchen aus Lebensversicherungen vorgenommen.

Nur bei Kreditnehmern mit einer Bonität, die über ein übliches Maß hinausgehende Zweifel an der Fähigkeit zur Bedienung des Kredits nicht zuläßt, werden **Kontokorrentkredite als Blankokredite** (ungedeckte Personalkredite), also nur auf Grund der *persönlichen* Sicherheit des Kreditnehmers und ohne zusätzliche Sicherheiten, eingeräumt. In einem solchen Falle wird sich die Bank unter Umständen eine sogenannte *Negativerklärung* (vgl. Seite 391) geben lassen, in der sich der Kreditnehmer u. a. verpflichtet, seinen Grundbesitz weder zu veräußern noch zu belasten, Dritten keine Sicherheiten zu bestellen und anderweitig keine Kredite und Darlehen aufzunehmen; ausgenommen ist hierbei nur die Aufnahme von Lieferantenkrediten und die Sicherung dieser Kredite durch Eigentumsvorbehalt.

Mit der Gewährung eines Kontokorrentkredits wird Giralgeld geschaffen, und zwar im Augenblick der Kreditzusage, weil durch die Kreditzusage für die Bank die unbedingte Verpflichtung entsteht, auf Anforderung für den Kreditnehmer Zahlung zu leisten. Für den Bankkunden ist es hinsichtlich seiner finanziellen Verfügungsmöglichkeiten unerheblich, ob er über ihm zustehende Sichteinlagen oder über einen zugesagten, aber noch nicht ausgenutzten Kredit verfügen kann.

Diese Tatsache, daß mit der Kreditzusage Giralgeld geschaffen wird, hat zur Folge, daß die Banken für die zugesagten, aber noch nicht in Anspruch genommenen Kredite *Liquiditätsvorsorge* treffen müssen. Dabei ist ergänzend darauf hinzuweisen, daß die Liquiditätsvorsorge nicht nur auf den Betrag der zugesagten, noch nicht in Anspruch genommenen Kredite abgestellt sein muß, sondern daß die Bank auch mit Kredit- bzw. Kontoüberziehungen rechnen muß. Ein Kreditinstitut kann in der Regel nicht sofort sämtliche Verfügungen seines Kunden ablehnen, d.h. Barauszahlungen bzw. die Ausführung von Überweisungen verweigern, Schecks und Wechsel unbezahlt zurückgehen lassen, wenn der zugesagte Kredit restlos ausgenutzt ist.

Ebenso kann eine Bank einem Kunden, dessen Konto gewöhnlich ein Guthaben aufweist und dem daher offiziell kein Kredit eingeräumt worden ist, nicht alle Aufträge auf Barauszahlungen, Überweisungen, Einlösung von Schecks und Wechseln und dergleichen unerledigt zurückgeben, wenn das Guthaben des Kunden einmal nicht zur Ausführung der Aufträge ausreicht. Dies gilt auch für Lohn- und Gehaltskonten; in der Praxis ist es z.B. üblich, daß diese Konten im allgemeinen bis zur Höhe eines Gehaltes bzw. einer monatlichen Lohnzahlung überzogen werden können.

Der bilanzmäßige Ausweis der in Anspruch genommenen Kontokorrentkredite erfolgt entweder

unter der Position „**Forderungen an Kreditinstitute**

a) täglich fällig"

oder

unter der Position „**Forderungen an Kunden**
mit vereinbarter Laufzeit oder Kündigungsfrist von
a) weniger als vier Jahren".

1.5 Bedeutung des Kontokorrentkreditgeschäfts für Aufwand und Ertrag

Da es sich beim Kontokorrentkreditgeschäft um ein *Aktivgeschäft* handelt, stehen Ertragsgesichtspunkte im Vordergrund.

1.5.1 Erträge

Die Erträge des Kontokorrentgeschäfts setzen sich zusammen aus den **Werterträgen**, zu denen Zinsen und zinsähnliche Provisionen (Kreditprovision, Bereitstellungsprovision, Überziehungsprovision) gehören, und den **Betriebserträgen**, die aus der Umsatzprovision bzw. der Kontoführungsgebühr bestehen; hinzu kommen die Beträge, die den Kunden für Barauslagen in Rechnung gestellt werden. Die Art der Zins- und Provisionsberechnung ergibt sich aus dem Kreditvertrag, der zwischen dem Kunden und der Bank geschlossen wird.

Von der nach § 23 Abs. 1 KWG gegebenen Möglichkeit der Zinsbindung hat das Bundesaufsichtsamt durch die „*Verordnung über die Bedingungen, zu denen Kreditinstitute Kredite gewähren und Einlagen entgegennehmen dürfen* (**Zinsverordnung**)" vom 5. 2. 1965 zwar Gebrauch gemacht, seit dem Erlaß der Verordnung zur Aufhebung der Zinsverordnung vom 21. 3. 1967 jedoch können die Kreditinstitute die Bedingungen, zu denen sie Kredite gewähren, frei vereinbaren.

Entscheidend für die Festsetzung der Kreditkosten ist mithin die Marktstellung des Kunden, d.h. die Konditionen können von Fall zu Fall voneinander abweichen und müssen unter Umständen sogar beim gleichen Kunden von Zeit zu Zeit korrigiert werden. Aus der Vielfalt der Möglichkeiten haben sich zwar eine Reihe von Bedingungen als sogenannte *Normalkonditionen* herausgebildet, die Praxis zeigt jedoch, daß die Kunden nur in den wenigsten Fällen bereit sind, derartige Vorstellungen der Kreditinstitute über die Höhe der Zinsen und Provisionen zu akzeptieren – zumal dann, wenn der Kredit genügend abgesichert werden kann. Gleichwohl werden im allgemeinen der Diskontsatz der Bundesbank oder die Kosten, die den Kreditinstituten aus dem Passivgeschäft erwachsen, für den zu berechnenden Sollzins als Orientierungshilfen angesehen. Dabei ist zu berücksichtigen, daß die einzelnen Arten der Kreditkosten nicht isoliert betrachtet werden dürfen. So kann zum Beispiel die Kreditprovision sowohl den Charakter eines Zinszuschlages als auch den einer Bereitstellungsprovision haben. Im allgemeinen werden heute in der Praxis der Sollzinssatz und eine gleichfalls berechnete Kreditprovision als eine Einheit gesehen. Das hat in nahezu allen Fällen dazu geführt, daß man auf die Berechnung einer Kreditprovision überhaupt verzichtet und statt dessen ein sogenannter *Nettozinssatz* in Ansatz gebracht wird.

Im einzelnen sind beim Kontokorrentkredit folgende Erlösarten zu unterscheiden:

a) *Sollzinsen,*

b) *Kreditprovision*
   ba) als Zinszuschlag,
   bb) als Bereitstellungsprovision,

c) *Überziehungsprovision,*

d) *Umsatzprovision, oder Kontoführungsgebühr,*

e) *Barauslagen und Kosten für zusätzliche Bankleistungen.*

Höhe und Kombination dieser Kostenarten müssen das Ergebnis entsprechender Verhandlungen sein.

Nachfolgend sollen einige Kreditkonditionen aufgeführt werden, von denen nur noch die Nr. a) praktische Bedeutung hat. Kreditprovisionen, von der monatlichen Höchstinanspruchnahme berechnet oder als Bereitstellungsprovision deklariert, werden heute von der Kundschaft kaum noch hingenommen. Denn eine Berechnung der Kreditkosten nach Zinstagen mit dem Nettozinssatz wirkt sich insgesamt günstiger für die Kreditnehmer aus, auch läßt sich diese Konditionierung leichter durchschauen.

Zwar werden die Sollzinsen heute individuell ausgehandelt und während der Kreditlaufzeit unter Umständen an die herrschenden Geld- und Kapitalmarktverhältnisse angepaßt, trotzdem dient als Basis für die Konditionsgestaltung weiterhin hauptsächlich der Bundesbank-Diskontsatz, wenn auch der Diskontsatz nicht mehr in dem Maße wie früher die Refinanzierungskosten der Kreditinstitute repräsentiert (allenfalls 10% des Refinanzierungsbedarfs der Kreditinstitute wird durch Wechseldiskonte gedeckt, das Ausmaß geht weiter zurück). Eine entsprechende Formulierung in einem Kreditzusageschreiben könnte etwa folgendermaßen lauten: „Für die Inanspruchnahme dieser Kreditlinie werden wir Ihnen bis auf weiteres Zinsen in Höhe von 4½% über der jeweiligen Bundesbank-Diskontrate in Anrechnung bringen." Für didaktische Zwecke, um die Kalkulationsweise grundsätzlich zu verdeutlichen, wird in den Beispielen die Diskontsatzbindung beibehalten.

a) Sollzinsen

Sollzinsen werden für den in *Anspruch genommenen Kredit* aus den Zinszahlen berechnet. Die Belastung des Kontokorrentkredits auf einem *Kreditsonderkonto* (englische Buchungsmethode) kommt nur in Ausnahmefällen vor. Die **Höhe der Sollzinsen** richtet sich danach, ob daneben noch eine Kreditprovision gerechnet wird oder nicht. Sofern auf die Berechnung einer Kreditprovision verzichtet wird, gilt als Normalkondition für Kontokorrentkredite:

D (Diskontsatz der Bundesbank) + 4½% p. a.

Dieser Satz wird auch als **Nettosatz** bezeichnet, obwohl daneben im allgemeinen noch Umsatzprovisionen und gegebenenfalls Überziehungsprovisionen in Rechnung gestellt werden.

b) Kreditprovision

Die Erklärung des Wesens der Kreditprovision ist insofern äußerst schwierig, als die Begriffsbestimmung der Kreditprovision bei den verschiedenen Kreditinstituten durchaus unterschiedlich ist, und zwar insofern, als die Kreditprovision entweder als Zinszuschlag oder als Bereitstellungsprovision gemäß der Definition der inzwischen außer Kraft gesetzten Zinsverordnung verstanden wird. Diese früher vielfach übliche Trennung zwischen einem Zins auf den tatsächlich in Anspruch genommenen Kredit und einer Kreditprovision, die entweder auf die nichtausgenutzte Höhe des Limits oder auf den in Anspruch genommenen Höchstsollsaldo berechnet wurde, ist heute weitgehend im Interesse der Zinsklarheit entfallen. Eine Ausnahme bildet noch die Bereitstellungsprovision im langfristigen Kreditgeschäft. Auch nach der Preisangabeverordnung vom 14. 3. 1985 und den dazu erlassenen Ausführungsbestimmungen vom 13. 7. 1985 sind Kreditprovisionen von den nicht in Anspruch genommenen Zusagen nicht in die Kreditkosten einzubeziehen.

Manche Kreditinstitute verwenden daher noch beide Berechnungsarten nebeneinander und bezeichnen lediglich die erste Art als *Kreditprovision*, während die zweite als *Bereitstellungsprovision* in der Kreditzusage deklariert wird. Diese Gepflogenheit ist einmal im Hinblick auf die bankbetriebliche Kostenrechnung, zum andern aber auch deswegen sinnvoll, weil damit dem Begriffswirrwarr entgegengewirkt wird, der in bezug auf die Kreditprovision sowohl bei den Banken als auch bei den Kunden besteht.

ba) Die **Kreditprovision als Zinszuschlag** wird im Krediteinräumungsschreiben an den Kunden – in Verbindung mit dem Sollzinssatz – im allgemeinen wie folgt formuliert:

Sollzinsen: D + 1½% p.a.

Kreditprovision: ¼% j. M. von der jeweiligen höchsten Inanspruchnahme eines Monats im Rahmen des zugesagten Kredits.

Aus dieser Formulierung ergibt sich, daß der Sollzinssatz gegenüber dem Nettozinssatz zwar um 3% niedriger angesetzt ist, daß diese Differenz aber durch die Berechnung der Kreditprovision vom jeweiligen Höchstsollsaldo eines Monats *mehr* als ausgeglichen wird. Die obengenannte Kondition entspricht nur dann dem Nettozinssatz, wenn der Kunde sein Kreditlimit vom ersten bis zum letzten Tag der Abrechnungsperiode voll in Anspruch nimmt. Das heißt zugleich, daß sich zum Beispiel der Ertrag der Bank – unter Berücksichtigung eines Diskontsatzes von 3% – auf *mindestens* 7½% p.a. beläuft.

bb) Für die Kreditprovision mit dem Charakter der **Bereitstellungsprovision** sind gegenwärtig in der Praxis – entsprechend der Begriffsbestimmung der ehemaligen Zinsverordnung – zwei Formulierungen gebräuchlich:

entweder:

Sollzinsen: D + 4½% p.a. vom in Anspruch genommenen Kredit,

Kreditprovision: 3% p.a. vom zugesagten Kredit, soweit er *nicht* in Anspruch genommen wird.

oder:

Sollzinsen: D + 1½% p.a. vom in Anspruch genommenen Kredit,

Kreditprovision: 3% p.a. vom zugesagten Kredit.

Beide Berechnungsarten führen beim Abschluß des Kontos zum *gleichen rechnerischen* Ergebnis, die Eigenart dieser Provision als Bereitstellungsprovision kommt allerdings in der ersten Formulierung besser zum Ausdruck.

Ob bei der Berechnung der Bereitstellungsprovision ein Satz von 3% p.a. dem Kunden gegenüber zu vertreten ist, hängt von der Höhe des zugesagten Kredits und der wahrscheinlichen Inanspruchnahme dieses Kredits durch den Kunden ab. Weist z.B. das Konto für einen längeren Zeitraum *keinen* Debetsaldo auf, so kann die Berechnung einer Bereitstellungsprovision in Höhe von 3% p.a. zu einer unzumutbaren Belastung für den Kunden führen. Insbesondere bei größeren Krediten sind daher manche Institute bereit, den Satz der Bereitstellungsprovision auf 1–½% p.a. zu senken bzw. ganz auf die Kreditprovision zu verzichten.

Eine günstigere Konditionengestaltung wird auch dadurch erreicht, daß die Kreditprovision als „anrechenbare" Zahlung deklariert wird: Mit dem Vomhundert-Satz der Kreditprovision wird durch die Zinsstaffelrechnung ein Betrag vom in Anspruch genommenen Kredit ermittelt; dieser Betrag wird dann von der berechneten Bereitstellungsprovision abgezogen; die Gesamtbelastung mit Kreditkosten wird daher um den abzuziehenden Betrag gemindert.

c) Überziehungsprovision

Die Überziehungsprovision wird neben den Sollzinsen in der Regel dann berechnet, wenn ein Kreditnehmer Kredite

(a) **ohne ausdrückliche Vereinbarung**
    oder
(b) **über den vereinbarten Betrag hinaus**
    oder

(c) **über den vereinbarten Termin hinaus** in Anspruch nimmt (*Kontoüberziehungen*).

Wenn eine Überziehungsprovision in Ansatz gebracht wird, kann naturgemäß auf den überzogenen Betrag nicht noch außerdem eine Kreditprovision berechnet werden.

Normalerweise beträgt der Satz für die Überziehungsprovision 1½% p.a.

Wird der Sollzinssatz auf Grund der Kreditprovisionsberechnung (ba) oder (bb) gekürzt, so erhöht sich der Satz für die Überziehungsprovision um die entsprechende Differenz, z.B. bei einer Kürzung von 3% auf 4½% p.a. oder ⅛‰ pro Tag.

d) Umsatzprovision oder Kontoführungsgebühr

Die Provision ist ein Entgelt für die mit der Kontoführung verbundenen Grundleistungen sowie für die Zurverfügungstellung der banktechnischen Einrichtungen. Sie ist daher kein originärer Ertrag aus dem Kreditgeschäft, denn sie fiele auch dann an, wenn der Kunde entsprechende Beträge auf Grund eines Guthabens umgesetzt hätte.

Die Berechnung der Umsatzprovision erfolgt heute jedoch in der Regel nicht mehr danach, welchen Umsatz ein Kontokorrentkonto aufweist – insofern sollte man den Begriff der „Umsatzprovision" auch nicht mehr verwenden –, sondern es werden Postenentgelte in Rechnung gestellt, d.h. für die verschiedenen Zahlungsarten (Geschäftsvorfälle) werden unterschiedliche Preise pro Buchung berechnet. Lediglich für die ständige Aufrechterhaltung der Betriebsbereitschaft eines Kontos, die auch dann notwendig ist, wenn das Konto nicht genutzt wird, verlangen die Institute unterschiedlich hohe Grundgebühren.

Am Beispiel einer Quartalsabrechnung sollen diese Zusammenhänge verdeutlicht werden:

9 % Zinsen aus 2722 Zinszahlen		68,05 DM S
1/2 % Zinsen aus 651 Zinszahlen		0,90 DM H
Grundpreis für 3 Monate à 2,75 DM		8,25 DM S
Postenentgelte:		
3 Daueraufträge zu 0,25	0,75	
16 Lastschr./Abbuch. zu 0,35	5,60	
6 Verr.-Schecks zu 0,50	3,00	
15 Überweisungen zu 0,60	9,00	
2 Aus/Einzahlungen zu 0,75	1,50	
3 sonst. Gesch.-Vorf. zu 0,45	1,35	
abz. Freipostenpauschale	6,00	15,20 DM S
Saldo der Abschlußkosten		90,60 DM S

e) Barauslagen und Kosten für zusätzliche Bankleistungen

Kosten, die im Zusammenhang mit der Kreditgewährung entstehen (z. B. Einholung einer Auskunft), werden in ihrer tatsächlichen Höhe dem Kreditnehmer gesondert in Rechnung gestellt.

Das gilt auch für die Berechnung der Postzustellkosten, z. B. Anzahl der zugestellten Kontoauszüge x Briefporto.

1.5.2 Aufwendungen

Bei den Aufwendungen im Kontokorrentkreditgeschäft handelt es sich sowohl um **Wertkosten** (Geldbeschaffungs-, Liquiditäts- und Risikokosten) als auch um **Betriebskosten** (Kosten der Kreditbearbeitung, der Kontoführung, des Zahlungsverkehrs usw.).

Da die Banken im Kontokorrentkreditgeschäft keine eigenen, sondern fremde Mittel einsetzen, entstehen *Kapital- bzw. Geldbeschaffungskosten*. Eine genaue Ermittlung der Höhe dieser Geldbeschaffungskosten ist jedoch kaum möglich, da nicht festgestellt werden kann, welche Fremdmittel dem einzelnen Kontokorrentkredit gegenüberstehen. Grundsätzlich kann jedoch gesagt werden, daß im Kontokorrentkreditgeschäft im wesentlichen Sicht- und Termineinlagen eingesetzt werden.

Risikokosten resultieren daraus, daß Kontokorrentkredite ganz oder teilweise nicht zurückgezahlt oder daß die berechneten Zinsen, Provisionen usw. nicht beglichen werden. Ihren Ausdruck finden diese Risiken in der Bildung von *Einzel- und Sammelwertberichtigungen*.

Betriebskosten fallen beim Kontokorrentkredit durch die Bearbeitung der Kreditanträge, die Verwaltung der Sicherheiten und die kontomäßige Erfassung der Kontokorrentkredite an. Die beiden zuerst genannten Kostenbestandteile sind je nach Höhe des Kredits und nach der finanziellen Situation des Kreditbewerbers unterschiedlich hoch und sollten immer in einem angemessenen Verhältnis zum Risiko stehen.

Schließlich entstehen den Banken durch die *Liquiditätsvorsorge* Ertragsausfälle, weil die Banken für eingeräumte, noch nicht in Anspruch genommene Kredite, für mögliche Kredit- und Kontoüberziehungen sowie zur Abwicklung des Zahlungsverkehrs der Kreditnehmer liquide Mittel bereithalten müssen. Diese Mittel sind ertraglos oder zumindest gering verzinslich und ziehen eine Ertragsminderung nach sich.

2. Wechseldiskontkredit

2.1 Geschichtliche Entwicklung

Mit der Lockerung bzw. der *Aufhebung des kanonischen Zinsverbots* und der Vervollkommnung des Kreditverkehrs gewann der Wechsel neben seinen Funktionen als Zahlungsmittel auch als Kreditmittel Bedeutung. Ein organisierter Kreditverkehr auf Wechselbasis entstand in Deutschland jedoch erst im Laufe des vorigen Jahrhunderts im Zusammenhang mit der Industrialisierung. In dieser Zeit wurde der Ankauf von Handelswechseln vor ihrer Fälligkeit durch Kreditinstitute unter der Bezeichnung Wechseldiskontierung bzw. Wechseldiskontkredit zu einem regulären Bankgeschäft.

Der Name „*Disconto-Gesellschaft*" für das im Jahre **1851** von David Hansemann gegründete Vorgängerinstitut der Deutschen Bank AG ist unter anderem ein Kennzeichen für die Bedeutung, welche der Wechseldiskontkredit in jener Zeit erlangt hatte. Heute ist das Diskontkreditgeschäft neben dem Kontokorrentkreditgeschäft eines der wichtigsten Aktivgeschäfte der Kreditbanken.

2.2 Rechtliche Grundlagen

Bei einem Diskontkredit handelt es sich in rechtlicher Hinsicht in der Regel um einen **Kaufvertrag zwischen der Bank als Käufer und dem Kreditnehmer als Verkäufer des Wechsels**. Als Kaufpreis zahlt die Bank den Wechselbetrag abzüglich Zinsen, Provision und Spesen und erhält vom Kreditnehmer den ordnungsgemäß indossierten Wechsel. Insoweit gelten für das Diskontgeschäft die Vorschriften des BGB über den Kauf.

BGB
§ 433

Ergänzt werden diese Bestimmungen durch die in die **Allgemeinen Geschäftsbedingungen** aufgenommenen Regelungen. Darüber hinaus besitzen die **Vorschriften des Wechselgesetzes** für das Diskontgeschäft sowohl in formeller als auch in materieller Hinsicht besondere Bedeutung.

Vor allem sind die entsprechenden **Formvorschriften der Deutschen Bundesbank** über den Ankauf von Wechseln zu berücksichtigen, damit jederzeit die Möglichkeit der Rediskontierung der angekauften Kundenabschnitte bei der Bundesbank gegeben ist.

2.3 Wesen des Diskontkredits

Der Diskontkredit ist ein kurzfristiger Kredit, den ein Kreditinstitut durch den Ankauf von Wechseln vor deren Fälligkeit dem Veräußerer der Wechsel gewährt.

In der Regel handelt es sich um einen **kurzfristigen Kredit mit einer Laufzeit bis zu 90 Tagen**. Allerdings erfolgt analog zum Kontokorrentkredit vielfach – mehr oder weniger automatisch – eine Verlängerung der eingeräumten Linien. *Prolongationen* einzelner Abschnitte werden hingegen nur in Ausnahmefällen vorgenommen, wenn sich z. B. der Wechselschuldner vorübergehend in Zahlungsschwierigkeiten befindet oder weil eine Prolongation auf Grund der Struktur des zugrundeliegenden Geschäftes vereinbart wurde (z. B. bei größeren Maschinenlieferungen mit Ratenzahlungen auf Wechselbasis).

Der Diskontkredit dient in erster Linie der Finanzierung des Warenumschlags, und insofern beschränkt sich das Diskontkreditgeschäft der Banken fast ausnahmslos auf den Ankauf von *Handels- bzw. Warenwechseln.* Dabei handelt es sich zum überwiegenden Teil um Kredite an Industrie- und Großhandelsunternehmen zum Zwecke der Absatzfinanzierung.

Der Ankauf von Wechseln aus dem organisierten Teilzahlungsgeschäft ist dem Teilzahlungskredit zuzurechnen. *Finanzwechsel,* denen kein Warengeschäft zugrunde liegt, werden von Kreditinstituten nur in Ausnahmefällen angekauft. Das ist unter anderem darauf zurückzuführen, daß Finanzwechsel von der Deutschen Bundesbank grundsätzlich nicht rediskontiert werden.

Eine Eigenart des Diskontkredits besteht darin, daß dieser Kredit normalerweise nicht vom Wechseleinreicher, also dem Kreditnehmer der Bank, zurückgezahlt wird. Die Rückzahlung erfolgt vielmehr durch die Einlösung des diskontierten Wechsels durch den Bezogenen. Hieraus ergibt sich, daß die **Rückführung des Diskontkredites** – sofern es sich um zahlungsfähige Bezogene handelt – bei Fälligkeit der Wechsel **unabhängig von der finanziellen Situation des Kreditnehmers** erfolgen kann.

Als besonderes Merkmal des Diskontkredites ist ferner seine verhältnismäßig große Sicherheit anzusehen, die aus der formellen und sachlichen *Wechselstrenge* sowie der *Gesamthaftung* aller Wechselverpflichteten resultiert. Darüber hinaus besitzt er für das diskontierende Institut in liquiditätsmäßiger Hinsicht bestimmte Vorzüge. Die Banken können die hereingenommenen zentralbankfähigen Abschnitte im Rahmen ihrer Rediskontkontingente bei der Deutschen Bundesbank zum *Rediskont* einreichen und damit zur kurzfristigen Beschaffung liquider Mittel verwenden. Sparkassen und Kreditgenossenschaften können daneben die Kundenwechsel an ihre Zentralinstitute zur Refinanzierung weitergeben.

2.4 Technik des Diskontkredits

2.4.1 Diskontzusage

Die Einräumung eines Diskontkredits erfolgt durch eine sogenannte „Diskontzusage" der Bank an den Kunden. Grundlage einer solchen Diskontzusage sind ein Kreditantrag des Kunden und eine Kreditwürdigkeitsprüfung seitens der Bank.

Die *Bearbeitung des Kreditantrages* erfolgt in ähnlicher Weise wie beim Kontokorrentkredit, da die Kreditinstitute auch beim Diskontkredit die Einräumung davon abhängig machen, daß die wirtschaftlichen Verhältnisse des Kreditbewerbers offengelegt werden. Die Bonität ihres Kreditnehmers ist den Banken in mancher Hinsicht sogar wichtiger als jene der jeweiligen Akzeptanten, obwohl diese die Hauptschuldner aus dem Wechsel sind.

In der Diskontzusage wird im allgemeinen neben den bis auf weiteres geltenden Konditionen festgelegt, bis zu welchem Gesamtbetrag die Bank bereit ist, vom Kreditnehmer eingereichte Wechsel zu diskontieren, das heißt bis zu welchem

Gesamtbetrag das **Wechselobligo** des Kreditnehmers ansteigen darf. In der Praxis werden oftmals auch nur interne Diskontlimite notiert; dem Kunden wird in diesem Falle nur der Ankauf rediskontfähiger Warenwechsel angeboten. Der Einhaltung dieser Kreditgrenze dient das **Einreicherobligo**, das heute meist in Karteiform geführt wird. Es enthält – nach den Namen der Wechseleinreicher geordnet – alle diskontierten, aber noch nicht fälligen Wechsel. Dabei ist es unerheblich, ob diese Wechsel sich im eigenen Bestand der diskontierenden Bank befinden oder an eine andere Bank zum Rediskont weitergegeben wurden.

In der Diskontzusage behalten sich die Kreditinstitute ferner vor, unter den vom Kreditnehmer zum Diskont eingereichten Wechseln eine Auswahl zu treffen und ihm ungeeignet erscheinende Abschnitte zurückzugeben.

2.4.2 Wechselankauf

Vor Ankauf eines eingereichten Wechsels wird zunächst geprüft, ob der Wechsel den gesetzlichen Vorschriften und den **Anforderungen der Deutschen Bundesbank** entspricht. Aus diesem Grunde achten die Banken insbesondere darauf, daß

(1) die **Laufzeit** (Restlaufzeit) der Wechsel **höchstens drei Monate** beträgt,

(2) die Wechsel **mindestens zwei gute Unterschriften** tragen (die im Falle der Rediskontierung normalerweise erforderliche dritte Unterschrift fügen die Banken durch ihr eigenes Indossament hinzu),

(3) die Wechsel **bei einer Bank an einem Bankplatz**, d. h. an einem Ort, an dem sich eine Niederlassung der Deutschen Bundesbank befindet, **zahlbar gestellt** sind,

(4) der **Ausstellungs- und der Verfallmonat in Buchstaben** geschrieben sind,

(5) die **Geldsumme in Ziffern und Buchstaben** angegeben ist,

(6) **keine Verbesserungen,** Durchstreichungen und Rasuren vorgenommen wurden,

(7) für die Wechselurkunde das **Einheitsformular DIN 5004** – Ausgabe Mai 1968 – verwandt worden ist.

Wechsel, die den Anforderungen der Deutschen Bundesbank nicht genügen, werden nur in Ausnahmefällen diskontiert (vgl. S. 339 ff.) und dann nur zu ungünstigeren Konditionen.

Ferner informieren sich die Banken in der Regel über die **Bonität des Bezogenen**, z. B. durch Einholung von Auskünften, da eine intensive Kreditwürdigkeitsprüfung infolge fehlender Unterlagen meist nicht möglich ist. Die Auskünfte werden sowohl bei eigenen Filialen bzw. Zweigstellen und befreundeten Banken als auch bei gewerbsmäßigen Auskunfteien eingeholt. Außerdem wird anhand der sogenannten *Protestliste* geprüft, ob der Akzeptant zu einem früheren Zeitpunkt schon Wechsel zu Protest gehen ließ.

Schließlich wird mit Hilfe des Bezogenenobligos festgestellt, ob und in welcher Höhe bereits Wechsel vom gleichen Akzeptanten hereingenommen wurden. Das *Bezogenenobligo* ist eine Kartei, in der, nach den Namen der Bezogenen geordnet, alle diskontierten, aber noch nicht fälligen Wechsel verzeichnet sind; dabei ist es wie beim Einreicherobligo unerheblich, ob sich die Wechsel noch im eigenen Bestand befinden oder an eine andere Bank zur Refinanzierung weitergegeben worden sind.

2.4.3 Bearbeitung, Aufbewahrung und Bilanzierung der Wechsel

Führen die formellen und materiellen Prüfungen des vorgelegten Wechsels zu einem positiven Ergebnis, so wird der Wechsel auf Grund des vereinbarten Diskontkredits angekauft. Dies geschieht in der Weise, daß der Wechsel abgerechnet wird, d. h. *vom Nominalbetrag werden die auf die Restlaufzeit entfallenden Zinsen sowie die Spesen abgezogen und der Nettobetrag wird dem Konto des Kreditnehmers gutgeschrieben*. Durch die entsprechende Gegenbuchung wird der Wechsel selbst auf dem Wechselbestandskonto eingebucht.

Die diskontierten Abschnitte werden im sogenannten **Wechselkopierbuch** eingetragen („kopiert") und mit einer laufenden Nummer versehen. Hierbei werden alle wesentlichen Einzelheiten, wie Betrag, Verfalltag, Bezogener, Aussteller, Einreicher, festgehalten. Im allgemeinen wird das Wechselkopierbuch heute im *Loseblattverfahren* geführt, so daß in einem Arbeitsgang zugleich die anderen zur ordnungsmäßigen Bearbeitung eines Wechsels erforderlichen Nebenkarteien erstellt werden können, nämlich die Verfallkartei, das Einreicherobligo und das Bezogenenobligo.

Bis zur Fälligkeit bzw. bis zur Rediskontierung werden die angekauften Wechsel im sogenannten **Wechselportefeuille** – nach dem Fälligkeitsdatum geordnet – aufbewahrt.

Solange sich die *Wechsel im Bestand* der diskontierenden Bank befinden, erscheinen sie **in der Bilanz unter der Position „Wechsel"**. Eine Ausnahme bilden die diskontierten eigenen Akzepte. Diese Abschnitte dürfen nicht als Wechselbestand ausgewiesen werden. Weitergegebene eigene Akzepte sind auf der Passivseite in der Position „Eigene Akzepte und Solawechsel im Umlauf" auszuweisen.

Werden *Wechsel zum Rediskont* weitergegeben, so verringert sich die Position „Wechsel", und die aus der Weitergabe entstandenen Eventualverbindlichkeiten erscheinen **in der Bilanz „unter dem Strich" in den Positionen „Indossamentsverbindlichkeiten aus weitergegebenen Wechseln"** bzw. „Eigene Ziehungen im Umlauf", wenn eigene, dem Kunden abgerechnete oder nicht abgerechnete Ziehungen zur Refinanzierung verwendet wurden.

Werden die Wechsel nicht rediskontiert, so müssen sie rechtzeitig vor Fälligkeit dem Akzeptanten zur **Einlösung** repräsentiert werden. Dies kann bei Platzwechseln durch direkte Vorlage bei der im Domizilvermerk angegebenen Bank, durch Einreichung der Wechsel bei der Abrechnungsstelle der LZB oder durch Vorlegung mittels Post oder Boten beim Bezogenen geschehen. *Versandwechsel* können direkt oder über Filialen bzw. befreundete Banken (Korrespondenzbanken) den Domizilbanken vorgelegt oder der Deutschen Bundesbank zum Inkasso übergeben werden. Außerdem kann die Vorlage zur Zahlung beim Bezogenen bzw. der Einzug des Wechselbetrages mit Hilfe eines Postprotestauftrages (bis zu 1000 DM) erfolgen.

2.5 Bedeutung des Diskontkreditgeschäfts für Aufwand und Ertrag

2.5.1 Erträge

Die Erträge des Diskontkreditgeschäfts bestehen fast ausschließlich aus *Werterträgen* in der Form von Zinsen. Als *betriebsbedingter Ertrag* sind die „Spesen" anzusehen, die dem Kunden belastet werden; jedoch kommt diesen im Wechseldiskontgeschäft nahezu keine Bedeutung zu.

Die **Berechnung der Zinsen und Provisionen** erfolgt auch beim Wechseldiskontkredit – wie beim Kontokorrentkredit – nach der im Einzelfall mit dem Kunden getroffenen Vereinbarung. Die Höhe der im Diskontkreditgeschäft anzuwendenden Normalkonditionen kann auch hier gemäß § 23 KWG durch das Bundesaufsichtsamt für das Kreditwesen festgesetzt werden.

Zur Zeit können folgende Normalkonditionen als repräsentativ angesehen werden:

Wechselgattung	Diskont	bes. Gebühren
Bundesbankfähige Wechsel unter 5 000,— DM ab 5 000,— DM ab 20 000,— DM	D + 3% D + 2½% D + 2% mind. 5,— DM	
nicht-bundesbankfähige Wechsel	D + 4½% mind. 5,— DM	gegebenenfalls Nebenplatzgebühr
nicht bei einer Bank zahlbar gestellte Wechsel	D + 4½% mind. 5,— DM	1% v. Wechsel- betrag mind. 4,— DM

Der Diskont wird vom Nominalbetrag des Wechsels abgezogen, so daß dem Kreditnehmer nur der Nettobetrag zur Verfügung steht.

Bei einem Wechsel von 1000 DM entstehen dem Kunden also bei Abzug von 6% p.a. Zinsen für drei Monate Kosten in Höhe von insgesamt 15 DM. Diesen Kosten steht ein Nettokreditbetrag von 985 DM gegenüber. Das entspricht einer effektiven Belastung von 6,09% p.a.

Betriebsbedingte Erträge fallen beim Diskontkredit nur in Form von „Spesen und Auslagen" an, die dem Kunden weiterbelastet werden. Allenfalls wäre zu überlegen, ob nicht auch die Umsatzprovision aus den Verfügungen über die Diskonterlöse ursächlich mit der Gewährung des Diskontkredits im Zusammenhang steht.

2.5.2 Aufwendungen

Den Erträgen des Diskontkreditgeschäfts stehen umfangreiche Aufwendungen gegenüber. Einerseits handelt es sich dabei um **Wertaufwand** in Form von Geldbeschaffungs-, Liquiditäts- und Risikoaufwand und andererseits um **Betriebsaufwand** durch die Bearbeitung der Kredite.

Eine genaue Ermittlung des durch das Diskontkreditgeschäft verursachten *Geldbeschaffungsaufwandes* ist schwierig. Sofern kein Rediskont erfolgt, gilt das gleiche wie beim Kontokorrentkredit. Werden dagegen Wechsel rediskontiert, läßt sich dem Zinsertrag exakt der Zinsaufwand gegenüberstellen und die (Brutto-) Zinsspanne ermitteln.

Der *Risikoaufwand* ist beim Diskontkredit verhältnismäßig gering, da durch die Kreditwürdigkeitsprüfung, die Prüfung der einzelnen Wechsel, das Vorhandensein mehrerer Wechselverpflichteter und ferner auch durch die Wechselstrenge Ausfälle im Diskontkreditgeschäft relativ selten sind. Das hat z. B. auch einen verhältnismäßig niedrigen Sammelwertberichtigungssatz bei Wechseln zur Folge.

Neben den Wertaufwendungen entstehen beim Diskontkredit in verschiedener Form *betriebsbedingte Aufwendungen* aus der Bearbeitung des Kreditantrages (Kreditwürdigkeitsprüfung), aus der Prüfung der einzelnen Abschnitte (u. a. Einholung von Auskünften), aus der Abrechnung der zum Diskont eingereichten Wechsel sowie der Verwahrung und Verwaltung der angekauften Abschnitte.

Für die Kunden der Banken bedeutet der Diskontkredit eine im Verhältnis zum Kontokorrentkredit billigere Finanzierungsquelle. **Die Diskontierung von Wechseln ermöglicht den Kreditnehmern eine Mobilisierung ihrer Lieferantenforderungen.** Die Inanspruchnahme von Wechselkrediten zwingt jedoch die Wechselverpflichteten infolge der Wechselstrenge zu genauen Dispositionen und stellt die Kreditnehmer wegen der übernommenen Indossamentsverbindlichkeiten gegebenenfalls vor die Aufgabe, am Fälligkeitstage nicht bezahlte Wechsel einzulösen.

Exkurs: Eigene Ziehungen – Debitorenziehungen

Gelegentlich tritt der Fall ein, daß – im Gegensatz zum Akzeptkredit – die Bank auf ihren Kreditnehmer einen Wechsel zieht, um sich die Vorteile des Wechsels als Sicherungsinstrument bzw. als Finanzierungsinstrument nutzbar zu machen. Diese in der Regel vom bezogenen Bankkunden akzeptierten Wechsel werden, weil die Bank als Aussteller auftritt, als *„eigene Ziehungen"* oder, weil die Bezogenen Debitoren sind, als *„Debitorenziehungen"* bezeichnet. Je nach dem Verwendungszweck werden **zwei Arten von eigenen Ziehungen** unterschieden.

Depotwechsel

Die als „Depotwechsel" bezeichneten eigenen Ziehungen der Kreditinstitute werden meist in Höhe des zugesagten Kredits auf den Kreditnehmer gezogen und von diesem akzeptiert. Auf diese Weise verschaffen sich die Kreditinstitute eine *abstrakte Forderung* gegen den Kreditnehmer. Derartige Depotwechsel – auch *Kautionswechsel* genannt – werden entweder als Sichtwechsel ausgestellt, oder der Verfalltag bleibt offen.

Zum Umlauf sind sie nicht bestimmt; sie werden vielmehr von der ausstellenden Bank in Verwahrung genommen, stellen keinen aktivierungsfähigen Posten dar und erscheinen infolgedessen auch nicht in der Bilanz. Sie ermöglichen der Bank gegebenenfalls ein schnelleres Vorgehen gegen den Kreditnehmer.

Die gleiche Aufgabe wie die erwähnten Ziehungen der Bank erfüllen auch die *Solawechsel* sowie die *trassiert-eigenen Wechsel* der Kunden an die Order der Bank.

Mobilisierungstratten

Debitorenziehungen, die dem Zweck dienen, dem ausstellenden Kreditinstitut die Möglichkeit der Refinanzierung zu verschaffen, werden als „Mobilisierungstratten" bezeichnet. Die Bezeichnung dieser Wechsel als „Tratten" resultiert daraus, daß derartige Debitorenziehungen früher von den Kreditnehmern nicht akzeptiert wurden. Heute wird in der Regel auf das Ausstellen eines Wechsels ganz verzichtet, jedoch behält sich das Kreditinstitut jederzeit das Recht vor, auf den Kreditnehmer einen Wechsel zu ziehen, den dieser dann akzeptieren muß. In diesem Zusammenhang spricht man auch von einem **Trattenvorschußkredit.**

Mobilisierungstratten kommen in zwei verschiedenen Formen vor: einmal als „eigene, dem Kunden *nicht abgerechnete* Ziehungen" und zum anderen als „eigene, dem Kunden *abgerechnete* Ziehungen".

Eigene, dem Kunden nicht abgerechnete Ziehungen

Bei den eigenen, dem Kunden nicht abgerechneten Ziehungen bleibt der Kontokorrentkredit des Kunden unverändert bestehen. Die Bank bittet bei der Wechselziehung den Kunden nur deshalb um sein Akzept, um sich bei Bedarf mittels Diskontierung dieses Wechsels liquide Mittel beschaffen zu können. **Da der Kunde Kontokorrentkreditschuldner bleibt, verpflichtet sich die Bank, die Einlösung der eigenen Ziehungen selbst vorzunehmen.**

Solange sich die eigenen, dem Kunden nicht abgerechneten Ziehungen im Bestand der Bank befinden, erscheinen sie nicht in der Bilanz. Werden die Abschnitte jedoch veräußert, so erhöht sich die unter dem Strich befindliche Position *„Eigene Ziehungen im Umlauf"*. In der Bilanz selbst kommt die Refinanzierung in der Position „*Verbindlichkeiten gegenüber Kreditinstituten*" sowie in einer Zunahme der liquiden Mittel, z. B. als Landeszentralbankguthaben, zum Ausdruck.

Eigene, dem Kunden abgerechnete Ziehungen

Im Gegensatz dazu muß bei eigenen, dem Kunden abgerechneten Ziehungen der Kreditnehmer den Wechsel einlösen; damit erfolgt eine **Umwandlung des betreffenden Kontokorrentkredites in einen Wechselkredit.** Dies geschieht dadurch, daß die Debitorenziehung vom Kreditnehmer akzeptiert und dieser Wechsel dann von der Bank diskontiert wird. Durch die Gutschrift des Diskonterlöses vermindert sich der Sollsaldo des Kreditnehmers, oder es wird vermieden, daß überhaupt ein Sollsaldo auf dem Kontokorrentkonto des Kunden entsteht.

In der Bilanz erscheinen die dem Kunden abgerechneten Ziehungen im Gesamtbetrag der Position „*Wechsel*"; außerdem werden sie in einer Ausgliederung besonders ausgewiesen. Werden diese Wechsel weitergegeben, so ergibt sich einerseits ein Aktivtausch, der bewirkt, daß sich die Barmittel erhöhen und der Wechselbestand ermäßigt; andererseits findet die Weitergabe der abgerechneten Mobilisierungstratten ihren Niederschlag in der unter dem Strich befindlichen Position „*Eigene Ziehungen im Umlauf*", die zudem eine besondere Ausgliederung enthält, nämlich „*darunter: den Kreditnehmern abgerechnet*".

Praktisch haben Debitorenziehungen als Finanzierungsinstrument heute nur im Zusammenhang mit Teilzahlungsfinanzierungen auf Wechselbasis Bedeutung.

3. Ratenkredit

Der Ratenkredit ist im Vergleich zu den übrigen Geldleihgeschäften eine relativ junge Erscheinungsform im Kreditgeschäft der Banken, die erst in den letzten dreißig bis vierzig Jahren in Deutschland eine wachsende Bedeutung erlangt hat. Er dient im wesentlichen der Absatzfinanzierung von Konsumgütern.

Zu den Ratenkrediten der Kreditinstitute gehören:

die Formen der *bankmäßigen Teilzahlungsfinanzierung,*

die *persönlichen Kleinkredite* und

die *Anschaffungsdarlehen.*

3.1 Teilzahlungskredit

3.1.1 Geschichtliche Entwicklung

Den *Hauptanwendungsbereich* für den bankmäßigen Teilzahlungskredit stellt die Finanzierung sogenannter langlebiger Konsumgüter dar, zu denen u. a. Waschmaschinen, Kühlschränke, Fernsehapparate und Motorfahrzeuge gehören. In jüngster Zeit hat der Teilzahlungskredit aber auch bei der Inanspruchnahme von Dienstleistungen (z. B. Urlaubsreisen) Bedeutung erlangt.

Entwickelt hat sich der Teilzahlungskredit aus dem sogenannten *„Anschreiben"* oder *„Borgen"*. Während im Produktionsbereich der Wirtschaft die Kreditgewährung bereits als Selbstverständlichkeit angesehen wurde, galt es noch lange Zeit als unsolide, wenn ein Endverbraucher seine Einkäufe nicht bar bezahlte. Anfänge des modernen Teilzahlungsgeschäfts lassen sich um **1800** im französischen Einzelhandel nachweisen. So gab z. B. die Pariser Firma Crespin-Dufayel sogenannte *„bons d'achats"* an die Inhaber von Kundenkonten aus, die bar eingelöst wurden.

In der **zweiten Hälfte des 19. Jahrhunderts** gingen einige amerikanische Industrieunternehmen dazu über, den Konsumenten den Kauf langlebiger Wirtschaftsgüter auf Kredit, der in regelmäßigen Raten zurückgezahlt werden mußte, zu gestatten. Insbesondere die amerikanische Nähmaschinenfabrik Singer erkannte als eine der ersten Unternehmungen die Bedeutung des Abzahlungskredits als Instrument der Absatzsteigerung für ihre Erzeugnisse. Die deutsche Nähmaschinenindustrie schloß sich, um konkurrenzfähig zu bleiben, der neuen Verkaufsmethode an. Weitere Industriezweige folgten, so daß sich das von Industrieunternehmen betriebene und finanzierte Abzahlungsgeschäft relativ schnell ausbreiten konnte.

Die *bankmäßige Teilzahlungsfinanzierung* in Deutschland setzte erst Mitte der zwanziger Jahre ein, als weite Kreise der Bevölkerung durch die Inflation ihr Vermögen verloren hatten. Die angesammelten Sparguthaben waren wertlos geworden, und da die laufenden Verdienste der Arbeiter, Angestellten und Beamten vielfach nicht zur sofortigen Anschaffung langlebiger Gebrauchsgüter ausreichten, nahmen die Teilzahlungsverkäufe zu. **Zu Beginn des zweiten Weltkrieges** arbeiteten in Deutschland etwa 50 Teilzahlungsbanken sowie mehrere hundert Finanzierungsabteilungen von Gas- und Elektrizitätswerken.

Ende **1955** betrug die Zahl der Teilzahlungsinstitute in Westdeutschland 134; Ende **1969** war die Zahl der Teilzahlungsinstitute auf 191 mit insgesamt 739 Bankstellen angewachsen; in den Jahren bis 1981 schmolz die Anzahl auf 121 zusammen.

3.1.2 Rechtliche Grundlagen

Rechtsgrundlage für das Teilzahlungskreditgeschäft sind grundsätzlich die Vorschriften über das *Darlehen* sowie wegen der engen Verbindung des Teilzahlungskredits mit dem zugrunde liegenden Warengeschäft die Bestimmungen über den Kaufvertrag. ·BGB · §455

Ein wesentlicher rechtlicher Bestandteil ist daneben der *Eigentumsvorbehalt*, der eine wichtige Nebenabrede zur Sicherung des Verkäufers darstellt. Der Käufer erlangt in diesem Falle die im Eigentum begründeten Rechte an der Sache erst dann, wenn er seine Verbindlichkeiten aus dem Kaufvertrag erfüllt hat. ·§607 ff.

Spezielle Regelungen enthält das „**Gesetz betreffend die Abzahlungsgeschäfte**" (AbzG) vom 16. 5. 1894 in der Fassung vom 15. 5. 1974, das Mißbräuche ausschließen soll, die beim Verkauf einer „beweglichen Sache, deren Kaufpreis in Teilzahlungen entrichtet werden soll", auftreten können. Der geschäftlich unerfahrene Käufer soll durch diese gesetzlichen Bestimmungen vor Übervorteilungen durch den Verkäufer geschützt werden.

AbzG
§ 1, 1

§ 4

Das insgesamt neun Paragraphen umfassende Gesetz erklärt Vereinbarungen für nichtig, die im Falle des **Rücktritts des Käufers bei vertragswidrigem Verhalten** und Rücknahme der Sache durch den Verkäufer den Verfall der geleisteten Raten vorsehen. Ferner regelt es die Ersatzleistung des Käufers für den Fall, daß er den Rücktritt des Verkäufers verschuldet hat, und nimmt zu dem Problem der Vertragsstrafe und der Fälligkeit der Restschuld bei Nichterfüllung der dem Käufer obliegenden Verpflichtungen Stellung.

Der Anwendungsbereich des Gesetzes betreffend die Abzahlungsgeschäfte umfaßt Abzahlungsgeschäfte sowie alle Verträge, die darauf abzielen, die Zwecke eines Abzahlungsgeschäfts in einer anderen Rechtsform zu erreichen. Auf diese Weise soll eine Umgehung der gesetzlichen Vorschriften verhindert werden.

Schließlich geben die Teilzahlungskreditinstitute eigene „**Darlehensbedingungen**" heraus, die bei Geschäftsabschluß Bestandteil des Kreditvertrages werden.

3.1.3 Wesen des Teilzahlungskredits

Der Teilzahlungskredit dient der Finanzierung von beweglichen, häufig langlebigen Gütern bzw. Dienstleistungen; die Rückzahlungsraten werden im Zeitpunkt der Kreditgewährung nach Höhe und Fälligkeit genau festgelegt.

Als **Kreditobjekte** für Teilzahlungsgeschäfte werden vorwiegend **solche Warengattungen** in Frage kommen, **die nicht dem unmittelbaren Verbrauch dienen**, sondern eine gewisse Lebensdauer und Wertbeständigkeit besitzen. Bei genügender Kreditwürdigkeit des Kreditnehmers können aber auch kurzlebige Wirtschaftsgüter finanziert werden.

Von den gewerblich verwendeten Gütern verdient die **Warengattung „Lastkraftwagen, Zugmaschinen und Anhänger"** besondere Beachtung, obwohl sie in den letzten Jahren einen relativen Rückgang zeigte. Hier wirken sich die ungelösten Probleme der gewerblichen Kraftverkehrswirtschaft, das Verhältnis Schiene-–Straße und die Fragen der Abmessungen von Lastkraftwagen aus, die den Absatz dieser Fahrzeuge in der Bundesrepublik erschwert haben.

Dagegen ist eine erhebliche Steigerung der Teilzahlungskredite für *Personenkraftwagen und Motorräder* zu verzeichnen. Diese Entwicklung verdeutlicht die Zunahme der Motorisierung bei steigendem Lebensstandard. Der Anteil der Teilzahlungskredite, der auf *Rundfunkgeräte* entfällt, war bis 1957 rückläufig; seit dieser Zeit ist er wieder im Steigen begriffen. Das ist darauf zurückzuführen, daß die Zahlen seit 1957 auch die auf Teilzahlung verkauften *Fernsehgeräte* enthalten.

Werden die Berufsgruppen betrachtet, denen die Kunden der Teilzahlungsbanken zuzurechnen sind, so liegen sowohl hinsichtlich der Zahl als auch der Gesamtkreditsumme die Lohnempfänger an der Spitze. Über die Hälfte aller Teilzahlungskredite und etwa 40% des Teilzahlungskreditvolumens der Teilzahlungsbanken entfällt auf Arbeiter.

3.1.4 Technik des Teilzahlungskredits

Die Abwicklung des Teilzahlungskreditgeschäfts erfolgt in verschiedenen Grundformen. Dabei sind die direkte und die indirekte Kundenfinanzierung zu unterscheiden.

a) Direkte Kundenfinanzierung *(A-Geschäft)*

Bei der direkten Kundenfinanzierung wird der Kredit entweder in Form von Zahlungsanweisungen (altes Königsberger System), durch Überweisung an Lieferanten oder durch Barauszahlung in Anspruch genommen.

Das A-Geschäft oder **Anweisungs- bzw. Schecksystem** wurde 1926 von der Kundenkredit GmbH in Königsberg eingeführt. Deshalb ist es auch unter der Bezeichnung *„Königsberger System"* bekanntgeworden. Bei dieser Form des Teilzahlungskredits stellt der Konsument seinen *Kreditantrag direkt beim Teilzahlungsinstitut;* die Verkäuferfirma wird bei der Kreditgewährung nicht eingeschaltet.

Nach der Prüfung seiner Kreditwürdigkeit wird mit dem Antragsteller ein *Kreditvertrag* geschlossen und über den gesamten Kreditbetrag eine Schuldurkunde ausgefertigt. Der Kunde erhält daraufhin ein Heft mit *Zahlungsanweisungen* ausgehändigt, die auf feste Beträge lauten. Diese sogenannten Kaufschecks berechtigen zum Einkauf bei sämtlichen Vertragsfirmen, die dem Teilzahlungsinstitut angeschlossen sind. Die Kreditgewährung wird also nicht für einen bestimmten Kauf vorgenommen, sondern gewährt dem Kreditnehmer im Rahmen des Sortiments der Vertragsfirmen und der Schecksummen volle Freizügigkeit. Der Konsument gibt für die gekaufte Ware Kaufschecks in Zahlung.

Die *Kreditrückzahlung erfolgt unmittelbar an das Teilzahlungsinstitut nach einem genau festgelegten Tilgungsplan.* Die Laufzeit des eingeräumten Teilzahlungskredits liegt im allgemeinen zwischen 3 und 12 Monaten.

Die Zusammenarbeit zwischen Teilzahlungsinstitut und Verkäuferfirmen wird in *Rahmenverträgen* festgelegt. Die Vertragsfirmen lösen die bei ihnen eingegangenen Zahlungsanweisungen vierzehntäglich bei dem Teilzahlungsinstitut ein. Sie erhalten den Betrag unter Abzug eines Skontos (sog. *Firmengebühr*) von 1 bis 4% des Kreditumsatzes gutgeschrieben. In Höhe des Skontos nehmen die Vertragsfirmen am Kreditrisiko des Instituts teil. Der Betrag dient teilweise zur Bildung einer besonderen *Delkredererückstellung*, zu deren Lasten Kreditverluste abgebucht werden.

Neuerdings gewinnt die Form der **Barauszahlung des Kreditbetrages** durch die Teilzahlungskreditinstitute an die Kreditnehmer mehr und mehr an Bedeutung. Diese Art der Kredithergabe gibt den Kreditnehmern Freizügigkeit nicht nur hinsichtlich der Wahl des Kaufobjektes, sondern auch des Händlers.

b) Indirekte Kundenfinanzierung

Bei der indirekten Kundenfinanzierung stellt der Verkäufer die Verbindung zwischen Käufer und Kreditinstitut her. Sie zerfällt in B- und C-Geschäfte.

ba) B-Geschäft

Das B-Geschäft wurde erstmalig 1929 in Berlin angewandt und führt deshalb auch die Bezeichnung *„Berliner System"*. Im Gegensatz zum Anweisungssystem wird beim B-Geschäft die *Verkäuferfirma in die Kreditabwicklung* eingeschaltet.

Bei Abschluß des Kaufvertrags leisten die Käufer in der Regel eine *Anzahlung* von 20 bis 30% des Kaufpreises. Für die *Restkaufsumme* beantragen sie über die Verkäuferfirma einen Teilzahlungskredit.

Zwischen der Teilzahlungsbank und der Verkäuferfirma besteht ein *Globalkreditvertrag*, in dem die Bank sich verpflichtet, den Kunden der Verkäuferfirma bis zu einer festgelegten Gesamthöhe Teilzahlungskredite einzuräumen.

Der Verkäufer reicht die Kreditanträge mit seiner Stellungnahme der Teilzahlungsbank einzeln ein, die über ihre Genehmigung oder Ablehnung entscheidet. Nach Prüfung der Kreditanträge überweist die Teilzahlungsbank dem Verkäufer in der Regel 80% des Restkaufpreises auf sein laufendes Konto; 20% gehen auf ein Sperr- oder Garantiekonto und stehen dem Verkäufer erst nach Eingang der letzten Ratenzahlung zur Verfügung. Die Rückzahlungsraten hat der Käufer direkt an die Teilzahlungsbank zu leisten.

Für Zahlungsausfälle muß der Händler aufkommen.

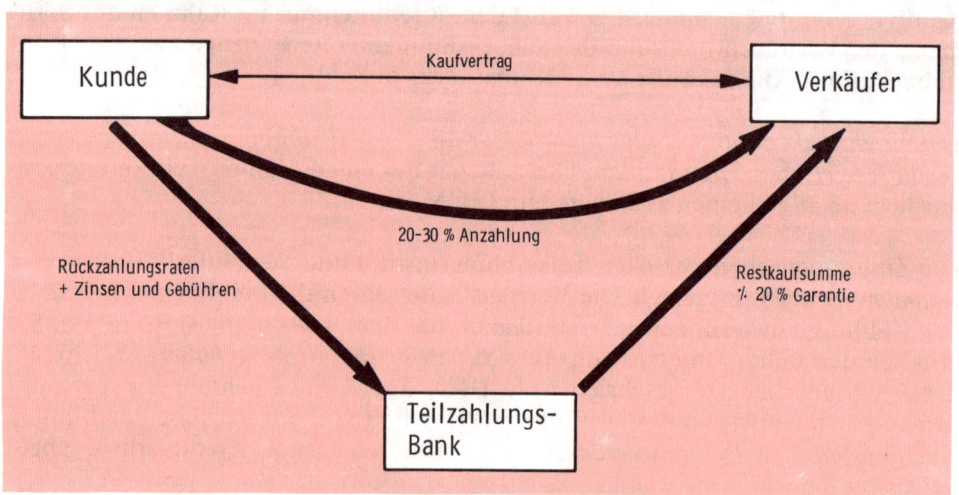

Im B-Geschäft werden hochwertige Gebrauchsgüter wie Möbel, Kühlschränke, Nähmaschinen, Waschmaschinen usw. finanziert. Die Kredite werden auf Kontokorrentbasis abgewickelt.

bb) C-Geschäft

Das C-Geschäft unterscheidet sich vom Berliner System dadurch, daß die Teilzahlungskredite nicht als Buchkredite, sondern in Wechselform gewährt werden.

Der Käufer hat eine *Anzahlung* zu leisten, die normalerweise 25 bis 40% des Gesamtkaufpreises beträgt. Über die einzelnen Teilzahlungsraten werden Wechsel ausgestellt. Ist die Verkäuferfirma in die Kreditgewährung eingeschaltet, so stellt sie die *Teilzahlungswechsel* an die Order der Teilzahlungsbank aus und läßt sie vom Käufer akzeptieren.

Das Teilzahlungsinstitut nimmt die Prüfung der Kreditwürdigkeit vor, diskontiert die Wechsel und schreibt den Gegenwert der Verkäuferfirma abzüglich Diskont gut. Das Eigentum an dem verkauften Handelsgut geht auf das Finanzierungsinstitut über.

Infolge der *wechselmäßigen Haftung des Händlers* verzichtet die Bank im allgemeinen auf die Einbehaltung eines Teils des Kreditbetrages zur Bildung eines Sperrkontos. Erfolgt die Kreditgewährung ohne Mitwirkung des Händlers, so fungiert die Teilzahlungsbank als Aussteller und Remittent.

Die *Gesamtlaufzeit* des Kredits soll im allgemeinen 24 Monate nicht übersteigen, in keinem Falle jedoch über die normale Nutzungsdauer des Objektes hinausgehen.

Das C-Geschäft dient im wesentlichen der Finanzierung von Kraftfahrzeugen, Kühlanlagen und größeren Maschinen, die zu gewerblichen Zwecken verwendet werden.

c) Kreditwürdigkeitsprüfung

Den vorhandenen Risiken im Teilzahlungsgeschäft wird durch eine sorgfältige und sachkundige Kreditwürdigkeitsprüfung und eine dem Kreditobjekt angemessene Kreditsicherung Rechnung getragen. Die **Kreditwürdigkeitsprüfung im A-Geschäft** erstreckt sich in erster Linie auf die Person des Kreditnehmers und seine finanziellen Verhältnisse. Die Möglichkeiten einer eingehenden Prüfung sind jedoch geringer als bei anderen Kreditarten. Die Konsumenten können im allgemeinen außer *Gehaltsbescheinigungen und Referenzen* keine weiteren Unterlagen beibringen, wie sie beispielsweise ein buchführendes Unternehmen aufzuweisen hat. Da die Kreditbeträge im A-Geschäft relativ klein sind, würde eine ausführliche Prüfung den Kredit zudem unverhältnismäßig verteuern.

Wichtigste Kreditunterlage ist deshalb die schriftliche Selbstauskunft des Kreditnehmers. Sie enthält Angaben über die persönlichen und wirtschaftlichen Verhältnisse des Antragstellers, insbesondere seine familiäre Lage, die Art des Arbeitsverhältnisses, die Einkommenshöhe und Vermögenssituation. Diese Angaben sind durch entsprechende Unterlagen zu beweisen. Die Selbstauskunft wird überprüft durch die Angaben von gewerbsmäßig betriebenen Auskunfteien, z. B. die Schufa (Schutzgemeinschaft für allgemeine Kreditsicherung).

Die **Kreditwürdigkeitsprüfung im B- und C-Geschäft** dient in erster Linie der Beurteilung der Bonität des Verkäufers. Unterlagen bilden Bilanzzahlen, Bankauskünfte und Referenzen von Lieferfirmen. Neben die **Bonitätsprüfung der Verkäuferfirma** tritt die Untersuchung der persönlichen und wirtschaftlichen Verhältnisse des Käufers.

Die *Absicherung im A-Geschäft* erfolgt im allgemeinen durch *Abtretung der pfändbaren Teile der Löhne bzw. Gehälter oder durch Stellung selbstschuldnerischer Bürgschaften*. Im Rahmen der Händlerfinanzierung kommt ferner dem *Eigentumsvorbehalt neben der Sicherungsübereignung* große Bedeutung zu.

Kommt der Kreditnehmer mit zwei aufeinander folgenden Raten in Verzug, so gestattet das Abzahlungsgesetz dem Kreditgeber, die Waren zurückzunehmen und zu verwerten.

Im *C-Geschäft* dient als zusätzliche Sicherheit die *wechselmäßige Haftung des Ausstellers*, des Bezogenen und etwaiger weiterer Indossanten.

d) Bilanzierung des Teilzahlungskredits

Seinen bilanzmäßigen Niederschlag findet der Teilzahlungskredit in den Positionen *„Forderungen an Kunden"* bzw. *„Wechsel"*. **Unter „Forderungen an Kunden" werden die im A- und B-Geschäft gewährten Kredite ausgewiesen.** Sie stellen Kontokorrentkredite an den Käufer (Kundenfinanzierung) bzw. Verkäufer (Händlerfinanzierung) dar. **Die Kredite des C-Geschäfts werden unter „Wechsel" bilanziert.**

3.1.5 Bedeutung des Teilzahlungskreditgeschäfts für Aufwand und Ertrag

a) Aufwendungen

Die **betriebsbedingten Kosten** des Teilzahlungskredits sind im Vergleich zu anderen Kreditarten infolge der ratenweisen Tilgung der betragsmäßig im allgemeinen relativ kleinen Kredite hoch. Die Kontrolle der Teilzahlungseingänge erfordert außerdem oft einen umfangreichen Schriftwechsel und eine intensive Mahntätigkeit.

Die **Kapitalbeschaffungskosten** der Teilzahlungskreditinstitute sind ebenfalls verhältnismäßig hoch, weil das Einlagengeschäft fehlt. Die eigenen Mittel sind gering, und deshalb müssen die Teilzahlungskreditinstitute ihre notwendigen Finanzierungsmittel durch Kreditaufnahmen beschaffen. Sie wenden sich zu diesem Zweck häufig an befreundete Geschäftsbanken oder Versicherungsgesellschaften, denen sie die banküblichen Zinsen vergüten müssen. Der *Zinsselbstkostensatz* liegt damit auf der Höhe der Sätze für aufgenommene Gelder.

Auch im C-Geschäft sind die Teilzahlungsbanken auf die Unterstützung durch andere Geschäftsbanken angewiesen, da die Landeszentralbanken nur solche Teilzahlungs-Wechsel diskontieren, die den in der Globaldefinition (siehe Seite 342) genannten Voraussetzungen entsprechen, weiterhin jedoch Teilzahlungswechsel zur Finanzierung des Erwerbs von Gütern durch Privatpersonen nicht ankaufen.

Die Kapitalbeschaffungskosten stellen insofern für die Teilzahlungsinstitute das wichtigste Kostenelement dar und erreichen einen beträchlichen Anteil der Gesamtkosten.

b) Erträge

Die Erlösgestaltung beim Teilzahlungskredit muß den besonderen Kostenelementen dieses Geschäftszweiges, d. h. den hohen Zins- und Verwaltungskosten, Rechnung tragen. Darüber hinaus wird im Teilzahlungskreditgeschäft eine vereinfachte Berechnungsweise verlangt, die vom Kreditnehmer nachgeprüft werden kann. An die Stelle von Zinsen, die üblicherweise bei Bankkrediten erhoben werden, treten beim Teilzahlungskredit **Gebühren bzw. Teilzahlungszuschläge. Sie werden von der Anfangskreditsumme ohne Berücksichtigung der späteren Ratenzahlungen berechnet.**

Zur Zeit gelten folgende Normalkonditionen, die allerdings aus Konkurrenzgründen – insbesondere beim B-Geschäft – z. T. erheblich unterschritten werden:

A- und B-Geschäft:

bei Beträgen bis zu	2 000,— DM	0,75% p. M.,
bei Beträgen ab	2 000,— DM	0,675% p. M.,

C-Geschäft (Autofinanzierung):

bei Neuwagen	0,45% p. M. (20% Anzahlung),
bei Gebrauchtwagen	0,55% p. M. (25% Anzahlung),

jedoch wird auf eine Anzahlung häufig verzichtet.

Inkassogebühr:	1,50 DM bei bankdomizilierten Wechseln,
	2,00 DM bei sonstigen Wechseln,
Wechselsteuer:	0,15 DM pro angefangene 100,— DM.

Sofern der Diskontsatz 4% übersteigt, betragen die Sätze beim C-Geschäft: 0,75–0,8% p. M.

Erlössteigernd wirkt sich daneben im A-Geschäft der Abzug von 1 bis 4% aus, der bei der Einlösung der von den Anschlußfirmen an die Teilzahlungsbank eingereichten Zahlungsanweisungen abgezogen wird.

3.2 Kleinkredit

3.2.1 Geschichtliche Entwicklung

Das erst seit wenigen Jahren in Deutschland propagierte Kleinkreditgeschäft kann auf eine längere Entwicklung zurückblicken. In Deutschland gaben und geben die *Sparkassen und die Genossenschaftsbanken* schon seit ihrer Gründung im

Rahmen des Personalkreditgeschäfts auch Kleinkredite, weil es den Zielsetzungen dieser Kreditinstitute entspricht, die Kreditversorgung wirtschaftlich schwächerer Bevölkerungskreise zu übernehmen. Seine aktuelle Bedeutung erhielt der persönliche Kleinkredit aber erst durch die Aufnahme dieses Geschäftszweiges durch die Großbanken, die mit einer umfangreichen Werbeaktion verbunden war und der eine erneute behördliche Normierung der Konditionen dieses Geschäfts vorausging.

3.2.2 Rechtliche Grundlagen

Für das Kleinkreditgeschäft gelten die Vorschriften des BGB über das Darlehen. Darüber hinaus sind nach Aufhebung der Anordnung der Bankaufsichtsbehörde des Bundesgebietes vom 22. 12. 1958 über die Kosten für Kleinkredite, durch welche die Kreditrichtlinien vom 29. 3. 1939 ersetzt wurden, als weitere rechtliche Grundlagen nur noch die Vertragsbedingungen anzusehen, die auf der Rückseite der Antragsformulare abgedruckt sind.

3.2.3 Wesen des Kleinkredits

Der Kleinkredit ist ein Barkredit, der vorwiegend Lohn- und Gehaltsempfängern als Konsumentenkredit gewährt wird und sich auf die persönlichen Verhältnisse des Kreditnehmers gründet. Die Laufzeit, Kredithöhe und Kreditkosten sind bei den einzelnen Banken normiert, die Tilgung erfolgt in festen monatlichen Raten.

Er kommt **in den Formen des persönlichen Kleinkredits (PKK) und des Anschaffungsdarlehens** vor und dient der Beschaffung langlebiger Gebrauchsgüter, wie Kühlschränke, Küchenmaschinen, Waschmaschinen, Möbel, Rundfunk- und Fernsehgeräte; aber auch Wohnungs- und Hausreparaturen sowie Reisen können mit diesem Kredit finanziert werden.

Der persönliche Kleinkredit ist ein *Barkredit*, über dessen Gegenwert der Kreditnehmer nach eigenem Ermessen ohne Auflagen des kreditgewährenden Instituts verfügen kann. Bei der Gewährung von Anschaffungsdarlehen dagegen verlangen die Banken in der Regel einen Verwendungsnachweis. Unter Umständen erfolgt sogar die Bezahlung der gekauften Gegenstände durch das betreffende Kreditinstitut gegen Vorlage der Rechnungen.

Kreditnehmer des Kleinkredits sind vorwiegend Arbeitnehmer, weil bei ihnen der Gehalts- bzw. Lohnnachweis relativ leicht erbracht werden kann. Der Kleinkredit gründet sich demnach auf die Person und das sichere Einkommen des Kreditnehmers sowie auf ein gesundes Verhältnis des Kreditbetrages zu Lohn oder Gehalt einerseits und den laufenden Verpflichtungen andererseits.

Im Hinblick auf die *Normierung* der Kredithöhe, der Kreditlaufzeit, der Kreditrückzahlung und der Kreditkosten unterscheiden sich die persönlichen Kleinkredite von den Anschaffungsdarlehen wie folgt:

a) Persönlicher Kleinkredit

Die *Höhe des Kredits* liegt zwischen **300,– DM und 6000,– DM** und soll den persönlichen Verhältnissen des Kreditnehmers angepaßt sein.

Die *Rückzahlung* erfolgt nach Vereinbarung innerhalb von **6 bis 48 Monaten** in gleichbleibenden Raten.

Die *Kosten des Kredits* betragen je nach Kreditinstitut z. Z. etwa 0,5% pro Monat vom ursprünglichen Kredit. Dazu kommt eine einmalige Bearbeitungsgebühr von 2% des Kreditbetrages.

Nur bei sehr wenigen Instituten werden die Kleinkredite im Rahmen des Kontokorrents geführt und entsprechend abgerechnet.

b) Anschaffungsdarlehen

Neben dem persönlichen Kleinkredit dienen die Anschaffungsdarlehen der Finanzierung längerlebiger Wirtschaftsgüter, z. B. der Finanzierung von Wohnungseinrichtungen, Kraftfahrzeugen, Praxis- und Büroeinrichtungen.

Die *Höhe des Kredits* wird bestimmt durch den zu zahlenden Kaufpreis. Sie wird im allgemeinen den Betrag von **30 000 DM** nicht übersteigen.

Anschaffungsdarlehen in einer Höhe von über 6000,– DM bis unter 10 000,– DM haben eine *Höchstlaufzeit* bis zu **48 Monaten,** solche in einer Höhe von 10 000,– DM bis 30 000,– DM haben eine Höchstlaufzeit von **60 Monaten.**

Die *Kreditkosten* entsprechen bei den meisten Instituten denen des persönlichen Kleinkredits. Persönliche Anschaffungsdarlehen unterscheiden sich von den Kleinkrediten dann nur noch durch die Höchstbeträge und die davon abhängigen Höchstlaufzeiten.

Eigentümlich für diese Kreditformen ist die Tatsache, daß die Konditionen während der Laufzeit festgeschrieben sind.

3.2.4 Technik des persönlichen Kleinkredits und des Anschaffungsdarlehens

Der Kreditnehmer reicht dem Kreditinstitut das ausgefüllte *Antragsformular* ein, das neben Auskünften über die Person Angaben über die gewünschte Kredithöhe sowie den beabsichtigten Verwendungszweck des Darlehens enthält.

Da der Antragsteller oft noch kein Kunde der Bank ist, hat er eine ausführliche *Selbstauskunft* zu geben, die Aufschlüsse über die Person, den Familienstand und das Alter des zukünftigen Kreditnehmers sowie eingehende Auskünfte über seine wirtschaftlichen Verhältnisse enthält. Besondere Beachtung wird dabei der Höhe des Einkommens, dem Vermögen und den vorhandenen Schulden, insbesondere den Abzahlungsverpflichtungen, geschenkt. Die Angaben des Kreditantrags werden belegt durch Vorlage des Personalausweises, einer Bescheinigung über das Beschäftigungsverhältnis und die letzte Lohn- oder Gehaltsabrechnung.

Der Kunde verpflichtet sich ausdrücklich zur Rückzahlung des beantragten Kredits und erkennt mit seiner Unterschrift die Kreditbedingungen an, die auf der Rückseite des Formulares abgedruckt sind. Antragsteller und Mitantragsteller haften für diesen Kredit als Gesamtschuldner und bevollmächtigen sich mit ihrer Unterschrift gegenseitig zur Abgabe und zum Empfang aller mit diesem Kredit zusammenhängenden Rechtshandlungen und Erklärungen.

Die Genehmigung oder Ablehnung des Kreditantrags hängt vom Ergebnis der *Kreditwürdigkeitsprüfung* ab, die sich – wie bei den anderen Kreditarten – auf die persönlichen, rechtlichen und wirtschaftlichen Verhältnisse des Kreditnehmers erstreckt.

Bei der Untersuchung der *persönlichen Verhältnisse* gilt das Augenmerk vornehmlich der familiären und beruflichen Situation des Antragstellers. Auch dessen persönlicher Eindruck auf den Kreditsachbearbeiter ist ein wichtiges Element bei der Kreditentscheidung.

Die Analyse der *wirtschaftlichen Faktoren* dient der Beantwortung der Frage, ob der Kreditnehmer auf Grund seiner Einkommensverhältnisse und seiner ständigen Verpflichtungen in der Lage ist, den Kredit pünktlich zu tilgen und die Kreditkosten zu tragen.

Fällt die Kreditwürdigkeitsprüfung an Hand der Angaben des Antragstellers positiv aus, sind weitere Auskünfte einzuholen, z. B. von der Schufa. Liegt auch von dieser Seite keine negative Auskunft vor, wird die Bank den Kreditantrag genehmigen und mit dem Kunden einen **Tilgungsplan** vereinbaren. Kreditbetrag, Bearbeitungsgebühr und Zinsen werden addiert; die sich ergebende Gesamtsumme wird durch die vereinbarte Anzahl der monatlichen Raten dividiert.

Beispiel:

Ein Kunde beantragt einen Kredit von 1500,– DM, rückzahlbar in 24 Monatsraten.

Kreditbetrag	1500,– DM
0,4% p. M. Zinsen für 24 Monate (24 · 6,–)	144,– DM
2% Bearbeitungsgebühr	30,– DM
Tilgungssumme	1674,– DM
1. Rückzahlungsrate	64,– DM
23 weitere Raten zu je 70,– DM	1610,– DM
insgesamt	1674,– DM

Aus psychologischen Gründen und zum Zwecke der Abrundung wird die 1. Rate gewöhnlich etwas niedriger als die auf volle 10,– DM oder 5,– DM lautenden Folgeraten angesetzt.

482

Antrag auf Ratenkredit

An

Bank für Gemeinwirtschaft
Aktiengesellschaft

in Frankfurt (Main)

Effektiv-verzinsung	6,5 %
Bearbeitungs-gebühr	1,5 %
effektiver Jahreszins	7,94 %
monatliche Rate	226,--

Konto-Nr (füllt die Bank aus)	4.012.345.600
Höhe des beantragten Kredites	DM 5.000,--
Anzahl der monatlichen Tilgungsraten	6 12 18 24 30 36 48 60 — X
Beginn der Raten-zahlung	01.10.1978

Verwendungszweck (Zutreffendes bitte ankreuzen)

X PKW	X neu	gebraucht

- Haushaltsgeräte (wie z.B. Waschmaschinen, Fernseher, Möbel)
- Wohnungsinstandsetzung, Hausreparaturen usw.
- Ablösung vom bestehenden Darlehen oder Verpflichtungen
- Reise, Kur

VW Golf
Baujahr 1978
Kaufpreis 12.000,--

Die Ratenzahlung erfolgt durch

X Abbuchung per Dauerauftrag von einem Konto bei der BfG

Einzug der Forderung im Lastschrifteinzugsverfahren

Antragsteller - Selbstauskunft -		Bürge (z.B. Ehegatte) - Selbstauskunft -	
Name	Hädrich	Name	Hädrich geb. Kofler
Vorname	Uwe	Vorname	Gudrun
geboren am	11.07.1936 — verheiratet	geboren am	14.03.1938 — verheiratet
Wohnort	6000 Frankfurt (Main)	Wohnort	siehe nebenstehend
Straße, Haus-Nr.	Usinger Str. 17	Straße, Haus-Nr.	---
Zahl der unterhalts-pflichtigen Kinder	- 1 -	Zahl der unterhalts-pflichtigen Kinder	siehe nebenstehend
Zur Zeit beschäftigt als	kfm. Angestellter	Zur Zeit beschäftigt als	Verkäuferin (halbtags)
bei (Arbeitgeber)	Lampe & Weber KG, Frankfurt	bei (Arbeitgeber)	Elektro-Maier, Frankfurt
seit (Datum)	1961	seit (Datum)	1972
Netto-Monatsverdienst	DM 2.300,--	Netto-Monatsverdienst	DM 700,--
sonstige monatliche Einkünfte, z.B. Miete, Renten, Zinsen	DM entfällt aus entfällt	sonstige monatliche Einkünfte, z.B. Miete, Renten, Zinsen	DM entfällt aus entfällt
monatliche Miete	DM 600,-- inkl.	monatliche Miete	DM siehe nebenstehend
sonstige durchschnittl. mtl. Verpflichtungen	DM Vers., Auto, Tel. etc. wegen 350,--	sonstige durchschnittl. mtl. Verpflichtungen	DM siehe nebenstehend wegen ---
Restschuld aus noch bestehenden Darlehen oder Überziehungskredit	DM entfällt bei entfällt	Restschuld aus noch bestehenden Darlehen oder Überziehungskredit	DM entfällt bei entfällt

---

Lohn-/Gehaltsabtretung

Unter der Voraussetzung, daß mir der Kredit aufgrund des eingereichten Antrages eingeräumt wird, **trete ich Ihnen hiermit** unter der auflösenden Bedingung der vollständigen Tilgung des Kredites nebst Zinsen und Kosten den jeweils pfändbaren Teil meiner gegenwärtigen und zukünftigen **Lohn-, Gehalts-, Pensions-, Provisions-, Gebühren- und sonstigen Ansprüche** aus gegenwärtigen und zukünftigen Dienst- und Auftragsverhältnissen **zur Sicherung des Kredites ab.** Für den Fall, daß aufgrund meines Dienstverhältnisses die Abtretung ausgeschlossen ist, bevollmächtige ich Sie hiermit, die vorstehenden Teile meiner Bezüge einzuziehen. Sie haben sich jederzeit widerruflich bereit erklärt, dem jeweiligen Drittschuldner diese Abtretung bis auf weiteres nicht anzuzeigen. Ich verpflichte mich, Sie unverzüglich zu unterrichten, sofern die abgetretenen Ansprüche gepfändet werden sollten oder mein jetziges Dienst- oder Auftragsverhältnis endet. Letzterenfalls werde ich Ihnen unverzüglich Mitteilung machen, sobald ich ein neues Dienst- oder Auftragsverhältnis eingehe und Ihnen den neuen Dienst- oder Auftraggeber namhaft machen. Alle aus dieser Abtretung entstehenden Kosten, insbesondere etwaige Interventionskosten, gehen zu meinen Lasten.

Ich bin zur Zeit bei der DAK, Frankfurt (Main)
krankenversichert und ermächtige hiermit meinen Versicherungsträger, der Bank meinen jeweiligen Arbeitgeber mitzuteilen.

Ich(Wir) bestätige(n) hiermit die Richtigkeit der obigen Angaben.
Ihre umseitigen Kreditbedingungen erkenne(n) ich(wir) hiermit an, insbesondere die Gerichtsstandsvereinbarungen gemäß Ziffer 9.

Achtung! Auch bei Nichterhalt der Ware oder Erhalt mangelhafter Ware hat der Käufer (Kreditnehmer) den Kredit voll zurückzuzahlen.

Frankfurt (Main)   den 07.09.1978

Uwe Hädrich
(Unterschrift des/der Kreditnehmer(s))

Anlage: Verdienstbescheinigung

Ich trete hiermit den jeweils pfändbaren Teil meiner gegenwärtigen und zukünftigen Einkünfte gemäß dem obigen Text "Lohn- und Gehaltsabtretung" an die Bank ab.

Ich bin zur Zeit bei der BEK, Frankfurt (Main)
krankenversichert und ermächtige hiermit meinen Versicherungsträger, der Bank meinen jeweiligen Arbeitgeber mitzuteilen.

Gudrun Hädrich
(Unterschrift des/der Bürgen)

Zur Sicherung aller Ansprüche, die Ihnen aus dem Kreditvertrag selbst oder im Falle seines Untergangs (z.B. durch Rücktritt, insbesondere aufgrund der Bestimmungen des Abzahlungsgesetzes) aus einem Rückgewährschuldverhältnis gegen den Kreditnehmer zustehen, übernehme(n) ich/wir die selbstschuldnerische Bürgschaft.

Gudrun Hädrich
(Unterschrift des/der Bürgen)

21 31 2.77

1. Maßgebend für die Kreditgewährung sind neben dem Kreditantrag die „Allgemeinen Geschäftsbedingungen", die zur Einsichtnahme im Schalterraum der kontoführenden Stelle ausliegen, in ihrer jeweils geltenden Fassung.

2. Der Kreditnehmer hat Änderungen des Familienstandes und der Anschrift sowie jeden Arbeitsplatzwechsel der Bank unverzüglich schriftlich anzuzeigen.

3. Im Falle vorzeitiger Rückzahlung des Kredites oder von Teilbeträgen werden belastete Zinsen für noch nicht angefangene Laufzeitmonate bei Beendigung des Kredites zurückerstattet, sofern die Rückzahlungssumme mindestens 2 Monatsraten umfaßt und wenigstens DM 200,— beträgt. Bearbeitungsgebühr und Barauslagen werden nicht erstattet.

4. Die jeweilige Kreditforderung kann von der Bank für sofort fällig erklärt werden, wenn

    a) der Kreditnehmer mit der Rückzahlung von mindestens zwei aufeinanderfolgenden Tilgungsraten ganz oder zum Teil in Rückstand gerät, oder wenn er mindestens dreimal gemahnt worden ist.

    b) gegen den Kreditnehmer oder Bürgen ein Verfahren zur Ableistung der eidesstattlichen Versicherung schwebt, über deren Vermögen ein Konkurs- oder gerichtliches Vergleichsverfahren eröffnet oder die Eröffnung eines dieser Verfahren beantragt wird oder wenn der Kreditnehmer einen außergerichtlichen Vergleich anbietet.

    c) der Kreditnehmer oder Bürge der Bank gegenüber unrichtige Angaben gemacht hat oder die nach Ziffer 2 zu erstattenden Meldungen unterläßt.

    d) der Kreditnehmer oder Bürge stirbt; es sei denn, daß die Erben unter Verzicht auf die ihnen zustehenden erbrechtlichen Haftungsbeschränkungen und Einreden persönlich in die Verpflichtungen des Verstorbenen eintreten.

    e) der Kreditnehmer oder Bürge weitere Kredite aufnimmt, welche die Rückzahlung dieses Kredites in Frage stellen.

5. Im Falle des Zahlungsverzugs ist die Bank berechtigt,

    a) für die Zeit des Zahlungsverzugs Zinsen einschließlich Erstattung des Verzugsschadens in Höhe von 0,4⁰/oo pro Tag, mindestens DM 3,–, auf die rückständige Darlehnsschuld in Rechnung zu stellen. Außerdem berechnet die Bank eine Stundungsgebühr von DM 3,—.

    b) insbesondere wird die Bank für die erste und jede weitere Mahnung Mahngebühr zuzüglich Porto sowie etwaige Kosten für Zwangsmaßnahmen usw. berechnen.

6. Solange ein Kreditnehmer in Rückstand ist, werden Zahlungen zunächst auf die rückständigen Kosten und Zinsen, alsdann auf die jeweils rückständige Darlehnsschuld verrechnet.

7. Auskunftsstellen, welche die Bank in der üblichen Weise in Anspruch nimmt, darf sie über das Kreditverhältnis unterrichten.

8. Erfüllungsort ist der Sitz der kontoführenden Stelle der Bank.

9. Gerichtsstand für Kreditnehmer und Bürgen ist für das gerichtliche Mahnverfahren und für den Fall, daß diese nach Vertragsschluß ihren Wohnsitz oder gewöhnlichen Aufenthaltsort aus dem Bereich der Bundesrepublik Deutschland oder Westberlin verlegen oder ihr Wohnsitz oder gewöhnlicher Aufenthaltsort im Zeitpunkt der Klageerhebung nicht bekannt ist, der Sitz der kontoführenden Stelle der Bank.

Von der Bank auszufüllen

Vorgelegter Ausweis

Art der Legitimation: persönlich bekannt

Ausstellungsdatum:

Ausstellende Behörde:

Ausweis-Nr.:

Anschrift lt. Ausweis:

eingesehen von _____ (Unterschrift)

persönlich bekannt: _____ (Unterschrift)

Auskunft von Schufa, Frankfurt (Main)

vom/eingeholt am 07.09.1978

schriftlich/telefonisch Platz Nr. 12

evtl. Bemerkungen zur Auskunft:

Bearbeitungsvermerk: Sicherungsübereignung des anzuschaffenden Autos

Genehmigt am _____

(Unterschrift)

Von dem Kreditnehmer (und eventuell Mitverpflichteten) wird grundsätzlich die Abtretung der pfändbaren Ansprüche auf Arbeitsentgelt gemäß § 850 ZPO und – soweit möglich und notwendig – die Sicherungsübereignung der durch die Bereitstellung des Kredites erworbenen Gegenstände verlangt. Bei Beamten ist nach § 411 BGB im übrigen eine öffentlich beglaubigte Abtretungsurkunde erforderlich, die der auszahlenden Kasse vorgelegt werden muß.

Die meisten Banken bieten ihren Kunden zusätzlich sogenannte Restschuldversicherungen an, die im Falle wirtschaftlicher Not (z. B. Arbeitsunfähigkeit oder Tod des Kreditnehmers) die Rückzahlung des Kredites übernehmen.

Die *Kreditüberwachung* erstreckt sich auf die Einhaltung der Kreditbedingungen; außerdem wird jeder Wechsel in den persönlichen, rechtlichen und wirtschaftlichen Verhältnissen des Kreditnehmers verfolgt. Der Kreditnehmer ist verpflichtet, dem Kreditinstitut Veränderungen seines Einkommens, seiner Arbeitsstätte und seines Wohnsitzes mitzuteilen.

3.2.5 Bedeutung des Kleinkreditgeschäfts für Aufwand und Ertrag

a) Aufwendungen

Die **betriebsbedingten Aufwendungen** des persönlichen Kleinkredits sind infolge der großen Anzahl und der geringen Höhe der einzelnen Darlehen gegenüber größeren Krediten verhältnismäßig hoch. Auch in dieser Kreditsparte muß fachlich geschultes Personal eingesetzt werden, das sich im Gespräch mit dem Antragsteller bereits eine fundierte Meinung über dessen Kreditwürdigkeit zu bilden vermag.

Der **Sachaufwand** wird verursacht durch Kreditprüfung, Krediteinräumung und Verbuchung der Auszahlung, ferner Ratenkontrolle, Inkasso- und Mahnwesen.

Zum **wertbedingten Aufwand** zählen die *Kapitalbeschaffungsaufwendungen*, die sich nach den jeweiligen Geldmarkt- und Habenzinssätzen richten. Sie sind von unterschiedlicher Höhe, je nachdem, ob die Kleinkredite auf der Grundlage von Einlagenkapital oder Kreditaufnahmekapital gewährt wurden.

Verhältnismäßig gering ist das *Ausfallrisiko* im persönlichen Kleinkreditgeschäft. Dagegen kommen Verzögerungen in der zeitlichen Erfüllung der Ratenverpflichtungen häufiger vor.

b) Erträge

Den auf den Kreditbetrag bezogenen relativ hohen Aufwendungen stehen an wertbedingten Erträgen *Zinsen* und an betriebsbedingten Erträgen 2% *Bearbeitungsgebühr* auf den eingeräumten Kredit gegenüber.

Bei den Zinsen gelten in der Regel die obengenannten Sätze, die jedoch von einzelnen Kreditinstituten zum Teil erheblich unterschritten werden. Die *effektive*

Zinslast für den Kreditnehmer beträgt auf Grund der Berechnung der Kreditkosten ohne Berücksichtigung der Darlehenstilgung bei 0,4% p. M. Zinsen und der Mindestlaufzeit von sechs Monaten 15,1%; sie ermäßigt sich bei der möglichen maximalen Laufzeit von 24 Monaten auf 11,1%.

Beispiel:

Wie hoch ist der Jahreszinssatz für einen Kleinkredit, der am 31. 3. zu 0,4% p. M. + 2% Bearbeitungsgebühr gewährt wird und der in 6 Raten zurückzuzahlen ist?

Die Kreditkosten betragen für die Zeit vom 1. 4. bis 30. 9.:
0,4% · 6 + 2% = 4,4%.

Die Rückzahlungsraten sind fällig am:

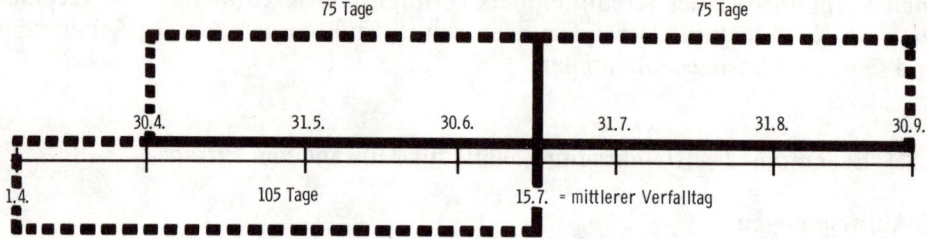

Der Rückzahlungszeitraum umfaßt 150 Tage; die Zeitspanne bis zu dem Tage, an dem die Raten in einer Summe rückzahlbar wären (= mittlerer Verfalltag), beträgt 75 Tage.

Der Kunde zahlt mithin für die Zeit vom Tage der Bereitstellung des Kredits an bis zum mittleren Verfalltag der Rückzahlungsraten =

105 Tage – 4,4% Zinsen. Das sind für
360 Tage – **15,1%** Zinsen.

Im Vergleich zu den Konditionen bei den Kontokorrentkrediten ist die Belastung für den Kleinkreditnehmer beim persönlichen Kleinkredit zwar relativ hoch, infolge der niedrigen Kreditbeträge sind die absoluten Erträge der Kreditinstitute jedoch gering.

Ein Kleinkredit in Höhe von 300,– DM bringt z. B. bei einer Laufzeit von sechs Monaten 13,20 DM Erträge. Der Kapitalbeschaffungsaufwand dieses Kredits beläuft sich auf ungefähr 5,25 DM (6% für sechs Monate auf einen eingesetzten Betrag von durchschnittlich 175 DM). Zur Deckung des betriebsbedingten Aufwands verbleiben etwa 7,95 DM. Daraus folgt, daß im Kleinkreditgeschäft bei Beträgen unter 2000 DM im günstigsten Falle eine Aufwandsdeckung erreicht, keinesfalls aber ein Gewinn erwirtschaftet werden kann.

Kalkulatorisch ist bei diesem Geschäftszweig aber zu berücksichtigen, daß die *zusätzlichen Geschäfte* einbezogen werden müssen, welche die Folge einer neuen Kleinkreditverbindung darstellen. Dieses Argument gilt in erster Linie für die Großbanken, die sich durch das persönliche Kleinkreditgeschäft den Zugang zu einer neuen Kundenschicht erschließen. Mit dem Kleinkreditgeschäft und der Dienstleistungssparte „bargeldlose Lohnzahlung" wandten sie sich einem Bevölkerungskreis zu, der bisher nur in geringem Umfang zu ihren Kunden gehörte.

4. Lombardkredit

4.1 Geschichtliche Entwicklung

Die Münzwechsler sahen ihre Aufgabe zunächst nur im *Umwechseln* von Münzen. Später nahmen sie auch Gelder zur *Aufbewahrung* an, allerdings zunächst nur als *depositum regulare*. Erst nachdem sie zur unregelmäßigen Verwahrung (*depositum irregulare*) übergegangen waren und damit die Notwendigkeit fortfiel, dieselben Münzen wieder zurückzugeben, hatten sie die Möglichkeit, die ihnen überlassenen Geldmittel vorübergehend als Kredite auszuleihen. Regelmäßig verlangten sie bei einer solchen Kreditgewährung **Sicherheiten in Form von Faustpfändern**.

Da derartige Kreditgeschäfte im Mittelalter zuerst von den in der Lombardei ansässigen Geldwechslern aufgenommen wurden, bezeichnete man die verhältnismäßig kurzfristigen Kredite gegen Faustpfand ganz allgemein als **Lombardkredite**. Das reine Pfandleihgeschäft, das nicht bankmäßig betrieben wird und als Sicherheiten auch Gegenstände kennt, die nicht leicht veräußerlich sind, wie z.B. Gebrauchsgüter des täglichen Lebens, hat allerdings eine wesentlich längere Geschichte. Solche Geschäfte können bereits im Altertum nachgewiesen werden.

Die *lombardischen Geldwechsler* konnten ihre führende Stellung als Darlehensgeber in Deutschland **bis zur Mitte des 15. Jahrhunderts** behaupten. Dann übernahmen in zunehmendem Maße die großen süddeutschen Handelshäuser, insbesondere die *Fugger und Welser,* diese Funktion, denen zur Zeit des Merkantilismus **im 17. und 18. Jahrhundert** die Giro- und Wechselbanken mit der Gewährung von Lombardkrediten folgten.

Mit zunehmender Währungs- und Rechtssicherheit konnte der Kreditverkehr immer weiter ausgebaut und verfeinert werden. Dadurch nahm auch die Bedeutung des Lombardkreditgeschäftes zu, bis es im Zuge der fortschreitenden Industrialisierung in der Form des Effektenlombardgeschäftes seine größte Verbreitung und Vollkommenheit erreichte.

Die weitere Entwicklung des Kreditwesens führte in der neuesten Zeit allerdings zu einem allmählichen Rückgang der Bedeutung des Lombardkredites, insbesondere zugunsten des Kontokorrentkredits, weil dieser in einer hochentwickelten Kreditwirtschaft dem Lombardkredit gegenüber in zahlreichen Fällen Vorteile aufweist.

4.2 Rechtliche Grundlagen

Da der Lombardkredit, für den es in Deutschland keine speziellen Rechtsvorschriften gibt, aus zwei Geschäften besteht – nämlich einem Kreditgeschäft und einem Sicherungsgeschäft –, sind auf das Lombardgeschäft einerseits die **Vorschriften über das Darlehen** und andererseits die **Bestimmungen über das Pfandrecht** an beweglichen Sachen und an Rechten anzuwenden. Außerdem sind die

§§ 366–368 HGB sowie eine Reihe handelsrechtlicher Spezialvorschriften, wie das Depotgesetz, das Börsengesetz und die Verordnung über Orderlagerscheine, und bei den Lombardkrediten der Deutschen Bundesbank das Gesetz über die Deutsche Bundesbank zu beachten. Eine Ergänzung dieser gesetzlichen Vorschriften bilden die Allgemeinen Geschäftsbedingungen der Kreditinstitute.

Die zum Schuldrecht gehörenden Vorschriften über das Darlehen bedürfen an dieser Stelle keiner besonderen Erläuterung mehr. Sie werden in gleicher Weise wie beim Kontokorrentkredit angewandt.

Die Bestimmungen über das Pfandrecht an beweglichen Sachen und an Rechten sind im Abschnitt „Sicherheiten im Kreditgeschäft" eingehend dargestellt und erläutert (vgl. S. 372 ff.).

4.3 Wesen des Lombardkredits

Der Lombardkredit ist ein kurzfristiges, auf einen festen Betrag lautendes Darlehen, das durch Verpfändung marktgängiger, d. h. leicht realisierbarer, beweglicher Sachen oder Rechte besonders gesichert ist.

Diese Begriffsbestimmung enthält die **Merkmale, die den Lombardkredit als solchen kennzeichnen.**

(1) **Der Lombardkredit ist ein kurzfristiger Buchkredit.** Ständige Prolongationen des Kredits, wie sie beim Kontokorrentkredit häufig vorkommen, sind beim eigentlichen Lombardkredit nicht üblich.

(2) **Als Sicherheiten für den Lombardkredit dienen möglichst wertbeständige, leicht realisierbare Faustpfänder,** die bei der Darlehensgewährung von einem Kreditinstitut nach bankmäßigen Gesichtspunkten beliehen werden. Ein Kredit gegen Sicherungsübereignung bestimmter Waren ist niemals ein Lombardkredit. Ebenso kann die Darlehensgewährung der Pfandleihanstalten (Pfandhäuser) gegen Verpfändung von Gegenständen – insbesondere von Gebrauchsgütern des täglichen Lebens – nicht als Lombardkreditgeschäft angesehen werden.

(3) **Das Darlehen lautet über einen festen Betrag und wird in der Regel in einer Summe ausgezahlt bzw. gutgeschrieben.** Das Lombardkonto ist ein reines Kredit- bzw. Forderungskonto und kein Umsatzkonto; im Gegensatz zum Kontokorrentkonto dient es daher nicht der Verrechnung gegenseitiger Ansprüche.

(4) **Die Pfandgegenstände werden nicht in voller Höhe, sondern nur in Höhe eines bestimmten, je nach Art des Pfandgegenstandes unterschiedlichen Prozentsatzes ihres Zeitwertes am Tage der Kreditgewährung beliehen.** Hierin unterscheidet sich das Lombardgeschäft vom *Reportgeschäft*, bei dem der Reporteur dem Darlehensnehmer den vollen Wert beleiht, den die Wertpa-

488

piere am Ultimotage haben, und somit das Kursrisiko bis zum Termin trägt. Reportgeschäfte werden daher im allgemeinen nur gegen Sondersicherheiten abgeschlossen.

Der Kurzfristigkeit der Lombardkredite entspricht ihr *Verwendungszweck*. Lombardkredite werden normalerweise als Betriebsmittelkredite und insbesondere als Überziehungs- bzw. Saisonkredite zur Überbrückung vorübergehender finanzieller Anspannungen aufgenommen. Der Charakter eines Überbrückungskredites kommt z. B. deutlich bei den Lombardkrediten, welche die Kreditinstitute bei der Deutschen Bundesbank in Anspruch nehmen, zum Ausdruck.

4.4 Technik des Lombardkredits

Die technische Abwicklung eines Lombardkredits weist je nach der Art der beliehenen Pfandobjekte Unterschiede auf. Danach werden folgende Formen des Lombardkredits unterschieden:

4.4.1 Effektenlombardgeschäft

Die Beleihung von Wertpapieren ist relativ leicht zu handhaben und mit verhältnismäßig geringen Nebenkosten verbunden, da die Papiere entweder im Streifband- oder im Sammeldepot liegen und deshalb ohne Schwierigkeiten für eine Verpfändung zur Verfügung gestellt werden können.

Die *Wertermittlung* ist bei Effekten einfach, weil in der Regel nur amtlich notierte oder in den geregelten Freiverkehr einbezogene Papiere beliehen werden.

Die Sicherheit des Lombardkredits ist dadurch besonders groß, daß die **Beleihungsgrenzen** in der Praxis relativ niedrig gehalten werden. Die Sparkassen dürfen nach den in den letzten Jahren erlassenen Mustersatzungen mündelsichere Schuldverschreibungen auf den Inhaber bis zu 80%, sonstige Schuldverschreibungen auf den Inhaber (einschl. Industrieobligationen) und Aktien, die an einer deutschen Börse gehandelt werden, bis zu 60% des Kurswertes beleihen. Bei den Instituten des privaten Bankgewerbes liegen die Beleihungsgrenzen meist etwas höher; Pfandbriefe und sonstige mündelsichere Papiere werden bis zu 90% des Kurswertes beliehen, während die Grenze bei erstklassigen Aktien bei 75% und bei anderen etwa bei 50% liegt[1].

Häufig werden sogenannte **„Effektenkredite"** („Börsenkredite") in der Form eines Lombardkredits gewährt, und zwar in der Weise, daß der Effektenkäufer z. B. nur 50% des Gegenwertes der Effekten anzuschaffen braucht und die Bank ihm gegen Verpfändung der zu kaufenden Papiere in Höhe der restlichen 50% einen Kredit gewährt. Durch derartige **„Effektengeschäfte mit Einschuß"** kann die Börsentendenz beeinflußt werden, denn je geringer die Selbstbeteiligung des Käufers

---

1 Das Lombardgeschäft der Deutschen Bundesbank ist im Abschnitt „Refinanzierung durch Wechsel, Effekten und Ausgleichsforderungen" dargestellt.

und je höher die Kreditquote ist, desto leichter wird es dem Publikum gemacht, Effekten zu kaufen. Solange die *Kurse konstant* bleiben oder steigen, sind derartige Lombardkredite ungefährdet. Bei *sinkenden Kursen* besteht jedoch die Gefahr, daß die Kunden ihre Kredite nicht zurückzahlen können. Eine Übernahme und Veräußerung der Papiere durch die Bank führt in der Regel ebenfalls nicht zu dem gewünschten Erfolg, weil durch die Verwertungsverkäufe die Kurse meist noch mehr gedrückt werden.

Im Hinblick auf die **Bestellung des Pfandrechts** ist ergänzend zu erwähnen, daß die im Depot einer Bank befindlichen Wertpapiere unabhängig davon, ob sich die Stücke im Streifbanddepot oder im Girosammeldepot befinden, verpfändet werden können. Werden Girosammelbestandanteile eines Kreditinstitutes einem anderen Kreditinstitut (Kontoinhaber beim Kassenverein) verpfändet, so wird dazu ein sogenannter *„grüner Effektenscheck"* benutzt. Dabei kann es sich sowohl um die Verpfändung eigener Effekten als auch fremder, d. h. für die Kundschaft verwahrter Effekten handeln.

Auf Grund der im „grünen Effektenscheck" enthaltenen Anweisung belastet der Kassenverein das Konto des ausstellenden Kreditinstituts und erkennt ein Pfandkonto des Pfandgläubigers. Dieser erhält dann vom Kassenverein eine entsprechende Bescheinigung (grüne Gutschriftsanzeige). Erst wenn diese Gutschriftsanzeige vorliegt, wird die kreditgebende Bank der kreditnehmenden Bank den Darlehensbetrag zur Verfügung stellen.

Nach der **Rückzahlung des Lombardkredits** erfolgt die Freigabe des verpfändeten Girosammelbestandteils in der Weise, daß die kreditgewährende Bank (Pfandgläubiger) die grüne Gutschriftsanzeige an der dafür bestimmten Stelle unterschreibt und an den Kassenverein zurückgibt. Der Kassenverein bucht daraufhin den betreffenden Sammelbestandanteil auf das Konto des Verpfänders zurück und erteilt diesem Anzeige.

4.4.2 Wechsellombardgeschäft

Das Wechsellombardgeschäft kommt fast nur im *Verkehr zwischen den Geschäftsbanken und der Deutschen Bundesbank* vor. Die Geschäftsbanken geben Wechsel zum Lombard, wenn sie kurzfristig Zentralbankgeld benötigen und deshalb die Rediskontierung von Wechseln mit einem zu hohen Zinsverlust verbunden wäre, außerdem dann, wenn die für sie von der Bundesbank eingeräumten Rediskontkontingente bereits ausgenutzt sind. Der Wechsellombard ist daher bei den Geschäftsbanken in erster Linie unter dem Gesichtspunkt der Kapitalbeschaffung zu sehen.

4.4.3 Warenlombardgeschäft

Warenlombardgeschäfte werden insbesondere von den in großen Hafenstädten ansässigen Geschäftsbanken durchgeführt. Für derartige Kredite eignen sich am besten **wertbeständige, marktgängige Waren**, die an einer Warenbörse gehandelt und notiert werden, wie z. B. Zucker, Getreide, Baumwolle und Kaffee.

Bei diesen Waren ist die Bewertung leicht möglich, andernfalls muß der Wert durch Sachverständige festgestellt werden.

Die *Beleihungsgrenze* liegt im allgemeinen niedrig. In den sparkassenrechtlichen Vorschriften ist festgelegt, daß marktgängige Handelswaren gegen Verpfändung bis zu 66⅔% des von einem Sachverständigen festgestellten Handelswertes beliehen werden dürfen; bei anderen Waren bzw. sonstigen beweglichen Sachen liegt die Beleihungsgrenze bei 50%. Ob diese Beleihungsgrenzen allerdings ausgeschöpft werden können, hängt im Einzelfall von der Art und der Beschaffenheit der verpfändeten Waren ab; dabei ist insbesondere auch zu berücksichtigen, daß bei einem Verkauf verpfändeter Waren durch die Bank im allgemeinen wesentlich niedrigere Preise erzielt werden können als im normalen Handelsverkehr.

Beim Warenlombard werden die Pfandobjekte in der Regel nur auf den Namen der Bank in einem Lagerhaus eingelagert. Der Lagerschein wird der Bank ausgehändigt. In Ausnahmefällen verbleiben die Waren – getrennt von den übrigen Waren des Kreditnehmers – unter dem *Mitverschluß* der Bank im Besitz des Kreditnehmers.

Sehr häufig werden Waren bereits verpfändet, wenn sie sich auf dem Weg vom Lieferanten zum Kreditnehmer befinden. Dies gilt sowohl für schwimmende als auch für rollende Ware, insbesondere aber für Waren aus Übersee. Die Übertragung der Verfügungsgewalt über die Waren bzw. die Verpfändung der Waren kann dabei z. B. durch die *Übergabe des Konnossements* oder des Ladescheins erfolgen.

Bei allen Lombardkrediten ist es wichtig, darauf zu achten, daß die verpfändeten Waren auf Kosten des Kreditnehmers gegen die möglichen bzw. üblichen Risiken versichert sind. Bei einer Einlagerung ist z. B. Vorsorge gegen Schäden infolge Feuer, Diebstahl und Wasser zu treffen, bei schwimmenden Waren muß eine Transportversicherung abgeschlossen werden. Zweckmäßigerweise läßt sich die Bank sämtliche Rechte aus der betreffenden Versicherung gleichfalls verpfänden bzw. abtreten.

4.4.4 Edelmetallombardgeschäft

Das Edelmetallombardgeschäft ist die *geschichtlich älteste Form des Lombardkredits*, es hat jedoch heute ebenso wie die Beleihung von Wertgegenständen (Schmuck, Juwelen usw.) nur noch geringe Bedeutung. Beliehen werden Münzen und Barren aus Gold und Silber sowie Platin im allgemeinen bis zu 95% des Metallwertes. Dabei wird vom Feingehalt ausgegangen.

4.4.5 Lombardierung von Forderungen

Außer den bisher behandelten Arten des Lombardgeschäfts werden von den Banken Forderungen aller Art (z. B. Sparguthaben, Forderungen aus Versicherungsverträgen, Ausgleichsforderungen, Lohn- und Gehaltsforderungen) sowie

Hypotheken und Grundschulden beliehen. Die **Lombardierung von Ausgleichs-forderungen** kommt nur im Verkehr zwischen der Deutschen Bundesbank und den Geschäftsbanken vor und stellt für diese Geschäftsbanken eine Form der kurzfristigen Kapitalbeschaffung dar.

Die **Verpfändung von einem Kunden zustehenden Hypotheken und Grundschulden** erfolgt meist nicht zum Zwecke der Aufnahme eines echten Lombardkredits, sondern zur Sicherung z. B. eines Kontokorrent- oder Bauzwischenkredits. Häufiger ist die Gewährung eines Lombardkredits gegen Verpfändung von Sparguthaben und Forderungen aus Lebensversicherungen.

Die **Beleihung von Sparguthaben** kommt vor allem dann vor, wenn die Sparguthaben bei der kreditgewährenden Bank unterhalten werden, weil in einem solchen Fall eine Abtretung von Guthaben nicht möglich ist. Bei der Verpfändung eines Sparguthabens ist darauf zu achten, daß das *Sparbuch der kreditgewährenden Bank übergeben* wird, um die Möglichkeit der mißbräuchlichen Verfügung über das Sparguthaben auszuschalten. – Von der Vorschrift des KWG, daß bei Verfügungen über das Sparguthaben stets das Sparbuch vorzulegen ist, sind nach einer Verordnung des Bundesaufsichtsamtes für das Kreditwesen vom 3. 8. 1964 die Kreditinstitute allerdings insoweit befreit, als sie ihnen zustehende fällige Forderungen auch ohne Vorlage des Sparbuches aufrechnen können.

4.5 Verbuchung und Bilanzierung des Lombardkredits

Die *Verbuchung* der Lombardkredite erfolgt ihrem Wesen entsprechend nach der **englischen Buchungsmethode**, indem der Kreditbetrag in einer Summe einem Kreditsonderkonto belastet, der Gegenwert dem Kreditnehmer hingegen auf seinem Kontokorrentkonto zur Verfügung gestellt, d. h. gutgeschrieben wird. Häufig verfügen die Darlehensnehmer sofort nach Bereitstellung des Kredits über den Gesamtbetrag in einer Summe.

In der *Bilanz* erscheinen die Lombardkredite je nach den Kreditnehmern entweder in der Position „*Forderungen an Kreditinstitute*" oder in der Position „*Forderungen an Kunden*".

4.6 Bedeutung des Lombardkreditgeschäfts für Aufwand und Ertrag

Die **Erträge** des Lombardkreditgeschäfts bestehen in erster Linie aus *Werterträgen*, da echte Lombardsätze *ex definitione* keine Umsatzkredite sind und Betriebserträge, wie z. B. Umsatzprovisionen, auf dem Kreditsonderkonto nicht anfallen. Sie setzen sich aus den Zinsen und der Kreditprovision zusammen, und ihre Berechnung vollzieht sich entsprechend der Abrechnung von Darlehenskonten. Für die Lombardkonten bei der Bundesbank ist es charakteristisch, daß zur Bestimmung der Zinstage die Tage der Kreditinanspruchnahme kalendermäßig ausgezählt werden, während das Jahr mit 360 Tagen angenommen wird.

Diesen Erträgen stehen **Aufwendungen** für die Geldbeschaffung und die Aufrechterhaltung der Liquidität sowie der Risikoaufwand gegenüber, der naturgemäß im Lombardkreditgeschäft verhältnismäßig gering ist, da infolge der relativ niedrigen Beleihungsgrenzen die Banken im allgemeinen in der Lage sind, sich gegebenenfalls aus den Pfändern in vollem Umfang zu befriedigen.

Betriebsbedingte Aufwendungen fallen beim Lombardkredit in zweifacher Hinsicht an: *einerseits* bei der Bearbeitung und der Abwicklung des Kredites und *andererseits* bei der Verwahrung und Verwaltung der Pfandobjekte, die insbesondere dann mit besonderem Aufwand verbunden sind, wenn die Pfandgegenstände durch das kreditgebende Institut verwahrt werden müssen. Geringerer Aufwand entsteht bei der Verwahrung durch Dritte, z. B. durch ein Lagerhaus. In diesem Falle sind die Einlagerungskosten direkt vom Kreditnehmer zu tragen.

5. Treuhandkredit

5.1 Geschichtliche Entwicklung

Das Treuhandkreditgeschäft hat im Gegensatz zu den übrigen Kreditgeschäften der Banken erst in den letzten Jahrzehnten und in der Bundesrepublik insbesondere seit 1948 Bedeutung erlangt.

Die Entwicklung des organisierten Treuhandkreditgeschäftes wurde durch die Schwierigkeiten angeregt, die in der Kreditversorgung in besonderem Maße nach dem zweiten Weltkrieg in Westdeutschland auftraten, als das Kreditgewerbe aus Liquiditäts- und Rentabilitätsgründen sowie risikopolitischen Erwägungen nicht in der Lage war, die notwendigen Kreditmittel in dem erforderlichen Umfang selbst aufzubringen. Zur Deckung des besonderen Kreditbedarfs, der zum Beispiel im Zuge der *Beseitigung des Wohnraummangels, der Eingliederung der Flüchtlinge* in den Wirtschaftsprozeß und des *wirtschaftlichen Wiederaufbaus* der Produktionsstätten entstanden war, bedurfte es der Mitwirkung des Staates, der sich wiederum bei der Bereitstellung öffentlicher Mittel weitgehend der Erfahrungen und des technischen Kreditapparates der Banken bediente. Das führte dazu, daß die **Kreditinstitute als Treuhänder in öffentliche Kreditaktionen** eingeschaltet wurden und das Treuhandgeschäft zum Teil einen beträchtlichen Umfang annahm.

5.2 Rechtliche Grundlagen

Für das Treuhandkreditgeschäft bestehen keine besonderen rechtlichen Vorschriften. Auch eine gesetzliche Begriffsbestimmung ist nicht vorhanden, und deshalb hat das *Reichsgericht* mit seiner Entscheidung vom 9. 6. 1931 diese Lücke in der Gesetzgebung zu schließen versucht. Wegen ihrer grundsätzlichen Bedeutung soll die Entscheidung im Wortlaut zitiert werden:

„Von einem **Treuhandverhältnis im Rechtssinn** kann nach der ständigen Rechtsprechung des Reichsgerichts nur in solchen Fällen gesprochen werden, in denen der eine **(Treuhandgeber)** einen bisher auch rechtlich zu seinem Vermögen gehörenden Gegenstand einem anderen **(Treuhänder)** zu treuen Händen anvertraut, d. h. mit der Bestimmung übereignet hat, daß der andere das übertragene Recht zwar im eigenen Namen ausüben solle, es aber nicht zu seinem Vorteil solle gebrauchen dürfen."

BGB § 778 § 675 | Erfolgt die Kreditgewährung zwischen Treugeber und Treugut-Empfänger in der Form eines Kontokorrentkredites, so sind die handelsrechtlichen Vorschriften maßgebend. Bedeutung haben ferner die Bestimmungen für den Kreditauftrag und über die Geschäftsbesorgung.

5.3 Wesen des Treuhandkredits

Als Treuhandkredite werden solche Kredite bezeichnet, bei denen die Bank als Treuhänderin Mittel eines als Treugeber fungierenden Geldgebers als Kredit an einen Dritten (Treugutempfänger) weiterleitet und die Kredite im Interesse des weisungsberechtigten Treugebers verwaltet, also kein Kreditrisiko trägt, sondern nur für die ordnungsmäßige Weiterleitung und Verwaltung haftet.

Maßgebend für das Wesen des Treuhandkredits ist demnach die Tatsache, daß das Kreditrisiko im Gegensatz zu anderen Bankkrediten nicht von der durchleitenden Bank, sondern vom Treugeber getragen wird. **Die weiterleitende Bank übernimmt bei den Treuhandkrediten in der Regel keinerlei Haftung** für die ordnungsmäßige Verzinsung und Rückzahlung des Kredits. Es handelt sich also um sogenannte *„durchlaufende Kredite"*, bei denen für Forderungsverluste allein der Treugeber aufzukommen hat. Die Haftung des Kreditinstituts bleibt auf die ordnungsmäßige Weiterleitung und Verwaltung des Kredits sowie auf die Abführung der Rückzahlungs- und Zinsbeträge an den Treugeber beschränkt. Für die treuhänderische Verwaltung hat die Bank mit der Sorgfalt eines ordentlichen Kaufmanns einzustehen.

Ein weiteres Kennzeichen der Treuhandkredite besteht darin, daß der Treugeber den Verwendungszweck der Mittel bestimmt und bei Kreditprogrammen auch den Empfängerkreis der Kredite festlegt. Die Bank fungiert lediglich als Durchleitstelle, wobei das Erreichen eines vorgegebenen Zieles im Interesse des Treugebers liegt.

Zweck der Treuhandkreditgewährung, die sich vorwiegend im Rahmen öffentlicher Kreditprogramme vollzieht, ist z. B. die Förderung von Unternehmen bestimmter Personenkreise, wie von Flüchtlingen, Kriegssachgeschädigten und Vertriebenen, Betriebswirtschaften bestimmter Größenordnungen, wie z. B. des gewerblichen Mittelstandes, oder Unternehmen bestimmter Branchen, in denen die Durchführung von Rationalisierungs- und Strukturverbesserungsmaßnahmen vordringlich ist. Dies war z. B. in den Grundstoffindustrien, der Energieversorgungswirtschaft, beim Wohnungsbau, Schiffsbau und Handwerk der Fall. Ein weiteres Ziel für die Gewährung „durchlaufender Kredite" ist die regionale Förderung, die ihren Ausdruck insbesondere in Kredithilfen an die Zonenrandgebiete findet.

Streng zu trennen von den Treuhandkrediten sind die sogenannten **zweckgebundenen Mittel**, die eine Mittelstellung zwischen Treuhandkrediten und den für eigene Rechnung der Banken gegebenen Krediten einnehmen. Sie werden auch als *durchgeleitete Kredite* bezeichnet. Bei ihnen handelt es sich wie bei den Treuhandkrediten um Weiterleitungskredite, deren Verwendungszweck und Empfängerkreis vom Gläubiger festgelegt wird. Der Bilanzausweis erfolgt jedoch nicht wie der der Treuhandkredite unter „*Durchlaufende Kredite*", da die Kreditinstitute bei ihnen nicht nur treuhänderisch haften, sondern das Kreditrisiko ganz oder teilweise – z.B. 10% oder 25% – selbst zu tragen haben. Kredite aus zweckgebundenen Mitteln sind unter der Position „*Forderungen an Kunden*" zu bilanzieren.

Die folgende Übersicht erfaßt die verschiedenen **Arten der Treuhandkredite:**

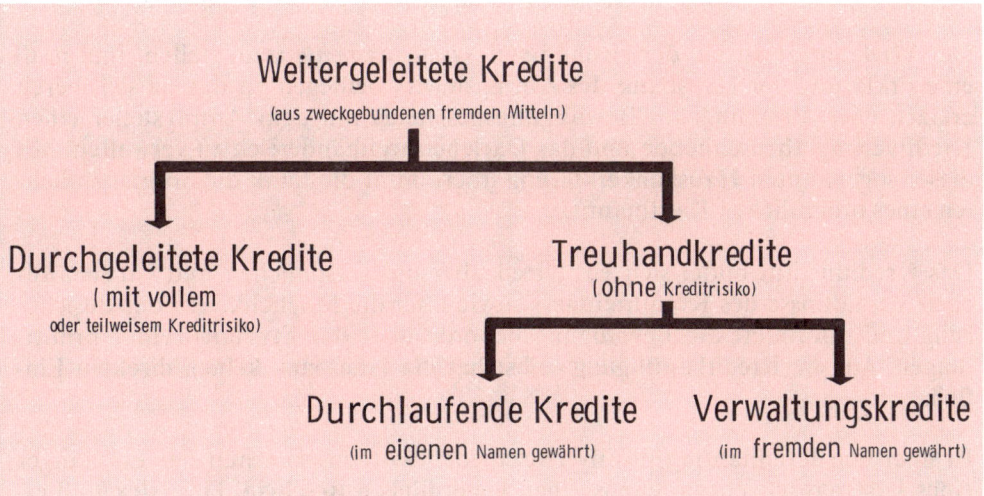

5.4 Technik des Treuhandkredits

Der Darstellung der technischen Abwicklung des Treuhandkredits wird die Unterscheidung zwischen Krediten mit *Förderungscharakter* und solchen mit *Anlagecharakter* zugrunde gelegt.

5.4.1 Treuhandkredite mit Förderungscharakter

Der überwiegende Teil der Treuhandkredite entfällt auf solche mit Förderungscharakter. Sie stellen eine finanzielle Hilfe für bestimmte Bevölkerungs- bzw. Wirtschaftskreise dar, die entsprechend den Zielen der staatlichen Wirtschaftspolitik förderungswürdig sind und gefördert werden sollen. Die Motive zur Kreditgewährung sind in erster Linie gesamtwirtschaftlicher und sozialpolitischer Natur, während einzelwirtschaftliche Gesichtspunkte in den Hintergrund treten. Daraus folgt, daß es sich bei den Treuhandkrediten mit Förderungscharakter nahezu ausschließlich um Kredite öffentlich-rechtlicher Treugeber aus öffentlichen Mitteln handelt. Treugeber ist der Staat bzw. eine von ihm beauftragte Stelle, z. B. die Kreditanstalt für Wiederaufbau einschließlich mit dem von hier verwalteten ERP-Sondervermögen, die Lastenausgleichsbank sowie verschiedene Soforthilfefonds, die meist über eines dieser „Kreditinstitute mit Sonderaufgaben" abgewickelt werden. Daneben haben die einzelnen Bundesländer noch verschiedene Regionalprogramme entwickelt, wobei die Geldmittel über entsprechende Spezialinstitute der einzelnen Bundesländer ausgereicht werden. Über die jeweils möglichen Förderungsbedingungen und Möglichkeiten informieren die jeweiligen **Kreditprogramme** der einzelnen Spezialinstitute.

Da es sich bei den durchlaufenden Krediten im Rahmen der Kreditprogramme mit Förderungscharakter fast ausschließlich um Eingliederungsdarlehen handelt, wird die technische Abwicklung am Beispiel dieser Darlehen aufgezeigt.

HGB
§ 347

Der **Kreditantrag** ist bei der zuständigen *Ausgleichsbehörde* zu stellen. Ihm muß eine Erklärung der Hausbank des Antragstellers beiliegen, in der sie sich bereit erklärt, nach Erteilung des Bewilligungsbescheids mit dem Antragsteller einen Kreditvertrag abzuschließen und das Darlehen treuhänderisch zu verwalten. Mit dieser sogenannten **Hausbankerklärung** übernimmt die Bank die Sorgfaltspflichten eines ordentlichen Kaufmanns.

Das Kreditinstitut bildet sich ein Urteil über die persönlichen und wirtschaftlichen Verhältnisse des Kreditnehmers sowie über die Möglichkeiten der Besicherung und informiert die Bewilligungsbehörde über das Ergebnis seiner Ermittlungen. **Auf die Kreditbewilligung selbst hat die Hausbank keinen direkten Einfluß.**

Ist über den Kreditantrag positiv entschieden worden, so erhält der Empfänger eines Lastenausgleichsdarlehens einen **behördlichen Bescheid.** Der Abschluß eines Darlehensvertrags mit dem Treugutempfänger ist dann Sache der Hausbank. Die Banken verwenden dabei die Vordrucke des Bundesausgleichsamts. Der **Kreditvertrag** enthält die Kreditsumme, Zweckbindung, Fälligkeit und Höhe der Tilgungsraten, ferner die Zinskosten, die bewußt niedrig gehalten sind, die Sicherungsbestimmungen sowie weitere Bedingungen der Kreditvergabe.

Nach Abschluß des Kreditvertrages fordert die Hausbank die Darlehensmittel an. Sie wendet sich dabei nicht an das Bundesausgleichsamt als oberste Bewilligungsbehörde, sondern an das zuständige Hauptleihinstitut, die *Lastenausgleichsbank*. Diese ist als Bank des Bundesausgleichsamtes die zentrale Weiterleitungsstelle für alle Kredite, die im Rahmen des Lastenausgleichs gewährt werden.

Die **Auszahlung des Darlehens** erfolgt in einem Betrag oder in Teilbeträgen entweder an den Darlehensnehmer selbst oder direkt an dessen Gläubiger.

496

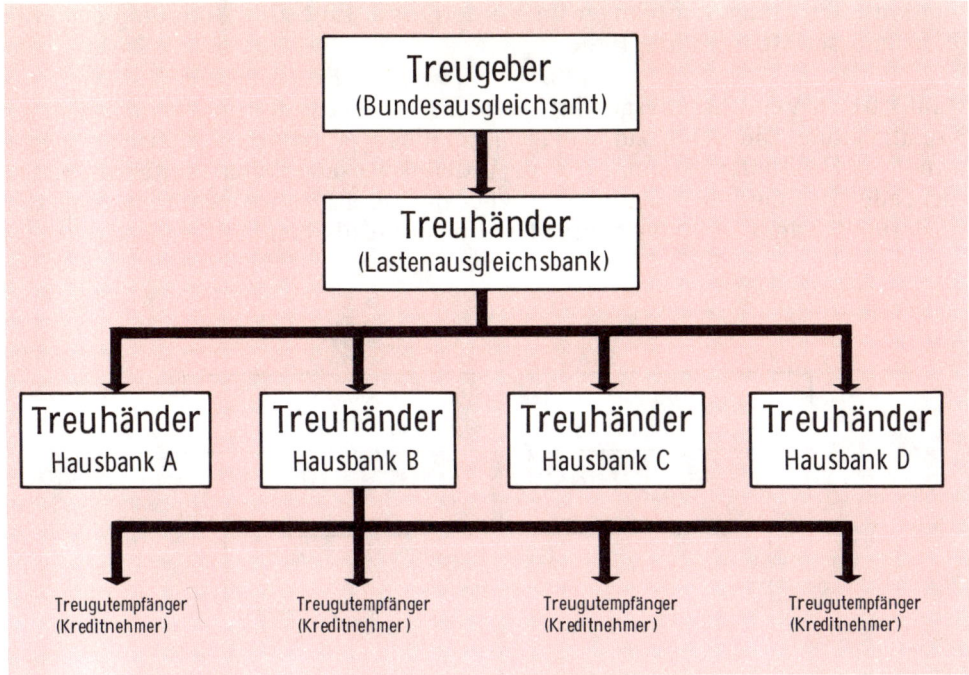

```
                    ┌─────────────────────┐
                    │      Treugeber      │
                    │ (Bundesausgleichsamt)│
                    └─────────────────────┘
                              │
                              ▼
                    ┌─────────────────────┐
                    │     Treuhänder      │
                    │ (Lastenausgleichsbank)│
                    └─────────────────────┘
```

| Treuhänder | Treuhänder | Treuhänder | Treuhänder |
| Hausbank A | Hausbank B | Hausbank C | Hausbank D |

Treugutempfänger (Kreditnehmer) Treugutempfänger (Kreditnehmer) Treugutempfänger (Kreditnehmer) Treugutempfänger (Kreditnehmer)

Mit der Auszahlung des Darlehens beginnt die **Verwaltungstätigkeit der Hausbanken**, die als Hauptaufgabe der Kreditinstitute bei durchlaufenden Krediten anzusehen ist. Überwacht wird das gesamte Geschäftsgebaren des Kreditnehmers, d.h. seine Kreditwürdigkeit, die Kreditsicherheiten und nicht zuletzt die zweckentsprechende Verwendung der Kreditmittel mit Hilfe von Kreditverwendungskonten. Im Falle einer zweckwidrigen Verwendung der Kreditmittel sehen die Darlehensbedingungen eine fristlose Kündigung des Kredits vor.

Die **Rückzahlung der Kredite** erfolgt im allgemeinen nicht am Ende der Laufzeit in einer Summe, sondern in Teilbeträgen über einen bestimmten Zeitraum. Daneben ist der Treugutempfänger berechtigt, außerplanmäßige Rückzahlungen vorzunehmen. Mit der Rückzahlung der letzten Rate ist die Überwachungsfunktion des Treuhänders beendet, nach Rückgabe der Sicherheiten das Treuhandgeschäft abgeschlossen.

5.4.2 Treuhandkredite mit Anlagecharakter

Die technische Abwicklung der Treuhandkredite mit Anlagecharakter weist geringere Unterschiede zum sonstigen Kreditgeschäft auf als die Weiterleitung von Mitteln aus öffentlichen Kreditprogrammen für förderungswürdige Zwecke.

Kapitalgeber bei den Krediten mit Anlagecharakter **sind vorwiegend Kapitalsammelstellen** und einzelne private Treugeber. Für die Kreditvergabe sind hauptsächlich einzelwirtschaftliche Gründe maßgebend; insbesondere steht die Ertragskraft der Treugutempfänger im Vordergrund. Eine Zweckbindung der Mittel fehlt in der Mehrzahl der Fälle.

Häufig treten Versicherungsgesellschaften als Treugeber auf und wenden sich an Kreditinstitute, die ihnen zur Anlage ihrer flüssigen Mittel bonitätsmäßig einwandfreie Großunternehmen nennen. Andererseits setzen sich aber auch kreditsuchende Großunternehmen mit Versicherungsgesellschaften in Verbindung, die wiederum für die Kreditabwicklung Kreditinstitute als Treuhänder einschalten.

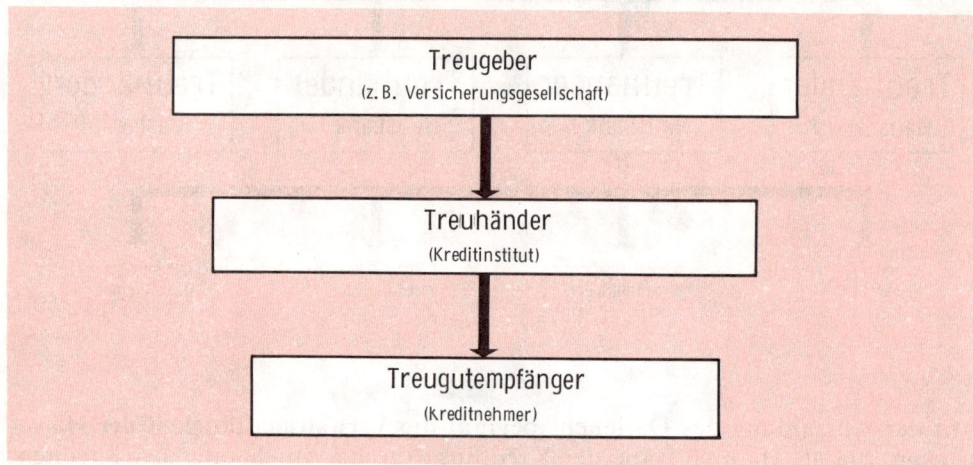

Im Rahmen der Kredite mit Anlagecharakter nehmen die Kreditinstitute alle Tätigkeiten wahr, die auch bei sonstigen Krediten im Falle eigener Risikoübernahme auftreten. Nicht der Treugeber, sondern das treuhänderisch tätige Kreditinstitut nimmt die **Kreditwürdigkeitsprüfung** vor. Die Weiterleitung der Mittel erfolgt im Gegensatz zu den Kreditprogrammen ohne Einschaltung zentraler Institute; das Treugut gelangt also vom Treugeber über den Treuhänder zum Treugutempfänger.

Hinsichtlich der Überwachungsfunktion ergeben sich keine nennenswerten Unterschiede.

5.4.3 Bilanzierung der Treuhandkredite

Die Verbuchung der Treuhandkredite erfolgt normalerweise auf besonderen Kreditkonten. In der Bilanz werden diese Kredite unter der Position „*Durchlaufende Kredite (nur Treuhandgeschäfte)*" auf der Aktiv- und auf der Passivseite in gleicher Höhe ausgewiesen. Kreditmittel, die noch nicht weitergeleitet worden sind, sind unter der Position „*Verbindlichkeiten aus dem Bankgeschäft gegenüber anderen Gläubigers a) täglich fällig*" zu bilanzieren.

5.5 Bedeutung des Treuhandkreditgeschäfts für Aufwand und Ertrag

5.5.1 Aufwendungen

Weil im Treuhandkreditgeschäft praktisch keine *wertbedingten* Aufwendungen mit der Überwachung und Abwicklung der Kredite entstehen, stellen die *betriebsbedingten* Aufwendungen den wichtigsten Aufwandsfaktor dar. Die Höhe des Arbeitsaufwands richtet sich nach der Anzahl der gewährten Kredite sowie nach Umfang und Schwierigkeitsgrad der Bearbeitung.

Werden diese Faktoren abgewogen, so ergeben sich bei den Krediten mit Förderungscharakter höhere Kosten als bei den Krediten mit Anlagecharakter. Einmal sind die Kreditbeträge bei den Krediten mit Förderungscharakter niedriger, zum anderen ist die Verwaltung dieser Darlehen im allgemeinen aufwendiger.

5.5.2 Erträge

Die Erträge im Treuhandkreditgeschäft mit Förderungscharakter richten sich nach dem Maß der finanziellen Belastung, das der zu fördernden Betriebswirtschaft zugemutet werden kann. Die Zinssätze können also zwischen 0% und der Untergrenze marktgerechter Verzinsung liegen.

Neben dem Zinssatz legt der Treugeber in der Regel aber auch eine Höchstgrenze für die *Bearbeitungsgebühr* fest. Bei den weiterleitenden Hausbanken verbleibt nur ein verhältnismäßig geringer Teil der vom Kreditnehmer gezahlten Zinsen und Provisionen, der in der Hauptsache nur den Bearbeitungsaufwand zu decken hat.

Bei den Treuhandkrediten nach dem Lastenausgleichsgesetz wird den Hausbanken an Stelle einer Zinsspanne eine laufende *Verwaltungsgebühr* gewährt, die z. B. für Aufbaudarlehen 1¼% des der Zinsabrechnung zugrunde gelegten Kapitalbetrages ausmacht. Die Verwaltungsgebühr ist halbjährlich fällig und wird dem Kreditinstitut von der Lastenausgleichsbank überwiesen. Durch diese Form der Vergütung erhält das Treuhandkreditgeschäft den Charakter eines Dienstleistungsgeschäfts.

Für Treuhandkredite mit Anlagecharakter werden dagegen die normalen Sollzinsen und Provisionen in Rechnung gestellt. Der Treugutempfänger muß in diesem Fall also einen marktgerechten Satz zahlen.

6. Langfristige Kredite

6.1 Geschichtliche Entwicklung

Die langfristige Kreditgewährung zählt zu den Bankgeschäften, die schon im Mittelalter Bedeutung erlangt haben. So sind langfristige Darlehen bekannt, die von Bankhäusern wie den Fuggern und Welsern in Augsburg sowie Genueser Bankiers an Fürsten, Staaten bzw. öffentlich-rechtliche Einrichtungen gewährt worden sind. Diese Darlehensgewährungen erfolgten teilweise gegen Verpfändung von Steuereinnahmen oder von Erträgen aus Wirtschaftsunternehmen des Staates (z. B. Erzbergwerken, Porzellanmanufakturen).

Neben dem langfristigen Kreditbedarf der Fürsten und Staaten entstand im Laufe der Zeit aber auch von privater Seite in immer stärkerem Maße Nachfrage nach langfristigen Darlehen. Da die bereits bestehenden Bankinstitute diesen Wünschen nicht in dem erforderlichen Umfang nachkommen konnten, erfolgte Ende des 18. Jahrhunderts die Gründung zunächst öffentlich-rechtlicher Realkreditinstitute. **1770** wurde als erstes Institut die **„Schlesische Landschaft"** geschaffen mit der Aufgabe, den Kreditbedarf der in der Provinz Schlesien gelegenen Rittergüter zu befriedigen. Die Gründung weiterer Landschaften und Ritterschaften zur Versorgung der Landwirtschaft mit langfristigem Kapital folgte. **Mitte des 19. Jahrhunderts** übernahmen **private Hypothekenbanken** die Gewährung langfristiger Darlehen an den städtischen Grundbesitz. Den gleichen Zweck verfolgte die **Gründung öffentlich-rechtlicher Stadtschaften**.

Heute stellt das **Hypothekarkreditgeschäft** (langfristige Ausleihungen gegen Grundpfandrechte) einen umfangreichen Geschäftszweig des Kreditgewerbes dar, der neben den privaten und öffentlich-rechtlichen Realkreditinstituten auch von den Sparkassen in beträchtlichem Umfang gepflegt wird.

Die privaten Kreditbanken und die genossenschaftlichen Kreditinstitute dagegen gewährten anfänglich nur in Ausnahmefällen langfristige Kredite gegen Grundpfandrechte. Allerdings ist hier im letzten Jahrzehnt ein Wandel eingetreten. Seit dem Jahre 1956 etwa haben die Volksbanken damit begonnen, ihren Mitgliedern langfristige Investitionskredite anzubieten, und auch die privaten Kreditbanken verstärkten in den letzten Jahren ihre Bemühungen, das langfristige Kreditgeschäft zu intensivieren. In beiden Fällen wurde die Voraussetzung für die Gewährung langfristiger Kredite dadurch geschaffen, daß die Spareinlagen bei diesen Instituten in ungewöhnlich starkem Maße angewachsen sind. Nach den Grundsätzen des Bundesaufsichtsamtes sind sie zu 60% als langfristige Finanzierungsmittel anzusehen und können daher für Kredite mit einer Laufzeit von vier Jahren und mehr eingesetzt werden.

Nach dem zweiten Weltkrieg wurden auf dem Gebiet der langfristigen Beleihung von Grundbesitz außerdem einige **Kreditinstitute mit Sonderaufgaben** tätig, z. B. die Landwirtschaftliche Rentenbank in Frankfurt am Main und die Industriekreditbank/Deutsche Industriebank in Düsseldorf.

Nach dem Vorbild der Beleihung von ländlichem und städtischem Grundbesitz wurde nach dem ersten Weltkrieg der langfristige Schiffskredit organisiert. **Schiffspfandbriefbanken** wurden gegründet, deren Aufgabe darin besteht, der Schiffahrt gegen Beleihung von Schiffen langfristige Finanzierungsmittel zur Verfügung zu stellen.

6.2 Rechtliche Grundlagen

Als rechtliche Grundlagen für das langfristige Kreditgeschäft sind die **Bestimmungen über das Darlehen**, bei Krediten gegen Kommunaldeckung die für die betreffenden öffentlichen Stellen geltenden Vorschriften, bei Hypothekarkrediten die gesetzlichen Bestimmungen über die **Grundpfandrechte** und die **Grundbuchordnung** sowie bei den sonstigen langfristigen Darlehen die in bezug auf die Sicherheiten geltenden Rechtsgrundsätze maßgeblich.

Außerdem gibt es für einzelne Institutsgruppen Spezialgesetze. Die privaten Hypothekenbanken müssen z. B. das **Hypothekenbankgesetz** berücksichtigen, die öffentlich-rechtlichen Grundkreditanstalten das „**Gesetz über die Pfandbriefe und verwandten Schuldverschreibungen öffentlich-rechtlicher Kreditanstalten**". Die Schiffspfandbriefbanken unterliegen dem „**Gesetz über die Schiffspfandbriefbanken**" sowie dem „**Gesetz über Rechte an eingetragenen Schiffen und Schiffsbauwerken**", das die gesetzlichen Vorschriften über die hypothekarische Belastung von Schiffen und Schiffsbauwerken enthält.

Die Sparkassen haben die in den jeweiligen Ländern erlassenen **Sparkassengesetze**, die auf Grund dieser Gesetze erlassenen Beleihungsvorschriften und die Vorschriften der Mustersatzung zu beachten.

Bei allen im Realkreditgeschäft tätigen Instituten enthalten die Satzungen darüber hinaus besondere Bestimmungen über die Art und den Umfang der Geschäftstätigkeit.

6.3 Wesen der langfristigen Ausleihungen

Das Wesen der langfristigen Kredite wird durch die Fristigkeit der Darlehen und ihren Verwendungszweck bestimmt. Die Festlegung des Zeitraums, von dem ab Kredite als langfristig bezeichnet werden, richtet sich nach den **Bilanzierungsrichtlinien**. Danach stehen Kreditmittel den Kreditnehmern nur dann langfristig zur Verfügung, wenn deren **Laufzeit mindestens 4 Jahre** beträgt bzw. wenn deren regelmäßige Tilgung sich über mindestens 4 Jahre erstreckt. Dabei kommt es weder auf die Restlaufzeit am Bilanzstichtag noch auf die tatsächliche Kreditlaufzeit an. Entscheidend ist die *vereinbarte* Gesamtlaufzeit. Ein Kredit, der für einen Zeitraum von weniger als 4 Jahren gewährt wurde, vom Kreditnehmer aber in dieser Zeit nicht zurückgezahlt werden kann, weil die Mittel für Investitionszwecke Verwendung fanden, zählt infolgedessen nicht zu den langfristigen Krediten.

In Übereinstimmung mit den Bilanzierungsrichtlinien kann daher für langfristige Kreditgeschäfte folgende Definition gegeben werden:

> Unter langfristigen Kreditgeschäften sind alle Bankgeschäfte zu verstehen, bei denen Darlehen mit einer Laufzeit von mindestens vier Jahren gewährt werden, die dem Ersatz, der Erstellung oder der Erweiterung von Produktionsanlagen, dem privaten bzw. gewerblichen Wohnungsbau und dem Schiffsbau dienen.

Der langfristige Anlagekredit dient also im wesentlichen der Finanzierung des Anlagevermögens und ist vorwiegend ein objektbezogener Kredit, d. h., daß die Verzinsung und Rückzahlung des Kredits aus dem Beleihungsobjekt gewährleistet ist. Die verschiedenen Darlehensarten tragen jedoch recht unterschiedliche Wesenszüge. Im einzelnen sind zu unterscheiden:

(1) **die langfristigen Ausleihungen gegen Grundpfandrechte** zum Zwecke der Finanzierung des Wohnungsbaus sowie der Investitionsfinanzierung.

(2) **Kommunaldarlehen, bei denen die öffentlich-rechtlichen Körperschaften selbst als Schuldner auftreten** und die z. B. zum Bau von Krankenhäusern und Schulen, von Versorgungseinrichtungen und zum Ausbau des Verkehrsnetzes verwendet werden,

(3) **Kommunaldarlehen, deren Tilgung und Verzinsung durch öffentlich-rechtliche Körperschaften verbürgt** oder in sonstiger Weise gewährleistet **sind** und die insbesondere der nachrangigen Finanzierung des sozialen Wohnungsbaus dienen,

(4) **sonstige langfristige Ausleihungen,** z. B. langfristige Export- und Investitionskredite, die weder zu den Objektkrediten noch zu den Kommunalkrediten gehören, die jedoch keine besonderen Arteigenheiten aufweisen und auf die hier – mit Ausnahme der Exportkredite – nicht näher eingegangen zu werden braucht.

6.4 Technik des langfristigen Kreditgeschäfts

Die Technik des langfristigen Kreditgeschäfts soll zunächst am Beispiel des Hypothekarkredits erläutert werden. Anschließend wird auf die unterschiedliche Abwicklung bei nicht durch Grundpfandrechte gesicherten langfristigen Darlehen eingegangen.

6.4.1 Hypothekarkredit

Mit dem Kreditantrag für ein Hypothekendarlehen reicht der Antragsteller der Bank folgende *Darlehensunterlagen* ein:

(1) einen neuen **Grundbuchauszug,**

(2) einen **Katasterauszug,**

(3) einen **Versicherungsschein,**

(4) einen **Auszug aus dem Liegenschafts- und Gebäudebuch,** der über sämtliche Liegenschaften Aufschluß gibt und in dem die bebauten Grundstücke des Eigentümers bezeichnet sind, sowie

(5) den neuesten **Einheitswertbescheid.**

502

Zur Prüfung des Sicherungsobjektes wird an Hand des Kataster- und Grundbuchauszuges festgestellt, ob das betreffende Grundstück die angegebene Größe und Lage hat, wie die Eigentumsverhältnisse sind und ob bereits Belastungen vorliegen.

Die **Bewertung** von bebautem Grund und Boden, der in der Form eines Grundpfandrechts als Kreditsicherheit dienen soll, ist besonders problematisch. Einmal fehlt als Orientierungsmaßstab im allgemeinen ein *Marktpreis*. Zum anderen erfolgt die Sicherstellung von Hypothekarkrediten durch Grundpfandrechte für eine verhältnismäßig lange *Zeitspanne*, so daß sorgfältig alle Möglichkeiten zukünftiger Wertminderungen geprüft werden müssen. Grundsätzlich sind bei allen Wertfestsetzungen **nur die dauernden Eigenschaften des Grundstücks und die nachhaltigen Erträge**, die das Grundstück bei ordnungsmäßiger Wirtschaft jedem Besitzer gewährt, zu berücksichtigen. Zu ermitteln wäre also der *„Tageswert" (Verkehrswert)*. Dieser Wert läßt sich jedoch wegen des meist fehlenden Marktpreises für das betreffende Grundstück nur schwer bestimmen.

Die Beleihungsgrundsätze für Sparkassen nennen als wichtigsten Wert für die Grundstücksbewertung den **Ertragswert**. Er entspricht dem Wert des *kapitalisierten Jahresreinertrags eines Grundstücks und wird, ausgehend vom Jahresrohertrag, durch Abzug der jährlichen Betriebsausgaben und Multiplikation mit einem Kapitalisierungsfaktor ermittelt,* der sich aus dem landesüblichen Zinsfuß ergibt.

Beispiel:

Jahresertrag	24 000,– DM
./. jährliche Betriebsausgaben	6 000,– DM
Jahresreinertrag	18 000,– DM

Kapitalisiert mit 5% = 360 000,– DM Ertragswert.

Der **Real- oder Sachwert** demgegenüber setzt sich – ausgehend von den Anschaffungs- und Herstellungskosten – aus dem Bodenwert und dem Bauwert, abzüglich der Wertminderung bei älteren Gebäuden, zusammen. Der *Bodenwert* ergibt sich aus den Preisen, die für Grundstücke gleicher Art und Lage auf die Dauer als angemessen anzusehen sind. Der *Bauanteil* des Sachwertes ist aus den Herstellungskosten für das Gebäude und den Nebenkosten, wie z.B. Kosten für Warmwasseranlagen, Fahrstuhl usw., zu errechnen.

Die sowohl bei der Ermittlung des Sachwertes als auch bei der Ermittlung des Ertragswertes vorhandenen zahlreichen Unsicherheitsfaktoren haben dazu geführt, daß die Praxis aus beiden Werten das arithmetische Mittel bildet, sofern der Ertragswert über dem Substanzwert liegt. Ist der Substanzwert der höhere, so gilt der Ertragswert als Beleihungswert. Dieser darf nicht überschritten werden, weil aus den Grundstückserträgen die Zins- und Tilgungsleistungen aufzubringen sind.

HypBkG In welchem Umfang ein Hypothekarkredit gewährt werden kann, hängt von der
§ 11 **Höhe der Beleihungsgrenze** und den im Rang vorangehenden oder gleichrangigen dinglichen Belastungen ab. Die Beleihungsgrenze darf nach dem Hypothekenbankgesetz 60%, bei den Sparkassen normalerweise 50% des Grundstückswertes nicht übersteigen.

Ferner ist die Beleihung auf inländische Grundstücke beschränkt und in der Regel nur zur ersten Stelle zulässig.

§ 18, 1 Sind die Voraussetzungen für die Gewährung eines Hypothekendarlehens gege-
§ 18, 2 ben, so wird dem Antragsteller ein **Darlehensangebot** unterbreitet. Darin sind die
§ 18, 4 Konditionen enthalten, zu denen der langfristige Kredit eingeräumt wird, d.h. insbesondere Laufzeit, Zins- und Provisionskosten sowie die Rückzahlungsbedingungen. Nach dem Hypothekenbankgesetz ist dem Schuldner urkundlich das Recht einzuräumen, die Hypothek ganz oder teilweise zu kündigen und zurückzuzahlen. Das Recht zur Rückzahlung kann nur bis zu einem Zeitraum von 10 Jahren ausgeschlossen werden. Sofern dem Schuldner trotz einer derartigen Vereinbarung eine vorzeitige Rückzahlung gestattet wird, ist die Bank berechtigt, eine *Rückzahlungsprovision* zu verlangen.

§ 19 Bei Amortisationshypotheken darf zum Schutze des Schuldners ein Kündigungsrecht zugunsten der Bank nicht vereinbart werden, es sei denn, daß das Verhalten des Schuldners eine solche Kündigung rechtfertigt.

Hypothekarkredite werden vornehmlich in Form von **Annuitätendarlehen** gegeben, bei denen der Gesamtbetrag aus Zinsen und Tilgung während der gesamten Laufzeit des Darlehens unverändert bleibt. Dabei verringern sich die anteiligen Zinsen infolge des immer kleiner werdenden Darlehensrestbetrages von Jahr zu Jahr, während die Tilgungsanteile sich jeweils um die ersparten Zinsen erhöhen. Bei einer ursprünglichen Tilgung von 1% auf den Darlehensbetrag wird das Darlehen also nicht erst nach 100 Jahren, sondern bereits in 30 bis 35 Jahren zurückgezahlt.

Beispiel:

Bei einem Hypothekarkredit von 10 000 DM und 5% Zinsen sowie 1% Tilgung beträgt die Annuität 600 DM; bei vierteljährlicher Zahlung sind daher jeweils 150 DM fällig. Daneben kann der Schuldner bei Annuitätendarlehen in der Regel außerrplanmäßige Tilgungen vornehmen.

Die Form der **Festhypothek,** bei der die gesamte Darlehenssumme zu einem bestimmten Zeitpunkt bzw. nach einer vereinbarten Kündigungsfrist zur Rückzahlung fällig wird, sowie die Form der regelmäßigen oder unregelmäßigen **Abzahlungshypothek,** bei der die Rückzahlung in regelmäßigen, gleichbleibenden bzw. in unregelmäßigen, im Belieben des Schuldners stehenden Raten erfolgt, kommt nur noch selten im Hypothekarkreditgeschäft der Banken vor.

Nimmt der Antragsteller das Darlehensangebot an, so erfolgt nach **Eintragung der Hypothek im Grundbuch** sowie Erledigung aller sonstigen Formalitäten (Abschluß einer Feuerversicherung u. a.) die **Bereitstellung des Darlehensbetrages**, der vom Darlehensnehmer sofort oder in Teilbeträgen abgerufen werden kann. In der Regel wird das Hypothekendarlehen jedoch nicht in voller Höhe des Nominalbetrages ausgezahlt, sondern je nach Kapitalmarktlage mit z. B. 95 oder 96%. Der nicht ausgezahlte Differenzbetrag wird als *Hypothekendamnum* bezeichnet und dient – sofern keine Bearbeitungsgebühr erhoben wird – zur Deckung der mit der Bearbeitung des Darlehensantrages und der Auszahlung des Darlehensbetrages verbundenen Kosten und zur Abgeltung des *Pfandbriefdisagios* sowie der Emissionskosten.

Die **Kreditüberwachung** erstreckt sich auf den fristgerechten Eingang der Zins- und Tilgungsraten sowie auf die Überprüfung des Pfandobjekts.

6.4.2 Kommunalkredit

Eine Kreditaufnahme der Kommunen ist grundsätzlich von der Genehmigung der Aufsichtsbehörde abhängig. Zwar übernimmt die Aufsichtsbehörde mit der Genehmigung nicht zugleich die Garantie für die Sicherheit des Kredites, eine Gewährung eines Kommunal-Darlehens an eine Kommune nach erfolgter Genehmigung ist aber insofern unproblematisch, als kraft Gesetzes die nächst höhere Institution auch für die Verbindlichkeiten der niederen Instanz bei deren Ausfall eintreten muß, mithin ein Kreditrisiko ausgeschaltet ist. Trotzdem wird im allgemeinen eine Kreditwürdigkeitsprüfung, die primär die bisherige Verschuldung sowie das künftige Steueraufkommen umfaßt, vorgenommen.

Die schwierige Ermittlung eines Grundstückswertes und die Festlegung einer Beleihungsgrenze entfallen im allgemeinen im Kommunalkreditgeschäft, da eine hypothekarische Sicherheit kaum zu erlangen ist oder am Widerspruch der Aufsichtsbehörde scheitert. Die **Sicherheit des Kommunalkredits** liegt in der finanziellen Leistungsfähigkeit des Schuldners, z. B. in der Steuerkraft einer Gemeinde.

Der bewilligte Kommunalkredit wird wie der Hypothekarkredit vorwiegend als Annuitätendarlehen bereitgestellt. Die Kreditüberwachung erstreckt sich auf den pünktlichen Eingang der Zins- und Tilgungsleistungen.

Die durch öffentlich-rechtliche Körperschaften verbürgten Darlehen dienen insbesondere der Finanzierung des sozialen Wohnungsbaus. Form und Umfang der Gewährleistung sind jedoch sehr verschieden; allgemeine Ausführungen zur technischen Abwicklung dieser Kredite können daher nicht gemacht werden.

6.5 Bedeutung des langfristigen Kreditgeschäfts für Aufwand und Ertrag

Die Ermittlung der Erfolgswirksamkeit des langfristigen Kreditgeschäfts bereitet im allgemeinen weniger Schwierigkeiten als bei den kurzfristigen Kreditarten, da der Zusammenhang zwischen Aktiv- und Passivgeschäften enger und eine Zurechnung von Erträgen und Aufwendungen eher möglich ist.

6.5.1 Aufwendungen

Betriebsbedingte Aufwendungen fallen im langfristigen Kreditgeschäft bei der Bearbeitung des Kreditantrages, der Ausfertigung des Kreditvertrages, der Bereitstellung der Darlehenssumme und der Kreditüberwachung an. Die dabei auftretenden Vorgänge bedingen einen umfangreichen Schriftverkehr und entsprechende Buchungen. Insbesondere ist die Grundstücksbewertung mit hohem Betriebsaufwand verbunden. Die bei der Bestellung der Hypothek anfallenden Auslagen (Notariatsgebühren, Grundbuchgebühren u. a.) werden dem Kreditnehmer getrennt belastet, treten also nicht als Betriebsaufwand in Erscheinung.

Die **Geldbeschaffungsaufwendungen** sind in den verschiedenen Institutsgruppen unterschiedlich hoch. Sie setzen sich **für Realkreditinstitute** vorwiegend aus den Aufwendungen für die im Umlauf befindlichen Pfandbriefe und verwandten Schuldverschreibungen zusammen. Dazu gehören u. a. der Pfandbriefzins bzw. der Zins für Kommunalobligationen, eine etwaige Differenz zwischen Emissionskurs und Rückzahlungskurs sowie die an die Kreditinstitute für die Placierung der Pfandbriefe und Kommunalobligationen gezahlten Bonifikationen. Der Pfandbriefzins ist von der Höhe des Zinsniveaus am Kapitalmarkt abhängig.

Nicht ganz so einfach läßt sich der **Geldbeschaffungsaufwand bei Sparkassen, Kreditgenossenschaften und Kreditbanken** ermitteln. Festzustellen ist nur, daß den langfristigen Ausleihungen diejenigen Mittel zugeordnet werden können, die dem Kreditinstitut langfristig zur Verfügung stehen. Dazu zählen gemäß den Grundsätzen des Bundesaufsichtsamtes u. a. 60% der Spareinlagen sowie 10% der befristeten und der Sichteinlagen.

Der **Risikoaufwand** ist im langfristigen Kreditgeschäft gering, weil die Beleihungsgrenze bei den Hypothekarkrediten in der Praxis nicht über 60% des Grundstückswertes liegt, so daß sich das Institut meist schadlos halten kann, wenn der Kreditnehmer mit seinen Zins- oder Tilgungsraten in Verzug kommt.

Kommunalkredite, die an Institutionen der öffentlichen Hand gegeben oder durch sie verbürgt werden, können im Normalfall als völlig sicher angesehen werden. Sonstige langfristige Kredite werden grundsätzlich nur nach eingehender Kreditwürdigkeitsprüfung an bonitätsmäßig einwandfreie Kreditnehmer ausgegeben.

6.5.2 Erträge

Wichtigster Ertragsfaktor im langfristigen Kreditgeschäft ist der **Hypothekenzinssatz** bzw. der **Zinssatz für Kommunaldarlehen.** Er ist bei den Hypothekenbanken von den Bedingungen des Kapitalmarktes abhängig und an den Pfandbriefzins gebunden. Verändert sich der Zinssatz für Pfandbriefe, so wird bei neuen Abschlüssen der regelmäßig um ½ bis 1% höhere Zinssatz für Hypothekarkredite folgen. Steigt der Pfandbriefzinssatz, muß auch der Hypothekarkreditzinssatz steigen, weil sonst die Erträge des Kreditgeschäfts die Kosten des Pfandbriefgeschäfts nicht mehr decken. Bei fallendem Zinssatz am Pfandbriefmarkt ermäßigen sich infolge des Wettbewerbs zwischen den Instituten auch die Sätze für Hypothekarkredite. Einmal gewährte, laufzeitkongruente Darlehen ändern sich in bezug auf den Zinssatz nicht mehr.

Bei den Sparkassen hingegen ist der Hypothekenzinssatz vom Niveau des Spareinlagenzinssatzes abhängig. Sie sind daher gezwungen, in die Darlehensverträge **Zinsgleitklauseln** aufzunehmen, um auch die laufenden Darlehen entsprechend anpassen zu können, wenn stärkere und nachhaltige Zinssatzänderungen dies erfordern sollten. Allgemein läßt sich sagen, daß die Geldbeschaffungskosten bei den Sparkassen niedriger sind als bei den Realkreditinstituten und daß die Sparkassen infolgedessen – vor allem bei einem niedrigen Sparzins – ihren Kunden auch vergleichsweise günstigere Konditionen bieten können. Andererseits besteht für den Darlehensnehmer das Risiko, bei stark steigendem Einlagenzins nachträglich ebenfalls Zinserhöhungen in Kauf nehmen zu müssen.

Zu den Erträgen des langfristigen Kreditgeschäfts gehört ferner **der jährliche Anteil des Hypothekendamnums**. Das Hypothekendamnum, das z. B. 2% oder 3% der Darlehenssumme betragen kann, hat nicht nur die Aufgabe, die betriebsbedingten Aufwendungen zu decken. Vielmehr stellt es auch ein Äquivalent für einen Teil der Geldbeschaffungskosten dar und richtet sich in erster Linie nach der Höhe des Disagios und der gezahlten Bonifikationen. Kalkulatorisch ist das Hypothekendamnum auf die gesamte Laufzeit des Hypothekarkredits zu verteilen und dem Zinssatz zuzuschlagen.

Schließlich fallen gebührenähnliche **Provisionserträge** an. Für die Bearbeitung des Darlehensantrages wird im allgemeinen einmalig eine *Bearbeitungsprovision* – ½% auf den Nominalbetrag des Darlehens – berechnet.

Ferner ist es im langfristigen Kreditgeschäft gebräuchlich, vom Zeitpunkt der verbindlichen Reservierung der Kreditmittel an bis zur tatsächlichen Inanspruchnahme durch den Kreditnehmer eine *Bereitstellungsprovision* von bis zu 3% zu berechnen.

7. Schuldscheindarlehensgeschäfte

7.1 Wesen

Unter Schuldscheindarlehen sind längerfristige Großdarlehen vor allem an Industrieunternehmungen, öffentliche Stellen und bestimmte Kreditinstitute mit Sonderaufgaben zu verstehen, die in ihrer Ausstattung und Größenordnung zwar eine starke Ähnlichkeit mit Anleihen besitzen, aber trotzdem eine individuelle und direkte Kreditgewährung darstellen. Die Vermittlung erfolgt in der Regel über Banken, während als endgültige Kreditgeber in erster Linie Kapitalsammelstellen fungieren.

Der Name rührt daher, daß diese Darlehen früher gegen einen einfachen Schuld-schein an öffentlich-rechtliche Körperschaften gewährt wurden. Heute wird dagegen vielfach auf die Ausstellung eines Schuldscheins verzichtet und lediglich ein Darlehensvertrag abgeschlossen („**schuldscheinlose Schuldscheindarlehen**").

Während die Schuldscheindarlehen als Vermögensanlage der Versicherungswirtschaft und speziell der Lebensversicherungsunternehmen bereits in den 70er Jahren des 19. Jahrhunderts gewährt wurden, haben sie als Objekt bankbetrieblicher Tätigkeit erst nach dem zweiten Weltkrieg Bedeutung erlangt. Die Kreditinstitute sahen sich im Zuge des Wiederaufbaus einer zunehmenden Nachfrage ihrer Kundschaft nach langfristigen Krediten gegenüber, die weder aus eigenem Mittelaufkommen noch auf dem damals ziemlich unergiebigen Effektenmarkt befriedigt werden konnte. Auf der anderen Seite bildete sich besonders bei den Trägern der Individual- und Sozialversicherung stetig langfristiges Kapital, das zu einer rentablen Anlage drängte.

Nachdem es zuerst ausschließlich Makler übernommen hatten, die Verbindungen mit kapitalsuchenden Unternehmungen und öffentlich-rechtlichen Körperschaften durch Schuldscheindarlehensvermittlungen in größerem Stil zu fördern, ergriffen nach anfänglichen – teilweise starken – Bedenken auch die privaten Kreditbanken diese Möglichkeiten, um ihre Kundschaft mit echten Investitionsmitteln zu versorgen.

7.2 Technik der Schuldscheindarlehensgeschäfte

Bei den Schuldscheindarlehensgeschäften ist zwischen den aktivischen und den passivischen Geschäften zu unterscheiden. **Die aktivischen Schuldscheindarlehensgeschäfte** werden in der Weise abgewickelt, daß eine *Kreditbank* dem Schuldner gegenüber als *primärer Darlehensgeber* auftritt, die Valuta in Höhe von meist mehreren Millionen DM zur Verfügung stellt und sich gegebenenfalls einen Schuldschein – mit dem Darlehensvertrag gekoppelt – aushändigen läßt. Anschließend placiert sie das Darlehen durch Teilabtretungen ihrer Darlehensforderung, die 100 000 DM kaum unterschreiten, bei anderen Kapitalsammelstellen – vorwiegend bei Versicherungsunternehmen – oder behält einen Teil der Darlehensforderung im eigenen Bestand. Im allgemeinen versichern sich die Banken vor einer solchen Schuldscheindarlehensgewährung bei den Kapitalsammelstellen, daß die Placierung reibungslos vonstatten gehen wird, da sie sonst u. U. eine relativ große eigene Liquiditätsbindung zu tragen hätten.

Sofern eine unvollständige und endgültige Unterbringung nicht gelingt, werden Schuldscheindarlehensteile bisweilen „in Pension gegeben", d. h. mit einer Rücknahmeverpflichtung auf Zeit verkauft, bis sie laufzeitkonform placiert werden können. Wenn hierbei einzelne Teile mehrmals auf kurze Zeit untergebracht werden müssen, so unterscheiden sich diese Geschäfte praktisch nur noch wenig von den nicht näher zu behandelnden **Schuldscheindarlehen auf Revolving-Basis**, die vor allem von dem Münchner Finanzmakler Münemann praktiziert, seit der Neufassung des KWG jedoch bedeutungslos wurden.

Die Gewährung von Schuldscheindarlehen besitzt große Ähnlichkeit mit dem Emissionsgeschäft der Kreditinstitute und wird deshalb innerbetrieblich auch meist über das Konsortialbüro und die Börsenabteilung abgewickelt. Charakteristisch für die Schuldscheindarlehen ist lediglich, daß sie dem Schuldner in der Regel nur von einem Kreditinstitut allein gewährt werden. Reicht dessen Placierungskraft bei den Kapitalsammelstellen nicht aus, so nimmt es die Dienste anderer Banken insoweit in Anspruch, als es diesen einen Teil der Darlehensforderung zur Weiterplacierung abtritt. – Werden Schuldscheindarlehensteile oder ganze Darlehen im Bestand der Banken gehalten, so gelten für diese Fälle die Ausführungen über langfristige Kredite entsprechend.

Das passive Schuldscheindarlehensgeschäft pflegen nur solche Kreditinstitute, die langfristige Refinanzierungsmittel benötigen. So gehören z. B. zu ständigen Schuldscheindarlehensempfängern Sonderkreditinstitute wie die Lastenausgleichsbank, die Industriekreditbank/Deutsche Industriebank AG, die Landwirtschaftliche Rentenbank oder die Kreditanstalt für Wiederaufbau. In größerem Maße nehmen auch die Hypothekenbanken Schuldscheindarlehen unter der Bezeichnung *Globaldarlehen* auf. Sie sind insoweit eine willkommene Ergänzung ihrer Pfandbriefemissionen, als sie eine größere Anpassungsfähigkeit an den Rhythmus des Hypothekengeschäfts besitzen.

7.3 Bedeutung des Schuldscheindarlehensgeschäftes für Aufwand und Ertrag

Durch die einfache Abwicklung ist der Aufwand der Schuldscheindarlehensgewährung für die Bank relativ gering, und sie kann deshalb ihre Bonifikation niedriger als beim üblichen Emissionsgeschäft bemessen.

Die unorthodoxe Art der Schuldscheindarlehensgewährungen hat allerdings dazu geführt, daß auf diesem Sektor ein ziemlich scharfer Wettbewerb eingesetzt hat, der die einzelnen Institute oft zwingt, ihre **Provisionen** erheblich zu senken. Während früher bis zu 2½% Vermittlungsprovision gezahlt wurde, liegen die Sätze heute zwischen ⅛ und 1%. Ein weiterer Ertrag fällt während der Laufzeit von dinglich gesicherten Schuldscheindarlehen in Form einer **Treuhandgebühr** für die Verwaltung der Grundpfandrechte an. Sie beträgt regelmäßig 1‰ p. a. auf den noch nicht getilgten Darlehensbetrag.

Das Schuldscheindarlehensgeschäft der Kreditinstitute wird den Wünschen zweier Kundenkreise gerecht. Einmal bringt es Wirtschaftsunternehmen und öffentlich-rechtlichen Körperschaften große Beträge an langfristigem Kapital, ohne daß – mit Ausnahme der Vermittlungsprovision, der Treuhandgebühr und der Kosten der Sicherheitenbestellung – die mit einer Emission verbundenen relativ hohen einmaligen und laufenden Kosten anfallen. Auf der anderen Seite wird den Kapitalsammelstellen eine rentable – die Rendite liegt ¼ bis ½% über der vergleichbarer Anleihen – und einfach zu verwaltende Vermögensanlage geboten.

Aufgaben:

I. 1. Welche Arten der Kredite sind im Rahmen der Geldleihgeschäfte zu unterscheiden, und welche Bedeutung haben sie für die verschiedenen Arten der Kreditinstitute? – Vgl. Statistischen Teil der Monatsberichte der Deutschen Bundesbank!

2. Worin bestehen die rechtlich wesentlichen Merkmale des Kontokorrents sowie die wichtigsten Merkmale des Kontokorrentkredits?

3. Wodurch unterscheiden sich die verschiedenen Konditionen, die dem Kunden für einen Kontokorrentkredit berechnet werden, und wie wirkt sich die Inanspruchnahme des eingeräumten Kredits auf die Gesamtbelastung für den Kunden aus?

4. Worin liegen die Vorteile des Diskontkredits für den Kunden und für das diskontierende Kreditinstitut?

5. Welche Anforderungen stellt die Bundesbank an das von ihr zu diskontierende Wechselmaterial?
6. Was sind Depotwechsel und Mobilisierungstratten?
7. Wodurch unterscheiden sich im Rahmen der Teilzahlungsfinanzierung das A-, B- und C-Geschäft voneinander?
8. Worin besteht das Wesen der Persönlichen Kleinkredite und der Anschaffungsdarlehen, und worin liegt die Bedeutung des Kleinkreditgeschäfts für die verschiedenen Arten der Kreditinstitute?
9. Welche Kosten werden den Kunden bei Ratenkrediten berechnet?
10. Welche Merkmale kennzeichnen das Wesen eines Lombardkredits?
11. Wie vollzieht sich das Effektenlombardgeschäft, und welche Beleihungsgrenzen sind als banküblich zu bezeichnen?
12. Wie erfolgt die Verpfändung lagernder Waren, und welche Bedeutung kommt ihr als Mittel der Kreditsicherung in der Praxis zu?
13. Worin besteht das Wesen eines Treuhandkredits, und wie vollzieht sich die technische Abwicklung der Gewährung von Treuhandkrediten im einzelnen?
14. Welche Arten des langfristigen Anlagekredits sind zu unterscheiden, und welche Bedeutung haben sie für die verschiedenen Arten der Kreditinstitute?
15. Erläutern Sie an einem Beispiel die technische Abwicklung eines Hypothekarkredits!

II. 1. Als Sicherheit für einen Kontokorrentkredit hatte Ihr Kunde, Großhandlung Werner Losert, Westring 11, 4400 Münster (Westf.), seiner Bank eine Forderung im Betrage von 5014,– DM, fällig am 15. 9. 19 . ., gegen den Einzelhändler Klaus-Peter Coch, Große Straße 14, 4440 Rheine (Westf.), still abgetreten. Losert gerät in Zahlungsschwierigkeiten, und die Bank wendet sich am 5. 4. 19 . . auf Grund der ihr erteilten Ermächtigung zur Aufdeckung der Abtretung an Coch und bittet, den Rechnungsbetrag zum Fälligkeitstermin an die Bank zu überweisen. Entwerfen Sie diesen Brief!

2. Der Kunde Harald Krüger, Darmstädter Straße 21, 6900 Heidelberg, ist alleiniger Inhaber eines größeren Kaufhauses und hat den ihm eingeräumten Blankokredit von 20 000,– DM ohne Ankündigung durch seinen letzten Überweisungsauftrag um 4000,– DM überzogen. Die Bank hat den Auftrag noch ausgeführt, obwohl das Kontokorrentkonto des Kunden Krüger seit einiger Zeit nur noch geringe Umsätze aufweist. – Entwerfen Sie ein Schreiben der Bank an Herrn Krüger!

III. Der Kunde K hat von der Bank B einen Kredit erhalten und voll in Anspruch genommen. In dem Kreditvertrag heißt es unter der Rubrik „Sicherheiten": „Keine." Am Schluß des Vertrages steht: „Im übrigen gelten die Allgemeinen Geschäftsbedingungen in der Fassung vom . . ."
K unterhielt zum Zeitpunkt des Abschlusses des Kreditvertrages bei der Bank B ein Wertpapierdepot sowie ein Sparkonto, dem die Wertpapiererträge gutgeschrieben wurden.
Nach einiger Zeit hebt K sein Sparguthaben ab und erteilt der Bank den Auftrag zur Aushändigung der verwahrten Wertpapiere, um sie einem Warengläubiger als Pfand für einen Lieferantenkredit zu überlassen. Die Bank weigert sich, die Wertpapiere herauszugeben, solange K den Kredit nicht in anderer Weise abgesichert habe. Sie beruft sich dabei auf den Wortlaut der AGB, wonach ihr ein Pfandrecht an diesen Wertpapieren zustehe.
K weist demgegenüber darauf hin, daß er nach dem Kreditvertrag einen Blankokredit erhalten habe, die Bestimmungen der AGB auf den ihm gewährten Kredit mithin nicht zuträfen und er aus diesem Grunde die Herausgabe der Wertpapiere verlangen könne. Mit Recht?

III. Kreditleihgeschäfte

1. Akzeptkredit

1.1 Geschichtliche Entwicklung

Im frühen Mittelalter, als sich die Zahlung mittels Wechsel allmählich durchsetzte, wurde das Akzept des Bezogenen normalerweise nur dann eingeholt, wenn es zweckmäßig erschien, den Bezogenen auf die bevorstehende Fälligkeit hinzuweisen. Ihre heutige Bedeutung bekam die Annahmeerklärung des Bezogenen erst, als es üblich wurde, die Wechsel mit einem Indossament zu versehen und weiterzugeben. Dabei wurde durch das Akzept zum Ausdruck gebracht, daß sich der Bezogene zur Einlösung des Wechsels verpflichtet hatte.

Während es im Inland relativ einfach war, sich über die Bonität eines Akzeptanten zu informieren, bereitete dies im *Auslandsverkehr* oft erhebliche Schwierigkeiten. Daher wurde es im Außenhandel üblich, nicht ein eigenes Akzept, sondern einen von einer angesehenen Bank akzeptierten Wechsel in Zahlung zu geben. Als Akzeptbanken erwarben sich zunächst die Londoner Banken eine führende Stellung im internationalen Zahlungsverkehr; heute werden dagegen – von einer gewissen Vorrangstellung der Londoner und der New Yorker Banken abgesehen – die Akzepte aller angesehenen Banken der Welt anerkannt, und es ist üblich, daß sowohl Kreditinstitute im Lande des Zahlungsverpflichteten als auch Banken im Lande des Zahlungsempfängers die Wechsel akzeptieren.

Die Gepflogenheit, ein Bankakzept in Zahlung zu geben, wurde jedoch erst zu einem Kreditgeschäft, als die Banken auf eine sofortige Deckung der von ihnen übernommenen Akzeptverbindlichkeiten verzichteten und sich mit der Verpflichtung des Kunden begnügten, den zur Einlösung des Wechsels erforderlichen Betrag kurz vor Fälligkeit des Wechsels bereitzustellen.

1.2 Rechtliche Grundlagen

Für das Rechtsverhältnis zwischen der akzeptleistenden Bank und dem Kunden, dem der Akzeptkredit eingeräumt wurde, gelten die **Vorschriften des BGB über die Geschäftsbesorgung bzw. die Bestimmungen über das Darlehen.**

„Ob ein Vertrag über die Gewährung eines Akzeptkredits eine Geschäftsbesorgung zum Gegenstand hat oder eine Darlehensabrede enthält, hängt von den Umständen des einzelnen Falles ab. Akzeptiert die Bank den Wechsel für Rechnung des Kunden und gibt dieser den Wechsel" (bei einer anderen Bank) „zum Diskont, so liegt regelmäßig ein Geschäftsbesorgungsvertrag vor. Die Bank kann die Erstattung der Wechselsumme nur verlangen, wenn sie den Wechsel eingelöst hat" (BGH-Urteil vom 16. 12. 1955).

Diskontiert dagegen die akzeptierende Bank ihr eigenes Akzept, so haben die entsprechenden Vereinbarungen den Charakter eines Darlehensvertrages. Daneben sind für die sich aus der Akzeptierung und Weitergabe des Wechsels ergebenden Rechtsverhältnisse die Vorschriften des Wechselgesetzes maßgebend.

Den Sparkassen ist die Ausstellung und Akzeptierung von Wechseln generell durch Verbot oder Nichterwähnung in der Aufzählung der satzungsgemäßen Geschäfte untersagt. Die Möglichkeit der Erteilung einer Ausnahmegenehmigung ist hingegen bei den größeren Sparkassen in einigen Ländern der Bundesrepublik gegeben.

1.3 Wesen des Akzeptkredits

Unter einem Akzeptkredit ist ein Kredit zu verstehen, bei dem die Bank einen von ihrem Kunden oder dessen Beauftragten auf sie gezogenen Wechsel unter der Bedingung akzeptiert, daß der Kunde den Gegenwert des Wechsels vor Fälligkeit der Bank zur Verfügung stellt.

Das Wesen des Akzeptkredits ist also dadurch zu kennzeichnen, daß es sich bei dieser Kreditart um ein **Kreditleihgeschäft** und nicht um ein Geldleihgeschäft handelt. *Wechselrechtlich* ist das akzeptierende Kreditinstitut zwar Hauptschuldner aus dem Wechsel; *wirtschaftlich* gesehen stellt der Akzeptkredit jedoch nur eine **Eventualverbindlichkeit des Kreditinstitutes** dar, da die Bank bei Fälligkeit nur dann Zahlung aus eigenen Mitteln leisten muß, wenn der Kreditnehmer den Wechselbetrag nicht rechtzeitig angeschafft hat.

Diesem Charakter des Akzeptkredits steht auch nicht entgegen, daß der akzeptierenden Bank kein wechselrechtlicher Anspruch gegen den Kreditnehmer zusteht, wenngleich in den Kreditvereinbarungen und in den Allgemeinen Geschäftsbedingungen festgelegt ist, daß der Kreditnehmer den Gegenwert des Akzeptes der Bank spätestens einen Werktag vor Verfall zur Verfügung stellen muß.

Der Akzeptkredit ist ein **kurzfristiger Kredit,** der **zur Finanzierung des Umlaufvermögens** und nicht zu Investitionszwecken dienen soll. In der Regel besteht sogar ein enger Zusammenhang zwischen dem Warengeschäft und der Wechselziehung. Dies kommt deutlich bei dem im Außenhandel als Sonderform des Akzeptkredits vorkommenden **Rembourskredit** sowie bei den der Transitfinanzierung dienenden Bankakzepten zum Ausdruck. Ein besonderes Merkmal der der Finanzierung von Export-, Import- oder Transitgeschäften dienenden Bankakzepte besteht darin, daß diese in der Bundesrepublik unter bestimmten Voraussetzungen den Charakter von **Privatdiskonten** haben und auf dem Privatdiskontmarkt gehandelt werden können[1].

Die bisher besprochenen Bankakzepte werden als **„Kreditakzepte"** bezeichnet, weil diesen Abschnitten eine Kreditgewährung an einen Kunden zugrunde liegt. Da diese Akzepte im allgemeinen zur Finanzierung eines Handelsgeschäftes begeben werden, findet für sie auch der Ausdruck *„Handelsakzepte"* Verwendung. Daneben benutzen kleinere Banken gelegentlich den Akzeptkredit zur Befriedigung eigener Kreditbedürfnisse. Die zu diesem Zweck in Umlauf gesetzten Bankakzepte werden als **„Finanzakzepte"** bezeichnet.

---

1 Vgl. Seite 515.

Bei den Finanzakzepten – sie erfüllen die gleiche Aufgabe wie Solawechsel der Bank – handelt es sich um *reine Passivgeschäfte,* denen kein Aktivgeschäft gegenübersteht, weil die akzeptierende Bank den Wechselaussteller – im Gegensatz zu Kreditakzepten – ausdrücklich von der Haftung für die Einlösung bzw. der Anschaffung des Wechselbetrages freigestellt und sich verpflichtet hat, den Wechsel bei Fälligkeit aus eigenen Mitteln einzulösen. Finanzakzepte sind, da sie nicht in den Rahmen der regulären Bankgeschäfte fallen, bei der Deutschen Bundesbank *nicht rediskontfähig.*

1.4 Technik des Akzeptkredits

Auch beim Akzeptkredit wird auf Grund des Kreditantrages des Kunden zunächst eine **Kreditwürdigkeitsprüfung** vorgenommen; sie hat aber in den meisten Fällen mehr formellen Charakter, weil Akzeptkredite grundsätzlich nur erstklassigen Firmen unzweifelhafter Bonität gewährt werden.

Auf Grund der **Akzeptzusage** versieht die Bank die auf sie gezogenen Wechsel mit ihrer **Annahmeerklärung.** Gleichzeitig wird der Kunde auf dem Akzeptkonto (Trattenkonto) belastet und das Akzeptkonto der Bank (Konto Eigene Akzepte) erkannt.

Bei der **Einlösung des Wechsels** lauten die Buchungssätze:

(1) Kto. Eigene Akzepte an Kto. des Einreichers (z. B. LZB)

(2) Kontokorrentkto. Kunde an Trattenkonto Kunde
Die Konten „Eigene Akzepte" und „Kundentrattenkonto" sind damit ausgeglichen.

Nach der Akzeptleistung durch die kreditgewährende Bank stehen dem Kreditnehmer hinsichtlich der **Verwertung** der ihm zur Verfügung stehenden Bankakzepte verschiedene Möglichkeiten offen.

(1) Läßt er sich die **Akzepte aushändigen,** steht es ihm frei, die Bankakzepte seinen Gläubigern bzw. seinen Warenlieferanten in Zahlung zu geben oder zwecks Beschaffung liquider Mittel bei einer anderen Bank diskontieren zu lassen; haben die Bankakzepte den Charakter von Privatdiskonten, so können sie außerdem über eine andere Bank auf dem *Privatdiskontmarkt* veräußert werden.

(2) Läßt sich der Kreditnehmer das **Akzept der Bank nicht aushändigen, sondern sofort von der Akzeptbank diskontieren** – wie es heute allgemein üblich ist –, so schließt sich an die Gewährung eines Akzeptkredits (Kreditleihgeschäft) sofort ein Diskontkreditgeschäft (Geldleihgeschäft) an.

Die **Bilanzierung der Akzeptkredite** erfolgt in jedem Fall unter der Position „Forderungen an Kunden"; dabei ist jedoch zu beachten, daß der auf dem Trattenkonto offenstehende Betrag in das Gesamtengagement einzubeziehen ist, d.h. also gegebenenfalls mit einem auf dem Kontokorrentkonto vorhandenen Guthaben zu saldieren ist.

Wird der akzeptierte Wechsel dem Kunden ausgehändigt und befindet sich somit im *Umlauf,* so ist der Nominalbetrag auf der Passivseite unter der Position *„Eigene Akzepte und Solawechsel im Umlauf"* auszuweisen. Bei dieser Bilanzierung wird berücksichtigt, daß es sich bei dem Akzeptkredit einerseits um eine echte Forderung gegen den Kreditnehmer, andererseits aber auch um eine voll rechtswirksame Verbindlichkeit des Kreditinstituts handelt.

Wird der Wechsel dagegen von der Akzeptbank selbst diskontiert, befindet er sich also im Portefeuille der Akzeptbank, so ist dieser Abschnitt – da es sich um eine Forderung gegen das bilanzierende Institut selbst handelt – in der Bilanz nicht auszuweisen. – Werden die diskontierten eigenen Akzepte aus dem Bestand herausgenommen und z. B. zwecks Refinanzierung oder im Wege des Akzepttausches in Umlauf gesetzt, so muß ihr Nominalbetrag in der Position *„Eigene Akzepte und Solawechsel"* enthalten sein.

Ergänzend ist auf den gegenseitigen **Akzepttausch** innerhalb des Bankgewerbes hinzuweisen. Bei der Diskontierung eigener Akzepte erwerben die Banken insofern nur bedingt verwendbare Abschnitte, als sie die selbst diskontierten – im Bestand nicht zu den liquiden Aktiven zählenden – eigenen Akzepte nur ungern zum Rediskont geben, weil sie fürchten, daraus könnte auf eine angespannte Liquiditätslage geschlossen werden. Befreundete Banken tauschen deshalb bei Bedarf hin und wieder die selbst diskontierten eigenen Akzepte untereinander aus. Eine Indossierung von Bank zu Bank findet dabei nicht statt, weil die Banken die eigenen Akzepte beim Diskont grundsätzlich mit einem *Blankoindossament* versehen lassen. Den ausgetauschten Akzepten ist daher nicht anzusehen, ob sie von der Bank, in deren Bestand sie sind, selbst diskontiert wurden oder ob sie ihr im Wege des Akzepttausches zugegangen sind. Die durch Akzepttausch hereingenommenen Akzepte fremder Banken sind als Wechselbestand zu erfassen, unter der Position *„Wechsel"* auszuweisen und stellen somit eine liquide Geldanlage dar.

1.5 Bedeutung des Akzeptkreditgeschäfts für Aufwand und Ertrag

Bei einem reinen Akzeptkredit, bei dem das Akzept dem Kunden ausgehändigt und keine Diskontierung vorgenommen wird, verbleibt der Bank als Ertrag nur die **Akzeptprovision**. Sie beträgt in der Bundesrepublik im allgemeinen ¼% p. M., wird jedoch bei bevorzugten Kreditnehmern häufig unterschritten. Daneben hat der Kreditnehmer noch die *Wechselsteuer* zu tragen.

Die Gepflogenheit, beim reinen Akzeptkredit **keine Zinsen**, sondern nur eine Provision zu berechnen, resultiert daraus, daß die Bank bei einem sich ordnungsgemäß abwickelnden reinen Akzeptkredit kein eigenes Kapital einzusetzen braucht. Die Akzeptprovision hat beim reinen Akzeptkredit lediglich den infolge der Bonität der Kreditnehmer äußerst geringen Risikoaufwand sowie die verhältnismäßig niedrigen Betriebsaufwendungen zu decken.

Wird der Akzeptkredit mit einem Diskontkredit verbunden und der Wechsel durch die akzeptgewährende Bank diskontiert, so erhöhen sich die Erträge der Bank – als Äquivalent für den Aufwand der Kapitalbereitstellung und den zusätzlichen Bearbeitungsaufwand – um den Diskont bis zum Verfalltag des Akzepts. Die hervorragende Bonität der Kreditnehmer führt dabei in der Praxis zu äußerst günstigen Bedingungen.

Haben die im Rahmen des Akzeptkredits anfallenden Bankakzepte den Charakter von **Privatdiskonten**, so werden sie von den Banken zu den Sätzen des Privatdiskontmarktes angekauft. Privatdiskonten werden zunächst nur an der Frankfurter Börse an allen Börsentagen im Beisein eines Vertreters der Deutschen Bundesbank unter Mitwirkung der Privatdiskont-Aktiengesellschaft notiert. Es finden 2 Notierungen statt:

für „*lange* Sicht" (30–90 Tage Laufzeit)
für „*kurze* Sicht" (10–29 Tage Laufzeit)

Für jede dieser Notierungen wird ein Geld- und ein Briefsatz festgestellt, die Differenz zwischen beiden Kursen beträgt 0,15 Prozentpunkte.

Seit dem 15. 11. 1973 werden die Privatdiskontsatznotierungen in Dezimalbrüchen ausgedrückt.

Beispiel für eine Privatdiskontsatznotierung

Privatdiskontsätze vom 24. 9. 1985

	Brief	Geld
Lange Sicht (30–90 Tage)	3,40	3,55
Kurze Sicht (10–29 Tage)	3,40	3,55

2. Avalkredit

2.1 Geschichtliche Entwicklung

Der Geschäftsverkehr läßt oftmals ein Zug-um-Zug-Geschäft nicht zu, sondern macht es erforderlich, daß eine Vertragspartei ihre Leistung erbringen muß, bevor sie die Gegenleistung erhält. Als Sicherheit dafür, daß die eingegangenen Lieferungs- bzw. Zahlungsverpflichtungen des anderen Kontrahenten ordnungsgemäß erfüllt werden, eignet sich die Übernahme einer *Bürgschaft* durch einen bekannten und renommierten Dritten. Diese Aufgabe erfüllen von jeher in erster Linie die in weiten Kreisen als kreditwürdig bekannten Bankinstitute.

Zunächst war es üblich, Bürgschaften für die Annahme oder Einlösung von Wechseln zu geben. Da diese Form infolge der Wechselstrenge für den Gläubiger besonders günstig war, wurden auch andere Bürgschaften in die Wechselform gekleidet. *Ursprünglich* umfaßte der Avalkredit deshalb nur die *Übernahme von Wechselbürgschaften* durch die Banken. Im Laufe der Zeit löste sich der Avalkredit von der wechselmäßigen Bindung. Er umfaßt heute den gesamten Bürgschaftskredit und die Abgabe von Bankgarantien.

2.2 Rechtliche Grundlagen

Rechtsgrundlage für Bürgschaften sind die §§ 765–778 BGB in Verbindung mit den §§ 349–351 HGB.

Die **Bürgschaftsversprechen der Banken** im Rahmen des Avalkreditgeschäftes stellen, wenn nicht ausdrücklich anders vereinbart, **stets selbstschuldnerische Bürgschaften** dar. Der Gläubiger kann die Bank aus ihrer Bürgschaft sofort in Anspruch nehmen, ohne vorher gegen den Hauptschuldner klagen zu müssen. Die Berechtigung der Bank, ohne gerichtliches Verfahren auf einseitiges Anfordern des Gläubigers Zahlung zu leisten, ist ausdrücklich in den Allgemeinen Geschäftsbedingungen niedergelegt.

Beim Avalkredit handelt es sich um eine **Eventualverbindlichkeit** des Kreditinstitutes. Erst bei Inanspruchnahme durch den Gläubiger entsteht aus der Eventualverbindlichkeit eine echte Verbindlichkeit. Gleichzeitig wandelt sich dann die entsprechende Eventualforderung in eine echte Forderung gegenüber dem Kunden um.

Die Bürgschaft endigt grundsätzlich mit dem Erlöschen der Verbindlichkeit, für die sie bestellt worden ist. Die Kreditinstitute begrenzen jedoch – soweit möglich – die Laufzeit der Bürgschaftskredite von sich aus, da die *Einrede der Verjährung* aus der Bürgschaftsverpflichtung selbst erst nach 30 Jahren möglich ist.

Für die Übernahme einer Wechsel- oder Scheckbürgschaft gelten in Ergänzung der allgemeinen gesetzlichen Regelungen über die Bürgschaft die entsprechenden Bestimmungen der betreffenden Spezialgesetze.

Die Garantie stellt **ein abstraktes Leistungsversprechen** dar und ist im Gegensatz zur Bürgschaft **nicht akzessorisch**, sondern begründet eine von der Hauptverbindlichkeit unabhängige Verpflichtung. Spezielle rechtliche Vorschriften für die Garantie gibt es nicht; es gelten daher die allgemeinen Grundsätze des Schuldrechts.

An die Stelle des *gesetzlichen* Forderungsüberganges, der bei der Bürgschaft erfolgt, muß bei der Garantie eine besondere **vertragliche Vereinbarung** treten, **die der Bank nach Inanspruchnahme durch den Garantieempfänger eine Forderung in gleicher Höhe gegenüber dem Kunden einräumt.** Die Unterscheidung, ob eine Garantie oder eine Bürgschaft vorliegt, kann nicht nach der Bezeichnung der Urkunde vorgenommen werden. Die Entscheidung für das Vorliegen der einen oder anderen Vertragsart kann vielmehr nur unter Berücksichtigung der Lage des Falles in ihrer Gesamtheit getroffen werden. Im Zweifel aber, wenn die Prüfung des

Falles nicht bestimmt ergibt, daß die Vertragschließenden die Begründung einer selbständigen und unabhängigen Verpflichtung gewollt haben, kann in der Verpflichtung, für die Schuld eines anderen aufzukommen und für die Befriedigung des Gläubigers einzustehen, nur die Übernahme einer Bürgschaft erblickt werden.

2.3 Wesen des Avalkredits

> Ein Avalkredit liegt vor, wenn ein Kreditinstitut für die Verbindlichkeiten eines Kunden die Haftung entweder in der Form einer Bürgschaft oder einer Garantie übernimmt.

Das bestimmende Merkmal des Avalkredits ist wie beim Akzeptkredit die Tatsache, daß es sich um ein **Kreditgeschäft** handelt. Das Kreditinstitut hat bei der Kreditgewährung dem Kunden nicht einen bestimmten Geldbetrag zur Verfügung zu stellen, sondern gibt **ein bedingtes Zahlungsversprechen** ab. Nur wenn der vertraglich vereinbarte Fall der Zahlungsverpflichtung der Kreditinstitute eintritt, d.h. insbesondere, wenn der Hauptschuldner dem Gläubiger die vereinbarte Zahlung zur Erfüllung seiner Schuld nicht leistet, entsteht für die Bank eine *echte* Verbindlichkeit.

Die **Laufzeit der Avalkredite** ist infolge ihrer verschiedenartigen Anwendungsformen unterschiedlich. Je nachdem, welche Zeiträume bis zur Erbringung der Gegenleistung überbrückt werden müssen, kann die zeitliche Dauer der Bürgschaften und Bankgarantien sowohl sehr kurz als auch sehr lang bemessen sein.

Folgende **Anwendungsgebiete des Avalkredits** sind zu unterscheiden:

(1) Bürgschaften gegenüber der öffentlichen Hand,

(2) sonstige Bürgschaften für die Erfüllung von Zahlungsverpflichtungen,

(3) Garantien für die vertragsgemäße Ausführung von Lieferungen und Leistungen,

(4) Garantien für die Schadloshaltung im Zusammenhang mit fehlenden oder mangelhaften Urkunden.

2.3.1 Bürgschaften gegenüber der öffentlichen Hand

Eine besondere Bedeutung haben Bankbürgschaften in der Bundesrepublik **im Rahmen der Kreditgewährung der öffentlichen Hand** erlangt. Der Grund hierfür ist die Tatsache, daß die öffentliche Hand die Kreditwürdigkeit ihrer Kreditnehmer selbst nicht prüfen will bzw. kann, weil sie in der Regel hierzu kein fachlich

Bürgschein

Sie, die **DEUTSCHE VERKEHRS-KREDIT-BANK AKTIENGESELLSCHAFT**

Zweigniederlassung _____, haben der Firma

_____

_____ in _____

Frachtstundung gewährt.

Für die Erfüllung aller hieraus entstehenden Verbindlichkeiten verbürgen wir uns gegenüber Ihnen, der DEUTSCHEN VERKEHRS-KREDIT-BANK AKTIENGESELLSCHAFT mit allen Ihren Zweigniederlassungen selbstschuldnerisch unter Verzicht auf die dem Hauptschuldner zustehenden wie auch auf die uns nach dem Gesetz gegebenen Einreden, ferner auf die Einrede der Aufrechnung bis zum Betrage von

DM _____

(in Worten: Deutsche Mark _____)
zuzüglich Zinsen und aller sonstigen Kosten, auch soweit diese zum Kapital geschlagen werden und dadurch den verbürgten Höchstbetrag übersteigen.

Ihre Rechte gehen erst dann auf uns über, wenn Sie wegen Ihrer sämtlichen Ansprüche an den Hauptschuldner vollständig befriedigt sind. Bis dahin gelten unsere Leistungen als Sicherheit.

Sie sind befugt, alle Sicherheiten und Vorzugsrechte, die Ihnen etwa sonst für diese Schuld bestellt sind oder noch bestellt werden, lediglich nach Ihrem Ermessen zu verwerten und auch aufzugeben, namentlich auch Mitbürgen aus ihrer Haftung zu entlassen, ohne daß hierdurch der Umfang unserer Bürgenverpflichtung geändert wird.

Sicherheiten, die Ihnen vom Hauptschuldner oder von dritter Seite bestellt worden sind, haben Sie nur insoweit auf uns zu übertragen, als der Besteller uns den Anspruch gegen Sie auf Rückübertragung der Sicherheiten abgetreten oder sich mit der Übertragung auf uns ausdrücklich einverstanden erklärt hat. Dies gilt nicht für Sicherheiten, die kraft Gesetzes auf uns übergehen.

Haften mehrere Bürgen, so haftet jeder unabhängig von dem anderen für den ganzen von ihm verbürgten Betrag.

Diese Bürgschaft gilt neben etwaigen von uns bereits abgegebenen Bürgschaftserklärungen.

Die Bürgschaft bleibt auch bei einem etwaigen Wechsel der Inhaber oder bei einer Änderung der Rechtsform, Firma oder Person des Hauptschuldners sowie bei etwaigen Verlängerungen der von der Bank gewährten Frachtstundung bestehen.

Die Bürgschaft kann jederzeit durch eingeschriebenen Brief mit einmonatiger Frist, gerechnet ab Zugang, gekündigt werden.

Erfüllungsort für alle aus dieser Urkunde entstehenden Verpflichtungen und Gerichtsstand ist der Ort der kontoführenden Zweigniederlassung der DEUTSCHEN VERKEHRS-KREDIT-BANK AKTIENGESELLSCHAFT.

_____, den _____

An die

DEUTSCHE VERKEHRS-KREDIT-BANK
AKTIENGESELLSCHAFT

Zweigniederlassung _____

in: _____

Form. 32 - 1081 - 10

518

geschultes Personal besitzt. Als Sicherheit fordert sie daher in diesen Fällen das Bürgschaftsversprechen eines Kreditinstituts. In diesem Zusammenhang sind insbesondere die Zollbürgschaften, die Frachtstundungsbürgschaften, die Avale gegenüber der Bundesmonopolverwaltung für Branntwein und die Bürgschaften bei der Stundung von Holzkaufgeldern zu erwähnen.

a) Zollbürgschaften

Der Zollschuldner hat die Möglichkeit, einen Aufschub für die Zahlung seiner Zollgebühren bis zu 3 Monaten zu erhalten, falls er die Bürgschaft eines Kreditinstituts als Sicherheit stellen kann. **Die Bank verbürgt sich hierbei gegenüber dem Zollamt für die fristgerechte Zahlung der Zollschuld.** Dieses befristete und durch eine Bankbürgschaft gesicherte *Zollstundungsverfahren* hat für Importeure den Vorteil, daß sie die Waren sofort in das Inland einführen und weiterverkaufen können und die Zollgebühren erst später fällig werden.

b) Frachtstundungsbürgschaften

Die Deutsche Bundesbahn gewährt denjenigen Personen und Firmen, die regelmäßig an ihrem Frachtverkehr teilnehmen, eine *Stundung der fälligen Frachtgelder* für einen halben Monat, wenn ihre Hausbank gegenüber der Deutschen Verkehrs-Kredit-Bank AG eine Bürgschaft übernimmt. Der Deutschen Verkehrs-Kredit-Bank AG ist der aufgelaufene Betrag zuzüglich Stundungsgebühr am 1. und 16. jeden Monats vom Frachtschuldner zu überweisen. **Die Hausbank haftet als Bürge für die termingerechte Zahlung des Frachtschuldners.**

c) Avale gegenüber der Bundesmonopolverwaltung für Branntwein

Die Bundesmonopolverwaltung für Branntwein stundet das *Branntweinkaufgeld* für den von ihr abgegebenen Spiritus bis zu drei Monaten, sofern die Abnehmerfirma eine Bürgschaft beibringt, in der sich ein Bankinstitut für die pünktliche Zahlung der fälligen Beträge verbürgt.

d) Bürgschaften bei der Stundung von Holzkaufgeldern

Auch zwischen den staatlichen Forstverwaltungen und den Holzkäufern ist eine Stundung der Kaufgelder gebräuchlich. Die Forstverwaltungen verlangen in der Regel eine geringe Barzahlung und über den restlichen Betrag entweder *Wechselziehungen*, die vom Holzkäufer zu akzeptieren und von dessen Bank zu *verbürgen* sind, oder in zunehmendem Maß die Haftung einer Bank als Aussteller, Bezogener oder Girant der **Holzkaufwechsel**.

2.3.2 Bürgschaften für die Erfüllung von Zahlungsverpflichtungen

Zu den Bürgschaften für sonstige Zahlungsverpflichtungen von Bankkunden zählen z. B. **Bürgschaften für den ausstehenden Restbetrag bei nicht voll einge-**

zahlten Aktien. Vor allem bei *Versicherungsgesellschaften*, bei denen das Grundkapital nicht in voller Höhe für Investitionszwecke zur Verfügung stehen muß, sondern vorwiegend eine *Garantiefunktion* zu erfüllen hat, sind die Aktien nicht voll eingezahlt.

Ferner übernehmen die Kreditinstitute gegenüber den Gerichten eine **Bürgschaft für den Kläger**, wenn das Urteil gegen Sicherheitsleistung vorläufig vollstreckbar ist *(Prozeßbürgschaft)*. Sie bürgen **für den Beklagten**, wenn dieser verurteilt worden ist, ihm aber gestattet wurde, z. B. die Zwangsvollstreckung aus dem Urteil durch Sicherheitsleistung abzuwenden *(Kaution)*. Dazu gehört die **Übernahme der Bürgschaft für die Anwaltskosten**, die der Kläger zugunsten des Prozeßbevollmächtigten des Beklagten sicherzustellen hat.

2.3.3 Bankgarantien

Bankgarantien für die vertragsmäßige Ausführung von Lieferungen und Leistungen werden zwar hauptsächlich im Zusammenhang mit Auslandsgeschäften gewährt, spielen jedoch auch im Inlandsgeschäft eine gewisse Rolle, z. B. in der Bauwirtschaft. Im *Außenhandel* entstehen besondere Risiken, die darauf beruhen, daß sich die Kontrahenten teilweise nicht persönlich kennen, größere Entfernungen überwunden werden müssen bzw. die rechtlichen Regelungen und Usancen in den verschiedenen Ländern voneinander abweichen. Zur Abdeckung dieser Risiken dienen die Garantien von Bankinstituten, die im In- und Ausland als kreditwürdig angesehen werden.

Die Bankgarantien werden gewährt als Anzahlungs-, Bietungs-, Lieferungs- und Leistungs- sowie als Gewährleistungsgarantien.

Durch die **Anzahlungsgarantie** der Bank des Exporteurs erhält der ausländische Importeur die Sicherheit, daß er die vorausbezahlte Summe zurückerhält, wenn der Lieferant seinen vertraglichen Verpflichtungen nicht rechtzeitig nachkommt.

Bietungsgarantien kommen insbesondere bei öffentlichen Ausschreibungen vor. Die Bank übernimmt für ihren Kunden die Garantie, daß er die Bedingungen der Ausschreibung erfüllt und den Auftrag auszuführen in der Lage ist, und verpflichtet sich, für die *Vertragsstrafe* einzustehen, die im Falle der Nichtannahme bei erteiltem Zuschlag zu zahlen ist.

Eine nach Form, Menge und Qualität vertragsgerechte und rechtzeitige Lieferung bzw. Leistung soll durch die Stellung von **Lieferungs- und Leistungsgarantien** bewirkt werden. Für den Fall von Abweichungen vom Vertrag verpflichtet sich die Bank, für die Vertragsstrafe aufzukommen.

Gewährleistungsgarantien werden wegen der mit Warenlieferungen verbundenen Gewährleistungsverpflichtungen ausgestellt und sollen dem Garantienehmer die Möglichkeit geben, sich im Falle von Qualitätsabweichungen oder fehlenden qualitativen Eigenschaften der Ware an den Garanten zu halten.

520

Ein Beispiel für Bankgarantien, die im Zusammenhang mit fehlenden bzw. mangelhaften Urkunden gestellt werden, sind die **Konossementsgarantien**.

Für den Fall, daß die Ware bereits im Bestimmungshafen angekommen ist, beim Importeur aber der volle Satz der Originalkonnossemente noch nicht vorliegt, ist eine Auslieferung durch die Reederei mit der Gefahr von Schadenersatzansprüchen verbunden. Die Reederei, die sich verpflichtet hat, die Ware nur gegen Übergabe der Originalkonnossemente herauszugeben, muß mit der Möglichkeit rechnen, daß ein Dritter ihr das vorgeschriebene Dokument präsentiert. Die Bank garantiert deshalb gegenüber der Reederei bzw. gegenüber dem Schiffskapitän, für alle Folgen einzustehen, die aus der Auslieferung der Waren ohne Vorlegung der Originaldokumente entstehen.

Konossementsgarantien werden auch dann beansprucht, wenn die Konossemente von den Akkreditivbedingungen abweichen. Damit soll verhindert werden, daß die Löschung der Ware und ihre Übergabe an den Importeur verzögert wird bzw. die Zahlung an den Exporteur einen Aufschub erleidet.

2.4 Technik des Avalkredits

Avalkredite werden – ähnlich wie Akzeptkredite – nur Kunden von erstklassiger Bonität oder aber gegen entsprechende Deckung zur Verfügung gestellt. Deshalb ist die auf den Kreditantrag folgende **Kreditwürdigkeitsprüfung** des Kreditnehmers von untergeordneter Bedeutung.

Der Wortlaut der **Avalkreditzusage** wird vielfach durch den Begünstigten bestimmt, der die Abgabe der Bürgschafts- oder Garantieerklärungen *auf* seinen *eigenen Vordrucken* verlangt. Die Formulare enthalten die Angabe des Begünstigten und des Auftraggebers, die Bedingungen, unter denen die Bank in Anspruch genommen werden kann, den Höchstbetrag und die zeitliche Dauer, bis zu der die Bürgschaft oder Garantie gültig ist.

Die **Verbuchung der Avalkredite** erfolgt auf besonderen Konten. Mit Einräumung eines Avalkredits durch die Bank wird der Kunde auf einem eigenen *Debitoren-Avalkonto* belastet und das *Hauptbuchkonto „Avale"* erkannt. Nach Erlöschen des Avalkredites erfolgen die entsprechenden Gegenbuchungen.

Die genannten Konten sind keine echten Schuld- bzw. Guthabenkonten, sondern nur sogenannte **„Pro-memoria-Konten"**, d.h. der Vorgang wird nur notizweise gebucht, weil die Kreditinstitute erst in Anspruch genommen werden, wenn Zahlungsunfähigkeit bzw. Leistungsverzug des Kreditnehmers eingetreten ist. Technisch werden die Kundenavale als Unterkonten des Kontokorrents mitgeführt.

Avalkredite werden deshalb auch nicht direkt **in der Bilanz**, sondern als **Eventualverpflichtungen** in der Position „*Verbindlichkeiten aus Bürgschaften, Wechsel- und Scheckbürgschaften sowie aus Gewährleistungsverträgen*" unter dem Strich ausgewiesen.

2.5 Bedeutung des Avalkreditgeschäfts für Aufwand und Ertrag

Der betriebsbedingte Aufwand, der im Avalkreditgeschäft entsteht, ist verhältnismäßig niedrig. Die technische Abwicklung des Avalkredits erfordert, sofern keine Zahlungsverpflichtung des Kreditinstituts entsteht, nur jeweils eine Buchung bei Einräumung und bei Erlöschen des Kredits. Zusätzlicher Aufwand für eine Kreditwürdigkeitsprüfung ergibt sich im allgemeinen nicht, da der Kunde dem Institut in der Regel bereits als Kreditnehmer bekannt ist.

Zur Abgeltung sämtlicher betriebsbedingten Aufwendungen sowie des Risikoaufwands und zur Berücksichtigung einer Gewinnspanne berechnet die Bank dem Kreditnehmer eine **Avalprovision.** Ihre Sätze unterliegen in der Bundesrepublik keiner gesetzlichen Regelung. Die Staffelung der Avalprovision erfolgt nach Wagnis, Laufzeit und Höhe der Bürgschaften und Garantien unter Berücksichtigung evtl. vorhandener Sicherheiten.

Die folgende Übersicht zeigt die gegenwärtig üblichen Sätze der Avalprovision:

(1) **Übernahme von Bürgschaften und Garantien für bevorrechtigte Forderungen** [1]:

Normalkonditionen bei Beträgen bis zu 50 000 DM	Ausnahmekonditionen bei Beträgen über 50 000 DM
¼% bei Berechnung für 1 Monat im voraus	0,05–0,15% je Monat oder
⅝% bei Berechnung für 1 Quartal im voraus	0,125–0,5 je Quartal oder
2¼% bei Berechnung für 1 Jahr im voraus	0,5–1,5% je Jahr

(2) **Übernahme von Bürgschaften und Garantien für nicht bevorrechtigte Forderungen** [2]:

Normalkonditionen bei Beträgen bis zu 10 000 DM
⅓% bei Berechnung für 1 Monat im voraus,
⅞% bei Berechnung für 1 Quartal im voraus,
3¼% bei Berechnung für 1 Jahr im voraus.

(3) Die **Mindestgebühr** für kleinere Avale beträgt 20 DM. Übersteigt die einzelne Bürgschaft 50 000 DM, so finden reduzierte Sätze Anwendung.

---

1 Z.B. Steuern, Zölle, Ausfuhrabgaben, Forderungen der Bundesmonopolverwaltung für Branntwein.

2 Z.B. Frachten, Gas-, Elektrizitäts- und Wasserrechnungen, Leistungs- oder Lieferungskautionen, Haftung für Mieten und Pachten, Kohlenkaufgelder der Händler bei den Zechen, Holzkaufgelder.

(4) Bei Avalen, die durch gesperrte Sparguthaben, Rückbürgschaften des Bundes, der Länder oder eines Kreditinstituts oder durch börsengängige Wertpapiere gedeckt sind, werden die Sätze gegebenenfalls bis auf die Hälfte ermäßigt.

(5) Auslandsavale werden wie Bürgschaften für bevorrechtigte Forderungen abgerechnet.

Die Avalprovision wird bei der Erteilung der Bürgschafts- oder Garantieerklärung fällig und dem laufenden Konto des Kreditnehmers belastet. Bei längerbefristeten Avalkrediten wird sie meist vierteljährlich in Rechnung gestellt.

Aufgaben:

I. 1. Worin besteht das Wesen eines Akzeptkredits, und welche Vereinbarungen enthält im allgemeinen ein Akzeptkreditvertrag?
2. Was sind „Finanzakzepte", wodurch unterscheiden sie sich von den sogenannten „Kreditakzepten", und welchem Zwecken dienen sie?
3. Erläutern Sie an einem Beispiel die Abwicklung eines Akzeptkreditgeschäfts!
4. Welche Wechsel werden am Privatdiskontmarkt gehandelt, und welche Voraussetzungen sind bei den sogenannten „privatdiskontfähigen Abschnitten" zu erfüllen?
5. Wie werden den Kunden Privatdiskonten abgerechnet, und worin liegt die Bedeutung des Privatdiskontmarktes für die Kreditinstitute?
6. Wie wird der Privatdiskontsatz notiert, und in welcher Weise wird das Privatdiskontgeschäft bei der Privatdiskont-AG abgewickelt?
7. Welche Merkmale kennzeichnen das Wesen einer Bankbürgschaft, und wodurch unterscheidet sie sich von der Bankgarantie?
8. Welche Anwendungsgebiete des Avalkredits sind im einzelnen zu unterscheiden, und wie erfolgt deren technische Abwicklung?
9. Klären Sie folgende Begriffe:
   a) Bietungsgarantie,
   b) Anzahlungsgarantie,
   c) Lieferungsgarantie,
   d) Gewährleistungsgarantie,
   e) Konnossementsgarantie!
10. Wie wird die Gewährung eines Aval- und Akzeptkredites buchhalterisch erfaßt und bilanziert?

II. Die Nordwestdeutsche Tauwerkfabrik in Bremen möchte ihre Rohstoffimporte mit Bankakzepten finanzieren und fragt deshalb bei Ihrer Bank an, unter welchen Voraussetzungen dies möglich ist.
Auf Grund der langjährigen Bankverbindungen ist die Bank grundsätzlich bereit, die Importe durch Bankakzepte zu finanzieren, jedoch möchte sie dem Kunden die Akzepte nicht zur eigenen Verfügung überlassen, sondern zu den jeweils geltenden Geldmarktsätzen selbst diskontieren.
Entwerfen Sie das Schreiben der Bank!

III. Der Einzelhändler Hallensleben und der Großhändler Forst haben gegenseitig aufeinander Wechsel gezogen und akzeptiert, um in Ermangelung anderer Sicherheiten von ihren Hausbanken günstige Konditionen im Rahmen eines Diskontkredits zu erhalten. Zuvor hatten sich beide geeinigt, die Wechsel am Verfalltag einzulösen. – Beide Wechsel werden diskontiert.

Absprachegemäß erteilt Forst seiner Bank den Auftrag, sein Akzept am Verfalltag einzulösen. Die Bank kommt diesem Ersuchen nach.

Der von Forst auf Hallensleben gezogene Wechsel geht jedoch zu Protest. Es kommt zum Prozeß, in dem der Rechtsanwalt des Hallensleben darauf hinweist, daß der Austausch von Finanzwechseln gemäß § 138 BGB als sittenwidrig und der Begebungsvertrag als nichtig anzusehen seien. Ansprüche könnten demzufolge aus diesem Vertrag auch nicht hergeleitet werden.

Der Rechtsanwalt des Forst behauptet demgegenüber, die ausgestellten Wechsel hätten den Charakter der auch im Bankverkehr üblichen Mobilisierungstratten, denen direkt ebenfalls kein Warengeschäft zugrunde liege und deren Begebung keineswegs als sittenwidrig anzusehen sei. Andererseits ziele der Akzeptkredit einer Bank, sofern ihm ein Handelsgeschäft nicht zugrunde liege, wie im vorliegenden Falle auch nur auf die Erreichung möglichst günstiger Konditionen ab und unterscheide sich insoweit nicht von dem Akzepttausch zwischen Forst und Hallensleben. Die Tatsache, daß Forst seinen vertraglichen Verpflichtungen nachgekommen sei, dürfe ihm nicht zum Nachteil gereichen.

Wie ist zu entscheiden? – Vgl. BGH-Urteil vom 14. 5. 1959 (VII ZR 108/58).

IV. Besondere Finanzierungsformen

Als Ergänzung zu den „klassischen" Arten des Bankkredits wurden in den letzten Jahrzehnten spezielle Formen der Unternehmensfinanzierung entwickelt, die zwar nicht den Bankgeschäften im Sinne des § 1 KWG zuzurechnen sind und auch nicht unmittelbar über Kreditinstitute abgewickelt werden, die aber inzwischen einen derartigen Umfang erreicht haben, daß sie im Rahmen der Betrachtungen über das Kreditgeschäft der Banken nicht unerwähnt bleiben dürfen. Die Kreditinstitute sind zudem in der Regel unmittelbar oder mittelbar am Kapital der mit diesen Geschäften befaßten Gesellschaften beteiligt und sie finanzieren auch größtenteils die anfallenden Geschäfte. In den folgenden Abschnitten werden daher die wichtigsten Arten dieser „besonderen Finanzierungsformen" in ihren Grundzügen dargestellt.

1. Leasing

1.1 Wesen

Unter Leasing versteht man die mittel- und langfristige Vermietung oder Verpachtung von Wirtschaftsgütern durch den Leasing-Geber zum Zwecke der Nutzung ohne Eigentumserwerb durch den Leasing-Nehmer.

Leasing-Verträge können auf verschiedene Weise zustande kommen. Der Leasing-Nehmer (Mieter) kann das von ihm gewünschte Wirtschaftsgut beim Lieferanten aussuchen und sich dann an die Leasing-Gesellschaft, den Leasing-Geber (Vermieter), wenden, der dieses Wirtschaftsgut dann in eigenem Namen und für eigene Rechnung kauft und an den Leasing-Nehmer vermietet.

Der Leasing-Nehmer kann sich aber auch gleich an den Leasing-Geber wenden und dessen „know-how", sei es bei der Beschaffung des Wirtschaftsgutes, bei technischen Fragen usw., in Anspruch nehmen.

Beim sogenannten „sale-and-lease-back"-Verfahren schließlich kauft der Leasing-Geber den Leasing-Gegenstand, der neu oder bereits genutzt sein kann, vom Leasing-Nehmer und vermietet ihn an den Leasing-Nehmer zurück.

Im Hinblick auf die Kündbarkeit der Verträge ist zwischen den Financial-Leasing-Verträgen und den Operate-Leasing-Verträgen zu unterscheiden.

Financial-Leasing-Verträge haben einen mittel- oder langfristigen Charakter (ab ca. 24 Monaten) und sind während der Grundmietzeit unkündbar. Das Leasing-Objekt wird in der Regel durch die Zahlungen eines einzigen Mieters amortisiert, das Investitionsrisiko trägt weitgehend der Leasing-Nehmer.

Operate-Leasing-Verträge sind durch ihre Kurzfristigkeit gekennzeichnet. Dem Leasing-Nehmer wird normalerweise unter Einhaltung einer bestimmten Frist ein jederzeitiges Kündigungsrecht eingeräumt und somit die Möglichkeit geboten, ein vorübergehend benötigtes Wirtschaftsgut durch Leasing zu nutzen, ohne eine langfristige Investition tätigen oder eine langfristige Bindung eingehen zu müssen. Naturgemäß ist das Angebot an Mietobjekten im Operate-Leasing-Verfahren wesentlich niedriger als beim Financial-Leasing. Die Amortisation der Leasing-Gegenstände erfolgt hier im Verlauf mehrerer Mietverhältnisse und setzt daher einen besonders hohen Grad an Fungibilität und einen technischen Stand voraus, der das Risiko einer Veralterung weitgehend ausschließt.

1.2 Leasing-Vertrag

Generell unterscheidet man zwischen Vollamortisations-Verträgen und Teilamortisations-Verträgen. Bei den **Vollamortisations-Verträgen** decken die Leasing-Zahlungen, die der Leasing-Nehmer während einer **unkündbaren Grundmietzeit** zu entrichten hat, die Anschaffungskosten oder die Herstellkosten des Leasing-Gebers für den Leasing-Gegenstand, die Zinsen, alle sonstigen Nebenkosten sowie dessen Gewinnspanne.

Bei **Teilamortisations-Vertägen** ist diese 100%ige Amortisation nicht gegeben; dafür muß der Leasing-Nehmer in der Regel für die noch nicht abgedeckten Kosten insoweit einstehen als der Leasing-Geber ihre Abdeckung nach Ablauf der vereinbarten Mietzeiten nicht durch eine Weiterverwertung des Leasing-Gegenstandes, z. B. durch Wiedervermietung oder durch Verkauf, erzielen kann. Welcher Vertragstyp im Einzelfall vorzuziehen ist, muß situationsbezogen, das heißt auf den Leasing-Nehmer und auf den Leasing-Gegenstand zugeschnitten, entschieden werden.

Hinsichtlich der einzelnen Vertragspunkte ist festzustellen, daß sich auf dem **Mobilien-Leasing-Sektor** in den vergangenen Jahren Standard-Verträge entwickelt haben, die insbesondere der Absicherung des Leasing-Gebers dienen, z. B. für

Disko Leasing

Leasingvertrag EDV
– auf unbestimmte Zeit –

Nr. ___78400___

zwischen

Disko Leasing GmbH
Couvenstraße 6

4000 Düsseldorf

Telefon (02 11) 3 67 61
Fernschreiber 08 587 857

– Leasinggeber oder Disko genannt –

und Werkzeugmaschinen GmbH
Benzstr. 20
5000 Köln

Telefon (0221 95 32 01
Fernschreiber 30 40 70 1 wm

– Leasingnehmer genannt –

Leasingobjekt: EDV - Anlage   -Modell 2000-

Nettokaufpreis: DM 300.000,--//////////////////////// (in Worten: Deutsche Mark
Dreihunderttausend/////////////////////////////////)

Lieferant:

Gesellschaft für Datentechnik mbH, 6000 Frankfurt

Standort: Köln   Liefertermin: April 80

1
Die monatlichen Leasingraten der unkündbaren Grundmietzeit und der sich anschließenden kündbaren Mietzeit betragen DM ___6.462,--___
(in Worten: Deutsche Mark __Sechstausendvierhundertzweiundsechzig-----------=__)
zuzüglich der jeweils gültigen Mehrwertsteuer.
Basis für die Berechnung der Leasingraten ist der von der Disko nach Abzug von Skonti etc. zu zahlende Nettokaufpreis.
Die unkündbare Grundmietzeit wird mit ___24___ Monaten festgelegt.

2
Die erste Leasingrate ist 3 Tage nach Lieferung und Abnahme des Leasingobjektes fällig, die weiteren Leasingraten am Ersten der folgenden Monate, wenn die Abnahme in der ersten Monatshälfte (1. – 15.) erfolgt, am 15. der folgenden Monate bei Abnahme in der zweiten Monatshälfte (16.–31.).

3
Ändern sich bis zur Zahlung des Kaufpreises durch die Disko die Geldmarktverhältnisse, ist die Disko berechtigt bzw. verpflichtet, die vereinbarten Leasingraten den neuen Geldmarktverhältnissen anzupassen.

4
Zahlungen haben valutagerecht ausschließlich auf das Konto 02 122 029 00 der Disko bei der Dresdner Bank AG, Düsseldorf, (BLZ 300 800 00) zu erfolgen. Der Leasingnehmer wird seiner Bank einen Abbuchungsauftrag gemäß Anlage erteilen und diesen mit Vertragsabschluß der Disko zwecks Weiterleitung übergeben.

5
Falls nicht Vereinbarungen getroffen werden, daß Disko das Leasingobjekt versichert, wird der Leasingnehmer für die Dauer der Mietzeit eine Schwachstromanlagen-Versicherung von EDV-Anlagen abschließen. Die Rechte aus dieser Versicherung sind der Disko abgetreten. Der Leasingnehmer wird die Versicherungsgesellschaft veranlassen, der Disko den Sicherungsschein unverzüglich zu übermitteln.

6
Der Leasingvertrag wird unter der auflösenden Bedingung abgeschlossen, daß der Kaufvertrag zwischen der Disko und dem Lieferanten rechtswirksam zustande kommt.

Der Leasingnehmer ist verpflichtet, mit dem Hersteller/Lieferanten zu vereinbaren, daß die Zahlung des Kaufpreises durch die Disko für das Leasingobjekt erst nach Lieferung und Abnahmebestätigung des Leasingnehmers erfolgt, und daß mit Zahlung des Kaufpreises das Eigentum am Leasingobjekt auf die Disko unmittelbar übergeht.

Die Disko tritt in den Kaufvertrag ein bzw. nimmt das Kaufangebot des Herstellers/Lieferanten an durch schriftliche Erklärung oder durch Überweisung des Kaufpreises an den Hersteller/Lieferanten. Der Leasingnehmer darf die Abnahmeerklärung erst abgeben, wenn er das Leasingobjekt nach sachgerechter Untersuchung als mangelfrei erkannt und die Funktionstüchtigkeit erprobt hat.

Der Leasingnehmer garantiert, daß er alle Installationskosten des Leasingobjektes sowie Kosten der Software selbst trägt, sofern nicht ausdrücklich die Kosten für diese Leistungen in den Leasingvertrag einbezogen wurden.

7

Beide Parteien stimmen darin überein, daß die Auswahl des Herstellers/Lieferanten sowie des Leasingobjektes ausschließlich durch den Leasingnehmer erfolgt; der Leasinggeber übernimmt keinerlei Gewähr für die Bonität und die Leistungsfähigkeit des Herstellers/Lieferanten und/oder für die Tauglichkeit des Leasingobjektes.

Etwaige Anzahlungen erfolgen auf Risiko des Leasingnehmers, unabhängig davon, ob die Anzahlungen vom Leasingnehmer oder auf Grund besonderer Vereinbarungen von der Disko geleistet wurden.

8

Die Grundmietzeit beginnt nach Lieferung des Leasingobjektes und nach schriftlicher Abnahmeerklärung gegenüber dem Leasinggeber. Während der Grundmietzeit ist eine Kündigung durch den Leasingnehmer grundsätzlich ausgeschlossen.

Die Disko erklärt sich jedoch bereit, den Leasingnehmer während der Grundmietzeit aus wichtigem Grund aus dem Vertragsverhältnis zu entlassen. Voraussetzung ist, daß der Leasingnehmer einen der Disko genehmen anderen Leasingnehmer von zweifelsfreier Bonität nachweist, der bereit ist, unter Übernahme aller Verpflichtungen in den Leasingvertrag einzutreten. In diesem Fall ist der Leasingnehmer verpflichtet, die Kosten der Umschreibung in Höhe von 0,5% zuzüglich Mehrwertsteuer vom ursprünglichen Nettokaufpreis zu leisten. Der Leasingnehmer trägt alle durch den Eintritt des neuen Leasingnehmers entstehenden Kosten, wie u. a. für Demontage und Transport des Leasingobjektes.

Der Leasingnehmer hat das Recht, den Leasingvertrag mit einer Frist von 6 Monaten per Einschreiben – das Eingangsdatum beim Leasinggeber ist maßgebend – zu kündigen, erstmals zum Ende der Grundmietzeit von __24__ Monaten; im Fall der Kündigung sind Abschlußzahlungen gemäß Anlage zu leisten.

9

Werden die Preise des Herstellers/Lieferanten vor Auslieferung des Leasingobjektes erhöht oder herabgesetzt, und muß der Leasinggeber diese Erhöhung gegen sich gelten lassen bzw. kann er die Ermäßigung für sich in Anspruch nehmen, so erhöhen oder vermindern sich die vereinbarten Leasingraten im gleichen prozentualen Verhältnis.

10

Das Leasingobjekt wird unmittelbar vom Hersteller/Lieferanten an den Leasingnehmer geliefert. Kosten und Gefahren des Transportes trägt der Leasingnehmer.

Wird das Leasingobjekt vom Hersteller/Lieferanten später als zu dem vorgesehenen Zeitpunkt geliefert, so verschiebt sich die Mietzeit um den Zeitraum, der zwischen vereinbarter und tatsächlicher Lieferung liegt.

Erfolgt keine oder eine verspätete Lieferung, so kann der Leasinggeber vom Vertrag zurücktreten. Der Leasingnehmer kann daraus keinerlei Ersatzansprüche gegen die Disko herleiten. Die Disko wird aber ihre etwaigen Ansprüche gegen den Hersteller/Lieferanten an den Leasingnehmer abtreten.

Der Leasingnehmer stellt die Disko von allen etwaigen Ansprüchen des Herstellers/Lieferanten frei und trägt alle in diesem Zusammenhang entstehenden Kosten und Auslagen.

11

Das Leasingobjekt ist an dem vereinbarten Standort aufzustellen. Der Standort darf nur nach schriftlicher Genehmigung des Leasinggebers geändert werden.

Ein Verbringen des Leasingobjektes außerhalb des Gebietes der Bundesrepublik Deutschland oder West-Berlins ist nur nach vorheriger schriftlicher Zustimmung des Leasinggebers zulässig.

12

Das Leasingobjekt verbleibt im Eigentum der Disko; wird es mit einem Gebäude oder Grundstück verbunden, so geschieht dies lediglich zu einem vorübergehenden Zweck im Sinne des § 95 BGB mit der Absicht, bei Beendigung des Vertragsverhältnisses die Trennung wieder herbeizuführen. Ist der Leasingnehmer nicht selbst Eigentümer des Grundstücks, auf dem das Leasingobjekt aufgestellt werden soll, hat er dem Grundstückseigentümer gegenüber in geeigneter Weise klarzustellen, daß die Verbindung oder Einfügung des Leasingobjektes nur zu einem vorübergehenden Zweck erfolgt.

13

Der Leasingnehmer ist verpflichtet, unabhängig von der gemäß Ziffer 5 dieses Vertrages abzuschließenden Versicherung für Schwachstromanlagen, zusätzlich alle Versicherungen abzuschließen, die im Zusammenhang mit der Benutzung des Leasingobjektes und auf Grund gesetzlicher und behördlicher Vorschriften eventuell erforderlich sind.

Ferner wird dem Leasingnehmer im Hinblick auf Ziffer 18 dieses Vertrages anheimgestellt, darüber hinaus Versicherungen gegen alle versicherbaren Gefahren abzuschließen.

Der Leasingnehmer stellt den Leasinggeber von allen Ansprüchen frei, die gegebenenfalls gegen Letzteren als Eigentümer des Leasingobjektes von Dritten geltend gemacht werden.

Sämtliche Gebühren, Steuern, Abgaben und sonstige Lasten, die bezüglich des Leasingobjektes entstehen, trägt der Leasingnehmer.

14

Der Leasingnehmer ist verpflichtet, mit dem Hersteller/Lieferanten bzw. einem von diesem empfohlenen Dritten einen Wartungsvertrag abzuschließen. Darüber hinaus ist er verpflichtet, das Leasingobjekt ständig in vertragsgemäßem Zustand zu erhalten und mitgelieferte Gebrauchsanweisungen sowie Wartungs- und Pflegeempfehlungen des Herstellers/Lieferanten sorgfältig zu befolgen. Die laufenden Kosten der Unterhaltung des Leasingobjektes sowie alle Reparatur-, Überholungs- und Wartungskosten trägt der Leasingnehmer.

15

Die Disko bevollmächtigt und beauftragt den Leasingnehmer, alle Rechte aus Garantien und Gewährleistungsansprüchen gegenüber dem Hersteller/Lieferanten rechtzeitig geltend zu machen; etwaige Rechtsstreitigkeiten mit dem Hersteller/Lieferanten führt der Leasingnehmer in seinem Namen, auf eigenes Risiko und zu seinen Lasten. Die Disko ist durch Übersendung der entsprechenden Korrespondenz zu informieren, von der Korrespondenz einer Anfechtung des Kaufvertrages möglichst vorher.

Gewährleistungsansprüche und irgendwelche Schadensersatzansprüche im Zusammenhang mit dem Leasingobjekt bestehen gegenüber der Disko zu keinem Zeitpunkt. Der Leasingnehmer ist zur Entrichtung der vereinbarten Leasingraten sowie zur Einhaltung aller Vertragsbestimmungen auch dann verpflichtet, wenn der Hersteller/Lieferant, aus welchem Grund auch immer, seinen Verpflichtungen aus dem Kaufvertrag nicht oder nicht ordnungs- bzw. termingemäß nachkommt.

16

Veränderungen und Einbauten am Leasingobjekt darf der Leasingnehmer ohne besondere schriftliche Zustimmung der Disko vornehmen, sofern hierdurch keine Minderung des Marktwertes eintritt.

Eingebaute Teile gehen in das Eigentum der Disko über; ein Aufwendungsersatz wird nicht gewährt. Der Leasingnehmer ist jedoch berechtigt, auf seine Kosten den früheren Zustand wieder herzustellen.

Der Leasinggeber hat das Recht, das Leasingobjekt zu besichtigen und dessen vertragsgemäßen Gebrauch zu überprüfen bzw. einem Sachverständigen diese Aufgabe zu übertragen; im Falle von Ziffer 18 und/oder 21 dieses Vertrages auf Kosten des Leasingnehmers.

17

Der Leasingnehmer darf keinerlei Verfügungen über das Leasingobjekt treffen; insbesondere darf er keine Belastungen, Verpfändungen usw. vornehmen. Darüber hinaus ist er verpflichtet, das Leasingobjekt von allen Belastungen, Inanspruchnahmen und Pfandrechten Dritter freizuhalten.

Bei Pfändungen oder sonstigen Inanspruchnahmen des Leasingobjektes durch Dritte ist der Leasingnehmer verpflichtet, dies dem Leasinggeber unverzüglich mitzuteilen und ihm alle diesbezüglichen Unterlagen auszuhändigen. Die Kosten für die Abwehr derartiger Eingriffe trägt der Leasingnehmer.

18

Die Gefahr auch des zufälligen Unterganges sowie der Beschädigung, des Verlustes, des Wegfalles der Gebrauchsfähigkeit des Leasingobjektes oder des vorzeitigen Wertverfalles, aus welchen Gründen auch immer, trägt der Leasingnehmer. Derartige Ereignisse entbinden den Leasingnehmer nicht von der Verpflichtung zur Zahlung der Leasingraten und zur Erfüllung anderer Verpflichtungen aus diesem Vertrag. Tritt eines der genannten Ereignisse ein, so hat der Leasingnehmer dies unverzüglich schriftlich der Disko anzuzeigen.

Der Leasingnehmer ist bei

– gänzlicher oder teilweiser Beschädigung des Leasingobjektes verpflichtet, den vertragsgemäßen Zustand auf seine Kosten unverzüglich wieder herstellen zu lassen

– gänzlichem oder teilweisem Untergang verpflichtet, das Leasingobjekt bzw. die entsprechenden Teile auf seine Kosten unverzüglich durch ein gleichwertiges Objekt bzw. durch gleichwertige Teile zu ersetzen.

Der Leasingnehmer ist berechtigt, anstelle der Ersetzung oder Wiederherstellung sämtliche, bis zum nächstmöglichen Kündigungstermin (Ziffer 8) noch offenen Leasingraten sowie die Abschlußzahlung gemäß Anlage zuzüglich Mehrwertsteuer unverzüglich anzuschaffen. Soweit Wiederherstellung bzw. Ersetzung nicht möglich oder wirtschaftlich nicht vertretbar ist, ist der Leasingnehmer verpflichtet, die im vorstehenden Satz näher bezeichneten Zahlungen zu leisten. Die Disko ist befugt, auf Kosten des Leasingnehmers ein Sachverständigengutachten einzuholen.

Die Zahlung hat spätestens 30 Tage nach Eintritt des Ereignisses zu erfolgen. Löst der Leasingnehmer den Leasingvertrag durch Zahlung ab, so wird ihm die Disko auf Verlangen das Eigentum am Leasingobjekt in dem Zustand übertragen, in welchem es sich befindet.

Der Leasinggeber wird eine mit Rücksicht auf die Beschädigung oder den Untergang des Leasingobjektes an ihn gezahlte Versicherungsleistung entweder für die Wiederbeschaffung oder die Wiederherstellung des Leasingobjektes zur Verfügung stellen, oder sie im Falle der Ablösung des Leasingvertrages auf die Zahlungsverpflichtung des Leasingnehmers anrechnen.

19

Ist der Leasingnehmer mit einer Leasingrate oder einer anderen Zahlungsverpflichtung länger als 14 Tage im Rückstand, so ist der Leasinggeber berechtigt, Verzugszinsen in Höhe von 1,5% pro Monat zu verlangen. Die Geltendmachung eines weiteren Verzugsschadens bleibt hiervon unberührt.

Gegen Forderungen, die der Leasinggeber auf Grund des Leasingvertrages erlangt hat, kann der Leasingnehmer nur aufrechnen, soweit seine Forderungen unbestritten oder rechtskräftig festgestellt sind.

20

Der Leasingnehmer wird der Disko unverzüglich nach Abschluß eines jeden Geschäftsjahres die von einem Wirtschaftsprüfer oder Steuerberater testierte Bilanz nebst Gewinn- und Verlustrechnung einreichen.

21

Die Disko kann das Leasingverhältnis aus wichtigem Grunde fristlos kündigen; dieser Grund ist immer dann gegeben, wenn

– der Leasingnehmer den Kaufvertrag mit Erfolg wandelt oder anficht

– der Leasingnehmer mit seinen Zahlungsverpflichtungen länger als 30 Tage im Rückstand ist

– der Leasingnehmer das Leasingobjekt nicht entsprechend den Bestimmungen dieses Vertrages sach- und fachgerecht einsetzt bzw. warten läßt

528

- das Leasingobjekt gepfändet, verpfändet, vertauscht oder ohne schriftliche Zustimmung des Leasingge-bers außerhalb der Grenzen des Gebietes der Bundesrepublik Deutschland oder West-Berlins verbracht wird
- ein Pfand- oder Zurückbehaltungsrecht am Leasingobjekt von dritter Seite geltend gemacht wird
- der Leasingnehmer seinen Firmensitz ins Ausland verlegt
- der Leasingnehmer gegen eine ihm aus diesem Vertrag obliegende Verpflichtung verstößt
- eine wesentliche Verschlechterung in den wirtschaftlichen Verhältnissen des Leasingnehmers eintritt
- Pfändungen oder sonstige Zwangsvollstreckungsmaßnahmen gegen den Leasingnehmer erfolgen
- gerichtliche oder außergerichtliche Vergleichsverfahren oder das Konkursverfahren gegen den Leasing-nehmer beantragt werden
- der Leasingnehmer seinen Geschäftsbetrieb aufgibt.

22
Im Fall der fristlosen Kündigung werden sämtliche, bis zum nächstmöglichen Kündigungstermin (Ziffer 8) noch offenen Leasingraten sowie die Abschlußzahlung gemäß Anlage zuzüglich Mehrwertsteuer sofort fällig.

Das Leasingobjekt ist unverzüglich zurückzugeben. Gelingt es Disko, das Leasingobjekt zu verwerten, sei es durch Verkauf oder Anschlußleasingvertrag, so wird sie dem Leasingnehmer einen angemessenen Nachlaß auf die fälliggestellten Beträge unter Berücksichtigung der entstehenden Verwaltungs- und Verwertungsko-sten gewähren.

23
Bei Beendigung des Miet- bzw. Vertragsverhältnisses gehen Kosten und Gefahren der Demontage sowie des Rücktransportes des Leasingobjektes zum Leasinggeber oder zu einem von ihm benannten Dritten innerhalb der Bundesrepublik Deutschland oder West-Berlins zu Lasten des Leasingnehmers.

24
Macht der Leasingnehmer von der Kündigungsmöglichkeit gemäß Ziffer 8 Gebrauch, sind Abschlußzahlun-gen zuzüglich Mehrwertsteuer in Prozent des ursprünglichen Nettokaufpreises zum Ende der Mietzeit fällig.

Die Höhe der Abschlußzahlungen ergibt sich aus der Anlage.

Falls Disko durch Verkauf des Leasingobjektes einen Erlös erzielt, wird sie dem Leasingnehmer, sofern dieser eine Abschlußzahlung entrichtet hat, 90% des nach Abzug der Verkaufskosten verbleibenden Betrages nach Eingang beim Leasinggeber vergüten, maximal bis in Höhe der geleisteten Abschlußzahlung.

25
Mündliche Nebenabreden zu diesem Vertrag sind nicht getroffen worden. Alle Änderungen dieses Vertrages bedürfen der Schriftform.

26
Erfüllungsort und Gerichtsstand ist Düsseldorf.

27
Sollte eine Bestimmung bzw. mehrere Bestimmungen dieses Vertrages nichtig sein oder werden, so soll trotz-dem der Vertrag wirksam bleiben; jedoch soll dasjenige gelten, was die Parteien vereinbart hätten, wenn sie die Nichtigkeit oder Anfechtbarkeit dieser Bestimmung(en) bedacht hätten.

Disko Leasing GmbH

_____   Werkzeugmaschinen GmbH
– Leasinggeber –   – Leasingnehmer –

Düsseldorf, den 20.3.80   Köln , den 15.3.80

529

den Fall des vertragswidrigen Verhaltens des Leasing-Nehmers (siehe Abbildung Leasing-Vertrag). Auf dem **Immobilien-Leasing-Sektor** hingegen werden die einzelnen Vertragspunkte in der Regel individuell festgelegt, um der Größe der Objekte und den längeren Laufzeiten der Verträge Rechnung tragen zu können.

1.3 Steuerrechtliche Bestimmungen

Die steuerrechtliche Kernfrage lautet, wem der Leasing-Gegenstand zuzurechnen ist – dem Leasing-Geber oder dem Leasing-Nehmer. Bis zum Urteil des Bundesfinanzhofs vom 26. 01. 1970 (BStBl 1970 II S. 264) wurden die Leasing-Gegenstände regelmäßig dem Leasing-Geber als dem **rechtlichen Eigentümer** zugerechnet. Das neue Urteil forderte jedoch eine Zurechnung des Leasing-Gegenstandes zum Leasing-Nehmer, wenn dieser **wirtschaftlicher Eigentümer** des Leasing-Gegenstandes ist. Die auf diesem Urteil beruhenden Erlasse der Finanzverwaltung vom 19. 04. 1971 (BStBl. 1971 I S. 264) und vom 21. 03. 1972 (BStBl. 1972 I S. 188) stellten Kriterien auf, anhand derer die Zurechnung bei Vollamortisations-Verträgen zu entscheiden ist. Damit die in der Regel angestrebte Zurechnung des Leasing-Gegenstandes zum Leasing-Geber steuerrechtlich gesichert ist, muß sich die vereinbarte **unkündbare Grundmietzeit zwischen 40% und 90% der betriebsgewöhnlichen Nutzungsdauer des Leasing-Gegenstandes** belaufen. Zum anderen muß bei einem eventuell vereinbarten Optionsrecht des Leasing-Nehmers (Mietverlängerungsoption oder Kaufoption) der Optionspreis angemessen sein. Schließlich stellte die Finanzverwaltung mit Schreiben des Bundesministers der Finanzen vom 22. 12. 1975 Kriterien zur Entscheidung über die Zurechnung bei einigen Teilamortisations-Verträgen auf. Danach ist es zum Beispiel für die Zurechnung von Leasing-Gegenständen zum Leasing-Geber bei diesen Verträgen unerläßlich, daß der Leasing-Geber an einer eventuellen Wertsteigerung oder am Wertrisiko in irgendeiner Form beteiligt ist.

1.4 Handelsrechtliche Bestimmungen

Leasing-Verträge werden regelmäßig so gestaltet, daß steuerrechtlich der Leasing-Geber den Leasing-Gegenstand bilanziert. Andernfalls würden wichtige betriebswirtschaftliche Vorzüge des Leasing verlorengehen. Die handelsrechtlichen Vorschriften erfordern nur in wesentlich extremeren Fällen als die steuerrechtlichen Vorschriften eine Zurechnung zum Leasing-Nehmer. Teilweise wird in der Literatur sogar bestritten, daß handelsrechtlich eine vom rechtlichen Eigentümer abweichende Zurechnung überhaupt zulässig ist.

Aus handelsrechtlicher Sicht stellt sich nur die Frage, in welcher Weise Leasing-Verträge, die unzweifelhaft die Vermögens- und Ertragslage des Leasing-Nehmers tangieren, im Jahresabschluß des Leasing-Nehmers zu berücksichtigen sind.

Der Leasing-Nehmer darf den Leasing-Gegenstand nicht aktivieren. Eine Vermerkspflicht ist weder aus den gesetzlichen Regelungen noch aus den Grundsätzen ordnungsmäßiger Buchführung ableitbar. Eine Sonderposition „Mietaufwendungen" in der Gewinn und Verlustrechnung wäre dem Informationsinteresse des Bilanzlesers sicherlich dienlich. Darüber hinaus sollten bedeutsame Leasing-Verpflichtungen im Geschäftsbericht erwähnt werden.

1.5 Betriebswirtschaftliche Bedeutung des Leasing

Betrachtet man Leasing aus betriebswirtschaftlicher Sicht, so ist inzwischen den quantitativen Aspekten (Wirtschaftlichkeitsvergleich, Lequiditätsvergleich) und den qualitativen, das heißt den nicht oder nur schwer quantifizierbaren Aspekten zu unterscheiden.

Mustervergleichsrechnungen in bezug auf die Wirtschaftlichkeit und die Liquidität sind für den Einzelfall nur dann aussagefähig, wenn die Prämissen entsprechend der individuellen Situation – sowohl hinsichtlich des Leasing-Nehmers als auch hinsichtlich des Leasing-Gegenstandes – gewählt werden. Eine allgemein gültige Wertung ist nicht möglich. Es kann hier lediglich darauf hingewiesen werden, daß bei einem Wirtschaftlichkeitsvergleich „Leasing-Kauf" nicht nur die nominellen Kosten einander gegenübergestellt werden dürfen. Der zeitliche Anfall von Aufwendungen und Erträgen, die steuerlichen Faktoren, wie zum Beispiel die Tatsache, daß Leasing-Zahlungen in voller Höhe Betriebsausgaben sind, die Verzinsung des beim Kauf einzusetzenden Eigenkapitals usw. sind unbedingt zu berücksichtigen, sofern man zu brauchbaren Ergebnissen kommen möchte.

Die qualitativen Vorzüge, die Leasing gegenüber anderen Investitions- und Finanzierungsformen aufweist, sind vor allem in folgenden Punkten zu erblicken:

(1) Leasing wird der „pay-as-you-earn"-Bedingung gerecht, das heißt die monatlichen Zahlungen können während der gesamten Mietzeit aus den Erträgen geleistet werden, die der Einsatz des Leasing-Gegenstandes erbringt.

(2) Leasing hat den Effekt einer 100%igen Fremdfinanzierung, während jeder Kauf in der Regel einen bestimmten Anteil an Eigenmitteln erfordert.

(3) Leasing führt im Gegensatz zum Kauf nicht zur einer sofortigen Belastung der Liquidität im Investitionszeitpunkt.

(4) Die Tatsache, daß der Leasing-Nehmer beim Leasing während der gesamten Investitionsdauer seine ihm zur Verfügung stehenden Mittel nicht im Leasing-Gegenstand, daß heißt in seinem Anlage-Vermögen, binden muß, ermöglicht ihm einen anderweitigen Einsatz, zum Beispiel Ausweitung des Warenlagers.

(5) Leasing bietet die Möglichkeit, das Investitionsrisiko und das Überalterungsrisiko zu verringern, weil die Bindung an im Leasing-Verfahren gemieteten Wirtschaftsgütern immer kürzer ist als an gekauften Wirtschaftsgütern.

Als gravierende Nachteile des Leasing werden häufig die relativ hohen Mietkosten und die Tatsache angesehen, daß der Leasing-Nehmer regelmäßig Leasing-Zahlungen leistet, ohne dadurch Eigentümer des Leasing-Gegenstandes zu sein oder zu werden. Dem ist allerdings entgegenzuhalten, daß nicht das Eigentum an einem Gegenstand, sondern allein die Nutzung des Gegenstandes für den Ertrag des Unternehmens entscheidend ist. Im übrigen schließt Leasing einen späteren Eigentumserwerb nicht aus (z. B. Leasing-Verträge mit Kaufoption).

2. Factoring

2.1 Wesen und Formen

Unter Factoring versteht man den laufenden Ankauf und die Verwaltung von kurzfristigen Forderungen aus Warenlieferungen und Dienstleistungen aufgrund längerfristiger vertraglicher Vereinbarungen mit Übernahme des Bonitätsrisikos und Bevorschussung der Forderungen durch eine Factoring-Gesellschaft.

Grundlage für die Beziehung zwischen der Factoring-Gesellschaft und der Anschlußfirma ist der Factoring-Vertrag, der im einzelnen die Rechte und Pflichten der beteiligten Firmen beschreibt und erläutert.

„Factoring besteht in der Verpflichtung eines Unternehmens, seine Forderungen an Wiederverkäufer oder seine Forderungen aus Dienstleistungen einem Factor zum Kauf anzubieten und auf ihn zu übertragen, und in der Verpflichtung des Factors, dieses Kaufangebot anzunehmen, sofern er keine Zweifel an Bestand, Abtretbarkeit und Bonität der Forderung hat, den vereinbarten Kaufpreis zu zahlen und die Debitorenbuchhaltung zu führen." (Auszug aus den Bedingungen für das Factoring-Geschäft)

Die Factoring-Gesellschaft trägt in der Regel für die angekauften Forderungen das Ausfallrisiko bei Zahlungsunfähigkeit der Schuldner und verzichtet auf irgendwelche Regreßansprüche bei Zahlungsausfällen. Wird das Ausfallrisiko ausgeschlossen, so spricht man von einem **„unechten Factoring"**.

Im Hinblick auf die Offenlegung der Abtretung (Zession) wird zwischen dem stillen oder nicht notifizierten und dem offenen oder notifizierten Factoring-Verfahren unterschieden.

Beim nicht notifizierten Factoring (**Non-Notification-Factoring**) wird der Gläubigerwechsel nach außen nicht erkennbar. Die Drittschuldner zahlen also weiterhin mit befreiender Wirkung an den Zedenten (Anschlußfirma). Der Factor erhält in festen zeitlichen Abständen von seinem Klienten die neu erstellten Rechnungen, versehen mit einem Additionsstreifen der Rechnungsendbeträge. Der Kunde der Anschlußfirma zahlt nach wie vor durch Scheck, Wechsel oder Überweisung an die Anschlußfirma, und diese schickt die bei ihr eingehenden Zahlungen umgehend an den Factor weiter, der dann den Ausgleich der Drittschuldnerkonten vornimmt.

Beim notifizierten Factoring (**Notification-Factoring**) wird dem Drittschuldner durch einen Rechnungsaufdruck, durch einen Rechnungsaufkleber auf der Vorderseite der Rechnungen oder durch einen Hinweis in den Allgemeinen Geschäftsbedingungen angezeigt, daß die Rechnungssumme der Factoring-Gesellschaft abgetreten ist und daß nur an sie mit befreiender Wirkung gezahlt werden kann. Für Unternehmen, die im Kaufvertrag die Forderungsabtretung generell ausgeschlossen haben, ist dieses Verfahren naturgemäß nicht anwendbar.

2.2 Betriebswirtschaftliche Bedeutung des Factoring

Aus der Begriffsbestimmung ergeben sich drei **Hauptfunktionen des Factoring:**

(1) die Finanzierungsfunktion,

(2) die Dienstleisungsfunktion und

(3) die Delcrederefunktion.

Die **Finanzierungsfunktion** des Factoring besteht darin, daß der Factor entweder die ihm abgetretenen Forderungen per Ankaufstag übernimmt und dem Klienten den Kaufpreis sofort vergütet oder die Rechnungsgegenwerte per Verfalltag beziehungsweise per Zahlungseingang abzüglich einer Factoring-Gebühr von 10 – 20% gutschreibt. Vorschüsse sind mit dem jeweils banküblichen Satz für Kontokorrentkredite zu verzinsen. Beim Ankauf der Forderungen per Ankaufstag wird daher ein entsprechender Diskontabzug vorgenommen. Die Factoring-Gebühr wird auf ein Sperrkonto überwiesen und dient der Factoring-Gesellschaft als Sicherheit für Zahlungsausfälle, die aufgrund von Mängelrügen, Retouren, Skonti oder Boni eintreten können. Außerdem sichert das Sperrkonto Regreßansprüche des Factors aus der Haftung des Klienten für den Bestand und die Übertragbarkeit der Forderungen, insbesondere dafür, daß die Forderungen nicht nachträglich in ihrem rechtlichen Bestand verändert und nicht durch Aufrechnung zum Erlöschen gebracht werden.

Neben der Bevorschussung der Forderungen bildet die **Dienstleistungsfunktion** eine weitere Grundlage des Factoring-Geschäfts. Der Standardservice umfaßt in der Regel die Debitorenbuchhaltung. Daneben können dem Factor noch weitere Aufgaben wie die Fakturierung, die Erstellung von Umsatz- und Betriebsstatistiken oder die Umsatzsteuer- und Vertreterprovisionsabrechnungen übertragen werden. Auch das Mahnwesen und Inkasso werden vom Factor übernommen. Dem Abnehmer gegenüber treten dabei – je nachdem, ob die Zession offen oder still erfolgte – entweder der Factor oder sein Klient auf. Die Einschaltung des Factors kann zu einem schnelleren Eingang der Außenstände führen, weil der Factor konsequenter als der Lieferant mahnen wird und die säumigen Drittschuldner fürchten, durch Zahlungsverzögerungen ihren guten Ruf zu verlieren.

Charakteristisch für die Leistungen der Factoring-Gesellschaften ist die **Übernahme des Delcredere-Risikos.** Kommt der Abnehmer seinen Verpflichtungen bei

Fälligkeit nicht nach, dann trägt der Factor nach Ablauf einer mit dem Klienten vereinbarten Karenzzeit von in der Regel 90 Tagen den vollen Forderungsausfall. Um dieses Risiko für den Factor zu begrenzen, prüft er die Kreditwürdigkeit der einzelnen Kunden, räumt entsprechende **Warenkreditlimite** ein und ist allerdings dann verpflichtet, laufend alle Forderungen unter Berücksichtigung der bereits angekauften und noch nicht getilgten Forderungen bis zum eingeräumten Limit anzukaufen, das heißt daß der Klient seine Kunden im Rahmen dieses Limits revolvierend beliefern kann.

Für den Fall, daß die Forderungen still an die Factoring-Gesellschaft abgetreten wurden, stellt die Anschlußfirma in ausreichendem Umfang **Blanko-Zessionsanzeigen** zur Verfügung. Nach dem Factoring-Vertrag steht der Klient lediglich dafür ein, daß die Forderungen nicht mit Mängeln behaftet sind und der Kunde insbesondere nicht ein Recht auf Wandlung, Minderung, Rücktritt vom Vertrag, Schadenersatz wegen Nichterfüllung, Nachleistung, Nachbesserung sowie Ansprüche wegen positiver Vertragsverletzung oder ein Zurückbehaltungsrecht geltend machen kann. Der Factor ist sofort zu informieren, wenn derartige Einwendungen oder Einreden erhoben werden. Im übrigen haftet der Factor bis zur Höhe des eingeräumten Limits zu 100% für die Zahlungsfähigkeit des betreffenden Kunden. **Zahlungsunfähigkeit** des Kunden liegt vor, wenn dieser die Rechnung nicht spätestens 90 Tage nach Fälligkeit der Forderung bezahlt hat; sie braucht zum Beispiel nicht durch einen vollstreckbaren Titel nachgewiesen zu werden.

Für die Übernahme des Delcredere-Risikos, die Führung der Kundenbuchhaltung und die Übernahme des Mahnwesens und Inkassos berechnet die Factoring-Gesellschaft eine **Factoring-Provision** in Höhe von etwa 0,75 – 1,5% der Bruttorechnungsbeträge. Ob mit diesem Entgelt die ersparten Kosten und Aufwendungen abgedeckt oder überzogen werden, ist nur individuell – bezogen auf die konkrete Situation der betreffenden Unternehmung – zu bestimmen. Entscheidend für eine sinnvolle Nutzung der Factoring-Dienstleistungen sind eine entsprechende Umsatzgröße sowie die Zahl der Rechnungen, weil nur sie einen rationellen Einsatz der den Factoring-Gesellschaften zur Verfügung stehenden EDV-Anlagen ermöglichen.

Wesentliche Vorteile ergeben sich zweifellos **im Finanzierungsbereich.** Der Factoring-Vertrag sichert dem Klienten ein **mittelfristiges Finanzierungsvolumen, das sich der Umsatzentwicklung und daher dem Mittelbedarf für Außenstände und Lagerhaltung automatisch anpaßt.** Diese Vorteile zeigen sich insbesondere bei plötzlichen Marktchancen und großen Aufträgen. Interessant ist Factoring vor allem für aufstrebende Unternehmen, denen es (noch) an ausreichenden eigenen Mitteln fehlt, um für aufzunehmende Kredite bankübliche Sicherheiten zu bestellen.[1]

---

1 vgl. Obst-Hintner: Geld-, Bank- und Börsenwesen, Stuttgart 1980, Seite 367 ff.

V. Der notleidende Kredit

1. Ursachen

1.1 Risiken in der Person des Kreditnehmers

Fehlbeurteilungen der wirtschaftlichen Verhältnisse des Kreditnehmers bei Kreditgewährung und sich verschlechternde Bedingungen des Wirtschaftens für Kreditnehmer sind die häufigsten Ursachen für die Ausfallgefährdung von Krediten.

Die hierfür maßgeblichen Gründe sind unterschiedlich, je nachdem, ob Kreditnehmer eine Privatperson oder ein unternehmerischer Betrieb ist.

Als häufige Ursachen für eine Kreditgefährdung bei **Privatpersonen** kommen in Betracht:

- Kurzarbeit, saisonbedingte oder dauerhafte Arbeitslosigkeit des Kreditnehmers;
- familiäre Schwierigkeiten – die Scheidung von Eheleuten führt in aller Regel zu Schwierigkeitern bei der Abwicklung von Baufinanzierungen oder bei der Rückzahlung von Ratenkrediten;
- zu optimistische Einschätzung der Belastbarkeit der Einkommen oder der Kosten für die herzustellenden Güter (z. B. Immobilien);
- nicht zweckentsprechende Verwendung der Kreditmittel – tendenziell sind Kredite, die der Finanzierung des Konsums (z. B. Reisen) dienen, stärker gefährdet als solche, die zum Erwerb von langlebigen Konsumgütern verwendet werden.

Die Ursachen für eine Kreditgefährdung bei der **unternehmerischen Kundschaft** ergeben sich aus der vielfältigen Verflechtung mit unterschiedlichen Märkten sowie einer mehr oder minder zweckmäßigen Mittelausstattung und Organisation des Unternehmens selbst.

Risiken des Beschaffungsmarktes:

- Preisrisiko – steigende Rohstoffpreise können die Produktion eines bestimmten Artikels unwirtschaftlich machen;
- Mengenrisiko – die für die Aufrechterhaltung der Produktion erforderliche Rohstoffmenge ist nicht jederzeit verfügbar;
- Qualitätsrisiko – die Verwendung ungeeigneter Rohstoffe kann zu technischen Schwierigkeiten in der Produktion und/oder zu späteren Gewährleistungsverpflichtungen gegenüber den Abnehmern führen.

Risiken dieser Art muß der Kreditnehmer durch eine geeignete Lagerpolitik, durch den Aufbau gut gestreuter Lieferantenbeziehungen und eine Qualitätskontrolle innerhalb der Beschaffungsabteilung begegnen.

Risiken des Absatzmarktes:

Auch auf dem Absatzmarkt bestehen Preis-, Mengen- und Qualitätsrisiken für das Unternehmen.
- Preisrisiko – die hergestellten Produkte werden zum verlangten Preis vom Markt nicht akzeptiert. Das kann bedeuten, daß entweder Konkurrenten billiger anbieten oder zum festgesetzten Preis überhaupt nur zu geringe Nachfrage existiert;
- Mengenrisiko – der Markt ist für die angebotene Menge nicht aufnahmefähig;
- Qualitätsrisiko – die erzielten Erlöse werden teilweise durch Regreß- oder Gewährleistungsansprüche aufgezehrt.

Zusätzlich ist auf folgende Risiken zu achten:
- Forderungsrisiko – lange Zahlungsziele und ein größerer Bestand an risikobehafteten Forderungen führen zur Beeinträchtigung der Zahlungsbereitschaft und der Ertragskraft;
- mittelbare Einflüsse, denen weder durch Produkt-, Preis- oder Mengenpolitik direkt zu begegnen ist, können Absatzrisiken hervorrufen. Es handelt sich hierbei vorwiegend um saison- oder witterungsbedingte Nachfrageschwankungen (Fremdenverkehrsindustrie, Bauindustrie), um politische Einflüsse in ausländischen Märkten, um Risiken bei Anbietern nachgelagerter Produkte (Zulieferbetriebe unterliegen den gleichen Risiken wie die Hersteller der Endprodukte) oder auch ganz allgemein um konjunkturelle Einflüsse.

Finanzierungsbedingte Risiken:

- Schwache Eigenkapitalausstattung – das Risiko besteht in der latenten Gefahr, daß die Fremdkapitalgeber die im Unternehmen arbeitenden Mittel abrufen, und in der erhöhten Belastung durch Fremdkapitalzinsen. Ursachen einer unzureichenden Eigenkapitalausstattung sind zu hohe Entnahmen oder Ausschüttungen (= zu geringe Selbstfinanzierung), zu schnelles fremdfinanziertes Wachstum, mangelnde Attraktivität für potentielle Eigenkapitalgeber oder Eigenkapitalverzehr durch unwirtschaftliche Produktions- und Investitionsentscheidungen;
- ungünstige Finanzierungsrelationen – langfristige Anlagen sind kurzfristig refinanziert;
- mangelhafte Vorsorge für Verlustsituationen bei unzureichender Bildung von Rückstellungen oder Wertberichtigungen;
- schlechte Finanzplanung.

Die Folgen einer Fehlsteuerung des finanzwirtschaftlichen Bereichs sind nicht selten vorübergehende oder dauerhafte Zahlungsunfähigkeit, Verlust der Ertragskraft oder Überschuldung.

Die bisher genannten Risikofaktoren sind einer externen Untersuchung durch die Banken relativ leicht zugänglich. Jedoch dürfen andere Faktoren, die nur im Rahmen von eher „internen" Unternehmensuntersuchungen beurteilt werden können, nicht vernachlässigt werden. Diese sind im wesentlichen der technischen Standard und die Kostenstruktur der Produktion sowie die Qualität der Organi-

536

sation. Hier liegen entscheidende Bestimmungsgründe für die Fähigkeit, auf sich ändernde Marktverhältnisse zu reagieren.

Die Einflußfaktoren, die von den verschiedenen Seiten her auf das Unternehmen risikoerhöhend einwirken, sind eng miteinander verwoben und daher nicht isoliert zu betrachten. Der Kreditsachbearbeiter hat daher bei der Feststellung einzelner Risikofaktoren immer zu fragen, wie sich diese im übrigen noch auf die Unternehmenssituation auswirken können. Ein **Beispiel:** Eine ungewöhnlich lange Frostperiode führt bei einem Bauunternehmer zu Produktionsverschiebungen. Geplante Einnahmen fließen nicht zu. Dies kann bedeuten: Aufschub dringender Ersatzinvestitionen mit der Folge, veraltete Anlagen einsetzen zu müssen; Verzehr von Eigenkapital, da fällige Verpflichtungen weiterlaufen; Notwendigkeit von Stundungsvereinbarungen; Notwendigkeit der Veräußerung von Aktiva. Daneben sind zahlreiche weitere Konsequenzen denkbar; von der Reaktion des Unternehmens auf die neue Situation hängt das Ausmaß der Gefährdung des Kredits ab, daher kommt der Qualität des Managements und der Organisation so entscheidende Bedeutung zu.

1.2 Risiken in den Sicherheiten

Vorstehend beschriebene Risiken können etwas an Gewicht verlieren, wenn für die Kredite verwertbare Sicherheiten in ausreichendem Umfang gestellt sind. Grundsätzlich ist aber zu beachten: **Eine Verschlechterung der Bonität des Schuldner führt in aller Regel zu Wertminderungen bei den Sicherheiten,** da bei schwächer werdender Bonität des Schuldners eine kurzfristige Verwertung der Sicherheiten mit erheblichen Wertverlusten erforderlich werden kann. Die Erfahrungen bei der zwangsweisen Verwertung von sicherungsübereigneten Maschinen oder von belasteten Immobilien bestätigen diesen Sachverhalt.

Ob hereingenommene Sicherheiten eine Deckung für den Kredit im gewünschten Umfang bieten, ist laufend zu überwachen. Risiken entstehen hier insbesondere in folgenden Fällen:

— abgetretene Forderungen sind nicht werthaltig, bzw. werthaltige Forderungen werden nach ihrem Eingang im Rahmen einer Globalzession durch nicht werthaltige Forderungen ersetzt;
— abgetretene Forderungen waren zuvor schon abgetreten worden (es gibt keinen gutgläubigen Erwerb vom Nichtberechtigten!);
— sicherungsübereignete Gegenstände sind mit einem Eigentumsvorbehalt belastet;
— Wertverfall bei den Sicherungsobjekten (z. B. Immobilienmarkt gibt nach, der Kurswert verpfändeter Wertpapiere sinkt);
— technische Überholung von zur Sicherung übereigneten Anlagen führt zum Nachgeben der Preise für Gebraucht-Anlagen;
— nicht vertragsgemäßer Umgang des Schuldners mit dem Sicherungsgut führt zu Wertverlusten;
— erforderliche Versicherungen werden nicht abgeschlossen.

Wenn festzustellen ist, daß aufgrund dieser Ursachen die Sicherheiten im gewünschten Umfang nicht mehr ausreicht, kann die Gefährdung des Kredits nicht mehr ausgeschlossen werden. Gegebenenfalls kann jedoch durch Nachbesicherung Abhilfe geschaffen werden.

2. Anzeichen für Ausfallrisiken im Kreditverhältnis

Die Kreditinstitute informieren sich zwar in regelmäßigen Abständen anhand der üblichen Quellen (Jahresabschlüsse, Auskünfte etc.) über ihre Kreditnehmer, häufig ist der Rhythmus der Untersuchungen (meistens jährlich) jedoch zu lang, so daß für die laufende Überwachung auch die Entwicklung des Engagements nach der Aktenlage im Zeitablauf herangezogen werden muß. Die Kreditakte gibt, wenn sie gut geführt ist, frühzeitige Hinweise auf Störungen des Kreditverhältnisses,die immer zum Anlaß für ein Gespräch mit dem Schuldner genommen werden sollten. Solche Hinweise sind zum Beispiel:

— Der Kreditnehmer gerät mit der Bedienung des Kredits in Rückstand;
— es werden rückständige Raten bei anderen Instituten (Bausparkassen, Lebensversicherungen) bekannt;
— Umschuldungs- oder Prolongationswünsche werden an die Bank herangetragen;
— Personen, die bislang zum Familienunterhalt beigetragen haben, fallen aus (durch Scheidung oder Tod); ·
— „Kritische Werte", z. B. der Zinssatz, übersteigen eine für den Kreditnehmer tragbare Größe;
— über ein gemeinschaftliches Vermögen (z. B. ein Einfamilienhaus) ist eine Auseinandersetzung durchzuführen (Auflösung einer Ehe oder Erbengemeinschaft);
— der Firmeninhaber stirbt, ohne eine ordentliche Nachfolgeregelung getroffen zu haben;
— Nachrichten der Wirtschaftspresse über Unternehmen oder Märkte lassen Schwierigkeiten befürchten;
— Auflagen des Kreditzusageschreibens werden nicht oder nur zögernd erfüllt (z. B. Beibringung von Bürgschaften, Übernahme der persönlichen Mithaft bei Firmenkrediten, Stellen von Sicherheiten, Versicherung des Sicherungsguts gegen Schäden);
— nicht vertragsgemäße Verwendung des Kredits — hier erfordert es die ordnungsgemäße Sachbearbeitung, sich vor Valutierung des Kredits von der vertragsgemäßen Verwendung der Beträge zu überzeugen, z. B. Auszahlung gegen Vorlage der Handwerkerrechnung.

Bei Auffälligkeiten der einen oder anderen Art wird der Kreditsachbearbeiter im allgemeinen nicht sofort das Mahnverfahren einleiten, sondern zunächst im Gespräch mit dem Kreditnehmer herauszufinden versuchen, ob und wie ein solcher Tatbestand zu erklären und zu meistern ist.

3. Maßnahmen beim einzelnen Kreditverhältnis

3.1 Das außergerichtliche Mahnverfahren

Unabhängig von in späteren Phasen der Kreditabwicklung zu ergreifenden Maßnahmen werden rückständige Leistungen des Kunden zunächst durch die Bank angemahnt. In der Regel vollzieht sich dies in mehreren Stufen, die in zeitlichen Abständen aufeinanderfolgen, wobei diese zeitlichen Abstände dem Kunden ausreichend Zeit für eine Reaktion – entweder Zahlung des gesamten rückständigen Betrags bzw. eines Teils davon oder ein erläuterndes Schreiben – lassen. Meistens ist vorgesehen, drei Mahnschreiben zu versenden, wobei das erste in die Form einer freundlichen Zahlungserinnerung gekleidet ist, wohingegen spätestens in der dritten Mahnung eine Fristsetzung und die Androhung ausgesprochen wird, bei Verstreichen der Frist den Kredit für fällig zu erklären und geeignete Maßnahmen einzuleiten.

Streng genommen bedarf es einer Fristsetzung in der Mahnung nicht, da nach § 284 Absatz 1 BGB der Kreditnehmer allein durch die Mahnung in Verzug gerät, wenn diese nach Fälligkeit der Leistung ergeht. Selbst ohne daß ein Mahnschreiben ergeht, könnte die Bank gemäß Ziffer 20 der Allgemeinen Geschäftsbedingungen zur Verwertung der Sicherheiten schreiten; da jedoch hierin ein Verstoß gegen die Verpflichtung zu sehen wäre, die berechtigten Interessen des Kunden zu wahren, wird das außergerichtliche Mahnverfahren in aller Regel zum Zuge kommen (siehe unten).

3.2 Fälligkeitserklärung für den notleidenden Kredit

Dauerhaft rückständige Kreditkosten oder Tilgungsleistungen sind ein sicherer Hinweis auf die Gefährdung des gesamten Kredits. Daher wird bei Vorliegen dieser Anzeichen der gesamte Kredit fällig gestellt, auch wenn im Kreditvertrag eine spätere Fälligkeit vereinbart wurde. Hierdurch wird der Schuldner in bezug auf den gesamten Forderungssaldo in Verzug gesetzt (§ 284 Abs. 1 BGB).

Die Grundlage für dieses Vorgehen der Banken findet sich sowohl in den Kreditvereinbarungen mit den Kunden als auch in den Allgemeinen Geschäftsbedingungen (Ziffer 17).

3.3 Verwertung der Sicherheiten

Ziffer 20 Allgemeinen Geschäftsbedingungen der Banken lautet:
(1) Kommt der Kunde seinen Verbindlichkeiten bei Fälligkeit nicht nach, so ist die Bank befugt, die Sicherheiten ohne gerichtliches Verfahren unter tunlichster Rücksichtnahme auf den Kunden zu beliebiger Zeit an einem ihr geeignet erscheinenden Ort auf einmal oder nach und nach zu verwerten. Unter mehreren Sicherheiten hat die Bank die Wahl. Sie darf zunächst aus dem sonstigen Vermögen des Kunden Befriedigung suchen. Über den Erlös wird die Bank dem Kunden eine Gutschrift erteilen, die als Rechnung für die Lieferung des Sicherungsgutes gilt und den Voraussetzungen des Umsatzsteuerrechtes entspricht.

(2) Einer Androhung der Verwertung, der Innehaltung einer Frist und der Ausbedingung sofortiger Barzahlung des Kaufpreises bedarf es nicht. Eine Abweichung von der regelmäßigen Art des Pfandverkaufs kann nicht verlangt werden. Die Bank wird nach Möglichkeit Art, Ort und Zeit der Verwertung mitteilen, sofern nicht die Benachrichtigung untunlich ist.

Ferner sind die einzelvertraglichen Regelungen der Sicherungsverträge für die Berechtigung zur und die Art und Weise der Sicherheitenverwertung maßgeblich (vgl. im einzelnen das Kapital über Kreditsicherheiten). Im folgenden werden einige Beispiele der Verwertung von einzelvertraglich gestellten Kreditsicherheiten und von aufgrund der Ziffer 19 der AGB in den Bereich der Bank gelangten Sicherheiten dargestellt.

3.3.1 Offenlegung der Zession und Einziehung der Forderungen

Im Gegensatz zur Verpfändung von Forderungen bedarf es zur Wirksamkeit der Sicherungsabtretung von Forderungen nicht der Bekanntgabe der Abtretung an den Drittschuldner. Zwischen der Bank und dem Kunden besteht ein Treuhandverhältnis („fiduziarische Abtretung"), so daß der Drittschuldner mit befreiender Wirkung an den Kreditnehmer zahlt. Der Vorteil der Offenlegung ist auf der Seite des Kreditnehmers: Gegenüber seinen Lieferanten wird die Sicherungsabrede nicht bekannt und damit eine eventuelle Beeinträchtigung seiner Kreditwürdigkeit vermieden.

Muß allerdings die Sicherheit verwertet werden, so wird die Abtretung dem Drittschuldner angezeigt, da die Bank nun zur Einziehung der Forderung nach außen hin voll berechtigt sein soll. Nach der Anzeige kann der Drittschuldner mit befreiender Wirkung nicht mehr an den Kreditnehmer zahlen. Die Offenlegung soll, da sie die Kreditnehmerinteressen schädigt, nur bei Vorliegen eines wichtigen Grundes, wie z. B. einer Gefährdung des Kredits, erfolgen. Forderungen, die im Sicherungsvertrag nicht wirksam abgetreten werden konnten, kann die Bank im Rahmen der Sicherheitenverwertung auch nicht einziehen. Es handelt sich beispielsweise um

— Forderungen, die der Abtretung nicht unterworfen sind, wie Arbeitseinkommen bis zur Pfändungsgrenze;
— Forderungen, deren Leistungsinhalt sich durch die Abtretung ändern würde, wie z. B. Anspruch auf Unterhaltszahlungen;
— Forderungen, deren Abtretung durch Vereinbarungen mit dem Drittschuldner ausgeschlossen ist, wie z. B. Ausschluß der Abtretung von Lohn- und Gehaltsforderungen in Tarifverträgen;
— Forderungen aufgrund von Lieferungen solcher Gegenstände, die der Kreditnehmer bereits unter Eigentumsvorbehalt erworben hat (Kollision zwischen verlängertem Eigentumsvorbehalt und Zession). Nach der Rechtsprechung kann die Bank nicht Inhaber einer Forderung werden, wenn diese aus der Lieferung eines mit verlängertem Eigentumsvorbehalt des Vorlieferanten belasteten Gegenstandes resultiert.

3.3.2 Freihändiger Verkauf des Sicherungsgutes

Die Allgemeinen Geschäftsbedingungen geben den Banken die Möglichkeit, bei der Verwertung von Sicherheiten nach Gutdünken zu verfahren. Wenn der freihändige Verkauf (Verwertung außerhalb der dafür vorgesehenen Verfahren) erfolgreich sein soll, ist jedoch die Zusammenarbeit mit dem Kreditnehmer anzustreben, da er in der Regel über Interessenten, Märkte u.ä. besser informiert ist als das Kreditinstitut.

Die Verwertung im freihändigen Verkauf wird sich in den meisten Fällen auf sicherungsübereignete Gegenstände erstrecken. Dabei ist es wichtig, daß sich die Bank frühzeitig den Zugriff auf die Sicherungsgüter verschafft, um einerseits zu verhindern, daß der Kreditnehmer selbst die Gegenstände zur Verbesserung seiner Liquidität verschleudert, andererseits um andere Gläubiger von Einwirkungen auf die Sicherungsgüter auszuschließen.

Eigentumsvorbehalte an den Sicherungsgütern stehen einer Verwertung durch die Bank entgegen. Bei einwandfrei nachgewiesenen Eigentumsvorbehalten muß die Bank das Sicherungsgut herausgeben, sollte aber darauf achten, daß der Vorbehaltslieferant dem Schuldner eine entsprechende Gutschrift erteilt.

Der einwandfreie Nachweis ist jedoch selten zu erbringen, da nach dem durch die Rechtsprechung entwickelten Bestimmtheitsgrundsatz eine Identifizierung des mit Eigentumsvorbehalt belasteten Gegenstandes unbedingt erforderlich ist. Dies ist nach der Erfahrung immer sehr schwierig bei Be- oder Verarbeitung und Vermischung. Zudem ist der Eigentumserwerb des Schuldners an der gelieferten Sache durch Verarbeitung gemäß § 950 BGB beachtlich.

In Zweifelsfällen ist es jedenfalls für das Kreditinstitut ratsam, sich in den Besitz des Sicherungsguts zu bringen, da es dann die Eigentumsvermutung des § 1006 Abs. 1 BGB für sich hat; daß die Bank nicht Eigentümerin der Sache ist, müßte dann der Anspruchsgegner beweisen.

In welcher Reihenfolge die sicherungsübereigneten Gegenstände verwertet werden, hängt von Zweckmäßigkeitsüberlegungen ab: Je weniger ein Gegenstand zur Aufrechterhaltung der Produktion oder der Betriebsbereitschaft erforderlich ist, desto eher wird er veräußert werden können. Bei unfertigen Erzeugnissen ist zu prüfen, ob die Fertigstellung und anschließende Veräußerung eventuell zu günstigeren Ergebnissen führt als der sofortige Verkauf.

Auch Grundstücke und grundstücksgleiche Rechte sind im freihändigen Verkauf zu verwerten, sofern nicht die Zwangsvollstreckung gewählt wird. Ein freihändiger Verkauf unter Einschaltung von Maklern und Mitwirkung des Kreditnehmers läßt häufig höhere Preise erwarten als die Zwangsvollstreckung, so daß diese oft nur als letzter Ausweg gewählt wird (siehe unten).

3.3.3 Zwangsmaßnahmen bei einzelnen Pfändern

Zwangsmaßnahmen nach gesetzlich im einzelnen vorgeschriebenen Schritten kommen bei notleidenden Objektbeleihungen in Betracht, und zwar bei Beleihungen solcher Objekte, die in bestimmte Register eingetragen sind. Es handelt sich dabei um Grundstücke, grundstücksgleiche Rechte, Schiffe, Schiffsbauwerke und Luftfahrzeuge. Rechtliche Grundlagen für die Verfahren finden sich im sachenrechtlichen Teil des BGB, der Zivilprozeßordnung und dem Zwangsvollstreckungsgesetz. Der Sinn dieser Vorschriften ist es, einerseits dem Gläubiger auch gegen den Willen des Schuldners die Möglichkeit der Pfandverwertung zu geben, andererseits aber dem Gläubiger in der Verwertung gewisse Schranken aufzuerlegen, um den Schuldner bei der Verwertung seiner in der Regel nicht unerheblichen Vermögensgegenstände nicht unangemessen zu benachteiligen.

Die einschlägigen Vorschriften sind sehr zahlreich und detailliert, so daß im folgenden nur sehr grob die Zwangsvollstreckung in Grundstücke beschrieben werden soll. Steht wegen eines notleidenden Kredits die Zwangsvollstreckung in das unbewegliche Vermögen möglicherweise bevor, sollte der Kreditsachbearbeiter tunlichst die Rechtsabteilung und eine mit solchen Verfahren beauftragte Spezialabteilung der Bank einschalten.

Als Möglichkeiten des Zwangsvollstreckungsgesetzes stehen zur Verfügung

1. die Eintragung einer **Zwangshypothek** zur Sicherung einer persönlichen Forderung,
2. die **Zwangsverwaltung** und
3. die **Zwangsversteigerung.**

Auf die Zwangshypothek wird hier nicht eingegangen, da bei Objektbeleihungen in der Regel bereits die dingliche Besicherung der Bank am beliehenen Objekt vorliegt.

Die Zwangsverwaltung

Bei der Zwangsverwaltung soll im Gegensatz zur Zwangsversteigerung der wirtschaftliche Bestand des Grundstücks nicht angegriffen werden. Die Gläubiger erhalten lediglich im Rahmen einer ordnungsgemäßen Bewirtschaftung des Grundstücks Zugriff auf die laufenden Erträge. Die Zwangsverwaltung erfaßt ab der Beschlagnahme des Grundstücks das Grundstück mit allen körperlichen Gegenständen und Forderungen, auf die sich das Grundpfandrecht erstreckt. Miet- und Pachtzinsrückstände werden bis zu einem Jahr erfaßt, so daß auch eventuell vor der Beschlagnahme wirksam gewordene Mietpfändungen zurücktreten müssen. Die Beschlagnahme des Grundstücks wirkt als **Veräußerungsverbot** gegen den Eigentümer, so daß dieser auch nicht mehr einzelne Gegenstände „im Rahmen einer ordnungsgemäßen Bewirtschaftung" vom Grundstück entfernen darf. Da die Zwangsverwaltung gegenüber den Drittschuldnern erst wirksam wird, wenn sie diesen bekanntgemacht wird, ist ihnen der Beginn der Zwangsverwaltung unverzüglich bekanntzumachen.

Zwangsverwaltung und Zwangsversteigerung schließen einander nicht aus, so daß auch neben der Zwangsverwaltung die Zwangsversteigerung betrieben werden kann.

Die Zwangsversteigerung

Für die Zwangsversteigerung – ebenso wie für die Zwangsverwaltung – eines Grundstücks ist als Vollstreckungsgericht das Amtsgericht zuständig, in dessen Bezirk das Grundstück gelegen ist. Das Vollstreckungsgericht ordnet die Zwangsversteigerung **auf Antrag** an, das heißt, das Zwangsversteigerungsverfahren wird nicht von Amts wegen angeordnet; es setzt vielmehr einen Antrag voraus. Den Antrag stellt der die Zwangsvollstreckung betreibende Gläubiger; seinem Antrag können andere Gläubiger beitreten durch einen späteren Antrag auf Zwangsversteigerung des Grundstücks.

Der Antrag soll enthalten:

1. die Bezeichnung des zu versteigernden Grundstücks, zweckmäßigerweise nach seiner Beschreibung im Grundbuch,
2. die Bezeichnung des Grundstückseigentümers, der mit dem Schuldner übereinstimmen muß,
3. die Bezeichnung des Anspruchs und
4. die Bezeichnung des Titels, aus welchem der Anspuch hergeleitet wird.

Diese Angaben sind möglichst genau zu halten, da aus dem Antragsgrundsatz folgt, daß durch das Verfahren nichts zugesprochen werden darf, was nicht beantragt worden ist, aber auch nicht weniger aus dem Erlös an den Betreiber auszukehren ist als das, worauf ein rechtlicher Anspruch besteht und was beantragt worden ist.

Der Beschluß, durch welchen die Zwangsversteigerung angeordnet wird, gilt zugunsten des Gläubigers als Beschlagnahme des Grundstücks. Sie wird wirksam zu dem Zeitpunkt, in welchem der Versteigerungsbeschluß dem Schuldner zugestellt wird, oder in dem Zeitpunkt, in welchem dem Grundbuchamt das Ersuchen um die Eintragung des Versteigerungsvermerks im Grundbuch zugeht. Maßgebend ist der frühere der beiden Zeitpunkte. Die Beschlagnahme hat die Wirkung eines Veräußerungsverbots.

Treten keine dem Antrag auf Durchführung der Zwangsversteigerung entgegenstehenden Umstände ein, insbesondere Rücknahme des Antrags durch den Gläubiger oder Beanspruchung von Vollstreckungsschutz durch den Schuldner, dann setzt das Vollstreckungsgericht den Versteigerungstermin fest. Zwischen der Bestimmung des Termins und dem Termin selbst soll eine Zeitspanne von nicht mehr als sechs Monaten liegen. Für die praktische Entscheidung ist aber zu berücksichtigen, daß vom Zeitpunkt der Antragstellung bis zum eigentlichen Termin nicht selten eineinhalb Jahre verstreichen, was seine Ursache auch in der gestiegenen Anzahl der Zwangsversteigerungen hat.

Da es Ziel der Zwangsversteigerung ist, dem Gläubiger eines Schuldners durch Versilberung des belasteten Grundstücks in einem gesetzlichen geregelten Verfahren Befriedigung zu verschaffen, muß die Verwertung zu einem Preis erfolgen, der den berechtigten Interessen von Schuldnern und Gläubigern (auch denen, die im Rang dem betreibenden Gläubiger vorgehen) gerecht wird. Das Zwangsversteigerungsgesetz sieht zu diesem Zweck einerseits eine Zulassung von

Geboten im Versteigerungstermin nur ab einer Mindesthöhe – dem **geringsten Gebot** – und andererseits die Festsetzung eines **Verkehrswertes** für das zu versteigernde Grundstück vor. Das geringste Gebot richtet sich nicht nach dem Wert des Grundstücks, sondern wird nach rein formalen Regeln festgelegt; § 44 Absatz 1 ZVG lautet: „Bei der Versteigerung wird nur ein solches Gebot zugelassen, durch welches die dem Anspruch des Gläubigers vorgehenden Rechte sowie die aus dem Versteigerungserlös zu entnehmenden Kosten des Verfahrens gedeckt werden (geringstes Gebot)“. Das geringste Gebot besteht also aus

1. den bestehenbleibenden Rechten (wie sie sich aus dem Grundbuch ergeben) und
2. dem bar zu zahlenden Teil.

Maßgebend für die Feststellung der bestehenbleibenden Rechte ist der Rang des betreibenden Gläubigers, bei mehreren Gläubigern der des rangbesten von ihnen.

Bar zu zahlen sind
a) die gerichtlichen Kosten des Verfahrens,
b) die Ansprüche der Rangklassen 1 bis 3 (§ 10 ZVG), soweit sie angemeldet sind,
c) die Kosten und wiederkehrenden Leistungen auf die auf dem Grundstück bestehenbleibenden Grundpfandrechte.

Damit ist sichergestellt, daß die nichtbetreibenden Grundpfandgläubiger, soweit sie dem betreibenden im Range vorgehen, zumindest ihre nominellen Grundpfandrechte behalten. Die übrigen Rechte erlöschen durch die Zwangsversteigerung.

Als **Verkehrswert** wird im § 74a Abs. 5 ZVG derjenige Preis des Grundstücks unter Einschluß der beweglichen mitzuversteigernden Gegenstände verstanden, der bei einer freihändigen Veräußerung unter Berücksichtigung von Lage, Zustand und Verwendbarkeit des Grundstücks sowie von allgemeinen örtlichen und zeitlichen Besonderheiten erzielt werden kann. Er dient insbesondere der Beurteilung, ob der später erzielte Veräußerungserlös zum Schutze des Schuldners angemessen ist oder nicht. Der Wert ist vom Vollstreckungsgericht – gegebenenfalls durch Einschaltung eines Sachverständigen – festzusetzen.

Eine erste Auswirkung auf das Versteigerungsergebnis zeigt § 74 Abs. 1 ZVG: Wird in der Versteigerung ein Preis ereicht, der 70 v.H. des gerichtlichen Verkehrswerts nicht deckt, so kann ein Berechtigter, dessen Anspruch ganz oder teilweise durch das Gebot nicht gedeckt ist, aber bei einem Gebot in Höhe des Verkehrswerts voraussichtlich gedeckt sein würde, die Versagung des Zuschlags beantragen. Ist allerdings das Gebot von einem zur Befriedigung aus dem Grundstück Berechtigten abgegeben worden, kann der Zuschlag nicht versagt werden, wenn sein Gebot inklusive des Betrags, mit dem er selbst ausfallen würde, 70 v. H. des Verkehrswerts erreicht. Der Zuschlag ist von Amts wegen zu versagen, wenn das Meistgebot 50 v. H. des Verkehrswerts nicht erreicht (§ 85a Abs. 1 ZVG). Das Gericht hat einen neuen Versteigerungstermin festzusetzen, wenn der Zuschlag versagt wurde.

In dem neuerlichen Zwangsversteigerungstermin gilt gemäß § 85a Abs. 2 ZVG weder die 7/10- noch die 5/10-Grenze: Der Zuschlag kann nicht mehr versagt werden, auch wenn das Meistgebot hinter 50 v. H. des Verkehrswerts zurückbleibt. Der in diesem Termin erzielte Preis ist also der Verteilung auf die Berechtigten zugrundezulegen.

Die Festsetzung eines gerichtlichen Verkehrswerts hat eine weitere bedeutende Konsequenz in dem Fall, daß der betreibende Gläubiger das Versteigerungsobjekt zur Rettung seiner Forderung selbst erwirbt (**Rettungserwerb**). Es gilt dann die sogenannte Befriedigungsfiktion des § 114a ZVG, wenn das Meistgebot des Gläubigers die 7/10-Grenze unterschreitet: Der Gläubiger gilt dennoch als in Höhe von 70 v. H. des gerichtlichen Verkehrswerts befriedigt, und dem Schuldner ist 70 v. H. des gerichtlichen Verkehrswerts gutzuschreiben.

Nach der Erteilung des Zuschlags hat das Gericht einen Termin für die Verteilung des Versteigerungserlöses zu bestimmen. In diesem Termin ist zunächst die zu verteilende Masse festzustellen, d. h. der Erlös aus der Versteigerung aller dem Verfahren unterliegenden Gegenstände. Aus dem Versteigerungserlös sind die Kosten des Verfahrens vorweg zu entnehmen. Der Überschuß ist auf die Rechte, welche durch Zahlung zu decken sind, zu verteilen. Maßgeblich hierfür ist die Rangfolge der Rechte gemäß § 10 ZVG. Ein danach noch eventuell verbleibender Überschuß steht dem Grundstückseigentümer zu.

3.3.4 Vorgehen nach Ziff. 19 AGB

Im Rahmen von Kreditverträgen gelten durch Anerkenntnis der AGB die weitgehenden Sicherungsvereinbarungen der Ziff. 19 AGB als vereinbart. Um eventuell mögliche Einwendungen gegen die Angemessenheit einer so weitgehenden Sicherungsvereinbarung auszuschließen, wird häufig in die einzelvertragliche Regelung des Kreditverhältnisses ein besonderer Hinweis auf diese Ziffer der AGB aufgenommen. Ziff. 19 Abs. 2 hat ein vertragliches Pfandrecht zum Gegenstand; sie lautet: „Die irgendwie in den Besitz oder die Verfügungsgewalt irgendeiner Stelle der Bank gelangten oder noch gelangenden Sachen und Rechte, einschließlich der Ansprüche des Kunden gegen die Bank selbst, dienen als Pfand für alle bestehenden und künftigen ... Ansprüche der Bank gegen den Kunden ...". Sie wird ergänzt durch die in Abs. 4 formulierten Aufrechnungsansprüche der Bank: „Die Bank kann ferner ihr obliegende Leistungen an den Kunden wegen eigener ... Ansprüche zurückhalten, auch wenn sie nicht auf demselben rechtlichen Verhältnis beruhen."

Die Verwertung der Pfänder geschieht nach den allgemeinen Vorschriften über das Pfandrecht, insbesondere nach den §§ 1220 f., 1228 BGB.

3.4 Erwirkung eines Titels und Zwangsvollstreckung

Ein vollstreckbarer Titel (Vollstreckungsbescheid, Urteil) versetzt den Gläubiger in die Lage, sich wegen seiner Geldforderung aus dem Vermögen des Schuldners zu befriedigen. Wenn sich der Schuldner nicht in einer Urkunde wegen der Fälligkeit einer Forderung der sofortigen Zwangsvollstreckung in sein Vermögen unterworfen hat, muß ein vollstreckbarer Titel in einem Klageverfahren oder durch das Mahnverfahren erwirkt werden. Beide Wege sind in der Zivilprozeßordnung geregelt. Der Gläubiger hat die Wahl zwischen beiden Verfahren; er wird dasjenige wählen, welches die schnellstmögliche und kostengünstigste Feststellung seiner Rechte verspricht.

3.4.1 Das Mahnverfahren

Das Mahnverfahren ist die häufigste Form der Durchsetzung von Forderungen aus Privatdarlehenssachen und Geschäfts- oder Privatgiroverkehr. Nach § 688 Abs. 1 ZPO **ist** ein Mahnbescheid zu erlassen, wenn dies wegen eines Anspruchs auf Zahlung einer bestimmten Geldsumme beantragt wird. Ein solcher Antrag ist unzulässig, wenn der Anspruch von einer Gegenleistung abhängt. Eine entsprechende Erklärung muß der Mahnantrag enthalten. Für das Mahnverfahren ist dasjenige Amtsgericht zuständig, in dessen Bezirk der Antragsteller seinen Sitz hat (§ 689 ZPO).

Der **Mahnbescheid** wird erlassen, wenn der Antrag ordnungsgemäß erhoben, die Prozeßvoraussetzungen vorliegen, die Schlüssigkeit aufgrund der Behauptungen des Antragstellers geprüft und die halbe Gerichtsgebühr bezahlt ist. Zum vorgeschriebenen Inhalt des **Mahnbescheids** gehört die Aufforderung, innerhalb von zwei Wochen seit der Zustellung die behauptete Schuld zu begleichen oder dem Gericht mitzuteilen, ob und in welchem Umfang dem geltend gemachten Anspruch **widersprochen** wird.

Der Bescheid wird dem Antragsgegner von Amts wegen zugestellt (§ 693 ZPO). Dieser kann dem Bescheid entsprechend der erwähnten Aufforderung widersprechen, jedoch ist die angegebene Frist keine Ausschlußfrist, da Widerspruch bis zum Erlaß des Vollstreckungsbescheids möglich ist. Mit dem Widerspruch geht das Mahnverfahren in den Zivilprozeß über.

Legt der Antragsgegner keinen Widerspruch ein, dann kann der Antragsteller nach Ablauf der im Mahnbescheid dem Antragsgegner gesetzten Widerspruchsfrist den Antrag stellen, den Mahnbescheid für vollstreckbar zu erklären. Die Vollstreckbarkeitserklärung für den Mahnbescheid stellt damit den **Vollstrekkungsbescheid** dar. Auch dieser Bescheid ist dem Schuldner zuzustellen.

Gegen den Vollstreckungsbescheid ist der **Einspruch** möglich (§ 700 Abs. 3 ZPO). Aufgrund eines Einspruchs gegen den Vollstreckungsbescheid gibt das Gericht, das den Bescheid erlassen hat, den Rechtsstreit von Amts wegen an das Gericht ab, das in dem Mahnbescheid gemäß § 692 Abs. 1 Nr. 1 ZPO bezeichnet ist. Das Verfahren geht damit in den Zivilprozeß über.

3.4.2 Die Klage

Die Klage ist der übliche Weg, den Zivilprozeß einzuleiten. Sie wird dadurch erhoben, daß sie bei Gericht mit der Klageschrift eingereicht **und** dem Gegner zugestellt wird. Nach dem Gerichtsverfassungsgesetz sind die Amtsgerichte zuständig in Zivilsachen bei Streitigkeiten über vermögensrechtliche Ansprüche, deren Gegenstand an Geld oder Geldeswert die Summe von **fünftausend Deutsche Mark** nicht übersteigt. Höhere Streitwerte führen zu Verhandlungen vor den Landgerichten (§ 23 Nr. 1, § 77 Abs. 1 GVG).

Örtlich zuständig ist das Gericht, in dessen Bezirk die klageerhebende Person ihren Sitz hat (§§ 12, 13, 17 ZPO). Andere Gerichtsstandsvereinbarungen sind indessen juristischen Personen des öffentlichen und privaten Rechts gestattet (§ 17 Abs. 3 ZPO).

Unter den im Zivilprozeß möglichen Klagearten (Leistungs-, Feststellungs- und Gestaltungsklage) ist die Leistungsklage die häufigste und für Streitigkeiten in Darlehensangelegenheiten der Regelfall. Mit ihr will der Kläger erreichen, daß der Schuldner an ihn eine bestimmte Summe zahlt. Zum ordnungsgemäßen Inhalt der Klage (§ 253 ZPO) gehört unabdingbar
1. die Bezeichnung der Parteien und des Gerichts,
2. die bestimmte Angabe des Gegenstandes und des Grundes des erhobenen Anspruchs sowie ein bestimmter Antrag.

Zum Sollinhalt gehört die Angabe des Streitwerts (§ 253 Abs. 3 ZPO) sowie die Bezeichnung der Parteien, die Angabe der zur Begründung der Anträge dienenden tatsächlichen Verhältnisse, die Erklärung über die tatsächlichen Behauptungen des Gegners und die Bezeichnung der Beweismittel (§ 130 ZPO).

Der zentrale Verfahrensbestandteil des Zivilprozesses ist die mündliche Verhandlung. Die Rechtsprechung erfolgt aufgrund der dort gewonnenen Erkenntnisse. Der Prozeß findet seine Beendigung durch den Prozeßvergleich oder ein Urteil. Ein Vergleich liegt häufig im Interesse der streitenden Parteien, wenn es ihnen nicht unbedingt auf eine streitige Entscheidung ankommt, sondern darauf, einen einmal begonnenen Prozeß schnell und möglichst ohne weitere Kosten abzuschließen. Ergeht ein Urteil, so erhält der Kläger, falls er im Rechtsstreit obsiegt hat, mit der Rechtskraft des Urteils einen **vollstreckbaren Titel.** Zu Rechtskraft erwächst das Urteil entweder mit Ablauf der Rechtsbehelfsfrist oder durch Verzicht auf Rechtsmittel. Ein noch nicht rechtskräftiges Urteil kann für vorläufig vollstreckbar erklärt werden.

Jedes Urteil ist ohne Antrag des Klägers für vorläufig vollstreckbar zu erklären, soweit es sich zur Vollstreckung eignet. Dabei gibt es solche, die ohne Sicherheitsleistung des Klägers für vorläufig vollstreckbar erklärt werden − Urteile in vermögensrechtlichen Streitigkeiten nur bis zu einem Streitwert von 1500,− DM und solche, die nur gegen Sicherheitsleistung des Klägers zum Schutze des Schuldners für vorläufig vollstreckbar erklärt werden. Die Vollstreckung aus einem vorläufig vollstreckbaren Urteil führt nur zur vorläufigen Befriedigung des Gläubigers.

3.4.3 Die Zwangsvollstreckung

Aufgrund des Mahnverfahrens und des Zivilprozesses ergehen folgende vollstreckbare Titel:

1. Vollstreckungsbescheide,
2. rechtskräftige Urteile,
3. für vorläufig vollstreckbar erklärte Urteile,
4. Prozeßvergleiche,
5. vollstreckbare Urkunden eines Notars mit Unterwerfungsklausel.

Die Zwangsvollstreckung selbst beginnt nur auf Antrag des Gläubigers. Je nach Gegenständen, in welche zu vollstrecken ist, sind entweder Gerichtsvollzieher oder Gerichte selbst Vollstreckungsinstanz. Dem Gerichtsvollzieher obliegt als selbständigem Vollstreckungsorgan die Vollstreckung in bewegliche Sachen, die Erzwingung der Herausgabe von Sachen und die Verhaftung des Schuldners. Dem Amtsgericht ist dagegen die Immobilienzwangsvollstreckung und die Vollstreckung in Forderungen und Rechte vorbehalten. Es bedient sich zur Eintragung von Zwangshypotheken des Grundbuchamtes.

Die Art und Weise der Besitzergreifung am Vermögen des Schuldners richtet sich nach der Eigenart der Vermögensgegenstände. Man pfändet in

1. bewegliche Sachen durch Wegnahme und Versteigerung,
2. Forderungen und Rechte durch Pfändungs- und Überweisungsbeschluß,
3. unbewegliches Vermögen durch
   a) Zwangsversteigerung,
   b) Zwangsverwaltung,
   c) Zwangshypothek.

Die Amtsgerichte sind auch zuständig für die Entgegennahme der **eidesstattlichen Versicherung** des Schuldners. Diese ist auf Antrag des Gläubigers oder auch auf Initiative des Schuldners selbst abzugeben, wenn aus dem Vermögen des Schuldners eine vollständige oder teilweise Befriedigung nicht erwartet werden kann. Die eidesstattliche Versicherung basiert auf einem vom Schuldner zu fertigenden Vermögensverzeichnis. Aus der Abgabe der Erklärung ergibt sich die Aufnahme des Schuldners in das Schuldnerverzeichnis, das beim Amtsgericht geführt wird und für jedermann einzusehen ist. Aufgrund des Titels gegen den Schuldner können Vermögensmehrungen, die sich innerhalb der auf die eidesstattliche Versicherung folgenden 30 Jahre beim Schuldner ergeben, durch den Gläubiger bis zur vollen Befriedigung abgeschöpft werden.

Im Rahmen der Zwangsvollstreckung sind **Grenzen der Pfändung** zu beachten. Sie ergeben sich aus § 811 ZPO. Die Vollstreckungsorgane haben von Amts wegen den Grundsatz zu beachten, daß der Schuldner nicht „kahlgepfändet" werden darf. Die Aufzählung des § 811 ZPO ist durch die Rechtsprechung den Entwicklungen des modernen Lebens angepaßt worden, so daß man heute zu den unpfändbaren Hausratsgegenständen Radios, Kühlschränke oder Waschmaschinen zählt.

4. Maßnahmen bei Unternehmensgefährdung

Vorstehend wurden die Möglichkeiten eines Kreditinstituts beschrieben, sich bei einzelnen notleidenden Kreditengagements aus dem Vermögen des Schuldners zu befriedigen. Im folgenden ist ergänzend dazu darzustellen, wie sich das Verhältnis eines in Schwierigkeiten geratenen Kreditnehmers zu der Gesamtzahl seiner Gläubiger darstellt. Hier ist es zur Vermeidung rechtlicher und wirtschaftlicher Nachteile sowohl für den Schuldner als auch für seine Gläubiger wichtig, zu einem insgesamt abgestimmten Verhalten in der Notsituation zu kommen, das einzelne Gläubiger weder bevorteilt noch benachteiligt. Vollstreckungsmaßnahmen eines einzelnen Kreditinstituts in das Vermögen des Schuldners zum Beispiel sind in solchen Situationen nicht angebracht, da sie sowohl ein mögliches Sanierungskonzept als auch die Forderungen der übrigen Gläubiger gefährden können. Ausnahmen bestehen allerdings bei den aussonderungsfähigen Rechten.

Das Konkursrecht kennt zur Abwicklung der Gläubigeransprüche das Konkurs- und das Vergleichsverfahren, jedoch sind auch außergerichtlich Einigungsmöglichkeiten gegeben.

4.1 Der außergerichtliche Vergleich

Der Anlaß für Kreditnehmer, einen außergerichtlichen Vergleich mit seinen Gläubigern zu suchen, ist meistens dann gegeben, wenn Ertragsprobleme, Vermögensverschlechterung oder Liquiditätsengpässe eine Sanierung erforderlich machen, die von den Eigentümern des Unternehmens allein nicht mehr geleistet werden kann. Zu einer erfolgreichen Sanierung sind dann zusätzlich ein begrenzter Forderungs- oder Zinsverzicht bzw. Stundungsvereinbarungen oder Prolongationen Vorbedingung. Hierfür wird die erforderliche Zustimmung aller Gläubiger nur zu erzielen sein, wenn sichergestellt ist, daß alle Gläubiger gleich behandelt werden. Keiner der Gläubiger wird sich mehr an eine Vereinbarung halten, wenn erkennbar wird, daß auch nur einer von ihnen eine bevorzugte Behandlung genießt. Ein gewisser Zwang zur Einigung unter den Gläubigern folgt aus der Erfahrung, daß Sanierungsmaßnahmen möglichst schnell zu ergreifen sind, denn in der Regel steuern nach fehlgeschlagenen Verhandlungen die Kreditnehmer auf den Konkurs zu. Jedoch ist eine Einigung erschwert durch unterschiedliche Besicherung oder durch verschiedene Laufzeiten der Kredite. Ein dinglich besicherter Gläubiger ist auf einen außergerichtlichen Vergleich weniger angewiesen als ein Blankokreditgeber. Die Gläubigergemeinschaft wird darüber hinaus ihrerseits Forderungen auf nennenswerte Opfer der Eigentümer stellen. Aus diesen Interessenlagen wird ersichtlich, daß ein außergerichtlicher Vergleich höchste Anforderungen an das Verhandlungsgeschick aller Beteiligten stellt. Im Ergebnis wird eine Vereinbarung erzielt werden, die zum Gegenstand hat:

1. begrenzte Forderungsverzichte aller Gläubiger;
2. Zinsverzichte oder Zinsstundungen aller Gläubiger;
3. Leistungen der Eigentümer;
4. ein Sanierungskonzept, das als tragfähige Basis für die weitere Existenz des Kreditnehmers gelten kann und weitere einschneidende Maßnahmen nicht erforderlich macht (z. B. Stillegung von verlustreichen Produktionszweigen etc.).

Ist ein außergerichtlicher Vergleich zustandegekommen, wird das weitere Verhalten der Gläubiger von dem Erfolg der Sanierungsmaßnahmen abhängen, denn die Gläubiger stellen die außergerichtliche Vergleichsvereinbarung in der Regel unter den Vorbehalt des Gelingens der Sanierung.

4.2 Das Konkursverfahren

Das Konkursverfahren ist ein rechtlich geregeltes Verfahren zur Befriedigung der Gläubiger eines Gemeinschuldners nach dem Grundsatz, daß alle Gläubiger den gleichen Anspruch auf Befriedigung haben. Es hat das Ziel, das Vermögen des Schuldners vollständig auf seine Gläubiger zu verteilen, so daß er am Ende des Konkursverfahrens vollständig aus dem Geschäftsleben ausscheidet. Eine natürliche Person kann zwar nicht gänzlich aus dem Wirtschaftsverkehr eliminiert werden, da sie nach dem Konkurs nicht aufhört, Träger von Rechten und Pflichten zu sein, aber aus ihrer weiteren Betätigung hat sie die verbliebenen Ansprüche insbesondere aus persönlichen Titeln gegen sich selbst zu begleichen.

Wichtigster Konkursgrund ist die Zahlungsunfähigkeit (§ 102 KO). Es ist die Unfähigkeit, fällige Verbindlichkeiten zu begleichen. Für juristische Personen und solche Personenvereinigungen, die keine juristischen Personen sind, denen aber das Element der Haftung einer natürlichen Person fehlt (z. B. GmbH & Co. KG), kommt als Konkursgrund die Überschuldung hinzu, also die aus einem Vermögensstatus erkennbare Unfähigkeit, auch künftig fällige Verbindlichkeiten nicht begleichen zu können.

Das Konkursverfahren kann **nur auf Antrag** eröffnet werden; die Einleitung eines Konkursverfahrens von Amts wegen ist also nicht möglich. Der Antrag ist an dasjenige Amtsgericht zu richten, in dessen Bezirk der Gemeinschuldner seine gewerbliche Niederlassung hat. Antragsberechtigt ist entweder der Gemeinschuldner selbst oder einer seiner Gläubiger. Eine Antragspflicht ergibt sich für die Vertreter von Kapitalgesellschaften nach Eintritt der Zahlungsunfähigkeit oder für die zur Vertretung einer Personengesellschaft berufene Person, wenn die Personengesellschaft keinen persönlich haftenden Gesellschafter hat und der Konkursgrund Überschuldung eingetreten ist. Ein das Konkursverfahren beantragender Gläubiger hat seinen Anspruch glaubhaft zu machen, das Gericht prüft seinen Anspruch in einem **Vorprüfungsverfahren** auf seine Berechtigung. Die Glaubhaftmachung ist eine mindere Form der Beweisführung, es genügen hier eidesstattliche Versicherungen oder die Vorlage von Geschäftskorrespondenz. In gleicher Weise ist der Konkursgrund glaubhaft zu machen.

Ist der Konkursantrag als grundsätzlich zulässig erachtet worden, tritt das Gericht in die **Hauptprüfung** ein. Erst in diesem Stadium ist der Gemeinschuldner zu hören, denn nun ist das tatsächliche Vorliegen des Konkursgrundes zu prüfen. In der Hauptprüfung hat das Gericht bereits auch „alle zur Sicherung der Masse dienenden einstweiligen Anordnungen zu treffen" (§ 106 KO). Diese können reichen von der Sperrung eines einzelnen Kontos bis zur Verhaftung des Gemeinschuldners; dem Gericht ist in der Beurteilung dessen, was zur Sicherung der Masse angemessen und notwendig ist, ein weiter Spielraum gelassen. Die häufigste und in der Konkursordnung speziell angesprochene Maßnahme ist das **allgemeine Veräußerungsverbot.** Trotz dieses Verbots bleibt der Geschäftsbetrieb als solcher erhalten, der Schuldner kann also weiter Gegenstände seines Unternehmens veräußern und hinzuerwerben; es sind ihm jedoch alle Verfügungen untersagt, die den Bestand der für die Gläubiger haftenden Masse beeinträchtigen. Das allgemeine Veräußerungsverbot ist mit Eröffnung des Konkursverfahrens oder mit seiner endgültigen Ablehnung aufgehoben.

Im Hauptprüfungsverfahren wird ferner entschieden, ob das Konkursverfahren eröffnet wird. Dies ist der Fall, wenn der Konkursgrund tatsächlich gegeben ist und wenn eine zur Deckung der Kosten des Verfahrens ausreichende Masse zur Verfügung steht. Mit der Eröffnung des Konkursverfahrens verliert der Gemeinschuldner die Befugnis, sein zur Konkursmasse gehöriges Vermögen zu verwalten und darüber zu verfügen (§ 6 KO). An seine Stelle tritt der vom Gericht zu bestellende **Konkursverwalter.** Er hat das gesamte zur Konkursmasse gehörige Vermögen sofort in Besitz und Verwaltung zu nehmen und dasselbe zu verwerten (§ 117 KO). Den Umfang des Vermögens definiert § 3 KO als das gesamte einer Zwangsvollstreckung unterliegende Vermögen des Gemeinschuldners, welches ihm zur Zeit der Eröffnung des Konkursverfahrens gehört. In der Verwertung des Vermögens zeigt sich das Geschick des Konkursverwalters. Er hat im Interesse der Gläubigergemeinschaft darüber zu befinden, ob mit dem Einzelverkauf, einem Totalverkauf oder auch durch den weiteren Betrieb des Unternehmens oder eines Teils davon den Gläubigerinteressen besser gedient ist. Erst mit Abschluß der gesamten Verwertung der Masse ist klar, welche Quote die Gläubiger auf ihre Forderungen erhalten.

4.3 Vergleichsverfahren

Voraussetzungen des Vergleichsverfahren sind – wie beim Konkurs – Zahlungsunfähigkeit oder Überschuldung. Antragsberechtigt ist hier jedoch nur der Gemeinschuldner. Dieser Sachverhalt folgt aus der anderen Zielrichtung des Vergleichs- gegenüber dem Konkursverfahren. Trotz der vorliegenden Insolvenz wird das Unternehmen des Schuldners als überlebensfähig angesehen, die hierzu erforderlichen Forderungs- und Zinsverzichte der Gläubiger sollen Ergebnis des Vergleichsverfahrens sein. Dem Ziel der Rettung des Unternehmens dient auch die Vorschrift des § 46 der VO: Zwangsmaßnahmen gegen den Schuldner werden mit Eröffnung des Vergleichsverfahrens unzulässig.

Die Vergleichsordnung kennt den Vergleichsverwalter; dieser ist jedoch nicht – wie der Konkursverwalter – Herr des Verfahrens, er verwaltet insbesondere nicht das Schuldnervermögen. Vielmehr steht er dem Schuldner, der unbeschränkt verfügungsberechtigt bleibt, beratend zur Seite. Gegenstand des Vergleichsverfahrens ist, daß die Gläubiger über einen Vergleichsvorschlag des Schuldners abstimmen, der ihnen eine bestimmte Quote ihrer Forderungen anzubieten hat. Aufgrund dieses Vorschlags hat auch das Gericht zu entscheiden, ob ein Vergleichsverfahren eröffnet wird: Der Vorschlag ist nur zulässig, wenn der Schuldner seinen Gläubigern mindestens 33 Prozent ihrer Forderungen anbietet und zwar zahlbar innerhalb eines Jahres. Will der Schuldner erst innerhalb von 18 Monaten zahlen, erhöht sich die Quote auf 40 Prozent.

Der Vergleichsvorschlag ist angenommen, wenn die Mehrheit der Gläubiger, die mindestens 75 Prozent der Forderungen vertreten, zustimmen.

D. Geld- und Kapitalanlagegeschäfte

I. Wesen

Zu den Aktivgeschäften der Kreditinstitute zählt neben den Kreditausleihungen eine Gruppe von Geschäften, deren gemeinsames Kennzeichen darin besteht, daß sie am Geld- bzw. Kapitalmarkt abgewickelt werden und der Geld- bzw. Kapitalanlage der Kreditinstitute dienen. Dabei besteht ein **enger Zusammenhang zwischen Geld- und Kapitalanlagegeschäften und dem Effektengeschäft.**

Während das Effektengeschäft zum überwiegenden Teil zu den Dienstleistungstätigkeiten der Banken gehört und dadurch zu kennzeichnen ist, daß Effektenkäufe und -verkäufe *kommissionsweise* für Kunden ausgeführt werden, handelt die Bank *im eigenen Namen und für eigene Rechnung*, wenn sie Effektengeschäfte vornimmt, die zum überwiegenden Teil der Kapitalanlage dienen. Geld- und Kapitalanlagen der Banken setzen liquide Mittel voraus, für die keine Einsatzmöglichkeiten im Kreditgeschäft bestehen oder die bewußt in leicht mobilisierbare und dennoch annehmbar verzinsliche Liquiditätsreserven zweiter und dritter Ordnung übergeführt werden sollen.

Zu den **Geldanlagegeschäften** zählen

(1) Die Unterhaltung von Nostroguthaben bei anderen Kreditinstituten,

(2) der Kauf von Schatzwechseln und Schatzanweisungen,

(3) der Erwerb von Privatdiskonten sowie

(4) der Erwerb von längerfristigen Geldmarktpapieren (Kassenobligationen).

Kapitalanlagegeschäfte umfassen den Erwerb von Effekten und nicht verbrieften Beteiligungen.

Unter Geld- und Kapitalanlagegeschäften sind solche Geschäfte eines Kreditinstituts zu verstehen, die die Anlage nicht sofort zum Liquiditätsausgleich benötigter Mittel am Geld- bzw. Kapitalmarkt in ertragbringender, sicherer und möglichst liquider Form bezwecken.

Für die Geld- und Kapitalanlagegeschäfte bestehen keine speziellen gesetzlichen Bestimmungen. Grundsätzlich gelten die Vorschriften für diejenigen Geschäfte, welche zu den einzelnen Anlageformen in enger Verbindung stehen. Die rechtlichen Grundlagen des Wechseldiskontkredits besitzen auch für das Schatzwechsel- und Privatdiskontgeschäft Gültigkeit; soweit das Geld- und Kapitalanlagegeschäft Effekteneigengeschäfte betrifft, wird es durch die Bestimmungen über das Effektengeschäft geregelt. Da als Kontrahenten am Geld- und Kapitalmarkt vorwiegend Kreditinstitute in Frage kommen, gelten an Stelle der Allgemeinen Geschäftsbedingungen besondere vertragliche Abmachungen sowie die im Geldhandel zwischen den Banken üblichen Usancen.

II. Technik der Geld- und Kapitalanlagegeschäfte

1. Geldanlagegeschäfte

Zu den Geldanlagegeschäften gehören der **Handel mit Zentralbankgeld sowie mit Geldmarktpapieren.**

1.1 Unterhaltung von Nostroguthaben bei anderen Kreditinstituten

Ein Kreditinstitut, das über liquide Mittel verfügt, kann diese Beträge im **Geldhandel auf dem Tagesgeld- oder dem Termingeldmarkt** an andere Kreditinstitute ausleihen. Der kurzfristige Spitzenausgleich zwischen den täglichen Ein- und Auszahlungsüberschüssen vollzieht sich über den Tagesgeldmarkt. Auf diesem Markt werden „Tagesgeld" und „tägliches Geld" gehandelt.

Während **Tagesgeld** eine Laufzeit von einem Tag hat und jeweils bis zum Mittag des der Aufnahme folgenden Tages rückzahlbar ist, muß **tägliches Geld** einen Tag vor Abruf gekündigt werden.

Längerfristig zur Verfügung stehende Gelder können am Termingeldmarkt als **Medio-, Ultimo-, Monats-, Dreimonats-, Halbjahres- und Jahresgelder** ausgeliehen werden. Termingelder haben für den Gelddisponenten den Vorteil, daß ihr Fälligkeitstermin genau eingeplant werden kann. Sie sind entweder an einem bestimmten Tag fällig *(Festgelder)* oder nach Ablauf einer bestimmten Kündigungsfrist *(Kündigungsgelder)*. Dabei können die besonderen Zahlungstermine, wie Steuertermine und Monatsultimo, an denen sich der Tagesgeldmarkt zu versteifen pflegt, berücksichtigt werden.

Die Abschlüsse im Geldhandel erfolgen zunächst formlos im *Telefonverkehr* der Banken und werden *später schriftlich* bestätigt. Der Geldhandel ist auf wenige Tagesstunden begrenzt, die gehandelten Beträge werden auf Konten bei Korrespondenzbanken angeschafft.

Die **Verbuchung** der anderen Kreditinstituten zur Verfügung gestellten Mittel erfolgt unter *„Forderungen an Kreditinstitute"*. Die Gegenbuchung bei den geldnehmenden Instituten wird unter *„Verbindlichkeiten gegenüber Kreditinstituten"* vorgenommen.

Die **Zinssätze am Tagesgeld- und Termingeldmarkt** bilden sich frei nach Angebot und Nachfrage. Am Tagesgeldmarkt liegen die Sätze in der Regel unter dem Diskontsatz und überschreiten diesen nur kurz vor Ultimo oder bei großen Zahlungsterminen, wenn sich der Geldmarkt versteift. Die Zinssätze am Termingeldmarkt liegen üblicherweise *über* denjenigen des Tagesgeldmarktes, da die Zinshöhe mit zunehmender Laufzeit steigt. Geldmarktsätze werden nicht offiziell festgesetzt oder notiert. Die Deutsche Bundesbank veröffentlicht im statistischen Teil ihrer Monatsberichte Sätze für Tages-, Monats- und Dreimonatsgeld, die durch Rückfrage am Frankfurter Bankplatz ermittelt werden und als repräsentativ angesehen werden können.

1.2 Kauf von Schatzwechseln und Schatzanweisungen

Eine weitere Anlageform auf dem Geldmarkt bilden die Schatzwechsel und unverzinslichen Schatzanweisungen (U-Schätze). Diese Papiere weisen eine relativ gute Verzinsung auf und sind zudem mit einer Refinanzierungszusage der Bundesbank versehen.

Schatzwechsel werden vom Bund, den Ländern, der Bundespost und der Bundesbahn mit einer Laufzeit von 1 bis 3 Monaten emittiert (vgl. Farbtafel VIII).

Unverzinsliche Schatzanweisungen geben der Bund, die Bundesbahn sowie die Bundespost aus. Ihre Laufzeit beträgt 6 Monate bis 2 Jahre.

Beide Papiere werden im Hinblick auf die Verzinsung wie Wechsel behandelt, also unter Abzug eines Diskonts gekauft und verkauft. Die **Abgabesätze für diese Geldmarktpapiere** setzt die Bundesbank entsprechend den kreditpolitischen Erfordernissen und der Geldmarktsituation autonom fest.

Schatzwechsel und unverzinsliche Schatzanweisungen stellen die wichtigsten Instrumente der *Offenmarktpolitik* dar[1]. Das Bundesbankgesetz gestattet der Bundesbank, diese Geldmarktpapiere am offenen Markt zur Regelung des Geldmarktes zu kaufen und zu verkaufen.

Die **technische Abwicklung** des Kaufs bzw. Verkaufs von Schatzwechseln und Schatzanweisungen vollzieht sich weitgehend ohne Bewegung der effektiven Stücke. Die Bestände befinden sich im Tresor der Bundesbank; den Kontrahenten werden, wenn sie nicht ausnahmsweise eine Auslieferung wünschen, lediglich über die Landeszentralbanken *Depotscheine* mit Stücke- und Nummernverzeichnissen ausgehändigt.

Das Institut, das Schatzwechsel oder Schatzanweisungen erwerben will, wendet sich zunächst an die zuständige Landeszentralbank, welche die gesamte Nachfrage an die Zentralstelle in Frankfurt weitermeldet. Die Bundesbank gibt die Geldmarkttitel über die Landeszentralbanken zu den geltenden Sätzen an die nachfragenden Institute ab.

---

1 Vgl. S. 164.

Auch beim Verkauf von Schatzwechseln und U-Schätzen von Geschäftsbanken wird zunächst das gesamte Angebot bei der Zentralstelle gesammelt, und dann werden die Rückkaufsätze festgesetzt. Mit der Manipulation der Rückkaufsätze hat es die Bundesbank weitgehend in der Hand, ob die Geschäftsbanken sich von ihren Beständen trennen oder die Papiere im Portefeuille behalten.

Die **Verbuchung** dieser Geldmarktanlagen erfolgt unter der Position „*Schatzwechsel und unverzinsliche Schatzanweisungen des Bundes und der Länder*".

1.3 Kauf von Privatdiskonten

Privatdiskonten sind Bankakzepte über höhere, runde Beträge, die bei der Gewährung eines Akzeptkredits entstehen und nachstehenden sachlichen und formalen Voraussetzungen entsprechen [1]:

(1) Privatdiskontfähig sind nur solche Bankakzepte, die der Finanzierung von Einfuhr-, Ausfuhr-, Transithandelsgeschäften, des grenzüberschreitenden Lohnveredelungsverkehrs oder zur Finanzierung internationaler Warengeschäfte zwischen zwei außerdeutschen Ländern dienen. Die Laufzeit soll nicht über die Zeit hinausgehen, die zur Abwicklung des Warengeschäfts notwendig ist. Das vereinbarte Zahlungsziel des Grundgeschäfts bei Exporten darf 180 Tage nicht überschreiten, davon sind die letzten 90 Tage privatdiskontfähig.
(2) Die Aussteller der Wechsel müssen Firmen unzweifelhafter Bonität und einem das Geschäft rechtfertigenden Standing sein sowie über ein haftendes Eigenkapital von mindestens 1 000 000 DM verfügen (bei ausländischen Ausstellern 2 000 000 DM).
(3) Die als Privatdiskonten geeigneten Bankakzepte müssen am oberen Rande der Wechselformulare die dem Grundgeschäft zugrunde liegende Nummer der Einfuhrerklärung bzw. der Ausfuhrerklärung sowie die Angabe der finanzierten Ware und des Käuferlandes tragen (Grundgeschäftserklärung).
(4) Die einzelnen privatdiskontfähigen Abschnitte müssen über mindestens 100 000,– DM lauten und sollen 5 000 000,– DM nicht überschreiten. Sie sollen über Beträge ausgestellt sein, die durch 5000 teilbar sind.
(5) Als Akzeptbanken sind zum Privatdiskontmarkt nur solche Kreditinstitute zugelassen, deren haftendes Eigenkapital nach § 10 KWG grundsätzlich mindestens 20 Millionen DM beträgt. Der Betrag der in Umlauf befindlichen privatdiskontfähigen Akzepte eines Kreditinstituts darf das 1,5fache des haftenden Eigenkapitals nicht überschreiten.

Der Gesamtbetrag der Privatdiskonten, den die am Privatdiskontmarkt beteiligten Kreditinstitute in Umlauf gesetzt haben, ist monatlich der örtlich zuständigen Zweiganstalt der Deutschen Bundesbank zu melden.

Mit den Privatdiskonten werden denjenigen Instituten, die über flüssige Mittel verfügen, liquide und sichere Papiere zu relativ günstigen Sätzen zur Verfügung gestellt. Die **Zinssätze für Privatdiskonten** richten sich grundsätzlich nach der Marktlage, werden aber nach den Erfordernissen der Bundesbank, die als Refinanzierungsstelle der Privatdiskont-AG fungiert, manipuliert.

Privatdiskonte werden im übrigen von den Landeszentralbanken im Rediskontgeschäft nach Maßgabe der für den Ankauf von Handelswechseln geltenden Bestimmungen zum Diskontsatz der Deutschen Bundesbank unter Anrechnung

---

1 Aus den Geschäftsbedingungen der Privatdiskont-AG, Stand Ende 1981;

auf die Rediskontkontingente und auch im Offen-Markt-Geschäft hereingenommen. Die Obergrenze für den Ankauf von Privatdiskonten im Rahmen der Geldmarktregulierung beträgt zur Zeit 3 Milliarden DM (Beschluß des Zentralbankrates vom 16. Oktober 1980).

Der **Handel mit Privatdiskonten** erfolgt an der Frankfurter Börse, und zwar bieten die Kreditinstitute der Privatdiskont-Aktiengesellschaft Bankakzepte, die zum Privatdiskonthandel kommen sollen, zum *Geldkurs* an. Nach der Unterschrift der Privatdiskont-Aktiengesellschaft gibt diese das Material dann zum *Briefkurs* zur Anlage an den Geldmarkt weiter. Die zur Geldanlage erworbenen Privatdiskonten werden dem Kreditinstitut bei Eingang des Gegenwertes effektiv ausgeliefert oder von der Privatdiskont-Aktiengesellschaft ins Depot genommen.

2. Kapitalanlagegeschäfte

Die Kapitalanlagegeschäfte der Kreditinstitute umfassen den Kauf von Renten- und Dividendenwerten für das eigene Portefeuille sowie den Erwerb von Beteiligungen. Die größte Bedeutung unter den Kapitalmarktgeschäften hat hierbei die Anlage in Effekten.

2.1 Kauf von Rentenwerten

Festverzinsliche Werte sind eine wichtige Anlageform der Banken. Sie lassen sich noch am ehesten ohne nennenswerte Kursverluste kurzfristig veräußern und damit in liquide Mittel umwandeln. Neben der **Funktion des Liquiditätsausgleichs** tragen sie in hervorragender Weise zum **Rentabilitätsausgleich** der Kreditinstitute bei, weil die Ertragsfähigkeit von Rentenanlagen relativ hoch ist.

Unter Berücksichtigung der niedrigeren Betriebskosten lassen sich mit der Anlage in Rentenpapieren Nettorenditen erzielen, die mit den Nettozinserträgen im Kreditgeschäft vergleichbar sind. Von der Bonität her entsprechen insbesondere die Anleihen des Bundes und seiner Sondervermögen, die Pfandbriefe und Kommunalobligationen der privaten und öffentlichen Realkreditinstitute sowie die Industrieobligationen erstklassiger Firmen in vollem Umfang den Ansprüchen, die an Bankanlagen gestellt werden müssen.

2.2 Kauf von Dividendenwerten

Die Anlage von Überschußreserven in *börsengängigen* Dividendenwerten ist abhängig von der Kapitalmarktsituation. Mit dieser Anlageform kann bei freundlicher Börsenstimmung die Rentabilität der Institute verbessert werden, da neben Dividendenerträgen Kursgewinne erzielt werden können. Anders ist es dagegen bei Kursrückgängen, da eine kurzfristige Auflösung der Anlagen nicht selten mit Verlusten verbunden ist.

Für die Anlage in börsengängigen Dividendenwerten spricht die Möglichkeit, bei einem Erwerb zu niedrigen Kursen im Verlauf der Zeit unter Umständen erhebliche *stille Rücklagen* bilden zu können, dagegen spricht die in der Regel geringere Sicherheit und Liquidität dieser Papiere. Den Sparkassen sind auf Grund der Mustersatzung spekulative Geschäfte ausdrücklich verboten. Sie dürfen für eigene Rechnung nur festverzinsliche Werte kaufen.

2.3 Erwerb von Beteiligungen

Eine weitere Anlageform der Kreditinstitute stellt die Beteiligung an anderen Unternehmungen dar. Sie umfaßt den **Erwerb von Aktien und GmbH-Anteilen, unter Umständen auch von Kommanditeinlagen.** Infolge der dabei eintretenden Festlegung der Mittel kommt eine Investition in Beteiligungen nur bei Daueranlagen vor. Das Beteiligungsgeschäft gehört nur so weit zu den Geld- und Kapitalanlagegeschäften, als das Anlagemotiv und nicht die Absicht der Einflußnahme im Vordergrund steht.

Der **Umfang der Beteiligungen** wird von den Kreditinstituten im Interesse ihrer Liquidität klein gehalten. Nach dem Grundsatz II zu § 11 KWG sollen u. a. die Anlagen eines Kreditinstituts in langfristigen Ausleihungen, in Konsortialbeteiligungen, in Beteiligungen, in nicht börsengängigen Wertpapieren sowie in Grundstücken und Gebäuden die langfristigen Finanzierungsmittel nicht übersteigen.

Aufgaben:

1. Welche Möglichkeiten der kurzfristigen Anlage bieten sich den Kreditinstituten am Geldmarkt?
2. Was ist unter den Begriffen „Tagesgeld" und „tägliches Geld" zu verstehen, und wie werden diese Gelder zwischen den Banken gehandelt?
3. Erklären Sie die Entwicklung der Zinssätze für Tages-, Monats- und Dreimonatsgeld an Hand der Veröffentlichungen in den Monatsberichten der Deutschen Bundesbank! – Welche Rückschlüsse lassen sich dabei ziehen?
4. Wodurch unterscheiden sich Schatzwechsel und unverzinsliche Schatzanweisungen voneinander, und wie werden sie verzinst?
5. Unter welchen Voraussetzungen und in welchem Umfange können die Kreditinstitute die Einlagen ihrer Kunden im Rahmen der Kapitalanlagegeschäfte einsetzen?

E. Effektengeschäft

Die Effektengeschäfte der Kreditinstitute sind in einer hochentwickelten Geld-
und Kreditwirtschaft zur Versorgung der Betriebswirtschaften und der öffentlichen Einrichtungen mit Kapital von ausschlaggebender Bedeutung.

> Unter dem Effektengeschäft sind alle Bankgeschäfte zu erfassen, welche die
> Ausgabe, den An- und Verkauf sowie die Verwahrung und Verwaltung von
> Effekten zum Gegenstand haben.

Aus dieser Begriffsbestimmung ergibt sich folgende **Einteilung des Effektengeschäftes:**

(1) das *Emissionsgeschäft,*

(2) der *Effektenhandel,*

(3) das *Depotgeschäft.*

I. Effekten und Effektenbörse

1. Effekten

1.1 Begriff und Arten

> Effekten sind Wertpapiere, die als Objekte der Kapitalanlage Forderungs-
> oder Anteilsrechte verbriefen, einen unbedingten bzw. bedingten Anspruch
> auf dauernden Ertrag enthalten und sich innerhalb einer Gattung durch ge-
> genseitige Vertretbarkeit (Fungibilität) auszeichnen.

Die Begriffe „Effekten" und „Wertpapiere" werden in Theorie und Praxis häufig
sinnverwandt gebraucht; der Begriff „Wertpapier" ist aber der weitere.

> Ein Wertpapier ist eine Urkunde, in der ein privates Recht in der Weise ver-
> brieft ist, daß zur Ausübung des Rechts der Besitz der Urkunde erforderlich
> ist.

559

Das Wertpapier kann demnach als

(1) **Warenpapier** (Konnossement, Ladeschein),

(2) **Geldpapier** (Scheck, Wechsel, Banknote) oder

(3) **Kapitalpapier** (Obligation, Aktie, Hypothekenbrief)

in Erscheinung treten.

Von Effekten im banktechnischen Sinn kann jedoch nur gesprochen werden, wenn es sich um Kapitalpapiere handelt, die vertretbar (fungibel) sind.

1.1.1 Äußere Beschaffenheit der Effekten

Effekten, die einen laufenden Ertrag gewähren, bestehen im allgemeinen aus Mantel und Bogen. **Der Mantel** verbrieft das Forderungs- oder Anteilsrecht. **Der Bogen** enthält bei festverzinslichen Wertpapieren *Zinsscheine* (Kupons), die auf einen festen Geldbetrag lauten und als selbständige Wertpapiere angesprochen werden können. Bei Dividendenpapieren enthält der Bogen *Gewinnanteilsscheine,* die nicht auf einen bestimmten Geldbetrag lauten, sondern nur den Anspruch auf einen eventuell entstandenen und durch Hauptversammlungsbeschluß zur Verteilung freigegebenen Gewinn sichern. Auf den Gewinnanteilscheinen erscheint der Nennbetrag, über den das betreffende Stück lautet (vgl. Farbtafeln IX.XII).

Den Zins- und Gewinnanteilscheinbogen ist ein **Erneuerungsschein** (Talon) angefügt, der zum Bezug neuer Bogen berechtigt.

1.1.2 Einteilung der Effekten nach ihrer Übertragbarkeit

Inhaberpapiere werden durch **Einigung und Übergabe** übertragen. Der Aussteller ist zur Leistung an den jeweiligen Inhaber verpflichtet. Beispiele für Inhaberpapiere sind die Inhaberaktie und die Inhaberschuldverschreibung.

Namenspapiere werden durch **Einigung und Übergabe des indossierten Papiers** übertragen. Der *Inhaber muß sich,* wenn er seine Rechte geltend machen will, durch eine lückenlose Kette von Indossamenten *als Berechtigter ausweisen.* Ein **Blankoindossament,** das in der bloßen Unterschrift des Indossanten besteht, kann ein Namenspapier praktisch zum Inhaberpapier machen, ohne jedoch dem Papier den Charakter des Namenspapiers zu nehmen. Beispiele für Namenspapiere sind Namensaktien und Namensschuldverschreibungen. Man bezeichnet diese Namenspapiere wegen der Formulierung im Indossament „an die Order . . .“ auch als „Orderpapiere“.

Das **Rektapapier** bestimmt die berechtigte Person ohne einen „An-Order“-Zusatz. Nur der Bezeichnete oder sein Rechtsnachfolger kann die Forderung geltend machen. Die **Übertragung** der Rechte aus diesen Papieren ist erschwert, da sie **nur nach den Vorschriften über die Abtretung von Forderungen** erfolgen kann. Als Rektapapiere kommen Kuxe, nicht voll eingezahlte Versicherungsaktien und sogenannte Zuckeraktien in Betracht, die mit Lieferverpflichtungen an Zuckerrübenverwertungsgesellschaften verbunden sind.

1.2 Einteilung der Effekten nach Art ihres Ertrags

Gewöhnlich werden die Effekten jedoch **nach der Art des Ertrags** eingeteilt in

(1) *festverzinsliche Wertpapiere,*

(2) *Dividendenpapiere* und

(3) *Wertpapiermischformen.*

Ihr Wesen soll im folgenden dargestellt werden.

1.2.1 Festverzinsliche Wertpapiere

Festverzinsliche Wertpapiere verbriefen eine schuldrechtliche Verpflichtung und gewähren dem Inhaber ein Forderungsrecht gegenüber dem Emittenten. Sie können sowohl Inhaber- als auch Namensschuldverschreibungen sein, jedoch finden sich allgemeine gesetzliche Regelungen nur für Inhaberschuldverschreibungen (§§ 793 ff. BGB).

1.2.1.1 Verzinsung

Mit Hilfe festverzinslicher Wertpapiere beschaffen sich öffentlich-rechtliche Institutionen und private Unternehmen **langfristiges Fremdkapital, das mit einem im voraus festgelegten Zinssatz zu bestimmten Zeitpunkten gegen die Einlösung von Zinsscheinen zu verzinsen und am Fälligkeitstag mindestens zum Nennwert zurückzuzahlen ist.** Bei den festverzinslichen Werten werden die Zinsen entweder halbjährlich oder ganzjährlich gezahlt.

Bei halbjährlicher Zahlung sind folgende Zinstermine üblich:
J/J = 2. Januar und 1. Juli
F/A = 1. Februar und 1. August
M/S = 1. März und 1. September
A/O = 1. April und 1. Oktober
M/N = 2. Mai und 1. November
J/D = 1. Juni und 1. Dezember

Daneben sind jedoch andere Zinstermine möglich, z. B. 15. A/O = 15. April und 15. Oktober.

An jedem dieser Zinstermine werden gegen Vorlage des fälligen Zinsscheins die Zinsen für das *zurückliegende* Halbjahr ausgezahlt. Auf den am 1. Juli fälligen

Zinsschein z. B. werden die Zinsen für die Zeit vom 1. Januar einschließlich bis 30. Juni bezahlt. Wechselt innerhalb der Zeit vom 1. 1. bis 30. 6. der Besitzer des Wertpapiers, so sind die **Stückzinsen** zwischen dem Käufer und dem Verkäufer zu verrechnen.

1.2.1.2 Laufzeit und Tilgung

Die festverzinslichen Wertpapiere sind **Tilgungsanleihen**, d. h. der Schuldner muß seine Verbindlichkeiten zurückzahlen. Anleihen, bei denen sich der Emittent lediglich zur Verzinsung, nicht aber zur Rückzahlung des Anleihebetrages verpflichtet, sogenannte *Rentenanleihen*, werden heute nicht mehr aufgelegt.

Die **Laufzeit der Tilgungsanleihen** kann unterschiedlich lang sein und beträgt bei Industrieobligationen und Staatsanleihen heute im allgemeinen 8 bis 15 Jahre, bei den sogenannten Schatzanweisungsanleihen der Bundesemittenten zum Teil auch nur 6 Jahre, während bei Pfandbriefen und Kommunalobligationen häufig auch Laufzeiten von 8 bis 20 Jahren vorkommen.

Die in der Bundesrepublik Deutschland emittierten Schuldverschreibungen sind grundsätzlich *von seiten der Gläubiger unkündbar*; der Anleiheschuldner hingegen verzichtet meist nur für einige Jahre auf jede Kündigungs- und Tilgungsmöglichkeit. Nach Ablauf dieser Zeit beginnt in der Regel die Rückzahlung zu den in den Anleihebedingungen festgesetzten Terminen. Daneben behält sich der Schuldner häufig die Möglichkeit vor, nach Ablauf der *Unkündbarkeitsfrist* die gesamte Anleihe zu kündigen, um bei einem gesunkenen Landeszinsfuß eine Umschuldung auf niedriger verzinsliche Papiere, eine sogenannte „Konversion", vorzunehmen. – Auch hier machen die Schatzanweisungsanleihen eine Ausnahme. Sie sind auch seitens des Schuldners während der gesamten Laufzeit unkündbar.

Für die **Rückzahlung der Tilgungsanleihen** gibt es mehrere Möglichkeiten.

(1) **Der Schuldner muß die Anleihe bis zu einem** in den Anleihebedingungen **festgelegten** spätesten **Rückzahlungstermin getilgt haben.** Innerhalb der Laufzeit wird ihm freie Hand gelassen.

(2) **Die Rückzahlung erfolgt in jährlichen Teilbeträgen nach einem Tilgungsplan.** Hierbei ist zwischen einer Tilgung in Raten und einer Tilgung in Annuitäten zu unterscheiden.

Bei „Ratenanleihen" verpflichtet sich der Emittent, die Anleihe in jährlich gleichen Beträgen zu tilgen. Da die jährlichen Zinsaufwendungen für den Schuldner mit fortschreitender Laufzeit sinken, ergeben sich trotz gleich hoher Tilgungsbeträge fallende Jahresbelastungen.

Bei „Annuitätenanleihen", bei denen die Tilgung in einem bestimmten Prozentsatz vom Ursprungskapital zuzüglich der durch das kontinuierliche Sinken des Restkapitals ersparten Zinsen erfolgt, bleibt die jährliche finanzielle

Belastung des Emittenten gleich. Sehr oft behält sich der Schuldner bei derartigen Tilgungsbedingungen vor, über die planmäßigen Beträge hinaus weitere Tilgungsleistungen zu erbringen.

Die Tilgungsleistungen können auch durch Auslosung bzw. Kündigung oder freihändigen Rückkauf erfolgen, wobei sich der Emittent in der Regel die Wahl zwischen der Auslosung und dem freihändigen Rückkauf vorbehält. Notieren die zu tilgenden Papiere unter pari bzw. unter dem Rückzahlungskurs, so wird der Schuldner die Tilgung durch Rückkauf an der Börse vornehmen. Bewegt sich der Börsenkurs über pari, ist eine Auslosung vorteilhafter.

(3) **Der Emittent muß die Anleihe am Ende der Laufzeit in einer Summe zurückzahlen.**

1.2.1.3 Arten festverzinslicher Wertpapiere

Nach dem Aussteller können die festverzinslichen Wertpapiere eingeteilt werden in

Staatsanleihen, Bundesobligationen, Bundesschatzbriefe und Finanzierungsschätze,

Kommunalanleihen,

Pfandbriefe und Kommunalobligationen,

Industrieobligationen,

Bank- und Sparkassenobligationen sowie

Kassenobligationen

a) Staatsanleihen (s. Farbtafel XV).

Staatsanleihen sind Anleihen der Bundesrepublik Deutschland, der einzelnen Bundesländer sowie der Sondervermögen des Bundes (Bundesbahn, Bundespost, Lastenausgleichsfonds). Sie sind gesichert durch das gegenwärtige und zukünftige Vermögen und die Steuerkraft des Ausstellers. Staatsanleihen können entweder als *Briefschulden* (Wertpapiere) oder als *Buchschulden* (Wertrechte) aufgenommen werden.

Seit 1972 werden Bundesanleihen nur noch als **Wertrechtsanleihen** emittiert, d. h. es werden keine effektiven Stücke (Wertpapierurkunden) mehr ausgedruckt. Bundesanleihen, die seit 1971 ausgegeben wurden, haben jährliche Zinstermine und eine Laufzeit von 6 bis 10 Jahren.

Wertrechte werden durch die Eintragung der Berechtigten im Bundesschuldbuch oder – wie in Bayern – im Landesschuldbuch begründet.

Werden Staatsanleihen im Inland aufgenommen und in Inlandswährung bedient, so handelt es sich um „innere" Staatsschulden, während die im Ausland untergebrachten und auf fremde Währung lautenden Staatsanleihen die „äußere" Staatsschuld bilden. Staatsanleihen sind *mündelsicher, lombard- und deckungsstockfähig.*

Über die **Ausstattung** der Staatsanleihen (Nominalverzinsung und Ausgabekurs, Zinszahlung, Laufzeit und Rendite) informiert jeweils ein **Verkaufsangebot,** das von der Deutschen Bundesbank erstellt und über die Mitglieder des Bundesanleihe-Konsortiums den Interessenten zugestellt wird.

b) Bundesobligationen

Zur Finanzierung öffentlicher Investitionen und zur Förderung der Eigentums- und Vermögensbildung begibt die Bundesrepublik Deutschland Bundesobligationen als Daueremission in aufeinander folgenden Serien mit festem Nominalzins und variablen Ausgabekursen. Eine neue Serie wird jeweils dann aufgelegt, wenn die Marktlage den Übergang zu einem anderen Nominalzins erfordert. Unabhängig davon wird der Verkauf einer laufenden Serie nach Ablauf von einigen Monaten eingestellt, um sie an den Börsen einführen zu können.

Bundesobligationen der laufenden Serie können nur von natürlichen Personen und von Einrichtungen, die gemeinnützigen, mildtätigen oder kirchlichen Zwecken dienen, erworben werden (Ersterwerb). Nach Börseneinführung ist der Erwerb durch jedermann möglich. Der Gläubiger kann seine Bundesobligationen jederzeit durch die depotführende Stelle oder im Bundesschuldbuch auf Dritte übertragen lassen, und zwar vor Börseneinführung auf zum Ersterwerb Berechtigte, nach Börseneinführung auf jedermann – also auch auf Kreditinstitute und Unternehmungen.

Bundesobligationen der laufenden Serie können bei allen Kreditinstituten zum jeweiligen Ausgabekurs gebühren- und börsenumsatzsteuerfrei unter Verrechnung der Stückzinsen erworben werden. Der Nennbetrag beträgt 100,– DM oder ein Mehrfaches davon.

Für jede Serie wird ein Nominalzins bestimmt. Anpassung an Marktzinsveränderungen erfolgen innerhalb der jeweils laufenden Serie durch Änderung des Ausgabekurses. Nominalzins und Ausgabekurs – und damit auch die Rendite (Effektivverzinsung) – werden der Marktlage angepaßt.

Die Zinszahlung erfolgt jährlich. Die Laufzeit beträgt 5 Jahre. Die Ausgabe von Wertpapierurkunden ist für die gesamte Laufzeit ausgeschlossen. Für die Bundesobligationen wird im Bundesschuldbuch eine Schuldbuchforderung für die Frankfurter Kassenverein AG eingetragen. Die Käufer erhalten an dem so gebildeten Sammelbestand durch die Depotgutschrift ihres Kreditinstituts Miteigentum. Die Käufer haben aber auch die Möglichkeit, ihr Kreditinstitut zu beauftragen, die Eintragung einer Schuldbuchforderung auf ihren Namen bei der Bundesschuldenverwaltung in Bad Homburg zu veranlassen. Hierfür dürfen keine Gebühren und Spesen berechnet werden, sofern der Auftrag unmittelbar beim Erwerb neuer Bundesobligationen erteilt wird.

Bundesobligationen sind mündelsicher und deckungsstockfähig.

c) Bundesschatzbriefe und Finanzierungsschätze

Bei den **Bundesschatzbriefen** handelt es sich um Schuldbuchforderungen gegenüber dem Bund, die im wesentlichen zur Förderung der Eigentums- und Vermögensbildung in allen Bevölkerungsschichten aufgelegt und mit jährlich steigenden Zinssätzen ausgestattet sind. Beim Typ A werden die Zinsen jährlich ausgezahlt, während beim Typ B die Zinsen dem Kapital jährlich zugeschlagen und mit ihm verzinst werden (*sog. Aufzinsungspapier*). Bundesschatzbriefe werden nicht zum Börsenhandel eingeführt und sind über die Kreditinstitute zum Nennwert zu beziehen. Einzelheiten über die Ausstattung der Bundesschatzbriefe sind den nachstehend abgebildeten Emissionsbedingungen zu entnehmen.

Emissionsbedingungen für Bundesschatzbriefe

Die Bundesrepublik Deutschland begibt zur Finanzierung öffentlicher Investitionen und zur Förderung der Eigentums- und Vermögensbildung in allen Bevölkerungsschichten Bundesschatzbriefe als Daueremission in den zwei Ausstattungen A und B.

Käuferkreis:
Bundesschatzbriefe können nur von natürlichen Personen und von Einrichtungen, die gemeinnützigen, mildtätigen oder kirchlichen Zwecken dienen, erworben werden.
Der Erwerb von Bundesschatzbriefen durch Gebietsfremde ist vertraglich ausgeschlossen. Ausgenommen sind gebietsfremde deutsche Staatsangehörige, die einen Auslandsauftrag einer Behörde in der Bundesrepublik Deutschland erfüllen oder die im Dienst der Vereinten Nationen oder einer zwischenstaatlichen Organisation stehen, deren Mitglied die Bundesrepublik Deutschland ist, ferner die mit diesen Personen in Hausgemeinschaft lebenden Angehörigen. Das gleiche gilt für die Übertragung von Bundesschatzbriefen.

Übertragbarkeit:
Der Gläubiger kann seine Bundesschatzbriefe jederzeit durch die depotführende Stelle oder im Bundesschuldbuch auf Dritte, die zum Erwerb zugelassen sind, übertragen lassen. Kreditinstitute können Bundesschatzbriefe nur in besonderen Fällen erwerben.

Erwerb:
Bundesschatzbriefe können bei Banken, Sparkassen und allen Landeszentralbanken (Haupt- und Zweigstellen der Deutschen Bundesbank) zum Nennwert gebühren- und spesenfrei erworben werden. Anfallende Stückzinsen werden verrechnet. Die Bundesschatzbriefe unterliegen nicht der Börsenumsatzsteuer.

Nennbeträge:
Bundesschatzbriefe A: 100,– DM oder ein Mehrfaches davon
Bundesschatzbriefe B: 50,– DM oder ein Mehrfaches davon

Verzinsung / Zinszahlung:
Die Bundesschatzbriefe werden mit den festen jährlichen Nominalzinssätzen ausgestattet.
Bei Bundesschatzbriefen A werden die Zinsen jährlich nachträglich gezahlt, erstmals ein Jahr nach Zinslaufbeginn.
Bei Bundesschatzbriefen B werden die Zinsen mit Zinseszinsen bei der Rückzahlung dem Nennwert zugeschlagen (Rückzahlungswert). Die Rückzahlungswerte je 100 DM ergeben sich aus gesondert veröffentlichten Tabellen.
Die Verzinsung für beide Bundesschatzbrief-Typen endet mit Ablauf des dem Fälligkeitstag vorhergehenden Tages; das gilt auch dann, wenn die Leistung nach § 193 BGB bewirkt wird, d. h. das Kapital wegen Fälligkeit an einem geschäftsfreien Tag erst am nächsten Geschäftstag gezahlt werden kann.

Laufzeit, Rückzahlung:
Bundesschatzbriefe A = 6 Jahre
Bundesschatzbriefe B = 7 Jahre
Die Laufzeit beginnt gleichzeitig mit dem Zinslaufbeginn der jeweiligen Ausgabe.
Bei Fälligkeit wird dem Gläubiger der Nennwert (Bundesschatzbriefe A) bzw. der Rückzahlungswert (Bundesschatzbriefe B) durch die depotführende Stelle gutgeschrieben bzw. durch die Bundesschuldenverwaltung bargeldlos überwiesen.

Vorzeitige Rückgabe:
Bundesschatzbriefe werden nicht in den Börsenhandel eingeführt.
Bereits ein Jahr nach Laufzeitbeginn kann der Gläubiger seine Bundesschatzbriefe jederzeit bis zum Höchstbetrag von monatlich (innerhalb 30 Zinstagen) insgesamt 10.000,– DM je Gläubiger (sämtliche Ausgaben im Depot des Gläubigers zusammengerechnet) über die depotführende Stelle bzw. die Bundesschuldenverwaltung vorzeitig zurückgeben; dabei werden auf den Nennwert (Bundesschatzbriefe A) Stückzinsen zum Zinssatz des laufenden Jahres verrechnet oder es wird der sich aus den nachstehenden Tabellen ergebende Rückzahlungswert (Bundesschatzbriefe B) ausgezahlt.

Eine vorzeitige Kündigung durch den Bund ist ausgeschlossen

Verschaffung der Rechte:
Die Ausgabe von Wertpapierurkunden ist für die gesamte Laufzeit ausgeschlossen. Für die Bundesschatzbriefe wird im Bundesschuldbuch eine Schuldbuchforderung für die Frankfurter Kassenverein AG, Frankfurt am Main, eingetragen. Die Käufer erhalten an dem so gebildeten Sammelbestand durch die Depotgutschrift ihres Kreditinstituts Miteigentum.
Die Käufer haben die Möglichkeit, ihr Kreditinstitut bzw. die Landeszentralbank zu beauftragen, die Eintragung einer Schuldbuchforderung auf ihren Namen bei der Bundesschuldenverwaltung (Postfach 12 49, 6380 Bad Homburg v. d. Höhe 1) zu veranlassen. Die Kreditinstitute dürfen hierfür Gebühren und Spesen nicht berechnen, sofern der Auftrag unmittelbar beim Erwerb neuer Bundesschatzbriefe erteilt wird. Die Bundesschuldenverwaltung übernimmt die Verwaltung der Schuldbuchforderung einschließlich der bargeldlosen Überweisung von Zinsen und Kapital. Sie berechnet dafür keine Gebühren; dies gilt auch für vorzeitige Rückgaben. Bei den vorzeitigen Rückgaben ist für die Bearbeitung bei der Bundesschuldenverwaltung und den Überweisungsweg im Netz der Kreditinstitute mit einer Zeit von etwa 4–5 Wochen bis zum Eingang des Gegenwertes auf dem Konto des Gläubigers zu rechnen. Sollte eine vorzeitige Rückgabe nur zum Erwerb neuer Bundeswertpapiere dienen, besteht die Möglichkeit, die Bundesschuldenverwaltung mit dem Umtausch zu beauftragen. Diese läßt den Neuerwerb über die Deutsche Bundesbank abwickeln. Dabei erhält der Anleger die Bundesschatzbriefe oder andere von ihm gewünschte Bundeswertpapiere, die im Zeitpunkt des Auftragseingangs zum Verkauf stehen. Für den Erwerb neuer Bundeswertpapiere berechnen Bundesschuldenverwaltung und Bundesbank keine Gebühren und Kosten.

Mündelsicherheit:
Bundesschatzbriefe sind nach §1807 Abs. 1 Nr. 2 BGB mündelsicher.

Kosten:
Für die Depotverwaltung, bei vorzeitiger Rückgabe sowie bei Übertragung auf Dritte berechnen die meisten depotführenden Stellen Gebühren oder Kosten. Die Einlösung bei Fälligkeit ist gebührenfrei.

Bekanntgabe der Ausstattungsmerkmale:
Die Ausstattungsmerkmale neuer Bundesschatzbrief-Ausgaben werden im Bundesanzeiger bekanntgemacht. Sie werden den Kreditinstituten und der Presse unverzüglich mitgeteilt.

Finanzierungs-Schätze werden von der Bundesrepublik Deutschland zur Deckung ihres kurzfristigen Kreditbedarfs ausgegeben. Sie haben eine feste Laufzeit von einem oder zwei Jahren und können nach den Emissionsbedingungen weder an den Emittenten noch an die Deutsche Bundesbank vorzeitig zurückgegeben werden. Finanzierungsschätze können im Nominalwert von 1000 DM oder einem Mehrfachen erworben werden, pro Person und Geschäftstag werden die Finanzierungs-Schätze jedoch nur bis zu einem Höchstbetrag von 100 000 DM abgegeben, und zwar grundsätzlich an jedermann. Vom Erwerb ausgeschlossen sind lediglich Kreditinstitute und Gebietsfremde, so daß auch juristische Personen Finanzierungs-Schätze kaufen können.

Finanzierungs-Schätze des Bundes werden wie die unverzinslichen Schatzanweisungen mit einem Zinsabschlag (Verkaufszinssatz) verkauft; der Erwerber zahlt also einen um die Zinsen verminderten Betrag.

Beispiele:

Typ 1 mit einjähriger Laufzeit (Verkaufszinssatz 3,89 %)		**Typ 2 mit zweijähriger Laufzeit** (Verkaufszinssatz 4,47 %)	
Für eine		Für eine	
Jahresanlage über	DM 1 000,—	Zweijahresanlage über	DM 10 000,—
Kaufpreis	DM 961,08	Kaufpreis	DM 9 106,72
Wert nach 1 Jahr = Nominal- und Einlösungswert	DM 1 000,—	Wert nach 2 Jahren = Nominal- und Einlösungswert	DM 10 000,—
Zinsertrag für 1 Jahr	DM 38,92	Zinsertrag für 2 Jahre	DM 893,28
Rendite (Zinsertrag bezogen auf den Kaufpreis)	**4,05 % p.a.**	**Rendite** (Zinsertrag bezogen auf den Kaufpreis)	**4,71 % p.a.**

Der Erwerb und die Veräußerung von Finanzierungs-Schätzen ist börsenumsatzsteuerfrei. Urkunden werden nicht ausgedruckt, die „Lieferung" erfolgt in Form einer Depotgutschrift von Anteilen an einem Wertpapiersammelbestand.

d) Kommunalanleihen

Anleihen der Gemeinden und Gemeindeverbände werden als Kommunalanleihen bezeichnet. Auch hier dienen Vermögen und Steuerkraft des Emittenten als Sicherheit. Im Gegensatz zu den Staatsanleihen ist für die Emission von Kommunalanleihen eine **staatliche Genehmigung** erforderlich.

BGB
§ 795
§ 808 a

Die Anleihen der Gebietskörperschaften sind *lombardfähig* und können gemäß § 1807 Abs. 1 Ziff. 4 BGB als *mündelsicher* im Sinne von § 1806 BGB erklärt werden, während Staatsanleihen nach § 1807 Abs. 1 Ziff. 2 BGB stets mündelsicher sind.

Der Erlös der Anleihen wird für kommunale Zwecke, z. B. für den Bau von Schulen, Krankenhäusern, Straßen und Wasserwerken verwandt.

e) Pfandbriefe und Kommunalobligationen (s. Farbtafeln V – VII)

Pfandbriefe und Kommunalobligationen werden von privaten und öffentlich-rechtlichen Realkreditinstituten ausgegeben. Ihr Umlauf unterliegt speziellen gesetzlichen Regelungen[1]. Mit dem Erlös der Pfandbriefe werden langfristige Hypothekarkredite auf Grundstücke und Gebäude sowie bei Spezialinstituten auf Schiffe *(Schiffshypotheken)* gewährt. Der Gegenwert der Kommunalobligationen wird kommunalen Körperschaften als Darlehen zur Verfügung gestellt.

f) Industrieobligationen

Industrieobligationen werden in Form von **Teilschuldverschreibungen von bedeutenden Industrieunternehmungen** am Kapitalmarkt emittiert und sind meist durch Grundpfandrechte gesichert.

Häufig wird aber auch nur eine *Negativklausel* in die Anleihebedingungen aufgenommen, durch die sich der Emittent verpflichtet, im Falle einer Belastung der Grundstücke während der Laufzeit der Obligationen den Besitzern der ohne Sicherung ausgegebenen Schuldverschreibungen noch nachträglich eine gleichrangige dingliche Sicherheit einzuräumen.

Grundsätzlich sind die Industrieobligationen mit einem etwas höheren Zinsfuß als andere festverzinsliche Werte zum entsprechenden Zeitpunkt ausgestattet, weil sie *nicht* als *mündelsicher* im Sinne des § 1806 BGB gelten. Zu ihrer Emission ist in jedem Fall eine *staatliche Genehmigung* erforderlich.

g) Bank- und Sparkassenobligationen

Die Emission von Bank- und Sparkassenobligationen dient den betreffenden Kreditinstituten zur Beschaffung langfristiger Mittel für das langfristige Kreditgeschäft. Sie verfolgt daneben den Zweck, den Sparern auch „im Hause" eine attraktive Kapitalanlage zu bieten. Das gilt insbesondere für die Zeiten, in denen der Kapitalmarktzins den Zinssatz für Spareinlagen erheblich übersteigt.

Bank- und Sparkassenobligationen bedürfen zu ihrer Emission der staatlichen Genehmigung.

---

1 Vgl. S. 364 f.

Emittenten von Bankobligationen sind ferner jene Kreditanstalten, die durch besondere Gesetze zur Durchführung bestimmter Finanzierungsaufgaben gegründet wurden (z. B. Kreditanstalt für Wiederaufbau, Lastenausgleichsbank, Industriekreditbank). Auch hier ist eine Emissionsgenehmigung erforderlich.

h) Kassenobligationen

Bei den Kassenobligationen handelt es sich um *mittelfristige Papiere mit einer Laufzeit von 4 Jahren*. Ihre Verzinsung liegt daher in der Regel etwas unter dem Zinssatz am Kapitalmarkt.

Sie werden insbesondere von Kreditinstituten erworben und sind, sofern die Kassenobligationen des Bundes, der Bundesbahn, der Bundespost und der Länder nur noch eine Restlaufzeit bis zu 18 Monaten haben, gemäß § 21 BBkG in die Reihe der Papiere einbezogen, die von der Bundesbank im Rahmen ihrer Offenmarktoperationen – wie die Schatzwechsel und unverzinslichen Schatzanweisungen – zum Zwecke der Regulierung des Geldmarktes gekauft und verkauft werden.

1.2.2 Dividendenpapiere

Als Wertpapiere mit variablem Ertrag sind anzusehen: Aktien, Kuxe und Anteile an Bohr- und Kolonialgesellschaften.

1.2.2.1 Aktien

Aktien verbriefen das Mitgliedsrecht an einer Aktiengesellschaft und gewähren

(1) **einen Anspruch auf Auszahlung** der in der Hauptversammlung der betreffenden Gesellschaft beschlossenen Dividende,
(2) **ein Bezugsrecht** bei der Ausgabe junger Aktien oder von Wandelschuldverschreibungen,
(3) **Stimmrecht und Auskunftsrecht** in der Hauptversammlung (vgl. S. 42 f.) und
(4) **einen Anspruch auf Anteil am Liquidationserlös** bei der Liquidation des Unternehmens.

Aktien können als Inhaber- oder Namensaktien ausgegeben werden.

a) Inhaberaktien (s. Farbtafel IX)

Während in den anglo-amerikanischen Ländern die Namensaktie in der Form der Quotenaktie vorherrscht, ist in Deutschland die Inhaberaktie am weitesten verbreitet, zu deren Übertragung die Einigung und die Übergabe genügt.

Zur **Auszahlung der Dividende** muß der Inhaber von Inhaberaktien, in manchen Fällen auch von Namensaktien, den jeweils fälligen Dividendenschein einreichen.

AktG
§ 6

Quoten- oder Anteilsaktien werden über einen bestimmten Anteil an einer Unternehmung begeben; sie lauten z. B. auf $\frac{1}{1000}$ des Gesellschaftsvermögens und werden an der Börse pro Stück notiert. Nach deutschem Recht dürfen sie nicht ausgegeben werden, haben aber in den USA große Bedeutung erlangt.

b) Namensaktien (s. Farbtafel X)

Namensaktien lauten auf den Namen des Eigentümers, der gleichzeitig im Aktienbuch der Gesellschaft eingetragen werden muß. **Zur Übertragung der Aktionärsrechte muß die Namensaktie indossiert und im Aktienbuch umgeschrieben werden.**

Um diese Schwierigkeiten zu vermeiden, werden Namensaktien häufig mit einem *Blankoindossament der Hausbank* versehen, der dann allerdings die Namen der jeweiligen Aktionäre mitgeteilt werden müssen, damit ihnen gegebenenfalls Mitteilungen zugeleitet werden können.

Wird die Dividende auf Namensaktien nicht gegen Einreichung entsprechender Dividendenscheine, sondern durch Überweisung an die im Aktienbuch eingetragenen Aktionäre entrichtet, so handelt es sich um *bogenlose* Namensaktien.

§ 10,2

Die Ausgabe von Namensaktien ist *gesetzlich vorgeschrieben*, wenn der Nennbetrag der Aktien nicht voll eingezahlt ist. Um dem Unternehmen eine Sicherheit zu geben, werden diese Aktien häufig als **vinkulierte Namensaktien** ausgegeben, **deren Übertragung von der Zustimmung der Gesellschaft abhängig ist.**

c) Stamm- und Vorzugsaktien (s. Farbtafel XIII)

§ 11

§ 12,1

§ 139 ff.

§ 12,2

Sofern Aktien derselben Gesellschaft verschiedene Rechte gewähren, ist zwischen den Stamm- und Vorzugsaktien zu unterscheiden. Vorzugsaktien können gegenüber den Stammaktien namentlich **bei der Verteilung des Gewinns oder des Gesellschaftsvermögens Vorrechte** gewähren, denen allerdings dann in der Regel geringere andere Rechte gegenüberstehen. Wird dem Aktionär z. B. ein bestimmter Dividendenbetrag garantiert mit der Zusage, die Dividenden bei dividendenlosen Geschäftsjahren in den folgenden Jahren nachzuzahlen, so ist meist damit verbunden, daß diese Vorzugsaktien kein Stimmrecht besitzen. Wird bei diesen „*stimmrechtslosen* Vorzugsaktien mit limitierter kumulativer Dividende" der Vorzugsbetrag in einem Jahr nicht oder nicht vollständig gezahlt und der Rückstand im nächsten Jahr nicht neben dem vollen Vorzug dieses Jahres nachgezahlt, so lebt das Stimmrecht der Vorzugsaktionäre wieder auf, bis die Rückstände nachgezahlt sind.

d) Junge Aktien

Junge Aktien entstehen bei einer Kapitalerhöhung und gewähren häufig für das Emissionsjahr keine volle Dividendenberechtigung. Aus diesem Grunde werden auch die Kurse an der Börse unterschiedlich notiert.

1.2.2.2 Kuxe (s. Farbtafel XII)

Kuxe verkörpern Anteilsrechte an einer bergrechtlichen Gewerkschaft. Über diese Anteilsrechte werden **Kuxscheine** ausgestellt, **die als Rektapapiere der Legitimation der im Gewerkenbuch eingetragenen Gewerken dienen.** Der Kuxschein lautet immer nur auf einen *Bruchteil* des Gewerkschaftskapitals und weist daher Ähnlichkeit mit den Quotenaktien auf.

Neben dem Recht, im Verhältnis ihrer Kuxe am Gewinn *(Ausbeute)* teilzunehmen, können die Gewerken zur Verlustübernahme und zu *Zubußen* verpflichtet werden. Wollen sie die von der Gewerkenversammlung beschlossene Zubuße nicht leisten, so steht es ihnen frei, auf ihre Kuxe zu verzichten und sie der Gewerkschaft zur Verfügung zu stellen *(Abandonrecht)*.

Weil der **börsenmäßige Handel** durch die umständliche Übertragung der Kuxe erschwert wird, hat es sich als zweckmäßig erwiesen, den *Umschreibungsantrag* für das Gewerkenbuch und die Zession „*blanco"* auszustellen.

Bergwerksgesellschaften werden heute fast nur noch als Aktiengesellschaften gegründet bzw. in solche umgewandelt. Die Bedeutung der Kuxe sinkt daher immer mehr. Die Hauptbörse für den Kuxenhandel ist Düsseldorf.

1.2.2.3 Partizipationsscheine

Der Partizipationsschein ist ein Beteiligungspapier, das zwar in der Regel die auch den Aktien innewohnenden Vermögensrechte, nicht jedoch die Mitgliedschaftsrechte verbrieft (vornehmlich in der Schweiz gebräulich). Dem Partizipationsscheininhaber steht ein Anteil am Partizipationsscheinkapital der Gesellschaft zu, das gesondert neben dem Aktienkapital steht und wie dieses Eigenkapitalcharakter hat. Ferner verbriefen diese Papiere das Recht auf einen Anteil am Gewinn, sofern dieser auf das Partizipationsscheinkapital ausgeschüttet wird, und ein Bezugsrecht bei der Erhöhung des Partizipationsscheinkapitals.

Für die emittierenden Gesellschaften bietet die Emission von Partizipationsscheinen den Vorteil, Risikokapital zugeführt zu erhalten ohne die Stimmrechtsverhältnisse ändern zu müssen (Schutz vor Überfremdung); die Anleger erhalten dafür zum Ausgleich in der Regel einen höheren Ertrag als die Aktionäre.

Partizipationsscheine sind damit den Genußrechten (vgl. 1.2.3.5) verwandt. Die Ausgabe von Partizipationsscheinen ist gesetzlich nicht geregelt.

1.2.2.4 Bohr- und Kolonialgesellschaftsanteile

Der Vollständigkeit halber seien die Bohr- und Kolonialgesellschaftsanteile erwähnt, die allerdings heute kaum noch Bedeutung haben. **Der Bohranteil** verbrieft die Teilhaberschaft an einer Bohrgesellschaft. **Kolonialgesellschaftsanteile** sind Anteilspapiere an einer Kolonialgesellschaft. Ein Beispiel für Kolonialgesellschaften, deren Anteile noch heute an deutschen Börsen gehandelt werden, ist die Otavi-Minen- und Eisenbahngesellschaft zu Frankfurt am Main.

1.2.3 Wertpapiermischformen

Neben den festverzinslichen Werten und Dividendenpapieren reinen Typs haben sich in Anpassung an die besonderen Bedürfnisse des Kapitalmarktes Mischformen entwickelt. Vor allem bei mangelnder Aufnahmebereitschaft des Kapitalmarktes werden Papiere angeboten, welche die Vorzüge sowohl der festverzinslichen als auch der Dividendenpapiere in sich vereinen und als Wandelschuldverschreibungen und Optionsanleihen, Gewinnobligationen, Los- und Prämienanleihen sowie als Genußscheine begeben werden.

1.2.3.1 Wandelschuldverschreibungen (convertible bonds)

AktG
§ 221

Die Wandelschuldverschreibungen sind wie die Industrieobligationen mit einer festen Verzinsung ausgestattet. Darüber hinaus räumen sie jedoch den Gläubigern das Recht ein, die Obligationen innerhalb einer bestimmten Wandlungsfrist zu festgelegten Bedingungen – meist unter Zahlung eines Agios – in einem bestimmten Verhältnis in Aktien der betreffenden Gesellschaft umzutauschen (s. Farbtafel XIV am Ende des Buches).

Über das Umtauschrecht ist der Kurs der Wandelanleihe mehr oder weniger eng mit dem Kurs der Aktie verbunden. Der Wandelobligationär nimmt somit am Kursverlauf der Aktie teil, gleichgültig, ob er von seinem Umtauschrecht Gebrauch macht oder nicht. Der *Wert des Wandelrechts* hängt aus diesem Grunde – abgesehen von den Umtauschbedingungen – von der Anlagequalität der Aktie ab.

Zum anderen bietet die Wandelanleihe aber wie eine normale Schuldverschreibung eine feste Verzinsung und eine garantierte Rückzahlung (in der Regel zum Nennwert). Diese bewirken eine Begrenzung des Abwärtsrisikos und einen Renditevorteil gegenüber der Aktie. Der Doppelnatur der Wandelanleihe entsprechend setzt sich ihr Preis also zusammen aus dem Preis für die anleihemäßige Ausstattung und dem Preis für das Wandelrecht.

Steigt der Kurs für die Aktie, so zieht der Kurs der Wandelanleihe ebenfalls nach. Umgekehrt gewinnt die zinsmäßige Ausstattung an Gewicht, wenn der Aktienkurs und damit auch der Kurs der Wandelanleihe fällt. Je mehr sich die Rendite der Wandelanleihe der eines vergleichbaren festverzinslichen Papiers nähert, desto stärker wird die hiervon ausgehende Bremswirkung auf den Kursrückgang.

Ist der Wandlungspreis höher als der Börsenkurs der Aktie, so wäre gegenüber dem direkten Aktienkauf ein Aufgeld, die sogenannte *Wandelprämie*, zu zahlen. Liegt der Wandlungspreis darunter, ist der indirekte Aktienerwerb billiger als der direkte, d. h. die Prämie ist negativ. Eine hohe Prämie ergibt sich immer dann, wenn bei einem Kursverfall der Aktie die Schutzfunktion der Wandelanleihe durch ihre Anleiheausstattung wirksam wird. Erholt sich der Aktienkurs, dann wird der Kurs der Wandelanleihe zunächst nicht oder nur zögernd folgen. Mit der Prämie wird also eine spätere Kurssteigerung der Aktie mehr oder weniger vorweggenommen. Insofern kann man die Prämie als die Kehrseite der Schutzfunktion der Wandelanleihe bezeichnen.

1.2.3.2 Optionsanleihen (Bezugsrechtsobligationen)

Ähnlich wie die Wandelanleihe bietet die Optionsanleihe neben einem festen Zinsertrag noch das zusätzliche Recht, während einer bestimmten Optionsfrist eine bestimmte Anzahl von Aktien des emittierenden Unternehmens zu einem bestimmten Kurs zu erwerben (Option). Der Unterschied zwischen beiden Papieren liegt darin, daß bei der Optionsanleihe das Optionsrecht in einem separaten und von der Anleihe getrennten *Optionsschein* (engl.: warrent) verbrieft ist.

Die Schuldverschreibung bleibt, unabhängig davon, ob man Aktien bezieht oder nicht, bis zum Ende ihrer Laufzeit bestehen, während die Wandelanleihe bei einem Tausch in Aktien eingelöst werden muß.

Der Optionsschein wird in der Regel einige Zeit nach der Emission von der Anleihe getrennt und separat an der Börse gehandelt. Das Optionsrecht kann frei und ohne Bindung an die Anleihe übertragen werden. Aus einer Optionsanleihe resultieren daher drei Börsennotierungen:

(1) der Kurs für die Anleihe *mit* Optionsschein,

(2) der Kurs für die Anleihe *ohne* Optionsschein,

(3) der Kurs lediglich für den Optionsschein.

Von diesen drei Notierungen ist zweifellos der Kurs für den Optionsschein, also für das handelbare Recht auf den Bezug von Aktien, am interessantesten. Zum Zeitpunkt der Anleihebegebung liegt der festgesetzte Bezugspreis für die Aktie fast immer über dem aktuellen Aktienkurs, so daß der Optionsschein keinen rechnerischen Wert besitzt. Steigt der Kurs der Aktie über den Optionspreis, so erhöht sich der Wert des Optionsscheins überproportional. Die Chancen für Kurssteigerungen sind bei den Optionsscheinen also normalerweise höher als bei Aktien. Dem steht freilich auch ein entsprechendes Kursrisiko gegenüber.

1.2.3.3 Gewinnobligationen

Als Gewinnobligationen bezeichnet das Aktiengesetz „Schuldverschreibungen, bei denen die Rechte der Gläubiger mit Gewinnanteilen von Aktionären in Verbindung gebracht werden". *Sie gewähren wie festverzinsliche Wertpapiere den Anspruch auf eine feste Verzinsung und darüber hinaus auf eine zusätzliche Gewinnbeteiligung,* die sich nach der Höhe der ausgeschütteten Dividende richtet.

AktG
§ 221, 1

1.2.3.4 Los- und Prämienanleihen

Los- und Prämienanleihen tragen dem Spieltrieb der Käufer Rechnung und sind entweder *unverzinslich* oder mit einem *niedrigen Zinsfuß* ausgestattet. Die ersparten Zinsen werden angesammelt, um einzelnen Gläubigern, zu deren Gunsten das Los entscheidet, eine Prämie zu gewähren. *Der Anleihegläubiger erhält in jedem Fall den Nennwert seines Papiers zurückerstattet.* Die Ausgabe von Los- und Prämienanleihen ist durch Gesetz dem Staate vorbehalten; Beispiel: die Prämienschatzanweisungen der BRD von 1951 (sog. „Baby-Bonds").

1.2.3.5 Genußscheine

AktG
§ 221

Genußscheine sind Wertpapiere, die ein Recht auf einen Anteil am Reingewinn und meist auch am Liquidationserlös verbriefen. Sie begründen aber *keine* Teilhaberschaft und daher auch *kein* Stimmrecht in der Hauptversammlung. Genußscheine werden aus verschiedenen Anlässen ausgegeben, z. B. bei Bewertungsschwierigkeiten, geleisteten Sacheinlagen, besonderen Verdiensten usw. Sie erlöschen meistens nach einiger Zeit von selbst oder werden abgegolten.

1.2.3.6 Investmentzertifikate (s. Farbtafel I)

Investmentzertifikate verbriefen den Anteil an einem Wertpapierfonds (Investmentfonds), der von einer Kapitalanlagegesellschaft (Investmentgesellschaft) verwaltet wird. Sie können weder den festverzinslichen noch den Dividendenwerten zugerechnet werden, obwohl die Zertifikate mit Ertragsscheinen ausgestattet sind.

Die Wertpapierfonds sind nach unterschiedlichen Gesichtspunkten zusammengesetzt. Einige enthalten ausschließlich Aktien; in seltenen Fällen setzt sich der Fonds nur aus Rentenwerten zusammen; andere Fonds sind in bestimmtem Verhältnis gemischt oder auf Inlands- bzw. Auslandswerte spezialisiert. Alle Investmentfonds verfolgen das **Ziel, durch eine breite Streuung das Kurs- und Ertragsrisiko weitgehend auszuschließen** und trotzdem eine angemessene Verzinsung des Kapitals zu gewährleisten.

Die deutschen Investmentzertifikate werden in der Bundesrepublik Deutschland nicht börsenmäßig gehandelt. Ihr **Preis** muß daher von der Gesellschaft täglich ermittelt werden, und zwar in der Weise, daß der Gesamtwert des betreffenden Fonds, der sich aus den jeweiligen Börsenkursen der im Fonds befindlichen Wertpapiere sowie den sonstigen Vermögenswerten des Fonds zusammensetzt, durch die Anzahl der Fondsanteile dividiert wird.

Der **Rückkaufspreis** wird durch die Satzung des betreffenden Fonds bestimmt. Der Ertrag der Investmentzertifikate setzt sich aus den anteiligen Dividenden, Zinsen, Verkaufserlösen aus Bezugsrechten und realisierten Kursgewinnen der

Wertpapiere des Fonds zusammen. Seine Höhe wird jährlich anläßlich der Gewinnverteilung festgestellt.

Eine Sonderstellung nehmen diejenigen Fonds ein, bei denen die Erträge nicht ausgeschüttet, sondern dem Zertifikat zugeschrieben *(thesauriert)* werden.

2. Effektenbörse

2.1 Geschichtliche Entwicklung und Wesen

Die Effektenbörse hat sich im Laufe von Jahrhunderten aus Märkten und Messen entwickelt, auf denen neben Waren anfänglich auch Edelsteine und Edelmetalle gehandelt wurden. Zur Finanzierung der Käufe stellte man *Wechselbriefe* aus, die dann – besonders in Oberitalien – Gegenstand eines lebhaften Handels waren, z.B. in Venedig und Florenz. Mit der Ausdehnung des Handelsverkehrs erschienen die ersten *Staats- und Kommunalanleihen*, **zu Beginn des 17. Jahrhunderts** folgten die Aktien. Heute bestehen nebeneinander Waren-, Effekten- und Devisenbörsen als Spezialbörsen.

Die Effektenbörse ist ein Markt, der dem Abschluß von Handelsgeschäften in Effekten dient.

Die Entstehung des Wortes „Börse" ist umstritten. Nach der einen Auffassung stammt es von dem mittelhochdeutschen Wort „bursa" (= Genossenschaft), nach einer anderen von „van der Beurse" oder „van der Burse", dem Namen einer Patrizierfamilie aus Brügge, vor deren Haus sich im Mittelalter eine der ersten Börsen befand. **In Deutschland entstanden die ersten Börsen Ende des 17. Jahrhunderts.** Hauptplätze waren Augsburg, Nürnberg, Hamburg, Köln, Königsberg, Lübeck und Frankfurt am Main. Die Berliner Börse gewann erst nach der Gründung des Deutschen Reiches überragende Bedeutung.

Heute gibt es in der Bundesrepublik und Westberlin **acht Effektenbörsen**, nämlich in Berlin, Bremen, Düsseldorf, Frankfurt am Main, Hamburg, Hannover, München und Stuttgart, von denen die Frankfurter und die Düsseldorfer Börse mit Abstand die bedeutendsten sind.

2.2 Rechtliche Grundlagen

Als Rechtsgrundlage für die Verfassung der deutschen Börsen dient das **Börsengesetz vom 22. Juni 1896** i.d.F. der Bekanntmachung vom 27. 5. 1908, zuletzt geändert durch das Gesetz vom 28. 4. 1975; die Änderung trat am 4. 5. 1975 in Kraft. Die wesentlichen Reformen der Novelle sind in folgenden Punkten zu erblicken:

(1) Die Bundesregierung wird durch den neu eingeführten Abs. 4 zu § 1 ermächtigt, die Devisenbörsen nach Anhörung der Bundesbank zu schließen, wenn eine erhebliche Marktstörung droht, die für das Publikum oder die Gesamtwirtschaft schwere Gefahren erwarten läßt.

(2) Der Börsenausschuß ist wegen des engen Kontaktes zwischen Bundesfinanzministerium einerseits und dem Arbeitskreis der Länder für Börsen- und Wertpapierfragen und der Arbeitsgemeinschaft der deutschen Wertpapierbörsen andererseits überflüssig geworden. Die beratende Funktion des Börsenausschusses wurde schon seit langem für entbehrlich gehalten (§ 3).

(3) Die Stellung des Börsenvorstandes als leitendes Organ der Börse wurde gestärkt. Er erläßt die Börsenordnung, die Gebührenordnung und spricht die Zulassung zur Börse aus. Der Börsenvorstand soll nunmehr auch nicht mehr nur aus Geschäftsführungsmitgliedern der Kreditinstitute oder Maklern zusammengesetzt sein, sondern auch Anleger und andere am Handel interessierte Personen sollen ihm angehören können (§§ 3–5).

(4) Der Negativkatalog von Eigenschaften von Personen zur Börsenzulassung wurde in einen Positivkatalog umgewandelt. Es werden von den zuzulassenden Personen in erster Linie Zuverlässigkeit, berufliche Eignung und ausreichende finanzielle Mittel gefordert (§ 7).

(5) Die §§ 9–27, betreffend das Ehrengericht, sind gestrichen, es wird durch einen Ehrenausschuß ersetzt, der keine Strafen mehr verhängen, jedoch Ausschließungen von der Börse bis zu 10 Sitzungstagen und Ordnungsgelder bis zu 2000,– DM anordnen kann.

(6) Auch die Stellung der Kursmakler wurde gestärkt. Die Errichtung einer Maklerkammer ist nunmehr zwingend vorgeschrieben für alle Börsen, an denen mindestens acht Kursmakler bestellt sind (§ 30 Abs. 2).

(7) Alle Termingeschäfte in Aktien sind der Genehmigung durch das Bundesfinanzministerium unterworfen worden (§ 63 Abs. 1).

Das Börsengesetz ist in sechs Abschnitte gegliedert:

I.   Allgemeine Bestimmungen über die Börsen und deren Organe (§§ 1–28)

II. Feststellung des Börsenpreises und Maklerwesen (§§ 29–35)

III. Zulassung von Wertpapieren zum Börsenhandel (§§ 36–49)

IV. Börsenterminhandel (§§ 50–70)

V.   Ordnungsstrafverfahren (§§ 71–87) – aufgehoben durch die Novelle von 1975

VI. Straf- und Bußgeldvorschriften. Schlußvorschriften (§§ 88–96)

BörsG Durch das **Börsengesetz** (BörsG) wurden die Börsen unter die *Aufsicht der Lan-*
§ 1, 1 *desregierungen* gestellt, welche auch die Errichtung von Börsen genehmigen müs-
§ 2, 1 sen. Als Organe der Landesregierungen sind *Staatskommissare* zu bestellen, die den Geschäftsverkehr an der Börse sowie die Befolgung der Gesetze und Verwaltungsbestimmungen überwachen.

§ 4, 2 Für jede Börse ist eine **Börsenordnung** zu erlassen, die durch die Landesregierung genehmigt werden muß und die den Geschäftsbetrieb an der betreffenden Börse regelt. „Sie muß Bestimmungen enthalten über

1. den Geschäftszweig der Börse;

576

2. die Organisation der Börse;

3. die Veröffentlichung der Preise und Kurse.

Bei Wertpapierbörsen muß die Börsenordnung zusätzlich Bestimmungen enthalten über

BörsG
§ 4, 3

1. die Zusammensetzung und die Wahl der Mitglieder der Zulassungsstelle;

2. die Berechtigung des Börsenvorstandes, die Umsätze zu veröffentlichen;

3. die Bedeutung der Kurszusätze und -hinweise."

Die Börsenordnungen ergänzen die allgemeinen Bestimmungen des Börsengesetzes. Als *Börsenorgane* fungieren der Börsenvorstand, die Zulassungsstelle, die Maklerkammer, der Ehrenausschuß und das Schiedsgericht.

Der **Börsenvorstand** besteht aus mehreren Mitgliedern, deren Zahl von der Börsenordnung bestimmt wird. So bestimmt z. B. die Börsenordnung für die Frankfurter Wertpapierbörse, daß der Vorstand aus mindestens neunzehn, höchstens zweiundzwanzig Mitgliedern besteht.

Nach der von der Arbeitsgemeinschaft der Länder für Börsen- und Wertpapierfragen ausgearbeiteten Musterwahlverordnung muß die Wahl des Börsenvorstandes geheim erfolgen (§ 8 Abs. 1). Die Wahlperiode darf höchstens drei Jahre betragen.

§ 3, 3

Wahlrecht haben diejenigen natürlichen Personen, die zum Besuch der Börse mit der Berechtigung, selbständig Geschäfte abschließen zu können, zugelassen sind. Bei Wertpapierbörsen sind dies insbesondere Inhaber oder gesetzliche Vertreter von Kreditinstituten und Makler. Sie wählen Vorstandsmitglieder aus ihrer Mitte.

§ 3, 2

Aber auch Börsenbesucher, die an der Börse unselbständig Geschäfte abschließen, dürfen mindestens einen Vertreter in den Börsenvorstand entsenden. Bei dieser Gruppe handelt es sich hauptsächlich um die bei den Banken angestellten Wertpapierhändler. Insoweit ist der Personenkreis mit aktivem und passivem Wahlrecht identisch – gewählt wird innerhalb der Gruppe, es können also die Wertpapierhändler keine Inhaber von Kreditinstituten in den Vorstand entsenden und umgekehrt.

Der Börsenvorstand kann zusätzlich Mitglieder aus der Gruppe der Emittenten oder der privaten bzw. institutionellen Anleger hinzuwählen.

Der Börsenvorstand hat insbesondere folgende Aufgaben:

(1) Leitung der Börse (§ 3, 1),

(2) Erlaß der Börsenordnung (§ 4, 1),

(3) Erlaß der Gebührenordnung (§ 5, 1),

(4) Erteilung der Zulassung zum Börsenbesuch (§ 7, 1),

(5) Handhabung der Ordnung an der Börse (§ 8, 2),

(6) Amtliche Feststellung der Börsenpreise (§ 29, 1),

(7) Zulassung von Waren oder Wertpapieren zum Terminhandel (§ 50, 1).

BörsG
§ 36 ff.

Die **Zulassungsstelle** ist eine Kommission, die über die Zulassung von Wertpapieren zum Börsenhandel entscheidet. Mindestens die Hälfte ihrer Mitglieder müssen Personen sein, die sich nicht berufsmäßig am Börsenhandel mit Wertpapieren beteiligen.

Die **Maklerkammer** ist die Standesvertretung der Kursmakler. Ihre Aufgaben sind in den jeweiligen *Maklerordnungen* geregelt und umfassen z. B. die Aufsicht über die Kursmakler, die Überwachung der amtlichen Kursfeststellung und die Schlichtung von Streitigkeiten unter den Kursmaklern.

An jeder Börse ist ferner ein **Ehrenausschuß** zu bilden.

Die Landesregierung kann durch Rechtsverordnung die näheren Vorschriften zur Errichtung, Zusammensetzung und zum Verfahren erlassen. Der Ehrenausschuß kann alle Börsenbesucher mit Recht zur Teilnahme am Handel (ausgenommen die Makler und ihre Stellvertreter), die sich eine mit der Ehre oder dem Anspruch auf kaufmännisches Vertrauen nicht zu vereinbarende Handlung haben zuschulden kommen lassen, bis zu 10 Tagen von der Börse ausschließen oder mit einem Ordnungsgeld bis zu einer Höhe von 2000,– DM bzw. einem Verweis belegen. Der Ehrenausschuß kann hierzu freiwillig erschienene Zeugen vernehmen und das Amtsgericht um Hilfestellung bei der Beweisaufnahme ersuchen.

§ 28

Ein vom Börsenvorstand bestelltes **Schiedsgericht** entscheidet Streitigkeiten aus Geschäften, die zwischen Börsenbesuchern abgeschlossen worden sind.

Das **Recht zum Börsenbesuch** wird durch Zulassung erworben. Mit ihrer Zulassung sind alle Börsenbesucher den Bestimmungen der Börsenordnung, den für die Börse geltenden Geschäftsbedingungen und sonstigen Usancen sowie den Anordnungen des Börsenvorstandes unterworfen.

In den Börsenordnungen werden in der Regel folgende **Börsenbesucher** unterschieden:

(1) Personen, die dauernd und mit der Befugnis zur selbständigen Teilnahme am Börsenhandel zugelassen sind **(Bankiers oder Bankenvertreter)**,

(2) Personen, die mit der Befugnis, im Namen und für Rechnung des Geschäftsherrn am Börsenhandel teilzunehmen, befristet zugelassen sind **(Angestellte)**,

(3) Personen, die ohne Berechtigung zur Teilnahme am Börsenhandel zugelassen sind (z. B. **Bankboten oder Vertreter der Presse)**.

Kursmakler und ihre Stellvertreter sind *kraft Amtes* zum Börsenbesuch zugelassen, und zwar entweder als amtliche Kursmakler oder als freie Makler.

Die amtlichen Kursmakler werden durch die Landesregierung bestellt. Sie müssen die erforderlichen fachlichen Kenntnisse besitzen sowie über ein angemessenes Vermögen verfügen. Aufgabe dieser Makler ist es, die „Börsenpreise der Wertpapiere amtlich festzustellen".

BörsG
§ 30 ff.

Die freien Makler sind ebenso wie die amtlichen Makler Kaufleute im Sinne des HGB; im Gegensatz zu den amtlichen Maklern werden sie jedoch *nicht vereidigt*, wirken *nicht* bei der amtlichen Kursfeststellung mit und können sich für eigene Rechnung am Handel beteiligen. Ihre Aufgabe ist die Vermittlung von Geschäften mit zum amtlichen Verkehr *nicht* zugelassenen Wertpapieren.

Um das Vertrauen der Anleger in die Börse zu stärken, wurden durch die Börsensachverständigenkommission beim Bundeswirtschaftsministerium 1970 die **„Empfehlungen zur Lösung der sogenannten Insiderprobleme"** vorgelegt, die 1976 überarbeitet und in der neuen Fassung verabschiedet wurden. Sie sollen die mögliche Ausnutzung von Informationsvorteilen durch Insider und durch gewerbliche Wertpapierhändler zum Nachteil der übrigen Anleger verhindern.

Als Insider können dabei solche Personen bezeichnet werden, die aufgrund ihrer Stellung im Unternehmen Zugang zu Informationen haben, die einem normalen Anleger verschlossen bleiben und die für die künftige Kursentwicklung erheblich sind. Diese Personen dürfen nicht zum eigenen Vorteil oder zum Vorteil Dritter Wertpapiergeschäfte in den Papieren betreiben, über die sie besondere Informationen besitzen.

Die wesentlichen Änderungen der neuen Fassung betreffen die Ausdehnung des Insiderbegriffes auf Großaktionäre, die Gleichstellung der Kreditinstitute und ihrer Mitarbeiter mit den Insidern einer Gesellschaft, soweit sie deren Interna in Ausübung ihrer konsortialgeschäftlichen Tätigkeit erfahren, sowie die Ausweitung des Begriffes der Insiderpapiere. Insiderpapiere sind nach neuer Definition Aktien, Genußrechte, Wandel- und Gewinnschuldverschreibungen, Optionsscheine und Bezugsrechte.

Die Insider-Empfehlungen enthalten auch die Händler- und Berater-Regeln, wonach sich gewerbliche Wertpapierhändler oder -berater von keinem anderen Interesse als dem des Kunden bei ihrer Beratung leiten lassen dürfen.

Die Insider-Empfehlungen sind inzwischen etwa von 67% der zum amtlichen Handel zugelassenen oder der in den geregelten Freiverkehr einbezogenen Gesellschaften anerkannt worden; diese repräsentieren ungefähr 90% des zum Handel zugelassenen Nennkapitals. Den Händler- und Beraterregeln haben sich die Unternehmen der Kreditwirtschaft nahezu vollständig, die Anlageberater nur vereinzelt unterworfen.

Die Gesellschaften, die die Insider-Empfehlungen anerkannt haben, werden in den amtlichen Kursblättern besonders gekennzeichnet.

2.3 Technik des Börsenverkehrs

2.3.1 Börsenzulassung

BörsG
§ 36, 3
§ 38

§ 45

Bevor ein Wertpapier an einer Börse amtlich gehandelt wird, muß es zugelassen worden sein. Die **Zulassungsstelle** hat dafür zu sorgen, daß das Publikum alle zur Beurteilung der Wertpapiere erforderlichen Tatsachen möglichst vollständig erfährt. Mit dem **Antrag auf Zulassung** der Wertpapiere zum amtlichen Handel, der stets **von einem Kreditinstitut zu stellen** ist, muß daher ein *Prospekt* eingereicht werden, der die rechtlichen und wirtschaftlichen Verhältnisse des Emittenten klarlegt. Für die Richtigkeit des Inhalts haften Emittent und Kreditinstitut gemeinsam **(Prospekthaftung)**. Damit soll erreicht werden, daß sich für jedes Wertpapier ein verantwortliches Kreditinstitut unter den am Handel Beteiligten befindet, das mit dem Emittenten in Verbindung steht und diesen bei Bedarf berät und unterstützt.

§ 39

§ 40, 1

Bundes- und Länderanleihen sind *kraft Gesetzes* und ohne Prospekt zu sämtlichen Deutschen Börsen zugelassen. Für Anleihen kommunaler Körperschaften bzw. solcher, die vom Bund oder von Ländern verbürgt sind, sowie für Pfandbriefe und Kommunalobligationen kann auf Antrag von den Landesregierungen die Zulassung zum Börsenhandel ohne Prospekt verordnet werden.

2.3.2 Formen des Börsenhandels

Nach der Zulassung eines Wertpapiers kann das Papier **amtlich notiert** werden, d. h. an jedem Börsentag wird – soweit möglich – der Kurs für das betreffende Papier von einem amtlichen Kursmakler festgestellt.

Daneben existiert der sogenannte **Freiverkehr** für solche Werte, die nicht zur amtlichen Notierung zugelassen sind und entweder im Rahmen des geregelten Freiverkehrs oder im Rahmen des Telefonverkehrs gehandelt werden.

Der geregelte Freiverkehr wickelt sich ebenfalls innerhalb der Börse ab, jedoch außerhalb der Maklerschranken und steht unter der Aufsicht eines Freiverkehrsausschusses, der über die Zulassung von Wertpapieren zum Freiverkehr entscheidet und den Handel überwacht.

Der *Telefonverkehr* (auch ungeregelter Freiverkehr genannt) umfaßt sämtliche außerhalb der Börse abgeschlossenen Geschäfte. Er ist an keine Börsenzeit gebunden und findet meist zwischen den Kreditinstituten telefonisch statt. Im Telefonverkehr werden vornehmlich solche Papiere gehandelt, die aus irgendwelchen Gründen die für die Zulassung zum amtlichen oder für die Einbeziehung in den geregelten Freiverkehr gestellten Bedingungen nicht erfüllen.

2.3.3 Effektenterminhandel

Das Wesen des Terminhandels besteht in dem Abschluß eines *unbedingten* Kaufvertrages mit der Maßgabe, daß die Erfüllung, also sowohl die Lieferung als auch die Zahlung, zu einem zukünftigen, fest vereinbarten Zeitpunkt erfolgen soll. Als Vertragspartner stehen sich sogenannte Baissiers, die einen Kursrückgang, und sogenannte Haussiers, die eine Kurssteigerung erwarten, gegenüber.

Der Baissier verkauft per Termin ein Papier, das er noch gar nicht besitzt, und hofft, kurz vor dem Erfüllungstag das Papier zu einem Kurs beschaffen zu können, der unter dem Abschlußkurs liegt.

Der Haussier dagegen kauft Effekten per Termin und hofft, sie am Erfüllungstag zu einem günstigeren als dem Abschlußkurs veräußern zu können.

Zur Verhinderung des daraus resultierenden erheblichen Kursrisikos kann das Termingeschäft mit einer Anzahl von Bedingungen modifiziert werden.

Als eine der Varianten des Termingeschäfts mit Wertpapieren ist das **Optionsgeschäft** anzusehen, das mit Wirkung vom 1. Juli 1970 an den deutschen Börsen eingeführt wurde. Im Vergleich mit den Effektentermingeschäften alter Prägung, die seit dem Jahre 1931 in Deutschland verboten sind, stellt der Optionshandel ein **Termingeschäft mit begrenztem Risiko** dar.

Rechtsgrundlage für das Optionsgeschäft sind die in den §§ 50 ff. des Börsengesetzes enthaltenen Bestimmungen sowie die *„Besonderen Bedingungen für Optionsgeschäfte"* der deutschen Wertpapierbörsen. Für das Verhältnis zwischen den Bankkunden und den beteiligten Kreditinstituten gelten im übrigen die *„Sonderbedingungen für Optionsgeschäfte im Börsenterminhandel"*. Die ordnungsgemäße Erfüllung der Optionsgeschäfte wird gewährleistet durch das *„Regulativ der Lombardkasse AG/Liquidationskasse AG für den Optionshandel gemäß den von den Wertpapierbörsen festgesetzten ‚Besonderen Bedingungen für Optionsgeschäfte'"*.

Eine Option ist das gegen sofortige Zahlung des Optionspreises erworbene Recht, Aktien oder festverzinsliche Wertpapiere innerhalb einer vereinbarten Frist jederzeit zum vereinbarten Basispreis zu kaufen oder zu verkaufen.

Der **Käufer einer Kaufoption** erwirbt das Recht, innerhalb der Laufzeit der Option jederzeit vom Verkäufer (Stillhalter in Aktien oder in festverzinslichen Wertpapieren) die Lieferung bestimmter, zum Optionsgeschäft zugelassener Aktien oder festverzinslicher Wertpapiere zu dem vereinbarten Basispreis zu fordern.

Der **Käufer einer Verkaufsoption** erwirbt das Recht, innerhalb der Laufzeit der Option jederzeit vom Verkäufer (Stillhalter in Geld) die Abnahme bestimmter, zum Optionsgeschäft zugelassener Aktien oder festverzinslicher Wertpapiere zu dem vereinbarten Basispreis zu fordern.

Der **Verkäufer einer Option**, der für sein Stillhalten den *Optionspreis* erhält, bleibt dem Käufer der Option bis zum Ablauf der vereinbarten Optionsfrist zur Erfüllung des Geschäfts zu den vereinbarten Bedingungen verpflichtet.

2.3.3.1 Der Optionshandel in Aktien

Die Optionsgeschäfte lauten über einen variablen Schluß (zur Zeit für deutsche Aktien 50 Stück oder ein Mehrfaches davon). Über die Zulassung der Wertpapiere zum Optionsgeschäft (**Optionspapiere**) entscheidet der Börsenvorstand. Der Optionspreis ist bei Abschluß des Optionsgeschäfts zu zahlen, er wird netto in Rechnung gestellt, sofern nicht der Kunde Bruttoabrechnung verlangt.

Innerhalb der Laufzeit der Option kann der Käufer der Option jederzeit sein Recht ausüben. **Die Laufzeit der Option endet am 15. Kalendertag der Monate Januar, April, Juli und Oktober.** Für Optionen, die beispielsweise im Januar, Februar oder März begründet worden sind, kann als Laufzeit-Ende nur der 15. April, der 15. Juli oder der 15. Oktober gewählt werden. Die kürzeste Laufzeit beträgt somit 15 Tage, die längste Laufzeit 9 Monate plus 15 Tage. Entsprechendes gilt für Optionen, die in den folgenden drei weiteren Vierteljahren begründet werden:

Abschlußtage	Ende der Laufzeit Datum					
	im Abschlußjahr			**im folgenden Jahr**		
1. 1. − 31. 3.	15.4.	15.7	15.10	−	−	−
1. 4. − 30. 6.	−	15.7	15.10.	15.1.	−	−
1. 7. − 30. 9.	−	−	15.10.	15.1.	15.4.	−
1.10. − 31.12.	−	−	−	15.1.	15.4.	15.7.

Hiervon abweichende Laufzeiten sind ausgeschlossen.

Der Preis, zu dem die Wertpapiere geliefert werden müssen, ist der schon beim Anschluß des Optionsgeschäfts im Auftrag des Kunden festgelegte **Basispreis**. Wenn der Käufer der Option innerhalb der Laufzeit sein Recht ausübt, kann er vom Verkäufer der Option (= Stillhalter) verlangen, daß dieser ihm die Wertpapiere verkauft bzw. von ihm abnimmt. Bei der Festlegung des Basispreises muß folgende Staffel beachtet werden:

DM 2,50 oder ein Vielfaches davon bis einschließlich DM 30,−,
DM 35,− oder ein höherer durch 5 teilbarer Betrag bis einschließlich 100,−DM,
DM 110,− oder ein höherer durch 10 teilbarer Betrag bis einschließlich 200,− DM,
220,− DM oder ein höherer durch 20 teilbarer Betrag bis einschließlich 500,− DM,
550,− DM oder ein höherer durch 50 teilbarer Betrag bis einschließlich 1000,− DM,
1100,− DM oder ein höherer durch 100 teilbarer Betrag.

Als Basispreise können jeweils nur die drei Preisgruppen gewählt werden, die aufsteigend oder absteigend auf den letzten amtlichen Kurs des Optionspapiers vom Vortag der Auftragserteilung folgen. Beispiel: Amtlicher Vortagskurs einer

Aktie 288. Wählbare Basispreise 280, 260, 240 beziehungsweise 300, 320, 340. Durch diese Bestimmung sollen die Basispreise stärker am aktuellen Kursverlauf des Optionspapiers orientiert werden.

Kommt es während der Laufzeit einer Option zur Einräumung eines Bezugsrechtes, so verringert sich der von den Parteien vereinbarte Basispreis automatisch um dessen Kurswert. Im Sinne der weiteren Vereinheitlichung des börsenmäßigen Optionsgeschäftes stellt der Bezugsrechtsabschlag ausschließlich auf den am ersten Handelstag an der Frankfurter Wertpapierbörse festgestellten Kurs ab. Dabei werden Beträge ab 0,05 DM auf jeweils volle 0,10 DM aufgerundet und Beträge unter 0,05 DM auf jeweils volle 0,10 DM abgerundet.

Der **Optionspreis** ist vom Käufer der Option bei Abschluß der Option zu zahlen. Den Optionspreis erhält der Verkäufer der Option für seine Bereitschaft, „stillzuhalten" und darauf zu warten, ob der Käufer der Option von seinem Recht Gebrauch macht, vom Verkäufer der Option die Lieferung bzw. Abnahme der Optionspapiere zu verlangen.

Die Optionspreise werden in Spannen von DM 0,05 angegeben.

Die Rechte des Käufers einer Option sind bis zum dritten Börsentag vor Fälligkeit übertragbar. Der neue Käufer (Erwerber einer laufenden Option) tritt in die Rechte des alten Käufers (Ersterwerber) ein. Daher ist es für den Käufer einer Option gleich, ob er eine „neue" Option am Erstmarkt oder eine „schon vorhandene" Option am Zweitmarkt erwirbt. Erst- und Zweitmarkt sind deshalb nicht organisatorisch getrennt. Bei einer Optionsübertragung erhält der Übertragende den zwischen ihm und dem neuen Käufer der Option vereinbarten Optionspreis.

Sofern während der bisherigen Laufzeit der Option ein Abschlag vom Basispreis stattgefunden hat, wird die Option am Zweitmarkt zu dem verringerten Basispreis gehandelt. Dadurch sind auch Basispreise möglich, die von der vorne beschriebenen Staffel abweichen.

Der Verkäufer einer Option (Stillhalter) kann sich **nicht** aus seiner Position lösen.

Die **Abwicklung** eines Optionsgeschäftes läuft in folgenden Schritten ab:

Der Käufer einer Option muß im Auftrag bei seinem Kreditinstitut angeben, für welche Aktien er eine Kauf- oder Verkaufsoption erwerben will. Außerdem muß er die Laufzeit und einen bestimmten Basispreis nennen. Der Optionspreis kann limitiert werden.

Das Kreditinstitut, das allein an der Börse Vertragspartei sein kann, schließt ein Optionsgeschäft an der Börse unter den von dem Kunden genannten Bedingungen ab. Damit sind zwei Geschäfte zustandegekommen:

1. das Optionsgeschäft der Bank mit dem Kunden und

2. das Optionsgeschäft der Bank an der Börse (Deckungsgeschäft) mit einer anderen Bank.

Das Kreditinstitut kann vom Stillhalter (Verkäufer der Option) bei Abschluß des Optionsgeschäfts eine Sicherheit in Geld oder Wertpapieren verlangen.

Der Kunde muß seinem Kreditinstitut die Erklärung, die Option ausüben zu wollen, spätestens am letzten Tag der Laufzeit der Option bis 10 Uhr abgeben. Die Bank ist nicht verpflichtet, den Kunden auf den Ablauf aufmerksam zu machen oder ohne ausdrücklichen Auftrag des Kunden die Option auszuüben.

Die Bank übt dann ihre Option gegenüber ihrem Vertragspartner an der Börse aus. Ihr Recht überläßt sie stillschweigend dem Kunden, so daß bei der Kaufoption dieser die Wertpapiere erhält oder bei der Verkaufsoption die Wertpapiere liefert.

Nach Ausübung der Option erfolgt die Lieferung der Papiere und die Zahlung des Kauf-(Basis)-preises wie bei normalen Börsengeschäften.

Das Optionsgeschäft wird von der Bank in der Regel netto abgerechnet, das heißt, der dem Kunden in Rechnung gestellte Optionspreis schließt alle Gebühren ein. Der Kunde kann jedoch Bruttoabrechnung verlangen; in diesem Falle werden alle Gebühren getrennt ausgewiesen. Börsenumsatzsteuer fällt bei Abschluß eines Optionsgeschäftes nicht an.

Bei Ausübung der Option werden die Wertpapiere brutto, also unter Belastung der üblichen Spesen und der Börsenumsatzsteuer, abgerechnet.

Grundsätzlich sollen dem Käufer der Option auch die Rechte gehören, die auf die Aktie während der Zeit des Abschlusses bis zur Ausübung bzw. bis zum Ende der Laufzeit anfallen (z. B. Dividenden oder Bezugsrechte). Sehen die Bedingungen dies aus Zweckmäßigkeitsgründen nicht vor, so wird der Basispreis entsprechend ermäßigt (Abschlag).

Unter gewissen Umständen ist auch eine Abkürzung der Laufzeiten der Optionen vorgesehen.

Die von dem zuständigen Makler festgestellten Preise abgeschlossener Optionsgeschäfte sind in eine allgemein zugängliche Liste aufzunehmen. Die Liste wird in der Börsen-Zeitung veröffentlicht. Aus der Veröffentlichung eines bestimmten Preises ist **kein Anspruch** auf Ausführung eines Auftrages abzuleiten.

Im Ermessen des Maklers liegt es, auch Geld- und Briefpreise zu veröffentlichen. Da der Makler möglichst viele Aufträge vermitteln will, wird er die für den Handel besonders interessanten Brief- und Geldpreise bekanntgeben. Die Veröffentlichung sämtlicher Geld- und Briefpreise stünde in keinem angemessenen Verhältnis zu dem wirtschaftlichen Erfolg.

Frankfurter Optionsmarkt

7.10.85 AEG K130−28/0/0 140−20.2./27.2/0 150−14/19.5/23.6B 160−10/
17/0 170−6/10/19 180−3/6/10 **V**140−1.4/3.5/0 150−3.8/6/6.9 160−0/11/13
AGIV K340−44/0/0 **V**0 **BASF K**207−40/0/0 217−31/38.7/0 218−30/0/0
220−28.5/37/0 230−25/29/0 237−17/0/0 238−16/0/0 240−14/24.9/32G
250−12/18.5/26.2G 260−7/14.8/19 270−4.9/9/16 280−3/8/15.4 290−0/5.9/
10 **V**220−1/1.8/0230−2/3/5 240−4.2/5.4/5.6 **Bayer K**230−13.5/22/0 240−9/
17.5/24 250−6.4/12/0 260−4.1/8.9./17B 270−3G/6.3/12B 280−0/3.5/10
V220−1/0/3.9 230−3.4/5/6 **Bay.Hyp K**380−75/0/0 **V**430−7G/9G/0 **BMW
K**447.50−60/0/0 467.50−45/0/0 **V**450−5/0/0 **Bay.Vereinsb. K**0 **V**0 **Bewag
K**95−20.6/0/0 **V**0 **BHF K**0 **V**0 **BBC K**0 **V**0 **Commerzbk. K**210−39.5/0/0
220−30/39/0 230−24.8/0/0 240−18/28/0 250−15/22.6/32 260−12/19.4/25
270−9/15/17G **V**230−3/5/0 240−5.5/0/0 **Conti G K**150−14.2/0/0 160−9/
13.4/0 170−5.6/9/0 **V**150-2.4/4/7 **Daimler K**1100−0/26.2/0 1150−0/ 12.4/31
1160−0/10/0 **V**950−0/8.6/12 **Degussa K**400−0/80/0 430−54.25/0/0
V420−0/7B/0 **Dt. Babcock K**170−15.4B/13/0 220−0/0/11 **V**180−0/0/9B
dgl.VA K170−17.4/25B/0 190−8/0/0 **V**0 **Dt. Bank K**580−95/0/0 600−82/0/0
630−0/82/0 670−50B/61.75/0 700−35/58.75/0 720−10G/36/50G 740−0/0/
40 750−0/0/35 **V**640−0/8/14.4G 650−5.9/10/0 **Dr. Bank K**270-48/0/0
280−42/0/0 290−0/40/0 300−31/35/0 320−22/0/0 330−16/22/0 340−0/18/
0 350−0/14/0 370−0/09.4 **V**300−0/0/8.4 **GHH K**210−10/15G/0 **V**190−4.9/
6G/0 **dgl. VA K**170−30B/0/0 **V**0 **Harpener K**0 **V**0 **Hoechst K**230−11.7/19.9/0
240−7.4/19/0 250−4.9/10/0 **V**220−1.5/2/3.9 230−3.8G/4.5/0 **Hoesch
K**120−27.5/32/0 130−19.5/21.7/0 140−0/18/26 150−8.9/15/18 160−7/9/16
V140−3/4.5/0 **Kali + S K**310−69/0/0 360−25/0/0 400−16/28.2G/0
V360−9.5/0/0 **Karstadt K**290−18/0/0 300−12.1/23.2/0 **V**280−0/7G/10G
Kaufhof K340−0/21.5/0 **V**290−10/0/0 310−0/0/11 **KHD K**0 **V**0 **Klöckner
K**65−18/20.2G/0 70−13/17.6B/22B 75−10/12.9G/0 80−7/11/0 85−5/7.5/10
90−1.5/5.4 **V**70−1.5B/2.1/0 75−3.5/0/4.9 **Linde K**0 **V**0 **Lufth. K**0 **V**220−0/0/
9.6 **dgl.VA K**0 **V**0 **MAN K**190−10G/22B/0/0 **V**0 **Mannesm. K** 180−55/0/0
200−35/0/0 210−26/35B/0 220−19.4/25.8/0 230−13.2/20.8/28G 240−8.6/
19/24G 250−7/14.4/18G 260−0/10/14.4G **V**220−2/2.5/4.35 **Mercedes K**0 **V**0
Metallges. K330−0/10G/30 **V**0 **Nixdorf K**0 **V**0 **Preussag K**300−10B/18.6B/0
V270−4G/5G/7G **RWE K**180−47/0/0 190−35/41/0 200−29/40G/0 230−21/
27/30 240−11/17/21.2 **V**0 **dgl.VA K**200−25/0/0 210−0/25.5/0 220−11/0/0
230−7B/14/0 240−0/0/9 **V**0 **Rütgers K**0 **V**0 **Schering K**0 **V**0 **Siemens
K**560−67/0/0 580−50/79.85B/0 600−41/70G/0 610−34/59G/0 620−32.8/
50/0 630−28/0/0 640−22.2/0/0 650−0/40/0 660−19/33G/0 670−15G/29.2/0
680−10.5/21/0 700−8.8/19.4/29.2G **V**560−2.5/5/8G 570−4/8.7G/0/10G
580−8.6/0/14G **Thyssen K**140−17.5/25/0 150−13.6/19/0 160−7.9/13/18
170−4.6/11/15 180−0/10/12 **V**140−1.2/0/3 150−0/6/6.9 **Varta K**0 **V**0 **Veba
K**220−45/0/0 241−29.2/29.4/0 250−22B/27.9/0 260−16.7/21/0 270−14.4/
16.9/25G 280−8/15/20 290−0/7/10 300−0/6.5/9.1 **V**250−3.6/5/5.9
260−5.5/8.5G/0 **VEW K**140−20/0/0 160−7.5/8/0 **V**0 **VW K**330−28/39/0
341−0/34.5/0 350−17/29.2/0 360−10/23/0 370−9.3/18B31B 400−4/12.2/
17G **V**310−3/5.5/9 320−5/9G/16 330−9/11G/18.5G **Wella K**0 **V**0 **Alcan K**0
V0 **Chrysler K**100−5.5/0/0 110−0/6.5/0 **V**0 **Elf Aquit. K**0 **V**0 **Gen.M. K**0 **V**0
IBM K400−10.9/0/25G **V**0 **Litton K**200−0/12B/20G **V**0 **Norsk H. K**40−4.5/
5.5/8.1 **V**45−0/4.5/0 **Philips K**40−5G/8/0 45−3/5/7 50−0/2.7/4 **V**40−2.2B/

2.9B/0 R.Dutch K0 **V**0 **Sony** KV0 **Sperry R.** K0V0 **Unilever** K0 V0 **Xerox K**
140−4/0/0 150−0/12/0 **V**0
Umsatz: 3322 Optionen =169 400 Aktien, davon 576 Verkaufsoptionen
=26 400 Aktien
K =Kaufoption, **V** = Verkaufsoption; Notierung: Basispreis − Optionspreis zum
Verfalltermin 15.1.86/15.4.86/15.7.86.

Beispiel für eine Kaufoption

(der Käufer rechnet mit steigenden Kursen)

Abschlußtag: *Termin:*
10. Juli   15. Oktober

Gegenstand des Geschäfts:

Kauf einer Kaufoption für
100 XY-Aktien zum Basispreis von 180 DM je Aktie,
Optionspreis: 8 DM je Aktie

Am 10. Juli zahlt der Käufer dem Verkäufer (Stillhalter) 800,− DM und muß − für den
Fall der Ausübung der Option − über 18 000,− DM verfügen, während der Stillhalter
100 XY-Aktien bei Ausübung der Option liefern muß.

Fall 1:

Der Kurs der Aktie steigt auf 215 DM je Aktie

Der *Käufer*
übt in diesem Fall die Option aus, übernimmt 100 XY-Aktien und zahlt dem Verkäufer
18 000,− DM. Er kann die Papiere sofort zum Kurs von 215 DM verkaufen und erzielt
folgenden Überschuß:

Kaufpreis	18 000,− DM
+ Optionspreis	800,− DM
Einstandspreis	18 800,− DM
Verkaufspreis	21 500,− DM
Überschuß	2 700,− DM

Der Gewinn aus diesem Geschäft beträgt ohne Berücksichtigung der Spesen
2700,− DM bei einem Kapitaleinsatz von 800,− DM.

Der *Verkäufer*
muß 100 XY-Aktien liefern, erhält 18 000,− DM und hat damit seine Aktien praktisch
zum Kurs von 188 DM statt zu 180 DM verkauft. Der Spitzenkurs von 215 DM ist ihm
entgangen, vorausgesetzt, daß er sich vorher bereits mit XY-Aktien eingedeckt hatte.
Deckt er sich aber erst bei Ausüben der Option ein, dann hat er das Verlustrisiko um
8 DM je Aktie vermindert.

586

Fall 2:

Der Kurs der Aktie fällt auf 160 DM je Aktie

Der Käufer übt in diesem Falle die Option nicht aus, der erwartete Kursanstieg blieb aus, er hat 800,– DM verloren.

Der Verkäufer braucht die Aktien nicht zu liefern. Er hat 800,– DM erhalten und damit den Einstand für seine Aktien um 8 DM je Aktie vermindert.

Fall 3:

Der Kurs der Aktie steigt auf 190 DM je Aktie

Der Käufer übt die Option aus, übernimmt 100 XY-Aktien und zahlt dem Verkäufer 18 000 DM. Sofern er die Aktien am gleichen Tage verkauft, hat er 200 DM verdient.

Der Verkäufer muß 100 XY-Aktien liefern, erhält 18 000 DM und hat damit – einschließlich des Optionspreises – einen Erlös erzielt, der um 200 DM unter dem Kurswert seiner Aktien am Tage der Ausübung der Option liegt.

Fall 4:

Der Kurs der Aktie fällt auf 170 DM je Aktie

Der *Käufer* übt die Option nicht aus, er hat 800,– DM verloren.

Der *Verkäufer* braucht die Aktien nicht zu liefern, der Einstand für seine Aktien hat sich um 8 DM je Aktie ermäßigt.

2.3.3.2 Optionshandel in festverzinslichen Wertpapieren

Nach Abstimmung mit der Kreditwirtschaft, den Wertpapierbörsen, der Deutschen Bundesbank, den Emittenten und den institutionellen Anlegern wurde am 1. April 1986 der Rentenoptionshandel an den deutschen Börsen aufgenommen. Durch diese neue Kurssicherungs-, Anlage- und Spekulationsmöglichkeit wird der deutsche Wertpapiermarkt weiter an Attraktivität gewinnen.

Wie der Aktienoptionshandel, der seit Juli 1970 an den Deutschen Wertpapierbörsen betrieben wird, so beinhaltet auch der Rentenoptionshandel den Kauf beziehungsweise den Verkauf des Rechts (Option), innerhalb einer bestimmten Frist eine bestimmte Anzahl von Wertpapieren, die zum Optionshandel zugelassen sein müssen, zu einem vereinbarten Basispreis zu kaufen oder zu verkaufen. Der Käufer erwirbt die Option gegen Zahlung des Optionspreises.

Der Rentenoptionshandel lehnt sich in seiner Struktur und seiner effektentechnischen Abwicklung im wesentlichen an den Aktienoptionshandel an., Das gilt für die Geschäftsarten ebenso wir für die Standardisierung der Basispreise und der Fälligkeitstermine.

Zum Rentenoptionshandel wurden zunächst 14 Anleihen zugelassen. Um die notwendige Marktbreite zu gewährleisten, handelt es sich um Werte mit einem Nominalvolumen von mindestens 500 Millionen DM. Ihre Restlaufzeit beträgt mindestens dreieinhalb Jahre. Die vorzeitige Tilgungs- oder Kündigungsmöglichkeit ist ausgeschlossen.

Einbezogene Werte

7 3/4 % Bund 82 I (1. 11. 90)	7 1/2 % Bund 84 (20. 10. 94)
7 1/2 % Bund 83 III (1. 06. 91)	7 % Bund 85 (20. 01. 95)
8 1/2 % Bund 82 (1. 06. 92)	7 1/8 % Bahn 85 (1. 02. 95)
8 3/4 % Bund 82 (1. 09. 92)	7 1/4 % Bund 85 II (22. 05. 93)
7 1/2 % Bund 83 I (1. 01. 93)	6 3/4 % Bund 85 (20. 07. 95)
8 % Bund 83 (1. 07. 93)	6 1/2 % Bund 85 (20. 10. 95)
8 1/4 % Bund 83 V (1. 12. 93)	7% Post 85 (2. 06. 97)

Der Mindestschluß für Rentenoptionen beträgt DM 100 000,–.

Die **Basispreise,** die beim Abschluß vereinbart werden können, sind in Spannen von zwei Prozentpunkten auf den Nennwert gestaffelt. Eine Spanne beträgt also 2 DM. Die Basispreise, die vereinbart werden können, sind auf drei Preisspannen, oberhalb oder unterhalb des aktuelllen Kurses, begrenzt. Beträgt der aktuelle Kurs einer Anleihe zum Beispiel 99 %, so kann die Basispreis 98, 96 94 oder 100, 102, 104 DM betragen. Dadurch soll verhindert werden, daß zwischen den Vertragspartnern Phantasiepreise vereinbart werden. Ein so entstandener Basispreis kann in neuen Optionsgeschäften innerhalb der vorgesehenen Laufzeiten immer wieder vereinbart werden, auch wenn sich der Kurs ändert.

Die **Optionspreise** werden entsprechend der im deutschen Rentenhandel üblichen Prozentnotierung auch in v. H. des Mindestschlusses mit jeweils zwei Nach-Komma-Stellen ausgewiesen.

Ein Optionspreis von beipielsweise 1,63 Prozent würde bedeuten, daß dieser Angabe ein ausmachender Betrag von DM 1630,– zugrunde liegt. Daraus folgt, daß die Optionspreise DM 10,– oder ein Mehrfaches davon betragen.

Die **Fälligkeitstermine** für laufende Optionen konzentrieren sich auf vier Tage im Jahr; sie fallen jeweils auf den 25. Kalendertag in den Monaten Januar, April, Juli oder Oktober (bei Aktienoptionen jeweils auf den 15. Kalendertag der angegebenen Monate). Die Laufzeit endet

– für im Januar, Februar oder März begründete Optionen am 25. Juli desselben Jahres oder am 25. Januar des folgenden Jahres,

- für im April, Mai und Juni begründete Optionen am 25. Oktober desselben Jahres oder am 25. April des folgenden Jahres,
- für im Juli, August, September begründete Optionen am 25. Januar oder am 25. Juli des folgenden Jahres,
- für im Oktober, November und Dezember begründete Optionen am 25. April oder 25. Oktober des folgenden Jahres.

Aus diesen Fälligkeitsterminen ergeben sich im Gegensatz zum Aktienoptionshandel, wo es drei Laufzeittypen gibt, zwei Laufzeittypen, eine 6-Monats-Option und eine 12-Monats-Option. Die 6-Monats-Option hat mindestens eine Laufzeit von drei Monaten + 25 Tagen und höchstens von 6 Monaten + 25 Tagen, die 12-Monats-Option von mindestens neun Monaten + 25 Tagen und höchstens von 12 Monaten + 25 Tagen.

Über den Sekundärmarkt besteht die Möglichkeit, Rentenoptionen mit kürzeren Restlaufzeiten zu erwerben. und zu veräußern.

Der Verkäufer einer Kaufoption (Stillhalter in Wertpapieren) muß in voller Höhe des Engagements (100-prozentige kongruente Deckung) sorgen. Der Verkäufer einer Verkaufsoption (Stillhalter in Geld) muß Sicherheiten leisten, die je nach Kreditinstitut unterschiedlich hoch sein können, jedoch eine Mindestgrenze von 15 Prozent nicht unterschreiten sollen.

Optionsausübung: Der Käufer einer Option hat die Erklärung seiner Ausübung seiner Bank bis spätestens 17 Uhr des vorletzten Börsentages der Laufzeit der Option abzugeben.

Wegen des hohen Mindestschlusses nehmen überwiegend professionelle Anleger am Optionsgeschäft teil. Als Stillhalter sind neben ausländischen Investoren vor allem Banken aktiv, um den Markt in der Anfangsphase zu beleben. Inländische Versicherungen und Kapitalanlagegesellschaften sind noch nicht zum Rentenoptionshandel zugelassen.

Der Käufer einer Kaufoption rechnet mit sinkenden Zinsen und einem damit verbundenen Kursanstieg der Renten über den vereinbarten Basispreis zuzüglich des gezahlten Optionspreises. Tritt seine Erwartung ein, so übt er die Option aus und erwirbt die Papiere zum günstigeren Basispreis vom Stillhalter. Möchte er seinen Gewinn sofort realisieren, so veräußert er die Papiere sofort am Kassamarkt zum höheren Kurs. Anstatt die Option auszuüben, kann er seinen Gewinn auch realisieren, indem er sie zu einem höheren Kurs als den gezahlten Optionspreis am Sekundärmarkt verkauft.

Der Käufer einer Verkaufsoption rechnet mit steigenden Zinsen und sinkendem Rentenkurs unter den Basispreis abzüglich des gezahlten Optionspreises. Tritt seine Erwartung ein, so übt er die Option aus. Er verkauft entweder seine im Depot gehaltenen oder die am selben Tag zum niedrigeren Kurs erworbenen Papiere an den Stillhalter. Er kann seinen Gewinn auch durch Weiterveräußerung des Optionsrechts am Sekundärmarkt realisieren. Der Kauf einer Verkaufsoption kann auch dazu dienen, ein vorhandenes Rentenportefeuille gegen Kursverluste abzusichern. Sinken die Rentenkurse, so kann der Käufer der Verkaufsoption seine Papiere zum höheren Basispreis verkaufen. Steigen die Kurse, so übt er seine Option nicht aus, kann seine Papiere jedoch günstiger am Kassamarkt verkaufen.

Der Reiz am Kauf einer Option liegt in der viel größeren Gewinnchance als beim direkten Rentenkauf bzw. -verkauf. Eine Kursänderung der Renten wirkt sich im Verhältnis auf den Optionspreis viel stärker aus (Hebelwirkung).

Der **Käufer einer Kaufoption** möchte zusätzliche Einnahmen aus seinem Rentenportefeuille erzielen. Er rechnet mit stabilen Kursen und würde dann den Optionspreis gewinnen oder ist zur Abgabe seines Bestandes zu einem höheren Kurs bereit als der, zu dem er ihn erworben hat. Sein Risiko ist es, daß er bei drohendem Kursverfall seine Rentenpapiere nicht verkaufen kann.

Der **Verkäufer einer Verkaufsoption** rechnet mit stabilen oder steigenden Kursen. Treten seine Erwartungen ein, wird der Käufer die Option nicht ausüben und er gewinnt den Optionspreis. Er trägt jedoch das Risiko, bei fallenden Kursen und der damit verbundenen Optionsausübung die Papiere zum höheren Basispreis entgegen nehmen zu müssen.

Aus diesem Beispiel ist ersichtlich, daß der **Käufer einer Kaufoption** *immer dann einen Gewinn erzielt, wenn der Börsenkurs für die betreffende Aktie höher ist als die Summe aus Basispreis, Optionspreis und Spesen.* In allen anderen Fällen erleidet er einen Verlust, der jedoch durch die Höhe des Optionspreises begrenzt ist.

Der **Käufer einer Verkaufsoption** rechnet mit sinkenden Kursen. Um sich gegen einen zu starken Kursrückgang zu sichern, erwirbt er für den Optionspreis das Recht, die betreffenden Aktien innerhalb der Optionsfrist seinem Kontrahenten zum Basispreis zu liefern, ohne sich dadurch der Möglichkeit zu begeben, an einer etwaigen Kurssteigerung teilzunehmen. Sinkt der Kurs entsprechend, so wird er die Option ausüben. Durch die Zahlung des Optionspreises hat er sich den Basiskurs gesichert und *erzielt, wenn der Kurs der betreffenden Aktie den Basispreis abzüglich des Optionspreises und der Spesen unterschreitet, einen über dem Tageskurs liegenden Erlös.* Ein Verkauf der Aktien am Abschlußtage statt des Kaufs einer Verkaufsoption hätte dem Verkäufer zwar einen höheren Verkaufserlös verschafft, ihn aber nicht an einer möglichen Kurssteigerung teilhaben lassen.

Sämtliche Optionsgeschäfte werden von den **Lombardkassen bzw. den Liquidationskassen** überwacht und erfaßt. *Sie gewährleisten die ordnungsgemäße Erfüllung durch den Verkäufer nach Ausübung der Option.* Die Teilnahme am Optionshandel setzt daher eine Anerkennung des Teilnehmers durch die Lombard- bzw. Liquidationskasse voraus. Der Antragsteller muß zur selbständigen Teilnahme am Börsenhandel zugelassen sein.

Die wesentlichen **Merkmale des Optionsgeschäfts** an den deutschen Börsen sind wie folgt zusammenzufassen:

1. das *Anlagerisiko* läßt sich wesentlich *einschränken,*

2. der *Kapitaleinsatz* läßt sich *begrenzen* bzw. der vorzeitige Kapitaleinsatz läßt sich *vermeiden*,

3. die Ausnutzung von *Kurschancen ist billiger* und *risikoloser*,

4. in Verbindung mit dem normalen Börsengeschäft bieten sich viele *Kombinationsmöglichkeiten*, die im Interesse der Kundschaft genutzt werden können.

2.3.4 Amtliche Kursfeststellung

Da die Kursfeststellung für den Effektenhandel an der Börse von entscheidender Bedeutung ist, müssen im amtlichen Verkehr die im Börsengesetz und in der Börsenordnung getroffenen Bestimmungen eingehalten werden.

Innerhalb der Börsenzeit – in Frankfurt am Main von 11.30 Uhr bis 13.30 Uhr werktäglich (außer samstags) – leiten die zugelassenen Börsenvertreter der Kreditinstitute ihre Kauf- und Verkaufsorder an die vereidigten Kursmakler weiter. Um Übersichtlichkeit und gleiche Behandlung zu gewährleisten, sind jedem Kursmakler bestimmte Wertpapiere zugeteilt.

Zur Kursfestsetzung nach Aufnahmeschluß darf der Makler *nur die vorliegenden Aufträge* heranziehen. Das Börsengesetz schreibt ihm vor, als Börsenpreis denjenigen Preis festzusetzen, welcher der wirklichen Geschäftslage des Verkehrs an der Börse entspricht. Bei außerordentlichen Umständen geschieht dies unter Hinziehung des Börsenvorstandes. **In der Regel wird der Kurs so festgesetzt, daß der größte Umsatz zustande kommt.** Bei der amtlichen Feststellung der Kurse sind – nach der Frankfurter Börsenordnung – folgende Zusätze zu verwenden: BörsG § 30 ff.

1. „b" oder **Kurs ohne Zusatz**
     = **bezahlt,** wenn sämtliche Aufträge erledigt wurden,

2. „bG" = **bezahlt Geld,** wenn die zum festgestellten Kurs limitierten *Kaufaufträge* nicht vollständig erledigt wurden,

3. „bB" = **bezahlt Brief,** wenn die zum festgestellten Kurs limitierten *Verkaufsaufträge* nicht vollständig erledigt wurden,

4. „ebG" = **etwas bezahlt Geld oder etwas bezahlt Brief,** wenn von den zum
   oder   festgestellten Kurs limitierten Aufträgen nur unbedeutende
   „ebB" Teile erledigt wurden.

5. „ratG" = **rationiert Geld oder rationiert Brief,** wenn die Kauf- oder
   oder   Verkaufsaufträge nur durch beschränkte Zuteilung oder
   „ratB" Abnahme ausgeführt werden konnten,

6. * = **Sternchen:** Kleine Beträge konnten nicht gehandelt werden.

Bei den Kurszusätzen 1.–4. müssen alle unlimitierten Kauf- und Verkaufsaufträge sowie alle über dem festgesetzten Kurs limitierten Kaufaufträge und unter dem festgesetzten Kurs limitierten Verkaufsaufträge abgewickelt sein.

Neben den Zusätzen werden auch Hinweise verwendet. Bestand zu einem *Preis* nur Nachfrage, so wird das durch ein „G" = Geld zum Ausdruck gebracht. Wenn zum festgesetzten *Preis* nur Angebot bestand, wird diesem ein „B" = Brief beigegeben.

Kann ein Kurs nur geschätzt werden, so wird dies durch „T" = Taxe zum Ausdruck gebracht.

An der Bayerischen Börse in München gilt folgende Regelung:

g = Geld; p = Papier (Brief); b = bezahlt; rep. = repartiert (rationiert).

Außerdem gelten seit dem 17. 1. 1955 an der Bayerischen Börse die Kursbezeichnungen:

gV = Geld verlost; statt Repartierung wurde Verlosung durchgeführt.

pV = Brief verlost; statt Repartierung wurde Verlosung durchgeführt (z. B. Stückelungsschwierigkeiten).

Beispiel für eine Einheitskursnotierung:

Dem Makler liegen folgende Aufträge vor:

Käufe Stück	Limit[1]	Verkäufe Stück	Limit[1]
30	billigst	20	bestens
10	124	40	124
50	125	30	125
40	126	10	127

[1] Über limitierte Kurse vgl. Abschnitt „Geschäftsabwicklung mit der Kundschaft".

Zu dem festzustellenden Einheitskurs muß der größte Umsatz möglich sein. Er ist wie folgt zu ermitteln:

Bei einem Kurs von	ergeben sich		
	Käufe Stück	Verkäufe Stück	Umsatz Stück
124	130	60	60
125	120	90	90
126	70	90	70
127	30	100	30

Beim Kurs von 125 kommt der größte Umsatz mit 90 Stück zustande. Von den Verkaufsaufträgen bleiben nur 10 Stück unerledigt. Kaufaufträge mit einem Limit von 125 bleiben mit 30 Stück unerfüllt. Um diesen Kaufüberhang zum festgestellten Kurs auch Außenstehenden kenntlich zu machen, wird dem Kurs der Zusatz **„bG"** hinzugefügt.

Das Beispiel zeigt, wie es möglich ist, daß die zum Einheitskurs limitierten Aufträge nicht vollständig erfüllt werden können. Um diese für alle Beteiligten unangenehme Situation zu umgehen, ist es vielfach üblich, daß interessierte Banken unmittelbar vor der Kursfestsetzung zum Ausgleich entsprechende Käufe oder Verkäufe vornehmen. In Ausnahmefällen ist auch der amtliche Kursmakler zu solchen Ausgleichsgeschäften befugt. – Außerdem kann der Börsenvorstand bestimmte Makler ermächtigen, „Geschäfte vorbehaltlich der Aufgabe" abzuschließen (Aufgabemakler), wobei allerdings in der Regel der Vertragspartner bis zum Schluß der nächsten Börse aufgegeben werden muß.

Bei sehr lebhaftem Geschäft erweist sich die Festsetzung eines Einheitskurses als nicht praktisch. Einerseits erschwert die Fülle der Aufträge die Berechnung des Einheitskurses, andererseits würden die *nach* der Kursfestsetzung eingehenden weiteren Aufträge keine Berücksichtigung im Einheitskurs mehr finden, so daß dieser nicht mehr der Marktlage entspräche.

Für Aktien, bei denen große Umsätze üblich sind, wird die Kursfestsetzung daher im Wege der **fortlaufenden Notierung** vorgenommen, d.h., es werden mehrere Kurse notiert, die sich während der Börsenzeit *auf Grund von Angebot und Nachfrage* ergeben. Alle Aufträge, die zu Beginn der Börse zur *„variablen Notiz"* bei den Kursmaklern vorliegen, werden nach den Regeln der Einheitskursfeststellung ausgeführt. *„Zwischennotierungen"* ergeben sich dann, wenn weitere Umsätze bei Stücknotierungen über mindestens 50 Stück oder ein Mehrfaches davon, bei Wandel- und Optionsanleihen über mindestens 5000 DM oder ein Mehrfaches davon stattfinden. Die letzte fortlaufende Notierung eines Wertpapiers bildet die *„Schlußnotiz"*. Alle Aufträge über einen Betrag unter 50 Stück bzw. 5000 DM bei Wandel- und Optionsanleihen werden zum Einheitskurs abgerechnet. *Über die Zulassung einzelner Effekten zur variablen Notierung entscheidet der Börsenvorstand.*

Der Börsenkurs ist bei den festverzinslichen Wertpapieren stets ein **Prozentkurs**, d.h. er bezieht sich **auf je 100 DM Nennwert**.

Aktien werden dagegen vorwiegend zu einem **Stückkurs** gehandelt, wobei „ein Stück" in der Regel einer Aktie mit einem Nominalwert von 50,– DM entspricht. In den amtlichen Kursblättern sind die Stückkurse mit dem Zusatz **„in DM pro Aktie"** gekennzeichnet. *Fehlende Einzahlungen* sind bei einer Stücknotiz für die Berechnung des Kurswertes nicht zu berücksichtigen. Die Stückkurse gelten stets für die Wertpapiere „so, wie sie sind".

Die während der Börsenzeit ermittelten Kurse werden im **Kursblatt** täglich veröffentlicht. Der *amtliche* Teil enthält die Kurse der amtlich notierten Werte, während die Kurse des geregelten Freiverkehrs im *nicht-amtlichen* Teil verzeichnet sind. Für variabel notierte Papiere werden im amtlichen Teil im allgemeinen sämtliche im Laufe des Börsentages angesetzten variablen Kurse veröffentlicht.

Kursmakler und freie Makler haben täglich nach Schluß der Börsenversammlung ihre **Wertpapierumsätze** dem Börsenvorstand anzuzeigen. Der Börsenvorstand ist berechtigt, die ihm von den Kursmaklern angezeigten Umsätze in den einzelnen Wertpapieren in dem Amtlichen Kursblatt bekanntzugeben.

Für eine Reihe bedeutender Aktiengesellschaften werden die an den verschiedenen Börsenplätzen erreichten Wertpapierumsätze in den Tageszeitungen veröffentlicht, um auf diese Weise die Aussagefähigkeit der in den Börsenberichten enthaltenen Angaben zu erhöhen.

Aufgaben:

1. Was ist unter den Begriffen „Wertpapiere" und „Effekten" zu verstehen, und welche Arten der Effekten sind im einzelnen
   a) in bezug auf die Übertragbarkeit sowie
   b) in bezug auf die Art des Ertrags
   zu unterscheiden?
2. Was bedeuten bei einem Wertpapier die Bezeichnungen „Mantel" und „Bogen", und was ist ein „Talon"?
3. Welches sind die wichtigsten Merkmale der öffentlichen und privaten Anleihen, und welche Arten sind im einzelnen zu unterscheiden?
4. Welche Tilgungsmöglichkeiten bestehen grundsätzlich bei den Tilgungsanleihen?
5. Was sind Stamm- und Vorzugsaktien, und worin liegen die Besonderheiten der Mehrstimmrechtsaktien und der stimmrechtslosen Vorzugsaktien?
6. Klären Sie folgende Begriffe:
   a) Convertible Bonds,
   b) Optionsanleihen,
   c) Gewinnobligationen,
   d) Los- und Prämienanleihen!
7. Wodurch unterscheiden sich die Investmentzertifikate von den übrigen Effekten, und in welcher Weise werden die „Preise" für die Investmentzertifikate ermittelt?
8. Welches sind die Rechtsgrundlagen für die Effektenbörsen in der Bundesrepublik Deutschland, und wie sind die Börsen organisiert?
9. Welche Personen sind zum Besuch der Börse zugelassen?
10. In welchen Formen vollzieht sich der börsenmäßige Effektenhandel?
11. Welche Voraussetzungen müssen bei der Festsetzung der Einheitskurse erfüllt sein, und unter welchen Bedingungen können die Effekten an der Börse variabel gehandelt werden?
12. Welche Wertpapiere werden an den Börsen „in DM" notiert und warum?
13. Was ist unter einer Option im Effektenhandel zu verstehen?
14. Erklären Sie anhand eines Beispiels den Kauf einer Verkaufsoption!
15. Worin liegen die Vorteile des Optionsgeschäfts für den Kunden einer Bank?

II. Effektenhandel

1. Geschichtliche Entwicklung und Wesen

Der Effektenhandel der Kreditinstitute hat seinen Ursprung im Börsenhandel des Mittelalters. Auf die Wechselscheine folgte als erstes eigentliches Wertpapier die *Staatsanleihe*. Seit dem Erscheinen von Aktien Anfang des 17. Jahrhunderts weitete sich der Effektenhandel an den Börsen ständig aus und machte mit dem Auftauchen ständig neuer Wertpapierarten die Gründung spezieller Effektenbörsen notwendig.

Ebenso brachte es die Entwicklung mit sich, daß heute nur ein beschränkter Personenkreis zum Börsenhandel zugelassen ist, um eine geordnete Abwicklung des Effektenhandels zu gewährleisten.

Zunächst waren es nur die Privatbankiers und Aktienbanken, die sich am Effektenhandel beteiligten. Allmählich sind aber auch die Sparkassen und Kreditgenossenschaften in den Effektenhandel hineingewachsen, so daß er heute mehr oder weniger von sämtlichen Kreditinstituten betrieben wird.

Der Effektenhandel kann von den Kreditinstituten entweder als **Eigengeschäft** für eigene Rechnung oder als **Kommissionsgeschäft** für fremde Rechnung betrieben werden. Während die erste Art das Vermögen einer Bank tangiert, stellt die zweite ein Dienstleistungsgeschäft dar.

> Der Effektenhandel der Kreditinstitute umfaßt den An- und Verkauf von Effekten für eigene Rechnung oder für Rechnung ihrer Kunden.

2. Rechtliche Grundlagen

2.1 Gesetzliche Bestimmungen

Der Effektenhandel erfordert die Beachtung einer Reihe rechtlicher Bestimmungen, die neben dem Schutz der unmittelbar Beteiligten weitgehend dem Schutz der Wirtschaft dienen.

Neben den Vorschriften über den Kauf im Bürgerlichen Gesetzbuch, über den Handelskauf und das Kommissionsgeschäft im Handelsgesetzbuch sind vor allem die **Bestimmungen des Aktiengesetzes** zu nennen, die beim Effektenhandel eine Rolle spielen, insbesondere die Regelungen für die Übertragung von Namensaktien oder die Kraftloserklärung.

Ferner enthalten das **Depotgesetz** und die **Richtlinien für die Depotprüfung** einschlägige Bestimmungen für den Effektenhandel. Entsprechendes gilt hinsichtlich der Richtlinien für die Depotprüfung, deren Abschnitt 6 sich mit dem Anschaffungsgeschäft auseinandersetzt und die Funktion des Stückeverzeichnisses festlegt. Von zentraler Bedeutung ist im übrigen das bereits besprochene Börsengesetz vom 22. 6. 1896. Mit seinen Vorschriften über die Organe der Börse, die Preisfestsetzung, das Marklerwesen und über die Zulassung von Personen und Wertpapieren zur Börse bildet es die Grundlage für die Durchführung des Effektenhandels der Banken.

Auf dem Gebiet des Steuerrechts wird der Effektenhandel wesentlich durch das **Kapitalverkehrsteuergesetz** i.d.F. vom 17. 11. 1972 berührt. Insbesondere die Vorschriften über die *Börsenumsatzsteuer* betreffen den Effektenhandel unmit- KVStG § 17 ff.

telbar. Der Börsenumsatzsteuer unterliegen alle im Inland abgeschlossenen Anschaffungsgeschäfte über Wertpapiere. Als Wertpapiere gelten in diesem Zusammenhang

(1) Schuldverschreibungen,

(2) Dividendenwerte (Aktien, Kuxe und andere Anteile an inländischen und ausländischen Kapitalgesellschaften, Zertifikate über Shares, Aktienanteile, Genußscheine),

(3) Anteilscheine an Kapitalanlagegesellschaften und vergleichbare Urkunden ausländischer Unternehmen, deren Geschäftszweck dem der Kapitalanlagegesellschaften entspricht, und

(4) Bezugsrechte auf Dividendenwerte.

§ 20 *Das Kapitalverkehrsteuergesetz unterscheidet hinsichtlich der Börsenumsatzsteuer zwischen*

§ 22 *Händlergeschäften,* wenn alle Vertragsteilnehmer Händler sind,
Kundengeschäften, wenn nur ein Vertragspartner Händler ist, und
Privatgeschäften.

Händlergeschäfte sind, außer beim Handel mit GmbH-Anteilen, börsenumsatzsteuerfrei. Dasselbe gilt u. a. für den Ersterwerb von Wertpapieren.

§ 24,1 *Die Steuer beträgt:*

(1) *bei Anschaffungsgeschäften über Schuldverschreibungen z. B. des Bundes, eines Landes, einer Gemeinde, eines Gemeindeverbandes, der öffentlich-rechtlichen Kreditanstalten, der Hypothekenbanken und Schiffspfandbriefbanken sowie der Industriekreditbank AG*   *1 ‰*

(2) *bei Anschaffungsgeschäften über Anteilscheine an Kapitalanlagegesellschaften (s. oben)*   *2 ‰*

(3) *bei Anschaffungsgeschäften über alle anderen Schuldverschreibungen und Dividendenwerte*   *2,5 ‰*

§ 25 Berechnet wird die Steuer regelmäßig vom *Kurswert,* d. h. unter Ausschluß der Kosten und Stückzinsen. „Steuerschuldner sind bei Kundengeschäften die Händler, bei Privatgeschäften die Vertragsteile als Gesamtschuldner."

Aus dem **Einkommensteuerrecht** ist schließlich die Vorschrift über die Besteuerung von *Spekulationsgeschäften* zu erwähnen. Gewinne, die durch den An- und Verkauf von Effekten in der Privatsphäre entstehen, unterliegen dann der Einkommensteuer, wenn der Zeitraum zwischen Anschaffung und Veräußerung 6 Monate nicht übersteigt und der Spekulationsgewinn des Steuerpflichtigen jährlich mindestens 1000 DM beträgt. Verluste aus Spekulationsgeschäften dürfen bis zur Höhe des Spekulationsgewinns, den der Steuerpflichtige im gleichen Kalenderjahr erzielt hat, ausgeglichen werden.

2.2 Allgemeine Geschäftsbedingungen und vertragliche Abmachungen

Neben den gesetzlichen Vorschriften wurden wegen der Vielzahl gleichartiger Geschäftsvorfälle die Rechtsverhältnisse zwischen dem Kunden und der Bank beim Effektenhandel in den **Allgemeinen Geschäftsbedingungen** sowie in den „Sonderbedingungen für Optionsgeschäfte" geregelt. So *ist z. B. geklärt, wann die Bank als Kommissionär und wann sie als Eigenhändler auftritt, welcher Ausführungsplatz zu wählen ist, wie lange Kauf- und Verkaufsaufträge gültig sind, wie und wann Reklamationen zu erheben sind usw.*

Der Vertrag zwischen dem Kunden und der Bank, der *auch mündlich* abgeschlossen werden kann, stellt mithin nur den Rahmen dar, der durch die Allgemeinen Geschäftsbedingungen inhaltlich ausgefüllt wird.

Wie auf allen Gebieten des Bankgeschäfts, so ist es auch beim Effektenhandel möglich, durch **vertragliche Vereinbarungen** einzelne Regelungen der Allgemeinen Geschäftsbedingungen auszuschließen oder unabhängige Abmachungen über den Effektenhandel zu treffen. In diesem Falle muß es sich jedoch stets um größere oder besondere Geschäfte, z. B. die Übernahme der Kurspflege, handeln; bei kleineren Abschlüssen wäre der mit dem Abweichen von den Allgemeinen Geschäftsbedingungen verbundene Aufwand zu hoch.

3. Technik des Effektenhandels

In den Allgemeinen Geschäftsbedingungen ist vorgesehen, daß die Banken bei Kauf- und Verkaufsaufträgen ihrer Kundschaft über amtlich notierte Papiere die Stellung eines Kommissionärs einnehmen, bei allen übrigen Aufträgen jedoch als Eigenhändler auftreten. Es sind daher die Effektenkommissionsgeschäfte und die Effekteneigengeschäfte zu unterscheiden.

3.1 Effektenkommissionsgeschäft

Bei der Ausführung von Kundenaufträgen handeln die Kreditinstitute als Kommissionäre im *eigenen* Namen, aber für *fremde* Rechnung. Sie nehmen dabei regelmäßig das **Recht des Selbsteintritts** in Anspruch. Die gesetzlich vorgeschriebene *ausdrückliche* Vereinbarung des Selbsteintritts vor Durchführung des Geschäfts erfolgt durch eine entsprechende Regelung in den Allgemeinen Geschäftsbedingungen. HGB §§ 383 ff.

§ 405, 1

Durch den Selbsteintritt ist das Kreditinstitut von der ihm sonst obliegenden Pflicht entbunden, dem Kommittenten den Kontrahenten mitzuteilen, d.h. **der Bank ist die Möglichkeit gegeben, den Auftrag mit eigenen Effektenbeständen durchzuführen, ohne Eigenhändler zu sein**; sie muß dabei aber stets im Interesse ihres Kommittenten handeln und ihm jeden Vorteil weitergeben. Dies gilt insbe- § 384, 3 sondere für den zu berechnenden Kurs. Die Bank darf keinen niedrigeren als den amtlich festgestellten Börsen- oder Marktpreis in Rechnung stellen. Aus diesem Grunde wird die Form des Kommissionsgeschäfts auch nur bei amtlich notierten Werten gewählt.

3.2 Effekteneigengeschäft

Während beim Effektenkommissionsgeschäft ohne Selbsteintritt die Kreditinstitute ihre Funktion als Händler ohne Kapitaleinsatz erfüllen, sind sie bei den Effekteneigengeschäften zum Einsatz von Kapital gezwungen. Das Maß des erforderlichen Kapitaleinsatzes hängt stark von den Motiven ab, aus denen das Eigengeschäft betrieben wird. Danach kann unterschieden werden zwischen Effekteneigengeschäften

(1) zur Ausführung von Kundenaufträgen,

(2) zur Ausnutzung von Kursschwankungen,

(3) zur Arbitrage,

(4) zur Kursregulierung,

(5) zur Geld- und Kapitalanlage und

(6) zu Beteiligungszwecken.

3.2.1 Effekteneigengeschäft zur Ausführung von Kundenaufträgen

Beim Eigengeschäft treten sich Kunde und Bank unmittelbar als Käufer und Verkäufer gegenüber. Der Kurs wird ausgehandelt, und der Kunde erhält im Gegensatz zum Kommissionsgeschäft eine **Nettoabrechnung**, d. h., das Ausführungsgeschäft bzw. Deckungsgeschäft, mit dem sich das Kreditinstitut gegebenenfalls die gewünschten Effekten besorgt, ist losgelöst vom Kundengeschäft.

Während beim Kommissionsgeschäft lediglich Provisionserträge anfallen, ist es der Bank beim Effekteneigengeschäft möglich, die Spanne zwischen dem Kurs, zu dem sie dem Kunden die gewünschten Papiere anbietet, dem sogenannten Briefkurs, und dem Kurs, zu dem sie als Nachfrager nach den gleichen Papieren auftritt, dem sogenannten Geldkurs, für sich auszunutzen.

Eine besondere Form des Effekteneigengeschäftes zur Durchführung von Kundenaufträgen ist das sogenannte **„Tafelgeschäft"**. Hier wünscht der Kunde am Schalter Effekten zu einem festen Preis – meist gegen Barzahlung – zu kaufen oder zu verkaufen. **Leistung und Gegenleistung erfolgen Zug um Zug**. Vorwiegend handelt es sich dabei um solche Papiere, die – wie z. B. öffentliche Anleihen und Pfandbriefe – nur geringen Kursschwankungen unterliegen, oder um amtlich nicht notierte Werte.

3.2.2 Effekteneigengeschäft zur Ausnutzung von Kursschwankungen

Die Kreditinstitute besitzen im allgemeinen ein umfangreiches eigenes Effektendepot, das sie zu ertragreichen Geschäften heranziehen können, indem sie versu-

chen, durch Käufe und Verkäufe die sich ändernden Kurse zu ihrem Vorteil auszunutzen, d. h. die Kreditinstitute kaufen bei niedrigen und verkaufen zu höheren Kursen. Besonders geeignet hierfür sind die an der Börse gehandelten Aktien.

Besondere Erwähnung verdienen hier im übrigen die Optionsgeschäfte, die in
besonderer Weise geeignet sind, Kursschwankungen auszunutzen, ohne daß liquide Mittel in erheblichem Maße eingesetzt werden müssen.

3.2.3 Effekteneigengeschäft zur Arbitrage

Die Effektenarbitrage birgt im Gegensatz zum Terminhandel kaum ein Risiko in
sich und besteht in der **Ausnutzung von Kursunterschieden derselben Effekten an
verschiedenen Effektenbörsen zum gleichen Zeitpunkt.**

Zur Durchführung dieser Geschäfte müssen die Kreditinstitute an den jeweiligen
Börsenplätzen vertreten sein; oft erfüllen aber auch Verbindungen mit befreundeten Banken diese Aufgaben. An dem Platz, an dem für ein bestimmtes Wertpapier der niedrigere Kurs besteht, wird gekauft, während an dem Platz mit dem
höheren Kurs verkauft wird, sofern ein entsprechendes Angebot bzw. eine entsprechende Nachfrage vorhanden ist. Das Ergebnis ist eine Angleichung der
Kurse an den verschiedenen Effektenbörsen.

Die Arbitrage erfordert ein schnelles Handeln der Börsenvertretung, um anderen
Instituten zuvorzukommen, und lohnt sich erst, wenn der Kursgewinn alle anfallenden Kosten deckt.

3.2.4 Effekteneigengeschäft zur Kursregulierung

Kreditinstitute, die Emissionen durchgeführt haben oder die Hausbanken von
Großunternehmungen sind, deren Papiere am Kapitalmarkt gehandelt werden,
haben häufig die Aufgabe, die Wertpapierkurse zu beeinflussen, d. h. mit Hilfe
von Käufen bzw. Verkäufen **Kursschwankungen auszuschalten oder abzuschwä-
chen**, die durch eine vorübergehende oder zufällige Konstellation des Marktes
bedingt sind. Da hierzu teilweise erhebliche Effektenbestände und Kapitalbeträ-
ge notwendig sind, schließen sich Kreditinstitute gelegentlich zu *Kursstützungs-
konsortien* zusammen.

3.2.5 Effekteneigengeschäft zur Geld- und Kapitalanlage

Innerhalb ihrer Geld- und Kapitalanlagepolitik greifen die Kreditinstitute häufig
auf Effekten zurück. Freie Mittel, die nicht im Kreditgeschäft eingesetzt werden
können oder sollen, werden zum Kauf festverzinslicher Werte und Aktien herangezogen. Dafür können sowohl **rentabilitäts- als auch liquiditätspolitische Gesichtspunkte** maßgeblich sein. Die Verschiedenheit der einzelnen Effektenarten
bietet die Möglichkeit, freie Mittel in solchen Wertpapieren anzulegen, die einerseits einen guten Ertrag bringen, andererseits aber kurzfristig veräußert werden
können.

3.2.6 Effekteneigengeschäft zu Beteiligungszwecken

Geschäftspolitische Interessen können es für ein Kreditinstitut zweckmäßig erscheinen lassen, eine Beteiligung an einer anderen Betriebswirtschaft zu erwerben. *Eine Beteiligung liegt im Zweifel vor, wenn sich 25% des Grundkapitals einer Gesellschaft in anderen Händen befinden.* Meistens steht eine Beteiligung in einem engen Zusammenhang mit der Gewährung von Großkrediten.

Je nachdem, ob eine Beteiligung bei einem anderen Unternehmen erwünscht ist oder nicht, müssen die betreffenden Anteilspapiere über den Eigenhandel besorgt oder abgestoßen werden. Derartige Transaktionen erfordern jedoch ein erhebliches Fingerspitzengefühl, um das Börsengeschehen nicht empfindlich zu stören.

3.3 Geschäftsabwicklung mit der Kundschaft

3.3.1 Auftragserteilung und -ausführung

Die Aufträge der Kundschaft über Kauf und Verkauf von Effekten bzw. Optionen werden meist *schriftlich* erteilt. Bei mündlicher Auftragserteilung ist eine schriftliche Bestätigung üblich. Ist kein Erledigungstermin gesetzt, so gelten schriftliche Aufträge in der Regel bis Monatsultimo, telefonische oder telegrafische Aufträge nur für den nächsten Börsentag.

Um eine reibungslose Abwicklung zu gewährleisten, muß das Papier im Auftrag genau bezeichnet sein; dies gilt besonders für festverzinsliche Wertpapiere, deren Serien, Zinstermine usw. genau zu unterscheiden sind.

Bestimmt der Kunde bei amtlich notierten Dividendenwerten nicht eindeutig, ob er den Einheitskurs oder den variablen Kurs für den Vertragsabschluß wünscht, so führt das Kreditinstitut den Auftrag gemäß den Allgemeinen Geschäftsbedingungen so aus, daß **der für eine fortlaufende Notierung vorgesehene Mindestbetrag oder ein Mehrfaches zum variablen Kurs, der darüber hinausgehende Teil des Auftrages zum Einheitskurs** abgewickelt wird. Im übrigen kann sich der Kunde hinsichtlich seiner Kurswünsche dreier verschiedener Formulierungen bedienen:

(1) Schreibt der Kunde einen Kurs bzw. einen Optionspreis vor, so ist dies ein Limit, das bei Käufen nicht über- und bei Verkäufen nicht unterschritten werden darf **(limitierte Aufträge)**. Sogenannte *„Circa-Limite"* bedeuten, daß je nach dem Kursstand der als Limit genannte Kurs bei Aktien um ¼ bis ½% und bei Schuldverschreibungen um ⅛ bis ¼% über- bzw. unterschritten werden darf.

(2) **„Bestens"- oder „Billigst"-Aufträge** verpflichten die Bank zur Ausführung zu dem am Abschlußtag geltenden Kurs. Dabei soll versucht werden, von den möglichen Kursen den günstigsten zu erzielen.

(3) Der Zusatz **„Interesse wahrend"** soll das Kreditinstitut veranlassen, das Geschäft so abzuwickeln, daß sich für den Auftraggeber die günstigsten Kurse

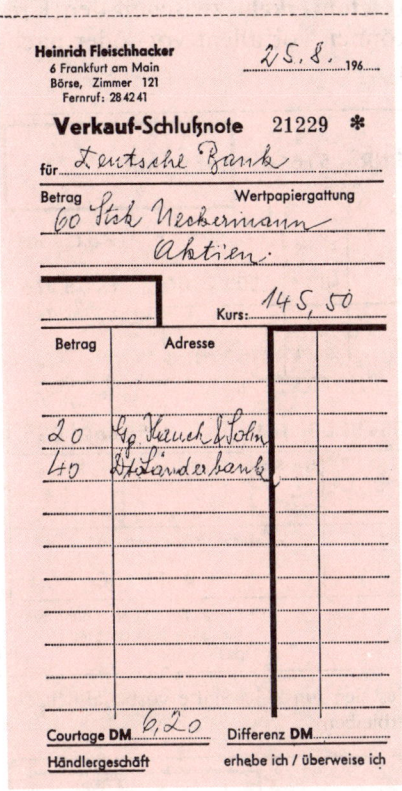

ergeben. Diese Bestimmung gilt meist über einen längeren Zeitraum und für Aufträge, die über erhebliche Beträge lauten, so daß ein behutsames Kaufen oder Verkaufen an der Börse notwendig ist, um nachteilige Kursveränderungen zu vermeiden.

Handelt es sich bei dem Auftrag um eine **Kauforder**, so muß der für das Konto zuständige Disponent zunächst überprüfen, ob ein entsprechendes Guthaben vorhanden ist. Dies entfällt, wenn der Kunde bei Auftragserteilung den Gegenwert einzahlt.

Verkaufsaufträge werden, sofern die Stücke nicht am Schalter überreicht werden, in der Depotbuchhaltung auf ihre Deckung überprüft.

Kauf- und Verkaufsaufträge werden dann zur Ausführung an die **Börsenabteilung** geleitet. Diese sammelt sämtliche Effektenhandelsaufträge und ordnet sie – je nachdem, wie es der Kunde wünscht oder die Allgemeinen Geschäftsbedingungen es bestimmen – nach Kommissions- und Eigengeschäften.

Kommissionsaufträge werden sofort an die eigenen Börsenhändler weitergeleitet. Sind bestimmte Effekten an mehreren Börsen zugelassen, so trifft, wenn der Kunde keine bestimmte Weisung erteilt hat, das Kreditinstitut gemäß seinen Allgemeinen Geschäftsbedingungen die Wahl des Ausführungsplatzes.

Die **Abschlüsse von Börsengeschäften** erfolgen mündlich, eine schriftliche Bestätigung des Kontrahenten ergeht in der Regel am gleichen Tag. Außerdem stellt der Makler über jeden Abschluß sowohl dem Käufer als auch dem Verkäufer eine **Schlußnote** aus, in der insbesondere Kurs und Maklerprovision *(Courtage)* genannt sind[1].

Für Aufträge, die nicht über die Börse abgewickelt werden können, versucht die Börsenabteilung anderweitig einen Kontrahenten zu finden. Primär können diejenigen An- und Verkaufswünsche erledigt werden, die durch die Unterhaltung des eigenen Wertpapierbestandes möglich bzw. erwünscht sind. Außerdem ist bei größeren Kreditinstituten die Möglichkeit gegeben, in den zentralen Börsenabteilungen bei den amtlich nicht notierten Papieren **Kompensationsgeschäfte** zwischen den eingelaufenen Aufträgen vorzunehmen.

---

1 Die oben abgebildete Schlußnote wird z. Z. in Düsseldorf und Frankfurt am Main nur noch in Ausnahmefällen ausgeschrieben. Die Makler bedienen sich hier der von der elektronischen Datenverarbeitungsanlage erstellten Schlußnoten (siehe Abbildungen auf Seite 602).

Für die restlichen Kundenaufträge steht der **Telefonverkehr** zwischen den Kreditinstituten zur Verfügung. Mit seiner Hilfe können vor allem vor- oder nachbörslich erteilte Aufträge abgeschlossen werden.

MKL.-NR. ── Makler ── 833 FLEISCHHACKER, H.	SCHLUSSNOTE NR. 51650	VERKAUF 1

für FLEISCHHACKER, H.		Bk.-Nr. 833	Kurs 301,000	Händler-Geschäft 6.08.76
Kontrahent DEUTSCHE BANK AG,FFM		3	301,000	abw. Schluß-Tag

Wg. ST	Nennwert 5	%	Wertpapier-Bezeichnung MERCEDES AUTOMOB.HLDG.IGL	Zsterm.	Kenn-Nr. 659860	GS/Str. GS
Kurswert 1.505,00	Zstg.	Zinsen		Bon-Satz	Bonifikation	Bust.
ausmachender Betrag 1.505,00	Courtage 0,00	Ursp.-Dat.	U. Gesch.-Nr.	Kursdiff.	Bemerkungen siehe Text * AUFGABE	

* ME = Makler erhebt
MU = Makler überweist

1 = Namens und für Rechnung der Kapitalanl.-Ges. Bust. frei da Ersterwerb

(Bei beiden von der EDV erstellten Schlußnoten handelt es sich um „Geschäfte vorbehaltlich der Aufgabe", die Berechnung einer Courtage konnte daher unterbleiben).

MKL.-NR. ── Makler ── 833 FLEISCHHACKER, H.	SCHLUSSNOTE NR. 51653	KAUF 2

für FLEISCHHACKER, H.		Bk.-Nr. 833	Kurs 301,000	Händler-Geschäft 6.08.76
Kontrahent BAYER.HYP.U.WECHSEL-BANK,FFM		32	301,000	abw. Schluß-Tag

Wg. ST	Nennwert 5	%	Wertpapier-Bezeichnung MERCEDES AUTOMOB.HLDG.IGL	Zsterm.	Kenn-Nr. 659860	GS/Str. GS
Kurswert 1.505,00	Zstg.	Zinsen		Bon-Satz	Bonifikation	Bust.
ausmachender Betrag 1.505,00	Courtage 0,00	Ursp.-Dat.	U. Gesch.-Nr.	Kursdiff.	Bemerkungen siehe Text * AUFGABE	

* ME = Makler erhebt
MU = Makler überweist

1 = Namens und für Rechnung der Kapitalanl.-Ges. Bust. frei da Ersterwerb

3.3.2 Abrechnung

Sobald die Effektenabteilung im Besitz der Ausführungsanzeige der Börsenabteilung ist, teilt sie dem Kunden die Ausführung seines Auftrages mit. Diese Mitteilung ist von besonderer Wichtigkeit bei kommissionsweiser Erledigung eines

Auftrages unter Selbsteintritt. Die Abrechnung kann mit der Ausführungsanzeige verbunden sein, seltener folgt sie einen Tag später.

Die Abrechnung enthält als Rechnungsgrundlage den Nominalwert des Papiers und den Kurs, zu dem das Geschäft abgeschlossen wurde. Für amtlich notierte Papiere und im geregelten Freiverkehr gehandelte Werte sind die im Kursblatt veröffentlichten Kursnotizen maßgebend, die der Kunde jederzeit überprüfen kann. Bei festverzinslichen Wertpapieren muß der Kurswert um die aufgelaufenen Zinsen korrigiert werden, da der Käufer dem Verkäufer die seit dem letzten Zinstermin angefallenen *Stückzinsen* vergüten muß.

Die weitere Abfassung der Abrechnung hängt von der Art des gewählten Effektengeschäfts ab; zwei Möglichkeiten sind zu unterscheiden:

(1) Die sogenannten **Netto-Abrechnungen** werden bei Eigengeschäften, vornehmlich im Freiverkehrshandel, verwandt. *Dem Auftraggeber wird lediglich der Kurswert – gegebenenfalls zuzüglich anteiliger Stückzinsen – in Rechnung gestellt, bei Kundengeschäften daneben die Börsenumsatzsteuer.*

(2) Die **Brutto-Abrechnungen** werden bei sämtlichen Kommissionsgeschäften in amtlich notierten Werten erstellt und enthalten *neben dem Kurswert und den evtl. aufgelaufenen Zinsen die Maklergebühr (Courtage), die an den Börsenmakler entrichtet werden muß, die Provision, die Börsenumsatzsteuer und die entstandenen Spesen.*

Maklergebühr und Provisionssätze unterscheiden sich insofern, als es sich um festverzinsliche oder Dividendenwerte, um ein Händler- oder ein Kundengeschäft handeln kann. Die einbehaltene Börsenumsatzsteuer muß das Kreditinstitut vierteljährlich zum Steuertermin an das Finanzamt abführen. Als Spesen werden vor allem Telefongebühren in Rechnung gestellt.

Die Wertstellung der Abrechnungsbeträge erfolgt im allgemeinen zwei Tage nach Geschäftsabschluß, da die Geschäftsabwicklung mit dem Kontrahenten Zeit erfordert.

Mit der Abrechnung werden im *Durchschreibeverfahren* die übrigen innerbetrieblichen Belege erstellt. Ein Durchschlag durchläuft die Buchhaltung, die den Kunden, mit dem Endbetrag beim Kauf belastet, beim Verkauf erkennt. Ein anderer Beleg unterrichtet die Depotbuchhaltung und eventuell die Effektenkasse von der Veränderung.

3.3.3 Lieferung

Beim **Effektenverkauf** müssen, abgesehen von der Ausbuchung, die Papiere dem Depot des Kunden entnommen und innerhalb von drei Tagen an den Kontrahenten geliefert werden. Beim **Effektenkauf** muß der Eingang der Effekten überwacht und das Geschäft mit Einlieferung und Einbuchung in das Kundendepot abgeschlossen werden.

DepG	Hat ein Kreditinstitut als Kommissionär für einen Kunden Effekten gekauft, so
§ 18, 1	muß es diesem binnen einer Woche ein sogenanntes *Stückeverzeichnis* zusenden.
	„Mit der Absendung des Stückeverzeichnisses geht das Eigentum an den darin be-
§ 18, 3	*zeichneten Wertpapieren, soweit der Kommissionär über sie zu verfügen berechtigt*
	ist, auf den Kommittenten über, wenn es nicht nach den Bestimmungen des bürgerli-
	chen Rechts schon früher auf ihn übergegangen ist."

§ 24, 1   Dieser Verpflichtung kann sich der Kommissionär dadurch entziehen, daß er dem Kommittenten **Miteigentum** an den zum Sammelbestand einer Wertpapiersammelbank gehörenden Wertpapieren verschafft.

3.4 Kundenberatung im Effektenhandel

Die Tätigkeit der Bank im Effektenhandel ist nicht nur auf die technische Abwicklung von Kundenaufträgen beschränkt. Diesen geht vielmehr meist eine fachmännische Beratung des Kunden voraus. **Der Kunde wünscht**, falls er die Verhältnisse am Effektenmarkt nicht genügend überblicken kann, von dem Kreditinstitut möglichst **eingehende Informationen** über die in Betracht zu ziehenden Papiere **und erwartet Ratschläge für eine möglichst günstige Kapitalanlage bzw. -verwertung.**

Diese Beratung muß von ausgesuchten Fachkräften mit Erfahrung und Geschicklichkeit durchgeführt werden und sollte in einer Atmosphäre gegenseitigen Vertrauens erfolgen. Dies ist insbesondere deshalb wichtig, weil die am Effektenhandel beteiligten Kunden häufig erheblichen Einfluß auf die Entwicklung anderer Geschäftssparten haben. Besondere Gefahren für das gegenseitige Vertrauensverhältnis resultieren aus der Möglichkeit, dem Kunden etwas zu raten, was gleichzeitig im eigenen Interesse des Kreditinstituts liegt. Wenn hieraus dem Kunden Nachteile entstehen, sind langfristige Geschäftseinbußen unvermeidlich.

Besonders im Zuge der Internationalisierung der Effektenmärkte und des in den vergangenen Jahren sprunghaft gestiegenen Interesses am Wertpapierbesitz kommt der **Anlageberatung** wachsende Bedeutung zu. Die Aktie nimmt dabei, ihrem Wesen als Risikopapier entsprechend, eine führende Rolle ein. Aufgabe der Kundenberater ist es daher, sich eingehend mit den Problemen der **Aktienbewertung** zu beschäftigen.

Bewertungsmaßstäbe für Aktien

Mit der Verflechtung der Kapitalmärkte geht am deutschen Aktienmarkt die Übernahme neuer Bewertungsmaßstäbe einher. Diese modernen, den internationalen Gepflogenheiten entsprechenden Bewertungsmaßstäbe haben ihren Ursprung in den Vereinigten Staaten, wo der Anlageberatung und Aktienanalyse eine weitaus höhere Bedeutung eingeräumt wird, als das bisher in Europa der Fall war.

Die moderne Anlageberatung stützt sich bei der Bewertung der Aktie im wesentlichen auf **ertragsorientierte Gesichtspunkte**, während das in Europa häufig über-

604

betonte Substanz- und Sachwertdenken in den Hintergrund tritt. Objektive Bewertungsgrundlage einer Aktie ist der innerhalb einer Geschäftsperiode erzielte Reingewinn.

Von dem effektiv erzielten Reingewinn einer Aktie ausgehend, sind in den USA zwei Verfahren entwickelt worden, die einer objektiveren Bewertung der Aktie gerecht werden sollen. Einmal handelt es sich um das Verfahren der *„Price-earnings ratio"*, zum anderen um das *„Cash-flow-Verfahren"*. Beide Verfahren haben sich in relativ kurzer Zeit auch in Deutschland durchgesetzt und sind zu einem wichtigen Instrument der Anlageberatung geworden.

a) „Price-earnings ratio"

Der Begriff „Price-earnings ratio" bringt zum Ausdruck, wieviel Jahreserträge je Aktie den Börsenwert der Aktie ergeben.

Beispiel:

Wenn je Aktie 12 DM verdient wurden und der derzeitige Börsenpreis 240 DM beträgt, dann ist der Price-earnings-Faktor 240:12 = 20. Das bedeutet, daß 20 Jahreserträge den Kurswert der Aktie ergeben.

Der „Price-earnings ratio" liegt also eine objektivere Bewertungsgrundlage in Form der *echt* erzielten Jahreserträge zugrunde, als dies bei der Ertragswertermittlung unter Zugrundelegung der Dividende der Fall ist. Daher sollte diesem Verfahren der Vorzug eingeräumt werden.

Die „Price-earnings ratio" als Kapitalisierungsfaktor der zuletzt erzielten Gesamterträge ist allerdings nur im Vergleich mit anderen Aktien derselben Branche sinnvoll.

Ein Price-earnings-Faktor, der über dem jeweiligen Branchendurchschnitt liegt, läßt vermuten, daß bei der Preisbildung an der Börse Sonderfaktoren im Spiel sind. In der Regel wird bei solchen Aktien eine höhere Ertragskraft für die Zukunft erwartet. Sieht der Aktienbesitzer bzw. der Anlageberater für diese Erwartungen keinen Anlaß, so erscheint der Wert der Aktie im Vergleich zu anderen Branchenwerten zu hoch, und das Papier ist zu verkaufen.

Bei sachverständiger Anwendung läßt sich das Price-earnings-ratio-Verfahren zu einem feinen Bewertungsinstrument der Anlagepolitik ausgestalten.

b) „Cash-flow"-Verfahren

Der „cash-flow" – etwa zu übersetzen als „Kassenüberschuß" oder „finanzwirtschaftlicher Überschuß" – bezeichnet den um die Dividendenzahlungen und Steuern gekürzten Reingewinn pro Aktie einer Geschäftsperiode, erweitert um die Abschreibungen aus dem gleichen Berichtszeitraum.

605

Das „Cash-flow"-Verfahren zielt also auf die **Ermittlung der Expansionskraft der Unternehmung** ab und berücksichtigt dabei bis zu einem gewissen Grade eine *Selbstfinanzierung durch erhöhte Abschreibungen.* **In Beziehung zum Kurs gesetzt, vermag die auf diese Weise ermittelte Größe anzuzeigen, ob und wie weit sich das Kursniveau von der wirtschaftlichen Leistungskraft entfernt hat** bzw. wie nahe der Kurs dem Leistungsstand des Unternehmens kommt. Die ermittelte Kennziffer wird also dynamischer.

Allerdings ist in diesem Zusammenhang darauf hinzuweisen, daß die Berechnungsmethoden nicht einheitlich sind[1]. So erweitern z.B. einige Institute den „cash flow" wie folgt:

$$\text{cash flow.} = \frac{\begin{array}{l}\text{Abschreibungen auf Sachanlagevermögen}\\ +\text{Zuweisungen zu gesetzlichen und freien Rücklagen (} \text{/. Rücklagenauflösung)}\\ +\text{Zuweisungen zu mittel- und langfristigen Rückstellungen (z.B. Pensionen)}\\ +\textit{Reingewinn (}\textit{/. Gewinnausschüttung)}\\ +\text{passive Rechnungsabgrenzungsposten}\end{array}}{\text{Grundkapital bzw. Eigenkapital}}$$

In jedem Fall wird aber versucht, durch eine Kennzahl aufzuzeigen, welcher Ertrag vom Betrieb erwirtschaftet und *nicht* ausgeschüttet wurde, d.h. welcher Betrag für Reinvestitionen zusätzlich zur Verfügung steht.

Ähnlich wie die „Price-earnings ratio" läßt sich auch das „Cash-flow"-Verfahren nicht unbegrenzt anwenden. Ein **Vergleich** sollte **nur innerhalb von Branchen** oder zwischen verwandten Branchen stattfinden. Abschreibungen im Bergbau können z.B. eine ganz andere Bedeutung haben als Abschreibungen auf Maschinenanlagen; sie spielen in lohnintensiven Unternehmen eine andere Rolle als in kapitalintensiven. – Ferner ergeben sich von der steuerlichen Seite her insofern Schwierigkeiten, als verschiedene Wirtschaftsbereiche umfangreiche und unterschiedlich hohe steuerliche Privilegien genießen. Die sich daraus ergebenden überhöhten Abschreibungen zeigen ein zu günstiges „Cash-flow"-Bild im Verhältnis zu den tatsächlichen Wirtschaftsaussichten. Trotz dieser Vorbehalte aber wird der „Cash-flow"-Methode das beste Zeugnis zur Bestimmung des Leistungsvermögens einer Gesellschaft ausgestellt.

Eine „vollkommene" Anlageberatung kann jedoch auch die moderne Aktienanalyse nicht ermöglichen, da die hierzu erforderliche Transparenz des zukünftigen Wirtschaftsgeschehens fehlt.

---

1 Eine geringfügig abweichende Berechnungsmethode ist auf Seite 386 dargestellt.

4. Bedeutung des Effektenhandels für Aufwand und Ertrag

4.1 Aufwendungen

Der **betriebsbedingte Aufwand,** der durch die innerbetrieblichen Arbeiten für den Effektenhandel entsteht, hat weitgehend *fixen* Charakter. Die Kapazität der Bank muß so bemessen sein, daß Spitzenanforderungen pünktlich bewältigt werden können. Verzögerungen in der Ausführung von Kundenaufträgen führen wegen der Möglichkeit kurzfristiger Kursveränderungen leicht zu Verlusten und Ärgernissen. Schnelligkeit der Geschäftsabwicklung ist daher beim Effektenhandel entscheidend.

Da der Effektenhandel zudem nur in begrenztem Umfang mechanisiert werden kann, fällt der Aufwand für qualifizierte Fachkräfte stärker ins Gewicht. Eine besondere Aufgabe der Kreditinstitute besteht deshalb darin, für eine möglichst gleichmäßige Auslastung dieser Arbeitskräfte Sorge zu tragen.

Beim **wertbedingten Aufwand** ist zu unterscheiden zwischen Geschäften, die eine Kapitalbindung verursachen, und solchen, die keine Mittel der Bank binden.

Das reine *Effektenkommissionsgeschäft* erfordert keinen Kapitaleinsatz und ist, abgesehen von den üblichen betriebsbedingten Risiken, wie Unterschlagungen, Irrtum usw., kaum mit Risiken behaftet. Wertaufwendungen entfallen deshalb. Das gilt auch für Kommissionsgeschäfte, die im Wege des Selbsteintritts ausgeführt werden, soweit der Auftrag über die Börse abgewickelt wird.

Werden zur Ausführung derartiger Aufträge jedoch eigene Bestände unterhalten, fallen die gleichen Aufwendungen an wie beim Eigengeschäft.

Das *Effekteneigengeschäft* schlägt sich auf der Aktivseite der Bankbilanz nieder, bindet Kapital und verursacht also Kapitalaufwand. Außerdem ist mit diesen Geschäften die Gefahr verbunden, daß durch Änderung der Effektenkurse Verluste entstehen. Dieses Risiko kann von einer geringfügigen vorübergehenden Wertminderung geringer Bestände bis zur dauernden Unverkäuflichkeit größerer Effektenbestände reichen. In der Erfolgsrechnung schlägt sich das mit der Unterhaltung eines Wertpapierbestandes verbundene Kursrisiko in der „Abschreibung" nieder.

In engem Zusammenhang mit den aus diesen Risiken entstehenden Aufwendungen stehen durch den Wertpapierbestand hervorgerufene **Aufwendungen für die Aufrechterhaltung der Liquidität.** Obwohl Effekten normalerweise als relativ liquide bezeichnet werden, kann ihre Realisierbarkeit im Bedarfsfall durch Kursänderungen zeitweilig nicht vorteilhaft sein. Um die Liquidität trotzdem aufrechtzuerhalten, sind die Banken in diesen Fällen häufig zu Ersatzmaßnahmen gezwungen, indem sie z.B. am Geldmarkt Mittel aufnehmen müssen, die mit wertbedingtem Aufwand verbunden sind.

4.2 Erträge

Auch bei der Betrachtung der Ertragswirksamkeit des Effektenhandels ist es zweckmäßig, zwischen Geschäften zu unterscheiden, deren Durchführung die Unterhaltung eines eigenen Wertpapierbestandes erforderlich macht, und solchen, die kein Kapital binden.

Beim *Effekteneigengeschäft* fallen Erträge aus dem Effektenbestand und dem Effektenhandel an, sie bestehen aus **Zinsen** bzw. **Dividenden, Kursgewinnen** und **Erlösen bei der Veräußerung von Bezugsrechten**.

Demgegenüber ist im reinen *Effektenkommissionsgeschäft* eine verhältnismäßig gleichmäßige Ertragsstruktur zu beobachten, weil die Kreditinstitute aus Konkurrenzgründen gezwungen sind, weitgehend gleiche Provisionssätze in Rechnung zu stellen. Die im folgenden genannten Sätze haben keine durch Gesetz oder Verordnung festgelegte allgemeine Gültigkeit, für An- und Verkauf können jedoch folgende Sätze angenommen werden:

(1) **bei Aktien:**
   1% für Kunden (Nichtbanken)
   0,5% für Banken

(2) **bei festverzinslichen Wertpapieren**
   0,5% für Kunden (Nichtbanken)
   0,25% für Banken

Aufgaben:

1. Welche Geschäfte unterliegen nach dem KVStG der Börsenumsatzsteuer, wie hoch ist der Steuersatz, und wann werden Gewinne aus dem Verkauf von Wertpapieren einkommensteuerpflichtig?
2. Wodurch unterscheiden sich Effekteneigengeschäft und Effektenkommissionsgeschäfte, und was ist unter einem Effektenkommissionsgeschäft mit dem Recht des Selbsteintritts zu verstehen?
3. Welche handelsrechtlichen Vorschriften haben für das Effektenkommissionsgeschäft der Kreditinstitute besondere Bedeutung?
4. Erklären Sie den Begriff der Effektenarbitrage!
5. Worin besteht das Wesen des Effektenterminhandels, und wie vollzieht sich die Abwicklung derartiger Geschäfte?
6. Welche Formulierungen sind im Rahmen des Effektenhandels bei der Auftragserteilung in bezug auf den Kurs als banküblich anzusehen?
7. Wie werden dem Kunden Effektenkommissionsgeschäfte abgerechnet, und wann erfolgt die Wertstellung der Abrechnungsbeträge?
8. Worin liegt die Bedeutung der Übersendung eines Stückverzeichnisses an den Kunden?
9. Worauf ist bei der Effektenberatung besonderer Wert zu legen, und worin liegen die Gefahren einer solchen Effektenberatung für das betreffende Kreditinstitut?
10. Was ist unter dem Begriff „price-earnings ratio" zu verstehen?
11. Worauf zielt das „Cash-flow"-Verfahren bei der Aktienbewertung ab, und worin liegt seine Problematik?
12. Worin liegt die Bedeutung des Effektenhandels für Aufwand und Ertrag?

III. Emissionsgeschäft

1. Geschichtliche Entwicklung und Wesen

Das Emissionsgeschäft entstand in Deutschland im **16. Jahrhundert,** als große Handelshäuser im Auftrage von Fürsten *Anleiheemissionen* durchführten. Etwa zur gleichen Zeit emittierten deutsche und italienische „Finanziers" Anleihen in Antwerpen und Lyon. Die *ersten Aktien* wurden zu **Beginn des 17. Jahrhunderts** in Amsterdam begeben. Durch die Gründung von Bodenkreditinstituten, deren *Pfandbriefemissionen* der Finanzierung von Hypothekarkrediten dienten, wurde diese Entwicklung **Ende des 18. Jahrhunderts** weitergeführt.

Größere Bedeutung erlangte das Emissionsgeschäft vor allem in der Zeit der beginnenden *Industrialisierung.* Zur Aufbringung größerer Kapitalien mußten sich die Unternehmen an die Allgemeinheit wenden. Dabei bewährte sich die Emission von Gläubiger- und Beteiligungspapieren so gut, daß sie eine ständige Ausweitung erfuhr.

Unter dem Emissionsgeschäft ist die mit der Ausgabe und dem Absatz von Effekten für sich selbst oder für Dritte verbundene Geschäftstätigkeit der Kreditinstitute zu verstehen.

Der Emissionsablauf umfaßt in der Regel *drei Stufen und drei Personenkreise:*

(1) **Abschluß eines Effektenübernahmevertrages** zwischen den beteiligten Kreditinstituten und dem Emittenten;

(2) die **kommissionsweise oder feste Übernahme** der Wertpapiere durch die Kreditinstitute;

(3) die Unterbringung im Publikum **(Placierung).**

2. Rechtliche Grundlagen

2.1 Allgemeine gesetzliche Bestimmungen

Die wichtigsten bürgerlich-rechtlichen Vorschriften sind beim Emissionsgeschäft die Bestimmungen über den Kaufvertrag, den Auftrag, die Verwahrung und über Schuldverschreibungen. Außerdem sind die Vorschriften des Depotgesetzes, des Börsengesetzes und der **„Bekanntmachung betreffend die Zulassung von Wertpapieren zum Börsenhandel"** zu berücksichtigen.

Bei Aktienemissionen sind insbesondere die beiden ersten „Bücher" des Aktiengesetzes zu beachten, während für Anleiheemissionen das **„Gesetz betreffend die gemeinsamen Rechte der Besitzer von Schuldverschreibungen"** und das **„Gesetz über die staatliche Genehmigung für die Ausgabe von Inhaber- und Orderschuldverschreibungen"** vom 26. 6. 1954 als Rechtsgrundlage anzusehen sind.

Order- und Inhaberschuldverschreibungen dürfen nur mit *Genehmigung* des Bundesfinanzministeriums im Einvernehmen mit dem Wirtschaftsministerium des betreffenden Landes in Verkehr gebracht werden. Von der Genehmigungspflicht, die vor allem zum Schutze des Kapitalmarktes besteht, sind Schuldverschreibungen des Bundes und der Länder ausgenommen, die Länder sollen sich allerdings mit dem Bundeswirtschaftsminister ins Benehmen setzen.

2.2 Steuerrechtliche Bestimmungen

Besonders wichtig sind ferner die Bestimmungen des Kapitalverkehrsteuergesetzes über die Gesellschaftsteuer; die Wertpapiersteuer wurde durch Gesetz mit Wirkung vom 1. 1. 1965 aufgehoben.

KVStG Der **Gesellschaftsteuer** unterliegt der Erwerb von Gesellschaftsrechten an einer
§ 2, 1 inländischen Kapitalgesellschaft durch den ersten Erwerber. Als Gesellschafts-
§ 6, 1 rechte an Kapitalgesellschaften gelten insbesondere Aktien und Kuxe. Der *Steu-*
§ 9 *ersatz* beträgt normalerweise **1% des Emissionskurswertes**, er kann sich jedoch
unter bestimmten Voraussetzungen auf 0,5 % ermäßigen.

§ 10 *Steuerschuldner* ist der Emittent, daneben haften die Aktienerwerber für die Steuer.

3. Technik des Emissiongeschäfts

3.1 Emissionsarten

Die Emission kann in der Form der Selbstemission oder der Fremdemission erfolgen.

3.1.1 Selbstemission

Bei der Selbstemission übernimmt der Emittent die Placierung seiner Wertpapiere, d. h. er ist bemüht, die eigenen Effekten beim Publikum selbst unterzubringen. Dies erfordert gute Beziehungen zum Kapitalmarkt und ein ausgebautes Vertriebssystem. Außerdem darf der Geldbedarf nicht dringlich sein, da bei dieser Emissionsart der Gegenwert meist nur allmählich eingeht.

Eine Selbstemission ist nicht nur Banken möglich, auch jede andere Unternehmung kann ihre Effekten, z.B. junge Aktien, auf diese Weise unterbringen. Selbstemissionen von Nichtbanken sind jedoch in Deutschland selten. Typisch für die Selbstemissionen sind die **Pfandbriefemissionen von Realkreditinstituten und Landesbanken.** Aber auch andere *Bankobligationen* werden bisweilen in dieser Form untergebracht.

3.1.2 Fremdemission

Die Fremdemission ist dadurch gekennzeichnet, daß sich die Emissionsschuldner zum Zwecke der Abwicklung einer Emission an ein Kreditinstitut oder mehrere Banken wenden. Die Gründe, weshalb die Kreditinstitute von Nichtbanken zu Emissionen herangezogen werden, sind vielfältig. An erster Stelle wird der Vorteil stehen, sich ein gut ausgebautes Vertriebssystem dienstbar zu machen. Aber auch die Kapitalkraft, die Beratung oder der Name eines Kreditinstituts können ausschlaggebend sein.

Die Kreditinstitute werden bei der Fremdemission auf verschiedene Weise eingeschaltet. Besteht ein **Geschäftsbesorgungsvertrag**, so wird die Bank bzw. das Bankenkonsortium als Werbe-, Vermittlungs- oder Verwaltungsstelle tätig. Ein **Kommissionsvertrag** verpflichtet dagegen das Kreditinstitut bzw. Bankenkonsortium, in eigenem Namen und für Rechnung des Emittenten die Papiere abzusetzen. Weiterhin kann die Bank bzw. das Konsortium als *Selbstkäufer* auftreten und die Effekten zu einem festen Kurs übernehmen.

3.2 Emissionskonsortien

Selten führt eine einzelne Bank eine Emission durch; im allgemeinen wird zu diesem Zweck ein Bankenkonsortium gebildet. Konsortien sind sogenannte **Gelegenheitsgesellschaften**, die als Gesellschaften des bürgerlichen Rechts für jede Emission neu gegründet werden. Praktisch besteht allerdings eine Reihe von Konsortien, die immer wieder in gleicher oder ähnlicher Zusammensetzung an die Öffentlichkeit treten (z.B. Bundesanleihekonsortium). Die Vorschriften des BGB werden im allgemeinen in einem *Konsortialvertrag* durch andere Regelungen ersetzt.

Die im BGB vorgesehene gemeinschaftliche **Geschäftsführung** wird regelmäßig dadurch ausgeschlossen, daß sie einem Mitglied des Konsortiums übertragen wird. Das federführende Kreditinstitut ist an die Beschlüsse der Konsorten gebunden, die meist nach dem Prinzip der Einstimmigkeit, seltener nach Mehrheit der Quoten gefaßt werden. Trotzdem bleibt der *Konsortialführerin* genügend Handlungsspielraum, um die laufenden Geschäfte auch in Zweifelsfällen abzuwickeln. BGB § 709, 1

Im *Innenverhältnis* führt die Konsortialführerin das **Konsortialkonto** und nimmt die Verrechnung mit der Gesellschaft und den Konsorten vor. Die technische Abwicklung obliegt einem speziellen *Konsortialbüro*. Für ihre Tätigkeit erhält die

Konsortialführerin auf Grund vertraglicher Abmachungen regelmäßig eine sogenannte *Führungsprovision*.

Im Außenverhältnis übernimmt die Konsortialführerin die **Vertretung des Konsortiums** dem Kunden gegenüber und wickelt den Geschäftsverkehr zwischen den Konsorten und dem Kunden ab. Die Konsortialführerin handelt *für Rechnung und im Namen* des Konsortiums.

BGB
§ 718 f.

Die Konsorten sind verpflichtet, alles zu tun, um den Konsortialzweck zu erreichen, insbesondere ihren Organisationsapparat zur Verfügung zu stellen und die vereinbarte Quote zu übernehmen. Ein Gesamthandsvermögen kommt vereinbarungsgemäß in der Regel nicht zustande, weil der Konsortialvertrag vorsieht, daß etwa erworbenes Vermögen unmittelbar auf die einzelnen Konsorten als *Alleineigentum* übergehen soll. Die Quoten, die hierfür die Berechnungsgrundlage bilden, begrenzen gleichzeitig das Haftungsmaß der einzelnen Konsorten.

Der **Konsortialvertrag** enthält u.a. folgende Punkte:

(1) den *Zweck* der Konsortialbildung,

(2) die *Namen* der Mitglieder,

(3) die Konsortialanteile *(Quoten)* der Mitglieder,

(4) die *Eigentumsverhältnisse*,

(5) die *Vertretung* der Konsorten,

(6) die *Geschäftsführung* des Konsortiums,

(7) die *Pflichten und Rechte* der Konsorten (insbesondere die Haftungsverhältnisse und die Gewinnbeteiligung) und

(8) die *Beendigung* des Konsortiums.

Vom Konsortialvertrag ist der „**Außenvertrag**" zu unterscheiden. Dieser Vertrag wird zwischen dem Konsortium und dem Emittenten abgeschlossen und legt die Ausstattung der Emission, die Höhe der Vergütung, Börsenzulassung, Kurspflege usw. fest. Während der Emissionsabwicklung steht praktisch nur noch die Konsortialführerin mit dem Emittenten in abrechnungstechnischer Verbindung.

Bei den Emissionskonsortien lassen sich folgende Grundtypen unterscheiden:

3.2.1 Übernahmekonsortium

Das reine Übernahmekonsortium übernimmt die Wertpapiere vom Emittenten zu einem *festen Kurs* gegen Zahlung des Kaufpreises, um die Effekten für längere oder kürzere Zeit im Eigenbesitz zu behalten. Es besteht also nicht die Absicht, die Papiere sofort im Publikum unterzubringen.

612

3.2.2 Begebungskonsortium

Im Gegensatz dazu verfolgt das reine Begebungskonsortium den Zweck, die Wertpapiere lediglich für Rechnung des Emittenten entweder als Kommissionär, als Makler oder als Geschäftsbesorger zu verkaufen. Die Konsorten gehen *kein Absatzrisiko* ein, sondern stellen lediglich ihre Organisation und ihren Emissionskredit zur Verfügung und erhalten dafür eine Vergütung in Form einer *Bonifikation*.

3.2.3 Garantiekonsortium

Das Garantiekonsortium verpflichtet sich, falls bei anderweitiger Emission, z. B. bei Selbstemission, nicht sämtliche Stücke untergebracht werden können, die restlichen Effekten bis zu einer bestimmten Höhe zu einem festen Kurs zu übernehmen. In Deutschland hat das Garantiekonsortium keine praktische Bedeutung.

3.2.4 Optionskonsortium

Ein Optionskonsortium übernimmt nur den *Teilbetrag* der zu emittierenden Papiere, den es mit Sicherheit unterzubringen hofft. Für den Rest erhält es eine Option, d. h. das Recht, bei entsprechendem Emissionsergebnis auch diesen Posten zu übernehmen.

3.2.5 Kombiniertes Übernahme- und Begebungskonsortium

Die heute in Deutschland gebräuchlichste Form ist das kombinierte Übernahme- und Begebungskonsortium, bei dem die Wertpapiere durch das Konsortium **zu einem festen Übernahmekurs** übernommen und anschließend an das Publikum weiterveräußert werden. Das kann sowohl im Namen und für Rechnung des Konsortiums als auch des Emittenten geschehen, z. B. beim Verkauf an bezugsberechtigte Aktionäre. Der Gegenwert der übernommenen Papiere wird dem Emittenten dann vom Konsortium **innerhalb einer festgesetzten Frist** bzw. entsprechend dem Fortgang der Placierung zur Verfügung gestellt. Der Ertrag der Konsortialbanken ergibt sich bei festverzinslichen Wertpapieren aus der Differenz zwischen dem Übernahme- und dem höheren Emissionskurs. Bei Aktien sind beide Kurse gleich; die Vergütung wird gesondert vereinbart.

3.3 Placierung der Effekten

Wenn über die Emissionsart entschieden ist und ggf. ein Konsortium gebildet wurde, muß bestimmt werden, auf welchem Wege die Effekten untergebracht werden sollen. In der Bundesrepublik sind hierfür hauptsächlich folgende Methoden üblich, die einzeln oder kombiniert angewandt werden können.

(1) *Auflegung zur öffentlichen Zeichnung (Subskription),*

(2) *freihändiger Verkauf,*

(3) *Placierung über die Börse,*

(4) *Bezugsangebot.*

Allgemeine Bedingungen für den Verkauf von Kassenobligationen im Wege der Ausschreibung

1. Die Deutsche Bundesbank bietet inländischen Zeichnungsinteressenten (Gebietsansässigen) im Auftrag und für Rechnung des jeweiligen Emittenten im Wege der Ausschreibung Kassenobligationen an. Die genauen Konditionen der einzelnen Ausschreibungen werden gesondert bekanntgemacht.

   Kaufgebote können nur berücksichtigt werden, wenn sie am Tag des Ablaufs der Gebotsfrist bis 12.00 Uhr schriftlich (mit Vordruck 9250 oder formlos) in doppelter Ausfertigung in verschlossenem Umschlag bei den Zweiganstalten der Deutschen Bundesbank (Landeszentralbanken) eingereicht werden. Der Umschlag soll mit der Aufschrift „Achtung, nicht sofort öffnen, Kaufgebot für Kassenobligationen" deutlich gekennzeichnet sein. Bei Zustellung durch die Post sollen die Kaufgebote in einem so beschrifteten Innenumschlag verschlossen sein.

2. Die einzureichenden Gebote müssen über mindestens 5000,– DM oder ein Mehrfaches davon lauten und sollen den Kurs enthalten, bis zu dem die Bieter bereit sind, zugeteilte Beträge zu übernehmen. Die Bietungskurse sollen auf volle 0,10-Prozentpunkte lauten und dürfen den evtl. festgesetzten Mindestbietungskurs nicht unterschreiten. Gebote zu einem Kurs, der nicht auf volle 0,10-Prozentpunkte lautet, werden behandelt, als ob sie zu dem nächstniedrigeren auf volle 0,10-Prozentpunkte lautenden Kurs abgegeben worden wären. Auch Billigst-Gebote sind zulässig. Die Bieter sind bis zum Zuteilungstag, 11.00 Uhr, an ihr Gebot gebunden. Der Emittent behält sich vor, von Einzelgeboten Kenntnis zu nehmen.

3. Die endgültigen Verkaufskurse werden nach Maßgabe der eingegangenen Gebote festgesetzt. Dabei werden die für den Emittenten günstigsten Gebote ausgewählt und je Emission zu einem Einheitskurs zugeteilt. Über dem Einheitskurs liegende Gebote und Billigst-Gebote werden voll zugeteilt; Gebote zum Einheitskurs werden ggf. repartiert. Unter dem Einheitskurs liegende Gebote fallen aus. Die Bieter werden bis zum Ablauf der Zuteilungsfrist fernmündlich von der Zuteilung und dem endgültigen Verkaufskurs unterrichtet.

4. Die zugeteilten Beträge jeder Ausschreibung und je Emission werden spesen- und börsenumsatzsteuerfrei abgerechnet. Die Käufer haben den Gegenwert der zugeteilten Kassenobligationen am Zahlungstag (= 2. Geschäftstag nach dem Tag des Ablaufs der Gebotsfrist) vorbörslich bereitzustellen.

5. Die Emissionsbeträge werden je Wertpapier-Kenn-Nummer in das Bundesschuldbuch auf den Namen der Frankfurter Kassenverein AG, Frankfurt am Main, eingetragen. Eine Umwandlung der eingetragenen Forderungen in effektive Stücke ist während der gesamten Laufzeit ausgeschlossen. Im Girosammelverkehr können Beträge von 5000,– DM bzw. einem Mehrfachen davon übertragen werden.

6. Der Käufer hat die Möglichkeit, seinen Anteilsbetrag auf seinen Namen in das Bundesschuldbuch eintragen zu lassen. Die Bundesschuldenverwaltung berechnet für die Verwaltung einschließlich der bargeldlosen Überweisung von Zinsen und Kapital keine Gebühren.

7. Die Kassenobligationen werden in den geregelten Freiverkehr an der Frankfurter Wertpapierbörse eingeführt.

DEUTSCHE BUNDESBANK

3.3.1 Auflegung zur öffentlichen Zeichnung (Subskription)

Falls kein bezugsberechtigter Kreis vorhanden ist, ist die **Auflegung zum öffentlichen Verkauf** das heute meistgebräuchliche Absatzverfahren. Sie vollzieht sich in mehreren Etappen. Den reibungslosen Ablauf bereitet die federführende Bank durch die Versendung ausführlicher Richtlinien an die Konsortien vor. Danach veröffentlicht das Konsortium in den Tages- und Wirtschaftszeitungen **Verkaufsangebote**, durch die das Publikum auf die Emission aufmerksam gemacht werden soll. Außerdem werden Rundschreiben versandt, Verkaufsangebote an den Schaltern der Kreditinstitute ausgelegt und andere Werbemittel eingesetzt.

Das Verkaufsangebot enthält eine Aufforderung an Interessenten, einen Kaufantrag zu stellen, d. h. sich zur käuflichen Übernahme eines bestimmten Betrages der Wertpapiere zu verpflichten, und eine genaue Beschreibung der Wertpapiere. Dementsprechend gliedert sich das Verkaufsangebot in zwei Abschnitte, in denen die Ausstattung der Wertpapiere und die Verkaufsbedingungen beschrieben werden (vgl. Prospekt S. 616 f.).

Die Kaufaufforderung kann vorsehen, daß Kaufanträge nur innerhalb einer bestimmten Frist oder von einem bestimmten Termin an ohne zeitliche Begrenzung entgegengenommen werden. In den Auswirkungen unterscheiden sich beide Verfahren für den Käufer darin, daß bei Stellung einer Frist die erworbenen Papiere erst nach Fristablauf, bei fortlaufendem Verkauf jedoch kontinuierlich abgerechnet werden.

Bei **Überzeichnung** (d. h., wenn mehr Kaufanträge eingegangen sind als Effekten zur Verfügung stehen) erfolgt eine *Repartierung*. Ursprünglich wurden hierbei die Papiere im Verhältnis der eingegangenen Anträge auf die Nachfrage verteilt. Heute bedingt sich das Konsortium regelmäßig das Recht aus, die Zuteilung nach eigenem Ermessen vorzunehmen, da es in seinem Interesse liegt, die Wertpapiere möglichst fest zu placieren. Dabei werden vielfach Anträge auf kleinere Beträge bevorzugt, weil hier die Anlage wahrscheinlich dauerhafter ist. Durch diese Maßnahme sollen vor allem die sogenannten *„Konzertzeichner"* ausgeschlossen werden, die sich bewußt zur Übernahme überhöhter Beträge verpflichten, um bei einer Repartierung in den Besitz des von ihnen gewünschten Betrages zu gelangen, häufig in der Absicht, bei einem folgenden Kursanstieg die Papiere wieder zu verkaufen. Ein solches Vorgehen liegt wegen einer eventuell notwendig werdenden Kurspflege nicht im Interesse des Emittenten.

In diesem Zusammenhang ist auch das vor allem im angelsächsischen Emissionsgeschäft gebräuchliche **Tenderverfahren** zu erwähnen, das einer Versteigerung der Wertpapiere gleichkommt. In Deutschland wurde es bisher lediglich für die Placierung von Kassenobligationen des Bundes, nicht hingegen im Konsortialemissionsgeschäft, angewandt (vgl. den Abdruck der „Allgemeinen Bedingungen für den Verkauf von Kassenobligationen im Wege der Ausschreibung" auf der vorhergehenden Seite).

Da die Stücke bei der Zuteilung meistens noch nicht gedruckt sind, erhalten die *Subskribenten* bis zur Lieferung der effektiven Stücke häufig nicht übertragbare **Kassenquittungen**, indossable Bonds oder *Interimsscheine*.

8,50%

Anleihe der Bundesrepublik Deutschland
von 1982 (1992)

– Wertpapier-Kennnummer 113 412 –

Verkaufsangebot

Die Bundesrepublik Deutschland begibt zur Finanzierung ihrer Investitionen eine 8,50% Anleihe von 1982 (1992) im Betrage von

DM 1 600 000 000,–.

Von der Anleihe werden DM 1 200 000 000,– durch das unterzeichnete Konsortium zum Verkauf gestellt.

Ausgabekurs: 99,50%
spesenfrei, unter Verrechnung von 8,50% Stückzinsen. Diese Anleihe unterliegt nicht der Börsenumsatzsteuer.

Zinszahlung: Nachträglich am 1. Juni eines jeden Jahres, erstmals am 1. Juni 1983. Die Verzinsung endet mit dem Ablauf des dem Fälligkeitstag vorhergehenden Tages; das gilt auch dann, wenn die Leistung nach § 193 BGB bewirkt wird.

Nennbeträge: DM 100,– oder ein Mehrfaches davon.

Laufzeit: 10 Jahre. Die Anleihe wird am 1. Juni 1992 zum Nennwert zurückgezahlt. Vorzeitige Kündigung ist ausgeschlossen.

Rendite: 8,58%.

Mündelsicherheit: Gemäß § 1807 Abs. 1 Nr. 2 BGB.

Lombardfähigkeit: Gemäß § 19 Abs. 1 Nr. 3d des Gesetzes über die Deutsche Bundesbank.

Börseneinführung: Zum amtlichen Handel in allen deutschen Börsen.

Lieferung: Den Käufern wird zur Wahl gestellt:

a) die Einlegung in ein Sammeldepot bei einer Wertpapiersammelbank über ein Kreditinstitut (Sammelbestandsanteile) oder

b) die Eintragung als Einzelschuldbuchforderung in das bei der Bundesschuldenverwaltung, Bad Homburg v.d.H., geführte Bundesschuldbuch. Die Verwaltung der Einzelschuldbuchforderungen einschließlich der Überweisung von Zinsen und Kapital erfolgt kostenlos.

Die Ausgabe von Stücken ist für die ganze Laufzeit ausgeschlossen. Vor Verkaufsbeginn wird eine Sammelschuldbuchforderung im Gesamtbetrag der Anleihe für den zuständigen Kassenverein in das Bundesschuldbuch eingetragen.
Sammelbestandsanteile und Einzelschuldbuchforderungen werden unverzüglich verschafft, und zwar Sammelbestandsanteile durch Gutschrift bei dem vom Erwerber benannten Kreditinstitut, Einzelschuldbuchforderungen durch Eintragung in das Bundesschuldbuch.

Zahlung von Zinsen und Kapital:	Die fälligen Zinsen und Rückzahlungsbeträge werden bei Sammel-bestandsanteilen durch die depotführende Bank gutgeschrieben, bei Einzelschuldbuchforderungen durch die Bundesschuldenverwaltung, Bad Homburg v.d.H., überwiesen.
Verkaufstermin und Verkaufsstellen:	Die Anleihe wird vom

17. bis 19. Mai 1982

während der üblichen Geschäftsstunden bei den unterzeichneten Banken, deren Zweigniederlassungen sowie den Zweiganstalten der Landeszentralbanken zum Verkauf gestellt. Die Anleihe kann auch durch Vermittlung aller übrigen nicht namentlich genannten Kreditinstitute (Banken, Sparkassen, Kreditgenossenschaften) gekauft werden.
Inländische natürliche Personen und Einrichtungen, die gemeinnützigen, mildtätigen oder kirchlichen Zwecken dienen, werden bevorzugt berücksichtigt, sofern sie ihre Kaufaufträge während der Verkaufsfrist erteilen.

Im übrigen bleibt die Zuteilung den Verkaufsstellen überlassen.

Im Mai 1982

3.3.2 Freihändiger Verkauf

Ein weiteres sehr gebräuchliches Absatzverfahren ist der freihändige Verkauf. Der Absatz der Wertpapiere erfolgt hier allmählich und wird der Nachfrage angepaßt. In einem Verkaufsangebot, das Ähnlichkeit mit dem Zeichnungsprospekt hat, wird die Anleihe zu einem bestimmten Kurs *„freibleibend"* zum Verkauf gestellt. Die Kreditinstitute behalten sich also Kursänderungen vor. Der Verkauf kann ferner je nach Bedarf frühzeitig beendet oder länger ausgedehnt werden.

Freihändiger Verkauf ist besonders dann zweckmäßig, wenn das Kapitalbedürfnis des Emittenten nur allmählich befriedigt zu werden braucht bzw. ein stetiger Eingang des Gegenwertes beabsichtigt ist. Als ein typisches Beispiel dafür ist das **Pfandbriefgeschäft der Realkreditinstitute** anzusehen; der allmähliche Verkauf läßt eine Abstimmung mit den ständig zu gewährenden Hypothekarkrediten zu.

Der freihändige Verkauf kommt daneben vor allem **für kleinere Emissionen** oder für Reste von Emissionen in Frage, die nicht im Rahmen einer Subskription gezeichnet worden sind. Aber auch die Länder und die Industrieunternehmungen bringen ihre Anleihen oft über die Banken im Wege des freihändigen Verkaufs am Markt unter.

3.3.3 Placierung über die Börse

Die Unterbringung einer Emission durch Einführung an der Börse war bis zum ersten Weltkrieg eine selbständige Begebungsmethode, heute werden über die

Börse nur noch Reste placiert. Technisch erfolgte der Absatz durch den Verkauf der Papiere an der Börse. Die Konsortialführerin bot am Einführungstag zu einem bestimmten Emissionskurs einen bestimmten Betrag an und versuchte, mit Kurs- und Angebotsmengenregulierungen die Emission im gewünschten Rhythmus unterzubringen.

3.4 Emission junger Aktien

Eine Sonderform des Emissionsgeschäftes ist die **Beteiligung von Kreditinstituten an Kapitalerhöhungen von Aktiengesellschaften.** Diese Art der Aktienemission ist heute die Regel, da sogenannte Gründungsemissionen nur selten vorkommen und die Banken Erstaktien wegen des wesentlich größeren Absatzrisikos und mit Rücksicht auf ihren Emissionskredit nur ungern übernehmen.

Meistens übernimmt ein Konsortium die jungen Aktien en bloc, um sie den alten Aktionären zum Bezug anzubieten. Dabei ist es nicht notwendig, daß das gesetzliche Bezugsrecht durch einen Beschluß der Hauptversammlung mit qualifizierter Mehrheit ausgeschlossen wird, weil nach dem Aktiengesetz es nicht als ein Ausschluß des Bezugsrechts anzusehen ist, wenn nach dem Beschluß über die Kapitalerhöhung die neuen Aktien von einem Kreditinstitut mit der Verpflichtung übernommen werden sollen, sie den Aktionären zum Bezug anzubieten. Dieser Weg ermöglicht eine beträchtliche Vereinfachung des Verfahrens, da die Durchführung einer Kapitalerhöhung erst dann ins Handelsregister eingetragen und diese damit juristisch wirksam wird, wenn sämtliche jungen Aktien – in diesem Fall vom Konsortium – übernommen und mindestens 25% zuzüglich Aufgeld eingezahlt worden sind.

AktG § 186, 5

Die Kreditinstitute benachrichtigen alle Kunden, für die sie Aktien der betreffenden Gesellschaft verwahren, von der Durchführung der Kapitalerhöhung und bitten um **Weisung**, ob das Bezugsrecht ausgeübt werden soll oder nicht. Erteilt der Kunde keine Weisung, wird das Bezugsrecht für ihn veräußert.

Die **Aufforderung zur Ausübung des Bezugsrechts** wird außerdem in der Presse veröffentlicht. Den Aktionären wird mitgeteilt, wann und unter welchen Bedingungen sie die jungen Aktien beziehen können. Als Bezugsstellen treten die Konsortialbanken auf, die den Aktionären Gelegenheit zur Ausübung ihres Bezugsrechts geben. Zum Nachweis ihrer Berechtigung müssen die Aktionäre in der Regel bestimmte Gewinnanteilscheine einreichen.

Das Bezugsrecht repräsentiert einen Wert, der sich nach folgender Formel errechnet:

$$B = \frac{K_a - K_n}{\frac{m}{n} + 1}$$

B	=	Wert des Bezugsrechts
K_a	=	Kurs der alten Aktien
K_n	=	Kurs der jungen Aktien
$\frac{m}{n}$	=	Bezugsverhältnis alte zu junge Aktien (soll das Grundkapital einer AG z.B. von 10 Mio auf 11 Mio erhöht werden, dann ist das Bezugsverhältnis gleich 10 : 1)

618

Der Wert des Bezugsrechts soll die Altaktionäre für das Sinken des inneren Wertes ihrer Aktien durch die Kapitalerhöhung insoweit entschädigen, als die jungen Aktien künftig am bilanziellen und dem nicht ausgewiesenen Reinvermögen des Unternehmens teilhaben.

Ist ein Aktionär nicht in der Lage oder nicht gewillt, junge Aktien zu beziehen, kann er sein Bezugsrecht durch die Banken verkaufen lassen. Die **Bezugsrechte börsengängier Aktien werden an der Börse gehandelt**, wobei die Kurswerte vom rechnerischen Kurs nicht unerheblich abweichen können. Mit dem Tage der Aufnahme des Bezugsrechtshandels werden die alten Aktien mit einem Kursabschlag in Höhe des Bezugsrechts notiert, d.h. die alten Aktien werden „*ex Bezugsrecht*" gehandelt.

Die jungen Aktien können im allgemeinen nicht gleich nach Ausübung des Bezugsrechts effektiv geliefert werden. Sie werden den Beziehern vielmehr zunächst auf einem Sammeldepotkonto **(Jungscheinkonto)** auf Grund eines vom Emittenten beim Kassenverein hinterlegten *Jungscheines* gutgeschrieben. Auf diese Weise können die jungen Aktien bereits im Freiverkehr gehandelt werden, bevor die effektiven Stücke ausgeliefert sind[1].

3.5 Börseneinführung und Kurspflege

Mit der Placierung einer Emission ist die Tätigkeit der Kreditinstitute normalerweise jedoch nicht abgeschlossen; Börseneinführung und Kurspflege sind weitere Aufgaben, die fast immer mit einer Emission übernommen werden müssen.

Während früher zuerst die Börseneinführung und dann die Placierung erfolgte, ist die Reihenfolge heute in Deutschland umgekehrt. Abgesehen von denjenigen Papieren, die kraft Gesetzes automatisch zum Börsenhandel zugelassen sind (Bundes- bzw. Länderanleihen sowie – mit bestimmten Nebenauflagen – bundes- bzw. landesverbürgte Anleihen), wird je nach den Interessen des Emittenten und der voraussichtlichen Streuung des Käuferkreises aus Kostengründen nur die Einführung an bestimmten Börsen erwogen. Da der **Zulassungsantrag** nur von Kreditinstituten gestellt werden kann, die an der betreffenden Börse vertreten sind, setzt sich das **Börseneinführungskonsortium** jeweils nur aus denjenigen Mitgliedern des Emissionskonsortiums zusammen, die an der entsprechenden Börse zum Handel zugelassen sind.

Mit dem Zulassungsantrag muß ein **Prospekt** eingereicht werden, der alle notwendigen Angaben für die Beurteilung der einzuführenden Papiere und der emittierenden Gesellschaft enthalten soll. Dieser Prospekt wird vom Emittenten und sämtlichen Mitgliedern des Emissionskonsortiums unterschrieben und veröffentlicht, wobei meist in einem Nachsatz, der sogenannten „*Zulassungsklausel*", auf die erfolgte Börsenzulassung hingewiesen wird.

---

1 Vgl. Seite 631 f.

Die Kreditinstitute, die mit der Emission und Börseneinführung beauftragt sind, werden im allgemeinen darauf achten, daß die Einführung nicht zu einem niedrigeren als dem Emissionskurs erfolgt. Sie wollen damit eine Enttäuschung der Käufer vermeiden, die im Vertrauen auf die emittierende Gesellschaft und auf den Emissionskredit der beteiligten Banken die Papiere vor der Börseneinführung erworben haben. *Emissionsrückkäufe* seitens der Banken sind daher häufig nicht zu vermeiden. Allerdings kann und soll, auch wenn die Banken kaufend oder verkaufend intervenieren, der Einfluß einer Baisse oder Hausse auf die Kurse nicht vermieden werden. Ein Zeichen für die Wichtigkeit der regelmäßigen Kurspflege ist darin zu sehen, daß zu diesem Zweck spezielle **Kursstützungs-, Kursregulierungs- oder Interventionskonsortien** gebildet werden, die sich meistens aus den Migliedern des Emissionskonsortiums der betreffenden Effekten zusammensetzen.

4. Bedeutung des Emissionsgeschäfts für Aufwand und Ertrag

4.1 Aufwendungen

Als **wertbedingte Aufwendungen** fallen besonders Risiko- und Geldbeschaffungsaufwendungen ins Gewicht. Sofern die Kreditinstitute die Papiere zur Begebung fest übernehmen, übernehmen sie damit das *Risiko der Nichtunterbringung* bzw. der Unterbringung zu einem niedrigeren Kurs. Das *Liquiditätsrisiko* kann dadurch eingeschränkt werden, daß die Zurverfügungstellung des Emissionsgegenwertes dem Emittenten erst nach einer bestimmten Frist zugesichert wird, nach deren Ablauf der Verkauf der Effekten vermutlich abgewickelt sein wird.

Auch wenn die Banken beim reinen Begebungskonsortium z. B. die Möglichkeit besitzen, die nicht abgesetzten Stücke dem Emittenten zurückzugeben, so sind sie – um ihren Emissionskredit zu erhalten – bisweilen trotzdem gezwungen, etwaige Reststücke unter Einsatz eigener Mittel zu behalten.

4.2 Erträge

Bezüglich der Erträge aus dem Emissionsgeschäft ist die Ausgabe von Anleihen und Aktien zweckmäßigerweise getrennt zu betrachten.

4.2.1 Anleiheemissionen

Bei einer Anleiheemission erhält das Emissionskonsortium als Gesamtvergütung in der Regel 2 bis 3% des Emissionswertes. Wie bei jeder freien Preisbildung ist für die jeweiligen Sätze die Marktstellung des Emissionshauses und des Konsortiums maßgebend. Die Vergütung besteht aus der **Spanne zwischen dem Übernahmekurs des Konsortiums und dem Begebungskurs für das Publikum**; erfolgt die Abgabe an das Publikum z. B. zu einem Kurs von 98%, so erhält der Emittent vom Konsortium etwa 95½%.

Die Gesamtvergütung wird normalerweise je zur Hälfte aufgeteilt in den Konsortialnutzen und die Schalterprovision. Der von der Konsortialquote abhängige **Konsortialnutzen** soll vor allem ein Entgelt für die Wertleistung sein; die von der tatsächlichen Unterbringung abhängige **Schalterprovision** stellt eine Vergütung für die bei der Unterbringung erbrachte Betriebsleistung dar.

Ein **Beispiel** soll der Verdeutlichung der bisherigen Ausführungen dienen (vgl. dazu Darstellung auf S. 622).

Bei einer angenommenen Gesamtvergütung von 2½% soll der Konsortialführerin für ihre Tätigkeit bei der Geschäftsführung und Vertretung eine **Führungsprovision** von ⅛% des Anleihenominalbetrages zustehen. Der *Konsortialnutzen* des einzelnen Konsorten beträgt dann 1¼% ./. ⅛% Führungsprovision = 1⅛% seiner Übernahmequote. Damit sollen speziell das Begebungsrisiko des Konsorten und die Zurverfügungstellung seines Emissionskredites abgegolten werden.

Die Schalter- oder Guichetprovision von 1¼% wird nach dem gleichen Schlüssel verteilt wie der Konsortialnutzen. Trotz der wertbeständigen Berechnungsart soll sie eine Abgeltung für die Betriebsleistung sein. Dies kommt besonders dadurch zum Ausdruck, daß die Banken die Schalterprovision in ihrer internen Abrechnung den Börsen- bzw. Effektenabteilungen und den Filialen zurechnen, also den Stellen, welche die Begebung technisch durchführen.

Werden außerhalb des Konsortiums stehende Institute bei der Placierung der Effekten eingeschaltet, so wird ihnen ein Teil der Schalterprovision – zum Beispiel 1% – in Form der sogenannten **Bankiersbonifikation** weitergereicht. Allerdings wird hierbei häufig zur Bedingung gemacht, daß die Papiere während der Dauer eines Jahres nicht an den Markt gelangen dürfen **(Bonifikationssperre)**. Dieser Preis für eine dauernde Anlage kann, falls es der Konsortialvertrag erlaubt, auch Großabnehmern wie z.B. Versicherungen als eine Art Mengenrabatt gewährt werden.

Der noch verbleibende Teil der Schalterprovision in Höhe von ¼% ist die Vergütung für die Leistungen der Konsorten bei der Zeichnung und Zuteilung der Papiere, also für Entgegennahme und Bearbeitung von Zeichnungserklärungen, Abwicklung des Zahlungsverkehrs, Aushändigung der Stücke usw.

Außer diesen Vergütungen, die unmittelbar mit der Emission zusammenhängen, erhalten die Konsortialbanken die einmalige **Börseneinführungsprovision**, die einerseits als Entgelt für Betriebsleistungen bei der Ausarbeitung des Prospekts, Stellung des Zulassungsantrages und Durchführung des Zulassungsverfahrens, andererseits aber auch als Entgelt für eine Wertleistung in Gestalt der *Prospekthaftung* dient. Ferner erhebt die federführende Bank eine jährliche **Treuhandgebühr** von meist 1‰ vom Nennwert der am Tage der Fälligkeit dieser Gebühr im Umlauf befindlichen Anleihestücke.

Für den laufenden **Zinsscheineinlösungsdienst** kann mit einem Satz von ¼% der Zinsbruttobeträge, mindestens aber mit 0,05 DM pro Zinsschein gerechnet werden, für die **Einlösung fälliger Anleihestücke** mit ⅛% vom Nennwert der ausge-

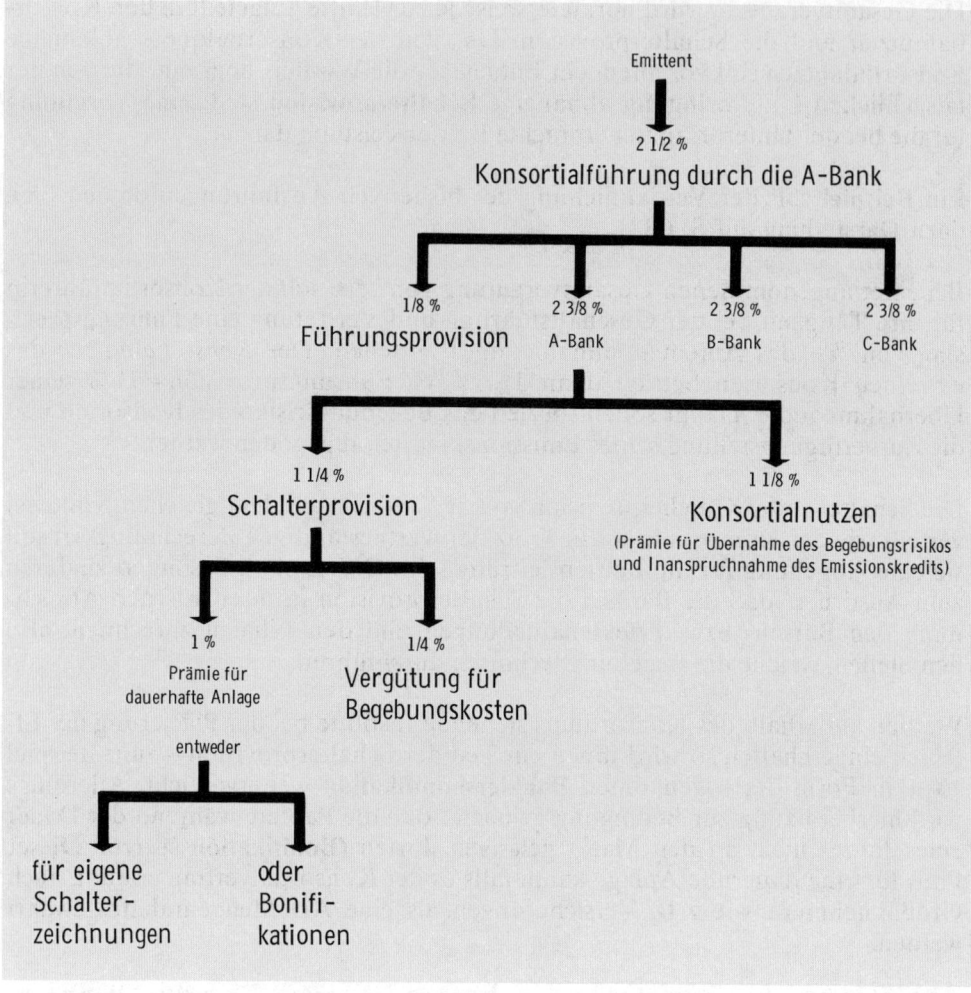

Emittent

2 1/2 %

Konsortialführung durch die A-Bank

1/8 %	2 3/8 %	2 3/8 %	2 3/8 %
Führungsprovision	A-Bank	B-Bank	C-Bank

1 1/4 %

Schalterprovision

1 1/8 %

Konsortialnutzen

(Prämie für Übernahme des Begebungsrisikos
und Inanspruchnahme des Emissionskredits)

1 %

Prämie für
dauerhafte Anlage

1/4 %

Vergütung für
Begebungskosten

entweder

für eigene
Schalter-
zeichnungen

oder
Bonifi-
kationen

zahlten Stücke, mindestens aber mit 0,50 DM pro Stück, und für den **Bogener-neuerungsdienst** mit 0,20–0,30 DM je eingereichtem Zinsscheinbogen.

Falls eine Kurspflege erforderlich ist, wird dem Emittenten auch hierfür eine Provision belastet. Ihre Höhe hängt vor allem davon ab, ob das zur Kurspflege eingesetzte Kapital vom Emittenten zur Verfügung gestellt wird oder von den beteiligten Banken aufgebracht werden muß.

4.2.2 Aktienemissionen

Im Gegensatz zur Anleiheemission wird bei Aktienemissionen wegen des gleich hohen Bezugs- und Übernahmekurses die Vergütung in Form einer **Provision** gewährt. Sie beträgt heute üblicherweise 4% des Nennwertes, wobei der federführenden Bank intern 10% der Gesamtvergütung überlassen werden. Auf eine Spaltung der Provision in Konsortialnutzen und Schalterprovision wird verzichtet, da das Bezugsrecht eine spezielle Placierungsart darstellt, bei der die Kreditinstitute keinen direkten Einfluß auf die Unterbringung der jungen Aktien ausüben können. Die **Verteilung der Provision auf die Konsorten erfolgt regelmäßig nur nach Maßgabe der Quoten**.

Aufgaben:

1. Was ist unter dem Begriff des Emissionsgeschäftes zu verstehen, und welche Stufen umfaßt es im einzelnen?
2. Welche steuerrechtlichen Bestimmungen sind bei der Emission von Wertpapieren zu beachten?
3. Was ist unter einem Emissionskonsortium, unter einer Konsortialquote und unter dem Konsortialnutzen zu verstehen?
4. Welches sind die wichtigsten Punkte, über die im Konsortialvertrag eine Einigung erzielt werden muß?
5. Welche Konsortien sind im Rahmen des Emissionsgeschäftes im einzelnen zu unterscheiden?
6. Welche Möglichkeiten der Placierung sind grundsätzlich zu unterscheiden, und welche Gründe können für die Wahl der einen oder anderen Art der Placierung bestimmend sein?
7. Worin besteht das Wesen des Bezugsrechtes, und wie wird es ermittelt?
8. Worin liegt die Bedeutung des Börsenprospektes?
9. Welche Aufwendungen und Erträge fallen für die Kreditinstitute im Rahmen des Emissionsgeschäftes an?
10. Klären Sie folgende Begriffe:
    a) Bonifikationssperre,
    b) Bankiersbonifikation,
    c) Prospekthaftung!

IV. Depotgeschäft

1. Geschichtliche Entwicklung und Wesen

Das Depotgeschäft reicht mit seinen Anfängen bis ins Altertum zurück. Das Bedürfnis der Menschen, Wertgegenstände außerhalb des Hauses sicher aufzubewahren, nutzten bereits im **7. vorchristlichen Jahrhundert** die ersten Banken *in Babylonien*. Als Plätze größter Sicherheit galten vor allem die Tempel. Deshalb war es auch besonders in Griechenland üblich, Kostbarkeiten den Priestern zur Aufbewahrung zu übergeben.

Der Beginn eines bankmäßigen Depotgeschäftes ist in jener Zeit zu suchen, in der die Vorläufer der heutigen Banken entstanden. *Im Mittelalter* wurden Geld und sonstige Wertobjekte mit Vorliebe den Geldwechslern und Goldschmieden anvertraut, da sie wegen ihrer eigenen Wertgegenstände über entsprechende

Aufbewahrungsmöglichkeiten verfügten. Während diese Verwahrung fremden Eigentums zunächst nur eine Gefälligkeit darstellte, wurde sie dann später gewerbsmäßig gegen eine Gebühr durchgeführt.

Als sich zeigte, daß die **Aufbewahrung von Wertgegenständen** die anderen Bankgeschäfte zweckmäßig ergänzte, wurde sie in zunehmendem Maße von den Bankiers übernommen. In diesem Verwahrungsgeschäft liegt der **Ursprung des heutigen Depotgeschäfts**. Anfangs hielten die Verwahrer das fremde Geld von den eigenen Münzvorräten getrennt und gaben ihren Kunden dieselben Stücke zurück, die sie erhalten hatten. Allmählich gingen sie jedoch dazu über, die ihnen anvertrauten Münzen mit den eigenen Beständen zusammenzulegen; die Kunden erhielten nicht mehr die gleichen Stücke zurück, sondern nur die Summe, die den Wert der Münzen ausmachte. Aus dem *depositum regulare* wurde somit ein *depositum irregulare*, das in seiner Weiterentwicklung zum heutigen Depositengeschäft führte.

Wie die **Entwicklung des Geldaufbewahrungsgeschäftes** unterlag auch das übrige Verwahrungsgeschäft einer stetigen Wandlung, insbesondere als mit dem Beginn der Industrialisierung im vorigen Jahrhundert die *Effekten* rasch an Bedeutung gewannen und Gegenstand des Wertaufbewahrungsgeschäftes wurden.

Neben der Verwahrung der Wertpapiere wurde eine **Verwaltungstätigkeit der Banken** gewünscht. Die Verwahrung von Münzen, Edelmetallen und sonstigen Kostbarkeiten trat immer mehr in den Hintergrund. Gegenstand des Wertaufbewahrungs- und Wertverwaltungsgeschäftes sind heute fast ausschließlich Effekten. Die Verwahrung sonstiger Gegenstände spielt demgegenüber eine untergeordnete Rolle und wird deshalb im folgenden nur kurz behandelt.

Auf Grund der geschichtlichen Entwicklung ergibt sich folgende Begriffsbestimmung:

Unter dem Depotgeschäft ist die Geschäftstätigkeit der Banken zu verstehen, welche die Verwahrung und Verwaltung von Effekten für Dritte und die bankmäßige Verwahrung sonstiger dazu geeigneter beweglicher Wertobjekte zum Gegenstand hat.

2. Rechtliche Grundlagen

2.1 Gesetzliche Bestimmungen

2.1.1 „Verschlossenes Depot"

BGB §§ 688 ff. Die allgemeinen gesetzlichen **Bestimmungen über die Verwahrung** finden innerhalb des Depotgeschäfts nur für die Verwahrung von Verwahrstücken, das sogenannte „*verschlossene Depot*", Anwendung. Diese Verwahrungsart bildet den unbedeutenden Rest des ursprünglichen Wertaufbewahrungsgeschäftes der Bankiers.

624

In das verschlossene Depot werden verschnürte und versiegelte, plombierte oder anders verschlossene Packstücke, Kassetten oder ähnliches aufgenommen. Die Bank erhält vom Inhalt der Aufbewahrungsstücke keine Kenntnis, sondern wird vom Kunden lediglich beauftragt, die Gegenstände in ihre Obhut zu nehmen. Der Name des Hinterlegers wird dabei deutlich auf dem Verwahrstück vermerkt.

Nach herrschender Auffassung erlangt der **Verwahrer unmittelbaren Besitz nur am Behältnis, nicht aber am Inhalt,** der im unmittelbaren Besitz des Hinterlegers verbleibt. Macht er seine Rückforderungsrechte geltend, so wird ihm der Gegenstand in derselben Verfassung zurückgegeben, wie er eingeliefert wurde. Eine Verwaltung des Inhalts der Verwahrstücke erfolgt nicht. Zur Rückgabe muß der Hinterleger eine beim Eingang empfangene Quittung oder *Einlieferungsbescheinigung* vorweisen. Häufig werden als Sicherung ein *Schlüsselwort und die Unterschriftsleistung* des Hinterlegers vereinbart.

2.1.2 Vermietung von Schrank- und Schließfächern (Safes)

Bei der Vermietung von Schrank- und Schließfächern wird zwischen dem Kunden und der Bank nach herrschender Meinung und Entscheidung des Reichsgerichts ein **Mietvertrag** geschlossen, der dem Mieter das Recht gibt, Wertsachen und Gegenstände vertraulicher Art in einem bestimmten Safe aufzubewahren. Als solche kommen vor allem Edelmetalle, Schmuck, Urkunden, Sparkassenbücher u. ä. in Frage.

BGB §§ 535 ff.

Wertpapiere, die der Kunde im Schrankfach deponiert, muß er selbst verwalten, da die Bank den Inhalt der Safes grundsätzlich nicht kennt. Das Kreditinstitut erwirbt an den Wertgegenständen keinen Besitz und ist nur aus dem Mietvertrag berechtigt und verpflichtet. Ein Pfandrecht steht der Bank deshalb nur für Forderungen aus dem Mietvertrag zu.

§§ 559 ff.

Zur Erhöhung der Sicherheit wird ergänzend zur *Einlaßkarte* für den Tresor vielfach ein *Schlüsselwort* vereinbart. Die Besuche des Kunden werden in der Regel in einem speziellen Buch mit Angabe des Tages und der Uhrzeit eingetragen. Außerdem wird fast ausschließlich die Form des „Mitverschlusses" gewählt, d. h. der Safe kann jeweils nur vom Kunden und von der Bank gemeinsam geöffnet werden. Von den hierzu notwendigen zwei verschiedenen Schlüsseln befindet sich stets der eine im Besitz der Bank und der andere beim Kunden.

2.1.3 „Offenes Depot"

Bei dem Effektenverwahrungs- und -verwaltungsgeschäft, das auch als Depotgeschäft *im engeren Sinne* bezeichnet werden kann, wird vom sogenannten „offenen Depot" gesprochen. Für diesen Geschäftszweig wurde mit dem **„Gesetz über die Verwahrung und Anschaffung von Wertpapieren" vom 4. 2. 1937 (Depotsetz)** ein Spezialgesetz geschaffen.

Das Anliegen des Depotgesetzes ist es vor allem, die Eigentümerstellung des Kunden zu sichern, indem die Erhaltung des Eigentums beim Verwahrungsgeschäft bzw. die möglichst schnelle Vermittlung des Eigentums beim kommissionsweisen Anschaffungsgeschäft erstrebt wird. **Wie beim verschlossenen Depot behält der Hinterleger grundsätzlich auch beim offenen Depot das Eigentum.** Die Bank wird unmittelbar, der Kunde mittelbarer Besitzer der Effekten. Das bedeutet für den Hinterleger, daß er bei einem eventuellen Konkurs der Verwahrungsbank einen **Anspruch auf Aussonderung** seiner Effekten aus der Konkursmasse hat.

DepG Unter die Bestimmungen des Depotgesetzes fallen sämtliche Wertpapiere, die im
§ 1, 1 Bankverkehr als Effekten bezeichnet werden, und zwar sowohl die vollständigen Stücke als auch Teile wie Mäntel, Zinsschein- und Dividendenbogen. Banknoten und Papiergeld werden nicht vom Depotgesetz erfaßt.

„Verwahrer im Sinne dieses Gesetzes ist ein Kaufmann, dem im Betriebe seines Handelsgewerbes Wertpapiere unverschlossen zur Verwahrung anvertraut werden."

Da die Verwahrung und Verwaltung von Wertpapieren für andere ein Bankgeschäft i. S. d. § 1 Abs. 1 KWG ist, handelt es sich bei diesen Kaufleuten i. d. R. um Kreditinstitute.

§ 1, 2 Auf die sogenannte **„unregelmäßige Verwahrung"** (Aberverwahrung), die dadurch
§ 15, 1 gekennzeichnet ist, daß der Hinterleger die Effekten an den Verwahrer übereignet und dieser nur verpflichtet ist, Wertpapiere derselben Art zurückzugeben, ist
§ 15, 3 das Depotgesetz nicht anwendbar. Dasselbe gilt für das sogenannte **Wertpapierdarlehen.** Für den Eigentumsübergang ist in diesen Fällen jeweils eine *ausdrückliche schriftliche* Erklärung des Hinterlegers bzw. Darlehensgebers erforderlich,
§ 15, 2 aus der hervorgeht, daß an Stelle des Eigentums nunmehr *„nur ein schuldrechtlicher Anspruch auf Lieferung nach Art und Zahl bestimmter Wertpapiere"* bestehen soll. Eine Vereinbarung im Rahmen der Allgemeinen Geschäftsbedingungen würde nicht genügen.

Als eine Ergänzung des Depotgesetzes sind die sogenannten **„Richtlinien für die Depotprüfung"** anzusehen. Sie regeln die Durchführung der Prüfung, den Prüfungsbericht und die materiellen Prüfungserfordernisse. Die Richtlinien stellen teilweise eine eingehende Kommentierung von Vorschriften des Depotgesetzes dar, die den Kreditinstituten auch bei verhältnismäßig nebensächlichen Fragen
KWG in der Abwicklung des Depotgeschäftes nur einen geringen Spielraum lassen. Die
§ 30, 1 Depotprüfung muß gemäß dem Kreditwesengesetz in der Regel einmal jährlich erfolgen.

BGB Ergänzend zu den Bestimmungen, welche die Wertaufbewahrung betreffen, sind
§ 662 ff. die allgemeinen gesetzlichen Regelungen zu nennen, die die Grundlage des Ef-
§ 677 ff. fektenverwaltungsgeschäfts bilden. Als solche kommen regelmäßig die Bestimmungen über den Auftrag und über die Geschäftsführung ohne Auftrag in Frage. Im übrigen regeln vertragliche Abmachungen die Rechtsverhältnisse.

2.2 Allgemeine Geschäftsbedingungen und vertragliche Abmachungen

Wegen der großen Zahl gleichartiger Geschäftsvorfälle, durch die das Depotgeschäft gekennzeichnet ist, treten an die Stelle von speziellen vertraglichen Abmachungen weitgehend die Allgemeinen Geschäftsbedingungen. Für das verschlossene Depot und die Vermietung von Safes verweisen die Allgemeinen Geschäftsbedingungen des privaten Bankgewerbes auf Sonderbedingungen.

Die „**Bedingungen für die Annahme von Verwahrstücken**" sind die Grundlage des Verwahrungsvertrages beim verschlossenen Depot. Sie regeln vor allem die Art der Verpackung, die Haftung der Bank, die Verantwortlichkeit für den Inhalt, die Aufbewahrungszeit, Vergütung und Rückgabe. Hervorzuheben ist die Tatsache, daß die Bank in der Regel bis zu einem Höchstbetrag von 5000 DM je Verwahrstück haftet. Darüber hinaus steht es dem Hinterleger frei, sich selbst zu versichern.

Als weitere Ergänzung der Allgemeinen Geschäftsbedingungen dienen die „**Bedingungen für die Vermietung von Schrankfächern**". Sie betreffen die sich aus diesem Zweig des Depotgeschäftes ergebenden Rechtsverhältnisse. Die Bank haftet aus dem Mietvertrag regelmäßig nur bis zur Hälfte der **500fachen Jahresmiete, höchstens bis zu 20 000 DM**; auch hier bleibt dem Mieter eine Weiterversicherung unbenommen. Der Mitverschluß der Bank wird innerhalb der Bedingungen grundsätzlich gesichert. Zutritt zu dem Schrankfach hat nur derjenige, der sich als Mieter oder dessen Bevollmächtigter legitimiert. Für feuergefährlichen oder sonstigen ungeeigneten Schrankinhalt ist der Mieter verantwortlich.

Für das offene Depot enthalten die Allgemeinen Geschäftsbedingungen eingehende Bestimmungen, die insbesondere das Verwahrungsgeschäft und das Verwaltungsgeschäft betreffen. Dabei wird die Verantwortlichkeit der Bank weitgehend eingegrenzt.

Besonders wichtig ist die bereits an anderer Stelle erwähnte **allgemeine Pfandklausel**[1]. Nach dem Wortlaut dieser Bestimmung besteht kein Zweifel, daß die Bank gegebenenfalls die ihr im offenen Depot anvertrauten Effekten als Pfand für jegliche Ansprüche gegen den Hinterleger benutzen kann, sofern von dem Kunden eine Verpfändungserklärung abgegeben wurde (vgl. S. 637). Verwahrstücke im verschlossenen Depot oder der Inhalt von Schrankfächern fallen nicht unter diese Klausel.

Daneben geben die Allgemeinen Geschäftsbedingungen den Kreditinstituten ein **Zurückbehaltungsrecht** wegen eigener Ansprüche. Dieses Recht kann die Bank im allgemeinen auch bei Verwahrstücken anwenden, die sich im verschlossenen Depot befinden, wenn diese von einem Kunden zurückgefordert werden, der mit der Erfüllung seiner Verpflichtung in Verzug ist.

3. Technik des Depotgeschäfts

3.1 Effektenverwahrungsgeschäft

3.1.1 Verwahrungsarten

Für Effekten bestehen unterschiedliche Verwahrungsarten, die jeweils im Depotgesetz ihre Regelung gefunden haben.

---

1 Vgl. Seite 398 f.

a) Sonderverwahrung

DepG
§ 2

Die Sonderverwahrung ist die Grundform des offenen Depots und verpflichtet das Kreditinstitut, „die Wertpapiere unter äußerlich erkennbarer Bezeichnung jedes Hinterlegers gesondert von seinen eigenen Beständen und von denen Dritter aufzubewahren". Die Effekten werden in besonderen Hüllen oder in *Streifbändern* im Tresor aufbewahrt, und deshalb wird diese Verwahrungsart auch als **„Streifbanddepot"** bezeichnet. Das einzelne Streifband kann verschiedene Effektenarten desselben Hinterlegers enthalten. Ebenso ist ein gemeinsames Streifband für Mäntel und Bogen (Zins- und Dividendenscheine) möglich; aus Sicherheitsgründen werden sie jedoch in der Regel getrennt voneinander gelagert und von verschiedenen Angestellten verwaltet. In diesem Falle müssen sowohl die Mäntel als auch die Bogen für den einzelnen Hinterleger gesondert im Streifband aufbewahrt werden.

Auf den Streifbändern muß der Name des *Hinterlegers* so vermerkt sein, daß er ohne Zuhilfenahme der Depotbuchhaltung jederzeit festgestellt werden kann. Bei Einlieferung der Effekten, die entweder durch den Kunden selbst oder durch einen Kaufvertrag erfolgen kann, erhält der Hinterleger ein **Nummernverzeichnis** über die ins Streifbanddepot übernommenen Stücke.

Während die Sonderverwahrung früher den Regelfall darstellte, ist sie heute wegen der damit verbundenen Mehrarbeit gegenüber der Sammelverwahrung in den Hintergrund getreten. Die Sonderverwahrung hat den Vorteil, daß sie sich für die Verwahrung sämtlicher Effektenarten eignet, während die Sammelverwahrfähigkeit für einige Papiere, z.B. nicht voll eingezahlte Aktien oder vinkulierte Namensaktien, ausgeschlossen ist.

b) Sammelverwahrung

DepG
§ 5, 1

Bei der Sammelverwahrung darf das Kreditinstitut für einen Kunden Effekten ein und derselben Art „ungetrennt von seinen eigenen Beständen derselben Art oder von solchen Dritter aufbewahren oder einem Dritten zur Sammelverwahrung anvertrauen".

Der Hinterleger verliert bei Einlieferung seiner Papiere das Eigentum an den betreffenden Stücken und erwirbt statt dessen ein **Miteigentum an dem Sammelbestand des Verwahrers.** Dementsprechend kann der Hinterleger nicht dieselben, sondern nur gleichartige Papiere zurückfordern.

§ 5, 1

Zur Sammelverwahrung muß die Bank vom Hinterleger ermächtigt werden. „Die **Ermächtigung** muß *ausdrücklich und schriftlich* erteilt werden; sie darf weder in Geschäftsbedingungen des Verwahrers enthalten sein noch auf andere Urkunden verweisen."

§ 5, 1

Die Sammelverwahrung in der Form der sogenannten **„Haussammelverwahrung",** d.h. innerhalb des Bankinstitutes, das die Effekten erhält, hat heute nur noch geringe Bedeutung, vor allem deshalb, weil hierzu eine Ermächtigung des Hinterlegers für jedes Geschäft erforderlich ist.

Die Vorteile der Sammelverwahrung kommen vor allem zum Tragen, wenn die Verwahrungsbanken die Effekten an sogenannte *Wertpapiersammelbanken* – auch *Kassenvereine* genannt – weiterreichen. Dabei handelt es sich um Spezialkreditinstitute, welche die Wertpapiersammelverwahrung und den damit in Zusammenhang stehenden **Effektengiroverkehr** durchführen; sie verkehren ausschließlich mit Kreditinstituten.

Um den Banken diese Girosammelverwahrung bei einer Wertpapiersammelbank zu ermöglichen, braucht der Kunde nur eine *einmalige* Ermächtigung abzugeben. Sie erfolgt üblicherweise bei Eröffnung eines Depots.

Effektengiroverkehr

*Durch das Girosammeldepot ergibt sich die Möglichkeit des Effektengiroverkehrs, d. h. des stückelosen Überweisungsverkehrs von Effekten zwischen den beteiligten Banken. Als Abwicklungsstellen fungieren die Wertpapiersammelbanken, indem sie das Miteigentum am Sammelbestand durch Belastungen und Gutschriften auf den betreffenden Depotkonten übertragen. Während also beim Zahlungsverkehr nur schuldrechtliche Ansprüche übertragen werden, bedeutet beim Effektengiroverkehr die Buchung eine **Übertragung des Miteigentums am Sammelband** der verwahrten Effekten.*

Die Kreditinstitute verfügen über ihr Konto bei der Wertpapiersammelbank durch sogenannte *Effektenschecks*. Dabei handelt es sich um **Anweisungen an die Wertpapiersammelbank** und nicht um Schecks im Sinne des Scheckgesetzes. BGB § 783 ff.

Folgende Effektenschecks sind zu unterscheiden:

(1) **Der weiße Effektenscheck** dient der *Aushändigung effektiver Stücke.* Die Auslieferung erfolgt an jeden Überbringer und hat ein Ausscheiden der Stücke aus der Sammelverwahrung zur Folge.

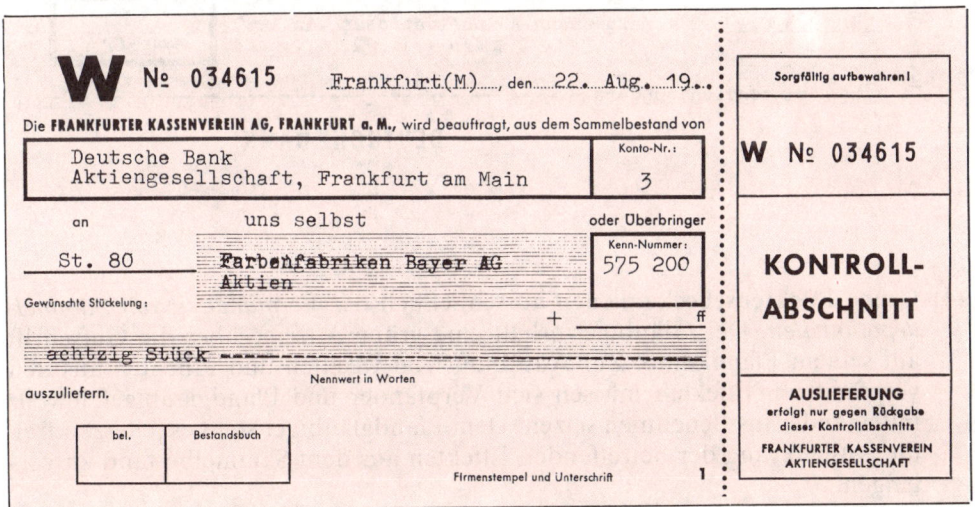

(2) **Der rote Effektenscheck** bewirkt die *Übertragung von Miteigentumsanteilen auf einen anderen Sammelverwahrer bei derselben* Wertpapiersammelbank. Der Begünstigte erhält vom Kassenverein eine *blaue Gutschriftsanzeige.*

R 765782 *

FRANKFURT (MAIN), den 22. Aug. 19..

Die **FRANKFURTER KASSENVEREIN AG** wird beauftragt, folgende Übertragung vorzunehmen:

Roter Wertpapierscheck

ZU LASTEN des Sammeldepotkontos	bel.	ZU GUNSTEN des Sammeldepotkontos	erk.
DEUTSCHE BANK AKTIENGESELLSCHAFT FRANKFURT (MAIN)	Kto. Nr. 3	Dresdner Bank AG Frankfurt a. M.	Kto. Nr. 2

St. 150 — Deutsche Lufthansa AG Aktien

Kenn-Nummer 823 211

Nennwert in Worten:

hundertfünfzig Stück ——————————

DEUTSCHE BANK AKTIENGESELLSCHAFT

(3) **Der rote Effekten-Fernscheck** dient der *Übertragung von Miteigentumsanteilen* auf einen anderen Sammelverwahrer bei einer **anderen** Wertpapiersammelbank.

F 337798 *

FRANKFURT (MAIN), den 22. Aug. 19..

Die **FRANKFURTER KASSENVEREIN AG** wird beauftragt, folgende Übertragung vorzunehmen:

Wertpapierfernscheck

ZU LASTEN des Sammeldepotkontos	bel.	ZU GUNSTEN des Sammeldepotkontos	erk.
DEUTSCHE BANK AKTIENGESELLSCHAFT FRANKFURT (MAIN)	Kto. Nr. 3	Bank für Gemeinwirtschaft Aktiengesellschaft Filiale Aachen	Kto. Nr. 421
Konto bei der WSB in **Frankfurt a. M.**		Konto bei der WSB in Düsseldorf	

DM 12.500,-- 5 % Mannesmann AG Obligationen von 1959 J/D + 1. 12. 19.. uff.

Kenn-Nummer 374 502

Nennwert in Worten:

zwölftausendfünfhundert——

DEUTSCHE BANK AKTIENGESELLSCHAFT

1

(4) **Grüne Effektenschecks** dienen ausschließlich der *Verpfändung von Sammeldepotanteilen.* Der Gläubiger erhält eine grüne Anzeige über die Gutschrift auf seinem Pfandkonto. Zur Ausübung von Rechten und Pflichten aus den verpfändeten Effekten müssen sich Verpfänder und Pfandgläubiger jeweils miteinander ins Benehmen setzen. Dem Pfandgläubiger steht es jederzeit frei, die Auslieferung der betreffenden Effekten aus dem Sammelbestand zu verlangen.

Die *Freigabe* der verpfändeten Sammelbestandsanteile kann der Pfandgläubiger dadurch herbeiführen, daß er die grüne Gutschriftsanzeige an einer dafür vorgesehenen Stelle mit seiner Unterschrift versieht und an den Kassenverein übersendet, der dann die entsprechende Rückbuchung vornimmt.

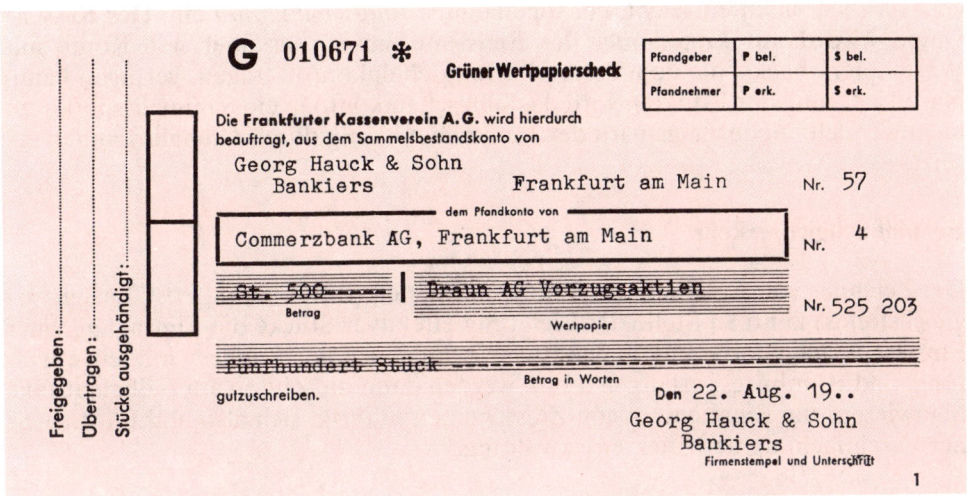

Bei der *Einlieferung effektiver Stücke* wird der „**Einlieferungsbeleg**" benötigt.

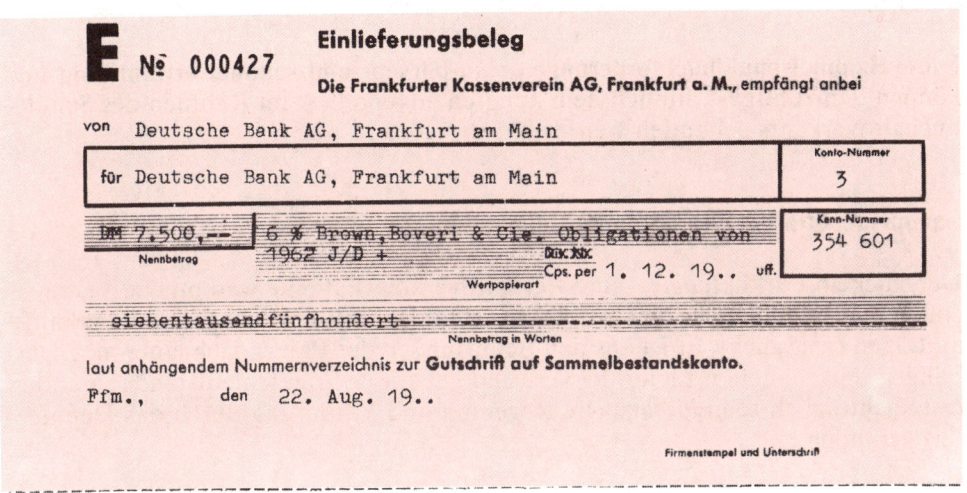

Jungscheingiroverkehr

Neben dem normalen Effektengiroverkehr pflegen die Kassenvereine den sogenannten Jungscheingiroverkehr. Er soll die Zeit überbrücken, die bei Neuemissionen zwischen Bezug und Erscheinen der effektiven Stücke liegt.

Während früher das Emissionshaus sogenannte Kassenquittungen ausstellte, werden heute die Vorteile der Girosammelverwahrung genutzt. Sobald sich der Emittent durch ein Schreiben – den sogenannten *Jungschein* – dem Kassenverein gegenüber unwiderruflich verpflichtet, nach Erscheinen die effektiven Stücke an ihn zu liefern, richtet der Kassenverein dem führenden Emissionshaus, welches das Schreiben einreicht, ein sogenanntes *Jungscheinkonto* ein. **Der Kassenverein wird damit Treuhänder des Emissionshauses,** das über sein Konto mit Wertpapierschecks, die den Vermerk „Jungscheinkonto" tragen, verfügen kann. Nach Lieferung der Effekten wird das Jungscheinkonto in ein Sammeldepotkonto umgewandelt. Neuerdings wird der Jungschein häufig durch **Globalurkunden** ersetzt.

Schuldbuchgiroverkehr

Der Zeichner von Anleihen der Bundesemittenten (Bund, Bahn, Post, Lastenausgleichsfonds) kann an Stelle der Lieferung effektiver Stücke die **Eintragung einer Einzelschuldbuchforderung in das Bundesschuldbuch** der Bundesschuldenverwaltung, Bad Homburg, verlangen[1]. Ihm werden dann die Zinsen am Fälligkeitstage überwiesen; die Einreichung von Zinsscheinen erübrigt sich also und führt zu einer Vereinfachung der Effektenverwaltung.

Wird nun eine Wertpapiersammelbank für einen Globalbetrag der Anleihe, der von einzelnen Zeichnern insgesamt aufgebracht wurde, in das Schuldbuch als Gläubigerin eingetragen, so entsteht eine *Sammelschuldbuchforderung*, die von der Wertpapiersammelbank als Treuhänderin für die einzigen Gläubiger verwaltet wird.

Diese **Sammelschuldbuchforderungen sind börsen- und sammelverwahrfähig** und können demzufolge – ähnlich dem Jungscheinverkehr – im Rahmen des Schuldbuchgiroverkehrs gehandelt werden.

Sammeldepotfähigkeit und Sammeldepoteignung

Der stückelose Effektengiro- und -ferngiroverkehr hat eine wesentliche Vereinfachung und Beschleunigung bei der Abwicklung von Effektenkauf- und -verkaufsaufträgen ermöglicht. Er ist aus den Bedürfnissen der Praxis nach einer möglichst billigen und schnellen Lieferung ver- und gekaufter Effekten entstanden und hat erst nachträglich seine gesetzliche Regelung und Förderung durch das Depotgesetz gefunden.

BGB § 91 Voraussetzung beim Effektengiroverkehr ist, daß die Hinterleger ihre Wertpapiere in Sammelverwahrung geben. **Sammeldepotfähig** sind sämtliche Wertpapiere, die im Verkehr nach Stückzahl und Nennbetrag bestimmt werden, d.h. praktisch alle an der Börse gehandelten Effekten.

---

1 Vgl. Prospekt der Bundesrepublik Deutschland auf Seite 616 f.

Mit der Sammeldepotfähigkeit muß jedoch die *Sammeldepoteignung* noch nicht identisch sein. Diese hängt von der Ausstattung der Effekten ab und wird von den Wertpapiersammelbanken im Einvernehmen mit den Kreditinstituten ausgesprochen. Nur solche Papiere, die durch ihre Ausstattung den stückelosen Effektengiroverkehr möglich machen, werden für **sammeldepotgeeignet** erklärt und ins Girosammeldepot übernommen.

Ausnahmslos sammeldepotgeeignet sind Inhaberaktien und festverzinsliche Werte, die mit *keinem Einzelauslosungsrecht* (Auslosung nach Nummern oder Endziffern) ausgestattet sind. Nach Serien auslosbare Wertpapiere können auch nach der ersten Verlosung in der Sammelverwahrung verbleiben, wenn die Anleihe in nicht mehr als 10 Serien eingeteilt ist und jede Serie einen Nennbetrag von mindestens 5 Mill. DM erreicht. In diesem Falle wird die Emission vor der ersten Auslosung in Serieneinzelkonten aufgeteilt; jede Serie erhält dann eine eigene Wertpapierkennnummer.

Aktien und Teilschuldverschreibungen, die an Order lauten, werden in Sammelverwahrung genommen, sofern sie **mit einem Blankoindossament** versehen sind. Namensaktien müssen zudem voll eingezahlt und an der Börse amtlich oder im geregelten Freiverkehr gehandelt werden. Aktien, die nicht voll eingezahlt sind oder deren Übertragung an die Zustimmung der Gesellschaft gebunden ist (vinkulierte Namensaktie), können dagegen in der Regel nicht in Sammelverwahrung überführt werden. **Festverzinsliche Wertpapiere mit einem Einzelauslosungsrecht** werden nur dann als für die Sammelverwahrung geeignet angesehen, wenn die Auslosungen mindestens drei Monate vorher vom Emittenten bekanntgegeben werden, so daß die betreffenden Stücke unter Erteilung einer Nummernaufgabe vom Girosammel- auf Streifbanddepot umgebucht werden können.

c) Drittverwahrung

Nach dem Depotgesetz sind Kreditinstitute berechtigt, die ihnen anvertrauten Effekten bei einem anderen Verwahrer zu hinterlegen (Drittverwahrung). Dabei wird der erste Verwahrer als **Zwischenverwahrer oder Lokalbankier**, der andere – eigentlich zweite – Verwahrer als **Drittverwahrer oder Zentralbankier** bezeichnet. Die zur Drittverwahrung gegebenen Effekten werden aus Gründen des Kundenschutzes unter dem Namen des Zwischenverwahrers geführt. `DepG § 3, 1`

Zur Drittverwahrung bedarf es weder einer Ermächtigung noch der Kenntnisnahme des Hinterlegers. Im übrigen sichern sich die Banken das Recht der Drittverwahrung in ihren Allgemeinen Geschäftsbedingungen, wobei sie die gesetzliche Haftung gleichzeitig einschränken. Während das Depotgesetz bei der Drittverwahrung die **Haftung des Zwischenverwahrers** für ein Verschulden des *Drittverwahrers* wie die Haftung für eigenes Verschulden behandelt, garantieren die Banken lediglich eine Haftung für die sorgfältige Auswahl des Drittverwahrers. Folgt bei der Auswahl die Bank der Weisung eines Kunden, so erlischt die Haftung. `§ 3, 2`

633

DepG § 5	**Die Drittverwahrung ist sowohl bei Sonder- als auch bei Sammelverwahrung mög-** **lich.** Sie kann daher als eine abgeleitete (derivative) Verwahrungsart bezeichnet werden.
	Für die **Drittsammelverwahrung** kommt nur die Girosammelverwahrung bei ei- ner Wertpapiersammelbank in Frage. Praktisch erfolgt die Einlieferung zur Sam- melverwahrung durch einen Hinterleger nur zum Zwecke der anschließenden Drittsammelverwahrung. Dabei ist es möglich, daß bis zur endgültigen Verwah-
§ 3, 1	rung beim Kassenverein mehrere Banken als Verwahrer zwischengeschaltet sind. *Zweigstellen* der verwahrenden Kreditinstitute gelten „sowohl untereinander als auch in ihrem Verhältnis zur Hauptstelle als verschiedene Verwahrer". Dadurch entsteht bisweilen eine Hinterlegerkette, in der für die einzelne Bank jeweils ein anderer Zwischen- und Drittverwahrer im Sinne des Depotgesetzes ist.

Eine Hinterlegerkette kommt insbesondere bei der **Drittsonderverwahrung** leicht
zustande. Zahlreiche Lokalbankiers verfügen nicht über geeignete Tresorräume
und sind deshalb darauf angewiesen, die ihnen anvertrauten Papiere bei befreundeten größeren Banken zu hinterlegen. Außerdem ist es üblich, daß Provinzbanken ihre Depotbestände zur Erleichterung des Effektenhandels bei solchen Banken drittverwahren lassen, die ihren Sitz an einem Börsenplatz haben. Bei der
Drittsonderverwahrung werden die Effekten vom Drittverwahrer einheitlich in
Streifbändern geordnet und von den übrigen Beständen getrennt für den Zwischenverwahrer im Depot gehalten. Die Zugehörigkeit zu den verschiedenen Depotkunden oder zum eigenen Bestand des Zwischenverwahrers ergibt sich aus
der Depotbuchhaltung.

Die **Rechte des Hinterlegers** bleiben bei der Drittverwahrung stets gewahrt, da
der Zwischenverwahrer keine weitergehenden Ermächtigungen an den Drittverwahrer geben kann, als ihm selbst vom Hinterleger erteilt worden sind. Der Hinterleger ist allerdings nicht dagegen geschützt, daß der Zwischen- oder Drittverwahrer gegen die depotrechtlichen Bestimmungen verstößt. Diese Gefahr besteht
jedoch bei jeder Verwahrung.

d) Tauschverwahrung

§ 10, 1	Der Hinterleger kann ein Kreditinstitut ermächtigen, „an Stelle ihm zur Verwah- rung anvertrauter Wertpapiere Wertpapiere derselben Art zurückzugewähren" oder „hinterlegte Wertpapiere durch Wertpapiere derselben Art zu ersetzen".
§ 10, 2	Beide Erklärungen begründen die Tauschverwahrung, die dadurch gekennzeich- net ist, daß der Hinterleger beim Tausch das Eigentum an den bisher verwahrten, genau gekennzeichneten Effekten verliert und sofort das Eigentum an den einge- tauschten Papieren erwirbt. Da dieser Tausch nur für Effekten in Frage kommt, die im Streifbanddepot liegen, ist die Tauschverwahrung eigentlich keine beson- dere Verwahrungsart, sondern eine **Ermächtigung innerhalb der Sonderverwah-** **rung.**
§ 10, 1	Die Ermächtigung zur Tauschverwahrung kann nicht generell wie zur Girosam- melverwahrung erteilt werden, sondern „muß für das einzelne Verwahrungsge-

634

schäft *ausdrücklich und schriftlich* abgegeben werden". Nur innerhalb eines einzelnen Verwahrungsgeschäftes kann also auf Grund ein und derselben Ermächtigung mehrmals getauscht werden. Mit der Ermächtigung, im Tausch Effekten derselben Art zurückzugewähren, ist die verwahrende Bank befugt, „die Wertpapiere schon vor der Rückgewähr durch Wertpapiere derselben Art zu ersetzen". DepG § 11

Die Tauschverwahrung berechtigt das Kreditinstitut zu keinen weiteren Maßnahmen, insbesondere darf es sich die Effekten nicht ohne Ersatzleistung aneignen oder verpfänden.

Die einzige Möglichkeit, bei der das Eigentum an eingelieferten Wertpapieren sofort auf die Bank übergeht, besteht bei der sogenannten **unregelmäßigen Verwahrung**, die jedoch keine Verwahrungsart im Sinne des Depotgesetzes darstellt, und beim **Wertpapierdarlehen** (vgl. S. 626). Die Tauschverwahrung kommt in der Praxis sehr selten vor und dient im wesentlichen der Vermeidung von Stückelungsschwierigkeiten beim Lokalbankier. Sie kann durch ministeriellen Erlaß für bestimmte Wertpapiere untersagt, geändert oder ergänzt werden. § 15

§ 10, 3

3.1.2 Verpfändung von Wertpapieren bei der Drittverwahrung

Die Verpfändung von Wertpapieren spielt oft bei der Kreditsicherung eine Rolle. Dabei ist es gleichgültig, ob die Effekten vom Hinterleger in Sonder- oder Sammelverwahrung gegeben wurden. **Die Verpfändung kann durch ausdrücklichen Vertrag erfolgen; dann liegt eine sogenannte Pfandverwahrung vor.** Sofern die Effekten im Streifbanddepot liegen, müssen sie in ein spezielles *Pfanddepot* überführt werden. § 17

Bei der Sammelverwahrung kann die Verwahrungsart beibehalten werden. Außer durch vertragliche Verpfändung haften zwar sämtliche Effekten eines Depotkunden bereits auf Grund der *Pfandklausel* in den Allgemeinen Geschäftsbedingungen; durch diese Klausel *allein* sind sie jedoch noch nicht verpfändet.

a) Fremdvermutung und Eigenanzeige

Werden die Effekten an einen Drittverwahrer weitergereicht, so erhebt sich die Frage, welche Pfand- und Zurückbehaltungsrechte dieser an den Papieren geltend machen kann. Das Depotgesetz schafft hierfür den **Grundsatz der Fremdvermutung**. Wenn eine Depotbank die ihr anvertrauten Effekten bei einem Drittverwahrer hinterlegt, „so gilt als dem Dritten bekannt, daß die Wertpapiere dem Verwahrer **nicht gehören**". § 4, 1

Erst durch eine sogenannte **Eigenanzeige des Zwischenverwahrers** wird das drittverwahrende Kreditinstitut von den Eigentumsverhältnissen der betreffenden Effekten unterrichtet. Die Fremdvermutung ist nur dann entkräftet, „wenn der Verwahrer dem Dritten für das einzelne Geschäft *ausdrücklich und schriftlich* mitteilt, daß er Eigentümer der Wertpapiere sei". Diejenigen Effekten, für die eine solche Eigenanzeige *nicht* vorliegt, gewähren dem Drittverwahrer ein Pfand- § 4, 2 oder Zurückbehaltungsrecht nur wegen solcher Forderungen, „die mit Bezug auf diese Wertpapiere entstanden sind" (z. B. für Depotgebühren oder Kosten der Pfandverwahrung) „oder für die diese Wertpapiere nach dem einzelnen über sie zwischen dem Verwahrer und dem Dritten vorgenommenen Geschäft haften sollen".

Häufig sind die Kreditinstitute aber gezwungen, sich für Kredite, die den Kunden gegen Verpfändung ihrer im Depot befindlichen Effekten gewährt werden, bei Drittverwahrern durch **Weiterverpfändung** zu refinanzieren. Da dieser Weiterverpfändung einerseits die Fremdvermutung entgegensteht, andererseits die **Aufnahme eines Rückkredits** oft unerläßlich ist, enthält das Depotgesetz eindeutige Bestimmungen über die Weiterverpfändung von Wertpapieren, die nicht zuletzt dem Schutz der Eigentumsrechte des Hinterlegers dienen sollen.

DepG § 12, 1   Die Weiterverpfändung von Effekten – auch **Drittverpfändung** genannt – ist an verschiedene Voraussetzungen gebunden. Sie darf grundsätzlich nur dann erfolgen, wenn

(1) *vom Hinterleger eine Ermächtigung vorliegt,*

(2) *der Weiterverpfändung stets eine Krediteinräumung an den Hinterleger zugrunde liegt und*

(3) *die Weiterverpfändung nur zugunsten eines Verwahrers im Sinne des Depotgesetzes vorgenommen wird.*

Je nach dem Grad der Ermächtigung sind verschiedene Verpfändungsarten zu unterscheiden. Dabei darf der Zwischenverwahrer die ihm erteilten Ermächtigungen an den Drittverwahrer nur so weitergeben, wie sie ihm gegeben wurden.

b) Regelmäßige Verpfändung

§ 12, 2   Bei der regelmäßigen (gewöhnlichen) Verpfändung darf das zwischenverwahrende Kreditinstitut auf die Wertpapiere oder Sammelbestandanteile **Rückkredite nur bis zur Gesamtsumme der Kredite nehmen, die es für die Hinterleger insgesamt eingeräumt hat**, d. h., sämtliche Hinterleger, welche die Bank zur Verpfändung ermächtigen, befinden sich in einer *Gefahrengemeinschaft*, da jedes der drittverpfändeten Papiere für den ganzen Rückkredit haftet. „Der Wert der verpfändeten Wertpapiere oder Sammelbestandanteile soll die Höhe des für den Hinterleger eingeräumten Kredits mindestens erreichen, soll diese jedoch nicht unangemessen übersteigen."

§ 12, 1   Zur Sicherung anderer Verbindlichkeiten, die *nicht* der Refinanzierung der Kredite an die betreffenden Hinterleger dienen, dürfen die gewöhnlich verpfändeten Effekten nicht weiterverpfändet werden. Zur regelmäßigen Verpfändung benötigt die zwischenverwahrende Bank für jedes Verwahrungsgeschäft eine *ausdrückliche und schriftliche* **Ermächtigung des Hinterlegers**, die weder in den Allgemeinen Geschäftsbedingungen enthalten sein noch auf andere Urkunden verweisen darf.

636

c) Beschränkte Verpfändung

Ermächtigt der Hinterleger das Kreditinstitut lediglich zur beschränkten Verpfändung, so darf es als Zwischenverwahrer die Effekten **nur bis zur Höhe des Kreditbetrages weiterverpfänden, der diesem Hinterleger jeweils eingeräumt wurde.** Eine derartige Ermächtigung ist an keine Form gebunden, d. h. sie kann durch Geschäftsbedingungen, schriftlich, mündlich oder durch schlüssige (konkludente) Handlungen erteilt werden.

DepG
§ 12, 3

Diese Formerleichterung ist insofern begründet, als die beschränkte Verpfändung für den Hinterleger diejenige Verpfändungsart ist, die die geringste Gefahr in sich birgt. Allerdings bedingt sie einen erhöhten Arbeitsanfall, da der Drittverwahrer gezwungen ist, für jeden Kunden des Zwischenverwahrers ein Depotkonto zu führen. Sie ist deshalb in der Praxis wenig gebräuchlich.

d) Unbeschränkte Verpfändung

Die unbeschränkte Verpfändung war nach früherem Recht die Regel, stellt aber heute die Ausnahme dar. Sie bringt für den Hinterleger das größte Risiko mit sich, weil das zwischenverwahrende Kreditinstitut ermächtigt wird, die ihm anvertrauten Wertpapiere – **ohne Rücksicht auf die Höhe des dem Hinterleger gewährten Kredits** – dem Drittverwahrer zur Sicherung aller seiner Verbindlichkeiten weiterzuverpfänden. Die unbeschränkte Verpfändung bedarf der gleichen strengen Form, wie sie bei der regelmäßigen Verpfändung notwendig ist, daneben muß jedoch „in der Ermächtigung zum Ausdruck kommen, daß der Verwahrer das Pfandrecht *unbeschränkt,* also für alle seine Verbindlichkeiten ohne Rücksicht auf die Höhe des für den Hinterleger eingeräumten Kredits, bestellen kann".

§ 12, 4

e) Depotarten

Das unterschiedliche Ausmaß, in dem drittverwahrte Effekten haften können, macht es notwendig, daß der Drittverwahrer für den Zwischenverwahrer verschiedene Depots führt. Dabei handelt es sich nicht um besondere Verwahrungsarten, sondern um eine rein buchhalterische Einrichtung, welche die Rechtsverhältnisse für die hinterlegten Wertpapiere klarstellen soll. Die effektiven Stücke können sowohl im Streifband- als auch im Sammeldepot verwahrt werden. Durch die unterschiedliche Verbuchungsart verschafft sich der Drittverwahrer eine Übersicht darüber, welche Effekten ihm als Pfand generell, speziell oder überhaupt nicht zur Verfügung stehen.

Das *Eigendepot* **(Depot A)** enthält einmal Wertpapiere und Sammeldepotanteile, die dem Zwischenverwahrer selbst gehören und für die die Fremdvermutung durch eine Eigenanzeige entkräftet ist. Außerdem werden in das Eigendepot diejenigen Kundenpapiere eingebucht, für die der Hinterleger ausdrücklich eine unbeschränkte Weiterverpfändung zugelassen hat. Die im Eigendepot verzeichneten Effekten haften dem Drittverwahrer für jegliche Forderung dem Zwischenverwahrer gegenüber.

Das *Anderdepot* (**Depot B**) umfaßt Wertpapiere und Sammeldepotanteile, die von den Kunden des Zwischenverwahrers ohne jede Verpfändungsermächtigung hinterlegt wurden. Die Werte wurden nicht wegen eines Rückkredits, sondern zur technischen Vereinfachung in Drittverwahrung gegeben. Dieser Buchungsvorgang bildet die Regel und wird automatisch durch die Fremdvermutung ausgelöst. Ein Pfand- oder Zurückbehaltungsrecht steht dem drittverwahrenden Kreditinstitut nur für solche Forderungen zu, die in bezug auf diese Papiere entstanden sind (z. B. Depotgebühren).

Das *Pfanddepot* (**Depot C**) verzeichnet nur die nach der regelmäßigen Verpfändung vom Zwischenverwahrer weiterverpfändeten Wertpapiere und Sammeldepotanteile seiner Depotkunden. Die betreffenden Werte haften dem Drittverwahrer für jeden Rückkredit, den der Zwischenverwahrer zur Finanzierung seiner Kundenkredite aufgenommen hat.

Das *Sonderpfanddepot* (**Depot D**) nimmt lediglich die nach der beschränkten Verpfändung weiterverpfändeten Wertpapiere und Sammeldepotanteile der Kunden des Zwischenverwahrers auf. Dabei handelt es sich um kein gemeinschaftliches Pfanddepot wie beim Depot C. Jedem einzelnen Depotkunden der zwischenverwahrenden Bank, dessen hinterlegte Papiere zur Erlangung eines Rückkredits weiterverpfändet werden, wird vielmehr ein besonderes Depotkonto eingerichtet (Depotkonto D1, D2, D3 usw.).

Die Aufzeichnung der von Kreditinstituten verwahrten Wertpapiere erfolgt in der **Depotbuchhaltung**, über deren Führung und Prüfung die „Richtlinien für die Depotprüfung" eingehende Bestimmungen enthalten. Zur Kontrolle muß mindestens einmal jährlich eine Depotabstimmung in der Weise vorgenommen werden, daß die Kreditinstitute ihren Hinterlegern übersichtliche Depotauszüge mit der Bitte um Bestätigung übersenden. Eine ausdrückliche Bestätigung wird indessen heute zumeist nicht mehr verlangt. Die Kreditinstitute vermerken vielmehr in den Depotauszügen etwa folgenden Absatz aus den AGB:

Der Kunde hat **Rechnungsabschlüsse** und **Wertpapieraufstellungen** sowie sonstige Abrechnungen und Anzeigen auf ihre Richtigkeit und Vollständigkeit zu überprüfen. **Einwendungen** gegen Rechnungsabschlüsse und Wertpapieraufstellungen sind innerhalb eines Monats seit Zugang abzusenden; sonstige Einwendungen sind unverzüglich zu erheben. Die Unterlassung rechtzeitiger Einwendungen gilt als **Genehmigung**; die Bank wird bei Rechnungsabschlüssen und Wertpapieraufstellungen sowie sonstigen Abrechnungen und Anzeigen auf die Folge der Unterlassung rechtzeitiger Einwendungen besonders hinweisen. Gesetzliche Ansprüche des Kunden bei begründeten Einwendungen nach Fristablauf bleiben jedoch unberührt.

3.2 Effektenverwaltungsgeschäft

Mit dem Effektenverwahrungsgeschäft übernehmen die Kreditinstitute zugleich die Aufgabe, die ihnen anvertrauten Wertpapiere für die Hinterleger zu verwalten. Während das Depotgesetz nur das Verwahrungsgeschäft regelt, enthalten die Allgemeinen Geschäftsbedingungen eingehende Bestimmungen über das Effektenverwaltungsgeschäft. Vor allem wird klargestellt, bei welchen Verwaltungshandlungen die Bank in der Regel Weisungen des Depotkunden einholt oder darauf verzichten kann.

Wenn auch die Allgemeinen Geschäftsbedingungen die Haftung der Banken aus der Effektenverwaltungstätigkeit teilweise einschränken, so sind die Kreditinstitute dennoch stets verpflichtet, die Interessen der Hinterleger zu wahren. Sie haften dem Depotkunden für Nachteile, die durch ihr Verschulden entstehen. Dabei ist es unerheblich, ob die Papiere in Drittverwahrung weitergegeben wurden oder nicht.

3.2.1 Abtrennung und Einlösung der Zins- und Gewinnanteilscheine und Erneuerung von Bogen

Eine laufende Aufgabe entsteht der Depotbank aus der Trennung, dem Einzug und der Gutschrift von Zins- und Gewinnanteilscheinen.

Da die Zahlungsabwicklung einige Zeit in Anspruch nimmt, erfolgen **Trennung und Versand der Zinsscheine bereits ab dem 15. des Monats vor dem angegebenen Fälligkeitstermin**. Der Gegenwert wird dem Kunden vorbehaltlich des Eingangs mit der Wertstellung des Fälligkeitstages gutgeschrieben.

Die Zahlungstermine für die **Gewinnanteilscheine** werden in den Wertpapier-Mitteilungen, dem Bundesanzeiger und den Börsenpflichtblättern bekanntgegeben. Der Gegenwert fälliger Gewinnanteilscheine wird dem Konto des Hinterlegers in der Regel mit einer um einen Werktag hinausgeschobenen Wertstellung gutgeschrieben, nachdem die Hauptversammlung der betreffenden Gesellschaft über die Gewinnverteilung beschlossen hat.

Im Zusammenhang mit der Einlösung der Zins- und Gewinnanteilscheine übernimmt die Depotbank daneben die **Besorgung neuer Zins- und Gewinnanteilscheinbogen**. In der Regel werden die neuen Bogen nach einer entsprechenden Bekanntmachung gegen Einreichung des Erneuerungsscheins *(Talons)* ausgeliefert.

Sowohl die Einlösung fälliger Zins- und Gewinnanteilscheine als auch der Bezug neuer Bogen werden *ohne besonderen Auftrag* des Depotkunden vorgenommen. Die Kreditinstitute bedienen sich hierbei bestimmter als Zahlstellen fungierender Banken, sofern sie es nicht selbst sind. Als Zahlstellen wirken im allgemeinen die Kreditinstitute, die bei der Emission der Papiere konsortial beteiligt waren. Diese rechnen mit den Emittenten ab bzw. erhalten von ihnen die neuen Bogen. Sie sind aus einem Verzeichnis über die an deutschen Börsen gehandelten Effekten zu ersehen.

3.2.2 Anmeldung zur Hauptversammlung und Ausübung des Stimmrechts

Eine weitere Aufgabe der Effektenverwaltung ist die Anmeldung von Anteilspapieren zu den Hauptversammlungen der betreffenden Gesellschaften und die Ausübung des Stimmrechts[1].

---

1 Vgl. Seite 42 ff.

AktG
§ 135,1
Die Banken dürfen das Stimmrecht für Aktien, die ihnen nicht gehören, nur ausüben, wenn sie zur Ausübung des Stimmrechts schriftlich ermächtigt sind. Dieses **Depotstimmrecht** lassen sich die Kreditinstitute meist zugleich mit dem Verwahrungsauftrag in Form einer **„Allgemeinen Depotstimmrechtsermächtigung"** erteilen. Die Ermächtigung wird von dem überwiegenden Teil der Hinterleger, die an der Hauptversammlung nicht selbst teilnehmen können oder wollen, ausgefertigt, weil die Banken im allgemeinen das Vertrauen genießen, das Interesse der Aktionäre zu wahren.

In der eigenen Hauptversammlung darf das bevollmächtigte Kreditinstitut das Stimmrecht aufgrund der Vollmacht jedoch nur ausüben, soweit der Aktionär eine ausdrückliche Weisung zu den einzelnen Gegenständen der Tagesordnung erteilt hat.

§ 135,2
Um Mißbräuchen seitens der Banken vorzubeugen, schreibt das Aktiengesetz vor, daß die Ermächtigung einer *bestimmten* Bank erteilt werden muß, jederzeit *widerruflich* ist und längstens für 15 Monate Gültigkeit besitzt; außerdem muß die Depotstimmrechtsermächtigung vollständig ausgefüllt und darf mit keinen anderen Erklärungen verbunden sein.

Einzelheiten über die Einberufung der Hauptversammlung, über die Weiterleitung von Mitteilungen und die Entgegennahme von Weisungen in bezug auf die Stimmrechtsausübung ergeben sich aus dem Abschnitt „Aktiengesellschaft"[1].

Sämtliche für eine Hauptversammlung von einem Kreditinstitut angemeldeten Anteilspapiere bleiben bis zum Ablauf der Hauptversammlung für den Effektenhandel gesperrt und dürfen dem Depot nicht entnommen werden.

3.2.3 Kündigungen und Auslosungen

Werden Effekten zur Rückzahlung ausgelost oder gekündigt, so ist zwischen zwei Wertpapiergruppen zu unterscheiden. Pfandbriefe und Schuldverschreibungen werden ohne besondere Weisung des Hinterlegers eingelöst. Für die übrigen Wertpapiere wird eine Weisung des Kunden erbeten. Erst wenn diese ausbleibt, ist die verwahrende Bank nach den Allgemeinen Geschäftsbedingungen berechtigt, die Einlösung und Verwertung der fälligen Stücke nach eigenem Gutdünken vorzunehmen.

Da zwischen der Auslosung bzw. Kündigung und der Rückzahlung häufig mehrere Monate liegen, der Kunde aber vielfach sofortige Zahlung wünscht, erklären sich die Kreditinstitute in der Regel bereit, die entsprechenden Stücke gegen Abzug eines Zinses im Wege des sog. **Effektendiskonts** anzukaufen. Die Gutschrift erfolgt vorbehaltlich des Eingangs.

---

1 Vgl. S. 33 ff.

640

3.2.4 Konvertierungen, Ausübung und Verwertung von Bezugsrechten

Bei einer Konvertierung, der Ausübung und Verwertung von Bezugsrechten, der Aufforderung zu Einzahlungen bei Fusionen, Sanierungen, Zusammenlegungen, Umstellungen und Umtauschangeboten unterrichten die verwahrenden Banken ihre Depotkunden regelmäßig von den bevorstehenden Maßnahmen und erwarten ihre Weisungen.

Trifft die Antwort des Hinterlegers nicht rechtzeitig ein, so sind die Kreditinstitute gezwungen, nach eigenem Ermessen zu handeln. Diese Möglichkeit besitzt besondere Bedeutung, wenn der Hinterleger eines Anteilspapiers in den Genuß eines Bezugsrechtes kommt. In diesem Fall erkundigt sich die verwahrende Bank beim Kunden, ob, gegebenenfalls unter Zu- oder Verkauf von Bezugsrechten, junge Aktien bezogen werden sollen oder ob die auf den Aktienbesitz entfallenden Bezugsrechte verkauft werden sollen. Bleibt die Bank bis zum vorletzten Börsentag, an dem das Bezugsrecht notiert wird, ohne Weisung des Kunden, so wird sie das Bezugsrecht für den Kunden bestens verkaufen.

Die aufgeführten Verwaltungsarbeiten erstrecken sich auf sämtliche im offenen Depot befindlichen Wertpapiere. Dabei ist es unerheblich, ob sie in Sonder- oder Sammelverwahrung liegen. Wurden die Effekten einer drittverwahrenden Bank weitergereicht, übernimmt diese die Verwaltungsarbeiten. In den Fällen, in denen eine Weisung des Hinterlegers einzuholen ist, wendet sich das drittverwahrende Institut an das zwischenverwahrende und dieses wiederum an seinen Kunden.

4. Bedeutung des Depotgeschäfts für Aufwand und Ertrag

Die Gegenüberstellung von Aufwand und Ertrag des Depotgeschäfts bereitet zum Teil Schwierigkeiten, da die Leistungen nicht isoliert, sondern nur im Zusammenhang mit Leistungen anderer Geschäftszweige betrachtet werden können. Die folgenden Ausführungen müssen sich aber auf diejenigen Aufwendungen und Erträge beschränken, die ausschließlich durch das Depotgeschäft verursacht werden.

4.1 Aufwendungen

Wertbedingte Aufwendungen fallen im Depotgeschäft nicht an, da keine Wertleistungen erstellt werden. Zum **betriebsbedingten Aufwand** zählen sämtliche Ausgaben für Betriebsmittel, die für eine ordnungsgemäße Effektenverwahrung und -verwaltung notwendig sind.

Im Vordergrund stehen die Aufwendungen für die *Tresoranlagen*, insbesondere die Abschreibungen und Zinsen für das durchschnittlich gebundene Kapital, weiterhin die *Personalaufwendungen* für die Beschäftigten der Tresorabteilung und der Depotbuchhaltung sowie die Aufwendungen für die *Revisionen* und *Prüfungen*, die von der Bank sowie durch staatlich bestellte Prüfungsorgane vorgenommen werden.

Grundsätzlich kann festgestellt werden, daß der betriebsbedingte Aufwand der Wertpapierverwaltung zumeist den der Verwahrung übersteigt. Überwiegend handelt es sich um Personalaufwendungen, da für die vielfältigen Arbeiten bei der Effektenverwaltung relativ viele Arbeitskräfte notwendig sind. Die hierzu erforderlichen Sachkenntnisse zwingen zur Heranziehung gutbezahlter Fachkräfte. Eine eindeutige Zurechnung von Aufwandsarten zum Effektenverwahrungs- und -verwaltungsgeschäft ist aber nicht immer möglich.

4.2 Erträge

Die Erträge des Depotgeschäftes können aufgeteilt werden in direkte und indirekte Erträge.

Direkte Erträge stellen die *Depotgebühren* dar, die teils vom Nennwert, teils vom Kurswert der hinterlegten Wertpapiere berechnet werden. Die Höhe der Sätze ist verschieden, da eine generelle Festlegung durch das Bundesaufsichtsamt für die Depotgebühren nicht erfolgt ist.

Zur Zeit werden in der Regel als Normalkondition bei Depots für die im Streifband verwahrten Rentenwerte und Aktien 3‰, für sammelverwahrte Papiere 1,25‰ – jeweils bezogen auf den Nennwert – in Rechnung gestellt. Für die Verwahrung und Verwaltung von Investmentzertifikaten sind 0,3‰ des Rücknahmepreises per Jahresende, für Kuxe 2‰ vom Kurswert zu entrichten. Als Mindestgebühr pro Depot werden 5 DM berechnet.

Neben den Depotgebühren müssen dem Depotgeschäft teilweise auch Erträge zugerechnet werden, die zwar in anderen Geschäftszweigen anfallen, deren wirtschaftlicher Ursprung jedoch im Depotgeschäft liegt **(indirekte Erträge)**. Als derartige Erträge des Depotgeschäfts kommen die Effektenüberweisungsprovision, die Effektenkauf- und -verkaufsprovision, die Provision für die Ausübung bzw. Verwertung des Bezugsrechts, die vom Emittenten zu zahlende Inkassoprovision und ähnliche Erträge in Frage.

Nach herrschender Auffassung decken die Erträge des Depotgeschäfts nicht den Aufwand, den es verursacht. Besonders die Sonderverwahrung ist wegen ihrer Umständlichkeit sehr kostspielig. Dagegen ist die Girosammelverwahrung wegen der wesentlichen Vereinfachung und rationelleren Abwicklung rentabler, obwohl die Depotgebühr hier erheblich niedriger liegt als bei der Sonderverwahrung.

In letzter Zeit haben sich daher die Bestrebungen verstärkt, nach Möglichkeit vom Wertpapier zum **Wertrecht** überzugehen, also die effektiven Stücke ganz verschwinden zu lassen und die Rechte nur noch durch Gut- und Lastschriften giromäßig zu handeln.

Ein weiterer Weg, die ungünstige Ertragslage des Depotgeschäfts zu verbessern, wäre die Erhöhung des Durchschnittsnennbetrages der verwahrten Effekten. Da die Arbeit, die mit der Verwahrung und Verwaltung eines Wertpapieres verbunden ist, in der Regel unabhängig davon ist, ob das Papier einen hohen oder niedrigen Wert repräsentiert, würde der Ertrag pro Stück mit steigendem Wert zunehmen. Allerdings wird eine solche Entwicklung durch die Notwendigkeit begrenzt, auch weniger kaufkräftige Kreise für den Erwerb von Effekten zu interessieren.

Andererseits darf die Ertragslage des Depotgeschäftes nicht isoliert betrachtet werden. Die durch das Depotgeschäft bedingten höheren Erträge anderer Geschäftszweige, die insgesamt zu einem positiven finanziellen Ergebnis führen, gleichen das ungünstige Ergebnis des Depotgeschäftes meistens nicht nur aus, sondern übersteigen es sogar.

Aufgaben:

1. Wodurch unterscheiden sich das „verschlossene" und das „offene" Depot, und welche Rechtsgrundlagen gelten für diese Verwahrungsarten?
2. Worin besteht das Wesen der Aberverwahrung?
3. Welche Verwahrungsarten unterscheidet das Depotgesetz, und wie sind sie zu kennzeichnen?
4. Worin liegen die Vorteile des Effektengiroverkehrs für die Bank und für den Kunden?
5. Welchen Zwecken dienen
   a) der weiße Effektenscheck,
   b) der rote Effektenscheck und
   c) der grüne Effektenscheck?
6. Was ist unter dem Jungschein- und dem Schuldbuchgiroverkehr zu verstehen?
7. Wie sind die Drittverwahrung und die Tauschverwahrung zu kennzeichnen, und welche Bedeutung haben diese Verwahrungsarten im Rahmen des Depotgeschäfts der Kreditinstitute?
8. Was ist unter den Begriffen „Fremdvermutung" und „Eigenanzeige" zu verstehen?
9. Unter welchen Voraussetzungen ist eine Drittverpfändung möglich, und welche Arten der Drittverpfändung werden im Depotgesetz unterschieden?
10. Klären Sie folgende Begriffe:
    a) Eigendepot,
    b) Anderdepot,
    c) Pfanddepot und
    d) Sonderpfanddepot!
11. Worauf erstreckt sich im einzelnen das Effektenverwaltungsgeschäft der Kreditinstitute?
12. Was läßt sich über die Rentabilität des Depotgeschäftes sagen, und worin liegt seine Bedeutung für das einzelne Kreditinstitut?

F. Auslandsgeschäft

I. Geschichtliche Entwicklung und Wesen

Bereits im **Altertum** und im frühen Mittelalter bestanden zwischen europäischen bzw. außereuropäischen Ländern zwischenstaatliche Handelsbeziehungen, in Deutschland wirkten jedoch erst etwa seit dem **14. Jahrhundert** Banken bei der *Finanzierung von Außenhandelsgeschäften* mit. Da die Bankgeschäfte der wenigen deutschen Institute des 14. und 15. Jahrhunderts nur eine Art Ergänzung ihres Warenhandels bildeten, bestand auch ihr Auslandsgeschäft vorwiegend in der *Finanzierung von Eigengeschäften*, z. B. im Rahmen des Gewürz- oder Zuckerhandels. Dieser Zustand währte bis weit in das **17. und 18. Jahrhundert** hinein.

Auch das **Zeitalter des Merkantilismus** mit seinen staatlichen Exportförderungsmaßnahmen brachte für die deutschen Institute noch keine größere Ausweitung ihres Auslandsgeschäftes, wenngleich sich nunmehr allmählich eine *Verlagerung von den Eigen- zu den Fremdgeschäften* abzeichnete. Die eigentliche Entwicklung des Auslandsgeschäftes zu einer bedeutsamen Sparte der Banken, insbesondere die kontinuierliche finanzielle Einschaltung in *Überseegeschäfte auf breiterer Basis*, setzte in Deutschland erst im **19. Jahrhundert** ein.

Neben die in diesem Zeitraum sich vollziehenden Umgestaltungen Deutschlands vom Agrar- zum Industriestaat und die damit zusammenhängenden Verbesserungen des Transportwesens, die Steigerung der Kaufkraft der Bevölkerung und die Veränderungen ihrer Struktur und ihrer Bedürfnisse trat in der **zweiten Hälfte des 19. Jahrhunderts** noch ein politischer Faktor, der eine Expansion des Außenhandels in beachtlichem Umfang förderte. Die Gründung des Deutschen Reiches im Jahre **1871** beseitigte die territoriale und rechtliche Zersplitterung Deutschlands und ermöglichte vor allem die *Einführung einer einheitlichen Geldverfassung* auf der Basis des Goldstandards.

Durch den Bau einer großen Handelsflotte, den Erwerb kolonialer Besitzungen sowie die zunehmende Einschaltung Deutschlands in den internationalen Güter- und Leistungsaustausch wurde die Industrialisierung der deutschen Wirtschaft beschleunigt. Das wiederum schlug sich in einer relativ starken Ausweitung des Außenhandels nieder. Der Höhepunkt dieser *Expansionsperiode des Auslandsgeschäftes der deutschen Banken* wurde **1913** erreicht. Am Ende dieses Jahres nahm Deutschland im Welthandel hinter England mit einem Außenhandelsvolumen von 21 Mrd. Mark den zweiten Platz ein.

Die kurzfristige Außenhandelsfinanzierung erfolgte in der Zeit vor dem ersten Weltkrieg vorwiegend auf der Basis

Kasse gegen Dokumente, Akzept gegen Dokumente oder aber im Wege der **Dokumenten- bzw. Trattenbevorschussung** und durch Gewährung von

Wechselnegoziations- und Rembourskrediten.
Bei der Finanzierung von Importgeschäften lag der Schwerpunkt beim Rembourskredit.

Mittel- und langfristige Exportgeschäfte wurden in dieser Zeit durch **Emissionen von Anleihen der ausländischen Importfirmen** am deutschen Kapitalmarkt finanziert.

Der erste Weltkrieg unterbrach dann diese Expansionsperiode des deutschen Auslandsgeschäftes, da die Industrie durch die Blockaden der Alliierten den größten Teil ihrer Absatzgebiete im Ausland – vor allem in den Überseeländern – verlor und infolge verminderter Zahlungsfähigkeit der deutschen Wirtschaft auch die Importe zurückgingen.

Verhängnisvoll wirkten sich ferner die durch den *Versailler Vertrag* eingetretenen *Veränderungen der wirtschaftlichen Struktur* Deutschlands, insbesondere der Verlust wichtiger Rohstoffgebiete, die hohen Reparationslasten sowie die wachsende Geldentwertung in den ersten Nachkriegsjahren, zusammen mit der Beibehaltung der während des Krieges eingeführten *Ausfuhrkontrolle für den Außenhandel und das Auslandsgeschäft der Kreditinstitute* aus. Die stark rückläufige Entwicklung des Außenhandels sowie das Entstehen einer chronisch passiven Handels- und Zahlungsbilanz Deutschlands führten zwangsläufig zu einschneidenden Veränderungen der Finanzierungsmethoden und der Technik der Abwicklung von Auslandsgeschäften.

Erst mit der Stabilisierung der deutschen Währung begann ein neuer Abschnitt in der *Nachkriegsentwicklung* des deutschen Auslandsgeschäftes. Nach den Jahren des Niedergangs folgte durch das Einströmen großer Summen kurz- oder auch langfristigen Auslandskapitals wieder eine Periode der Prosperität. Der Umfang des Auslandsgeschäftes erhöhte sich daher in diesen Jahren beachtlich. Allerdings vollzog sich damit zugleich ein gewisser Wandel der Finanzierungsformen.

Insbesondere verlor im Export das Dokumentenakkreditivgeschäft seine Vorrangstellung, da in steigendem Maße nicht mehr der Verkäufer, sondern der Käufer die stärkere Marktstellung innehatte und die Geschäftsbeziehungen zu ausländischen Importeuren wieder weitgehend auf dem Grundsatz von Treu und Glauben basierten. An seine Stelle traten das **Remboursakzept**, ferner der **Direktkredit ausländischer Banken** und kapitalkräftiger Industrieunternehmen des Auslandes an führende deutsche Exportfirmen sowie die **Verwendung ausländischer Einlagen bei deutschen Banken zur Gewährung kurzfristiger Währungsexportkredite**.

Nach nur wenigen Jahren allerdings erschütterte das Übergreifen der von den USA im Jahre **1929** ausgehenden *Weltwirtschaftskrise* das Auslandsgeschäft der deutschen Institute etwa vom Jahre **1930** an in sehr starkem Maße. Die schwere Kreditkrise der Bankwirtschaft in Deutschland, die im Sommer **1931** durch den plötzlichen Abzug von 2,5 bis 3,5 Mrd. RM kurzfristiger Auslandsgelder hervorgerufen wurde, und der Zusammenbruch namhafter Unternehmen beschleunigten noch den Rückgang des Auslandsgeschäftes infolge des schwindenden Vertrauens in die Stabilität der deutschen Wirtschaft.

Die Zeit des *multilateralen* Handels- und Zahlungsverkehrs für Deutschland und die übrige Welt ging ziemlich abrupt zu Ende. An seine Stelle traten *bilaterale* **Handels- und Verrechnungsabkommen**, d. h. mengenmäßige Einfuhrbeschränkung und Devisenbewirtschaftung und damit quantitative Beschränkungen des Handels- und Zahlungsverkehrs, die in einer Reihe von Ländern noch nicht wieder völlig abgebaut werden konnten.

Die wachsende Bürokratisierung und staatliche Lenkung des Außenhandels bei schrumpfendem Volumen des gesamten Welthandels sowie die Abwertung der Währungen vieler Staaten in den 30er Jahren schlugen sich besonders in einer einschneidenden Änderung der bisher angewandten Finanzierungsformen des kurzfristigen Auslandsgeschäftes der deutschen Banken nieder. Dadurch, daß der direkte Zahlungsverkehr der deutschen Ex- bzw. Importeure mit ihren ausländischen Kontrahenten infolge der Devisenbewirtschaftung immer mehr zum Erliegen kam, wandelte sich die bankmäßige Abwicklungstechnik der deutschen Auslandsgeschäfte grundlegend. In besonderem Maße wurden hiervon die **Importrembursfazilitäten** betroffen, die im Jahre **1937** schätzungsweise höchstens noch rund 15% des Wertes vom Jahre 1931 ausmachten und mit dem Beginn des zweiten Weltkrieges nahezu gänzlich erloschen.

Die Entwicklung der Formen und der Technik der Außenhandelsfinanzierung in der Zeit **nach dem zweiten Weltkrieg** schloß an die dreißiger Jahre an. In der kurzfristigen Finanzierung von Außenhandelsgeschäften dominierte **bis etwa 1950 das Dokumentenakkreditiv**. Von Anfang **1951 bis etwa Mai 1956** lag jedoch der Schwerpunkt in der kurzfristigen Ausfuhrfinanzierung bei der als Exportförderungsinstrument geschaffenen „**Exporttratte**", die für den deutschen Exporteur insofern einen sehr billigen Produktionsmittelkredit darstellte, als bei der Diskontierung der Exporttratten die – vielfach niedrigere – ausländische Bankrate zugrunde gelegt wurde und darüber hinaus eine Kurssicherung bestand.

Diese Vorteile der Exporttratte fielen dann aber durch die Beschlüsse des Zentralbankrates vom 10./11. 1. 1957 und 22. 8. 1957 fort, so daß sie seit Ende 1957 nicht mehr als kurzfristiges Finanzierungsinstrument für die Exportgüterproduktion zur Verfügung steht.

Seit **1955** zeichnete sich auch ein *Rückgang in der Verwendung des Dokumentenakkreditivs* ab, da nunmehr, zehn Jahre nach Beendigung des zweiten Weltkrieges, eine gewisse Konsolidierung in den Geschäftsbeziehungen zwischen deutschen und ausländischen Exporteuren bzw. Importeuren eingetreten war, die zur Folge hatte, daß zum Teil auf die Verwendung des Sicherheitsfaktors, den das Dokumentenakkreditiv darstellt, verzichtet werden konnte.

Der **Rembourskredit** – das klassische Instrument kurzfristiger Finanzierung in der Zeit vor dem ersten Weltkrieg – gewann erst seit der Regelung der deutschen Auslandsschulden durch das Londoner Schuldenabkommen vom Jahre **1952** wieder an Bedeutung.

In den folgenden Ausführungen sollen unter dem bankmäßigen Auslandsgeschäft solche Geschäfte verstanden werden, die den zwischenstaatlichen Zahlungsverkehr, die Bereitstellung finanzieller Mittel zur Überbrückung der Produktionsdauer und Transportzeiten von Exportgütern sowie die Gewährung und Inanspruchnahme von Lieferantenkrediten bei Außenhandelsgeschäften und die Übernahme von Garantien für Import- und Exportzwecke sowie Devisenhandelsgeschäfte zum Gegenstand haben.

II. Rechtliche Grundlagen

Die rechtliche Grundlage für die Abwicklung von Außenhandelsgeschäften bildet das **Außenwirtschaftsgesetz**, das am 1. 9. 1961 in Kraft trat und eine Vereinheitlichung des Außenwirtschaftsrechts der Bundesrepublik herbeiführte.

Für das *Scheck- und Wechselrecht* erfolgte durch die sogenannten **Genfer Abkommen** vom 7. 6. 1930 bzw. 19. 3. 1931 eine weitgehende rechtliche Vereinheitlichung in den wichtigsten Welthandelsländern. Für gewisse Auslandsgeschäfte wurden ferner in den folgenden Jahren **zwischenstaatliche Vereinbarungen** der Bankenverbände getroffen, wie z. B. für den Dokumenten-Akkreditivverkehr und das Inkasso von Handelspapieren.

Rechtsgrundlage für das Verhältnis zwischen den deutschen und ausländischen Partnern von Auslandsgeschäften jedoch sind die individuell abzuschließenden Verträge, für die die allgemeinen Bestimmungen des Vertragsrechts gelten. Grundsätzlich können die Geschäftspartner festlegen, welches Recht für ihre beiderseitigen Rechtsbeziehungen maßgebend sein soll.

Für das Verhältnis zwischen der deutschen Bank und dem inländischen bzw. ausländischen Exporteur oder Importeur sind als Rechtsgrundlage zunächst die **Allgemeinen Geschäftsbedingungen der Banken** (AGB) zu nennen, die auch für die Abwicklung von Auslandsgeschäften als Rahmenvorschriften grundsätzlich Gültigkeit besitzen, sofern nicht abweichende oder ergänzende vertragliche Vereinbarungen zwischen Bank und Kunde getroffen werden.

Insbesondere sind die Bestimmungen über die Zurückzahlung von *Währungskrediten* und die Sicherung der Banken gegen politische Risiken zu erwähnen, die im Zusammenhang mit der Unterhaltung von *Währungskonten* für Rechnung von Kunden im Ausland auftreten können, – ferner die Regelung der *Haftung* der Kreditinstitute im *Auslandswechselgeschäft* sowie bei der Aufnahme, Auslieferung oder Honorierung von Dokumenten und der Ausführung von Aufträgen im Rahmen von Export- und Importgeschäften sowie das Pfandrecht an Dokumenten.

Eine Ergänzung der Allgemeinen Geschäftsbedingungen bilden die von der *Internationalen Handelskammer* in Paris aufgestellten

„Einheitlichen Richtlinien und Gebräuche für Dokumenten-Akkreditive"

sowie die

„Einheitlichen Richtlinien für Inkassi".

Während die AGB die Bank und den Ex- oder Importeur grundsätzlich rechtlich binden, handelt es sich bei den übrigen vertraglichen Abmachungen im wesentlichen um spezielle rechtsgeschäftliche Vereinbarungen, die auf die jeweiligen Bedürfnisse des Einzelfalls abgestellt werden. Dies gilt z. B. für die Kreditvereinbarungen, die im allgemeinen Art und Umfang der Sicherheiten, Kreditlaufzeit und -rückführung sowie die Kreditkosten umfassen.

III. Grundformen und Technik der Auslandsgeschäfte

1. Allgemeines

Bevor auf die wichtigsten Grundformen der Auslandsgeschäfte und deren bankmäßige Abwicklung näher eingegangen wird, sollen die im zwischenstaatlichen Waren- und Dienstleistungsverkehr auftretenden Risiken kurz erörtert werden, da sie die Ausgestaltung des internationalen Zahlungs- und Kreditverkehrs wesentlich beeinflussen. Anschließend werden die wichtigsten international anerkannten Standardformen für Lieferungs- und Zahlungsbedingungen erläutert.

1.1 Risiken im Außenhandel

Da die Risiken im allgemeinen mit zunehmender Entfernung zwischen Verkäufer und Käufer wachsen, ist es einleuchtend, daß ihnen im Außenhandel und insbesondere im Überseehandel eine entscheidende Bedeutung zukommt. Zunächst ist darauf hinzuweisen, daß das *Geschäftsrisiko* im allgemeinen erheblich größer ist als bei Inlandsgeschäften. Daneben aber treten besonders **für den Exporteur** *zusätzliche* Risiken auf, wie z. B. das *Kreditrisiko*, das in der richtigen Beurteilung der Bonität des ausländischen Importeurs liegt, das *Währungs-, Transport-, Abnahme-, Inkasso-, Kurs-, Konvertierungs-, Transfer- und das politische Risiko.*

Für den Importeur sind gegenüber Inlandsgeschäften neben dem Transportrisiko vor allem das *Erfüllungs- und das Qualitätsrisiko* in erhöhtem Maße vorhanden.

Zum Zwecke der Einschränkung eines Teils dieser zusätzlichen, nicht kalkulierbaren Risiken ist im zwischenstaatlichen Handels- und Zahlungsverkehr u. a. die Anwendung sogenannter *„gesicherter Zahlungsbedingungen"* üblich, die besondere bankmäßige Abwicklungsformen entstehen ließen, wie z. B. das Dokumentenakkreditiv. Das Kursrisiko wird heute in der Regel durch die *Devisentermingeschäfte* aufgehoben.

1.2 Zahlungsbedingungen im Außenhandel

Die wichtigsten im Außenhandel verwendeten Zahlungsbedingungen sind:

(1) **Vorauszahlung, Anzahlung**

(2) **Zahlung mittels Akkreditivs:**

    a) *Barzahlung* bei Übergabe der Dokumente,
    b) Aushändigung eines Akzeptes bei Übergabe der Dokumente *(Rembourskredit)*,

(3) **Dokumente gegen Kasse,**

(4) **Dokumente gegen Akzept,**

(5) **Zahlung nach Eingang der Ware und Rechnung,**

(6) **Zahlung nach Ablauf eines Zahlungszieles** (offenes Zahlungsziel).

Welche dieser Zahlungsbedingungen zwischen Käufer und Verkäufer vertraglich vereinbart werden, richtet sich zunächst nach der *Bonität* des Käufers und seiner *Marktstellung* und dem *Vertrauensverhältnis*, das zwischen den beiden Vertragspartnern besteht. Ferner sind die allgemeinen politischen und wirtschaftlichen Verhältnisse, die im eigenen Land und im Land des Geschäftspartners herrschen, zu berücksichtigen.

Der Importeur wird in der Regel bestrebt sein, bei gleichbleibenden Preisen und Lieferungsbedingungen möglichst langfristige Zahlungsziele – als Idealfall *freies oder offenes Zahlungsziel* – zu erhalten, sofern ihn nicht vielleicht Geldwertschwankungen der eigenen Währung oder derjenigen des Exportlandes zur Barzahlung oder etwa gar zur Vorauszahlung veranlassen können.

Der Exporteur hingegen ist bestrebt, die Dauer der Bindung jener finanziellen Mittel, die für die Produktion der Exportgüter und die Gewährung von Zahlungszielen benötigt werden, so kurz wie möglich zu halten und im günstigsten Fall die Zahlungsbedingungen *„Vorauszahlung"* im Kaufvertrag festzulegen.

Ob jedoch der Exporteur bzw. der Importeur im Einzelfall diejenigen Zahlungsbedingungen vertraglich durchzusetzen vermag, die seiner Interessenlage entsprechen, hängt in der Praxis vor allem von dem Vertrauen, das dem Lieferer-

bzw. Abnehmerland entgegengebracht wird, sowie von den Bestimmungen zwischenstaatlicher Zahlungs- und Verrechnungsabkommen und schließlich noch in gewissem Umfang von den Handelsbräuchen ab. Das Zusammenwirken dieser Faktoren hat zur Folge, daß die erwähnten **„optimalen Zahlungsbedingungen"** – Vorauszahlung bzw. freies Zahlungsziel – im allgemeinen heutzutage nicht den Regelfall, sondern die Ausnahme darstellen und daneben eine Reihe andersgearteter Bedingungen für die Abwicklung der Zahlungen gebräuchlich ist.

Da in der Außenhandelspraxis die gekauften Waren nach Vertragsabschluß in der Regel noch versandt bzw. erst produziert werden müssen, zählen zu den **wichtigsten Zahlungsbedingungen**, die besondere Formen und Techniken im Rahmen des Auslandsgeschäftes der Banken entstehen ließen:

Dokumente gegen Kasse *(documents against payment = d/p)* und
Dokumente gegen Akzept *(documents against acceptance = d/a).*

Beide Zahlungsbedingungen spielen vor allem im Überseehandel eine hervorragende Rolle. Die Sicherung in der Zahlungsabwicklung liegt darin begründet, daß die eigentliche Übergabe der Ware an den Importeur durch *Aushändigung* bestimmter *Traditionspapiere* an eine Bank oder den Importeur selbst bereits nach der Verladung der Ware *Zug um Zug* gegen Zahlung des Fakturenpreises oder Akzeptleistung ersetzt wird.

Dadurch wird also erreicht, daß der Exporteur bereits kurz nach Verladung der Ausfuhrgüter über den Exporterlös verfügen kann, während die „körperliche" Übergabe der Waren erst nach ihrem Eintreffen in dem Bestimmungshafen Zug um Zug gegen Vorlage der Dokumente erfolgt, die in der Zwischenzeit an den Importeur oder dessen Bank versandt worden sind.

1.3 Lieferungsbedingungen im Außenhandel

Die Lieferungsbedingungen legen die allgemeinen Rechte und Pflichten der Vertragspartner von Außenhandelsgeschäften fest, die mit der Warenlieferung zusammenhängen. Sie bestimmen u. a.

den **Abladeort,**

den **Zeitpunkt des Gefahren- und Eigentumsüberganges** auf den Käufer und

die **Aufteilung der Beförderungskosten** auf den Käufer und Verkäufer.

In der Außenhandelspraxis entwickelten sich im Laufe der Zeit zahlreiche Usancen in Gestalt bestimmter Vertragsformen für die verschiedenen praktischen Ausgestaltungsmöglichkeiten der Lieferungsbedingungen.Die gebräuchlichsten dieser Vertragsformeln wurden von der Internationalen Handelskammer erstmals als **„International Commercial Terms 1936"** *(Incoterms)* zusammengestellt und erläutert; sie wurden zuletzt 1980 neu gefaßt und in der ICC – Publikation Nr. 350 aufgelegt.

Die gebräuchlichsten dieser internationalen Vertragsformeln, die in der Regel auch in die Bedingungen der Dokumentenakkreditive aufgenommen werden und deren Kenntnis und Auslegungsmöglichkeiten demgemäß auch für die Banken Bedeutung besitzen, sind folgende:

Ab Werk (ab Fabrik, Mühle, Grube, Lagerhaus):

Der *Käufer* hat die Ware im Werk des Verkäufers spätestens zum vereinbarten Übernahmetermin abzunehmen und alle Beförderungs- und Versicherungskosten zu tragen.

F.O.R. (free on rail): frei Waggon (Abgangsort).

F.O.T. (free on truck): frei Güterwagen.

Der *Verkäufer* hat alle Kosten bis zum Zeitpunkt der Übergabe der Ware an den Frachtführer (Eisenbahn) zu tragen.

F.A.S. (free alongside ship):
Der *Verkäufer* hat alle Kosten zu tragen, bis die Ware termingerecht oder innerhalb der vereinbarten Frist Längsseite Schiff (Seeschiff) geliefert wurde.

F.O.B. (free on board):
Der *Verkäufer* hat alle Kosten zu tragen, bis die Ware im vereinbarten Verschiffungshafen die Reling des Schiffes passiert hat.

C. & F. (cost and freight):
Der *Verkäufer* hat alle Verlade- und Frachtkosten bis zur Ankunft des Schiffes im Bestimmungshafen zu tragen.

C.I.F. (cost, insurance, freight):
Der *Verkäufer* hat sämtliche Verlade-, Versicherungs- und Frachtkosten bis zur Ankunft des Schiffes im Bestimmungshafen zu tragen.

2. Zahlungsverkehr

2.1 Allgemeines

Die Leistungen, die die Banken für die Abwicklung von Auslandsgeschäften anbieten, umfassen – abgesehen von Dienstleistungen allgemeiner Art – insbesondere die **Zahlungsvermittlung** und die **Kredithergabe**. Dem Exporteur oder Importeur steht es frei, seinen finanziellen Dispositionen entsprechend entweder nur die Zahlungsvermittlung oder darüber hinaus noch eine Kreditgewährung der Bank in Anspruch zu nehmen.

Für die Darstellung der verschiedenen Formen des internationalen Zahlungs- und Kreditverkehrs im Rahmen des Auslandsgeschäftes werden aus Gründen der Systematik der Zahlungs- und der Kreditverkehr im folgenden getrennt behandelt, selbst auf die Gefahr hin, daß sich hierbei gewisse Überschneidungen ergeben können.

2.2 Barer und bargeldersparender Zahlungsverkehr

Ähnlich wie im nationalen Zahlungsverkehr der Bundesrepublik der Schwerpunkt beim bargeldlosen Zahlungsverkehr liegt, erfolgen auch auf internationaler Ebene Wertübertragungen im Rahmen des Auslandsgeschäftes vorwiegend bargeldlos. Eine Ausnahme hiervon bildet lediglich der *Reiseverkehr*, der noch zu einem gewissen Umfang mit Hilfe von ausländischem Bargeld abgewickelt wird.

Allerdings verliert der Barverkehr auch hier durch das Vordringen der Reise- oder Travellerschecks, Kreditkarten und insbesondere der eurocheques immer mehr an Bedeutung. Das gleiche gilt für Barakkreditive und Reisekreditbriefe.

2.2.1 Kreditbrief

Der Kreditbrief ist eine besondere Form des Barakkreditivs und dient im wesentlichen der Beschaffung von Bargeld auf Auslandsreisen. Er ist hervorgegangen aus den früher üblichen *Empfehlungsschreiben der Banken* und stellt rechtlich eine **Anweisung** im Sinne der §§ 783 bis 792 BGB dar.

In einem Kreditbrief bittet das ausstellende Kreditinstitut eine ausländische Bank bzw. mehrere Banken, an den Inhaber nach dessen Legitimation Zahlungen bis zur Höhe des in der Urkunde angegebenen Betrages innerhalb des vorgesehenen Zeitraumes zu leisten.

Die abgehobenen Beträge werden auf der Rückseite des Kreditbriefes eingetragen; das Kreditinstitut, das die Restsumme auszahlt, zieht den Kreditbrief ein und schickt ihn an den Aussteller zurück. – Ferner wird über jeden ausgezahlten Betrag vom Empfänger eine **Doppelquittung** erteilt, von der das auszahlende Institut das Original als Quittung behält, während das Doppel dem Aussteller als Beleg für die geleistete Zahlung zum Inkasso übersandt wird. Die ausstellende Bank befristet im allgemeinen die Laufzeit des an Dritte nicht übertragbaren Kreditbriefes.

Nach der Anzahl der bezeichneten Zahlstellen ist zwischen den Spezialkreditbriefen und den Zirkularkreditbriefen zu unterscheiden.

Bei den **Spezialkreditbriefen** ist der Name der Korrespondenzbank – es können auch deren zwei oder drei sein – im Kreditbrief selbst genannt. Das ausstellende Institut übersendet der betreffenden Zahlstelle jeweils ein Avis und fügt dem Schreiben eine *Unterschriftsprobe* des Begünstigten bei. Die Zahlstelle hat eine *Legitimationsprüfung* vorzunehmen und die Unterschrift mit der Unterschriftsprobe zu vergleichen.

Auf Wunsch des Kunden kann aber auch ein sogenannter **Zirkularkreditbrief** ausgestellt werden, dem eine Liste mit einer größeren Anzahl von Einlösungsstellen *(Korrespondentenliste)* beigefügt ist. Der Zirkularkreditbrief findet vorwiegend dann Verwendung, wenn der Kunde z. B. für eine Weltreise Zahlungsmittel in verschiedenen Ländern ausgezahlt haben möchte. In diesem Fall kann eine Benachrichtigung der Korrespondenzbanken naturgemäß nicht erfolgen. Als *Ausweis* gegenüber der Einlösungsstelle dient dann der *Kreditbrief zusammen mit der Unterschrift*, die mit der auf dem Kreditbrief oder der Korrespondentenliste abgegebenen Unterschriftsprobe übereinstimmen muß.

Für den Inhaber des Zirkularkreditbriefes birgt der Besitz der Urkunde also insofern eine Gefahr in sich, als bei einem Verlust die Möglichkeit der mißbräuchlichen Verwendung durch einen Dritten in weit höherem Maße als beim Spezialkreditbrief gegeben ist. Die *Legitimationsprüfung* jedoch und die Gewohnheit der Reisenden, Kreditbrief und Unterschriftsprobe *getrennt* voneinander zu verwahren, heben dieses Risiko weitgehend auf.

2.2.2 Reisescheck (Travellerscheck)

Spezial- und Zirkularkreditbriefe hatten früher erhebliche Bedeutung, heute sind sie nur noch in den Fällen gebräuchlich, in denen größere Geldbeträge im Ausland bar zur Verfügung stehen müssen. Den Bedürfnissen des normalen internationalen Reiseverkehrs werden am ehesten die Travellerschecks gerecht, die praktisch überall eingelöst werden können. Die von Deutschen Banken ausgegebenen Reiseschecks lauten über Beträge von DM 50,–, DM 100,– und DM 500,–. Daneben werden auch Travellerschecks ausländischer Banken, vor allem amerikanischer und englischer Banken, in der jeweiligen Landeswährung angeboten. Die **Einheitsformulare** der DM-Reiseschecks sind dreisprachig (deutsch, englisch und französisch) und haben das Format ⅙ DIN A 4[1].

Um Fälschungen und Betrügereien vorzubeugen, ist bei der Einlösung – wie bei den Kreditbriefen – eine *Legitimationsprüfung* vorzunehmen und die *Übereinstimmung der vor dem Schalter abzugebenden Unterschrift mit der auf dem Reisescheck* bereits vorhandenen Unterschriftsprobe zu prüfen. Bei der Ausgabe werden die Reiseschecks in ein *Verbrauchsbuch* eingetragen mit Angabe der Schecknummern, der Beträge, des Kunden und der bezogenen Bank. Beim Verkauf von Reiseschecks verschiedener ausländischer Banken wird diesen Instituten ein Avis übersandt.

DM-Reiseschecks sind zeitlich unbegrenzt gültig und sind für das *„vereinfachte Scheckeinzugsverfahren"* der Deutschen Bundesbank zugelassen.

Das Wesen des Barakkreditivs wird im Zusammenhang mit dem „Akkreditivverkehr" dargestellt.

---

1 Vgl. im übrigen „eurocheque", S. 251 ff.

2.3 Bargeldloser Zahlungsverkehr

2.3.1 Überweisungsverkehr

Im innereuropäischen Zahlungsverkehr wird im allgemeinen – abgesehen von Großbritannien – die Überweisung bevorzugt. Dies ist zum Teil historisch bedingt. Ferner ist die banktechnische Abwicklung des Überweisungsverkehrs gegenüber dem Scheckverkehr einfacher. Innerhalb des Zahlungsverkehrs der USA und des Sterling-Raumes steht hingegen nicht die Überweisung, sondern der Bankorderscheck an erster Stelle.

Zum Zwecke der Ausführung der Überweisungsaufträge über Währungsbeträge unterhalten die westdeutschen Kreditinstitute zahlreiche **Währungskonten bei Korrespondenzbanken** in vielen Teilen der Welt. Ebenso haben alle bedeutenden ausländischen Institute bei einer oder mehreren Banken in der Bundesrepublik DM-Konten, so daß zur Durchführung des Zahlungsverkehrs zwischen den einzelnen Ländern ein relativ dichtes **„internationales Gironetz"** zur Verfügung steht.

Die banktechnische Ausführung eines Überweisungsauftrages zugunsten eines *ausländischen Begünstigten* entspricht im wesentlichen der Bearbeitung eines innerdeutschen Zahlungsauftrages; jedoch sind – je nach dem Stand der Devisengesetzgebung – meist noch **devisenrechtliche Genehmigungen bzw. die Erfüllung bestimmter Meldevorschriften** zu beachten, die vornehmlich der statistischen Erfassung des westdeutschen zwischenstaatlichen Zahlungsverkehrs durch die Bundesbank dienen.

Erteilt z. B. ein deutscher Importeur seiner Hausbank in der Bundesrepublik den Auftrag, zugunsten eines ausländischen Verkäufers eine *Zahlung in Deutscher Mark* zu leisten, so wird die deutsche Bank ein Kreditinstitut im Lande des Zahlungsempfängers, das bei ihr ein DM-Konto unterhält, mit der Durchführung der Zahlung beauftragen und gleichzeitig die Gutschrift des DM-Betrages auf diesem Konto vornehmen.

Lautet der Zahlungsauftrag über eine *fremde Währung*, so wird die deutsche Bank eine Korrespondenzbank im Ausland, bei der sie ein entsprechendes Währungskonto besitzt, mit der Durchführung der Zahlung zu Lasten dieses Kontos beauftragen.

Bei Zahlungsaufträgen in fremder Währung nach Ländern, in denen ein bestimmtes Kreditinstitut der Bundesrepublik *keine* Korrespondenzbank besitzt, wird dieses entweder ein ausländisches Institut in einem dritten Land oder eine westdeutsche Bank, die über eine Korrespondenzverbindung in dem betreffenden Land verfügt, mit der Durchführung des Zahlungsauftrages betrauen.

Vielfach verwenden ausländische Institute zur Erleichterung der Bearbeitung ihrer Zahlungsaufträge **mehrsprachige Formulare**. Im Zahlungsverkehr der Bundesrepublik mit einer Reihe europäischer Länder wird seit einigen Jahren für **„Zahlungsaufträge im Auftrag und zugunsten Dritter"** ein fünfsprachiger Ein-

ZAHLUNGSAUFTRAG IM AUSSENWIRTSCHAFTSVERKEHR
Meldung nach § 59 der Außenwirtschaftsverordnung

Dem Geldinstitut mit
Blatt 2 einreichen

52: An **Deutsche Bank**
Filiale Freiburg
Postfach 4 40 · Rotteckring 3
D–7800 Freiburg
Telefon: (07 61) 21 84-1 (Durchwahl)
Bankleitzahl 680 700 30

BLZ 680 700 30

X	Zahlung
	Akkreditiv	zu Lasten des
	Inkasso Einlösung
	DM-Kontos
	Währungs-Kontos
	Währungs-Termin-Kontos

Ihre Nr.

Ohne zusätzliche Weisung, sind Sie berechtigt, den Auftrag als Zahlung zu Lasten des DM-Kontos zu behandeln.

32: Währung DM   Betrag in Ziffern --11.350,--

Betrag in Worten elftausenddreihundertfünfzig////////

50: Auftraggeber (Meldepflichtiger)   Konto-Nr.: 264 005

Name Wenter & Beer
Maschinenfabrik
Straße Lessingstr. 35
Ort 7800 Freiburg

57: Bank des Begünstigten
Creditanstalt-Bankverein Wien
A 1o11 Wien II

59: Begünstigter   Konto-Nr.: 001245-476

Name Fischer Nachf.
Walzenfabrik
Straße Heuboden 15
Ort A 1o11 Wien 18

70: Verwendungszweck
Rechnung vom 12.o9.1978
Nr. D 1213/172

71: Ihre Kosten/Spesen zu Lasten des [X] Auftraggebers [ ] Begünstigten
Fremde Kosten zu Lasten des [ ] Auftraggebers [X] Begünstigten

Zahlung ist auszuführen
[ ] brieflich [X] drahtlich bis

Korrespondenzbank
[X] Bank des Begünstigten
[ ] Begünstigten

Zusätzliche Weisungen für das Geldinstitut
Bitte vergüten Sie unter tel. Avis an
den Begünstigten

Angaben zur Meldung nach §§ 59 ff der Außenwirtschaftsverordnung
Falls Platz nicht ausreicht, Anlage verwenden

10: MT	Priority	Receiver
15: Test Key		20: TRN

32: Value Date	Currency Code	Amount

50: ORDERING CUSTOMER	52: ORDERING BANK

53: Account Nr./ Sender's Correspondent Bank

54: Account Nr./ Receiver's Correspondent Office

57: Account Nr./ Account with Bank

Place

59: BENEFICIARY	70: DETAILS OF PAYMENT

71: Charges

72: Bank to Bank Information

Kurs   DM-Gegenwert

+ Bearbeitungsgebühr	. . . . . .	DM
Makler-Courtage	. . . . . .	DM
fremde Spesen	. . . . . .	DM
Telegr.-Gebühr/Luftpost	. . .	DM
		DM
Auftraggeber belastet mit		DM

Die vorstehende Zahlung betrifft (Zutreffendes am linken Rand ankreuzen [X] und entsprechende Zeilen ausfüllen)

Bei Akkreditiven, letzten Tag der Gültigkeitsdauer angeben

[X] I Waren-einfuhr	a) Einkaufsland Österreich	b) Betrag in DM ohne Pfennig 11.350,--	B			
			C			
[ ] II Transithandel (§ 40 Abs. 2 AWV)		d) Nr. des Warenver-zeichnisses für die Außenhandelsstatistik	A		D	
c) Warenbezeichnung			e) Einkaufsland		f) Betrag in DM ohne Pfennig

Sofern die Ware bereits an Gebietsfremde veräußert ist (durchgehandelte Transithandelsgeschäfte) [1]

| g) Warenbezeichnung (nur ausfüllen, wenn die eingekaufte Ware durch Bearbeitung ihre Beschaffenheit verändert hat) | h) Eingang des Verkaufserlöses [2] Monat und Jahr | i) Nr. des Warenver-zeichnisses für die Außenhandelsstatistik | k) Käuferland | l) Verkaufspreis Betrag in DM ohne Pfennig |

1) Sofern die Ware noch nicht veräußert ist, ist der Verkaufserlös im Zeitpunkt des Eingangs auf Anlage Z 4 zur AWV zu melden. · 2) Sofern der Verkaufserlös noch nicht eingegangen ist, voraussichtlichen Zeitpunkt des Eingangs angeben.

III Dienstleistungs- und Kapitalverkehr, sonstige Ausgaben

| m) Kennzahl laut Leistungsverzeichnis | n) Gläubigerland | o) Anlageland (bei Vermögensanlagen außerhalb des Wirtschaftsgebietes) | p) Betrag in DM ohne Pfennig |

q) Nähere Angaben über den Zahlungszweck (Wichtigste Einzelheiten des Grundgeschäfts - bei Krediten und Darlehen auch ursprünglich vereinbarte Laufzeit oder Kündigungsfrist - angeben, z. B. Erwerb eines Grundstückes in ___, Darlehensgewährung an ein Unternehmen in ___, Rückzahlung eines in ___ aufgenommenen Kredits, Lizenzgebühr für ein ausländisches Patent)

Freiburg, den o5.1o.1978 Tel. 6939-322
Datum   Telefon

Wenter & Beer

Firma, Unterschrift und Gewerbe

01-195 9 77 1

heitsformularsatz in zunehmendem Umfang verwendet. Die Benutzung dieses Einheitsvordrucks, der in seiner Grundform aus einem Original und drei Kopien besteht, gestattet eine sofortige Weiterleitung der Zahlung durch die ausländische Bank an den Begünstigten ohne nochmalige Anfertigung einer Abschrift, d.h. eines eigenen Zahlungsauftrages.

S.W.I.F.T.

Neben der brieflichen und drahtlichen Ausführung von Auslandszahlungsaufträgen erhielt im Laufe der letzten Jahre das sog. SWIFT-System zunehmend praktische Bedeutung. Die 1973 gegründete „Society for Worldwide Interbank Financial Telecommunication" mit Sitz in Brüssel ist eine Genossenschaft nach belgischem Recht. Bei dieser Einrichtung handelt es sich um ein EDV-Verbundnetz zur schnelleren Übertragung der Daten von

- Zahlungsaufträgen der Kunden,
- Bankzahlungen (Kontoregulierungen, Deckungsanschaffungen etc.),
- Kontoauszügen (Bestätigung von Geld- und Devisengeschäften etc.)

und anderen Nachrichten im internationalen Verkehr zwischen den Banken mittels Automatisierung und Standardisierung. SWIFT ist somit kein Clearing- oder Verrechnungssystem, sondern lediglich ein Verfahren der Nachrichtenübermittlung.

Das SWIFT-Network als weitgehend globales elektronisches Datenübermittlungsnetz besteht aus 3 miteinander verbundenen Haupt- oder Schaltzentralen (Operating Centres), die aus Gründen der Sicherheit in verschiedenen Städten/ Ländern angesiedelt wurden (Brüssel/Belgien, Leiden/Niederlande, Culpeper/ USA). Mit diesen Hauptzentralen sind die sog. Konzentratoren (Regional Processors), die in jedem angeschlossenen Land installiert sind, durch eine Standleitung (Primary Line) verbunden. Im Falle einer Störung in der Schaltzentrale oder der Leitungsverbindung steht eine Reserveleitung (Fallback Line) zu einer der anderen Zentralen zur Verfügung. Der Landeskonzentrator nimmt die Nachrichten von allen Mitgliedern oder Benutzern eines Landes entgegen und gibt sie weiter an die angeschlossene Hauptzentrale und umgekehrt. Mit dem deutschen Konzentrator (Standort: Frankfurt/M.) sind die Mitgliedsbanken entweder über eine Standleitung, eine Wählleitung oder über Telex angeschlossen. Von Frankfurt/M. führt die Hauptleitung nach Brüssel und die Reserveleitung zum Rechenzentrum in den Niederlanden.

Computergerechte Kundenadressen ermöglichen es, die gem. SWIFT-Norm aufbereiteten Zahlungsaufträge auf dem kürzesten Weg an den Empfänger zu leiten. Dieser sog. SWIFT-Code hat die Funktion einer internationalen Bankleitzahl. Er setzt sich aus den Komponenten:

- Bank-Code   z. B. DRES für Dresdner Bank AG
- Land-Code   z. B. DE   für Bundesrepublik Deutschland
- Bereichs-Code z. B. FF   für Frankfurt/M.

657

zusammen. Gegebenenfalls kann diese SWIFT-Adresse noch durch einen Filial-Code ergänzt werden. Dabei bedient man sich der ersten 3 Ziffern der Bankleitzahl der kontoführenden Filiale des eingeschalteten Kreditinstituts (DRES DE FF BLZ).

Durch die Ausweitung der Nutzungsmöglichkeiten des Systems für Nachrichten aus dem dokumentären Inkasso- und Akkreditivgeschäft sowie für Nachrichten aus dem internationalen Effekten- und Depotgeschäft (geplant) steht den Banken und ihren Kunden mit SWIFT ein sicheres und schnelles Datenübermittlungssystem zur Verfügung, das in der modernen international arbeitsteiligen Wirtschaft große Bedeutung erlangt hat.

Eine **Haftung der Bank für Kursverluste** infolge von Verzögerungen oder Fehlleitungen von Überweisungsaufträgen **wird in den Allgemeinen Geschäftsbedingungen grundsätzlich ausgeschlossen.**

2.3.2 Auslandszahlungsverkehr der Deutschen Bundespost

Die Deutsche Bundespost hat ihren Auslandszahlungsverkehr in den letzten Jahren stark ausgeweitet, so daß Zahlungen praktisch in alle Länder der Erde auch über die Post abgewickelt werden können.

Bareinzahlungen auf ausländische Postgirokonten können mit Auslandszahlkarte an jedem Postschalter vorgenommen werden. Sofern eine Kontoverbindung des ausländischen Zahlungsempfängers nicht bekannt ist, wird der eingezahlte Betrag mit Auslandspostanweisung übermittelt und im Bestimmungsland dem Empfänger in der Landeswährung bar ausgezahlt. Bei Überschreitung bestimmter und für die einzelnen Länder unterschiedlicher Betragsgrenzen wird dem Empfänger ein auf eine ausländische Korrespondenzbank gezogener Scheck übersandt.

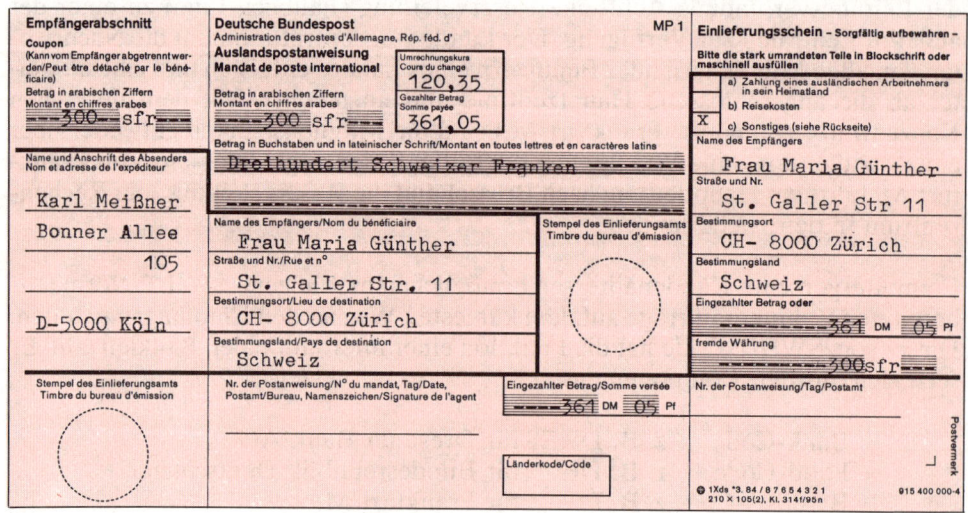

Ist bei einer Auslandspostanweisung eine Barauszahlung (zum Beispiel 300 Schweizer Franken, siehe Formular) im Bestimmungsland nicht möglich, so ist auf der Vorderseite das Wort „Scheck" vermerkt. Das bedeutet, daß dem Empfänger ein Scheck übersandt wird, der im allgemeinen nur einem Girokonto gutgeschrieben wird. Nach bestimmten Ländern können zugelassen sein: Eilzustellung, Einschreiben, Rückschein oder telegrafische Übermittlung.

Die Inhaber von Postscheckkonten können Zahlungen auf ausländische Postscheckkonten mit **Postüberweisung** veranlassen. Postüberweisungen werden im Verkehr mit den meisten europäischen Ländern gebührenfrei abgewickelt. Besitzt der Zahlungsempfänger im Ausland kein Postscheckkonto oder besteht mit dem Bestimmungsland kein Postüberweisungsverkehr, werden die Aufträge der Postscheckteilnehmer von den Postscheckämtern mit Auslandspostanweisung (Barauszahlung an den Empfänger in der Landeswährung) oder durch Übersendung eines auf eine ausländische Korrespondenzbank gezogenen Schecks in einer vom Auftraggeber gewünschten Währung erledigt. Zur Auftragserteilung wird von den Postscheckteilnehmern das auch im Inlandsdienst zu verwendende Formblatt „Postüberweisung" benutzt. Die devisenrechtlichen Bestimmungen sowie die Meldevorschriften der Deutschen Bundesbank sind bei den über die Deutsche Bundespost abzuwickelnden Zahlungen gleichermaßen zu beachten.

Wegen der Nichtbeteiligung am Kreditgeschäft ist die Eröffnung eines Akkreditivs durch ein Postscheckamt nicht möglich.

2.3.3 Scheckverkehr

Der Zahlungsauftrag eines westdeutschen Kunden an einen Ausländer kann auch durch **Versendung eines Bankorderschecks**, den ein inländisches Kreditinstitut zu Lasten eines bei einer Korrespondenzbank im Domizilland des Begünstigten unterhaltenen Kontos ausstellt, ausgeführt werden. Diese Form der Zahlung überwiegt im Zahlungsverkehr der Bundesrepublik mit den USA und den Ländern des Sterlingraumes.

Umgekehrt ist es auch üblich, daß deutschen Exporteuren von ihren ausländischen Kontrahenten Bankorderschecks zu Lasten von Konten übersandt werden, die die Auslandsbanken bei Instituten in der Bundesrepublik unterhalten. Beim **Inkasso von Fremdwährungsschecks** ist zu beachten, daß diese nach deutschem Scheckrecht nur dann in fremder Währung gutzuschreiben sind, wenn sie die sogenannte **Effektivklausel** enthalten, d. h. wenn der Aussteller die Zahlung in einer bestimmten Währung vorschreibt.

Als wesentlicher Nachteil des Schecks gegenüber der Verwendung der Überweisung im internationalen Zahlungsverkehr sind die **Verlust- und Fälschungsrisiken** zu nennen, die erheblich größer sind als bei der Abwicklung von Inlandszahlungen. Zur Einschränkung dieser Risiken besteht in besonderen Fällen die Gepflogenheit, Scheckziehungen auf ausländische Banken den bezogenen Instituten *schriftlich zu avisieren.*

2.3.4 Wechselverkehr

Bis etwa zu Beginn des ersten Weltkrieges war der Wechsel neben dem Bargeld ein bedeutsames internationales Zahlungsmittel. Die Bezeichnung „Wechselkurse" weist heute noch auf die früher überragende Stellung des Wechsels für zwischenstaatliche Wertübertragungen hin. Die Ausdehnung des Überweisungs- und auch des Scheckverkehrs, die sich Zug um Zug mit dem raschen Wachstum des internationalen Handels im 20. Jahrhundert vollzog, verdrängte jedoch den Wechsel als Barzahlungsmittel immer mehr aus dem zwischenstaatlichen Zahlungsverkehr. So ist es heute ein Ausnahmefall, wenn z. B. ein Exporteur auf seinen ausländischen Abnehmer einen Wechsel zieht und diesen nach der Akzeptierung für die Bezahlung einer Verbindlichkeit verwendet.

Sowohl im nationalen als auch im internationalen Zahlungsverkehr ist die Kreditfunktion des Wechsels heute dessen primäre wirtschaftliche Funktion.

2.4 Akkreditivverkehr

2.4.1 Wesen und rechtliche Grundlage des Akkreditivs

Bei der Eröffnung eines Akkreditivs erklärt sich eine Bank im Auftrage und für Rechnung eines Kunden bereit, diesem selbst oder einem Dritten bei der beauftragten Bank oder bei einem anderen Institut einen bestimmten Geldbetrag zur Verfügung zu stellen und unter bestimmten Bedingungen auszuzahlen.

Beispiel:

Der Kunde A beauftragt seine Bank A 1 **(Akkreditivbank)**, dem Begünstigten B **(Akkreditierten)** einen bestimmten Geldbetrag bei der Bank B 2 **(Akkreditivstelle)** auszuzahlen.

Nach der Art der Bedingungen, unter denen die Zahlung der Bank an den Begünstigten geleistet wird, ist zu unterscheiden zwischen einem

(1) Barakkreditiv und einem
(2) Waren- oder Dokumenten-Akkreditiv (D/A).

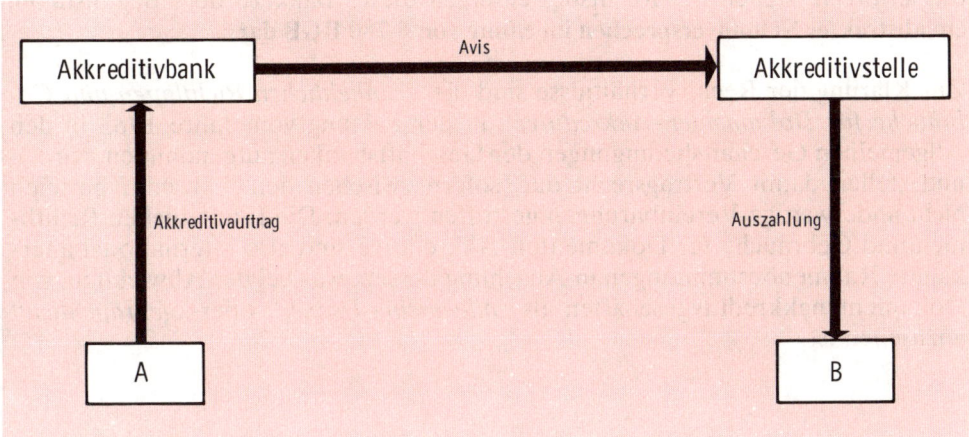

Bei den Barakkrediten erfolgt die Auszahlung des vereinbarten Geldbetrages in der Regel ohne besondere Gegenleistung des Begünstigten; lediglich die *Legitimation* und die *Unterschrift* werden geprüft. Wie der Kreditbrief stellt also das Barakkreditiv ein Verfügungsmittel im Rahmen des bargeldlosen Zahlungsverkehrs dar. Von einem einfachen Zahlungsauftrag unterscheidet es sich durch die *Möglichkeit der Teilabhebung*.

Beim Waren- oder Dokumenten-Akkreditiv hingegen erhält der Begünstigte den festgesetzten Geldbetrag nur dann ausgezahlt, wenn er der das Akkreditiv eröffnenden Bank oder der von ihr beauftragten Korrespondenzbank bestimmte Dokumente über die versandte Ware als Gegenleistung übergibt[1].

Rechtlich gesehen handelt es sich beim Barakkreditiv um eine Anweisung im Sinne des § 783 BGB, sofern dem Begünstigten eine Urkunde über den akkreditierten Betrag ausgehändigt wird. Liegt keine derartige Urkunde vor, sondern erfolgt nur briefliche, telegrafische oder telefonische Benachrichtigung des Begünstigten, so stellt es einen Zahlungsauftrag in der Form eines Geschäftsbesorgungsvertrages im Sinne von § 675 BGB dar, weil er banküblich *gegen Entgelt* ausgeführt wird.

Die *Rechtsnatur des Waren- oder Dokumenten-Akkreditivs (D/A)* – auch *dokumentäres* Akkreditiv genannt – wird in der deutschen und ausländischen Fachliteratur sehr unterschiedlich beurteilt, da es in Deutschland noch keine gesetzliche Bestimmung erfahren hat.

---

1 Ausnahmen: z. B. Red-Clause- bzw. Green-Clause-Akkreditive (vgl. S. 671).

In neuerer Zeit gilt das Dokumenten-Akkreditiv in Deutschland hinsichtlich der Rechtsbeziehungen zwischen Akkreditivsteller und akkreditiveröffnender Bank vorwiegend als **Werkvertrag, der eine Geschäftsbesorgung zum Gegenstand hat,** nämlich die Zahlungsabwicklung eines Verkaufsabschlusses. Weil die Zahlungsleistungen der das Akkreditiv eröffnenden Bank völlig unabhängig von den gegenseitigen Rechten und Pflichten des Käufers und Verkäufers aus dem Kaufvertrag erfolgen, stellen die Rechtsbeziehungen dieser Bank zu dem Begünstigten ein **abstraktes Schuldversprechen im Sinne von § 780 BGB dar.**

Zur Klärung der Rechtsverhältnisse sind die *„Einheitlichen Richtlinien und Gebräuche für Dokumenten-Akkreditive"* in der Fassung vom Jahre 1983 in den Allgemeinen Geschäftsbedingungen der Geschäftsbanken aufgenommen worden und stellen damit Vertragsrecht dar, sofern zwischen den Akkreditivparteien nicht anderweitige Vereinbarungen getroffen werden. Die Einheitlichen Richtlinien und Gebräuche für Dokumenten-Akkreditive sind also international anerkannte Rahmenbestimmungen in Ansehung dessen, was bei der Abwicklung von Dokumentenakkreditivgeschäften als *„allgemeine Usance"* oder *„gebräuchlich"* anzusehen ist.

2.4.2 Dokumenten-Akkreditiv

a) Allgemeines

In der Bankbetriebslehre besteht bis zum heutigen Tage noch keine völlig einheitliche Auffassung über die Natur des Dokumenten-Akkreditivs. Von verschiedenen Autoren und Praktikern wird es vorwiegend als Kreditinstrument angesehen und begrifflich in die Kategorie des Rembourskredits eingeordnet. So wird z. B. in der Praxis im Rahmen der bankmäßigen Abwicklung dem Auftraggeber eines Dokumenten-Akkreditivs von seiner Bank für die Dokumentenaufnahme vielfach ein kurzfristiger Bar- oder Überziehungskredit gewährt.

Ferner besitzen die wichtigsten Handelssprachen – Englisch, Französisch, Spanisch und Italienisch – keine dem Deutschen entsprechende Übersetzung für den Begriff des Dokumenten-Akkreditivs. Vielmehr werden hierfür Bezeichnungen verwendet, die auf eine Kreditgewährung schließen lassen, wie z. B. *„Letter of Credit", „Commercial Letter of Credit", „Crédit documentaire", „Carta de Crédito"* oder *„Crédito".*

Zweck und Natur des Dokumenten-Akkreditivs sprechen jedoch für die Auffassung, daß es ein Instrument des Zahlungsverkehrs darstellt. Das folgende Beispiel mag der Erläuterung dienen.

b) Zweck und Wesen des Dokumentenakkreditivs

„Durch das Akkreditiv schützt sich der Verkäufer gegen die Gefahr, ohne Bezahlung zu liefern, und der Käufer gegen die Gefahr, ohne Empfang der Lieferung

Zahlung zu leisten. In bewegten Zeiten erhält es daher besonders große Bedeutung, denn es überbrückt Raum und Zeit, indem es trotz der Beschaffung der Ware aus dem Ausland die Leistung Zug um Zug möglich macht."[1]

Beispiel:

Eine Frankfurter Firma hat mit einem japanischen Importgeschäft in Tokio einen Liefervertrag über zehn Büromaschinen abgeschlossen. Die Zahlung soll Zug um Zug gegen Übernahme der Ware im Bestimmungsland erfolgen.

Wird hierbei eine Transportdauer ab Hamburg von etwa drei Wochen zugrunde gelegt, so ergibt sich, daß der Exporteur den Erlös erst etwa vier Wochen nach Versand ab Frankfurt am Main erhalten wird. Neben dem verspäteten Zahlungseingang besteht für ihn bei dieser Zahlungsregulierung insofern noch ein weiterer Nachteil, als er das Risiko zu tragen hat, daß der japanische Importeur unter Umständen die Annahme der Büromaschinen aus irgendwelchen Gründen verweigert und dadurch eine Lagerung in ausländischen Zollagern bzw. eine Rückverschiffung der exportierten Büromaschinen notwendig sein kann. In diesem Fall würden für den deutschen Exporteur zusätzliche Kosten entstehen.

Diese Nachteile können durch Verwendung des Dokumenten-Akkreditivs für die Zahlungsabwicklung beseitigt werden, ohne daß sich an dem Zug-um-Zug-Geschäft grundsätzlich etwas ändert.

Die **Übertragung des Eigentums** an den Maschinen auf den Importeur **und die Bezahlung** an den deutschen Exporteur erfolgt dann meist nicht mehr in Japan, sondern **wird** in die Bundesrepublik **vorverlegt, und zwar durch Aushändigung der Verschiffungsdokumente**, die das *Eigentumsrecht an den verladenen Maschinen verkörpern, an eine westdeutsche Bank gegen Erhalt des Rechnungsbetrages. Dadurch wird erreicht, daß der Exporteur bereits kurze Zeit nach Verladung seiner Ware auf ein Schiff in den Besitz des Exporterlöses gelangt.*

Die Verschiffungspapiere werden von der westdeutschen Bank an die japanische Bank versandt und von dieser dann dem Importeur gegen **Anschaffung des Fakturenwertes** übergeben. Da diese Dokumente als Traditions- oder Dispositionspapiere die versandte Ware verkörpern, erhält der japanische Importeur nach Eintreffen des Schiffes in Tokio die Maschinen gegen Übergabe der Dokumente von der Schiffsreederei ausgehändigt.

Die Verwendung des Dokumenten-Akkreditivs entbindet also den Exporteur einerseits von der Finanzierung der Transportdauer und schaltet andererseits für ihn das Annahmerisiko aus, da die Bank des Importeurs bzw. deren ausländische Korrespondenzbank im Lande des Exporteurs im Auftrag und zu Lasten des Importeurs vorleistet.

Darüber hinaus gewährt das Dokumenten-Akkreditiv dem Importeur die Sicherheit, daß nach seiner Vorleistung die Ware auch tatsächlich geliefert wird.

---

1 Urteil des Bundesgerichts Bern vom 13. 2. 1945.

c) Banktechnische Abwicklung des Dokumenten-Akkreditivs

Die banktechnische Abwicklung eines Dokumenten-Akkreditivs nimmt in der einfachsten Form mit vier Beteiligten (= Akkreditivparteien) folgenden Verlauf:

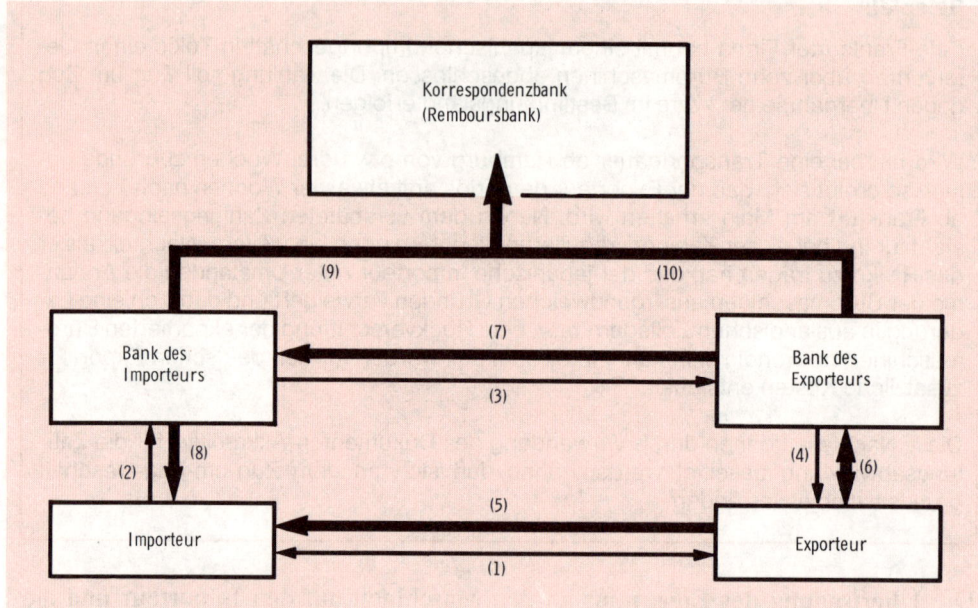

Erklärung:

(1) Grundlage für das Dokumenten-Akkreditiv ist ein zwischen dem Exporteur und dem Importeur abgeschlossenes **Warengeschäft, das als Zahlungsbedingung die sogenannte Akkreditivklausel enthält,** die meist genauer spezifiziert wird und etwa wie folgt lauten kann:
„; .. Zahlung der Kaufsumme von 30 000 US-Dollar aus einem bei der ... Bank in Frankfurt am Main zu eröffnenden Akkreditiv, das bis zum ... benutzbar ist. Handelsfaktura dreifach, voller Satz Seekonnossemente dreifach, Versicherungspolice (übertragbar)."

(2) Durch die im Kaufvertrag enthaltene Akkreditivklausel ist der Importeur verpflichtet, das zur Zahlungsabwicklung geforderte Dokumenten-Akkreditiv frist- und formgerecht durch seine Hausbank zugunsten des Exporteurs eröffnen zu lassen. Vor **Erteilung des Akkreditivauftrages** an seine Bank muß der Importeur in der Regel die Akkreditivsumme anschaffen, sofern sein laufendes Konto nicht das entsprechende Guthaben aufweist und keine Kreditgewährung vereinbart wurde.

BGB
§ 669
§ 675

(3) Die *Bank des Importeurs* fertigt daraufhin ein **Akkreditiveröffnungsschreiben** aus und sendet dieses an die Bank des Exporteurs.

(4) Die *Bank des Exporteurs* teilt dem Exporteur die **Akkreditiveröffnung durch die Bank des Importeurs** mit.

(5) Nach Fertigstellung sendet der Exporteur die **Ware an den Importeur** ab.

(6) Die Versanddokumente reicht der Exporteur seiner Bank ein und erhält – sofern sie „akkreditivkonform" sind und fristgerecht vorgelegt werden – den **Akkreditivbetrag ausgezahlt.**

(7) Die *Bank des Exporteurs* sendet daraufhin die **Dokumente an die Bank des Importeurs** und belastet diese mit dem ausgezahlten Betrag.

(8) Die *Bank des Importeurs wiederum* **händigt dem Importeur die Dokumente aus** und verfügt über den vom Importeur angeschafften Akkreditivbetrag.

Dieses Abwicklungsschema bedarf einer Ergänzung, wenn die Bank des Importeurs nicht in direkter Kontoverbindung mit der Bank des Exporteurs steht. Dann muß ein Korrespondenzinstitut der Bank des Importeurs als sogenannte **„Remboursbank"** eingeschaltet werden.

(9) In diesem Fall sendet die *Bank des Importeurs* eine *Durchschrift* des Akkreditivs an die Korrespondenzbank und

(10) bittet die *Bank des Exporteurs*, sich für die Zahlungen „aus dem Akkreditiv zu erholen", d. h. sich die ausgezahlten Beträge von der Korrespondenzbank vergüten zu lassen.

Der **Akkreditiveröffnungsauftrag** des Importeurs muß genaue Einzelheiten über das Akkreditiv enthalten. Dazu gehören vor allem

(1) **Name und Anschrift des Exporteurs** und möglichst dessen Bankverbindung,

(2) die **Angabe, ob das Akkreditiv widerruflich oder unwiderruflich** sein soll,

(3) der **Akkreditivbetrag,**

(4) die **Angabe der Versanddokumente,** gegen die Zahlung geleistet werden soll,

(5) Angaben über die **Menge,** die genaue **Bezeichnung** und den **Preis** der Ware,

(6) **Lieferungsbedingungen,**

(7) **spätester Termin** für die Lieferung und

(8) wo und wie das Akkreditiv benutzbar ist (Zahlung, Akzeptierung, Negoziierung).

In der Praxis ist es üblich, daß der Exporteur eine Durchschrift des Akkreditiveröffnungsschreibens erhält, damit er über die genauen Akkreditivbedingungen im einzelnen informiert ist und insbesondere dafür sorgen kann, daß die vorzulegenden Dokumente diesen Bedingungen entsprechen.

Vor **Auszahlung des Akkreditivbetrages** werden die eingereichten Dokumente von der Bank des Exporteurs sorgfältig überprüft. Stimmen sie nicht genau mit

THE FUJI BANK, LIMITED

FOREIGN BUSINESS OPERATIONS DIV., OSAKA

IMABASHI 5-CHOME, HIGASHI-KU

OSAKA 541, JAPAN

IRREVOCABLE
COMMERCIAL CREDIT

NO. LC454/100736

DATE: November 30, 1981

Messrs. Agrara GmbH
Industriestraße 12
7900 Ulm (Donau), F.R. Germany

AMOUNT: DM 337,720.00

/Brief
ADVISED BY CABLE/~~AIRMAIL~~THROUGH

Deutsche Bank A.F., Frankfurt
and their Ulm

GENTLEMEN:

WE HEREBY AUTHORIZE YOU TO DRAW ON Deutsche Bank A.G., Frankfurt a.M., F.R.Germany

FOR ACCOUNT OF Higachi & Co.Ltd., 1-4-4, Itachibori Nishi-ku, Osaka, Japan

AT 90 days after B/L date ------------- ~~EXCEPT~~ FOR ANY SUM OR SUMS NOT EXCEEDING A TOTAL

OF DM 337,720.00 (Deutsche Mark Three Hundred Thirty Seven Thousand Seven Hundred and Twenty Only)

FOR 100% INVOICE VALUE.

DRAFTS WHEN PRESENTED FOR NEGOTIATION MUST BE ACCOMPANIED BY:

- Signed commercial invoice in 2 copies.
- Full set of clean on board ocean Bills of Lading, dated not later than Jan. 21, 1982 made out to the order of shipper, blank endorsed, marked: freight collect and Notify the accountee.
- Packing List in duplicate.-
- Certificate of Origin in duplicate.
- Insurance is to be covered by buyer.

evidencing shipment of 403,400 pcs. of Agrara Articles.

FOB Hamburg -

from Hamburg to Kobe.

Special Instructions:

(1) Acceptance commission and discount charges outside Japan are for account of beneficiary.
(2) Forwarder Agent: E. Ludwig.

Instructions to the negotiating bank: Please forward all documents direct to us in two consecutive airmails and drafts to drawee bank for acceptance/reimbursement with one copy of Invoice and one non-negotiable Bill of Lading.

DRAFTS DRAWN UNDER THIS CREDIT MUST BE PRESENTED FOR NEGOTIATION NOT LATER THAN Jan 31, 1982
BUT WITHIN 10 DAYS ** AND ENFACED: "DRAWN UNDER THE FUJI BANK, LTD., OSAKA
IRREVOCABLE COMMERCIAL CREDIT NO. LC454/100736 DATED Nov.30, 1981
THE AMOUNT OF ANY DRAFT DRAWN UNDER THIS CREDIT MUST BE ENDORSED ON THE REVERSE HEREOF
WE HEREBY AGREE WITH THE DRAWERS, ENDORSERS AND BONA FIDE HOLDERS OF DRAFTS DRAWN UNDER
AND IN COMPLIANCE WITH THE TERMS OF THIS CREDIT THAT THE SAME SHALL BE DULY HONORED ON DUE
PRESENTATION TO THE DRAWEES. ** AFTER THE DATE OF ISSUANCE OF THE SHIPPING DOCUMENTS ─
THIS CREDIT IS SUBJECT TO UNIFORM CUSTOMS AND PRACTICE FOR DOCUMENTARY CREDITS (1974 REVISION), INTERNATIONAL CHAMBER
OF COMMERCE PUBLICATION NO. 290

YOURS VERY TRULY

[X THIS CREDIT IS THE OPERATIVE CREDIT INSTRUMENT.
~~XXXXXXXXXXXXXXXXXXXXXXXXXXXXXXX~~
~~XXXXXXXXXXXXXX~~
XXXXXXXXXXXXXXXXX

;ai

AUTHORIZED SIGNATURE

T. MORIMOTO(M-142)

Akkreditiveröffnungsschreiben

den Akkreditivbedingungen überein, so wird der Akkreditivbetrag nicht oder nur *„unter Vorbehalt"* von der Bank des Exporteurs ausgezahlt und über die Bank des Importeurs die Entscheidung des Importeurs eingeholt, ob die Dokumente trotz der festgestellten Mängel angenommen werden sollen.

Können der Versand der Ware und dadurch auch die Einreichung der Dokumente nicht fristgemäß erfolgen, so wird in der Regel eine **Verlängerung der Lieferfrist und der Gültigkeitsdauer des Akkreditivs** vorgenommen. – Erfolgt aber keine Verlängerung, so wird das Akkreditiv gegenstandslos, und die Bank des Importeurs und gegebenenfalls auch die des Exporteurs werden dadurch von ihren Zahlungsverpflichtungen befreit.

d) Grundformen nach den „Einheitlichen Richtlinien für Dokumenten-Akkreditive"

Nach der Art der zwischen den Akkreditivparteien bestehenden rechtlichen Verpflichtungen unterscheiden die „Einheitlichen Richtlinien" und die Bankpraxis als Grundformen das *widerrufliche*, das *unwiderrufliche* und das *bestätigte* Akkreditiv. Die Entscheidung, welche von diesen Hauptformen im Einzelfall für die Eröffnung eines Akkreditivs zu wählen ist, trifft der Kunde, d.h. der Auftraggeber.

Widerrufliche Akkreditive

Alle Akkreditive, die nicht ausdrücklich als unwiderruflich bezeichnet sind, gelten grundsätzlich als widerruflich gestellt, und zwar auch dann, wenn eine Gültigkeitsdauer angegeben ist.

Ein widerrufliches Akkreditiv begründet zwischen der das Akkreditiv eröffnenden Bank (= Akkreditivbank) und dem Begünstigten keine rechtlich bindenden Verpflichtungen. Widerrufliche Akkreditive können *jederzeit* sowohl vom Akkreditivsteller als auch von der Akkreditivbank abgeändert oder anulliert werden, und zwar *ohne Benachrichtigung* des Begünstigten. In der Praxis wird dieser allerdings in der Regel über seine Hausbank von etwaigen Änderungen oder dem Widerruf des Akkreditivs in Kenntnis gesetzt werden.

Der Widerruf kann im übrigen *nur so lange* erfolgen, als die Akkreditivbank bzw. deren Korrespondenzbank im Ausland die Dokumente noch nicht ordnungsgemäß „aufgenommen" haben.

Hinsichtlich der **Befristung** müßte ein widerrufliches Akkreditiv nicht unbedingt eine Angabe enthalten. Neuerdings ist jedoch eine Befristung auch für widerrufliche Akkreditive vorgeschrieben.

Ein widerrufliches Akkreditiv birgt für den Begünstigten erhebliche Risiken, da er sich gegen Abänderungen oder Widerruf nicht schützen kann.

667

Unwiderrufliche Akkreditive

Die Mehrzahl der in der Praxis vorkommenden dokumentären Akkreditive werden unwiderruflich gestellt, weil ein derartiges Akkreditiv **feststehende Verpflichtungen der Akkreditivbank gegenüber dem Begünstigten** begründet. Eine Abänderung oder ein Widerruf des Akkreditivs ist nur mit Wissen und Einwilligung des Begünstigten, des Akkreditivstellers und der Akkreditivbank möglich, d.h. daß sich die das Akkreditiv eröffnende Bank gegenüber dem Begünstigten zur Einlösung der Dokumente „unwiderruflich" verpflichtet, sofern diese den Akkreditivbedingungen entsprechen.

Die Unwiderruflichkeit muß im Akkreditivtext *ausdrücklich* vermerkt werden, da sonst das Akkreditiv als widerruflich behandelt wird.

Die **banktechnische Abwicklung** eines unwiderruflichen Akkreditivs erfolgt in der Praxis gewöhnlich in der Form, daß die Hausbank des westdeutschen Exporteurs, die das Akkreditiv im Auftrag der Bank des Importeurs avisiert oder bestätigt hat, die Dokumente aufnimmt, sofern sie den Akkreditivbedingungen entsprechen und fristgemäß eingereicht wurden.

Die **Gutschrift des Exporterlöses** kann grundsätzlich in *zwei* Formen erfolgen, nämlich

(1) **sofort bei Dokumenteneinreichung,** und zwar meist vorbehaltlich der endgültigen Abrechnung durch die Bank des Importeurs, oder

(2) **nach Eingang des Dokumentengegenwertes** von der Bank des Importeurs.

Bei beiden Formen bestehen hinsichtlich der endgültigen Gutschrift des Dokumentengegenwertes für den Exporteur noch einige **Risiken.** Die Bank des Importeurs kann z.B. *Mängel der Dokumente* geltend machen und daraufhin die Zahlung verweigern. Ferner ist z.B. der Fall denkbar, daß die Übertragung des Dokumentengegenwertes aus dem Lande des Importeurs aus wirtschaftlichen oder politischen Gründen in Frage gestellt oder zumindest wesentlich verzögert werden kann. Schließlich ist auf die *Möglichkeit des Dokumentenverlustes* im Postlauf und des Konkurses der Bank des Importeurs hinzuweisen.

Will der Exporteur auch diese Risiken noch ausschalten, so muß er mit dem Importeur vereinbaren, daß dieser die Exportbank mit der Bestätigung des Akkreditivs beauftragt.

Nach Art. 46 a der „Einheitlichen Richtlinien" müssen „alle Akkreditive ein Verfalldatum für die Vorlage der Dokumente zwecks Zahlung, Akzeptleistung oder Negoziierung enthalten".

Bestätigte Akkreditive

Durch die Bestätigung erlangt der Exporteur auch gegenüber seiner Bank ein unwiderrufliches Zahlungsversprechen; er erhält die einzulösenden Dokumente

„*endgültig*" bezahlt, d.h. ohne Rücksicht darauf, ob sie von der Akkreditivbank eingelöst werden und ihr Gegenwert auch tatsächlich an seine Bank gelangt oder nicht.

Für den Begünstigten stellt die Bestätigung eines Akkreditivs mithin eine hundertprozentige Garantie des Zahlungseinganges dar, wenn seine Bank die Dokumente ohne Vorbehalt aufnimmt und honoriert. Allerdings verursacht die Akkreditivbestätigung dem Importeur meist zusätzliche Kosten, weil seine Bank an die Bank des Begünstigten eine besondere **Bestätigungsprovision** zahlen muß, die ihm wiederum in Rechnung gestellt wird. Aus diesem Grunde kommen in der Praxis unwiderrufliche bestätigte Akkreditive nicht so häufig vor wie unwiderrufliche unbestätigte Akkreditive.

In der Praxis wird nur für unwiderrufliche Akkreditive eine Bestätigung erteilt, obwohl theoretisch auch die Bestätigung eines widerruflichen Akkreditivs denkbar ist.

Übertragung des Akkreditivs

Da in der modernen arbeitsteiligen Wirtschaft der Begünstigte aus einem Akkreditiv die zu liefernden Ausfuhrgüter vielfach nicht selbst herstellt, sondern sie – z.B. als Handelsvertreter oder Kommissionär – erst von einem in- oder ausländischen Produzenten (Zulieferer) beziehen muß, kann der Fall eintreten, daß er seine Rechte aus dem Akkreditiv an den Zulieferer abzutreten wünscht. Dieser Fall wird insbesondere dann eintreten, wenn der Exporteur z.B. keine eigenen finanziellen Mittel zur Bezahlung des Kaufpreises an den Zulieferer verwenden will oder kann und diesem statt dessen die Gewißheit über den Eingang der Forderung durch Abtretung seiner Rechte aus dem Akkreditiv verschaffen will.

Dieser **Übergang der Rechte aus einem Akkreditiv vom Erstbegünstigten auf einen Zweitbegünstigten wird als „Übertragung" bezeichnet.** Nach Art. 54 der „Einheitlichen Richtlinien" ist eine solche Übertragung nur auf Grund einer *ausdrücklichen* Bezeichnung des Akkreditivs als „übertragbar" durch die das Akkreditiv eröffnende Bank möglich.

Grundsätzlich kann eine derartige Übertragung **nur einmal** erfolgen, und zwar nur zu den gleichen Bedingungen, wie sie im Originalakkreditiv enthalten sind. Lediglich der Akkreditivbetrag, die Gültigkeitsdauer und die Verschiffungsfrist können insgesamt oder einzeln ermäßigt bzw. verkürzt werden. Der vom Verkäufer akkreditierte Zweitbegünstigte kann also seinerseits das Akkreditiv nicht mehr weiter übertragen, so daß ein *Mißbrauch* des Akkreditivs zu verbotenen *Kettengeschäften* nicht möglich ist.

In der Praxis tritt der *Erstbegünstigte (Exporteur)* gewöhnlich nur den um seine Verdienstspanne verminderten Teil des Akkreditivs an den Zulieferer ab. Nachdem der *Zweitbegünstigte (Zulieferer)* die Dokumente eingelöst hat, wird dann bei der Bank des Exporteurs die Rechnung des Zweitbegünstigten gegen jene des Erstbegünstigten ausgetauscht, so daß der Importeur Rechnungen erhält, die auf den im Akkreditiv festgelegten Betrag lauten, und auf diese Weise von der Gewinnspanne des Exporteurs nichts erfährt.

Die Ermächtigung zur Übertragung eines Akkreditivs schließt die Möglichkeit ein, dieses an einen Begünstigten zu übertragen, der nicht am gleichen Ort wohnt; er kann sogar in einem anderen Land domizilieren. Auch die **Übertragung an einen ausländischen Zulieferer** ist möglich, wenn im Akkreditiv nichts anderes vorgeschrieben ist.

Sofern der Exporteur die auszuführenden Güter von mehreren in- oder ausländischen Produzenten bezieht, um sie dann als einen Posten geschlossen an einen Importeur weiterzuveräußern, besteht nach den „Einheitlichen Richtlinien" die Möglichkeit der **Teilübertragung** dieser verschiedenen Zulieferungen. Voraussetzung ist allerdings auch hier, daß im Akkreditiv eine *Teilverschiffung* ausdrücklich gestattet ist.

Die **Bankkosten**, die bei der Übertragung entstehen, gehen zu Lasten des Erstbegünstigten, d. h. des Exporteurs, sofern im Akkreditiv keine anderen Vereinbarungen getroffen sind.

e) Banktechnische Sonderformen des Akkreditivs

Neben der Unterscheidung der Akkreditivformen nach dem Grad der zwischen den einzelnen Akkreditivparteien bestehenden Haftung gibt es noch einige banktechnische Unterschiede bei der Ausgestaltung der Dokumentenakkreditive, auf die die „Einheitlichen Richtlinien" nicht eingehen. Diese gelten im wesentlichen für unwiderrufliche sowie für unwiderrufliche und bestätigte Akkreditive.

Revolvierende Akkreditive

Ein Akkreditiv, welches nach Benutzung ohne besondere Formalitäten jeweils so lange wieder automatisch – in der Regel innerhalb einer festgelegten Frist – auf den ursprünglichen Akkreditivbetrag aufgefüllt werden kann, bis *ein bestimmter Höchstbetrag* erreicht ist, wird als ein revolvierendes Akkreditiv bezeichnet.

Diese Akkreditivart kann z. B. beim Rohstoffhandel **im Rahmen von Dauergeschäften** zwischen zwei Geschäftspartnern angewandt werden. Wegen der bei diesen Akkreditiven erforderlichen laufenden Überwachung ihrer Ausnutzung und der damit verbundenen Mehrarbeit bei ihrer Abwicklung sind sie in der Bankpraxis allerdings nicht sehr beliebt.

Revolvierende Akkreditive können auch *kumulativ* gestaltet sein, d. h., das betreffende Akkreditiv wird jeweils – ohne Rücksicht auf vorangegangene Inanspruchnahmen – um einen bestimmten Betrag erhöht.

Packing Credits

Weitere Akkreditiv-Sonderformen haben sich für Exporte einiger Rohstoffarten (z. B. Reis, Wolle, Baumwolle) aus bestimmten Überseegebieten herausgebildet, die mit der **Gewährung von Vorschüssen an den Verkäufer** (Exporteur) verbunden sind. Diese Sonderformen, die mit besonderen „Klauseln" versehen sind, werden als „Packing Credits" oder „Anticipatory Credits" bezeichnet. In der Hauptsache sind hier zwei Formen gebräuchlich, die sich hinsichtlich der Absicherung der Vorschüsse unterscheiden.

Das **Akkreditiv mit „Red Clause"** (= rote Klausel, weil die Zusatzklausel auf dem Akkreditiv rot vermerkt wird), das heute besonders im Fell- und Wollhandelsgeschäft mit Australien, Südafrika, Neuseeland und dem Fernen Osten verwendet wird, ermächtigt ein ausländisches Institut **unter Haftung der akkreditiveröffnenden Bank**, dem Verkäufer (Exporteur) bereits vor Einreichung der Dokumente **Blankovorschüsse zur Finanzierung des Einkaufs der Ausfuhrware** zu gewähren. Der Verkäufer muß sich hierbei lediglich verpflichten, der Vorschuß gewährenden Bank die im Akkreditiv geforderten Dokumente fristgemäß nachzureichen.

Beim **Akkreditiv mit „Green Clause"**, das dann Verwendung findet, wenn die Exportware vor der Verschiffung noch eingelagert werden muß, **werden die Vorschüsse auf gedeckter Basis gewährt**, z. B. gegen Übergabe des Lagerscheines, der nach Verschiffung der Ware gegen die Versanddokumente ausgetauscht wird.

Gegenakkreditive (back-to-back-Credits)

Das Gegenakkreditiv wird gewöhnlich dann verwendet, wenn z. B. der Verkäufer (Exporteur) mehrere Vorlieferer hat, so daß die nach den „Einheitlichen Richtlinien" zulässige einmalige Übertragung des Akkreditivs nicht ausreicht. In diesem Fall kann der **Verkäufer seine Bank beauftragen**, auf Grund des bei ihr vorliegenden Akkreditivs, das ihn als Begünstigten vorsieht, **zugunsten des Vorlieferers ein Gegenakkreditiv zu eröffnen**. Das Originalakkreditiv dient dabei als Deckung für das Gegenakkreditiv.

Bei diesem Akkreditivtyp handelt es sich also nur um eine **Unter- oder Weiterakkreditierung**. Der Vorlieferer der Exportgüter erhält die Gewißheit, daß der Exporteur die Ware auch tatsächlich abnimmt und den Kaufpreis zahlt. Das Gegenakkreditiv, das in der Regel unwiderruflich gestellt wird, muß den Bedingungen des Originalakkreditivs entsprechen. Lediglich der Akkreditivbetrag ist um die Gewinnspanne des Verkäufers verringert und die Laufzeit ist in der Regel kürzer. Rechtlich gesehen sind Original- und Gegenakkreditive voneinander unabhängig.

2.4.3 Dokumente

Im Rahmen von Außenhandelsgeschäften werden als Dokumente alle Papiere bezeichnet, die den Versand oder die Einlagerung von Außenhandelsgütern und deren Versicherung, die vertragsgetreue Lieferung und die Beachtung besonders vereinbarter oder behördlich vorgeschriebener Einzelheiten belegen.

Unter wirtschaftlichen Gesichtspunkten können die Dokumente in drei Gruppen unterteilt werden, und zwar in

(1) *Warenpapiere,*

(2) *Versicherungspapiere* und

(3) *Begleitpapiere.*

a) Warenpapiere

Konnossement

HGB §§ 642 ff. Unter den Warenpapieren, die als Traditions- oder Dispositionspapiere das Eigentum an der versandten Ware verbriefen und deren Erwerb damit die gleichen rechtlichen Wirkungen hat wie die körperliche Übergabe der Ware, besitzt das *Seekonnossement* (englisch: *Bill of Lading,* französisch: *le connaissement*) für den dokumentären Akkreditivverkehr die größte Bedeutung.

§ 363 Das Konnossement ist ein Wertpapier, das der Verfrachter oder dessen Bevollmächtigter dem Exporteur direkt oder dem von diesem beauftragten Spediteur (Ablader) auf Grund eines abgeschlossenen Seefrachtvertrages ausstellt. Es enthält die Bestätigung des Empfangs der übernommenen Waren und die Verpflichtung, diese zu befördern und dem legitimierten Inhaber des Konnossements nach Beendigung der Seereise auszuhändigen.

Durch die **Orderklausel** erhält das Konnossement den Charakter eines *gekorenen* Orderpapiers, das durch Indossament übertragbar ist. Fehlt die Orderklausel, so besitzt es den rechtlichen Charakter eines *Rektapapiers,* das nur im Wege der Zession übertragen werden kann.

Das Konnossement kann auch auf den Inhaber ausgestellt sein. Allerdings sind derartige *Inhaberkonnossemente* im dokumentären Akkreditivverkehr kaum gebräuchlich.

Das Konnossement sollte gem. § 643 HGB enthalten:

§ 643 (1) den Namen des Verfrachters und des Kapitäns,

(2) den Namen des Abladers und des Empfängers,

(3) den Namen und die Nationalität des Schiffes,

(4) den Namen des Abladers,

(5) Angaben über Abladungs- und Löschungshafen,

(6) Angaben über Art, Maß, Zahl oder Gewicht der übernommenen Güter einschließlich ihrer Beschaffenheit und

(7) Ort und Tag der Ausstellung sowie die Anzahl der Ausfertigungen des Konnossements.

Schenker & Co. GmbH
Zweigniederlassung
B r e m e n

CONSIGNEE: ORDER OF

Trading Company
M A N I L A
P. O. B. 32

NOTIFYING ADDRESS (carrier not responsible for failure to notify, see clause 20 hereof):

Forwarding Agents
M A N I L A
P. O. B. 41

Master:	Voyage No.:

OCEAN VESSEL:	PORT OF LOADING:
"Emden"	**Bremen**

PORT OF DISCHARGE:	Port of destination (see clause 11):	Freight:	No. of original Bs/L:
Manila	Manila	to be collected	two

OUTWARD	B L No.:

Reference No.:

NORDDEUTSCHER LLOYD

FAR EAST AND INDONESIA-SERVICE

BILL OF LADING · PAGE 2

Scope of the voyage: The carriers' general trade is between Scandinavian, Continental, Atlantic, United Kingdom, and Mediterranean ports and ports of the Far East, via Suez and ports en route, the order of ports being adjusted according to quantities and requirements of cargoes offered outward and homeward and/or the reasonable requirements of vessels' operations. The scope of the voyage is further described on page 1 clause 3.

Marks & Nos.	Number and kind of packages; description of goods	Gross weight kilos
K O C M 5794 MANILA Made in Germany	1 case machine	953,--

"SHIPPED ON BOARD"

ORIGINAL

PARTICULARS FURNISHED BY SHIPPER OF GOODS

FREIGHT AND CHARGES

If required by the carrier, one signed bill of lading duly endorsed must be surrendered to the agent of the ship at port of discharge in exchange for delivery order.
All agreements or freight engagements for the shipment of the goods are superseded by this bill of lading, and all its terms, whether written, typed, stamped, or printed, are accepted and agreed by the shipper, consignee and/or endorsee to be binding as fully as if signed by the shipper, consignee and/or endorsee any local customs or privileges to the contrary notwithstanding.

IN WITNESS WHEREOF the number of original bills of lading stated above all of this tenor and date has been signed, one of which being accomplished the others to stand void.

Place and date of issue:

Bremen 22nd August 19..

For the master:

Gebrüder Specht
I. V.
    as agents

Konnossement

Der Personenkreis, der als **Aussteller von Konnossementen** in Frage kommt, die im Rahmen des dokumentären Akkreditivverkehrs von den Banken anerkannt, d.h. „aufgenommen" werden, ist eng begrenzt. Neben dem *Reeder* kommt hierfür der *Schiffer* (Schiffsführer, Kapitän) oder ein anderer Vertreter des Reeders, z.B. ein Schiffsagent, in Frage. Konnossemente hingegen, die von einem Spediteur ausgestellt sind – sogenannte *Spediteur-Konnossemente* –, werden nach Art. 26 c der „Einheitlichen Richtlinien" nicht anerkannt, es sei denn, das Dokument weist aus, daß es durch einen solchen Spediteur ausgestellt ist, der als Frachtführer oder als Agent eines namentlich genannten Frachtführers handelt. Sie gelten lediglich als Empfangs- oder Lieferscheine. Das gleiche gilt für sogenannte *„Segelschiff-Konnossemente"*. Enthält das Akkreditiv aber eine **ausdrückliche Ermächtigung**, diese Dokumente anzunehmen, so werden sie von der Bank nicht zurückgewiesen werden.

Hinsichtlich der äußeren **Form der Konnossemente** bestehen nach deutschem Recht keine zwingenden Vorschriften. In der Regel haben die verschiedenen in- und ausländischen Schiffahrtsgesellschaften eigene Formulare, die zwar im Text zum Teil etwas voneinander abweichen, aber auf Grund des „Internationalen Übereinkommens zur einheitlichen Feststellung einzelner Regeln über die Konnossemente" vom Jahre 1924 **(Haager Regeln)** eine gewisse Einheitlichkeit aufweisen.

Aus Sicherheitsgründen werden die Konnossemente gewöhnlich in mehreren gleichlautenden Originalexemplaren ausgefertigt; diese werden zusammen als ein *„voller Satz" (full set)* bezeichnet. Die Zahl der Ausfertigungen ist länderweise verschieden. Am häufigsten werden drei Exemplare festgesetzt. Dem Ablader wird dieser „volle Satz" nach der Verladung der Ware ausgehändigt.

Außerdem können beliebig viele **Kopien eines Konnossements** ausgefertigt werden, die den Vermerk „nicht übertragbar" *(not negotiable)* tragen müssen, womit zum Ausdruck gebracht wird, daß sie im Gegensatz zu den Originalen keine Rechte an den verladenen Waren verbriefen.

Da jedes einzelne Originalkonnossement den legitimierten Inhaber zur Entgegennahme der Ware berechtigt, müssen die Banken darauf achten, daß in jedem Fall ein „voller Satz" vorgelegt wird.

Im Seeverkehr werden von den Banken im allgemeinen folgende **Typen von Konnossementen** aufgenommen:

(1) **Bordkonnossement** *(Shipped Bill of Lading (B/L)* oder *„On Board Bill of Lading)*, das die beendete Verladung der Ware auf ein Schiff bescheinigt;

(2) **Übernahmekonnossement oder Empfangskonnossement** *(Received for Shipment B/L)*, das eine Empfangsbestätigung des Reeders oder eines seiner Vertreter darstellt, daß die zur Verschiffung bestimmte Ware nur zur Verladung übernommen worden ist;

(3) **Hafenkonnosement** *(Port B/L)*, das vornehmlich der Verschiffung von Baumwolle aus den USA dient und neben der Übernahme der Ware noch bescheinigt, daß das für den Transport vorgeschriebene Schiff im Hafen vor Anker liegt;

(4) **Lagerhalter- oder Verwahrungskonnossement** *(Custody B/L)*, das gleichfalls nur im Rahmen des amerikanischen Baumwollexports vorkommt und eine Bescheinigung für die Übernahme der Ware mit der Verpflichtung des Ausstellers darstellt, daß die Verladung der Ware innerhalb von drei Wochen nach Ausstelldatum erfolgt;

(5) **Durch- oder Durchfrachtkonnossement** *(Through B/L)*, dessen Verwendung dann in Frage kommt, wenn die Waren mit verschiedenen Transportmitteln (See- und Landtransport) befördert werden sollen.

Ladeschein

Das dem Konnossement **im Inlandverkehr** entsprechende Warenpapier ist der Ladeschein, dessen rechtliche Normierung die §§ 72 ff. Binnenschiffahrtsgesetz als Ergänzung der handelsrechtlichen Vorschriften für den Flußfrachtverkehr enthalten. Der Ladeschein wird jedoch von der Eisenbahn nicht ausgestellt und besitzt im gewöhnlichen Landfrachtverkehr keine praktische Bedeutung. Er wird vielmehr ausschließlich im Binnenschiffsverkehr verwendet und hier vielfach als **„Fluß- oder Binnenkonnossement"** bezeichnet.

Der Ladeschein ist – sofern an Order gestellt – ein Traditions- oder Dispositionspapier und erfüllt im wesentlichen die gleichen Funktionen wie das Konnossement. Wird er als Namenspapier ausgestellt, so gilt er als bloßer *„Übernahmeladeschein"*.

Orderlagerschein

Als letztes der im Rahmen des dokumentären Akkreditivverkehrs vorkommenden Warenpapiere ist der Orderlagerschein anzuführen, dessen rechtliche Regelung im § 424 HGB und in der Verordnung über Orderlagerscheine vom 16. 12. 1931 niedergelegt ist.

Keinen Warenpapiercharakter – darauf sei besonders hingewiesen – besitzen das im Eisenbahnverkehr vorkommende *Frachtbriefduplikat* und der *Luftfrachtbrief*, die nur eine *Sperrfunktion* auszuüben vermögen.

b) Versicherungspapiere

Die Warenpapiere allein – insbesondere Konnossemente – bieten dem Akkreditivsteller keine völlige Sicherheit für eine ordnungsgemäße Abwicklung des Akkreditivverkehrs, weil der Verfrachter für eine ganze Reihe von Schäden, die beim Seeverkehr entstehen können – z. B. auf Grund von Havarie, kriegerischen Ereignissen, Streiks im Importland, Schwund an Raumgehalt oder Gewicht der Ware usw. –, ausdrücklich von jeder Haftung befreit ist. Aus diesem Grunde müssen die Dokumentenakkreditive sowohl im See- als auch im Landverkehr von **Transportversicherungsdokumenten** begleitet sein. Dadurch wird das Ver- $\quad$ HGB § 608 lust- oder Beschädigungsrisiko während des Transportes gedeckt. In der Praxis werden den Banken vornehmlich zwei Arten von Versicherungspapieren vorgelegt:

(1) *Versicherungspolicen* und

(2) *Versicherungszertifikate.*

In der Regel soll die Versicherung in der *„Akkreditiv-Währung"* abgeschlossen sein; die Versicherungsdokumente müssen in jedem Fall vor dem *Versanddatum* der Ware ausgestellt sein.

Transportversicherungspolice

HGB
§ 363 **Die Versicherungspolice,** die den zwischen der Versicherungsgesellschaft und dem Exporteur abgeschlossenen Transportversicherungsertrag beurkundet, **ist ein gekorenes Orderpapier,** d.h. sofern sie die Orderklausel enthält, ist sie durch Indossament übertragbar. Fehlt die Orderklausel, so ist die Versicherungspolice ein *Namenspapier.* Sie kann auch auf den Inhaber lauten. In der Regel werden jedoch im Akkreditivverkehr indossierbare Policen verlangt.

Gegenstand der Transportversicherung kann jedes während der Beförderung der Ware auftretende und versicherbare Risiko sein, wie z.B. Diebstahl-, Beschädigungs-, Feuer- und Schwundgefahr, ferner Risiken, die dadurch entstehen, daß ein Schiff in Seenot geraten kann usw.

Hinsichtlich der Form sind *zwei* Arten zu unterscheiden, und zwar

(1) die **Einzelpolice,** die für die Versicherung einmaliger, und

(2) die **Generalpolice** *(open policy),* die für laufende Transporte in Frage kommt.

Versicherungszertifikat (s. Abb. S. 677)

Das Versicherungszertifikat ist in der Regel der Versicherungspolice rechtlich gleichgestellt und besonders im Rahmen der Versicherung von laufenden Transporten gebräuchlich. Hierbei wird für alle Exporte eine *Generalpolice* ausgestellt, für die einzelnen Versendungen erfolgt jeweils die Ausfertigung von Zertifikaten.

c) Begleitpapiere

Neben den Waren- und Versicherungsdokumenten wird in den Dokumentenakkreditiven vom Exporteur gewöhnlich noch die Vorlage einer Reihe von Begleitpapieren gefordert.

An erster Stelle ist hier die **Handelsfaktura** *(commercial oder customer's invoice)* anzuführen, deren detaillierte Warenbeschreibung mit der im Akkreditiv enthaltenen identisch sein muß und die in der Regel den deutschen Banken in mehrfacher unterschriebener Ausfertigung vorzulegen ist.

FRANKFURTER
VERSICHERUNGS-AKTIENGESELLSCHAFT
ALLIANZ
VERSICHERUNGS-AKTIENGESELLSCHAFT

Telefon: (06 11) 7 12 61 · Telegrammanschrift: Frankallianz · Fernschreiber: 04 11 376

Versicherungszertifikat (Einzelpolice)

Versicherungssumme	Ausfertigungsort und -tag	Exemplare	Laufende Police-Nr./Zertifikat-Nr.
DM 22.850,--	Frankfurt, 17.8.76	zwei	4330/2190526

Hiermit wird bescheinigt, daß auf Grund der obengenannten Laufenden Police Versicherung übernommen worden ist
gegenüber der Firma Klüber & Co., 6200 Wiesbaden, Mainzer Str. 25

für Rechnung wen es angeht, auf nachstehend näher bezeichnete Güter

3 Kisten, K & Co. 1931/1-3, brutto 412 kg, netto 382 kg,
Inhalt: Maschinenteile

für folgende Reise (Transportmittel, Reiseweg):
Lastkraftwagen und/oder Bahn und MS 'Frankfurt'
von Wiesbaden via Bremerhaven nach New York/USA

Von Haus zu Haus gemäß Ziffer 5 der ADS Güterversicherung 1973 (siehe Rückseite).
Schäden zahlbar an den Inhaber dieses Zertifikates. Mit Schadenzahlung gegen eine Ausfertigung werden die anderen ungültig.

Bedingungen:

1. Allgemeine Deutsche Seeversicherungsbedingungen (ADS) Besondere Bestimmungen für die Güterversicherung (ADS Güterversicherung 1973).
2. Bedingungen der obengenannten Laufenden Police.
3. Deckungsform (siehe Rückseite): C (volle Deckung)
4. Klauseln (siehe Rückseite): 1, 2, 3.

Anweisungen für den Schadenfall siehe Rückseite.

Havariekommissar:

Toplis an Harding Inc.
111, John Street
New York, N. Y. 10038
Telefon (212) 2672700

Namens und in Vollmacht der beteiligten Gesellschaften
FRANKFURTER
VERSICHERUNGS-AKTIENGESELLSCHAFT
ALLIANZ
VERSICHERUNGS-AKTIENGESELLSCHAFT
ZWEIGNIEDERLASSUNG FRANKFURT
6000 Frankfurt a. M. 1, Postfach 2142, Taunusanlage 18

Prämie bezahlt.

T 1310 (0/03)

3. 8. 73

Versicherungszertifikat

677

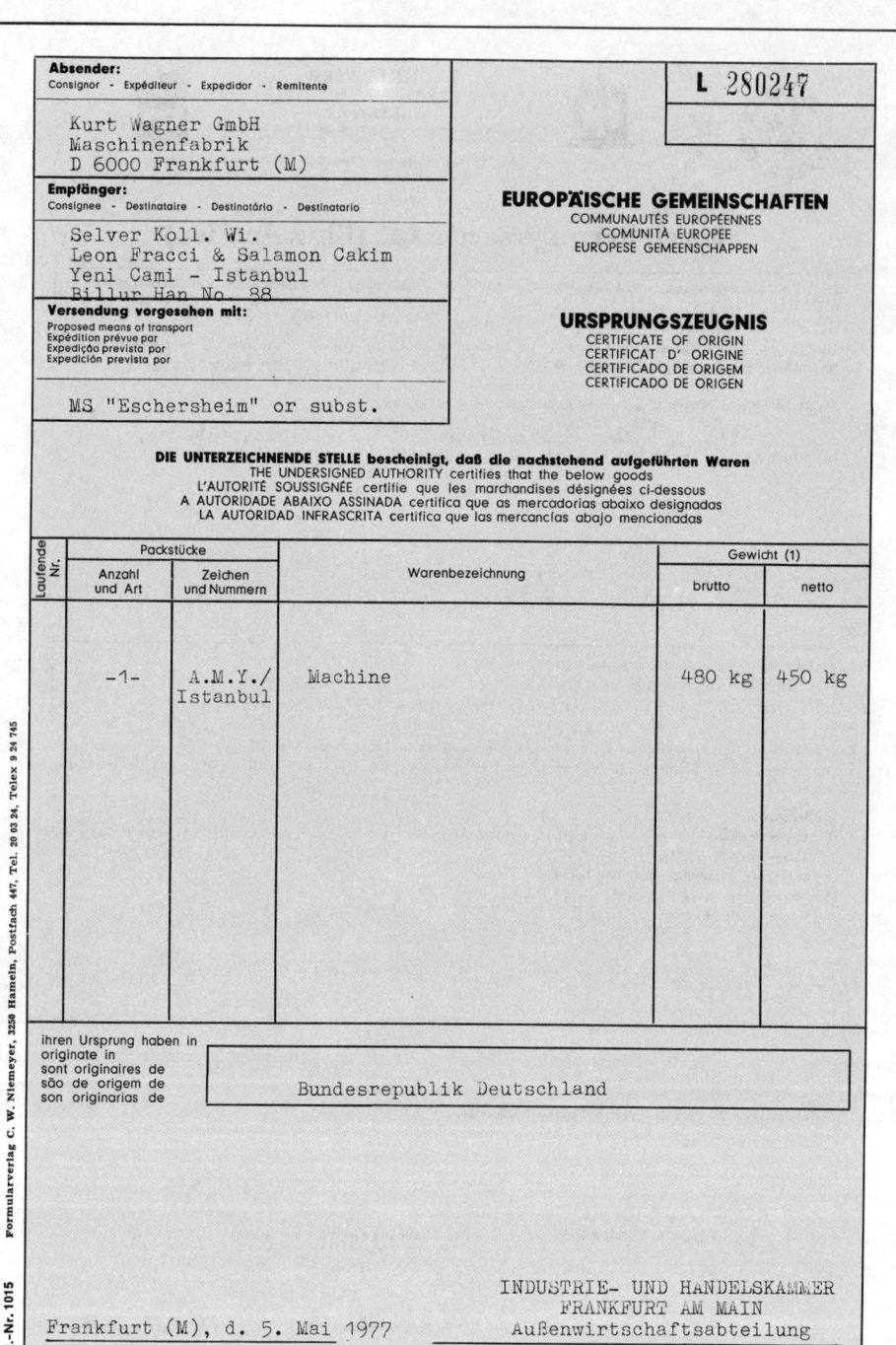

Neben der Handelsfaktura ist verschiedentlich auch eine **Konsulatsfaktura** *(consular invoice)* oder ein **Ursprungszeugnis** vorzulegen, die von der konsularischen Vertretung des Importlandes im Lande des Exporteurs bzw. von den Handelskammern des Exportlandes mit Prüf- bzw. Sichtvermerken versehen werden. Sie sollen dem Importeur als Beweismittel für den Ursprung der gekauften Ware dienen.

Ferner kommen als Begleitpapiere noch **Lagerscheine** *(warrant)* in Frage, sofern die gelieferte Ware im Bestimmungsland vor Übergabe an den Importeur noch einige Zeit in öffentlichen Lagerhäusern aufbewahrt werden soll.

Neben **Gewichtsdokumenten** *(weight note)* kann schließlich auch noch die Vorlage sogenannter Gütenachweise in Form von **Expertisen, Qualitäts- oder Analysenzertifikaten** vorgeschrieben werden, wodurch sich der Käufer gegen die Lieferung qualitativ minderwertiger Waren sichert.

2.5 Dokumenteninkasso

2.5.1 Wesen und Rechtsgrundlagen

Das Inkasso oder der Einzug von Dokumenten stellt im Rahmen der Inkassogeschäfte der Banken eine Sonderform dar, die vorwiegend für die Regulierung zwischenstaatlicher Zahlungen Verwendung findet.

Im Normalfall übergibt der Exporteur seiner Hausbank die Transportdokumente der versandten oder verschifften Ausfuhrgüter und beauftragt sie, den Exporterlös direkt beim Importeur oder durch Einschaltung einer Korrespondenzbank im Käuferland *(Inkassostelle)* Zug um Zug gegen Übergabe der Inkassodokumente in bar einzuziehen.

Der Exporteur kann auch den Transportpapieren noch eine auf den Importeur gezogene **„Nachsicht-Tratte"** beifügen. Der Inkassoauftrag lautet dann *nicht mehr „Dokumente gegen Kasse", sondern „Dokumente gegen Akzept",* d.h. der Importeur erhält in diesem Falle die Versandpapiere nur dann ausgehändigt, wenn er als Gegenleistung die vom Exporteur auf ihn gezogene Tratte akzeptiert.

Das Dokumenteninkasso kann daher als eine **Zug-um-Zug-Zahlung oder Zug-um-Zug-Akzeptleistung** gegen Übergabe bestimmter Transportdokumente bezeichnet werden.

Nach westdeutschem Recht kommt durch den Inkassoauftrag zwischen dem Exporteur und dessen Bank ein **Geschäftsbesorgungsvertrag** zustande. Hierbei handelt es sich um einen *Dienstvertrag,* auf welchen die gesetzlichen Vorschriften über den Auftrag anzuwenden sind.

HGB
§ 675
§ 611 ff.
§ 662 ff.

Das gleiche gilt für das zwischen der Bank des Exporteurs und deren Korrespondenzbank (Inkassostelle), die im Einfuhrland dem Käufer die Dokumente zur Zahlung bzw. Akzeptleistung präsentiert, zur Entstehung kommende Rechtsverhältnis. Darüber hinaus bilden die seit dem 1. Januar 1979 geltenden „**Einheitlichen Richtlinien für Inkassi**" die Rechtsgrundlage für die Abwicklung von Inkassoaufträgen, sofern nicht zwischen den Beteiligten ausdrücklich anderweitige Vereinbarungen getroffen werden.

2.5.2 Formen des Dokumenteninkassos

Die beiden Grundtypen des in der Praxis gebräuchlichen Inkassos auf dokumentärer Basis sind einmal das Barinkasso und zum anderen das Inkasso gegen Akzept. Innerhalb beider Formen gibt es verschiedene Variationen hinsichtlich der Festlegung des Zeitpunktes der Übergabe der Dokumente an den Importeur.

Im wesentlichen unterscheidet man **Barzahlung bzw. Akzeptleistung durch den Importeur**

bei erster Vorlage der Dokumente,

bei Ankunft des Schiffes im Bestimmungshafen bzw.

bei Ankunft der Einfuhrgüter am Bestimmungsbahnhof.

Je nach Anwendung der einen oder anderen dieser drei Formen und ferner entsprechend der Länge des Transportweges verändert sich die Verteilung der Finanzierungslast auf den Exporteur und den Importeur. Während im Falle der Honorierung der Dokumente bei erster Vorlage im wesentlichen eine Finanzierung durch den Importeur vorliegt, ist der Exporteur in stärkerem Umfang Finanzierungsträger, wenn die Dokumentenaufnahme erst bei Ankunft des Schiffes im Bestimmungshafen oder der Ware am Bestimmungsort erfolgt.

2.5.3 Unterschiede zum Dokumenten-Akkreditiv

In rechtlicher Hinsicht besteht gegenüber dem Dokumenten-Akkreditiv insofern ein wesentlicher Unterschied, als weder die Bank des Exporteurs noch das in ihrem Auftrag als Inkassostelle tätig werdende ausländische Institut zur Prüfung der Ordnungsmäßigkeit der Dokumente verpflichtet sind. Beide haben lediglich die Aufgabe, festzustellen, ob die übergebenen oder übersandten Papiere mit dem Inkassoauftrag des Verkäufers übereinstimmen, d. h. **die eingeschalteten Banken übernehmen im Gegensatz zum Dokumentenakkreditiv keine Haftung für die Aufnahme fehlerhafter Dokumente.**

Dies schließt nicht aus, daß insbesondere die ausländische Inkassobank im Rahmen ihres Kundendienstes eine Dokumentenprüfung zu übernehmen pflegt und den Importeur auf eventuell festgestellte Mängel der Papiere aufmerksam macht. **Über die Dokumentenaufnahme bzw. Annahmeverweigerung entscheidet** in einem solchen Fall jedoch in der Regel keine Bank, sondern einzig und allein **der Importeur in eigener Verantwortung.**

680

Bei Nichtaufnahme der Transportpapiere durch den Importeur ist die ausländische Inkassobank in keiner Weise verpflichtet, für die Rücksendung bzw. Einlagerung der Einfuhrgüter Sorge zu tragen. **Für den Exporteur ist** also – anders als beim unwiderruflichen oder unwiderruflichen bestätigten dokumentären Akkreditiv – **das Erfüllungsrisiko überhaupt nicht abgedeckt**, weil der ausländische Käufer in jedem Fall die Annahme der Dokumente ablehnen kann.

Durch die Einschaltung von Banken beim Dokumenteninkasso wird für den Exporteur im Normalfall **nur das Risiko der Übertragung des Eigentums** an den Ausfuhrgütern **ohne Gegenleistung des Importeurs ausgeschaltet**. Im übrigen trägt er bei dieser Form des Zahlungsverkehrs das Risiko allein.

Aber auch für den Importeur besteht gegenüber dem Dokumenten-Akkreditiv beim Inkasso insofern ein Nachteil, als das Risiko für die Übereinstimmung der Ware mit den Dokumenten nicht so stark eingeschränkt ist, weil seine Bank in der Regel für die Dokumentenprüfung keine Haftung übernimmt. Daraus folgt, daß die Abwicklung von Ausfuhrgeschäften durch Dokumenteninkassi zwischen Käufer und Verkäufer das *Bestehen eines* besonderen *Vertrauensverhältnisses* voraussetzt und die wirtschaftlichen und politischen Verhältnisse des Käuferlandes stabil sind.

3. Kreditverkehr

Formen und Technik der Kredite, die die Banken im Rahmen des Auslandsgeschäfts den Ex- und Importeuren bereitstellen, zeigen – ähnlich wie beim zwischenstaatlichen Zahlungsverkehr – gegenüber der Finanzierung von Inlandsgeschäften zum Teil erhebliche Unterschiede, zum Teil aber herrscht auch Übereinstimmung. Als Gründe für die Entwicklung der zum Teil abweichenden Formen und Techniken sind vor allem die größeren Risiken und andersgearteten Zahlungsbedingungen im Auslandsgeschäft zu nennen.

Nach der *Fristigkeit* können die im Rahmen des Auslandsgeschäfts bereitzustellenden Kredite unterteilt werden in

(1) kurzfristige Kredite mit einer Laufzeit bis zu **sechs Monaten,**

(2) mittelfristige Kredite mit einer Laufzeit von **sechs Monaten bis 48 Monaten,**

(3) langfristige Kredite mit einer Laufzeit von **48 Monaten und mehr.**

3.1 Kurzfristiges Auslandskreditgeschäft

Kurzfristige Kredite mit Laufzeiten bis zu 6 Monaten dienen im Auslandsgeschäft vorwiegend der **Finanzierung der Produktion, der Verschiffungszeit sowie der Gewährung von Zahlungszielen für den Absatz** von Konsumgütern und kurzlebigen Gebrauchsgütern, d.h. von serienmäßig hergestellten Massengütern und Stapelwaren.

Charakteristisch für das kurzfristige Auslandskreditgeschäft ist die Vielfalt der Formen und ihrer technischen Abwicklung, die aus den verschiedensten Gründen häufigen Wandlungen unterliegen und zahlreiche Varianten und Mischformen entstehen lassen. Die in den folgenden Abschnitten dargestellten Kreditformen und Techniken können nicht sämtliche in der Praxis vorkommenden Möglichkeiten erfassen. Im Hinblick auf die Vielgestaltigkeit werden nur die Grund- und Normalformen behandelt.

3.1.1 Kontokorrentkredit

Innerhalb der kurzfristigen Auslandskredite der Banken stellt der Kontokorrentkredit in der Landeswährung des Ex- oder Importeurs bzw. in einer Fremdwährung die in Form und Technik einfachste Art der Kreditgewährung dar. Hinsichtlich seiner formellen und materiellen Abwicklung und der Stellung von Sicherheiten bestehen im Vergleich zu Kreditgewährungen für Inlandsgeschäfte kaum nennenswerte Unterschiede.

Kontokorrentkredite werden vom **Exporteur (Verkäufer)** hauptsächlich für die *Finanzierung der Produktion* der für die Ausfuhr bestimmten Konsum- oder Gebrauchsgüter benötigt. Für die Finanzierung von Zahlungszielen sowie der Transportdauer von Exportgütern kommt der Kontokorrentkredit in der Regel nur dann in Frage, wenn es sich um einmalige Auslandsgeschäfte handelt, für deren zahlungsmäßige Abwicklung aus Liquiditätsgründen kurzfristiges Fremdkapital benötigt wird.

Für den **Importeur (Käufer)** kann die Beanspruchung eines Kontokorrentkredites bei seiner Hausbank vor allem beim *Bestehen von Verkäufermärkten* in Frage kommen. Auf Grund seiner stärkeren Marktstellung kann der Exporteur die Zahlungsbedingungen diktieren und *Voraus- oder Anzahlung* bei Absendung oder Übernahme der Waren fordern. Sofern der Käufer nun nicht über genügend liquide Mittel verfügt, kann sich für ihn die Notwendigkeit der Inanspruchnahme eines Kontokorrentkredits ergeben.

Kontokorrentkredite als **Postlaufkredite** gewähren sich Banken – gewöhnlich im Rahmen des Dokumentenakkreditivs – untereinander, um den Zeitraum zwischen der Ausführung der Zahlung und dem Eintreffen der Deckung auf dem üblichen Postwege zu überbrücken. Da die Bank des Importeurs erst nach Erhalt der Dokumente Zahlung leisten kann, andererseits der **Exporteur** aber unmittelbar nach dem Versand der Ware über den Exporterlös verfügen möchte, zahlt die Bank des Exporteurs diesem den Rechnungsbetrag sofort aus und räumt zugleich ihrer Korrespondenzbank einen entsprechenden Kredit bis zum Eingang der Dokumente ein.

3.1.2 Wechselkredit

Kontokorrentkredite werden im allgemeinen im Rahmen kurzfristiger Auslandsgeschäfte nur für die Finanzierung der Produktion von Außenhandelsgütern und seltener für die Gewährung von Zahlungszielen der Exporteure oder die Ermöglichung von Barzahlungen bzw. Voraus- oder Anzahlungen der Importeure verwendet.

Demgegenüber liegt der Schwerpunkt der *Finanzierung von Zielgewährungen* für exportierte Güter bzw. von *Zug-um-Zug-Geschäften der Importeure* von jeher bei der Verwendung des Wechsels als Kreditinstrument. Die zahlreichen Formen, die hierbei in der Praxis entwickelt wurden, können in

(1) *einfache Wechselkredite und*

(2) *Wechseldokumentarkredite*

unterteilt werden.

a) Einfache Wechselkredite

Einfache Wechselkredite stimmen formell und materiell mit den bei Inlandsgeschäften vorkommenden Wechselkrediten überein und werden wie folgt abgewickelt:

Diskontkredit

Der Exporteur zieht (trassiert) auf seinen ausländischen Kontrahenten einen Wechsel, den er ihm zur Akzeptleistung selbst vorlegt oder durch seine Hausbank vorlegen läßt. Nach Eingang des Akzeptes wird dieses dann von der Bank des Exporteurs diskontiert. Je nachdem, ob der Diskontsatz im Land des Importeurs niedriger ist als in jenem des Exporteurs, kann die *Diskontierung auch eine ausländische Bank* übernehmen. Häufig erfolgt dies auf Veranlassung des Importeurs.

Akzeptkredit

Während der Diskontkredit im wesentlichen für die Finanzierung von solchen Auslandsgeschäften in Frage kommt, bei denen zwischen den Kontrahenten durch langjährige Geschäftsverbindung eine gegenseitige Vertrauensbasis besteht, sind der Gewährung von Akzeptkrediten – der zweiten Form der einfachen Wechselkredite – verhältnismäßig enge Grenzen gesetzt. Da eine Bank zur Wahrung ihres guten Namens und aus bilanzoptischen Erwägungen nur in beschränktem Umfang eigene Wechselverpflichtungen eingehen kann, kommt diese Kreditart *nur für bonitätsmäßig erstklassige Firmen* in Frage. Für die Masse der westdeutschen Exporteure scheidet der Akzeptkredit infolgedessen als Finanzierungsinstrument aus.

Hinsichtlich der Inanspruchnahme von Akzeptkrediten von Importeuren bei Banken im eigenen Land oder ausländischen Banken gilt das eben Gesagte sinngemäß.

Die **technische Abwicklung von Akzeptkrediten** bei Auslandsgeschäften vollzieht sich in der gleichen Weise wie bei Inlandsgeschäften.

Der Importeur oder Exporteur zieht auf eine Bank in Höhe des Fakturenwertes der ein- bzw. auszuführenden Waren einen 90-Tage-Wechsel (Normallaufzeit rediskontfähiger Wechsel), den diese akzeptiert und – sofern es sich um eine westdeutsche Bank handelt – meist auch diskontiert.

Das akzeptierende Institut verpflichtet sich im *Außenverhältnis* wechselmäßig, den im Akzept genannten Betrag bei Fälligkeit zu zahlen. Im *Innenverhältnis* dagegen übernimmt der Wechselaussteller gegenüber der Bank, die ihm das Akzept zur Verfügung stellt, gewöhnlich die Verpflichtung, den akzeptierten Betrag ein oder zwei Tage vor Fälligkeit bei ihr anzuschaffen.

b) Wechseldokumentarkredite

Für die Bank, die einen Auslandswechsel diskontiert, besteht die Sicherheit des Kredits in der Regel nur im wechselrechtlichen Rückgriffsrecht, das sie im Falle der Zahlungsunfähigkeit des Bezogenen gegenüber sämtlichen Indossanten, dem Wechselaussteller und eventuellen Wechselbürgen geltend machen kann. Je nach Bonität des Wechselausstellers und -bezogenen können daher einfache Wechseldiskontkredite für die Banken mit mehr oder weniger großen Risiken behaftet sein.

Da sowohl die diskontierende Bank als auch der Wechselaussteller (Ex- oder Importeur) das berechtigte Interesse haben, diesen Risikofaktor möglichst weitgehend auszuschalten, bürgerten sich schon seit etwa der ersten Hälfte des vergangenen Jahrhunderts in der Außenhandelspraxis sogenannte *Wechseldokumentarkredite* ein. Diese unterscheiden sich formell und materiell von den einfachen Wechselkrediten dadurch, daß sie

(1) vielfach **im Rahmen eines Dokumenten-Akkreditivs** oder eines ähnlichen Instrumentes *(z. B. commercial letter of credit)* abgewickelt werden und

(2) die **Diskontierung** dieser Wechsel **oder die Akzeptleistung nur Zug um Zug gegen Übergabe der** das Eigentum der rollenden oder schwimmenden Ware verkörpernden **Transportpapiere** an die Bank erfolgt.

Die Mehrzahl dieser Wechseldokumentarkredite wird heutzutage gewöhnlich im Rahmen eines unwiderruflichen oder unwiderruflichen bestätigten Dokumentar-Akkreditivs abgewickelt. Dadurch erhöht sich sowohl für die diskontierende als auch für die akzeptierende Bank und den Wechselaussteller als Akkreditivbegünstigten die Sicherheit, daß der Wechsel bei Fälligkeit auch tatsächlich vom Bezogenen eingelöst bzw. vom Akkreditivsteller der Gegenwert rechtzeitig bei der akkreditiveröffnenden Bank angeschafft wird.

Neben das wechselmäßig verbürgte Rückgriffsrecht gegenüber dem Aussteller, den Indossanten und Wechselbürgen treten darüber hinaus für die Banken als zusätzliche Sicherheit die Transportdokumente, sofern es sich um Traditionspapiere handelt. Die akkreditiveröffnende Bank haftet für die Einlösung.

Von Sonderarten abgesehen sind bei den Wechseldokumentarkrediten die Rembourskredite und die Negoziationskredite zu unterscheiden.

b a) Rembourskredit

Seinem Wesen nach kann der Rembourskredit in die Kategorie der Akzeptkredite eingeordnet werden. Vom normalen Akzeptkredit, den eine Bank im Außenhandelsgeschäft ihrem Kunden gewährt, unterscheidet er sich vor allem dadurch, daß er durch Dokumente (D/A) gesichert ist.

Der Rembourskredit kann sowohl *mit* als auch *ohne* Stellung eines Dokumentenakkreditivs abgewickelt werden; allerdings ist seine Koppelung mit einem Dokumentenakkreditiv in der Bankpraxis häufiger anzutreffen als der andere Fall.

Der Rembourskredit ist ein dokumentärer Akzeptkredit, den nach der heutigen Praxis im Normalfall eine Bank dem Exporteur unter dem Obligo der Hausbank des Importeurs oder einer dritten Bank Zug um Zug gegen Übergabe bestimmter Verschiffungsdokumente gewährt, die an Order gestellt oder blanko giriert sind. Der Rembourskredit kann mit oder ohne Dokumentarakkreditiv abgewickelt und für die Finanzierung sowohl von Importen als auch von Exporten verwendet werden.

Anders ausgedrückt, heißt dies: **der Exporteur erhält nach Übergabe der Dokumente an eine Bank (Remboursbank) seinen Ausfuhrerlös** nicht in bar – wie im Normalfall beim Akkreditiv –, sondern **in der Form eines Bankakzeptes.**

Da mit der Gewährung des Akzepts, das in der Regel eine Laufzeit von 90 Tagen hat, das Kreditbedürfnis des Exporteurs erst zum Teil befriedigt ist, wird dieser versuchen, den Abschnitt zu verkaufen, d.h. er muß ihn diskontieren lassen. Grundsätzlich stehen ihm zwei Möglichkeiten offen: Diskontierung bei der akzeptleistenden Bank – wie es heute in der Bundesrepublik allgemein üblich ist – oder bei einer anderen Bank.

Die **banktechnische Abwicklung des Rembourskredits** gestattet verschiedene Möglichkeiten. Wie schon erwähnt, kann sie mit oder ohne Kombination mit einem Akkreditiv erfolgen. Innerhalb dieser zwei Möglichkeiten kann ferner die Tratte des Exporteurs entweder von der Importeurbank, der Hausbank des Exporteurs oder einer besonderen im Ausfuhr-, im Importland bzw. in einem dritten Land domizilierenden Remboursbank akzeptiert werden. Im letzteren Fall handelt es sich um einen *„indirekten"* oder *„vermittelten"* Rembourskredit, während man im übrigen von einem *„direkten"* Rembourskredit spricht.

Maßgebender Gesichtspunkt für die Inanspruchnahme eines in- oder ausländischen Kreditinstituts als Remboursbank ist die Existenz eines zwischenstaatlichen Zinsgefälles. Grundsätzlich wird der Importeur, der gewöhnlich die Akzept- und

Diskontspesen zu tragen hat, bestrebt sein, durch Vermittlung seiner Hausbank die Akzeptzusage einer Bank zu erhalten, deren Domizil in einem Lande liegt, dessen Diskontsatz und sonstige Kreditkosten niedriger sind als diejenigen, die von den Instituten im eigenen Lande berechnet werden. Sind hingegen die Kreditkosten im Importland niedriger, wird der Importeur eine Akzeptbank im eigenen Lande wählen.

Die klassische Form der Abwicklung eines Rembourskredites zur Finanzierung eines Importgeschäftes ohne Einschaltung einer Remboursbank soll durch das folgende **Beispiel** erläutert werden:

(1) Ein deutscher Importeur hat mit einer australischen Wollfirma einen **Kaufvertrag** abgeschlossen mit der Zahlungsbedingung: Drei-Monats-Bankakzept gegen Verladungsdokumente im Rahmen eines Akkreditivs.

(2) Er bittet seine Hausbank (Bank des Importeurs), zugunsten der australischen Wollfirma ein Akkreditiv zu eröffnen und gegen Vorlage der Versanddokumente eine vom Exporteur über den Rechnungsbetrag ausgestellte „Drei-Monats-Tratte" zu akzeptieren (**Kreditantrag**).

(3) Sofern der deutsche Importeur bonitätsmäßig gut beurteilt wird, genehmigt seine Hausbank diesen Kreditantrag und eröffnet zugunsten des australischen Exporteurs ein unwiderrufliches oder ein unwiderrufliches bestätigtes **Remboursakkreditiv mit Akzeptzusage** und teilt dies der Bank des Exporteurs in der Form eines Akkreditiveröffnungsschreibens mit, in dem diese mit der Dokumentenaufnahme beauftragt wird.

(4) Der **Exporteur wird** durch seine Bank von dieser Akkreditiveröffnung **verständigt**, worauf er

(5) die vereinbarte Partie Wolle per Schiff **versenden** läßt und

(6) die **Transportdokumente sowie** eine auf die Bank des deutschen Importeurs gezogene **Drei-Monats-Sichttratte** seiner Bank zur Weiterleitung und Akzepteinholung an die Bank des Importeurs einreicht.
Zum Zwecke der Überbrückung der Postlaufzeit der Dokumente erhält der Exporteur unter Umständen seine Tratte von seiner Hausbank schon im Zeitpunkt der Einreichung diskontiert oder bevorschußt, so daß er bereits bei Dokumentenübergabe in den Besitz des Exporterlöses kommen kann.

(7) Hierauf erfolgt der **Versand der Dokumente und der Tratte** an die Bank des Importeurs.

(8) Die Bank des Importeurs versieht die Tratte mit ihrem **Akzept** und sendet sie an die Bank des Exporteurs **zurück**.

(9) Sofern nicht schon bei Dokumentenaufnahme geschehen, diskontiert die **Bank des Exporteurs** nunmehr das Akzept und **schreibt dem Exporteur den Diskonterlös gut**.

(10) Nach Eintreffen der Partie Wolle in einem deutschen Hafen erhält der Importeur von seiner Bank die **Versanddokumente ausgehändigt** und kann die Ware nunmehr in Empfang nehmen.

(11) Das **Akzept der deutschen Bank**, das während seiner Laufzeit unter Umständen mehrfach seinen Besitzer gewechselt haben kann, **wird ihr bei Verfall** von der Bank des Exporteurs oder einer anderen ausländischen Bank **zur Zahlung präsentiert**, nachdem der Importeur bereits ein oder zwei Tage vorher den Gegenwert angeschafft hat.

Diese Abwicklungsform eines „**direkten**" Rembourskredites gilt auch sinngemäß für den „**indirekten**" Rembourskredit, d.h. für den Fall, daß an Stelle der Bank des Importeurs eine in einem **dritten Land** domizilierende Remboursbank, die eine Korrespondenzbank der Hausbank des Importeurs ist, das Akzept leistet.

Formell ergibt sich hierbei nur insofern ein Unterschied, als zunächst zwischen der Bank des Importeurs und der ausländischen Remboursbank ein Schriftwechsel wegen der Akzeptzusage erfolgt, sofern nicht zwischen beiden Banken eine *permanente Kreditlinie* – sogenannte **Rembourslinie** – in einer bestimmten Höhe besteht.

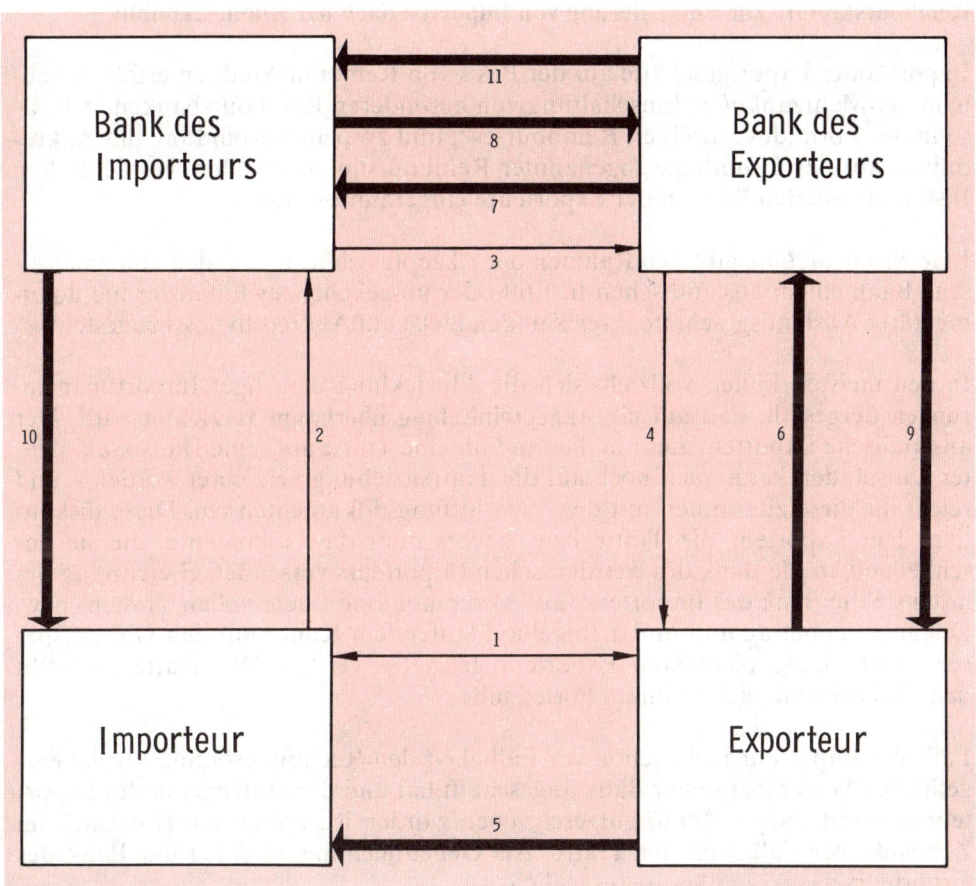

Nach Gewährung der Akzeptzusage wird das **Remboursakkreditiv** zugunsten des Exporteurs eröffnet und bei der Remboursbank zahlbar gestellt.

Der Exporteur zieht in diesem Fall seine **Tratte auf die Remboursbank**, der er diese u.U. zusammen mit den Verschiffungsdokumenten über seine Hausbank übersenden läßt. Die Remboursbank ihrerseits leitet dann die Dokumente der Bank des Importeurs und die akzeptierte Tratte dem Exporteur direkt oder über dessen Hausbank zu, die sie anschließend diskontiert.

Die Diskontierung des Akzeptes kann auch bei einer Bank im Lande der Remboursbank oder von dieser selbst erfolgen. Im ersteren Fall geschieht dies häufig **im Rahmen eines Negoziationskredits** *(authority to purchase)*, den die diskontierende Bank dem Exporteur eingeräumt hat. Bei Fälligkeit wird dann das Akzept von der diskontierenden Bank der Remboursbank zur Einlösung präsentiert, die sich daraufhin bei der Bank des Importeurs „erholt", sofern nicht schon der Gegenwert durch den Importeur über dessen Bank an sie überwiesen wurde.

Rembourskredite zur Finanzierung von Importen nach der Bundesrepublik

Import- oder Exportgeschäfte auf der Basis von Rembourskrediten erfolgen heute in der Mehrzahl *ohne* Einschaltung von besonderen Remboursbanken, d.h. also in der Form des „direkten Remboursbanken", und zwar in Verbindung mit Akkreditiven auf der Grundlage sogenannter Rembourslinien, die den westdeutschen Instituten von den Banken der Exporteure eingeräumt werden.

Eine *Rembourslinie* gibt den Rahmen der Akzeptgewährung an, den eine inländische Bank einem ausländischen Institut oder umgekehrt zur Finanzierung dokumentärer Auslandsgeschäfte ihrer Kunden meist auf Akkreditivbasis zugesteht.

In den meisten Fällen vollzieht sich die Abwicklung derartiger Importfinanzierungen dergestalt, daß **auf die Akzepteinholung überhaupt verzichtet** wird. Der ausländische Exporteur zieht in diesem Fall eine Tratte auf seine Hausbank – unter Umständen kann auch noch auf die Trattenziehung verzichtet werden – und reicht ihr diese zusammen mit den Verschiffungsdokumenten ein. Diese diskontiert dem Exporteur die Tratte bzw. bevorschußt die Dokumente, die sie anschließend an die Bank des westdeutschen Importeurs versendet. Gleichzeitig belastet sie die Bank des Importeurs auf Akzeptkonto mit dem vollen Tratten- bzw. Dokumentenbetrag und in der Regel auf laufendem Konto mit den Diskontspesen, sofern diese nicht vom Exporteur getragen werden. Die Tratte verbleibt dann bis zur Fälligkeit in ihrem Portefeuille.

Falls der Importeur nicht schon vor Fälligkeit den Rechnungsbetrag für die eingeführten Waren bei seiner Bank angeschafft hat und dieser der Bank des Exporteurs auf laufendem Konto gutgeschrieben worden ist, erfolgt die **Gutschrift im Zeitpunkt der Fälligkeit der Tratte**. Als Gegenbuchung wird bei der Bank des Exporteurs das Akzeptkonto ausgeglichen.

Diese Art der Remboursabwicklung ohne Akzepteinholung bzw. ohne Trattenausstellung stellt eine erhebliche formelle und materielle Abweichung von der Technik der klassischen Form des „indirekten" Rembourses dar. **An die Stelle der wechselmäßigen Verpflichtung einer Remboursbank** gegenüber dem jeweiligen Exporteur für jede einzelne Exportlieferung **tritt hierbei eine** auf Grund einer allgemeinen Kreditvereinbarung zwischen der Remboursbank und der Bank des Exporteurs festgelegte **Global-Akzeptlinie, die rechtlich gesehen einer Barlinie gleichkommt** und die bis zu einem Höchstbetrag unter dem Obligo der Bank des Importeurs für deren Kunden im Rahmen von Akkreditiven benutzt werden kann.

Die wechselmäßige Haftung der Remboursbank und auch des Exporteurs entfällt hierbei gänzlich. Dies bringt jedoch rechtlich keine nachteiligen Konsequenzen mit sich, da bei dieser Abwicklung in der Regel nur unwiderrufliche Akkreditive zur Anwendung kommen und zwischen der Bank des Exporteurs und der Bank des deutschen Importeurs ein *Kreditverhältnis* besteht.

Banktechnisch gesehen, stellt diese Form der Abwicklung von Rembourskrediten eine erhebliche Vereinfachung dar, da hierbei die Versendung der Tratten bzw. die Akzepteinholung sowie die sonst erforderliche Korrespondenz mit der Remboursbank wegen der Erteilung der Akzepte entfallen.

Die formelle und insbesondere die *buchungsmäßige Abwicklung* der für den **Export** bereitgestellten Rembourskredite entspricht derjenigen, die für Importgeschäfte bereits dargestellt wurde.

Während bis etwa 1962 die von Exporteuren auf westdeutsche Banken gezogenen und akzeptierten Wechsel in der Regel nicht in Umlauf gesetzt wurden und bis zu ihrer Fälligkeit gewöhnlich im Wechselportefeuille der akzeptleistenden Banken verblieben, können sie nunmehr – soweit erforderlich – auch am Privatdiskontmarkt untergebracht werden.

Wirtschaftliche Bedeutung des Rembourskredits

Die wirtschaftliche Bedeutung des Rembourskredits ist vor allem darin zu erblicken, daß die *finanzielle Abwicklung bestimmter kurzfristiger Import- und auch Exportüberseegeschäfte* erheblich erleichtert und zum Teil überhaupt erst ermöglicht wird. Damit stellt der Rembourskredit ein Finanzierungsinstrument dar, das aus dem modernen internationalen Handel nicht mehr wegzudenken ist.

Allerdings ist darauf hinzuweisen, daß der Verwendung des Rembourskredits im zwischenstaatlichen Handelsverkehr insofern Grenzen gesetzt sind, als wohlgeordnete und festgefügte Währungsverhältnisse in den verschiedenen Außenhandelsländern vorausgesetzt werden müssen. Kein Zufall ist es daher, wenn dieses Finanzierungsinstrument hinsichtlich der Häufigkeit seiner Verwendung vor dem ersten Weltkriege seine Blütezeit erlebte, d. h. zu einer Zeit, in der der zwischenstaatliche Handel ausschließlich multilateral abgewickelt wurde und alle Währungen frei konvertibel waren. Je mehr sich die heutigen allgemeinen weltwirtschaftlichen Verhältnisse diesem Zustand wieder nähern und die gegenwärtig noch in verschiedenen Ländern bestehenden Einschränkungen des zwischenstaatlichen Handels- und Zahlungsverkehrs abgebaut werden, um so mehr wird auch die Verwendung von Rembourskrediten für die Ein- und Ausfuhr von Stapelwaren und bestimmten Konsumgütern gesteigert werden können.

bb) Negoziationskredit

Der Negoziationskredit – er wird auch als **Negoziierungs-, Trattenankaufs- oder Wechsel-Negoziationskredit** bezeichnet – soll vor allem dem *Exporteur* die Möglichkeit verschaffen, eine von ihm auf den Importeur gezogene und von diesem zu akzeptierende Tratte zur Diskontierung oder Bevorschussung bei einer Bank unterzubringen. Zur Sicherstellung des Zahlungsweges ist der Negoziationskredit meist **im Rahmen des Dokumentenakkreditivs oder eines „Commercial letter of credit"** vom Exporteur benutzbar.

Im wesentlichen sind zwei Grundformen zu unterscheiden:

„Authority to purchase"

Auf Veranlassung des überseeischen Importeurs erklärt sich dessen Hausbank bereit, gegen Übergabe bestimmter Verschiffungsdokumente eine vom Exporteur **auf den Importeur gezogene Tratte** zu diskontieren oder die Wechselsumme in Höhe eines bestimmten Teilbetrages zu bevorschussen. **Die Diskontierungs- oder Bevorschussungszusage läßt die Bank des Importeurs** z. B. formell im Rahmen eines Dokumentenakkreditivs oder eines „Commercial letter of credit" **an die Bank des Exporteurs übermitteln mit dem Auftrag, den Exporteur hiervon in Kenntnis zu setzen und zu ihren Lasten die Dokumente aufzunehmen** bzw. zu bevorschussen und anschließend an sie zu übersenden (s. umseitiges Formular).

Der Bank des Importeurs ihrerseits stehen nach Erhalt der Verschiffungsdokumente und der Tratte für die weitere Abwicklung *zwei* Möglichkeiten offen. Sie kann entweder die *Dokumente Zug um Zug gegen Akzeptierung* der übersandten Tratte an den Importeur aushändigen, der dann spätestens bei Fälligkeit des Akzepts den Dokumentengegenwert anschaffen muß, oder – sofern die Tratte durch die Bank des Exporteurs bevorschußt worden ist – die *Dokumente nur gegen Anschaffung des Vorschußbetrages* übergeben. Im letzteren Fall liegt strenggenommen nur ein Inkassogeschäft vor.

„Order to negotiate"

Die Bank des Importeurs beauftragt auf dessen Veranlassung ihre ausländische Korrespondenzbank, eine vom Exporteur auf *diese* gezogene Tratte zusammen mit den Verschiffungspapieren zu ihren Lasten zu diskontieren. Statt der Diskontierung kann auch Akzeptierung der Tratte durch die Bank des Exporteurs bei Dokumentenaufnahme vereinbart werden, der sich eine Diskontierung dieses Akzepts zugunsten des Exporteurs anschließt.

Deutsche Bank

Frankfurt/Main, 22nd August 1976
Place, date

Irrevocable Commercial Letter of Credit

No. 100/143.362

via airmail through

Messrs.
Hodge & Co., Inc.

463, Nathan Road / 3rd Floor

Kowloon / Hongkong

Shanghai Commercial Bank Ltd.
Kowloon Branch

Hongkong

to whom negotiations are
restricted

Dear Sirs,   ⌐ Volkmar Heusel, Bockenheimer Landstr. 103,   ⌐
By order of   ⌊ 6000 Frankfurt/Main   ⌋

we hereby establish in your favour an Irrevocable Letter of Credit for   DM 10.000,--
(Deutsche Marks tenthousand)

available by your drafts at   sight on Volkmar Heusel

for   100 % of the invoice value accompanied by the following documents:

- Signed Commercial Invoice in duplicate
- Certificate of Origin in duplicate
- Insurance Policy in duplicate covering cif invoice value plus
  10 % for all risks
- Full set Shipping Company on board Marine Bills of Lading
  issued to order and blank endorsed, marked "freight prepaid"
  and "notify: Schenker & Co., Hamburg, Alter Wall 17".

evidencing shipment from Hongkong to Hamburg of

300 BINOCULARS as per order of 10th August 1976
cif Hamburg

Part shipments permitted./not permitted. Latest date of shipment: 22nd October 1976
Drafts are to be drawn and negotiated not later than   30th October 1976
Drafts are to be presented for negotiation within 8   days after the date of issuance of Bills of Lading.

Each draft must state that it is "Drawn under **Deutsche Bank AG,**
Letter of Credit No. 100/143.362   dated 22nd August 1976
and the amount thereof must be endorsed on the back of this Letter of Credit by the negotiating bank.

We hereby engage with drawers and/or bona fide holders that drafts drawn and negotiated in conformity with the terms of this
credit will be duly honoured on presentation and that drafts accepted within the terms of this credit will be duly honoured at maturity.

Yours faithfully,

Deutsche Bank
Aktiengesellschaft

Documents to be forwarded to us
by two subsequent airmails quoting
our Credit Number.

00-804 1 76 1

Commercial Letter of Credit

In diesem Fall nähert sich der Negoziationskredit in sehr starkem Maße dem Rembourskredit. Die Bank des Exporteurs übersendet dann lediglich die Dokumente an die Bank des Importeurs, und zwar mit Angaben über die Fälligkeit der Tratte bzw. des Akzeptes, die normalerweise im Portefeuille der Bank des Exporteurs verbleiben. Spätestens bei Fälligkeit der Tratte bzw. des Akzepts belastet die Bank des Exporteurs die ausländische Bank, die die rechtzeitige Anschaffung des Wechselbetrages durch den Importeur veranlaßte.

Rechtlich gesehen, begründen Negoziationskredite nur widerrufliche Zahlungsverpflichtungen der eingeschalteten Banken, was meist in den an den Exporteur gerichteten Eröffnungsschreiben zum Ausdruck gebracht wird.

Betriebswirtschaftlich betrachtet, bieten beide Formen des Negoziationskredits dem Exporteur den großen Vorteil, daß er bereits bei Übergabe der Verschiffungsdokumente an seine Hausbank über den Exporterlös verfügen kann.

Bei der *„Authority to purchase"* ist für ihn durch die Ankaufs- und Bevorschussungszusage der Bank des Importeurs das Risiko der Zahlungsverweigerung seines ausländischen Kunden weitgehend ausgeschaltet. Umgekehrt braucht der Importeur bis zur Übergabe der Dokumente und Präsentierung der Tratte keine liquiden Mittel zu binden.

Bei der *„Order to negotiate"* ist für den Exporteur das Risiko der Zahlungsverweigerung des Importeurs sowohl im Falle der Akzeptierung und anschließenden Diskontierung als auch bei bloßer Diskontierung der auf seine Bank gezogenen Tratte gänzlich abgedeckt. **Das volle Obligo für die rechtzeitige Einlösung des Akzepts bzw. der Tratte trägt die ausländische Bank.** Der Importeur ist bei dieser Form des Negoziationskredits noch günstiger gestellt als bei der „Authority to purchase", da er die Dokumente nach Eingang bei seiner Bank entweder blanko oder aber gegen Stellung entsprechender Sicherheiten ausgehändigt erhält und daher in der Regel eine wechselmäßige Verpflichtung für ihn entfällt.

3.2 Mittel- und langfristige Auslandskreditgeschäfte

3.2.1 Allgemeines

Wie beim Inlandskreditgeschäft nimmt auch im Rahmen des Auslandsgeschäfts die Bereitstellung mittel- und langfristiger Bankkredite in volkswirtschaftlicher und bankbetrieblicher Hinsicht von jeher eine Sonderstellung ein und dient fast ausschließlich der Finanzierung der Produktion und der Gewährung von Zahlungszielen für Exporte von Investitionsgütern.

Der Exporteur von Investitionsgütern ist heute infolge der sich von Jahr zu Jahr verschärfenden Konkurrenz auf den verschiedenen Weltmärkten aus *Wettbewerbsgründen* in der Regel gezwungen, Zahlungsziele zu gewähren, die in den meisten Fällen 4 Jahre überschreiten. Als Abnehmer kommen vielfach öffentliche Unternehmen oder staatliche Stellen in *Entwicklungsländern* in Frage, die gewöhnlich kapitalschwach und liquiditätsmäßig derartig beengt sind, daß sie die gelieferten Investitionsgüter, die der Industrialisierung ihrer Länder dienen sollen, erst aus den anfallenden Produktionserlösen sukzessive bezahlen können. So ergibt sich die Situation, daß **die Bereitschaft des Exporteurs, den ausländischen Abnehmern ein möglichst langes Zahlungsziel zu gewähren, heute einen Wettbewerbsfaktor darstellt,** dem oft entscheidendere Bedeutung zukommt als dem Preis und der Qualität der Ausfuhrgüter. Da der Exporteur neben den langen Produktionszeiten bei diesen Güterkategorien noch mehrjährige Lieferantenkredite gewähren muß, benötigt er für Investitionsgüterexporte mittel- oder langfristiges Fremdkapital.

3.2.2 Finanzierungsformen

Als allgemeine Finanzierungsformen für mittel- und langfristige Exportgeschäfte kommen im wesentlichen in Frage:

(1) *Anleiheemissionen,*

(2) *Kontokorrentkredite* von Geschäftsbanken,

(3) *Direktkredite* ausländischer Banken an den Importeur gegen Kreditaufträge westdeutscher Institute,

(4) *Beteiligung* am Unternehmen des Importeurs,

(5) *Wechsel- und Kontokorrentkredite* von Spezialbanken.

(6) *Factoring*

(7) *Forfaitierung*

Die Beschaffung des für die Finanzierung von Investitionsgüterexporten erforderlichen Fremdkapitals in der Form der **Anleiheemission** durch das Importunternehmen auf dem Kapitalmarkt des Importlandes oder auf ausländischen Effektenmärkten stellt die „klassische" Form der langfristigen Exportfinanzierung dar. Sie **setzt jedoch die Existenz funktionsfähiger internationaler Kapitalmärkte voraus.** Da diese Voraussetzung bis zum heutigen Tage weder in Europa noch in nennenswertem Umfang in außereuropäischen Ländern erfüllt ist, scheidet diese klassische Form der Finanzierung langfristiger Exportgeschäfte auch heute noch für die Investitionsgüterindustrie der Bundesrepublik aus.

Ähnliches gilt für den **Kontokorrentkredit.** Auf Grund der Einlagen- und Eigenkapitalstruktur sind die Geschäftsbanken der Bundesrepublik nicht in der Lage, für die Ausfuhr von Investitionsgütern in ausreichendem Maße langfristige Kontokorrentkredite bereitzustellen.

Die **Direktkredite ausländischer Banken an Importfirmen** ihres Landes gegen Kreditaufträge deutscher Institute haben in letzter Zeit für Exportlieferungen nach südamerikanischen und südostasiatischen Ländern eine gewisse Bedeutung erlangt. Der Vorteil dieser Finanzierungsform besteht darin, daß weder der westdeutsche Exporteur noch seine Hausbank liquide Mittel binden.

Die Finanzierung größerer Investitionsgüterexporte in der Form von **Beteiligungen** spielt heutzutage – im Gegensatz zu der Zeit vor dem Ersten Weltkrieg – nur eine untergeordnete Rolle. Wie in einer Reihe anderer europäischer Länder erfolgt auch in der Bundesrepublik die Bereitstellung mittel- und langfristigen Fremdkapitals für den Investitionsgüterexport in der Hauptsache durch *Spezialinstitute*, nämlich

durch die **AKA-Ausfuhrkredit-Gesellschaft mbH** und
durch die **Kreditanstalt für Wiederaufbau**.

Die Kreditgewährung der **AKA-Ausfuhrkredit-Gesellschaft mbH** erfolgt auf Grund von drei Kreditlinien, die seitens der Exporteure durch *prolongationsfähige Dreimonats-Solawechsel* in Anspruch genommen werden.

Die Lieferantenkredite aus Plafond A und B werden dem deutschen Exporteur eingeräumt und dienen zur Finanzierung der Aufwendungen während der Fabrikationsperiode und/oder des Zahlungszieles.

Kredite aus Plafond A können bis zur Höhe des Betrages der Ausfuhrforderung eingeräumt werden. Sie sind durch eine Ausfuhrbürgschaft oder -garantie des Bundes – in der Regel Hermes (in Ausnahmefällen auch eine andere deutsche Kreditversicherung) – nach Abzug des Risikoanteils des Exporteurs versichert. Die Selbstfinanzierungsquote (= Risikoanteil des Exporteurs) beträgt im allgemeinen 15%, bei Geschäften mit ausländischen Regierungen und sonstigen Körperschaften des öffentlichen Rechts in der Regel 10%. Die Kredite bestätigt die AKA – bei gleichzeitiger Zusage der Wechselprolongationen – dem Exporteur unmittelbar.

Kredite aus Plafond B sollen vornehmlich für Exporte nach Entwicklungsländern zur Verfügung gestellt werden. Voraussetzung für die Krediteinräumung ist – im Gegensatz zu Krediten aus Plafond A – eine Haftungs- und Giroübernahme-Erklärung der Hausbank sowie eine Unbedenklichkeitserklärung der für den Endkreditnehmer zuständigen Landeszentralbank. Kredite aus Plafond B werden – bei gleichzeitiger Zusage der Wechselprolongationen – im Namen und für Rechnung der jeweiligen Hausbank von der AKA dem Exporteur bestätigt. Die Selbstfinanzierungsquote des Exporteurs beträgt bei variablem Zinssatz 30% des Auftragswertes.

Beim **Plafond A** erfolgt die Deckung des Kreditvolumens durch die *Rediskontzusage der Konsortialbanken*, beim **Plafond B** liegt die Deckung in einer *Rediskontzusage der Deutschen Bundesbank*.

Die technischen Voraussetzungen für die Übernahme von Forderungen deutscher Exporteure gegen deren ausländische Abnehmer und die Gewährung von sogenannten „Bestellerkrediten" im Rahmen des **Plafond C** wurden im März 1969 geschaffen.

Der Höchstbetrag eines Bestellerkredites entspricht der abzulösenden Exportforderung. Die Auszahlung erfolgt in der Regel pro rata Lieferung/Leistung. Die Kreditvaluta wird im Auftrag des Bestellers an den Exporteur ausbezahlt. Zur Sicherung der Kreditforderung soll eine Garantie bzw. Bürgschaft des Bundes (Hermes) zur Deckung der sogenannten gebundenen Finanzkredite zu Gunsten der AKA vorliegen, deren Kosten der Exporteur zu tragen hat. Dieser muß auch für die nicht gedeckten Risiken die Haftung übernehmen.

Für Großobjekte kommen auch sogenannte **Parallelfinanzierungen** vor. Hierbei werden dem westdeutschen Exporteur die Kredite zum Teil aus dem Plafond A und zum anderen Teil aus dem Plafond B gewährt.

Die **Kreditanstalt für Wiederaufbau (KfW)** versorgt u. a. die westdeutsche Exportwirtschaft – zunächst in kleinerem, seit etwa 1959 jedoch in größerem Umfang – mit langfristigen Buchkrediten, die den Befristungsrahmen der AKA überschreiten[1]. Sie dienen vornehmlich der Finanzierung von *Investitionsvorhaben in Entwicklungsländern*. Meist setzt die Kredithilfe der KfW unmittelbar beim Auslaufen eines AKA-Kredits ein; das bedeutet nichts anderes als eine *Anschlußfinanzierung*.

Das **Factoring** ist eine in den USA entwickelte, im Handel mit den Staatshandels- und Entwicklungsländern zunehmende Finanzierungsform im Außenhandel, bei dem der Factor (Finanzierungsgesellschaft) einem Lieferanten dessen Forderungen gegen seine Abnehmer abkauft und das Risiko für den Ausfall der Forderungen übernimmt.

Neben dem Ankauf der Forderungen und der Übernahme des Kreditrisikos übernimmt der Factor oftmals noch zusätzliche Dienstleistungen, z. B. das Führen der Debitorenbuchhaltung, Übernahme des Mahnwesens, Ausstellung der Rechnungen etc.

Im klassischen Factoring-Geschäft werden nur kurzfristige Forderungen angekauft, für die dem Factor keine zusätzlichen Sicherheiten gegeben werden; dadurch und durch Übernahme diverser Nebenleistungen unterscheidet sich das Factoring hauptsächlich von der Forfaitierung.

Der Begriff „Forfaitierung" wurde in Anlehnung an den französischen Ausdruck „a forfait" gebildet, der der deutschen Redewendung „in Bausch und Bogen" entspricht.

In den letzten Jahrzehnten verlagerte sich die Finanzierung für Investitionsgüterexporte immer mehr auf die Exporteure, wobei aufgrund der internationalen Konkurrenz und der allgemeinen Marktlage die zu gewährenden Kreditfristen eine ebenso ausschlaggebende Rolle spielen, wie Preise, Qualität oder Lieferfristen. Neben den klassischen Formen der Exportfinanzierung – Kontokorrent- und Diskontkredit, AKA-Kredite mit Hermes-Deckung – findet daher die Forfaitierung im Außenhandel immer mehr Bedeutung.

---

1 Vgl. S. 153.

Im Exportfinanzierungsgeschäft versteht man unter Forfaitierung den regreßlosen Ankauf einer Ausfuhrforderung, die ein Exporteur gegenüber seinem ausländischen Abnehmer erworben hat. Dabei verzichtet das ankaufende Finanzierungsinstitut auf jegliches Rückgriffsrecht gegenüber dem Forderungsverkäufer. Die Forderung kann durch einen Wechsel verkörpert werden, der das Aval einer erstklassigen Bank im Land des Importeurs trägt.

An Stelle eines Bankavals kommt eine separate Einlösungsgarantie einer Bank im Abnehmerland in Frage. Nicht durch Wechsel verkörperte Forderungen, sogenannte Buchforderungen, können ebenfalls forfaitiert werden. Die Forderungen sollten Laufzeiten zwischen etwa einem Jahr und bis zu sieben Jahren haben, zahlbar in halbjährlichen Raten. Die deutschen Kreditinstitute kaufen Forderungen auf das Ausland teilweise selbst an, teilweise plazieren sie die Forderungen am Forfaitierungsmarkt weiter. Dieser Markt erstreckt sich mittlerweile beinahe über die gesamte Welt. Zweifellos sind nach wie vor Zürich, Genf und London die Hauptplätze für dieses Geschäft. Statistiken über die jährlich in der Bundesrepublik getätigten Forfaitierungen existieren nicht, doch wird das Volumen auf mehrere Milliarden DM geschätzt.

3.3 Euro-Geld- und Kreditmarkt

Unter dem Euro-Geld- und Kreditmarkt versteht man den internationalen Einlagen- und Kreditverkehr der Banken in Fremdwährungen. Eurotransaktionen sind z. B. dann gegeben, wenn Banken, die in London oder Luxemburg ansässig sind, Einlagen in US-Dollar, Deutscher Mark, Schweizer Franken oder anderen Fremdwährungen annehmen und dann in solchen Fremdwährungen wieder anlegen. Typisches Kennzeichen des Euro-Marktes ist also die Bankgeschäftstätigkeit in Währung außerhalb der nationalen Reglementierungen, denen die einzelnen Währungen unter Umständen unterliegen.

Der Euro-Geld- und Kreditmarkt ist heute der größte und freieste Finanzmarkt im internationalen Bereich mit im wesentlichen kurz- und mittelfristiger Ausrichtung. Er hat eine bedeutende Ergänzungsfunktion zu den nationalen Geld- und Kreditmärkten.

Die heutige Bedeutung des Euromarktes erklärt sich durch

- die hohe Aufbringungsfähigkeit des Marktes,

- die große Flexibilität in der Anpassung an Schuldner- und Gläubigerbedürfnisse,

- die Effizienz des Marktes durch Beschränkung auf „Großhandelsgeschäfte" (normalerweise werden Eurotranchen erst ab 500.000,– DM oder Gegenwert gehandelt),

- die breite Verfügbarkeit internationaler Handels- und Anlagewährungen,

Die Gelder, die täglich am Euromarkt bewegt werden, stammen überwiegend aus Liquiditätsüberschüssen aus Exporterlösen im Rahmen des internationalen Zahlungsverkehrs, aus den Geldanlagen der OPEC-Staaten mit Überschußreserven, aber auch aus Anlagen staatlicher Stellen und von Wirtschaftsunternehmen aus den nicht erdölexportierenden Ländern, für die mangels eigener ausgebauter Geld- und Kapitalmärkte der Euro-Geldmarkt sozusagen einen Teil der inländischen Vermittlerfunktion übernimmt.

Infolge strenger Auswahlkriterien seitens der Anleger sowie im Interbankhandel sind nur relativ wenige große und leistungsfähige Banken am Eurogeschäft beteiligt. Führend sind amerikanische Banken. Den Tochterinstituten deutscher Banken kommt daneben eine wesentliche Stellung zu. Zentren des Euromarktes in Europa sind vor allem London, Paris, Luxemburg, Brüssel und Antwerpen.

Die Bedeutung der einzelnen Finanzplätze hängt nicht nur davon ab, daß keine Restriktionen oder Mindestreserveverpflichtungen bestehen, sondern auch von den Doppelbesteuerungsabkommen, aufgrund derer die ausländische Quellensteuer auf Kreditzinsen zurückerstattet wird.

Der Eurokreditmarkt bietet sowohl kurz- und mittelfristige Festsatzkredite zu festen Beträgen und Terminen als auch mittel- und langfristige Roll-over-Kredite mit den unterschiedlichsten Ausgestaltungsmöglichkeiten an.

3.3.1 Euro-Festsatzkredite

Die Zinskosten bei Euro-Festsatzkrediten sind in der Regel niedriger als die Zinsen bei Krediten aus Inlandsliquidität, weil der Euromarkt keinen Restriktionen unterworfen ist. Jedoch müssen Festsatzkredite für die gesamte Laufzeit in der festgelegten Höhe in Anspruch genommen werden. Insofern können sie kein Ersatz für inländische Kontokorrentkredite sein. Vorteilhaft für den Kreditnehmer ist aber, daß er für die gesamte Laufzeit des Kredites die Zinskosten exakt kalkulieren kann.

Als Laufzeit für Festsatzkredite kommen hauptsächlich Zeitspannen von 1, 2, 3, 6 und 12 Monaten in Frage. Die Mindestgrößenordnung liegt normalerweise bei 500.000,– DM oder einem entsprechenden Gegenwert in ausländischer Währung.

Mittelfristige Festsatzkredite werden mit Laufzeiten von 1 – 5 Jahren angeboten, wobei die Kredithöhe mindestens 1 Million DM erreichen sollte.

Die Zinskosten für Euro-Festsatzkredite werden bestimmt durch den Einstandssatz zuzüglich der Marge der Eurobank und des durchleitenden inländischen Kreditinstituts. Nach den Usancen des Euro-Kreditmarktes erfolgt die Berechnung der Kreditzinsen auf der Basis von Kalendertagen und einem Zinsjahr von 360 Tagen. Die Zinszahlung erfolgt bei Krediten mit Laufzeiten bis zu einem Jahr bei Fälligkeit, bei Krediten mit Laufzeiten über einem Jahr jährlich.

Die Sicherstellung dieser Kredite erfolgt in der Regel durch die Obligoübernahme der inländischen Bank oder dadurch, daß die der inländischen Bank bestellten Sicherheiten auch für die Eurobank haftbar gemacht werden.

Da zudem nur ersten Adressen – in der Regel nur großen Industrieunternehmen Eurotranchen angeboten werden und die Laufzeiten der Kredite relativ kurz sind, wird das Ausfallrisiko der Banken weiter eingegrenzt.

3.3.2 Roll-over-Kredite

Unter Roll-over-Krediten versteht man Ausleihungen, die den Kreditnehmern mit einer längeren Laufzeit zugesagt werden, jedoch von der kreditgewährenden Bank durch kurzfristige Mittelaufnahme am Euro-Geldmarkt refinanziert werden und eine periodische Zinsanpassung erfahren. Sie dienen vor allem der Investitionsfinanzierung im Ausland, der Exporteur- und der Importeurfinanzierung und der Finanzierung von Großprojekten, z. B. im Energiesektor. Seit 1974 ist auch die Zahlungsbilanzfinanzierung hinzugekommen. Während früher die Kreditdauer bei 5–7 Jahren lag, verstärkte sich in den letzten Jahren die Tendenz zu längeren Laufzeiten mit Fristen bis zu 10 Jahren. Im Hinblick auf die Inanspruchnahme der Kredite haben sich drei Grundformen herausgebildet:

(1) Der **Roll-over-Eurokredit als fester Vorschuß.** Dem Kredit liegt eine feste Schuld zugrunde, und die Valuta wird insgesamt in einer Summe ausbezahlt.

(2) Der **revolvierende Roll-over-Eurokredit,** bei dem lediglich ein Kreditrahmen vereinbart wird, bis zu dem eine Inanspruchnahme in runden Beträgen von Zinstermin zu Zinstermin möglich ist. Der Kreditnehmer kann den Kredit an den Roll-over-Terminen – nach Art eines Dispositionskredites – ganz oder teilweise zurückzahlen und ihn wieder nach Bedarf ganz oder teilweise neu aufnehmen. Für den nicht in Anspruch genommenen Teil des Kreditrahmens ist eine Bereitstellungsprovision zu zahlen.

(3) Eine Sonderform gegenüber dem revolvierenden Kredit stellt der **Stand-by-Kredit** dar, der nur in Ausnahmefällen in Anspruch genommen wird. Für den Kreditnehmer hat er meistens nur vorsorglichen Charakter, als „Rückzugslinie" zum Beispiel für in Aussicht stehende Finanzierungsbedürfnisse. Die Laufzeit dieser Kredite beträgt im allgemeinen bis zu 5 Jahren.

Die seit 1974 stark gestiegenen Größenordnungen der Eurokredite – Kredite von über einer Millarde DM sind heute keine Seltenheit mehr – haben den Individualkredit zugunsten von Konsortialkrediten erheblich zurückgedrängt.

Die Kreditvaluta wird bei diesen Krediten in einer bestimmten Währung (Basiswährung) bereitgestellt. Zugunsten des Kreditnehmers kann jedoch eine Option auf zwei oder mehrere Währungen vereinbart werden. Die Rückzahlung solcher Kredite erfolgt entweder in einer Summe bei Fälligkeit oder in regelmäßigen Tilgungen.

Als **Sicherheiten** kommen **bei Roll-over-Krediten** hauptsächlich Garantien in Frage. Klassische Kreditsicherheiten kommen dagegen selten vor. Bei Krediten an Staaten oder Krediten, die von Staaten garantiert werden, hat der Verzicht dieses Staates auf seine Immunitätsrechte darüber hinaus große Bedeutung.

3.4 Auslandsgarantiegeschäft [1]

Wie im ausländischen Geschäftsverkehr läßt es sich auch bei der Abwicklung von Import- und Exportaufträgen oft nicht vermeiden, daß einer der Vertragspartner *finanzielle Vorleistungen* erbringen muß, ehe er die entsprechenden Gegenleistungen erhält. Zur Abdeckung der hierdurch entstehenden Risiken wird im Auslandsgeschäft neben dem Dokumenten-Akkreditiv die **Bankgarantie** verwendet. Sie dient jedoch nicht der unmittelbaren Bezahlung des Kaufpreises von Export- und Importlieferungen, sondern stellt in der Regel **ein abstraktes, unwiderrufliches Zahlungsversprechen einer Bank für einen bestimmten Eventualfall** dar.

Die Bankgarantie begründet die Ausfallhaftung eines Kreditinstituts für bestimmte Risiken, die bei der Abwicklung von Außenhandelsgeschäften auftreten können. Eine Bank, die ein Garantieversprechen übernimmt, verpflichtet sich, bei Eintritt eines bestimmten Risikos – in der Regel auf „erstes Anfordern" des Begünstigten und zeitlich befristet – den „garantierten" Betrag zu zahlen, falls der Auftraggeber der Garantie gewissen Verpflichtungen, die er gegenüber dem Garantie-Begünstigten zu erfüllen hat, nicht nachkommt.

Im einzelnen sind im Auslandsgeschäft folgende Garantiearten gebräuchlich: Bietungsgarantien, Lieferungs- und Leistungsgarantien, Gewährleistungsgarantien, Anzahlungsgarantien sowie Dokumentengarantien.

3.4.1 Bietungsgarantien

Großaufträge ausländischer staatlicher oder halbstaatlicher Institutionen und zum Teil auch privater Unternehmungen werden in vielen Fällen auf dem Wege der Ausschreibung vergeben. Da die ausschreibende Stelle Gewißheit haben will, daß der Anbieter sein Angebot in jedem Fall verbindlich aufrechterhält, wird die *Nichtannahme des Zuschlags mit einer Vertragsstrafe belegt, deren Zahlung durch eine Bankgarantie sicherzustellen ist.*

Eine Bietungsgarantie ist demnach in der Regel eine der Bedingungen für die Teilnahme an ausländischen Ausschreibungen. Ihre Höhe ist unterschiedlich und bewegt sich etwa zwischen zwei und zehn Prozent des Wertes des ausgeschriebenen Objektes. Die Zahlung der Garantiesumme durch die Bank wird gewöhnlich dann fällig, wenn der Exporteur nach der Zuschlagserteilung seine Offerte zurückzieht.

---

1 Vgl. S. 495 f.

3.4.2 Lieferungs-, Leistungs- und Gewährleistungsgarantien

Die Lieferungs- und Leistungsgarantie basiert – wie die Bietungsgarantie – auf einer Vertragsstrafe, die der Exporteur im Falle nicht frist- und -vertragsgerechter Lieferung bzw. Leistung zu zahlen hat.

Gegenstand einer Lieferungsgarantie ist die Abdeckung des Erfüllungsrisikos, während die Leistungs- oder Gewährleistungsgarantie für den Begünstigten das Mängelrisiko ausschließen soll.

Bei beiden Garantiearten ist die Garantiesumme wesentlich höher als bei einer Bietungsgarantie, da der Schaden, der dem Käufer im Falle nicht termingemäßer oder nicht vertragsgemäßer Lieferung entsteht, in der Regel größer ist als der Schaden, der durch Annullierung eines mit dem Zuschlag bedachten Angebots entsteht. Sie bewegt sich etwa zwischen 5 und 25% des Warenwertes bzw. des Wertes der zu erbringenden Leistung.

3.4.3 Anzahlungsgarantien

Die Anzahlungsgarantie soll dem ausländischen Besteller die **Rückzahlung geleisteter Zahlungen** für den Fall gewährleisten, daß der Exporteur den Lieferungsvertrag, zu dessen Erfüllung die Anzahlungen geleistet wurden, überhaupt nicht oder nicht vertragsgemäß erfüllt. Die Garantiesumme entspricht hierbei gewöhnlich der Höhe der Anzahlungen.

3.4.4 Dokumentengarantien

Die Dokumentengarantie dient in der Hauptsache der **Ausschaltung von Nachteilen und Schäden, die bei der Aufnahme nicht akkreditivgemäßer Dokumente** durch eine Bank für den Importeur **entstehen können**.

Im Überseegeschäft kommt es z.B. vor, daß die Verschiffungsdokumente im Zeitpunkt des Eintreffens der Ware noch nicht vollzählig bei der Bank des Importeurs eingegangen sind. Will nun der Importeur trotzdem die Auslieferung der Ware erreichen, so wird in dessen Auftrag gewöhnlich von seiner Hausbank eine sogenannte „Konnossementsgarantie" (letter of indemnity) gestellt. Hierin verpflichtet sich die Bank des Importeurs gegenüber der Reederei zum Ersatz aller Kosten und Schäden, die durch die Auslieferung der Importware ohne Vorlage des vollen Satzes Konnossemente entstehen können, sowie zur unverzüglichen Nachlieferung der Original-Konnossemente, sobald ihr diese zugehen.

4. Devisenhandel

Unter dem Devisenhandel im engeren Sinne ist der Ankauf oder Verkauf von Devisen gegen Inlands-Buchgeld oder gegen andere Devisen zu verstehen. Nachdem der Devisenhandel durch die Banken- und Wirtschaftskrise vom Jahre 1931

700

in Deutschland und zahlreichen anderen Ländern völlig zum Erliegen gekommen war, wurde er im Jahre 1953 in der Bundesrepublik an den Börsen Berlin, Düsseldorf, Frankfurt a. M., Hamburg und München wieder eingeführt. Er hat im wesentlichen **vier Funktionen** zu erfüllen:

(1) Der Devisenhandel ist in erster Linie ein *Dienstleistungsgeschäft*, das die reibungslose **Abwicklung des zwischenstaatlichen Zahlungsverkehrs** der Bankkundschaft sicherstellt. Durch die vermittelnde Tätigkeit des Devisenhandels wird der Importeur in die Lage versetzt, seine Zahlungsverpflichtungen fristgemäß in der vereinbarten Währung an einem vertraglich festgelegten ausländischen Platz zu erfüllen. Der Exporteur hingegen erhält die Möglichkeit, Ausfuhrerlöse, die in fremder Währung anfallen, sofort in seine Landeswährung zu transferieren.

(2) Der Devisenhandel ermöglicht den Banken die **Ausnutzung von Kursdifferenzen**, die zwischen Fremdwährungsnotierungen an verschiedenen Handelsplätzen bestehen können. Diese *Kursarbitrage* wird ausschließlich in der Form des Eigengeschäfts betrieben.

(3) Der Devisenhandel bietet insbesondere bei größeren Instituten die Möglichkeit der **Kurssicherung von Geldanlagen** in fremden Währungen.

(4) Der Devisenhandel ermöglicht die **Gewährung von Währungskrediten** an die Kundschaft, die in der Regel über *Swapoperationen* der Banken zustande kommen.

Nach der Art der Erfüllung der Forderungen und Verbindlichkeiten in ausländischen Währungen werden im Devisenhandel *zwei* Grundformen von Geschäften unterschieden, nämlich:

(a) die *Kassageschäfte* und

(b) die *Termingeschäfte.*

4.1 Devisenkassageschäfte

Bei Devisenkassageschäften liegt zwischen dem Geschäftsabschluß und der Lieferung der ge- oder verkauften Devisen nur eine sehr kurze Zeitspanne. In der Regel erfolgt die „**Anschaffung**" aus Devisenkassageschäften, d. h. die beiderseitige Vertragserfüllung der Geschäftspartner, **am zweiten Werktag nach dem „Abschluß"**, d. h. „zweitägige Valuta kompensiert". Den Partnern von Kassageschäften stehen also die gehandelten Devisenbeträge am zweiten Werktag nach dem Geschäftsabschluß zur Verfügung. Alle Devisenhandelsgeschäfte, bei denen kein besonderer Lieferungstermin vereinbart wird, gelten grundsätzlich als Kassageschäfte. Ihre wirtschaftliche Aufgabe kann im wesentlichen in der Sicherstellung einer reibungslosen Abwicklung des grenzüberschreitenden Zahlungsverkehrs in Fremdwährung erblickt werden, den die Banken sowohl für Kundengeschäfte als auch für Eigengeschäfte in der Form von Auszahlungen oder Scheckinkassi durchzuführen haben.

4.2 Devisentermingeschäfte

Bei Devisentermingeschäften wird – im Gegensatz zu den Kassageschäften – **beim Geschäftsabschluß die Anschaffung** der gehandelten Devisen **für einen späteren Zeitpunkt festgelegt.**

Werden z. B. von einer Bremer Bank im Auftrag eines westdeutschen Importeurs, der am 1. 8. einen Vertrag zur Lieferung einer Schiffsladung australischer Wolle cif Bremen mit dem 1. 11. als Zahlungstermin abgeschlossen hat, zur Regulierung dieses Abschlusses 120 000 £ Sterling per 1. 11. gekauft, so muß der Importeur zu diesem Zeitpunkt über die ausländische Valuta verfügen können und als Äquivalent den DM-Gegenwert anschaffen bzw. seiner Bank aus seinem Kontokorrentkonto zur Verfügung stellen.

Der Abrechnungskurs für Termintransaktionen wird bereits am Tag des Geschäftsabschlusses verbindlich festgelegt. Nur in Ausnahmefällen ist für einen bestimmten Zeitpunkt der Terminkurs mit dem Kassakurs der gleichen Währung identisch. In der Regel liegt er über oder unter dem Kassakurs.

Die wirtschaftliche Funktion des Handels von Termindevisen kann im wesentlichen in der **Absicherung** der Finanzierung von Außenhandelsgeschäften **gegen Kurs- und Währungsrisiken** erblickt werden. Darüber hinaus werden durch Abschluß von Devisentermingeschäften sowohl für den Exporteur als auch für den Importeur **feste Kalkulationsgrundlagen** geschaffen. Die Absicherung der Kurs- und Währungsrisiken besteht darin, daß in der Zukunft (z. B. in drei Monaten) benötigte oder anfallende Devisen nicht zu dem in drei Monaten gültigen, in der Gegenwart noch unbekannten Kassakurs, sondern in einem jetzt schon verbindlich vereinbarten Kurs abgerechnet werden. Das heißt, daß z. B. der Importeur die in drei Monaten benötigten Devisen per Termin kaufen wird, während umgekehrt der Exporteur die in 3 Monaten erwarteten Deviseneingänge verkaufen wird, sofern Kurs- und/oder Währungsrisiken ausgeschaltet werden sollen.

4.3 Kursbildung

Die Kurse, nach denen die Kassageschäfte der Bankkundschaft abgewickelt werden, ergeben sich aus dem für einen Börsentag amtlich festgestellten Devisenkurs. Die Kursfeststellung erfolgt durch die fünf deutschen **Devisenbörsen** in Berlin, Düsseldorf, Frankfurt (M), Hamburg und München.

Nach § 96 BörsG sind die Abschnitte II und IV des Börsengesetzes für die Devisenbörsen anzuwenden. Für die Ermittlung des Kassakurses ist Abschnitt II bedeutsam, denn er regelt die Art und Weise der Kursfeststellung und das Maklerwesen. Für Devisenbörsen ist ferner der neu eingefügte Absatz 4 des § 1 BörsG zu beachten, wonach unter bestimmten Voraussetzungen die Börse durch die Bundesregierung geschlossen werden kann.

Unter den fünf deutschen Börsen obliegt der Frankfurter Börse die Ermittlung des *amtlichen* Kurses, der sich durch den Ausgleich der an den einzelnen Börsen nicht unterzubringenden Spitzenbeträge ergibt. Dieser Spitzenausgleich führt zu einheitlichen amtlichen Devisenkursen an allen Devisenbörsen.

Zum **Kassakurs** werden allerdings nur die Devisenkassageschäfte der Deutschen Bundesbank mit ihrer Kundschaft abgewickelt, im Verkehr der Kreditinstitute mit ihrer Kundschaft kommen Geld- bzw. Briefkurse zur Anwendung, die jeweils zu festen Spannen – für jede Währung unterschiedlich unter bzw. über dem Kassakurs liegen.

Ein Importeur, der zur Zahlung seiner Rechnung Devisen benötigt, bekommt den höheren **Briefkurs** abgerechnet; ein Exporteur, der erhaltene Devisen anzubieten hat, erhält dagegen nur den niedrigeren **Geldkurs**.

Die Kreditinstitute üben bei Kundenaufträgen regelmäßig das Selbsteintrittsrecht des Kommissionärs aus, d.h. sie geben die vom Exporteur angebotenen Devisen nicht unmittelbar zum Verkauf an die Devisenbörse und fragen auch nicht die vom Importeur benötigten Devisen an der Devisenbörse nach, sondern sie setzen – anders als beim Effektengeschäft – ihre eigenen Devisenbestände ein.

Nur Aufträge über Spitzen an angebotenen oder nachgefragten Devisen, die aus eigenen Beständen nicht ausgeglichen werden können oder für die unter den Kreditinstituten momentan kein Kontrahent zu finden ist, werden den Devisenkursmaklern an den Devisenbörsen zur Kompensation zugeleitet. Nur aus diesen Spitzen ergibt sich der amtliche Kassakurs.

Auf lange Sicht zeigt der Kassakurs die Zahlungsbilanzsituation eines Landes an: Die Währung eines sehr stark exportorientierten Landes ist international gesucht. Weil sich diese Nachfrage letztlich an der Devisenbörse niederschlägt, hat der Kassakurs der Währung eines Landes mit aktiver Zahlungsbilanz (Exporte überwiegen insgesamt die Importe) eine feste Tendenz.

Für das **Termingeschäft** in Devisen besteht keine amtliche Kursfeststellung, vielmehr werden die Terminkurse von den beteiligten Kontrahenten frei ausgehandelt. Als für die Preisbildung von Termindevisen maßgebliche Einflußgrößen können das Zinsniveau für kurzfristige Anlagen im Ausland und die erwarteten Paritätsänderungen angesehen werden. Besteht in dem Ausland, dessen Währung gehandelt werden soll, für kurzfristige Anlagen (Kauf von z.B. U.S.-Schatzwechseln) ein höheres Zinsniveau, dann wird ein Inländer versuchen, diese Anlage wahrzunehmen. Dafür benötigt er **heute** U.S.-Dollar, die er für drei Monate festlegt. Nach der Festlegungsfrist hat er diese Dollars wieder verfügbar und kann sie verkaufen. Er sucht sich daher heute schon einen Käufer für die Dollars, die er in drei Monaten veräußern will, um ein eventuelles Kursrisiko zu vermeiden. Da viele Marktteilnehmer um die Zinsdifferenz zwischen In- und Ausland wissen, werden viele Anleger Kasse-Dollar kaufen und Termin-Dollar verkaufen wollen: Der Terminkurs liegt daher unter dem Kassakurs bzw. der Termindollar wird mit einem **Deport** gehandelt. In umgekehrter Weise kommt auf der Basis eines unterschiedlichen Zinsniveaus im In- und Ausland ein **Report** für die Termindevise zustande. Allgemein wird die Differenz zwischen Kassakurs und Terminkurs einer Währung als **Swapsatz** bezeichnet.

Beispiel einer freien Devisen-Notierung:

Devisen und Noten 13. 11. 85	Frankfurt (Main) Devisen		Wechsel-Ankaufs-kurs[4]	Noten-verkauf* (DM)
	Geld	Brief		
New York[1]	2,6067	2,6147	2,5920	2,65
London[1]	3,702	3,716	3,638	3,78
Dublin[1]	3,088	3,102	3,051	3,16
Montreal[1]	1,8895	1,8975	1,8770	1,94
Amsterdam	88,665	88,885	88,46	89,75
Zürich	121,89	122,09	121,89	123,00
Brüssel	4,942	4,962	4,908	5,00
Paris	32,745	32,905	32,435	33,50
Kopenhagen	27,59	27,71	27,32	28,25
Oslo	33,155	33,275	32,58	34,00
Stockholm	33,14	33,30	32,525	34,00
Mailand[2]	1,476	1,486	1,4490	1,53
Wien	14,203	14,243	14,174	14,35
Madrid	1,622	1,632	1,582	1,71
Lissabon	1,595	1,615	1,518	2,00
Tokio	1,2780	1,2810	1,2655	1,31
Helsinki	46,46	46,66	45,715	47,50
Athen*	1,678	1,718	–	1,80
Frankfurt	–	–	–	–
Sydney[1]*	1,7340	1,7479	–	1,79

100 Einh.; [1] 1 Einh.; [2] 1000 Lire; [3] 60–90 Tage; *nicht amtlich

Der Deport ist praktisch als Preis für ein Kurssicherungsgeschäft anzusehen. Er vermindert daher als Aufwand den durch das Ausnutzen der Zinsdifferenz zwischen In- und Ausland erzielbaren Zinsertrag. Wird der Deport so weit vergrößert, daß die Zinserträge im Ausland durch die Kurssicherungskosten „aufgefressen" werden, kann damit ein Rücktausch der Devisen erreicht werden.

Report und Deport können auch aufgrund von Erwartungen der Kontrahenten über Paritätsänderungen auftreten. Eine Devise, für die man allgemein eine Abwertung erwartet, wird per Termin mit einem Deport gehandelt, eine aufwertungsverdächtige Devise wird mit einem Report gehandelt.

Dieser rein marktwirtschaftlich organisierte Devisenhandel kann zu währungspolitisch unerwünschten Resultaten führen und die Bundesbank veranlassen, im Rahmen ihrer zahlungsbilanzpolitischen Maßnahmen den Geldexport oder den Geldimport zu fördern. Dazu bietet die Bundesbank Kurssicherungsgeschäfte an, denen ein anderer Swapsatz als Kurssicherungspreis zugrunde liegt als er sich am freien Markt gebildet hat.

Will sie den Geldexport fördern, also die Geschäftsbanken zu Geldanlagen im Ausland anregen, so wird sie die Kurssicherung zu einem äußerst günstigen Satz übernehmen, d.h. einen bestehenden Deport senken oder sogar einen Report in Form einer Swap-Prämie gewähren.

Beispiel:

Am 27. 11. 19.. veröffentlichte die Bundesbank folgende Erklärung:

„Die Bundesbank wird den Geschäftsbanken ab sofort wieder die Möglichkeit zum Abschluß von Kurssicherungsgeschäften (Swap-Transaktionen) in US-Dollar geben. Hierdurch soll der gegenwärtigen Unsicherheit an den Devisen- und Terminmärkten entgegengewirkt und zugleich die Disposition der Banken zum Jahresende erleichtert werden. Für die Laufzeit dieser Swaps, die bis zu drei Monaten betragen kann, aber nicht vor dem 2. Januar 19.. enden darf, wird bis auf weiteres ein einheitlicher Prämiensatz von 1¾ Prozent pro anno berechnet. Etwaige Änderungen im Verfahren oder in Höhe des Satzes werden den Geschäftsbanken vor Beginn des Tagesgeschäfts auf geeignetem Wege bekanntgegeben werden."

Mit dieser Maßnahme fand sich die Bundesbank bereit, den Kreditinstituten für ihre Kurssicherung von Geldexporten eine unmittelbare Hilfe zu gewähren. Sie überließ den Banken aus eigenen Beständen der Bundesbank Dollars per Kasse und erklärte sich bereit, diese Beträge gleichzeitig per Termin zurückzunehmen, und zwar zu einem festen Abschlag *(Deport)* von 1¾ p.a. – Am Euro-Dollar-Markt konnte man zur gleichen Zeit für Drei-Monats-Gelder 6¾% Zinsen erzielen, so daß Kreditinstitute, die Dollars zu diesem Satz verliehen und diese Beträge bei der Bundesbank sicherten, eine Netto-Rendite von 5% jährlich erreichten. Am freien Markt betrug der Deport zum gleichen Zeitpunkt dagegen noch über 3% p.a. – der Anreiz für die Inlandsbanken, Gelder im Ausland gegen hohe Zinsen anzulegen, war infolgedessen beträchtlich.

Zur Anregung des Geldimports muß der umgekehrte Weg gewählt werden, d.h., die Terminsicherung muß verteuert, der Swapsatz heraufgesetzt werden.

4.4 Sonderformen von Devisengeschäften

Neben den Kassa- und Termingeschäften gibt es im Rahmen des Devisenhandels noch einige Sonderformen, von denen nur das Swap- und Outright-Geschäft kurz erwähnt werden sollen.

Das Swapgeschäft *(to swap = tauschen)* stellt im Devisenhandel eine Kombination zwischen einem Kauf- und Verkaufsgeschäft in der gleichen Währung mit verschiedenen Fälligkeiten dar. In der Regel handelt es sich hierbei um eine Kombination eines Kassageschäfts mit einem Termingeschäft. Swapgeschäfte führen die Banken vor allem zur *Gewährung von Währungsbarkrediten* (Devisenleihgeschäften) und zur Kurssicherung bestehender Terminpositionen durch.

Unter einem „**Outright-Geschäft**" oder „*Solo-Geschäft*" ist der Abschluß eines Devisentermingeschäfts ohne Kassagegengeschäft zu verstehen.

Aufgaben:

1. Wie hat sich das Auslandsgeschäft im Laufe der letzten 100 Jahre entwickelt, welchen Anteil nahmen daran die Kreditinstitute, und welches waren die Hindernisse, die von Zeit zu Zeit die Auslandsbeziehungen der Banken beeinträchtigten?
2. Worin bestehen die Risiken im Außenhandel, und was ist unter dem Begriff der „gesicherten Zahlungsbedingungen" zu verstehen?
3. Wie lauten die wichtigsten im Außenhandel verwendeten Zahlungsbedingungen?
4. Was ist unter dem Begriff INCOTERMS zu verstehen, und welchen Inhalt haben sie?
5. Wodurch unterscheiden sich die Spezialkreditbriefe, die Zirkularkreditbriefe und die Travellerschecks voneinander?
6. Erläutern Sie anhand eines Beispiels das Wesen und die banktechnische Abwicklung eines Dokumentenakkreditivs!
7. Welche Grundformen des Akkreditivs sind nach den „Einheitlichen Richtlinien für Dokumenten-Akkreditive" zu unterscheiden?
8. Was ist unter der Übertragung eines Akkreditivs zu verstehen, und worin liegt ihre wirtschaftliche Bedeutung?
9. Was sind revolvierende Akkreditive, Packing Credits und back-to-back-Credits?
10. Beschreiben Sie das Wesen der wichtigsten Dokumente, die im Rahmen des Auslandsgeschäfts von besonderer Bedeutung sind!
11. Wie vollzieht sich die banktechnische Abwicklung des direkten und indirekten Rembourskredits, und welche Wandlung hat der Rembourskredit im Laufe der Zeit erfahren?
12. Welche Grundformen des Negoziationskredites sind zu unterscheiden, und wie sind sie zu kennzeichnen?
13. In welcher Weise werden heutzutage in der Bundesrepublik vornehmlich mittel- und langfristige Kredite für den Investitionsgüterexport bereitgestellt, und wie vollzieht sich deren Abwicklung?
14. Wodurch unterscheiden sich das Devisenkassa- und das Devisentermingeschäft voneinander, und wie ist das Swapgeschäft zu kennzeichnen?

Teil III
Bankkalkulation und Bankpolitik

A. Bankkalkulation

I. Grundlagen der Bankkalkulation

Unter Bankkalkulation ist das Aufbereiten und In-Beziehung-Setzen von leistungsbedingtem Wertverzehr (Kosten), Leistungsmengen und leistungsbedingtem Wertzuwachs (Erlös) zur Feststellung der Wirtschaftlichkeit, der Erfolgslage oder der Selbstkosten im Bankbetrieb zu verstehen.

Der Begriff Kalkulation wird also im Bankbetrieb in einem weiteren Sinne gebraucht, als es im industriellen Rechnungswesen üblich ist, wo er vorwiegend auf die Kostenträgerrechnung beschränkt ist. Ferner umfaßt die Bankkalkulation als Kosten- und Erfolgsrechnung außer der Stückrechnung auch *Zeitrechnungen*.

Gleichrangig mit dem Begriff Kalkulation wird im Bankbetrieb häufig auch der Ausdruck Kostenrechnung gebraucht, der dann entgegen dem allgemeinen Wortsinn im Zusammenhang mit Erfolgsrechnungen auch die Erlösseite einschließt.

Die Bankkalkulation ist als eines der wesentlichen Instrumente anzusehen, auf die sich die Führung der Kreditinstitute stützen sollte. Dabei kann es sich um eine Vor- oder Nachkalkulation handeln.

Werden in einer Kalkulation der *tatsächliche* Wertverzehr und Wertzuwachs einschließlich der kalkulatorischen Erfolgselemente festgestellt, handelt es sich um eine **Istkostenrechnung**. Werden Leistung und Wertverzehr im *voraus* geplant und daran die Istkosten gemessen, so liegt eine **Plankostenrechnung** vor.

Werden nur Kosten und eventuell Erlöse, nicht aber Leistungsmengen vorgegeben, so wird von einer **Budgetrechnung** gesprochen.

Auf einer anderen Ebene liegt die Frage, ob der gesamte in einer Periode stattgefundene Werteverzehr in die Rechnung einbezogen werden soll (**Vollkostenrechnung**) oder ob eine Beschränkung auf bestimmte Teile des Werteverzehrs erfolgen soll (**Teilkostenrechnung**). Merkmale hierfür können z. B. der Grad der Abhängigkeit der Kosten von der Beschäftigung (**fixe und variable Kosten**) oder der Gesichtspunkt der Kostenerfaßbarkeit und hieraus folgend eine Berechnung nur der Einzelkosten sein.

Unter bestimmten Bedingungen (z. B. zur Ermittlung der Preisuntergrenze für eine Leistung) ist es erforderlich zu wissen, welche Erhöhung der Gesamtkosten die Bereitstellung einer zusätzlichen Leistungseinheit verursacht. Diese Fragestellung behandeln die Konzepte **Deckungsbeitragsrechnung, Grenzkostenrechnung** oder auch das ‚**Direct Costing**'.

Für das Verständnis der Bankkalkulation ist es unerläßlich, sich über die Begriffe **Kosten, Leistungen** und **Erlöse** und ihre gegenseitige Abhängigkeit klarzuwerden. Hierbei wird sich zeigen, daß sich die Kalkulationsverfahren prinzipiell danach unterscheiden lassen, wie sie die genannten drei Komponenten zueinander in Beziehung setzen.

1. Kosten

Unter **Kosten** ist der leistungsbedingte und bewertete Wertverzehr zu verstehen, der im Bankbetrieb in mannigfacher Weise stattfindet. Sie unterscheiden sich von den **Aufwendungen** dadurch, daß der *außerordentliche,* d. h. einmalig anfallende oder zu einer anderen Geschäftsperiode zählende, und der *betriebsfremde Wertverzehr* eliminiert werden, dafür aber auch mitunter Wertverzehr hinzugerechnet ist, der buchhalterisch nicht als Aufwand erscheint *(Zusatzkosten).*

Je nach der Art des Wertverzehrs sind *Betriebskosten* und *Wertkosten* zu unterscheiden.

Als **Betriebskosten** ist der Wertverzehr anzusehen, der durch die mannigfaltige Leistungserstellung **in der Betriebssphäre** verursacht ist, wobei unter Betriebssphäre der technisch-organisatorische Leistungsbereich verstanden wird, in dem sich alle menschlichen Anstrengungen, Maschinen- und Sachwertnutzungen und der Betriebsmittel- und Werkstoffverzehr niederschlagen.

Die **Wertkosten** umfassen den Wertverzehr, der ausschließlich durch den sich **in der Wertsphäre** vollziehenden Akt der Wertübertragung verursacht wird. Als Wertsphäre gilt ein abstrakter Wirkbereich, dessen Leistung in der Annahme, Schaffung und Weitergabe monetärer Verfügungsmöglichkeiten besteht.

2. Leistungen

Der bankbetriebliche Leistungsbegriff ist im Prinzip ebenso ein Mengenbegriff wie derjenige, den die Kostenrechnung in Industrie und Handel verwendet, wo die Leistungen durch Stückzahlen, Gewichtseinheiten und dergleichen ausgedrückt werden. **Das Besondere an der bankbetrieblichen Leistung besteht darin, daß der Mengenausdruck zum Teil wertmäßig bestimmt ist.**

Gemäß der Funktion der Kreditinstitute, besondere Leistungen an den Markt abzugeben, ist unter dem Begriff Bankleistung primär eine **Marktleistung** zu verstehen. Ein Teil dieser Marktleistungen besteht aus *Dienstleistungen* (Erledigung von Zahlungsaufträgen, Effektenvermittlung, Abwicklung von Akkreditiven usw.), der andere Teil aus *Kapitalüberlassungen* (vor allem Kredite). Jede einzelne dieser Marktleistungen erfordert eine Anzahl von Arbeitsverrichtungen, die sich im technisch-organisatorischen Bereich oder in der finanziellen Sphäre vollziehen können.

Bezogen auf die einzelnen Marktleistungen der Banken, stellen diese Arbeitsverrichtungen, die am Arbeitsplatz bzw. in einer Abteilung des Betriebs ausgeführt werden, Teilleistungen dar.

Beispiel:

Der betriebsorientierte Teil der **Leistungseinheit Wechseldiskontierung** setzt sich zusammen aus:

(1) **Prüfung der Diskontzusage** an den Wechseleinreicher,
(2) **Abrechnung** des Wechsels und Verbuchung des Geschäftsvorfalls,
(3) **Eintragung** in das Wechselkopierbuch, Erstellung von Verfallregister, Einreicher- und Bezogenenobligo,
(4) **Hereinnahme** des Wechsels **in das Portefeuille**.

Inwieweit eine Zergliederung des Leistungsprozesses in Teilleistungen notwendig ist, richtet sich nach den Zielen der jeweiligen Rechnungsverfahren der Kosten- und Erfolgsrechnung und dem gewünschten Genauigkeitsgrad der Ergebnisse.

3. Erlöse

Aus der Verwertung der Bankleistung am Markt ergibt sich der Erlös. Dieser stellt grundsätzlich das **Produkt aus Leistungsmenge und Preis** dar, wenngleich er sich freilich in der Praxis oft nicht an der zugrunde liegenden Leistungsmenge orientiert. Für die Bankkalkulation ist daher eine Differenzierung zwischen Leistungsmenge und Erlösen von fundamentaler Bedeutung, was an Hand eines Beispiels verdeutlicht werden soll.

Beispiel:

Auf dem Kontokorrentkonto eines Kunden sei im Wege des Scheckeinzugs ein Umsatz von 100 000 DM zustande gekommen. Dies kann auf einer einzigen Scheckeinreichung beruhen, es kann aber auch eine Vielzahl von Einreichungen zugrunde liegen. Die verschiedenen Instanzen, die von Scheckeinreichungen tangiert werden, haben im letzteren Fall eine höhere Arbeitsleistung erbracht, die sich wiederum danach richtet, wie viele Schecks jede Einreichung enthält.

Wenn sich auch hier schon zeigt, daß die Leistungsmessung erheblichen Schwierigkeiten begegnet, so ist den erwähnten Leistungen aber immerhin gemeinsam, daß sie in irgendeiner Weise mengenorientiert sind und zusammengenommen die Stückleistung des Instituts ausmachen. Charakteristisch für den Bankbetrieb ist nun aber, daß das Kreditinstitut neben der arbeitsmäßigen **Stückleistung** auch eine **Wertleistung** erbringt. Die Bank ermöglicht dem Kunden, den angenommenen Betrag von 100 000 DM umzusetzen, indem sie mit anderen Instituten entsprechende Verträge schließt, d. h. sich am Aufbau von Girosystemen beteiligt und in diesem Zusammenhang Guthaben unterhält und nötigenfalls auch Bargeld in entsprechender Höhe bereitstellt.

Aus diesem schwankenden Mengenverhältnis zwischen Stückleistung und Wertleistung ergeben sich denn auch das Problem der Preisbemessung der Bankleistung wie andererseits das Problem der Zurechnung der Kosten zu bestimmten Bankleistungen.

Einer an den Kosten orientierten Preisstellung müßte also in den meisten Fällen sowohl ein *stück-* als auch ein *wertabhängiger* Berechnungsmodus zugrunde gelegt werden (z. B. 0,5‰ Umsatzprovision + 0,30 DM je Buchung). In der Praxis ist es allerdings üblich, einen der beiden Maßstäbe einseitig in den Vordergrund zu stellen, wobei der wertabhängige überwiegt.

Typisch hierfür ist die Berechnung einer Reihe von Provisionen, die sich grundsätzlich an der Wertleistung orientieren. Lediglich die Festlegung von *Mindestprovisionen* erinnert daran, daß die reine Arbeitsleistung der Bank nicht ganz unberücksichtigt bleibt. Dies gilt für den Zahlungsverkehr, wo der Umsatzprovision vor der sachlich eher gerechtfertigten Postenprovision der Vorzug gegeben wird. Ähnlich verhält es sich im Effektenkommissionsgeschäft. Hier werden die Umsätze in Form einer Wertprovision abgerechnet, obwohl die Leistungen der Banken vornehmlich arbeitsmäßiger Art sind. Auch bei Sparten des Kreditgeschäfts, bei denen die arbeitsmäßige Leistung im Vordergrund steht, wie bei der Durchleitung von Treuhandkrediten und der Antragsbearbeitung von Kleindarlehen, wird eine Wertgröße, nämlich der Kreditbetrag, zugrunde gelegt.

Zusammenfassend ist zu betonen:

(1) Für die Zwecke der Bankkalkulation ist eine strenge **Trennung zwischen der Bankleistung und** dem Ergebnis der Verwertung dieser Leistung am Markt, **dem Erlös,** erforderlich. Bei einer einfachen Gegenüberstellung von Kosten und Erlösen würden eine für die Bankkalkulation wichtige Zwischenstufe übersprungen und beispielsweise die von der Bank abgegebenen Gratisleistungen (z. B. der Effektenberatung) vernachlässigt.

(2) Die **Bankleistung setzt sich** jeweils in unterschiedlichem Maße **aus Stück- oder Arbeitsleistung und Wertleistung zusammen,** wobei sich an beiden sowohl einzeln als auch in bestimmter Kombination die Kosten messen lassen. Auf das obige Beispiel bezogen, würde das bedeuten, daß es für die Bank interessant ist, sowohl festzustellen, welche Betriebskosten die Bearbeitung eines eingereichten Schecks durchschnittlich verursacht, als auch zu wissen, wie hoch die Gesamtkosten eines Scheckinkassos bei bestimmten Beträgen sind.

Die beschriebenen Zusammenhänge werden in dem Schaubild auf Seite 713 verdeutlicht.

Kosten, Leistungen und Erlöse im Bankbetrieb

Beschaffungsmarkt	Innerbetrieblicher Umsatzprozeß	Absatzmarkt

Beschaffungsobjekte

Personal
Betriebsmittel

Kapital

Kosten

Betriebskosten

Gehälter
Abschreibungen
Reparaturen
Material

Wertkosten

Zinsen
Provisionen
Risikokosten

Leistungen

Betriebsleistungen

Effektenkommission
Zahlungsverkehr
Beratung

Wertleistungen

Kontokorrentkredit
Diskontkredit
Langfristige Ausleihungen

Erlöse

Betriebserlöse

Bearbeitungsgebühr
Effektenprovision
Umsatzprovision
Postengebühren

Werterlöse

Zinsen
Diskont
Provisionen

Rechnungszwecke:

Wirtschaftlichkeitskontrolle	Kosten	:	Stellenleistung	
Selbstkostenermittlung	Kosten	:	erstellter Marktleistung	
Erfolgskontrolle	Kosten	:		verwerteter Marktleistung

II. Aufgaben der Bankkalkulation

Aus dem gezeigten Schema sind bereits die Aufgaben der Kosten- und Erfolgsrechnungen abgeleitet worden. Da nur eine streng auf das Kalkulationsziel ausgerichtete Rechnung rationell ist, muß im folgenden auf die grundsätzlichen Ziele der Kosten- und Erfolgsrechnungen näher eingegangen werden.

1. Wirtschaftlichkeitskontrolle

Unter der Wirtschaftlichkeitskontrolle ist das In-Beziehung-Setzen von Kosten und Leistungen und das Vergleichen der Ergebnisse in zeitlicher und/oder zwischenbetrieblicher Hinsicht bzw. auf dem Wege der Soll-Ist-Gegenüberstellung zu verstehen.

Bei den hier betrachteten Leistungen handelt es sich in der Regel weniger um die nach außen erscheinenden Marktleistungen als – wie im Schema über „Kosten, Leistungen und Erlöse" bereits dargestellt – um **innerbetriebliche Leistungen** bzw. Teilleistungen. Die Mengen solcher innerbetrieblichen Leistungen wie z. B. Buchungen lassen sich verhältnismäßig leicht zählen und durch Gegenüberstellung mit den jeweiligen Kosten kontrollieren.

Wesentlich schwieriger zu messen und deshalb auch zu kontrollieren sind die Tätigkeiten, die nicht zum Massenverkehr gerechnet werden können, wie z. B. die Arbeitsleistung in der Kreditabteilung; aber auch hier bestehen Ausnahmen. Beispielsweise kann die Bearbeitung von Kleinkrediten einheitlich erfolgen, so daß eine Wirtschaftlichkeitskontrolle möglich erscheint. Dagegen lassen sich die laufenden Geschäftskredite nicht normen.

Ein Problem stellt im **Bereich der Leistungskontrolle** die Kundenabhängigkeit des Bankbetriebs dar. Die technische Kapazität des Bankbetriebs muß so bemessen sein, daß sie Spitzenbeanspruchungen jederzeit gerecht werden kann. In Zeiten normaler Beschäftigung entstehen damit immer Kosten für nicht genutzte Kapazitäten (z. B. für nicht voll ausgelastetes Personal oder nicht voll eingesetzte Buchungsmaschinen, sogenannte *Leerkosten*), die bei Wirtschaftlichkeitsbetrachtungen entsprechend berücksichtigt werden müssen.

Insbesondere durch **intensitätsmäßige Anpassung** (beschleunigte Arbeitsweise zu dringenden Terminen) und durch eine geschickte Ordnung der Tätigkeiten nach dem Grade der Dringlichkeit (z. B. Vorbereiten bzw. nachträgliches Abheften von Belegen, Bearbeitung von Daueraufträgen in beschäftigungsschwachen Zeiten usw.) lassen sich Leerzeiten bis zu einem gewissen Grade vermeiden. Diese Bemühungen können durch eine durchdachte *Arbeitsablaufplanung* wesentlich unterstützt werden.

714

Sinn der Wirtschaftlichkeitskontrolle ist neben der Überwachung der Leistungserstellung die Feststellung, ob der Betrieb *optimal organisiert* ist.

2. Selbstkostenrechnung

Als Selbstkostenrechnungen werden diejenigen Rechnungsverfahren bezeichnet, die Kosten zu Marktleistungen in Beziehung setzen.

Selbstkostenrechnungen dienen preispolitischen Zwecken, insbesondere der **Ermittlung der Preisuntergrenze**. Wird festgestellt, daß die Kosten von den Erlösen nicht gedeckt werden, muß das Unternehmen versuchen, Preiserhöhungen zu erreichen. Eine Selbstkostenrechnung hat für Kreditinstitute also nur einen Sinn, wenn diese auf der Grundlage ihrer Selbstkostenermittlung auch tatsächlich **Preispolitik** treiben können – wogegen zunächst folgende Umstände zu sprechen scheinen:

a) Obwohl die Kreditinstitute (Universalbanken) im wichtigsten Geschäftsbereich (Einlagen- und Kreditgeschäft) keinen **Preisbindungen** mehr unterliegen, fühlen sie sich dennoch bis zu einem gewissen Grade durch ihre „*Kartellgefühle*" gebunden. Sofern die Zins-, Provisions- oder Gebührensätze nur in bezug auf Minderkonditionen variabel sind, bedeutet dies eine erhebliche Einschränkung des preispolitischen Spielraums; praktisch beschränkt er sich auf die Möglichkeit der Gewährung von *Vorzugskonditionen*.

b) Ein Kreditinstitut hat in den meisten Fällen – bedingt durch die **Konkurrenzlage im Bankgewerbe** – nicht die Möglichkeit, sich als defizitär erweisende Geschäftszweige, für die sich keine kostendeckende Konditionen durchsetzen lassen, ganz aufzugeben.

c) Die Kreditinstitute bemühen sich seit einer Reihe von Jahren um gegenwärtig noch **unrentable Geschäftsbeziehungen,** selbst wenn nur die vage Hoffnung besteht, in der Zukunft eine Kostendeckung auch für die zurückliegenden Perioden zu erreichen. In diesem Lichte müssen das Schulsparen, die Übernahme der bargeldlosen Lohn- und Gehaltszahlung, die Mitwirkung an Volksaktienemissionen und dergleichen gesehen werden. Hier zeigt sich besonders deutlich, daß sich die Preispolitik der Kreditinstitute zumindest kurzfristig und in bezug auf einzelne Leistungen häufig nicht an den Selbstkosten ausrichtet.

Andererseits läßt sich aber doch nicht die ganze Reihe preispolitischer Entscheidungen übersehen, bei denen es für die Kreditinstitute äußerst wichtig ist, ihre Selbstkosten zu kennen.

a) Für die Kreditinstitute wäre es vorteilhaft, wenn für diejenigen Geschäfte, die im Auftrag oder unter Mitwirkung des Staates durchgeführt werden, die exakten Selbstkosten angegeben werden könnten. Bisher wird z.B. den Kreditinstituten **bei zentralen Kreditaktionen**, wie sie die Kreditanstalt für Wiederaufbau oder die Lastenausgleichsbank über die Hausbanken abwickeln, ein bestimmter Preis in Form einer *Zinsspanne* vorgeschrieben.

Wäre ein größerer Teil der Kreditinstitute in der Lage, durch eine exakte Selbstkostenrechnung nachzuweisen, daß die zugestandene Zinsspanne bzw. die gewährten Vergütungen zur Deckung der Selbstkosten nicht ausreichen, so könnte nachdrücklicher auf Kostendeckung gedrängt und diese wohl auch erreicht werden.

b) Die Banken stehen immer wieder vor der Notwendigkeit, Funktionen zu übernehmen, die unter den gegebenen Bedingungen als wenig lukrativ gelten müssen. So wird von der Industrie immer stärker die **bargeldlose Lohn- und Gehaltszahlung** forciert. Während die Industriebetriebe dabei wesentliche Rationalisierungseffekte und Kosteneinsparungen erzielen, können bei den Banken die Kosten bei weitem nicht gedeckt werden.

c) Die genaue Kenntnis der Selbstkosten würde die durch die Bestimmung des § 23 KWG mögliche **Festsetzung der Konditionen** im Einlagen- und Kreditgeschäft sehr erleichtern. Es dürfte wesentlich zur Versachlichung der zwischen den verschiedenen Gruppen von Kreditinstituten geführten Diskussionen um die Höhe des Spareinlagenzinssatzes beitragen, wenn die Parteien wüßten, wie hoch die gesamte Kostenbelastung ihres Spareinlagengeschäftes und wie hoch im Durchschnitt die Erlöse aus der Anlage von Spareinlagen sind.

d) Schließlich stehen die Kreditinstitute häufig vor der Notwendigkeit, bestimmten Kunden **Vorzugsbedingungen** einzuräumen. Bei derartigen Verhandlungen wäre die Kenntnis der Selbstkosten, die auf lange Sicht die *Preisuntergrenze* bilden müssen, wertvoll.

3. Erfolgskontrolle

Erstreckt sich die Kalkulation darauf, Beziehungen zwischen Kosten und Erlösen herzustellen, wird von einer Erfolgskontrolle gesprochen.

Über die **Ermittlung der Gesamterfolgsziffer** hinaus wird versucht, durch die Gegenüberstellung von Kosten- und Erlösblöcken den Erfolg *einzelner* Marktleistungsgruppen im Sinne von Geschäftszweigen bzw. -sparten oder den Erfolg einzelner Marktleistungen festzustellen. Diese sogenannten **Erfolgs- oder Rentabilitätsberechnungen** lassen sich am leichtesten durchführen, weil hier die ganze Problematik der Erfassung von Leistungsmengen außer acht gelassen wird und die Kosten *direkt* mit den Erlösen verglichen werden, die aus einer gut gegliederten Buchhaltung ohne weiteres hervorgehen sollten.

Die verschiedenen Verfahren der Erfolgskontrolle, die sich für größere wie für kleinere Institute gleich gut eignen, liefern wichtige Hinweise für die Betriebsdisposition. Sie informieren die Geschäftsleitung über die **Erfolgssituation** in einem bestimmten Zeitraum oder über den voraussichtlichen Erfolg bestimmter dispositiver Entscheidungen und treten damit ergänzend neben die **Liquiditätskontrolle**, die in jedem Bankbetrieb mit Hilfe der Tagesbilanz, der verschiedenen Dispositionsbücher usw. durchgeführt wird.

Für die Geschäftsleitung ist es z. B. außerordentlich wichtig, zu wissen, welcher Erfolgseinfluß von einer Änderung der Soll- bzw. Habenzinsen voraussichtlich ausgehen wird, welche Geschäftssparten rentabel oder defizitär sind, um mit geschäftspolitischen Maßnahmen am richtigen Punkt ansetzen zu können.

III. Verfahren der Bankkalkulation

Bei der Systematisierung der Verfahren der Bankkalkulation werden als Einteilungsgesichtspunkte die verschiedenen Stufen des Rechnungsprozesses zugrunde gelegt. Dabei dient die erste Stufe der *Kosten- und Erlösermittlung*. Die zweite Stufe hat die *Verrechnung und Verteilung der Kosten* zum Gegenstand, wobei die Auswertung bereits größeren Raum einnimmt. Die dritte Phase enthält den *Kosten- und Erlösvergleich* in bestimmten Bereichen der Leistungserstellung bzw. für einzelne Leistungen, Konten und Kunden.

Zur Erläuterung der Verfahren der Bankkalkulation dient das Schaubild auf den Seiten 718 f.

1. Erste Rechnungsstufe

1.1 Gesamtbetriebskalkulation

1.1.1 Grundlagen und Aufgaben

Grundlage jeder sinnvollen Kalkulation ist die genaue Kenntnis der einzelnen Erfolgselemente. Aus dieser Erkenntnis heraus und auf Grund der Überlegung, daß bereits die Beobachtung der Erfolgsstruktur unter Verzicht auf jegliche Kosten- und Erlöszurechnungen für die Betriebskontrolle von großem Nutzen sein kann, ist die Gesamtbetriebskalkulation entwickelt worden.

Die Gesamtbetriebskalkulation stellt ein mit der Betriebsergebnisrechnung der Industrie vergleichbares Rechnungsverfahren dar. Als Saldo der Gegenüberstellung von Kosten und Erlösen ergibt sich das Gesamtbetriebsergebnis, die Gesamterfolgsziffer des Bankbetriebes.

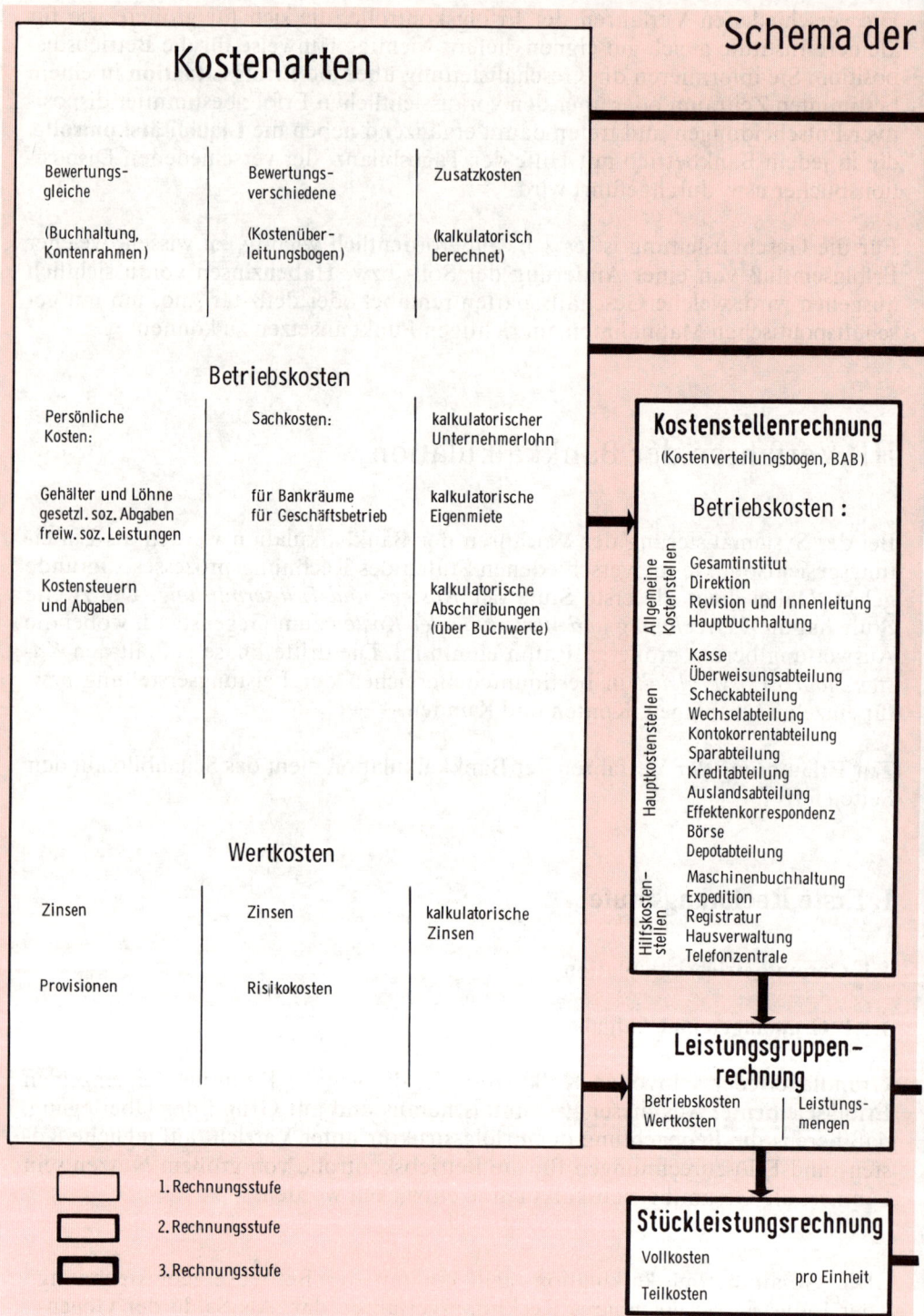

Kostenarten

Bewertungs-gleiche	Bewertungs-verschiedene	Zusatzkosten
(Buchhaltung, Kontenrahmen)	(Kostenüber-leitungsbogen)	(kalkulatorisch berechnet)

Betriebskosten

Persönliche Kosten:	Sachkosten:	kalkulatorischer Unternehmerlohn
Gehälter und Löhne gesetzl. soz. Abgaben freiw. soz. Leistungen	für Bankräume für Geschäftsbetrieb	kalkulatorische Eigenmiete
Kostensteuern und Abgaben		kalkulatorische Abschreibungen (über Buchwerte)

Wertkosten

Zinsen	Zinsen	kalkulatorische Zinsen
Provisionen	Risikokosten	

1. Rechnungsstufe
2. Rechnungsstufe
3. Rechnungsstufe

Kostenstellenrechnung
(Kostenverteilungsbogen, BAB)

Betriebskosten :

Allgemeine Kostenstellen
Gesamtinstitut
Direktion
Revision und Innenleitung
Hauptbuchhaltung

Hauptkostenstellen
Kasse
Überweisungsabteilung
Scheckabteilung
Wechselabteilung
Kontokorrentabteilung
Sparabteilung
Kreditabteilung
Auslandsabteilung
Effektenkorrespondenz
Börse
Depotabteilung

Hilfskosten-stellen
Maschinenbuchhaltung
Expedition
Registratur
Hausverwaltung
Telefonzentrale

Leistungsgruppen-rechnung

Betriebskosten Wertkosten	Leistungs-mengen

Stückleistungsrechnung

Vollkosten	
Teilkosten	pro Einheit

Bankkalkulation

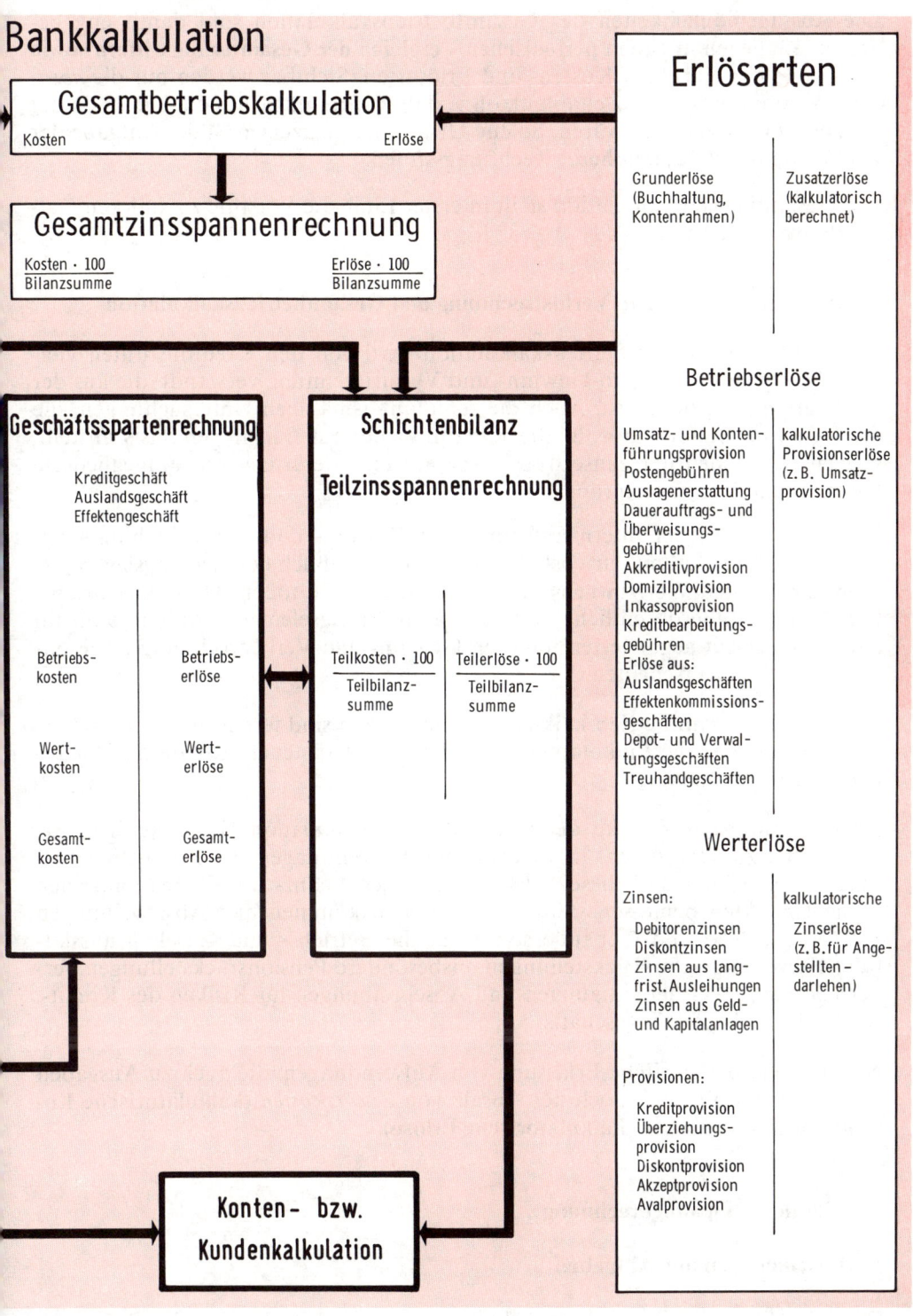

Gesamtbetriebskalkulation

Kosten   Erlöse

Gesamtzinsspannenrechnung

$$\frac{\text{Kosten} \cdot 100}{\text{Bilanzsumme}} \qquad \frac{\text{Erlöse} \cdot 100}{\text{Bilanzsumme}}$$

Geschäftsspartenrechnung

Kreditgeschäft
Auslandsgeschäft
Effektengeschäft

Betriebs-   Betriebskosten   erlöse

Wert-   Wert-
kosten   erlöse

Gesamt-   Gesamt-
kosten   erlöse

Schichtenbilanz

Teilzinsspannenrechnung

$$\frac{\text{Teilkosten} \cdot 100}{\text{Teilbilanz-summe}} \qquad \frac{\text{Teilerlöse} \cdot 100}{\text{Teilbilanz-summe}}$$

Konten- bzw. Kundenkalkulation

Erlösarten

Grunderlöse   Zusatzerlöse
(Buchhaltung,   (kalkulatorisch
Kontenrahmen)   berechnet)

Betriebserlöse

Umsatz- und Konten-   kalkulatorische
führungsprovision   Provisionserlöse
Postengebühren   (z. B. Umsatz-
Auslagenerstattung   provision)
Dauerauftrags- und
Überweisungs-
gebühren
Akkreditivprovision
Domizilprovision
Inkassoprovision
Kreditbearbeitungs-
gebühren
Erlöse aus:
Auslandsgeschäften
Effektenkommissions-
geschäften
Depot- und Verwal-
tungsgeschäften
Treuhandgeschäften

Werterlöse

Zinsen: kalkulatorische

Debitorenzinsen   Zinserlöse
Diskontzinsen   (z. B. für Ange-
Zinsen aus lang-   stellten-
frist. Ausleihungen   darlehen)
Zinsen aus Geld-
und Kapitalanlagen

Provisionen:

Kreditprovision
Überziehungs-
provision
Diskontprovision
Akzeptprovision
Avalprovision

Die Aussagemöglichkeiten der Gesamtbetriebskalkulation sind damit eng begrenzt. Sie liegen in einem **periodischen Vergleich der Gesamterfolgsziffern** sowie der Größe der einzelnen Kosten- und Erlösarten. Sichtbar werden nur die *absoluten* Veränderungen im Zeitablauf, ohne daß Rückschlüsse auf die Ursachen der Veränderungen möglich wären. Solche Ursachen aufzuzeigen ist die Aufgabe der Kalkulationsverfahren höherer Rechnungsstufen.

Die Gesamtbetriebskalkulation stellt in erster Linie die Vorstufe zu anderen Kalkulationsverfahren dar.

1.1.2 Brutto-Gewinn- und Verlustrechnung und Gesamtbetriebskalkulation

An Stelle einer Gesamtbetriebskalkulation wird von den Kreditinstituten vielfach die sogenannte Brutto-Gewinn- und Verlustrechnung verwandt, die aus der Buchhaltung entwickelt ist. Auch die rentabilitätsmäßigen Untersuchungen, die die Deutsche Bundesbank für die Kreditinstitute auf freiwilliger Basis anstellt, stützen sich neben der Zinsertragsbilanz auf eine derartige weit aufgegliederte Gewinn- und Verlustrechnung.

Im Gegensatz zu der intern aufgemachten Gewinn- und Verlustrechnung berücksichtigt die Gesamtbetriebskalkulation ausschließlich den **leistungsbedingten Wertverzehr- und Wertzuwachs**, nicht auch *neutrale* Größen. Diese in betriebsfremde und außerordentliche unterteilbaren Erfolgselemente sollten ohnehin auch in einer gut gegliederten internen Gewinn- und Verlustrechnung in besonderen Positionen erscheinen.

Nicht in die Gesamtbetriebskalkulation einzusetzen sind ferner die *erfolgsabhängigen* Posten, wie die Einkommen- bzw. Körperschaftsteuer oder die gewinnabhängigen Tantiemen.

Drittens sind zum Zwecke der Gesamtbetriebskalkulation alle diejenigen Erfolgsposten zu korrigieren, in welchen die Aufwendungen der Finanzbuchhaltung nur geschätzt und diese *Schätzgrößen* nach finanz- und bilanzpolitischen Gesichtspunkten bemessen werden. In Betracht kommen hier Abschreibungen auf Grundstücke und Gebäude sowie auf die Betriebs- und Geschäftsausstattung, Zuweisungen zu Rückstellungen, insbesondere Pensionsrückstellungen, ferner vor allem Wertberichtigungen und Abschreibungen für Risiken des Kredit-, Auslands- und Effektengeschäfts.

Neben die kalkulatorische Erfassung von Aufwendungen, die auch zu Ausgaben werden, tritt schließlich noch der Ansatz von *Zusatzkosten* (**kalkulatorische Kosten**) und *Zusatzerlösen* (**kalkulatorische Erlöse**).

1.2 Gesamtzinsspannenrechnung

1.2.1 Grundlagen und Aufgaben

Die mit Hilfe der Gesamtbetriebskalkulation aus dem Kontenplan bzw. der Brutto-Gewinn- und Verlustrechnung ermittelten Kosten und Erlöse lassen sich im Zuge einer weiteren Verrechnung zunächst in **Verhältniszahlen** ausdrücken. Dies führt zu einer besseren Überschaubarkeit und hat für Vergleiche den Vorzug, daß sich insbesondere bei gleicher Geschäftsstruktur und bei gleicher technischer Ausstattung des Betriebes Änderungen des Geschäftsumfanges nicht, zumindest aber weniger stark störend bemerkbar machen.

Verhältniszahlen lassen sich in der Weise bilden, daß die einzelnen Erfolgsgrößen entweder auf die Gesamtsumme der Erfolgsrechnung oder auf die Bilanzsumme bezogen werden. Das letzte Verfahren läuft letztlich auf die Ermittlung der **Differenz zwischen Zinserlösen und Zinskosten** (jeweils in % der Bilanzsumme) hinaus und wird daher als Zinsspannenrechnung bezeichnet, genauer gesagt, als *Gesamtzinsspannenrechnung*, wenn lediglich eine globale Betrachtung des Gesamtgeschäftes erfolgt, und als *Teilzinsspannenrechnung*, wenn versucht wird, Beziehungen zwischen bestimmten Blöcken von Zinserlösen und Zinskosten herzustellen. Die Teilzinsspannenrechnung gehört zur dritten Rechnungsstufe und wird dort in Verbindung mit der Schichtenbilanz behandelt.

1.2.2 Aufbau der Gesamtzinsspannenrechnung

Das auch heute noch in der Praxis häufig angewandte Verfahren der Gesamtzinsspannenrechnung stammt aus einer Zeit, in welcher die Betriebskosten noch relativ niedrig und die Dienstleistungserlöse verhältnismäßig unbedeutend waren. Dies ist deutlich aus dem folgenden herkömmlicherweise zugrunde gelegten Schema zu erkennen:

Gesamtzinsspannenrechnung

   Zinserlöse in % der Bilanzsumme
./. Zinskosten in % der Bilanzsumme

= Bruttozinsspanne
./. Bedarfsspanne in % der Bilanzsumme

= Nettozinsspanne

Dieses Berechnungsschema dient dem Ziel, eine bestimmte sich aus der Differenz von durchschnittlichen Aktiv- und Passivzinssätzen ergebende **Bruttozinsspanne** zu erwirtschaften. Zwar ist erwiesen, daß im Regelfall hieraus noch ein sonstiger, teilweise wiederum durch andere Erlöse gekürzter Kostenbedarf zu decken ist, doch wurde diese Belastung nicht als allzu schwerwiegend erachtet.

Mittlerweile sind aber die in die **Bedarfsspanne** eingehenden und saldierten Erfolgselemente – Betriebskosten und Risikokosten einerseits sowie Dienstleistungserlöse einschließlich Kursgewinne andererseits, jeweils ausgedrückt in % der Bilanzsumme – absolut und relativ gestiegen, während die Bruttozinsspanne geringer geworden ist. Die Gestaltung der Bedarfsspanne hat deshalb heute eine entscheidende Bedeutung für das Gesamtergebnis.

Wenn eine Bank heute stärker als früher auf die Erwirtschaftung einer **Nettozins-spanne** zur Bestreitung der erfolgsabhängigen Ausgaben (wie Dividenden und Tantiemen) und zur Bildung von offenen und stillen Rücklagen bedacht sein muß, so erscheint es unumgänglich, die für heutige Verhältnisse zu komplexe Erfolgskomponente „Bedarfsspanne" aussagefähiger zu gestalten, auch wenn dadurch eine Änderung des bisherigen Schemas der Gesamtzinsspannenrechnung notwendig sein sollte.

Die **Durchführung der Gesamtzinsspannenrechnung** ist am einfachsten in der Weise denkbar, daß die in der Gesamtbetriebskalkulation ermittelten Kosten und Erlöse auf die Bilanzsumme bezogen werden. Insofern ist die Gesamtzinsspannenrechnung nur eine globale Auswertung des Ergebnisses der Gesamtbetriebskalkulation.

Als selbständiges Verfahren ist die Gesamtzinsspannenrechnung erst dann anzusprechen, wenn sie auf Basis der „unkompensierten Bilanz" durchgeführt wird, d.h. daß die bei veröffentlichten Bilanzen üblichen Kompensationen nicht durchgeführt bzw. daß sie rückgängig gemacht werden.

Die der Gliederung der Formblätter für die Jahresbilanz zugrunde liegenden Liquiditäts- und Bonitätsüberlegungen können im Rahmen der Zinsspannenrechnung außer acht bleiben. Maßgebend für die **Anordnung der Bilanzpositionen** muß vielmehr der Gesichtspunkt der Ertragskraft und der Beschaffungskosten sein. Dabei bietet sich bei den verzinslichen Positionen eine über das Jahresbilanzschema hinausgehende Aufgliederung nach Konditionen an, während unverzinsliche und hier weniger interessierende Bilanzposten in größeren Gruppen zusammengefaßt werden können.

Die von der Deutschen Bundesbank entwickelte **Zinsertragsbilanz,** ein auf der unkompensierten Bilanz und der Zinsspannenrechnung der Sparkassen aufbauender Status zu Erfolgsrechnungszwecken, enthält folgende Positionshauptgruppen:

Aktiva	Zinsertragsbilanz	Passiva
1. Unverzinsliche Werte	1. Eigene Mittel und Rückstellungen	
2. Wechselkredite	2. Verbindlichkeiten gegenüber Kreditinstituten	
3. Forderungen an Kreditinstitute	3. Verbindlichkeiten gegenüber anderen Gläubigern	
4. Forderungen an Kunden	4. Eigene Akzepte und Solawechsel	
5. Sonstige verzinsliche Aktiva	5. Sonstige zu verzinsende Passiva	
6. Sonstige unverzinsliche Aktiva	6. Sonstige nicht zu verzinsende Passiva	

Zur Sichtbarmachung der unterschiedlichen Erlös- bzw. Kostenwirksamkeit wurden die Hauptgruppen nach zweckentsprechenden Gesichtspunkten stark untergliedert (vgl. Vordruck auf den Seiten 724 ff.).

Nach Addition der für die einzelnen Positionen ermittelten Kosten und Erlöse läßt sich durch In-Beziehung-Setzen zur Bilanzsumme die **durchschnittliche Passiv- und Aktivverzinsung ermitteln, deren Differenz die Bruttozinsspanne ergibt.** Soll die Rechnung zur Nettozinsspanne weitergeführt werden, so ist für die in die Bedarfsspanne eingehenden Erfolgselemente der Rückgriff auf die effektiven Werte der Gesamtbetriebskalkulation erforderlich.

Zur Gewinnung möglichst wirklichkeitsnaher Verzinsungssätze bietet sich daneben die Methode an, auch im Rahmen der **Bruttozinsspannenrechnung** die effektiven Zahlen der Gesamtbetriebskalkulation den zugehörigen Bilanzpositionen gegenüberzustellen.

1.2.3 Gesamtzinsspannenrechnung in der Praxis

(Zinsertragsbilanz einschließlich Gewinn- und Verlustrechnung – Deutsche Bundesbank)

Die zum Zwecke eines zwischenbetrieblichen Vergleichs von der Bundesbank (früher Bank deutscher Länder) seit 1949 alljährlich durchgeführten rentabilitätsmäßigen Untersuchungen, die auf freiwilliger Basis vertraulich für die Großbanken, Regionalbanken, Privatbankiers, gewerblichen und ländlichen Kreditgenossenschaften sowie (seit 1952) für Teilzahlungskreditinstitute vorgenommen werden, bauen auf zwei einander ergänzenden Erhebungsbogen auf.

Zum einen handelt es sich um die bereits in den Grundzügen erörterte **Zinsertragsbilanz**, mit deren Hilfe bei gegebenen Verzinsungsverhältnissen eine *Bruttozinsspanne* errechnet wird, und zum anderen um eine weit **aufgegliederte Gewinn- und Verlustrechnung in Staffelform**, die gleichzeitig den Charakter einer Gesamtzinsspannenrechnung dadurch erhält, daß alle effektiven Aufwendungen und Erträge sowie auch der Zwischensaldo *„Zinsüberschuß"* und der Endsaldo *„Jahresrohüberschuß"* in vom Tausend des jahresdurchschnittlichen Geschäftsvolumens im Sinne der Zinsertragsbilanz ausgedrückt werden.

Darüber hinaus sind in den **Erhebungsvordrucken** weitere für die angestrebten Vergleichszwecke wichtige Angaben zu machen. In der *Zinsertragsbilanz* sind in einer besonderen Spalte die *Stückzahlen* anzugeben, während in der *Gewinn- und Verlustrechnung* noch die Zahl der *Beschäftigten* am Bilanzstichtag und im Durchschnitt des Geschäftsjahres sowie das *Geschäftsvolumen* im Jahresdurchschnitt zu nennen sind.

Die *Zinsertragsbilanz* dient externen Beobachtern, insbesondere der Bundesbank und der Bankenaufsicht, als Beobachtungsinstrument, wobei allerdings diejenigen, die nur auf das publizierte Material angewiesen sind, Vergröberungen in Kauf nehmen müssen.

Im Gegensatz zur Zinsertragsbilanz werden in der *Gewinn- und Verlustrechnung* effektive Zahlen erfaßt. Während die Zinsertragsbilanz nur bis zur Bruttozinsspanne führt, reichen die Gegenüberstellungen in der Gewinn- und Verlustrech-

Zinsertragsbilanz

Datum

für den _____

Kreditinstitut _____

Firma / Kennziffer

Aktiva

	Zeile	vH des Geschäfts-volumens	Tsd DM	Durch-schnitts-zinssatz %	Ertrag DM (ohne Pfennig)
		a	b	c	d
Unverzinsliche Werte					
Kasse, BBk, Postscheck, fällige Schuldverschreibungen, Zins- und Dividendenscheine, Schecks und zum Einzug erh. Papiere u. a. m.	1			⎯	
Wechselkredite					
AKA-Wechsel (Plaf. A und B) und GFI-Wechsel (Plaf. I und II)	2				
Sonstige Wechsel					
angekauft von Kreditinstituten	3				
angekauft von Nichtbanken	4				
per Verfall gutgeschriebene Wechsel	5			⎯	⎯
Insgesamt (2 bis 5)	6				
Forderungen an Kreditinstitute					
im Inland					
täglich fällig	7				
unter 3 Monate	8				
3 Monate bis einschließlich 1 Jahr	9				
über 1 Jahr bis unter 4 Jahre	10				
4 Jahre und darüber	11				
im Ausland					
täglich fällig	12				
unter 3 Monate	13				
3 Monate bis einschließlich 1 Jahr	14				
über 1 Jahr bis unter 4 Jahre	15				
4 Jahre und darüber	16				
Insgesamt (7 bis 16)	17				
Forderungen an Kunden					
Buchkredite (soweit nicht Zeilen 23 bis 27)					
bis unter 4 Jahre					
zu höheren Zinssätzen als BBk-Diskontsatz + 4¹/₂ %	18				
zu BBk-Diskontsatz + 4¹/₂ %	19				
zu niedrigeren Zinssätzen als BBk-Diskontsatz + 4¹/₂ %	20				
4 Jahre und darüber	21				
zins- und ertraglose	22			⎯	
Fremdwährungskredite	23				
Akzeptkredite	24				
Ratenkredite	25				
Schuldscheindarlehen	26				
Ausleihungen zweckgebundener Mittel	27				
Insgesamt (18 bis 27)	28				
Wechselkredite und Forderungen insgesamt (6 + 17 + 28)	29				
Schatzwechsel und unverzinsliche Schatzanweisungen	30				
Anleihen und Schuldverschreibungen					
mit Laufzeit bis 4 Jahre einschließlich	31				
mit Laufzeit über 4 Jahre	32				
Andere Wertpapiere (insbesondere Dividendenwerte)	33				
Ausgleichs- und Deckungsforderungen	34				
Beteiligungen	35				
Insgesamt (30 bis 35)	36				
Grundstücke und Gebäude	37				
Sonstige verzinsliche Aktiva	38				
Insgesamt (37 + 38)	39				
Sonstige unverzinsliche Aktiva, Rechnungsabgrenzung u. a. m.	40			⎯	⎯
Verrechnung zwischen Zentrale und Filialen	41				
Insgesamt (40 + 41)	42				
Aktiva insgesamt (Geschäftsvolumen) (1 + 29 + 36 + 39 + 42)	43	100			
Durchlaufende Kredite	44	⎯			

Zinsspanne _____ %

Passiva

	Zeile	vH des Geschäftsvolumens a	Tsd DM b	Durchschnittszinssatz % c	Aufwand DM (ohne Pfennig) d
Kapital und offene Rücklagen	45			—	—
Sonderposten mit Rücklageanteil	46			—	—
Einzel- und Sammelwertberichtigungen	47			—	—
Pensionsrückstellungen	48			—	—
Sonstige Rückstellungen	49			—	—
Insgesamt (45 bis 49)	50			—	—
Verbindlichkeiten gegenüber Kreditinstituten					
Verbindlichkeiten (soweit nicht Zeilen 57 + 58)					
täglich fällig	51				
Termingelder					
unter 1 Monat	52				
1 Monat bis unter 3 Monate	53				
3 Monate bis einschließlich 1 Jahr	54				
über 1 Jahr bis unter 4 Jahre	55				
4 Jahre und darüber	56				
Lombardverbindlichkeiten gegenüber Bundesbank	57				
Von der Kundschaft bei Dritten benutzte Kredite	58				
Insgesamt (51 bis 58)	59				
Verbindlichkeiten aus dem Bankgeschäft gegenüber anderen Gläubigern					
täglich fällig					
verzinslich	60				
unverzinslich	61			—	—
Termingelder					
unter 1 Monat	62				
1 Monat bis unter 3 Monate	63				
3 Monate bis einschließlich 1 Jahr	64				
über 1 Jahr bis unter 4 Jahre	65				
4 Jahre und darüber	66				
Spareinlagen					
mit gesetzlicher Kündigungsfrist	67				
mit vereinbarter Kündigungsfrist unter 4 Jahren	68				
mit vereinbarter Kündigungsfrist 4 Jahre und darüber					
prämienbegünstigte	69				
andere	70				
Insgesamt (60 bis 70)	71				
Verbindlichkeiten gegenüber Kreditinstituten und gegenüber anderen Gläubigern insgesamt (59 + 71)	72				
Eigene Akzepte und Solawechsel sowie eigene Ziehungen im Umlauf	73				
Indossamentsverbindlichkeiten	74				
Insgesamt (73 + 74)	75				
Sonstige zu verzinsende Passiva	76				
Sonstige nicht zu verzinsende Passiva, Rechnungsabgrenzung, Wechselversand u. a. m.	77			—	—
Verrechnung zwischen Zentrale und Filialen	78				
Insgesamt (77 + 78)	79				
Passiva insgesamt (Geschäftsvolumen) (50 + 72 + 75 + 76 + 79)	80	100			
Durchlaufende Kredite	81	—			

Stückzahl Zeile 18
       „   „   19
       „   „   20
       „   Zeilen 60 + 61 (insg.)
       „   „   67 + 68 + 69 + 70
Insgesamt

Vertraulich

In doppelter Ausfertigung einreichen

Gewinn- und Verlustrechnung für das Jahr _____

Kreditinstitut _____

Firma / Kennziffer

	Zeile	vT des Geschäfts-volumens im Jahres-durchschnitt	DM (ohne Pfennig)
I. Zinsabhängiges Geschäft			
Zinsen und zinsähnliche Erträge aus Kredit- und Geldmarktgeschäften			
Zinsen aus bankgeschäftlichen Forderungen an			
Kreditinstitute	1		
Kunden	2		
Nettodiskontertrag (Ertrag ./. Aufwand) aus Wechseln	3		
Schatzwechseln und unverzinslichen Schatzanweisungen	4		
Kreditprovision	5		
Überziehungsprovision	6		
Wechsel- und Akzeptprovision	7		
Bürgschaftsprovision	8		
Andere Zinsen, Provisionen und sonstige zinsähnliche Erträge, und zwar ¹) _____			
_____	9		
Zinserträge insgesamt (1 bis 9)	10		
Laufende Erträge aus			
festverzinslichen Wertpapieren und Schuldbuchforderungen	11		
anderen Wertpapieren	12		
Beteiligungen	13		
Laufende Erträge insgesamt (11 bis 13)	14		
Andere Erträge aus dem zinsabhängigen Geschäft, und zwar ¹) ²) _____			
_____	15		
Erträge insgesamt (10 + 14 + 15)	16		
Zinsen und zinsähnliche Aufwendungen			
Zinsen a. Verbindlichkeiten a. d. Bankgeschäft gegenüber Kreditinstituten			
täglich fällig	17		
befristet	18		
anderen Gläubigern täglich fällig	19		
befristet	20		
Spareinlagen	21		
Zinsen auf Inhaberschuldverschreibungen	22		
Sonstige Zinsen und zinsähnliche Aufwendungen, und zwar ¹) _____			
_____	23		
Zinsaufwendungen insgesamt (17 bis 23)	24	./.	./.
Zinsüberschuß einschl. Provisionen aus dem Kreditgeschäft (16 ./. 24)	25		

¹) Aufgliederung nach Art und Betrag
²) Hier ggf. auch Erträge aus Grundstücken und Gebäuden (Mieten, Pachten)

	Zeile	vT des Geschäfts-volumens im Jahres-durchschnitt	DM (ohne Pfennig)

II. Nichtzinsabhängiges Geschäft

Effektengeschäft

Provisionen und andere Erträge

	Zeile		
Provisionen auf Effektenankäufe und -verkäufe	26		
Umtausch-, Abstempelungs- und Kuponprovisionen; sonstige Effektenprovisionen	27		
Depotgebühren und Stahlfachmieten	28		
Sonstige Erträge aus dem Emissionsgeschäft; Über-nahmeprovision, Börseneinführungsprovision u. a. m.	29		
Bonifikationen	30		
Kursgewinne ∕. Kursverluste aus Effekten aus dem laufenden Handelsgeschäft	31		
Sonstige Erträge	32		
Erträge insgesamt (26 bis 32)	33		
Provisionen und ähnliche Aufwendungen	34		
Sonstige Aufwendungen	35		
Aufwendungen insgesamt (34 ÷ 35)	36	∕.	∕.
Ertrag per Saldo (33 ∕. 36)	37		

Auslandsgeschäft

Provisionen und andere Erträge

	Zeile		
Dokumenten- und Akkreditivprovisionen	38		
Provisionen aus nichtdokumentärer Zahlungs-abwicklung	39		
Sonstige Provisionen im Auslandsgeschäft	40		
Devisen- und Sortenkursgewinne ∕. -verluste	41		
Sonstige Erträge	42		
Erträge insgesamt (38 bis 42)	43		
Provisionen und ähnliche Aufwendungen	44		
Sonstige Aufwendungen	45		
Aufwendungen insgesamt (44 + 45)	46	∕.	∕.
Ertrag per Saldo (43 ∕. 46)	47		

Zahlungsverkehr

Provisionen und andere Erträge

	Zeile		
Umsatzprovision	48		
Kontoführungsgebühren	49		
Sonstige Erträge	50		
Erträge insgesamt (48 bis 50)	51		
Provisionen und ähnliche Aufwendungen	52		
Sonstige Aufwendungen	53		
Aufwendungen insgesamt (52 + 53)	54	∕.	∕.
Ertrag per Saldo (51 ∕. 54)	55		

Sonstiges nichtzinsabhängiges Geschäft

Provisionen und andere Erträge

	Zeile		
Inkasso- und Rückwechselprovisionen	56		
Bearbeitungsgebühren für Ratenkredite	57		
Erträge aus durchlaufenden Krediten	58		
Sonstige Provisionen	59		
Sonstige Erträge	60		
Erträge insgesamt (56 bis 60)	61		
Provisionen und ähnliche Aufwendungen	62		
Sonstige Aufwendungen	63		
Aufwendungen insgesamt (62 + 63)	64	∕.	∕.
Ertrag per Saldo (61 ∕. 64)	65		

	Zeile	vT des Geschäfts-volumens im Jahres-durchschnitt	DM (ohne Pfennig)

Zusammenstellung der Erträge per Saldo im nichtzins-abhängigen Geschäft

Effektengeschäft (Zeile 37)

Auslandsgeschäft (Zeile 47)

Zahlungsverkehr (Zeile 55)

Sonstiges nichtzinsabhängiges Geschäft (Zeile 65)

Überschuß im nichtzinsabhängigen Geschäft — 66

III. Verwaltungsaufwand

	Zeile
Gehälter und Löhne	67
Soziale Abgaben	68
Aufwendungen für Altersversorgung und Unterstützung	69
Persönlicher Aufwand (67 bis 69)	70
Raumkosten (Mieten, Erhaltungsaufwand u. a. m.)	71
Geschäftsbetriebskosten (Büromaterial, Porti, Pflege und Instandhaltung des Inventars, Verbandsbeiträge u. a. m.)	72
Kundenwerbung und Repräsentation	73
Sachaufwand (71 bis 73)	74
Abschreibungen und Wertberichtigungen auf Grundstücke und Gebäude sowie auf Betriebs- und Geschäftsausstattung	75
Steuern und Abgaben (ohne gewinnabhängige Steuern: Körperschaft-, Einkommen-, Kapitalertrag-steuer und Ergänzungsabgabe dazu, Gewerbe-ertragsteuer	76
Sonstige Verwaltungsaufwendungen, und zwar [1])	77

Verwaltungsaufwand insgesamt (70 + 74 + 75 + 76 + 77) — 78

	Zeile
Zinsüberschuß (Zeile 25)	79
Überschuß im nichtzinsabhängigen Geschäft (Zeile 66)	80
Rohertrag (79 + 80)	81
Verwaltungsaufwand (Zeile 78)	82

Betriebsüberschuß

Überschuß im ordentlichen Geschäft (81 ./. 82)

Übertrag 83

[1]) Aufgliederung nach Art und Betrag

	Zeile	vT des Geschäfts-volumens im Jahres-durchschnitt	DM (ohne Pfennig)
Übertrag	83		

IV. Sonstige und außerordentliche Erträge und Aufwendungen

	Zeile		
Erträge aus Gewinngemeinschaften, Gewinnabführungs- und Teilgewinnabführungsverträgen	84		
Erträge aus Verlustübernahme	85		
Erträge aus der Auflösung von Sonderposten mit Rücklageanteil	86		
Erträge aus dem Abgang von Gegenständen des Anlagevermögens	87		
Erträge aus der Auflösung von Rückstellungen im Kreditgeschäft	88		
Erträge aus früheren Abschreibungen und Wertberichtigungen	89		
Andere außerordentliche Erträge, und zwar [1])			
	90		
Sonstiger und außerordentlicher Ertrag insgesamt (84 bis 90)	91		
Zwischensumme (83 + 91)	92		
Auf Grund einer Gewinngemeinschaft, eines Gewinn-abführungs- oder eines Teilgewinnabführungsvertrages abgeführte Gewinne	93		
Aufwendungen aus Verlustübernahme	94		
Einstellungen in Sonderposten mit Rücklageanteil	95		
Verluste beim Abgang von Gegenständen des Anlagevermögens	96		
Zuführungen zu Rückstellungen im Kreditgeschäft	97		
Abschreibungen und Einzelwert-berichtigungen auf nur soweit steuerlich wirksam			
Forderungen und Wechsel	98		
Wertpapiere	99		
Beteiligungen	100		
Sammelwertberichtigungen	101		
Andere außerordentliche Aufwendungen, und zwar [1])			
	102		
Sonstige und außerordentliche Aufwendungen insgesamt (93 bis 102)	103	%	%

Jahresrohüberschuß / Jahresrohfehlbetrag [2])

| (92 % 103) | 104 | | |

Anzahl der Beschäftigten am Bilanzstichtag _____

im Durchschnitt des Geschäftsjahres _____

(Nicht ganztägig Beschäftigte sind mit einem entsprechenden Bruchteil zu zählen)

Geschäftsvolumen im Jahresdurchschnitt _____ Tsd DM

(Durchschnitt aus 12 Monatsultimozahlen: Dezember des Vorjahres bis November des Berichtsjahres; ohne durchlaufende Kredite)

[1]) Aufgliederung nach Art und Betrag
[2]) In dem lediglich für die Zwecke dieser Gewinn- und Verlustrechnung ermittelten „Jahresrohüberschuß" („Jahresrohfehlbetrag") bleiben die Steuern vom Einkommen und vom Ertrag unberücksichtigt

Anmerkungen zur Zinsertragsbilanz (Vordr. 1550)
und zur Gewinn- und Verlustrechnung (Vordr. 1551)

I.
Vorbemerkungen

1. Die Erhebungen der Deutschen Bundesbank über die Ertragslage der Kreditinstitute erstrecken sich ausschließlich auf das Bankgeschäft. Die Teilnahme ist daher nur für Kreditinstitute zweckmäßig, bei denen das Warengeschäft keine Bedeutung hat.

2. Die Anmerkungen sollen einige Hinweise zur Ausfüllung der Erhebungsvordrucke geben.

3. Die an der Erhebung teilnehmenden Institute füllen die Vordrucke 1550 und 1551 in je drei Stücken aus. Zwei Stücke jedes Vordrucks senden sie an die für sie zuständige Landeszentralbank. Die Landeszentralbanken leiten die Erststücke an die Deutsche Bundesbank (Hauptabteilung Banken), Frankfurt am Main, weiter. Je eine Ausfertigung der Vordrucke verbleibt beim ausfüllenden Kreditinstitut.

4. Soweit sich aus den Vordrucken und diesen Anmerkungen nichts anderes ergibt, gelten im Rahmen dieser Erhebung für Begriffsinhalte der einzelnen Positionen der Vordrucke und für die Bestimmung der Fristigkeiten von Forderungen, Verbindlichkeiten und Wertpapieren die Regelungen der Monatlichen Bilanzstatistik.

II.
Zinsertragsbilanz (Vordr. 1550)

A. Allgemeines

1. In der Zinsertragsbilanz ist Bezugsgröße das Geschäftsvolumen am Bilanzstichtag (31. Dezember).

2. Die Positionen der Zinsertragsbilanz sind unter dem Gesichtspunkt ihrer Ertragskraft und ihrer Geldbeschaffungskosten gegliedert und in Gruppen zusammengefaßt. Liquiditätsgesichtspunkte, die für die Gliederung der Jahresbilanz ausschlaggebend sind, treten zurück. Um einen möglichst klaren Einblick in die Ertrags- und Kostenstruktur zu erzielen, sind einzelne Positionen der Zinsertragsbilanz stärker gegliedert als die entsprechenden Positionen der Jahresbilanz.

3. In die Positionen sind die bei Abschluß der Konten am Jahresende ermittelten Salden einzutragen. Die Salden debitorischer und kreditorischer Konten desselben Kunden sind nur dann gegeneinander aufzurechnen, wenn sie zu gleichen Sätzen verzinst werden. Wertberichtigungen auf Kredite sind, auch wenn sie in der Jahresbilanz aktivisch abgesetzt wurden, unter Passiva (Zeile 47) auszuweisen.

4. Zinsabgrenzungen und sonstige antizipative Posten, die in der Jahresbilanz in den entsprechenden Hauptpositionen ausgewiesen wurden (vgl. z. B. § 152 [9] Aktiengesetz und Richtlinien für die Aufstellung der Jahresbilanz „Rechnungsabgrenzungsposten"), sind in der Zinsertragsbilanz in „Sonstige unverzinsliche Aktiva" (Zeile 40) und „Sonstige nicht zu verzinsende Passiva" (Zeile 77) unterzubringen.

5. Die in der Zinsertragsbilanz anzugebenden Durchschnittszinssätze sollen nicht geschätzt, sondern als gewogener Durchschnitt aus den unterschiedlichen Zinssätzen am Bilanzstichtag und den in der Bilanzposition enthaltenen Beträgen errechnet werden. Es dürfte ratsam sein, für die einzelnen Bilanzpositionen Hilfsblätter, auf denen die Beträge nach Zinssätzen zusammengestellt werden, anzulegen.

Beispiel

	$6^{1}/_{2}\%$	$6^{3}/_{4}\%$	7%	$7^{1}/_{4}\%$		
	DM	DM	DM	DM		
	75 000	25 000	12 000	6 500		
	96 000	60 000	8 000	3 000		
	120 000	45 000	15 000	5 000		
		20 000	18 000	12 000		
			9 000	4 500		
			6 000			
Kapital	291 000	+ 150 000	+ 68 000	+ 31 000	=	540 000 DM
Zinsen	18 915	+ 10 125	+ 4 760	+ 2 248	=	36 048 DM

Durchschnittszinssatz = 6,68 %

6. In die Spalten „Ertrag" und „Aufwand" sind die Beträge einzusetzen, die sich aus den Kapitalbeträgen und den Durchschnittszinssätzen – beide werden für das ganze auf den 31. Dezember folgende Kalenderjahr als gleichbleibend angenommen – als Jahreszinsen ergeben. Die so für den Stichtag „vorkalkulatorisch" ermittelten Zinsaufwendungen und Zinserträge decken sich selbstverständlich nicht mit den in der Gewinn- und Verlustrechnung ausgewiesenen tatsächlichen Aufwendungen und Erträgen des abgelaufenen Kalenderjahres.

7. In den einzureichenden Vordrucken braucht die Spalte a (vH des Geschäftsvolumens) nicht ausgefüllt zu werden. Den Kreditinstituten wird jedoch empfohlen, auf den bei ihnen verbleibenden Vordrucken die vH-Sätze zu vermerken, um diese später mit den entsprechenden vH-Sätzen der Durchschnittszinsertragsbilanz ihrer Bankengruppe vergleichen zu können.

B. Aktiva

Unverzinsliche Werte (Zeile 1)

Die von Raiffeisen-Kreditgenossenschaften bei ihren Zentralkassen unterhaltenen Mindestreserven sind hier mit zu erfassen.

Wechselkredite (Zeilen 2 bis 5)

Hier sind zu erfassen: Der Wechselbestand und die aus dem Wechselbestand vor Verfall zum Einzug versandten Wechsel (siehe Zeile 77), die in Umlauf befindlichen, den Kunden abgerechneten eigenen Ziehungen (siehe Zeile 73) und die angekauften, weitergegebenen Wechsel (Indossamentsverbindlichkeiten, Zeile 74).

Der Wechselbestand ist mit dem Nominalbetrag einzusetzen. Die in der Jahresbilanz vom Bilanzstichtag bis zu den Fälligkeiten im Laufe des folgenden Jahres vom Wechselbestand abzusetzenden Zinsen sind als Korrekturposten unter „Sonstige nicht zu verzinsende Passiva – Rechnungsabgrenzung" (Zeile 77) aufzunehmen.

Buchkredite (Zeilen 18 bis 21)

Bei der Ermittlung der Durchschnittszinssätze sind auf in Anspruch genommene Kredite zu zahlende Provisionen dem Zinssatz zuzuschlagen. Umsatzprovision bleibt außer Betracht.

Zins- und ertraglose Buchkredite (Zeile 22)

Als ertraglos gelten Kredite insoweit, als Zinsen (ggf. auch Kreditprovision) zwar berechnet werden, jedoch die Zins- bzw. Provisionsforderung durch Bildung eines Passivpostens wertberichtigt wird.

Akzeptkredite (Zeile 24)

Hier sind nicht nur die angekauften eigenen Akzepte, sondern auch die den Kunden überlassenen Akzepte zu erfassen, und zwar mit dem Durchschnittszinssatz für Akzeptkredite. Zum Ausgleich ist bei dem entsprechenden Passivposten (Eigene Akzepte und Solawechsel sowie eigene Ziehungen im Umlauf, Zeile 73) der Zinssatz anzusetzen, der sich als Differenz zwischen dem Zinssatz für angekaufte eigene Akzepte und der Provision für die dem Kunden überlassenen Akzepte ergibt. Auf diese Weise wird vermieden, daß durch die Einbeziehung der Akzeptprovision für die den Kunden überlassenen Akzepte der Durchschnittszinssatz für die Akzeptkredite verändert wird.

Ratenkredite (Zeile 25)

Bearbeitungsgebühren sind in den Durchschnittszinssatz nicht einzubeziehen.

Falls Ratenkredite zu Gebührensätzen pro Monat (auf den Anfangskredit) abgerechnet werden, ist der Jahreszinssatz nach der folgenden Formel zu errechnen:

$$\frac{12 \times \text{monatlicher Abrechnungssatz} \times 2 \times \text{Laufzeit}}{\text{Laufzeit} + 1} = \text{Jahreszinssatz (\% p. a.)}$$

Um die Ermittlung der Jahreszinssätze zu erleichtern, ist eine Tabelle beigefügt (Vordr. 1553); daraus sind die Jahreszinssätze bei Laufzeiten bis zu 48 Monaten für verschiedene p.-M.-Sätze ersichtlich.

Schatzwechsel und unverzinsliche Schatzanweisungen (Zeile 30)

Soweit ihre Laufzeit länger ist als 2 Jahre, sind sie unter „Anleihen und Schuldverschreibungen" (Zeilen 31 und 32) zu erfassen.

Anleihen und Schuldverschreibungen (Zeilen 31 und 32),

Andere Wertpapiere, insbesondere Dividendenwerte (Zeile 33)

Eigene Effekten sind, auch wenn sie ertraglos sind, zu ihren Buchwerten am Bilanzstichtag einzusetzen. Der Durchschnittszinssatz ist aus dem Verhältnis der im Laufe des abgelaufenen Kalenderjahres erzielten und für diesen Zeitraum noch zu erwartenden Erträge zu den Buchwerten zu errechnen.

Grundstücke und Gebäude (Zeile 37)

Der Ertragssatz ist zu errechnen:

$$\frac{100 \times (\text{Jahresmiete} - \text{Grundstückunterhaltungskosten} - \text{Grundsteuer})}{\text{Buchwert}}$$

Als Jahresmiete ist anzusetzen bei vermieteten und verpachteten Grundstücken und Grundstücksteilen das tatsächlich zu erwartende Nutzungsentgelt (Miete, Pacht), bei Grundstücken und Grundstücksteilen in eigener bankgeschäftlicher Nutzung das ortsübliche Nutzungsentgelt.

Sonstige unverzinsliche Aktiva, Rechnungsabgrenzung u. a. m. (Zeile 40)

Hier sind alle restlichen Posten ohne Verzinsung unterzubringen, wie z. B. Edelmetallbestände, Konto pro Diverse, Schwebeposten, Sammelkonten für Gebühren und dergleichen, antizipative Aktiva (z. B. Zinsabgrenzungen, vgl. vorstehend II A 4), Rechnungsabgrenzungsposten im Sinne der Richtlinien für die Aufstellung der Jahresbilanz und ggf. der Verlust.

Verrechnung zwischen Zentrale und Filialen (Zeilen 41 und 78)

In den Vordrucken, die der Bundesbank eingereicht werden, sind diese Zeilen nicht auszufüllen. Die beiden Positionen sollen es den an der Erhebung teilnehmenden Filialbanken lediglich ermöglichen, die Zinsertragsbilanzen ihrer Filialen ebenfalls nach diesem Vordruck aufstellen zu lassen. In der Bilanz des Gesamtinstituts gleichen sich die „Verrechnungen" aus.

C. Passiva

Einzel- und Sammelwertberichtigungen (Zeile 47)

Vergleiche Anmerkung II A 3 Satz 3.

Eigene Akzepte und Solawechsel sowie eigene Ziehungen im Umlauf (Zeile 73)

Von den eigenen Ziehungen sind hier nur den Kreditnehmern abgerechnete zu erfassen (vgl. Anmerkung zu Zeilen 2 bis 5).

Indossamentsverbindlichkeiten (Zeile 74)

Vergleiche Anmerkung zu Zeilen 2 bis 5.

Sonstige nicht zu verzinsende Passiva, Rechnungsabgrenzung, Wechselversand u. a. m. (Zeile 77)

Hier ist auch der Gewinn unterzubringen. Vergleiche im übrigen die entsprechende Anmerkung zu Zeile 40.

III.
Gewinn- und Verlustrechnung (Vordr. 1551)
A. Allgemeines

In der Gewinn- und Verlustrechnung ist Bezugsgröße das Geschäftsvolumen im Jahresdurchschnitt; dieses kann an Hand der Meldungen zur Monatlichen Bilanzstatistik (Geschäftsvolumen abzüglich durchlaufende Kredite) aus den Ultimozahlen vom Dezember des Vorjahres bis einschließlich November des Berichtsjahres ermittelt werden. Falls in den Meldungen zur Monatlichen Bilanzstatistik Beträge kompensiert wurden, sind sie — soweit möglich — dem Geschäftsvolumen wieder zuzuschlagen. Das Geschäftsvolumen im Jahresdurchschnitt (in Tsd DM) ist auf Seite 4 des Vordrucks anzugeben.

Für das Ausfüllen der Spalte „vT des Geschäftsvolumens im Jahresdurchschnitt" gelten die Anmerkungen zur Zinsertragsbilanz (vorstehend II A 7) entsprechend.

B. Zinsabhängiges Geschäft

Kreditprovision (Zeile 5)

Hier ist nur Provision auf zugesagte, aber nicht in Anspruch genommene Kredite (Bereitstellungsprovision) auszuweisen. Falls auf dem Ertragskonto „Kreditprovision" Beträge gebucht worden sind, die infolge Kreditinanspruchnahme den Charakter von Zinsen angenommen haben, sind diese — soweit möglich — nicht in Zeile 5, sondern in Zeilen 1 und 2 (Zinsen aus bankgeschäftlichen Forderungen) unterzubringen.

Andere Zinsen, Provisionen und sonstige zinsähnliche Erträge (Zeile 9)

Zum Beispiel Remboursprovision.
Bearbeitungsgebühren für Ratenkredite sind nicht hier, sondern in Zeile 57 zu erfassen.

Laufende Erträge aus festverzinslichen Wertpapieren und Schuldbuchforderungen (Zeile 11)

Hier sind auch Zinsen aus Ausgleichs- und Deckungsforderungen zu erfassen.

Andere Erträge aus dem zinsabhängigen Geschäft (Zeile 15)

Hier sind ggf. auch Erträge aus Grundstücken und Gebäuden zu erfassen: Bei bankgenutzten Gebäuden sind etwaige Überschüsse einzusetzen, die sich nach Abzug der Raumkosten von den Erträgen aus vermieteten Räumen ergeben (vgl. Anmerkung zu Zeile 71). Bei nicht bankgenutzten Gebäuden sind die Salden der Hausverwaltungskonten einzusetzen.

C. Nichtzinsabhängiges Geschäft

Erträge aus durchlaufenden Krediten (Zeile 58)

Die Erträge aus durchlaufenden Krediten sind auf Zeile 58 und die Aufwendungen für durchlaufende Kredite auf Zeilen 62 und 63 mit zu erfassen. Wurden sie von dem Kreditinstitut als Zinsen aus Forderungen (Zeilen 1 und 2) und als Zinsen auf Verbindlichkeiten (Zeilen 17 ff) behandelt, so sind sie dort abzusetzen. Dabei genügt eine Schätzung an Hand der Zahlen der Zinsertragsbilanz (siehe dort Zeilen 44 und 81, Spalten d).

Sonstige Provisionen aus dem nichtzinsabhängigen Geschäft (Zeile 59)

Hier sind auch Provisionen aus der Vermittlung von Krediten und von Bauspar- und Versicherungsverträgen zu erfassen.

D. Verwaltungsaufwand

Soziale Abgaben (Zeile 68)
Hierunter fallen nur die gesetzlichen Pflichtabgaben, die das Kreditinstitut zu tragen hat.
Freiwillige soziale Leistungen sind je nach ihrer Art den Aufwandsposten Zeile 67 oder 69 zuzuordnen.

Aufwendungen für Altersversorgung und Unterstützung (Zeile 69)
Hier sind insbesondere Pensionszahlungen, soweit sie nicht zu Lasten von Pensionsrückstellungen geleistet werden, und Zuführungen zu Pensionsrückstellungen sowie Beihilfen und Unterstützungen (z. B. im Krankheitsfalle) an tätige und an nicht tätige Betriebsangehörige sowie an deren Hinterbliebene zu erfassen.

Raumkosten (Zeile 71)
Hier sind außer den Mieten und dem Erhaltungsaufwand alle Aufwendungen für Beleuchtung, Heizung, Reinigung, Bewachung und Feuerversicherung einzusetzen. Die Erträge aus vermieteten Räumen in bankeigenen Gebäuden sind von den Raumkosten abzusetzen.

Geschäftsbetriebskosten (Zeile 72)
Hier sind zusammenzufassen: Alle dort erwähnten Aufwendungen, ferner solche für Geschäftsbücher, Zeitungen, Zeitschriften, Bücher, Spar- und Scheckbücher; Fernsprech-, Fernschreib- und ähnliche Gebühren; Miete für Büromaschinen; Kraftfahrzeugbetriebskosten; Versicherungsprämien; Reisespesen; Rechts-, Prüfungs- und Beratungskosten; Kosten der Bilanzverabschiedung, soweit sie den Ertrag des Berichtsjahres berühren, u. a. m. Erstattete Auslagen sind von den Geschäftsbetriebskosten abzusetzen.

Steuern und Abgaben (Zeile 76)
Von der Gewerbesteuer ist hier nur die Gewerbekapitalsteuer zu erfassen. Die Gewerbertragsteuer ist gewinnabhängig; sie wird in dieser Gewinn- und Verlustrechnung nicht erfaßt.

E. Sonstige und außerordentliche Erträge und Aufwendungen

Die Positionen sollen auch insoweit unkompensiert ausgewiesen werden, als nach den für den Jahresabschluß geltenden Vorschriften (Richtlinien für die Aufstellung der Gewinn- und Verlustrechnung) die Kompensation von Aufwendungen mit Erträgen zugelassen ist.

Erträge aus dem Abgang von Gegenständen des Anlagevermögens (Zeile 87)
Gewinne aus dem Verkauf von Wertpapieren, die als Daueranlage erworben wurden („Anlageeffekten"), und aus dem Verkauf von Beteiligungen sind hier mit zu erfassen.

Andere außerordentliche Erträge (Zeile 90)
Erstattungen von Körperschaft-, Einkommen-, Kapitalertrag- oder Gewerbertragsteuer sind in diese Gewinn- und Verlustrechnung nicht aufzunehmen.

Verluste beim Abgang von Gegenständen des Anlagevermögens (Zeile 96)
Anmerkung zu Zeile 87 gilt entsprechend.

Zuführungen zu Rückstellungen im Kreditgeschäft (Zeile 97)

Abschreibungen und Einzelwertberichtigungen (Zeilen 98 bis 100)

Sammelwertberichtigungen (Zeile 101)
In diesen Positionen sind nur Beträge zu erfassen, die steuerlich anerkannt werden. Aufwendungen, die der Bildung stiller und offener Reserven dienen (versteuerte Abschreibungen und Wertberichtigungen sowie Zuführungen zu den Rücklagen, darunter auch Rücklagen für bestimmte Zwecke, z. B. für Gebäudeerneuerung oder für Neubauten), sollen in diese Gewinn- und Verlustrechnung nicht einbezogen werden, da derartige Aufwendungen als Gewinnverwendung anzusehen sind.
Unter „Sammelwertberichtigungen" sind die Beträge einzusetzen, die im Berichtsjahr entsprechend den Anordnungen des Bundesaufsichtsamtes für das Kreditwesen der Bilanzposition „Vorgeschriebene Sammelwertberichtigungen" zugeführt wurden.

Andere außerordentliche Aufwendungen (Zeile 102)
Bei den hier ausgewiesenen Beträgen ist der Entstehungsgrund anzugeben, z. B. Kosten für Kapitalerhöhungen, Rückstellungen für Prozeßrisiken, Umbau- und Herstellungsaufwand für gemietete Räume, außerordentliche Abschreibungen auf Hypotheken-Damnum, Kassenfehlbeträge und Aufwendungen für frühere Jahre (z. B. Zinsen und Provisionen bzw. Rückerstattungen).
Steuernachzahlungen sind, soweit es sich um Körperschaft-, Einkommen-, Kapitalertrag- oder Gewerbertragsteuer handelt, in diese Gewinn- und Verlustrechnung nicht aufzunehmen.

nung bis zur Ermittlung des verfügbaren Gewinnes ohne Berücksichtigung der gewinnabhängigen Steuern, d.h. bis zur Nettozinsspanne.

Ziel der Erhebung ist es, den beteiligten Instituten einen Vergleich dahingehend zu ermöglichen, inwieweit die Entwicklung des Geschäfts und seiner Kosten mit der allgemeinen Tendenz übereinstimmt bzw. welche positiven oder negativen Abweichungen sich ergeben.

Stark vereinfacht und zusammengefaßt, stellt sich die Gewinn- und Verlustrechnung wie folgt dar:

Zinsen und zinsähnliche Erträge aus Kredit- und Geldmarktgeschäften
+ Laufende Erträge aus festverzinslichen Wertpapieren und Schuldbuchforderungen, anderen Wertpapieren und Beteiligungen
./. Zinsen und zinsähnliche Aufwendungen

= **Zinsüberschuß**
+ Überschuß im nichtzinsabhängigen Geschäft (das sind Erträge minus Aufwendungen des Effekten- und Auslandsgeschäfts, des Zahlungsverkehrs und des sonstigen nichtzinsabhängigen Geschäfts)

= **Rohertrag**
./. Verwaltungsaufwand (persönliche Aufwendungen + sächliche Aufwendungen + Steuern und Abgaben ohne gewinn- und vermögensabhängige Steuern + ordentliche Abschreibungen auf Gebäude und Mobilien und sonstige ordentliche Aufwendungen)

= **Betriebsergebnis** (Überschuß im ordentlichen Geschäft)
+ Sonstige und außerordentliche Erträge (z.B. Erträge aus dem Abgang von Gegenständen des Anlagevermögens, aus der Auflösung von Rückstellungen oder früheren Abschreibungen und Wertberichtigungen)
./. Sonstige und außerordentliche Aufwendungen (z.B. Verluste aus dem Abgang von Gegenständen des Anlagevermögens, Abschreibungen und Einzelwertberichtigungen auf Forderungen, Wechsel, Wertpapiere und Beteiligungen)

= **Jahresrohüberschuß bzw. Jahresrohfehlbetrag** (ohne gewinn- und vermögensabhängige Steuern)

Die **Auswertung** der betriebsvergleichenden Untersuchungen der Deutschen Bundesbank erfolgt in den an die einzelnen Institute ergehenden *Berichten*. Die Berichte, in denen die Durchschnittswerte für die jeweiligen Bankengruppen in Tabellenform zusammengefaßt sind und mit den Zahlen des Vorjahres verglichen werden, gehen zunächst auf die Relationen ein, in denen sich die **Bilanz- und Erfolgsstruktur**, d.h. die Anteile der einzelnen Positionen am Geschäftsvolumen und die Verzinsung der einzelnen Aktiv- und Passivpositionen, von einem Bilanzstichtag zum anderen verändert haben.

734

Darüber hinaus wird die weitere **Entwicklung der Zinsspanne** geschätzt, deren laufende Beobachtung und Kenntnis insofern besonders wichtig ist, als die Zinsüberschüsse die zuverlässigste Gewinnquelle für die Banken darstellen. Verglichen wird weiterhin die **Entwicklung der Aufwands- und Ertragspositionen** der einzelnen Banken mit den Durchschnittswerten der Bankengruppen, jeweils ausgedrückt in Prozent (bzw. Promille) des Geschäftsvolumens im Jahresdurchschnitt.

Weitere vergleichende Angaben werden gemacht über die **Entwicklung des Aufwandes pro Kopf der Beschäftigten** und das Verhältnis der Zahl der Beschäftigten zum Geschäftsvolumen. Prozentangaben über die **Entwicklung der Stückzahlen sowie der Einlagen und Kredite** sollen u.a. Auskunft geben darüber, in welchem Ausmaß neue Kunden geworben werden konnten.

1.2.4 Erfolgsberechnung der Sparkassen

Auch im Sparkassensektor wird von den beiden grundsätzlichen Möglichkeiten zur Errechnung von Zinsspannen Gebrauch gemacht. Beiden Verfahren dient dasselbe als Erfolgsberechnung bezeichnete Schema. Die Kombination von vorausschauender und rückschauender Erfolgsrechnung in einem Schema hat den großen Vorteil, daß die sich aus der Rückschau ergebende **Effektivverzinsung als wertvoller Anhaltspunkt für die in der Vorkalkulation bzw. kurzfristigen Erfolgsrechnung anzusetzenden Zinssätze** gelten kann.

Bei der rückschauenden Rechnung wird auch im Sparkassenbereich von den effektiven Zahlen der Gewinn- und Verlustrechnung ausgegangen. Für Zwecke des zwischenbetrieblichen Vergleichs wirkt es sich hier sehr vorteilhaft aus, daß die Zahlen aus Kontenplänen stammen, die sich äußerst eng an den einheitlichen, tief gegliederten Kontenrahmen anlehnen. Die rückschauende Erfolgsberechnung ist ein wesentlicher Bestandteil des auf Bundesebene durchgeführten sogenannten großen Betriebsvergleichs der Sparkassen, für dessen Zwecke das auf Seite 737 abgedruckte Formular für die Erfolgsberechnung leicht modifiziert worden ist. Die Zinsspannenrechnung der Sparkassen, die die *effektive Bruttozinsspanne* ermittelt, wird durch die **Bedarfsspannenrechnung** ergänzt und damit zur *Erfolgsspannenrechnung* weitergeführt. Ein entsprechendes Ergebnis, wenn auch auf teilweise anderen Wegen, wird auch über die Staffelrechnung der Gewinn- und Verlustrechnung im Rahmen der Erhebungen der Bundesbank erzielt; doch fehlt hier der Ansatz für die Vorschaurechnung, da die Zinsertragsbilanz nur bis zur Bruttozinsspanne führt.

Die Erfolgsrechnung vermittelt den Instituten relativ weitgehende Einblicke in die Struktur ihrer Wertkosten und -erlöse, wobei der Vergleich mit den Durchschnittswerten zu einer Ursachenforschung Anlaß geben kann. Mit Einschränkungen kann auch von der Möglichkeit einer Beurteilung der Rationalität der Kapitalbeschaffung und -verwendung gesprochen werden, soweit dies die Zinskomponente betrifft.

1.3 Kurzfristige Erfolgsrechnung

1.3.1 Grundlagen und Aufgaben

Das Rechnungswesen ist so zu gestalten, daß es möglichst weitgehend als Instrument der Unternehmungsführung zu dienen vermag. Es soll dem Unternehmer die unentbehrlichen zahlenmäßigen Unterlagen für Entscheidungen liefern. Dabei leuchtet ein, daß hierzu uneingeschränkt nur ein zeitnahes Rechnungswesen in der Lage ist. Dieser Gesichtspunkt ist für die Gestaltung der Kosten- und Erfolgsrechnung von besonderer Bedeutung, da diese unbehindert durch gesetzliche Vorschriften voll in den Dienst der Vorbereitung unternehmerischer Entscheidungen gestellt werden kann.

Die kurzfristige Erfolgsrechnung soll Antwort auf die Fragen geben, wie sich innerhalb eines Geschäftsjahres die Kosten und Erlöse und damit der Erfolg entwickeln und wie sich spezielle inner- und außerbetriebliche Datenänderungen auf die Erfolgslage auswirken.

Die allgemeinere Frage nach der Erfolgsentwicklung legt sich im Grunde jedes Unternehmen vor. Unterschiedlich ist lediglich die zu ihrer Beantwortung eingeschlagene Methode, die häufig nur aus groben Erfolgsschätzungen besteht. Die Kenntnis der Höhe des jeweils erzielten Gewinns und der Erfolgsstruktur wird immer dann, wenn das Ergebnis von den Erwartungen abweicht, ein Überdenken der Geschäftspolitik zur Folge haben.

Keinesfalls kann aus der Tatsache, daß die Kosten für die Mittelbeschaffung (Habenzinsen) und die Erlöse für die Ausleihungen (Sollzinsen) im kurzfristigen Geschäft bestimmten Bindungen unterliegen und im langfristigen Geschäft stark durch die Lage am Kapitalmarkt beeinflußt sind, geschlossen werden, es bestünde keine hinreichende Steuerungsmöglichkeit. Im kurz- und langfristigen *Kreditgeschäft* sind die Konditionen nach unten und oben durchaus variabel. Auch in der Anlagepolitik sind die Institute innerhalb bestimmter Grenzen, die vor allem durch die Grundsätze des Bundesaufsichtsamtes für das Kreditwesen, durch das Kreditwesengesetz und durch die Mustersatzung der Sparkassen gesetzt sind, weitgehend frei. Bei der *Mittelbeschaffung* können die Banken insbesondere im Bereich der aufgenommenen Gelder eine das Geschäftsergebnis durchaus beeinflussende Konditionenpolitik betreiben. Ferner vermag z. B. eine im Betriebsbereich wahrzunehmende Kostenentwicklung Anlaß für eine Überprüfung der Ursachen und – wenn notwendig – für eine Rationalisierung sein.

1.3.2 Aufbau der kurzfristigen Erfolgsrechnung

Bei der Durchführung der kurzfristigen Erfolgsrechnung stellt sich zunächst die Frage nach der **Länge der Kalkulationsperiode.** In der Praxis sind halbjährliche, vierteljährliche und monatliche Rechnungen zu beobachten. Für die Wahl der genannten Zeiträume lassen sich jeweils gewichtige Gründe ins Feld führen. Für

Erfolgsberechnung

vorausschauend *)

zum Stichtag ....

rückschauend *)

für die Zeit vom .... bis .... 19 ....

Erfolgsspannenrechnung

BV Nr.	Bezeichnung	TDM	TDM (mit einer Kommastelle)	In % der DBS (2 KSt)
1	2	3	4	5
299	Zinsertrag		....	....
399	Zinsaufwand		./.	....
	Zinsüberschuß (Zinsspanne)		....	....
509	Ordentlicher Ertrag, ohne Zinsen		+	....
	Zwischensumme		....	....
	Ordentlicher Aufwand:			
409	1. Personalkosten	....		
419	2. Sachkosten	....		
429	3. Werbungskosten	....		
430—433	4. Übriger ordentlicher Aufwand	....		
439	Ordentlicher Aufwand insgesamt, ohne Zinsen		./.	
	Betriebsgewinn/-verlust (ordentl. Gewinnspanne)			
519	Außerordentlicher Ertrag	+	+	
529	Außerordentlicher Aufwand	./.	./.	
	Gewinn/Verlust (vor Abzug der gewinnabhängigen Steuern)		....	
530	Körperschaft- und Kapitalertragsteuer	./.	....	
539	Gewerbe- und Lohnsummensteuer	./.	./.	
106/107	**Jahresüberschuß / Jahresfehlbetrag**		....	

*) Nichtzutreffendes ist zu streichen

Aufgestellt ....
(Name in Druckbuchstaben)

Geprüft ....
(Name in Druckbuchstaben)

Zinsspannenrechnung

BV/HK Bista Nr.	Bezeichnung	Aktiva TDM (ohne Kommastelle)		in % der DBS (1 KSt)	Zins-satz % (2 KSt)	Erträge TDM (mit einer Kommastelle)		Sp. 13 in % v. Sp. 9 (2 KSt)	BV/HK Nr.
		einzeln	gesamt			einzeln	gesamt		
6	7	8	9	10	11	12	13	14	15
BV 200	Kontokorrentkredite								BV 250
(BV 201)	Wechseldisk.- u. Akzeptkredite								
HK 51100	Diskontwechsel (Bestand)								
HK 51200	Eigene Ziehungen (Bestand)								
	Indossamentsforderungen								
BiSta 45	aus eig. Ziehungen im Uml.								
BiSta 46	aus redisk. Wechsein								
BiSta 48	aus vor Verfall z. Einz. vers. Wechs.								
HK 22300	Eig. d. Kunden abgerechnete Akzepte								BV 251
BV 202	Weiterleitungsdarlehen								BV 252
BV 203	Darlehen aus eig. Mitteln Kommunaldarlehen								BV 253
BV 204	Langfr. Darlehen geg. Grund-pfandrechte								BV 254
BV 205	Sonst. Darl. einschl. Schuldsch. Ratenkred. m. Laufzeitzins								BV 255
BV 206	Übrige langfristige								BV 256
BV 207	Übrige kurz- u. mittelfristige								BV 257
BV 209	Durchlaufende Kredite								
BV 210	Grundstücke und Gebäude				–	–	–	–	
BV 211	Betriebs- u. Geschäftsausstatt.				–	–	–	–	
BV 212	Beteiligungen				–	–	–	–	
BV 219	Kasse, Bundesbank, Postscheck				–	–	–	–	BV 262
BV 220	Verzinsliche Bankguthaben Täglich fällige								
BV 221	Sonstige								BV 270
(BV 222)	Eigene Wertpapiere Festverzinsliche								BV 271
HK 71100/ 71200/									
HK 71300/ HK 71400/ HK 71500/	Sonstige								BV 273
(BV 229)	Übrige Aktiva Verzinsliche Aktiva								
HK 52000	Schatzwechsel u. unver-zinsl. Schatzanweisungen								
HK 74000	Ausgleichsforderungen								
HK 75000/ HK 76000/	Deckungsforderungen (ASPG + WAG)								
HK 77000 HK 23000/ HK 84000/ HK 86000/	Deckungsforderungen (LAG) Sonst. verzinsl. Aktiva								
BV 229 % Verz. Akt.	Unverzinsliche Aktiva				–	–			BV 279
BV 240	Summe			100,0	–	–			BV 299

738

Zinsspannenrechnung

		Passiva				Aufwendungen			
BV/HK Nr.	Bezeichnung	TDM (ohne Kommastellen)		in % der DBS (1 KSt)	Zins-satz % (2 KSt)	TDM (mit einer Kommastelle)		Sp. 23 in % v. Sp. 19 (2 KSt)	BV/HK Nr.
		einzeln	gesamt			einzeln	gesamt		
16	17	18	19	20	21	22	23	24	25
(BV 300)	Spareinlagen								
HK 11100 aus 19000	Ges. Kündigungsfrist								
HK 12000) 14000 ∫	Ausgl.- u. Entsch.-Guthaben								
HK 11210 11220	Vereinb. Künd.-Fr. bis unter 2¹/₂ J.								
HK 11230	2¹/₂ J. bis unter 4 J.								
HK 11240	4 J. und mehr								BV 350
BV 301	Sparkassenbriefe								
									BV 351
BV 302	Befristete Einlagen								
									BV 352
BV 303	Sichteinlagen								
									BV 353
BV 309	Aufgenommene Gelder, Kredite u. Darlehen								
									BV 359
	Indoss.-Verbindlichkeiten								
BiSta 45	aus eig. Ziehungen								
BiSta 46	aus red. Wechseln								
BiSta 48	aus vor Verf. z. Einz. vers. Wechseln								HK 92513
BV 310	Pensionsrückstellungen			—	—	—	—		
BV 311	Wertberichtigungen								
BV 312	Rücklagen			—	—	—	—		
BV 313	Durchlaufende Kredite			—	—	—	—		
(BV 319 ℅ Ind.-Verb.)	Übrige Passiva								
aus HK 23000 u. 87000	Verzinsliche Passiva								
BV 319 ℅ aus HK 23000 u. 87000	Unverzinsliche Passiva			—	—	—			BV 369 ℅ HK 92513
℅ Ind.-Verb.	Summe			100,00	—	—			BV 399

739

Bedarfsspannenrechnung

BV Nr.	Aufwendungen TDM (mit einer Kommastelle) einzeln	Aufwendungen TDM (mit einer Kommastelle) gesamt	% der DBS (2 KSt)	Bezeichnung	Erträge TDM (mit einer Kommastelle) einzeln	Erträge TDM (mit einer Kommastelle) gesamt	% der DBS (2 KSt)	BV Nr.
26	27	28	29	30	31	32	33	34
				Ordentl. Ertrag/Aufwand				
				Ordentl. Ertrag				
				Prov. u. Geb. i. Spargiro- u. KK-Gesch.				500
				Prov. u. Geb. v. Kommunaldarl.				501
				Prov. u. Geb. v. langfr. Darlehen gg. Grundpfandrechte				502
				Prov. u. Geb. v. sonst. Darlehen				503
				Übrige Prov. u. Gebühren				504
				Grundst.- u. Gebäudeerträge				505
				Übrige ord. Erträge				506
				Ordentl. Aufwand				
				Personalkosten				
400–402				Gehälter, Löhne und Vergüt.				
403–405				Versorg.-Leist., soz. Abgaben				
406				Übrige Personalkosten				
				Sachkosten				
410, 411				Kosten f. Geschäftsräume				
412, 414								
415				Kosten d. lfd. Gesch.-Betriebs				
413				Aufwend. f. Dienstl. Dritter				
416				Übrige Sachkosten				
429				*Werbungskosten*				
				Übriger ordentl. Aufwand				
430				Ord. Aufw. f. Grundstck. u. Geb.				
431				Ord. Abschr. auf Betr. u. Gesch.-Ausstattung				
432				Vermögensteuer				
433				Übrige ordentl. Aufwendungen				
439				Summe d. ord. Ertr./Aufwands				509
				Außerordentl. Ertrag				
				Kursgewinne aus festv. Wertp.				510
				Übrige außerordentl. Erträge				511
				Außerordentl. Aufwand				
520				Abschr. auf festverz. Wertpapiere				
521				Abschr. auf Forderungen und Bildung v. Wertberichtigungen				
522				Übrige außerordentl. Aufwend.				
529				Summe d. außerord. Ertr./Aufw.				519

Fortschreibung der Ergebnisse der vorausschauenden Erfolgsberechnung

Jahr 197 Monat	Stichtag-Bilanzsumme DM*)	Zinserträge (QZ 600/601) DM*)	%	Zinsaufwendungen (QZ 610/611) DM*)	%	Zinsspanne (QZ 6000/6001) DM*)	%	Ordentl. Erträge (QZ 620/621) DM*)	%	Ordentl. Aufwendungen (QZ 630/631) DM*)	%	Ordentl. Gewinnspanne (QZ 6300/6301) DM*)	%

*) Ohne Kommastellen, bei größeren Sparkassen in TDM mit einer Kommastelle

den *halbjährlichen* Turnus spricht, daß hierbei die wenigsten Zwischenrechnungen zur Ermittlung der Erfolgselemente angestellt zu werden brauchen (z. B. werden auch die wichtigsten kreditorischen Konten halbjährlich abgeschlossen). Auch sind in diesem Fall weniger Probleme hinsichtlich der zeitlichen Abgrenzung der Erfolgselemente zu lösen. Als großer Nachteil wird dabei aber ein relativ langer Kalkulationszeitraum in Kauf genommen.

Wesentlich zeitnaher wird die Rechnung beim Übergang zum *vierteljährlichen* Zyklus. Bei vierteljährlicher Kalkulation können, da die debitorisch geführten Konten im gleichen Turnus abgeschlossen werden, die entsprechenden Erlöse ohne Zusatzrechnungen übernommen werden. Weit wertvoller erscheint die kurzfristige Erfolgsrechnung jedoch, wenn der *Monat als Kalkulationszeitraum* gewählt wird. Abgesehen davon, daß diese Abrechnungsperiode praktischen Gegebenheiten entspricht, ist sie gleichzeitig kurz genug, damit Umdispositionen noch rechtzeitig wirksam werden können.

Die Feststellung des Erfolgs pro Monat bedingt eine bestimmte **Ermittlungstechnik.** Der Grund hierfür ist darin zu sehen, daß das Prinzip der Tagfertigkeit der Buchhaltung nicht auch für die Ermittlung sämtlicher Arten von Erfolgselementen voll durchgeführt wird und unter den zur Zeit meist noch gegebenen Umständen aus wirtschaftlichen Gründen auch nicht verwirklicht werden kann. Indes besteht die Aussicht, daß die vorwärtsschreitende Bankautomation auch dieses bisher bestehende Problem zumindest auf Teilgebieten (permanente Zinsrechnung) einer Lösung näherbringt.

Obwohl je nach dem Grade der technischen Ausstattung und Organisation von Bank zu Bank gewisse Unterschiede bestehen, läßt sich doch sagen, daß gegenwärtig nur kleinere Teile der Kosten und Erlöse mit den Monatswerten der Buchhaltung in die kurzfristige Erfolgsrechnung übernommen werden können. Bei einem Institut, das ein hohes technisches und organisatorisches Niveau aufweist, haben Nachprüfungen ergeben, daß rund 94% aller Kosten und rund 91% aller Erlöse nicht unmittelbar der Buchhaltung entnommen werden konnten, sondern über Sonderrechnungen ermittelt werden mußten.

Für die Gewinnung der Zahlen, die zur Bruttozinsspanne führen, stellt die unkompensierte Bilanz eine große Hilfe dar. Bevor diese aber für die kurzfristige Ergebnisrechnung eingesetzt werden kann, muß zunächst eine *Nachkalkulation* erfolgt sein. Beispiele für solche Nachkalkulationen wurden bereits im Abschnitt über die Gesamtzinsspannenrechnung gegeben. Während die durch die Zinsertragsbilanz ermittelten Ergebnisse systembedingt einer Korrektur durch die Nachkalkulation bedürfen, wobei die Abweichungen nach einer gewissen Zeit der Beobachtung überschlägig kalkulierbar werden, ist das System der Erfolgsberechnung der Sparkassen von vornherein auf eine genaue Erfassung von Zwischenergebnissen abgestellt.

Die Sparkassen ermitteln im Wege der Nachkalkulation auf Grund der effektiven Zahlen der Gewinn- und Verlustrechnung die gewogene Realverzinsung für jede einzelne Position der unkompensierten Bilanz im Jahresdurchschnitt.

Die so festgestellten *Einzelverzinsungsverhältnisse* dienen als wichtige Ausgangs-basis zum Ansatz von Zinssätzen in der der kurzfristigen Erfolgsrechnung zu-grunde gelegten unkompensierten Bilanz. Theoretisch am exaktesten wäre auch hier die Bildung des arithmetischen Mittels für alle Einzelpositionen. Dies würde aber einen erheblichen Arbeitsaufwand erfordern. Eine zu vertretbaren Ergeb-nissen führende Kompromißlösung schlägt deshalb folgenden Weg ein: Es wird das arithmetische Monatsmittel der Endsummen der Tagesbilanzen errechnet und danach diejenige ausgewählt, die dem Mittelwert am nächsten kommt. Die Bestände dieser Stichtagsbilanz werden als für den Monat typisch unterstellt und zur unkompensierten Bilanz ausgestaltet. Soweit keine Tagesbilanzen erstellt werden, muß behelfsweise die Rohbilanz zum Monatsultimo zugrunde gelegt werden. Jedoch empfiehlt es sich, Berichtigungen immer dann vorzunehmen, wenn Durchschnittsbestände einzelner Bilanzpositionen bekannt sind. So kön-nen die für die Mindestreservehaltung ohnehin erforderlichen Erhebungen gleichzeitig zur Ermittlung von Durchschnittsbeständen der Einlagenpositionen und des Bundesbankguthabens ausgewertet werden.

Nunmehr soll an einem **Beispiel** aufgezeigt werden, wie nach Zuordnung der ent-sprechenden Zinssätze zu den einzelnen Bilanzpositionen wichtige Erfolgskom-ponenten mit Hilfe der unkompensierten Bilanz errechnet werden.

Die für *Kontokorrentkredite* in der Nachkalkulation errechnete Durchschnittsef-fektivverzinsung ergibt sich aus im einzelnen gewährten Normal- und Sonder-konditionen, die sich in der Regel aus Sollzinsen, Kreditprovision und Überzie-hungsprovision zusammensetzen. Darüber hinaus sind auch Wertstellungsgewin-ne erfaßt. Eine Aufspaltung wird indes lediglich in den Normalzinssatz und einen Sammelposten vorgenommen, der sich aus Kreditprovision, Überziehungsprovi-sion und den Wertstellungsgewinnen abzüglich des Erlösentgangs aus Sonder-konditionen zusammensetzt. Während dieser Sammelposten zumindest auf kurze Sicht eine gewisse Konstanz vermuten läßt, schwanken die Sollzinsen mit dem Diskontsatz. Treten deshalb in der jeweiligen Rechnungsperiode Diskontsatzän-derungen und infolge der genannten Koppelung auch Änderungen des Sollzins-satzes ein, so sind die in der Nachkalkulation ermittelten *Durchschnittseffektiv-verzinsungssätze* entsprechend zu berichtigen.

Durch Multiplikation des Bestandes mit dem berichtigten Zinsfaktor und Divi-sion durch 12 ergibt sich der in die monatliche Rechnung einzusetzende absolute Zinserlös. Eine Kontrollmöglichkeit für die kalkulierten Monatserlöse ergibt sich jeweils nach Quartalsende, zu dem usancegemäß die debitorischen Konten abge-schlossen werden. Die kalkulatorisch errechneten Zinsen lassen sich dann mit den effektiven Erlösen vergleichen. Sofern sich Abweichungen ergeben, kann dies ein Anlaß sein, mit den effektiven, zeitnäheren Zinssätzen weiterzurechnen.

In entsprechender Weise kann bei der Ermittlung der Zinskosten für *Sichteinla-gen* vorgegangen werden. Infolge von Wertstellungsgewinnen, des Verzichts auf Staffelung kleinerer Konten und dergleichen wird sich bereits bei der Errech-nung des Effektivzinssatzes in der Nachkalkulation eine geringere als die Nomi-nalverzinsung ergeben. Diese Abschlagssätze verraten oft eine erstaunliche Kon-stanz. Bei Zinssatzänderungen, die während der Kalkulationsperiode eintreten, werden die ermittelten Abschlagssätze von den neuen Nominalzinssätzen abgezogen.

In ähnlicher Weise wie in diesen Beispielen dargestellt kann auch bei der Ermittlung der übrigen in die monatliche Gesamtzinsspannenrechnung eingehenden Erfolgselemente verfahren werden. Indes ist zu beachten, daß die kurzfristige Erfolgsrechnungen durchführenden Institute oft Sonderrechnungen und Methoden entwickeln, um eine noch exaktere Abgrenzung des monatlichen Erfolgs zu erreichen. Die Genauigkeit solcher Verfahren nimmt mit steigendem Grad der technischen Ausstattung und Organisation zu. So nutzt z. B. ein Institut die durch die lochkartenmäßige Abrechnung der Diskontwechsel gegebene Möglichkeit aus, den Diskonterlös auf die Monate aufzugliedern. Auch die Verteilung der sofort vereinnahmten, aber im Kalkulationsmonat nur zu einem Teil verdienten Diskonterlöse auf die Wechsellaufzeit und Hilfe statistischer Methoden (Berechnung der gewogenen durchschnittlichen Wechsellaufzeit) hat in der Praxis zu sehr genauen Ergebnissen geführt.

Exakte Zahlen lassen sich z. B. auch außerhalb der unkompensierten Bilanz für die monatlich anfallenden *Spareinlagenzinsen* errechnen, wenn Lochkarten- oder elektronische Verfahren verwandt werden. Dank der progressiven Zinsrechnungsmethode und in Verbindung mit einer durch die genannten Verfahren leicht durchführbaren Zinsfortschreibung können die auf den Kalkulationsmonat entfallenden Spareinlagenzinsen durch einfache Subtraktion der Jahresgesamtzinsen abzüglich der auf die übrigen Monate entfallenden Zinsen ermittelt werden.

Durch einfache Nebenrechnungen können, im wesentlichen unabhängig von der maschinellen Ausrüstung, eine Reihe anderer Zinskosten und -erlöse periodisiert werden. So brauchen die *Termingeldeinlagen und -anlagen* nur nach Zinssätzen geordnet und daraufhin geprüft zu werden, ob sie den gesamten Monat über bestanden haben. Innerhalb dieser Blöcke kann die Zinsrechnung global erfolgen, während die Ermittlung der Zinsen auf die – geringeren – Restbeträge pro rata temporis erfolgen muß.

Auch alle außerhalb der unkompensierten Bilanz im Wege von Nebenrechnungen ermittelten periodisierten Erfolgselemente lassen sich, umgerechnet auf das Jahr, wieder in die unkompensierte Bilanz übertragen und in Prozentsätzen ausdrücken, so daß sich schließlich die im jeweiligen Zeitraum (Monat) gültige Bruttozinsspanne ergibt.

Bei der monatlichen Berechnung der in die Bedarfsspannenrechnung eingehenden Erfolgselemente sind die jeweils gegebenen betrieblichen Verhältnisse, die durch die letzte rückschauende Erfolgsberechnung aufbereiteten Daten sowie die monatlich effektiv verbuchten Erfolgselemente zugrunde zu legen. Zur Erläuterung mögen folgende **Beispiele** dienen.

Bei der Errechnung der Höhe der monatlichen *persönlichen Kosten* kann von dem monatlich durch Gehälter, Löhne und Sozialabgaben verursachten Aufwand ausgegangen werden. Hinzuzuschlagen ist aber noch ein entsprechender

Anteil für die im Bankgewerbe tariflich vereinbarten und freiwilligen Sonderzahlungen; hierbei erfolgt die Orientierung am vergangen Jahr, teils aber auch an neu abgeschlossenen oder veränderten Verträgen.

Beim Ansatz eines anteiligen Betrages an *Erlösen aus der Kontoführung* (Umsatzprovision, Kontoführungsprovision, Postengebühren und dgl.) muß zunächst mit kalkulierten Größen gearbeitet werden, die sich an die Vorjahresergebnisse anlehnen. Im Laufe des Jahres können diese Beträge an Hand der effektiven Zahlen der Viertel- und Halbjahresabschlüsse der Konten korrigiert werden.

Bei der Periodisierung der sonstigen sächlichen Kosten ist ebenfalls eine Anlehnung an das letzte effektive Ergebnis erforderlich; nützlich wirkt sich das Vorhandensein eines Voranschlages aus. Wie sich zeigt, ist hier nicht ohne Schätzungen und pauschale Auf- und Abschläge auszukommen.

Nach Umrechnung dieser Erfolgselemente auf Jahresbasis ergibt sich durch In-Beziehung-Setzen zur Bilanzsumme die für den betreffenden Monat geltende Bedarfsspanne, die von der Bruttozinsspanne zur ordentlichen Gewinnspanne führt.

2. Zweite Rechnungsstufe

2.1 Kostenstellenrechnung

2.1.1 Grundlagen und Aufgaben

Nach moderner Auffassung ist die Kostenstellenrechnung im Bankbetrieb als das Kernstück der technisch-organisatorischen Betriebsüberwachung und ein ideales Hilfsmittel aller Dispositionen anzusehen, die die Betriebssphäre gestaltend betreffen.

Auf die Kostenstellen, d. h. die nach kostenrechnerischen Gesichtspunkten gebildeten Bereiche des Bankbetriebes, in denen gleichartige Stückleistungen erstellt werden, werden demzufolge nur die Betriebskosten verteilt. Nicht in die Rechnung einbezogen werden die Wertkosten und alle Erlöse, da diese nicht ohne Willkür auf derartig eng umgrenzte Betriebsbereiche, wie sie die Kostenstellen sein sollten, verteilt werden können.

Außer der Wirtschaftlichkeitskontrolle des technisch-organisatorischen Betriebsbereichs wird mit der Kostenstellenrechnung als zweites Ziel die Aufbereitung der Betriebskosten zum Zwecke der Übernahme in nachgelagerte Rechnungsverfahren der Bankkalkulation verfolgt.

Hierbei wird meist wieder eine Zusammenfassung erforderlich, wenn – wie etwa in der Spartenrechnung – der Erfolg nur für größere Teilbereiche ermittelt wird.

2.1.2 Bildung der Kostenstellen

Bei der Bildung der Stellen ist mit großer Sorgfalt vorzugehen, weil spätere Änderungen den im Vergleich liegenden Wert der Rechnung stark mindern, wenn nicht ganz aufheben.

Grundsätzlich sind für den primären Rechnungszweck der Kostenstellenrechnung, die Wirtschaftlichkeitskontrolle, zwei Punkte zu beachten:

(1) **Gleichartigkeit der Leistungen** innerhalb der jeweiligen Stellen (z. B. Scheckbearbeitung, Girobearbeitung, Ein- und Auszahlungen an der DM-Kasse, Ein- und Auszahlungen an der Sortenkasse).

(2) **Abgrenzung nach Verantwortungsbereichen.** Dadurch kann bei erkennbaren Unwirtschaftlichkeiten einer Stelle der zuständige Kostenstellenleiter verantwortlich gemacht werden. In der Praxis wird in aller Regel ein Abteilungsleiter für mehrere Kostenstellen die Verantwortung tragen.

2.1.3 Zurechnung der Betriebskosten

Das zweite große Problem der Kostenstellenrechnung bildet die Aufteilung der Betriebskostenarten auf die Stellen. Allgemein werden unter dem Gesichtspunkt der Zurechnungsmöglichkeit die Kostenarten nach Einzel- und Gemeinkosten geschieden.

Einzelkosten sind solche Betriebskosten, die von *bestimmten* Stellen verursacht werden und diesen direkt angelastet werden können.

Bei den **Gemeinkosten** fehlt entweder ein solcher Verursachungszusammenhang (*echte* Gemeinkosten), oder es wurde nur aus technischen oder Wirtschaftlichkeitsgründen auf eine direkte Verrechnung verzichtet (unechte Gemeinkosten).

Als Beispiel für **unechte Gemeinkosten** mögen die Licht- und Heizungskosten dienen. Sie werden mit Hilfe von *Schlüsseln* (z. B. Brennstärke der Beleuchtungskörper oder Zahl der Zentralheizungsrippen) zugeteilt. Allerdings muß dabei berücksichtigt werden, daß eine hinreichend strenge Wechselbeziehung zwischen der Schlüsselgröße und der Kostenart vorliegt. Die Heizungskosten z. B. hängen ab von der Zeit, in der die Heizung betrieben wird, der Zahl der Personen, der Raumgröße oder der Fensterzahl.

Die Unterscheidung in Einzelkosten oder direkt zurechenbare Kosten und Gemeinkosten ist für die Durchführung der Kostenstellenrechnung insofern wichtig, als je nach den angestrebten Zielen eine **Teil- oder eine Vollkostenrechnung** in Betracht kommt. Soll die wirtschaftliche Arbeitsweise in den einzelnen Kostenstellen überprüft und sollen die Kostenstellenleiter zur Rechenschaft gezogen werden, so kann Einwendungen nur dadurch vorgebeugt werden, daß lediglich die durch die Kostenstelle allein verursachten, d. h. die direkt zurechenbaren Kosten berücksichtigt werden.

Beispiel zur Kostenstellenrechnung

Die bisherigen Ausführungen sollen an einem der Praxis entlehnten Schema der Kostenstellenrechnung (Kostenverteilungsbogen oder Betriebsabrechnungsbogen – BAB –) verdeutlicht werden. In diesem Schema sind in der Horizontalen die einzelnen Kostenstellen, geordnet nach Allgemeinen, Haupt- und Hilfskostenstellen, eingetragen. Während die *Allgemeinen Kostenstellen* mit Ausnahme der abstrakten Verrechnungsstelle „Gesamtinstitut" den Geschäftsleitungsbereich bilden, entsprechen die *Hauptkostenstellen* den marktbezogenen und die *Hilfskostenstellen* dem betriebsbezogenen Bereich der Leistungserstellung.

Die Verteilung der vertikal angeordneten Kostenarten erfolgt nach Genauigkeitsschichten. In der ersten Schicht wird die *Zuordnung der Einzelkosten* vorgenommen. Hier ist davon ausgegangen, daß die Gehälter und damit auch die Gratifikationen und Tantiemen sowie die gesetzlichen sozialen Abgaben auf der Grundlage von Stellenbesetzungsplänen bzw. Mitarbeiterzeitaufschreibungen direkt pro Stelle verrechnet werden können. Bei dem Teil der Gehälter, der für in mehreren Kostenstellen tätig werdende Angestellte gezahlt wird, kann nicht von vornherein gesagt werden, ob es sich um Einzel- oder Gemeinkosten handelt. Wenn der Angestellte in den betreffenden Kostenstellen nicht voll beschäftigt werden kann, stellen die entstehenden Leerkosten – sofern überhaupt eine Verrechnung erfolgt – Stellengemeinkosten dar. Der komplementäre Teil der Kosten, die Nutzkosten, kann auf Basis von **Zeitaufschreibungen** als Einzelkosten verrechnet werden.

Um eine möglichst genaue Verteilung der persönlichen Kosten zu erreichen, ist darauf zu achten, daß die Zeitaufschreibungen täglich und von den betreffenden Mitarbeitern persönlich für den abgelaufenen Arbeitstag vorzunehmen sind. Im allgemeinen dürfte es ausreichen, die geleistete Arbeitszeit in runden 10 Minuten angeben zu lassen und eine nur stichprobenweise Überwachung durchzuführen.

Kennumer	Tag	Überweisungs-abteilung	Scheckabteilung	Wechselabteilung	Kontokorrent-abteilung	Sparabteilung	Maschinenbuch-haltung	Summe der Minuten pro Tag
11	1	300	100	50	–	–	90	540
11	2	250	100	100	50	40	–	540
11	3	150	120	150	70	20	–	510
11	4	170	80	200	90	–	–	540
11	5	200	140	80	–	50	100	570
11	6	Samstag	–	–	–	–	–	–
11	7	Sonntag	–	–	–	–	–	–
11	8	260	80	100	–	50	50	540
⋮	⋮	⋮	⋮	⋮	⋮	⋮	⋮	

Mitarbeiterzeitaufschreibung

Betriebs-Kostenarten / Abteilungs-Kostenstellen	Summe der Kostenarten	Geschäftsleitungsbereich			
		Allgemeine Kostenstellen			
		Gesamtinstitut	Direktion	Revision und Innenleitung	Hauptbuchhaltung
Stelleneinzelkosten					
Persönliche Kosten					
a) Gehälter	489	5	95	35	22
b) Gratifikationen und Tantiemen	131	1	49	7	4
c) Gesetzliche soziale Abgaben	41,5	0,5	3,5	3	2
d) Freiwillige soziale Leistungen	25,5	0,5	4,5	2	1
Sachkosten					
a) Vordrucke, Schreibbedarf	37,5	—	2	2	2,5
b) Abschreibungen auf Betriebs- und Geschäftsausstattung	28	1	2	1	1
c) Sonstige Sachkosten	13	1	1	1,5	0,5
Summe der Stelleneinzelkosten	765,5	9	157	51,5	33
Stellengemeinkosten					
Persönliche Kosten (Pensionszahlungen)	51	0,5	9,5	3,5	2,5
Sachkosten					
a) Sachkosten für Bankräume					
aa) Abschreibungen	150	—	10	4	6
bb) Heizung	17	0,5	1	0,5	0,5
cc) Licht, Kraft, Wasser, Reinigung	34	1	2	1	1
b) Sachkosten für Geschäftsbetrieb					
aa) Porti, Fernsprech- und Telegrammgebühren	63,5	—	5	2	0,5
bb) Prüfungskosten, Beiträge zu Verbänden und Körperschaften	15	15	—	—	—
cc) Gerichts- und Anwaltskosten	3	—	1	—	—
dd) Werbung	20	10	—	—	—
ee) Steuern und Abgaben	24	24	—	—	—
Summe der Stellengemeinkosten	377,5	51	28,5	11	10,5
Summe der Stellenkosten vor Stellenumlage	1143	60	185,5	62,5	43,5

Summe der Stellenkosten vor Stellenumlage	1143	60	185,5	62,5	43,5
Kostenumlagen			→ 10,5	3,5	2,5
			196 →	2	1,5
				68 →	1
					48,5 →
Summe der Stellenkosten nach Stellenumlage					
Funktions-Kostenstellen					

	Bereich der Leistungserstellung															
	Marktbezogen											Betriebsbezogen				
	Hauptkostenstellen											Hilfskostenstellen				
	Kasse	Überweisungsabteilung	Scheckabteilung	Wechselabteilung	Kontokorrentabteilung	Sparabteilung	Kreditabteilung	Auslandsabteilung	Effektenkorrespondenz	Börse	Depotabteilung	Maschinenbuchhaltung	Expedition	Registratur	Hausverwaltung	Telefonzentrale

1. Genauigkeitsschicht

Kasse	Überweis.	Scheck	Wechsel	Kontokorr.	Spar	Kredit	Ausland	Effekten	Börse	Depot	Masch.-buch.	Exped.	Regist.	Hausverw.	Telefon
23	22	5	18	26	8	43	38	28	32	16	12	18	14	16	13
5	4,5	1	4	5	1,5	12	8	6	8	3	2	3	2	3	2
2,5	2	0,5	2	2,5	1	4	3,5	2,5	3	1,5	1	2	1,5	1,5	1,5
1	1	0,5	1	1,5	0,5	2	2	1,5	1,5	1	0,5	1	1	1	0,5
1	1,5	1,5	2	5	1	2	4	3	1,5	3	1	1,5	1	1	1
1,5	1	0,5	1,5	1,5	0,5	1,5	2	1,5	1,5	2	3	1,5	1,5	1	1
1	—	—	—	0,5	—	—	1	—	0,5	1	0,5	2	—	2	0,5
35	**32**	**9**	**28,5**	**42**	**12,5**	**64,5**	**58,5**	**42,5**	**48**	**27,5**	**20**	**29**	**21**	**25,5**	**19,5**

2. Genauigkeitsschicht

Kasse	Überweis.	Scheck	Wechsel	Kontokorr.	Spar	Kredit	Ausland	Effekten	Börse	Depot	Masch.-buch.	Exped.	Regist.	Hausverw.	Telefon
2,5	2,5	0,5	2	2,5	1	4,5	4	3	3,5	1,5	1	2	1,5	1,5	1,5
8	9	3	8	8	5	10	13	9	8	8	14	10	12	2	3
1	1	0,5	1	1	0,5	1	1	1	1	1	1,5	1	1	0,5	0,5
2	2	1	2	2	1	2	2	2	2	2	3	2	2	1	1
1	2	2	4	30	0,5	4	3	3	5	0,5	—	0,5	—	0,5	—
—	—	—	—	—	—	1,5	0,5	—	—	—	—	—	—	—	—
—	—	—	1,5	1,5	5	—	—	2	—	—	—	—	—	—	—
14,5	**16,5**	**7**	**18,5**	**45**	**13**	**23**	**23,5**	**20**	**19,5**	**13**	**19,5**	**15,5**	**16,5**	**5,5**	**6**
49,5	**48,5**	**16**	**47**	**87**	**25,5**	**87,5**	**82**	**62,5**	**67,5**	**40,5**	**39,5**	**44,5**	**37,5**	**31**	**25,5**

3. Genauigkeitsschicht

Bearb. Barzahl.	Bearb. Überweis.	Scheckbearb.	Wechselbearb.	Kontokorr.-kontenf.	Sparkontenf.	Kreditbearb.	Bearb. Auslandsg.	Abwickl. Effekteng.	Effektenhandel	Depotkontenf.	Masch.-buch.	Exped.	Regist.	Hausverw.	Telefon
49,5	48,5	16	47	87	25,5	87,5	82	62,5	67,5	40,5	39,5	44,5	37,5	31	25,5
2,5	2,5	1	2,5	5	1,5	5	4,5	3,5	4	2	2	2,5	2	1,5	1,5
1,5	1,5	0,5	1,5	19,5	1	98	29,5	2	29,5	1,5	1,5	1,5	1,5	1	1
15	6	3	10	8	4	3	4	2	1	6	2	1	1	1	—
6	6	5	6	8	2	3	6	3,5	3	—	—	1	—	1	←28
2	2	1	4	2	1	4	3	2	4	1	3	2	3	←35,5	
3	3	1	3	2	2	3	3	2,5	3	2	2	←45			
5	7	5	5	5,5	2	3	5	3,5	1	1	—	←52,5			
1,5	3	2	3	24	1	2	7	6	1	2	←50				
—	—	—	—	45	2,5	—	—	—	—	2,5					
86	**79,5**	**34,5**	**82**	**206**	**42,5**	**208,5**	**144**	**87,5**	**114**	**58,5**					

Die Möglichkeit einer unmittelbaren Zurechnung wird auch für die freiwilligen sozialen Leistungen unterstellt. Bei den Sachkosten ist eine direkte Verrechnung der Kosten für Vordrucke und Schreibbedarf, der (kalkulatorischen) Abschreibung auf Betriebs- und Geschäftsausstattung sowie der sonstigen Sachkosten durchgeführt.

In der zweiten Genauigkeitsschicht wurde die *Verrechnung der Stellengemeinkosten* nach folgenden Schlüsseln bzw. Schätzungen vorgenommen:

Pensionszahlungen
Schlüssel: Gehälter.

Abschreibungen (kalkulatorische) auf Bankräume
Schlüssel: modifizierter Quadratmeterschlüssel.

Heizung
Schlüssel: Größe der Heizkörper.

Licht, Kraft, Wasser, Reinigung
Schlüssel: kombinierter Schlüssel aus Brennstärke der Beleuchtungskörper, Anzahl, Größe und Beanspruchungsdauer der Maschinen, Beschäftigtenzahl sowie Quadratmeterzahl.

Porti, Fernsprech- und Telegrammgebühren
Schlüssel: nach Maßgabe einer einmalig durchgeführten Erhebung. Z. B. entfielen 80% der Portokosten auf den Versand der Tagesauszüge und sind somit der Kontokorrentabteilung zuzurechnen.

Gerichts- und Anwaltskosten
Schlüssel: nach geschätzter Beanspruchung.

Werbung
Schlüssel: nach Schätzung; die Kosten der Globalwerbung wurden der Stelle Gesamtinstitut belastet, während die Verteilung des Rests nach Schwerpunkten der Werbung erfolgte.

Prüfungskosten, Beiträge zu Verbänden und Körperschaften, Steuern und Abgaben

Diese Kostenarten wurden ausschließlich der Stelle Gesamtinstitut zugeordnet, für die sie, wie sämtliche Kostenarten, Einzelkosten darstellen. Dieses Verfahren stellt einen Kunstgriff dar, um die Aussagefähigkeit der zweiten Genauigkeitsschicht zu erhöhen. Die Umlage obiger Kosten wird auf dem hier eingeschlagenen Wege in die dritte Schicht verschoben.

Nach der Zuordnung auch der Stellengemeinkosten ist die Verteilung der originären Kostenarten auf die Stellen abgeschlossen.

Nunmehr ist noch die Umlage der den Allgemeinen und Hilfskostenstellen belasteten *Kosten auf die Hauptkostenstellen* zu erläutern. Die hier verwendeten

Schlüssel sind bei weitem ungenauer als die zur Verteilung der originären Kostenarten auf die Kostenstellen benutzten Maßstäbe. Vielfach blieb nur die reine Schätzung übrig. Im einzelnen wurde wie folgt verfahren:

Kosten des Gesamtinstituts
Umlageschlüssel: Summe der Stellenkosten vor Stellenumlage.

Kosten der Direktion
Umlageschlüssel: Schätzung; 50% Zuteilung auf Kreditabteilung, 15% auf Auslandsabteilung, 15% auf Börse, 10% auf Kontokorrentabteilung, 10% nach der Kostensumme der restlichen Kostenstellen auf diese Stellen.

Kosten der Revision und Innenleitung
Umlageschlüssel: Schätzung; relativ stark zu belasten waren die Abteilungen des laufenden Geschäfts.

Kosten der Hauptbuchhaltung
Umlageschlüssel: Schätzung; 75% Zuteilung auf die Kostenstellen Kasse bis Kreditabteilung, Restzuteilung je zur Hälfte auf Auslandsabteilung einerseits und Effektenkorrespondenz sowie Börse andererseits.

Kosten der Telefonzentrale
Umlageschlüssel: Telefongebühren.

Kosten der Hausverwaltung
Umlageschlüssel: Kombination aus den Schlüsseln für die „Sachkosten für Bankräume".

Kosten der Registratur
Umlageschlüssel: Schätzung; Verteilung nach der Höhe des Beleganfalls.

Kosten der Expedition
Umlageschlüssel: Schätzung; Verteilung nach Schwerpunkten, insbesondere Kontokorrentabteilung, Auslandsabteilung, Effektenkorrespondenz.

Kosten der Maschinenbuchhaltung
Umlageschlüssel: Schätzung; Verteilung auf Kontokorrentabteilung, Sparabteilung und Depotabteilung nach dem geschätzten Buchungspostenanfall.

Die **Auswertung der Kostenstellenrechnung zum Zwecke der Wirtschaftlichkeitskontrolle kann durch Gegenüberstellung der Relation Stellenkosten : Stellenleistungen im Zeit-, zwischenbetrieblichen oder Soll-Ist-Vergleich erfolgen.**

Außer der Erfassung und Verrechnung der Kosten ist somit auch die Existenz einer exakten *Betriebsstatistik* zur Erfassung der innerbetrieblichen Leistungen erforderlich.

2.2 Stückleistungsrechnung

2.2.1 Grundlagen und Aufgaben

Aufgabe der Stückleistungsrechnung ist es, die Kosten einzelner Marktleistungseinheiten zu ermitteln. Sie unterscheidet sich dadurch von der sogenannten Leistungsgruppenrechnung, daß sie nicht Bündel von Einzelleistungen, sondern **Leistungseinheiten als Kalkulationsobjekte** verwendet.

Maßstabsgröße für solche Leistungen ist die **Stückzahl** (bearbeitete Überweisungen, Schecks, Wechsel, Akkreditive, Kundenaufträge im Effektengeschäft usw.). Dabei bedeutet der Bezug auf die Stückeinheit grundsätzlich keine Beschränkung auf die Betriebskosten. Auch die Wertkosten können prinzipiell auf Stück verrechnet werden. Sinnvoll wird eine solche Verrechnung aber nur sein, wenn Einheiten betrachtet werden, die eine nennenswerte Kapitalbindung verursachen (z. B. eine Wechseldiskontierung).

Die Stückleistungsrechnung kann zum einen auf die Wirtschaftlichkeitskontrolle und zum anderen auf die Selbstkostenermittlung abzielen.

2.2.2 Stückleistungsrechnung zum Zwecke der Wirtschaftlichkeitskontrolle

Da eine Wirtschaftlichkeitskontrolle nur sinnvoll ist, wenn eine möglichst enge Verursachungsbeziehung zwischen Leistung und Kosten besteht, die aber in einwandfreier Weise vor allem im Betriebsbereich und hier nur in bezug auf die Stellendirektkosten vorhanden ist, beschränkt sich die Stückleistungsrechnung auf die Verrechnung der Betriebskosten bzw. bestimmter Kostenarten. Die **Ermittlung der Stückkosten** ist dann relativ einfach, wenn in den Leistungsgruppen bzw. Kostenstellen weitgehend gleichartige Stückleistungen erstellt werden. Bei Vorhandensein einer zuverlässigen Leistungs-(Posten-)statistik muß lediglich die innerhalb eines bestimmten Zeitraumes in der Leistungsgruppe bzw. Kostenstelle angefallene **(Betriebs-)Kostensumme durch die Anzahl der erstellten Leistungen (Posten) dividiert** werden. Diese reine Form der *Divisionskalkulation* läßt sich allerdings im Bankbetrieb nur selten anwenden. In den meisten Fällen haben die Stückleistungen auch dann, wenn eng abgegrenzte Leistungsbereiche, wie Kostenstellen und Leistungsgruppen, betrachtet werden, mehr oder weniger unterschiedliches Gewicht, das bei der Kostenverteilung berücksichtigt werden muß.

Diesen Gegebenheiten versucht die **Äquivalenzziffernrechnung** gerecht zu werden, indem sie die unterschiedliche Beanspruchung der Produktionsfaktoren durch die einzelnen Leistungen in bestimmten *Wertungs-(Äquivalenz-)ziffern* ausdrückt. Die sinnvolle Anwendung dieses Verfahrens erfordert, daß zwei Voraussetzungen erfüllt sind. Zum einen muß eine verfeinerte Leistungs-(Posten-)statistik vorhanden sein, die nach *unterschiedlichen* Leistungen (Posten) differenziert, und zum anderen müssen zutreffende Äquivalenzziffern errechenbar sein. Die Ermittlung eines geeigneten Maßstabes zur Bewertung der Leistungseinheit stößt indes auf einige Schwierigkeiten.

Einen durchaus brauchbaren **Maßstab für die Gewinnung von Äquivalenzziffern stellt die** für die Erstellung der einzelnen Stückleistungen **aufgewandte Arbeitszeit dar.** Hierbei bleiben zwar der unterschiedliche Maschineneinsatz, Materialverbrauch und dergleichen unberücksichtigt, im Interesse einer möglichst unkomplizierten Kalkulation müssen kleinere Ungenauigkeiten jedoch in Kauf genommen werden.

Die Wirtschaftlichkeitskontrolle auf der Basis der Stückkosten hat den großen Vorteil, daß sie relativ einfach zwischenbetrieblich ausgewertet werden kann. Dazu ist es allerdings erforderlich, sämtliche Betriebskosten zu verrechnen und die durch die Umlage der Gemeinkosten bedingte Willkür in Kauf zu nehmen, weil sonst infolge der unterschiedlichen Kostenstellenstruktur ein schiefes Bild entstehen müßte.

Die Kenntnis darüber, was ein Scheckeinzug, eine Überweisung, eine Wechselabrechnung oder die Bearbeitung eines bestimmten Kredits an Betriebskosten erfordert, vermittelt eine plastische, obgleich noch recht globale Vorstellung von der Kostensituation und kann nach Durchführung eines zwischenbetrieblichen Vergleichs Ausgangspunkt für eine Ursachenforschung sein.

2.2.3 Stückleistungsrechnung zum Zwecke der Selbstkostenermittlung

Wird die Stückleistungsrechnung zum Zwecke der Selbstkostenermittlung angestellt, so sind teilweise andere Wege zu beschreiten. Als wichtigster Gesichtspunkt hat zu gelten, daß eine solche Kalkulation notwendigerweise in jedem Fall eine **Vollkostenrechnung** sein muß.

Zunächst geht es darum, auch denjenigen Teil der Betriebskosten erst auf die Kostenstelle bzw. die Leistungsgruppe und sodann auf die Leistungseinheit umzulegen, der Gemeinkostencharakter hat. Ferner bedingt die Durchführung einer Vollkostenrechnung in bestimmten Fällen die **Einrechnung von Wertkosten.** Dies ist immer dann der Fall, wenn die Selbstkostenermittlung preispolitischen Zwekken dient oder in Richtung einer *Stückerfolgsrechnung oder Rentabilitätsschwellenberechnung* ausgewertet werden soll. Da die bankbetriebliche Leistungserstellung und -verwertung jedoch äußerst komplexer Natur ist, besteht bei derartigen Rechnungen die große Gefahr, daß eine zu einseitige Betrachtung ohne Würdigung des Erlöszusammenhanges erfolgt.

In keinem Fall darf ein Kosten-Erlös-Vergleich der Einzelleistungen isoliert zu unmittelbaren **Folgerungen für die Preispolitik** des Kreditinstituts führen, indem etwa in Erwägung gezogen wird, die Gebühren anzuheben, um die Kosten jeder Einzelleistung durch Erlös zu decken, weil viele Stückleistungen preispolitisch mit anderen Leistungen (vor allem Leistungen in Form der Kapitalüberlassung) in einem engen Zusammenhang stehen.

Andererseits erscheint es wichtig, den **Grad der Kostenunterdeckung** auf lange Sicht zu beobachten und für die Erfolgslage der Kreditinstitute gefährliche Entwicklungstendenzen gegebenenfalls durch Änderungen der Gebührensätze abzubremsen, wenn das Mißverhältnis zwischen Kosten und Erlösen unter Berücksichtigung der Werbewirkung von Dienstleistungen zu kraß wird. Diese Gesichtspunkte werden besonders in der Konten- und Kundenkalkulation berücksichtigt, als deren Vorstufe die Selbstkostenrechnung schließlich dient.

3. Dritte Rechnungsstufe

3.1 Teilzinsspannenrechnung (Schichtenbilanz)

3.1.1 Grundlagen und Aufgaben

Mit der Teilzinsspannenrechnung wird der Versuch gemacht, über die sich auf den Gesamtbetrieb beziehenden Ergebnisse der Gesamtzinsspannenrechnung hinaus **Erfolgsspannen aus bestimmten miteinander korrespondierenden Erfolgselementen** zu gewinnen, um dadurch einen Einblick in das Zustandekommen des Gesamterfolgs zu erlangen. Gleichzeitig werden Wertkosten und -erlöse für spätere Rechnungsverfahren aufbereitet.

Als Hilfsmittel dient dabei wiederum die *unkompensierte Bilanz.* Das Rechnungsergebnis wird in Prozent von Bilanzbeständen ausgedrückt. Soweit die Teilzinsspannenrechnung nur bis zur Bruttozinsspanne führt, ist – wie bereits früher dargestellt – eine unmittelbare Beziehung zwischen (Wert-)Kosten und entsprechenden Passivpositionen einerseits und zwischen (Wert-)Erlösen und entsprechenden Aktivpositionen andererseits gegeben. Das Problem reduziert sich damit auf die **Ermittlung von Beziehungen zwischen bestimmten Aktiv- und Passivbilanzpositionen bzw. -positionsgruppen,** um entsprechende Beziehungen zwischen Werterlösen und Wertkosten zu finden. Dieser Versuch wird durch das Aufstellen von Schichten- oder Teilbilanzen unternommen.

3.1.2 Aufbau der Teilzinsspannenrechnung

Bei der Aufstellung von Schichten- oder Teilbilanzen ist besonderer Wert auf die Erfassung der materiellen Zusammenhänge zu legen. Keinesfalls genügt es, daß die Zuordnung nach rein formalen Gesichtspunkten, z.B. den juristischen Laufzeiten, erfolgt. Nur eine Schichtung, die den *tatsächlichen* Gegebenheiten Rechnung trägt, d.h. mit eigenen liquiden und illiquiden Beständen in sich geschlossen ist, kann sinnvolle Ergebnisse zeitigen.

Bei dem Versuch, eine Verbindung zwischen bestimmten Aktiv- und Passivgeschäften bzw. -positionen herzustellen, besteht leicht die Gefahr, daß Konstruktionen geschaffen werden, die der tatsächlichen Geschäftspolitik in keiner Weise entsprechen. Finanzielle Zusammenhänge z.B. einmal zwischen Kontokorrentkrediten und Sichteinlagen, zum anderen zwischen Diskontkrediten und Termineinlagen deswegen anzunehmen, weil erstere formal jederzeit fällig sind, letztere Fristigkeiten von etwa drei Monaten besitzen, wäre äußerst problematisch und willkürlich.

Gleichwohl kann das Verfahren, die Bilanz in bestimmte Schichten oder Teile zu zerlegen, nicht von vornherein abgelehnt werden. Im Einzelfall können gesetzliche oder statutarische Vorschriften, die den Dispositionsspielraum der Geschäftsleitung einer Bank einengen, durchaus einen derartigen Schritt rechtfertigen. Die liquiden Mittel erster Ordnung eines Kreditinstituts lassen sich z. B. mit Hilfe der Mindestreservevorschriften bestimmten Passivpositionen zurechnen, wodurch die Kosten des frei verfügbaren Kapitals der verschiedenen Kapitalarten ermittelt werden können.

Ein ähnliches Hilfsmittel der Kalkulation vermögen gegebenenfalls die vom Bundesaufsichtsamt für das Kreditwesen gemäß §§ 10 und 11 KWG bekanntgemachten Grundsätze über das Eigenkapital und die Liquidität der Kreditinstitute zu sein. Dies gilt insbesondere für die Liquiditätsgrundsätze II und III, denen der Charakter bestimmter Strukturnormen nicht abgesprochen werden kann.

3.1.3 Beispiel einer Schichtenbilanz

Angewandt auf die Verhältnisse einer Sparkasse, ist im folgenden eine Schichtenbilanz wiedergegeben, die sich bemüht, den materiellen Zusammenhängen Rechnung zu tragen.

Aktiva			Passiva
Durchlaufende Kredite	8	Durchlaufende Kredite	8
Langfristige Ausleihungen		Langfristige Darlehen	2
(Teilbetrag)	2		
Langfristige Ausleihungen	36	Spareinlagen	60
Deckungsforderungen	2		
Terminguthaben	10		
Liquide Mittel	12		
Kurzfristige Forderungen		Sonstige Einlagen	30
an Kunden	11		
Terminguthaben	1		
Liquide Mittel	18		
Bilanzsumme	100	**Bilanzsumme**	100
Schichtenbilanz			

Bei der Bildung der **ersten Schicht** wurde von der Überlegung ausgegangen, daß außer den durchlaufenden Krediten auch die aufgenommenen langfristigen Darlehen im wesentlichen Zusammenhang mit öffentlichen Kreditaktionen stehen, die ihren Gegenposten unter den sonstigen langfristigen Ausleihungen haben und dort herausgelöst werden müssen.

Der Schaffung der **zweiten Schicht** kam der Umstand entgegen, daß sich dank der genau zu befolgenden Mustersatzung in Verbindung mit den Liquiditätsgrundsätzen des Bundesaufsichtsamtes für das

Kreditwesen sinnvolle Zuordnungen zwischen Einlagen und liquiden Mitteln vornehmen lassen. Von den Spareinlagen können nach der Mustersatzung maximal 50% in Hypotheken angelegt werden. Grundsatz II des Bundesaufsichtsamtes für das Kreditwesen erlaubt die langfristige Anlage von 60% der Spareinlagen. Unter diesen Umständen erscheint die Annahme gerechtfertigt, daß ca. 60% der Spareinlagen ihre Verwendung in den langfristigen Ausleihungen (mit Ausnahme des in die erste Schicht einbezogenen Teils) gefunden haben.

Innerhalb der Position „Liquide Mittel" lassen sich unmittelbar nur die Guthaben bei der Deutschen Bundesbank auf Grund der Mindestreservebestimmungen und die bei der Girozentrale gehaltenen Liquiditätsreserven zurechnen. Eine weitere Spezifizierung des Postens „Liquide Mittel" läßt sich nur durch Annahmen erreichen; je nach den gemachten Unterstellungen, bei denen sich in der Praxis im allgemeinen eine Wirklichkeitsnähe erreichen läßt, kann der Posten „Liquide Mittel" in den Schichten 2 und 3 eine sehr unterschiedliche Zusammensetzung aufweisen.

Wurde bisher die Rechnung nur bis zur **Bruttoteilzinsspanne** geführt, so ist abschließend zu untersuchen, inwieweit eine Ergänzung durch die **Ermittlung einer Teilbedarfsspanne** zweckmäßig und möglich ist. Die Tatsache, daß einzelne Geschäftsbereiche in sehr unterschiedlichem Maße durch Betriebskosten bzw. dem Saldo aus Beriebskosten und Betriebserlösen belastet sind, läßt die Kenntnis der zugehörigen Teilbedarfsspanne zur Beurteilung der Frage, wie bestimmte Teilbereiche zum Gesamtgewinn beitragen, als wertvoll erscheinen. Jedoch ist zu beachten, daß die Leistungsverbundenheit gerade im Betriebsbereich besonders hoch ist und eine Zurechnung erschwert. Die Verteilung aller Wert- und Betriebskosten auf bestimmte Teilbereiche sollte grundsätzlich der Geschäftsspartenkalkulation vorbehalten bleiben, die speziell hierfür entwickelt worden ist.

3.2 Geschäftsspartenkalkulation

3.2.1 Grundlagen und Aufgaben

Die Geschäftsspartenkalkulation ermittelt die **Kosten und Erlöse** und damit den (Gesamt-)Erfolg **einzelner Bereiche der bankgeschäftlichen Tätigkeit.** Aufgabe der Geschäftsspartenkalkulation ist es, Unterlagen für betriebspolitische Entscheidungen zu schaffen. Die Kenntnis der *Spartenerfolgsziffern* soll dem Institut einen Eindruck darüber vermitteln, wo die Gewinn- und eventuell die Verlustquellen liegen. Die Konsequenzen hieraus könnten z. B. in Richtung einer *Intensivierung der rentabelsten Sparten* und – soweit möglich – einer geringeren Betonung der weniger lukrativen Geschäftsbereiche gezogen werden.

Die Geschäftsspartenkalkulation, in deren Rahmen gewissermaßen eine besondere *Gewinn- und Verlustrechnung* für jede der gebildeten Sparten aufgestellt wird, vermag grundsätzlich um so mehr auszusagen, je schmaler der Bereich ist, dessen Kosten und Erlöse betrachtet werden. Die Einführung einer stark und ohne Beachtung der organischen Zusammenhänge nach Sparten differenzierten Kalkulation muß jedoch daran scheitern, daß mit jeder zusätzlichen Sparte, Abteilung oder Stelle die Zurechnung von Kosten und vor allem von Erlösen auf die einzelnen Teilbereiche schwieriger und durch notwendige Schlüsselungen das Ergebnis ungenauer wird. Im Normalfall sollten daher in der Geschäftsspartenkalkulation *nicht mehr als drei bis fünf Geschäftssparten* gebildet werden.

3.2.2 Aufbau der Geschäftsspartenkalkulation

Wie auch im Schema der Bankkalkulation[1] zum Ausdruck kommt, werden im **Betriebskostenbereich** bereits in der *Kostenstellenrechnung* und der *Leistungsgruppenrechnung* weitgehende Vorarbeiten geleistet. Bei der weiteren Zusammenfassung marktbezogener Stellen bzw. Stellenbereiche zu Geschäftssparten können zunächst diejenigen Betriebskosten den Geschäftssparten *unmittelbar* zugeordnet werden, bei welchen ein direkter Verursachungszusammenhang besteht (z. B. Kosten der Hypothekendarlehensabteilung zur Sparte „Langfristiges Geschäft"). Das gleiche gilt für die Zuordnung der Kosten der betriebsbezogenen Stellen zu den Sparten (z. B. direkte Zuordnungsmöglichkeit der Kosten der Hypothekenbuchhaltung zur Sparte „Langfristiges Geschäft" oder der der Wechselkopierstelle zum „kurzfristigen Geschäft").

Somit verbleiben noch diejenigen Stellen, die Leistungen für *verschiedene* Geschäftssparten erbringen. Bei diesen handelt es sich zunächst ebenfalls um marktsowie um betriebsbezogene Stellen und sodann um den auch kostenmäßig ins Gewicht fallenden **Geschäftsleitungsbereich**. Während bei der ersten Gruppe, zu der etwa die Zahlungsverkehrsabteilungen (Überweisungsabteilung, Scheckabteilung, Kasse), die Auskunfts- und Beratungsabteilung, die Maschinenbuchhaltung, Expedition, Registratur und dergleichen zählen, über Postenstatistiken und/oder Zeitaufschreibungen hinlängliche Verteilungsschlüssel gewonnen werden können, bleibt bei den Geschäftsleitungskosten im allgemeinen nur eine Pauschalierung übrig, es sei denn, daß eine geschäftssparenmäßige Ressortaufteilung vorliegt. Rein technisch vereinfacht sich die Kostenzuordnung erheblich, wenn der Spartenkalkulation eine Leistungsgruppenrechnung vorangeht.

Die Geschäftsspartenkalkulation kann aber auch aus der Gesamtbetriebskalkulation und der Schichtenbilanz entwickelt werden. Insbesondere für kleinere Institute, bei denen die Durchführung einer Kostenstellenrechnung unangebracht ist, bietet es sich an, diesen Weg zu gehen.

Zur **Verteilung der Wertkosten** ist grundsätzlich die *Schichtenbilanz* zu verwenden, mit deren Hilfe den einzelnen Geschäftssparten die durch sie verursachten Kapitalbeschaffungskosten unmittelbar zugeordnet werden (z. B. Pfandbriefzinsen bzw. ein bestimmter Teil der Spareinlagezinsen zum langfristigen Geschäft, Zinskosten für durchlaufende Kredite zur gleichnamigen Sparte).

Keine Schwierigkeiten bereitet normalerweise die **Zurechnung der Risikokosten** zu den einzelnen Geschäftssparten, da die Risiken im allgemeinen von der Marktleistungstätigkeit der Kreditinstitute abhängig sind und eine strenge Verursachungsbeziehung vorliegt (z. B. Delkredererisiko des Kreditgeschäfts, Kursrisiko des Effektengeschäfts, Fremdwährungs- und Delkredererisiko des Außenhandelsgeschäfts usw.).

---

1 Vgl. S. 718 f.

3.3 Konten- und Kundenkalkulation

3.3.1 Grundlagen und Aufgaben

Die **Kontenkalkulation** dient der Feststellung, inwieweit *einzelne* von Kunden unterhaltene Konten zum Gesamterfolg des Instituts beitragen.

Die **Kundenkalkulation** soll ermitteln, in welcher Weise sich die *gesamten* mit einem Kunden bestehenden Geschäftsbeziehungen bei dem Kreditinstitut erfolgsmäßig auswirken.

Die Kundenkalkulation baut damit unmittelbar auf den Ergebnissen der Kontenkalkulation auf, indem sie die hier gewonnenen Einzelresultate sammelt und in einem größeren Zusammenhang betrachtet. Die Konten- und Kundenkalkulation wird sich normalerweise nur auf einen Teil der Konten bzw. Kunden beschränken, und zwar auf jenen, der z. B. nach einer Kontendurchsicht für möglicherweise nicht rentabel gehalten wird.

Im folgenden soll der Aufbau der Kundenkalkulation kurz dargestellt werden.

3.3.2 Aufbau der Kundenkalkulation

In der Kundenkalkulation erfolgt als erster Schritt die **Zusammenfassung der Kalkulationsergebnisse für alle Konten** eines Kunden. Dabei kann sich ergeben, daß trotz eines oder mehrerer defizitärer Konten die Gesamtgeschäftsverbindung doch als lukrativ angesehen werden kann und umgekehrt. Zum Beispiel kann der Fall eintreten, daß zwar die Führung des Gehaltskontos und des Depotkontos für die Bank ein Verlustgeschäft darstellt, daß aber die Unterhaltung eines Sparkontos und die Abwicklung von Effekten- und Devisen-(sorten-)Geschäften diesen Verlust überkompensieren.

Umgekehrt mag es vorkommen, daß sämtliche Konten, wie laufendes Geschäftskonto, Festgeldkonto und die sonstigen Geschäftsverbindungen, z. B. Durchführung von Emissionen, Außenhandelsgeschäften usw., gewinnbringend sind, daß sich aber das Unternehmen die Übernahme der bargeldlosen Lohn- und Gehaltszahlung ausbedungen hat, die das Gesamtergebnis negativ werden läßt.

Bevor auf Grund der bisherigen Ergebnisse irgendwelche geschäftspolitischen Schritte unternommen werden, ist die Kalkulation noch in verschiedener Hinsicht zu überprüfen.

Zunächst ist zu untersuchen, ob die **Länge des kalkulierten Zeitraumes** eine endgültige Aussage erlaubt. Saisonale Einflüsse können ein unzutreffendes Bild vermitteln, und zum andern können berechtigte Aussichten auf eine andersgeartete künftige Entwicklung bestehen. In diesem Lichte sind z. B. die in der jüngsten Vergangenheit intensivierten Bemühungen der Kreditinstitute, auch den „Kleinen Mann" als Kunden zu gewinnen, zu sehen. Eine Kundenkalkulation würde hier wohl zeigen, daß in den meisten Fällen die Geschäftsbeziehungen verlustbringend sind. Gleichwohl läßt die Hoffnung, daß der „unrentable" Kunde von heute der „rentable" Kunde von morgen sein wird, die Durchführung von Geschäften wie Schulsparen, Investmentsparen, Effektensparen (Volksaktie), persönlicher Kleinkredit usw. sinnvoll erscheinen.

Defizitäre Konten sollten auch daraufhin untersucht werden, welche **Arten von Geschäftsvorfällen** zu dem errechneten Verlust geführt haben. Sollte sich z. B. herausstellen, daß der Kunde infolge vieler Überweisungen, die sich – weil sie an Kunden des gleichen Instituts gerichtet sind – durch Überträge erledigen lassen, als verlustbringend ermittelt wurde, so ist dieser Fall anders zu behandeln, als wenn die Überweisungen zu einem Einlagenabzug für das Institut führen würden. Damit ergibt sich, daß auch die Geschäftsbeziehungen der Kunden untereinander mit in die Betrachtung einbezogen werden müssen.

Stellt sich nach Berücksichtigung all dieser Umstände die Geschäftsbeziehung zu einem Kunden dennoch als verlustbringend dar, so ist, von Ausnahmen (z. B. Sparkonten, insbesondere bei Sparkassen) abgesehen, zu versuchen, Konsequenzen hinsichtlich der **Konditionsgestaltung** zu ziehen. Das kann etwa dadurch geschehen, daß Stückgebühren oder Kontoführungsgebühren erhoben oder erhöht werden oder daß die bisher provisionsfreie Rechnung umgewandelt wird bzw. daß dem Kunden nahegelegt wird, ein höheres Durchschnittsguthaben zu unterhalten oder dem Institut auch lukrative Geschäfte zuzuführen.

Aufgaben:

1. Was ist unter dem Begriff Bankkalkulation zu verstehen, und wodurch unterscheidet er sich von dem Begriff der Kalkulation im industriellen Rechnungswesen?
2. Was sind Kosten, Leistungen und Erlöse im Bankbetrieb, und wie werden diese Komponenten bei den verschiedenen Kalkulationsverfahren zueinander in Beziehung gesetzt?
3. Welchen Aufgaben dient die Bankkalkulation, und wodurch unterscheiden sich im einzelnen die auf ein bestimmtes Kalkulationsziel ausgerichteten Rechnungen?
4. Welche Unterschiede bestehen zwischen der Gesamtbetriebskalkulation und der Brutto-Gewinn- und Verlust-Rechnung?
5. Skizzieren Sie den Aufbau einer Gesamtzinsspannenrechnung im allgemeinen, und erläutern Sie sie am Beispiel der „Zinsertragsbilanz" der Deutschen Bundesbank!
6. Wie stellt sich die Gewinn- und Verlustrechnung der Kreditinstitute vereinfacht in Staffelform dar? – Vergleichen Sie das Ergebnis mit der ebenfalls in Staffelform dargestellten Gewinn- und Verlustrechnung einer industriellen Unternehmung (gemäß § 132 Abs. 3 AktG)!
7. Worauf zielt die Kostenstellenrechnung im Bankbetrieb ab, und inwiefern enthält sie besondere Probleme?
8. Warum läßt sich die Divisionskalkulation im Rahmen der Stückleistungsrechnung in den Bankbetrieben nur selten anwenden, und inwieweit stellt in diesem Zusammenhang die Äquivalenzziffernrechnung eine Lösung dar?
9. Stellen Sie an Hand eines Beispiels aus der Praxis eine Schichtenbilanz auf!
10. Was ist das Ziel der Geschäftsspartenkalkulation, und wie ist sie zu kennzeichnen?
11. Welches sind die Aufgaben der Konten- und Kundenkalkulation?
12. Welche geschäftspolitischen Möglichkeiten bieten sich den Banken, defizitäre Konten in sogenannte „rentable Konten" umzuwandeln, und inwiefern sind diese Bemühungen zu rechtfertigen?

B. Bankpolitik

I. Begriff und Bestimmungsgründe der Geschäfts- und Betriebspolitik der Kreditinstitute

Bei der Untersuchung der Bestimmungsgründe für das wirtschaftliche Handeln kann auch bei den Kreditinstituten ganz allgemein davon ausgegangen werden, daß aus den sich darbietenden Verhaltensmöglichkeiten jeweils diejenigen ausgewählt werden, die den größtmöglichen Erfolg versprechen. Dies entspricht dem **Rationalprinzip, das als Voraussetzung allen wirtschaftlichen Handelns anzusehen ist.**

Unter der Geschäftspolitik der Kreditinstitute sind demnach alle Maßnahmen zu verstehen, die auf die Erzielung von Überschüssen der Erträge über die Aufwendungen (= Gewinn) oder auf die Erzielung von Überschüssen, bezogen auf das eingesetzte Kapital (= Rentabilität), unter Wahrung von Sicherheit und Liquidität gerichtet sind.
Die Betriebspolitik strebt als ein Teil der Geschäftspolitik die Senkung der Aufwendungen im technisch-organisatorischen Leistungsbereich eines Kreditinstitutes (= Wirtschaftlichkeit) an.

Die Kreditinstitute sind Betriebswirtschaften, deren Aufgabe u. a. die Geld- und Kreditversorgung der Wirtschaft ist. Die erforderlichen Mittel, abgesehen von dem zur Verfügung stehenden eigenen Kapital, wird durch die Annahme von Einlagen und die Aufnahme von Krediten beschafft. Die für die Kreditinstitute charakteristischen Leistungen werden dadurch hervorgebracht, daß – wie bei anderen Betriebswirtschaften – die produktiven Faktoren Arbeit und Betriebsmittel in bestimmter Weise kombiniert werden. Das gilt für Kreditinstitute aller Wirtschaftssysteme. Die Prinzipien dagegen, die das Verhalten der Kreditinstitute in jedem einzelnen Fall bestimmen, hängen eng zusammen mit den Ordnungsprinzipien der Wirtschaftssysteme, in denen sie arbeiten.

Leitmaxime jeder betrieblichen Betätigung in einem marktwirtschaftlichen Wirtschaftssystem ist das erwerbswirtschaftliche Prinzip, das durch das Streben nach einem möglichst hohen Gewinn zu kennzeichnen ist. Auch bei den Kreditinstituten innerhalb der Bundesrepublik – einer sozialen Marktwirtschaft mit Entscheidungsfreiheit der einzelnen Wirtschaftssubjekte unter Berücksichtigung gewisser Interventionsmöglichkeiten des Staates zur Erreichung bestimmter wirtschaftspolitischer Ziele – kann demzufolge grundsätzlich von der Annahme ausgegangen werden, daß das erwerbswirtschaftliche Prinzip Leitmaxime ist, wenngleich es einige Ausnahmen von diesem Grundsatz gibt.

Eine Begrenzung findet das erwerbswirtschaftliche Prinzip insofern, als jede wirtschaftliche Tätigkeit durch Risiken bedroht wird und im allgemeinen die Gewinnchancen, aber auch die Verlustmöglichkeiten um so größer sind, je größer die Risiken sind. Dem Streben nach einem möglichst hohen Gewinn sind daher durch die Risiken Schranken auferlegt: **Dem Streben nach Gewinn steht das Streben nach Sicherheit gegenüber.** Es verlangt bei jeder auf Gewinnerzielung gerichteten Tätigkeit Beachtung, wenn ein Kreditinstitut in seinem Bestand nicht gefährdet werden soll, und dient damit zugleich auch jener Leitmaxime der Kreditinstitute, die als das erwerbswirtschaftliche Streben gekennzeichnet worden ist.

II. Sicherheit und Ertrag als „Pole" der Bankpolitik

Der Erfolg jeder wirtschaftlichen Tätigkeit wird durch eine Vielzahl von *Risiken* bedroht, die sich aus den negativen Abweichungen der tatsächlichen Gegebenheiten von den Annahmen über den gegenwärtigen Stand und die zukünftige Entwicklung ergeben.

Weil sich der Ablauf des wirtschaftlichen Geschehens irgendwelchen Berechnungsmöglichkeiten entzieht, ist es grundsätzlich nicht möglich, die Entwicklung der zukünftigen Verhältnisse exakt vorauszusehen, und aus diesem Grunde sind die Kreditinstitute *häufig* auf *Annahmen über den gegenwärtigen Stand* und *immer* auf *Schätzungen über den zukünftigen Verlauf* der Dinge angewiesen; beide können falsch sein. Andererseits können die Abweichungen positiv und negativ sein. Im ersten Falle handelt es sich um Chancen, im zweiten Falle um Risiken.

Dem Streben nach einem möglichst hohen Ertrag sind infolgedessen durch das Vorhandensein von Risiken und die daraus resultierende Notwendigkeit, auf die Sicherheit bedacht zu sein, Grenzen gesetzt. Jeder Gewinnchance steht eine entsprechende Verlustmöglichkeit gegenüber. *Langfristig* können Gewinne nur erzielt werden, wenn die Verlustmöglichkeiten eine gebührende Berücksichtigung erfahren. Nur so ist der Bestand einer Betriebswirtschaft auf die Dauer zu sichern, und dies wiederum ist die Voraussetzung für die Erzielung von Gewinnen.

Das Streben nach Sicherheit ist insofern **als unabdingbare Voraussetzung langfristiger Gewinnerzielung anzusehen** und kann als das Streben nach der für die langfristige Erzielung von Gewinnen erforderlichen Berücksichtigung der vorhandenen Risiken gekennzeichnet werden.

1. Risiken und Streben nach Sicherheit

In den folgenden Ausführungen soll wegen der bisher vorgenommenen Einteilung des Bankbetriebes in die Bereiche der Geschäftstätigkeit und der Betriebstätigkeit zwischen den Risiken im Geschäftsbereich und den Risiken im Betriebsbereich der Kreditinstitute unterschieden werden.

1.1 Risiken im Geschäftsbereich

Bei dem Versuch, die Vielfalt der Risiken im Geschäftsbereich der Kreditinstitute systematisch zu erfassen, erscheint es zweckmäßig, aus der Gesamtheit dieser Risiken alle mit der Zahlungsfähigkeit der Institute im Zusammenhang stehenden Risiken auszusondern, weil es sich hierbei um einen für die Kreditinstitute besonders wichtigen Risikokomplex handelt.

1.1.1 Liquiditätsrisiko

Das Liquiditätsrisiko der Kreditinstitute ist darin zu erblicken, daß ihre **Zahlungsfähigkeit** bedroht wird.

Liquiditätspolitik hat das Bemühen zum Inhalt, unter Wahrung der Rentabilität allen Zahlungsansprüchen jederzeit gerecht zu werden.

Insoweit besteht zwischen der Liquiditätspolitik der Kreditinstitute und derjenigen anderer Betriebswirtschaften kein Unterschied. Jedoch tritt das Liquiditätsproblem bei den Kreditinstituten, deren Geschäftätigkeit weitgehend auf Zahlungsvorgängen beruht, stärker in den Vordergrund. Dazu kommt, daß die Kreditinstitute *nicht nur berechtigten, sondern auch noch nicht fälligen Zahlungsansprüchen* ihrer Kunden nachkommen. Sie erfüllen z. B. Wünsche nach vorzeitiger Rückzahlung von Termin- oder Spareinlagen, wenn auch vielfach mit einem entsprechenden Zinsabzug.

Als **liquiditätsbestimmende Faktoren** sind die Ein- und Auszahlungsströme anzusehen. Sie entstehen bei den Kreditinstituten wie bei anderen Betriebswirtschaften auf Grund ihrer betrieblichen Betätigung. Das Besondere bei den Kreditinstituten ist aber, daß infolge der Stellung des Kapitals als unmittelbarer Produktionsfaktor der Einzahlungsstrom ein Pendant zum Auszahlungsstrom darstellt und umgekehrt, soweit Auszahlungen auf vorherigen Einzahlungen beruhen (z. B. beim Abzug von Depositen) oder Einzahlungen auf Grund vorausgegangener Auszahlungen stattfinden (z. B. bei der Rückzahlung von Krediten).

Anders ist dies zwar bei denjenigen Auszahlungen, die zur Entlohnung der Arbeitskräfte der Kreditinstitute oder zur Durchführung von Investitionen im Betriebsbereich erforderlich werden, bzw. bei Einzahlungen, die als Zinsen, Provisionen, Gebühren usw. bei den Kreditinstituten eingehen. Diese zuletzt genannten Aus- und Einzahlungen fallen jedoch hier nicht ins Gewicht, so daß durchaus von einer Besonderheit des Ein- und Auszahlungsstromes bei den Kreditinstituten gegenüber anderen Betriebswirtschaften gesprochen werden kann.

Alle Ein- und Auszahlungen können grundsätzlich bar oder unbar erfolgen. Beide Möglichkeiten haben auf die Liquiditätslage der Kreditinstitute unterschiedliche Auswirkungen.

Die *baren Ein- und Auszahlungen* verändern den baren Kassenbestand der Kreditinstitute. Durch Bareinzahlungen werden die potentiellen Zahlungsansprüche gegen die Kreditinstitute höher, durch bare Auszahlungen niedriger. Bare Ein- und Auszahlungen bewirken demnach stets eine gleichgerichtete Bewegung der insgesamt möglichen Zahlungsansprüche, die an die Kreditinstitute herangetragen werden können.

Bei den *unbaren Zahlungen* können zwei typische Zahlungsverkehrsarten unterschieden werden, nämlich einmal der Zahlungsverkehr innerhalb eines Kreditinstitutes und zum anderen derjenige zwischen verschiedenen Instituten.

Der *Zahlungsverkehr innerhalb eines Kreditinstituts* umfaßt Zahlungsvorgänge auf Girokonten dieses Instituts. Auftraggeber und Zahlungsempfänger müssen also Konten bei derselben Bank besitzen, wobei es gleichgültig ist, ob es sich um Institute ohne oder mit Filialen handelt. Der Zahlungsvorgang erfolgt als Umbuchung vom Konto des Zahlungsanweisers auf das Konto des Zahlungsempfängers, ohne daß die Bank hierfür liquide Mittel einzusetzen braucht. In allen Fällen bleiben die potentiellen Zahlungsansprüche gegen das Kreditinstitut die gleichen. Da die Kreditinstitute bei Umbuchungen keine liquiden Mittel einzusetzen brauchen, ist es für sie günstig, möglichst viele Zahlungen im eigenen Haus durchzuführen.

Die Liquiditätslage eines Kreditinstitutes verbessert sich also unter sonst gleichen Umständen in dem Maße, in dem die Möglichkeit der Ausführung von Zahlungen im eigenen Haus wächst.

Dies wiederum steht in engem Zusammenhang mit der Zahl der bei einem Kreditinstitut unterhaltenen Konten, denn nach dem Gesetz der großen Zahl ist damit zu rechnen, daß um so mehr Zahlungen im eigenen Haus ausgeführt werden können, je mehr Konten vorhanden sind, weil dann eher die Möglichkeit besteht, daß Zahlungsanweiser und Zahlungsempfänger die gleiche Bankverbindung besitzen.

Beim unbaren *Zahlungsverkehr zwischen den Kreditinstituten* unterhalten der Auftraggeber einer Zahlung und der Zahlungsempfänger Konten bei verschiedenen Kreditinstituten. Dabei kann der Zahlungsverkehr direkt von Kreditinstitut zu Kreditinstitut oder über Zentralstellen geleitet werden.

Auszahlungen, die an andere Kreditinstitute geleistet werden, vermindern die potentiellen Zahlungsansprüche des einzelnen Kreditinstituts, Einzahlungen erhöhen sie.

Wird dagegen ein *Zahlungsverkehrsnetz* insgesamt betrachtet, so verhält es sich mit den potentiellen Zahlungsansprüchen wie beim Haus- und Institutsgiro, d. h. die potentiellen Zahlungsansprüche innerhalb des Gesamtsystems verändern sich nicht. Die Kreditinstitute tendieren infolgedessen dahin, Zahlungen möglichst im Zahlungsverkehrssystem ihrer Zentralstelle zu erledigen. Ermöglicht wird ihnen dies durch die **Fakultativklausel**, die den Kreditinstituten die Wahl des Zahlungsweges überläßt, wenn sie vom Zahlungsanweiser nicht ausdrücklich ausgeschlossen wird.

Grundsätzlich hat die *Liquiditätsvorsorge* unter Beachtung der bestehenden Vorschriften so zu erfolgen, daß die Zahlungsfähigkeit der Institute ständig gesichert ist, dabei aber keine Mittel unnötig einer ertragreicheren Verwendung entzogen werden. Das gilt insbesondere für die ertraglosen Bestände auf dem Kasse-, Landeszentralbank- und Postscheckkonto, aber auch für die weniger ertragreichen Nostroguthaben bei anderen Kreditinstituten. Die geldmarktfähigen Titel in Form von Wechseln, Privatdiskonten, Schatzwechseln und unverzinslichen Schatzanweisungen sowie Wertpapieren, die im allgemeinen bei guter Realisierbarkeit relativ hohe Erträge erbringen, sind dagegen für die Liquiditätsvorsorge sehr gut geeignet.

Problematisch ist die Bemessung der **optimalen Bestände auf den Geldkonten**. Sie müssen auf jeden Fall so hoch sein, daß sie für die täglichen Auszahlungen unter Berücksichtigung der erfolgenden Einzahlungen und der Zeitspanne, in der sie bei Bedarf aufgefüllt werden können, ausreichen. Praktisch ist diese Forderung nur der Tendenz nach zu verwirklichen, da über die zukünftige Höhe der Ein- und Auszahlungen von den Kreditinstituten lediglich Schätzungen angestellt werden können.

1.1.2 Kreditrisiko

Das größte und charakteristischste Risiko der Geschäftstätigkeit der Kreditinstitute ist das aktive und passive Kreditrisiko.

a) Aktives Kreditrisiko

Das aktive Kreditrisiko entsteht bei der Gewährung von Krediten durch die Kreditinstitute, weil die Kreditnehmer die erhaltenen Kreditbeträge u. U. nicht oder nicht fristgerecht zurückzahlen oder die vereinbarten Zinsen, Provisionen und Gebühren nicht oder nicht fristgerecht begleichen. Ein unmittelbar damit zusammenhängendes Risiko liegt darin, daß die Absicherungen der Kredite sich teilweise oder vollständig als mangelhaft erweisen.

Den besonderen Kreditrisiken des Bankgeschäfts wird – schon im Gläubigerinteresse – bereits in den gesetzlichen Grundlagen dieses Gewerbes Rechnung getragen.

Zusätzlich zu den schon erwähnten Großkreditregelungen wirken auch die Bestimmungen zu den Millionenkrediten und den Organkrediten risikobeschränkend.

Jeweils bis zum 10. Tag der Monate Februar, April, Juni, August, Oktober und Dezember haben die Kreditinstitute der Deutschen Bundesbank diejenigen Kreditnehmer mitzuteilen, deren Verschuldung bei ihnen während der vor dem Meldetermin liegenden zwei letzten Monate eine Million DM oder mehr betragen hat.

KWG
§ 14, 1

Wenn ein Kreditnehmer bei mehr als einem Kreditinstitut Millionenkredite erhalten hat, so meldet dies die Bundesbank an die betroffenen Kreditinstitute, die nun ihre weitere Kreditpolitik darauf einstellen können.

In zweifacher Hinsicht wirken die Bestimmungen zu den Organkrediten (Kredite an Geschäftsführer, Aufsichtsratmitglieder usw.): Erstens dürfen diese Kredite §§ 15, 1 nur nach einstimmigem Beschluß der Geschäftsleiter und nach ausdrücklicher –15, 3 Zustimmung des Aufsichtsorgans gegeben werden, zweitens sind diese Kredite § 16 dem Bundesaufsichtsamt für das Kreditwesen zu melden.

Als vorbeugende Sicherheitsmaßnahmen gegen die Risiken des aktiven Kreditgeschäfts der Kreditinstitute kommen solche in Frage, die auf das *Kreditgeschäft in seiner Gesamtheit* abgestellt sind, und solche, die sich auf die Gewährung eines *einzelnen Kredites* beziehen. Im ersteren Fall handelt es sich um allgemeine Maßnahmen der *Geschäftspolitik*, im letzteren im wesentlichen um die *Kreditwürdigkeitsprüfung*, die Stellung von Sicherheiten und die Kreditüberwachung; sie bedürfen an dieser Stelle keiner besonderen Darstellung mehr.

Die allgemeinen **Maßnahmen im Rahmen der vorbeugenden Sicherheitspolitik** gegen das aktive Kreditrisiko umfassen alle grundsätzlichen Erwägungen, welche die Geschäftsleitung eines Kreditinstituts bei der Gewährung von Krediten anzustellen hat, um von dem Kreditgeschäft in seiner Gesamtheit Risiken möglichst fernzuhalten. Dazu gehört einmal die Beachtung der bestehenden gesetzlichen und halbgesetzlichen Vorschriften, Anhaltspunkte und Empfehlungen für das Kreditgeschäft der Kreditinstitute und zum anderen das Handeln nach den „*Prinzipien der Risikopolitik*", von denen hier allerdings nur die Grundsätze der *Risikoverteilung* und der *Risikoabwälzung* in Frage kommen.

b) Passives Kreditrisiko

Das passive Kreditrisiko resultiert einmal daraus, daß die bei der Aufnahme von Krediten durch die Kreditinstitute eingegangenen Bedingungen sich später als nachteilig erweisen, und zum andern daraus, daß Kredite, früher als normalerweise zu erwarten war, zurückgefordert werden. Die Ursachen dafür können in Zahlungsschwierigkeiten eines Gläubigerinstituts oder in einer sich speziell gegen das Schuldnerinstitut richtenden Vertrauenskrise liegen, sind aber nicht selten auch in einer Änderung der gesamtwirtschaftlichen Verhältnisse, sei es infolge konjunktureller Schwankungen, politischer Spannungen oder sonstiger unvorhersehbarer Einflüsse, zu suchen.

Bei einer allgemeinen Zinssenkung z. B. stellt ein zu einem relativ hohen Zinssatz aufgenommener langfristiger Kredit eine Belastung für das Kreditinstitut dar. Das gleiche ist der Fall, wenn bei einer allgemeinen Erhöhung des Zinsniveaus ein kurzfristig aufgenommener relativ billiger Kredit durch einen mit höherem Zinssatz ersetzt werden muß oder der Kreditgeber für einen langfristig aufgenommenen relativ billigen Kredit durch Konvertierung einen höheren Zinssatz zu erreichen sucht.

Die **plötzliche Rückforderung von Krediten** ist ebenfalls als ein mit der Kreditaufnahme verbundenes Risiko anzusehen; doch sind die Wirkungen, die davon ausgehen, ausschließlich liquiditätsmäßig von Bedeutung, so daß ebenso gut von einem Liquiditätsrisiko gesprochen werden kann. Das gilt auch für die unvermutete **Rückforderung von Einlagen,** die als passives Kreditrisiko zu bezeichnen ist, obwohl die Einlagen normalerweise nicht als Kredite angesehen werden.

1.1.3 Risiken des Effektengeschäfts

Neben den Kreditrisiken sind die Risiken des Effektengeschäfts für die Kreditinstitute von besonderer Bedeutung. Wegen der Verschiedenartigkeit dieser Risiken ist zu unterscheiden zwischen Risiken, die sich aus dem Eigenbesitz von Effekten bei den Kreditinstituten ergeben, Risiken, die aus dem Effektenemissionsgeschäft resultieren, und Risiken, die mit dem Effektenkommissionsgeschäft verbunden sind.

Die Risiken bei den Eigenbeständen an Effekten liegen darin, daß Wertpapiere keinen oder einen geringeren Ertrag als erwartet erbringen, die in den Wertpapieren verbrieften Forderungen und Anteile einen Wertverfall erleiden oder Kurseinbußen entstehen. Diese Risiken sind allerdings bei den verschiedenen Arten von Effekten in unterschiedlichem Umfang vorhanden.

Das Risiko des Effektenemissionsgeschäftes liegt darin, daß die zu emittierenden Papiere nicht völlig untergebracht werden können. Je nach der Art des Übernahmevertrages können sich daraus verschiedene Auswirkungen ergeben.

Wird das Emissionsgeschäft von den Kreditinstituten nur *kommissionsweise* betrieben, so besteht lediglich die Gefahr, daß dabei eine Minderung der erwarteten Erträge in Form der Provision oder Bonifikation für die abgesetzten Stücke eintritt.

Führen die Kreditinstitute das Emissionsgeschäft *in eigener Regie* durch, so entsteht nicht nur die Gefahr einer Ertragsminderung in Höhe der Differenz zwischen Übernahme- und Ausgabekurs für die verkauften Stücke, sondern auch die der Liquiditätseinbuße für die Dauer der Kapitalbindung. Ergibt sich aus Gründen der Kurspflege die Notwendigkeit zum Rückkauf bereits abgesetzter Effekten, so sind ebenfalls Kursverluste möglich; selbst der teilweise oder völlige Verlust des investierten Kapitals ist nicht ausgeschlossen, wenn der Effektenschuldner in Konkurs gerät.

Im Vergleich zu den Risiken des Wertpapierbesitzes und des Effektenemissionsgeschäftes sind **die Risiken des Effektenkommissionsgeschäftes** gering. Sie bestehen darin, daß Kommissionsgeschäfte von den Kreditinstituten falsch ausgeführt werden oder die Kunden der Kreditinstitute auf Grund schlechter oder falsch verstandener Beratung nicht richtig disponieren.

Im Falle mangelhafter Beratung sind die Kreditinstitute nur dann zum Ersatz des für die Kunden entstandenen Schadens, z. B. von Kursverlusten, verpflichtet, wenn sie schuldhaft falsche Auskünfte gegeben haben. Das dürfte praktisch aber kaum vorkommen. Die Kreditinstitute müssen jedoch insofern mit Nachteilen rechnen, als sie in einem solchen Fall wahrscheinlich den betreffenden Kunden verlieren werden. Daran ändert auch die Tatsache nichts, daß sich die Kreditinstitute in ihren Allgemeinen Geschäftsbedingungen gegen derartige Risiken durch „*Freizeichnungsklauseln*" abzusichern pflegen.

1.1.4 Risiken des Wertaufbewahrungs- und Wertverwaltungsgeschäfts

Im Wertaufbewahrungs- und Wertverwaltungsgeschäft sind die Risiken im Vergleich zu denen anderer Bankgeschäfte ebenfalls gering. Sie liegen im wesentlichen darin, daß seitens der Kreditinstitute die mit den Kunden geschlossenen Verträge nicht oder nur mangelhaft erfüllt werden. Z.B. können **im Depotgeschäft** Verpflichtungen der Kreditinstitute zur Abtrennung der Zins- und Dividendenscheine sowie zur Besorgung neuer Bogen, zur Aussonderung ausgeloster Wertpapiere, zur Wahrnehmung eines Bezugsrechtes oder zur Ausübung des Stimmrechtes in Hauptversammlungen versäumt werden. **Im Tresorgeschäft** können sich die aufbewahrten Gegenstände in ihrem Wert mindern weil z.B. der Tresor zeitweilig unter Hochwasser steht oder durch Diebstahl bzw. Veruntreuung Werte abhanden kommen. Die Kreditinstitute sind in derartigen Fällen bei schuldhaftem Handeln zum Ersatz des unmittelbar entstandenen Schadens verpflichtet. Die **Haftung für Fahrlässigkeit** sowie für mittelbare Vermögensschäden, z.B. infolge entgangener Gewinne, pflegen sie in ihren Allgemeinen Geschäftsbedingungen auszuschließen. Allerdings besteht dabei immer die Gefahr, Kunden zu verlieren.

Die Risiken sind vor allem durch eine sorgfältige Auswahl des Personals und bautechnisch einwandfreie Erstellung der Tresore zu bekämpfen.

1.1.5 Risiken des Zahlungsverkehrs- und Inkassogeschäfts

Im Zahlungsverkehrs- und Inkassogeschäft liegen die Risiken hauptsächlich in der **Nicht- oder Schlechterfüllung von Verträgen und Aufträgen**. Überweisungen können steckenbleiben oder auf ein falsches Konto gebucht werden, Schecks an Nichtberechtigte ausgezahlt, ungedeckte oder gefälschte Schecks honoriert und Verrechnungsschecks als Barschecks behandelt werden. Auch in diesen Fällen sind die Kreditinstitute nur bei *schuldhaftem Handeln* zum Ersatz unmittelbarer Vermögensschäden ihrer Kunden verpflichtet, während sie die Haftung für Fahrlässigkeit sowie für mittelbare Vermögensschäden, z.B. infolge entgangener Gewinne, in der Regel durch ihre Allgemeinen Geschäftsbedingungen ausschließen.

1.1.6 Risiken des Auslandsgeschäfts

Im Auslandsgeschäft der Kreditinstitute hingegen ist das Risiko im allgemeinen höher als bei vergleichbaren Inlandsgeschäften. Die Gründe dafür liegen in den meist größeren räumlichen Entfernungen der Geschäftspartner, den vielfach anderen rechtlichen Gepflogenheiten, Sprachunterschieden und den Möglichkeiten zwischenstaatlicher Verwicklungen sowie dem immer vorhandenen ausländischen Geldwertrisiko.

Im aktiven Kreditgeschäft besteht das spezielle Risiko des Ausfalls der Erträge und des Einfrierens oder der Beschlagnahme der Forderungen auf Grund staatlicher Anordnungen, z. B. bei Devisenschwierigkeiten, im Falle eines Regierungswechsels oder eines Krieges. Dieses Risiko kann die Kreditinstitute sowohl unmittelbar als auch mittelbar über die kreditnehmenden Importeure oder Exporteure treffen, die in Zahlungsschwierigkeiten geraten.

Im passiven Kreditgeschäft liegt die besondere Gefahr in der Möglichkeit des plötzlichen Abzuges der Gelder wegen ungünstiger Zinsentwicklung und Verschlechterung des Geldwertes, vor allem aber wegen politischer Ereignisse.

1.2 Risiken im Betriebsbereich

Bei den Risiken im Betriebsbereich der Kreditinstitute ist zu unterscheiden zwischen Risiken, die mit der Beschaffung und dem Einsatz einzelner produktiver Faktoren, nämlich der Arbeitskräfte und Beriebsmittel, verbunden sind, und Risiken, die sich aus dem Zusammenwirken der produktiven Faktoren im Betriebsablauf insgesamt ergeben.

Während Diebstahls-, Unterschlagungs- und Betrugsdelikte sich durch *Personalgarantieversicherungen* abdecken lassen, bieten Feuer-, Wasser-, Glas-, Diebstahl-, Haftpflichtversicherung usw. für Gebäude einschließlich Inventar einen weitgehenden Schutz auch für unvorhersehbare Risiken. Allerdings gilt dies in der Regel nur insoweit, als sie nicht durch politische Unruhen oder Krieg hervorgerufen werden.

Neben diesen Elementarfaktoren bildet der bankbetriebliche Arbeitsablauf eine Quelle verschiedener Risiken, die im wesentlichen dadurch entstehen, daß sich bei der Kombination der Produktivfaktoren Spannungsfelder ergeben.

Die **Möglichkeiten zur Sicherung** gegen die Risiken des Arbeitsablaufs bestehen im wesentlichen darin, das Zusammenwirken von Arbeitskräften und Betriebsmitteln im Hinblick auf den Betriebszweck in bestmöglicher Weise zu organisieren, d. h. die optimale Kombination der produktiven Faktoren unter Berücksichtigung der bankbetrieblichen Arteigenheiten zu verwirklichen.

2. Aufwendungen und Erträge als Komponenten des Gewinns

Das Streben der Kreditinstitute ist – wenn auch zum Teil mit Einschränkungen – auf die langfristige Erzielung eines möglichst hohen Gewinns abgestellt. Da sich der Gewinn aus der Differenz zwischen Erträgen und Aufwendungen ergibt, muß das Streben nach möglichst hohem Gewinn auf die Vergrößerung der Differenz zwischen Erträgen und Aufwendungen gerichtet sein.

2.1 Aufwendungen

Unter Aufwand wird im allgemeinen der in Geld ausgedrückte Verbrauch oder die in Geld ausgedrückte Nutzung wirtschaftlicher Güter und Dienste zur Erstellung von Leistungen verstanden.

Die spezifischen Leistungen der Kreditinstitute, die ihrer Art nach Dienstleistungen darstellen, werden wie bei allen Dienstleistungsbetrieben dadurch hervorgebracht, daß die **produktiven Faktoren Arbeit und Betriebsmittel** in bestimmter Weise kombiniert und dadurch genutzt bzw. verbraucht werden.

Bei den Kreditinstituten ist jedoch insofern eine Besonderheit zu verzeichnen, als für ihre Leistungserstellung der **Einsatz von Kapital** eine besondere Rolle spielt. Das Kapital stellt für die Kreditinstitute nicht nur die Voraussetzung zur Beschaffung der für die Leistungserstellung benötigten produktiven Faktoren Arbeit und Betriebsmittel dar, sondern wird insbesondere anderen Wirtschaftseinheiten in Form von *„Verfügungsmacht über Geld"* zur Nutzung überlassen und damit unmittelbar ertragbringend eingesetzt.

Infolgedessen ist es gerechtfertigt, das Kapital bei den Kreditinstituten als selbständigen produktiven Faktor aufzufassen und neben die produktiven Faktoren Arbeit und Betriebsmittel zu stellen. Dies ist insbesondere auch deswegen möglich, weil bei den Kreditinstituten die Bindung von Kapital in Betriebsmitteln von vergleichsweise geringer Bedeutung ist.

Die Aufwendungen der Kreditinstitute entstehen demnach durch die Beschaffung und den Verbrauch der produktiven Faktoren Arbeit, Betriebsmittel und Kapital (bzw. Verfügungsmacht über Geld).

2.2 Erträge

Der Ertrag wird im allgemeinen definiert als das in Geld ausgedrückte Entgelt für die Abgabe wirtschaftlicher Güter und Dienste an den Markt.

Die Dienstleistungen der Kreditinstitute umfassen das Geld- und Kreditgeschäft, das Zahlungsverkehrs- und Inkassogeschäft, das Effektengeschäft sowie das Wertaufbewahrungs- und -verwaltungsgeschäft mit ihren vielfältigen Variationsmöglichkeiten. Die Erträge der Kreditinstitute entstehen durch die Abgabe derartiger Dienstleistungen gegen Entgelt an den Markt. Dabei bleibt unberücksichtigt, daß die Kreditinstitute auch eine Reihe von Dienstleistungen erstellen und an den Markt abgeben, für die sie kein Entgelt erhalten und die daher als *Gratis-leistungen* bezeichnet werden. Dazu gehört z. B. die Beratung der Kunden bei Wertpapiergeschäften und Vermögensanlagen.

Die Erträge für die erstellten Leistungen fallen einerseits in Form von Zinsen, zinsähnlichen und nicht zinsähnlichen Provisionen sowie Gebühren und andererseits in Form von Beteiligungsgewinnen und Gewinnen aus der Veräußerung von Vermögensteilen an.

Während die Erträge in Form von *Zinsen und zinsähnlichen Provisionen sowie die Beteiligungsgewinne* stets **Entgelte für überlassene Kapitalnutzung** und die Gewinne aus der Veräußerung von Vermögensteilen Dispositionserfolge besonderer Art darstellen, werden die *Gebühren und nicht zinsähnlichen Provisionen* als **Entgelte für den Einsatz der produktiven Faktoren Arbeit und Betriebsmittel** zur Erledigung der mit der Überlassung des Kapitals verbundenen Verwaltungsarbeiten und zur Erstellung sonstiger Dienstleistungen erhoben.

2.3 Gewinn

Das Streben nach einem möglichst hohen Gewinn kann sich sowohl auf einen *kürzeren* als auch auf einen *längeren* Zeitraum, z. B. auf mehrere Planungsperioden, beziehen. So läßt sich in der Regel für das einzelne Geschäft zwar für einen kleinen Zeitraum ein relativ hoher Gewinn erzielen, auf lange Sicht jedoch wird sich dieses „kurzsichtige" Geschäftsgebaren als nachteilig erweisen. Die Überforderung der Kunden, z. B. durch hohe Provisionen, kann für das einzelne Geschäft durchaus zu einem höheren Ertrag führen, verärgert aber die Kunden und wird sich daher auf lange Sicht gewinnmindernd auswirken. – Ähnlich verhält es sich mit der Unterlassung von Rationalisierungen. Auf kurze Sicht werden dadurch höhere Aufwendungen, z. B. für kapitalintensivere Verfahren, eingespart; auf lange Sicht wird sich aber ergeben, daß die Konkurrenz mit besseren Leistungen aufwarten kann.

Da bei der Gründung eines Kreditinstituts grundsätzlich davon ausgegangen wird, daß seine Lebensdauer unbegrenzt sein soll und großer Wert auf einen soliden Kundenstamm gelegt wird, zu dem sich ein Vertrauensverhältnis herausbilden soll, kann angenommen werden, daß die Kreditinstitute *nicht* auf eine *kurzfristige,* sondern auf eine **langfristige Gewinnerzielung** bedacht sind und sich entsprechend verhalten werden.

Sachwortverzeichnis

773

775

Vorzugsaktie 34, 570

Tafel I   Investmentzertifikat (Mantel und Bogen)

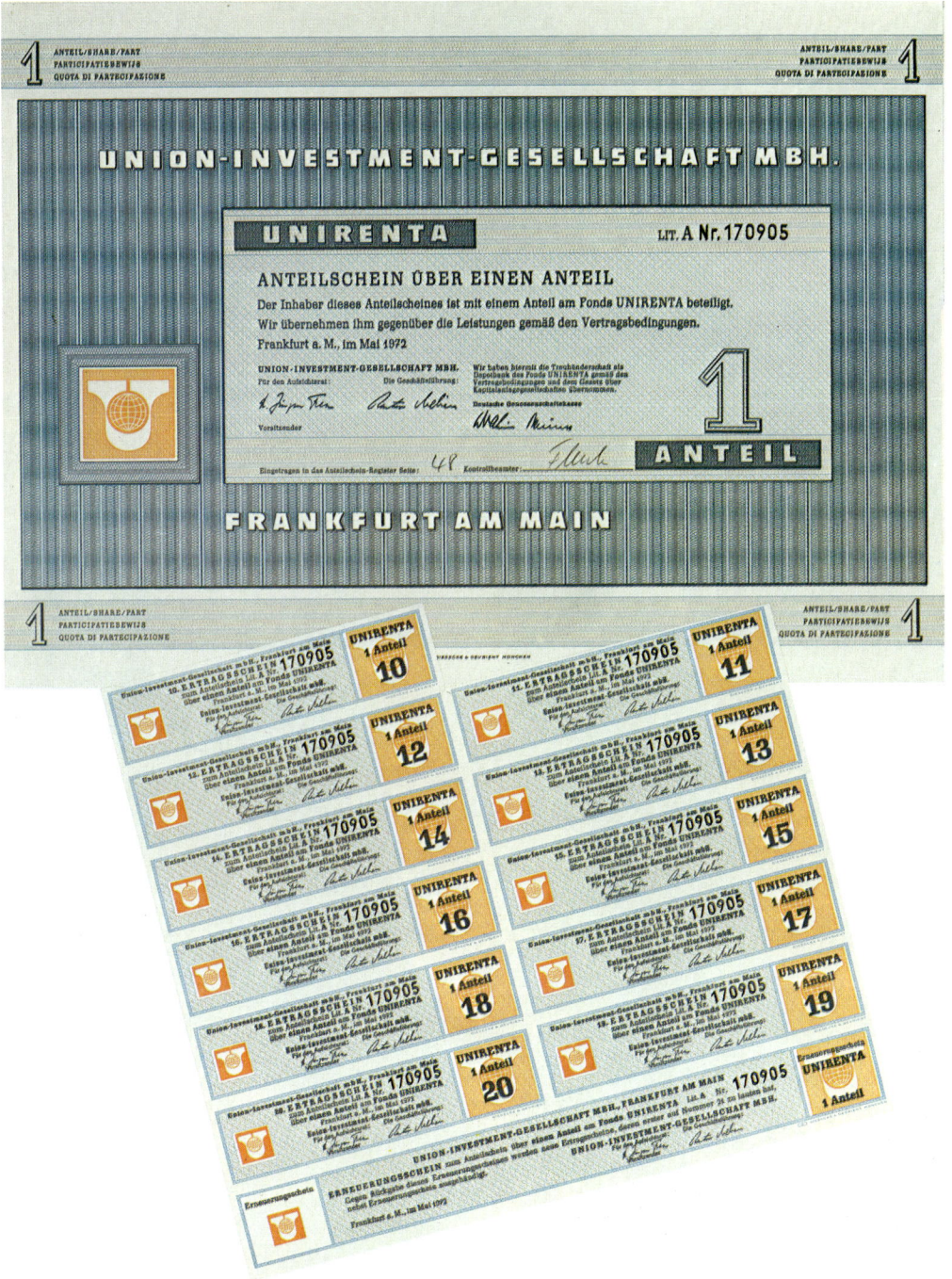

Tafel II

Goldmünzen

20 Pesos-Münze
Aztekenkalender
Mexiko 1959

20 Mark-Münze
Wilhelm II
Preußen 1905

Krügerrand-Münze
Südafrika 1976

10 Rubel-Münze
Tscherwonez
UdSSR 1976

20 $-Münze
Liberty
USA 1895

1 £ - Münze
Sovereign Elisabeth II
Großbritannien 1958

2 Rand-Münze
Südafrika 1972

100 Kronen-Münze
Franz-Josef
Österreich 1915

20 Bfrs.-Münze
Leopold II
Belgien 1877

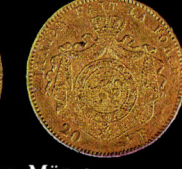

20 Sfrs.-Münze
Vreneli
Schweiz 1947

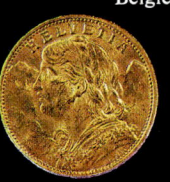

4 Dukaten-Münze
Franz-Josef
Österreich 1915

1 Dukaten-Münze
Franz-Josef
Österreich 1915

Tafel III   Banknoten

Tafel IV   Sparbrief

Sparbrief **E(U)**   Emission 14   **10 000,- DM**

Dresdner Bank
Aktiengesellschaft

Emission 14   Nr. **00000**
DM 10 000,-

Sparbrief E(U)
über 10 000 Deutsche Mark

2-jährige Schuldverschreibung auf den Inhaber
Zinssatz
Rückzahlungsbetrag DM

Wir verpflichten uns,
dem Inhaber dieses Sparbriefes den Betrag von
zehntausend Deutsche Mark zuzüglich Zinsen
gemäß den umstehenden Bedingungen zu zahlen.

MUSTER

Dresdner Bank
Aktiengesellschaft

Ausgegeben im:

Dresdner Bank

GIESECKE & DEVRIENT MÜNCHEN

Tafel V   Pfandbrief (Mantel)

Februar / August   7½% Emission 244   5000 DM

Deutsche Hypothekenbank

Gegründet 1862 in Meiningen

Lit. F

7½%   Emission 244   Nr. 000227

Hypotheken-Pfandbrief über

5000 DM

Die Deutsche Hypothekenbank schuldet dem
Inhaber dieses Pfandbriefes

Fünftausend Deutsche Mark

nebst 7½ vom Hundert Jahreszinsen. Die Zinsen sind
halbjährlich am 1. Februar und am 1. August
nachträglich zu zahlen. Die Rückzahlung erfolgt
nach Maßgabe der umstehenden Bestimmungen.

Bremen - Frankfurt am Main, den 7. April 1976

Deutsche Hypothekenbank
Der Aufsichtsrat   Der Vorstand

Für diesen Hypotheken-Pfandbrief ist die
gesetzlich vorgeschriebene Deckung vorhanden
und in das Hypothekenregister eingetragen.

Kontrollunterschrift   Der staatlich bestellte Treuhänder

Tafel VI   Schiffspfandbrief (Mantel)

Tafel VII   Kommunalschuldverschreibung (Mantel)

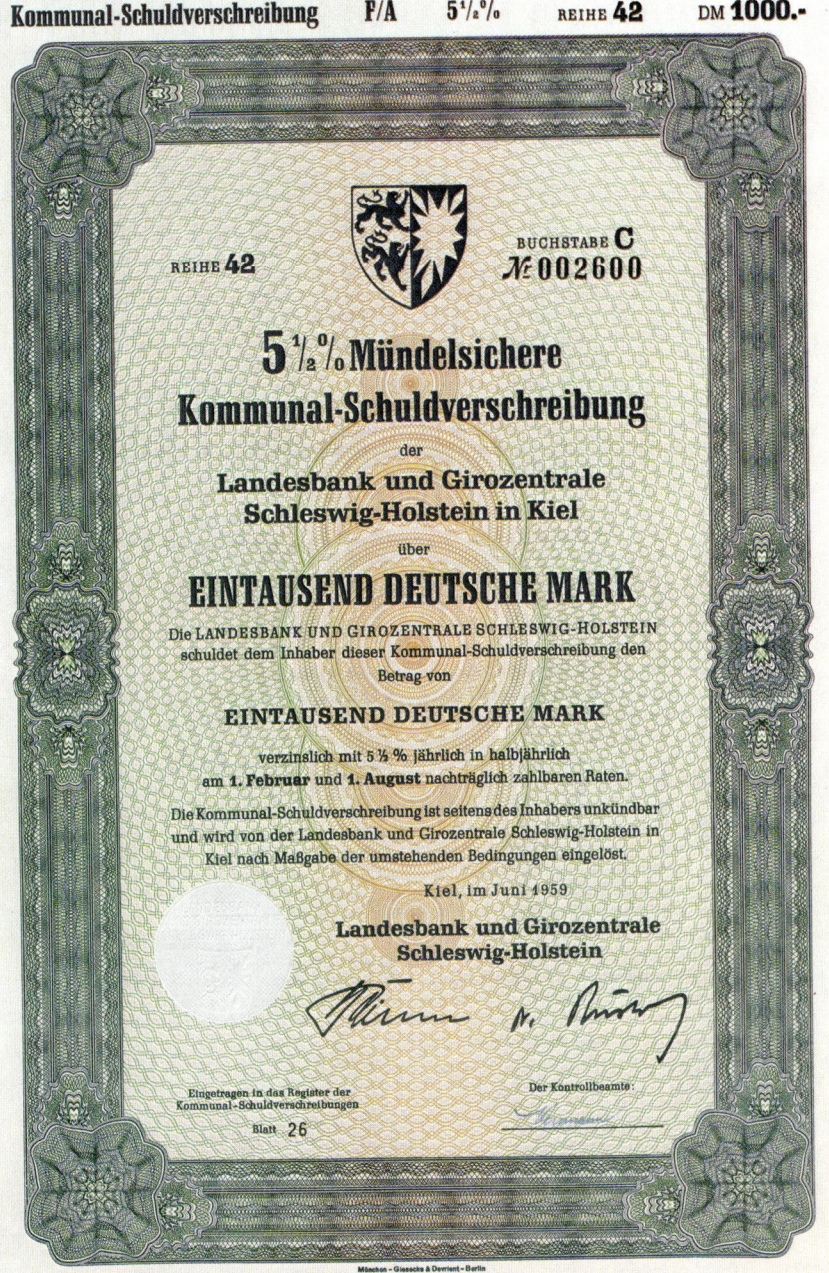

Kommunal-Schuldverschreibung   F/A   5¹⁄₂%   REIHE 42   DM 1000.-

REIHE 42   BUCHSTABE C   № 002600

5¹⁄₂% Mündelsichere Kommunal-Schuldverschreibung

der

Landesbank und Girozentrale Schleswig-Holstein in Kiel

über

EINTAUSEND DEUTSCHE MARK

Die LANDESBANK UND GIROZENTRALE SCHLESWIG-HOLSTEIN
schuldet dem Inhaber dieser Kommunal-Schuldverschreibung den
Betrag von

EINTAUSEND DEUTSCHE MARK

verzinslich mit 5¹⁄₂ % jährlich in halbjährlich
am **1. Februar** und **1. August** nachträglich zahlbaren Raten.

Die Kommunal-Schuldverschreibung ist seitens des Inhabers unkündbar
und wird von der Landesbank und Girozentrale Schleswig-Holstein in
Kiel nach Maßgabe der umstehenden Bedingungen eingelöst.

Kiel, im Juni 1959

Landesbank und Girozentrale Schleswig-Holstein

Eingetragen in das Register der
Kommunal-Schuldverschreibungen

Blatt 26

Der Kontrollbeamte:

München · Giesecke & Devrient · Berlin

Tafel VIII Schatzwechsel und unverzinsliche Schatzanweisung

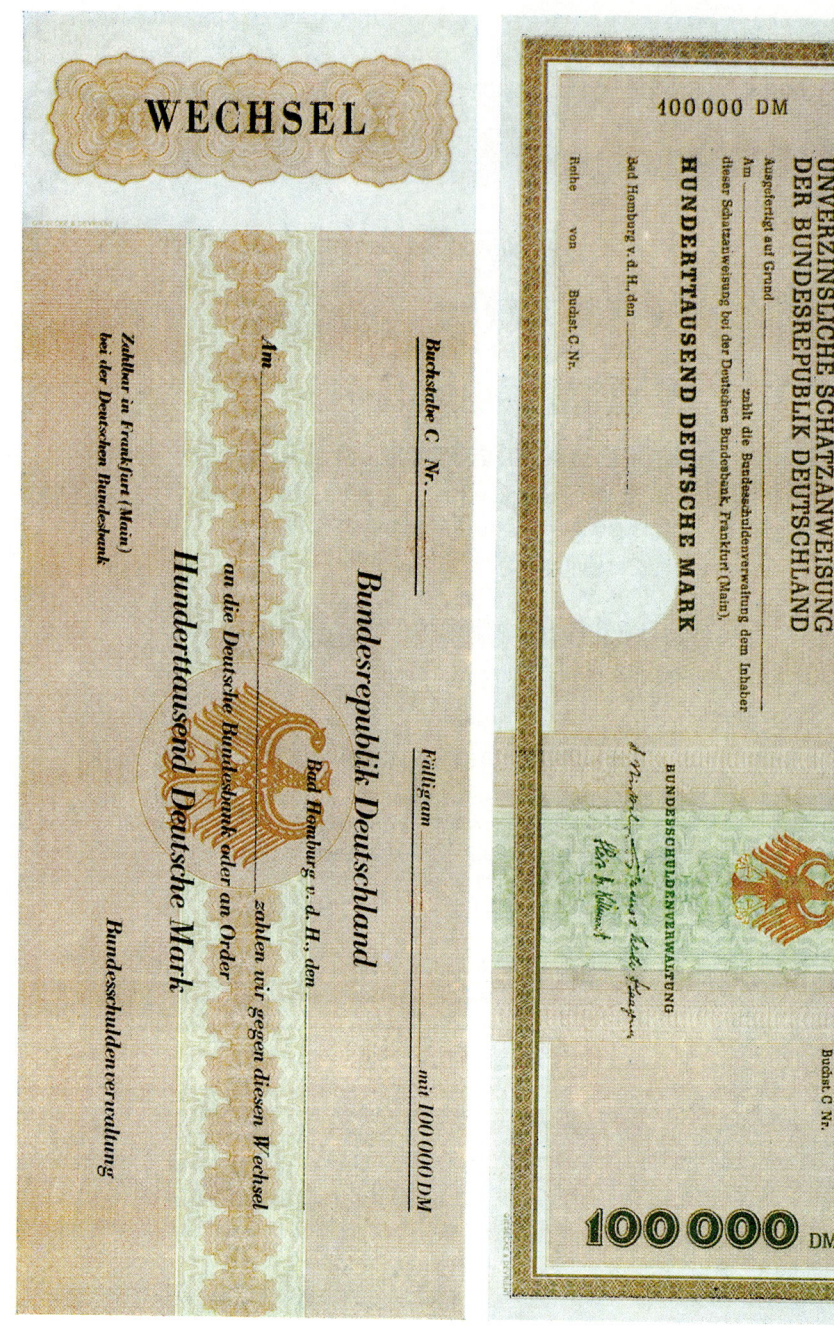

Tafel X   Namensaktie (Mantel)